番禺吳道鎔原稿
番禺張學華增補

廣東文徵編印委員會校刊

廣東文徵

第五册
卷十九至卷二十四

南方出版傳媒
廣東人民出版社
·廣州·

廣東文徵改編本第五册目次

頁次

卷十九

清一

卷二十

清二

卷二十一

清三

卷二十二

清四

卷二十三　頁次

清五

卷二十四

清六

廣東文徵

改編本卷十九

番禺吳道鎔原稿

清一

程可則 字周量・南海人・先世自河南遷粵・爲明道十八世孫・順治壬辰會試第一・以磨勘不得與殿試・庚子春・應閣試・授撰文中書・改內秘書院・又改戶部主事・晉員外郎・擢兵部職方郎中・勘案山西・爲總兵趙良棟白其冤・出知桂林府・會撤藩・百務紛拏・以敏幹稱・尋卒於任・可則詩文・與潁川劉體仁・長洲汪琬・新城王士禎齊名・著有海日堂詩文集・遙集樓詩草・萍花草・

案海日堂集五卷・阮志藝文畧注存・有王漁洋序・

敕諭安南都統使莫敬耀

朕聞天子以天下爲一家・殊疆異族・罔不率俾・示無外也・爾安南本蠻彝地・秦漢以來・立爲嶺南大郡・受命我中朝久矣・自宋迄明封王稱國・代有隆典・至明嘉靖年間・爾祖莫登庸篡黎氏・乃革王封・削國號・授以都統使之職・秩從二品銀印・俾奉正朔・修朝貢・子孫世守勿絕・今朕受天命爲天子・十七年於茲・爾莫敬耀承襲祖武・乃不早自輸誠・反侵攻歸順二處・殘害百姓・宜興問罪之師・今既退還侵城・遣使來歸・悔罪之誠・良可嘉念・用是率循舊典・仍授爾官爲都使司都統使・賜敕給印・俾爾子孫世襲如初・向所俘交衆・先行發還・昭朕懷遠至意・其十三路地方各宣撫司・仍屬爾管轄・其餘合境大小官吏・照舊聽爾從宜建置・自今以往・其永竭忠誠・恪修職貢・撫理彝衆・安戢兵民・毋生事邊境・毋擾害黎元・毋僭擬中國制度・毋私相戕奪・如爾祖登庸故事・所有僞王僞逆敕印・到日解送來京安置・如或蓄疑黨叛・怠奉朝諭・則有不庭之師・爾其愼之・毋忽・

遵諭陳言疏代

爲遵諭陳言廣推皇仁事・伏讀恩詔內開一欵・以後凡審擬重大事情・總督巡撫按察司等官・務要虛公詳愼・期與得情其輕重・應行結束者・務要隨審隨結・如仍遷延遲久・致冤濫斃獄・該部及科道官察參治罪・欽此・仰見我皇上軫念無辜・於輕罪株連・加意審結・恐其冤沉獄底・甚盛心也・但臣猶有請者・未結之輕罪・尙厪宸衷・已結之輕罪・尤宜矜恤・臣去歲奉命掌江南道事・見江南浙江四川等省・自順治十八年正月初九日恩詔・以一切罪犯・咸荷更生矣・其眞正死罪不赦案內・有親屬干證同事牽連・罪非謀殺之條・犯僅徒流之律・祗以正犯不赦・遂致展轉蔓延・抱石沉冤・莫能解脫・是若等何幸而與死罪殊科・得從末減之例・又何不

幸而與死罪同獄．不得邀浩蕩之仁也．

夫主德好生．普天同被．自十惡而外．貪官汙吏．戶婚田土．即遣戍投繯．悉歸在宥之天矣．若等所犯．非眞正死罪也．且幷非遣戍投繯也．以爲事重於吾者．主上從而寬釋之．吾可以生出獄門矣．曾不自意以事首株連．律同不赦．是豈足以信如天之德．而服其不死之心也哉．書曰．殺之三．宥之三．又曰．殲厥渠魁．脅從罔治．夫犯有首從．罰有重輕．彼眞罪首既已服辜．若等自應從輕發落．又況煌煌天語咸赦除之乎．臣慮此番詔典．保無有照前波累．不得一視同仁者．雖是結．猶未結也．求不寃．未必不寃也．恐非皇上修德囘天軫念輕罪至意．故敢敷陳一得．如果可採．伏乞勅部議覆．下直省督撫按察司等官．分別詳情施行．凡十惡眞正死罪．除本犯不赦外．其餘同事牽連．情疑惟輕者．概與豁免．庶幾推廣皇仁．以應求言之詔．或亦有小補也．

韓非論

楊子曰．韓非作說難．而卒死於說難．說難正其所以死也．非之言也．凡說之難．在知所說之心．可以吾說當之．不如是者身危．貴人得計．而又自以爲功．如是者身危．非已深明其術矣．然其說秦王也．首曰．土聽臣計．一舉而天下不破．趙不舉．韓不亡．荆魏不臣．齊燕不親．則斬臣首以徇．彼自以爲秦王之大欲在此也．得其所大欲在此．而知所說之心．將以吾說當之矣．獨不顧李斯方得計．而一旦欲攘之以爲功．微斯言．王固已大怪之哉．且非韓之諸公子也．一說而遂欲舉趙亡韓．則何以說．昔衞公子開．方去千乘之子而臣事齊．敬仲遂有以窮其意．非方至人國．乃遂欲帝他人以覆宗祀．此人情之所驚．而英主之所大忌也．又況荆魏稱臣．齊燕言親．而韓獨言亡．彼其不忍忿憤之心．草野蹶張之氣．已見於此．是以秦王既喜其言．而不能不重疑其心．重疑其心．而不能不重疑其身．故曰．說難正其所以死也．然則何道而可．曰．君子之居人國也．禮以動之．義以止之．合則留．不合則去．不此之務．而强欲合人．則高名厚利之心深．而要寵冒祿之爲．無所不至．又安得不首尾衡決．身毀名喪．爲天下辱哉．惜乎非之死．子雲知之．而劇秦美新之文．卒成於莽大夫之手．厥後投閣之禍．實繫於此．又幾何不爲韓子之續也。

駁柳子厚桐葉封弟辨

昔者成王剪桐．唐叔以封．柳子謂周公教王遂過也．若是周公將不得爲聖人哉．甚矣柳子之好辯也．夫周公蓋制禮者也．禮莫大於封建．設有不當．即使成王降玉授符．叔旦猶將擬其後．况桐葉乎。

柳子之言曰．王之弟當封．周公宜以時言於王．不待其戲而賀以成之．不當封．則不可成其不中之戲．以地以人而與弱小者爲之主．嗟乎．未深察於周家封建之制也．夫邢晉應韓．武之穆也．其所當封．不待辯而知之矣．顧所難者小弱耳．然寡兄弱齡．尙登大位．以介弟區區所應有之國．而必借口長成．遲廻剋忍．天下之謂何．而況其時東山之舄初歸．二叔之謀未靖．所操戈同室者．大卒從封國起見耳．公不以此時彰義明信．庸勳展親．同姓之未封如叔虞者不少也・幾何而不爲缺析之續乎・是微王言・公固將有封也・幸王而言・是典自王出也・王出之而公成之・天下必以王爲親親之令主・而小宗大宗之欲以尺土幾幸於王者・必翕然聽之・曰・小且封・況其大者乎・弱且封・況强有立者乎・是即後世漢王封雍齒之微意・未可知也・若乎天子無戲言・則又萬世帝王不易之極軌矣。

嘗綜後事而論之・曾子之妻之市・其子隨之以號・母紿之曰・還・汝父爲若烹彘・兒因止號・及歸・而曾子將殺彘・其妻止之曰・爲嬰兒戲耳・曾子曰・惟其嬰兒・不可以戲也・彼非有知・待父母之學者也・而紿之是訓之欺也・遂烹彘・孟氏之母・假肉於東家以啖其子・其爲說也亦然・而況王言一出・太史書之・天下傳之・後世誦之・又何忍乎哉・夫親親・敎仁也・勿欺・敎信也・封其弱者・以安强大之未封者・智也・周公一言而三善備・稱臣極莫加焉・何遂過之有歟・柳子不察・從而詬議之・亦可謂不善言聖矣・

至謂設有不幸而戲婦寺・亦將舉而從之・此又非通儒之篤論也・周之盛時・宦官宮妾之寵未聞也・無宦官宮妾之寵・則必無宦官宮妾之戲・無宦官宮妾之戲・則必無宦官宮妾之封・成王聖人・周公賢相・又安用爲此小然之論也哉・即果然也・百工矇瞍・猶將執藝事以諫・彌縫其闕而匡救其失・而謂制禮之聖人聽之乎・此又不待辯而知也・若之何柳子之好辯也・抑鑑史稱・唐叔之封・史佚成而不及周公・然成王之事・多出於公・則謂周公成之可也・禮莫大於封建也・周公蓋制禮者也。

張登子漫遊草序

詩非遊不奇・非詩人遊・遊不奇・司馬子長西不盡樓蘭・東不涉滄海・南不憩笠澤・北不止魏鹿・文雖傳・未必不在枚乘下・太白不流夜郎・計其詩亦僅在任城徂徠中耳・子美不遭離亂・足不歷巴夔鄜陝漢邠之間・亦安見聲歌纍纍未缺也・然攬其大概・要皆慨時悼俗悲愁激伉之作・而於嘯歌贈答・登高賦物・則未嘗志得・是遊亦有不幸焉。

登子張君世所稱善遊者也・生嵇山之陰・探苑委之藏・蓄積既有年所・一出足跡半天下・所交皆天下賢雋・名山川必登涉・此漫遊一編・皆嘯歌贈答登高賦物之所爲也。

雖然・難言之・維昔吉甫之贈申伯也・曰・其詩孔碩・其風肆好・孫卿子之論交也・曰・贈人以言・美於金石珠玉・即以遊觀論・齊景公之陟牛山也・懷東海而悲・莊子惠子之臨濠梁之上也・見鯈魚而樂・要皆縞紵見其性情・草木不忘寄託・而後詩可風焉・世儒不達大體・輒阿意諧俗・以爲是投桃報李之具・而性情亡而詩一亡・即偶然有作・不過尋常即事之什・漠然無所寄託・詩再亡・登子茲編・班荆則古道照顏・觸類而肝腸如屬・無悲愁激伉之詞・而有歡忻和合之旨・樂哉遊乎・吾恐古人若在・必有起而妬之者・今又將分符博邑・於羅浮四百峯・折朱陵幾兩屐焉・彼鱷湖鶴峯之間・又安知不有賢士大夫出而與登子一彈再和乎・遊草之作・夫固未有艾也・抑此登子之餘伎也・其文章政事・不係乎此。

程可則

萍花草自序

髫齡時・篤家大人庭訓・日瞿瞿舉子業外・無許他及・又資性蹇劣・身善病・風雅之事・每有志未逮・然當風雨鷄鳴・忽然興感・雖未詩也・已有其情・洎乎兵燹相尋・所遇尤坎壈不得志・又當發憤之時・昔者喪匹耦・作桐秋・遊定山・作端行小紀・悼刀俎餘生・作聞笳・詩亦往往有之・

客歲登賢書版・同朱子監陳子美公挾策走燕・監師殆能詩者・每烟横水落之餘・欲唱余而和汝也・美公持不可・余與監師每相揶揄・謂若將誦習車中・專進取・乃類俗・卒之心然其說・以故自發舟五羊・洎驅蹇入春明門・道里七千五百有奇・詩不百之一・榜即放・予同美公雋・美公相視曰・今與子言詩・抑非晚耶・既而江潭見放・欲以憔悴行吟・美公復持不可・余心益然之・於是間遊玩物之餘・凡嘯歌贈答・皆無敢涉筆・以故自入春明・迄皇皇出都・凡一百五十日有奇・詩不十之一・已廼與沈子槐軒買舟南下・曁一二同人相期・得句投囊・學李長吉故事・未幾帙遂以多・一日者・於邗水舟次・取稿省閱・不覺撫然興懷・若曰・是其時亦幾易矣・往返是者・一囊兩僕・三春四繭・凡北燕南粤・而吳之西・而楚之東・中間魯宋中山韓魏之墟・夕檝朝輪・跋前疐後・憶十年不窺園・無何・而好遊及此・嗟乎・予又非遊人也・當夫隨事遷情・觸物滋歎・浮踪所至・長謠與俱・其殆有飄萍之感乎・萍不花・花之以詩・詩不工於風雅之事・未知何居・存之誌予遇・此又非向者美公之所得而止也。

奉旨擬御製藏經序

朕惟佛教之典・其來已久・所以拯迷導悟・昭德塞違・孚寂感以誠民・毘陰陽而贊化・非徒託端罔象・祇事無爲也・顧宗旨淵涵・藉經而顯・遺言布列・非人勿彰・原夫受書天竺以來・譯字華林之後・銀函五□・玉軸三乘・象貝之所難勝・龍御之有未備・莫不幽明仰德・法俗依仁・蓋經不徒經・乃諸佛之慧命・藏無盡藏・實菩薩之現身・不有闡揚・何由利濟・

欽惟我昭聖慈壽恭簡安懿章慶惇惠溫莊康和太皇太后・承天作則・配地數源・相太宗在經綸草昧之年・撫世祖以保乂寧成之道・無事不以蒼生爲念・無時不以萬物爲懷・固已希踪聖賢之區・合體天人之表矣・乃當娛養重闈之暇・訓育朕躬之餘・契證祇園・皈依淨業。

茲者發雷音之妙諦・翻貝葉之微言・繕寫莊嚴五千四百卷・裝潢綺錯一百單八函・意謂寶筏流慈・即上聖治吾民之本・金繩開覺・有王者仁天下之機・苟萬行之羣修・將何福而不格・教通五常之內・化彌六合之中・誠社稷之所憑依・而臣民之咸怙戴者也・朕夙承燕翼・霑彼懿徽・循覽鴻文・綣懷秘教・贊揚不盡・與國典同其光華・流布靡窮・若聖善增而高厚・庶幾卜年卜世・比慈壽於恒沙・文子文孫・鞏皇圖於法界・是則朕之志也・夫是則朕之志也夫。

書鮑子韶畫像後

記丙辰之秋・予將遊武彝不果・止虔州四閱月・因得鮑

子韶・時子韶方髫齔・丰儀俊整・即能讀其尊人小靚先生所著書・學爲詩・風格遒上・與之語竹樓・相對竟日忘疲・其後予數往來章貢間・子韶必載酒江干・推篷慰勞・欣然有故人戀戀之色・辛亥・子韶忽來都下・則巋然若老成人・已能挾其所學以遨遊名公卿之間矣・居都下兩年・長安巨卿願交子韶恐後・顧子韶益落落・高臥酣飲・若有不適然於中者・至是將持襆被以歸・隱於雙江之濱・且顏其圖曰獨醉・吾知其寄託固有在也。

嗟乎・舉世皆醉我獨醒・此靈均不得志於時之所爲也・方今重熙累洽・巖穴之士莫不奮然思赴功名之會・以子韶之才・胡不磨濯取青紫・而放浪乎山水之間・託之酒以娛志・豈有慨於靈均之矯然自異・欲和光而同俗乎・抑即以己之汶汶・爲屈之察察乎・丈夫生而昂藏七尺・指風揮雲・固非長貧賤者・子韶勉之・於其歸也・書數言於卷後・而系之贊曰・

昔在留侯・狀如婦女・爲帝者師・而勳鐘簴・亦有侏儒・履豐席膴・彼朔徒飢・北門終窶・以貌取人・失之子羽・聿相爾儀・軒軒霞舉・胡然醉鄉・以獲爾所・鬱孤之臺・漳江之滸・讀聖賢書・上下千古・躋於明堂・我黻子黼・鼚乎以鼓・軒乎以舞・諒哉此圖・將焉用汝。

書汪茗文四子詩卷後

予交長安雖多人・莫若劉子公㦷・汪子茗文・王子貽上爲最篤・每當往時勝地・三子未嘗不往・予未嘗不從・閒有所論著・屬三子之揚榷爲多・顧予生長窮壑・學識弇淺・爲文不逮茗文・詩不逮貽上・彈琴飲酒放歌磊塊之致不逮公㦷・獨以三子所誘掖・獲用自勉・是三子者・皆予之畏友也。

他日茗文以予所唱百泉詩廿餘首・裝潢成卷・索予跋其後・予曰・吾四人之詩・將不盡乎此・即吾四人所以唱若和之詩・亦不盡乎此・且此皆率意含毫・非工於篇翰者之可以傳也・則謂之何・茗文曰・否・烏謂是哉・吾輩風流聚散・後此將不可知・存之志不忘耳・予聞而頷之・今日者公㦷掛冠歸太行・貽上司李揚州・所往來京邸者・茗公與予在耳・茗文郎秩滿三載・不踰時又當得外臺以去・獨予蹀躞燕門・羈遲宮禁・而同人落落・等若晨星・雖後此之交於長安・日進月益・要求素心晨夕若三子者・又何可易得哉・頃貽上所寄詩有曰・佛壯譚詩登秘閣・液仙趍府算錢刀・還思阿㦷歸清潁・宦跡悠悠愧爾曹・佛壯・予小字也・使其得此卷以讀・必有咨嗟太息者・宜茗文之愛惜之也・於是筆以歸之・蓋低徊不能釋云。

跋顏魯公廣平碑

昔人論顏書・光氣直透紙背・言神采發越不可止抑也・余幼不善書・長涉鍾王諸家・茫然無得・最後沉酣魯公・幾忘寢食・神采之間・若或遇之・比來京師・觀諸名公筆法・莫不以率更爲宗・詢知爲宸眷所屬・因棄學學焉・然鑿圓枘方・貽譏畫虎矣・年友李野臣侍御秉文好古・奇蹟滿家・其仲兄司寇公所藏褚氏蘭亭眞蹟・曠世希有・又爲王文安刻東帖數十・則海內爭得爲快・而野臣獨好魯公・閒出此帖示余・覺發越之氣・頓還舊觀・庾翼之遇伯英・梁元之驚曹

喜・不是過矣・或謂野臣曰・二冊班駁漶滅・毋乃遺憾耶・夫善射不注・斲輪不傳・悟入了不關此・東坡有云・論畫以形似・見與兒童鄰・吾正愛其光氣陸離・在蟲魔風豩外也。

蔣淑人墓志銘

康熙十年春・戶部山東蔣君維藩之母誥封淑人顧氏卒於江南之潤州・踰月而訃至・予一再過唁・蔣君涕涔涔承睫・語嘿失次・惟俯首至地・以不獲侍淑人含斂爲咎恨・且曰・吾先君沒時亦如之・某眞不得爲人子矣・予聞而憮然・越三日・蔣君以狀來請銘・嗟乎・蔣君孝子・母賢母也・誼安敢辭。

按狀・淑人顧氏・出江南婁東望族・顧翁艱於嗣・止生淑人・性莊靜和惠・事父母孝・能以女兼子・翁掌上珍之・愼選門楣・無踰蔣氏者・年十五・歸通議公・琴瑟相莊・戚里有梁孟之目・通議公少力學・無所不窺・淑人篝燈佐之・凡家事・無纖鉅皆手自綱理・不以尺絲半菽累其心・故公得肆力於學・爲江左聞人・數奇不售・毅然曰・一書生無甯百夫長哉・乃研精白猿黃石諸書・遂起家武乙科・累官至後軍都督同知・我朝定鼎・以從龍功拜通議大夫・拜他喇布勒哈番之職・職延於世・以爲功之敭歷有然・亦淑人內助成之也・

當公宦京師・淑人方撫計曹兄弟・家涮之三衢・延師就塾・間以丸荻課朝夕・此則以母而兼師矣・通議公沒・淑人兩髦矢誓・通議公生平冰檗屛當・無所積・所存惟賜第數椽・負郭之田數畝・淑人葺簪縞裳・躬自操作・門內外悉就理・有偉男子所不逮者・其事姑也・则又以母兼女・必誠必慤・姑未食不敢食・未寢不敢寢・姑長齋繡佛・淑人亦終其身膏鱻炰胹之勿御・此非人情之所難乎・淑人蓋四十年如一日也・姑既喪・哭泣盡禮・一如喪通議公時・初通議公有弟某・方幼・甚友愛之・淑人先意承志・撫視周詳・解笄珥以佐昏媾・此則嫂也而母兼之矣・迄某身通顯・祇事兄嫂・無異所生・由是計曹兄弟咸率之・怡怡一堂・雖宦遊異地・未嘗分筋而處・嘗見一族人析居・淑人愁然謂二子曰・是兄弟同室數十年・一旦聽婦子言・致骨肉離散・不階之厲乎・不願汝曹效之・其敎子以禮類如此・以故計曹兄弟各自樹立以顯揚及其親・長君之鎭京口也・詩書禮樂似郤縠・雅歌投壺似祭遵・輕裘緩帶似羊叔子・彬彬有儒將之風焉・次君負才積學・一領賢書・遂荷特恩蒲菇令・以循吏著稱・不數年・晉今職・有聲郎署間・以爲兩君之敭歷有然・抑亦淑人之母訓成之也・至於處妯娌以和・遇戚屬以禮・待藏獲以寬・此又婦人女子之常行・無足爲淑人道者・獨是淑人四德備著・謂宜享有遐祉・奈何中脘爲殃・遂奄然長逝也・豈不大可哀哉・

淑人生於前己亥年五月・卒於康熙辛亥年正月日・享歲七十有三・誥封淑人・生丈夫子二人・長維屛・授通議大夫・世襲拜他喇布勒哈番・加一級・次維藩・康熙癸卯舉人・初授山東青州府博興縣知縣・陞戶部山東清吏司主事・孫三人・孫女七人・今將以日月葬於鎭江府丹陽縣某山之原・啓通議公之窆而祔焉・禮也・予與計曹交最久・且知母之深・爲列於女史而不愧也・故爲之誌而銘之・銘曰。

人孰無女・此則以女兼子・人孰無婦・此則以婦兼女・人孰無嫂・此則以嫂兼母・人孰無母・此則以母兼師・蓋德

盡而倫至．故右有而左宜．又何羡乎列女之所傳．與壽母之詩．曹王之巓．深鼓之陲．山高水長．以永芳徽．子子孫孫．勿替以之。

五烈傳

寧晉張氏者．文學張來鳳兄弟．以詩書世其家者也．戊寅冬．闖賊陷寧．有來鳳之母李．率其妻劉．暨弟起鳳妻章．從弟嘉猷妻王逃之．初．賊薄城．勢且殆．諸婦謀諸母．母曰．吾輩婦子．有死無二．相與亡匿文廟中．見古井黝然．指而嘆曰．吾一家得死所矣．我先之．若等從而後．諸婦請曰．婦輩年盡少．不死卽辱．姑老矣．其何爲．母曰．雖然．終不潔．褰裳而趨．諸婦挽之力．咸跪請曰．姑若死．誰知婦者．且姑誠老矣．不死終無憂．姑相持．恐誤婦輩．母熟視良久．賊洶洶廹牆外．紿曰．然．若志自行之．我當返．諸婦泣且拜．以次挾穉子投井中．旣母仰天再拜而呼曰．吾豈眞舍兒輩生耶．躍而入．有婢名秋娟者．救不及．亦死之．越日賊去．來鳳兄弟出諸婦及母屍．如生．劉及章猶抱一子未棄也．道旁觀者皆歎泣．命其井爲第一泉．謝令鼎新易名曰五香．顧令予戚又改稱五冽．勒石以紀其事．

湟榛子曰．嗚呼．世之讀書而慕義．臨難而輕身者比比也．有婦如此．得其一足矣．况五乎．且當亡匿時．賊未至．卽稍待．存不存未可知．乃從容就義．視死若飴．可謂成仁者矣．嗚呼．母誠老矣．不死無憂．而能率先爲諸婦倡．又周旋曲折．以爲諸婦後．尤古今烈婦之所難也．嗚呼．母眞人傑也哉．

陳節婦傳

陳節婦者．閩長樂陳君一文之副室．而茂才陳澣陳騮之母也．母矣．曷爲乎稱婦曰節．以婦著也．或曰．婦之節以存孤歟．則又從乎母也．雖謂之節母焉可也．然存孤以存夫也．母也而婦之道備．故仍稱之曰節婦也。

謹按婦秦氏．本名族女．秦翁慕陳君之才．不憚屈女事之．婦亦善承親意．而甘以其身折節於陳．生年十九于歸．惟敬以事主君．孝以事其母．謙謹以事其嫡．嫡愈嚴．婦愈下．居恆無幾微之間．陳君是以無內顧憂．得肆其力於文章．以取通顯無難．乃數奇不售．垂十年而鬱鬱以病．病且死．當爾之時．婦年不滿三十．大兒方七齡．小兒猶未晬也．婦嚙指向君前請以死誓．不許．不得已受遺命．撫二孤於艱難襁褓之中．不再年．姑嫡相繼以沒．婦典衣鬻食．喪葬盡禮．久而家道益落．御絣絖以供朝夕．乃骨肉之間．猶有權奇窺竊．且睨及藏書者．婦曰．是未可以手澤與人也．於是弆書藏夾室中．而自解其衣珮瑜珥以厭之．有祭田數畝．豪右數見侵奪．婦流涕曲喻．血食得以無隕．惟一燈熒熒．課二子以無墜先緒爲務．二子由是克就成立．有聲黌序間．蓋至是而撫孤之能事畢矣。

夫死易．立孤難．古之人皆言之．向使嚙指之志先成．則陳氏如綫之續．其與存幾何．婦惟隱忍就之．苦心益志．三十年如一日．比於程嬰杵臼之義．殆有加焉．是未可以尋常節婦概之也。

予嘗覽陳澣之從孫肇曾叙其家乘．請奉常某公之祖母林．食貧守節．侍講蒙菴之母戴．生蒙菴遺腹．給諫益泉之母潘．撫益泉早孀．何陳婦之多賢也．然三母子孫咸貴顯．霑被榮寵．今澣兄弟守一經以老．曾不能邀仁者之粟．崇臺棹楔之旌．皇天之報施．若有所待歟．然其報彌嗇．其節彌苦．則其名愈久而不替．雖謂婦至今存可也．豈惟至今．雖千百世可也．故因澣之請而傳之．以慰節婦於九原。

祭閣學士吳鹿友先生文

嗚呼．天下無全人．人不易全也．或身隱而名不彰．名彰而位不顯．位顯而德業不著．德業著矣．或得於其前而失於其後．伸之於鳴珮委裘之日．而屈之於隕霜零雨之年．及其後也．子孫不能大其傳．史冊無所光其論．一旦身朽名喪．澌從運終．豈不大可哀哉．以今觀於我相國吳公太老先生．抑何其身名俱泰．自始迄終．無幾微餘憾之留於天地間也．

某等生晚．不及奉公言笑杖履．然與冢君北海先後共事久．每花磚日落．秘閣燈炧．爲談公昔日立朝居官．以及爲善居鄉與教子成名狀．則私心向往之．又讀公所自爲憶記．自髫年以至於今．凡八十有二年．由名進士筮仕劇邑．擢御史臺．屢遷廷尉納言之職．以至開府大中丞．典兵樞密．入贊黃扉．是不一轍．敭歷閩豫秦晉等處．是不一區．興賢育士．治兵戢民．靖寇防河．墾田賑荒．減徭除賦諸政．是不一狀．其他益國之密謀．匡時之遠畫．筆枯舌爛．血盡神傷．有非外人所能深悉者．何可勝數．人率以公忠擐漢殿之鱗．苦節挽虞淵之轡．中間廻翔審處．憂讒畏譏．何止日食釃醋三斗．卒至令終有俶．義問昭宣．享平泉綠野之歡．受玉樹蘭階之報．何其休哉．若夫著書立說．善世持躬．無一事不極其宜．無一物不得其所．此則公之聖賢自處．而不在進退存亡之數者也。

頃讀公彌留時所遺北海書．楷畫端詳．猶惓惓於王事靡盬．不遑將父．而以不獲奉兩尊人合斂爲之說．抑何其忠孝之悃至沒弗衰乎．又曰．三月而葬．不作佛事．禮也．汝爲長子．葬我以禮．我復何憾．然則公之生平．亦畢見於此矣．

夫君子亦惟以禮自處耳．不越於禮．則周旋中規．折旋中矩．遠俟百世．幽質鬼神．而後可以爲人臣．而後可以爲人子．而後可以爲人父．夫如是．而後可以身名俱泰．自始迄終．無幾微餘憾之留於天地間也．今日者公往矣．騎龍白雲之鄉．控鶴雲霄之外．視彼身朽名喪澌從運終者．亦可以俯而笑之矣．惜某等生晚．不獲承公言笑杖履．誦泰山梁木之歌．不禁悒然不得自已於懷也．生芻一束．南向稽首．公其庶幾鑒我乎。

尹源進　字振民．號瀾莊．東莞人．順治乙未進士．官吏部主事．洊擢郎中．乞養歸．康熙中．兩粵變亂．源進匿迹山中．叛帥脅以兵．不從．十八年．起補原官．擢太常少卿．卒於官．著有愛日堂集．阮志注未見．

修香山文廟復九曲水記

聖朝誕敷文敎．首善有國學．凡隸職方．雖山陬海澨．無地而不建之學．所以敎民而造士也．士者民之秀傑．他日將有治民之責．實則此日之民之子若弟也．政匪敎弗成．民匪士弗勸・是故賢有司與學博士・他務有所未遑・惟此之爲亟・湫隘則拓之・圮廢則葺之・使講有堂・息有舍・有藏書之閣・有經義治事之齋・博士及弟子員日相與討論其間・既以養成其材・以無忝乎公卿大夫選・而下焉者・亦復知所勸勉・不至自棄於罷民・然而學必有廟・此豈如浮屠氏之梵宮佛像妄希冥福哉・庶幾春秋修祀事・合樂行禮・國之大事在焉・爲士者得以駿奔於几筵登豆之旁・以檢束身心・亦所以爲敎也。

香山縣儒學・舊在蓮峯山下・後徙建豐山之陽・人文寖衰・萬曆間・用形家言・復蓮峯舊址・九曲水繞其前・士風稍振起・科第盛於疇昔・歲久支流横潰・故道漸湮・博士歐陽君毅然以修復爲己任・乃請於邑侯申君・築堰埭・束反瀉之勢・決淤疏滯・而九曲故道復開・又以颶風狂逞・大成殿屋瓦飄注・兩廡塌・櫺星門啓聖宮石楹暨周垣多廢壞・各捐俸金・用佐鳩工庀材之費・上不虧帑・下不病民・不逾時・而飄注者補・塌者整・廢壞者堅緻完密・申君與歐陽君其明於造士敎民之道矣・抑予顧有進焉・舉事者必先其所急・修廟與修學孰急・必曰修學急・今士習游息有地乎・尊經閣有藏書乎・熙寧三舍之法行乎・安定經義治事之齋立乎・不然・而亟亟乎廟貌是修・得毋與浮屠氏競誇宮闕之壯麗耶・又況丹堊輝煌・金碧錯落・且不及浮屠萬分之一也・是不然・廟貌者・先聖賢之神所憑依・苟不足以蔽風雨・學士之心・必有惄然不能自安者・事在創建・則先學而後廟・時當補葺・不妨先廟而後學・理有宜然・無足怪者・他日修學告成・余猶將記之・申侯名良翰・涇陽人・歐陽名羽文・南雄人・王大猷毛天翀鄭光裕繆維斗諸弟子員・則共襄其事者也・經始以某日・其成也以某日。

韶州府學記——見韶州府志卷十六

外法敵者上武・内正治者右文・此爲平分不易之理・而至於畸輕畸重・則時爲之也・聖人所以一道德・同風俗者・法言具在・上之人舉而行之・下之人守之・以實心行實事・鬬爭不作・五刑俱措・安得有犯上作亂・煩大司馬九伐之法者・今則不然・六經視爲故紙・百行等之虚名・人心日偷・大道日裂・禍結兵連・歸獄於右文・而不知其失正在於不右文也・聖人所以一道德・同風俗・法言具在・其有不言而躬行者耶・天子之太學・郡邑之庠・其有正誼明道之士相觀而善者耶・即所謂泮宮建置・大成有殿・明倫有堂・尊經有閣・其有不傳舍視之者耶・若此安得謂右文・大司馬九伐之法・蓋討其不右文者・苟遂歸獄於右文・則亦非上武之義也・

直生劉公來守韶・抗直清簡・有汲長孺之風・而其敷政大指・一歸於右文・下車之二年・捐清俸・葺聖殿・又二年・建尊經閣・閣之來久矣・重建於萬曆之初・廢於崇禎之末・公毅然以一身任之・非特不科擾於閭閻・亦不借助於紳士・蓋以實心行實事・其天性然也・夫實心實事・相爲生長・而世之人嘗以實事遯於實心之中・一犯其貨財・即以爲有餘心無餘力・其視利甚眞・視道甚僞・以囊橐顧其私家甚切・以輪奐崇其公誼甚疏・是故事屬之朝廷・屬之民社・屬之士行之得失・屬之聖學之存亡・甲諉之乙・乙諉之丙與

丁·一轉眼而閱數載·再聚議而閱數人·必致於敗壞不可收拾而後已·公於此有深恫焉·斯舉也·不責人而責己·不喩利而喩義·獨斷而不疑·速成而無所撓·此之謂以實事見實心·嗚呼·使天下右文之治·一切如公·設誠力行·修德講學·徙義遷善·亡慮不純且健·聖人所以一道德·同風俗·萬世如一日可也·何必毒天下而民始從之·至煩大司馬九伐之法乎·閣始於己酉春三月·落成於夏五月·府司鐸黃君樧率諸生函書幣屬余記·余籍蔭隣壤·諗公異績·公諸所修舉·如城隍廟·九成臺·皆傾橐爲之·一如建學·美不勝書·則舉其重者大書之特書之·此蓋以爲右文之治之標的也·若夫堪輿家言·傑閣翬飛·接筆峯之秀·爲此郡科第發祥·理固有之·要皆公實心實事內·操卷取影之一端·無事侈言·

重修平湖堤記

嘗覽惠西湖志·黃岡之山北指·越數十里而遙·橫槎之水東奔·合三四流而滙其間·澎湃鼓騰·爲隆窪·爲坻爲瀦·宋治平太守陳公偁開六橋雄勝·剔全湖清翠·迨東坡蘇公點綴增潤·布置大備·近帶江臯·雙流之所沃蕩·遠映象山·雲霞于焉迴茁·鳧鷗鱗甲·蒲茭菱芡·皆出於自然之利·前人之經營週矣·緣代有興廢·明李丙戌·山魈與叛卒相煽竊發·破堰窺城·幾幾乎莫支·郡守張君廷綱·郡推童琳·暨郡紳士設戰守策·而巨寇殲殭·危堞安全·嗣後潦水不時·堤海告潰·旋補旋缺·向之蒼茫瀲灩·與烟氣黛色迭爲璀琛者·付之牛羊蓬草·蕭條滿目矣·

葉君維陽憑吊湖面·傷心地脉·于戊申年謀郡紳駱君鳴雷·陳君良言及諸父老·思所以復之·相率進謁太守朱公賚·別駕陳公夢松·邑宰連公柱國·咸可其請·履地卜度·咨詢機宜·各捐積俸以從事·陳公毅然肩任·鳩工庀材·勞來匠役·期以孔固·採集衆議·問前之興而復廢·暫而難久·其弊維何·今奚良法可以一勞永逸·垂不拔基·葉君條其勝算曰·向堤用石·石性脆·水浸則鬆而裂·砌石有縫·水激則翻而浮·今爲之計·堤百丈餘·純灰以沙合煉以篩土·登登馮馮·力圖其堅固·費七百緡有奇·較石資倍繁·統官俸民輸得其半·餘悉葉君樂捐以濟之·同駱君暨耆老趙環王學禮等·晨夕董理·三閱月而功成·今薄嵐凝靄·素月流空·漁樵藉舟楫之便·遊子寫行吟之樂·荔浦之風益清·桃林之日愈暖·民食其利·物阜其生·伊誰之貺歟·余以辛亥夏艤舟堤上·月色波光·互相映發·追憶蘇公舊遊·姍姍來遲·恍睹西子眞面目矣·夫宋陳公以文章吏治著·爲西湖之德主·茲陳公以水心切民瘼·卓稱循良·修堤其一斑耳·葉君視公事猶己事·謙遜不遑·固抱德而隱者也·由斯觀之·言哉·潔山之不足·待其人而與焉·

梁佩蘭　字芝五．號藥亭．南海人．年二十六．舉順治丁酉鄉試．康熙戊辰進士．選庶吉士．年五十餘矣．又十五年入都．散館歸班．尋返里．不再出．佩蘭出陳邦彥門．通經史百家學．能文章．而尤長於詩．與屈大均陳恭尹稱嶺南三大家．新城王士禎．秀水朱彝尊．吳江潘耒遊粵．皆推重之．著有六瑩堂詩前後集十六卷．今存．又四庫提要別載藥亭詩二卷．休寧汪觀所選近體詩．未見．

與謝霜厓書

燥髮時誦先生之文．便想先生之人．以爲先生生於潮．海水汨沒．山勢崒嵂．鱷魚怪獸之所出入．其奇莫當．特出先生以應之．其人其文．其文其人．故爲中原所推服．憶自前時．想先生而故爲揣摩先生者．今十有六年矣．而果承先生枉顧．得見先生．又得見先生近所爲文．爲古文．爲歌詩．而並讀之．而與先生相遇．仍自落落也．得無前時所云想先生者．値當面而又失之也．善乎蘇子瞻王夫人之言．其與人銳者．其退人必速．蘭感於世故．故寧爲落落也．先生之文．大率如先生之人．先生自言．其文三變．其人亦三變是已．先生近文．比前時愈瘦愈勁．愈削愈刻．愈奇愈放．愈幽愈老．而總之愈嚴．古文離合奔縱．得之司馬子長．而閒得之汲冢古竹書九危岣嶁石鼓諸碑文．助其錯落幽奧．故於古文別開蠶叢．爲從前人所不能爲．其在近代．則黃幼元倪鴻寶亦其同調也．詩原于離騷九章天問等篇．而盧仝之怪．長吉之鬼．孟郊之瘦．賈島之寒．元次山之樸．鑪錘而出之．故又獨成其爲先生之詩．執先生所爲近文古文歌詩以壽世．眞是與白日同不落也．

拙稿奉覽．求爲刪定．或可教．則乞弁言增重．蘭之文素不喜因人熱．素不肯易入俗口．世亦目之爲怪爲誕．而爲人不羈．世亦目之爲狂爲妄．非遇先生．決不如此吐露．如此出醜．則亦彌大王驢其耳化爲竹．而復不敢鳴也．詩稿待寫成帙呈削．欲言未盡．臨楮神切．

與王瑤湘女史書

聞瑤湘讀書．余甚喜．余與汝祖若翁交．凡兩世矣．視汝如己子．故甚望汝之成也．余有女龍端．少汝一歲．頗聰慧．余授以詩．上口即能背誦．而余性懶不能常授．以此龍端之學不及汝．聞汝識漆園南華．南華之文章善幻．而其言道也．必溯乎未始有道．其言物也．必主乎齊而列以不齊之狀．總歸於化．善讀南華者當知之．又讀禮經．禮經．漢白虎諸儒之所著也．二戴大小夏侯各師其傳．然不越天下國家朝會讌饗．嘉勞贈答儀文縟節．更言閨門．則禮之節蓋謹矣．更讀離騷．楚臣屈原不得於君．發爲奇文．香草美人．芳蘭君子．三湘九嶷之閒．左倚桂旗．右攬揭車．汝誦之．倘亦有恍焉如見者乎．余何時得來汝父西山．見汝於滌廬．使汝將所讀之書．各誦一遍．俾我泠然稱善也．

南海縣志序

孔子曰．董狐古之良史也．有直無隱．夫史惡其華而飾也．直則信已．志者史例分出之名也．其義昉於漢班固天文地理五行律歷諸志．大率史以記古今以來．元會運世．帝王升降．政事龐雜．治亂得失之數．故不厭其詳．志則由天下以及郡州邑皆志之．不過志其地之山川形勝．城郭宮室．建

置沿革・與夫人民戶口・田畝多寡・仕宦之盛衰・風俗之奢儉・物產之貴賤而已・

予南海爲粵廣州省會首邑・抜于郡治・秦時一大郡也・自唐宋以後爲邑・迄有明・更從而分之・割于順德・割以三水・今復割于花縣・且開府藩臬臺憲暨八旗重鎭旄節駐焉・加以星使不時・舟輿絡繹・爲之令者・簿書期會而外・雖頭如蓬葆・手足如胝胼・奔走迎送而不暇給・民亦疲於供應・無如之何・又昔强藩在境・以予邑爲富饒・正賦既供・而猶取辦于士馬芻茭齒革羽毛之屬・較倍他邑・民從事於築城浚隍・爲公旬之役者・往往應爲遊宮閒館崇臺廣池之役・日凡數百人・奸民耕王田・聚而爲盜・以藩勢爲逋逃・則不復問・今雖其根榦芟除・而枝葉延蔓・尙留餘孽・不隸保甲而自混爲民・間稱爲旗・與土著遊手無賴肆爲豺虎・以噬良善・此閭閻細民所爲畏事而勿敢言・縉紳大夫即言之而亦無補・徒痛心疾首・而不知何以處之也・即如國家以催科爲殿最也・今欲自見其功名・勢不能不重催科・固也・而以撫字爲迂闊而勿之講・則又不可・

自胡公爲令・始以撫字爲催科・謂夫我與民本一體・血脈相爲流通者也・寬大則血和・峻急則血淤・使民困悴愁苦而吾不爲之解免・但責其供上・非所以逮下也・以故邑中事無大小・苟非有關乎人倫風化・豪猾惡少椎埋掘塚・人命一死不可復生者・概取而輕之・更冰雪自矢・不受民間一錢・而民之戴公・相與告誡輸賦惟恐後・視他邑之重催科者・無有踰焉・獨是學宮造就人才之地・健兒傴處・鞞鞁鞊鞈・懸在兩廡・馬矢積享殿下・每當春秋祭祀・非灑掃數日不能列俎豆・師儒搆一椽于宮旁・竟同客舍・諸生不能以時誦讀其間・此則別邑所無而予邑僅有者・所望於賢父母請于大吏・一驅除之耳・夫志者誌也・所以誌古・亦以誌今・諸君子分曹發例・經賢令爲參榷・補綴舊闕・採掇新聞・并作圖以備職方掌故・予無以議之矣・故特序志中未及載者・俾天下後世有心世道之君子閱志者考焉・

唐詩五律英華序

吳江顧茂倫選唐人七律・採掇甚備・獨五律無選・余竊怪之・夫五七律・唐人之所謂今體也・七言始自柏梁・五言原於十九首・唐制以詩取士・欲以整齊成其一代氣運・故變七言五言爲七律五律・譬諸日月麗天・必有合璧・轆轤轉地・須憑二輪・缺一焉不可・吾友王蒲衣特起而任之・掩關西山・自架一小閣・屏幃帷榻皆詩・凡唐人國秀才調・中興閒氣・河嶽英靈・極玄又玄・及文苑英華・唐詩紀事・古今詩話・無不窮究冥搜・日盡而繼之以夜・不數月而五律之集成・得詩七千五百首・以工費浩繁・剞劂有待・遂於選中拔其尤者・先刻問世・嗟乎・蒲衣選詩之心苦矣・

閒嘗縱觀・有明三百年選家・若高廷禮之品彙・李于鱗之詩選・鍾伯敬之詩歸・率煌煌照人耳目・然品彙味似和雅而失之平・詩選志在聲調・而失之板・詩歸意主清矯・而失之佻薄委瑣・蒲衣選一體詩出・選諸體之手眼定之・大無弗涵・纖無弗現・精取其渾・樸取其完・能使讀者見選者之心・與作者當日之心相遇・而吾因是而歎五律之難也・律以言乎其協也・不協則非律矣・然試思樂之作也・笙鏞磬管・

琴筑鞞鼓・五音諧・八風舞・律也・而其未作樂之先・人各肅然・若有一太和元氣蘊於胸中・候時而發・與作樂以後・人各翕然而不能舍・若留元音於神明寂寞之閒・此何爲也・則神也・此非律中之律・而律外之律也・唐人律李供奉王右丞孟襄陽閒有之・杜少陵輘轢四唐・跨越百代・天工人巧・參錯而出・於此體神境・尙未之及焉・他可知矣・噫・難言矣・

金茅山堂詩集序

詩者天地之眞聲也・團土而爲人・飾玄黃朱紫於其衣裳巾舄・以求其似・非不偉然人也・然擊之則碎・濡之則化・刻木爲偶・撫其頤・則歌應節・拊其手・則舞合度・此技之神也・然亦膠漆繚紹固結・稍戾其機而散・故夫情之不眞・非詩也・團土刻木而已矣・或謂詩有時代・則有新故・自有天地而成古今・古今遞嬗而天地常存・此其故者也・乃人物生處其中・日新而不窮者何也・由是男女日用飲食布帛菽粟之恆・而不能須臾離之・而後知情之得其眞者・無新故也・

如吳子山帶之詩・則眞詩也・予自總角同就塾師・章句始上口・稍長・共操鉛槧・學爲韻語・予兩人數十年如一日者也・予性喜動・讀書一過輒去・不復尋繹・山帶每執卷・流連再四・必窮究窈杳而後止・即遇一物之細・而全體之精神以之・故予詩多坦直少紆徐・山帶則神明默運・鈎入玄微・滌蕩既深・澄瑩自見・率自抒其孤往之性・人以爲妙緒勝情・遠出意表・不知山帶固自得其眞而已・其爲人蕭散・不爲阡陌之行・結廬金茅・蹤跡大半泉石・所爲詩不屑屑自留・人代留之・其詩見之於禪房道室山齋溪館者・十之五六・而篋衍無二三焉・予爲檢而刻之・非其意也・今海內之詩・競趨習尙・予粵處中原甌脫・人各自立・抒其性情・山帶其一也・適金茅山堂詩刻成・有事于北征・予故序其端如此・此予嶺南山帶之詩也・以爲海內今日之詩可也・

題陳獻孟遊羅浮詩序

文人胸中突兀排奡・造冰起雷・非名山大川・無以發其奇傑之氣・昔司馬子長南浮江淮・泝三湘九疑・而文章益進・謝靈運好遊・所至伐山通徑・故其詩於詠山水特工・夫人目不睹方隅・足不踰畛域・衣帶巾舄不一身染蒼翠・此甕牖之士無與於昭曠之觀也・

予家南距羅浮二百里・今年冬・赴錢蕉山使君之約・名山之願・始遂東遊・而訂予友陳獻孟與俱・獻孟固熟遊羅浮者也・年十九・即躡屐登飛雲絕頂・歲以爲常・予初入山・如身在鴻濛・煙霏霧結・見四百峯・或高或下・或斷或連・或前或後・或左或右・簇簇來迎・延頸不知所向・而獻孟則爲予指點曰・此某峯也・其內爲某洞某觀・又復指曰・此某峯也・其上爲某瀑某潭・更指一峯曰・其上有某石某臺某樓閣・草木之產出某谿・鳥獸之飛走出某谷・卒之所見・一如其言・予爲賦詩紀之・獻孟悉和之・詩較載鉢山集・前時所遊之作更高渾・能刋落羣言・妙思神理・如有造化醞釀於其間・予詩不能及也・

予閱羅浮誌・見歷代以來・詩可傳者絕少・山圖峯巒洞

蛩泉源寺觀・臚列倒置・歎前人於此・未嘗留心・擬再入山・携善丹青者一一經究・繪爲全圖・以正其訛・而以後人詩之可傳者・如予亡友屈翁山・陳元孝・秀水朱子蓉・邵陽王黃湄諸作・盡爲補入・續爲一誌・以無負洞天名勝・猶憶在冲虛觀時・獻孟留連四顧・訝爲佳氣鬱葱・臨當下山・是夕・果有紅雲之祥現於觀內・明日奉命取銅魚長生井水・山靈先告・予兩人身遭其盛・又不可無詩以紀之也・

大樗堂集序

天下皆言詩而詩亡・非詩亡也・言詩者多則亡・古天子甚重夫詩・凡郊祀朝會燕饗聘問必歌焉・而又以其聲合之於樂・故其時・學士大夫率登高能賦・號稱多材・下至民間・閭閻謳吟・輒成音節・相與沐浴教化・而有以見其風俗之美・性情之正・嗚呼盛已・

末世崇飾虛名・人鮮殖學・甫就捃摭・便爾揚詡・毋論其於三百篇比興賦之義・未識源流・即漢魏六朝三唐以迄有明・亦未能望其牆仞・而乃立壁分門・各自排詆・此如五尺童子・誇其勇健・徒手而入彊圉・非有妢胡之笴・桃弧之矢・可恃以應人之敵也・不過一農夫操隴畝耒耜之器・羸行而隨其後・已魄喪仆地矣・如此而言詩・詩安得不亡・

且夫詩者思也・人情有所感於中而不能散・則結而爲思・而詩名焉・仲尼刪詩・列之於經・而以一言蔽之曰・思無邪・以此故思之之力・可以無所不至・灝博之而天地・杳渺之而鬼神・窈窕之而山川・蔚蔽之而草木・跂喙之而鳥獸・蠕沫之而蟲魚・黮黯之而荒遼幽宮・光怪之而貝闕鮫室・緯鱸之而羽翟黼黻・奇險之而鼇叢金牛・熬燥之而火井・膈膊之而冰車・劖刻之而石鼓・嚏而淫・笑而啞・驚而咢・逆而爭・悲而齎咨涕洟・樂而飲食歌舞・嗚呼・神已而未已也・淡水照水・猶以爲擬淡也・以月配月・猶以爲喻明也・以雪覆雪・猶以爲比潔也・以竅接竅・猶以爲存聽也・無色之色・無味之味・無聲之聲・此之謂化・

王子蒲衣所著詩・神明造姿・孤雋表骨・學問醞釀・能極其思・左右變化以出之・予觀其行年三十・而頭髮已種種・終歲鍵關舍・著述之外・無他嗜好・其志豈以今人自許者邪・予向與蒲衣尊人說作先生爲風雅之交・垂二十年・今得蒲衣・遂成兩代・如蒲衣者・不猶應劭之後有湯・傅元之後有咸・庾肩吾之後有信・徐摛之後有陵・與君家羲之之後・有徽之獻之哉・

抑予更有感焉・以蒲衣美才・上有憐才之君・下有薦賢之相・使之出入承明・給賜筆札・振其鴻藻・與相如諫獵・子雲甘泉・亦何必異・而故卑處菰蘆・徘徊彳亍・徒步於臺嶺・擔簦於八閩・蕩櫂於蠡湖・息影於廬嶺・以淒思苦調・爲哀蟬落葉之詞・致自託於佳人君子・劍俠酒徒・閨闈邊塞・仙宮道觀・以寫其呵壁問天・磊落扼塞・怫鬱侘傺・突兀不平之氣・蒲衣之志亦婉矣・然則蒲衣遇非其時・不得以忠厚和平之音・列清廟明堂正風正雅三頌之什・猶庶幾於匪風下泉繁霜楚茨板蕩變風變雅之遺也・古天下以詩教化天下之意・仲尼刪詩無邪之旨・不賴蒲衣而存哉・桓譚知其必傳・而不學者訾爲覆瓿・且聽之矣・

東皋武廟鐘銘並序

皇上龍飛之三十年春・太原王之蛟與諸同人游射於廣州東皋・時見帝廟傾圮・詢之土人云・曾敬請修葺・卜之皆不允・似神欲有待也・蛟素仰神之威靈・重以斯言・往卜之・神若曰可・因各捐金・大興工作・數月落成・既嘉靈爽・爰勒碑以垂久・復銘於鐘曰・

金精翕赩光氣熒・赤熛紅焰兮白青・南方祝融驅丙丁・洪爐巨扇搖火鈴・華鐘萬石奡氏成・銑欒篆帶枚攠并・衆如錞于如神鉦・躨跜猛虡懸兩楹・帝宮齋肅天宇清・一擊一吼蒲牢聲・宣達元氣騰空冥・摧㥜旱魃朝百靈・維帝在昔征不庭・戰行處所轟雷霆・戚揚天轉招搖星・奸雄喪魄不敢聽・贅閹狢子心膽傾・北南吳魏悉削平・力扶漢鼎贔屭擎・旂常日月同勒銘・何況殿闕升苾馨・銀鐺鐵鳳交洪鳴・噴薄忠烈通精誠・六鰲地軸橫三城・迷民無耳無目睛・劍輪湯鑊彳亍行・忽聞帝座洋洋盈・入微出壯音鏗鍧・警回芒蠢一且醒・曠然天地還清明・

黃　易　字子參・號蒼潭・海豐人・順治己亥進士・除福建開化縣・有惠政・康熙十三年耿逆之變・微服間道乞援於贛・已復走粵・而粵亂更甚・復棄家走贛走閩・以孤憤勞瘁卒於旅舍・尋議郵・贈按察司僉事・易初登進士第時・朝議以鄭成功亂・令沿海居民遷界・海豐邑境臨海背山・居民內遷・多患虎狼・易因奏請開界・疏端稱觀政進士某・蓋時尚未授職也・

奏開界疏

己亥科通政司觀政進士臣黃易奏・爲遵諭瀝陳遷民・籲恩亟復邊海・以廣皇仁以答天和事・臣惟聖王御宇・萬民樂業・則上天降之百祥・雖間有災厲如堯水湯旱・然天下得所・終可化災爲祥・邇者星變地震・示異交儆・我皇上引躬修省・下求言之旨・頒肆赦之詔・軫念民生至詳且切矣・臣粵東一介士・何敢冒陳末議以瀆天聽・但臣竊自念・君上有善而不宣播・民生有苦而不入陳・是豈臣子之心・伏讀上諭・山東青登萊等處沿海居民・向賴捕魚爲生・因海禁多有失業・應照該撫所請・令其捕魚以資民生・大哉王言・誠古聖王如天好生大德矣・乃江浙閩粵・向因遷海・民苦流亡・竟無有以是入告于皇上者・俾美意出自宸衷・而未遍之窮陬・良德施于近地・而未廣之邊隅・臣是以不敢不爲皇上陳之・

夫舉一隅可以觀天下・即以山東青登萊之情事・較之各省・其勢不遠・如臣居處粵東近海等府・幅員二千餘里・其中民戶不下幾百萬・自遷海以來・百姓室廬蕩廢・露處于荒郊・生業淪亡・號泣于道路・至父母兄弟不能相存・賣妻鬻子・苟活且夕・甚且有離徙他鄉・求生無計・全家仰藥而死者・其呼籲無告之情・誠難一一殫述矣・然此時就臣粵東所見言之耳・即以粵東之今日・推之江浙閩省・諸如海邊等處・遷海之民・其困苦死亡・臣雖未嘗經見・然其流離傷慘之狀・當亦必有同者・則捐國家數千里之疆域・而棄爲荒徼・委朝廷數千里之生靈・而聽其流亡・誠未見其可也・況有不盡此者・粵東鹽田・悉屬沿海・遷之則無鹽可種・課餉何出・民食何遂・又其甚者・奸宄詭藉海禁・窺內地居民或有升斗之鹽・指爲踰禁出海・多方索騙・勢不傾家不止・嗟

此小民．何罪何辜．而使其展轉困踣一至此乎．今山東近海等處．既荷皇上軫念．許其出海捕魚．得復生業．而江浙閩粵諸省．未蒙一體推恩．此不能無仰望於今日者．且粵東自去歲年穀不登．米糧騰貴．遷移之民．既失本業．復遭歲歉．勢不胥于死亡不已．臣愚以爲及今亟布天恩．諸如邊海諸省遷民．悉令復還本業．俾得採捕耕種．猶可拯救萬萬．所以格昊蒼而召祥和．端不外是．臣草茅書生．罔識忌諱．但仰邀皇上求言恤民至意．從地方百姓起見．冒昧直陳．字多逾格．如果臣言不謬．伏乞睿鑒．採擇施行．

李作楫　字白川．又字濟臣．東莞人．順治辛丑進士．官溧陽知縣．擢雲南鶴慶府．丁憂．起復補大理府．潔己率屬．郡以大治．尋告歸．著有藏公堂集．

四書存佚序

明正嘉間．姚江以致良知倡說天下．集爲朱子晚年定論．陰尊陸學．吾邑陳清瀾先生起而闢之．先生歿後．楚人瞿公九思走數千里．投書墓上．請質先生之所撰述．大約盛稱明紀．而於學蔀通辨有靳辭焉．予友顯之王父劉盤石先生．力爲詰難．牋六往反．卒折其角．當是時．吾粵學者不西祖新會．則東禰增城．而兩先生獨不少動．顯之幼承家學．年甫總丱．已博通紫陽遺書．猶憶丙甲之冬．予與東皋聽其剖析朱陸異同．縷縷不絕．直欲掃一世之雺霧而空之者．會國朝鼎革．釐正學術．首以朱註大全頒在學宮．一時老生．半墮陽儒陰釋之學．無能講說其意．於是顯之以少年推擇出爲大師．日取大全語類或問．進其及門而講習之．大闢雜學之非．以明集傳之是．鄉邦後輩獲其指授者．歲數百人．兩兒繼熙繼燕與焉．癸卯以來．予奔走宦途．而顯之見日益高．弟子之來者亦日益衆．監司諸公交徵講學．嶺海名流半入其門．蓋顯之之道之尊於世也久矣．

壬申予反滇南．門下士刻其存佚一書．請予作序．予潛心卒讀．見其毫芒必析．不特於大全以下．是非一無假借．即紫陽傳註．亦爲分別圈之內外．不稍認焉．使非有得於先人家學之深．何以及此．方今文教聿興．道術統一．海內操觚之士．爭言朱註．而坊間所刻講章襍本．猶有調停朱陸回護陽明之說．識者於此有豐蔀之慮焉．請以此書爲日中之照可也．

重修東莞儒學記

天下不可一日而不學．故學校不可一日而不修．國家承寧．兵革偃息．聖天子敦重教化．詔所在學宮．重加庀飭．於是東莞自閱裘馬二侯．已次第報成矣．然比者颶發不常．飄風爲厲．聖殿戟門櫺星門以及明倫堂儀門大門尊經閣．悉復摧毀．蠡吾郭侯下車數月．講課之暇．周環顧視．見其上漏下濕．瞻依弗肅．絃誦無所．乃自捐俸二百六十兩有奇．鳩工繕葺．凡瓴之動者鎮以□．柱之蠹者改以石．壁之垝者易以甎．堊塈黝丹．仰絢俯翬．至外而賢關聖域二坊表．內而啓聖一室五楹．則經久圮．侯再捐金二百兩倡建焉．經始於康熙己巳四月．落成於十二月．廣文劉李兩先生念侯功德之隆．不可無記．且又慮諸生升其地而不思所以賦其意也．

特畀予勒石以詔之・

夫上之所由汲汲於學者・正欲下之所同孜孜於學耳・古之王者・立爲庠序以教其民・而德行道藝之士興焉・當是時小大有成・七九有漸・此虞夏商周之學之所從盛也・後世三物不講・至於德衰・行窳而藝事亦隨以卑・不惟忠和聖義仁智・與乎孝友婣睦任卹之不槪見其人・即號稱禮樂之英・亦不過得其文采可觀而止・迨其愈下・制舉壞而剽綴工・並所侈所爲閎覽博物者而亦難之矣・夫裹飢餒之腹・以入六經之堂・挾躍冶之資・以遊典禮之地・如此而哆然自視・謂爲不媿聖人之門也・於乎・其不愧聖人之門歟・

吾邑僻處海隅・眞樸相承・向無子衾佻㒓之習・士亦通經學古・不徒以帖括見長・故宋歷明・道德有李公用・行誼有錢公益・理學有陳公建・正直有黎公光・勳業有羅公亨信・彭公誼・循卓有翟公溥福・王公極・著述有陳公璉・劉公存業・若而人無不彬彬・自膠序而起・雖迄今先民不可作矣・然往日遺徽典型具在・有能舉三代六德六行六藝而修之・以跨曩哲而不難也・況聖世有文・儒碩疊出・其風自上・其流及下・於此而得賢令宰爲之振興鼓舞於其間・吾知升其地而副其意者・當有不能以自已者矣・

侯舉丙辰進士・來尹敝邑・於今三年・季考月課・所得皆一時譽髦・而持己端凝・聲律身度・又無不足爲多士式・其爲政廉靜寡慾・豈弟愛人・事舉弊清・庭幾無訟・諸生倘得就侯而取法之・將所以繼先哲而應朝宁之求者・即在是也・劉李兩先生曰・然・遂書而刻諸石・

佘象斗 字公輔・號齊樞・順德人・順治辛丑進士・授刑部主事・以母老告歸・壬子丁卯・兩修邑志・性冲淡而好客・年八十・仍相與賦詩・令子孫屬和爲樂・著有韻府羣玉・嘯園詩稿・

按韻府羣玉・今存・嘯園詩稿・阮志注未見・

順德縣志序

邑之有志・猶列國之有史也・春秋以降・列國之詩・不陳其風俗美惡・惟志以傳之・蓋綦重矣・順志之修・始於太史錢公・時邑當新造・故多簡畧・宏治三年・蒼梧吳公廷舉復延三楚李承箕志之・而簡編殘缺・蓋爲時久矣・至萬曆九年・葉公初春蒞順・聘循州石洞葉大夫與邑人寺正梁君柱臣纂脩・石洞博雅君子也・落落寡合・志成又別爲志・文奇崛而事傳信・今猶稱之・康熙二年・膠西張公其策・以別駕再蒞吾邑・期重修而無所取裁・所增入者科第明經耳・迨康熙十一年・詔天下修郡邑志・彙送史館・以成一統書・時邑丞攝篆黃公培・則羅邑之薦紳爲之・不佞備數焉・時同事嚴君而舒・曾爲令有聲・年高而意專・實董其事・方竣・適三韓張公學孔筮仕茲土・樂邑志之有成也・因捐俸金以付剞劂・蓋始於黃公・而終于張侯・閱一載矣・

今上聰明天縱・稽古之暇・欲遍知十五國山川風俗・形勢險阻・戶口繁庶・田賦多寡・人物臧否・特命各省直繪圖以進・更勅督撫大臣修郡邑志・以備御覽・於是大中丞李公檄縣纂輯・邑侯姚公謀於衆紳士・孰可勝任・而載筆者不佞與薛君起蛟・冼君瞻宗・馮君國祥・謬承羔雁・不佞滋懼矣・前此之役・戾不獲免・今復攘臂下車乎・邑侯造廬請益

力・且曰・茲事重大・非公疇襄厥成・俟殆悉前志之匪余由也・唯唯否否者三・始勉從事・緬維左邱明良史・且不免浮誇・惟史遷筆具秋霜・氣兼奇肆・班孟堅典贍有體・而涑水廬陵・亦各擅所長・以自成信史・夫一邑之史・雖與一代之史迥殊・然要之典確詳明則一也・圖經地理・考職方也・建置祠祀・重賢能也・賦役增減・視夫時也・官師貞邪・惟其人也・德業以考治理・詞翰以觀文風・下而行誼孝友・隱逸幽貞・用表風尚・示則傚・亦當世得失之林也・夫是以寧嚴毋濫・寧簡毋繁・他如舊志偶遺必補・傳聞未確必核・務與通邑之人士共見焉・是志也・薛君深於史學・載筆居多・不佞得免罪我・則厚幸矣・何力之有焉・是爲序・

陳　鑑　字子明・化州人・萬曆戊午經魁・官江夏教諭・入新朝・授華亭知縣・鑑聰明絕代・下筆橫溢・豪蕩酷類大蘇・罷官後・遨遊江浙間・尤展成・毛西河・徐而農輩皆推重之・晚年落拓・僑居蘇州・藉其妾賣畫以給・著有癖草・天南酒樓集・今高涼耆舊集選癖草一卷・僅得文七首・

羅山紀行詩序

庚申之臘・余將有遠游・擬取道端州・下五羊・蒯緱既束・縹緗遂載・乃挐一葉・掛羅水・泝鑑江而上焉・有爲余言・大羅山以西路徑便・遂買扁輿往・出高涼城・北山勢斗峭・湍流激抱・地名小函谷・折而西・則古竇州路也・沿途水樹沙石・行數十里・是爲黃羅缸・缸中翠竹參差・綠箬蔽地・時陰雨霏微・坐輿中・竹枝漓瀝・如船窗打雨聲・寒甚・齒搖搖欲碎・投宿一荒墟・平明帶雨行・過大井・天氣漸開・數十里至龍塘・入古竇州南界・今屬信宜縣・昔程松溪先生文德曾謫是・所居有瀛州未有觀・旋過十里宿矣・十里山水頗佳・適野店火・四顧焦然・是夜月色如晝・余索村醪・對月欣然一醉・次早行長垌・踰橫槎・歷黃麖塘至官埠渡口・招招舟子・即其涉乎・涉而前・爲坡嘴・爲潭濮・爲河口・河口分二小水・雙流清泚・顧見鸛鶴成羣・徘徊久之・轉而前・楓樹夾山・滴丹染紫・遙望高岑・漸岸嶌矣・數里爲黃坡嶺・層嶂入雲・頑石鑿鑿如馬齒・夾道葦茅・披風藉藉・忽聞震雷之聲・山鳴谷應・而不知所從來・肩輿子曰・比泉聲也・余悅之・就輿中索筆・欲紀其妙・而山倏下路・凹凸不平・一手據輿・一手握管・而以口咬硯・覩肩輿子之勞・遂步行・恍在霄漢中・步而高則泉聲隨而高・步而低則泉聲隨而低也・行數里・爲黃坡柵・一嶺最高據柵後・余躡其巔・回眺高涼・濛濛如霧中・環顧羣峯・羅列其下・天色欲暮・山氣高寒・乃下叩柵求宿・顧不可・顧前僕夫・又不可・余曰行也・遂乘月而行・時臘既望矣・天鏡玲瓏・無半點翳障・又數里・過西垌・宿新墟・主人者大不解事・索香醪不可得・快快臥・

侵曉・不朝食而行・路多白石・或聚阡陌間・或映現水底・粼粼可愛・未幾・路上翠微・日至曾泉矣・岡頭飛霧・尙朦朧不起・山高可知也・前數里・爲懷鄉・有驛焉・飯畢促行・過藍埚・過高嶺・瀑布飛巖・青篁蔽野・御風嘐嘐調調・竹聲與泉聲相雜・輿人謂余・此中有甘羅故宅・按甘羅・秦人也・安得宅此・又數十里・天氣空濛・似欲雨者・諺云・近山多雨・信然乎・高嶺過爲風垌・羣山至此愈幽・林木至此愈盛・數十里岡巒盤互・梅數百本・松千樹・青翠

篙篔・不知其幾萬個也・余素抱竹癖・對此猗猗・不覺欣躍欲狂矣・過灘垌・絕巘陰崖・石竇千仞・竹木翳然・岡頂飛瀑泠泠・從石竇出・如走珠噴玉・跳躍萬狀・閱之忘倦・日暮投一山家宿・屋角梅花皎皎・余汲石竇泉・摘梅花・煎而啜之以當茗・入夜・聞猿號甚哀・又聞山馬嘶聲・山家人習以爲常・余竟夜不寐・聞有叩門聲・則信宜陳令公遣使追余贈遺者也・余不遇鄉邦・孰意令公猶有憐之者・次早・出灘垌・爲杯篙嶺・嶺高霧重・對面如照塵鏡行・行其上不特絕人居・即飛鳥之翼・亦不多見・豈所云千山鳥飛絕者耶・

大都一路山巖・惟泉石之聲・不脫於耳・初駴目恫心・漸解頤悅性・久則似覺厭焉・始信許由之去掛瓢非矯也・山勢漸開・十餘里擴爲田野・水從田釋而去・語函口・居人多置水車水碓・萬柱登登・在淺水急流間・函口爲高羅隘塞・若秦之有函云・函有一所・羅旁未平之先・鬱爲盜藪・今日遂爲太平康莊也・過函口・爲平蠻垌・蓋陳龍崖將軍璘所平者・微將軍吾其能游此乎・因自謂有將軍之功・不可無余今日之游・蓋此地自開闢以來・誰曾游者・闢自將軍・紀游自我・或附以不朽・未可知也・垌而前・爲分水嶺・一分羅定江中・一分西寧界・是東羅山也・行數里・爲函中火・倚岡臨澗梅竹交加・茅廬幾間・庶幾幽境・前爲乾河・多石・粗而不澤・譬大漢將軍儷商婦耳・又前爲石根・爲臨垌・山勢至此大開・然流泉之聲・未嘗去吾耳・巖頂飛雲・未嘗離吾目也・宿一店・近水涯・余設几爲牀・枕水涯而臥・聽潺潺清音・入吾夢中・勞人得此・快絕爽絕・早起・行數十里爲雞徑岡・岡有所・民居畧繁・不似山行境界矣・自此以往・而良村渡・而金岡・而七根松諸村落・達於羅定・羅定發舟・二日達端州・端州三日達五羊・計自高涼發裝・山行凡六日・水行凡五日・搜囊得絕句二十七首・

遊七星巖詩序

七星巖在端州之北・去城五六里・余嘗棹經端江・望之青翠如滴・然或阻風雨・或逼人事・登臨之履・未及一躡・萬曆戊午季秋・偕諸同年謁制臺・因約李文度王崇閭陳知期知璽買小車・携壺榼往・初歷山阿・涼風蕭瑟・蕩人襟袂・便覺塵心一洗・由巖口步入石窟・窟中深黑・行數十武・忽頂上開一光牖・志所謂石室・即此崇闕・文叫稱絕・余曰未也・由孔牖攀磴道而上・古道藤蘿・紛披巖石・石上隱隱殘碑・崩裂不堪・繼轉上一百級・路益盤曲・仰視巖頂・尚未能至・背汗已淫淫矣・稍坐巖磴・旋由鳥道而西・勢漸下・已過一巖・頑石虎踞虬攫・躡丹榜直上・野樹蒙茸・籠蓋左右・踰數百級・路最峻・登者每攀緣扶掖・封禪記所謂後人見前人履底・前人見後人頂・眞不異此・再上爲玉虛宮・又再上爲北帝廟・帝子赤膊・金身儼然・令人起敬・稍憩・凭欄俯瞰諸山・屐舄下廟・以上尤峻險・路不可通・遂結臂而下・諸友稍有倦色・余與崇閭興愈狂・更歷一巖・磴道高・不下數百級・上有三仙觀・登觀中・則純陽鍾李・宛然鬚眉・觀旁芙蓉極盛・花開爛然・時秋高天霽・前望端州仙花塔・長空一指・翠障屏列・俯視端江如練・山麓殿閣・出沒天外・眞令人飄飄欲仙也・

頃刻・聞山下招呼聲・則諸友促飲者・乃下・轉山阿・

過中巖．壁立萬仞．可望而不可攀．巖下爲斗杓堂．把袂共集．出所攜壺榼．與文度諸人呼盧笑酌．糞脫粟一飽．遂共步堂前．軒楹虛敞．環以多池．惜池水秋乾．閒餘茭菱．不見蓮花盛時耳．堂畔蹲巨石．光潤陸離．箕踞其上．望削壁巖．巖口欲歌詩．忽同年麥昭伏招呼而來．遂並肩石上談．此中幽絕處甚夥．更有一巖孔竅轉深．磴道轉險．中藏石鼓石鐘．臨以黑水數丈．時有蛟龍守其窟．非其人至．則風雨晝暝．又有獅子洞．洞口琪花五彩．神仙所窟宅．幽秘不可常見．諸君所履．特山膚耳．余與崇閭聞言．髮盡豎．誓窮此勝．即挾照伏以往．歷巉巖．披蒼莽．尋所謂鐘鼓巖者．將至．則鐘乳懸垂．瀑布飛織．旁間一徑．僅可容身．下瞰深潭．昏黑無地．余浮木爲舟．與崇閭入．捫鐘鼓．如杵臼狀．擊之響震巖外．須臾．水底勃勃欲奮．恍若蛟龍怒吼聲．遂出．少憩古榕下．時夕陽在西．遠麓牧童橫吹短笛．山氣入暮．凊冷如不堪．遂沿山徑下．尋小車門歸路．迢遞溪田．月色已盈盈矣．嗟乎．我輩日奔走紅塵中．飢寒勞頓．不可名狀．如今日之游．可多得耶．況所游者．不過七洞中略涉四五．豈山靈相妬．不令我輩徧游耶．何日裹糧再到．取七星靈秀．盡羅胸中．因作長歌一章以示崇閭．並以訂後日之游．

癖草序

句屈之山．有怪木焉．根盤拳曲．無當於桁楹櫨欂之用．匠氏過而不問．波斯胡徘徊審顧．采而賞其瘿人之有癖．何異於世間一種諱癖之人．其語言無味．面目可憎．日託諸闇然以媚於世．世亦朋然媚之．若余固不能無癖者．而第不能諱癖．請得而陳其狀．大約有七．

縱橫三萬．上下四千．蓬首汗牛．埋身作蠹．若鳥蟲鑿度．邱索典墳．裨說詩談．燈藏奇字．當其神游意會．眉舞色飛．焚徹昏朝．嗜忘饑渴．余之癖似痞．

結廬勝地．苑華茂閟．花氣淸觀．竹陰蕭艾．好風徐過．明月時來．泛海若之旗槍．對寶篆之沉結．骨氣將冷．塵慮欲捐．余之癖似癃．

曲澗深山．鳴泉怪石．屐筑忽至．魚鳥浮沈．送落霞於天邊．振好音於木末．起居寤寐．靡悅於懷．余之癖似疽．

以是三癖．隱入膏肓．其餘四癖．尚在腠理．曰麴蘖．曰槈蒲．曰粉黛．曰骨鯁．

余好酒而無酒腸．每聆甕風糟氣．則興勃勃欲飲．飲不可以一斗醉．醉而聲烏烏．衆了不知其故．則目之爲狂．又性喜豪華．不耐貧者．有眷余而與之金者．百金到手．非歸呼盧．則歸艷冶．以故金盡貂寒．居徒四壁．銷魂喪魄．幾溺愛河．又甚躁急．不善逢人．每爲人所銜齕．幾不能免．僨．顧影無儔．故年來發所爲詩文．喜者什三．怨者什七．由前三癖．則目耗心腐．神孤意野．由後四癖．則顚狂困舉以示人．鮮有憐余者．嗚呼．是余癖也．豈望人憐．如彼怪木．匠弗材矣．其誰爲波斯胡之嗜瘿．抑世有醫王焉．投以琅玕之髓．沆瀣之精．余將洗腸而進之．庶其可有瘳否．

哭臥子陳公文

維明之燼．百城草靡．金陵以摧．蘇臺忽圮．迢迢雲間·孤城孰峙·沈尸其雄·公握其距·遙奉名藩·神武厥紀·傳檄東南·豈曰一旅·天不祚明·民不效死·八月兵燹·萍散川潰·沈既殪身·公亦飄逝·時予來松·歎公忠義·過公之廬·已爲□踞·踞公之室·收公之田·噬公坐公·予不謂然·緣茲叢釁·林火池延·[illegible]予於今三年·或傳公死·或傳公仙·或傳公入道·或傳公入禪·或傳公去閩·或傳公去滇·孰知公即在山兮·公即在川·公即在海兮·公即在田·黃鵠既舉兮·胡不摩天·神虬既逝兮·胡不深潛·乃爲網罟之所駢羅兮·乃爲銀鐺之所拘攣·乃爲挺刃之所敲擊兮·乃爲桎梏之所鐍鉗·按以械而迫就艇兮·將雜俘獲以歌旋·實據公爲鴻代兮·森環衛其中邊·故日中之啖啖·忽夭矯其沈淵·淵已沉其未絕兮·紛鉤獲以戈鋋·揮白刃肆毒兮·擠其髮而喪其元·城市爭覷以目淚兮·人百身其舍旃·詰朝而懸之竿兮·日將暮而貯之獄·荃既友屈原而從水濱兮·奚訪皐陶而來我屋·羣夫喧喧兮·肩摩而蹴躅·予驀爾見公鬚盾兮·儼生前其如玉·髮䰐䰐其無恙兮·羞我曹之髡禿·繞悲蔆其怵目兮·聯梟顱之在櫝·曄曄其威儀兮·予叱皂隸其勿瀆·奉几案而覆之巾兮·私爲位而一哭·嗚呼哀哉·

是日高春有一大鳥·縞衣玄裳·集於圜扉·銜棘南翅·衆目咸觀·公神先來耶·嗚呼哀哉·

緬予友公·始於燕京·再於會稽·感公肺腸·愛公文章·王李之後·大雅洋洋·天喪斯文·餘子孰匡·嗚呼·公心在明·如日在天·一腔熱腔·三載孔艱·龍性難馴·鶵髮難芟·義形於面·志溢於顏·漢之北海·宋之文山耶·嗚呼哀哉·

公有良朋·亦有懿親·爲夏爲徐·生耶死耶·爲李爲宋·出耶處耶·公有愛妾·亦有孤兒·臧耶獲耶·在耶亡耶·嗚呼·拘公者么么蟲蟲·侶公者曖曖朦朦·拜公者馡馡醲醲·報公者豐豐隆隆·五月十三·醉竹千叢·若祭關公·當祭臥龍·

石龍賦幷序

余產化州·家在城之北·地枕州治·厥下有石龍焉·其尾潛於江·首通於庭·不知幾百丈·時復能鳴·遠近俱震·蓋靈物也·隋時即以石龍名縣·唐宋至元·其名屢易·至我朝始定爲化·蓋亦取諸龍云·是龍也·不數鳴·鳴必瑞應·前代之鳴莫詳·姑舉近代·景泰中·三日鳴·應於州同楊生子一清·後爲相·正德初又鳴·應於余高王父司成公·嘉靖初又鳴·應於余曾王父方伯公·萬曆初又鳴·應於姚太史南達公·厥後無復鳴焉·豈山川之顯晦有時耶·二十年前·清漳沈大夫來守是邦·善占氣·爲築驪珠臺於水口以聚之·後必有興者·歲戊午春三月·龍復鳴·衆皆駭以爲異·而陳子獨曰瑞·衆不信·且因守官之故·而題之曰妖·嗚呼何其不知龍之甚也·夫衆人之不知龍奚怪·獨念是龍千萬年爲遐方作鎮·今數十載始一鳴·鳴而誰爲應之者·余即乏雕龍之才·然夢寐有徵·見聞有考·又安可謂先人之武莫繩·而前宰相·後太史·遼遼絕響也·用是役管子·介墨卿·呼石龍之靈而賦之·姑謬悠乎其言·敢謂嘘氣成雲者哉·

有弓先生·生於石龍·長於石龍·一旦聞石龍之鳴·耳

駭膽落·走陳子而問焉·曰·是何聲也·訇訇轟轟·戛戛鏗鏗·非匏非革·非竹非簧·或集屋角·或遶殿梁·索之不見·聽之彷徨·何精何籟·何咎何祥·陳子曰·此石龍鳴也·瑞聲也·請爲子考石龍氏之譜·旋審聲而徵應可乎·

昔者上帝之將剖渾沌·有物自西方來·九色班然·帝命以司天下雲雨·錫之明月之珠·冊爲鱗族之長·俾下土因而紀官·是物也·實生九子·長好負·曰贔屭·次好望·曰蚩吻·三好鳴·曰蒲牢·四好訟·曰犴狴·五好飲食·曰饕餮·六好水·曰蚣蝮·七好殺·曰睚眦·八好險·曰嘲風·九好閉·曰椒圖·九族寶蓄·散處四方·其一走南岳之南·滄海欲盡處·鑿一線居焉·沒而骨化爲石·遂以石爲氏·性好鳴·則蒲牢之後·而石龍之鼻祖也·(漢武內傳·西王母有九色班龍·小說·龍有九子·又閩州石氏生九子·與龍戰·俱化爲龍云·)至神禹疆理九州·浮于江·有物若蝘蜓·負禹舟·欲裂地請封·禹曰·咈爾彈丸·其姑附諸揚·此則石龍之初隸也·(按志禹貢時屬揚州)·三代以降·毋得而稱焉·及祖龍氏作·遣使海上求異香·以其腦及涎進·謂不減八桂·遂以附桂林·(按志秦屬桂林象郡·)嗣是漢陸賈通南粵·得明珠之庢·歸語上·謂非龍護此珠不可·遂以附合浦·世爲珠官·(按志·漢屬合浦郡高涼縣·)厥後五馬渡·羣胡爭·則局守羅水一隅·而自附高興·隋文帝立·乃召而詰之曰·爾不自有龍門耶·何至傍人門戶·勑錦繖氏因其姓名而還其故物·自是石龍之聲·隱隱動天下矣·(按志·晉及宋齊梁陳間·屬高興郡·又爲羅水·石龍名自隋始·又馬寶妻冼氏賜以錦繖·封石龍夫人·)李唐承祚·氣感龍池·蒸彼南石·實呈厥瑞·(按志·唐爲南石州·龍曾鳴·)有宋繼之·黑龍入夢·因嘉其變化之奇·錫之以佳名焉·(按志·宋開寶間·始名爲化州云·)逮蒙古氏以陰山餘孽·逞屠龍之技·更而路之·(按志元改爲路·)是用不甘其腥羶·

會我太祖高皇帝·乘六飛天·始揚鱗振翼·率其屬朝帝於大明之殿·帝爲易其名·俾列爵諸侯·其後以壤地褊小·降爲令尹·復念其上世有功德於民·仍進刺史·(按志·洪武初·改路爲府·九年·省爲縣·十四年復定爲州·)於是乎徼皇靈·感帝力·而我明十餘葉以來·風氣漸開·圖瑞漸著·太平之聲·與石不朽·而後稽古徵今者·始可得而云也·

爾其氣貫於天·則星分朱鳥·野屬女牛·南訛既秩·保章是收·爲文明之所麗焉·(按天官書·南方朱鳥·又牛女屬揚州·廣既爲揚·化既爲廣·舍女牛安麗之·)其形帀於地·則南接瓊雷·東來陽電·星巖北臨·珠海西面·爲清淑之所滙焉·(考一統志·就化觀之·則七星巖在北·而畧東耳·)其擁衛於境中·則羅江繞前·寶嶺輔後·立石砥左·千秋峙右·燦龍母之開宮·鬱龍山之結阜·爲勝之所增焉·(按志·羅江水如帶·自後遶前·梁置羅州·因此寶嶺爲石龍之輔山·曾出寶·立石在江上流·千秋在江左·山色長青·龍母山·相傳石之母·上有宮焉·龍山在西南三十里·)其嚴翼於地上·則堂皇昂首·樓閣蟠胸·垣墉環甲·睥睨壯瞳·陣懸背水·勢擬臨衝·俯不能下·仰不能攻·爲險阻之所憑焉·(按威在龍背·龍首竅於州庭·尾在後水

中・自有城來・山寇數攻・未嘗有陷者・）其絪縕孳息・則圓頂方趾・託生而日蕃・胎植卵孚・藉神而並育・而若不以爲功焉・其廣厚載容・則羣居雜沓・如毛之輔皮・數廛喧嚻・非雷之震角・而日渾而不驚焉・

若夫景和氣舒・日居月諸・塵翻野馬・魄走蟾蜍・燭照不周之壑・光射斗牛之墟・又若風雨連城・烟雲蔽野・百里傾盆・千家飄瓦・不見聽經老人・遂化行霖使者・爾乃吐天精・噴地靈・叶土囊・呼玄冥・乍如金鐵之鏦錚・漸如雷鼓之崩騰・忽如波濤之湧興・又如泉石之淋泠・大鳴九萬歲・次鳴三千齡・中鳴五百載・小鳴數十星・豈其兆麒麟之游郊・豈其致鳳凰之儀庭・豈其啓龜圖之策瑞・豈其告黃河之澄淸・豈其來卿雲之爛漫・豈其報景星之明熒・豈其開豐年之大有・豈其吹皇國之泰寧・

原夫先幾而發・應響而興・則有黃屏之宰・箕尾之精・赫赫濯濯・實誕厥靈・（謂楊邃菴相公也・）亦有淸時魁傑・國子先生・流光垂慶・奕葉雲礽・騰驤上國・擢茂大廷・勤勞中外・徽錫寵榮・進考於地曹・而身爲大國之藩屏・（謂余高王父會王父也・）又有玉堂之彥・金馬之英・揚葩摛藻・爲訓有經・（謂姚太史也・）其地攀鱗附翼・尙未易一二而稱・由此徵之・龍鳴之爲瑞・亦旣昭昭矣・而何須乎雞人・何類乎鵝聲・（按志前代以雞向石龍卜災祥・又志云美聲類鵝・豈其然耶・）又何羨於晉朝之銅馬・漢殿之石鯨・與夫桐城二丈之鬚・沙州數尺之舌・孫邈千金之方・張華五色之鮓而已哉・

吾子徒游蹄涔之水・而無與江海之觀・徒聞雞犬之聲・而遂駭天然之籟・徒披蜿蜒之衣・而未窺神龍之翼・又烏知龍之所爲乎・於是吒先生似不能言者・遂循牆而走・余亦就臥・夢一巨物・腮鬚紛然・爪牙奮躍・自九地而出・風霆隨之・沙揚石走・草偃木振・余亦忽忽若有所失・乃鼓勇而前・腰長劍・手輕鞭・捋其鬚・攖其頷・巨物五色無主・屛氣息聲・化一童子・青衣黃裳・揖余而言曰・我龍也・居君之土幾千萬禩矣・世人不以我爲瑞・而以我爲妖・我是以見・因抱一珠而泣曰・是先代之遺也・其名爲明月・持與君・遂夭矯而逝・余亦驚寤・噫嘻・有如是乎・乃爲石龍之歌曰・

龍兮龍兮・爾豈石兮・呼吸靈變・又誰識兮・振振有聲・亦旣徵兮・悠悠入夢・珠光燁兮・幻兮眞兮・願沛雨而飛九天兮・將握明月而照萬年兮・

廣騷并序

余浪出人閒・誤嬰世網・跼蹐一身・徘徊千古・因讀屈原傳・深悲其爲人・信而見譏・忠而被謗・愁苦憂思以著離騷・余忠信不如屈子・而嫉余者不啻上官子蘭・蓋自己未庚申二年間・憂心悄悄・幾不能免云・無已・駕言出游・暫羈羊城客舍・適歲辛酉・天啓改元・萬物皆有新色・余獨何爲壹鬱無聊以至於此・因哀生逑變・漫擬屈騷一首以自快・而終自廣焉・其詞曰・

帝重華之苗裔兮・肇錫土曰潁川・數十葉至朱龍兮・嗣扈從播於海壖・當我明之靖難兮・賢憤忠而赴死・逮余高之聿興兮・及余曾之繼起・傳王父之耿介兮・越大人之修能・

歲闕逢之敦牂兮・余乃辭九天而下臨・夫既當此皇路之淸夷兮・寧吾生之不辰・或揆余一陽之初度兮・謂星偶躔於磨蝎・甫三周而善病兮・轂黃口其始脫・長離五色其猶未毲兮・紛莫知吾之爲異・乘竹馬而奔蹄兮・渾羣兒之嬉戲・余獨英英其頭顱兮・差偶白而抽黃・大人迺教之禮樂兮・又課之以文章・汨余若將不及兮・悪馬齒之日長・朝漱詩書之芳潤兮・夕汰塵俗之粃糠・時紉秋蘭以爲帶兮・亦集芙蓉以爲裳・迥倐倐其靡叡兮・羌誰以余爲㛃罕・不目余爲狂兮・狂豈余之所屑・余矢志之所邁兮・將紛毋其獨持・握三山之彩筆兮・抱石龍之靈珠・忽太陽之赫戲兮・大鵬運於天池・余學鷞鳩而鼓翼兮・僅決飛於枋榆・慕萬里之長風兮・對此千尋之巨浪・聊控駕於梅關兮・二豎亦欺余之儒・荃不喜夫洛之書生兮・余何爲痛哭之戇・余固罔知忌諱兮・罰罟輕於草芥・幸中道之倦還兮・歷韶嶺之嶙峋・駐粤王之故都兮・探羊石之僊人・出郊野而遐矚兮・訪安期於白雲・忽鞅掌夫塵嬰兮・會見鵂鶹於瞑盱・猰貐狉狉而獰獰兮・蜮含沙以伺余・山鬼揶揄余前兮・鴟鴞又欲啄余之後趾・睠畏途不可久留兮・而且還余之桑梓・履先人之舊武兮・吾惟知忠孝之爲安也・彼世眼紛紛其如盲兮・又寧知局外之多端也・

余獨悲夫戾氣之忽來兮・使百卉爲之淒淒・雲靄霴靆而露曀兮・白日的而無輝・霜雹暴降不以時兮・牛馬凍死而狖夜啼・颶母飆山而拔樹兮・奚沙石之不揚・傾覆民居攝以去兮・雞犬蹬其徬徨・紛藉藉以茅靡兮・吾廬緊閉其罯當・帝端居於九重兮・曾莫指夫佞人・亦託根於江漢兮・何化反乘於汝墳・余哀民生之多寃兮・啻不可結而詒申・且謇以陳辭兮・託飛鳥而致之・詎言深而交淺兮・余悲余之愚而誤也・夫既不揆余之衷兮・羌益逢而怒也・震雷霆之疾威兮・藉口乎九世之讐・豈諒余先人之淸白兮・仗名節而孔脩・余反躬而自勘兮・竟於我而焉求・乃密網之紛張兮・遂吹毛而求疵・騈余族於囹圄兮・譬夕燔之朝曦・虎齒磨嚙鹹枯項兮・駮牙噍喋而無完肌・彼昏尙一目而眈眈兮・何辣辣之與肥遺・彼鼠之嘸巴兮・碩大奚雄・若鐵之血鴉兮・淬銛其鋒・夫曾不量人而恕己兮・余嘗自反於厥躬・仁與禮其未至兮・胡不降心以相從・紛寵勸余以習媚兮・余媿娥眉之末工・將枉道而逢之兮・爲前修所不容・既不可靦顏而屈膝兮・又安能爲叩頭之蟲・惟是守大義以貢荆兮・余忍而心安也・將承歡以讐祚兮・夫惟居子大夫之邦也・

曰詰朝以爲期・羌中道以反覆・啻解釋之有機・何犺妖之後嗾・九尾綏綏濟之姦兮・九首獉獉而助之觸・既信蒼蠅而嗜鮑肆兮・復沃蓁蕪而剪辛瓊・余雖紛披乎蘭蕙兮・羌孰知其爲馨・夫亦思余之得罪兮・果苦口其爲誰・衆昧昧以鴆毒兮・竟沉醉於糟醨・彼蟪蛄之啁啁而鳴兮・牛尙聽之以鼻・何忠告之爲仇兮・終岸然其掉臂・夫其捐棄予於路兮・雖顚沛其何傷・余不忍同根之灰燼兮・緣余姓字之不祥・余觀乎鸑鷟之下乎人間兮・罕加罾其六翮・目兕黃脣其犆角兮・亦姤山君與河伯・矧余少涉此風波兮・曾不當洪爐之一髮・央亡嚘屎交肆厥凶兮・余隻身其若寒謔・嚴鰓鰓而瞿瞿兮・慈亦怛怛而忉忉・余思剖心而見帝兮・帝鄉遼濶而天高・姑叩神明以豸余紛兮・神君庚顚倒而昏迷・閽狺狺其獋猲兮・陸齗齗其鯨鯢・嗛余肉之尙腥兮・嗑余骨而遺之・助

跖蹻之慄悍兮・夫安顧乎夷隨・吾固知黃金官重而儒賤兮・聊不禁余之傷悲・

昔箕子之大賢兮・嘗被髮而佯狂・若仲尼之大聖兮・亦戒心於匡匡・員鴟夷於夫差兮・平亦湛於靈脩・視前喆固多艱兮・矧余叢譽而府尤・老鼎鼎其將至兮・心爞爞而懷憂・心之憂兮・匪爲禍之故也・視尋尋而尺尺兮・聊以東吾步也・將上怨而下尤兮・莫姱脩之證也・抑踽踽而涼涼兮・亦何必爲此行也・頁昂藏於乾坤兮・余奚至於沈淪・時未際聊褘隋兮・有八索與三墳・昕夕焚膏以玄覽兮・余將尙友乎古人・古人憐我而不孤兮・事儻奇而獨妙・余偶得千秋之知己兮・旋破啼而爲笑・暇則滋九畹之淸風兮・又植萬个之瀟湘・門一任其張羅兮・聽戶外之倉皇・余閱夫江犺之讖風兮・蠱亦前占乎雨・鵲審歲而背巢兮・燕亦避乎戊巳・吾安能鬱鬱久居此兮・吾誠不忍去其鄉也・

歷九州而曼衍兮・旋彳亍而未蹶也・愴余値兮此離・顧余翼兮差池・高堂命兮猶豫・客子行兮踟躕・北風急兮木葉下・鞭吾車兮策吾馬・朝發乎石龍之墟・暮宿於筆山之下・望竇州兮瀕行・指羅旁兮前征・石岏巑兮磊磊・瀑飛流兮泠泠・翠竹漫岡而蔽嶺兮・歷隆冬而不衰・宿莽蘼蘼施松柏兮・枯萬木其忽荒・梅嵐依稀兮若霰・泉鳴動兮如雷・或日入而聽□□兮・或夙起而戴殘星・跋羅山之嶔崟兮・掛瀧水之扁舲・望星巖兮延佇・過珠樹兮役倚・驚爆竹兮催年・渡灘江兮逆旅・卜日兮發五羊・借一枝兮以徜徉・閉關兮玄覽・援琴兮浩倡・閱雲漢兮蒼狗・望明滅兮欃槍・陟天路之淸明兮・新帝子其御六螭・茁含生之萬物兮・皆應候以熙熙・我何爲其不然兮・徒傷怨於失時・蓋叱馭以北征兮・瞻此方升之朝曦・高岡有梧兮・鳳翩翩而來儀・麟畢游於庭兮・又何有於窮奇・於是仰天大笑・且謳而咢曰・驥卽服箱・奚長鳴兮・世有伯樂・自我知兮・靈均可作・吾將與之以逍遙・

屈騶

字友石・號澹翁・番禺人・崇禎壬午舉人・淸初授信宜教諭・遷國子監學正・不就・歸隱沙亭・築存耕堂・因卽以其名其集・阮藝文志注存・

浢園記

地不足擅林園之勝・規模狹小・則一覽無餘・乃於奇花異卉・色色堪珍・亭榭溪・鑒賞不暇者・每令人夷猶久之不能去・

淸海之南三十里・有別墅名浢園・古榕夾道・衡木爲門・飛橋橫澗・磴道逶迤・行數十武・竹林中屹然起者・碧湘亭也・亭瞰淸波・一泓溪碧・如瀟湘之瀨・淼淼浩浩・曠無際涯・擬之以湘・厥亦允宜・亭之上・宜鼓琴・或吟詩・音韻悠然・與風敲竹聲相和・饒有幽趣・斯浢園之初勝也・下階而西・溪迴徑轉・水檻宏開・繞樹爲池・環園皆山・其面山而南向者・西山草堂也・考其□□內外殊向・中橫以紗壁・外堂廣可數尋・足以肆玳筵・藏歌舞・珠履接軫・咸觴詠於此・內則貯古今名賢書籍・琴棋詩畫・茶竈筆床・種種具備・旁間廂房・懸以陳榻・以爲高人來往燕息之所・階下多植花木・其外復以溪澗環之・斯則園之大觀也・

時而天朗氣淸・臨池縱目・上下天光・一碧無際・錦鱗

出沒・沙鳥廻翔・竹影參差・禽聲睍睆・挹清風之徐來・悟文章於波面・斯時也・當有心曠神怡・憑欄賦詩・其樂陶陶者矣・倘或霧雨濛濛・陰風怒號・水擊波翻・山昏樹暝・客於斯者・能無撫景凄然・悵覽勝之無從者乎・此則園之變態也・

若夫東望扶胥・日出而陽鳥散彩・西横鎮嶺・雲歸而巖壑就暝者・園之朝暮也・至於倉庚轉而桃李芳菲・振羽鳴而芙蕖舒艷・菊徑堆金・梅蹊糝玉者・園中之四時也・而且離枝間植・橘柚成林・町畦菑畬・可耕可稼・盈畦葵菽・可擷可湘・園之利用・更如是其不匱也・

閼逢月正・予來遊於此・正際主人攬揆之辰・與交親同效觴祝・維時酒既和旨・肴核維嘉・東西列序・威儀秩秩者・賓初筵也・階前玉芝・環庭萊舞者・獻兕觥也・盃盤狼籍・浮白呼盧・舞倦倦而載號呶者・客盡歡而主人醉也・主人者誰・郡廣文先生潘君亞目也・

石頭觀潮記

元冥屆序・月肆嘉平・日淡風輕・寒梢綻玉・予偕二三騷客・踏雪探梅・偶過高士之廬・因稅河梁之駕・團欒坐石・流睇洪濤・八韻未足抒懷・長吟欲裁海賦・客曰・如此雕龍・願聞其旨・予謝不敏・竦然以起・爰倚漁磯・吮毫伸紙・賦曰・

猗歟浩翰・變幻千端・風乍起而澎湃・潮初漲而茫然・一望銀河繞岸・海門雪浪連天・鰲背烟開水碧・鯨波日落金鑪・漁舠掉晚・蒼茫浪裏歌聲・雁影橫空・縹緲雲中一色・落霞映水・遠樹含烟・挹清風之徐來・悟文章於波面・漁笛與江聲並響・過帆同歸鳥爭先・隨岸長洲罷釣・橫沙水沒平田・斯時羣公興發・觴咏流連・西山漸暝・欲整歸鞭・客復叩予曰・海之水・朝生爲潮・夕至爲汐・吾於說文知之矣・然時而沸浪山低・時而水落石出・一日而何以盈縮之有常・一月而何以漲旱之有數・一年而何以或溢而大・或平而小之各殊・此中盈虛消長之故・可得聞歟・予曰・潮汐往來・運行於地・上應於天・管窺容易測哉・雖然・吾嘗考羣書而有得矣・山海經以爲海鰍之出入・浮屠書以爲神龍之變化・南華莊叟以爲氷池焦釜之生息・雖曰近似・皆未必然・蓋聞天包水・水承地・而一元之氣・升降于太虛之中・方其氣升而地沉・則海水溢上而爲潮・及其氣降而地浮・則海水縮下而爲汐・計日十二辰・初子至巳・其氣爲陽・而陽之氣・又自有升降以運乎晝・由午至亥・其氣爲陰・而陰之氣又自有升降・一晝一夜・凡再升再降・故一日之間・潮汐皆再焉・且盡即天上言之・天體四轉・日月東行・自朔而往月速・漸東而漸遲・潮亦應之以遲于晝・故晝潮自朔後長而漸消・迭差而入於夜・即海下言之・天體東轉・日月西行・自朔而往・月速漸西而漸遲・潮亦應之以遲於夜・故夜潮自朔後消而漸長・迭復而入於晝・此所以八月而漲旱各有期焉・抑時有交變・氣有盛衰・而潮亦因之爲大小・卯酉之月・則陰陽之交也・氣以交而盛・故潮之大・獨異於餘月・朔望之後・則天地之變也・氣以變而盛・故潮之大・獨異於餘日・此所以一年而溢・年大小之各別焉・水之行地而應于天者類如此・乃說者曰・海鰌穴居・以時出入・故入則潮上・出則潮退・海

中有魚獸．類牛而毛．剝其皮懸之．潮至則毛起．退則復焉．此又好說荒唐．而博物志之未可盡信也．若謂子胥之揚濤潮起．錢鏐之射弩潮退．不益誣誕不經哉．

於是客起捧觴爲予壽曰．大哉子之談海也．其說至矣．然豈無其產．抑無其變乎．予曰．唯唯．請竟其說．夫海珍與陸產較異．浮夜光于合浦．淘躍治於沙邊．珊瑚痛誇百尺．驪龍日抱珠眠．謝端螺逢素女．越王潭下犀潛．淵客泣而珠出．延津化爲龍泉．餌犬豐彭蠡之肆．煑鹽誦管子之篇．乃欲稽其變．爲說不一．具載陳編．方平行復塵起．麻姑三變桑田．魏武縫囊欲渡．苻堅浪說投鞭．沉璧獻而而知死．委虵見而兆興．乘槎達牛女．博望信有奇緣．駕黿濟弱水．周穆從此登僊．非祖龍之可塞．寧精衛之能填．是皆因類幷舉．古人諒非虛傳．客遂整衣謝予曰．旨哉．孟子云．觀於海者難爲水．遊於聖人之門者難爲言．

洪泮洙　遂溪人．父化龍．諸生．舉優行．里黨有緩急．不以有無爲解．人稱其溫厚．泮洙中崇禎壬午舉人．順治戊戌進士．官休寧知縣．咸以爲世德所貽云．

湖光巖記

邑東南六十里．地勢自湖母嶺盤旋而南．石峯兀突．巖壑蔭翳．中有湖．宏淵莫測．字曰湖光巖．初名陷湖．宗靖康有僧琮師居焉．建炎三年．李忠定公綱來雷．止其地．手題湖光巖三大字．勒之於石．湖光巖以是得名．

巖南數里許跨海．隋鐵杷縣是也．東瞰滄濤．西北聳縣輿．遂稱第一山．奇壁干霄．古扃翕邃．大士莊嚴．羅漢布列．修竹茂松．時與湖光相掩映．洵勝概也．等而上之．匪麗幽深．非攀樹援梯．未易到其境地．如來妙相．如在天際．然皆天然奇巧．不煩造作者．左旋石室連綿．有巖名曰七星．仄徑雲封．道僅通鳥．從水滸灣環而入．魚躍鳥喧．別有天地．避亂者時依之．右旋舊有白衣庵趾．宋邑人紀應炎讀書處．後人相沿．搆館於此．伊唔之聲．與風木泉聲並之．問津利往．水引漁者．花藏仙壑．春風不知．未許俗人問也．吾家去湖巖三十餘里．時逐隊往還．乘興而遊．力倦西歸．其間曲徑奧室．未能周歷．

順治辛丑秋之重陽夕．揖諸英少同遊．欣然再宿．頗領此佳趣．脩然出塵之致．眞與王摩詰之輞川．柳柳州之鈷鉧．杜甫之浣溪．元結之浯水．並足千古．若夫俯仰高深．憑弔今昔．寄懷於千百歲之下者．則蘆山主人洪泮洙也．

陳衍虞　字伯宗．號園公．海陽人．崇禎壬午舉人．入新朝．歷官番禺教諭．廣西平樂縣知縣．乞歸．兩修府邑志．著有園公詩文前後集．存．又著有明世說二十卷．其家藏有鈔本．

重建陸丞相祠碑記

人心所以不死者．忠節生之也．有不忍沒忠節之人之心．則忠節之人．亘千古如生．而人心亦緣之不死．宋自中原鹿走．朝廷在樓艣間．信國越國陸丞相間關南溢．播越圖君．迨厓門勢蹙．丞相驅妻子入海．抱帝昺同沉．嗟乎．柴市忠魂．不□大傳．□維亦覆．忠竭身殉．義炳日月．厓山既有祠祀三先生矣．會城之南大忠祠宇．壯麗無儔．衍虞□

陳衍虞

遊其地・曾執筆爲之記・

若潮之耑祀陸丞相・則始于二千石槃公元玉・閱郡誌・載丞相墓在南澳北青徑口・求之不得・于是立祠與昌黎伯爲隣俎豆之・曰・是公過化之地云爾・然不及經潮陽之文文山・恢復潮州之張世傑・則何說也・或者曰・丞相與宰相陳宜中議不合・因謫潮・考宋史・宜中嗾言官劾丞相張世傑・曰・此何等時・動以臺諫論人・而安置潮州之事・史或載或不載・夫從龍沒波・尸浮十萬・茫茫天塹・何從得骨以埋・即得之・不歸葬楚州而葬潮之南澳北青徑口・則又何說也・或者曰・丞相一子好獵被逐・遂家於潮・學士舘基尙存・柱礎大可踰丈・夫使丞相果嘗居潮・正値臥薪嘗膽之時・乃於窮鄙荒村作俊宇雕墻・効佗胄之南園・踵似道之葛嶺・則又何說也・

或曰・丞相謫潮時・奉母夫人以行・青徑口是其母墓・然流俗傳聞・志乘記載・既非無據・似不可以恒理測・大抵孤忠烈節之臣・如日麗星輝・神龍舒卷・度其英爽・無乎不之・則失墓而求之祠・似得祀典之正・即耑祠・誰曰不宜・

祠肇舉於弘治元年・至嘉靖二十五年・郭公春震一脩・迄今百有餘載・堂搆蕩然・遺像坐亂烟叢棘中・僅覆數瓦・衍虞每徘徊其下・輒墜淚滿面・何幸有郡侯果庵林公祖・鋭意興復・屬衍虞門人進士曾子華蓋・外孫林子世榕・庠友李某某等・相基涓吉・倒庋締管・不數月而高甍彩棁・拂日齊雲・前堂之楹七・寢堂九・之中肖公像・鬚眉欲動・門之楹五・坐對韓山・帆影山光・互相輝映・至几筵□□□麗・其深廣與韓祠敵・瞻拜其下者・愾然有食人祿死人事之感焉・雖在顚躋・誼無可逃・推之五倫・道各當盡・果庵林先生之騰贊天彝・欲永丞相忠節於不死・而天下懷忠抱節之心・遂勃勃欲生・其關於風教何如・豈區區爭土木之勝己哉・

明世說前序

臨川王世說造微・微巧於單行隻句之中・讀者珍爲木難火齊・代爲推尙・幾與墳典中分而立・宋儒獨謂以淸言誤國事・不貴也・唐潯陽主簿劉肅作唐世說・起自武德・迄於大歷・自謂事關政教・道可師模・雖倣臨川義例・而體裁逈殊・以余蠡見・臨川是骨董羹・潯陽則大官廚・臨川巖壑雲詭・衣履皆仙・祇從牙齒間得利・潯陽如父老談桑農・鑿鑿可聽・但少稽詞之俊・令阮旨之遙深耳・世說昉自漢晋・何元朗語林補至元末・有明佚事・缺有間焉・

今上方修明史・詔搜天下遺書・即稗官小說・無所忌諱・予於是就少時見聞所及・畧爲采輯・其正者足以垂金石・泣鬼神・而寸璣尺璧・疏花小島・亦時供松筆之點染・體裁差同劉肅・標領新異處殆兼義慶・所限生居荒僻・無從廣搜・閒即往來金臺吳越間・又寒篋金饑・不能多購・夫事雖出於一朝・歷年已幾三百・實錄之外・縉紳先生所撰者・與幽人墨客所私記述者・牛汗棟充・漫欲以井觀括全史・是猶涉重溟者・捨鐵網而搴珊瑚・入鄧林者・棄斧斤而收杞梓・偶獵孤英・多漏瑰寶・其何以擲臨川之碎金・考潯陽之鐘鼓乎・假而卯金有知・笑我爲鼹鼠鷦鷯・僕將何以自解・

明世說後序

一代之創制・三百年之菁英・大者訏謨・次者國紀・次則山笈家乘・次則梵典稗官・珠霏琬錯・軫照笥充・譬遊羣玉山・見四轍中縄之冊府・無不洞心駭目・一妄男子根器猥俚・思挈禿毫以收赤文綠字・不爲山鬼所揶揄否也・劉義慶世說・意主簡・令竭典午諸賢寢食夢思・造巧於牙舌・殆史家之碎金・益以孝標一註・乃成完錦・蓋其闕畧難通處・盡發於註・余標舉明事・不過聲聞小乘・分門之下・稍稍買菜求益・似註即在本文・自笑鉛槧不廣・蹄涔易窮・不能摘翡翠之藻羽・脫犀象之角牙・楮墨繁蕪・瑤硤雜出・不堪令阿平絕倒矣・時在宦邸・草草成書・喪亂以來・散失過半・庋置者一十五年・會邦君大夫王望如孫古喤二公・爲余故人・徵稿綣切・又奪之蠹口・重訂繕寫・不知臨川王潯陽主簿肯銜官我否・因嘆作史三途・兼才者寡・孟堅纂漢・尚識龍門・魏收操觚・共詆穢史・茲雖瑣語・亦關體裁・太史公所謂文不雅馴・千餘年前・早爲老夫下一痛鍼矣・

方殿元 字九谷・番禺人・康熙甲辰進士・歷官歷城郯城江寧縣知縣・能以經術飾吏治・罷官後・僑寓蘇州・所著環書・究天人窈奧・自成一家・詩高華伉爽・沈德潛稱爲不在嶺南三家下・其集四庫提要稱・樂府二卷・諸體詩二卷・雜文一卷・末卷爲環書上下篇・阮志藝文畧所稱九谷集六卷・當即此本・今刻南海伍氏粤十三家集中・

昇平二十策

臣南海之鄙儒也・順治十一年・初應禮部試・往來於齊魯鄭衞吳越之間・見民之奸僞而困窮者・幾徧天下也・竊有感於治平之學・自以少小不急仕進・歸而閉關・取古聖人治天下之道・變通於今・晝度夜思・五年而得之・今再應試・伏維陛下堯舜之主也・而今之風格・即未能如禹湯文武之盛・且能如漢文之世乎・臣以爲未也・觀治者徵於刑措・漢文幾刑措矣・今未刑措也・夫何以故・孟子曰・堯舜之道・不以仁政・不能平治天下・孟子言仁政・不過五畝宅・百畝田・謹庠序・申孝弟而已・漢文時・井田雖廢・於周制稍存・故收效獨易・其後旣無井田・教非孝弟・仁政之不存者・殆千七百餘年於茲矣・雖唐太宗之明・治不能如漢文・蓋後世之所謂仁政者・孟子之所謂仁心仁聞也・非仁政也・今臣敢爲以仁政爲陛下獻・能信而行之・十年而吏習不少清・民風不少厚・盜賊不少衰・訟獄不少息者・請正臣以欺罔之罪・三十年而不刑措者・斷未之有・謹陳二十事于後・望採擇焉・

陛下當宸而思良臣者・十餘年於此矣・今執天下之士而數之曰・某也孝弟於家・廉潔於鄉・視人之疾苦如己・陛下必欣然願得之以爲臣矣・又曰・某也學博而才富・文章如古人・陛下必曰・是史職之選也・又曰・其也工試藝・如規如矩・如律如呂・陛下未嘗不以小技目之・及取人則不然・選庠士以試藝・鄉貢士以試藝・舉進士以試藝・父教其子・兄教其弟・師教其徒・皆曰・試藝者朝廷之所重也・語之以古文章・則曰是不足以取富貴・語之以德行治術・羣以爲迂・其甚者一選於庠・輒矜大・傲宗黨・凌孤獨・走勢利・一旦鄉舉之・禮部舉之・遂居然爲民上矣・及其爲民上・又盡棄

其試藝．而責之以行．何責者在此．而取者在彼也．陛下之於百工．以此用之．即以此取之．至於取士．何獨不然．豈重士不如重百工．而治天下不如治土木哉．論者謂選行而巧僞出．不如選藝．始取其秀者而徐試之以官．嗚呼．官可試哉．以官試之．不如試之而後官也．臣愚以爲先選其藝．名曰藝科．其後有行者．鄉鄰保之．教官保之．縣令保之．名曰行科．間有通古今具史才者．名曰文科．文科而非行科．擧進士後入史館纂修．不官．藝科而非行科．擧進士後．放歸不官．官必以行科．使天下知非行科．雖文科且不官．何有於藝．藝科後十年．不得行科者．黜之．未及十年而先擧進士者．聽補擧．如是則天下輕文藝而重行．始行之或飾．久行之將實行．不然．將不知行．以不知行之人而官之．民何罪哉．

三代之教也有其實．其後之教也有其名．今也幷其名而無之矣．三代之時．鄉遂而下．皆以鄉吏主教．德成爲賢．才成爲能．獻其書於王．王再拜而受，而後官之．所謂實也．其後不能教．待其自成而擧之．曰某也德．某也才．人猶向其名也．今之教官．以養衰庸耳．日與諸生爲市耳．督學者較試藝之工拙而高下之耳．條約具文耳．學者耳不聞才德之名．謂之無教可也．今宜選庠士之有文行者．教官與縣令保之．遞以上聞．籍其名於部．遇教官之缺．次而用之．教諸生以德行．次以治術．察而擧之．視所擧以定黜陟．未有不得人者也．併贅員之訓導．去無用之廩膳．以益其祿．亦足以代耕矣．

周制．內有鄉．外有遂．鄉之所置．五家爲比．比有長．視下士．五比爲閭．閭有胥．視中士．四閭爲族．族有師．視上士．五族爲黨．黨有正．視下大夫．五黨爲州．州有長．視中大夫．五州有鄉．鄉有大夫．遂之所置．五家爲鄰．鄰有長．五鄰爲里．里有宰．視下士．四里爲酇．酇有長．視中士．五酇爲鄙．鄙有師．視上士．五鄙爲縣．縣有正．視下大夫．五縣爲遂．遂有大夫．是皆鄉吏主教不掌刑政者也．其時天子諸侯．分國而治．故詳且理．後無井田．因無農兵．擧教天下之法而廢之．漢去周未遠．文帝以戶口置三老．孝弟力田．常員鄉老嗇夫．皆百石．故人崇之．正人出焉．近之里正．以供役耳．徒隸視之耳．於是里之內無主教之人．父兄不能教其子弟．則有司無與焉．力役不平．訟獄不情．盜賊不息．皆由是也．今宜令五百家自擇一鄉士．以行科之庠士主之．選者以德而助之．頒以條約．教民婚禮．使之不費．教民喪禮．使之不鬼．教民祭禮．使之不慢．爲優爲娼爲盜聞於官．又爲之解爭．爲之勸睦．縣令歲察其賢者薦之．遞以上聞．擧而官之．而後民有教也．

百畝之田．使一鳥獲耕之．未有不荒者也．使十庸夫耕之．未有不易者也．今一縣而一令．雖有丞尉．不使之理民訟矣．仲弓爲季氏宰．問政．子曰．先有司．今有若無也．試擧能令而問之曰．戶口幾何．必不知也．孤寡幾何．必不知也．善惡幾何．必不知也．三者不知．何以爲政．今宜增設縣丞．分方而治．以他省鄉士之擧而官．官而賢者用之．既知其賢．則其理民訟也無不平．何用禁之哉．

至賦稅多者．宜分其縣爲數．徒口之而終不可理．無益也．古者一夫授之田宅．於是乎有粟米布縷力役之征．假有無田宅之民・聖人將哀憫自辜之不暇・而忍役乎哉・今征地者・古之粟米也・征丁者・古之力役也・夫無田之丁・竭一日之力・求一飽而有不得・其可役乎・矧稅之乎・矧稅之矣・而又役之乎・且丁之弊多矣・有兼數十家之田・而無一丁者矣・有無一畝之入・而有丁者矣・方拮据而輸丁里之力・役又從而呼之・而豪强之家・安坐甘寢・貧弱之民・奔走不休・所得而役者・一一安分之良民耳・役之不休・此流亡所以日多・奸宄所以日起也・臣愚以爲無田者宜勿征其丁・田不足者・計其分數而征之・有餘者計而倍征之・每歲里長計數列冊以報・編審可無用也・其力錢留於官以僱役・州縣官以其地之衝僻・計一歲之常役・先報於上・餘而後解・衝者不足・撥協於僻・雖損府庫之萬一・而天下之窮民・終歲得盡其力・安居而足食・盜賊不生・兵革不試・所得者不已多乎・

井田不可復矣・天下始有窮民・今爲窮民計・止此耳・此而不行・其不得所者亦不少矣・記曰・以三十年之通・雖有凶旱水溢・民無菜色荒歉・陰陽之數也・及至而後圖之・雖有神聖・無能爲矣・今令各州縣每畝捐穀二合以爲本・春借秋償・取一分之息・十年之後・雖荒不爲患矣・至幼無父・老無子・與廢疾而無養者・一里之中・亦無幾耳・官有一年之息穀・可以米賑之・

每見夫爲藩司者・督稅賦耳・其所謂承而宣者無聞焉・今欲興教化・舉賢才・則總之者藩司也・一省而設二藩・而後覈之也詳且精・臬司於六獄・必覆讞而後成・囚人在刑朴之後・羈紲之中・走數百里・飢勞愁困攻其中・暑雨風寒攻其外・死者亦不少矣・一省亦宜設二・其無用之守巡道・可盡去之・至兩省相接之地・奸民出沒逋逃・其弊易生・宜設官兼轄之・易得而理也・陛下之所以貴爲天子者・非賴斯民乎・所以富有天下者・非賴斯民乎・親斯民者・非守令乎・任之如此其重・選之其可過輕・待之其可過卑乎・如設行科・則選之不輕矣・今初舉進士者・不得部曹而爲縣令・則黯然矣・郎中之遷也・不得監司而爲郡守・則太息而之官矣・彼見夫新進史館者・非有積勞也・非盡異才也・頃刻之遇而得之耳・遂使郡守如幼之事長・郡守久任累遷・職列四品・宜如是哉・何有於縣令哉・

又中書行人之屬・三遷以爲郎中・及郎中之出守也・遇中書行人之爲使者・不得如監司之禮・縣令品秩等益毋論已・待之不其過卑乎・雖非係乎榮辱・然守令之不如古・亦可見矣・唯自見其卑耳・烏知其任之重哉・臣愚以爲守令非遇統轄之官・非卿以上・不必以手板相見・又縣令迎送督撫・而得比教官鞠躬之禮・免其長跪道左・以別於異途之佐貳・存古人重守令之意・所以養其氣・勵其心・知斯民之重託・其不自愛者亦少矣・

古者之官不求富・其後富而掩其富・又甚而耀富・更甚貧而飾富・今之之官者・侈輿馬・奴僕動數十人・或數百人・無者以爲耻・稱貸而重息・甫至官而索償者接武而來矣・其一日之入・不足爲一日之出・求其廉也・不亦難乎・臣愚謂宜以品級限其奴僕之數・多不過十人・例之所在・不以爲耻・其他類推之・教之以儉・民之受賜者多矣・有爲貧而仕者・及仕而愈貧・不可不知之・孔子之所謂體羣臣也・

遠方之人．候官於都．稱貸於人以三年．十三月之後．以息爲本．守數年而得一官．債每以千計矣．人情易貪．況逼之以不得已乎．臣愚以爲可免其至都．南北之人．各選近省．無財者易以營措．有親者易以奉養．不至逼而爲貪墨．何不可者．如謂慮其衰老廢疾而不能驗．何不將選而使巡撫驗之．如謂恐其變故而稽期也．則陞員亦必在都乎．

地之未墾者多矣．細民之力．不能及也．軍流之有力者．可令其墾而居之．猶然去鄉也．墾地多少高下．其爵而不任．雖四品可也．爵而任之．雖九品不可也．臨民之職．不可市也．

曾子曰．愼終追遠．民德歸厚矣．民不孝而可治者．未之前聞．今之民有父母生而不養者．及其死也．有草草而斂．草草而葬者．有置之而不葬者．有家不設主．有設主而塵穢積之數十年者．豈盡無良．亦上之人未之教也．又寢設四代主．易世改題而遞遷之．四時有祭．冬至祭始祖．立春祭先祖．季秋祭禰．今薦紳之家．多不知者．遑責夫民．臣愚以爲宜頒以條約．令鄉士家諭之．民將興起於孝．訟獄少而盜賊息．由是始也．

社土神也．稷穀神也．民之安處而粒食者．賴社稷也．而忘其本而失其報．將有親而不顧．有德而不知．不知德不顧親．且去禽獸不遠矣．至山川法神．不惙千里而禱祀之．挈妻引子．呼羣結會．走道路．失農桑．尤患其相結而爲亂也．臣愚謂宜永遠禁春秋不祭社稷者．罰之．

爲僧道士者．豈盡知禪而學鍊者哉．游惰失業居其一．奸宄潛藏居其一．愚迷相逐居其一．是三者吾教之罪人也．亦彼教之罪人也．浮屠不三宿桑下．丹家守神辟穀．皆與市井不宜．臣愚以爲此等宜於僻地擇寺觀居之．爲之立師．不堪入教者悉反爲民．戶口增而田畝辟矣．

白金適於用．如布帛菽粟．然不能一朝去也．黃金止可爲飾．而世尚之．夫尚之則用必多．用多則必乏．乏則其値愈高．黃金之一．白金之十．是以匹帛而易寸錦．石粟而易片修．求其不飢不寒．不可得也．又久而必壞者珠寶也．去而難積者錢刀也．貴而必壞．費其難積．棄中人數家之產．而爲一叙．暴殄之罪．不可長也．臣愚以爲飾器用黃金者宜罪之．下令曰．舜藏金巉巖之山．捐珠玉五湖之淵．有採珠寶與市者．刑無赦．

地不墾．因於民不農．不農者非盡游惰也．僧道去其一．商去其一．工去其一．古之百工．備器而已．今漸而競巧．一器成．不知受其飢者幾何人矣．臣愚以爲雕鏤之工．疾令改業．器不得市．

今之優人．力能與士大夫抗．以其爲權貴之所狎也．由是羣而羨之．父率其子．兄引其弟．登善謳之門．託之爲徒．上之可以得勢力．下之可以得溫飽．是奸民盈於城野間也．孔子曰．放鄭聲．遠佞人．優人兼之矣．臣愚以爲宜盡聚其曲焚之．習之者重刑．庶乎其可絕也．

畜娼者人皆恥之．井市以之爲營．乃有人恬然爲之．豪富之家．利其重息而貸之金．月取給焉．不自知其鄰於賤也．男女異路．聖人之治也．今縱無恥之民．鬻良民之女．誘之奸以求利．豈歧豐鄗洛之都所宜有哉．

各省之兵．將尅其餉而虛其數．縱使大吏歲時點閱．能去其弊乎．將難之也．臣以爲去其弊無難也．兵所防者州縣之地也．今令州縣官募土兵．與將驗其勇技而籍之．則數不虛．餉出於州縣．解於藩司．發於各營．何如使州縣官自給之．其將欲攘而尅之也．稍難．然武臣多貧．遂以私丁充兵而得餉．於是使令有兵．防禦無兵．甚者私丁非壯丁．又甚者無丁而冒丁．皆其貧使之．用之．亦宜恤之也．今宜自總兵而下．許畜私丁多少爲差．不令之過．初任率就提督點□□其姓名年貌．充入兵額．非時稽察遷調之際．此去彼來．則兵常足而餉不虛矣．

陛下所欲得之以爲將者．非以其膂力之過人．忠義之許國乎．膂力過人者．千不得一焉．多老於畎畝而已．當使里中舉之．橫暴刻忍者不得與焉．州縣官聞於巡撫．畜之於將列而練習之．才優而用．忠義之勇者於是乎出．其勝於設科而濫額無所行者遠矣．

上當事乞休書

元三月得疾．五月乞休．屢章駁檄．將謂疾非垂危不便請乎．是必將填溝壑而後可去也．是山林之下無養疾之吏也．且元非孑孑然欲去者．人情不厭卑位．將求高也．否則求利也．元初宰江甯．後宰郯城．凡二十四年矣．以郯前令逋帑．永不得調．向之爲郯令者．不過位一二年．皆負公賦．破私產．辱身名．苦妻子．元拮据以免罪焉而已矣．欲去則去之早矣．而不去者．以人生天地中．不宜獨安逸．當竭心力爲天下謀萬一．孔子之所謂不仕無義也．元病矣．可以去矣．禹曰．生寄也．安見夫家之非族耶．即使死官守．例得予恤．驛□而歸．何所不可．無如筋緩力耗．不能馳策．以七省之衝．一病吏焉偃臥其間．勢所不得．惟憲察之．

九谷集自序

讀古人之書．如見古人焉．恨我不見古人．尤恨古人不見我也．後之人．我不得而見之矣．將於我有同情焉．未可知也．周公之爻也．莊周感之而作南華．譚大夫之詩也．屈原感之而作離騷．甚矣哉．知之難也．知其知者亦難．五百年而一遇焉．猶尺晷也．千載而一遇焉．猶崇朝也．天地悠悠而何遽乎哉．樂府詩．予少壯之娛也．不忍棄也．雜文．平生之志也．非志不錄也．環書．晚之適也．不有非之者．將無是之者也．斯則吾言乎．不又有無言者乎．九谷子題．

大宗祠祭田記

元向自江寧歸．去鄉六年．見一水焉．曰元昔之所溯游也．見一石焉．曰元昔之所盤桓也．見一樓焉．曰元昔之所婆娑也．況於宗廟邱墓乎．今去鄉十六年．薄宦依依未能歸．宗廟邱墓入夢而已矣．族人來者言及．老者存十之二三矣．至言及強壯者．皆白首矣．言及少者．面不相識矣．今之幼而弱者假得相見．將言新不言故．用禮而不用情．幾如路人矣．因念元之子．有居廣者．有居蘇者．蘇之後人．及長而後能歸拜宗廟．省邱墓．族人幼不同嬉．祭不同列．宴不同酌．視之益如路人矣．夫其始同一父母．久而不見如路人．言之而不勝惻然者也．

大宗者・禮之所謂百世不遷之宗也・元宦薄・不能如范文正設義田贍一族・族以田百畝入大宗祠・遇祭之日・族人爲元居蘇之後人備豕一羊一而助祭焉・又念元曾祖考達和府君同曾祖妣關氏葬于大福・祖孝雲興府君同祖母蘇氏葬于橫岡・考正庵府君同妣何氏葬于大福・皆與大宗祖墓也・墓祭之日・族人遣從者爲致一牲之薦・使元居蘇之後人・知元三代之邱墓・雖有居廣之後人・而一族皆爲可托・親親之誼・千萬年可也・田所入之餘・每歲盡給族人之貧死而無以爲殮葬者・庶幾他日之族人猶知有元也・知有元・則知元居蘇之後人也・則未盡如路人也・

歸與難賦

仲宣作賦・尙爾依劉・子山述哀・猶然開府・僕貧狗五斗・欲養無親・家隔千山・思歸何路・暫棲淮水・時作越吟・此邦興廢・助我傷悲・故國存亡・求之夢卜・孰相憐而可語・豈能悲而不鳴・西南羈客・誰非行路之難・山水琴心・自有知音之聽・時丁巳秋八月也・

蓋初生而有知兮・逢四海之亂離・家徒棄而不可耕兮・讀先人之遺書・親日老而無養兮・廼通名乎上都・顧懷拙而守直兮・非時人之所娛・既抱觀之無吏兮・効一邑之奔趨・時事紛其日益兮・馬步疾而加驅・生芻之不飽兮・夜半躞蹀而悲嘶・痛菽水之不加兮・百憂達乎慈闈・臨北風而掩涕兮・入篋籠而無所之・倏棄我而不我鞠兮・呼旻昊而弗知・哀姊妹之不舍兮・諸弟阻乎天涯・五斗之養而不得兮・不如老乎故廬・死生同此懷土兮・魂搖搖其安徂・陟高邱而回望兮・烽火接乎南陲・念五羊之舊郭兮・亦東南之陬區・哀扶桑之高柯兮・首萬衆而光輝・觀海波之不揚兮・知聖人之在茲・擁靈洲之佳氣兮・歎斯文之不衰・昔尉佗之末臣兮・煩陸賈之說辭・彼楊僕之樓船兮・何似乎漢文之璽書・歷數之生息兮・敦禮而明詩・甲第聳其雲起兮・門十三而七衢・田疇錯而沃肥兮・桑麻之桑鋪・時長風之南來兮・貢舶梟泛而爭飛・俗文而不頹兮・士女繁而麗都・羌百川之朝東兮・獨粵江而南趨・一朝而爲戮兮・白骨縱橫而斂虧・吹畫角於嚴城兮・寒月慘而且孤・羅美人而教歌兮・哭鬼雜而相呼・行行而過故里兮・心述狂以焉如・尋崇臺及曲池兮・唯荒榛與丸藜・秋風起於枯楊兮・疑舊日之笙竽・狐狸疑我而怒立兮・蒼鵰睇我而愁啼・忽白日之西匿兮・燐熠熠而陸離・髑髏而人語兮・訪煢魂之無歸・歎百年之華屋兮・一旦而他人居・曾年歲之幾何兮・復存亡之不知・懷骨肉而不可見兮・託征鴻而致辭・迅奮羽於雲中兮・徒頡頏而差池・彼羅浮之青鳥兮・路險難而不來・拾明珠而莫御兮・折珊瑚欲贈誰・鯨吐波於日角兮・鰲鼓翼於天池・滯鯤鵬於涸轍兮・扶搖欲起而待時・

日馳月邁・使我心憂・我車我馬・駕言行游・北浮元武・南陟牛頭・東陵百攝・西汎江流・新林遠浦・落鶩浮鷗・臺城古道・哀草荒邱・烏衣何巷・白鷺空洲・桃葉有渡・落星無樓・南臺舊地・禾黍幽幽・秋殘故苑・春零御溝・孝陵殿上・野鹿呦呦・呼龍虎而不見兮・悵范蠡之深憂・卷平吳之偉畧兮・上五湖之一舟・獨悲吟於淮畔兮・想朱衣之怨愁・徒埋金於大江之南兮・山未起而國爲邱・哀鐵

鎖之橫江兮．樓船下而身囚．曾破於赤壁兮．秣馬於荆州．臨五馬之古渡兮．憶江左之風流．何一曲之後庭兮．使王氣之忽收．彼魏文之虎視兮．歎洪濤而孤猶．江漢東而不返兮．感余心之悠悠．望新亭而返轡兮．山風怒而皆秋．搖雉亭之白羽．撼卞塚之長楸．過方景之祠廟．馬悲鳴而不留．循板輿之來澈兮．淚淋於道周．返空堂而撫膺兮．寒蛩爲之啾啾．泣南陔之風樹兮．歎去國之三秋．兒女不知愁兮．學長干之里謳．

亂曰．粵山兮欽崋．粵水兮旋折．荔枝洲兮荷灼灼．素馨田兮江夜月．臨南海兮眺蓬闕．路不遙兮建德．國與君兮心結．奈何兮輕別．

逸民賦

余宰郯以前．兩令逋帑降俸後．各還籍追勘者十年矣．然例不調．適豫省開捐復之令．親舊交勸曰．吾鄉進士．君俸最久．例補吏部．一捐可得．余曰．是不足以觀命．衆嘲爲逸民．余亦自嘲．戲作此賦．

惟陰陽之無涯兮．主天地之悠悠．前已古而後將今兮．遠億紀而近千秋．余忽夫此時兮．懷夏王之九州．寄吾神於百年兮．若東滄之一漚．能欲耕而不能兮．學辟穀而無由．人食之而衣之兮．覺妄得之可羞．歎斯人之同羣兮．相顚倒乎中流．由洗耳而巢不飮兮．亦堯水而堯牛．何拘形而畫畛兮．遠跡于山陬．身奚往而非客兮．胡有乎去留．不睍天而偵命兮．飄飄乎乘不棹之舟．升沉其若一兮．夷險之無憂．問柳下與東方兮．肯攜手而同遊．

神告形文

昔者予也．乘氣而之．値爾形成．頗與予宜．數至運會．於焉宅居．維爾之形．波目峯眉．深息長聲．白皙丹肌．及爾既長．予發爾思．遂不我與．耳目是返．相如雅步．宋玉微辭．春流秋獵．馳控如飛．雲英月華．吸光孕輝．嘘章吐曲．織女成機．文淩何賈．析辨秦儀．放志娛情．日月其馳．幾希載我．溯流忘歸．終不予勝．潛覺爾迷．發我無聲．數爾昨非．爾乃知予．如君如師．披彼重帷．相見依依．予亦慰爾．歸也何遲．未與予一．且唯予隨．予行爾行．予趨爾趨．爾曰唯唯．朝斯夕斯．世盡爾識．知我其誰．我志未行．爾也遽衰．始必有終．會與予辭．爾去莫留．予長在茲．無別丁寧．謂爾之知．爾乃不知．予復何悲．

畫像自贊

亦牛亦馬．非惠非夷．志在斯民．辱身爲之．身之既辱．何恤何懷．昨宵夢裏．垂釣桃溪．悅彼蘆服．綵霞爲衣．童頭赤脚．來時如斯．

湯命夔 本姓梅．新寧人．康熙丙午舉人．官貴州新貴知縣．尋致仕．教授於鄉以終．

創建西巖寺大悲閣記

寧邦西郭．雉堞相並．茂樹風篁．梵鐘微微．若遠若近者・西嚴寺也・創寺者誰・老衲傳臨也・未寺之先・榛荆所藂生・鼯狐所幽穴・蔓蘿豐草之所蒙翳・孰識斯爲佛法地歟・臨悉馳募・漸以卜築・閱四十餘春秋・龍湫巍峨・足稱名藍・一椽一礎・皆手購也・莖花坏土・皆封植也・於是占風氣者過而覽之曰・茲寺鼎建寧城右腋・藉以障瀾・蟠如龍耶・踞如虎耶・插天秀色・光華四耀・豈徒爲沙門證偈・其於我邦風氣・實嘉賴焉。

適秋高天朗・諸同人乘輿躡東山而遐矚・夫寺之前・則軒而仰・後殿則輕而俯・體勢參錯・利用改觀・乃於後院四壁・仍其垣而增之・高八尺許・購藏經閣・虔祀大悲菩薩於其上・臨偕僧徒晨夕擊磬而祝曰・花滿河陽・樂矣琴堂・豈弟君子・晉秩對揚・遂舉籌而登一善焉・又祝曰・庚樓月白・細柳鶯啼・銘動麟閣・太平之基・則又登一善焉・更祝曰・俊髦薦於朝・農父歌於田・商旅熙攘・以燕以衎・山陬海嶠・徧冒慈雲・善哉善哉・佛力無量・非思議之所能及已。

爰有仙客・羽衣蹁躚・欣然相告曰・西來眞諦・待人而悟・浮杯卓錫・芳踪匪遙・蓮社祇園・風流在寧陽・勝概如斯而已・予顧謂客曰・管中乍窺・未覩全豹・子獨不見夫石嶺以東・翠壁夾日・髻山以西・青螺摩空・其南則潯州・疊窟汪洋・蜃樓出沒・自智薄泛海・種菩提於靈湖・嘉木蓊葱・如見伊人・其北則金溪・逸賢鐘鼎之所從遁也・東坡謫儋耳・迂道造廬・而蘇渡以名・迄於今・霞林鶴徑・還疑有隱君子焉・山川多奇秀・人物亦應之・詎僅西巖已乎・而密邇治城・曉市茶烟・曉村人語・或墨客題詩・松門繫馬・或高賢看竹・方丈籠紗・則西巖其尤也・今巍巍殿閣・永觀厥成・所以壯是邦之風氣・而鍾靈毓秀・於我人士寧有窮期也哉・若夫拈花說法・頑石點頭・年逾九十・心若少壯・傳臨益悟上乘・靜而能壽者・爲贊一詞曰・衣鉢遞傳・西巖即天竺矣。

黃士龍　字非潛・番禺人・今隸花縣・康熙壬子舉人・官蒼溪知縣・卒官・先是縣境花山隸番禺從化・明季劇寇踞爲淵藪・朝議征勦・迄於無效・民逃亡失業者數十年・士龍上書大吏・陳剿撫方畧・併倡議建縣・是爲析分花縣之始・邑人德之・呈祀鄉賢・

撫軍李大中丞靖寇安民碑

從來國家之治安・視乎黎庶・而黎庶之休養生息・在乎先事綢繆・淸盜賊之源而除其害・夫民之苦盜賊・譬則苗之有螟螣然・屛絕之而衮堅始遂・如山之有豺虎然・擊搏之而行旅不驚・而非有卓越古今之才智・未能取積久之根株而悉拔也・盜賊之最著者・漢之赤眉黃巾・晉之孫思盧循・唐之黑闥芝仙・宋之之儂智高宋江方臘・明之劉趙鄖藍輩・約皆多不數年可一撲而滅・獨花山則不然・攷其峒舊名盤古・號番淸從三不治・其寇攘自昔患之・自賊渠練復寧吳萬雄等由循州入踞花山整・因以爲名・遺禍至今・迄無寧歲・週環數百餘里之間・絕巘摩空・箐叢大半・狷狖之所不能至・人力之所不及施・嘯聚縱橫・剽掠四出・左則增從龍門數邑被其害・右則南海三水一帶受其殃・前則肆毒於番禺・後則播虐於淸遠英德諸縣・遂使鷄鳴村落・倏化寒烟・燕笑室家・忽

悲破鏡・幾百里荆榛彌目・絕無商旅之踪・數十年購贖公行・莫問虎狼之穴・生靈盡於湯火・水陸任其截屠・大率間歲搞征・數年大勦・然兵南則賊之北・兵東則賊之西・即有時與四路之師・賊且竄踪窮壑・下招安之令・不過一二輩詐降・叛服靡常・勦撫莫效・聚歲朝之智勇策力・莫可如何・是治盜誠難・而治花山之盜亘古今爲尤難也。

茲幸承我撫軍李大中丞・裕將相之才・旌麾所臨・萑苻屏跡・曩者開府江右・大建殊勳・聖天子念吾粵兵燹之餘・特簡元臣・撫綏南服・公至・加意柔懷・養民禮賢・釐奸剔弊・甫下車而綱舉・官方武備・士習愼刑・息訟薄征・省差禁派・十六大政・皆救時急務・莫不舉手加額・有更生之樂・繼念數邑殘黎・久苦寇盜・爰援算於撫標遊擊岳公・而以廉州郡丞李公監其軍・壬戌仲冬十三日・發徒旅・選車乘・駐師唐帽嶺・紀律嚴明・兵不血刃・不三日・而積惡巨憝傾峒詣軍府請降・自古用兵如神・功效未有如斯之捷者・

夫苗民來格・尙煩千羽七旬・鬼方既平・亦勞奮伐三載・諸葛公天威也・南人不復反・必俟七擒七縱之餘・岳武穆神謀也・楊公之蕩彝・猶遲之八日之久・撫軍顧取之如携・若燭照而數計者・良由才猶可以答君上・誠信可以格神明・仁義可以化頑暴・用是歡欣鼓舞・歸命恐後・此天時實人事也・今四海一家・灌烽息燧・皇上知人善任・制府大司馬大中丞吳・宏鞠保之仁・察吏寧人・恩覃兩粵・即山陬海澨・咸沐和寧・鎮守大將軍王・三十登壇・師中貞吉・仁民畜聚・厝地方於泰山磐石之安・獨此蠻峒一隅・未靖反側・撫軍聲色不動・一旦取而平治之・從茲久安長治・共遊熙皞之世・再爲擊壤之民・其恩造於粵人豈淺鮮哉・肅勒貞珉・以垂久遠・使讀是碑者・知盛德之可以格奸・而梟獍之徒・有所耻而不敢復爲不善也・因共作歌・以誌不朽之盛云・

撫軍中丞忠且勤・煌煌德化樂維新・大風揚舉無氛塵・闢門疏滯殫惟寅・陽和浩蕩蔀屋春・何以頌之壽貞珉・撫軍中丞恩且威・氷霜凜冽三春暉・輕裘緩帶民所歸・一朝壁壘生光輝・魑魅宵遁豺狼稀・賣刀買犢安巖扉・撫軍中丞謙且淸・六爻筮吉君子貞・關西高躅馳芳聲・吐哺三起推公誠・肅哉廉法欽老成・珠江千尺碧波澄・撫軍中丞恕且良・悅安强教溥慈祥・靑天化日喜舒長・平反庶獄于公行・門閈高大熾而昌・和氣翔溢天用康・寧我婦子豐穰穰・共酌兕觥躋公堂・聖人咨惠福無疆・願公霜雨被四方。

李大中丞平定花山碑記

廣郡背山襟海・白雲峙其北・珠江滙其南・遡白雲以上九十里許・有窮山・週遭五百餘里・舊名盤古・更號花山・中有盤古周曹李婆朱婆等峒・百步梯鹿狐嶺車頭墪諸險隘・萬山巉削・林木翳空・鳥徑羊腸・惟聞水聲潺潺與鳥相雜・萑苻向淵藪之・東北出水・西與從化淸遠牙錯・西北出大燕蘆包・水口・溯南韶・正南出正徑・爲番禺地・西南界南海三水・正東蘇峒達從化・邑治僅數十里・東而又東・爲增城龍門循州諸郡縣・又由橫潭支河出巴油鶴岡石門以入省・世爲數邑居民官舫客舸之患・議勦則兵東而賊西・兵南而賊北・撫僅數輩僞降・叛不旋踵・或議四面合圍・搗巢覆穴・皆奇峯怪巘・壁立於密林蒼莽間・鼠伏蛇行・罔知竄所・故賊有

與兵我出爾去·爾去我還之謠·故明宏治元年·橫潭大盜譚觀福阻險爲亂·僉事陶魯討平之·嘉靖甲子·唐亞六萬尙欽諸賊·旋滅旋起蔓延·萬曆初·楊彥明等鴟張虎踞·當事殫智竭慮·十七年改楊郭村爲營寨後·復寇攘靡寧·設蘇峒白坭二營·東西禦防·不能制其死命·崇禎二年·鍾國讓劫五縣·制府王公計致國讓藁街·三年·讓弟國相國宰李三覺之徒·攻圍楊村凡八日·省會戒嚴·署鎭陳參戎李協謀剿刈·歲庚辰·蘇鳳宇等剽掠·縱橫番禺·邑侯謝泰宗請勦·議設淸從州于水西·不果·乃設番淸從守備·旋至兵賊交通·披猖猶舊·我朝定鼎·順治三年·總督大司馬佟公提師入廣·招其衆八千用之·四年七月·賊艘薄郡城·幾爲腹心之禍·於時賊渠練復寧吳萬雄等·由循入踞·勢益張·其與賊猗角者·龔紫金張斌友楊太公伍亞靑兄弟輩·焚劫無虛日·順治九年·執殺慕德巡檢柳之桂·十年·合靖平兩藩兵力·頗創治之·不二年·賊首陳學進一呼而禍愈烈矣·數十年以來·陸焚村寨·水劫官商·妻居民之妻女·占近穴之田廬·狡兎巧營·投藩窟穴·縛擄入出·拷勒慘烈·設購贖拜見花紅等名·無不家貲立罄·虎狼未饜·兇刃洊如·深壑山溪·胔骼累累·其器械則砂炮快爬滾牌·不一而足·快爬利如並刃·人馬遇之立斃·砂炮長八九尺·子母更番·雜以鉛鐵·目之所之·莫不奇中·滾牌雙刀迭用·電熌風行·猶時分佈亡命·晝攘耕牛·農民失業·長吏追呼·逃亡走險者無算·虧國賦而累考成·作難莫可究詰·康熙二十年冬·前院金提督侯會勦·負嵎匿險·未盡根株·乃旋師報捷·駸駸乎有殘灰復燃之勢·人懷憂懼·

撫軍大中丞李公·奉命撫粵·憫此顚危·會商於制府大司馬吳公·授成算於撫標遊擊岳公·而以廉州郡丞李侯贊之·壬戌仲冬十三日·駐師唐帽嶺·渠魁戎首不三日傾峒歸誠·百十年之積患·日方升而堅氷解·雷電奮而魑魅平·更虞歲遠叢奸·下令拔木通道·崇崖天險·可方軌並轡·而賊之險失矣·復嚴保甲以淸其源·設泛防以善其後·措施優裕·民用大康·數邑黔黎·室家相慶·屬予言以記之·

因思爲治之道·其本源深厚·則感化神速·時繡衣之斧·可謂能矣·而不勝其勞·縫綵線之裾·可謂智矣·而究亦隣于術·公自筮仕以至開府·敭歷中外四十餘年·推誠心·佈公道·精勤以涖政·仁潔以愛人·所至吏畏其威·民懷其德·讀下車諸大政·遠近歡忻鼓舞·是粵人之延領跂足於公者·已非一日·藉非本源深厚·烏能使桀驁難馴之輩·革心革面·感化有若斯之神且速者歟·古人大事有記·公今一舉事·耕者安於野·行旅安於塗·若水若谷之倫·永保其父母室家之樂·所係於軍國生民之大如是·謹據事直書·壽諸貞珉·俾後世知太平之所自·奚不可哉·若公之政聲滿寰宇·德澤在人心·海內已歌頌之·行見以被粵者被天下·愛戴不特粵人已也·公諱士楨·號毅可·山東萊州府昌邑人·

建縣條議

廣州府南海縣壬子科舉人黃士龍·生員陸其廕徐觀光畢士進等·建言爲條議添設縣治·永圖制控巖疆·以安民生以益國賦事·竊惟安民莫先於靖盜·富國貴在乎開荒·一舉而積·利賴無窮·誠爲功德不朽者也·龍等生長嶺嶠·祖籍番

禺・伏見本邑迤北地方・層巒叠嶂・密莽叢篁・向爲花山積盜巢穴・自前朝迄今・屢勦屢發・屢撫屢叛・不可治療・緣其地界乎番清從三縣之交・而實爲三縣鞭長之所不及・內有車頭壑・曹峒・山心・李婆峒・西坑・橫坑・屋簷水等寨・俱在萬山之中・週廻五百餘里・皆多不遵王化之民・故明萬曆年間・用兵征勦・乃立蘇峒白坭二營・東西防禦・卒不能平・崇禎庚辰又行征勦・議立清從州・不果・乃立番清從守備府・然無有司文員紀綱治理・復至兵賊交通・且有兵來賊去・兵退賊回之患・爲亂益甚・國朝定鼎以來・經勦數次・賊乃投藩峒口一帶・如黃竹湖洛塘埗等村・總屬王庄・遂幷守府及兩營俱廢・賊愈强橫・占踞民田數千百頃・盡資盜糧・下通河口・舟楫四出・陸焚鄉村・水劫商宦子女玉帛・賊飽山中・數邑生靈受害慘烈・前歲逆藩逮繫之時・膽張名號營頭・欲以遙應譁兵・幾擾城郭・去冬前院發兵搜勦・畧有成功・然兵雖報捷・未籌善後之圖・而慮及將來・不有復燃之患・議者咸請添設營汛防守・嚴行保甲稽查・率皆襲套尋常・止爲旦夕補葺・終非久安長治・豈計之善者哉。

龍等謂造福必策其萬全・去惡當求其務盡・蓋治國者不恃有禁民爲非之法・而恃有使民自不爲非之法・今欲化盜賊爲良民・變猺蠻爲善類・莫如量割三縣之地・盡闢萬山連亘之區・於正逕營地而設立縣治焉・蓋其地居峒口・素號巖疆・道里適均・四方可達・誠能建城而守・設官而治・使王化可及於阻深・曠土可徵其貢賦・則永絕盜賊之源・長享平寧之樂矣・約畧計之・其利有十・敢遵示諭條・伏乞洞鑒採擇・爲此粘連繪圖呈赴欽命廵撫廣東都察院大老爺臺前・伏乞作主施行・計粘條議一本・康熙二十一年十月初二日呈・

建縣條議・

廣州府南海縣壬子科舉人黃士龍等・爲條議添設縣治・永圖控制巖疆・以安民生・以益國賦事・今將十利幷草創規模器具工作條欵・備開於後・伏候上裁・

一・省會相去花山僅九十餘里・非有鴻溝天塹之險・長驅直達・可以朝發而夕至・但當地方無事・不過疥癬贅疣・萬一外警頻聞・實慮乘機竊發・前年譁兵之變・欲以遙應・此其驗也・今設縣治在於正逕營地面・堵截峒口要區・所謂握吭而守・則北門鎖鑰・固若長城・其利一也・

一・官番禺者・每受獅嶺司九圖・慕德里司十五圖逋累之苦・遇歲親自下鄉・嚴切比徵・猶有頑欠・今割此積逋之稅糧・與清從難徵之里甲・另立縣治・就近催科・使糧無掛欠之憂・官免考成之累・其利二也・

一・山峒內外一帶山田・皆里民舊業・五十年來被賊占踞・顆粒無收・逼納殘糧・傾家逃亡・不知凡幾・誠立縣治・則田爲附郭之產・民安幹止之休・其利三也・

一・山峒所產材木柴炭・爲貨不一・昔皆藩勢擅專・今且歸之盜賊・若設縣治・則聽採取・稅入公家・不爲無裨・其利四也・

一・前經亂後・山峒土田・民多告荒・戶絕糧失・如立縣治・則盜賊銷平・民思耕種・諭令原主復業・如無・聽民民告承・永爲恆產・照例三年起科・將野無曠土・國課漸增・其利五也・

黃士龍

一・花山爲三縣界連・此縣失事・則諉之彼縣・彼縣失事・則諉之此縣・民之犯法逋逃亦然・以致推卸容奸・莫可究詰・若立縣則山谷皆屬治地・官既不得辭責・民自不得爲非・其利六也・

一・山峒之民・相率爲盜・豈盡性生・良由習於獷悍以成風・不知禮法爲何物・是故始生善鬬・日以劫殺爲常・今設縣治・必立學校・使見教化之行・漸染詩書之澤・比及三年・可成仁義善俗・其利七也。

一・向來蠻峒・不入版籍・生齒日繁・徒滋擾亂・今設縣治・着令查㸃・編立保甲・輕其猺役・量征田租・增丁益賦・其利八也・

一・清遠大河・上通南韶・下至省會・乃商宦往來要津・雖沿河設有防口汛哨・而時被劫掠・莫可稽查・皆由狡賊暗度重厓・預將快艇潛泊山趾・窺見貨船經過・猝然搶劫・仍復入山四散・上下汛哨不知出沒・追捕無跡・若設縣治・則人跡時常往來・官地隨地盤詰・盜賊不得度山藏伏・湞陽一路官舫客舸・永保無虞・其利九也。

一・附近庶民・躬耕積蓄・多不數年・賊出則遭劫殺之禍・兵則受供億之艱・玉石難盡分・薰蕕不無混染・又水鄉之盜・劫擄人口・禁勒出寨者・歲不勝計・死亡甚多・今得立縣而治・免兵勦盜・免賊戕民・存生活生靈億萬無窮・陰德莫大・其利十也・

已上十欵除害就利・雖似繁難・然前事可師・非爲創舉・他省無論・即粵之各郡添設州縣・功効昭然・如劉忠宣之設立從化・王文成之設立和平・淩司馬之設立羅定・以及

東安西寧・自是以來・不一而足・皆剪荆棘爲畎畝・闢山谷爲康莊・遺澤靡涯・頂祝奕禩・倘謂草創規模之莫本・器具物料之無資・工作趨事之寡力・則另三愚議・考之於古・揆之於今・自可因地治地・就人役人・不煩不擾・隨作隨成・毋費朝廷錙銖之金錢・而奠荒陬磐石之疆土・如蒙天臺俯納・下聽芻蕘・批行詳議・題請建立・則大慰萬民之望・永垂不世之功・劉忠宣王文成淩司馬諸公・不得專美於前矣・地方幸甚・伏候上裁・

一・草創規模之本・按正逕營一帶・地面居山峒之口・四望寬平・由左陸路二十餘里至從化大河・順達省會・由右二三十里可至横潭大河・順達省會・水陸舟車均便往來・似宜此擇地建立縣治・將番禺獅嶺司巡檢就近改入新縣・總轄慕德里司割歸新縣鄉村・另請設巡檢一員・在於水西地面・管轄清從轄入新縣鄉村・惟先委一廉幹有司・兼調威信武職・帶兵三四十名屯劄防護・幷選堪輿山人・隨同相度・就其地盤形勢・致可修築土城・週圍長濶各若干丈尺・檄行番清從三縣會同委官勘・凡界連山峒都圖地堡鄉村人民田土稅畝・應割歸新縣管轄・新環約得三百餘里・徑直一百餘里・可得錢糧五六千・成一中縣・便可設官集民・開荒益國・其官衙倉庫學宮神廟市肆民居・令一一繪圖檄報・以憑覆勘・具題請旨・起工修造・此則規模之大本也・

一・器具物料之資・按立縣建城・工程浩大・然事從民願・則踴躍爭先・除就近各司計工修築土城外・其鑲砌城墻垜口所用青磚・各司約計成丁五六萬・今議每丁各出四十塊・計得磚二百三四十萬・招匠就地燒造・聽丁民自行買

辦・每丁大約出銀三分餘・貧者可刈芻薪以易磚・平民不難取些微以取應・況夫務未奉禁革以前・每遇軍公派取旬夫・如夫急公務・一次每丁或用一二錢不等・今夫務已蒙革免・此則一勞永逸・百姓誰不樂從・至於所需材木・近山取用・不竭不窮・毋煩價買・如瓦灰工匠等費・宜另委官帶領匠頭估計成數若干・着三縣將山峒內外賊踞田地・有原主不願受者・出示曉諭・聽民告承・每畝量入助工若干・至斥鹵地基可修蓋房屋舖肆・及四廂處所・具招人承住・計其丈尺・定納助工地價・均皆給與印帖・永爲世業・如或不足・或援給耆民頂帶榮身事例・工完報部開銷・尙有未盡事宜・隨時設法・可佐持籌・所謂不費朝廷錙銖之金錢・而奠荒陬磐石之疆土・此則器具物料之有資也・

一・工作趨事之力・按修築土城・需用人夫・總在附近地方・量丁調撥・蓋賊所剽刧者・在番禺則獅嶺慕德鹿步三司・在南海則三江金利二司・在從化則流溪司・在清遠則滘江廻岐二司・在三水則胥江司・皆平日受其荼毒・是盜賊一日不息・則各司居民一日不安・是役也・爲各司謀安堵・其勞當各司共之・應弔各司鄉村留縣丁口印冊・大約成丁不下五六萬有奇・修築小城一座・中廣數十丈・約用丁夫五六萬工・即量撥夫六百餘名・是百丁而出一夫耳・百日可以成城・是每丁而僅供一日之役耳・其餘修造所用・從容輪撥・亦每丁量役一日而止・周禮公旬・歲有三日・此則勞在一時・安在萬世・百姓豈不樂爲朝廷助此力乎・此則工作趨事之皆力也・已上三條・草茅末議・未必有當於國是・然志存獻納・謹抒一得之愚・但人情可與樂成・難與更始・或者議論紛紜・未免有築室道傍之慮・天臺公忠愛國・虛已納言・故敢冒昧直陳・爲地方謀久安長治・從來建非常之業者・必賴非常之人・天臺盛世台衡・爲朝廷竪不朽之績・下民引領・已非一日・倘愚論可採・伏乞賜斷施行・將盜息民安・上裨國家・下康黎庶・豐功偉烈・與天地同其悠久矣・統候鈞裁・

李師錫 南海人・康熙壬子舉人・官從化學教諭・

乳源興福古寺蠲免差務記

雙峯興福寺・始廣悟禪師開建法幢・自太平興國迄茲・幾近千年・迭更朝代・有創或圮・無廢不興・其間存廢聚散・因緣時値・雖錫飛隨止・未聞買山・隱然旣佈祇園之金・猶持舍衛之鉢・資此色身・永證性慧・支遁有言・佛法壽命・其惟常住・常住不存・我法安寄・故叢林弗替・恃乎寺田・四衆雲集・六時蓮誦・分香積之法供・無非禪悅・隨堂食於懶殘・盡成勝因・夫寺田一稔一粒・皆屬檀那護念所積・供養十方衲子・鐘鳴敷席・老幼同餐・羣羽下翔・游鱗仰集・濟物資冥・功德難況・舂米運柴・勤行超悟・祖法其在・即使初學禪和・自力耘耔・完課急公・猶可免惰民游食之譏也・

合查本寺僧廣悟・燈火燈田・載糧八石有奇・施出衆信・瘠多腴少・糧產租輕・若如民糧・稱納正供之外・有大差・有均差・有公務・即罄所收・猶不能支・衆僧何所資・更向之現宰官身爲護持者・歷任以來・皆盡蠲免差務・屢給印

照・予與多士・同在佛光中天・願爲久遠計・幸令邑舒公・風根善諦・樂有同心・因勒諸石・以垂永久・自茲以後・鷲峯無恙・陵谷不遷・正供以外・追呼概絕・晨鐘暮鼓・四大安禪・喫趙州之茶・何必攢眉蓮社・熟曹溪之米・共飽六甲行廚・燈傳普照・福永布則・謂山門片石・皆恆河沙數・諸佛所共證明・帝釋天龍所共呵護可也・是爲記・

龔　章　字愓持・號含五・歸善人・康熙癸丑進士・官翰林院編修・典江南丁卯鄉試・尋告歸・杜門著述・著有晦齋集・綱鑑捷錄・阮志皆未著錄・

連侯去思碑

廣寧連侯令歸之十載・政治民和・一朝以治行高第徵拜農曹・主江南會計去・侯之爲德於歸・與歸人之所以德侯者・不能解於其懷・則與俎豆侯於蘇山之傍・而又慮百世之下・無以永侯績也・於是礱石授簡・介郵傳走萬里・而以紀績之言命章・謂章治子・又使職也・且習侯・其言爲有徵・余謂今日五嶺以東・不能去侯・與大江以南之財賦・不能不需侯以治・其急一也・天下且用兵・秦楚唐鄧之師・下崤函・阻漢水・拓土恢疆・仰東南漕粟以資餉騰・則急在計臣・粵民力殫矣・日徵兵四合・共事一隅・其峙乃糗糧也・曰有司牧・其備乃芻茭也・曰有司牧・蹶張材官之十・戈船下瀨之師・更徭徵發・至以不時令・上極則忤乎上命・下極則難乎下尤・急在良牧・顧國家獨以計臣命侯・而不難重違歸父老之依依良牧也・如我民何・蓋五嶺南服之徼・其籌財賦而思得賢計臣・亦猶之奠南徼而思得良司牧也・今侯將膺簡擢・主計江南・則仰沫承流・吾粵尤沾河潤云爾・雖然・侯之爲德于歸・猶日登摶桑・爰始啓行・將駸駸至衡陽昆吾矣・啓行之基・烏可以無紀也・

當侯之來令吾邑也・民分廬以居兵・民處其二・而兵處其一焉・久之・二且不保・城虛如無人・侯謂此羸者民也・誰令張而踞我・於是正其什伍・還我室廬・而民至如歸・今坊廂壤壤熙熙者侯錫也・惠居廣潮之衝・而歸附廓邑・征發爲頻・勾丁待遣・民廢耰鋤・侯至而夭□之厲免・邑賦不下二萬・前則以壤起科・奸胥奔走・豪右賦輕・嫠煢賦重・爰下一條編之令・憫嘉肺之民・園土卑溼・不逮讞結以斃也・爲改犴狴・儲胥邑之大命・公庾靡所・兵凶鮮備・爲建新豐倉・邑旱魃屢災・龜析彌望・侯齋沐露禱・數沛甘霖・而簿書之暇・則與衿士談經講藝・且出橐緡以修起宫墻・鶴峯書院侯之棠蔭在焉・爲歲捐館餼・延名孝廉授經其中・而文翁之化・蒸焉以起・邑里正三十有七・兵燹後應役數人耳・侯則力寬其徭・而里排以復・淡水之盜・弄兵潢池・爰設奇捕之・邑恃以無恐・且創修邑乘・纂數十年鄉賢彥爲之表彰・而侯之化理・青史炳焉・跡侯治行・難更僕數・而歸之父老在野者則曰・得賢侯我且樂耕・在邑者曰・得賢侯我獲安・邑里豪市胥脅肩屛息曰・有賢侯・道路銖兩之奸・不得慝情以嘗侯・而縉紳先生則謂侯仁心・爲質・備有禮樂・

夫漢武宣之際・霍子孟爲政・以持法刻深爲能・魏丞相繼之而加察・故趙張尹蓋之徒・勇於取循吏跡・而失其意向・所謂中牟密縣之效不展見・今侯令吾邑・寧直子孟時・

賦斂之取盈・刑罰之取重・簿書期會之取速・求所爲所居民信・所去民思如侯・即與中牟密縣挈庸・寧多遜耶・昔蘇文忠寓惠・百世聞風・莫不興起・陳文惠誠信待民・境內馴服・二公垂今數百年・思慕不衰・文忠寓賢・於侯不類・文惠則由惠州守入秉大政・今侯以歸令拜農曹・吏事似文惠・異時總持國計・晉秩台衡・倘亦有如文惠城闉相望・蓋上景文忠之風・而下留文惠之澤者也・百世後又何忘侯・其歸而鐫諸石・侯諱國柱・廣寧癸卯舉人・

重修博羅縣儒學記

博羅爲嶺東雄邑・學宮在縣治之東・背几象嶺・面挹獅峯・龍江左繞・榕溪右瀠・羅浮靈氣・蘊隆萃鬱於其間・一時人才輩出・忠孝之士・才節之臣・項背相望・彬彬然盛也・自丁亥遘亂・先聖之宮・鞠爲茂草・殿廡傾斜・丹青闇曶・議者志切修葺・而時詘舉贏・有志未逮・今皇上廣勵學宮・崇獎經術・天下喁喁向風・

錢塘季公以州大夫視邑篆・祗謁廟上・周視咨嗟・喟然嘆曰・椿昔備員京衛・伏覩聖天子駕幸辟雍・命儒臣執經下說・將以廣敎化美風俗・慨然思見豐芑棫樸之盛・羅陽雖僻・固聲敎之所及・今學廟廢而不修・士無所講業・民無所承化・懼無以宣德意而副明命・乃朝邑之紳士而告之・邑紳士則人人競奮曰・丁亥浸淫及于學廟・雖以三十年之休復・而物力匱詘・將作不共・重爲邑大夫羞・我父老子弟愬焉如擣・非一日矣・今我侯先之・其敢後也・爰鳩工庀材・由廟而廡・而門垣・而齋舍・蔽者易之・頹者葺之・隙者窒之・故者新之・剝蝕者飭之・丹艧之・經始於康熙己未冬月・至辛酉五月而竣・祠廟矗然・堂宇翼然・締構堅緻・彤髹皎蔚・侯率僚吏師生釋菜以落其成・子弟駿奔・耆老嘉歎・謂數十年廢墜・興於一旦・屬記言于余・以昭侯之績于永久・

余惟古者守令職兼敎養・非但使之治簿書・督財賦・理訟獄而已・董仲舒曰・郡守縣令民之師・帥所使承流而宣化者也・今則專以財賦責守令・法以十分爲率・其不及額者・雖政成如龔黃・必逐無赦・爲之吏者・率驛傳其官・所爲禮樂敎化之原・使百姓同心而嚮道者安在哉・季侯爲政・可謂知所重矣・雖然・立學者國家之事也・修學者有司之職也・自立其學・自修其學者・諸士之責也・今天下之大・自畿甸達於州邑・莫不有學・固已立之矣・我侯之惓惓於此舉也・固已條之矣・諸人士盍自立其學・自修其學乎・儒者之學・學爲聖賢也・聖賢之學・道德以爲之地・忠信以爲之基・仁以爲宅・義以爲路・禮以爲門・廉恥以爲垣墻・諸人士其尚拓乃地・厚乃基・安乃宅・由乃路・出入是門・固乃垣墻・將學成而用・道德明秀・而可爲公卿・其次亦可淑身而善俗・庶無負國家廣勵學宮之意・與我侯造就人才之心乎・不然者・曠安宅正路・圮基壞垣・身躋聖人之門・而徒爲取寵祿梯榮名之地・是國家立之・而爲士者傾之・有司修之・而爲士者自毀之也・雖立之師儒・區其齋廟・葺其弊壞・新其朽墁・又何賴焉・羅陽素稱才藪・文章之彪炳・科第之聯翩・乃其餘事・不俟余言・惟是樂觀厥成・嘉我侯之績・而進諸人士以聖賢之學也・抑聞侯高王父中丞彭山公・以御史

抗疏・謫簿揭陽・與陽明先生講明良知之學・節義文章爲世推重・侯之守連平也・値海氛肆虐・城陷被執・誓死不屈・爲克紹其家聲・是故諸人士所當景仰者・敬執簡書之・侯諱椿・字永生・一字莊齡・浙江之山陰人・

陳金闓 字崑圃・曲江人・康熙乙卯舉人・官直隸肅寧知縣・著有啓賢堂詩集・曲江戸丁・科派滋累・金闓請於邑令除之・人懷其德・郡志邑志皆其手編・

延祥寺重修大殿佛像記

吾聞遍覆一切衆生者佛也・衆生聚族・無分於山林市廛・則維摩道場・亦無分於山林市廛・故崇巖邃谷・農夫野老棲於斯・佛之慈憫亦於斯・是猶水然・隨地而注・亦猶月然・遇水而現・使執支遁居山・曇摩泛海之說・而曰佛必於深山遙海・始開道場・則是慈雲遍覆衆生・獨不與市廛相近・豈有是哉・

余郡有延祥古刹・蓋城郭中之精藍也・舊建湘江門內・宋紹興間・凡宰官祝壽行禮・多集於此・後以寺基增建王府・始迁於縣治之西・其寺之地・即宋舍人朱翌謫居時園亭故址也・顧前之規模殊隘・自明嘉靖十八年・本寺都綱何應珍奉郡守符公頴江之命・力加創造修葺・於是檀林煥然一新矣・第山門雖作崇觀・而滄桑幾經變易・歲月既久・不無風雨鳥鼠之傷・以致鷲宇頹然・金仙削色・不有大因之法侶・焉能使鼓鐘再振耶・初寺之劍眉大師・誓爲整頓・願未售而身圓寂・後藉住持祖興・持鉢於郡之當事・及邑之各善信・無不樂爲捐貲・共應祖興之請・遂擇日鳩工・褒然集事・廣其制・崇其規・上棟下宇・而輪奐非舊矣・殫其能・極其藝・塗丹堊繡・而金碧改觀矣・加以室像瓔珞與琳宮並璀璨於中天・以視應珍前之所創造・又煥然更新焉・從此而祝民祝國・俾闔郡之士夫商賈・咸聆半偈・以皈依於大覺之乘・則佛之遍覆一切衆生・信無分於山林市廛也・

是役也・始事於庚申之季夏・告竣於辛酉之仲冬・凡一石一木之助・自應勒之貞珉・而其經營有成者・實爲祖興之力居多・與其師雪修拮据共任・皆不可以無記・予故援筆而志之・以垂諸不泯云・

鄭際泰 字德道・號珠江・順德人・康熙丙辰進士・以庶吉士派習國書・授編修・擢吏科給事中・條上五事・與修三朝實錄・一統志・尋謝病歸・官翰林時・召試瀛臺・嘗以道德眞僞論命題・際泰言古無所謂理學・止有五倫・亦無所謂講學・止有躬行實踐・五倫中實踐者眞・粉飾者僞・惟天子倡率於上・則臣下爭相濯磨・所謂聖作物覩也・論者咸服其識・

湛公書院記

亦山湛公以天子命遷秩海陽・門下士沐教者・既屬予爲文以記之矣・久之復相與醵金・卜地南薫門外鼎建書院・會文習禮・奉先生遺教於不衰・登其堂者・如見先生千里外・且將買絲以繡・如俠士之於平原・鎔金以寫・如勾踐之於范大夫也・夫邯鄲遺愛・收養士之報・迹近於黨・姑置勿論・若越王之於陶朱・所謂師臣者耶・而五湖烟水間・伊人宛在・顧猶範儀朝禮・且令擧國肅朝・是必受教有獨深・故

去思有甚摯也・

或曰・書院之教宜矣・爲虛位以奉先生・古歟・曰・昔畏壘之於桑也・竊竊然欲俎豆於賢人之間・尸而祝・社而稷・是歲計有餘者也・向聞其語・以見其人・不亦可乎・且先王之於吾順・大禳不啻三年・而又何疑多士之崇禮爲・於是多士羣致啓於先生・因請先生俯聽・且以其餘羡置田・爲酒饌燕會之供・如環會稽三百以爲范蠡地也・院之制・門有宇・堂有楹・堦有樹・屏帶水・秀氣攢聚・異日者先生奏最・優游以時過焉・無嫌往教・應亦顧而樂之・

吳紹宗字學可・潮陽人・康熙戊午歲貢・官淸遠訓導・

東巖記

扶輿中名山巨岳・福地洞天・雖由天造・亦須生得其處・故令騷人貴客往來題詠・而韻致彌標・勿論峨眉之高・終南之大・太華之險・天都之秀・武夷之巧・天台華不注之奇・匡盧之聳翠・即姑蘇之虎邱・鄒之大嶧・特培塿耳・而生當舟車之會・游詠讚賞・千載不斷・若淪窮都下壤・終爾埋沒無光・豈山靈亦有幸不幸哉・

潮陽僻處海隅・環邑皆山・雖乏奇峯複洞・古跡名蹤・足堪勝賞・乃如鐵峯之雄奧・雙髻之特聳・東山之夷爽・東巖之秀峙・蓮峯之忠蹟・靈岫之神蹤・未嘗不可少供騷人貴客時一盼游・而其最者・莫如東巖・即所呼曰牛巖也・出城東里餘・南迤山麓・又三里許折東・而有巖峯連岫曲・翠色蒼蒼・遙望之古木蓊翳・山巒岃嵅・而宮闕嵯峨・隱現於松石之際・白雲簇擁・恍如廻向仙宮・過小澗・有橋曰許飲・水從巖壑倒瀉・越數十武而石級崔嵬・松徑幽曲・陟至巖之半・則梵宇宏開・佛塑莊嚴・憑欄遠睇・山光水色・相爲掩映・寺後爲唐大顚祖師修行石室・巖阿舊無泉・師於室旁以錫卓之而泉出・四時潺流不涸・名曰卓錫泉・出寺・復從石級上・有石門曰白牛古徑・由石門而升・松道紆回・雲氣冉冉・染人衣裾・徑右有關侯廟・蜿蜒而躋・則有石華表・仰開上界・紫氣氛氳・蓋今始建也・予因題之曰紫來關・復進天門・度幽徑・松蘿帀藹・雲嵐交翠・登小亭・入佛閣・閣前有石囷曰點頭・石閣後有泉一條・遠從巖峯迤下・僧人以篔片架流之・傾瀉如瀑布狀・使陶元亮聽之・不獨愛陌間流矣・點頭石左則爲北極殿・人呼曰金頂・參拜者懔若紫霄道人拱立峯頭・特少五老仙蹤耳・闕前俯對練江而瞰滄州・風帆露檣・煙波萬頃・雲水相連・海天一色・四圍松飀謖謖・作驟雨聲不休・令人悠然作世外想・又左則爲玉帝閣・攀陟巖顚・有石峯如筍・獨挺碧霄之間・曰擎天柱・人跡至此者尠矣・又於巖半南迤・有小巒曰石巖・山僧結竹爲籬落・依石低昂爲宇・所謂白雲深處老僧多也・

予棲居幽寂・每退對巖峯・覺烟嵐遊我几上・葱翠入我帷閒・松風之聲・怳惚在耳・特歎輪楫之不經・以致山靈之無韻・故爰爲志其概云・

陳遇夫 字廷際．又字交甫．新寧人．康熙庚午解元．雍正元年詔舉孝廉方正．邑令以遇夫應．力辭．嘗撰正學續一書．以明漢唐諸儒學統相承．未嘗中絕．又重訂楊起元白沙語錄．明白沙之學．由博返約．非墮禪悟．所見皆卓．著有史見一卷．存．正學續四卷．迂言百則一卷．今刻嶺南遺書中．又著涉需堂詩文集．並存．

答張北山論學書

惠書示以進德之方．甚悉．所謂如魚飲水．冷暖自知．非身造於途．不能道一字也．旅舍俗冗．久未報．罪罪．從來性本一原．道無二致．惟學者求端用力之地則不同．孔門諸賢．有勇者．有懦者．有辨者．有訥者．有華而不實者．有樸而不文者．聖人因其資之所近．而示以從入之方．故率天下於道而無棄人．後之儒者．其性各有所偏．因以其所偏．强人之所不能．故成者卒少．而其弊也．至於分別門類而不復合．如朱陸之說是也。世之辨朱陸者．謂陸子尊德性而不道問學者．亦未有道問學而不尊德性者．以爲同耶異耶．以爲同也．則朱陸不分可也．以爲異也．則中庸一書不先德性而後問學．彼紫陽方退避之不暇．而又何以律象山哉．大抵從事聖人之學者．視其學．不當于語言文字間求之．

新會姚江．皆質之高明者也．故其學近于陸．白沙顯悟．陽明剛果．至于立言則不能無偏．第其志其行．皆不詭于聖人之道．則皆聖人之徒也．漢晉以來．諸儒之說經．乖錯者多矣．豈以語言文字掩生平之素修哉．愚嘗論後世輕視儒者．其源皆出于史遷之作史記．當秦火之後．儒者煨燼．其錄經著傳者．皆有功聖門．故作儒林傳．後之作史者．沿爲故事．所錄儒林家．皆以說經著．而不究其實行．此後世議論所以愈多．而空言無補．致貽迂濶之譏也．僻處天南．見聞孤陋．何足言學．但志在就正．不覺其說之長．狂言草率．無任主臣．遇夫頓首．

古文見序

言．載道者也．道非言不著．聖人著之而爲經．六經之作．以明道也．聖人因道而有言．學聖人者．讀聖人之言．而又不能已於言．言理數取諸易．言治取諸書．勸規諷諭．以宣導其意．取諸詩．檢身範俗取諸禮．紀事垂鑒取諸春秋．亦以明道也．噫．文章至今則備矣．核如三傳．辨如戰國．綜貫如諸史．而漢唐以來．文人著述．代積而多．生其後者．縱觀數千載．落其實而採其華．幸已．然作者之體不同．讀者所見互異．內傳有浮夸之嫌．國語有繁絮之譏．史推班馬．而褒貶不無錯謬．晉梁而降．始以選輯成書．丹黃去取．益增聚訟．則論定爲難．論定必視意之所向．意之所向．準之六經而衷諸道．道者仁義禮智之謂也．仁之於言醇以懇．義之於言直以決．禮之於言詳以婉．智之於言深以辨．本之性命．以養其源．參之事勢．以究其變．使醇而不弱．直而不激．婉而不諂．辨而不詭．文如是可矣．而何見之殊焉．

今之論者曰．古今異尚．文者辭而已矣．詞之不工．道於何有．是不然．古今異尚者．新聲之代變也．古之言．質而簡．後世日趨於繁．繁則雜．故氣欲其實．局欲其整．句欲其健・字欲其典・意惡其相襲・辭無取乎習見・伐新鑿異・惟陳言之務去・此修詞之說也・至於可法可傳・則必歸於道・夫莊列之書・虛泊寥廓・非不妙絕時人・然理不適於中・而詭悶謬悠・神其說於不可詰・此孟子所謂窮而將遁者・他若諛言希世・大言驚俗・鏤金錯采・傾動一時・卒不免於昧沒・而雜偃蹇而驕之失・其托於道者淺也。

余貧居無事・家有文史・藉以忘憂・苦其卷帙繁錯・艱於檢閱・而坊間所謂古文選者・多不識古人之意・又溺於俗艷・習見相沿・因發所藏・擇其詞氣可法而不詭於道者・始周迄明・得七百篇・以時代次之爲十二卷・昔人評論未及者・間以己見證之・錄而藏之家塾・以爲後進作文法・海隅荒僻・見聞孤陋・未盡蒐羅・然使學者以言求道・庶幾猶存大雅・而不滋離畔之咎・且理學經濟・藉以考證・見讀書之非無益・而於作者之體亦畧具・若夫好尚各殊・則自古已然・敢以所見據爲定論哉・亦姑言其所見而已矣・

正學續序

學以行道也・學正學所以行正道也・道生天地而行夫天地・天地不能離道・則麗於人・人亦不能離道・而聖人之道・往往不行於後世者・非聖人之道之不可行也・氣運有盛衰・敎化有醇雜・自古禮廢・古樂壞・井田封建之制失・而黨庠術序尚賢絀惡之具・循名失實・雖有賢君哲相・希蹤往古・亦祇因時度勢・潤色典故・終不能改絃易轍而更新之・夫仁義道德之行於天下・優游漸漬・非如申商桑孔可按期取效也・出之者非忠信誠篤・以身設敎・縱有良法・豈能淪浹人心・而執古道以施當今・格格然如圓鑿方枘之不相入・不得不就於因循苟且之爲・而儒生呫嗶・所謂窮經致用者・皆塵羹土飯・紙上之空言而已矣・挾書律・除漢儒・掇拾舊聞・修補章句・行事得失・輒援經義以相證・其時弊在各執一說・而不能相通・自當塗典午以至五代李唐・厭註疏之繁雜・務觀大意・而浸淫於佛老・波蕩於詞章・其時弊在學尙圓通・而莫之所守・宋儒之機所自來也・

夫聖人之道・天道也・治本也・時有隆汚・三綱五常之理・未嘗一日不在・天下見淺見深・識大識小・莫不有聖人之道行乎其間・但毋索之渺茫・毋失之膠固・毋支離煩瑣・分門別戶以自生淆亂・雖質有敏鈍・性有剛柔・出其所學・皆足以匡主庇民・正人心而厚風俗・而豈其迂也・余少時常閱宋明儒者彈駁漢唐之說・心竊疑之・以爲聖賢之道・如日月麗天・遺經具在・豈自漢至唐一千年・好學深思得聖賢之旨者・僅一二人而止・意讀史者不深考也・蓋史所列儒林・皆箋疏校讎之學・不核品行・此史家一例・而求道學於史冊者・僅取之儒林傳中・而不考究全史・故多遺也・

歲丁亥・雲間隱君張北山採錄儒書至五羊・余閒過訪而壯其志・庚寅張君緘書屢質・因得觀所集道傳儒林二刻・自周迄明・凡數百卷・大畧本近世理學宗・博學按・學統諸書而廣之・其意在蒐羅近代・故於明儒特詳・漢唐大畧・蓋沿宋人道喪千載之說・而所載漢唐儒者・皆取之儒林列傳中・所載語錄・亦過於汗漫・惜鏤刻幾半・重易其成・而余有羅浮之行・遂不復再晤・

年來僻居・乘暇因搜討史乘・自漢至唐・編傳二十有

七．贅以所見．爲書四卷．名曰正學續．此前人未輯之書．管窺蠡測．聊引其端．非謂舉其全也．然世有嗜古通人．志聖賢之學者．會萃儒書．以備大觀．則於吾是編．必將有取焉．取其續正學於不絕也．續正學所以續道也．唐續晉．晉續漢．聖人之道．行於天下．未嘗絕也．屏漢唐則道絕矣．道豈有絕哉．其序述之由．去取之故．與時代風尚．儒術興替．畧書於端．使覽者得以考余言之得失焉．澤農遇夫序．

嶺海詩見序

曲江本集序云．曲江公詩．其言造道．雅正冲淡．體合風騷．後世論唐人洗滌五代綺靡．首推陳伯玉．而李于鱗不取．此自有故．伯玉古詩深奧則有之．然過於鉤索．終遜於曲江之自然．前乎公者爲沈宋．沈宋之後爲燕許．沈宋工麗．張蘇雄渾．曲江固自不乏．至抒寫性情．雅正近道．則雖燕許亦退三舍．彼沈宋正字豈其匹也．

吾粤詩．前有曲江．後有白沙子．白沙子論詩．謂世人句鍛月煉．以聲調相高．皆不得謂之詩．故曰詩之工．詩之衰．此儒者正論．亦詩家妙解．然惟白沙先生能舉之．未許淺率藉口．何也．白沙天資高明．胸中無纖毫滯碍．而涵養學問．又足以達之．故能直寫性眞．無復雕鏤粧點習氣．由此言之．謂詩不關理乎．非也．

有明三百年．吾粤詩最盛．比於中州．迨過之無不及者．其體大率亦三變．明初南園五先生倡之．輕圓妍美．西菴爲首．嘉靖七子．建旗鼓於中原．梁公與焉．所尚富麗莊重．名館閣體．馴至啓禎．政亂國危．奇偉非常之士出．撫時感事．悲歌當泣．黎鄺諸君．發爲慷慨哀傷之音．而明祚亦遂終矣．明季粤故多名士．惜乎棄擲淪落．不得見于用．詩文亦多散失無可考．

予少時所見先人藼廬舊輯．得鄉先輩詩數十首．因搜粤志．并別集所載．擇而手錄之．曾不千百之什一．存其畧而已．雖然．言爲心聲．詩者性情所發．不可以僞．爲僞者固不能工．其工者必其眞者．觀其言可以知其人．可以論其世．此亦可以觀矣．

樂府見序

樂詩也．無樂無詩．樂而詩．詩之始也．後世無樂有詩．又採詩備樂．詩而樂府．而詩變矣．元成導揚婬媟．六朝踵之彌甚．競以艷冶聳聽．哀穢鄙俚．不堪入耳之句．盡爲樂府．而樂府又變矣．反是者以步趨雅頌爲高．勢將不能．氣運代殊．志事遼邈．如新莽規摹誥誓．但爲後世嗤．衣冠優孟無取焉．西漢近古．樂府諸詩變雅頌之和平爲奇奧．晉宋而降．具體而已．擬古推曹氏父子．太白加以豪宕．皆寄托深遠．意餘於言．使讀者悄然以思．凄然以感．不自知其情之所之．苟按節循聲．協諸管絃．亦足激發志氣．淘洗俗慮．非徒詞句工絕後代而已．若夫敷揚治功．上繼風雅．則劉向王吉之有志未逮者也．蓋先民制作．壞於後世多矣．何論樂府哉．

樂府見後序

郊廟樂章．溯源雅頌．人皆知之．漢人不襲雅頌．而去雅頌較近・六朝摹繪雅頌・而於雅頌却遠・其故難言・論者謂淺近膚詞・不可格神鬼・漢人出以艱奧・千古特識・然雅頌明白簡易・未嘗艱奧・則漢之近古者・非以艱奧也・嘗思之・樂生於人心・事親享天・又心之不容已・心之不容已者質也・五聲八音・九變萬舞・以宣詩歌者・文也・制作有樂・文之極盛者矣・而本於心以爲質・無質是無樂也・

周之興・其功德及民者・累世父母之・師長之・相其原隰・度其里居・勸以農桑・董以學校・湛恩汪濊・纖悉畢備・作者一一宣之於詩・至於經綸屯難不得已之深心・當時所不能言者・莫不曲達其旨・所以臨之在上・怡然懌然・而對越於下者・即易代而後・聽其聲歌・如見當年大烈・徘徊不能去・故曰・聞其樂而知其德・其所言者質也・

六朝之君・因時會以就功名・其先世非有功德可紀・雖遭逢闇亂・除凶靖難・其中亦有深識遠慮・可以服當日之人心・使各因其事功之所由・深切言之・亦足彰一時盛美・而作詩者才不足以達其志・又拘牽忌諱・莫能委曲詳盡・掇拾浮辭・使覽者生厭・而以感天人・格神鬼・不亦難乎・此無他・文則是而質則非也・

漢之先世・亦非有功德於民・而漢人近質・郊廟諸章・第寫其祇肅將事禮周樂備之意・至天馬諸作・當時已辨其非・然皆據事直陳無飾辭・故漢人之近於三百篇者以其質・遠於三百篇者以其艱奧・而六朝之剿襲三百篇者・雖其辭之不工・而實則諛言以誣其先・質之不存・文將安附・其近於三百篇・乃其所以遠於三百篇者也・

賦見序

文生於情者也・情不能已・故言之・言之不足・故抑揚咏歎・托物連類以言之・其歌也有思・其哭也有懷・此騷賦所爲作也・夫草木榮落・禽獸飛走・山海高深・谿谷險夷・風雲之壯幻・四時景物之奇變・此何與人事・然情之所至・感物而動作者・不知其所以然・而讀之者皆以爲此作賦者之性情也・原其故・則不容已於言而言之耳・太史公曰・國風好色而不淫・小雅怨誹而不亂・若離騷者・可謂兼之矣・離騷者・不容已於言者也・

後之言賦者祖相如・相如誇多鬬靡・爲之濫觴・後世遂以爲固然・不敢加一辭・而不知其意之所在也・夫文人之急於見其文也・猶賈之衒貨・不陽以示人・誰知之者・武帝好文之主・相如文負閎麗之才・設子虛上林之賦不著・雖狗監百輩・何從而達姓名於左右・故相如之誇多・以衒名也・而後世奉以爲宗・過矣・子雲尤而效之・張左之徒・又從而甚之・二京三都・連篇累牘・以捃摭繁綺爲高・搆思十年・傳者以爲美談・嗚呼・此中豈爲性情哉・夫文以累縟見長・此筐筥中物耳・深山大澤・龍蛇虎豹・變化出沒於其中・人不得而見也・而過者望而生畏・知其中之不測而不敢狎也・若張羅設網・狐兎狖玃同居其中以誇奇・雖風毛雨血・人得而數之矣・此亦不善於見才者也・豈所謂有文而無情・可已而不已者耶・

吾以爲作賦者・苟以古人不容已於言之意求之・則感物造端・雖哀樂不齊・諷勸各異・而今昔則一焉・要歸於性情

之眞而已矣．因偶錄所見．集而評之．登高臨流．寄興懷之致．以見文不生於情．而掇拾不休．皆祖相如者之過也．

白沙語錄後序

陳子語錄一書．乃楊貞復先生官南禮侍與浙中周海門先生會講留浙時所刻．不知藏板何處．而白沙家藏圖籍．經兵戈遷徙．篇帙散亡．幾同魯壁中物．數年前族生士貴購此書．得於市肆塵蠹中．如天球赤刀．埋沒人間．忽逢故物．喜出望外．謀於宗人．亟欲付梓．不辭跋涉．緘封相質．葢先生全集雖流播海內．然皆目爲學士家言．以才藻相賞．而編爲語錄．使讀者於詩文中搜尋聖道．則表彰前賢．嘉惠後學．意良厚也．特其中多喜高遠之談．遺切近之說．竊恐流俗觀聽．習而不察．翻與眞空．妙有爲鄰．

葢理學一途．自宋以來．朱陸殊轍．至明而薛王異派．嘉隆以來．爭辯日甚．爭辯不已．各分宗旨．宗旨既分．遂成門戶．黨同伐異．可爲三歎．楊周二公皆淵源盱江．而無善無惡之幟．海門拔以先登．今讀原序大意．槪可見矣．愚竊以在先生未嘗如是區別也．先生有言．周誠而程敬．考亭先致知．同其心不同其迹．同其歸不同其入．入者門也．歸者其本也．故其詩曰．一語不遺無極老．千言無倦考亭翁．語道則同門路別．君從何處覓高蹤．此先生之言學也．學術途分．始於朱陸．朱子答項平父云．自子思以來．教人之法．惟以遵德性道問學兩事．爲用力之要．今子靜所說．專是尊德性．而熹平日所論．却是問學居多．所以爲彼學者．多持守可觀．而看得義理全不子細．而熹自覺於義理上不敢

亂說．却於緊要爲己爲人上多不得力．皆當去短集長．庶幾不墮一邊．此考亭之論學也．在考亭未嘗如是區別也．

予見近日談道學家．多執先生養出端倪．虛圓不測．自然爲宗等語．指爲似禪非禪．愚竊以爲過矣．夫儒者觀聖道．顧心解力行何如耳．不必泥一字一句以相指摘也．如以辭也．則養出端倪者．始然始達之說也．虛圓不測者．求放心之說也．自然爲宗者．勿忘勿助之說也．又曰．向求之典冊．累年無所得．一朝以靜坐得之．與古人之自得異乎．又以爲求典冊．非錯用也．窮理也．靜坐非別尋門路也．玩索涵養也．理道雖明．而涵養未熟．則有勉强杆格之勞．而無從容中節之妙．古賢智類然也．若一朝以靜坐得之．則先生初無此語．而故竄易首尾以作疑案．則談道學者之過也．

愚以先生實踐之學．讀其書自當知之．而聚爭數百年．未能了此說．故復贅僭言於篇末．并取先生年譜正之．附以及門之有學行可攷者．彙爲一書．而管牖之見．更有窺於先生之不可及者．葢有明設廷杖之法．鞭撲之慘．流血堂堦．士大夫以抗直自命者．卒多瀕於九死．其獲免於刑戮者幾人哉．夫子嘉蘧伯玉．取南容．讀聖賢書．所學何事．此先生隱痛也．其與袁進士書曰．足下慷慨自任．不能呑炭爲啞．以取容於時．則將大聲長鳴於仗馬門．又非僕所樂聞．其讀東坡年譜詩云．丈夫當自愼出處．何爾呶呶蒙毀辱．坡公以言得罪．嘗一就臺官獄．而神宗始終眷注．於坡公無負也．而先生遂以爲辱．意可知矣．胡今山謂先生有曾點之趣．而行徑稍涉孤高．此言信知先生．而先生屢辭不起之意．終未嘗明言．然亦未有以此知先生也．噫．先生過人遠矣．

書張北山儒釋合一辨後

釋氏心性之論與儒者異·只在源頭上差·靈臺湛然·至靈至靜·雖未嘗有物·然天命之性·托處其中·凡天壤之理·千條萬緒皆從此出·此儒者之學也·釋氏思易其說·駕而出於聖人之上·謂聖人一切經綸萬物以維持天下者·皆後起之數·紛擾膠轕·自生枝節·性之本來·原無一物·但寂之又寂以歸於無·便是還其最初之體·殊不知聖人經綸萬物亦只是率其性之不容已·非勉强添設而除却後來許多經綸制作之功·則人類之衆·不能一日自立於天地·此不待辨而明者也·至其說之相近則彼固未嘗不竊吾儒之似以亂其眞·正不必因其詞之近而援之使合·如以詞而已·則逝者如斯·不舍晝夜·即無終極之說·莫載莫破須彌芥子之說也·比而同之·何不可者·大抵二氏之論·超脫曠邈·其變不窮·文人多喜之·以爲解塵俗·破拘執·魏晉宗老莊·尙虛無·彼既不能無其身·又安能無其身所有之事·其始不過資爲談興·後遂成風俗而不可止也·閱先生此辨·具見苦心矣·

家譜言行考書後

古之人敦於質·今之人趨於文·今之視百年前·猶百年前之視往古也·子曰·吾猶及史之闕文也·有馬者借人乘之·今亡已夫·蓋一人之身·而前後數變·況久遠乎·古者取士於農·固以國本民天·使知稼穡之艱難·而要其所重·則以農之風淳俗樸·無智巧以汨其性·且朝夕在父兄側·服勞奉養·率子弟之常·故上可以爲聖賢·下不失爲愿謹之士·漢世猶近古·有力田孝弟之科·降自後世·始求士以文辭·士惟以章句訓詁爲業·其高者則誇多鬬靡·窮極工巧以相矜詡·蓋文愈盛而質愈亡矣·

吾寧遠在海隅·不以都會稱·故其俗質而力農·而吾鄉尤當山海之交·自先世卜居於此十世·以前寇獠攻剽·遷徙無常·譜牒散失·蓋衆廬安處·在五六世之內而已·然吾幼時所見鄉中老者·多謙退眞樸·動必以禮·而其言前世風俗尤殊·丈夫不冠帶不出·僕婦不簪笄不出·長者在坐·童子不敢直趨而過·凡鄉人飲酒·少者爲長者舉觶必遍·必以齒序·立而待·命之退然後退·皆以爲常·不待敎而後知·至於喪祭大節·則吾先世皆謹之·其於古禮·無不及焉·嘗讀歐陽公表太常博士周君墓曰·父母喪·居倚廬·不飲酒食肉者三年·其言必戚·其哭必哀·除喪而癯然不能勝人事者·蓋久而後復·自孔子居魯·魯人不能行·弟子以爲問·則非魯而他國可知也·孔子沒而後世又可知也·嗚呼·而況數千年來禮亡樂廢流俗大壞之後乎·予深有味乎其言·又念五世以來·文學者多深探本源·非近世浮靡勦襲之比·因詳考世次·錄先代之善行·復誌先府君遺言之謹存者·且廣求旁搜·冀彙其全以成一書·而終不可得·皆以頻遭變亂·散亡居多·亦由古道所存·敦於質而畧於文也·然即目前之事·家庭之訓·不求工·不飾辭·而皆關於厚生正德重農務本之旨·如入萬石之家·惰傲者亦悚然起敬·其亦可以昭示後人也已·因備錄之·而書所見於後·苟殘篇斷簡中或有傳者·尙覼縷輯之不止也·

潁源記畧

陳氏舜後也・舜居嬀汭・爲嬀氏・又居姚墟・以姚爲姓・禹受禪・封舜子於虞城・思其裔也・佐少康中興・三十二世而周有天下・武王封嬀滿於陳・以奉舜祀・謂之胡公・今汴梁之陳州・即潁川地也・其支庶於越之會稽・故名其邑曰上虞・曰餘姚・九世而陳公子完奔齊治・以國爲姓・稱陳氏・旣而食邑於田・改姓田氏・後竟代齊稱王・傳十世・幷於秦・其子孫有稱田氏者・有稱王氏者・謂先世故王家也・有復稱陳氏者・故王莽以姚嬀陳田爲宗室・不婚姻・其居潁者・亦皆以陳爲氏焉・據古史・軫齊王之後・爲楚相・封潁川侯・因徙潁川・傳十世而生文範先生寔・字仲弓・爲潁川功曹・又常宰太邱・稱陳太邱・蔡中郎邕碑文所載・德行畧備矣・子曰元方季方・孫曰長文・咸以學行世其家・每公門徵辟・羔雁成羣・曾子固謂漢之陳氏與袁氏楊氏・唐之柳氏・操義風槪・足以勵俗・雖貴閥不得並焉・葢謂此也・自晉而後・族益蕃蔓・延於天下・而吾東南尤多・譜牒散闕・其詳不可得而攷矣・

江右之陳・得諸唐史・獻文先生・季方生青州刺史忠・忠再傳生晉太尉準・準生伯眕・渡江居曲阿・又再傳・徙吳興長城下若里・南朝高祖武帝之祖也・隋克金陵・陳氏長長安・仕宦遍中州・而疏族仍居江左・唐之中葉・宰相夷行字周道・亦江左陳氏・父祖常客遊潁川・故復居潁川・而閩福陳氏尤大・顯於趙宋・

吾粵之陳・多自閩徙・予嘗見別譜所載云・洪進者・亦太邱後也・吾寧陳氏・亦多係之・進本閩產・周末據閩・後歸藝祖・封岐國公・然閩陳族古稱四大姓・不獨岐國也・先儒有言・古者諸侯有國・卿大夫有家・歿者有廟・生者有宗以相次・是以百世不相忘・自秦漢來・仕者不世・迄於晉室大亂・士大夫之家流落顚頓・雖間有振起者・亦不復知其族之所從出・甚者或以寒門爲恥・附勳閥以自高・可勝歎哉・

予因見別譜・多稱南雄諸陳・遠出江左・徙閩遷粵・皆有證據・而所載達官仕蹟・於史志則未有考・未敢深信・而按石頭舊譜・則稱先世避金亂・由汴梁遷南雄・葢潁川汴梁屬也・地居四達・爲戎馬所必爭・故自晉室渡江・從而徙者遍東南・特以帝王定鼎之區・聲名文物・迥異海隅・每戢干橐矢・則賢人君子往往生懷本之思・故去而復還者亦多有焉・南雄而後・一遷而至石頭・再遷而至東山・則家譜所載・而又以元末大亂・史志遺缺・年代事蹟・訛失居多・而族屬之偕來者・派分流遠・可考不可考・皆不得備載云・

荻園藏書記

物之廢興・繫乎天者也・人事之得失・繫乎人者也・繫於天者聽之天・繫於人者盡之人・盡之人・其可必者也・可以盡之人・而不能盡於人・則可必之中・有不可必者・而快意適情之物・當其愛之惜之・極人力以留之・而不能自必・往往聽之于天・若不關人事焉・究之廢興相尋之故・又未嘗不必之於人・

予家東溪東北山・而西南海溪之源發於山・環村之北轉

而南．滙支流而西．入村之後．地脈伏而少樹木．望之若缺焉．其伏者瀦而爲池．而吾園適當其缺．先府君惟嗜書．于書無所不窺．闢其園．築藏書之室．南向者一．北向者三．與客賦詩飲酒其中．後接池塘．綠波浸岸．有鶴二．馴而不去．或登樓放之．則下止斯園．園之夭桃嬌柳．綽約可愛．嘉木奇石列焉．時予方六七載．常隨先君子坐北窗．臨池畔．折枝蘸水以畫字．寢食之外．未嘗一刻離斯園也．歲甲辰．以海氛作難．當事者建議徙海濱之民於內地．毋齎盜糧．予鄉遂以近海遷．先世重器．盡委林莽．惟負藏書數簏以行．而遺失已什三四矣．府君寄居城隈．常忽忽不樂．隸軍有出界捕盜者．必詢曾過吾鄉否．園中花發幾何也．越四年戊申．遼陽王公毅菴巡撫東粵．疏解海禁．存者皆歸故里．而府君先逝矣．又數年．予稍長．歸省舊基．則半爲佃僕居．名花古樹無一存者．而池之入於園．亦墻而隔之．皆非其舊矣．久之峒寇亂．居者又散去．予以讀書之暇．乃復闢爲園．掇碎石．續頹垣．築藏書之室三區．皆南向．南向者．用形家言也．室之前．繚以藥欄．由欄而前而左而後而右．曲徑紆回．徑皆臨竹．可蔭可風．而餘地以次封植．又將十年．凡李桃梅榴．柰柹桑槐．橘柚龍眼．芭蕉文杏．丹茶紅薇紫槿．別色之菊．異種之蘭皆具．綴以宜男益母枸杞香蘇之屬．蒼然鬱然．頗復其舊．而塘之隔於墻者．爲半閣於其側．門而通之．使入者不知爲門．而門以外．山川之觀不窮矣．岸崩沙壅．高下不一．因其性而賦之形．列以道筍．烟籠露壓．與高柯爭出．披拂雲霄間．每山嶽出雲．則溪潦先漲．漸達於塘．坳窪俱溢．芰荷荇藻．與篁柳相映在巨浸中．而牧兒樵女．風簑雨笠．往來隄畔者．從缺中窺之．若圖畫焉．惟先世藏書．自府君逝而失者十五六．繼以寇火之難．失者又七八．予辛未出都門．過金陵．傾懷資以易之．得四百餘卷．年來往返豫章姑蘇．復購而續之．因掇拾舊藏．去其漶漫不可讀者．別其卷帙之闕而不全者．餘悉校而補之．時相與流覽．以無忘先人所樂焉．而名其室之園曰荻園．

夫荻蒿屬也．昔之莪而今之荻．吾其負此園哉．嗟夫．予方跋涉長途．出處行藏．兩未有定．因思物有廢興．理數固然．而不可必之中．及若有可必者．乃事與願違．進不能樹偉績垂不朽於天壤．退不能修明先王之道以求其志．豈人事得失．亦時勢使然不能自必耶．毋亦因循頹怠．汩於流俗而不知．知之而不行．行之而不力耶．安在蓼之莪不爲芻之似也．故感而言之．以名吾園焉．

待園記

人與山川兩相待者也．子美入蜀而詩益工．子瞻歷海外而文益壯．子長足跡徧天下．而氣豪宕不可羈．人其待山川乎．廬以匡名．谷以鄭名．瀨以嚴名．山川其待人乎．然世網絆牽．轇轕莫解．不得蕭然泉石以寄其志．而勝地靈區迷沒於荒而莫問者．又不可勝道也．則相待而往往不相值焉．

予家有舊廬．在城東北隅．術者謂其地不利．自先世圯而不葺．間或抵城．無所寄爨．丁丑冬．得別墅於東山之麓．破屋數間而已．而巖壑幽峭．予所愛者．虬松高樹．密葉濃陰．每彤雲映照．紅光灼爍．爛若錦繡．命之曰待霞．古梅二十株。深冬盡發。寒色照人。如入梁苑。吾地無雪也。以此當之。命之曰待雪。鑿壁爲亭。亭之後。崇崖丈餘。高出棟上。靜坐亭中。聽松風鳥韻。皆在半空。疑蘇門鸞鳳音也。命之曰待嘯。修竹環窗。夜雨驟至。涼風乍起。淸響若箏簧。命之曰待籟。曙色初開。人煙未出。遠岫送青。空翠欲滴。四溪飛練。直灑胸襟。命之曰待爽。五者皆吾園之可待者也。因合而名之曰待園。

客有聞而笑曰。子之所待者。其皆無者耳。夫風雪煙霞。水光鳥韻。無時不往來斯山。而子經年不一過斯園也。不知子之有待於五者歟。抑五者之有待於子歟。予應之曰。是則然矣。然子之待。待之以耳也目也。予之待。待之以心也。苟其心之所樂。雖不信宿斯亭。而五者亦莫予遁。苟非心之所樂。則彼乘風藉月。醉眠飽臥于茲山者。不知凡幾。亦與不見不聞等。於五者無與也。由此言之。屬之子乎。屬之我乎。雖然。予假斯園三年矣。憇其中纔十日。十日之間。勞勞擾擾。其得抱膝長吟以相待于斯山者。曾幾時也。今茲之來。又問都門之道。匆匆別去。未知抱膝長吟以相待于斯山者。又在何時也。則子之言其敎我也。吾知所過矣。姑待之。

嶼門賦

南海之濱。漭瀁無垠。屹然五島。勢若列屯。如藩如屛。如城如垣。如羣鳥之逸。如萬馬之奔。如駕黿而欲渡。如剸天警鬣。興波鼓浪以化鯤。信茲嶼之奇絕。爲南溟鎖鑰之門。

若乃怒起土囊。寒生廣莫。隱日沿天。撼山摧壑。吐霧之虬奮飛。呑舟之鯨起躍。蜃氣結而復散。鮫綃擁而靡託。猿鳥驚兮悲號。草木凄兮隕落。疑鼇足之將傾。恐尾閭之乍涸。

及其衆竅暫止。雪歛天蒼。未若江湖之一色。涵千里而鏡光。仍連卷以蕩激。長怒濤而瀾狂。則有蜑人鼓楫。龍戶鳴桹。候月掛帆。賈客捆載而入市。驚雲逐水。孤臣漂泊於他鄉。

其地則方數十里。猺人所止。魚骨爲臼。虫介爲七。釀蜜如膏。積柴生耳。賦茅則衆狙至。舉網而盧亭起。剷山斜以爲田。拾海族而成市。婦女出而力原。丈夫坐而抱子。服異言殊。風頑俗鄙。危檣破浪。何知宗慤之風。斷梗挂星。莫問張騫之使。

在昔有宋末葉。南渡不競。航海瀕年。泊涯地竟。舟覆陸沉。風疾草勁。陳宜中之所從遁。張樞密之所畢命。悄往事而徘徊。興千秋之哀詠。

若夫干戈載戢。烽燧無烟。島絕恩循之跡。川無楊路之船。珊爲樹兮射日。珠出火兮燭天。亦有文犀馴象。翠羽龍涎。貢織文於禹服。來白雉於周年。

噫嘻。六合之內。邈矣何窮。包幕天地。厥海之功。蒙谷以西。蟠木而東。呑吐日月。何所不通。惟南溟之深廣。納百川而涵萬象。壯南服之雄風。知斯山之得所。庶比德於華嵩。

峽山賦

余放舟於中宿兮。睇窈杳之高岑。水如決而直注兮。山若剖而千尋。鬱風雲於絕壁。隱日月於長林。猨鳥爭技而呼號．虬龍倚穴以嘯吟．按山海之圖注．因評古而商今．

我聞在昔．寺曰飛來．空中金刹．夜半風雷．沉犀入而浪起．妖猿歸而洞開．禪宗跏趺之石．二禺採竹之臺．疑斯說之荒唐．使聽者之多迷．謂化城之可作兮．又何假一椽一瓦於他山．晝水可分而燃火可照兮．胡千載不一見而黑風翻浪長汩汩而潺湲．彼醫王之慧力兮．龍降猊伏．安得山魈狐魅出沒于其間．至若瘴霧晝昏．龍蛇雜處．帝子之遊．誰爲廬旅．穿井而得一人．是謂道德．齎糧而望三山．竟成誕語．齊諧志怪．君子不取耳．

客聞而笑曰．子亦知夫天地之大．無物不有．百家之言．可可勝紀乎．邱索典墳．沿訛已久．誰眞誰贋．孰傳孰受．窺天以管．視日以牖．助之者披波．非之者索垢．東海涸而揚塵．不周糜於舉首．鯤擊水而南飛．鼇冠山而却走．舉世多以爲然．而子獨以爲否．信衆論之難憑．且莫辨其無有．惟是南天孔道．過客維舟．聞孤鐘之出岫．撥荒徑以尋幽．巖花臨水而邀客．山禽出谷以相求．聽棋聲於戶外．愛松風之我留．拂雲根之落葉．將洗耳於龍湫．寫吾心之眞樂．寄清興於悠悠．客言起予．呼童滿酌．放舟中流．鷗飛魚躍．

周陳鰲 新寧人．所居官滘鄉．陳遇夫門人．

正學續序

自孔子刪述六經．垂訓萬世．千有餘年．宋諸儒起而傳註出．闡明道妙．百家皆廢．盛矣哉．暴秦煙銷．詩書灰燼．天不欲亡大道．使漢初諸儒．既壽且康．口以授之．竹以紀之．六經亡而復存．周禮一書．有周一代典章．於是乎在．向無河間女子．則幾乎斬矣．千載下雖有周程天授．張朱博聞．其孰從而考之．故余謂漢唐諸君子．相師相授．使經學不至於亡．皆有大功於刪述者也　況諸君子中　有矯矯不羣．若照乘之珠．光輝前後．可法可傳．若而人者．稽其品．忠信廉潔．足以治心．履方蹈矩．足以善行．明達治亂．足以從政．曉暢軍務．足以定亂．惠愛周流．足以子民．守正不阿．足以自立．而有時采西山之薇以明節．不事王侯以明高．不長君惡以免戾．類能以其所學．見諸躬行．措諸事業．後之儒者．講習雖勤．弗適於用．遠不逮也．世乃以訓詁不密少之．豈誠知人善論世者哉．左史公穀．漢廷尊之爲經．人習其書．故得崇祀廟廷．其實非經也．傳也．漢書諸儒之治經作爲傳註．其亦有可比擬者乎．今讀毛公大小序．十五國之治亂．有國一代之廢興．瞭如指掌．非毛公而詩亡矣．厥後匡之說詩．能解人頤．其精思妙論．必有以過人者．而今竟無之．他如后蒼載慶之說禮．田何施孟之說易．伏生歐陽之說書．胡毋生董子之說春秋．鄭康成之箋註諸經．豈盡拘牽文義．而絕不一存．何也．有明集諸儒之說．爲四書五經之全善矣．究其所集．皆宋之緒論．漢唐諸大儒以其實踐垂諸簡策．則絕無之．何阿其所好至是歟．

先生潁悟天生．髫年即志道德．導以捷徑不由．啖以利祿不顧．自樂其樂．無求於世．登庚午榜首幾四十年．無有識其面者．懼白沙之道之將傾也．集語錄一通以詔來學．閉戶著書．爲詩文辭．盈几累牘．不事浮華．歸於大雅．足以明道而止．不躡宋人道喪千載之說．檢搜全史．得漢唐大儒二十有七人・人立一傳・述其學之所由來・行之所造極・加以論評・名曰正學續・續者何・續孔孟也・曷褒焉・是書成・使百世下諸儒先・身沒而名不彰・道不顯・一旦重開生面・如聞其語・如見其人・先生有功於諸儒・亦即有功於删述・經濟學術・因是可窺見一班・豈不偉哉・第不知漢唐諸儒先之說・尙有存否・願先生廣其搜羅・拔其精粹・爲五經大全補一書・以塞有明之缺憾・俾後生小子卒業焉・庶幾其不蔽於近乎・丙午初冬・宮溍門人周陳鰲謹識・

李象元　字伯猷・嘉應州人・康熙辛未進士・官檢討・著有賜書堂集・阮志未著錄・今存鈔本・集中載讀程旼傳書後一篇・光緒嘉應州志辨旼生卒年日・歷引諸地志・及晉江王氏說・而不及此篇・疑亦未見此集・子端・雍正元年進士・選庶吉士・散館・改中行評博・以保薦授荆溪縣・時始析宜興置荆溪・象元爲作新建署記

錢糧則議

議得地丁錢糧・按則征收・舊例遵行已久・但不知程色・昔時上則之田・何以派畝少・因之徵銀亦少・下則之田・何以派畝多・因之徵銀亦多・今如冊書所算・上則官民米一石・額徵銀及帶徵丁口匠價銀共七錢八分八釐有零・下則官民米一石・額徵銀及帶徵丁口匠價銀至一兩二分二釐有零・中則且無論・是上下二則・相差至二錢三分四釐零・上田畝必寬・土必腴・下田畝必狹・土必瘠・而徵銀之多少相反如此・似非均平賦役之道・況自明迄今數百年・田之買賣・糧之收割・紛錯互換・如契書上則者・其戶冊無上則・則割中則・書中則者・其戶冊無中則・則割下則・有肯出價之贏者・田雖中下・亦割上則・不者中下隨便・田自田・契自契・從未有按田書眞則者・今之上中下則者・非昔之上中下則矣・錢穀之務易藉以則利・故掌□者挪移變換・難保無弊・大戶習事者・猶之每屆清理・小戶愚弱者・罕能按冊稽查・暗中虧累者・諒不乏人・故世宦素封之後・多有田賣盡而糧猶貱者・承追官亦受其累・管見似可稍爲變通・如前署州守林公所酌定糧米額單・合通州官民米勻派・不計畝頃・而計斗石・每官民米一石・不分上中下三則・均派徵銀九錢二分零・上則比舊例增加一錢四分・下則比舊例減一錢零・庶可免偏枯之患・方冊之造・則仍舊規・實徵之冊・改從新便・即至奏銷・合之全書總數・不差毫釐・其要在刻頒由單・使人易知易行・則諸弊悉除・戶戶田有三則・故戶戶皆願通融・自林公起議後・未聞有一人言不便者・信宜民之政也・惠屬海豐陸豐二邑・從來□米石徵派・不論則畝・上下相安・□公曾□其地・知其簡便・故推其法・欲議行于此・惜署篆未久・望後之賢太守・俯順輿情・斷以己見・勿爲吏胥搖惑・

儒林錄序

張君北山刻道傳錄成・復有儒林一錄・自春秋時蘧伯玉左邱明以至元明諸君子皆在焉・每人先述行誼出處大畧・次錄語言文字・附諸家評論于後・一如道傳錄例・總若干卷・幷授梓而屬余序之・予惟天地儒理之克塞也・古今儒理之流行也・曹月川云・三皇儒而皇・五帝儒而帝・三王儒而王・

皋夔稷契伊傅周召儒而相．孔子儒而師．儒之名義大矣哉．世教漸微．而儒有君子小人．小人非儒也．孔子亦因其自儒而儒之爾．司馬氏列儒於陰陽名法之間．不知儒也．古來傳道之人皆僞也．自史家立儒林一目．惟以注演六籍．或未經仕．與仕而不甚顯者當之．亦紀載體例不得不爾．

張君錄儒林．因乎史而不盡拘乎史．稽諸經．參諸傳記譜錄文集．嘗於中年携笈走四方．窮搜遍訪．得先儒一言一行．珍若拱璧．至今二三十年．頭皓白而志不倦．神不衰．非其心誠好之．安能不憚煩若是耶．學者讀是書而慕效之．取其粹．會其全．則其於道也何遠焉．予草木餘生．枯槁無復遠志．常恨居地遐僻．聞見無多．好蓄儒先諸書．以資警省．而力不能廣致．得斯錄置几案間．不出戶庭而獲晤對千百載名賢巨儒於朝夕．庶幾知嚴憚向往．以檢束其身心．張君爲其勞．予享其逸．豈非幸哉．豈非幸哉．

讀程旼傳記疑

縣府省志俱載程旼生於南齊．歷梁陳至隋義寧初卒．壽九十餘歲．予考隋恭帝寧義元年丁丑．即煬帝大業十三年．逆溯至南齊高祖建元元年己未．共一百三十九年．而南齊歷五帝．僅二十四年．必自梁武帝天監十七年戊子．順數至義寧元年．共一百年．則旼乃梁天監十八年以後人．若生於南齊時．則當於陳末隋初．不能及隋末之義寧也．然人物傳記旼及其子隋時出處卒年又甚明．則大業十三年．旼尚無恙．何得云後人思之．名其里爲程鄉．因名其縣耶．且南齊書州郡志．載義安郡領縣有六．海陽．綏安．海寧．潮陽．義招．程鄉．則以程鄉名縣．或在旼前．或當旼世．似非爲旼．竊意此地此時多程族．人遂呼爲程鄉．旼則程族中之賢者耳．諸志或未考．南齊書蕭子顯撰此書在隋以前．若程鄉之爲旼．則旼乃南齊以前人．而志傳所載旼及其子生卒出處之時皆誤矣．

新建荆溪縣衙署記

天下繁劇難理之區．必稱吳中諸大邑爲最．吏其土者．雖有通識長才．罔不受困嬰累．仕者視爲畏途久矣．吏既困累．則民事多廢弛．國課多逋欠．以富庶文物之地．成疲玩叢弊之疆．非承平之世所能因循者也．事極則變．變則通．易曰．物不可以終難．故受之以解．今天子神聖．於四海利病之由．無微不燭．有舉皆善．初允各省大吏請．分大郡建直隸州．官民皆宜而事治．繼于雍正二年七月內．允兩江督臣查某請析蘇常松江三郡所屬之長州．吳江．崑山．常熟．太倉．嘉定．武進．宜興．無錫．華亭．婁．上海．青浦十三州縣．合增設一縣．同城異治．命大臣保舉人品端方才猷敏練者爲其令．其間由宜興析者爲荆溪縣．庶常李端奉簡令其地．以雍正三年乙巳冬抵任．蒙我皇上睿慮周詳．愛惜民力．命發帑金建造衙署．已據紳士公議．定基於東城舊察院署址．乃闢荒蕪．摒瓦礫．運土於郊．填布而堅築之．揆坐于癸．定向于丁．擇吉于丑月而上樑焉．明年丙午．乃大鳩工．陶人摶埴．石匠琢玟．購材于泛海之賈．酌其緩急．次第營搆．受植者莫不歡欣趨事．無何．淫潦爲災．瓦甓不繼．且有勘賑諸務匆匆．丁未夏秋乃得悉力儹造．至戊申四月告成治事・正堂五楹・燕堂三楹・燕堂東西室各四・眷屬之居・幕客之舍・茶膳之房・二十有四・正堂之西有庫・前有軒・軒前左右爲諸吏書卷室・神祠賓館在儀門左・獄在儀門右・大門臨衢・上爲譙樓・規制於是煥然・董其役者・生監湯子汝爲・儲子祺慶・潘子承棟・周子文龍也・

聖天子爲官爲民・謨謀深遠・更制易度而人不擾・不惜官役俸工之增加・工作之繁費・居斯署者・當思前此未分治與今此已分治居官之難易何如・徵賦綏民・宣力報效・必有大異于昔者・爲民者有情得告・有枉得伸・官無滯牘・一登堂而君恩斯在・當思奉公守法・謹身節用・以副朝廷愛養至意・此一時之創建・千萬年治道所關也・可不愼重紀述昭示于無窮哉・

李端者字山立・廣東潮州府程鄉縣人・雍正元年癸夘特科進士・敕授文林郎・翰林院庶吉士・其出涖新邑也・勤愼廉潔・期於不負任使・上官嘗稱爲有用材而惜其早逝也・其父象元以其始有事于斯土・附著其槪・俾後世有攷焉・繼爲政者・山西洪洞高侯式矩・感皇恩不次擢用・恪共盡職・喜覩成事・遂因諸紳士請而豎石於門・象元從而銘之曰・

荆山之陰・具區之右・其土沃衍・其植農茂・陽羨古城・義興邑舊・境廣人衆・頑間厥秀・惟正之供・原因地起・惟其繁多・所以難理・令至于斯・傳舍之似・利何以興・弊何以弭・分疆別治・舒官便民・發帑建署・天子之仁・有堂翼翼・有室鱗鱗・政令斯出・利用安身・堅固爽塏・華樸合度・荆溪襟環・二汎脇護・官寧其位・民畢其賦・慮始之勞・曰奉宸顧・

李璨　字少游・嘉應州人・康熙癸酉舉人・官井陘知縣・徵授刑部主事・著有一草廬集・阮志注未見・

凌風樓賦

皇迄三代・不盡衡山・佗雄南海・阻險閉關・陸賈之文・博德之武・五嶺九郡・有截其所・繫程鄉之蕞爾・乃百越之一隅・被義化之芳軌・遂邑名與姓俱・慨古蹟之牢落・欲摛詞其何自・據舊籍之傳聞・始稱引其一二・履相公之郵亭・曰曲江之所遊息・遺像兮儼然・邮廟兮寂閴・彼章惇之凶燄・必殺元城而甘心・胡鐘聲之太早・罔兩奄忽而消沉・巍巍乎鐵漢之樓・振古而爍今・迨夫宋帝播遷而入越・信國痛憤以勤王・由南劍而整旅・爰駐節於斯疆・登孤城而掩涕・每寄托於篇章・集少陵之佳句・受一叙之不忘・悲萬事之轉燭・感迅疾于秋光・豈不知大厦之難支・所重之在綱常・思凌風以奮翼・訴危苦於穹蒼・浩然剛大之氣・直與明庶閶闔・周八極而接混茫・維郭公之仰止・建斯樓之孔陽・採公詩以顏額・懸金薤之琳瑯・於是南凌風・北鐵漢・登斯樓者・豈徒以侈景物・快清涼・將使有志之士・尙希風節・感嘆而神傷・即頑者懦者・鄙者薄者・亦將臨風披拂而一掃乎粃糠・

余既舒懷於北郭兮・旋縱目于南城・近覽遐矚・輒移我情・其南則花洲錦鋪・筆峯雲齊・曠漭嵽嵲・錯落參差・南田石洞・變幻幽奇・芬芬郁郁・若見若迷・羣山澗壑・合於梅溪・源長流闊・蜿蜒逶迤・帶圍襟抱・壯哉邑基・其東則周溪瀠洄・元公活潑・恍若廬山之麓・紺寒而清潔・石鼓雷

踉・龍潭澂冽・明山王壽・仙靈窟穴・陰那五指・捫星探月・大江東去・灘孔蓬設・峭壁層崖・瞿唐巫峽・其面則聳拔李洋之山・秀頴薯田之筆・復有郭外甘泉・鷽沸洋溢・在昔武襄・禱祠療疾・更聞掖寺晨鐘・回春夢之堙壹・滙程永於城闉・煥川原之佳色・北則屹屹金山・勢接晴昊・韻士騷人・憑高遠眺・雙髻五峯・並峙天表・盪胸生雲・決眥入鳥・

當夫煙消日出・環山水紆・竹樹桑麻・掩映扶蘇・仰看飛禽・俯數遊魚・賓旅之所輻輳・商賈之所奔趨・閱帆檣之上下・量風雨之有無・凭欄倚檻・身上畫圖・旋樂極而悲生・每延佇以踟躕・悼志士之悒鬱・溝世途之崎嶇・

至若月白風清・澄江如練・漁歌唱晚・哀絃宛轉・約我同志・携樽清燕・沆瀣橫空・精靈隱見・劃然長嘯・波興雲卷・景以觸而屢遷・情隨景而遞變・蘇子黃樓之會・追太白於昔年・庾公南樓之興・偕殷浩而達旦・後之視今・亦猶今之視昔・安在不與前賢之曠懷高致同條而共貫哉・

且夫瑞應之事・儒者畧焉・興衰顯晦・夫孰知其所以然・然自曹侯修復・吾鄉之士・掞華振藻・競秀爭妍・秋風生兮桂圃・春日麗兮瓊筵・薰香爐以侍史・伴瀛島之列仙・茅連茹以彙征・鳳爰集而傳天・則斯樓也・又以萃山川之清淑・而儲邦國之材賢・固事體之至大・信有開而必先・何羨夫吾與二三子・一觴一咏・第爲光景之流連・

陳　璸　字文煥・號眉川・海康人・康熙甲戌進士・授福建古田令・歷官至福建巡撫・兼署閩浙總督・璸疾吏治媮敝・率之以廉儉・所屬憚之・治績甚著・始爲張伯行所薦・後與之齊名・聖祖嘗稱爲苦行頭陀・卒諡清端・所著有清端集・存・

防海疏

防海賊之法・與防山賊不同・山賊之嘯聚有所・而海賊之出沒靡常也・台灣厦門之防海賊・又與沿海邊各不同・沿海邊賊之患・在突犯內境・而台灣海賊之患・在剽掠海中也・夫嘯聚有所・則在我或攻之以出其不意・或困之以待其自斃・或招之以誘其出降・而山賊可平・其在海中・不必連䑸結隊・攻之無可攻・以劫掠爲生・三五遊行・遇見孤艇・一口鯨吞・又有數日之糧・困之不能困・非二三十年前海賊有頭目・有旗幟・有巢穴可比・招之無可招・自厦門出港・自台汛鹿耳門出港・同爲商船・迨至洋中・而某商船忽被刧矣・刧商船者・即其同出港之商船・某船有某客・有某貨物・並若干銀錢・港內探聽旣眞・本船引線有人・一至洋中・直如取諸其懷之易・故于台厦防海賊・必定會哨之期・申護送之令・取連環之保・今提標水師有五營・澎湖水師有二營・台協水師有三營・各設有經制哨船・莫若三處各立本船旗幟・大書某營哨船字樣于其上・每月會哨一次・彼此交旗爲驗・如由西路而去者・提標水哨至澎湖交旗・澎湖水哨至台協交旗・俱送台灣鎮驗准・由東路而來者・台協水哨至澎湖交旗・澎湖水哨至厦門交旗・俱送提督驗准・某月若無哨旗交驗・即察取派定某營官職名・某月海洋報有失事・即

察取巡哨官職名．則會哨之法行矣．由厦門至澎湖．有七更水程．由澎湖至台灣．有四更水程．載在輿志．以五十里爲一更．不過五百里之程餘．故風信順利．即二三日可到．今商船不宜零星放行．無論自厦去者．自台來者．俟風信順利．齊放二三十船出港．台厦兩汛．各撥哨船三四護送至澎湖交代．各取某日護送其商船自某汛出港至某汛．出無疎虞甘結．帶回原汛．按月彙送督撫衙門．如無印信甘結．即以官船職名申報．則護送之法行矣．商船二三十同出港時．把□官逐一點明各船貨物搭客及器械塡單．取各船連環保結．若洋中遇賊．必首尾相救．如不救．即以通同行刼究論．則連環保之法行矣．臣因商船被刼．幾無虛日．不勝慙惶．俯竭愚慮．是否有當．伏求聖鑒．

重刻海忠介公備忘集序

言之不足爲世用者．不傳焉可也．言之有用於世者．不可不傳．以其言之足爲世用也．即世無有用其言傳其言者．苟得生同鄉．居相近．必不可聽其言之淹沒而不傳．吾鄉海剛峯先生．瓊人也．瓊去雷陽隔一水耳．余垂髫時耳先生仕明．以直節著．心慕之．未得其詳也．迨遊鄉校．欲求先生之書．而雷無有．數於瓊人求先生之書．而亦無有．後吾友俊夫遊瓊．覔寄數本．時余備員曹署．得之喜若百朋．顧中多斷簡．不可卒讀．缺然者久之．歲丙申．余奉命撫八閩．始於書院羣書中見有海忠介公文集．急持歸．書亦多缺．與舊本相參校．補所未備．軼者僅十之一二．此先生之書之絕續一大機也．

按先生書有淳安藁一卷．卷首有先生題引．有淳安政事藁上中下三卷．先生自序．下卷缺數頁．皆先生令淳安時刻之最先者．有備忘集上下二卷．續集二卷．一刻於隆慶庚辰．一刻於辛巳．雖中多殘缺．然皆先生手訂之書無疑也．茲於書院文集中．得榮哀集一卷補入．再於名山藏集．得先生本傳冠其首．成先生全書．而總名之曰備忘．從先生志也．余惟直道之難行久矣．先生獨於狂瀾欲倒之時．障百川而東之．自起家南平司訓．至令淳安．調興國．內擢部寺．出撫南畿．一言一行．必規倣聖賢．不爲苟且．不爲遷就．可不謂能行其直者耶．世知先生之政事絕人．未知先生之文章尤絕人．未嘗不言經術．而無道學氣．未嘗不言理學．而無頭巾氣．古淡拗折．眞能於唐宋八大家之外自闢門戶者．先生之書．不可湮沒而不之傳也．因訂其魚魯．次其篇目．而授之梓．俾學者知有先生之文章．始有先生之氣節．亦惟有先生之氣節．始有先生之文章．蓋先生之文章氣節．皆聖賢之嘉言懿行．即人心自有之天理也．人苟不昧乎天理．則知先生之行．惟至奇而實至庸．先生之文．雖至淡而有至味．矧余與先生同鄉．居相近．而忍聽其書之湮沒不傳哉．

送葉南田樞部出守廣州序

廣爲治．僻處嶺表．去京師七千餘里．轄州一．縣十有五．爲全粵領袖．蓋東南一大都會也．兩廣制府治所設於斯．大中丞持憲節按部駐於斯．藩臬兩臺之署列於斯．滿漢官軍防禦會於斯．以至使節之經臨．番舶之往來貿易．及羣州邑之訟獄賦役丁口．提挈而綜理之．罔不萃於斯．守茲宇者．必有超羣之識．邁等之才．不可易之守．三者備然後勝任而愉快．宋儒有曰．惟天子擇宰相．宰相擇吏部．吏部擇郡守．天下何憂不治．有見乎其言之也．今歲初夏樂廣守缺人．銓部愼重選擇．不輕授．歷秋仲．乃得南田葉公而委重焉．盈朝士大夫咸爲得人慶．予以同曹．夙親風旨．今又得依隣治．尤喜動顏面．行有日矣．余不揣謬．以言贈．

余惟今之郡守．即古者刺史二千石之職．本成周封建之道而易其名也．自易封建爲守．能其職者．惟兩漢最號近古．如龔遂．黃霸．卓茂．魯恭．聲績最著．史氏所稱當時施設．亦唯以勸農田．興水利．弭盜賊爲汲汲．農田水利所以養之．弭盜所以敎之．蓋井田學校兩者居治天下之大端矣．

廣州爲四通五達之衝．番民雜遝．民皆棄本爭毫末利．椎埋屠狗之奸．亦時竄其間．夙稱難治．然任無難易．存乎其人．南田公醇儒哲匠．原原本本．自有靜以制動．簡以馭繁之方．諸如承上率下．戢兵牧民．撫外夷．禮過客．平庶獄．皆遊刃有餘者．余獨於賦役丁口二事．不能不惓惓屬望焉．今之廣．非昔之廣比也．有丁則有役．有田則有賦．天下之通義也．按版而徵之．計徒而趨之．小民亦何能旦夕緩．獨是賦外有賦．役外有役．小民往往力不克勝．役不勝．人逃．賦不勝．斯田荒．一段萬不得已之情．每抑鬱於下邑．窮簷之隱．不能上達於刺史之廷者．亦復何限．此嶺表州邑人民之同痛．而廣州所轄．地大人殷．所患尤劇．惟簡徵歛．寬徭役．開十六屬而一加淸剔．得有不望於仁人之新政爲覆育乎．南田自沖年服官．即熟聞忠節公過庭之訓．與詩書爲寢處．詩曰．蔽芾甘棠．勿翦勿伐．召伯所茇．又曰．芃芃黍苗．陰雨膏之．四國有王．郇伯勞之．曲禮曰．毋不敬．安定辭．安民哉．既口誦而心維之．必將見之行事．俾嶺表十萬戶盡膏陰雨．沐甘棠之庇．余敬執筆以俟風謠之獻．

重修台灣孔子廟記

台灣荒島也．夫子廟在焉．聖人之敎．與皇化並馳□．無海內外之隔．而歲久弗治．唯大成殿巍然爲魯靈光．若啓聖祠暨兩廡櫺星門一帶．皆腐折傾圮．剩落過半．前後廟基被水沖齧．竟爲人畜往來雜沓之塲．監斯士者．何人而不一駴目動心於其際乎．余乃商之郡守周君洛書．郡倅洪君石臣．暨臺令張子宏．鳳令時子性豫．諸令劉子宗樞．急議修葺．令合詞無間言．令曰．衆志既同．是不可後．遂備由上請兩院．尋得報可．即以壬辰臘月興工．委本標千總曾榮董其役．榱桷腐朽者易之．缺折者補之．級磚敧斜者覆正之．墻壁漫漶者飾之．基址卑薄者增築之．廟于是乎改觀焉．啓聖一祠．翼然起大成殿後．祠左右列．曰名宦．曰鄉賢．齋二．曰六德．曰六行．東廡下有獻官齋舍房．西廡下有藏器庫．有庖湢所．櫺星門左右．改置文昌祠．土地祠．其外爲禮門．爲義門．常置扃鑰．非朔望及有事二丁不開．復於禮門外數十武．表立大成坊爲界．周圍墻垣．通道之水環其下．廟之規模畧具矣．至敎官解舍．則於明倫堂後新建三楹．齋廚等房胥具．其門從東廊出入．不復寄居啓聖祠左右・是役也・用木若干・瓦若干・磚若干・石灰若干・工匠若干・小夫若干・共計若干・緡悉出本道衙門養廉餘羨・不動公帑・不費民財・歷五旬之勤・得竣厥工・而余因為之言・

凡廟學非作新之為難・而能體作新之意為難・亦非作新於始之為難・而能繼繼承承永葺於後之為難・茲余既新斯學於其始・願執經諸子各思奮發・以通經學古為業・以行道濟世為賢・處有守・出有為・無負國家教育振興庠序之至意・地方有司亦共以教化為先務・培茲根本之地・省時而修葺之・俾有基勿壞・安知荒島人文不日新月盛・彬彬稱海濱鄒魯也哉・余故詳修建始末・并述其意以書諸石・

古田縣重修聖廟記

國於天地・必有與立・三綱五常・人倫之理・所以頂天立地・維國脈於永久者・非學無以明之・故建學重焉・有學不能無閣・學以崇祀先師・閣則藏經以課多士・義有相須・故次第並建・蓋自京師及邊遠・莫不皆然・古田為八閩望邑・學之建・由宋元以來尚已・閣曰尊經・則肇自有明・我朝廣厲學宮有旨・奉行惟謹・於學制尤極崇備・而古邑之學・以歲久漫漶・閣且傾圮・余蒞邑之明年・諸事粗舉・乃謀興築・爰捐薄俸為倡・諸弟子員踴躍輸助・經始於仲春之三日・迄十月既望而落成・殿廡門垣暨諸祀祠・煥然一新・傑閣如雲而起・神斯妥焉・

余聞之・學者所以學為人也・人之所以為人者倫也・人倫有五・其目・為君臣父子兄弟夫婦朋友・其理・為親義別序信・其具於身・為貌言視聽思・其根於心・為仁義禮智・其見於事・為禮樂政刑・其著明於經・為易詩書禮春秋・其淆於天地之間・為木火土金水・學者於此・必析之至精・無一理之或闇・斯為體全・必習之至熟・無一事之或疎・斯為用備・體全用備・處則德足以重其鄉・出則有以道濟於物・風俗以厚・治化以隆・其卓然為一代之偉人也必矣・不此之求・而徒玩心於章句・涉獵於詞華・為富貴利達之捷徑・則其志亦陋矣・豈今日修學建閣意耶・方今聖天子加意右文・重儒臣之選・廣鄉會之額・搜羅天下博學多聞奇才異能之士・士生於時・當思言皆可行・學貴有用・居恒高談仁義・一出而喪厥生平・非盡不學之過・溺於俗學之過也・俗不可狥・故志不可不立也・夫子嘗自叙曰・吾十有五・而志于學・其訓學者・則以恥惡衣惡食為未足議・以縕袍之不恥為足以臧・恥者無志・不恥者其志遠也・三代以下・諸葛孔明之淡泊寧靜・輔成漢業・范文正之造秀才・即以天下為己任・皆卓有志於斯道者・豈復以功名之士目之・故予望諸弟子之務學・尤亟望諸弟子之立志・他日策名天衢・為國霖雨・胥以志之一字為根柢・諸弟子勉乎哉・是役也・不科民錢・不動公帑・工料資費皆出邑紳士襄贊・學博兩先生規畫經營・極殫心力・朝夕董營繕者・則弟子員某某之勞・例得並書・

新建台灣朱子祠記

予建朱子祠既成・或問曰・海外祀朱子有說乎・曰・有・昔昌黎守潮・未期月而去・潮人立廟以祀・東坡先生為之記云・公之神在天下者・如水之在地中・無所往而不在

也・而潮人獨信之・深思之・至焄蒿悽愴・若或見之・譬如鑿井得泉・而曰水專在是・豈理也哉・若朱子之神・周流海外・何莫不然・按朱子宦轍・嘗主泉之同安簿・亦嘗爲漳州守・臺去漳泉一水之隔耳・非遊歷之區・遂謂公神不至・何憒也・自孔孟而後・正學失傳・斯道不絕如綫・朱子剖晰發明・於經史及百家之書・始曠然如日中天・凡學者口之所誦・心之所維・當無有不寤寐依之・羹墻見之者・何有於世後地相去之拘拘乎・予自少誦習朱子之書・雖一言一字・亦沉潛玩味・終日不忍釋手・迄今白首・茫未涉其涯涘・然信之深・思之至・所謂焄蒿悽愴若或見之者也・朱子之言曰・大抵吾輩於貨色兩關打不透・更無話可說也・又曰・分別義利・乃儒者第一義・又曰・敬以直內・義以方外・八箇字一生用之不窮・蓋嘗妄以己意繹之・惟不好貨・斯可立品・惟不好色・斯可立命・義利分際甚微・凡無所爲而爲者皆義也・凡有所爲而爲者皆利也・義固未嘗不利・利正不容假義・敬在心・主一無適則內直・義在事・因時制宜則外方・無纖毫容邪曲之謂直・無彼此可遷就之謂方・人生德業・即此數言包括無遺矣・讀其書者・惟是信之深・思之至・切己精察・實力躬行・勿稍游戲・墮落流俗邊去・自能希聖希賢・與朱子有神明之契矣・予所期望於海外學者如此・而謂斯祠之建無說乎・

祠正堂三楹・兩旁列齊舍六間・門樓一座・經始於壬辰冬月・至癸巳仲春落成・無動公帑・無役民夫・一切需費・悉出予任內養廉餘羨・猶慮祠內香火及肆業書生修脯油燈之資無所出・議將予撥歸郡學鯤港莊田二十八甲一分租粟供給・歲以爲常・經行台灣府轉行該學・永遠遵照・幷記以示來者・

臺邑求雨牒城隍文

凡官之設・以爲民也・莫若令之親・凡神之立爲民也・莫若神之正・何謂親民之痌瘝・若同體之關切焉・何爲正民之災傷・若呼應之準驗焉・苟不視爲同體・非親矣・苟不呼而即應・非正矣・令於民有同體之切與否・神得而察之・而神於民有呼應之驗與否・令亦得以規之・臺地一年一熟・神所知也・民聞播穜在端午後・神所知也・臺無陂池・全賴雨水布插・神所知也・乃自四月二十一雨・旋晴・五月盡亢暘不雨・民田半在草間・苗秧已同焦尾・民之災傷・莫有甚於此時也・民之痌瘝・莫有切於此日也・令忝民牧・即以前月二十八日在神廟啓壇禱雨・神之聽之矣・謂宜朝發牒而夕其雨也・天何三日不雨・又三日而亢暘如故・豈神之罔聞知歟・抑神察令之政事闕・而爲此示罰歟・如罰令・應止令之一身・何爲遷怒於民・夫民非令之民・我朝廷之民也・民亦非神之民・上天之民也・天以民之心爲心・我朝廷以天之心爲心・令苟有一念不在斯民・負我朝廷矣・神苟有一念不應斯民・負上天矣・負我朝廷・令之罪不容誅・負上天・神之責又誰諉・令衣租食稅・享民之奉・神亦歲賽時報・享民之祀・其食報於民同・則其爲民造福當無弗同・斷無民罹災傷・任令大聲疾呼・而神茫無應者・或者風雨露雪・各有專司・神不得自爲政歟・然神司一郡之民命・雖非神所司者・神無不得爲民請命・猶之令宰一邑・所不得自專者何限・然

皆力爲民請．使民疾苦得以上聞．而後盡令之心．供令之職．若請十不得一．則令可去其官．而斷不可尸厥位．神亦可知自處矣．令每朔望入神廟．見神前香煙雲騰．蠟光燭天．得非神之靈爽赫奕有以動斯人．而使之敬應供奉至是．而乃今逢災傷．號呼虔告而莫之應．竊不知神之靈爽於何顯．神之赫奕如何寄也．

今令與神約．五日不雨已矣．以七日爲斷．果大雨滂沱．俾民得及時播種．是神之靈爽赫奕．顯然有徵．神之有呼即應．果有準驗．令將率民歲時奔走奉祀．無敢少懈．不敢忘神之賜．若仍不雨．則呼之不應．與木偶奚異．會將明示禁革．無得復奔走供奉於神之廟．神其如令何．豈神之靈爽無能致雨．反能爲令作禍祟耶．令不信也．要豈令之所願哉．尙期神深思令之牒．務有以踐令之約．急救吾民．在神能善體天心．令亦得托神貺．保有時和年豐．撫安我朝廷之民．榮幸多矣．勿任悚惶待命之至．謹牒．

張德桂　字蕙蘭．從化人．康熙甲戌進士．官編修．歷官至副都御史．親老乞歸．德桂居館職．侍直應制諸作．多稱旨．粵米向徵折色．嘗陳其病．得改本色．粵人賴之．所著天文管見六十卷．玉堂文集三十卷．介節堂草二十卷．阮志皆著錄．注未見．

縣署十箴

觀民堂箴曰．堂上百里．堂下千里．觀我觀民．哀矜勿喜．洞門如心．洞心如水．赫赫斯臨．小民所視．

寅賓舘箴曰．維彼滅明．不謁非公．亦有王粲．倒履蔡邕．一沐三握．折節以容．交相得人．下邑何風．

吏廨箴曰．各操爾筆．我勞於先．如刀則猾．如椽則賢．赫赫令尹．吏立其前．看官三日．看吏三年．

西獄箴曰．沉沉晝地．蒼天不聞．誰無父母．哀彼愚民．煢煢罹咎．悔善無門．明恕愼止．有道仁人．

贊政廳箴曰．匪謂不及．兼聽則長．分職以貳．式筆循良．同寅師師．孚乃化邦．靖獻胥匡．庶績其强．

維新堂箴曰．進思盡只．退思補只．君子自昭．式化攸起．日又日日．用作其氣．煥然勃然．與民更始．

師古堂箴曰．前事不忘．後事之方．自用或畧．稽古則詳．不愆不忘．率由舊章．緬懷夫子．猶比老彭．

半優亭箴曰．懸榻之側．縱橫典籍．總務悠悠．日射東壁．與今人治．與古人息．牕外絃歌．牕前月白．

自公堂箴曰．委蛇委蛇．悠悠素絲．大夫夙夜．常惟四知．豈曰大庭．幽獨不欺．晝作夜思．云誰之私．

來山亭箴曰．惟心之遠．寧嫌地偏．退食閑閑．青山在簷．勿捲重簾．日餐水泉．淸靜不擾．吏已得仙．

梁學源　字克祖．順德人．康熙丁丑進士．除安福令．前令虧帑知府責代償．學源自計．承之取償於下．病民．不償忤上．病己．與其病民不如病己．且潔身而去．已猶未病也．遽上書謝病歸．時省中刱設粵秀書院．延主院席．以講學終．所著梁壺洲集．阮志注未見．又有宦遊囊臏雜記．鈔本存．

編校按．作者考目有上當事謝病書一首．原稿謄印本缺文．

汪後來 字白岸・號鹿岡・番禺人・康熙壬午武舉人・官千總・分防佛山・能詩工畫・性高介・不輕以尺幅與人・嘗倡爲汾江詩社・遠近名士翕然響應・總督某公以鴻博薦・託疾不赴・其爲詩始學韓孟・繼益雄深・上闚杜陵堂奧・所著王右丞詩箋二卷・杜詩注四卷・畫史一卷・汾江詩社選二卷・鹿岡詩集二卷・

自然堂詩集序

宇宙無不根之萌・人無不根之情・憂樂潛之中・而感觸應之外・成詩者形乎遇也・夫雁均也・唳唳而秋・雝雝而春・是知聲情・常則正・遷則變・正則和・而變則激也・正之時・二南鏘於房中・雅頌鏗於廟廷・而其變也・風□憂懼之音作・於是考槃載吟・伐檀有咏・北風其凉之篇興・而十畝在澗之歌倡矣・故聆其音知其詩・由其詩知其人・詩之瀟洒者・其人必風流・詩之枯瘠者・其人必寒澁・詩之豐腴者・其人必華贍・詩之凄怨者・其人必拂鬱・詩之峻潔者・其人必清修・詩之森密者・其人必謹嚴・譬如桃李松柏・望其花即知其樹也・

吾友鶴堂黃君・少訪道於崆峒・名標青簡・然不泥於服金聚氣・辟穀餐霞・唯攻詩歌・寢食三唐無懈日・前輩元孝陳先生及惠陽王使君深愛其才・嘗親送入羅浮沖虛觀・爲四百名峯主人・既而退居穗城之西城之結社・傳題者不立門戶・無所指歸・咸質於鶴堂・爲之言曰・粵中風雅・大非昔比・以虛誕爲高古・以緩漫爲沖澹・以詭怪爲新奇・以錯出爲獨善・以庸熟爲穩約・以涉率爲平淡・而不知古人之詩・氣象氤氳・由深於體勢・意度磅礴・由深於作用・用律不滯・由深於聲對・用事不直・由深於義類・故直而不率・典而不泥・高遠而不離・飛動而不浮・一字一句以至全章・若氣不貫通・意不融洽・便湊泊非詩矣・同人皆服其論・予因其論以知其詩・因其詩而知其性情・其詩峻潔者十之六七・森密者十之二三・由其生平清修謹嚴・既少凄怨之音・亦無寒澁之習・隨其性情之所發露而無一毫假借・自題其稿曰自然堂集・信不謬也・

吁嗟・鶴堂往矣・自然堂稿尙存・其嗣君本純將梓行而請弁言於予・予讀而恍然者久之・杳杳冥冥・如聞奏青詞於碧落・見闢金樽於瑤京也・乃悟老氏五千言・森羅萬象・無一語及飛昇之事・其旨深遠・茲集但以五七傳・淵源本領・亦若是則已耳・非五千言之外而別傳也・

許登庸 揭陽人・康熙乙未進士・官太原知縣・叔祖國佐・崇禎辛未進士・與黎遂球陳子壯相唱和・官兵部郎中・乞歸・唐王時・以原官召・未赴・遇賊被害・著有九洲堂集・登庸輯而梓之・

重建尊經閣記

夫經者孔子之書・實五帝三王之書・雖帝王之書・而實天下後世修齊治平之書也・夫經者理也・常也・日月麗於上・江河行於下・天地之經也・五常五典・人之經也・故五經四書之於人・猶五行四序之運而不息・體而不遺焉・昔人有謂五經如五星五嶽・四書如四時四瀆・其尊之也・何其至哉我・揭自韓昌黎起衰八代・風之所播・泉流波委・千百年

於茲・凡成人小子・咸思經明行修・以應朝廷作人至意・
　揭之尊經閣・創自前明郡守葉公・嗣後迭興迭廢・賴邑賢侯爲之修理・客秋颶威一振・蕩析無餘・我邑侯孫公世服儒書・本乃祖燭湖先生家訓・來宰是邦・廉而不激・敏而能靜・介而能用・數年勞瘁・凡爲揭邑釐弊剔奸・重農息訟・與夫救荒防患者・亦既百廢具舉・無美不備矣・今乃慨然以重新尊經閣爲己任・會合邑紳士詣閣經營・捐俸四百餘金・同廣文黃君進・任君廷瑄・孝廉黃利來・明經李岳英・州佐羅元輯・庠生黃元長・鄭邦勤・及吾兒之翰・鳩工庀材・另捐銀五十兩・修輯宣聖大殿東西兩廡・經始於辛丑年季冬・落成於壬寅年仲春・予揖羣生而言曰・吾儕識閣之所以建乎・學之藏書・不獨五經・閣以尊經名・重本也・乃我公建茲閣之意・或又不盡於是矣・教民成俗・莫善於經・爲懸其的・而誘之趨・使夫童而習之・舉凡君父兄友之道・仁義禮智之旨・無不日誦於口而涵泳於心・將見秀者書斥以應右文之治・愚者撲處以從遍德之風・推之天下・而人文彬郁・本教既端・古治可復・則茲役也・豈徒潤色太平已哉・

車騰芳　字圖南・番禺人・康熙庚子舉人・乾隆丙辰舉鴻博・至京後期・不得與試・尋官海豐教諭・在官七年・乞休歸・卒年八十四・著有螢照閣集十六卷・弟子莊有恭爲之序・阮志注存・

黨錮論

　予讀漢書・至黨錮諸人・未嘗不廢書而歎也・夫自伊古以來・未有奄豎當朝則亡人國者・自趙高亡秦而漢繼之・語云・禍生於微・亂乘於所忽・殆非一朝一夕之故也・當高祖以英雄創業・而外臣排闥・乃獨枕宦者臥・恭儉如孝文・趙談伯子輩獨見親幸・此其涓涓之流有自來・迨乎其後・蔓日以滋・其風斯熾・東都而後・弱主當陽・朝士日以疎・中官日以密・至於主柄下移・宏恭石顯得以殺之・而其禍烈矣・自是以來・金貂右璫・手握王章・口含天憲・舉朝莫可誰何・而國事愈不可爲矣・
　古之爲治者・日制治於未亂・消患於未萌・故君子之於小人・當其黨與未成・植根未固・而潛爲之杜・預爲之防・此策之上者・迨其羽翼既成・引身而退可也・乃欲以憤憤孤忠・爲揮戈返日之舉・而復以謀之不臧・計之不密・我方欲圖彼・而彼且先事以制我・挾天子以令我・不終朝而身首分裂・人鬼含寃・陳蕃竇武之禍・斯足悲矣・爲膺固諸人者・生當其時・計惟韜光斂翼・深自晦藏・庶幾無及於禍・而復以悻悻之心・爲皦皦之行・激揚聲名・互相題拂・自以其身爲的・使人得環而射之・今日詔黃門・明日繫北寺・刊章廣捕・相望於途・不數年間・東漢之人才・迄無遺類・而漢隨以亡矣・嗟乎・諸君子者・不爲南山之南・北山之北・而乃以磽磽而折・錚錚而摧・千載而下・憫其禍而傷其遇・比於蘭之自焚・膏之自灼・不亦悲乎・雖然・諸人不滅・漢不遽亡・故曰・人之云亡・邦國殄瘁・天也・人乎何尤・

禰衡論

　禰衡跅弛士也・史稱其性尙剛傲・矯時慢物・信哉・夫士苟有才・必自愛其才・養之以正・守之以謙・遇則爲威鳳

之和鳴・不遇則爲冥鴻之高舉・故可治可亂・能屈能伸焉・有□蜂求螫以自貽災禍者乎・當漢之季・運罹百六・紀綱廢頹・黨禍既終・重以奸雄互起・騁其勢力以摧抑天下士・天下士幾無容足之地・况如操者・奸雄之尤者也・外若有容・內懷戈戟・名爲愛士・實則忌才・當是時・若荀文若者・操所傾心而畏愛者也・彼方欲倚爲己用・故手足以之・腹心寄之・一時主臣相得・無以爲比・迨夫一言齟齬・至於飲藥以終・文若且然・况其下者乎・禰衡之才・不逮文若・而夙有虛譽・計惟遠許都勿與攖鋒耳・乃逡巡不去・旋且就之・既已輕之・旋且辱之・譬彼狼虎・既攖其爪・復捋其牙・其不爲所噬者幾希矣・

且夫操非有所愛於衡也・衡則自負其才・而操實未嘗有其才・方其召爲鼓吏・其視衡居何等哉・不於此時堅持而去・而隱忍以徇・嫚罵至再・雖在常人・尚且不堪・况奸雄如操・豈肯甘受其辱・故曰・彌衡豎子・孤殺之猶鼠雀耳・乃再三不殺・而卒假手於人者・直謂無足汚吾手耳・操豈眞有惡殺才士之名哉・

思昔先王之世・興學立教・舉天下士陶鎔於禮樂之中・故曰・沉潛剛克・高明柔克・當其時・無氣矜忿戾士也・使衡幸生其時・束身大道・節性和情・厚其養而調其氣・將爲恭人・爲哲士・於以基德・於以全身・誰從而嫉之・誰從而殺之・然則非操之殺衡・實衡之自殺也・傳曰・小有才而未聞大道・足以殺其軀而已矣・衡之謂也・嗚呼悲夫・

西江攷

粵有三江・東則源自惠州・逶迤入海・其蓄洩最易・北則自大庾發跡・與武水合滙於中宿・不數日而入於海・並爲安流・惟西江則源遠流長・莫可窮極・禹貢所不詳・水經所未注・自漢武通西南夷・水道始通・今則爲往來利濟之通衢矣・嘗考其水・一自桂林而來・源發灕江・即漢討南粵時樓船將軍出零陵下灕水者也・南爲灕而北爲湘・二水合於灌塲・以達於蒼梧之野・其一源自柳州・謂之潯水・雷州藤溪之水皆滙焉・其一・則梧州之太江・漢武帝使馳義侯發夜郎兵・下牂牁江・即此・東入容江・馬援征交趾時・仰視飛鳶・跕跕墮水・今尙可想見焉・東經鬱林・北流博白・而達於梧州・與前二水合・又東而滙於肇慶之封川・至此則江流四合・波濤漲溢・順流而百餘里至於羚羊・一名高峽・其勢稍蓄・過此則肆逸奔放・莫可禦矣・東經三水・與北合流・入於南海之西・以達於海・是爲西江・其水道自肇慶以下・其流甚狹・無汪洋巨浸・自羚羊以下・無險要可守・故寇盜不能憑之作難・然以數江之水・合而成流・東西民田・資之灌溉・其利甚溥・而夏秋之交・霪雨間作・則潰冒衝突・往往爲居民之患・三水南海諸邑・瀕年受之・每基圍一決・邑閭田產皆遭淹沒・其患不小・每勞當事者之慮・顧水自肇慶以下・連接海潮・旁皆枕山野・傍居民・無支流可分・惟先事而爲之備・增其巨壩・固其堤防・爲百年可久之計・使居民有灌溉之樂・而無淹浸之患・亦留心民瘼者之一助也・

李駕部集序

車騰芳

駕部集者・吾禺少偕李老先生所著也・先生諱時行・少偕其字・別號青霞山人・乃前明南園後五先生之一・生平著述甚夥・有駕部集・青霞漫稿・雲巢子・天求子・癯瘉子諸書・今無存・比年以來・族人訪求遺軼・僅得是集於城西・而簡篇錯落・已無完本・彙而輯之・得詩文各半・共爲三卷・凡若干篇・

按先生生于有明嘉靖時・自爲諸生・已爲嶺海知名・迨舉進士・乃補外・得越之嘉興・邑號難治・先生以文飾治・法立令行・未幾・合郡翕然・都御史稔其才・以治狀上聞・陞授兵部車駕司主事・而忌才者蜚語中之・先生遂拂衣去・肆遊雲横天目天台雁宕・以及靈巖虎邱諸勝・逾年乃還・復寓止於羅浮青霞洞・是時湛甘泉黃泰泉兩先生倡道東南・先生後先從遊講學・日以著述爲事・其視名利之榮枯得喪・若蠓蠛之過其前・往者弗留・來者弗染・淡如也・嘗考先生之學・凡六經子史以及三唐兩漢之書・靡不淹貫・而鎔精鑄液・務以究天人・窮閟奧・成一家之言・而又博遊於三吳兩越燕齊楚豫之交・凡遇名山勝蹟・流連累日・登臨吟眺・以磅礴其氣・而又徧交海內人豪・詞流夙素・所在訂交・結社聯吟・風晨月夕・以跌宕其才・故其形之翰墨間者・有若摩星浴日・凌五嶽而歕三江・視世之尋聲貌古者・其相去不大遠乎・

世之論者・多以先生之文不盡傳・輒謂造物忌才・故多摧折・而余謂不然・嘗觀古來豪家巨閥・助華聲望・絕極一時・不轉盼而已成塵迹・而文人學士・嘔心吐血之餘・垂之一二日・傳之千百年・雖值世變滄桑・沈浮漂泊・而精靈熤熤・時隱見於名山大澤中・故幾經剝落・而猶留什一於千百・使後之讀者・得以潛窺其所學・想見其爲人・此殆有天焉以陰爲珍護之者・乃知造物愛才・良非偶也・

邇者郡邑紳士聯呈各憲・俾後五先生咸得奉主入祀抗風軒・有光祀典・其繼自今・文章道範・俎豆長存・與前五先生後先暉映・而先生爲不朽矣・

重建番禺儒學記

凡百神祇之祀・有興有革・惟學宮之設・以崇先聖・以育人材・以昭治化・故歷代相承・莫之或廢・我番禺學宮・在省會之東・縣治之左・其在宋明・爲創爲修・年月具存邑乘・入國朝順治十八年重修・迄今風摧雨剝・勢不可支・前令屢意興修・迄無成議・

乾隆十二年・周侯儒至・初莅學・即矍然曰・是弗修且壞・必欲詳請庫項・動逾歲年・鞠爲茂草矣・於是邑人呈請捐修・侯即通詳各憲・發簿沿簽・既報可・推芳等十餘人屬敎令・課章程・力辭弗獲・爰諏日鳩工・先事大成殿・平其基而新之・凡下而基盤・上而結架・棟閣榱題・一皆如制・其前爲月臺・周圍翼以石欄・重階疊礎・爽然改觀・其下爲甬道・旁爲拜位者二・又旁爲兩廡・東西森向・屏以罘罳・前爲戟門・門凡三・左右爲夾室・以備憩息・前爲肅客門・又前爲泮池・視舊加廣・欄楯周焉・其外爲櫺星門・次第具舉・最後爲明倫堂・深廣悉如舊制・先是崇聖祠在東北隅・

而名宦鄉賢兩祠・參差錯落・今改建於聖殿之後・明倫堂之前・崇聖居中・宦賢列於左右・規制一新・又前立開東角一門・乃於西邊買舖屋二間・新扱一門・與東相稱・凡殿宇堂廡及內外圍墻・皆易以磚石・工惟其備・材惟其良・宏好鉅麗・經始丁夘之冬・迄庚午而秋工竣・至明倫堂後曠地一區・形家謂其卑陷・宜建閣以鎮之・考舊志有光風霽月一樓・乃即其地爲閣・名以尊經・僅築臺基・已無餘費・停工者二年・歲癸酉・邑侯彭公科署事・慨然有增高之志・會海珠文閣圮壞不修・侯曰・盍幷舉・仍委任於芳等・乃分力於海珠・五閱月蕆事・而尊經閣亦次第觀成・閣之深廣・視明倫堂制・材木甓甃稱之・飛甍巍峨・爲學宮後勁・上連粵秀之峯・下瞰珠江之水・左白雲而右靈洲・冠粵城而控郡邑・將以崇先聖・育人材・昭治化・庶幾與天地而長存乎・

是役也・合珠江文閣・計用萬金・後先凡逾十年・芳等十餘人董厥事・而馮君六彬・盧君瓚・陳君文煥皆先逝・若蔡君名升・功將成而物故・惟吳君禔澄・崔君景成・韓君雲等・始終戮力・矢愼矢公・不負邑人踴躍捐輸之意・因紀其顚末鑱諸石・

天妃廟祝神記

粵界揚州之末・其地邊海・其土沮洳・沿海之鄉・巨浸千里・吐日浴月・狂飈鼓浪・雲崩雷吼・船舶爲災・堤岸爲嚙・比年以來・風不揚・水不沸・商旅以濟・民有寧居・僉曰維神之功・而天妃之神・於是乎獨著・考神之始降祥於莆田・徵異於龍女・著靈於海澨江鄉・歷代以來・冊封肇祀・以迄於今・雍正間・欽賜御祭・詔直省郡縣虔供祀事・春秋以時・載在祀典・其廟遍于天下・自都城以迄□洛・所在有之・遠近奔走・搏顙乞靈・殆無虛日・

吾家蓼涌沿海而北・稍折而西・有鄉曰棠下・居人若李若潘・爲姓不一・有神廟焉・莫知其所由建・蓋百有餘年矣・地枕扶胥之右・據海珠上游・臨以嶺阜之岡・面以琵洲之海・海鰲浮屠・若拱若峙・而廟實當其中・歲久圮壞・乾隆癸夘歲・鄉人謀以新之・因具而理・易材而良・爲丹爲堊・既成奕奕・復新其像・裝金佈彩・翕翕皇皇・居人醵金製錦・而屬予言以頌・

予觀棠下之鄉・當海道之衝・有明鼎革之初・洊經兵燹・繞城東北・村落爲墟・而鄉之井里獨完・室廬如故・是有神焉以呵護之者・且神之廟號天妃・妃之爲言匹也・惟天其尊無上・其功無兩・孰得而匹之・維神靈蹟燀赫・凡厥下民・依之如父母・奉之如蓍蔡・德惠旁流・與天同運・是曰配天・亶其然乎・自今以往・神著其休・民食其福・和風祥雨・甘露穰穰・中田有稼・陂池有魚・家有絃誦之聲・道有扶杖之老・物無疵癘・神罔怨恫・於以□□・於以居歆・廟食之隆・欽于奕世・豈不休哉・

錦溪華光廟頌神文

吾粵多祀華光之神・廟號以帝冊封・不知始於何時・世俗所傳・事涉荒誕・非儒者所道・大約華光火神也・粵爲火國・其神祝融・而帝實秉火德・能有大功・以爲民禦災捍患・故其廟始於都邑・徧於鄉闔・使人奔走之・靈而不自

已・實有威命靈爽以役乎人者・神固赫赫矣哉・

距吾鄉東北不五里・有鄉曰錦溪・聚而居者・若曾・若文・若范・若朱・爲姓不一・鄉之中・有廟焉・山蟠其後・溪環其前・林木踈竦・廟列神以七・而中奉華光帝以爲主・鄉之人・月吉必祭・祭必虔・禱必應・若桴鼓然・廟蓋與鄉而俱古矣・歲九月・爲帝誕辰・乃醵金爲錦以祝・相率而屬言于予・予曰・其祝之也何居・曰・吾鄉之德神也久矣・自設廟以來・鼎經再革・歷幾烽烟・沿海之鄉・鄉土震動・人民蕩搖・若雉之罹于羅也・鴻之鳴于澤也・錦溪介在偏隅・烽火無驚・寇災不作・比年以來・風不恒・雨時若・吾儕小人・以耕以鑿・安其食息之常・是神之人有造于吾鄉也・且夫一酒醴也・而曰神其醉止・一花芬也・而曰神嗜飲食・吾既以人道事之・吾更欲以人道祝之・予曰・若然・則何事於祝・易之萃曰・王假有廟・惟萃而後可假也・萃一己之精神以假於廟・而神之靈爽聚焉・神之情狀著焉・其繼自今・是戒是濯・萃其誠也・苾苾芬芬・萃其物也・蹌蹌躋躋・萃其儀也・維帝秉火德・司火功・耀乎九天・光于九野・是用假於錦溪之堂・於以居歆・於以錫福・錦溪之野・皆爲擊壤之民・永爲淳古之俗・錦溪私有帝矣・帝不私錦溪乎・豈但如曩者所言云爾乎・僉曰・然・書之以爲序・更爲祀神之歌・歌曰・

帝舒其目如燭龍・一覛天地破鴻濛・金光映日光曈曈・五雲擎出曇花紅・錦溪之堂爲帝宮・黄有菊兮丹有楓・鳴鼉鼓兮鏗鯨鐘・帝率諸神來空中・盪寇氛兮嘘祥風・樂熙皞兮王民同・千歲萬歲兮銘帝功・

琶洲徐氏頌社文

古者天子爲民立社・故有大社・有國社・其後民得自置社・故有二千五百家之鄉社・有二十五家之里社・於以祈年報穀・禦災捍患・功莫著焉・典莫重焉・吾禺琶洲之鄉・當珠海上游・踞扶胥之口・潮汐出沒而東注鰲洲・浮屠在焉・鄉之徐爲著姓・其地東西皆有社・而東社在鄉之中旁・居人面大海・其爲德於徐氏舊矣・戊寅秋・其族謀以新之・高其壇壝・示尊也・樹以嘉木・誌表也・爲亭於其前・以爲飲福聚會之所・復醵金爲錦・以頌於神・凡麗東社者皆與焉・而屬言於予・

予觀天子懷柔百神・凡非淫祀・並載祀典・顧山川嶽瀆・各以其方・非民所得祀・其有功德於民者・亦各食其一方之報・惟社之祀徧天下・然吾常游江南・過毘陵諸郡・其里社皆有姓氏官爵・又爲制屋而不壇・摶土斲木以肖神・冕七旒・服七章・秉圭赤舃・若王侯然・然非古也・吾粤之社無之・今徐氏之社・壇而不屋・其制古也・勾龍以配・其神古也・祭祀以時・不僭不忒・其祭古也・祭之日・鼓聲淵淵然・達于海岸・老者率先・幼者在後・割牲宰肉・飲福致胙・其人古也・吾於以觀風俗之淳焉・於以觀鄉族之古焉・載芟之詩・言祈年也・良耜之詩・言報功也・始述農家作苦之常・中及室家盈寧之慶・而終及宗廟朝廷之大成・周盛時・風俗如此・其茂美猶今是社也・於是祈焉・於是報焉・人懋厥誠・神燀厥靈・陰陽和而風雨時・民無疵癘・百穀順成・以洽百禮・似續古人・飶其香而椒其馨・寧胡考而光邦

家・於是乎在・所謂觀於鄉而知王道之易易者・吾於徐氏之社徵之矣・抑社必用樂・古也・故爲歌二章・使巫祝歌之以樂神・其歌曰・

春載暘兮桃始英・扇條風兮倉庚鳴・江村十里花氣蒸・曼衍雜遝百戲呈・神之來兮揚蒼旂・舞師傴僂帗舞迎・□椒漿兮香始升・既醉飽兮介□□・天降康兮爲歲徵・右春祈・

楓始丹兮菊始芳・秋露降兮南雁翔・擊土鼓兮海之旁・吹豳詩兮聲琅琅・小大稽首拜社王・庭且碩兮田既臧・我庾億兮爲茨梁・穀士女兮樂而康・右秋報

新會兩生傳

祝大年者・明季新會諸生也・少落魄・不修邊幅・在諸生中亦無所知名・獨事母孝・母死・負土成墳・日至墳所旋繞而哀・三年以爲常・甲申歲・聞神京陷・莊烈殉國・即慟哭不食・久之乃食・或謂之曰・聞賊入京城・諸肉食者皆乞憐馬蹄下得美官・子獨何爲・曰・嗟乎・此予所以欲死也・即日爲號召其鄉人・欲以舉事・逾數月無應者・乃駕扁舟走厓門・哭於楊太后廟中・沿涯蜑民聚而觀之・皆爲感泣・生爲陳說忠義・諭以舉事狀・即皆應曰諾・願從君所爲・生知其可用・乃遍閱漁舟・可百餘艘・人可四百餘衆・乃復爲約令・卜日與俱・屆期而李生適至・

李生者・名子俶・亦新會諸生也・素謹厚・家故饒・値歲洊饑・出粟以賑・鄉人德之・比聞國變・乃率其鄉人書大行皇帝・爲位以哭於家廟中・遠近來觀者皆感泣下拜・生曰・自高皇帝創業以來・迄今垂三百年・我等祖父子孫・皆食其福・生爲明民・死爲明鬼・不亦可乎・中有壯士三十餘人・攘臂前曰・苟君舉事・有不從死者非人也・生曰・盍書名・於是旬日間得五百餘人・是時新會巨盜聚夥崑崙山中・時出肆掠・生使人往招之・則皆如約・合之得千六百餘人・生乃毀其家・具舟筏・備芻糧・刻日偕赴・及聞阮生在厓門・欲過與俱・初二子素不相識・及相見・抱持大哭・一時旁觀者皆髮指眦裂・憤不欲生・生曰・今留都擁立有年矣・盍往赴之・衆皆如約・乃從海道進發・至中途・颶風大作・覆溺漂散者幾半・逡巡久之・將及崇明・聞留都已敗・諸從行者亦稍稍散去・兩生知事不濟・獨與數十人返其鄉・比聞台州監國・而閩越互相水火・皆策其無成・故未動・居久之・聞黎遂球舉事贛州・聲頗振・決往從之・乃與家人訣・時左右無一人從者・獨二子携持同行・踰庾嶺・下贛水・謁黎於軍門外・時遂球軍令戒嚴・爲其鄉人也見之・即問兩生來意・對曰・欲從公覓一死所耳・遂球以其言不利・姑置之・未幾・我大清兵南下・城陷・遂球遇害・二子各持短兵・力刺數人・皆死於亂軍中・

論曰・予側聞新會兩生事・野史所不載・詢之故老・罕能言之・方忠愍公與難時・有蒼頭某者・自軍中逃回・後至八十餘歲・每爲人言兩生死事狀甚悉・而新會阮又咸・大年族子也・亦能記兩人起事時事・皆歷歷可信・夫二子者可不死也・乃決於一死・死而人莫之知也・悲夫・

扶桑花賦

若夫東閣矜紅・西園競素・野徑流香・游絲罥霧・亭亭

獨出·萬衆卉於春城·落落高擎·翾百芳於朱戶·爾其根移佛國·嬌號蠻花·翳南土之奇種·符碧海之靈葩·葉濃濃以紛披·枝冉冉而交加·捲青帷而光浮月暈·綺翠幄而嬌擁絳紗·海蜃樓高·燦雲間之錠錦·天雞叫罷·爛天半之晴霞·

當其綺天獨麗·映日彌丹·長紅大翠·小袖輕紈·其初啓也·若華燈之吐焰·其大決也·若彩鳳之高騫·其直竦也·若整冠而肅立·其偏反也·若中酒以憑欄·既美且都·亦華而秀·炙粉添烘·軟裙工繡·塲開寶刹·珠璣瓔珞之玲瓏·法演如來·彩仗威儀之輻輳·

爾乃倩如工笑·盼若垂青·海女高歌·纏頭絳染·蠻娘罷舞·火浣衫輕·雨乍雲而出浴·風欲動而猶停·人傍朱欞·遠盼芙蓉而灼灼·蠶眠春箔·近薰蠟炬以熒熒·於是女窺宋玉之墻·蝶過賈充之壁·紛□光兮離離·暗春雲兮冪冪·千金無價·從此地以知名·百斛猶輕·每隔簾而相憶·

嗟呼·春雨秋風·千紅萬紫·洛陽富貴·誇國色之無雙·亭北闌干·嘆新粧之誰似·株株索價於名園·處處爭名於花市·或被沿習而惑深·實賤目而貴耳·如何炙花冷蘤·綠莖朱房·挺南離之正色·分西域之名香·雨雪能花·歷四時而綽約·春陽愈麗·分五色而頡頏·香壓春華·儼若千尋之海樹·艷侔朝日·不殊百丈之扶桑也哉·

鎮海樓賦

巀嶪其崇·崔嵬竦峙·峯引鶴舒·城迴雁翅·鬱粵秀之精華·麗牛女之星次·羌瓌瑋而陸離·亦目眩而神悸·翺翔百里·乘高而控馭南陬·冠冕十州·視下而俯臨郡治·夫其制也·亢塏道亘·碧砌階平·厥材維麗·厥飾含英·張牙布翼·飛爵棲棱·棟復棟兮相麗·樓復樓兮上升·因而重之·適符乎天地之數·相摩以盪·包羅乎五曜之精·夫其高也·山蟠其基·地厚其勢·彩檻星躔·層簷日繫·臨百雉之重城·排九閽於天帝·摩左闔而右闔·把朝虹而暮啼·欲窮千里·只離尺五之天·更上一層·直渺大千之世·

越自永嘉入越·肇建宏模·五行既奠·五位攸芊·宅南離而肇城·維地軸於坤輿·樹宏規於省會·披勝覽於輿圖·爾乃東連黃木·西瞰鵝湖·南臨花渡·北控崑都·簾捲紅絲·欲渡花田之雨·窗移雲檻·橫呑浴日之濤·山路連兮古寺·海國浸兮浮屠·春樹燦旃裘之火·離支懸鮫泣之珠·郭外則家家簫鼓·州邊則樹樹珊瑚·登斯樓也·縹緲烟波·恍神山之宮闕·微茫海市·疑蜃氣以吹噓·

嗟乎哉·海水幾枯·山容易艾·笑竊據之何愚·等夜郎之自大·今則黃屋已荒·朝臺亦壞·昌華苑謝·紅雲綠樹以俱沉·歌舞臺空·蔓草荒煙而失慨·神仙無術·莫挽滄桑·王霸何權·空留塵壒·洗兵氣於前朝·靖烽烟於六代·厭浥而春雨流膏·肅爽而秋風送籟·惟斯樓之創造·乃永奠而不移·歷三百之綿祚·鼎已革而長支·近則垂陰於古陌·遠而拱極於京畿·山花如舞·羅綺成帷·躡足凌風·挾飛仙而欲御·憑欄倚月·問靈兔以何之·

則有望重鼎鉉·才雄江海·乃駐幨帷·爰登爽塏·比宣城之北郭·吟眺依然·據岳渚之胡床·風流未改·八荒在宥·咳唾則銀漢同情·萬象歸懷·俯仰而英雲並鬟·命彼梁

園賦手・鄒馬非遙・顧茲鄴下才人・應劉斯在・同探龍頷之珠・共製雲間之彩・於是荒陬下士・沿逕捫蘿・幸陪末座・徙倚婆娑・追王粲於千秋・賦懷未遠・臥元龍於百尺・豪氣偏多・況復天朗氣清・景淑時和・振千仞於高岡・舉頭日近・渺一粟於滄海・倒影星羅・能無馳幽思於要眇・結遐想於高阿・於是披祥風・吸靈日・翹首而賡慶雲瑞露之歌・

樂律賦

雷出地奮・由豫而發・豫順以動・樂由斯遠・帝治王猷・時和物茁・爰宣鬱而導和・乃金聲而玉戛・惟大者□而小者鳴・故聲惟五而音惟八・

自昔伶倫有作・制度是任・聽鳳鳴於高崗・截嶰竹於平林・洩元機於造化・因大順於人心・有若大塊噫風・前於後喁之畢應・亦若高天鳴籟・秋蛩春蚓以徵吟・雌雄鳴六六之聲・叶參差而迭響・天地餘九九之數・本黃鐘而首音・爾其天圓圍三・函三爲一・一爲太極・兩儀合闢・肇於子半而陽生・伏於午半而陰革・累黍而推・飛灰以測・徑以寸而差長・圍以分而不忒・晦朔弦望・於焉是調・律度量衡・由斯取則・配三百六旬以周期・循十有二辰以生息・審音知器・稍强弱於盈虛・和律旋宮・肇陰陽於損益・既正聲半聲之不同・亦變徵變宮之可識・如大珠小珠之落玉盤・儼千絲萬絲之歸組織・春以溫而秋以肅・氣候畢齊・宮爲君而商爲臣・尊卑效職・自無美而不宣・乃有舉而必克・

於是太常既具・宮懸畢陳・工師鼓師殊其位・堂上堂下昭其文・虡業鐘鏞別其器・笙匏柷圉殊其能・雷霆兮奮發・風雨兮氤氳・四時兮始終・萬象兮繽紛・既如天而如地・復疑鬼而疑神・磬管是依・小大畢諧・彼籥翟兮陳兩序・舞干羽兮格兩階・鳳儀來兮獸率舞・馬仰秣兮魚津涯・上帝居歆而饗克・有客戾止而永懷・后夔永□・惟克諧之□□・季札觀止・匪他樂之能偕・若夫樂不世襲・代有其人・沿說既遠・制度逾湮・三致登歌漢代・七調變始隋文・唐有十五和以疊奏・梁制十二律以差分・曲譜霓裳・早兆淋鈴於幸蜀・歌翻玉樹・空留摩曼于後陳・他如王樸儼儀之所定・李照胡瑗之所更・樂府詞艷・律呂書新・終得失之互見・曾美善之罕聞・豈知夫制作攸隆功德・是以至樂無聲・元音有自・備至德于中和・集大成之終始・匪金石之可尋・矧尺寸之互異・孝孫八十四調・尙屬新聲・參軍二十四輪・僅能候氣・貞觀三舞・未足擬諸容形・宋祖減聲・尙恐多其擬議・若夫聖王繼序・德並巍峨・九功惟序・九序惟歌・煥光華于宇宙・賡喜起于廷阿・風靜金川之氣・塵銷玉壘之戈・擊石拊石揚其休・阜財解溫流其波・奏簫韶兮允叶・薦郊廟兮猗那・天降休兮玉捨・地湧泉兮醴河・信乎聖人與乾坤合撰・而大樂與天地同和・

羅浮賦

維太虛之寥廓・鍾靈淑于南州・走大庾而東衍・據春岡之上游・蔭牛女以曜峯・亘城邑而延袤・抗中州之華岱・爲仙子之丹邱・是山之名・聞之太古・肇開闢于鴻濛・類神工而鬼斧・允祝融之所都・爲南嶽之佐輔・陋荒誕之迂談・擘

蓬萊之一指．沿東海而浮來．實誰聞而誰視．翳造物之全能．豈遷延而待補．

於是勢若倚天．摩星劚雲．盤結鬱崒．蜿蜒糾紛．東西屛列．南北嶂分．左跨惠陽之水．右連南海之濱．天柱東懸．帶兩江而冠五嶺．地維南極．雄百粤而控三辰．當夫萬竅吁陽．納谷陰雨．濛寒雲黯．菁華夕銷．翠微朝溼．林岫蔽虧．烟巒四匝．兩山迷離．不可分合．其或重陰既霽．曉氣初融．宿雨不作．晴日彌烘．林壑洗其宿霧．山氣破其鴻濛．寸雲射石而縷縷．流光散彩以曈曈．山容如沐．翠黛如濃．若斷若連．儼星羅而碁布．爲起爲伏．類蹲獸而奔虹．

其下則村落參差．衡宇連綿．春潭秋潦．陌雨桑烟．嵐田墾兮井井．香稉熟兮年年．蠻獠耕畲而饁餉．巾車越壟而度阡．又有梅花之村．賣酒之田．素月之魂．尙爾師雄之夢．宛然其上．則飛雲之頂．見日之臺．天雞鳴兮扶桑曜．火輪赤兮鴻濛開．老人九兮踞坐．玉女變兮翔迴．鐵橋橫亘而上下．石樓聯峙而合開．山氣乍晴而乍晦．天雨忽去而忽來．飄飄乎上拂元蒼．排閶闔而窺九野．下臨無際．渺滄海而小八垓．

則有瑤臺璇室．幽居洞天．朱明光華而射日．青霞縹緲而籠烟．黃雲成於漢代．金牛鑿自何年．或爲佛老之宮．或爲講學之軒．他如沖虛得月．寶積得泉．莖臺銅柱．玉琢金鐫．不異崑崙．光碧瓊華之館．如臨岳洞．清虛小有之天．見者目眩而心悸．聞者足企而神懸．

其爲水也．響瀑驚濤．流霞散霧．神湖涵虛．天池漱素．二日倚天．日月吞吐．風潭龍井．所在奔赴．飲之却疾．濯之去汚．橫者爲濂．直者爲布．無風而萬壑爭鳴．匪雨而千巖競怒．

歷路沿崖．周以嘉植．異卉鸞棲．仙龍鳳蝕．風披琪樹之壇．日映金蕤之壁．幽蘭入夜而愈香．山桃至冬而轉碧．美香百合．芙蓉五色．山無樹而不丹．樹無時而不赤．又有蘢葱之竹．蒔苔之松．菖蒲九節而綠玉．仙茅連枝而紫茸．皆仙人之服餌．乃別化而騰空．

其飛則鐵冠綠羽．白練紅樑．飛復飛兮山麓．鳴復鳴兮夕陰．恒雙棲而間出．時倒挂以徵吟．翔舞迎人之便．叮噹揚樂之禽．蝶大如箕．耀彩鏤金．爲山中之騏驥．實人跡之罕尋．

乃有採蒲仙客．海上知名．秦王求之而不至．漢武聞之而輕生．其他眞人羽士．華子青精．葛洪之丹灶猶舊．麻姑之石鏡長明．曠萬刼而不死．時往來于山扃．

至如羈臣遷客．逸士高人．罔不思山中之幽僻．解世俗之塵氛．或長歌兮林麓．或策杖兮雲根．棄芝餐液求服餌．誅茅結室爲逸民．吁嗟此山兮．望之無極．探之不窮．俯視南眼兮．遠而獨爲宗．悠悠終古兮．安得長髯翁．遺我兮一囊．括盡兮四百三十二峯．

黃栻 字君球・號喬瞻・番禺人・生明季・習於世務・唐桂二王時・儒士以言求進者・輒不次擢用・視之蔑如也・丙戌後・廣州數被兵・携家居佛山・康熙十三年・吳三桂據雲南叛・尙之信密與通・栻以粤再反側・則民無孑遺・毅然詣平南府上書・尙覽未竟・劍擊案・促縛之・其母曰・此人言是・但過於悻直耳・會報資寺僧某馳救・得釋・自是杜門・屛絕人事・講學課子以終・年六十四卒・同邑呂堅爲作黃喬瞻先生傳・

上平南王書

僕聞與善同事莫不昌・與惡同志莫不亡・盛衰得失・彰明較著・有百害而無一利者・此中人以上所弗由・而况故家舊德・儼然爲民上者乎・夫善言古者・必有驗於今・事迹久遠・或習於見聞而不加察・則請以近事言之・

夫福王非不正・唐王非不順・即魯王紹武之立非不可・然皆不旋踵而滅・誠以政治旣荒・用人旣失・糧餉旣缺・地勢旣偏・即使內無熒蠱・外無强敵・猶且不支・玆則天戈且臨・人心久蠹・不俟智者其敗矣・獨桂王輾轉・少稽年月・孱與昔同・固因時會・然以瞿式耜何騰蛟之忠勤・而不與金聲桓李成棟之强附而不振・總之監國者無不擒・督師者無不死・蓋天命所屬・人力不得而爭・民心所歸・兵威不得而刼也・古權謀之士・謂爲天下者・不顧家而創業肇基・其本必出於忠孝・千古王侯將相・原非有種・要必具忠純懇摯・一副血誠・厝之至險至危無可奈何之地・陷胸决脰而百折不回・豈有遺棄君親・眷懷妖冶・二三其德・殉利忘義之徒・而可倚之以求富貴者乎・且左右欲求富貴・亦旣分茅裂土・南面而稱孤矣・捨現在而圖未然・婦人穉子所不爲・隳父兄旣成之業・蹈臣子無將之誅・戕東南旣集之民・傷天地好生之德・百世之後・等爲至愚・明主寒心・中材不齒一從・禍首即爲罪魁・僕竊爲左右不取也・

梁無技 字王顧・番禺人・貢生・年十一能詩・東莞尹源進嘗集廣州才俊爲詩會・倩梁佩蘭陳恭尹甲乙高下・無技第一・以此負詩名・生平潛心力學・性復敦篤・道義之交・生死無間・晚年主粤秀講席・年八十・以明經終・所著南樵初集十四卷・二集十一卷・阮志注存・又選唐詩絕句英華九卷・有刻本存・

唐詩絕句英華序

水之發源於崑崙也・疏之而爲九河・注之而爲百川・猶是崑崙之分流也・詩之本於三百篇也亦然・一變而爲蘇李・再變而爲柏梁・三變而爲近體・猶是三百篇之分流也・近體於絕句爲尤難・言雖短而韻貴正・音旣促而意貴遠・惟唐一代得三百篇之遺風・昔人謂提籠忌采葉・昨夜夢漁陽・即嗟我懷人・置彼周行・遙知兄弟登高處・偏插茱萸少一人・即兄曰嗟余季行役・余謂此亦其易見耳・其間比物寄意・觸景興懷・何一非三百篇之旨哉・故得旨則言似大而非夸・如言愁・則白髮三千丈是也・言似曠而非激・如言血・則一滴染天地是也・言似鑿而非附會・如言出塞・則秦時明月漢時關是也・言似幻而非詭・如言遊仙・則睹青龍炊玉炭是也・一代之言・雖有初盛中晚之分・而初盛之必中晚也・理勢之自然・民運之必致者也・必進天寶以前而麾大曆以下・是欲返晨曦於日中・而禁蓓蕾於爛漫也・又欲趨中晚而薄初盛・是猶立商周而笑唐虞・生六朝而訾兩漢也・或者以庸俗爲少

陵・以鹵莽爲謫仙・是村媼矜敗絮爲古錦・田父指粗糲作胡麻也・又或膚淺濟其鄙懷曰・吾長慶唱和也・以餖飣驚其俗眼曰・吾錦囊西崑也・是捫燭以爲日也・是剪綵以爲花也・更可異者・謬議唐人・競稱宋體・是擲瑚璉爲瓦缶・是挹行潦爲醴泉也・

嗟夫・風雅中衰・如江河之日下・狂瀾滔滔・孰起而遏之哉・夫身不高者不可以望遠・聲不大者不可以疾呼・僕貧病杜門・見聞孤陋・支離藥裏間・豈敢侈談風雅於詩學爭鳴之日・因閱唐人五七言律・前有吳江顧茂倫先生・近有吾亡友蒲衣王子之選・獨絕句一體・未有選者・雖雜見於詩紀詩所詩歸類苑品彙諸書・無限於各體・選殊未備・即有宋洪魏郡公萬首絕句・又備而不擇・未免採珠於沙礫・更苦篇帙之浩繁・購之固難・讀者亦不易・故僕不揣愚蒙・擇其尤者得詩一千二百餘首・錄成一集・置之案頭・以供把玩・乃承當路名公與同學諸子謬加許可・而一二方外門人助之梨棗・漫以續貂於顧王二子之編・聊便吾徒之吟誦・有心風雅者・或取其編刻之微意・毋罪其夢囈之饒舌也・則何如・康熙庚寅仲冬既望・

鎮海樓賦

維二氣之所感・咸萬物而化先・雙星既曜於南極・元冥實位乎炎荒・縱巨靈之吐納・混太虛之蒼茫・金翅銜波乎海若・陽烏噴焰於扶桑・懼離明之僭越・畏坎道之濫觴・迺因其邱陵・度其陰陽・占星望氣・避燠迎涼・茲樓建焉・鬱乎蒼蒼・地道振而不洩・山形壽而無疆・乾坤秩而成五・義直表而爲方・秋金銷爲月露・朱火盛爲文章・洵一代之創建・固百年之棟梁・然當其廢也・麥秀堪傷・黍離同歎・及其興也・忘帝力於帝天・咏子來於周甸・此雖運會之所關・亦人事之由見也・

爾乃高簷倦鳥・飛閣凌烟・窮海流雲之棟・巖崖激雪之椽・日射文牕之窈窕・風迴青瑣之流連・層出而明霞五色・門開而寶月四圓・疑蜃氣而不變・驚彩雲而常存・非不精誇絕代・工甲千年・公輸遜其巧・奚斯頌其堅・而茲樓之建・義不先焉・

若夫曠野雲晴・高天月小・命友携罇・微吟清嘯・劍倚天末・興發霞表・縱心娛覽・流目遠眺・則山窮瘴嶺・水極遙天・日南風起・瓊島波連・出雲入霞之浦・沐日浴月之淵・金裝獻其圖籍・銅柱表其山川・黃屋銷而爲土・白石化以成仙・斯爲百粵之都會・抑亦茲樓之大觀也・

北則庾嶺名關・雄州古道・(叶豆)鳥度雲根・峯懸馬首・南則鐘迴水寺・帆送夕陽・潮明雁翅・月吐珠光・東則昌華之苑・琵琶之洲・溪連黃木・峯入羅浮・洞天有留雲之室・滄溟有鈎鰲之舟・西則石門靈洲・牂牁鬱水・貪泉在焉・沉香已矣・磨滅樓船之勳・恍惚衣冠之氣・其旁則白雲路近・朝漢臺空・翠華冥漠・仙草濛茸・菖蒲落花而九節・飛瀑垂練而千重・其下則都城百雉・爲木千枝・桑麻鬱鬱・雞犬離離・稻再熟而五穗・蠶三眠而八絲・樹則有白榆青槐・木棉楊柳・高花連霞・翠陰連岫・花則有芝蘭九莖・玉梅千萼・香散水而常留・蕋凌寒而不落・果則有荔枝之山・楊梅之浦・宴罷紅雲・泉流赤霧・鳥則元燕知風・白鷺知情・溪鶩

交飛。鸝黃互鳴。鷓鴣憶往人於南國。精衞啣巨石於東溟。魚則青鯇晝躍。文鰩夜行。元波有騰蛟之鯉。赤水有化鵬之鯤。其珍寶則有明珠之淵。黃金之礦。翡翠獻蒼梧之雲。珊瑚來越裳之貢。紅螺市八角之蠻鄉。紫石覩三山之猺峒。若此者開層軒而納遠。倚曲檻以飛觴。洵足以怡情於浩渺。寓目於徬徨。驗八方之形勝。徵一國之富强矣。

而余謂經始者志不存于巨麗。賦物者義無取乎誇揚。意者千年帶礪。萬里梯航。東風受吏。海水來王。占風雨之和會。靜鯨鯢之翕張。曜靈升於東隅。蝃蝀伏而西藏。遊康衢於中天。瞻化日於重光。唱白雲之宛宛。歌黃竹之琅琅。或慶豐年之攸致。或稱民力之普將。天下之平久矣。人間之樂未央。故正五行以定五位。明四目以達四方。建斯樓者其允臧乎。

若乃青帝辭郊。朱明向郭。時鳥變聲。柔桑半落。五苗既花。千耦偕作。麥壟微凉。雲陰漸薄。桐花有饁餉之歡。鳩羽有祁年之樂。登斯樓也。陶然以嬉。則有春秋補助之思焉。其或素秋云謝。嚴霜乍零。蒹葭暮落。蟋蟀宵征。聽樵蘇之唱歇。覩商旅之車停。霰雪飄飄而俱下。草木摧落而無聲。登斯樓也。翻然以慮。則有陰雨綢繆之豫焉。

僕殷憂寡樂。有志無才。於陵寄僻。窮鳥興哀。值清時而抱犢。聊暇日以登臺。顧龍門而不見。惜若華之將頹。悵榮光之離合。望雲氣以徘徊。即使登高能賦。憑軒遠矚。授簡陳篇。含珠吐玉。原本山川。極命草木。文有雕龍之稱。賦有凌雲之目。安得上聽簫韶。下聞鼓腹。繼擊壤之歌。奏卿雲之曲也哉。

花田賦

劉王初葬素馨於花田。每殷勤而寡樂。網絲盈軒。苔痕侵閣。汎瑤瑟而不歡。搴朱幃而寂寞。子墨客卿乃爲花田賦以止王心。其辭曰。

涉江皋兮朝露。泛蘭舟兮夕煙。傷美人兮南浦。慘銷魂兮黯然。散東風兮香翠。墜芳草兮金鈿。爾乃河南之南。高邱之下。（叶戶）越陌度阡。不封不樹。風日鮮美。雲泉布濩。魂化露而爲花。形銷烟而成土。於時夏雨既零。秋風滅熱。十里烟開 千枝露結。其未開也。綽約兮若神女之弄明珠。其將開也。徘徊兮若姮娥之呈皓月。若夫曉月未沉。水光籠霧。想佳人之夢間。抱香心而未訴。乃若夕陽下山。返照在野。想佳人之微醺。情爛熳而將罷。又若輕陰在岸。微雨濕烟。想佳人之浴罷。却鉛華而愈鮮。

於是青溪綠岸。連袂女郎。踏歌碧水。鼓枻清江。採素馨而心死。弔花田而斷腸。亦有白雲詞人。清華公子。慷慨臨風。流連往事。過昌華之離宮。尋花田之舊趾。追昔日之繁華。嘆芳塵之已矣。或有樵夫牧豎。愛慕纏綿。提筐競採。入市爭鮮。聲散珠江之渡。香隨瘴海之船。豈惜君王之嬌寵。徒爭餘利於花田。至若採多香竭。蔓析枝連。牛羊隴上。燕雀林邊。望花田而不見。剩落花之餘烟。更千秋而萬歲。問南漢以何年。乃歌曰。美人去兮鉛華歇。殘夜餘香枕邊滅。野田流水何濺濺。亂烟芳草飛蝴蝶。於是劉王聞之。悵然心息。遂弛燕而罷遊。乃賢賢而易色。

仙人騎五色羊賦

陽鳥浴兮溟海．牛女曜兮山川．四瀆平分兮五嶺．三山半落兮南天．西則石門吞其鬱水．東則白雲漾於紅泉．北則梅開雲合．南則珠海月圓．任囂始相之日．趙佗未尉之年．爰有瑤笙香霧．寶扇靈風．迢遙雲際．蕩漾寒空．仙人騎羊．降自千峯．其色則五．其角則十．霓裳飄逍．露華紛集．

爾乃龍戰之餘．鴻濛始判．分二氣於元黃．爲五色之先見．迨至媧皇鍊石．太乙行春．染蒼雲於大漠．邀蒸玉於東君．若乃河漢月明．蓬萊雪霽．沾素色於桂花．濯霜毛於瓊蕋．又苦木公之院．金母之家．靈飛出火．蟠桃始花．吸紅樓之初日．飲赤城之餘霞．故其五色相配．應乎五行．在人爲五位．在天爲五星．上竊陰陽之數．下收岳麓之靈．羣而不黨．角而不爭．雲行雨施．資始資生．萃爲百粵．亶作三城．

於時江日未晡．江風微和．晴霞生於比郭．靈潮長於南河．仙人乃手持五穗．拂袖而歌．歌曰．

渡東海兮白日光．水澹澹兮山蒼蒼．阜吾民兮天降康．貽爾豐年兮樂未央．又歌曰．山日落兮江月生．河魚躍兮河水清．東風暖兮花滿城．據地歌兮泰階平．

仙人歌罷．招手雲中．笑指東溟之水．言歸南極之宮．乃叱五羊而化長石．留萬古之仙縱．

易　宏　字秋河．鶴山人．奇際子．嘗入粵制府吳興祚幕．與祚遷瀋陽．宏偕行．北極窮邊．東踰寧台．西出雁塞．五嶽遊者四焉．至晉聞喜有張侯廟．祀粵人張文烈公家玉夢命宏爲作碑．事極奇異．晚年寓肇慶法輪寺．自號雲華子．竟卒寺中．所著書阮志皆未著錄．道德經注．金丹會輯．青山外史．已佚．惟雲華閣詩畧．坡亭詞鈔．今刻南海伍氏粵十三家集中．

聞喜縣張侯廟碑有序

余抵晉之聞喜縣．鄉落間有張侯廟．余過之．意其桓侯也．翌晨往謁．而司廟者已知余姓氏．跪而捧柬請爲廟記．曰．神所命也．廟立已四十餘年．向者境中時出妖祟．民多奇疾．蟊賊傷苗．神降於某家曰．余增城侯粵人張家玉也．爲攘災害以福爾民．吾當司爾土也．於是立廟虔祀．而闔境安然．皆神賜也．夜來夢告曰．晨有吾鄉易君至．習知吾事．若請其記文．足不朽矣．故豫知而備柬以懇．余聞言驚異．仰瞻侯貌．劍履森嚴．追想英風．慷慨泣下．嗟夫．侯廟已立數十餘年．而記有俟於宏之不肖．宏生也晚．侯之奇行逸事．宏不足以盡知之．況侯忠義在天壤．文章在方策．宏記何足重．而侯以之命宏者．侯亦知人間有宏矣．宏何以承侯之嘉命哉．因誌其事於碑陰以爲記曰．

運匪登三．數丁陽九．古人不幸而生斯世．痛何可言．然斯世而有斯人．斯道當不至今而已絕也．則斯人也．當國家大變．不料死生．不計成敗．知其不可而必行之．卒之見危授命．是以生爲烈士．死作明神．古今所傳．不可誣也．斯土之有侯廟也．侯降靈而人祀之．降夢而余記之．豈偶然哉・余侯之鄉人也・侯才畧膽識・睥睨一世・氣節文章・高越千古・當國祚淪亡之日・倡義海隅・常以一旅之師・屢摧勁敵・古之名將・無以過之・一時英氣・可謂盛矣・然血戰數年・莫爭中原尺寸之土・而孰意關山萬里・地北天南・車塵馬足所不經者・歿而廟食其間哉・則其正氣所存・固無往而不在也・當燕京之陷也・侯以翰苑詞臣・致身許國・自分死矣・卒留未死之身・間關南返・旋舉義旗・斯時大勢已盡・天命已去・而侯獨以海上孤軍・挽落暉而爭逝鼎・其百折不回之身・瀕死者數矣・瀕死者而不死矣・亦哀其未竟之志・而不忍死之・不忍死之而不得不死之・是以不死於燕・而死於越・不死於就獲・而死於疆埸・不死於三年之前・而死於三年之後・死者其皎然不滓之身・不死者浩然流行之氣也・語曰・死有重於泰山・於侯有焉・功雖未就・而義自足暴於天下・事不盡錄・嶺外之人能言之・嗚呼烈矣・亂臣賊子・載其行屍・其爲魑魅魍魎・豈待誅鋤之日哉・其化爲異物・固已久矣・惟忠誠之士・有殺身以成仁者・則歷今古而長存・何者・誠之所至・自無夫不至也・曩者斯鄉恒多災患・自立廟而士安人和・所謂功於民者祀之・侯之廟也宜也・侯諱家玉・號芷園・廣東之東官人・以進士歷任兵部侍郎・歿於陣・贈增城侯・考建廟之年・則殉難之次年也・可謂烈丈夫矣・贊曰・

天有日月・地有河山・人有正氣・克配兩間・桓桓我侯・忠格天地・浩氣流行・純亦不已・作廟奕奕・於彼高原・有勞茲土・祀典攸存・碑枕龜趺・鐘懸螭首・易子作記・勒垂永久・

雲華子詩集自序

天地蘧廬・光陰過客・行雲流水・庸何心哉・予也風雲爲骨・月露爲懷・每寄心有恨之人・而興哀無情之地・時於山巔水涯・叢林破塚・荒墟古廟・殘城廢苑・戰爭之場・歌舞之地・弔遺香於夜月・哭舊壘於秋風・輒爲徘徊不能去・其間山川登臨・河梁遇合・得以愉快而無憾者・則有天幸焉・岳五也・予登者四・其餘勝蹟名山・仙靈窟宅・與夫綺羅佳麗・文酒烟花之場・爲遊人士女所歌呼而管絃者・無不縱恣而極樂焉・豈非天哉・故有所閱歷・詩以紀之・其不及紀與紀而不及存者・尚十倍焉・

嗟夫・方夫得意而書也・收山川林壑於毫端・吐月露風雲於紙上・琴招艷魄・詩感山靈・其中神怪鬼異・花情柳態・詳言而悉述之・以資笑談之一噱・亦一時遇合之奇・而興致之樂哉・然樂者哀之先・合者離之始・異日酒餘夢醒・展讀徘徊・憶其地之或遠或近・其人之或存或亡・生死交情・前塵往事・將有掩卷噓吁而流涕不禁者・是知東風無不謝之花・碧海少長圓之月・而嘆行樂及時・時已晚者・豈不惜哉・況夫僕本恨人・時逢幻遇・茫茫千古・悵往事之何窮・脈脈寸心・問他年而誰解・楊子雲曰・後世有楊子雲者・當知之矣・芙蓉城客雲華子書・

廖　燕　字人也．號柴舟．曲江人．諸生．性簡傲．不肯下一世人．邑令歲周餽之．求一詩不可得．人共目爲高尚士．後隱居武溪．著有二十七松堂集．阮志注未見．今存日本有刻本．

上某郡守書

燕頓首．謹啓某公執事．燕於執事．非有左右爲之先容也．又非有故交世誼之爲綈緣也．又非有暗中索摸．爲門生座主文字一日之知也．分則爲士．於級則無異爲庶民耳．使不自言．誰爲燕言．人言之．又何如自言之爲肫摯也．燕始學爲文．憧憧耳．而竊有志於古．家貧無書．破產買數十百卷．不足．因挾短蒯緱走羊城．聞某故老家多書．上書請讀．期年讀其書幾遍．私念曰可矣．而世不謂然．豈售之者異耶．羽豐固不擇飛．且棄去學詩．獨見許於名流．時而西南方戰爭．文字無所用．意亦不欲以文字見．因裂冠慷慨．授策從戎隨軍．寓一古刹．雖在戎馬中．然身間如掛搭僧．坐蒲團上觀堦前蟻鬬．便復一日．無書可讀．因就板作書．數月板爲之穿．雖其書未成家．亦以見燕雖在阨塞流落幽憂無聊．苦志積學不倦之有如是也．記數年前與同儕賦詩逆旅．苦吟至嘔血不已．篤志之極．雖性命了不顧．詩與書法併嘗所追慕．獨好古文詞爲差久耳．此雖卑鄙可哂．使不自言．誰代爲揄揚傳道之者耶．又嘗思古今文詞．非副墨可盡也．地山欹險．人事怪奇．天下之賢俊．雄偉博辯．莫非目前見在至文．新奇變幻．嘗存天地芒芴間．爲筆墨所未及收．口舌所未及吐．皆思得而獵取之．又思聰明神識．隘則日離．遊則日廣．故欲走齊楚燕趙．觀洞庭崑崙．出蠻彝邊塞苦寒之地．一覽山川之奇．風俗人物之變．結交古俠異人．如讀新奇變幻之書．而未就也．

嗟乎．名未成而禍患隨之．數年烽火．家室散亡．獨身未死．且何有於殘編斷簡哉．竊不自甘．爲文見志．古人學業將成．必有爲當世大賢者惜而援之．如韓昌黎之於張籍．歐陽永叔之於蘇氏兄弟．燕雖不能與於張蘇之學術．然亦不敢有後於古人．使不以衣食爲念．得遂其遨遊之志．如前之所云云．則可變憂爲喜．暢於四肢．見於事業．作爲盛世文章．發天人未著之秘．上可以有稗於國家．而下亦不失後世之名．使古人可作．與之分題構思．未必不如懸國門而鐫金石者也．况古人之所不能爲者．猶可勉力而圖之者哉．聞執事好學下士．有古韓歐陽之風．故敢通下情．道本末．併錄所作一卷呈覽．惟乞一言有以振其所不及．俾無負從來有志於古之意．則燕雖伏處巖穴．有榮耀焉．燕再頓．

與某翰林書

某公執事．竊嘗論文．莫大於天地．凡日月星辰雲霞之常變．雷電風雨與夫造化鬼神之不測．昭布森列．皆爲自然之文章．况山川人物與鳥獸鱗介昆蟲草木之巨細刻畫．在人見之以爲當然．不知此皆造物細心雕鏤而出之者．雖以聖人之六經．視此猶爲藍本．况諸子乎．故善文者豈惟取法於聖人諸子．幷將取法於天地．斯其理甚秘密．彼方自矜爲不可知不易知之學．而人欲以淺衷測之．尙得望其知之也耶．若世俗之文之易知者．則又不足怪學爲無本．淺與淺相嘗．其易見知於人．宜也．豈惟如是．將後此之榮名顯爵．富貴之

途・亦莫不由茲而起・雖其人亦知之・知之而不欲爲之者・則其天性然也・而或者以此而易其志・則又非特立之士也・

唐以詩取士・杜子美以一代詩才而不得第・識者莫不咎主司之失人・及取其書讀之・而始知爲不然・以沉鬱頓挫之辭・而欲求合於油腔滑調・是取之主司・雖至今猶不遇也・然子美亦未嘗少貶其學以求合於世・其後上大禮賦・擢爲拾遺・詩爲古今第一・而當時亦不失榮名・假使子美就科舉・爲俗下詩賦・亦非所甚難・然天下後世視子美爲何如人・故知爲天下第一流人・決非特立之士不可耳・今執事不由制科・獨能以博學宏辭得膺是選・謂非天下第一流人不可・燕雖庸愚・至其所爲文・不敢不取法於天地聖人・而下亦不敢後於諸子・然其不見知於人・則亦不異子美之於唐之世・茲遇執事・尚不爲傾懷一吐耶・易曰・同聲相應・同氣相求・苟非同聲同氣則已・若猶然也・則其相應相求・豈顧問哉・刻稿二卷呈閱・惟賜斧裁而揄揚之・以文相遇・雖稍貶禮・亦不爲損益自尊焉・幸鑒不宣・

復張泰亭明府書

燕頓首謹復・燕草茅下士・得荷殊施・實出望外・復辱賜書・推許過當・至欲索燕時藝・益不禁慚汗浹背也・燕棄舉子業・已二十餘年於茲矣・平日所作・業已捐棄殆盡・即使尚存・亦豈足當巨觀者之目耶・今雖學爲古文詞・亦藉以消遣時日已耳・豈眞有所得乎・然古文與時文則有異・文莫不以理爲主・理是矣・然後措之於詞・詞是矣・又必準之於起伏段落呼應結構之法・及其文成而能自成一家言・則可質前賢傳後世而無難・若夫理是矣・而詞與法亦不舛焉・又必準之於時・合時則售・不合時・則文雖精亦不得售・售既不得・尙能質之前賢而傳之後世乎・然售必合乎時・則雖合於今而已離於古・又尙能質之前賢而傳之後世乎・今之時文是已・世亦有以時文而爲古文者・然祇可謂時文中古文・而不可謂古文中之古文也・

古文之文・其文多成於未有題目之先・太史公足跡遍天下・所歷名山巨川・通都大邑・與夫人民風俗之怪奇紛賾・已成一部史記於胸中・故其一百三十篇・五十二萬六千五百字・其中上下數千年・三代之禮樂・劉項之戰爭・王侯將相之富貴功名・諸子百家技藝術數之可傳而可誦者・不過借爲文中引證之故事而已・豈至此而後有史記耶・文可借題・題中不必有文・而世人方取題揣摩擬議・以求附於古之作者・亦已過矣・

故燕嘗謂時文之文・有題目始尋文章・古文之文・則先有文章・偶借題目耳・猶有悲・借淚以出之・非有淚而始悲也・此則古今之文之異・而傳與不傳之大較者・又烏可强乎哉・雖然・似難乎其爲識者・今貴門人何某之於執事・寧不謂之奇遇乎・何某之文・博大雄深・爲時文中之古文・使不遇巨眼如執事之主司・其不歎數奇不偶者幾希・嗚呼・時文以醇正典雅爲歸・而夫人誤以庸熟之調當之・況以庸熟之調・而反誤博大雄深爲疵謬如執事之所云者・亦甚可歎也已・執事之於何某・可謂一時知己・若燕之迂疎謭劣・輒辱下交・獎借無已・得毋以燕於古文詞稍窺一二者乎・語云・良馬見鞭影而行・燕敢不益思淬礪・以期無負所知而爲鞭策

之地者耶・因論古今文之異同・以仰答諄諄下詢之意・且欲藉此就正而取裁焉・燕再頓・

答謝小樹書

小樹足下・遠辱賜書・稱譽過當・謂燕著作有過古人・不敢當・不敢當・至欲師燕爲文・求一言以爲法・讀之不禁慚汗浹背也・燕性不偶俗・於文尤甚・雖嘗好爲古文詞・然皆不爲俗喜・世皆爭攻制義取榮顯以相誇耀・其不爲喜也固宜・而足下獨譽之・且欲以爲師・非諛則噱・顧書辭何肫摯懇惻之若此耶・則疑非諛則噱者非也・捨世俗之所爲・而復有志於古・非識量有大過人者・亦安能至是・此燕之所汲汲而故爲疑之者・亦飾辭耳・然則欲有辭而告足下者・固不待言之畢也・雖然・燕昔者亦嘗有學矣・於古人書無所不讀・然皆古人之糟粕・無所從入・退而返之於心而有疑焉・意者其別有學乎・然後取無字書而讀之・無字書者・天地萬物是也・古人嘗取之不盡・而尚留於天地間・日在目前而人不知讀・燕獨知之・讀之終身不厭・其後窮困益甚・涉世愈深・所讀愈多・雖仇家怨友・皆爲吾師・而靡不取益焉・然後知學之在是也・此豈學文而然歟・抑學道也・

庖丁解牛・曰・臣之所好者道也・進乎技矣・解牛何與於道・而乃云然・而況文乎・文有實義・而道無定體・有物有道・無物亦有道・孔子以仁爲道・故論語一書・問仁與論仁已居其半・繼此曾子以明德爲道・子思以中庸爲道・竭一生之學力・而不能盡道之毫末・豈暇爲文哉・然三子之書・窮天亘地・垂之千百年而不易者・道至而文自至也・世亦有道未至而文至者・如孟軻荀卿揚雄韓愈之徒是也・數子其始未嘗不學道・而未盡然者・則識之過也・性豈有善惡可言・而數子獨諄諄不置者・其於道蓋可知矣・然以燕爲知道則不可・亦學焉而已矣・學道深者其文深・學道淺者其文淺・以燕之頑鈍椎魯・亦何與於道・然幸而貧且賤焉・貧則多憂・賤則多辱・憂辱甚而動忍備・其於道不知近乎遠乎・然退而返之於心・而不復有疑焉・如足下書所云・了於心而不能舉之於筆者・則無是也・此豈其驗歟・故以文爲學・則文雖至班馬・猶不免拾人之唾餘也・以道爲學・則文雖未至班馬・亦不失爲性情之眞也・性情眞而文自至・又何多求乎哉・足下欲得一言・燕亦祇以一言報足下曰・道・餘無言焉・亦豈千百言所能及也耶・語云・苟非其人・道不虛行・因足下有志於此・故敢不揣固陋・粗陳所以・惟賜裁擇・幸甚・

與魏和公先生書

數年前於友人坐得耳先生名・後於坊刻中得覯易堂諸尺牘・一家六七賢・文章之盛・古所未有・私心竊向往之・方擬躡蹻擔簦・訪於千里之外・乃反辱枉顧・併賜佳刻・其喜慰曷勝量哉・

嘗思古文一道・迭爲盛衰・逆溯明元以前・天下惟豫章爲盛・故唐宋八大家・豫章已居其三・今且諸賢聚於一家矣・豈非以風俗之樸・有非吳越諸地之可及者歟・文莫不起於樸・而敝於華・自李子鱗王元美之徒・以其學毒天下・士皆從風而靡・綴襲浮詞・瘇腫夭閼・無復知有性靈文字・非得如韓歐之人之文・誰其正之・雖然・韓歐之人之文・則亦

有說·歐文紆徐澹折·為文中之聖·然不善學之·則未免失之弱·昌黎則見道未徹·原道原性諸篇·膚淺已甚·要之起衰救敝·則其文不可誣也·五代之文敝·韓歐起而救之·今日之文敝·吾黨起而救之·救之當必有出於韓歐之上·推而極之·於三代太古·皆可自我另闢一天地·渾渾然·噩噩然·而為質奧奇峭淹博之文·使學韓歐者·尚不得望其涯涘·況王李耶·惜乎燕有志而未逮也·

今讀先生父子文·庶有以諉其責焉·文之質奧·奇峭淹博·上之可敵周秦·而下亦不失為韓歐·數百年來古文之衰·而忽盛於此·豈地氣使之然歟·使盡得易堂諸賢之文而讀之·益有以徵前言之不謬也·吾韶風氣·頗類豫章·況燕祖籍樟樹·亦豫章地也·竊有志於斯道·遂不覺言之娓娓至是·惟有以鑒其區區·幸甚·不宣·

明太祖論

天下可智不可愚·而治天下可愚不可智·使天下皆智而無愚·而天下不勝其亂矣·蓋智者動之物而擾事之具也·昔人云·天下本無事·庸人自擾之·夫庸人焉能擾天下哉·擾天下者·皆具智勇凶傑卓越之材·使其有材而不得展·則必潰裂四出·小者為盜·大者謀逆·自古已然矣·惟聖人知其然·而惟以術愚之·使天下皆安於吾術·雖極知勇凶傑之輩·皆潛消默奪而不知其所以然·而後天下相安於無事·故吾以為明太祖以制義取士·與秦焚書之術無異·特明巧而秦拙耳·其欲愚天下之心則一也·秦始皇以狙詐得天下·欲傳之萬世·以為亂天下者皆智謀之士·而欲愚之而不得其術·以為可以發其智謀者無如書·於是焚之以絕其源·其術未嘗不善也·而不知所以用其術·不數年而天下已亡·天下皆咎其術之不善·不知非術之過也·且彼烏知詩書之愚天下更甚也哉·

詩書者為聰明才辨之所自出·而亦為耗其聰明才辨之具·況吾有爵祿以持其後·後有所圖·而前有所耗·人日腐其心以趨吾法·不知為法所愚·天下之人無不盡愚於法之中·而吾可高拱而無為矣·尚安事焚之而殺之也哉·明太祖是也·

自漢唐宋歷代以來·皆以文取士·而有善有不善·得其法者·惟明為然·明制士惟習四子書·兼通一經·試以八股·號為制義·中式者錄之·士以為爵祿所在·日夜竭精敝神以攻其業·自四書一經外·咸束高閣·雖圖史滿前·皆不暇目·以為妨吾之所為·於是天下之書·不焚而自焚矣·非焚也·人不復讀·與焚無異也·焚書者欲天下之愚·而人卒不愚·又得惡名·此不焚而人自不暇讀·他日爵祿已得·雖稍有涉獵之者·然皆志得意滿·無復他及·不然·其不遇者·亦已頹然就老矣·尚欲何為哉·故書不可焚亦不必焚·彼漢高楚項·所讀何書·而行兵舉事·俱可為萬世法·詩書豈教人智者哉·亦人之智可為詩書耳·使人無所耗其聰明·雖無一字可讀·而人心之詩書·原自不泯·且人之情·圖史滿前·則目飽而心足·而無書可讀·則日事其智巧·故其為計更深·而心中之詩書·更簡捷而易用也·秦之事可鑒已·故曰·明巧而秦拙也·孔子曰·民可使由之·不可使知之·夫治天下者·一人而已·其餘皆臣與民·而聽治於一人者

也・使天下皆安心而聽治於一人・而天下固已極治矣・尚安事使其知之而得以議吾之政令也哉・故雖以明之制・百世不易可也・

張浚論一

張浚誤宋之罪・百倍於秦檜・或曰・浚之在宋室也・正人君子之名滿天下・而又爲高宗信任之大臣・今目之爲誤國之賊・其誰信之・曰・不然・惟其有正人君子之虛名・而其惡始甚・爲君之所信任・而其誤國始大敗而不可救・予觀宋室之形勢・遍思宋室之諸臣・其可以恢復中原者・其先則宗澤李綱諸公・而其後則惟岳武穆一人而已・其不能使之盡力於恢復者・誰爲之・則以張浚沮之也・高宗之任張浚・不減於任秦檜・檜能使高宗殺武穆・浚獨不能使高宗任武穆乎・非但不能使之任之・而且擠之排之・不遺餘力・其後又從而黨附殺之・何哉・武穆死而宋事不可爲矣・雖百張浚何益哉・或曰・武穆之死・秦檜死之也・秦檜雖奸・必不敢遽殺天子之大將・從來奸人之害正人也・其始未嘗不畏天下之議己・且孤立無助・其事亦杆格不易行・惟黨之有人・始可以亂君之聰明・而得伸其說・故其黨漸親・而其惡亦漸肆・其後遂至於窮凶極暴而不可救止・黨之者其始爲一身之謀・而其禍遂至於流毒家國・如浚之附秦檜殺武穆是也・浚內小人而外君子・又爲帝之所親信・檜得之爲羽翼・上可以邀君之信已・而下亦可箝衆人之舌・而浚之心・亦以外既有衆人阿附之虛名・則黨一人而殺一人・天下亦不得議其非・而後之功名・遂無有出吾之右・故吾以爲武穆之死・不死於就獄對詰之時・而死於詣浚議事之日也・觀宋史・載武穆欲圖大舉・會秦檜主和議・忌之・言於帝・請召武穆詣都督張浚議事・檜之不檄諸帥同謀・而反遣武穆獨詣張浚・則檜之附浚可知・浚果以議不合・旋即劾罷其官・則浚之附檜又可知・況其時檜猶假手於浚・而不敢遽肆其惡・迨遲之又久・而後始有風波亭之獄・則其間二人之深謀密議・有以回高宗之聽者・不知已幾經朝夕也・則武穆之死・非浚之罪而誰罪耶・其始則排李綱・薦秦檜・而二帝無南還之日・其後則附秦檜・殺武穆・而宋室遂爲厓山之兆矣・吾故曰・張浚誤宋之罪・百倍於秦檜者以此也・嗚呼・使浚當日與武穆同心戮力・則和議可寢・而宋室可興・功無出浚之右者・不知出此・而以忌功之心・甘附奸人之黨・其後亦幾不免於奸人之手・浚亦小人中之愚者哉・

張浚論二

自古未有以大奸大惡・而爲大忠大賢者・以大奸大惡而爲大忠大賢・當時稱之・後世信之・至以從祀歷代帝王廟・未聞有起而非之者・則自張浚一人始・嗟乎・浚何修而得此耶・浚蓋有逢君之術者也・當宋之南渡・其勢可謂岌岌矣・斡當時之蠱者・不曰和・則曰戰・秦檜以議和爲本謀・而浚則以恢復爲己任・其勢不相謀也・使浚果志在恢復・必將去之殛之惟恐後・乃朝廷方且榜其罪於朝堂・亦不復用・而浚亟薦之・且引之共事・何哉・甚矣・浚之善於逢君也・當君之意在此・則從而逢之・意在彼・則又從而逢之・其薦檜也・非不知檜主和者也・而高宗之意亦在和・不和而戰・則

二聖可還・而帝位不能久・浚蓋知之・故薦檜主和・以固其寵・及二聖旣薨・而帝位可無虞也・而高宗之意又在戰・不戰而和・則天下後世有以議其忘親之仇而不報・浚又知之・故用戰於梓宮歸藏之後・以倖其功・要之・議和實也・恢復名也・實在・故高宗稱其忠・名在・故天下後世稱其賢・甚矣・浚之善於逢君也・雖然・浚之奸惡・不難見也・黃潛善爲誤國奸臣・而甘爲其鷹犬・宋齊愈爲張邦昌逆黨・而特與之親厚・後因李綱措置兩河・以齊愈阻撓軍機而置之法・則與潛善出力共排綱以洩其忿・此何爲者耶・主和議如檜則薦之・主用兵如綱則排之・而謂以恢復爲己任之人如是乎・迨其後李綱岳飛諸公已亡・天下大勢已去・乃始勸帝堅意以圖恢復・其意可知矣・況符離之則・幾以國隨・其罪猶未減也・此予所以反復論之而未盡其辜者也・

三統辯

歐陽永叔蘇子瞻鄭所南作正統論・寧都魏凝叔分三統以反其說・予故辯之・

千古帝王之統・論位不論德・故有正統偏統而無竊統・竊統者・雖湯武不免也・正統之說・歐陽永叔蘇子瞻鄭所南論之詳矣・寧都魏子凝叔皆反其說・而以三統定之・以唐虞夏商周西漢東漢蜀漢東晉唐南宋爲正統・後唐後漢爲偏統・秦魏西晉宋齊梁陳隋後梁後晉後周北宋爲竊統・似矣・而實非也・蓋統者・不過基緒之稱而已・初非以此爲賞罰褒貶天下之具也・人有祖若父攘人之室家而據有之・其攘竊固罪也・然已爲一家之主・則其家之子孫與廝僕・皆依而主之・豈以其攘竊之罪・而遂去其家主實哉・魏子以三統定之・是以此爲賞罰褒貶天下之具也・然賞罰褒貶之不得其正・愈開後人聚訟之端・責秦魏西晉等朝爲篡竊・不列之正統・是矣・獨思其篡竊・有異於湯武之爲者乎・即有異於湯武・亦自當別論・似不宜明借定其基緒之稱・而因以暗行吾科罪之法也・況千古篡弑・湯武實開其端・若諱湯武而獨罪後世之有天下者・不特無以服其心・亦非天下萬世之公論也・何可訓也・

善乎蘇子之言曰・正統之爲言・猶曰・有天下云爾・此千古不易之論也・然猶未暢其說・予仍以三統定之・一曰一統・一統云者・已混天下於一姓・而無正偏之可言也・如唐虞夏商周秦西漢東漢晉隋唐宋元明與我朝是也・一曰正統・一曰偏統・正之云者・對偏而言也・有偏故有正也・如天下分裂・則以承一統之正朔・某朝爲正統・餘皆爲偏統・如蜀漢與前五代後五代爲正統是也・正統得而偏統可知矣・諸儒不解其說・遂誤以統之一字・妄爲分別・以爲得天下正不正之定論・豈其然乎・雖篡竊不能無罪・然皆載在史冊・明正其辜・已無遺義矣・豈必待此而後爲論罪之鐵案也哉・義本淺而以深解之・曷怪後世之議論紛紛而莫定乎・歐陽子議濮安懿王・與明張孚敬議興獻王封號・云繼統非繼嗣・予論帝王之統・亦云論位不論德・嗚呼・亦可斷後世論正統者之葛藤矣・

物我說贈馬天門

天下皆物乎・我何在・天下皆我乎・物又何在・關尹子

曰・世之人・以我痛異彼痛・彼痛異我痛・孰爲我・孰爲人・爪髮不痛・亦我也・豈可以不痛而異之・知不痛之物・亦是一我・則我未嘗不爲物也・予嘗病瘧・每瘧疾陡發・則神色沮喪・魄受病而魂爲之不寧・以己之身而爲己害・是我與我爲敵國矣・我已不知・又焉知物・然天下之物・有可喜可愕者・一接於前・則神爲之怡・而體爲之輕・物又未嘗不爲我也・故自其異者觀之・則物自物而我自我也・自其同者觀之・則我亦一物也・又何物物之云爲耶・雖然・粗而言之・爲物爲我・精而言之・則爲道・南海馬子天門・好道之士也・與予談黃老之學甚悉・予因作此說贈之・不物於物・而忘其形・不我於我・而返其眞・其於道蓋庶幾矣乎・

焚家祀神像說一

按郡志稱・韶俗尙鬼・又多雜姓・以故家不立祠堂・神主與諸神像雜供家堂中・廖子曰・非所以爲訓也・且不可以安吾祖・唯神與人之共處斯世也・不可無以別之・人與神別・神與鬼別・故先王之制禮也・祀典惟謹・自天子以至庶人・各有專祀・無容攙越・所以防也・天子祀天地・諸侯祀封內山川・大夫祀五祀・士祀其先・而庶人所得私祀者・亦惟祖考妣而已・豈無其力哉・侵下則褻・掩上則慢・今神與鬼雜然而祀之・得無有褻與慢之嫌乎・將以爲禮歟・而或尸之也・且吾聞神爲鬼之至靈・苟無其神・不祀可也・若猶有之・則尊卑等級・亦猶人也・豈容紊乎・尊者役人・卑者見役・禮也・今先人與神共處一室・是使吾祖爲諸神之役也・當非仁人孝子之心之所敢出也・祀神以邀福・祀祖以昭敬・二者均背之・智者不爲也・然則神何居・神亦居神之宮而已・天地山川・神之宮也・先人安居吾室・神則請居神之宮・因爲文・取諸神像告而焚之・以安祖也・

焚家祀神像說二

神像不宜雜供家堂中固然・至若鐘鼓魚磬・經聲・佛號・尤所最忌・家中事此者・多致不祥・然則釋氏不靈乎・曰・不然・釋號空門・凡功名富貴子孫壽考之屬・皆其所擯絕而不道者・若向彼有求・是求空也・求空得空・豈不宜哉・或曰・佞佛本以求福也・而適得滅絕之禍・人豈樂於滅絕耶・其邪念有以招之矣・然則人自愚耳・佛何與焉・即謂釋氏不靈亦可・家祀神像・予既著說焚之矣・所以嚴祀祖也・因復著此以爲佞佛者戒・

黃少涯文集序

予交黃子少涯幾三十年・少涯以謹・予以放・性不同也而學同・予學古文詞・少涯則專攻制義而旁及詩古文・積數十年之心血淚痕・共得詩文若干卷・噫・此少涯學道之實錄耳・僅詩文云乎哉・則學不同而道同・要之其同者亦不害其爲異也・予因而念之・詩古文詞與制義・其爲義雖殊・要皆稱之曰文・文散於古今天地事物間・無端而忽然相遭・縱橫曲直・隨人性情之淺深而一抵於極・此豈無道而能然耶・故人之於文・當從道入・不當從文入・然貧賤富貴之途・又爲得道淺深之驗・使於此而無學焉・則文難成而品亦隨欠・故人之於道又當從貧賤富貴之途入・澹泊寧靜之情深・而明志

致遠之業舉・古之人未有不本於此而能有爲者・豈獨諸葛武侯一人爲然哉・世徒知武侯之功之大・而不知其學之止此也・功雖難成而學則可至・然學至而功亦不難也・況文之爲技乎・

少涯之貧・有似於予・雖家無擔石之儲・曾不稍懈其志・而讀書論古・方孜孜焉爲不朽之業・予與少涯相勗以道・即以此而驗其學問文章之侯・其進於斯道也深矣・惟道能文・惟文見道・先予有刻稿・少涯爲序者再・而予至此始序之者・亦以其閱歷久・而能不戚戚於貧賤・不耽耽於富貴・爲學道之有得者・道足以深其詩與文・而詩與文又足以貞其貧賤富貴之變・至今日而益信也・武侯臥隆中・高吟梁父・時人已信其有治天下才・亦信之於其道耳・道可與貧賤・而後可與富貴・詩文其驗者也・嗚呼・少涯之詩文成矣・予既序其畧如此・亦將以自鑒焉・少涯著述甚多・其可記者・有梅癖・謚法通・竹聰雜記・幷斯集共若干卷・

小品自序

己未春・予僦居城東隅・茅屋數椽・簷低於眉・稍昂首過之・則破其額・一卷深入・兩墻夾身・而臂不得轉・所見無非小者・屋側有古井一・環甃狹淺・僅可供三四爨天・雨晴則已竭・井邊有圃・雖稍展・然多瓦礫瘠瘦・蔬植其中・則短細苦澀不可食・予每大嚼之不厭・巷口數家・爲樵汲藝圃與拾糞賣菜傭所居・其家多小雛・大亦不至五六歲・時入嬉戲・或偸弄席上紙筆畫眉額戲者・予頗任之・門外有古槐一株頗怪・時有翠衣集其上・旁有小石礅數塊・客至則坐其下談笑・客多鄉市雜豎・所談皆米鹽菜豉・無有知肉食大言者・予雖欲大言之・而客莫能聽也・以故凡筆之於文者皆稱是・辛酉七月日・偶捜破篋中舊稿・得文九十三首・類多短幅雜著・零星散亂・因稍爲校次・付奚錄過・自爲小品・附二十七松堂集刻之・時予適改燕生單名燕・燕者小鳥也・古燕字從鳥從乙・或曰・鳥蓋得天地巨靈者・越一歲・爲壬戌春正月・刻成・是歲德星見於北・

橫溪詩集序

先生沒十五年・其甥黃子少涯者・始出其遺詩一卷・屬序於予・予思自明以制義齊天下・天下士皆習其業以取功名・自一命至宰輔大臣・與夫軍功侯伯・勳業富貴之盛・靡不盡歸斯途・雖其聰明特異之材・不能舍此而他進・其餘皆愚賤無知・兢兢守法・無敢與抗者・彬彬然可謂極盛矣哉・士生其時・靡不竭精斂神以求合其法・惴惴然惟旁趨是懼・即一經之外・無庸心矣・況其他乎・及身躋榮顯・始思涉獵以攘取文名・要皆志得意滿・學無專功・雖其間文章事業・至今尙炳烺於天地之間者・固不乏人・然名與實異・究竟其人與其爵位・皆作烟荒草腐者多矣・可勝歎哉・

而先生獨當其時・能違俗異尙・以見其言於後世・其始豈不見笑於當時之士哉・而至今獨不能與之幷傳者・則甚可歎也・故士雖莫不樂榮而惡賤・然猶有奇偉特立倜儻之士・獨能擺脫世網以自行其性情・雖至顚躓困阨而不悔者・予將求其人與其詩尙存・予猶及見其鬚眉卓犖・從容論議・怪言而畸行如先生其人者・其遺事至今猶隱隱可數也・而予得序

其詩．不亦幸乎．世人多稱先生制義．以不遇爲可惜．予謂使先生得志於時．固不異當時之有榮名者．然以今日而論．其著作之可傳如此．以視其人與其爵位皆作烟荒草腐者．果孰得而孰失也．

少涯精古學．多所著作．先生遺稿得以不散失者．皆其藏輯手錄之功爲多．與予交數十年．尤愛予所爲文．有文未成而已熟睹其草者．因爲選而序之．仍使錄其全集藏於家．先生姓劉．名啓鑰．字洞如．居橫溪．故文號橫溪云．

春秋巵言序

歲辛未．予來羊城．得與諶野包先生爲忘年交．先生會稽名儒．時年已六十有八．長予二十甲子．雖居逆旅．獨汲汲著述不少休．間出其所著春秋巵言數卷．屬序於予．字皆作蠅頭細楷．予受而讀之．盡晝夜始得論次其顚末．

嘗論春秋．因魯史而成書．不必始於隱公．而何妨始於隱公．不必終於獲麟．亦何妨終於獲麟．括二百四十二年之事．而已成天地萬古之全書．其義豈一時之所能盡者哉．天地實作六經．凡日月星辰之燦列．風雨雷電之震驚．與夫山川草木禽魚之巨細靈蠢．昭著於上天下地．莫非詩書易禮樂春秋之文之所變見．雖無字跡之可指．而六經之理．自具於未有文字之先．特天地不言．不得不寄其權於孔子而代爲稱述之．故曰．述而不作．不亦大彰明較著也哉．然孔子於詩書稱刪．於禮樂稱定．於周易稱贊．於春秋稱修．是已．而孟子獨曰．孔子作春秋而亂臣賊子懼．豈非以孔子即天地．而春秋一經．爲孔子所獨重之書耶．萬物以天地爲大．六經以春秋爲大．天地有春夏秋冬四時．而此書獨以春秋定名．春主賞．秋主罰．春主生．秋主殺．孔子以賞罰生殺之權自與．而即以賞罰生殺之權與魯與周天子．

嗚呼．周之無王也久矣．不有春秋．何以善其後乎．況春秋以美刺兼詩．以政令兼書．以權變兼易．以會盟征伐兼禮樂．其理顯．其詞微．雖游夏不能贊一詞．而謂秦漢以後諸儒能以臆說解之乎．然不可解而可言．諸儒以傳作解．先生以解作言．聚古今諸儒之解．而極言其是非得失．皆折衷於孔子左氏．而諸儒之背謬者自見．斯其立言之功．而與諸儒同其不朽者．豈不於此而益見也哉．而巵言云者．蓋謙詞也．先生又有春秋評輿．集諸家之說．上自春秋．下至元明．不下數十百家．而復以己意斷之．皆發前賢所未發．其於是書可謂勤而有功矣．因序其畧如此．以俟後人表彰云．

意園圖序

歲戊寅夏．予來會城．王子也癡出圖二十四幅示予．顏曰意園圖．并記以詩．且曰予行天下三十餘年於茲矣．生平所歷得意山水．日留連於胸中而不能去．又不能搆一園以彷彿其萬一．不得已搆之以副墨而爲臥遊之具．此予以意園名圖之意也．子其爲我序之．予因取其意而序之曰．

園莫大於天地．畫莫妙於造物．蓋造物者造天下之物也．未造物之先．物有其意．造物之後．物有其形．則意之者豈非爲萬物之始．而亦圖畫之所從出者歟．予嘗閉目坐忘．嗒然若喪．斯時我尚不知其爲我．何況於物．迨意念既滿．則舍我而逐於物．或爲鼠肝．或爲蟲臂．其形狀又安可勝窮也耶・傳稱趙子昂善畫馬・一日倦而寢・其妻隙窺之・偃仰齕呼・儼然一馬也・妻懼醒以告・子昂因而改畫大士像・未幾復窺之・則慈悲莊嚴又儼然一大士・非子昂能爲大士也・意在如形因之矣・萬物在天地中・天地在我意中・即以意爲造物・收煙雲丘壑樓臺人物一於卷之內・皆以一意爲之而有餘・則也癡以意爲園・無異以天地爲園・豈僅圖畫之觀云乎哉・雖然天下事亦得其意已耳・也癡爲莆東傑出士・足跡幾遍天下・來寓吾粵又且十年・有才而不得一展・予固疑也癡意之不得也・今閱是圖・山川名勝無景不備・終日晤對其間・則亦可以得意而忘言也夫・

送杭簡夫遊翠微峯序

翠微距寧都十里許・爲金精第一峯・巖洞險削迤邐怪詭而傑出・雖有巧者・莫可得而名狀・然其名未之前聞・自魏和公先生與易堂諸君子卜居於此・而後翠微峯之名始聞於天下・然則茲峯之奇・其殆以人傳之歟・抑文傳之也・

甲子歲・先生來韶訪予・始得讀其全文・驚歎久之・以爲天下險削迤邐怪詭傑出不可得而名狀者・更在乎此・顧欲登峯一覽其勝而卒不可得・今杭子簡夫欲先予而往・則凡所謂翠微之峯之奇者・固將目飽而心足也・雖然・翠微之峯雖奇・使無詩文以發之・則與凡山水無異・先生與易堂諸君子以筆墨之奇・開闢茲峯・而茲峯即以其巖壑之奇・歷試遊客・簡夫試登峯見先生・併訪諸君子之遺文而讀之・有以得其險削迤邐怪詭傑出不可得而名狀者・以與翠微之奇相感觸・而爲簡夫之詩文・請正先生・而歸以遺我・其在斯遊乎・若然・則予亦將束裝以待・然則茲峯之以奇聞於天下者・不亦曉然於其故也哉・

自書宋高宗殺岳忠武論後

予論宋高宗殺岳忠武・與弑君父無異・因竊歎富貴之溺人・將不胥淪於禽獸不止也・予何知之・予讀春秋知之・春秋二百四十二年間・書亡國五十二・弑君三十六・前古未有也・即後世大亂・莫如三國與前後五代・其篡弑之禍・又孰如春秋之甚者耶・豈後世賢於春秋乎・抑有以溺之使然也・且天下未聞有匹夫而輕弑其父者也・匹夫不輕弑父・而帝王之子若臣・獨多輕弑父與君・非富貴使之而誰使之・甚矣・富貴之溺人也・春秋之富貴・無過於三國與前後五代・而各國諸侯僭侈・幾與王等・則其受禍之倍於後世・又烏足怪也哉・宋高宗之弑徽宗與淵聖亦然・善乎・史臣斷曰・高宗貪戀帝位・遂致蔑棄君父・斯其爲高宗之鐵案也歟・嗚呼・向使高宗身爲匹夫・目擊父兄被擄・安知其不思冒萬死以求脫其親於虎口而惟恐其不及者・況肯躬蹈不韙乎・則天下後世雖稱之爲孝子可也・夫孝子之於弑逆・亦甚懸絕矣・今高宗安弑逆而辭孝子・豈非富貴爲之祟耶・予故曰・富貴之溺人・將不胥淪於禽獸不止也・雖然・禽獸猶知有同類也・彼弑父與君者・又禽獸之不若也哉・

書手錄李非菴文後

文固有不幸而不傳者矣・未有傳之而不幸者也・明雖專制義・而古文詞亦有足稱者・予獨竊怪王元美李于鱗之名滿

天下・而詩文輒多不稱者・何哉・間見世傳七才子詩・而王李居其二・私竊鄙之・及後得于鱗滄溟集觀之・其塡砌雕繢如其詩・此豈即世目動舌張所艷稱之文耶・抑或別有所傳而村居寡陋不及見之也・噫・亦異矣・元美之文・似勝于鱗・然佳者亦少・與實副其名者有間矣・豈所謂傳之而不幸者耶・李非菴名未大顯於世・而文章何其工也・而輒不能與於王李之列者・豈所謂不幸而不傳者耶・然予嘗疑秦漢以後之文・可傳者當不止韓歐數人・及遍觀唐宋遺文・無復有能勝之者・何哉・王李之詩文若是・安知後世不以予言爲定論耶・而名至今猶赫赫者・猶有利其塡砌雕繢・而固以掩其庸拙者在也・則不可謂傳之而不幸也・非菴之名雖未盛於今・而文必傳於後・予於此卜之矣・不幸而不傳者・有幸而傳者也・嗚呼・人利其說而不能使之必傳・則有必傳之文・而或惡之而不能使之必不傳者・而人猶欲以好惡定人之文者・亦獨何哉・

重開湞陽大廟淸遠三峽路橋記

皇帝七年・平南王奉命帥師取粵・平之・越十有三年爲康熙元年・天下一統・百廢俱興・獨念王師入粵時所經湞陽大廟諸峽・崎嶇天險・水陸阻梗・爰命章某某曁僧某董工開鑿・經始於壬寅春正月・落成於冬十一月・於是士衆咸欲勒石以彰王功・乃屬某記事・其事在峽・故專記峽・

峽有二・自北而下羊城・則湞陽爲首・自南而出嶺表・則淸遠爲首・迤邐四百餘里・兩崖對峙・一水中流・猿鳥莫踰・雖樵叟師篙履之・莫不懼怛失色・天蓋設此以難人者・夫人莫不畏難而趨易・是以望險而退・若遇事變之來・視其要害爲之一往直前・入其中・心定而神不眩・事雖難而我未嘗易視之・久之而諜然已解者皆是也・如王治峽之事・亦可以念矣・峽內惟眠羊獅子抄子諸灘號稱最險・而釣魚臺尤爲險絕・虧蔽倒景・噴薄日月・陸行則峰巒插天・石芒峭發・人行其上・則眼花旋轉・栗栗然有性命之懼・水行則淵深莫測・蛟龍潛藏・怪石怒伏・遇春漲暴至・則波濤洶湧・雷轟鼎沸・舟楫停泊・候水涸然後敢發・王乃命某等沿岸設法・榷實補虛・陸平而水之勢亦殺・於是向之險阻・盡成坦途・而舟人行旅・擔負牽挽・直行無虞・皆謳歌喜躍・誦王之功不衰・

嗚呼・王自航海歸誠・統數十萬之衆・奉天子命・征伐四方・經歷山川・舟車之險・不知凡幾・今入粵嶺・溯其所自來・渡黃河・涉鄱陽・踰大小金山・度梅關・下湞水・靡不遇堅而摧・値風濤榛莽・虎豹龍蛇山魈水怪之出沒・皆望風而潛遁消滅也・況茲峽爲域內之險・有不蕩平而廓淸者耶・宜其不數月而奏效者・王之功其可歌也已・

先是韶郡太守符公・中丞戴公・前後畧爲修葺・皆不若此舉之大備・開湞陽大道一十有七里・爲橋二十有三・大廟五里・爲橋六・淸遠三十有七里・爲橋三十有四・立亭記名其上・湞陽之北有黃茅峽・路坦工易・不記・獨記其大者・鐫於峽之東石壁・

韶樂亭記

韶之爲郡・在粵西北・爲五嶺門戶・居東西湞武二水

中・東由湞江出豫章・通江南會稽魯燕諸處・爲東關・西由武溪通荆楚河南關陝川晉諸處・爲西關・凡粤之玳瑁珠璣犀角・與夫珊瑚象牙沉香梨梓金鐵器皿之屬・及日本琉球交趾東西洋諸外國奇珍異寶・絡繹交馳・接續不絶・巨艖細艑・商人旅客之所攜載・靡不經由停泊於此・候投單上稅・驗放然後敢行・非是則不能經越而飛渡焉・其商旅貨財湊集之盛如此・司其關者・皆優游坐鎮・指麾商客・無簿書訟獄軍馬之繁・以擾其心思志慮・有仕宦之榮・無形役之苦・莫不至此而樂・樂而不忍去也・西關名遇仙・其來已舊・爲本郡屬攝里・東關名太平・國朝康熙八年・始自雄州移至・與遇仙共二關・遞年俱署戶部二員兼主其事・歲滿報命・永爲榷關定例・越十有一年・廣陵某公始由戶部員外榷關於此・至之日・釐榷吏之積弊・來遠人之謳思・政清無事・乃於署西得隙地・構亭以爲休息之所・顏曰樂韶亭・屬燕爲記・

夫韶非所稱風土和柔人士愿愨之善地者歟・宜其有可樂者在矣・而況乎山川蜿蟺而俶詭・爲古名賢往來樂遊稱道而不置者・又比比也・然仕其地者・往往得其苦而不得其樂者何耶・豈非利慾之有以溺其中・而簿書之有以勞其外也哉・今某公無是二者之累・榷關之暇・時與僚屬讌遊嘯傲於韶石芙蓉湞武二水之間・倦則歸休於茲亭焉・信乎能樂韶之樂也・況乎能因民之樂而樂之・其樂又豈可既歟・公嘗課試韶士・品隲贍遺・皆有以得其歡心・不獨能樂韶之樂・而且與韶人共樂其樂・樂而不忍去・而韶之人亦不欲公之去・思有以留公而不得也・是皆可書而記也・因書於茲亭以頌公之德焉・且以告斯地有斯民之責者・宜皆有以樂其樂也・

遊丹霞山記

予遊丹霞至再矣・茲歲己卯・晉江蔡子雪髯來韶・心艷丹霞甚・強予再遊・不得辭・時友人李子宏聲男瀛從焉・於是記之曰・

四月二十一日晚・抵仁花江口・次日由江口抵銅鶴峽・望觀音石・彷彿花冠瓔珞・江水繞山三匝・舟行忽遠忽近・皆與像相值・而像之正背側面望之・無不極肖者・是夜宿潼口・

二十三日・舟轉潼口・已近丹霞前山・山下爲放生潭・水爲山光樹影倒映渲染・皆作碧綠色・故又名綠玉潭是也・仰觀層巒疊嶂・羅列如畫・疑無不知此中有勝地者・而必俟之數千百年後・人事遲速之不可强・亦猶是矣・舟抵護生隄・登岸・沿隄修竹圍繞・左折至磴道・曲折而登・每至折處・李子輒拾片磁畫石上・記磴數・至半山亭・稍憩又行・夾路松陰蔚蔽・不復知有暑氣・路左石壁陡立・右偏下臨深壑・竹樹間之・望之不甚了了也・臨關門・倚闌望衆山・皆在趾下・闌之下・有小徑・左折而行・下臨無底・稍前・兩壁夾立・中露天光・名一線天・以路險而止・且欲登山未暇也・李子畫石記磴數至此・凡得四百一十九級云・入關門・右折爲葦橋・橋下荷葉田田・恨尚未花・稍上即三巖高處・爲李文定公諱永茂故居・今爲客堂・僧迎入・進茶畢・循廊左行・有泉一泓・清徹甘冽・爲芳泉・上爲松嶺・松數百・皆大數圍・聽松濤颸颸不忍去・前爲竹林巖・是時筍新成竹・粉籜初褪・淨綠娟娟・一碧無際・林中爲正氣閣・供漢

壽亭侯像．閣後峭壁插天．右望．隱隱見海山門．如在天半．予顧同遊指曰．明日從此上海螺巖．衆頗有懼色．然亦急欲試之．以將暮而止．左折．入一巖．不甚深．巖瀑霏霏．時濺客衣．稍入則不能去．丹霞之右路盡此．而山勢則殊未盡也．復循松嶺上雙鏡池．池因巨石形勢鑿成．內種荷花．傍有小石几．可坐啜荷香．少頃．返客堂舊路．由藏經閣後登紫玉臺．領畧諸峰形勢．時有小鳥飛翔松杪．紅綠異色．僧云．山多各色鳥．別山無之．亦一奇也．

二十四日．晨起．復由松嶺數折至絕壁下．攀鐵鍊面壁而上．至御風亭．爲海山門之半．小憩復上．路益高而陡．至海山門．神稍定．扶筇右行．至海螺巖．澹師塔在焉．師爲開山第一祖．予曾從之遊．今別一十有八年矣．爲下拜．泫然者久之．左轉爲龍王閣．閣下有池．泉涓涓出石隙．池深濶不盈丈．此豈龍潛之所耶．抑龍爲神物．得點水便可飛騰．則此一勺之多．亦可藏鱗伏甲也．稍前爲雪巖．望餤慧．菡萏．麒麟與夫天台．錄蘿．玉箏．眞子七如來諸峰．歷歷可數．而綠蘿峰．則爲壽春萬子欲晤約予偕隱處也．予夢寐不忘焉．再左轉．上舍利塔．爲丹霞絕頂．大抵此山．從斗姥閣而望．則可盡山之前面．從紫玉臺而望．則可盡山之左面．從雪巖而望．則可盡山之左右與背面焉．惟此絕頂．周遭遠眺．杳無窮極．而百千峰巒．高下怪奇．簇擁茲峰．蓋山水之巨觀也．隨下．迤北渡虹橋嶺．長如虹．故名．登頓數折．至片鱗巖．已倦而餒．僧爲炊食．山中謂巖多面西．惟此巖南向．軒敞而高．爲此山之最勝者．予周行審視．覺前雪巖所見諸峰．至此又成異觀．蓋峰有定形．特人行高低遠近莫定．而峰形亦隨之而變．況朝暮煙嵐．變幻不一．而人之心目．亦遂爲其所眩．不復能自作主．而遊者反以此而取快焉．此惟善遊山者能知之．去此又有朝陽巖．禺山石室．景絕勝．以路險難行．且將暮．遂返至水簾巖．明季賀康年曾挈家避難隱此．薪爨烟墨猶存．再折一巖．西向．時已薄暮．西方霞起．爛若五彩．光射巖內．林木閃爍．巖名晚秀．眞爲此巖寫照也．急下山．至海山門．俯首下視．神爲之戰．身去鍊尚一二尺．側身坐定．先將右足踏磴．然後徙左足．始得扶鍊而下．似上易而下難者．蓋上可面壁．故無懼．而下則不得不外望．俯而扶鍊故也．蔡子曰．此路宜畧闢寬．以便遊屐．予曰．不然．此山之奇．奇在險．非此則無以見其奇．且遊山豈厭奇險耶．甫至簾廊．天忽大雨．同遊且驚且喜．憑欄看山中雨景．雲氣忽從欄外湧入．一時對面不能見物．衣履欲濕．予亦幾飄飄欲乘雲飛去矣．須臾忽霽．

二十五日．出關門．復至山趾．右行茶樹林底．折而東．皆懸巖峭壁．人言巖外．聲應巖中．歷石磴．數折入夢覺關．瀑布從丹霞山頂飛下．滴歷有聲．又數武．有瀑差小．循瀑仰睇．頭爲之眩．有巖稍濶而隘．巖側有墨書出米巖三字．相傳曾有米出於此以給僧衆．僧屋皆傍江就巖磊成．稍進爲佛殿．前有樓可以登眺．隔壁又有一巖．蓋就此一巖截而爲二者．軒豁宏敞．較丹霞之巖．更逾十倍．巖頂有鱗甲浮起．色如苔痕翡翠．濶三尺有奇．橫亘二巖而長．逶迤夭矯．宛然神龍飛掛其上．特不見首尾耳．巖得名錦石以此．傍有石如榻．名仙人牀．下臨深潭．即仁化江也．烟

帆上下・沙石雜錯・對面金盆獅子諸峰・明媚相向・身在畫中・而畫外有畫・寧復知此身在人間世耶・日暮返山・明日買舟而歸・

予遊丹霞・至是凡三往返・始則予一人獨遊・再則爲古杭馮君彥衡拉予同遊・至此則蔡李二子與予男幷從者某・共得五人而遊焉・又始與再俱再宿而返・此遊獨越四宿・因得山之梗概・蔡子善畫・擬作遊丹霞山圖・予先記其畧如此・時四月二十六日也・

遊潮水巖記

英州志稱・清溪境有山・高數十仞・而潮出山之中・方潮將來時・巖內發聲震動・如雷乍轟・逢逢然響振林木・須臾・山泉洶湧迸出・奔潰怒飛・盈山溢壑・不可遏止・少頃徐歇・已而復然・號雌雄潮・暮復如是・與海潮應・或曰・其山下與海通・理或然也・

茲歲癸酉春三月一日・予始與周子象九往遊焉・時方晨初・山嵐欲斂・旭日將舒・環巖審視・泉出巖隙・細流涓涓・掬飲而美・予二人方凝坐待潮・忽菴僧前謂予曰・此非潮時也・將雨始潮・潮多雨後・及詢土人皆然・予思英距海千有餘里・地脈與海通否・皆未可知・獨是泉味甘冽・與海水鹹濁迥別・況潮應雨前後・久晴則不然・其故可知・予已候將午・潮聲寂然・始信僧與土人不予欺也・天下事耳聞不如目擊・豈不然哉・或曰・然則茲山獨潮・何耶・予曰・予亦知其與海潮有異而已・若欲測其所從來・則海之潮汐・其從來亦可臆說歟・造物好示奇於天地・與英雄之所以用其奇・俱非世人之所知者・豈獨一潮爲然哉・因記之以遺後之好事者・

遊碧落洞記

郡志載碧落洞巖壑絕奇・茲歲癸酉四月三日・予與廣陵周子象九始得一遊焉・舟自英州至饅頭山・登岸行數里・遙望洞口而東・窰開而斜入・洞形軒敞・橫山而空其中・前後通明・如複道然・路出洞內・自洞後來者・倚巖架木・行人魚貫側轉・若稍傍睨・則目眩股栗而不能前・然有肩負過此疾行如飛者・蓋不可解也・水淙淙然・從洞後逶迤流入・至前洞口・築堤橫截・蓄水爲深潭・魚穴其內・日光射入潭中・見魚大小浮沉・突隱突見・時日已向午・同人縱飲堤上・戲取食餘擲水上・魚數十頭爭出呑呷・梭躍有聲・因呼善網者捕之・終莫能得・然予志亦不在得魚・任之而已・洞壁陡峭・上多名人鐫題・然有不足記者・旁一巖・頗深邃・爲某仙煉丹舊蹟・巖口有望仙亭三大字・亭址猶存・傳南漢越王曾築雲華御室・避暑於此・有老叟出獻金七粒・

南陽伯李公傳

公名元鳳・字源白・浙川縣人・世居縣西鶉鴿谷・本姓孫氏・少孤遭亂・崇禎某年・中軍李成棟駐防浙川・因往依焉・戊子三月・成棟據粵・謀復衣冠・遣人迎桂王即位肇慶・改元永曆・公之力爲多・時天下洶洶・無家可歸・遂以李爲姓・不忘舊也・未幾・成棟卒・廷議進公車騎將軍南陽伯・公涕泣固辭・不得・乃勉受車騎印・其章奏文移仍用原

銜・公爲人沉毅有謀畧・方此時・朝廷草創・人心反復叵測・所在以起義勤王爲名者・又多觀望懷二心・在廷諸臣・忠奸不一・議論朝更夕改・卒無撥亂反止之方・强敵壓境・輒一籌莫展・及幸寇退・則驕語富貴・黨同伐異・甚至攬權納賄・無所不至・其習牢不可破・公剛柔互用・操縱有方・衆倚爲重・同時金堡・袁彭年・劉湘客・丁時魁・蒙正發・時號五君子・以論事切直爲權貴所忌・公獨器重之・引與共事・然事機已失・莫可挽回・衆議欲效宋季航海故事・家口輜重・已載舟矣・公力阻而止・會辛卯某月・粤省城陷・從扈西行・往返海上・檄徵舊旅・思得一當・至欽州・爲靖南王所執・百計誘降・志不少屈・一日・諸將較射・公笑曰・汝曹何不以我爲的・叢射之・令汝曹快心・我亦得見汝曹高下・聞瓊州瓦解・痛哭三日夜不絕・與弟源赤同日遇害・臨刑・語持刃者令面西向・曰・我君在西也・二弟亦相率赴海死・

曲江廖燕曰・語云・大厦將傾・非一木能支・然古英雄之士・知事已不可爲・尤必奮然爲之・雖至殺身而不顧者・凡以爲君父故也・況從容就義・以此自□其心・成敗豈所計耶・事雖不成・其志有足悲矣・公事與宋文信國頗相類・惜無有傳之者・予故表而出之・嗚呼・人生境遇亦多故矣・其事或成或不成・輒多湮沒不傳者・又曷可勝歎也哉・

哭澹歸和尚文

庚申十一月二十八日・友某持師絕筆示燕・不禁淚涕交横・仰天大哭・師死生久已了徹・況臨終遺囑・荼毘後即取灰於淸流處散之・胸襟洒脫如此・燕何悲之有・然師死而斯文喪矣・天下茫茫・誰與定燕文與傳燕文者耶・此燕之所以仰天痛絕也・嗚呼已矣・猶憶十數年前・聞師名未及識面・輒通書候・即大驚服・及後來韶投詩及刺・讀之驚喜・徒步訪燕於寓所・大加延譽・見一詩即見推若是・使學業有加於此・又當何如哉・迨後師以戊午出嶺・越二年・而燕二十七松堂文初集刻成・私念世人心目淺狹懷私・惡道人善・兼趨利耳食・無志斯道・美惡莫辨・非得一代偉人如師者賞鑒品題而揄揚之・終莫能取信・擬賫一卷就正・懼道遠難達而止・及後聞師將還廬山・數有使往來・大喜・方擬動筆作書幷集奉寄・而師死矣・嗚呼痛哉・此豈惟燕撫膺追歎・即師回光返照時聞此・文章斯道所係・亦當泫然出涕也・師跋遊巖詩有云・予至韶陽七載・見作者寥寥・殊有風雅欲盡之歎・此豈無所感而云然乎・及後見燕・意極懽慰・然師初見燕時・學業未成・即此一詩・亦非生平得意之作・又未及其究竟從而品定流傳・使天下後世聞之・必謂師爲失言・而燕生又晚・著述未經播揚・而就正稍遲・不及得師一言・使後人聞而信從・謂韶陽雖無人・猶有著書可傳如燕其人者・今則無及已・縱使師言未爲失・而燕則所失多矣・然師以文章爲性命・即尋常所投・猶獎勸惟恐不及・況如燕稍有志於斯者哉・故知今日聞此・亦必驚歎・以爲不及見此・爲世外九泉之一痛也・而豈不謂然哉・

師臨別遺燕以書・欲同出嶺表・別有所圖・燕亦欲一覽中原山川與異聞壯觀・天下幽眇玄幻・可感可悟之事・以敵胸中奇偉・因大肆其筆墨・以成一代之文・會以事不果行・

今縱文章如太史公・世無□□其人・誰則知而好之・況好之而復使傳之者耶・後聞師未出嶺而病・養靜龍護園・時即以書候・畧及保攝之法・而寄書人即侍者大樹・路至江口病死・書不得達・師以七十老人・而終日文字應酧・思慮過多・其得病固宜・而不謂遲之又久・即以此奄然沒世也・嗚呼痛哉・師遺文甚多・雖見有偏行堂成集・然皆出世以後之作・非廟堂經世文字・遺稿散在人間・及今收拾・亦未爲後・燕將遍走華夏・凡遇僧寮道院・客邸村莊・與夫衙齋驛舍・殘碑斷碣・扁額題聯・片紙隻字・無不搜羅收輯・或得餘暇・次第校讐刻布・使師文章勁節精神・揭日月於中天・後世淺儒小夫・不得置喙其間・燕文雖不得師以傳・而姓名手眼・猶得附師文以見於當世・亦生平一大快事・然此猶有所待・豈能釋今日之見耶・故無其人毋論已・若有人而無文・與有文而不得相須以傳・可奈何・燕之哭師者以此・嗚呼・斯文也喪・天地爲摧・天下雖大・其能當燕此淚者・又豈復有人哉・

海月大士讚

是海皆深・是月皆潔・大士於中・是同是別・手執淨瓶・踏海覷月・明明在前・有口難說・盡大地物・皆大士身・對面不識・驀然而親・非眞非假・無我無人・

隻履西歸圖讚

面壁何人・是我非爾・不見九年・却在這裏・非佛非心・半明半昧・四七之終・三三之始・（達摩在西竺・爲二十八代祖・來東土・爲六代第一祖・）往只一身・還惟隻履・落葉歸根・水窮雲起・

丹殼讚

漢康容煉丹芙蓉山頂・丹成跡隱・遺有丹殼・非有道者不易遇也・予季叔旂觀公偶得其一・喜甚・屬燕爲讚・燕視之・非石非鐵・其內猶隱隱作硃砂斑駁痕・大如鵝卵而不甚圓整・自非仙物・不能有此・讚曰・天地爲爐・丹成箇裏・餌之成仙・仙不在此・形跡亦幻・石鐵俱非・即而問之・千峰翠微・

天然端硯銘

故吏部鄧某家所藏端硯・形如爛荷・是硯先成而人從之者・後爲邑侯凌公所得・因以遺燕曰・惟子堪用此硯・銘曰・全其德而漓其形・以斯見疵於世也・畸於人而侔於天・以斯有合於己也・嗚呼・是可與燕相終始也・

畫羅漢頌并序　共一十八幅

第一幅・一尊者執書一卷立・翫樹林中・一尊者叉手旁立・同觀之・頌曰・

不立文字・所觀何書・千言萬語・觸處空虛・中有大藏・紙白字黑・勘破天下・有目難識・

第二幅・一尊者左肩挑一布袋・右手執串珠・跣足行橋上・蓋彌勒尊者也・頌曰・

衆生昧昧・我佛慈悲・坐久思動・東西任之・布袋肩

駝・念珠不礙・行止何心・水流橋在・

第三幅・一尊者立波濤中・龍王引二水卒・執幡捧爐・迎拜其前・蓋達摩尊者一蘆渡江圖也・頌曰・

足踏蘆枝・杖挑祖意・跨海而東・洪波涌起・彼此不識・龍王何來・秋風蕭瑟・蘆花正開・

第四幅・一尊者手持一珠吐光・光中復現樓閣・一尊者合掌旁睨・又一尊者引一尊者・亦持珠吐燄・似鬬法然者・頌曰・

空中樓閣・玄之又玄・睨而視之・明珠儼然・樓閣非眞・明珠亦假・我欲言之・有口而啞・

第五幅・隔山有寺・有二長老坐牕間・望之如豆大小・有尊者匹馬携一行者・望寺而來・頌曰・

深山太古・林木鬱其・山半有寺・鐘磬泠泠・匹馬何來・相望咫尺・我既非主・彼亦非客・

第六幅・有三尊者共倚獅・坐臥其側・獅兒向其母而嬉・復有二鹿・呦鳴其前・山半有茅菴・一童子捧茶而至・頌曰・

野鹿獅兒・皆我同族・若有分別・佛即獅鹿・或坐或臥・非寃非親・大家團欒・莫問主人・

第七幅・山樹拉雜・內有簷牙鈴鐸・逈出林杪間・蓋山寺也・門外一尊者・拱二尊者而入・頌曰・

天地爲廬・中復有寺・誰是主人・無彼無此・開門揖客・歷階而升・何以作供・黃葉青籐・

第八幅・二尊者共立大海中・一出盂中龍・飛騰天半・一傾瓶水・作海波爲戲・頌曰・

非虛非實・我性罔同・人立濤裏・龍出盂中・道無伎倆・伎倆無道・云何如此・去問長老・

第九幅・三尊者共坐臥巖樹下・二尊者執壺杖・引童子從橋上而去・頌曰・

我外無人・人外無我・大地山河・供我坐臥・或行或止・到處逍遙・雞聲茅店・人跡板橋・

第十幅・隔岸梵刹輝煌・二尊者相引至止・對江有三居士・共載一舟・亦望寺而來・頌曰・

一水茫茫・此寺彼岸・登則同登・往亦同往・中有何物・山水巃嵸・一聲清磬・海濶天空・

第十一幅・一尊者乂手赤脚立橋上・其觀音大士耶・後一尊者執盂杖・仰面似有問然者・橋前有一舟・二居士載焉・頌曰・

大士慈悲・具大正覺・中途相逢・豈容錯過・我欲問道・莫知從起・雲在青天・月在瓶裏・

第十二幅・一尊者騎一物・似牛非牛・引一侍者・冒雪而行・頌曰・

西土非遙・道無涯岸・雨雪瀰漫・長途方半・似牛非牛・莫知其眞・欲從問之・空山無人・

第十三幅・遠望雲外・有城池隱隱在焉・三尊者共托鉢・冒雪前往乞食・後一尊者・合掌念佛隨之・頌曰・

塵飛遠市・雪滿空山・中間有路・來往非難・道無生死・佛亦衣食・孰知衣珠・不求而得・

第十四幅・二尊者各執書一卷・坐水亭中觀之・一尊者倚欄外望・中流有漁翁・坐舟而來・遠望山間・有二居士行

語路側．頌曰．
手執何物．非文非經．都無一字．妙道炳熒．有義無義．無極太極．居士漁翁．之乎者也．
第十五幅．有白象一．數衆奴環遶洗刷之．一尊者與一國王旁立而觀．若有指點然者．頌曰．
悟時即佛．迷時即汝．汝是象王．痴重而贅．披毛戴角．原本來同．爲汝說法．如太虛空．
第十六幅．一尊者扶筇．引一童子肩蒲團而行．前面有橋．將渡焉．頌曰．
迷途覺路．今是昨非．扶筇而往．撒手而歸．一徑直前．橋梁面聳．無行無止．波停水湧．
第十七幅．二尊者引一行者肩行李．叉立候渡．一梢子急移舟接之．頌曰．
西方東土．孰非我緣．蒲團一具．行李蕭然．自渡渡人．當面不識．人立橋邊．舟來岸側．
第十八幅．一尊者伏虎．坐巖石上．三侍者立於其側．山下有居士．從二僕．仰而望之．頌曰．
空洞無物．驀然而親．此子猛烈．順之則馴．佛亦無善．虎亦無惡．如是我聞．同歸正覺．

唐化鵬 字海門．新會人．番禺籍廩生．嘗有夫務議．極論用兵取夫之弊．賀氏採入經世文編中．其論百峰山請立縣治條議．規畫形勢．尤爲詳盡．著有思翁堂集．阮志著錄注存．

請百峯山花田立縣條議

爲險峻久作賊巢要害．宜立縣治以廣幅員之版．上益國課以耕膏腴之田．不齎盜糧以復逋逃之稅．免懸缺額以汰守汛之兵．裁省輸轉熄十縣之寇．安全廣之民事．竊惟銘之鐘鼎．勳莫大於開疆．籌之廟堂．策莫急於弭盜．鵬食餼番禺．原籍新會．伏睹廣東全省情形．五嶺隔於中原．三山落於天外．萑苻嘯聚．盜賊跳梁．旋勦旋生．屢撫屢叛．良由川原險隘．山海阻深．若亂莽之藏虺．如衆髮之養虱．其最要害者．無如番禺縣花山之車頭木．新會縣大小官田之百峰山．巖巒聳錯．草木茸鬱．均爲藏盜積賊之區．而爲地方百姓之害者也．然花山雖曰賊藪盜區．猶與省會相接．全省重兵住劄羊城．相去不遠．可以朝發夕至．隱有爪牙相制之勢．（今已設立縣治）唯百峰山之險峻遼絕．十倍花山．相去省城．爲地頗遠．屢有警發．卒難救援．蓋因其山勢接連新會開平新興恩平新寧三水南海順德高要高明十縣．其峰有百．故曰百峯．其中一十八寨．莫不怪石奇巒．怒峯險巇．雜棘叢茅．奇樹惡水．布滿其中．或蘆荻爲洲．一望似乎無路．或濂泉爲洞．入水方見有明．或山形如磨．絕磴無梯．或峯勢如錐．下豐上銳．一夫當關．萬軍莫奈．自國朝定鼎至今．屢出爲地方之害．致煩王師連年征剿．如賊首山官七余亞妹劉保等．相繼踵武．殺一賊首．連年累歲．未見蕩平・盜案如山・此百峯山之藏賊積盜・粤之三尺童子・夫人而知之也・不知百峯山雖爲羣賊藏匿之區・而大小官田實乃諸賊出入之路・蓋賊首之藏聚山中・不過數百十人耳・至其欲行劫諸縣・則必勾同新會開平二縣之歹民・方成大隊・欲成大隊・必出至大小官田・然後與二縣之道里適均・而又平衍寬廣・方可以容衆・至若賊一離巢穴・出至官田・賊衆已集・而十縣之子女玉帛在其掌握中矣・故賊之在山・猶爲負隅之虎・至官田・則爲下山虎矣・賊既至官田・由近地則犯新會開平・少遠則犯新寧三水・而南海之西樵九江・順德之龍江龍山等村・肇慶之高要高明・又其波及者也・故百峯山雖爲賊之巢穴・而大小官田實乃百峯山之門戶也・而開平新興恩平新寧四縣之中・又有羅漢山・亦極險峻・亦爲賊由大小官田行劫諸縣・必以羅漢山爲駐足之所・行劫已竟・然後還官田・而勾連二縣之歹民・復散而還之各鄉村・賊首方復入百峯各寨・是大小官田者・實居百峯山羅漢山二寨之中・非唯爲百峯山之門戶・而又爲羅漢山之咽喉・實諸縣之最要害者也。誠能於此建立縣城・則土寨之路徑不通・賊雖居深山・不能勾通二縣之歹民以聚衆賊・既無衆・必不能行劫・不能行劫・則雖處巖峒・必絕糧食・是白峯山羅漢山特孤島耳・不降則擒耳・是說也・鵬昔於前撫軍馮公曾於幕中熟籌之・而於前撫軍金公亦曾上條議・會二公用兵之際・軍興旁午・未暇舉行・今幸上臺廟謨成算・碩畫宏謨・明逾聚米・較若列眉・設兵大小官田・不逾時而賊巢頓空・首目盡降・此其明驗矣・今或餘孽未盡・尚少行劫・計日可伏礁鑕耳・然設兵重鎮・雖可制賊・但選將提兵・尚煩征調・芻茭糗糧・更費輸轉・且調遣不常・常有兵來賊去兵去賊還之患・不若立縣設城・縣官控禦・城守駐防・文武維持・人烟輻輳・以民爲兵・以耕爲戰・誠地方一創永守・百姓一勞永逸・久安長治・至利而至便者也・其利有十・其便有十・請爲執事陳之・

設城立縣・新土新民・生齒日繁・疆宇日辟・百貨日聚・開疆啓土・增益版圖・其利一也・官田設縣・上控百峯山・下制羅漢寨・盜賊不生・五縣之民・安枕而臥・不見兵革・其利二也・盜案永絕・民無告訴・不累各官考成・其利三也・山谷水邊・屋塲耕地・盡入升科・上益國課・下裨民生・其利四也・沿官田一帶・盡屬膏腴・昔爲賊耕・今是民種・民用饒足・不齎盜糧・其利五也・五縣地方近官田一帶田土・民多畏賊・不敢耕作・田既無收・拖欠糧米・以至缺額・今立縣治・民不畏賊・田園盡耕・逋逃盡復・五縣之民・國課早完・其利六也・官田駐劄之兵員馬匹・動以數千・糧食輸轉・亦以千計・饑食勞息・爲累兵民・今立縣治・人盡爲兵・鎮兵可汰・干戈寢息・調運不煩・其利七也・近官田五縣熟田・民所現耕者・有等奸民・串同書吏・不無有假報沒賊・或報崩陷・或指界外・不納國課・缺額虛懸・今立縣治・吏民復稅・不遵者許別人告承・奸民無所容其詭逋・其利八也・近賊之民・向倚賊爲援・不無有將貨物出交海外・莫可稽考・今立縣城・文武各官控禦防守・奸民不敢越界與海洋相通・其利九也・山峒之民・狡獷愚頑・不知禮義・今立縣治・選五大縣廩增附之秀者・移入新縣・設立教官社學長鄉正等・教以詩書・講明孝悌・山峒之民・漸

知禮化．人不爲非．永絕盜源．其利十也．

既有十利．當即舉行．但恐說者謂忽立縣城．所費不貲．動糜朝廷金錢．難以卒舉．不知更有十便．立縣築城不費公帑而城工立竣者．爲執事請再陳之．

築城建縣．首須人夫．新建之縣所割地方及新集居民．動以萬計．按籍而役之人．不過三日．以逸道使民．其便一也．又大兵現駐官田．既坐而食．可以按冊而役．數千之衆．欲有所作事．不崇朝咄嗟而辦．以兵爲夫．其便二也．築城建縣．次須材木．沿山一帶．樹木叢鬱．既有人夫．取而用之．不須更市材木．其便三也．築城建縣．又次須磚瓦．大小官田之土．其性墳埴．埏埴爲器．林木蒲葦．斬艾燒窯．磚瓦可成．其便四也．築城作縣．終須財用．近山一帶五縣田畝．舊苦於賊．不能耕種．今爲縣治．尺土可藝．近山之田．每畝糧助工築數釐．事非强致．其便五也．近官田一帶鄉村．昔苦賊擄．夜臥不安．瞭望警息．今立縣治．各享太平．於甲冊之夫．每名量出些須．以助城築．其便六也．新立縣之地．其田膏腴．若布告承．每畝量出公費．以爲工築．其便七也．又各縣之花戶．欲析爲里長戶．現今紛紛往居．如有欲自花戶析立爲里長戶者．移撥新縣．各量助工築．其便八也．又各縣學之廩增附．欲向他大縣移鎮新縣學宮以圖出身者．亦量助工築之資．其便九也．又五縣之紳衿富民．昔苦近賊．鄉村田土．畏爲賊害．今立縣城．耕鑿里居．不憂侵奪．設簿義題．以助工築．理應樂從．其便十也．

有此十利十便．宜立縣治也必矣．而或者又曰．各縣之幅員久定．豈宜更改版圖．不知難與慮始者．細民之陋識．可建非常者．大人之宏謨．則有立縣成竹．請得更指畫於執事之前可乎．曰．割新會之近大小官田者一都．割開平之近官田者三都．而又割新興恩平之各一都以還開平．如此則新縣既有三都．又招集諸縣之貧民．以實大小官田新建之地．更立新都．則新縣之立．儼然與新會．開平．新興．恩平．新寧五縣並立．而爲六矣．此萬世之長策也．豈直一時之利便哉．昔從化之設．建自劉忠宣．和平之立．出於王文成．凌司馬有羅定之城．陶文廣創築一十三縣．又如新興之築於洪武．龍門從化新寧之立於宏治．三水之剏於嘉靖．新安之建於隆慶．前事可師．史冊輿圖．尸祝俎豆．炳熠至今．典型不遠．總之欲安十縣之民．必熄十縣之寇．十縣之寇熄．而全廣之民舉安．斷斷然矣．爲此敬具條陳并繪地圖一樣二本．特詣督府兩臺匍匐激請．伏乞通行所屬．會詳申請．會疏具題．則新縣之立．廟貌千秋．長奉尸祝．世世不朽矣．十縣之民幸甚．

夫務議

粤向年用兵．百姓死於盜賊者．十之一二．死於徵調者．十之五六．其害莫慘於取夫．蓋名則取夫．其實取工匠．取器物．以及發養牛馬之類．無不在取夫之內者．取夫舊例．五十家出一名．則有挪移增減之弊．有不及五十家而出一名者．有不止五十家而出一名者．縣官每十名取一二名．其甚者多取三四名．夫房則以一而派十．保長奉行．箕斂又加取一倍二倍不等．每月每名需用銀二三十兩．甚而有用數十名・甚而有用百數十名・百姓至賣兒女以雇夫折夫・即此一事・官取之・夫房取之・保長取之・譬如病夫・更遭顚撲・幾何而不立斃也・欲絕其弊・莫若通計一省夫額若干・每名每月徵銀一錢・通廣州之夫・不下數萬・每月即有數千之銀・取給通省之調遣・及各答應・自見其有餘・不見其不足矣・而或者曰・百姓向者每一名每月出夫銀多至數十或百數十・公家尚且不足・而每名每月出銀一錢而足者・未之信也・不知前之大銀如此之多・然公家用之・縣官用之・夫房保長亦用之・其不足也宜矣・令每名每月一錢・輕而易舉・投之于官民・明白無弊・夫房保長不得而染指・則以積而待公用・鮮不足矣・夫以五十家出夫一名・每名每月出銀一錢・只一家每日出銀二厘耳・且聚于公家・有事方按籍而取之・無事則留以待賑濟・否則全免之・公私兩便・無有過於此者矣・至其徵收之銀・則以一府佐之廉明者司之・各縣徵解藩司・發所司府佐開支・每月造冊・分繳督撫藩司・嚴其用否・查其存留・互相稽察・而所司之府佐・于每驛鎭馬頭衝繁之處・各選夫吏一名・凡有往來各官取夫名數・明塡夫簿・皆於總數內支銷清算・其夫預雇貧民願充者・報名入冊・有事支給夫銀・無事自食其力・不病公而又不病民・何憚而行之・此議皆爲粵東言之・而粵民之苦・觀此一節・概可知矣・

粵中派夫有二種・其一謂之均平・各里派銀數千兩・繳之縣官・需夫官發銀以雇・夫之多少・官任其贏縮・其一派之里下・夫之多少・里下承値・官唯發夫票而已・然一遇差使・正夫之外・不免多派餘夫・相沿已久・亦不能盡革也・

羅　袞　韶州人拔貢・

修瀧道及韓公祠記

邑瀧三・皆瀾呶石錯之區也・皆簡書奇嬴之道也・而韓其宇者尤爲最・蓋昌黎夫子嘗道此入潮・後人廟于斯・遂壽其宇也・庚子冬・太原王公銜命吏茲邑・甫下車・驗民情・察土風・考山川景物・聞瀧所由字・睪然慕之・明年春・碩漲突作・山之力不勝水・而閒圯於水・水之力不勝石・而遂厄於石・瀧以下凡二三所・榜人無所施其智・罟父無所用其勇・而瀧江於焉天塹矣・公毅然曰・境以內吾吏之・則境以內山川・胥吾宰之也・山川弗治・吏也謂何・乃躬謁昌黎夫子廟・假以顯孚・禱以誘相・出馭富之餘・呼里中老而屬以鳩幣董礬之役・彼濬其流・且葺廟焉・而吾里中洵能相與以有成也・卜之獲吉・爰致乃工・瀧之間・其治也如驅・廟之間・其治也如搆・未幾流故而廟新・而後乃令漁者載者旅行者踵瓜期者褰裳戾止・靡不縱其所如・噫・吾里中父老繄勞矣・然而未敢施工也・王公繄仁矣・然而胡爲捷效也・思之思之・微昌黎夫子之誘相不及此・因琢石以爲斯舉壽・

顏希聖　字宜居・號西野・連平人・雍正癸卯進士・翰林院庶吉士・改中行評博・

聖跡巖記

內管巖凡有九・其恢詭幻忽可遊覽者・惟聖跡最著・危峯削起・峙平田中・如覆鐘盂・穴在其趾・人可雁行入・巖

深廣約百數十丈・窮窿崛峭・飛鳥到半處輙沒・色赭・望如重堂複閣・塗丹雘赤・石脂光彩奕奕・目爲之眩・顚有竇・嵌青空補之・呑日月・飛雲霧・其上曰通天門・稍北爲層巖・石佛二・一跏趺・一旁侍・臨崖陡絕・凝望積蘚斑駁・紫綠紛紜・如披八寶袈裟・坐雲端說法・曰佛巖・右突石一・卷麗秀壁・高出尺有咫・廣首瘦足・似封雲初起・片片攢合・叩之則鎗鎗然響不散・曰鐘石・左壁石坌起寸許・平面圓長・攀躋不及・擲石中之・作築土聲・曰鼓石・二石位置天然・所以鎮幽穴・宣陽氣・使山魈木客震肅斂跡者・稍南・一徑微黑・下坂十數步・至水湄・無所見・燃炬照溪・容甚淸淺・可漱可濯・曰水巖・遊者秉燭揭衣涉溪行・窣窣洄渡・忽潭忽瀨・莫知其源流處・常朒縮不敢深入・龍牀石室碁局諸異跡・皆傳聞・無從探視・上垂石乳・淋淋涔涔・結若竹笋尖者・數峯連比者・甚衆・好事者每採作園林假山・頗有致・出・緣山外右旋・可抵佛巖・大石蠢蠢・所謂佛無毫髮・似想空中色相・宜遠觀・近即妄耳・伏石壖下瞰・人高大如寸指・一伸首輙足酸心悸・閉目急回・良久始得定・眞奇觀也・

黎偉光 字樸園・順德人・雍正癸卯舉人・除揭陽教諭・舉卓異・擢四川射洪知縣・復改就高要教諭・淹貫能文・尤工詩・著有冷香前後集・燕遊草・阮志注存・

岳王論

古今忠臣義士可與日月爭光山河不朽者・龍逢比干而下・厥推岳武穆・以其處心最純・而受禍最烈也・然揆時度勢・武穆所處・竊有未盡善者・當秦檜主和・高宗惑聽・趙宋天下・其勢日蹙・幸內有李綱趙鼎・扶持顚蹶・外有張韓劉岳・藉壯國威・迨李趙繼去・奸檜專權・所最眼中釘者・惟武穆一人・意謂飛一日不去・則和議十年不成・檜之欲甘心于飛者・奚俟仙鎮揚鑣・兀朮坐衂之日哉・幸京湖之命・檜不及阻・武穆得以振旅摧金・忠憤一呼・山岳俱動・此正藝祖在天之靈・二皇返宮之候也・夫何金牌屢下勒班師・檜之忌刻深矣・高宗之迷惑甚矣・獨不思將在外君令有所不受・傳曰・大夫出疆・有可以安國家利社稷・專之可也・昔在亞夫・屯軍細柳・亦曰・車中只聞將軍令・不聞天子召・武穆於此・宜遣子岳雲將詔賫回・誓整全師・掃平金虜・然後留兵戍守・束身歸罪・幸而見原・祖宗之靈也・不幸檜計終行・闕廷授首・而金人氣靡・國勢漸張・武穆雖死・猶爲得所・顧計不出此・君子謂武穆知守經而不知用權矣・

夫臣之事君也・死生惟命・寵辱不驚・少有計較窺避之私・便虧臣節・罪所必誅・惟道有經權・故事關宗社・伊尹可以放太甲・姬公可以誅管叔・其所關者大也・昔汲黯一戇直臣耳・奉命河南查火・黯乃矯詔發粟・既而武帝不罪・而反嘉其能・武穆智過汲黯・奈何至誠一往・棄垂成之功業於一朝・君子讀史・至黃龍痛飲之言・未嘗不歎宋君臣失策一至於此也・

雖然武穆不死・則汴京可復・兩宮可還・惟宋運當阨・所任非人・終高宗之世・前而蔡京童貫流其毒・中而潛善伯彥肆其奸・至檜而賣國忌功・其罪更擿髮難指・故一奔而建

業·再奔而臨安·而南渡遂不可爲矣·使高宗早悟·武穆得展其精忠·亦奚以至是哉·

希言集序

宇宙有不朽者三·而垂世行遠·莫重於立言·蓋鎔鑄三才·經緯萬物·均不能無藉於潤飾鴻文·故言傳而其人之德與功亦與俱傳·

揭之光孝鄭丹木先生·本方伯峚山公冢嗣也·方伯公以名進士起家·晉階貴州藩憲·歇歷中外·赫然有聲·理學勳猷·光炳史乘·潮郡人物·公與大司馬翁文襄公實相伯仲焉·然人知方伯湛深經術·爲幹濟良臣·而不知先生澡身浴德·尤爲象賢世胄·予自癸卯鄉試·得遇先生裔孫君璽侯邁輩於羊城·旅寓梵宮·獲親蘭臭·因知其淵源有自·不禁私心仰止·然於先生之醞釀文章·猶未盡悉其詳也·越戊申·奉簡命忝鐸揭陽·爲先生發祥地·甫捧檄·竊自喜曰·鄒山桑浦·博物之典型在焉·吾得所觀摩矣·

既抵任·先生子姓蕃衍·列弟子員者楚楚相望·先後來謁·執禮維謹·歲餘·課士暇·鄭子侯邁即出先生所著希言草問序於予·予曰·噫嘻·僕無文·其何敢向佛頭着穢·侯邁固請·因再四繙閱·不忍釋手·但見言皆至道·心切吁謨·雖往來酧答·簡綵矜貴·類皆有關世道人心·不作風雲月露·古之作者·左莊之外·首稱龍門·論者謂其文疏宕有奇氣·公其寢食子長者耶·不然·奚涵頁宏深也·當方伯公貴顯時·公以華胄·何難藉基奮庸·顧一遵庭訓·不與戶外事·迨六上計偕·一刺不敢輕投權貴·惟知積學力行·不求顯宦·其內行純謹·誠有大過人者·嘗論之修詞·若非本以立誠·則言而無物·縱極掞藻摛葩·終屬食糟棄醴·今觀先生宗統有說·則大禮辨於宗祧·鹽鈔歷陳·則瀛澤流於桑梓·至若訟文成之寃·記曙臺之論·堂堂正正·率爲聖道堅藩籬·刓反以樸·剗僞以眞·是豈雕蟲篆刻蚓咽蛩呻者所可同年語哉·因文徵行·君子謂方伯於是乎有子矣·方今聖學昌明·人文蔚炳·侯邁昆玉伯阮·均具華國才·且晚驤首天衢·持此入告·知天子騹然色喜·必有恨生不同時如司馬相如故事者·則以此爲繩武·即本此爲宣猷·雖著蔡奉之可也·豈予之漫阿所好哉·

李琯朗　字崇樸·順德人·雍正癸卯巡撫薦舉博學鴻詞科·以母老辭·所著崇樸山書八十二種·貫珠詩文集八卷·任城王少參元樞序之·阮志又錄其一簣山房集十卷·注存·

南園五先生詩序

南園五先生詩選·由來舊矣·歲久湮沒失傳·嘉靖丁巳·督府譚公·大參王公·求五先生集於太史泰泉黃公家·僅得黃李孫王而失其一·誤以汪右丞集並刻藩署·以足五先生之數·越乙丑·少參峒峯曹公於梁中舍家得其祖父文康公家藏詩選舊本·乃知黃李孫王外而有趙公介者·因以與陳公暹·陳公命工刻之·而五先生之姓名於是乎正·至崇禎間·距嘉靖七十餘載·是選亦復湮沒·按院葛公徵奇又繼譚王曹陳四公旁搜古本·乃得於黎公遂球家·因屬南海令蔣公棻付之剞劂·而陳公子壯爲之序·是五先生詩選凡四刻矣·今去葛公之刻未百年·士大夫家素號藏書者·予嘗詢之·已不可

復得・而五先生家集亦散失無存・惟孫先生詩集見諸書頗多・至四先生則詩選之外罕有也・五先生與吳之四傑・閩之十才子・開有明一代風雅之宗・而趙先生詩止存七章・王先生止存四章・友當病其少・然自嘉靖之刻已然・昔劉潤之刻大歷十才子詩・夏侯審止得咏繡鞋織錦圖二首・嘗謂楊公愼曰・兩箇棗子・如何泡茶・予慮趙王兩先生不將爲棗子泡茶・而幷爲坡仙毳飯也・

予家藏有舊本・同學羅子履先生屢屬付刻・然年來多病・去歲又丁先子憂・是以不果・今秋因曝先人手澤・復爲黃子悜若之請之不可固辭・乃授之以梓・若夫孫先生詩不敢增入・悉從舊本・亦猶葛公序所云而已・嗚呼・梓力幾何・三百餘年五先生詩選・幾絕者五矣・能無望於後之繼余而刻乎・是爲序・時康熙庚子七夕・書於石塘春草亭・

衛廷璞 字嶽瞻・番禺人・雍正甲辰進士・選江南建平知縣・發奸摘伏・弊俗丕變・乾隆元年・徵授禮部主事・歷官至太僕少卿・所著妄蟄草・阮志藝文畧注未見・

重建番禺儒學記

魯頌思樂泮水之詩・美僖公之能作頖宮也・夫樂泮水者・豈丹楹刻桷・徒侈壯麗・爲遊觀之樂云爾哉・其六章曰・濟濟多士・克廣德心・良以興起人才之地・所關非細故也・番禺之有頖宮・至宋始著・建於縣治東南五里・明初改建東門內□・國朝因之・其間或移或增或修・率皆因陋就簡・缺者補之・朽者易之而已・歲丁卯・黔南龍里周侯儒至・集邑紳車君騰芳等議・若櫺星門・若大成殿・若東西廡・若各祠宇・若明倫堂・若池若亭・若臺榭・若射圃・若學署・若齋舍・悉思革故而改爲之・寓書於余・余匏繫京師・未遑効臂指力・迨假歸・而已煥然一新矣・諦規模則加宏敞・論締造則倍周密・論工料則益堅牢・論經費則出於紳耆之樂助・論任事則人皆勤愼撙節・公爾忘私・木屑竹頭・都歸實用・經始於乾隆丁卯十二月・落成於丁丑四月・韓子曰・業精於勤・荒於嬉・余謂不獨學業爲然・即此歷久頹唐之頖宮・年傾月圮・任其委翳於荆榛弱草間・一朝踴躍奮袂・輙成輪奐・由是觀之・天下事大都患人不肯爲耳・堅心齊願爲之・未有不成者・今茲之役・一呼衆諾・不約而同・具有蓬勃振興之勢・而況國家文敎昌明・菁莪作士・官斯土者・又皆以樂育英才爲心・諸生幸際昇平・春誦夏絃・既不患請業之無師・復不虞游息之無地・將由小成以迄大成・由明德以至濟濟多士・克廣德心・如魯頌之所云者・亦何難之有・余守鄉園・少入城市・董事諸君屬予爲記・爰不揣譾劣・而紀其梗概如此・

衛廷珙 字壯謀・番禺諸生・廷璞弟・嘗考明史所載得千一百五十人・人錄一藝・載其事於簡末・爲文行集二十四卷・自爲之序・阮志藝文畧注存・

文行集自序

自序曰・一代之興・必有一代之史・以信今傳後・其軼時時見有他說・學者望古遙集・輒覽簡冊・想見其爲人・嘗

考明史所載二百七十餘年間・自國家大制作外・理學名臣不絕書・而散見各家紀傳者・不一而足・於是晨夕殫精・參互考訂・取其事・證其文・歷三十年・得千一百五十人・人錄一藝・倣同文錄百家萃諸書遺志・載其事於簡末・顧曰文行集・至若行不副文者不錄・行可法而文罕見者則俟之・

梁聯德　字惇一・號恒峯・茂名人・雍正丁未進士・官江西興國知縣・以卓異薦・調宜黃・有聲績・所爲詩古文・俶詭獨造・無所因循。尤篤於孝友・好施與・年四十・以憂去官・遂不復仕・立義田以贍其族・教養兼備・捐石鼓墟租值千金・充書院膏火・郡士賴之・卒年七十六・著有恒峰稿・阮志藝文畧未著錄・

祭張公汝藻文

墓門挂劍・今古傷心・余於翁其能已於言乎・憶去年春間・吳冠賢飲我於鑑江舟次・時賓朋八九・獻酬交錯・翁亦頹乎其中・少焉月照波心・譙樓漏下・在座方勃勃有詩興・翁忽瀹岕片一椀詒余・致詞曰・夏口武昌・依然如故・橫槊賦詩者安在哉・由今觀之・扣舷而歌者又安在哉・僕每念圬者王承福・梓人郭橐駞・各以其業傳・僕於百工技藝無師授・一見輒識大意・卒不成一名・始嘗學八股・更數師不成・學書酷好董中峯・臨摹數年不成・又學黃碧溪水墨蓮・見者幾不辨眞贋・自視墨痕終未得化・今行年六十・窮愁無賴・又學五七言近體・不計工拙・得句便書・不下數百首・終不堪舉取示人・業愈高・才愈下・其忝堪自信者・又以龐雜不專・爲韓柳所不齒・僕不能與造化爭此一瞬・亦既自知之稔矣・乃鶉衣百結・狐貉者不以我爲貧・茗場酒陣・□□者不以我爲饕・文壇詩社・我不匿其醜・一時作者・點染成趣・以博一笑・僕有薄田不畊・家無隔宿貯不憂・不名一錢不能貸・怡然自號爲閒人・以周旋於先生長者之前・亦既有年矣・一旦以安樂而死・過酒爐而思舊・或亦有隻雞斗酒奠我於墓者乎・宏材博雅・觸境舒懷・或亦有蒿里薤露諸歌寄意者乎・然而泉臺渺渺・曾不得一啜其糟・其悽然以悲・悠然以達者・又不知玉樓長吉爲僕一指其畧否也・昔有營其永宅・邀親知歌飮以爲樂者・其事至今特聞・乞吾子先賜小引啓・諸君有憐僕勤懇者・人醵錢以十數・有力者更惠我陳村酒一二埕・吾子作誄一首・諸君長短輓歌數首・或於玉泉觀山虛設一座・諸君素車白馬・僕率子若孫膝迎而入・因念古今聚散成局・亦有相對欷歔泣數行下者乎・既而肴核雜陳・賓主席地而坐・僕拚泥醉・讓諸君各奠我一觴・僕一跪酬佳貺・乘興將詩文朗誦・有未甚解・索作者縷悉之・各滿引數白・僕於是搜索枯腸・强作和章・令諸君狂笑而罷・庶幾人以言重・而事以創傳・維時業已心許・忽有分韻・遂各賦詩・此約悠忽至今・而翁竟遽死也・今將擬招魂哀郢・恐翁笑未能免俗・追念疇昔・勉歌一闋・歌曰・

大海之外仙子宅・烟水茫茫三島隔・又聞山鬼好吟詩・傳是秦皇時木客・當年木客竟誰眞・何嘗乞酒不爲貧・酒盡當歸歸何處・花間花落秋又深・秋花落盡春花開・仙人一去不復來・壺外却嫌天地小・逍遙自古只蓬萊・先主混跡過六十・百尺紅塵湼不入・拚將閒日更閒間・翻勸閒人莫於邑・

楊仲興 字直廷．號訒菴．嘉應州人．雍正庚戌進士．授福建臨淸知縣．罣吏議去．再起．改廣西興安縣．疏築陡河．建太平六峒及諸社倉．奏最．擢思恩府同知．累官至湖北按察使．入覲．改補刑部郎中．乞歸．卒年八十二．仲興精力過人．在官．案牘手批口答．五官並用．宦轍所至．山川阨塞．民食緩急．文教興廢．無不悉心鉤考．所著性學錄二卷．觀察紀畧二卷．四餘偶錄二卷．阮志並注存．讀史提要四卷．注未見．

名任生三子說

南浦任生燦有三子．乞名．燦．文明之象也．文盛當受之以質．質體也．亦曰成．是以成行．長曰成墀．升階之義也．次曰成堃．無成有終．其臣道之純乎．三曰成基．物所倚矣．是爲說．

鎭安府志序

鎭安故土府也．今隸流官．初爲判．繼爲守治．漢屬四．土屬五．乃西粵邊地．其民蚩蚩不知文字．前此因陋就簡．無所事事．我朝風敎遠被．率俾荒服．當事者復鐸鳴而砥礪之．此邦之人．已有月異而歲不同者．顧斯地離京師九千餘里．與交南錯壤．其間愚民不解世務．酋長不知紀述．宋明以前勿論．即百年事跡．傳聞異辭．及今不理．何以譜往牒而昭來許．此志乘之修．賢太守所當亟務也．

余任鹺使八年．兩權廉訪．雖鎭安非巡歷所經．而邊徼情形．日懸心目．今夏郡守傅君成府志八卷．請余爲序．余觀之．綱舉目張．釐然不紊．從此考鏡得失．可以勵官常．披覽美惡．可以審民俗．內控外綏．幷得險夷之形勢．而權中堅捍衞之畧．則治一郡以率所屬．此志之所關甚大．其名宦選舉．附人物後．不列專目者．以此邦改流未久．風氣初啓．不得不懸于有待．此余與傅君所慨然嘆睾然思者．夫貧鄙粗陋之俗．巫鬼剽悍之習．論者謂水土使然．豈知地囿人八埏四極之區．同此人即同此性．文翁之于蜀．常衮之于閩．韓柳之于嶺海．夫豈易民而理耶．先民有言曰．修其敎．不易其俗．齊其政．不易其宜．苟因而導之．積漸而化之．則邊隅鄒魯．計日可待．官斯土者．愼勿菲薄其人．生斯土者．亦幸無妄自菲薄也．爰明斯志著述之義．而幷爲將來者勸焉．

重刻文章正宗序

今學者皆宗朱子．然鵝湖鹿洞．當時即有異同．迨僞禁興而羣言益歧．非西山眞子矯而正之．人不知尊朱子．猶之楊墨肆行．非孟子辭而闢之．人不知尊孔子．而賢者其衞道同．其私淑亦同．而潭陽南浦．壤地相接．亦若鄒魯．然西山修己治人之學．見於大學衍義讀書記者不具論．其文章正宗．則入道之標準也．編爲四門．曰辭章．曰議論．曰敘事．曰詩歌．詔令疏奏．可覘治理．考道論德．可驗學術．論世之人．可鏡得失．即郊廟樂歌．友朋贈答．皆得性情之正．而發人忠孝之思．文章之體備．而能事亦畢矣．其詮要釋疑．胥關世敎．依類求之．皆可得立言所自．與準今酌古之宜．明於理．切於用．謂之正宗良然．

是書成于宋紹定五年．時有槧本．康熙初．吳興李氏改爲讀本．以世爲次．論者惜之．乾隆乙酉．余分巡延邵．其明年・于役南浦・謁先生祠・得宋本凡二十卷・摹刻之・頓復舊觀・幸甚・夫文章與道德分・而天下學者不古若矣・是書也・體大物博・致用不窮・誠合文與道而一者也・吾願學考亭之學者・自西山始・學西山之學者・自此編始・板歸眞氏祠・不忘本・且以重其守也・

凡例附

李氏讀本原序云・紹定執除之歲・考羣書無執除之說・爾雅・太歲在辰曰執徐・史記天官書曰・執徐歲・按紹定五年歲壬辰・正先生家居之日・則執除者・徐之訛也・繼閱孔文谷集錄及宋槧本・果然・乃知校書・一字不容率爾・

先生於寶慶元年乙酉罷祠歸浦・端平元年甲午始召用爲翰林學士・其進大學衍義序曰・屛居無事・紬閱橐輯・讀書記曰・苟有用我・執此以往・文章正宗曰・欲學者識源流之正・成于紹定執徐之歲・皆林下十年著述也・年譜云・正宗與衍義俱成於嘉定十年・縣志云・輯于紹定四年・誤矣・

正宗前編詩文・俱自唐・止紹定五年・所刻後編宋文・則成于咸淳二年・乃金華倪登與同人所續者・先生于端明二年三月參知政事・五月病卒・相距三十二年矣・其類三・曰論理・曰叙事・曰論事・別擇標識・均有義理附刻之・

是編次第評釋・無容增減・當時劉後村輩・尚不能妄參末議・況後人乎・惟圈點句讀・姑依讀本・

明版字大頁繁・讀本字小行密・惟宋刻本十行・二十一字・極善・悉仍之・

修李衛公東山祠引

唐尚書僕射李衛國公・以桂州總管南巡至藤・有遺愛在民・邑人祠東山祀之・昔公布衣時・厭隋・辭憤激・上書西岳王・奮欲有爲・咨之神明・忠義之氣・勃不可遏・迄今千載下・讀其書猶想見其人・唐興・公攝孝恭行軍長史・擊破蕭銑・乘勝度嶺・分道招撫・懷輯九十六州・戶六十餘萬・高祖嘉之・授桂林總管・乃率兵南巡・所過問民疾苦・務以德化・非所謂神武不殺・以仁爲本・以義治之者乎・藤邑自唐武德五年・復以永平郡爲藤州・領義昌感義・增潭津寧風猛陵羅石羅風各縣・俱轄南道・誌不備書・其改建所由・要皆公還定安集・因時立制者也・公之明德遠矣・

興代庖茲土・簿書未遑・今春瓜代謁廟・見堂室圮壞・簷瓦欲墮・惻然傷之・世俗惑鬼神之說・丹楹刻桷・博碩肥楯・竭力趨奉乎不經之祀以求福利・公遺澤在藤・非一時噢咻之惠也・示禮義・變習俗・乃人心風化之所自・其祠蕪不治・鞠爲茂草・古道之謂何・亦官斯土者之責也・用捐薄俸・以爲闔屬好義者倡・商之新使君・曰然・至春秋二祭・未奉額頒・恐捐俸不可爲繼・倘得上請以昭事典・是後起者事・與今未能・益滋愧矣・

唐宋八家文鈔序

八家文可盡讀乎・曰・襲聲調者・類優孟而衣冠矣・讀無益也・學古文者・當知其得力之所在・昌黎約六經之旨以

成文・河東深博・悉本詩書・之二者尚矣・廬陵近宗韓子・上法史遷・南豐典則俊偉・有西京軌範・至貫羣籍而激固之・荊公尤峭刻焉・是時眉山蘇氏・父子兄弟爲師友・縱橫墳典・出入史漢莊騷孫吳・投向如意・今觀老蘇之奇矯・大蘇之剛大・小蘇之沖和・天資學力・隨所造而不相蒙・要皆有不可一世之概者・人各一卷・以其近者附焉・同者竝焉・編爲四集・學因質性所近而入之・更深造而求其自出・則一而四・四而八・神明變化・存乎其人矣・

諸子文鈔序

莊子之論・不侔于聖人・其曰畸于人而侔于天・見則超矣・文亦奇甚・三閭大夫抒忠憤之情・長吟三湘七澤間・乃風雅之變體・詞賦之淵源也・春秋之末・吳越亦多故矣・其間奇事奇人・可勝道哉・吳越春秋與越絕書・何其善狀物情耶・戰國以來・縱橫輩出・蘇張雖辯・吾無取焉・獨樂毅魯連與信陵公子・其人與文・有足述者・讀經文而不知此・不盡文章之變・擇而存之・要皆各成一子云爾・

贈瑞州都閫沈立方序

瑞州都閫立方沈公・偉體洪聲・髯長一尺八寸・人稱之曰髯將軍・乾隆二十三年六月抵營・後余守瑞者四月・越今八載矣・因得備悉其生平・與其內外勇怯之故・始者瑞州營伍頹廢・君至・飭武備・戟門整肅・士卒無敢譁・內則蒔花於齋・種藥於闌・坐者樂之不忍去・曾以樓子松藤貺予・甚奇・公手植也・尚未得其武事・辛巳秋・撫軍大閱・公挾長弓大箭上馬・三發三中・聲與鼓應・奮鞭一躍・髯揚揚若風旗・觀者如堵・嘆曰・此眞髯將軍・甲申冬・高安虎警・號黃班・里胥奔告・公奮往・矢于神曰・必殺乃止・即死無所逃命・選卒五・人各鎗・公獨持棒・盤髯右耳繞後而旋于左・結之・乘馬馳至・虎負嵎・耽耽若擇噬者・馬驚逸・公下・步行・先礮之・虎突前哮・卒仆・公側閃・虎撲公・公棒劈其目・虎頭搖・以爪拭面・哮向公・公審視其喉・從牙吻挺而入・虎咆哮左奔・拔大樹・衆卒起・舉鎗連刺其頷脇・立斃・越日・獻虎軍門・適余在省・詰使者・備得搏虎狀・

比旋・詢公曰・虎堅重在首不擣其虛・何也・公曰・虎力在得勢・得勢在乘風・若氣張則莫之攖・故哮則卒仆・吾先中其目・則神暈而氣不舉・頃則再張・吾急撼其吭・故及・余曰・奮氣攻堅・兵法也・居嘗爲予言・少從戎未學・凡觀劇・必考忠奸得失之故・反諸躬而克治之・故在官在家・跬步不敢踰・由是稍稍得兵法焉・一日讌集・演河東獅雜劇・公神色沮喪・內顧旁矚・若切膚者・余始悔而公亦不予訾・還詰公曰・是亦兵法・公掀髯笑曰・生平反躬克治者・正自內始・吾且柔之矣・其所學得力如此・年五十有四・尚未舉子・然公率易・坦坦焉與人無畦畛・知必有後・今夏公應選・余將北行・恐不及餞・交公久・知公深・不能默默于斯也・爲序贈之・

送夏位三赴舉序

歲壬午七月既望・夏生位三將應賓興之舉・請曰・願聞

制勝之畧・余曰・子能探天根・遊月窟・神周沕穆・言垂不朽乎・曰・未能・子能遐瞻博覽・揮霍馳騁・卓然自成一家言乎・曰・能・子能隨俗趨時・雷同苟得・以獵一之聲時譽乎・曰・不爲也・非不能也・弟子事先生有年矣・敢辱門牆・以負厥初・噫・韓子教人自爲・夏生之謂歟・

憶庚辰春・余權守豫章・于新建得夏生廷儀・于南昌得姚生亮・萬生廷芮・于奉新得羅生佩蘭・皆雋才・每至豫章・二三子必趨予・極道義文章之契・今年夏生來瑞州署・問難朝夕・更得起予之助焉・爾時東軒大雪・夏生慷慨爲七言長歌・託物寄興・詭翔蔚躍・岸然有韓蘇氣・其制義則屛絕塵壒・堅骨力于比偶間・識者以嘉魚金子駿許之・若嫉正聲之違俗・悅好音之適耳・鏤金錯彩・輕歌姸弄・以博世好・吾知夏生自有偉抱・必不中道回車也・夏生勉旃・幷質之姚萬兩生・以爲然否・

修育嬰堂引

天地之大德曰生・生而育焉・父母之心・即天地之心也・自生之而自溺之・異哉・人雖無良・見孺子入井・未有不存惻隱之心・即穽入于死者・明刑勑罰・尙求萬一可生之路・奈何骨肉之遺而反傷之・夫其冥然忍人之所不能忍・復悍然敢爲忍人之事而不顧・固咎在父母・尤在爲民父母者・國有例禁・刺史申之木鐸以徇・所以動其天良也・里胥以糾・所以制其殘賊也・果相觀而化歟・且人孰不愛其生・而爲是非人類之爲・何哉・習漓其性也・謂不能育之以待其斃・不如戕之以速其死・其情亦可哀已・不爲之地・是徒禦其欲殺之勢・而未暢其生生之機也・且恐耳目之所不及・卒之淪胥以鋪・靡所止戾也・治之之道・奚若父母生之・爲民父母者育之・爲父母者・生不免于殺・爲民父母者・育以全其生而已・

瑞州舊有育嬰堂・其宇不整・名存無實・是用惻然・顧經理需材・乳哺需費・刺史倡捐・願諸君子繼之・夫撫字者仁也・邑宰誼不得辭・利濟者義也・士民德有攸好・刺史樂衆力之易舉・將圖厥始・謀厥成焉・行見吾郡赤子・皆得所懷・于以返父母生育之性・即以全天地生物之心・謹引・

唐宋八家文鈔跋　四則

元集韓蘇文也・昌黎因文見道・沈實博大・老泉岸然復古・以史證之・起衰之功・不在韓下・故附之以昌黎老泉文爲一集・

亨集柳王文也・柳州旁推交通・羽翼大道・臨川網羅獨斷・固而存之・深峭鑱刻・品格微肖・故附之以柳州臨川爲一集・

利集歐曾文也・廬陵養邃・其文要而法・南豐質重・其文典而則・所學同也・於歐得若干篇・於曾得若干篇・爲一集・

貞集二蘇文也・東坡得浩然之氣・故神動天隨・而無定態・潁濱得粹然之氣・故紆徐卓犖・而妙事理・其源一也・於大蘇得若干篇・於小蘇得若干篇・爲一集・

建瀧江書院記

書院成．邑令楊仲興揖諸生升堂入室．週遭而量度之．前門高一仞三尺七寸五分．寬一仞一尺七寸八分．地廣四筵．深三筵一尺．爲楹者十．屛門相向．兩翼其房．曰門塾．堂寬四筵四尺．深三筵六尺．左右腰墻．下垣上窗．中高二尋三尺．爲楹二十有八．曰講堂．後祠寬四筵六尺三寸．深四筵四尺．中高二尋三尺．爲楹一十有六．兩旁各分八之二以爲室．上分八之一以爲龕．奉梓潼神．曰文昌祠．庭廣六步二尺五寸．縱八步二尺五寸．東西書房各五間．前庭及書房亦如之．環堵一百一十四步一尺六寸．棟以杉．桷以松．牆以磚．蓋以陶瓦．階以石．昭其固也．書架二．講席二．侍席六．牀几集於房．器用聚於廚．不惟其美惟其備．設木鐸於廊．所以警晨昏也．懸學規於堂．所以立的而要會也．忠孝廉節之屛．所以維四隅也．植柏於庭以爲蔭．猶太學之槐市也．凡攻木之工五．搏埴之工四．攻金工與器具之工各一．水土之工十有六．費白金一千三百三十一兩．邑令與屬人士捐助各半．始於乾隆十一年六月之吉．閱二載告竣．復置膏火田六十一畝有奇．

諸生曰．錫名當所自創者．公也．曰．令不敢私．曰．興安者．瀧水之所出色．且環抱焉．署曰瀧江書院．是役之經始也．先治書舍．延師擇徒．肄業者四五十人．日有講．月有課．脩饍不缺．數年之內．士氣蒸然．美哉．始基之矣．今冬落成．邑令適量移得代．勒石記之．他日與於斯文．惟在後起之君子．

創建興安太平堡社倉記

統一邑計之．地無別產．禾稼外茶竹木而已．山高土瘠．非五風十雨則旱見告．生之者寡．食之者衆．是以貧民十常七八．社倉者濟民而通出納也．宜在鄉．興安則在縣而官掌焉．遐邇不一其地．丁口不一其數．貧寡不一其狀．非周知民隱．深入其懷而曲體之．何以裒多益寡．稱物平施耶．余自乾隆八年涖興安．力行保甲．官有籍．門有牌．所以淸盜源也．調劑民食．即在此乎．遇靑黃不接．開倉出借．核冊稽人．審時計日．持門牌來者如取如攜．各足其分而去．里胥不得冒焉．行之一年而知其形．又行之一年而知其情．又行之一年．悉其道理曲折之數．邑屬最遠者猺獞．有永豐社倉矣．次遠者西鄉．撥貯萬壽倉矣．南鄉又次焉者也．路崎嶇．自四十里至八九十里不等．老幼婦女艱於跋涉．不獲均沾．此非長吏責歟．爲親履其間．見太平堡適中區．地高戶密．乃建社倉二座．共六間．即以太平名之．立社長以司出納．分居民以警昏夜．衆議公舉．各任其責．於乾隆十三年移貯縣社倉穀一千三百八十九石六斗．鄉民便之．

落成．適余得代．鄉民貞諸石．余曰．邑令者一邑之父母也．顧名思義．良用深愧．然疾痛痾癢．知其故而不爲之所．益重予咎．惟盡吾力之所得．爲行吾心之所可安．六載以來．濟人利物．日計月計．以次舉者．非邑令之功．繄守土之責也．若夫補弊救偏．推行盡利．是所望於踵事者．

建大愚寺呂公記祠

昔大愚禪師駐錫眞如寺・因以其名名山・太府丞呂公寓此・又以其名自名寺・故有西軒公所居・今廢矣・墓僅存・余謁之惻然・捐俸倡之・屬耆老皮國祐閔可民姜文道等先治墓・繼立公祠于寺院之右・幷祠蘇公于左・落成・刻石志之・而于公重有感焉・當韓侂冑居中用事時・黜右相趙汝愚・先公言者朱子也・講筵寖罷不可復・公獨任之・痛陳侂冑奸狀・讀維宗社之論・如見忠君愛國之誠・非徒觸宵小而蹈禍機・類激發近名之爲者・洎遷謫後・草履徒步・賣藥自給・蕭然行所無事・非有定識定力・修身立命之學・何以得此・公沒・弟祖泰復以布衣上書・擊登聞鼓・請誅侂冑・語益烈而禍尤酷・信乎君家兄弟不可當也・

嗚呼・誤國輕兵・侂冑之罪不可擢髮數・及寧宗悟・梟其首以謝江淮・曩日被陷諸賢・生則復官・死則予諡・不特汝愚朱子・即祖泰亦詔雪其寃・得補上州文學・而公危言封事・燭照幾先・棄時輩竟不一言・請付司勳以旌直節・至今封邱沙門之偏・田夫野老俱以愚叟目之・究莫解其所以爲愚之故・此數百載後所爲低回慨嘆而不能置也・然投荒命名之意・公之自審已定・以愚始者・即以愚終・公之先・蘇次公于筠州最久・前州監五年・後安置三年・時往來藺若間・又獲長公過從・流連觴咏・相傳有三人同夢逸事・而公則饘于是・粥於是・易簀于是・豈釋氏所謂各因其緣而竝覺者耶・祠呂公・故幷祠蘇公・

幸龍王廟記

龍耶・神耶・人耶・曷以名之耶・自古言龍者鱗族・以其感於物・則謂之神・聞龍之爲神・不聞神之爲龍也・象其德者・平水土之勾龍・幻其形者・華陽洞之童子・可以人而爲神・亦可人而爲龍・未聞爲龍爲神・而仍以人稱之者・瑞州城北十里・有幸龍王廟・下有潭・曰幸龍王潭・志載高安人姓幸・名潭・字子淵・卒爲神・在汴寄鄉人書曰・城北潭・吾家也・幸葺吾宇焉・郡人即祠其間・禱雨輒應・繼有含陽橋陳氏女・過廟墜釵・歸而卒・夢語其母曰・吾龍王妃也・能驅旱魃・急則來告・于是塑像於廟・爲龍王夫人・自是郡邑望澤・神來則雨・不獨含陽之人私迎夫人也・今夏瑞州旱・使者自南郡來・從輿論・設壇迎龍王及夫人而禱之・三日應・未遍・使者復請・應亦三日・噫異哉・此龍德之靈耶・抑神聽之聰・或人道之信耶・何歷歷不爽如斯耶・吾願被其澤者敬而奉之・謂之龍也可・謂之神也可・即謂之人也亦可・將有堂宇之修以答靈貺・乃記而貞諸石・

興安陡河記

桂興安陡河發源海陽山・逶迤九十里・至城北五里分水潭東下・歷全湘而達洞庭・曰湘江・西南之間・有融江焉・由黃柏陸嵩川江三支會合・歷靈桂蒼梧・東入於海・即今所謂大溶江者是・灕江者在城下之東・源出南鄉雙女井・以其夾兩水之中・又曰中江・三源各別・皆出自興安・故唐曰臨源縣・考融入粵・湘入楚・相距八十餘里・中爲灕水・不可

容舟・度嶺者不得不舍舟而陸・前賢因勢利導・於分水潭嶺下・激水而西・與灕會・乃幷灕江而濬拓之・與融江會・由是湘灕合而而南北始通・昔秦始皇命屠睢伐南越・監郡史祿鑿石開渠以轉餉・號曰靈渠・漢新息侯馬援南征徵側・治淤導塞・以利行師・唐寶歷中・給諫李渤疏引舊址・築鏵隄以阨旁流・立陡門以吸直注・咸通中・防禦使魚孟威濬防控引・易木而石・隄功尤溥・宋嘉祐中・都水監提點李師中增陡門三十有六渠・內有眼・分注入田・其横亘河面使水不溢而有所歸者・則天平石・稱水高下・恰如其分・故以天平石名焉・如是水湧則天平以洩之・水涸則陡門以蓄之・又開渠眼以灌溉之・前賢明德遠矣・

　自時厥後・代有修補・要皆不易作者之舊也・我朝聖聖相承・加意河道・康熙五十四年・海甯陳公元龍來撫是邦・築隄岸・復廢陡・議捐通省一歲俸錢・以既厥工・雍正八年・西林鄂公爾泰節制滇粵・動帑築海陽石隄・亘七十六丈・又築外隄以固之・使水復故道・乾隆十一年・撫軍鄂公昌以前方伯唐公綏祖之請・奉旨勘修・親歷周諏・先飭邑令楊仲興疏導水關上下河道四百四十七丈有奇・兼修城郭橋隄・因時興復・按年次舉・爲一勞永逸計焉・舊陡門三十有六・今存二十有三・北河四・自北陡至灣陡・晒禾陡・何家陡止・南河十九・自南陡・至太平陡・鐵爐陡・禾上陡・三里陡・印陡・大路陡・君嘉陡・霞雲陡・黃泥陡・沙坭陡・十四陡・十五陡・十六陡・霞慢陡・新陡・青石陡・小陡・大陡止・又添馬石橋陡者一・陡外堰壩・蓄水者五十有三・北河二十八・自海陽堰・至宫堰・樟木塘堰・蛇皮灘堰・大石門三堰・大河灘二堰・小石門堰・中廟堰・坭塘三堰・石山塘二堰・水南三堰・唐家司堰・秧家堰・石灰塘堰・獅子塘堰・渠口堰・柳子堰・八架車堰・下宅堰・上界首堰止・南河二十五・自長塘堰・至圓塘堰・滑石灘堰壩・鄧家三堰・牛角灣堰壩・黃埠堰・雞公灣壩・金山壩・黑石壩・社公壩・走沙灘壩・石門拗壩・黃茅壩・娘娘廟五壩・一甲三壩・冷水壩・羅家堰壩止・爲橋者十・觀音橋・花橋・在北・粟家橋・萬里橋・娘娘橋・接龍橋・蕭家橋・三里橋・霞雲橋・新橋・在南・爲隄者四・曰鏵隄・曰月隄・曰海陽隄・曰灕江隄・爲天平石者三・曰大天平・曰小天平・曰瀉水天平・爲渠眼二十四・爲廟者三・一龍王廟・在分水潭嶺上・乾隆十一年鄂公昌重修・一海陽廟・在海陽隄對岸・雍正十年奉勅建・祀海陽山神・一靈濟祠・在分水潭下半里許・康熙五十四年陳公元龍建・中祀歷代有功靈渠者・諸葛武侯位列先賢之右・志不載其治水所以・要皆有功河道云・

誥授奉政大夫世襲土田州知州岑君山公墓誌銘

世襲土田州牧民岑氏・系出餘姚漢舞陰侯彭之裔・諱仲淑者・立功宋仁宗朝・授麒麟武衛懷遠將軍・皇祐五年・從狄武襄青征儂智高・克柳城・破邕州・寇平・遂鎮其地・都督桂林諸軍兵馬・仲淑卒・子自亭襲・自亭卒・子翱襲・翱無嗣・弟翔襲・崇寧間・歸化蠻亂・翔募兵平之・授沿邊溪峝安撫使・翔卒・子英襲・駐剳永寧・掌左右兩江兵務・配思恩名宦・英卒・子雄襲安撫使・以功加武畧將軍・雄卒・子世興襲・元授來安路總管・世興卒・子帖木兒襲・帖木兒

卒·子也先襲·也先卒·子伯顔襲·明洪武元年·軍下廣南·改授土府·賜名堅·堅卒·子永通襲·隨征交趾·升都指揮銜·永通卒·子祥襲·祥卒·子紹襲·紹卒·子鏞襲·從征藤峽·加參政銜·鏞卒·子溥襲·溥卒·子猛襲·因劉召之役·師敗受誣死·長子邦彥亦死于兵·諸子皆出亡·都御史姚鏌奏改流官·土目盧蘇等脅邦彥之弟相·糾衆抗命·朝廷起新建伯王守仁總制軍務·戢兵招撫·上疏言·岑氏世效邊功·治田州非岑氏不可·請降府爲州·屬流官知府·即以岑邦相爲判領州事·岑氏之牧田州自此始·當邦彥死時·其子芝尚弱小·祖母瓦氏·褓匿民間·有副總兵張祐以其爲岑氏之嫡嗣也·秘之篋中·屬御史陶諧蓄之·既而邦相爲州衆所殺·芝仍襲職·芝卒·子大壽襲·大壽無嗣·弟大祿襲·大祿卒·子懋仁襲·擊寇安南·加總兵官服·懋仁卒·子廷鐸襲·以防禦流寇功·加右都督銜·廷鐸卒·子漢隆襲·漢隆無嗣·弟漢華襲·

君漢華庶子也·漢華長子應裕死·故襲·諱應麒·字山公·三歲失恃·善事嫡母·得歡心·養生送死如禮·少聰穎·喜讀書·慷慨有大畧·及長受事·每思所以維此邦風敎者·必自家始·族祠故罹兵燹·譜失·支派不分·吉凶秦越視·君曰·非親親之道也·乃收召子姓·得百餘人·立家廟昭穆·歲祀無缺·田州故西南荒服·俗陋·男無履·女無裙·淫奔侏㒧·等于禽獸·君約法除之·以士爲民首·設義學·延師儒·獎進秀良·以率不馴·創建文廟·規模祭器如式·自是田人始知學·濟濟爲士屬冠·州地故大·延袤千餘里·其阡陌荒荆葦者半·併豪强者亦半·君勸懲竝行·民得盡力稼穡·至今盡富庶·又設社倉·賑糶兼施·民無饑歲·四民無告者·立養濟院·生則給米·死得殮之·俾無野殍·橋樑道路·以時修葺·凡往來田陽間者·周餽曲盡·行人便之·康熙五十三年·覃恩誥授奉直大夫·加一級·雍正三年·制軍孔公毓珣撫軍李公紱上其績·賜朝衣一襲·雍正七年·鄂公爾泰總制雲貴西粵軍·取道田州·廉得君治狀·賞朝珠弓箭馬匹·令與漢州縣依品序坐·以示優異·從來世秩土官·不過食租衣稅·夜郎自大而已·且或昏愚不辨菽麥·甚乃與二三奸目相倚如蛩駏·搏噬其衆·一旦怨家仇人揭竿排闥·則口喘足蹶·首鼠心狐·莫知所措·國家緩急·無需此輩·亦卒無毫髮事相及·惟君力矯其弊·屹然以西南門戶爲己任·雍正四年·奉議州波洪土民羅文綱負嵎刦奪·君誘縛文綱·解省正法·五年·八達土目顔光色光都叛·右江軍段某檄君協勦有功·九年·隨右江軍蔡某征鄧橫蠻賊·君親領土兵·奪營斬馘·制軍高公其倬叙功第一·奉旨加軍功一級·十三年·奉檄赴古州·防守兵糧·適黃茅龍里告急·君身先士卒·攻堅破銳·兵不挫衄·凱旋·奉旨加軍功一級·乾隆五年·應調往義寧協勦逆苗·親冒矢石·次子潔分兵搗穴·獲全勝·功叙一等·奉旨加軍功一級·時君以州治遼濶·請分陽萬里屬州判·即以潔任判職·從之·

攷岑氏自世興後支分·努木罕襲職泗城·若豹·若應·若接·若應·蹂躪猖獗·卒以敗亡·惟帖木兒一支·世世奉職維謹·君承二十餘傳·念祖宗創業之難·天王帶礪之重·思所以上報朝廷·下訓士卒·以備國家干城之用·凡騎校編戶·亦莫不感君之義·踴躍行間執銳前驅者·語曰·以

義得之·以仁守之·其量百世·非君之謂歟·君生於康熙乙丑·卒于乾隆丙寅·享年六十有二·配羅氏·田人正思女·誥封宜人·生于康熙丙寅·卒於乾隆庚午·享年六十有五·宜人善治家·凡君隨征五次·從戎數年·內鉅細皆决於宜人·糧餉接運無缺·所謂克相夫子·以成偉業者也·子四·長瀾襲·娶黃氏·歸德州土牧印彪女·次淳·早卒·三潔·分管陽萬州判·娶谷氏·監生鍾女·四游·任西城掌印兵馬司指揮·娶李氏·監生雲煒女·孫宜棟·娶黃氏·上林土縣某女·繼娶馮氏·瀾卒·宜棟以嫡孫襲職·乾隆十一年冬·先葬君于三塘·今乾隆十八年十二月十七日·改葬君與羅宜人于四塘五馬嶺·銘曰·

其生也全·其死也安·五馬之麓·松柏桓桓·是爲岑君各窆之原·宜食報其子孫·

世襲上林土縣知縣黃君仁長墓誌銘

右江世襲官·惟土州牧岑族滋大·次則上林縣令黃氏·獲土分疆·皆以隨狄武襄平儂智高功·黃與岑世爲婚姻·其累勳世業·無有災害·亦與岑氏等·黃氏世籍山東·宋皇祐間諱嵩者·爲狄武襄參謀·寇平·授寧遠將軍·世襲上林土縣·十九傳至君·諱瑞麟·字仁長·事親孝·侍疾不解帶·居喪不見齒·性簡約·治家井井·族黨宗之·以某年襲職·居官有惠政·雍正五年·八達鄧橫用兵·輓糧餽餉·君有力焉·古州義寧之間·屢有苗變·當世以田州牧岑應祺才調·令出師·兩檄君代理州事·例分半俸·君悉自資給·無分毫取·曰·某不才·不能仗劍臨戎·爲國家效命·顧代庖而獲羨·何以對同官勵軍士·其介操如此·生平好書·善騎射·邑人皆以方山子目之·若忘其爲長吏者·生子憲·教之有法·業成·即請襲職·不預人間事矣·其恬澹又如此·

君生于康熙三十八年十月十日·卒于乾隆十九年九月八日·年五十有六·配馮氏·佶倫州知州世英女·繼配韋氏·下旺司漢統女·再繼岑氏·田州知州應祺女·子憲·娶潘氏安定司宗藩女·長女適果化州趙應龍·俱馮出·次女適下旺司韋尙禮·三女適田州知州岑宜棟·俱韋出·次子宣·幼未娶·四女適全茗州知州許永莅·五女許都康州知州馮永吉·六女許那馬司子王昌嗣·七女許陽萬州判子岑宜幹·俱岑出·孫九如·聘田州知州岑宜棟女·憲出·余分守百色時·君抱病未晤·然知其人·迨君沒·余復攝賓州事·二十二年十有一月·憲致君行狀·且曰·卜告安葬·乞言納壙·上林昔所屬也·憲賢宰也·誼不得辭·乃誌而銘之·銘曰·

君之生也·余知其人·而未嘗與之語·及其沒而葬也·余聞月日·而不知其處·積善餘慶·天之所興·令子克家·翁歸得所·

宋大愚叟呂公墓題碣

嗚呼·此大愚叟呂公之墓也·公諱祖儉·字子約·宋寧宗時官大府丞·上封事忤韓侂胄·坐貶韶州·繼移高安·僑居大愚寺·遂名愚叟·朱子謂其獨紓憤懣·因之愧且歎者·豈非其愚不可及耶·侂胄誅而公已沒矣·墓在寺前西偏·年久傾圮·爲治隧道·修封樹·刻石墓門·俾過者思哀焉·

何夢瑤 字報之·號西池·南海人·雍正庚戌進士·知廣西岑溪縣·遷奉天遼陽州牧·其宰岑溪時·大吏將以鴻博薦力辭·比遷奉天·貧不能具舟車·其學旁通百家·富於著述·而尤以詩名·所著賡和錄一卷·皇極經世易知八卷·醫碥二卷·算迪十二卷·莊子故六卷·匊芳園詩鈔八卷·阮志並注存·三角輯要·注未見·

按賡和錄·四庫提要著錄·與算迪今幷刻嶺南遺書中·又嶺海詩鈔稱其尚有匊芳園文鈔·移燈餘話·紫棉樓樂府·傷寒論近言箋注·婦嬰痘三科輯要·紺山醫案。針灸吹雲集·比例尺解·匊芳園詩續鈔等書·今皆未見·

鴻桷堂詩集序

僕論詩首推陳白沙胡金竹二先生·或問之曰·詩言志·無其志而有言·妄也·有其志而不能言·拙也·有其志而能言·工矣·而未必盡善·蓋言之美惡·以志之邪正爲斷·是故志道德者上·志功業者次·志詞章者下·志富貴者鄙·志情慾者邪·知此而詩之品定·詩品定而二先生之詩之高見矣·問·風詩不廢鄭衛·則又何說·曰·陳詩與作詩不同·貞淫並采·備勸懲也·君子非法不言·又問·世謂藻麗爲雅·道學語爲庸腐·非歟·曰·雅常也·非藻麗之謂·藻麗時俗所尚·然則世所謂雅·正君子所謂俗·記曰·庸言之謹·世所謂俗·正君子所謂雅·雅俗之辨久昧矣·然則金竹視白沙何如·曰·白沙較超·金竹較密·因次其語爲鴻桷堂詩序·

春秋詩話序

吾黨工詩者·素推羅履先·僕與勞孝輿陳聖取蘇瑞一皆不及·顧孝輿善言詩·嘗同飲聖取晚成堂·雨窗夜話·孝輿謂國風淫詩備列·不知所逸何等·宣尼可作·當不受删詩之誣·又謂陳正字碎琴燕市·無異王右丞主第琵琶·一座首肯·然尚未知其有春秋詩話一書也·未幾·聖取宦越·孝輿宦黔·僕亦沿牒象郡·自是杳不相聞·歲辛未·請告里居·柏園張司馬乃爲孝輿刻此書·屬僕讐校·孝輿故善言詩·此書尤卓然可見者·其詩亦日進而工·而所著阮齋詩鈔·其子無力授梓·弗克表見當世·用是歎司馬之高誼·爲不可及也·司馬官粤十數載·所至以慈惠稱·尤折節下士·士之單寒者振之·嘗兩夜乘扁舟訪履先於村塾·又嘗醵金邺詩人汪白岸之貧·昔陳仲舉爲豫章太守·問徐孺子所在·徑造其廬·王東亭作吳郡·與張希祖情好日隆·韓退之贈盧仝句·俸錢給公私·蘇子瞻貽呂倚詩·薄少可時助·司馬既步古人·茲復有此舉·俾孝輿半生心血·不致泯滅無傳·且使讀是書者·知孝輿之善言詩·因以知孝輿之工於詩·不特孝輿之幸·亦吾黨之光也·

獨是孝輿聖取·著作相埒·兩人幷卒於官·遺文散軼·存十一于千百·責在後死者·僕既不能如李建中手寫郭集·以待上獻·復不能鏤之金石·以永其傳·追念二十年前·尊酒論文·徒深舊雨之感·視司馬高誼·能勿愧哉·僕亦少有詩筆·老去不復料理·牙生輟絃于鍾子·匠石廢斤于郢人·冥契既逝·發言莫賞·覆瓿災木·聽之後人·張季鷹云·使我有身後名·不如生前一杯酒·比日方與瑞一共遊醉鄉·且讓履先獨步·九原有知·得毋笑我潦倒也·

吳淞巖硯志跋

瑤家距端溪二百里而近・未嘗一至水巖・於硯精觕殊不辨・所購皆贋鼎・蕉白火捺雖具・而枯黯無神・蓋西岸石云・今年春・忝主天章書院講席・郡守淞巖吳公以硯見餉・其一純粹無瑕・細類青花・若遊塵・其一肌理清潤・旁有銀線・蓋佳品也・因復得讀其所著硯志・自是頗能識別・又嘗疑昔人品題諸洞・甲東乙西・今則反是・或謂東美已盡・若人材然・地無砆砂・遂上赤土・讀志始知石工但以洞門所嚮爲名・故東西易方・東洞靈秀所鍾・藏蓄未竭・今不異昔也・公遇事精詳・衡鑒不爽・歲試賞拔士・悉院中翹楚・有觸目琳琅之歎・而妄者乃謂此地無材・君子不誣十室・未嘗物色・動云楚南多石・正如或者之見・祇自形其謬妄・去公遠矣・硯之有美無瑕者不易得・自昔已然・但當棄瑕錄用・瑕瑜不掩正・眞品必欲求全・反爲僞飾所欺・然亦坐未嘗物色耳・讀是志如親歷水巖矣・

韓　海　字輯五・番禺人・雍正癸丑進士・官封川教諭・著有東皋草堂詩文集・阮志注存・乾隆中・舉鴻博・當時欲以海薦・賦詩有欲待移根歸太液・須尋十丈藕如船之句・當事知其意・乃不果薦・

簾泉寺記

出廣州北廓爲白雲山・山自五嶺奔赴而來・層巒飛翠・可望可即・其上爲鶴舒臺・安期生上昇之所也・山麓菖蒲澗・九節猶有存者・緣麓而入・澗聲迎人・林木鬱森・交蔭水石・澗窮而飛泉見・濺珠噴雪・下垂若簾・此簾泉之所由名也・泉下折而左・磬聲泠然・出烟翠間者爲簾泉寺・國初兩藩入粵・環山而營・寺僧警風鶴・苔階蘚壁・無有過而問者・間有瞿曇・借山色以澄清淨身・而[illegible][illegible]不寧・不久輒避去・

康熙三十二年・顯之上人始闢荒餘・借片瓦遮頭・綢繆桑土・經十餘年所・而上漏下溼・猶如故也・方兩藩駐粵時・闤市通衢・給孤之園・朝蒿萊暮金碧者何限・而寺以遠獨遺・即顯公駐錫以來・亦惟捧貝葉蓮花・絕不問山門外事・佈金長者侍之而已・年來遊屐始繁・然大都倚松觀瀑・於寺有緣無力・其歲秋・曹君璧臣遊其地・一見發龍象之泣・乃捐金倡修・顯公復出瓶缽資・廓舊址而新之・而梵・而垣・而廡・而殿・而樓・赫然改觀・於是郡中紳士・競作宗雷・花雨伊蒲・一時盛集・予獲從諸君子後・爲之徘徊瞻眺也・晨鐘夕梵・堂陛莊嚴・今而後・顯公庶知蓮花國之樂・簾泉勝槩・亦不致淪於荆榛矣・爰濡筆而記之・

海珠賦

廣之爲州也・西北擁乎嵯峨・東南割于潮汐・山皆攢玉而疊屏・水尤涵鏡以浮碧・會百粵之汪洋・活三山之命脈・郭近則洲渚視等蓬瀛・地迥則魚梵亦歸空寂・況仙人城畔・烟波綺麗難消・昌華苑邊・心目蒼茫不隔・蓋程既通弱水之三千・而寺亦勝南朝之八百・溯牂牁之發源・經滇黔而竟委・滙奔瀉爲渟泓・化清虛於渣滓・繞粉堞而灣環・浸雲根於清泚・北則臺聳越王・南則宅浮楊子・江邊翡翠成墟・波

底珊瑚闕市，未翔宮殿青鴦，先見梯航白雉，則見驚波歕欱，浮石函胡，形陂陀而岡阜，勢蔓衍以膏腴，仰作蓮蓬出水，圓爲月魄凝珠，怒蛟鬐兮基益勁，大浸汩兮勢愈孤，仰慕前賢，尚爾清標玉立，欣逢長者，遂令淨土金鋪，一龕燈火，兩岸菰蒲，梵響逐江雲而縹緲，禪心觀水月於跏趺，周遭譙櫓，戶牖圭窬，守用射潮强弩，環懸挂月雕弧，喻蠔光而上壁，闢雲路以通衢，因高增勝，入望成圖，五色闌干，長浮蜃氣，八窗風月，總印冰壺，晴是龍堂閃爍，雨疑貝闕虛無，前睇極虎門石獅，迴瞻窮八柱蒼梧，匪獨右帶花洲之繚繞，而左纓穗石之縈紆，

若乃津亭綺合，雲帆錦舒，千官祖餞，百舸旌旗，感風雲兮龍虎會，望郭李兮神仙如，或先或後，不疾不徐，朱冑腰弓，朱雀肅水犀之隊，黃頭擁櫂，黃龍護金橐之儲，則貴遊炙手可熱，而勝地亦過眼成虛，亦何知有美人蘭杜，下士菰蘆，泣青衫于司馬，怨紅粉於啼烏，春草銷魂，即醴陵之南浦，風波失所，亦嵇阮之黃壚，離恨證空王而不滅，淚痕乾東海以仍餘，

至於銷永夏，結閒緣，橈蕩漾，舫洄沿，古榕陰蔽，白石磯連，浣紫銷于鶴渚，垂赤脚于鮫淵，笑魯望泛松陵之宅，嗤東坡扣赤壁之舷，莫不聽徹潮音，共淸神於玉磬，滌除塵慮，同皈命于金仙，蓋此中之一樓一閣，藏世界之三千，卜晝固佳，卜夜尤美，萬籟息，諸緣弭，浸銀河，浮玉壘，拉風姨，招月姊，上下兩輪，瓊瑤萬里，濯濯兮魚龍不夢，灩灩兮鷺鷗咸喜，上客旣弭棹而徘徊，老衲亦憑闌而徙倚，枯禪不波，樂境仍饒，端陽綺節，七夕良宵，一江金管，五夜瓊簫，鵝黃嫩酒，鴨綠新潮，鷁舫艶素馨燈火，龍舟奪絳帛彩標，蛋女泊來，簇一灣之茉莉，玉娥過去，飄十里之蘭椒，則大地共歡其遊冶，而諸人自闕其泬寥，分明十笏維摩之淸淨，依稀五城樓閣之孤超，若乃暮鼓蒼涼，晨鐘汩沒，明禪燈于蚌蛤之胎，挺佛國于黿鼉之窟，三江砥柱兮奔騰，一鏡鼇峯兮突兀，蛟蜃之天開擴，牛文之躔排突，風烟朝暮兮離奇，宮闕金銀兮恍惚，朝朝紅海上之輪，冉冉白人間之髮，我尋苦海兮慈航，人渡迷津兮寶筏，招提之不動如如，王霸之廢興猝猝，悟檻邊潮長兮潮消，數江上月盈兮月缺，奚暇弔黃纛之帝制銷沉，與白龍之雄圖倏忽，

李東紹 字見南，信宜人，雍正癸丑拔貢，官合浦教授，東紹爲惠士奇督學時所拔士，旣貢太學，名噪公卿，其在官，餐錢外不受主攝，居鄉尤多義行，卒之日，赴弔者千餘人，著有雪溪集，阮志未著錄，其畧見高涼耆舊集，

軍工木料記

古稱十年之計樹木，凡木材蓄之甚難，耗之甚易，牛山之美，不轉瞬而爲濯濯，可勝道哉，信宜處萬山之中，値國家休養滋息之際，嘉樹惡本，深林密箐，雜殖於岡陵藪澤之中者，往往所在皆是，又其地僻遠，工師匠氏之所不至，舟車商賈之所不通，名材巨產，混於荒烟野草，至有徑數尺而不爲世用者，雖其民日夜取之不能盡，何者，蓄之厚而耗之有數也，

自船廠之役興，軍工木料，一切取辦於信宜，胥吏因緣爲奸，往往藉一桅之需，盡山而採之，砍伐至數千百株，凡

民有一山之蓄·一圃之植·間稍吝惜·輒便指爲頑抗·因之破家者比比矣·由是民以木爲畏途·宜所未取·又自爭爲芟夷·縱其斧斤牛羊焚烈之酷·以避害而市微息·向之深林密箐·鬱葱暢茂·至是而蕩然一無所存·覽茲土者·山川林麓·徒增今昔之感焉·

夫以土之材·供國之用·亦事理之固然·使吏民者稍念十年樹木之艱·共爲愛惜·則雖百世需之·日夜取之而有不能盡·何至使之濯濯乃爾哉·蓋蓄之難而耗之易·良有以也·大冢宰高郵王公巡撫粵東·稔知信宜採木之弊·爲之移廠會城·以蘇其困·今則例難再復·而此之承辦者·往往齎重價逾傍縣以求之·而猶不可必得·非復向時情事矣·余爲之記其今昔之故·轉移之局·以備夫省方者之一覽焉·

復合征分解記

高屬州縣·六五邊海當衝·關榷漁渡之稅率·正供十之一二·例赴本布政司領單分徵·獨信宜山陬且僻·無他雜稅·惟相沿有竈民曾萬兆等逃亡·缺征稅銀一百四十一両二錢六分六厘零·向於地丁銀內派補·每季供銀一両·派稅銀三分一厘三毫六絲零·合併徵收·分欵起解·銀□而法簡便·故雖代派之項·而百十年來·民安之若固然者·乾隆十二年·天子加恩海內·免天下地丁銀両·邑令柏·誤以此項混入·並免·迨後力催·上官謂同其他雜稅之例·檄飭領單分征·前令張·因循不復致辯·詳請如檄·遂而成例·於是有爲毫厘絲忽之稅·而追呼塡門者·傾銷單錢諸雜費·十倍稅銀·蓋於國課分毫無加·而尚滋擾矣·其後各業戶慮其忽復前例·而令無爲請者·若分征則胥役易緣侵漁·官亦得因以爲徇·非徒忽於成議也·

歲辛未·祗亭劉公來蒞茲土·公寬厚仁愛·不事操切·遇有訟·必從容詳愼·務得其情·不擊斷取·精敏力邑事·非不便於民者·務持重不爲紛更·而於茲事·獨力任不疑·至屢經駁飭·持議益堅·卒得所請·民復安業·嗚呼·民知戴公之仁·不知公固見義則勇也·民知服公之愼·不知公固遇疑則決也·近世士大夫一行作吏·馳騁進取·平居臨蒞士民·凜凜若不可犯·事無可否·必貌爲整飭·若振作有爲者·而獨於民生利害·閭閻疾苦所繫·輒依阿柔媚·不敢稍爲異同·孰謂寬厚安靖者而矯矯若斯也·君子之不可測類如是哉·公名啓江·江西豐城人·甲辰舉人·宰吾邑六載·以病去·於其行也·邑父老共戴其德·因命予詳記其事·以志甘棠之思·

胡　方

字大靈·新會人·居金竹岡·學者稱金竹先生·以番禺籍補諸生·充歲貢·學使惠士奇督學時欲見之·不可·比試竣·投刺至·長揖曰·方年邁·無受教地·今日齋沐謝知己·惠因問粵中能文者·曰·並世無人·必欲求之·惟明季謝元忭梁朝鐘耳·惠因取謝梁文及方文刻之·名曰嶺南文選·而疏薦於朝·稱其積學力行·粵人比之陳獻章·乞賜命服·以式士林·所著周易本義注六卷·四子書注十卷·莊子注四卷·鴻桷堂詩文集六卷·阮志並注存·今本鴻桷堂集·乃咸豐六年重刊·番禺陳澧序·止五卷·前詩後文·止二十餘篇·溫氏文海所采文二首·已不載·疑重刻時已非全帙·末附家訓一卷·則澧所增入者·

與任肇林書

諸子爲詩有年矣·然余屢觀所作·進益尚少·得無爲詩

之道有未了然于中耶．請贅言之．詩者言情之物也．情以誠而成．以正大而善．非境情無由生．而情亦自有其狀．爲詩者．于境則能抉其可喜可怒可哀可樂之處．使不言喜怒哀樂．而不啻言之．或并言其喜怒哀樂．則又歷歷舉似喜怒哀樂之形容．現於紙上．如此則可謂之詩矣．若夫攬境之浮淺．而不及于其深微．與雖窮其細瑣．而非與人情相關係者．又言情則有其名無其實．徒曰．吾喜吾怒吾哀吾樂．而不見其所以爲喜爲怒爲哀爲樂者何似．兩者皆使人讀之莫能心喻目擊乎其情．此則世間別爲一種文字．而非詩之體制也．至於言境言情．皆已能如向者之所云．而其情乃孩童戲弄之情．否則俚俗鄙陋之情．甚則淫夫淫婦汚穢之情．此在三等之人出之．無足怪．而以讀書識字之人爲之．則所謂玩物喪志．文人無行而已．苟以孔子刪詩之法律之．不在所刪．即在以爲懲創之例．可恥孰甚焉．

　大抵詩之一道．工在描寫．不在稱說．而又在乎審所應施吾工之處而施之．勿使沒乎其工．而且反下于不工．余之求于詩者止此．其他古今詩人之論．槩姑舍是．因余性懶而急．凡事不能耐煩．是以爲詩潦草．不及於工．亦惟如此．故於不必爲不可爲者則不爲．蓋於兩說失其一．猶得其一也．夫文以載道也．詩亦文之一也．情成而善即道也．未能載道．而特不敢畔道．余生平文字皆然．不獨詩也．諸子之詩．工不工猶緩．唯既好爲詩．必與詩人遊．而所謂玩物喪志．文人無行者．正今詩人之所崇尙．非有特操．不能不爲所煽也．其首戒之．

白沙子論

以虛爲體．而靜以來之．禪家故有是說．然或者此心此理之同．彼始教之人．亦有暗合於吾儒者．未可知也．唯其不知虛中之蘊體．發用之際．茫無軌則之可依．而不覺其入於猖狂．又自恃其本源之無他．而不之悔．是以與儒相遠耳．而世之爲儒者．顧以是說既爲禪之所冒．遂舉而歸之禪．爲之厲禁．動色相戒．不啻溺水之不可蹈．酖毒之不可嘗．有過而問者．則鳴鼓而攻之．此殆黎邱丈人歟．因鬼之詐爲其子．遂并自鬼其子而不子．迷實甚矣．而禪家因是挾其所有以乘儒之所無．而欲勝之．此又猶六國割地以奉秦．使秦得以强大而凌六國也．悲夫．且夫吾儒之所持行者．禪亦有之．如慈愛廉潔之類是也．於此不能盡反而獨反其靜虛．得無於陵仲子之操乎．

　今詆白沙子之學者．以其靜坐致虛．謂之曰禪．夫喜怒哀樂未發之中．非虛耶．致中之功．自戒懼而約之．至於至靜之中．無少偏倚．非靜耶．至先生送羅養明序．則曰．一語默．一起居．大則人倫．小則日用．知至至之．知終終之．贈客一之．則曰．聖賢之言．具在方冊．生取而讀之．師其可者．改其不可者．與林郡博書．則曰．自茲已往．更有分殊處．合要理會．毫分縷析．義理儘無窮．工夫儘無窮．然則先生教人．夫又何嘗不主道問學耶．或者以爲聖人之教．動靜並進．未有獨事於靜．二十餘年盡棄人事．即家人亦罕見其面者．唯達摩九年面壁則有之．請譬諸醫．醫之治病．古人已有其方．然使不審病之淺深．而進退其藥味之多少・分數之輕重・區區謹守古人之方而不敢變・此則世之所謂庸醫誤人也・夫習慣難返・唯古之學者・其幼有小學之養・又十五而入大學・故心未遠乎虛・而爲靜亦易・先生從康齋遊・時年已二十有八矣・且高明之姿・陽動偏勝・能驟一旦而語靜虛乎・先生於此・不過如醫之用古方・多其藥味・重其分數・期於已病而已・即使取於達摩而爲之・夫亦何害・自此以外・儒之爲儒・固有在焉・而不係乎此之異同也・大抵人情於己之所難能者・則欲辭其責・而見人之能之者・必排而非之・以使夫所藉口而不爲・衆人之難於靜虛・又非先生比也・故凡詆先生者・因無必爲聖人之志・第以護短而便其私而已耳・若曰・非是而可以爲聖人・則不俟旁引經傳・即向者中庸云云・已欺我矣・

改兒子名中一命字顯民說

日明動之物也・中日之盛也・明動故豐・而盛則必衰・汝之初生・余惟恐其既豐吾家・而後乃蔀其屋也・是故明以中日・使知時盈・及汝七歲入學・度其一日之力・可誦萬言・汝母姑息・授之不出二千言・斯時余竊自謂覽揆之不爽也・汝母既喪・家貧不能延師・余又物役紛紜・防檢疎濶・致汝漸長漸頑・及今大反其初・何者・明則善納・動則善逐・蔽物智昏・累物强喪・理自然也・夫靡于學而競於欲・懵于道而解于俗・其爲可憂・豈有量哉・則且望其侗愿・信可爲鄉里平人・猶且恐不得・今用改汝名曰中一・命汝字曰顯民・其意欲汝力拒外誘・稍存赤子之天・不至絕遠人類而已・回視疇昔與言大人之事・若去青雲而下深淵矣・悲夫・汝尚不承斯志・汝將安之・

古文端序

文有言・有所言者・不易議也・若言之美惡・則雅俗而已・素常曰雅・薰染曰俗・草木之生・各含英華・其自發者・無論精粗・皆有生趣・或剪綵而綴之・則索然無味矣・文之美惡亦猶是・明儒有言・韓師孟・不見其爲孟・歐陽學韓・不覺其爲韓・今觀韓歐兩家之文・信如所云・昌黎奇崛・永叔平夷・昌黎勁悍・永叔雍容・然則安在其學昌黎耶・蓋東漢以降・文不離乎薰染・唯至昌黎・始力洗滌而還乎眞・眞也者才・吾之眞才・見吾之眞見・因而事物之形神・眞事物之形神也・永叔所謂學昌黎者學是已・今之讀古文者・徒欲以爲剽竊之資・正恐薰染之不深是已・畔乎爲文之宗而去之・而欲扳附古人・豈不遠哉・

余壻麥宗道教士有年・彙其平日所與及門講論・自左國以迄唐宋之文・梓之以公於世・網羅之廣・百家兼收・以爲禪宗說法・一生一殺・一予一奪・使人無所依泊・不得不返而歸於虛・今是集也・引人遊於百家之中・莫不見其可喜可悅・而千歧萬孽・互相牽拒・無異盡舉其途而塞之・庶乎學者欲有所向而不能・乃能無所留滯・以掩壓其自有之英華・而待其自發・而又以千歧萬孽・人人不同・而同適於工・因是而悟文之所以工・而期以自成也・自成之道・學問以拓其眞見・養氣以完其眞才・臨文之時・如其分量而盡之・不加矯揉造作・如是而已・至於宋明大儒之作・有與文士體貌相近者・間登一二首・此則欲人之不滿於言而進志乎所言也・

學苟幷志乎所言・則舍六經四子其何之・夫文之言與所言幷至者・六經四子而已・今以六經四子爲蒙學・及乎爲文・則求之左氏傳而下・是棄本而趨末・降高而就卑也・然則是集也・又如孟子之因貨色而語王道・誘人以漸・或亦其所用心歟・

鴻桷堂詩集自序

余冠歲以前・父兄方督科名之學・絕未知詩・癸丑冬・偶有留別何左王先生仲五律三首・先輩梁藥亭見之・輒曰・是可與吾儕旗鼓相當矣・遂鈎致之使爲詩・然亦漫爲之・未嘗深求其法也・又每當所作・唯恐其爲人所共到・必索之思路斷絕之處・以求獨得・此如繪畫・虛空容著筆墨者幾希・宜其窮也・自門人佟季如强請註唐七律百首・始用心於古人之詩・乃知詩有紀律・舉不外取之目前・實地抉剔透徹而已・後又讀孟襄陽張文昌集・見其隨題設施・如有圈子圈定・不得少軼・竊最喜之。平生不關心世事・寡交遊・罕行走・可紀述者寥寥・詩安得多・其有今所集者・因當世方尚詩・門人以爲功課・等之舉子業・每作則驅老馬使先道・或朋友時命賡和・亦不能拒也・此在他人・則嫌其少・而余則恨已多・翫物喪志・其中翫物者有之矣・戲言出於思・其中戲言者有之矣・所以幷存之者・猶孔子之存淫風・取爲檮杌・以垂懲戒云爾・

制義集自序

立言之道・信而已矣・所言者有實・誠心而言之・所謂信也・言非實・則狂而已・言之而無誠心・則欺而已・狂與欺・大惡也・君子一言如是且不可・而況於爲文乎・凡文而是且不可・而况于制義乎・制義者・以吾之言而代聖賢之言也・狂則誣聖賢以狂也・欺則假借聖賢以爲欺也・二者罪尤甚焉・

制義之興・數百年矣・其間欺者十九・狂者十一・信者間見而罕有・良由干時念急・歲月須臾・徒能憑藉口耳・苟以速成・不能從容學問・以求眞得・是故聖賢之蘊・愚者無所見・黠者或有所見而粗浮・然皆汲汲執簡從事・以僥倖於一旦之遇・如是而欲不出於狂與欺・豈得耶・僕性恥爲欺・而又自度不能免於狂・故爲諸生三十餘年・歲試之外・間涉棘闈・無非迫於不得已者・其不欲輕爲制義如此・五十以還・平當有似乎已解之書・及敷衍爲文・而後知其未解・此誠讀書勘驗之資也・於是遇人課題或記憶難書・輒爲馮婦・以自試其通塞・一十餘年・得文四百餘首・皆放筆之後・即芻狗視之・其存其亡・非所計也・而二三友人・同中狂藥・不知狂之爲狂・以爲可爲子弟說書之助・作文之法・取而繕寫編次之・還使評點・以便觀省・并出所藏五十以前諸作・請稍附於其中・嗟乎・自茲以往・恐有流傳於外不得復護其短・然亦或一遇乎發其狂者而使之瘉・未必非僕之幸也・

醒堂詩集序

凝山黃子・頹倣傲睨・多醉少醒・時時仰首視天・或吁或笑・人不知其所以・余族孫子森如豪飲・凝山常就之飲・

余每與遇．畏其剽悍．謹爲紀律之師以待之．而凝山獨肯折節爲余禮．久之遂狎．常與共飲森如家．欲平其從猶子也．幼以凝山爲師．不復有他師．凝山遊必挈之偕．余初怪其恭整不類凝山．又不飲酒．凝山惡爲排偶聲韻所束．不爲詩．而欲平又好詩．及見欲平詩．絕無時賢綺靡之容．幼眇之響．而壯浪駿厲．一似有胸中氣者．乃知欲平之學凝山不於其外也．其智畧英發．膽決無前．下至圖畫雜技．莫不精光四射．如孫伯符初渡江時．鋒不可當．則凝山之所囊藏而未洩者．皆盡爆綻於欲乎矣．是以凝山寂寂一經老窮巷．而欲平之名．無脛而走王公大人之間也．嗚呼．若欲平者．所謂跅弛泛駕千里之驥．而凝山固其馬前之車耶．

欲平前年一抵燕都．鎩羽而返．今又將爲嶺外之遊．意者季子揣摩已成而復出耶．行盡攄其胸中之氣．若龍之噓雲而自乘之．余安能以測其所至哉．瀕行稍刻其詩一帙．携之以當子昂碎琴．使余序之．余曰．自古觀人以言．而詩之爲言．尤近性情．然近世之詩．可以知人者甚少．何者．過於錘鍊追琢有以掩其天眞也．惟欲平不然．其所爲詩．但以攄其胸中之氣．而不於詞之工．故純乎天而不汨於人．余嘗讀之．止見其氣勃然紙上耳．持是以往．必有開卷而心折者．且其人亦非常人也哉．

四書講義自序

古以一字爲一言．又以爲一名．故文字皆言也．則皆名也．古聖人之名．至今具在於書．而聞之者茫乎不識其人．甚矣．名之不足以舉實也．雖然．傳文王者曰．黑而長．傳孔子者曰．未僂而後耳．文王孔子．名也．黑而長．未僂而後耳．亦名也．然曰．文王孔子．則人不識．曰．黑而長．未僂而後耳．則人若識之．何者．文王孔子．今之所無．不得而見．黑而長．未僂而後耳．今之所有．可得而見也．故言之所不見．則言皆名也．言人之所見．則名皆是也．聖人之道．不外人心物理．此心此理．雖失其精．亦有其粗．即失其正．亦有其反．粗者精之類．反者正之對．觸其類．擬其對．蠡測而管窺．得十一於千百．則亦庶乎其可矣．徐行後長．造端孝弟．故曰大路也．學者誠肯去其欲速之心．先體察於日用之間．以求所謂聖人之道．遲而又久．覩其大意．然後返而讀書．則六經四子．皆若黑而長未僂而後耳之云耳．唯患幷黑而未僂而後耳之不見．則雖訓詁之下．又加訓詁．展轉不窮．而聞之猶如語以文王孔子也．雖然．實一而已．而有淺深．深人見深．淺人見淺．茍欲指實以當名．則必因人而移實．此訓詁之後．所以又有訓詁也．若夫同一水也．而分爲溪澗江河池湖沼沚．則又有分量形勢之不同．聖人之道．散而爲言．亦正猶是．

自漢以還．註疏之流．主於釋言．割裂穿鑿．還不能會通於道．宋後諸儒．主於講道．斷章取義．而不必範圍於言．至朱紫陽出．始兼兩者之長而無其病．然後四子之書．言以道爲統．宗而一貫．道以言爲畔．限而條理．讀書而後謂之大小不遺．表裏洞達．如是讀書而後謂之執事敬．況乎今之士子．人人從事於制義．將以口代聖賢之言．匪是何以免於矯誣哉．

僕少汩於流俗．徒采近世模稜庸鄙之講章．茍爲應試之文・不獨經不解・傳亦不解・幷講章亦非眞解也・及長・始知愧悔・反而肆力於經傳・又困頓而無所入・乃如向者所謂體察於日用之間而求・久之・稍有所開悟・然猶間能領會經之旨趣・而不能以其旨趣分而布置之於章句之中・譬若目中依稀有人・而不辨其頭目手足之處・則又思乎凡人言語通塞之勢・推以揆乎聖人之言・亦有自然而不可以違之節奏・漸乃見乎書之部位而不亂・隨得而隨筆之・銖積寸累・反覆更改・幾三十年・大抵章有章解・節有節解・句有句解・字有字解・務使離之合之・務相參伍而無齟齬・竊謂朱子集注之法・示人讀書之例・蓋如是也・至於言前言外之意・有朱子之所愼重而未發者・亦妄爲之揣摩・則以之制義不可缺・而有所不得已・由其立志・本以自課・其心之所得・且爲子弟之淺學者・易以所可見之實・故詞無沿襲・所憾恨者・中年而後・老病侵尋・芟蕪削謬・了無復日・嘗有詩云・達生昔自許・疾病乃憐身・從來著述言・有時頗未眞・知過不及改・將以悞後人・蓋爲此也・若作梓材・勤樸斵・唯其塗丹雘於我後人・能無望耶・能無望也・

紀言

天下之亂・由於學術之壞・學術之壞・由於修己治人之道不精・修己治人之道之不精・由於用心之不一・孔子之以書籍垂教者・六經而已・書則三墳・已在所削・詩則三千・删爲三百・春秋則約其文而著其義・其所以務簡若是者・不獨以爲學者修己治人之道・取之於此而已足・且恐有以分乎其心而不精也・自左氏傳出・詞貴潤色・事尚怪奇・至於屈宋・騷賦用興・司馬相如揚雄之流・復掘其坭而揚其波・嗣是以還・文字之濫・日新月長而不可止・蓋古人之文・皆爲文字而設・後世則於人事之外・自爲一事・如周客之畫筴・宋人之刻楮・徒供耳目之玩・而毫無所用之・然因是而猥瑣之書・皆爲學者有用之物而爭貴之・故著述之家・益以其可售於世而作之不已・學者有一之不及博・即恐不足以勝人・而盡博之・則雖絕世聰明之士・罄終身之歲月・猶且不給・其肆力於經史者能幾何時・夫修已治人之道・在於經史・今皆交一臂而棄之・而其學之不足觀矣・

漢武初求遺書・此時六經未出・良爲急務・其後至於積如邱山・及後世聚書之多・皆以爲帝王盛事・此文士之溺見・而非知治體者之論也・許文正曰・也須焚書一番・白沙子曰・此暴秦之政・而文正言之・誠有所不得已也・今去文正之世又數百年・書又加於文正之世數倍・愚謂苟有聖王者起・必先定天下文字之式・使朝廷制誥章疏・一準尙書西漢廟堂祀享之樂章・學士大夫往來之贈答・一準風雅頌碑銘・惟唐宋八家・縱仍以之試士・則止取經義策論・而惟以樸素爲宗・其餘詩賦四六・一切人事可已之文・概從禁絕・而從刋定天下之書・五經三禮四家之外・存歷代之史而嚴修之・皆去其所載害禁之文・如史記長楊子虛之類・其託之粉飾・若後漢書以下者則更之・醫藥農圃歷數諸家・亦芟其枝葉・留其切要・郡國之誌・去其文藝一門・即人物傳中閑雜之文・亦悉沙汰・古今著述其與經發明者・附之經・關乎政治者・附之史・諸凡不在此列者・附之丙丁・私藏者稍倣秦挾書律・如此然後士之學術可正・天下可得而治也・或曰・羣

書之行・由於文習之敝・文習一正・則羣書者資章甫以適越・將不禁而自廢・此簿正祭器以止獵較之義也・何用禁爲・余曰・人之溺於文也甚矣・非法之所能勝・此如平寇盜者・絕其糧食・斷其救援・使之喪其所恃・則不得不解散・若藉之兵而資之糧・則雖臨之以大軍・俘獲斬殺・而負固如故也・故白沙子曰・此暴秦之政・而君子有所不得已也・天下苗莠不並立・莠之不耘而期苗之暢茂・不可得也・況於苗一而莠且千百乎・人物到復其性・而後可相安以生・則教歸是養・此義不離仁之理・

紀事

事父母色養靡不周・而心常如不及・遇有病・則憂形於色・未嘗離左右・心通內經素問等書・藥皆嘗而後進・夜則必衣冠侍・未嘗就寢・或一月至數月・卒亦不覺爲困・自少不苟且・五六歲時・雖與之餅果・不受・一日從王父出・或因其不受・陰繫於其衣後幅・初不知也・歸至半途・或告之・則大慚急解而去・

學者仕與未仕・雖白首猶凜凜奉其教・有貧困之極・終身不肯入公庭・爲應試文字・皆務有所發明・不肯爲浮滑以詭遇者・同輩每相語曰・吾夫子教也・當事子弟聞聲向慕如將不及・以得見爲喜・曰・教我矣・有以蔭得官・則大慚曰・吾未能信・得毋辱我夫子・告之曰・爲官能不愛錢・致力於官守・有何不可・其人聞即自誓・卒不負其言・

有明高士不偕何先生墓志銘

公諱絳・字不偕・號孟門・羊額何氏・自始遷祖十四世德寬公至公廿三世・持泰公其祖也・公資聰明英斷・少從學於族祖獻將・翁名儒・門下數百人・仿馬融以門弟子轉相傳授・立左右齋長・公其一也・每爲人講・必能闡其師說於言表・而簡要精通・聽者快於親承・及甲申國變・慨然揣摩韜鈐之書・頓得一心運用之妙・而其時正位號者・皆非中興主・舉義旗者紛紛・亦無足共事之人・公遂戢翼俟時・丙戌丁亥聞長江聲耗・疾趍金陵・甫至・而海師遽以謀洩遁・公乃溯江入楚・轉遊徐豫而還・後頓往來吳越・又走齊魯・抵燕薊・率怏怏無機會・周覽形勢・搜訪人物而已・公高志大畧而持重・髣髴馬文淵・故慕其爲人・集其文字爲一帙・置枕函中・而自號北田・蓋以行蹤比北地畜牧時也・嘗遇善風鑑者相之曰・公古相也・封侯安足道・以是益自負・雖久困而能需・無日暮途窮之意・公居鄉以賢智信服於衆・其族人數千・然每月大事進退・唯公所左右・爭辨者亦于公取平・其尊嚴樸直・亦與馬援以季良誡子□・及受梁松下拜風度相似・而善于談吐・凡有所教責・微刺婉諷・他人不覺・而其人不啻斧鉞之加・君子謂其淸議維世功焉・少有詩名・與王說作陳元孝同時相埒・大抵以張曲江王右丞爲宗・然以爲雕蟲小技・不屑屑也・故所作不多・亦不留稿・歿後・子孫收而劑之・不過五十餘篇・晚年足疾・閉居修其族譜・上自受姓之始・迄於當世・其間善惡足爲勸戒者・莫不爲之傳贊・裒然成書・而文詞高古・亦不朽之業也・公生于天啓七年

丁卯九月廿四日亥時・終于康熙五十一年壬辰九月廿七日辰時・壽八十六歲・元配夫人喜涌陳氏・再配夫人北滘楊氏・均前卒・子頁・陳出・早歿・今以乾隆丁卯年二月廿三癸未日奉柩合葬于容奇小沙浮岡坐丁向癸兼午子之原・金竹胡方爲之銘曰・

西山齊夷・東海魯連・私謚靖節・同人翕然・斯碣不磨・生氣千年・

勞孝輿 字阮齋・南海人拔貢生・與何夢瑤羅天尺蘇珥並出惠士奇門・世稱爲惠門四子・雍正間・詔修一統志・與纂粵乘・乾隆丙子舉鴻博・報罷・出爲黔宰・措置屯田・繭足萬山中・歷任錦屏清鎮龍泉畢節諸縣・不名一錢・尋遷鎮遠・卒官・著有阮齋詩文鈔十二卷・春秋詩話五卷・阮志並著錄注存・

西江考

西江固南交大瀆也・岣嶁碑云・南瀆衍亭・而西江與岷山之流異・獨發源於牂牁・滙流於崖門之口・于嶺以南・別爲一瀆・故又名牂牁江・由滇阿迷羅雄・經廣南泗城田州乃至粵・以一江而盡納滇黔交桂諸水・汎行而東・長幾萬里・然粵之上游・如滙・如灘・如橫浦・皆湍急崎嶇・不通舟楫・昔唐蒙上策取南越・欲從夜郎浮船而下・以爲一奇・固非計也・自史祿通鑿靈渠・兩伏波將軍始賴之以下樓船・江道之通流久矣・南江趨海・流怒而驕・苦爲羚羊峽所束・咽喉隘小・當夏潦淫漲・水如萬馬奔騰・巖壑與驚濤相爲勍敵・常登肇郡之東江亭・俯視建瓴・水頭十丈・排山而下・眞有滔天之勢・濱江之縣・魚鱉爲隣・靡有定處・迨穿峽而

出・及與北江合爲一大川・北江者湞江以上雄連諸水也・水比西江源短而勢驟・故西江挾之而愈橫・三水四會・其巨浸也・肇之江患一・而廣州倍之・豐樂大圍・爲數縣保障・圍一敗・而屬縣不復望秋矣・聞之故老・昔小而今大・昔暫而今數・考其故・則昔之江廣而通・今之流隘而淤也・南海之九江・爲江之孔道・以入熊海・鉅圍築焉・而其上游・則一由黃雀岡逕分水以趨珠江・一由石門以抱會城・此即楊僕樓船先破石門得越船粟者是也・今黃雀岡之沙口漸淺・石門則沙淤水涸矣・而九江以一水而受全江・欲圍不崩得乎・

數年以前・水患頻仍・歲祲屢警・當事者引爲己憂・疏請增築圍基・江流翕若・而愚所私憂過計者・竊以江水在天地間・猶人身之有血脈也・血脈不通・其病在腫・不治必潰・然治之固貴培補・尤宜疏其下流・而後血脈斯通・漸有生氣・今江之上流・圍基雖固・而下流壅塞・可望其安瀾乎・廣屬若南新諸縣・常受水患・而香順諸處・每受水益・鹵田得清水而稻乃肥・安享其利・又利子母生沙・橫江截海・幾於變滄海而爲桑田・下流旣塞・水斯逆行矣・說者以其坦田升科・可增稅課・可補民虛・試思頻年蠲賑・屢次增修・耗國勤民・得失孰多・不待智者而知矣・聞之利者害之萌・此亦當事者所宜酌劑也・生長茲土・利害頗悉・剟牀以膚・最爲初近・因考西江之源流・而備詳之如此・

癭暈山房詩鈔序

余嘗好浪遊・妄欲跡遍海內・與天下士交・髮未燥・即從先君薄遊瓊南・望洋而嘆・讀海外文・謬謂有所得・甫弱

冠・杖策踰嶺・渡河徜徉江湖間・氣愈豪則益自喜・而猶以未得交當世鉅公偉人爲歎・久之・聞見稍殊・衣輕而策肥者・卑不足道・其高者或標榜聲華・自爲位置・大都皆羊公鶴也・則又悔吾之遊爲無用・未幾・鱔門夫子視學吾粵・以古學爲斯文倡・吾黨二三子・若羅子履先・陳子海六・何子贊調・陳子聖取・蘇子瑞一輩・皆從之遊・余亦勉自淬厲・私幸向之奔走四方而不得其當者・今且庶幾乎遇之・詎謁見後・旋以憂告・二三子追隨絳紗・春風鼓鑄之餘・雖齒及余・余實未嘗承謦欬也・事竣・弗獲祖送・每誦二三子胥江驪唱・嗟歎不能已・旣而有治溪陳學士者・爲鱔門鄉人・與履先爲忘年友・以聲詩提倡於五山之麓・豪吟達境外・余褰裳從・以爲未得侍鱔門・得見其鄉先輩・如見鱔門焉・又以衣食馳・無隙暇・去年秋闈報罷・二三子各不相聞・履先方落拓爲磨鏡遊・詢之・治溪已逝・然後歎十年前之奔走四方而不得其當者・今旣得而當前・而且兩失之也・

今年夏・有省志之役・與履先襄事於粵秀山堂・討論軼事・發爲詩歌・履先更出其近草示余・諦審雌黃・皆出二公手訂・鱔門之言曰・詩與爲贗唐・不若眞宋・精求於韓杜・而佽助以眉山劍南・是惟吾子・治溪之言曰・自科舉業興・人鮮實學・五都之市・碎胡琴者・純盜虛聲・今羅君不僻處天末・赤幟將樹君所矣・夫鱔門分尊嚴而言質・固然・獨怪治溪之大江鉅公・不稍自諱其言・與余向者之見畧同・乃知吾黨固不可自薄・而余之失二公爲可憾・履先之前後得二公爲當世子雲・洵足以樂此也・顧治溪已矣・金臺珠海・又復萬里而遙・履先且何以爲情乎・不寧惟是・迴憶數年前・與二三子酟歌縱論時・曾不轉盼・而風流雲散・聖取薄宦於江浙・贊調雖捷・去將卑棲於桂林・若海六瑞一輩・俱不得志・散居鄉塾・而余獨與履先・棲遲省會・以手腕供人役・一燈相對・中夜悲歌・抑獨何哉・抑獨何哉・

那扶堡醴泉記

歲在單閼仲春旣望・五嶺之南・有泉湧於廣屬之新甯・有司以聞・大吏遣員往視・泉所地曰那扶・厥壤斥鹵・闢墾方始・開一池・厥深十有三尺・圍廣五倍之・其味如醴・下有三穴如鼎足狀・可漑田千萬餘畝・於是大吏上其事・請頒賜史館・以昭太平之休・

謹按禮運篇曰・天不愛其道・地不愛其寶・人不愛其情・故地出醴泉・禮緯載・神農作耒耜・地應以醴泉・堯之德匪懈・醴泉出於山・禮斗威儀曰・人君政太平則醴泉出・孝經援神契曰・人主至孝所感則醴泉現・歷稽往牒・信而有徵・邇年以來・祥瑞疊見・史不勝記・醴泉之出・固有自來・惟是南海僻居天末・初不免力耕火耨之煩・乃地闢民集・大有頻書・教稼之農・導之開墾・而即於新墾之地・應茲靈泉・遂使石田變爲沃壤・磽确悉化膏腴・誠千餘年來未有之盛・而粵民億萬世無疆之休也・謹記其始末・以備輶軒之採・

楊世達 揭陽人・貢生・雍正間・官河南知縣・

棉湖社學記

明家學校之設・自王畿以至郡縣・成立學宮・而備員以

掌之・爲典鉅矣・惟鄉社之學・不列於官・必待風俗之善而自興・亦在有司之力爲勸勵而後行・故往往多廢焉不舉・雍正八年・國家思廣勵天下之人材・乃下令于政事之臣・飭縣長以下・勸立鄉社小學・以爲風俗養正之地・於是遐荒僻壤・莫不蒸蒸向風・惟時無錫王君秀方以才能巡簡吾鄉・有志教化・絃歌□治一邑・嘗於讀法之日・揖諸紳士而言曰・風俗之善不善存乎人・人之賢不賢存乎教・教必有其具・禮樂詩書・教必有其地・黨庠術序・古者大學小學之名立・而後教之法行・正其所從入・而區其所由升・大學者・今之監冑郡縣學也・小學者・今之鄉社學也・小學不先・則教之序紊矣・是宜亟置社學・遂傾俸橐以爲吾棉人士倡・相地于安定門外・購地九丈・格勢方正・取材運甓・筮日而興事・吾鄉人士多稱力爲之助・學之成也・不必皆君之資・而謀始圖成・厥功偉哉・吾聞君之治職・敏而有方・當造學之日・值小民雀角之爭・量究其曲直者・而使之甃石畚土以受罰・民皆悉心而知所革・是學雖未成・而君之教已行矣・

辛亥春・工既竣・鄉諸君子郵書屬記于予・予曰・某以樗材・謬宰中州・未能通達治體・以宣朝廷之盛意・而幸吾鄉先見風俗之醇・皆吾父兄之有以爲教・而王君又能殫其心以相磨濯・嗚呼・可謂盛矣・將見春絃夏誦・族皆秀民・嗣是而啓鑰金閨・探花上苑・福澤功名・後先輝映・不於吾鄉有厚望歟・即使予他日得歸老故鄉・與吾父老子弟講讓敦仁・見夫秀者讀・朴者耕・歲時伏臘・相與飲酒賦詩・以歌咏太平之功德・而思王君之績不衰・俾吾鄉風俗得久安其教也・豈不美哉・豈不美哉・因書以應鄉諸君子之請・

嚴大昌 字而大・順德人・諸生・雍正中・舉賢良・乾隆初・舉鴻博・三院交辟・皆辭不就・詔給六品冠帶・邑令聘修順德縣志・著有不窺園集・

邑志總目序

嚴大昌曰・邑志始自成化・遺篇莫考矣・宏治志・爲目凡十有六・至萬曆裁而爲九・康熙修志者三家・又裁而爲八・蓋約而核矣・今雍正志成・獨編爲十有二部者何・聞之天皇氏之王天下也・制爲十二支・而繫之於地・故唐虞肇十有二州・封十有二山・志列職方・地官之所掌也・編其目曰子丑寅卯辰巳午未申酉戌亥・十二部分屬地支・豈好異哉・亦竊取天皇氏之遺制云耳・

子部・天文志第一・序曰・粵稽爲政者・勤民莫先敬天・周禮・保章氏以星土辨九州之地・所封之域・各有分星・故熒惑守心・宋璟禳其咎・歲星在越・史墨占其興・五星聚・牛女光芒射於南海・江門倡道・天垂象・不虛也・粵志首星野・黃文裕志香山・洪休寧志遂溪・皆然・吾順志猶缺・識者憾之・邑未建・有星孛於南斗・而黃賊起潘村・既而星隕河南・破賊於大洲頭・始建順德・詩曰・敬天之怒・無敢戲豫・詎不信乎・今考天文志爲補闕・庶觀星者禳災致祥・亦爲政之首務也・

丑部・地輿志第二・序曰・考地官所掌・志以紀土俗・內史氏掌之・圖以繪形勢・職方氏掌之・古之學者・左圖右書・不出戶庭・天子之阨塞・瞭如指掌・直

省作志．必載圖經．有以也．李世卿之志順德．雖譔形
勝．而圖經則略．葉石洞修萬歷志．從縣總圖而分繪
之．堡四十．各繪一圖．復詳說之．直省志所罕也．田
地山塘．沿堡而紀之．康熙志笑爲膠柱調瑟．裁其圖而
歸之賦役．省矣．但山川不改．形勝日殊．其間前無今
有．前建今圮．前廢今復者．悉志之．韓子所謂風俗與
化移易也．我國家治化日隆．風氣日闢．不於斯而可以
一驗也哉．

寅部．疆域志第三．序曰．粵東疆理遼濶．故名廣
嵩也．而州之名因之．邑雖濱海．猶在廣之域中耳．經
始於明．去逆效順．蓋爲德是務．志沿革．志城池．志
村堡．四至八到．疆域盡矣．地靈人傑．文人之盛．嶺
表稱名區焉．志潮汐．志堤岸．志橋梁．志津渡．志墟
市．民物之盛衰繫焉．尋古蹟．知明德之未湮．過祠
墓．知高風之可挹．若夫飛潛動植．陰陽燥溼．飲食衣
冠．風俗奢儉．何以相物土之宜而布其利．詎以疆理之
遼濶也而忽諸．

卯部．建置志第四．序曰．縣署在中山之麓．中爲
令．左丞右尉．規模視他縣爲壯麗．以錢學士之謫居
也．巡司四．馬寧處縣西南．江村處縣西北．都甯處縣
東北．紫坭處縣東南．養民之政在倉庾．教民之政在學
校．書院以育英才．宅里以表風厲．猶有振興者乎．庵
堂寺觀．碁布星羅．異學熾而正學衰矣．狄梁公之遺
化．有行之者乎．邑設重鎮．揆文繼以奮武．亦安不忘
危之意也．

辰部．祀典志第五．序曰．文廟立自京師．徧於郡
邑．吾順建學．三百年來．禮明而樂未備．識者譏之．
崇聖進公爲王．上及五代．忠孝節孝以祀．鄉賢名宦以
祀．典惟舊哉．社稷祀於縣西．山川祀於縣南．邑厲祀
於縣北．先農宜祀縣東．今祀縣南．舛矣．城隍秩如守
令．故貌以衣冠．欲塑壁雲山．拘矣．關聖封及三代．
盛矣．謁敦侯祠．開國之勛也．立胡令公廟．報公之典
也．其餘忠義之祀．四賢之祀．雙檜之祀．不一而已．
所謂以死勤事．以勞定國．以德及人者也．非此族也．
不在祀典．

巳部．賦役志第六．序曰．吾順居四邑之中．夙稱
沃土．近山苦旱．近水苦澇．間亦有之．析造以來．徙
者何以稽其復．墾荒以後．溢者何以補其虛．近裁衙
所．而屯田歸之州縣．匠餉豁矣．鹽引累增．魚課渡
埠．倏盈倏絀．興利除害．何以順土宜而通變也．是在
司牧者加之意哉．

午部．官師志第七．序曰．今之令．古之百里侯
也．順雖越處天南．衣冠文物之盛．甲於五嶺．吏茲土
者．類多克奏懋績．立登臺省．高步巖廊．史冊所垂．
班班可考．雖然．有其實者賓其名．鴞飾鸞音．羊質虎
皮．三尺童子．辨其非類．志者國之外史也．問有克奏
三異如魯恭者乎．曰．循吏則志之．問有克懷四知如楊
震者乎．曰．廉吏則志之．問有克播十奇如元規者乎．
曰．能吏則志之．逮夫安定之振鐸．斯立之哦松．元卿
之摘伏．光實之警邏．有片善者．皆類志之．以垂不

朽．

未部．鎮守志第八．序曰．順德建自景泰．以令為帥．以民為兵．我朝始設駐防．癸卯水賊陷城．特設水師提督．隨易以鎮．又隨改為游擊．藩籬未布．堂奧先虛．萑苻竊發．乃移左翼鎮駐防．統轄十三營砦．非海邦之保障哉．易繫文人．詩歌元老．揮戈躍馬．緩帶輕裘．後之覽者．可以興矣．

申部．選舉志第九．序曰．選舉之法．通志首列薦辟．尚矣．孝廉始於漢．進士重於唐．由朱明以迄昭代．通仕籍者多出鄉會兩途．開邑以來．士之捷南宮魁東省者．後先相望．何其盛也．此外則貢成均者．曰拔．曰副．曰歲．曰恩．曰優．則曠典矣．歲又稱序．餼者百餘．間歲一舉．有垂老不得與者．何以流通淹滯哉．武科視文榜亦彬彬焉．至於奮跡行間．起家椽史．絲綸光前．山河裕後．亦類序焉．

酉部．人物志第十．序曰．須德割自南海．衣冠之氣所鍾．考德業則力著回天．聲馳絕地．名世之佐也．訪文苑則領袖南園．標名北冀．拔萃之英也．稽武勛則功高保障．志切勤王．銅柱之勛也．忠臣義士．效節於朝．孝子悌弟．敦倫於野．扶危濟忽．行誼堪稱．漱石枕流．高風可泝．龐眉皓首．是休養之休徵．松節柏舟．是閨中之閨秀．是皆鍾山川之靈氣．蔚為人傑者也．他如方外亦小道可觀．流寓亦名賢堪式．一一備列焉．輿頌鄉評．名副其實．所以信今而傳後也．

戌部．藝文志第十一．序曰．班孟堅作藝文志．後之修史者因之．粵位南離．文明之衆也．吾順擅其精華．孫西庵為南園之首．梁蘭汀厠七子之中．陳獨漉與三家比列．此其尤彰明較著者矣．至於人授一編．家傳一帙．未易徧觀而盡識也．古者官其地．則舉其籍．繫之邑之吏治民生．形勝興造．則登之廣之．而紀都會之雄風．上之而奏朝廷之碩畫．備錄以極洋洋之大觀．若徒以補交廣春秋．續南裔異物．則吾豈敢．

亥部．雜記志第十二．序曰．孔子贊周易．而終之以雜卦．剛柔動靜．吉凶禍福．明其義之反對．故省志終以雜記．而邑志因之．稗官野史．亦助叢談．管見瑣言．幷資博覽．以考逸事．以訪遺文．豈厭其雜哉．乃殿之以災異．曷故．齊諧志怪．災祥著焉．遇災而懼．未必非福．遇祥而忽．未必非禍．孔子作春秋．書災異而不著事應．欲人之恐懼而修省也．

陳南敬行狀

今上御極之五十有一年季冬朔．越二十三日．順德文學陳君适以疾終．春秋二十有九．其友嚴大昌聞訃往弔．伯氏贛仲氏勵拜泣請狀其遺行．昌不忍言．又不敢辭．爰為之狀曰．

君諱适．字南敬．姓陳氏．大司馬忠愍公孫．金吾獨漉之季子也．生而美姿容．稍長．折節讀書．出則翩翩裘馬．入則錦軸牙籤．見者卜為令器．庚辰．與昌下榻小禺山精舍．相見如平生歡．備述金吾所遺念者．自是而花晨月夕．賞奇析疑．上下古今．歌聲出金石．余偶違豫．君輒憂勞．

至忘寢食・即臨歧小別・亦依依不忍舍去・間有緩急・雖倒篋傾囊・亦無吝惜・其篤於友誼如此・爲文始尙奇矯・後趍雅飭・篁煙桃雨・娟秀動人・乙酉・受知康飴翁公嵩年・補邑弟子員・踰年舍餼・每遍省試・日課三藝・戊子科試・復冠一軍・崑來樊公澤達激賞之・詩有柳州風味・善眞草八分・得金吾遺法・求者屨滿戶外・金吾之見背也・仲方公車北上・君以季子肩隨伯氏・奉侍湯藥・衣不解帶・旣金吾自知不起・囑郭恭人後事・所親覬君之貲・乃隱諷曰・而翁之病革矣・子少・兄又前出・不於此時請均產・懼遺他日憂也・君泣謝曰・是非爲子所忍言・翁方寢疾・其謂我不能和協・是重傷翁之心也・其人慙沮・金吾捐館・當事多臨其喪・有餽兼金求遺書者・所親復從中主之・君哭持不可・其人憒恨・以其間私行蠱焉・君方哀瘠・復覯是疾・懼不免・會鄭珠江太史以藥餽・得不死・而坐是削弱・又値太恭人棄世・子姪夭札・憂緒頻仍・冬杪・余過晤之・力疾出見・骨銷神蒠・一日分攜・遂成隔世也・悲夫悲夫・臨文嗚咽・語不能詳・聊述其生平・以備采擇而已・

何霟　字雨望・號小山・新會貢生・明尙書何熊祥裔孫・與兄大山齊名・爲胡大靈弟子・性慷慨・傾資結客無所惜・何絳不去廬集仙湖客舍同野望雨望兩侄賦有句云・白髮吾衰老・青年汝弟兄・少孤能自立・早歲負才名・可以見其概云・

大山兄涼踽堂詩集序

孔子曰・道之行廢・命也・命之所制・聖賢且不能逃・而列子著力命辨・言人自窮自達・無有能制之者・余因之疑焉・吾兄大山總角英穎・絕人甚遠・與人遊大靈胡先生門・先生輒羨其囘賜之資・恨不得生子似之・迨長・性益峻潔・脫畧世務・不事生產・好古玩・多藏書畫・每讀書終夜不輟・必領會其意・而身體其道・不但如人之專事章句・無與於身心者也・雖醫卜琴奕末技・無不精通・而於詩文書法偏嗜之・若將終身焉・嘗語余以凡業一藝・須究其蘊奧・毋得半途止・庖丁小技・可進乎道・匪茍焉已也・兄詩刻思淡出・孤迥細膩・五古追漢枚乘蘇李・七古逼杜少陵張文昌・近體出入王孟・如嚴滄浪・唯在興趣・空中音・相中色・鏡象水月・泠然而善・其生平所得者・是可信其必傳矣・而不見知於當世・抑有制之乎・兄固不自衒以與通邑大都之士角其技歟・兄攻帖括・則以韓歐之筆・而揮明豫章羅章五家之文・窈而深・粹而密・有司皆稀識之者・遂令鏖戰數十年不利・或勸之稍涉俗下格調・應可得錄・兄不忍爲也・彼世之庸膚後學・兄嘗奴隸視之・而貴顯者半矣・孰使之然歟・考工記練帛云・湅其灰・而盝之・而揮之・而沃之・而盝之・而塗之・而宿之・兄之於學・則更有然也・至書法屢變益純・近得趙文敏公墨蹟・寢食與俱・謂臻化境・然矜愼不傳・俗人亦不過得其粗者耳・如此可謂自達也・竟不能達・非命而何・

噫・吾先君石人公・詹事公次子・冢宰公曾孫・高尙其志・棄舉子業・家餘賜書・稽古著述以老・晦其跡而不求於人・書畫乃其餘事・將自窮則無有制之說・恐在斯乎・東坡作鼉君成詩集序・極道其有實而辭其名者之有後・正爲隱德者嘉也。憶余兄弟五人・皆孺人陳氏所生・伯兄耐亭・樂昌廣文．温和亮達．胸饒經濟．詩宗元白．著月林堂集．仲舟次．放曠超邁．詩肖賈浪仙．季周望．雋爽洋溢．尤工詩畫．余向與兄雖少孤．一門相師友．堪資磨切．頗不索寞．不謂轉盼間．三人者天厄其年．未伸其志．莫竭其才．亦命也．時餘余與兄零丁艱苦．勉而就學．家孟門有訿見示．白髮吾衰老．青年爾弟兄．少孤能自立．早歲負才名．歎逝傷而父．終宵寐不成．蓋哀之也．今忽忽三十年．與兄俱將老矣．所遇輒窮．命之制人至此．詎自達或不力耶．顧余更抱痾．兄亦杜門．惟以時吟咏．點筆自娛而已．世事萬端．不足介懷．東坡謂娛者不作世俗之樂．但胸中廓然無一物．則天壤內之山川草木蟲魚之類．均可供吾家樂事．若乃辭名有後．命又能制之與否．所不能知也．諸公序兄集者不一．余之知兄尤悉．故序之云．

楊　節　字式卿．號九峰．香山人．歲貢生．著有九峰文集十二卷．阮志著錄．注未見．

熱池記

香山去城三十餘里．有村曰維柏．由村少折而南．田中有土．隆焉而高．有池汙焉而深．幅員可四丈許．蒸鬱湧沸．炎炎之氣．上薄牛斗．旁多草木．去池數十武．一望黃茅白葦．樵夫牧豎．走獸飛禽．不敢逼視．好事者以絲繫巨蟹投其中．少頃出之．螯距盡赤．若烹炙然．更試以他物．色鮮有不變者．但不可食耳．柳子曰．吾疑造物之有無久矣．今以熱池觀之．信不能不疑也．夫羽者吾知其爲鳥．鱗者吾知其爲魚．介者吾知其爲蟲．鬣者吾知其爲馬．角者吾知其爲牛羊麋鹿．雖更數十萬年．莫之易也．苟謂鳥亦有鱗．馬亦有羽．魚亦有角．蟲亦有鬣．牛羊麋鹿亦有介．聞而不駭走驚怪者幾希矣．雖然．不可謂無也．齊諧所誌．山海所載．足之所未經．目之所未覩．而曰造化止於是．何見之不廣也．况乎嶺海之外．南離之所奠位．祝融之所棲宅．扶胥之所汨沒．暘谷之所出入．宜其融液而爲温泉．凝結而爲丹砂．熖發而爲火龍．葢陽德之炳煥．偉哉．造物之無盡藏也．而吾獨怪是池不生于中州文明之地．以供騷人墨客之憑眺．而獨韜其熠燿之光．以處乎窮陬僻壤．使樵夫牧豎不敢逼視也．悲夫．

李苞殿　字桐君．順德人．忠簡公裔孫．邑志入文苑傳．著有碧梧園集九卷．阮志注存．

編校按．原稿謄印本作者李殿苞下有二首字樣．但文缺．

清二

鄭大進 字退谷．揭陽人．乾隆丙辰進士．授直隸肥鄉縣．累官至直隸總督．卒諡勤恪．大進讀書不屑章句．通知時務．岸然以名臣自命．起家縣令．洊擢畿封．皆以特達受知．不由薦引．所陳奏多中竅要．然其疏稿．阮志已不著錄．疑久佚矣．所著愛日堂文集．亦未著錄．

張惕菴先生翼註論文序

四書自朱子未定章句以前．古註疏外．作者寥寥．即昌黎韓子論語筆記李文公翺復性書三篇．亦各抒所見而止．未粲然明備成一家言也．朱子既定章句．從而復衍紬繹之．見於王圻續文獻通考．自王起巖論語解至蔡虛齋蒙引．共一百四十七家．朱竹垞先生經義考．自蔡節蔡模四書彙疏趙孫四書集說以下．又三倍其數．何作者之多也．豈非扶經之心．執聖之權．探源者難為功．因而推波助瀾．則易為歟．平湖陸清獻公．為國朝名儒之冠．平日篤信朱子．其手定四書大全．尤一生精力所聚．擇精而語詳．顧於永樂官書舊本外．僅增入五家．蔡氏虛齋蒙引．林氏次崖存疑．陳氏紫峯淺說．李氏貞菴達說．皆閩人．顧氏麟士說約．則吳人也．豈以閩人於朱子之學．世近居近獨其眞．清獻公有默契於心者歟．乾隆丙申春．余承恩命藩宣黔省中．貴山書院院長張惕菴．閩人也．其先尊人丁卯科孝廉誠齋先生．賓閩宿儒．執業漳浦蔡文勤公之門．文勤公深器重之．嘗率以聽緒論於安溪李文貞公．惕菴耳濡目染．一出於正．性尤嗜學．能博究羣書．弱冠以博學鴻詞徵．詣闕下．上交於前輩高安朱文端公．李穆堂方望溪二先生．盡得其指授．歸而學益進．是後入史館．改外任．解組後．掌教滇黔二省書院．前後共十有六年．迨余來黔．則惕菴已年望稀齡．浩然有歸與之興矣．余聞其著述最富．以甫蒞任．事繁不能遍閱．惟取其平日手錄以示書院諸生所謂四書翼註論文者閱之．專以輔翼朱註爲主．於章句外．不贅一詞．亦於章句內．不漏一義．簡易有條理．仍浩瀚無津涯．初學者閱之．瞭如也．積學者閱之．曠如也．奧如也．非復諸家誼解．疊牀上牀．架屋下屋．俾學者徒費目力毫無心得之比．信乎其可輔翼朱註也．

昔李藥師兵法．不襲握奇八陣成式．故能得風后孫吳武侯之秘．變而通之．可以百勝．房喬魏徵刪定刑統．不字字錄李悝蕭何之舊．故切中情理．可以久行．顏魯公書字．無一筆波戈．彊學鍾王．故能於其意外十二種筆法．無不惟肖惟妙．上下一千年．縱橫三萬里．非如世人盡學蘭亭．欲換凡骨無金丹也．信乎其可輔翼朱註也．黔中險遠．又土瘠．書籍流佈特少・四書講章・士人所日習・多從蜀之重慶翻刻・細載而來・所行體註闡註述註諸書・潦草淺謬・大有害於學者・此書極爲黔士喜慰・得未嘗有・亟謀梓行・以惠後學・且以見惕菴善承家訓・於朱子之學・獨得其宗・世有眞留心聖學淸醇雅正如平湖陸淸獻公者・閱此書・則自知之・當不河漢余言也・

梅岡書院記

揭陽處五嶺之一・名縣自秦始・漢末孫昏兼有交廣・邑人吳叔山以孝廉爲漢吏・抗不受命・江東義之・歷齊及唐・區南貴世授節鉞・陳昭烈爵列通侯・讀史至建元永隆間・茂節豐功・嶺海都爲增色・自後運會遞開・賢才輩出・揭於義安爲名郡縣・梅岡隨亦號聲名文物之都・

按通志・縣治東北梅岡山上・鐫梅岡第一峯五字・其山挺拔秀異・余往家食時・相距不數百武・以乏濟勝具・曾未一躋其巓・而形家謂象主文明・數爲余言及・余未深信・然以所聞郭璞靈洲佳氣夙盛衣冠之說・則王國之生・鍾靈川岳以赴風雲・於理得毋有然歟・乾隆丁亥・都人士議於梅岡川之西南創建書院・令尹賀劉二公籌給廪餼・得官田若干頃爲置籍・尹誠識大體・我都人襄斯義舉・尤深有見夫先王淑世寧人之原・余聞之・喜爲不寐・蓋古者王道之行・成於教化・而風俗之厚・肇自師儒・周之盛也・閭有塾・黨有庠・州有序・其時率教興行・非惟足備公卿大夫之選・而耳目所濡・其功實原於鄉校・是役也・課德藝之成・用導婣睦任䘏之化・余於都人士有厚望矣・

抑聞形家又云・彌勒古刹・列岫環流縣境・黃岐桑浦二山稱邑重鎭・而或後都任馳驅・其梅岡一峯・近取爲左文筆・相傳前明翁襄敏公讀書發跡・深得此江山之助・今立學是其遺址・孕精毓秀・別顯菁華・行見彬彬郁郁並起・而先梅嶺之春・當以此日之言劵之・是爲記・

榕江書院記

書院萌於唐・啓於宋・若麗正白鹿嵩陽諸構・尙矣・自後締造日繁・求雅意作人・彷彿其遺則者・史冊中亦不多見・豈非徒艷其名・罔旣其寔歟・我揭瀕海・玉窖紫峯・蒸爲靈異・士含文抱質陶鑄焉・胥可歸諸大道・而操轉移之柄・往往難得其人・

乾隆丁亥・桂平劉侯甫下車・即以教誨爲首務・越年・政通人和・百廢具舉・乃即書院刱築奎光一樓・旋以憂去・丙申復來玆土・於是聚材鳩工・大啓爾宇・軒豁閎邃・言言閑閑・並割俸廉爲膏火・延名師爲啓廸・顏其堂曰樹人・公餘即至院・引生童研論經義・懃懃懇懇・不啻家人・子弟聞風向慕・來鼓篋者徧隣封焉・西偏立新院以儲武備・亦如之・是侯之有造於揭・豈淺鮮也哉・余宦跡半天下・每慨黨塾之設・大都沿襲・視爲懸肬・不則以遨以嬉・哲陊山谷・未有彷四院之規・育一時之秀・藝擅六材・化周千里如侯者・嗚呼・本不旣端歟・余雖未獲悉侯才・心已儀侯治・不虞以父母而兼師傅之責若此・

今之書院・古鄉學也・我國家文敎誕敷・無間海澨・余嘉侯之能仰承天子德意・助田育士・紹徽前休・因作此郵

歸・用紀侯甘棠之樹・若夫修橋梁・開道路・葺祠觀・瘞朽骼・特其緒餘焉耳・昔張岳陽先後三涖揭・至今稱良吏・侯一至再至・丕績將或過之・信夫・爲治當識所先矣・使爲治而盡識所先・寧第令君之獨詫吾邑也哉・是爲記・

羅天尺 字履元・順德人・乾隆丙辰舉人・巡撫傅泰將舉鴻博・以母老辭・一上公車・亦不再赴・隱石湖以終・故又號石湖・天尺少以淹博聞・年十七・試有司・日竟十三藝・督學惠士奇手錄其詞賦示諸生・與同縣蘇珥・南海勞孝輿何夢瑤・稱惠門四子・所著五山志林・今刻嶺南遺書中・癭暈山房詩鈔十卷・阮志注存・文集・注未見・

春秋詩話後序

乾隆辛未春・柏園張司馬權丞佛山・書訊彼都人士之能文者・予以故友勞子孝輿對・司馬就其家・得春秋詩話五卷・序而行之・噫・孝輿胡爲而有此書也哉・雍正庚戌・詔修一統志・予與孝輿與集粵乘・孝輿負奇忤物・與同事不相能・遂拂衣去・而家無擔石・總裁魯太史佑人憐其才・薦之饒平邑幕・饒平在萬山中・旅食無聊・爰托筆墨自遣・積成此書・太史公曰・詩三百篇・大抵聖賢發憤之所爲作也・孝子忠臣勞人思婦之情・三百篇盡繪之・故春秋二百四十二年間・燕享贈答・恒托以寫其情・孝輿壹鬱不自得・又托於托寫其情者以寫其情・嗚呼・其可哀也已・孝輿才峯秀逸・文采葩流・此書拈斷爛之朝報・展肆好之襟期・實兼征南匡鼎之長・世有子雲・定當賞識・而忌者或欲投溷・故孝輿不輕示人・非司馬孰從而知之・

近代憐才闡幽・稱中郎牧齋二公・要欲得同調者爲羽翼・以樹歷下弇州之敵・故亟取青藤松圓以張其軍・非眞有所愛于徐程也・司馬與世無競・而於孝輿此書・心契而雕鏤之・此眞憐才闡幽者・非二公比也・孝輿生平懷才落拓・與世齟齬・薦鴻博・再試不遇・吏夜廊・勞瘁而死・遭遇雖厄于生前・而著述獲闡于身後・不可謂非孝輿之幸矣・順德友人羅天尺序・

二丸居集序

乾隆庚午・邑侯陳公延南雄給諫胡公纘葺邑乘・志事將竣・一日招予過局・出殘編一帙曰二丸集・覘其名・邑桃村黎君景義所撰也・凡卷有八・署以卦名・細綈視之・蠹蝕過半・字多漶滅・胡公曰・順德而何有此人哉・君於邑事搜羅幾盡・五山志林談藝一冊・何以失此人哉・予是役也・報者呈牘幾三千・出溷發壁者間有・而陽五伴侶之篇・亦復不少・二丸集乃得自將竣之日・奇哉・遂相與細讀・一讀一擊節・其感遇賦諸篇・眞離騷遺響・詩古近體・悲歌慷慨・亦天問大招之餘・至若聖門弟子帝王生年諸辨・從祀議・臣諡議・精核淹博・升庵諸子有慙色矣・讀其書・考其人・際板蕩之將傾・傷胥溺之必及・新亭淚・炎午文・時時于字縫墨漬間・發山鬼之號・露填海之恨・穴頸洞胸・眞欲逞魯陽反日之戈而不得也・覽畢・雲天慘淡・禽鳥啾鳴・胡公掩卷而嘆曰・是英魂義膽之靈將以待我也・可令其湮沒不傳哉・遂爲駢語以序・傳其人於文苑・

嗚呼黎君・九原其亦少慰矣乎・吾粵前明之季・心懷熱血・化碧三年・死號國殤・不顧十族者・有黎遂球陳邦彥梁

朝鍾陳子壯張家玉四五君子・皆公之友・諸君雖運遭陽九・猶能奮敵愾之師・獲成仁之節・死爲鬼雄・恩被國卹・傳之青史・與常山文山後先爭烈・以視黎君沒名漆室・腐死窮窗・集類谷音・淪諸蔓草・其悲憤更如何如哉・君更有艷史四卷・自蒼梧二妃以迄宋明・人爲一傳・非徒宋艷班香・供人把玩・亦屈大夫香草美人之遺・與二丸集互相發明者也・胡公曰・子盍首倡・以付梨棗・當茲不諱之朝・陳黎諸公死事・大書特書・業登明紀・黎君縱有西臺之歌・何用眢井之藏矣・予遂爲之序・附黃門後・以闡其幽光焉・

君祖諱材・前明進士・桂林知府・君名景義・一曰內美・爲諸生・予族祖天官公虞臣外孫・胡公所居志局・舊爲天官中山別業・黎公嘗從學外家・池館樹木・魂魄所棲・與胡公精靈默相感召・故有此歟・噫・異矣・

匊芳園詩鈔序

康熙辛丑・長洲天牧惠公督學吾粵・余與何子報之・蘇子瑞一・陳子聖取・海六・同補郡邑諸生・始與報之相識・旋訂交於九曜官署・校文之暇・輒爲拜石亭詩・惠公用鍾記室語・許之・相與爲樂・後公還朝・予輩艤舟祖送至胥江驛・各獻詩別・報之遂得六章・琅琅可誦・公爲擊節・視拜石亭詩更進矣・未幾・報之令廣西・不相見者幾二十年・乾隆庚午・自遼陽棄官歸・相晤五羊・旅邸話舊・出匊芳園集相示・覘其品格・類祖渭南・渭南詩意盡于句・拙生于巧・髮無可白方言老・酒不能賖始是貧・句法多同報之・鍊不傷氣・淸不入佻・中藏變化・不一其體・國初諸公矯王李鍾譚之習・羣稱蘇陸・一時競尚・未易有此造詣也・報之何以得此哉・

報之家西樵山下・俗多爲胥・嘗牽率報之給事大府中・侘傺不自得・塡紫棉樓詞數十闋・遂擲筆去・是詞曲固所習・報之因詞以通詩者也・詞以纖媚娟好爲工・與詩南轅北轍・報之之詩・名貴卓鍊・大異於詞・可謂善變者矣・憶二十年前・余與報之十餘輩・結南香社時・講藝晚成堂・堂・獨漉陳先輩壇坫地也・文酒流連・儕偶徵逐・雖不盡以詩・而一時聲氣豪上・稱極盛焉・今復相聞于郡城・細數舊遊・惠公墓木已拱・陳子聖取死于越・勞子孝輿卒于黔・吳子仲坡中歲失明・壹鬱殂落・餘潦倒青衫・槁死牖下者・幾過其半・惟余與報之瑞一・髮白齒豁・頹然三老・共話前塵・恍然若夢・擁殘篇而互商榷・今昔之感何如也・報之屬余爲序・遂書此以弁其首・

阮齋文集序

吾友勞孝輿死後・予業爲立傳・張司馬柏園刻其春秋詩話五卷・予又爲之叙・乾隆壬午臘月・二子濟潼刻其阮齋集工竣・屬弁其首・予於孝輿情分不淺・再三言之而不能自已也・

憶康熙癸卯・惠公督學吾粵・予與蘇子瑞一同庽仙湖・與陳子聖取晚成堂鄰比・而孝輿與何子報之庽館亦近・旦夕過從・酒闌燈灺之下・予輒强報之唱紫棉樓院本・閒復與瑞一效韓孟爲城南聯句・相與爲樂・孝輿聖取鬥酒其旁・予贈孝輿詩・有酒杯催乾眼愈大・月影橫斜譚不休之句・其眞風

致可想也・已而秋闈報罷・各散一方・不通音問者數年・

雍正庚戌・詔天下修大淸一統志・予與孝輿給事西局・雨窗竹榻・淸談謔語・不異仙湖時・總裁以人物傳屬予二人・遂於各成傳後另題一絕・相與爲樂・予伏波傳云・巍峨銅柱高千古・掩却前頭路伏波・孝輿曰・吾與若將爲巍峨銅柱耶・予笑謂恐不免薏苡之誣耳・後幾成讖語・己酉庚戌・報之連捷・聖取以薦舉試用浙江・惟予與孝輿瑞一三人・靑衫潦倒如故也・越數年乙卯・詔舉鴻博・大吏以余三人薦・時同寓羊石・孝輿曰・我輩墮處士虛聲・盍偕往・瑞一曰・予二人有母年八十・不畏碧玉老人見哂乎・孝輿獨策蹇去・予送以詩・有聲價競騰千里馬・瓣香傳得五先生句・孝輿遂詣闕下・賦山雞舞鏡詩・惠天翁賞之・三場報罷・以拔選得令黔中・

孝輿生平有大志・局於荒徼・無所施其長・予以詩廣之・有計史秋風苗女稅・訟堂春雨竹王祠句・自後不通音問者又數年・丁卯秋・得黔中書・而孝輿死矣・予病中哭以五古數十韻・內有詎意天忌才・溘逝竹王都・近聞花苗亂・豈奮伯也殳・倘得歿王事・亦可壯吾徒・魂兮歸來未・我夢何糊模・倘曰傳未眞・欲殺世豈無・行作再生詩・付與黔中魚・報之如韻和之・同一悲愴也・嗚呼・予序孝輿詩・而序己所與孝輿之詩・而孝輿之詩見・即予所以與孝輿之詩之情亦見・孝輿有知・其謂我何也・至于孝輿行事・傳內詳之・不復贅・

五山志林自序

余年十七・應府試五羊・日竟十三藝・得悸疾・掩關石湖㶊暈山房者十四年・先大母梁夫人扃弆笥閣・置四子書不得讀・日抽案上散帙稗官野史以消永日・自念太史公周流天下・乃獲著史記・余扃斗室中動十數年・無從閱歷・得古今天下掌故而錄纂以成一家言・身所未歷・不可徵信・遂于邑中近事耳聞目見者・輒錄投敗篋中・雍正六年・詔天下纂修大淸一統志・余邑大夫柴公謬採虛聲・命與諸君子編輯局中・未閱月・藩憲王公檄爲省局分校・屢辭不獲・在局三閱月・又以多病不任事・荷總局庶常魯公放歸里塾・兩次從事・雖未有所撰述・而得備覽其中嘉言懿行・心有所欲・輒自私錄一冊以歸・蓋亦耳所習聞・目所習見・可以傳信者也・十年間省試公車之暇・授書馬寧錦鯉羊額諸塾・爲甘脆計・村莊無事・遂得理其前後所錄畢註之冊・合前朝國朝爲八卷・內有標題・名曰五山志林・要皆叙述舊聞・組緝名論・竊比鈔胥・閒有論著・亦明向往・非敢有所予奪于其間・總以誌吾病閒之歲月已耳・乾隆辛巳中秋日・書于石湖之雞皮軒・時年七十有六・百藥居士羅天尺序・

南湖詩社序

粵詩自南園五先生後・風雅振起者爲香山黃文裕・故馳兩廣之麾以合中原者・梁比部有譽・黎中秘民表・歐虞部大任・皆宮允弟子也・越百年後・有何越巢先生暨其子南塘翁・接踵小欖・開社南湖・南湖有島・中多榕蔭古樹・橋五

析而渡・茀茨數間・僅蔽風雨・先生吟咏其中・鶴鳴子和・先生死・南塘翁與欖中知名士結社其中・月數舉・舉刻古近詩各一・積成卷帙・

予乾隆庚申・乘山陰之輿・適同人畢集・授簡爲詩・其孫宇出全集命予一言弁首・予因歎宮允以前・爲廊廟之詩・故其氣象宏重・莊而不佻・南塘以後・爲草野之詩・思則幽而深・淡而遠・宮允以前近雅・南湖以後近風・要之皆風雅之正則也・蓋其詩不異而人異・倘有輶軒下采・陳之黼座・安知草野不廊廟哉・其詩具在・吾將拭目俟之矣・是爲序・

問安路記

馬淳・成化癸卯舉人・令福建上杭縣・修葺衙宇・一工邱姓者日箠其徒不少輟・淳怒・謂彼亦人子・不供役則還諸其父母已耳・奈何數撻之・工曰・予兒道隆也・欲從塾師學・不願爲工・讀書豈枵腹可能・屢諭之不從・故屢箠之耳・淳驚異・適衙前演梨園・爲蘇季子故事・因謂道隆曰・爾欲爲學・試以對・能則說父任爾・不能・版築終身無憾也・遂爲出句曰・說六國君臣易・即應聲曰・處一家骨肉難・淳曰・此子不凡・修脯在我・遂延師敎之・三年將解任・出百金托一紳終其事・後道隆學業大成・登正德進士・適令順德・抵任・馬公老病家居・年古稀矣・公鄉雞州・距邑將五里・道隆每曉必起居公而後視事・以雞洲路欹隘・築塍阡而康莊之・曰問安路・公病・日侍湯藥・不離左右・小民爭待決獄者・皆就讞公鄉・終公之世不倦・公可謂有知人之明・而天之巧于報公・道隆適令順德・噫・奇哉・至今問安路尙存・何公鰲碑記可考也・邱後轉御史・以佛朗機貢諫・大有風力・

陳　份　字子吼・順德人・少居陳恭尹家・與四方詩人唱和・詩輒先成・乾隆丙辰開鴻博科・鄂彌達督粤・將有所薦・集份等二十二人試署中・最賞份作・既而皆不果薦・而份以是年舉於鄉・益肆力古文詞・授書將軍署以終・著有水厓集・存・

七星巖賦

維天地其寥廓兮・肇禹跡之茫茫・辨九土之疆圻兮・奠厥服於要荒・命羲叔以宅交兮・通湟水於湞陽・穎隸揚州之貢賦兮・分牛女之精光・挺五岳之崒嵂兮・飄紫桂之芬芳・稟離明以懸象兮・盛火德於南方・走崧臺之礐砢兮・開石室之堂皇・削芙蓉於千仭兮・迴複道之羊腸・矯玉立其森森兮・臨萬頃之湖光・紛菱荇其牽風兮・落菡萏于橫塘・貽杜若於下女兮・紉湘蘭之秋香・撥魚騰于丙穴兮・動蓮唱於牙檣・伐馮夷之鐘鼓・躡駕海之鼉梁・控蒼虬以爲馭・訪仙人於璿房・憩高臺以扶笑・擥流霞於帝鄉・握飄搖之杓柄・挹藍橋之瓊漿・

爾乃陟岵屺・窮躋攀・數元郡・眺八蠻・雨暗蒼梧烟暝・風高羊石雲還・引牂牱其若帶・瞰信安而如環・盈眸兮禾黍・匝地兮闤闠・車□紛其出駕・洞府鎭其長閉・豺狼遠其嘷嗷・苔蘚長其斕斑・閉玉書於奧閫・封芝檢於層巒・時或巖幽宵永・夜月澄輝・下雲邊之笙鶴・過天中之龍儀・崔嵬燦如雪阜・晶淼敞其銀屏・

至如日月晦蝕・風雨晝昏・峯頭鎖霧・谷口屯雲・龍躍淵而未返・鬼嘯風而時聞・若夫發春桃於洞口・泛胡□於中流・離支然夏・霜荄橫秋・臘梅冬發・香入巖幽・四時佳興・千古名邱・分窕冥於禹穴・減顯物於瀛洲・

亂曰・巖之高兮高莫極・石爲室兮苔爲壁・石乳嶙峋翠欲滴・命雷師兮掃前途・招子遊兮樂我適・

廣北遊賦

客有不得志於京師者・北歸以賦示余・因此取厥意廣之・命曰廣北遊賦・始陳壯麗・繼歷紛囂・而終之以恬淡之適・惟飄然物外・斯其所以可遊也・非敢夸盛・用以續貂・

但見博大爽塏・繩直砥平・左環滄海・右擁太行・居庸後聳・河濟前縈・沃野千里・天險重扃・星分箕尾・鼎尊神京・水甘土茂・性樸材勍・山則盧師獨秀・神嶺玉泉・平波五華・潭石棋盤・仰覺香栢・孤駝綿靈・(叶連)水則大通兩湖・高梁盧溝・(叶居)龍泉拒馬・固安濕餘・黃乂玉帶・五里飛魚・周村沙谷・洗馬直沽・產饒黍稻・鹽鐵綿梨・銀魚槀本・齋金畫眉・頻婆桃李・榛栗桑梔・地椒白芷・窠蒜將離・蔓荆蔘朮・從容丹皮・蟾酥煤石・瑪瑙琉璃・金銀丹錫・元精白瓷・水晶土硃・黃鼠狐狸・蒼鷹俊鶻・豹尾麝臍・

厥有橋梁・安濟大通・盧溝馬市・廣濟青龍・玉河海子・萬寧朝宗・走黃花鎮・達大喜峯・馬蘭三十一口・固分沙阪・古北二十四關・壯峙黃叢・星羅碁布・電繞雲從・皇圖鞏壯・天府表雄・宮壺罷滴・九門朝闉・萬雉巍巍・崇墉屹屹・氣象萬千・道里四十・中列宸居・恢宏赫奕・紫金爲城・白玉爲甓・玳瑁其梁・申椒其壁・臺竟雲齊・樓將星摘・陸離丹朱・交輝金碧・而神武・而左掖・而保和・而建極・擎金盤・立銅狄・蟠青螭・蹲白澤・俯瀛洲・臨太液・九卿列棘・六曹分衡・上林京兆・宗人大行・木天黃閣・五府藩屛・銀臺烏府・國子先生・錦衣旗校・騰虎永淸・元都櫛比・白業魚鱗・九衢曠達・萬國欣奔・車中雷厲・馬逐雲翻・父老告余曰・此京都之壯也・

爾有乘堅策肥・文茵暢轂・阿閣連雲・朱門彌陸・三市鬥雞・廣塲蹋踘・朱鬣追雲・銀襠擺幅・頰茜脣丹・黛青鬢綠・畫轓辟人・文旍閃目・雪點衣痕・塵連馬足・赫壯顏行・整飾牙纛・身佩翎刀・腰懸魚服・賈勇少年・假威豪僕・異樣風流・軍裝結束・不盡鶉衣・蹁蹺踖踧・擔簦負書・懷刺抱牘・客楚仲宣・入秦張祿・亦有范卜陶朱・牽車挽犢・坂峻波深・霜嚴日酷・鍼末爭贏・蠅頭剝肉・襏襫胼胝・黍粱穜稑・疏湟成城・飛芻挽粟・他如擅淫奇・鬭繁縟・按檀槽・挾絲竹・振新聲・揚如曲・鉢咒潭龍・雷驅符籙・黃冠巍峨・紫衣歷錄・將作所司・冬官之局・勞勞擾擾・奔奔碌碌・名爲之驅・利爲之逐・甘赴如飴・樂趨如督・何喪何得・究歸蕉鹿・嗚呼噫嘻・振古如斯・菌豈長朝・弋難反熏・沉冥靜照・免受其罹・

吾與子遊・飄然欲仙・崆峒靈窟・玉室洞天・伊人可即・至道稱傳・琴鳴高峽・練掛飛泉・經懸丹壁・汞養蒼烟・獼猴猿鶴・蕙芷蘭荃・優遊卒歲・樂以忘年・吾與子遊・金臺覽古・門名銅馬・碣傳石鼓・樓桑沉雲・玉田迷

雨・古廟靈官・華陽侍女・薊邱雄關・晉陽牧圉・荒寂竇莊・蕭條柳塢・成國名園・惠公雅圃・蠟屐頻攜・杖錢誰侶・吾與子遊・臨風懷人・昭王尺土・樂毅孤墳・劉琨悶玉・賈島藏文・莫不霜橫墓草・雲斷石麟・牛羊長臥・鼯鼠成羣・言尋遺廟・半就荒湮・柴市文相・昌平劉蕡・三皇南市・楊令蜜雲・建功策績・仗義成仁・遙瞻冠履・肅薦藻蘋・仰舒清嘯・激發天眞・行患不立・名懼無聞・又何必謁金闕・揖侯門・辱重光・叱守閽・如客所遊・性情非故・面目不存也・酌子叵羅・不辭酩酊・少濯塵纓・寧醉無醒・重脂爾車・駕言出嶺・

鄭之僑　字茂雲・號東里・潮陽人・乾隆丁巳進士・官鉛山縣知縣・調弋陽・遷饒州府同知・擢寶慶府知府・歷濟東泰武安襄鄖道・致仕・之僑通達治體・所至政聲卓然・平生服膺陽明・故雖講學而頗切實用・尤好提倡士類・其官鉛山時・嘗招蔣士銓編修讀書署中・遂成一代名流・見蔣所著年譜・所刻六維圖二十四卷・今存・又著有鵝湖講學會編十二卷・四庫著錄・農桑易知錄二卷・勸學編六卷・未見・

農桑易知錄序

土地一也・勢有高下・而燥溼肥瘠異・民風一也・力有强弱・而勤惰豐嗇殊・列子曰・有形者生於無形・天地人參之爲三才・天之生物・無弗同也・而土地民風可知矣・聖人疆理天下・相其土宜・權其人力・缺者補之・塞者通之・而高與下齊・弱與强合・陰陽和而風雨時・剛柔劑而物產出・其農桑之道乎・夫衣食操生人之命・一歲不耕不織・受之饑寒・山農播種之書・蓋可忽乎哉・昔周以農桑開基・書陳無逸・詩作豳風・良以耕於井邑・即可遊於黨庠・士大夫公堂之躋・半出於農・此農之所以重也・而蠶事與農並重・天下無不桑之地・鄭衛界屬河南・桑土桑中・業有明指・山東隸於青齊・孟子對齊君・務農必及樹桑・則知農桑之業・民之本也・國之經也・若謂五穀偏盛南方・絲蠶獨擅浙省・則如詩所詠柔桑苞桑・尙書所傳桑土是蠶等事・豈其誣哉・欲謀民命・輒以燥溼肥瘠之土壤・判人事之豐嗇・而謂宜農不宜桑・宜桑不宜農・人自失其利也・地豈爲之任咎哉・蓋地有其宜・人能擇之・人有其功・地能顯之・何分土分民之有焉・

余生長海濱・農桑素畧講求・每就人情之所近・推測物理之自然・參以典籍・訪之老成・謬編一帙・顏之曰農桑易知錄・蓋欲使民易知則易行・足衣食而興禮義・庶可上慰聖天子教養元黎之至意也・程子曰・一命之士・苟有心於愛物・於物必有所濟・余思必有濟而後用我愛・雖濟而愛亦僅矣・因不揣固陋・鋟於木而布之・俾山村僻壤習之而好・好之而業盛・業盛則天下同風・朱子曰・教他有飯喫・有衣著・五方各得其所・然後可去教他・余亦遵此意也歟・是爲序・

濂溪書院勸學編序

聖天子重道崇儒・統一經術・凡四方萬國・皆得明夫仁義禮智之性・以敦夫孝弟忠信之行・故學校之外・廣置書院以聚生徒課讀・而寶慶亦得以濂溪名者・誠以周子之學・上接洙泗之統・下開伊洛百世之傳・過化之神・其有裨於此邦

人士．由來舊矣．

歲丙子．僑詣東山行釋菜禮．而見夫廟宇頹然．位置卑陋．懼非所以安先靈而育多士之道．越二載己卯春．亟謀修葺．其所以新其肄業之堂．又爲之績廩士之費．謀無不周．凡有多士誠可優游於升堂入室．余心亦可以已矣乎．顧諸生過余而請曰．書院之重新也．既有以安其居．又有以足其食．而無一言以淑之．小子輩不幾倀倀乎何之．余謝曰．此師儒之事也．余何言．雖然．余正不能已於言矣．其在書曰．皇極之敷言．是訓是行．又曰．其稽我古人之德．其在詩曰．高山仰止．景行行止．又曰．古訓是式．恭惟我皇上．右文勸學．教育人材．酌取朱子之課程．以爲學者入德之方．欲諸生檢束身心．貫通經史．爲世通儒．又爲之釐剔文體．以端趨尚．俾士習文風咸歸於醇正．大哉王言．誠萬世爲學之標準也．諸生苟能敬繹聖訓．還躬內省．求端用力．則化民成俗之本燦然大備．僑又何有言．然僑實有得其所以言者．試思禮樂文章．無非具時行物生之化．天不言．聖人已代天而爲之言矣．聖人得不言．而賢人君子不得已而有言矣．即賢人君子不時言．而能借名言法語以範其情而止乎性．是各人言其言．無非言聖賢之所欲言也．

僑才疏學淺．實無以牽持風化．而區區勸學之衷．實出於不容已．謹錄旨諭七道．冠之卷首．繼以周程朱共闡性命身心之理．節列於次．使諸生觸目警心．由一言一行．以求造夫無欲靜止之本．不揣固陋．復以平日所聞於父兄師長者．發爲論辨．定學術以一其趨也．著爲警語．由自責以勉其人也．規戒不厭其煩．悔過乃可自新也．舉業無愧魁名．學術可以濟世也．列詳文條約而附以田志．稽查有方．可以垂諸久遠也．夫天良人所同具．感發必因其機．多士誠能潛心玩求．共相砥礪．則經術光昌而文教蔚起．於以仰副朝廷造士之盛心．於多士有厚幸焉．諸生曰．揚風扢雅者．士人之責也．頌德歌功者．好惡不沒之良也．書院落成．各賦詩章以當輿人之頌．而茲編獨不錄單詞隻義者．豈言之不文歟．抑亦別有深意非小子輩可道也．余曰．否否．正其誼不謀其利．明其道不計其功．先儒言之切矣．以地方之事還之地方．若借學士文人之詞．以繪薄技微能．使入於干名市譽之術．可恥孰甚焉．諸生瞿然曰．如斯言．其所以淑吾士者厚矣．願各守一冊．懍爲規箴．用以表振聖世黼黻太平之化．而無忘我公今日勸學之初心也．余曰．諸生之言然．因本其意而爲序．

曾受一　字正萬．號靜庵．東安人．乾隆戊午鄉試以第二人冠一經．揀發四川署珙縣．調江津．以署合州事降秩．尋開復．補長壽兼攝巴縣．所至勸學勸農．値歲荒．作救命會．籌建義倉．作訓俗瑣言以救民．風俗丕變．珙人預奉主入名宦祠．巴人作四有亭．以比子產．江津建曾夫子祠．凡所莅諸邑．民咸瞻拜伏謁．愛戴不衰．受一少讀朱子四書．有所得輒劄記其旁．成四書講義二十卷．朱子或問文集纂注七十七卷．又考洙泗以來淵源授受．成尊聞錄八卷．又考歷代政治得失．推本經義．旁及諸史．成學古錄六卷．致仕後．家居授徒．復著易說四卷．春秋四卷．四書若干卷．新寧吳應逵爲之傳。

學校論

自古帝王聚人才於學校而教之．有理義以養其心．有倫紀以範其身・有禮樂以陶淑其性情・使之優游饜飫・勿助勿忘・迨其學之既成・登於仕版・則詩書之氣・發爲藹吉・愷以强教・悌以悅安。所謂學道愛人也。遇有大政・裁以古義・所謂學古入官・議事以制也・躬行倡導・有而後求・無而後非・所謂藏身以恕・故能喻諸人也・蓋學以求道於己體也・仕以行道於世用也・明體達用・古之學也・自正學不明・學校之所講求者・或以訓詁・或以辭章・而於一己身心性情切要之處・鮮所理會・及其筮仕・則前所講求之訓詁辭章・舉歸無用・而汲汲從事於簿書期會・乃始以政爲學・則是用不根於體・仕學如出兩途・而仕非所以行其學・於是學校之設・幾爲具文矣・

概自周末七國戰爭・迄於暴秦焚書坑儒・不必論矣・漢高初定天下・未遑庠序之事・武帝始興大學・立五經博士・置弟子五十人・能通一經以上・補文學掌故・高第者爲郎中・成帝增弟子員至三千人・班固贊儒林・謂傳業寖盛・枝葉繁滋・一經說百餘萬言・大師至千餘人・蓋利祿之路則然・夫不尙躬行而尙辭說・不知爲己・惟祿是干・班所譏刺・誠切中其病矣・後漢光武幸大學・立十四博士・建明堂辟雍靈臺・明帝臨辟雍・尊養三老五更・諸儒執經問難・冠帶縉紳之人・圜門而觀聽者以億萬計・唐太宗貞觀初・廣學舍千二百區・數幸國學・增廣生員・高麗諸國酋長亦遣子弟入學・徒衆至八千餘人・宋神宗立太學生三舍法・元豐間・置八十齋・齋容三十人・外舍生二千人・內舍三百・上舍百・每月考試舉業・優等上中書・上舍生多至顯仕・歷代之盛・不可謂不盛・然試問唐虞危微精一之心法・后夔教胄直温寬栗・皐陶之九德・彰厥有常・洪範之三德・剛柔正直・與孔門博文約禮・大學格致誠正・中庸戒懼愼獨・凡身心性情切要之處・師有以是爲教・弟子有以是爲學者乎・其由學而仕・有學道愛人・保民若赤・議事以制・政乃不迷・藏身以恕・不令而行・實爲明體而達用者乎・則是其學之盛・大抵皆相驅相率於祿利之路・而班固所譏・實後世之通病已・

伊川嘗謂學有三・有訓詁之學・有辭章之學・有儒者之學・欲通道・舍儒者之學不可・漢唐以後・大率訓詁辭章・而非眞從事儒者之學・故不能通道以適於治也・朱子嘗議・學校必選實有道德之人・使爲學官・以來實學之士・裁減解額舍選謬濫之恩・以塞利誘之途・仁宗時・太學之法寬簡・國子先生必求天下賢士・其尤賢者如胡翼之之徒・當時士不遠萬里來就師之・端爲道藝・不爲利祿・猶有古法遺意・熙寧以來・大學但爲聲利之場・掌教者不過善爲科舉之文・得雋場屋・有志義理之士・既無求於學・其來者不過爲解額之濫・舍選之私・非國家所以立學教人之本意也・莫若尊仁宗之制・擇有道德可爲人師者・以爲學官而久其任・使之講明道藝・裁去利誘之途・俾干進之流・無所爲而至・此議即欲其爲儒者之學・與明道學校奏疏・先陶成其師・分布天下・伊川看詳學制・悉改試爲課・以息爭心・其意一也・不擇道德之師・徒開祿利之路・則葉適所謂崇觀間・以俊秀聞於學者・旋爲大官・而宣和靖康誤朝之臣・即學校所謂名士・其無怪其然矣・何者・居平講習・無非爲利・則懷利以事其君・不顧社稷之安・固其然也・

考仁宗時・范仲淹請興學校・務本行實・後以教授蘇胡之胡瑗專管太學・其初人未信服・乃使其徒盛橋顧臨輩董率其事・令孫覺說孟子・擇弟子姿之所近・分處經義治事・兩齋士人・稍稍從之・然同列皆不悅・謗議蜂起・蓋獨爲所不爲・柳子厚所謂蜀日越雪・見者旣希・宜其狂吠也・賴仁宗委任之專・瑗亦不顧非議・强力不倦・以卒有立・其弟子恂恂有規矩・偶適於外・見者不問而知爲安定弟子・仕於四方・多適於用・此朱子所稱有道德尤賢者也・後元世祖以許衡爲祭酒・擇蒙古弟子俾教之・衡喜曰・若輩太璞未雕・視聽專一・置之善類中・涵養數年・必大爲用・乃徵其弟子王梓劉季偉等十二人爲齋長・以朱子小學諸書授弟子・其爲教・因覺以明善・因明以開蔽・少暇即習禮・少者令習拜跪揖讓進退應退・久之・諸生咸知三綱五常爲生人之道・人人自得・後世爲太學師者・若胡與許・庶幾以儒者之學爲教矣・

夫人之氣質・不能無偏・習俗不能無壞・所責乎建學立教者・在矯變其氣稟習俗之偏弊・歸於中和純粹而已・至於德行道藝・漸次該備・司徒興舉其賢能・通達强立・臻於大成・司馬論辨以官材・則孔子所謂祿在其中・而學者惟當以身心性情之不克治爲憂・不可有外心也・若不變其氣稟習俗・而惟教以訓詁辭章・則雖經師如馬融戴聖・文詞若楊雄安石・亦足爲學校之羞・況於以利誘之・使天下之士・惟計功謀利之汲汲・豈復有正誼明道之學哉・謂後世人材不能如古・不知非人材之咎・實學校所以教養之者失其道也・夫學校之所以失其道者・則惟視爲鋪張・治其粉飾太平・姑以此網羅天下聰明之士・非實以聖賢之才望之・而又有不得實有道德可爲人師者以居其職・或有其人・而末俗動以道學相詬厲・不免於羣然怪吠・使不得安其職而久其任以迄於有立也・然秉彝好德・根於人心・自有不可泯滅者・古來聖賢之學・孰不欽而慕之・聖賢之教・孰不遵而從之・是在振興之得其人・陶冶之專且久・有以浹洽深入乎人心・庶幾明體達用之士日出・又何慮學之終不如古哉・

尊聞錄序

受一束髮入家塾・釋菜先師・讀其遺書・私淑有志・晚宦西蜀・朔望展拜・春秋獻奠・執事有恪・豈貌爲隆禮・凡以學其道・故退而自思・前日之所以學・今日之所以仕・其弗畔於學者有幾・每一追維・愧汗浹背・己丑冬・緣事就閒・因念疇昔區區所聞・不敢失墮・曾子云・尊其所聞・則高明矣・受雖愚陋・其敢委厥聞於榛莽耶・夫聖人之道・即己之道・孟子所謂道一而已・非豐於聖而歉於己也・天命謂性・率性謂道・聖與我無二性焉・有二道哉・惟氣拘物蔽・汨其性而莫知之率・是以遠乎聖而即於禽・聖人憫之・於是修道以爲教・而使學之・以復其性而全其爲人・夫苟知道之在人與聖無異・作聖作狂・殊於其學・則必翻然悔前此用心之歧誤・而於聖道自生嚮慕之誠・千古學道諸賢亦有尚友之志矣・

夫三代以上・堯舜湯文作之君・而道彰於治・人無不被斯之澤・三代以下・孔子不得位・作之師・而道傳於學・雖曰刪述六經・垂訓萬世・而教不獵等・得其精微者・亦僅及

門高弟而已．而顏子早夭．故由孔子而後．曾子子思紹其微．至孟子而其統中絕．自孟子而後．周程師弟繼其絕．至朱子而其學益明．凡皆眞知灼見．古聖心法之微．一中之理．存之爲天德．發之爲王道．雖顯晦殊時．出處異致．而心心印合．易地皆然．彌綸於世非有餘．退藏於密非不足也．若夫七十子自閔冉端木而外．如師商僅有一體．求予數被非斥．雖親炙聖教．而聞道或少焉．

降及漢唐諸儒．半溺於讖緯術數．半溺於訓詁詞章．尤多可議．而能孜孜屹屹．掇殘篇於煨燼．隱約經旨以立言．考其生平大節無慚儒者．要皆聖人之所不擯．蓋道在六經．經傳則道亦傳．深之會道於一本．淺之識道於散殊．本末皆道也．淺深皆學也．故必克紹心源．允堪繼統．則謂軻之死．不得其傳可也．必周程出而後可言聞知也．若節而取之．則漢隋唐諸人．自伏勝以下．存者十二人．其中諸葛武侯．程子稱其有王佐才．董江都正誼不謀利．明道不計功．推道之大．原出於天．明於天性．知自貴於物．鄒魯之後．無及此者．韓昌黎識所以爲性者五．其原道雖不及太極西銘．而議論卓然．非他儒比．不得謂千四百年間無延斯道於一綫者矣．

至宋自程朱以後．闡明道學．幾無餘蘊．門人轉相傳述．源流益廣．元明及今．咸相遵守．惟陸王主靜悟．而叱問學爲支離．宗旨稍殊．第其人皆賢知之過．壁立千仞．非沉溺利名卑污之流所得議也．然舍下學而徑求上達．流弊有不可究詰者．聖人所以思狂簡而憂其不知所裁．良有由矣．

受既悔去日孔多．往不可諫．平生所聞．不甘聽其散軼．致蹈淪喪．輒復遠紹旁搜．思尋墜緒．每悼史遷敘孔子世家及門列傳．無當於聖賢之精旨．并攷本朝釐定從祀諸賢儒．錄其本傳．酌加增刪．補其遺缺．其克嗣統者幾人．得支派者幾人．造道孰淺孰深．講學孰偏孰正．折衷前哲．附以鄙見．畧爲論次．庶幾淵源弗昧．不至迷謬終身．至歷代未經從祀而學行可觀者．亦分別附錄．以俟後之擇採論定焉．海內學道君子倘憫其同志．宥其庸妄而進教之．則大幸矣．

蘇　珥　字瑞一．順德人．乾隆戊午舉人．少負異稟．惠士奇督粵學時．稱爲南海明珠．爲惠門四士之一．乾隆丙辰舉鴻博．與南海勞孝輿同被徵．勞約與俱．曰．予有母八十．獨不畏碧玉老人笑乎．辭不赴．後舉於鄉．亦一赴禮闈．即不再出．所著宏簡錄辨定．阮志注佚．其筆山堂類書．前明登科入仕考．安舟遺稿．亦注未見．

春秋詩話序

康熙甲辰．余應歲試．識孝輿場中．時羅履先同余寓仙湖．何報之陳聖取朝夕相遇孝輿．並締交稱莫逆．諸子皆學使惠公所賞識．同在師門．風義倍敦也．孝輿性情篤雅類履先．風致瀟洒類報之．志大則似聖取．惟聖取不修邊幅．頹然自放．與孝輿頗異．余亦疎慵惟物．而孝輿反並愛之．與諸子共爲耐久交．無異也．嶺南舊爲詩藪．代有名家．惠公嘗勗及門接武．余善病不能工．履先天才獨絕．超超元箸．余尤喜其贈遺之作．頌不忘規．報之下筆蘊藉．欲言者無罪．聞者足戒．以合於風人之旨．聖取孤行己意．語多悲痛・孝輿則磊落英多・人謂其五言得王孟風味・然孝輿不徒以詩鳴・思以其才見於世・所謂志大似聖取者・聖取貢入太學・後舉優行丞龍遊・孝輿亦膺選拔令黔・相繼沒・才士何多不永耶・澳門司馬張公・孝輿同年生也・分守佛山・訪其孤・得所撰春秋詩話・梓之以傳・屬履先報之及余爲序・

夫慈母於垂絕之兒・置懷以哺・仁人於久荒之墓・樹表以識・公于孝輿・不令言與俱沒・其用心將無同・願公推是心於有政也・嗚呼・孝輿聖取已矣・余與履先報之雖幸存・而感念同門・悲深良木・惠公墓棘・與孝輿宿草同湮・無復甄陶劘切・其傷悼何如・惠公著有春秋說・孝輿此書・無乃淵源獨得・微司馬之力・孰知河汾之傳猶有瓣香未墜耶・余將與履先報之合刻聖取孝輿所自爲詩・以不死吾友・爰敘是書以爲乘韋光・

莊有恭 字容可・號滋甫・番禺人・乾隆己未以廷試第一人賜進士第・授修撰・累官至戶部侍郎・出撫江蘇・擢河督・坐在蘇罰贖事逮問・値丁內艱・詔護喪還籍・謫戍軍台・中途起・授湖北巡撫・調浙江・再調江蘇・建議大修三江水利・自是吳淞無水患・尋以協辦大學士入都・復坐劾段成功事・頌繫半載・授福建巡撫・卒官・有恭識度閎達・膺東南重寄十餘載・自登巍科至參政・皆出特擢・累蹶累起・卒以功名終・平居好吟詠・南巡幸嘉興煙雨樓・嘗給札聯句・詩成勒石・世以爲榮・經進詩文・數承上奬・其家彙輯爲若干卷・鈔本存・

大修三江水利疏

太湖北受荊溪百瀆・南受天目諸山之水・爲吳中巨浸・而分疏之大幹・則以三江爲要・三江者吳淞江婁江東江也・東江自宋已湮・明永樂間・別開黃浦・寬廣足當三江之一・今亦謂之東江・三江分流・經吳江・震澤・吳・元和・崑山・新陽・青浦・華亭・上海・太倉・鎭洋・嘉定十二州縣之境・其間港浦縱橫・湖蕩參錯・大概觀之・無處不可分洩・似亦可安於無事・然百節之通・不敵一節之塞・數港之洩・不及一江之壅・其勢必有所阻・查太湖出水之口・不特寶帶橋一處・如吳江之十八港十七橋・吳縣之鮎魚口大缺口・爲湖水穿運河入江之要道・今亦不無淺阻・又如入吳淞之龐山湖・大斜港・九里湖・澱山湖・淑浦・向稱寬深足資宣洩者・邇來小民貪利・徧植茭蘆・圈築魚蕩・亦多侵占・劉河古之婁江也・今河形大非昔比・舟楫來往・必艤舟待潮・崑山外濠・爲婁江正道・淺狹特甚・蘇州之婁門外・江面僅寬四五丈・遇秋霖衆水匯集・江身淺窄・先爲潦水所占・俟其消退・然後湖水得出爲之傳送・而上游已淹漫矣・

東南財賦重地・水利民生大計・若及早治之・事半而功實倍・今籌所以治之之法・當于運河以西・凡太湖出水之口・皆爲淸釐占塞・俾分流無阻・其運以東三江故道・惟黃浦見在深通・但于泖口挑去新漲蘆墩三處・足資宣洩・其吳淞江自龐山湖以下・婁江自婁門以下・凡有淺狹阻滯之處・宜濬治寬深・今上源所洩之數・足相容納・其江身所有植蘆插簖及冒占之區・盡數剷除・嗣後仍嚴爲之禁・則水之渟蓄有所・傳送以時・並即以挑河之土・加倍墟岸・見有牐座去海太近難於啓閉者・酌量改移・庶渾潮不入・淸水盛强・而海口之淤・亦將不挑而自去・總計所需雖覺浩繁・然散在十二州縣・通力合作・實亦無多・民間聞有此舉・咸樂趨事・

願以民力爲之．但分段督修．仍須官董其成．且工費繁多．若待鳩集財力而後興工．不無稽時日．仰懇聖恩．准于公項內先行動支興工．仍于各州縣分年按畝徵還．則民力既紓．工可速集．

螢照閣集序

吾師蓼洲先生．爲名孝廉二十年．今歲涖海豊司教事．門下諸同學裒集先生詩若文而刋刻之．爰屬恭爲之序．

恭竊惟國家廣勵學宮．興起教化．郡縣博士爲弟子師．秩雖卑所以期之者意良厚．故非方正博聞之士．不足稱是選也．先生篤志勵行．於書無所不窺．而其學粹然一出於正．家居講授．遠近常數十百人．人人知所淬礪啓發．然則由前之所以教者以推之．海豊德成教尊．恭固有以信其教化之將行而風俗之成也．

昔吾鄉白沙陳先生以講學傾動一世．其論文則曰．文之佳者．體制非一．然必出之自然．都不見安排之迹．先生躬行實踐．未嘗顯自標揭．而其見之詩若文者．不雕琢而工．不侈麗而富．濡毫落紙．祇以發攄其所自得．而不規規於世俗摹擬形似之爲．此與白沙論文之旨有相引合者．其亦可以傳世行遠而卓然自立於作者之林矣．顧白沙以孝廉被薦入翰林．而先生猶俯就學職．白沙門人如陳秉常李抱眞張東所湛甘泉諸先生．皆鄉里楷模．而甘泉大顯師傳．尤爲世所宗仰．恭不敏．早獲聞教於先生．而遭逢聖明．蒙被恩遇．迄今未能有所發抒．此恭區區之誠．所爲序先生集而更望先生之有以教我也．

廣東城隍廟記

城隍之祀．前古無之．見於吳赤烏二年．歷高齊燕梁間書史．唐始著爲祀典．詔州郡守令咸祀之．李商隱文稱．受命上元．職守斯土．主張威重．彈壓氛祲者是也．由唐至今．廟祀之建．始於郡城．徧於天下．幾與勾龍棄稷等．廣州城隍廟．在省會之中．凡督撫大吏以及監司守令．歲時月吉．展謁維虔．下逮編民市販．奔走祈禳如鶩．蓋神赫厥靈．人展厥誠．有自來矣．

建廟之始．宋元以前無考．自前明初至國朝康熙間重修．迄今數十年．風摧雨剝．宮瓦飄零．歲辛未．紳士凌魚等願肩厥任．呈請捐修．內自神殿前堂．外而儀門大門．次第修理．丹堊有光．壯麗踰舊．爰併神像而新之．裔裔皇皇．有嚴有翼．乃郵書江南乞余言以紀其事．余自奉命巡撫吳中．閱覽舊志．城隍之神．皆有廟號．賜爵指人．一以寔其神．如鎮江寗國太平華亭等郡邑．皆以爲漢紀信．事屬附會．惟吾粵無之．於義猶古．顧凡祀典所載．若天地山川．尊而不親．非民所得祀．惟城隍社稷．於民爲近．民寔親之．故凡有修建．皆聽其爲之而不禁．高壘深池．神翬護之．愆陽伏陰．神節宣之．弗若弗順．神遣除之．爲忠爲孝．神翼相之．是其有功於民甚鉅．固宜其繼自今．神揚其休．人食其福．而與國同悠久乎．

重建番禺儒學記

五嶺之南．郡以十數．縣以百數．幅員數千里．咸執秩拱稽．受治於廣州之長．而廣州之縣二．曰南海．曰番禺．番禺本秦縣．至梁武帝時．始析爲南海．俗尚淳美．人材衆多．彬彬乎有鄒魯風．縣學建于城東偏．自宋迄明．修之者數矣．歲丁卯．邑侯周君儒涖學．謂學圮不治．何以造士．廼謀于學之師弟子．而徧告于邑之諸縉紳．與推選衆所論以爲能者司其事．功未就而侯去．繼之者淩侯存淳．萬侯承式．皆殫心區畫．訾程錯事．故日久而人益勸．先後七年功廼成．學之徑輪廣袤．一仍其舊．而規模則加宏整．或培其基．或峻其宇．舊制之弗合度者．則改而正之．繚以周垣．表以綽楔．嚴嚴翼翼．孔曼且碩．計所費凡數千百金有奇．是役也．選工庀材．費不及國．勾稽有籍．率作有程．人謂是俗之好義也．賢者之能董成也．

夫學校爲王政之本．先聖之德．如乾坤之容．日月之光．不可摹繪．昔昌黎文公謂自天子至郡邑守長通得祀而徧天下者．惟社稷與孔子爲然．我國家尊師重道．雖勾龍棄之祀．不可與倫．而匡直輔翼．所以崇正風而振士風者甚盛．而士或務名而鮮實．何歟．毋乃詞章訓詁溺焉者深．未嘗返諸心而求得於己歟．庠序學校．古制可稽．自郡國立學以來．教者所以教．學者所以學．亦頗異於古所云矣．然循名責實．則內外交修．存天理．正人心．與四代之學何異．

且夫上之化下．下之應上．其感速．其效神．所謂如泥之在鈞．如金之在鎔也．魯僖公新泮宮而頌聲作．曰小大從公衆也．曰匪怒伊教和也．而克明其德之後．即繼以克廣德心．蓋多士服從上之德．則德心亦能推而大之也．以吾鄉淳懿之俗．復多美茂易成之材．且得在位者爲之興起．則夫循名責實．推而大之．必將體用兼該．處也有守．出也有爲．標名竹帛．其道大光．豈第閭里之榮也哉．維時董斯役者．吾師車名騰芳之功爲多．工既訖．邑紳走函請予記．因系以詞曰．

地首炎服．天開奧區．兩山矗起．爲番爲禺．番禺名縣．自秦而始．物衆地大．雄我南紀．縣初立學．厥宋與明．歷年既久．屢構屢傾．宏道者人．周侯涖止．曰仍舊貫．神弗以宇．爰諏學官．暨我譽髦．萬室爭輸．有若赴礱．廼取厲鍛．廼陳畚挶．廼陶瓴甓．廼勤撲斲．厚棟大梁．夷庭高閎．增卑培薄．抗殿浮甍．重軒三階．右平左城．戟門璧池．罔不具飭．崇聖有祠．舊在東北．易而中之．永作後式．附於學者．名宦鄉賢．毋乃參差．東西列焉．飛閣峻聳．命曰尊經．經緯天地．輝光日星．冬夏詩書．春秋禮樂．四術四教．以覺後覺．大作鼓徵．教尊官正．講學行禮．傾視改聽．思樂泮宮．多士雍雍．被服聖教．暢我皇風．思樂泮水．多士濟濟．涵濡聖澤．成我仁里．自興版築．於今七年．費大工鉅．不懈益虔．經之營之．周侯啓之．良宰踵來．邑賢佐之．徵詞記工．大書深刻．標懿勒鴻．垂示無極．

馮成修　字達夫．號潛齋．南海人．乾隆己未進士．選庶吉士．改吏部主事．擢郎中．督學貴州．揭示訓士文十四條．又疏陳學政事宜．禁止割截命題．兗勘童生試卷．二事下部．議行．尋假歸．主講越華粵秀書院．授經里中．粹然師範．乙卯重宴鹿鳴．逾年卒．年九十有五．著有養正要規．學庸集要．人生必讀書纂要。並存．初．成修以父進遊廣西．年久不歸．自計偕時．即徧訪蹤跡．得官後．復兩次乞假尋親．皆無所遇．年八十．計其父已逾百齡．乃持服三年．布衣終身．世稱爲馮孝子．入祀廣州鄉賢祠．

四書集要序

四書者．五經諸史百家之權衡．天地古今人物之統會也．凡修齊平治之蘊．天人性命之旨．列聖相傳之緒．皆於是乎在．修之則吉．悖之則凶．得之則治．失之則亂．學者以之持身而善世．帝王以之贊化而調元．其所係誠非鮮淺也．故自童蒙時．則當先讀小學以立其基址．次即當讀四書以究其精微．然後貫通乎諸經以滙其指歸．而羣史百氏亦隨時觀覽．如此用力．庶不至於急遽而無序．躐等而無成也．乃世之讀書者．往往馳騖乎高遠．侈談博洽．輕忽四書．即平日所檢閱傳註講章．總爲做時文起見．而古今之正學．聖賢之心法．未嘗體會有得於心．則其說書也．不過依樣胡盧．尋章摘句．如是以爲文．求其有當乎聖人之道．且以見諸躬行致用之實．豈可得乎．故讀書必以聞道爲要．欲聞道．必以求道爲先．而欲求道．則莫若急效力於四子之書．朱子不云乎．讀六經功夫多．得效少．讀論孟功夫少．得效多．程子曰．學者論孟既治．則六經可不治而自明．觀此．可知四書乃學者終身學業之切務．非若他經可比矣．而四子書之解義．則又以朱子集註或問爲宗．至語類．皆門人所記問答之語．間有明晦相參．一時未定之論．與集註不盡脗合者．所謂集註．乃朱子眞面目．語類猶小影．宋元明諸儒講說．又是孫曾雲來．其說良有以也．

永樂時．命儒臣纂輯四書五經性理諸大全．闡明濂洛關閩之學．厥功匪小．及我朝聖聖相承．淵源聖學．尤加意表章朱子．以爲得孔孟正脈．四書大義．炳若日星．時則有陸稼書先生所輯四書大全．兼附蒙存淺達諸說．採擇疏剔．包括靡遺．繼而汪武曹大全與李岱雲朱子異同條辨．諸儒輯要．周聘侯朱子精言諸大本．皆有所發明．足以羽翼乎經傳．其餘體註闡註會解正解合講諸小本．芟煩就簡．于初學亦未嘗無補．但講章既多．必至羣言淆亂．荆棘叢滋．其中穿插扭揑．藤葛支離之病．皆所不免．使初學之士．茫茫無著．欲得一部詳畧適宜．簡明透徹者．不可多得．

愧余不敏．學殖久荒．年力衰邁．而讀書爲學之志．雖不能遂．猶切嚮往．爰不揣愚陋．將數十年前致力之四書講說．玩索紬繹．參互考訂．畧加折衷．以求歸于至當．亦不過傳述舊聞．非敢憑臆見以爲新奇可喜之說也．朱子又云．某說書並不敢先立一說．橫生一解．惟平氣虛心．以求聖賢本意之所在．予佩服朱子之訓．凡所著說．惟平氣虛心．探諸儒之精當要義而集之．以求得聖賢之本意．使學者一目了然．如是而已．因名其篇曰四書集要．刻成藏之家塾．聊以便生徒兒孫輩習讀云爾．豈敢以是問世哉．當代名公其庶有以教我也夫．時乾隆五十三年歲在戊申孟夏．南海馮成修潛齋氏謹序．

重修南海縣學記

國家治化之隆・徵于文風・文風之盛・厥由學校・學校興替・文治攸關・其不可忽視也審矣・我南邑建學・由來已久・宋代遷徙無常・元至元三十年・復徙城西高楊坊崔菊坡祠故址・脈接粤秀・誠勝地也・然規模未就・有明一代・漸次展拓・基勢寬擴・爾日文風頗盛・如倫霍諸公科名事業・其較著者・

我朝定鼎之初・兩藩入粤・駐兵城西・混居學內・殿廡之側・即爲旗房・楹臺之下・悉供牧馬・相沿數十載・宰斯土者・多不關心・間有圖復舊址・又每苦申詳報可之難・歲丙辰・我邑侯魏公以廉能調劇邑・甫涖學而喟然曰・育才重地・奈何湫隘至此・且殿廡欹仄・亦非所以妥先聖而禮諸賢・慨然有恢復更新之志・因詳請文武各憲・皆報可・批勘議覆・督憲鄂公具疏題請・都統安公入覲・繪圖面奏・奉旨允議・詔發帑金若干・遷旗房・復故址・鳩工庀材・撤舊營新・規模宏敞・百粤學宮鮮有此鉅觀者・黌序光昌・靈淑斯啓・是科南邑即發解首・獲雋且至六人・嗣是科名事業・必將較勝朝倫霍諸公而更盛矣・士生斯土・可忘所自哉・

夫南邑繁劇難勝・我侯游刃之餘・每相其事之艱鉅積重難返者而力爲更張・建學其最也・若衙宇促狹・偪于市肆・皆士民素所隱憾而懸望・邑宰習爲因循而諉爲難成者・侯獨次第舉行・洵千載一時也・他如靈州爲邑之勝・昔人所稱爲盛衣冠之氣者・侯捐俸倡修・邑乘爲國之史・後人所藉爲文獻之徵者・侯重加釐訂・至疏渠濬濠・築堤修廨・有弊必除・有利必興・又何可勝道・豈惟學校是務耶・時落成・適修告假旋里・深悉我侯締造經營・目覩殿宇輝煌・宮牆巍煥・竊喜國家治化益隆・南邑文風日盛・胥由此也・因敘其端末以誌不朽・

何毅夫　原名懋・以字行・順德人・乾隆乙丑進士・歷官廣西容雒永安諸縣・最後補昭平・尤多善政・其去官・以報災被劾・昭平人深惜之・邑志入名宦傳・著有浣花堂集八卷・阮志注未見・

送黃正善之楚補官序

爲廣文易・爲縣令難・然能以爲廣文者爲縣令・則縣令亦不難・廣文以冷曹自安・人亦以冷曹視之・雖未離乎清苦・尙幸免於誅求・故曰爲廣文易・若縣令則異已・無論苞苴請謁可以私行・即錢穀征輸之數・並可因之以爲利・然而手握利權・人亦以爲利藪・睨其旁者莫不欲啜汁分肥・少不如意・加之聲色・或當官而敗・或徙官而亦敗・甚或休官而後敗・此時即欲如苜蓿先生以冷曹自安而不可得・故曰爲縣令難・則何以又謂以爲廣文者爲縣令・而縣令不難也・縣令所難者・難於人之啜汁耳・難於人之分肥耳・我自無汁・又何啜焉・我自不肥・又何分焉・雖有胠篋之夫・不入寒士之室・何者・爲其無所得也・設令今之爲縣令者・非分之宜・一毫莫取・苞苴請謁・固謝絕而不行・即錢穀征輸・亦不過爲朝廷司筦鑰長吏・無取利焉・則睨我於旁者・仍然不以爲縣令而以爲廣文・而無多求之意・且寡欲則心淸・心淸則事理・吏不敢舞文・役不敢犯法・身有餘閒・公庭無事・斯又

何難之有哉・

友人黃君正善以永安廣文報最・入見天子・詔移邑令・需次於楚・會以憂去・部例・未履任服闋者・至其省授官・黃君既禫而後・治裝將行・過予作別・予告之曰・子知今之爲令者乎・今之爲令者・大都皆齏鹽中人耳・當其對青燈・披黃卷・敝衣草履・俯仰蕭條・苟其終不得志・方將老死牖下・幸而揚眉吐氣・百里分符・即使敝車羸馬・已遠勝於窮居貧賤之時・顧以日暮途窮之思・轉爲倒行逆施之計・食必求美・衣必求鮮・左右頤使之人・必求快意・田園第宅之盛・必求甲於鄉閭・且又逐逐營營・朘生民之膏血・以奉有力者之求・其黠者或破壁飛去矣・然嫖姚間有天幸・而李廣卒之不侯・智盡能索・終其身無尺寸之功者・比比皆是也・

今子讀書談道・曉暢政體・自爲諸生時・已不作俗吏之想・出而握篆・將爲今日之縣令乎・抑爲諸生時之所自期許乎・爲諸生時之所期許・是眞能坐言起行者也・爲今日之縣令・是所謂心勞日拙者也・且子素甘淡薄・而廣文亦已遷官矣・當其時・食不求美也・衣不求鮮也・左右頤使・田園第宅・不求過人也・大吏之推輓・更非鑽隙梯媒而得之也・然三代即不可見・直道猶在人心・苟有清廉之令・大吏必破格待之・子但堅子之操・行子之道・常如官廣文時・以冷曹自安・則人之所難・子之所易・而吾更願天下之難者・均爲吾子之易也・予倦遊而後・不復談天下事・因吾子之行・不覺覼縷至此・

三貞婦記

貞婦梁氏・新安梁上元之女・年十八・歸東安里民賴岳瑞・岳瑞父必昌・家故饒益・値滇亂・破產從軍・家中落・梁于歸時・夫家壁立・舅姑已沒・事繼姑胡舅副室梁以孝聞・踰年・生子朝君・又踰年夫故・梁年二十・守志不移・母欲奪其志・數言餂之・不應・一日導之曰・女年少子幼・家貧而坐窘若此・柰何・梁正色涕泣曰・母何不正教女・欲女背死棄孤耶・女寧餓死・不作此禽獸行也・母自是不敢復言・家既貧甚・子復待哺・梁竭力紡績・兼以耰鋤・拮据胼胝・艱難萬狀・子長・娶媳石氏・舉孫甫一歲而子亡・姑媳二人・日夜號泣・聞者哀之・石氏守志養姑・猶姑志也・嘗負子往山種芋・山陡峻・乃芟稍平・坐其子而已鋤地・子匍匐墜山麓・石氏奔救・意兒必死・至・抱起竟無恙・似有陰翼之者・嗚呼・天不願絕貞婦後・故子雖夭・其孫乃能履險無虞・誰謂天道無知耶・石氏爲貞婦婦・數載而寡・寡時方二十・今守志數年矣・殆又始終不渝者・

梁之姪朝德早世・婦陸氏・年二十・亦勵志堅守・非貞婦之所由化・其甘窮苦・矢冰操・一家三節若此哉・今其鄉有早寡者・咸以貞婦爲詞・多不再嫁・所謂匹夫匹婦慕義・猶能起化鄉人・其於風敎豈淺鮮哉・丙寅歲・貞婦年五十・例得與一朝廷坊表・而子亡孫幼・又家寠甚・不獲上聞・然其故志依然・備嘗諸楚・里人耳而目之者稔矣・余懼其久而湮沒也・爲撮其大致紀之・俟采風者擇焉・

林明倫　號穆庵・始興人・乾隆戊辰進士・由翰林薦御史・未補官・出爲浙江衢州府・在任三年・降調入京・未引見・卒・年三十五・明倫有志於聖賢之學・于義利之介・確乎如黑白之不可淆・其守衢州・盡心民事・歲旱・禱于神・天大雨・遂以豐稔・城南有正誼書院・爲治講堂學舍・與諸生相礱錯・以教化爲必可行・上官謂其迂闊・坐是劾罷・民思之・皆曰・林太守賢・卒後・朱笥河爲作行狀・朱文正公及同年秦岵齋收拾其遺書擇錄之・朱梅崖爲之序・著有學庸通解二卷・讀書邇言一卷・穆堂遺文一卷・續刻一卷・詩一卷・皆未見・

上雷副憲書

敬稟者・日前執事按試衢郡・明倫參任提調・辦理諸事・多有未周・荷蒙執事寬大不苛・日教以所不及・幸免隕越・復不以其愚陋・而誘其所欲言・明倫妄不自揣・謹錄舊文進獻・又承執事獎譽過當・即有背戾古人之處・不爲直斥其非・而示以經天行地之作・使之有所矜式・此古仁人君子接引後進有加無已之盛心・明倫何幸而得此耶・明倫才質淺薄・少讀朱子所註經書・雖不盡曉・決不敢生疑於其間・獨於大學章句・頗有不能釋然者・後得安溪李文貞公書讀之・歎其先得我心之同・因發舊本・求之數年・覺文字輕重詳畧・皆有義法・無所謂闕亂者・其致知格物・言在而不言先・附釋其義於首章・不與誠意諸章竝傳者・猶誠意章直提誠意・不與正心諸章同例也・其誠意章既結之以故君子必誠其意・復引淇澳□□諸書・亦猶治國章既結之以故治國在齊其家・復引詩以咏之之類也・安溪服膺朱子・至比之尼山・其解說經書・時出新意・仍與朱註相發明・獨於此書遵信舊本者・毋亦有其所不得已耶・今執事謂學宗程朱・在明其理・會其意・不徒墨守章句之謂・誠讀書之良法維教之深心・但朱子教人讀書・當先理會文義・大學孔氏遺書・此文義之尤當理會也・舍其短而從其長・亦猶遵朱子之教也・明倫自分身爲俗吏・日夕救過不遑・尚何敢仰首伸眉・論到古今是非得失・顧言及之而不言・亦君子之所惡也・謹獻其鄙見如此・伏惟執事憐其愚而賜敎誨焉・

答關橋孺書

謝同年至・得接手書・知二兄不來應試・揣己度時・摩厲以須・用意甚善・二兄淳重端謹・文學優長・宜居顯秩・屈爲教官・誠爲不得其所・然位卑則職易稱・事簡則德易成・今之縣學・古之鄉學也・人心風俗・實基於此・況吾鄉自梁藥亭三家後・學者甫離句讀・便束書不觀・競爲浮詭靡曼之詩・妄意得嗣三家之風流・不知屈陳二公所遭之世・與今不同・故其爲詩・人不能學・學之則同於不哀而哭・不病而呻・雖工亦僞・藥亭之詩・雖若英艷可愛・然其爲人・流蕩無檢・不可爲訓・後進浸淫入於骨髓・不知其非・此蓋由正學不明・人之聰明無所用・遂淪溺於此・可憫也・

番禺居七十二縣之首・又得吾兄爲之師・當是時・以此意開導之・澤之以經術・灌之以義理・庶幾人知實學・痛懲舊習之非・三數年後・人才自然興起・而吾兄亦當早作夜思・自求所以安身立命之地・使人有所則效・書曰・惟斆學半・記曰・教然後知困・張橫渠曰・人教小童・亦可取益・絆已不出入・授人數數・已亦了此文義・樹之必正衣冠・尊瞻視・又嘗以因己而壞人之材爲憂・則不敢惰・此其益之大

者也・由此言之・教非徒爲人而已・亦所以自爲也・居嘗謂人多以小官爲不足爲・不知乘田委吏・此何官也・自大聖人爲之・則皆中和位育之事・故官無大小・亦視其人何如耳・昔胡瑗教授湖州・倡明正學・舊俗一新・吾兄今爲其官・豈可自謂我非其人耶・造就人材・憂文勝而維之以質・此吾鄉今日之切務也・伏惟吾兄留意焉・

明倫才質淺薄・叨竊翰林・私念翰林爲館閣儲材・必蓄道德而能文章・然後爲稱職・近世詩賦而外・無所謂文章者・間有人爲之・率多不正不醇・違離道本・求其卓然可傳者寡矣・明倫於古文粗識端緒・然意終不欲爲之・爲其近於玩物・損人求道之心也・夫道之難聞・非知之難・行之爲難・得之爲難・得之非難・守之爲難・以己之所難・責之人人・使共爲之・愈益難也・然十室之邑・必有忠信・況番禺地大人衆・其子弟知讀書爲文者・數以禺計・吾兄誠以正學倡之・豈無有志之士聞而興起者乎・記云・善教者使人繼其志・程子云・一命之士・苟存心於愛物・於人必有所濟・然則事無難易・是在吾兄勉之而已・

往來書中・自得稱名爲是・晚乃俗稱・非所施於知己・人但見今人上書師父前始稱名・不知孔子之語門人・亦曰丘・韓子之答後進・亦曰愈也・此雖小節・然古人於此等處亦不肯苟・官署無事・看宋儒書近思錄外・唐宋古文亦不可不看・蓋其中多古義・看之能使人洗去時下一副陋惡之習・山左闈墨亦有可觀者・並因書寄覽・餘不盡・臨風馳企・

答朱筠園書

去秋奉使東省・聞老兄舉場被黜・困於塵事・闕焉未修一書以慰・老兄不以爲罪・反辱手書・詞意繾綣・披讀數番・且感且愧・憶在京師相見時・曾謂世路崎嶇・交友不可不愼・意以賢昆季早有聲名・學士大夫莫不折節願爲交・恐無益于事・徒損幽人高致・是以及之・非謂有不義之事・足累知己之生平也・老兄過繹其言・以爲用至到・非好善之篤・疾惡之嚴・安能如此也・

明倫在京師五六年・交遊甚少・一遇知己・語刺刺不能休・非矜其所恃・欲人之同己也・私念此事・自知者爲之・亦甚簡易・然不知者・不得其人講明而切究之・則有終身不得聞者・自顧不敏・忝同道而先得・故見老兄之來・不避狂僭之罪・盡布所聞以相質・乃不以其言爲非是・反稱述之以爲有合於古之君子・且舉敝鄉白沙甘泉二先生以相推重・豈愛之而欲成其美歟・不敢當也・抑又有不自安者・白沙甘泉之學・其源出於象山・其後流爲陽明・象山陽明之書・自少樂觀焉・然未有得也・反退而求之程朱之書・晝誦夜思・沉潛往復・久然後知之・此不可誣也・

老兄孝友聰明・淳重方實・眞聖門任道之選・今乃曰學道未能・夫既以道爲簡易・而又曰未能・宜吾不敢信也・意者學之而未得其門耶・嘗謂斯道之精華・盡在近思錄一書・但其妙處多在平淡・易使人厭棄不觀・故知者少耳・若能平心而察之・反身而求之・則見其大無不包・細無不入・雖有他書・且不欲觀・雖觀亦易了也・如人操權度入五都之市・

輕重長短・誰能欺之・若孤抱一器以自寶愛・器非不貴重而華美也・刼之以所無・則窮無以應之・故鄙意願兄爲操權之人・毋爲居奇之人也・凡所稱引・皆老兄所厭見而習聞者・念相去遠・聚會不知何日・爲此煩瀆・聊當面談而已・制義序詞旨淺薄・用塞盛意・伏惟照亮・不宣・

答朱梅崖書

二月二十三日接得手書・知有子婦之恤・兼受辦工之累・人生拂意之事・於壯年時爲多・但處之能不失其信・則習坎心亨・苦我者無非成我者也・來書謂古之人制其心於不動不惑・夫心非可制之使不動也・有以燭其理於不惑・故不動也・吾兄見卓守約・遇此等事・自能禳之以德・翫而忘之以文辭・想不爲此戚戚也・

去秋奉使歷下・賴同事諸公贊襄之力・幸免隕越・所鐫闈墨・人人見之・咸歎異以爲他省不及・諸生來見者・多俊茂可喜・門下趙生魏生尤秀出可敬愛・褚生學行過人・一領解而死・不知造物者竟何意也・聞其家甚貧・寡妻幼子・無以自存活・生舉其身・死邮其家・恐不能無累于吾兄也・近於敝簏中檢得副榜崔生文稾視之・中通外直・不蔓不支・如讀章羅應舉之作・自恨彼時不慎別擇・不登此生正榜・因歎闈中校文之難也・

明倫自回京師・往來擔節之餘・粗具車馬裘葛・此韓退之所謂小德者・思欲與一二有志者講明實學・庶幾大德同所樂千人・適李郁齋在會典館・上命刻期成書・在館者自總裁官以下・辰入酉退・無須臾之間・而陳繩庵二月旬日內喪其二子・意慘慘不樂・君家兄弟又遠在數百里外・言無聽而倡無和・是非無所與同・其蕭條寂寞之狀・兄亦可想見之矣・

大集序文久已作就・無便可寄・制藝舊已有序・今不再作・自愧才力淺薄・斤斤模倣・無甚奇古動人・然論古人所以爲文之道・自有識者觀之・未嘗不以其言爲然也・古文自宋南渡後・燕絕已久・其間作者雖衆・然知根本者又若才力不及・有才矣・又或恣睢淫濫・與道乖離・故猶未見有人傑然出而與古作者竝・吾兄才雋思深・仕不忘學・令兄操行純篤・志道不疑・根本既深・枝葉自茂・則斯文之統・安知不在君家兄弟乎・願勉之毋怠而已・臨書馳企・

再答朱梅崖書

乙亥四月沈榮至・接得手書・極承敎愛・適無之東省・是以遲久未報・今歲十一月二十六日謝君至・復接吾兄人七月所寄書・及令弟鼎堂制義・讀之彌增感愧・前書云・爲上官者・待屬吏宜恕己及物・不可過於操切・此語以之責他人則可・非所施於明倫也・自念居平接物・惟以至誠相與・遇小黠者但令事辦・原未嘗過於苛察・而上官日憂其無駕馭之能・而督促之不已・今番被劾・其端委難以一言盡・然迂腐無能之處・未始不由乎此也・

在浙三年・承雷副憲相待甚厚・其爲人縝密淵潤・刻刻不忘學聖人者・眞可敬也・承索舊文・曾錄數首獻上・過蒙獎譽・相見語及古文・尤推吾兄・作者惟知己之難得・故幷述之・竟守李公過衢一宿・聞鄙人言論甚洽・政事則寔無足觀・李公過愛・而吾兄過聽其言耳・顧離任之日・吏民驚顧

徬徨．意鬱結而不能舒．不知何德以與之也．俟部覆到日．即當挈眷回籍．自遭此番挫折．寔頹然無再出山之志．正恐牽於時勢．行止不能自由耳．州縣雖果難做．然地方之事．一己可以自專．下不與百姓為難．上不為上官所怪．亦未嘗不可久處也．惟伯母年高可念耳．鼎堂制義雖未到古人處．然筆力雄秀．寔近今所少．當始終勉成之．沈榮薦至常山秦君處．隨調瑞安．半年後即辭回蘇矣．今不知其所之也．辱相知深．兩用紅稟．得非戲耶．今并奉繳．惟吾兄裁察焉．

答紀生書

六月十六日接得手書．一慰契濶之思．又以賢學問日進．府中老幼康寧為快也．賢去歲辭家遠來．意興勃勃．所期者甚遠且大．適予困於吏事．形神交瘁．見賢而不能盡其言．言而不能盡其意．賓來虛往．無以厭賢好學之心．賢歸半歲．未嘗一日不惻然於懷也．今得賢書．乃復惓惓以此行為樂．君子無往而非學問．賢之所見．過人遠矣．夫春風沂水．何與為邦之事．曾點言之．而孔子與之．蘇轍文人之淺者．尚欲求天下奇聞壯觀以知天下之廣大．予雖無益于賢．然于山見虎丘南屏之清奇．于水見劍池西湖之澄碧．于人物見蘇杭二州之富麗．其為知仁之助多矣．宜賢之惓惓不忘也．世有孔子．當亟與之．

學庸通解雖草創有未盡處．然大段自謂不差．賢讀之如有所疑．或有所見．當劄記以待他年相見剖晰．勿遽以我言為是也．別來衢郡亦無甚事．署中尊卑．幸皆無恙．惟是交際應酬絡不絕．身勞財費．幾不能支．□□□□．足以□俗．今而後知其不能也．開邑徐教官以其所著文集呈周中丞．中丞斥其乖謬．二月間已經咨革．陳君鼎玉已就吳公幕矣．併此奉聞．不既．

答陳來章同年書

辱惠書．責以音問之疎．並示以為政之道．時方盛暑．抱微痾臥簟席間．讀之霍然以愈．脩然若清風之濯我也．幸甚幸甚．弟自出為外吏．勞於案牘．疲于奔走．閒念在京二三知己．如在天上．雖未暇為一書問訊．而愛慕期望之私．無日忘之．顧唐棣詩．人有文而無情．孔子尚不與之．況無文而自居有情．其誰能信之．宜吾兄之不及諒我而責我也．朋友先施．仲尼自謂未能．既承教督．不敢不勉．三衢人．俗頗淳．為治無所用其繁碎．受事之初．廉訪一二太甚者．次第振刷．人吏稍稍畏法．雖無大設施．而潔己愛民之心．則衆共諒之．二載以來．邀天之倖．年穀成熟．命盜日漸稀少．弟樂得不擾之名．惟是地當江閩之衝．廉俸儉薄．才疎體孱．施之往來交際之間．為非所宜．弟日用甚是節省．然積虧幾千金．前歲迎家祖父父母兄弟妻孥至署．見此光景．日夜勸弟歸里．夫既有積虧矣．尚安得歸也．因家祖日就衰病．弟妹婚嫁未了．去秋父母復侍家祖南歸．七年於外．始得聚首一年．幸道里尚近．音書月可一至．不如向者南北相距之遙也．

前閱邸報．知吾兄得為諫官．謂當有嘉謨入告我后者．今尚寂然無聞．豈聖朝無□事．抑有待而言耶．今日諫官視古人易為十倍．但取前史而徵之．則可知矣．而為之多不能

如古人者・何也・久不聚談・聊感吾兄所云・故并及之・邇來年伯杖履何如・來書示知爲幸・七月初二日・明倫頓首・

答秦岵齋同年書

同年傅觀察至・接得手書・極承敎愛・闕然久不報・其爲感愧・無時去心・外吏胸懷俗惡・閧然與文字爲仇・偶爾把筆・心緒如麻・言之不恭・不如其已・此意想吾兄能諒之・不重苛也・履任之初・私念太守以察吏安民爲職・衢州人俗頗淳・竭己心力爲之・幸不至於顚蹶・其實承上接下・送往迎來・爲日居多・弟以迂疎之材・當衝要之地・公私交累・無有休息・自覺疲癃不堪・兩載以來・雖無大設施・然潔己愛民之心・屬吏尚能相信・不敢以事欺耳・營官念其樸誠・亦不致與之爲難・惟是久官閒散・志氣漸就疎嬾・一旦出守・日從事於無情之文・爲非所好耳・部郎職事簡安・體統尊嚴・苟無憂貧躁進之念・則心逸身安・而俛仰一室・嘯歌古人・爲樂無窮・況吾兄潛心經學・根本崇深・又得朋友講習・將上繼涇陽・爲東林遠耀・鈍翁亭林又不足云也・臨書不勝畏慕之私・七月初四日明倫頓首・

送段密臣之任乳源序

乾隆十六年庶吉士同散館者・四十七人引見・奉旨以於縣用者四人・其一段君密臣既選・密臣得予鄉之乳源・乳源於始興爲鄰邑・而予與密臣父相好・不可以無言・天下之仕・不必皆材也・然無不欲得善地而官之・天下之地・不必皆善地・然無不欲得賢官而治之・地不得賢官・則人不得其所・官不得善地・則人不盡其材・然天下有不可用之材・而天下無不可用治之地也・今之所謂善地者・非以其財賦之饒・人民之衆・聲名文物之盛乎・然其地既庶・其人既知嚮學・則不必有過人之材而皆可以治之也・惟是地瘠民貧・人吏目不識鄉飲酒之禮・耳不聞鹿鳴之聲・荒翳僻陋・其欲得賢者之治之也爲尤急・雖無貨寶之富・衣冠之美・然因其所產之利足以供賦稅・導其固有之性・可以興善行・養之有道・敎之有方・則人可使富而俗可使仁也・且其荒僻・則其人必樸直・無淫靡之習亂其耳目・無奇衺之言惑其心志・聞有司之令・皆以爲愛我也・則相率而從吾之化也亦易矣・乳源予鄉之僻縣也・密臣賢而有材・今以翰林出爲縣令・無幾微不平見於言面・豈以其地之不善・而不思所以治之哉・是必不然・遂書以贈之・

送譚子衢亭南歸序

方今天下學者・溺於詞章功利・其爲道之害・與楊墨釋老無以異・不惟仁義道德之說無從而聞・聞者亦必不信・宜說者無如之何也・余生長僻陋・學無師傳・讀古人書・嘗不遺餘力以求之・二十年于今矣・思得一二有志者相與輔而進之・以達聖賢之域・顧在京師五六年・所見無非談詞章功利者也・獨同郡譚子衢亭不然・其初來見也・吾以爲其志不過欲學爲文章・苟以譁世取寵・如今之學者而已・及相處之久・然後知其志在于道・病不得其門而入也・于是舉余所勞苦辛勤而僅得之者・與之語・終日不厭・有疑焉輒以問・問焉而有會於心・輒循而行之・日見其進而未已也・一日忽念

其親之老．辭余而歸．其將寬以歲月．尋求今余所得古人之諸言．以漸至于聖賢之域歟．然則今之學者如譚子．蓋未易得也．余既嘉其志．又念其歸不獲久與之處．無以佐余不剿也．于是爲文以贈之．

送朱梅崖同年之任夏津序

乾隆十六年．余同年友朱君梅崖以庶吉士散館．出令山東夏津縣．縣令秩比古小侯．有地百里．在他人得之不爲詘．而梅崖好學深思．爲文甚古．自比漢揚雄唐韓愈．今一旦出爲令．人謂梅崖將以疎外自待．爲文章以自道其放曠悲愁．如古不得志於時者然．而一時同館之人．亦相與嗟嘆其去．余與梅崖相知又深．方期散館後．得以文章相切劘．以幾於道．命初下．相視愕然．蓋良朋之不常聚．尤古人之所歎也．然所云者．爲目前區區得失聚散之私．而於梅崖自處之道．宜有所不盡然也．古之名□能文章者．韓愈氏而外惟宋歐陽修氏．二人初皆以言事獲罪．出守遐方．卒能守道順命．復官於朝．況今梅崖之出．朝廷將欲觀其理人之術．以驗其生平所學．非棄之也．又夏津古趙地．土厚人質．梅崖出其所學爲之．三年成政．宜無難者．政成例得入爲公卿．今所與遊者若在．必會合焉．然則謂梅崖今將以疎外自待．爲文章以自道其放曠悲愁而已．非梅崖之所自處．而余望梅崖之意．亦不如是也．余文不如梅崖．重其去．因勉爲序以贈之．

王母陳孺人七十晉五壽序

乾隆三年．吾友王君乾用以第一人舉廣東鄉試．天下之人讀其文．以爲可媲古作者．翕然稱之．當是時．乾用之名震天下．然而天下之人之知乾用者．以其文而已．未必知其爲人也．同鄉之人頗知之．又未知其薰陶而漸染之者．以其有母陳孺人之賢也．孺人少嫻內則．言動皆有法度．及歸王公．事舅姑如事其父母．敬其夫兄弟如其兄弟．兄弟卒．撫其遺孤子女如其子女．生男子五人．日夜督從明師．誦法周公孔子．以成其業．乾用既舉于鄉．爲名孝廉．餘在黌序爲名諸生．女子三人．遵其教令．爲良家婦．鄉人咸歎美之．而孺人自處益恭．督其子學．不懈益勤．其後乾用屢試禮部不第．孺人見乾用自京師歸則喜．未嘗以其子不得志爲憂也．今歲甲戌．乾用辭於孺人．復來試禮部．又不第．予視其色不怨．有人慰之．則曰．非有司枉我．吾文實未至也．余怪乾用舍朝夕之養以來京師．其心固將以爲有得于是．而歸爲其親榮也．今久困不得志．視其色不怨．聽其語益溫然以平．何也．因念昔者春秋時．勢位赫奕如晉趙孟魯季孫．亦人情之所榮．而今昔之所同．而當時孔子孟軻之所謂孝者．乃在曾參閔損一二布衣之徒．至其所以稱孝之實．不過曰守身養志．人不間於其父母昆弟之言而已．然則乾用事親以誠．不以不得進爲親之羞．而孺人教其子以義方．亦不以乾用困窮爲己憂者．其意皆無愧于古人也．某月某日．爲人孺人設帨之辰．乾用屬余爲文以歸．爲孺人壽．余與乾用生同里．少同學．故知乾用爲深．又知其母孺人之賢．故序之

如此・遇不遇又何足云耶・

費廣文七十壽序

郡州縣之有書院・所以佐守令施教化・以長養其地之人材・以爲齊民之倡・而賢者困不得仕・或仕而休于家・無以娱老・猶願得爲書院師・以傳其所學於人・以備國家之用・慈谿費先生篤學力行・不慕榮利・居家孝友・鄉人化之・其文章宏深奥衍・高出輩流・不懈而及于古・以丁巳進士出爲三衢教授・十年不調・三衢人士薫其德行而善良者甚衆・及余來守是邦・而先生以老致仕・遂家于衢・余見其議論有本・精神矍鑠・年高德劭・可以爲師・詢得城南正誼書院・久曠不修・爰葺其講堂學舍・以禮致先生其中・以教三衢人士・三衢人士樂從遊之舊・羣然大集・期年而變・三年而大成・予間視諸生・内外充然・若有所得・月校其藝・則各竭其材・發揮道理・若奏五音陳五采于前・盈耳炫目・不可一端取也・昔韓文公愈刺潮州・人未知學・公推郡人趙德爲之師・而文教以開・人材至今稱盛・攷韓公在潮・不一年即改袁州・雖公之德・所過而化・亦安能若是之徧且速哉・然則潮州之興于學・實爲趙氏薫陶漸染之功爲多也・今予之賢不及韓公・而先生之學・優於趙氏・三衢人文日盛・又得先生爲之師・先余而教之有年・及余而揉之又有年・余無適時材・用鬱鬱居此・行且謀引歸・使三衢人士守今日之所聞・而推而大之・引而長之・以至於無窮者・先生也・詩稱壽考作人・言作人者・宜於壽考也・今先生年七十・耳目聰明・行動不杖・手一編與諸生講論・終日不休・此壽考徵也・他日先生之門人・有遵先生之教・出而治家國天下者・皆先生之作之也・其壽考也固宜・於是諸生相率爲詩以祝之・而求予爲序・

朱梅崖文集序

萬事萬物之初・皆起於一・一與一相生以至於萬・奇偶參錯・而文出焉・伏羲之畫・蒼頡之書・帝舜之樂・周公之禮・孫吳之兵・魯班之巧・王良造父之御・其難易大小不同・其源皆出於一・一者明然後變化從之・從之人知悦其變化・而迷其所自出・宜乎心營手摩・窮年累月・至於目眩耳聾而莫能肖之也・今夫文事・初之總名也・而歌咏六經誦法以爲之者・於道又爲最高・

自漢以來・作者森列・獨韓退之號爲最醇・退之之文・怪怪奇奇・無所不有・然其言道・則曰仁義・言文則曰是・言學則曰師孔子・言政則曰暢皇極・由此觀之・退之雖怪奇其辭・其源則無不一者也・一故是・是故醇也・余初守是說・秘不敢以語人・後與建寧朱君梅崖同爲翰林京師・與之語・好舉退之之文・已而出其所爲文示余・則恢奇譎詭・爲深博無涯涘・而挨其義法・以余所見徵之・往往合焉・求其非而雜者・何其少也・其學退之之文・而漸窺其源之一者耶・近世文章・浮僞偏駮・違離道本者多矣・思得一二好古之士起而振之・如梅崖者・才雋思深・爲文不懈而及於古・又不得久在翰林・以散館出爲夏津令・用違其長・可惜也・梅崖出爲令・無日不欲辭官歸田・讀書著文以自表見・因先彙其生平所勞苦辛勤而僅有之者・屬予序以存之・夫文亦期

於有用耳・退之不嘗爲令乎・梅崖即不必終日言文・其所以爲文者自在也・

看山閣集序

甲戌之夏・余奉命出守衢州・時衢司馬黃君蕉窗・以秩滿入覲・相見京師・與之言文・而理辨而不詒・已而出其所著閒筆一卷示余・則多閱歷有得・陶適性情之言・余既甚異之・及與余先後之衢・復示余以其所著詩古文詞若干卷・余受而讀之・彬彬乎質有其文・非好之篤・用力之深・安能若是之多且工也・

聞之登高能賦・可以爲大夫・余觀黃君之書・鑱刻萬物・洞達人情・苟試之繁劇・其政事必有可觀・而司馬閒散・所治又荒僻・棲遲偃仰・吏隱於深山窮谷之中者幾二十年・今入覲・有旨回任待遷・而黃君亦將老矣・比得之・非其所樂也・雖然・使黃君位早通顯・任愈大則責益重・將勞攘于簿書期會之不暇也・又何暇舍其職之所當爲以爲文章哉・即有餘力勉爲之・又安能若是之多且工哉・余初官翰林・久不知其樂・今出爲州守・秩不踰黃君・而地當衝要・心勞力憊・欲如昔日之讀書著文・已不可得・宜乎黃君之久困不怨・而以文自喜也・黃君之詩古文詞・既自序以行於世・今又屬余幷序此編・都爲一集・余不能辭也・故爲序而歸之・

楊欽齋文集序

臺灣舊屬荷蘭國・前世皆棄之以與蠻夷據處・康熙中・天威遠届・掃除其地而有之・爲立府・轄以四縣・設總兵官巡按御史巡道守令治其地・自福建渡海・踰月而後能至・颶風作時・舟失勢・往往覆溺其中・雖之任之官・常不免焉・幸至其地矣・則又有海氛瘴癘・爲人疾病・病則往往致不起・官斯土也・三歲當遷・幸無疾病・則惟度日如歲・延頸舉踵以待遷而已・絕不以民事爲念・更無意及於文章・惟吾鄉君楊欽齋不然・初以名孝廉爲浦城令・二十年調令臺灣・至則以前之治浦者治之・臺人莫不從令・暇則以文章自娛・時上官有文者・燕遊倡和必召與之・楊君不辭・酒酣操筆立就・詞意清遠・若不知其身之在海外者然・歲滿當遷・而病大作・亟請於上官・上官念其勞・勉留之・不能歸而病愈・自喜其脫風波之險・瘴毒之災・則盛肆力於詩文以陶冶其性情・蕭然置富貴功名於度外・丁丑初春來衢州・省其季父巡憲公・不予鄙而出其所爲詩文相示・屬予序而存之・予讀其山居諸作・見行義之高焉・讀海外諸作・見政事之美焉・用雖未盡其材・然已可名于今與後也已・雖然・楊君冥然不與世接近十餘年・雖有文章・天下無從而知之・又況其深焉者耶・余故不自量其言之不足取信於世・而妄爲序之也・

隱士劉公畫像記

豫章有隱士姓劉名焜字闇夫者・余同年友編修宗魏之伯父也・宗魏嘗爲余道隱士之行・曰・先大父有子二人・長即伯父・吾父其季也・先大父以豪蕩不治生產・故貧・而吾父方讀書・不能卒業・伯父力肩家政・不以秋毫事攖吾父讀書心・伯父妻死・無子・吾父不忍伯父無後也・勸再娶・伯父不欲・曰・人家多以後妻間其月骨者・吾不忍爲也・居無

何．宗魏生．伯父喜曰．禮云．兄弟之子猶子也．弟今有子．吾何妻爲．遂不娶．撫宗魏猶己子．及長．又教之．凡家所有．伯父所宜得者．盡推與吾父．不絲毫有．伯父少精於醫．人以病告．無貧富皆往．治之無不盡心者．先大父卒．伯父親負土封其墓．雍正四年．伯父年四十八．卒於家．後二十三年．宗魏始成進士．入翰林．又二年．吾父亦舉於鄉．而伯父皆不及見之．家有伯父生時所畫像．吾父子出入必拜．子其爲我記之．俾後世子孫讀子文．思伯父之行於勿衰也．

余維人情莫不自顧其私．利不在己．雖兄弟相視如秦越人之肥瘠．獨隱士不躬自恤．友愛其弟．始終無間如此．可謂賢矣．宗魏念伯父恩．至於今不忘．敬其像如伯父生．且求文爲記．以圖永久．又可尚也．故記之．

榆次縣錢侯惠政記

榆次縣當太原四達之衝．其東西萬山叢矗．土瘠田少．加歲數饑．雖有常平義倉粟．然在城內．山路險遠難致．民無所取食．死亡交道．縣故多雜徭．無遠近皆徵無少貸．東南之民病焉．涖斯土者踵相接．未有憐而設法以甦之也．

乾隆十三年．錢侯來爲令．甫下車．攷圖書．問民疾苦．惻然念東南之民．同處榆次．供朝廷賦役．獨不得沾倉儲一粟．國家設官．父母斯民．豈忍苦樂不均若是．於是捐俸數百金．相東南高燥地．錯置倉若干楹．移城內倉粟分儲其中．以待歲饑．而正賦以外諸雜徭．一切罷去．不使累東南之民．又三年．錢侯親至其地．召其父老而告之曰．吾儲粟於是．以待汝饑．有事又不汝勞也．豈貧困猶如故乎．抑不也．民皆感泣謝曰．我民今幸家有餘粟．人有餘力．實惟賢侯之賜．侯又言曰．吾欲東南亂山中．伐木通道．以便汝行．可乎．民皆喜曰諾．於．踴躍趨事．鑿石夷土．未閱月而山路平．東南之民爲之歌曰．昔也巖業．今也康莊．微侯之力．孰示我周行．我勞我恤．我飢我哺．侯之愛我．踰我父母．乾隆十七年．榆次之民劉某等．述侯之所以惠東南之民．與民之所以頌侯者．走京師來求余言爲記．

自先王之道不明．士大夫不知官民一體之誼．以催科爲政．以鞭扑爲能．以奉行文書．免上官譴訶爲謹．誰能於薄書之餘．出力以甦民困．如一身血氣之必均．而泯其疾苦如錢侯者．豈易得哉．爲之記．所以告後之令榆次．與天下之爲令者．皆當如是也．侯名之青．江南震澤人．爲令廉敏．此其一端云．某月日記．

觀水樓記

澇洲水源出躍溪．盧氏世夾溪而居．溪南有樓．背山面溪．名曰觀水．蓋吾友子萬之父鼎常翁之所築也．予未第時．曾從燕山彭先生讀書樓上．今踰十年矣．而子萬走書來京師屬余記．

余仰而思之．環樓之勝．春有花．秋有月．朝有林旭．暮有烟霞．皆可觀也．而翁獨以觀水名．蓋取孟子之言也．孟子曰．觀水有術．必觀其瀾．蓋言本也．而有所未盡也．閒嘗靜觀天下之水．澄之則淸．淆之則濁．似心．隄之則固．決之則潰．似禮．獨流則細．相資則深．似朋友．虛則進・盈則退・似德・雲上于天而爲雨・則潤澤萬物・否則挹注之間而已・遇君子法之・內正其心・行依乎禮・擇朋友講習而守之以謙・則德易成・德成則窮有可守・達有可爲・沛然如源泉・不擇地湧出・豈同溝澮陂池・遇潦則溢・遇旱則竭哉・今樓上所見者・躍溪水也・其水清駛・衆山夾流・會湞江以至於南溟・旦暮間事耳・吾儕舊常聚處於此・以學聖人之道・誠有觸于目而醒于心者・今余道未成而仕・時時深潰決之憂・而子萬隱居不仕・讀書求道如初・其有得于茲樓之助也多矣・然則翁之觀水名樓・可不謂之知道矣乎・于是推孟子之言以爲記・

凌　魚　字滄州・一字西陂・番禺人・乾隆戊辰進士歷知湖南桂陽昭陵醴陵諸縣・以廉敏稱・嘗與檀萃同輯番禺縣志・今稱任志・又著有書耘前後集・阮志注未見・其族孫鶴書藏有鈔本一冊・不分前後集・

謝澄江太史集序

昔歐陽子謂詩窮而後工・余則謂工而後窮・從古然矣・劉公幹終於文學・左太冲老於記室・其明徵也・唐詩人之達惟高適・然達夫年五十・始釋褐爲尉・何晚遇也・長吉錦囊・成於早慧・廼弗獲一履承明・何無命耶・至如太白僅叨供奉・而流竄夜郎・少陵暫拜拾遺・而饑驅蜀楚・世謂造物妬才・天孫妬錦・嗚呼・豈不信哉・

余友謝君澄江・崛起賁隅・自幼試輒冠其曹偶・甫壯即洊清華・觀書中祕・雖未幾放歸・不可謂不遇・蓋在他人爲達・在澄江則窮矣・澄江好句天成・尤工駢體・當乾隆己卯庚辰時・排律初興・遠方士多躑躅於燥吻・澄江獨茁穎秀發・圓轉如珠・賦更體物瀏亮・粲風猋豎・同時館閣名流・咸推爲祭酒・還山後・才無所騁・往往從布衣野老・淋漓顛倒・以寫其懷・間復跌宕於酒旗歌扇・其爲詩・妃青儷白・驚艷冲彝・幾微阨塞不平之意・流露於楮墨・性豪邁・所至必盡醉・醉必吟・而懶不自惜・隨手散去・今集中所存・大半館課作也・嘗語余曰・吾少時爲文・即有賦心・故每留神四六・至於散文古律・還俟讀書十年・時或含情有托・要皆追逐時趨・而未達於古・其漢魏盛唐不暇論・近而北地濟南公安竟陵雲間常熟諸公・分門競戶・所持論雖不免於偏・實亦各有其至・吾茲尙未能數數然也・嗚呼・其歊然自下之心若此・倘天假之年・長得迴翔鳳沼・出入鑾坡・手筆何渠不如燕許・即不然・如劉左李杜諸人・雖卑棲轗軻・而恣之以漁獵・徧之以遨遊・俾一縷靈心・日與古人相摩・盡其所成就・亦詎可涯涘・而乃緣情綺靡・弔古悲涼・徒發高唱於亂石驚濤・抒幽思於曉風殘月・猶且命同長吉・賦促玉樓・人生有情・誰能堪此・此其可惋惜感喟・宜與當世學士文人爲造物所妬者・齊聲而共哭之也・

澄江卒之二年・厥弟懷谷收拾遺亡・得詩文若干篇・都爲一集・屬余點定・余以才不及澄江・辭弗爲也・適江左檀默齋先生來粵・訪余於禺山・因舉以相質・慨爲編次・更加刪潤・顏以清麗・序而歸之・澄江生平知己・得此可以不恨・而詩文之品格高下・亦有定評矣・余奚言・時乾隆癸己中秋後二日・

蓮湖社碑學記

古者王畿置小學於辟雝之側．其在侯服邦國．則列於庠序之右．周禮地官．黨正各掌其鄙之政令教治．孟月屬民而□法祭祀．則以禮屬民．蓋黨正即一黨之師．以佐邦大夫所弗逮．此世社學之設所由昉歟．我番禺向有社學六十餘所．爲明嘉靖初提學魏恭簡校飭有司創建．維時官□□□□事．選師儒課術業．歲察其儁異勤習者優獎之．□□□□爭相刷磨．弦歌溢乎四境．人材稱特盛焉．迨其後有□□急簿書期會．視教化不啻塵飯塗羹．即學校煌煌．亦聽郡民自爲興廢．無論鄉閭矣．夫一閧之市．必立之平．一卷之書．必立之師．學烏容廢．故低昂之駟．教之功也．鷙擊之鳥．習之馴也．不然．凡馬野鷹亦類耳．何此貴而彼賤耶．

□之北．有地曰蓮湖．其環而聚族者．爲水瀝．爲塘貝．爲□□□．爲泰莊．爲廻龍塘．爲雙岡．風俗素稱淳古．一日．居人相與謀曰．國家建學．自冑監至鄉校．備矣．司教者掌之．惟社學弗隸於官．可以義起．吾等六鄉僻處村墟．去城稍遠．即有志子弟．結念讀書．然憚於擔簦．或艱於膏火．抱獨守殘．野處汨秀．百工居肆之謂何．奚不爲之所也．僉曰．然．於是欣躍從事．未幾得若千金．於蓮湖之左．剏立社學一區．繚以坦墉．塗以丹雘．甃以階戺．經始於乾隆乙未某月．迄某月而告成．乃就予問記．予惟聖人之道．淡而寡味．始學者不好也．功莫要於養蒙．教莫近於當社．是故稽首而徊飛．不如循雌之必獲也．孤居而□智．不如務□之必達也．詩曰．高山仰止．景行行止．此言師資之宜亟也．又曰．嗟爾君子．無恒安息．此言學道之宜敏也．希驥亦驥之乘．希顏亦顏之徒．是在士人自勵．以無負剏立者之意焉．則幾矣．又多乎哉．是爲記．

藍田書院記

粵稽成周建官三百六十以紀衆民．無一事無法．而獨無建學之制．無一民無養．而獨無廩士之條．然上下顧交趨之．如飲食葛裘之不可緩．漢唐以來．學校寖盛．歷代相歸不廢．但博士有專員．生徒有定數．窮鄉晚進．苦無明師．往往有欲從末由之歎．於是賢士大夫思以廣之．爰有書院之建．其始則濫觴宋太平興國時廬山白鹿洞．學子常數千人．賜以九經肄習．又賜石鼓應天嶽麓諸書院敕額．自是踵相慕傚．前規後隨．下至市廛村落間．所在多有．凡以植人材．興道藝．意至遠也．

藍田在揭北境．風俗素稱淳朴．地有新亭．爲邑重鎮．國初寇氛未靖．山海交訌．琅山之巔．淪爲戰壘．當是時．風聲鶴唳．家罔攸寧．人士趨蹌逃竄．固不暇言學．今承平日久．民生不見外事．四方商賈．爭出其塗．絃誦之聲．亦洋溢乎四野．爰是紳耆子弟．僉謀創書院於其中．乾隆癸未．請於前侯沐寧王公倡其事．而命倪明經健行庠士蔡若海徐源長等任歛財．不匝月．得白金千有餘兩．隨卜地於琅山下．繚以垣墉．閎以堂構．甃以階戺．正宇三．旁舍二十有四．庖廚游息所復數楹．環植李桃竹木．以資勝概．院外園租歲可得七千餘文．王公復撥磐溪大嶺官荒埔地一百二十餘畝．爲師生薪水．經始於仲夏．越八月而告成．尚未有記．

戊戌春・余承大夫桂平劉公聘・主榕城講席・倪生謙受以老明經來學・因請文・

余惟天下事・百九皆可馴致有効・惟學問則毋望其速成・韓子謂用功深者收名也遠・顧人見其難成・輒委爲降才弗若・不知士患無志耳・希驥亦驥之乘・希顔亦顔之徒・故晉虞溥曰・鍥而舍之・朽木不知・鍥而不舍・金石可虧・斯其效也・雖然・此第言文也・有質存焉・學以明倫・亦以飭行・堯舜之道・孝弟而已矣・夫子之道・忠恕而已矣・敦孝弟・斯根本立・求忠恕・則終身可行・此又爲師若弟者所當知・勿徒以漁獵辭華畢厥業・庶書院之建設不虛矣・是爲記・

揭陽榕江書院記代

稽古庠序而外無別學・自漢陽仁拜什邡令勸課・掾吏子弟令就學・由是義學萌芽・唐宋時或名書院・其造就人材之盛・往往埒於司成・若白鹿嵩陽應天石鼓・其最著也・我朝文教覃敷・度越隆古・列憲承流化布・復多方作人・以故大邑通都所在・書院相望・惟揭陽未之有聞・今上御極之八年・前令張公薰始購地城西・築精舍爲榕江書院・顧形制卑陋・且檐阿宋棁陁落日甚・歲丁亥・余來視篆・愛其地之勝・思無廢前人・因重修而式廓之・乃甫建一樓・旋値外艱去・乙未捧檄重臨・竊喜得酬前志・爰諏日鳩工・先繚之周垣・表之綽楔・繼而伉其門・殖其進・門凡三・左右夾室六・進爲奎璧聯輝門・再進爲人文宣朗堂・又進爲樹人堂・啚後屏以罘罳・中間幪以甬道・雕欄綵礎・繡錯綺交・兩廡爲居業所・各十七楹・內建游息亭二・側蒔荔枝木筆數株・最後爲奎光樓・即余前丁亥時所構也・樓上北牖洞開・近而玉窖風帆・遠而黃歧雲樹・若接几席・樓之東・舊有古坎・拓而濬之爲池・暗穿城濠・以通潮汐・中植芙蕖・花時清芬徹四座・山闉睥睨送青人・巨石岭㟞・如呀如嘔・如蹲如舞・不一狀・池前築方臺盈丈・凹小沼蓄文魚・稍上爲漱芳亭・廻廊環繞・逶迤紆餘・以夷猶散履・轉而南・爲蓬島觀瀾廳・下爲樂此亭・亭前鑿鑑塘半畝・外疊海石爲假山・崟嶔玲瓏・有老杜三峯出羣之槩・下窪爲飲虹澗・活水淲淲循其隟・廼渡以畧彴・蔭以茂林・遊其間者・如入洞天然・院四隅輪奐交繆・甍雀瓦鴛・矯首比翼・都成罨畫・視昔日規模・煥然改觀・是足爲敬業樂羣之地・堪助明心養性之功矣・

已復念國家揆文奮武并重・赳赳衿子・均隸膠庠・欲更設新院・招諸生以時習射・既又得許氏地・於是除榛莽展其狹・走畚鍤起其卑・經之營之・一如前堂・仍二敞邃・殺四之一・東西舍各十五楹・堂後爲園・建停雲亭・樹石交映頗幽勝・外爲月門・門外匝以廵簷・下鑿方池・亦呼嗡導潮水・四圍栽花暨桃柳・中爲飛躍靈機亭・前爲平臺・畫欄髹檻・文甃縝緻・俯察魴鯉・以時出沒・令人輒起莊惠濠梁想・西爲射圃・建觀德亭・兩行蒼筤・玉立千箇・風月無盡藏焉・統計兩院周遭・直三十七丈七尺・衡二十八丈六尺・爲舍一百五十五間・庖湢都養所皆備・需費一萬三千兩有奇・初則余割俸廉爲之・後則邑人士咸思絃誦・於此爭趨以贊其成・前院起乙未十月・訖明年七月・新院起丙申十月・訖丁酉正月・既落成・考取生童肄業百十餘人・附課二百

人。肄業者資以膏火。課則拔其尤者。槩予獎賞。武院亦如之。皆延名師主教事。復科銀二千兩。交商生息。爲永遠師生薪水費。間有迂余者。余曰。孔子云。子產衆人之母也。謂其能養而不能教也。今余幸得藉乎蕆事。數年中心力雖瘁。然用以體列憲樂育之盛心。宏聖天子菁莪之雅化。意誠有樂於此弗爲疲也。因紀其顚末劖諸石。俾來者有考。維時董其役者。則邑紳鄭君大達。鄭君新喬。劉君慶傳也。例得附書。

黃如栻 茂名人。乾隆戊辰進士。

水火災積貯記

高涼郡治。逼山臨水。茅房草舍。比屋相連。夏潦則淹。冬燥則火。民之罹於斯酷者。動數十百家。當其號呼籲救。奔走流離。誠廹於刻無可待。而上之賑之者。臨局徬徨。急難籌辦。方且資謀議。捜餘羨。以徐爲之計。嗟何及矣。今天子軫念災黎。薄海內外。無有遠近。必加賑恤。而荒陬僻壤偏小之患。有不足以重煩公帑者。是在地方大吏。仰體朝廷子惠元元之意。因時隨地而早爲之所耳。大觀察諸城王公駐節潘城。每遇水火二災。輙躬先率屬徒走街衢間。督令救拯。繼又捐囊以恤之。甚且至於典衣。民之仰公以濟者。如無災焉。公猶慮晉秩後民失所依。而當局者倉卒又何可辦。思所以儲之於豫者。慨然捐俸以爲倡。既而茂尹吳公以及官紳之屬。咸樂捐輸。共勸美擧。而總其成於觀察公。公爲之晝章程。計久遠。權其出入。別其多寡。間又貸民。築室俾之。積歲漸償。將由約而豐。自郭而野。事起於一時。慮周於百世。向之號呼籲救。奔走流離者。今且泰然坐享其成。無復經營餘羨之紛紛矣。由是未災之民。有恃無恐。既災之民。如取如携。行之又久。方且習爲故常。安於固有。共相忘於高天厚地之中。反不若臨局徬徨。廹爲籌辦者之易以市德也。而不言功者功愈深。不市德者德彌永。凡公之擧事。其思深慮遠。不苟飾於目前者。大類如此。爰列事宜各條。勒諸貞珉。是爲記。

蘇夢篆 字見南。順德人。乾隆庚午擧人。歷官新興儋州學正。江南萬年縣知縣。羅元煥歲暮懷人詩云。忽憶蘇君懷抱開。肝膽長照十年來。白頭共有慈親在。晏歲先余負米囘。其願目署名丹山。疑亦其別號也。

葉節婦傳

節婦簡。新興之午村人。父篤斐。與同里葉以輔相友善。以女許字其次子光曾。即節婦也。歲庚午。年俱十八。婚有期矣。光曾性敏嗜學。讀書榔村古寺中。一夕夢彌勒張布袋招之。得疾不起。節婦聞變自剄。父覺之。得不死。曰。兒何自苦。節婦流涕被面。久之曰。父以兒許葉。求爲葉氏鬼耳。歸女于葉何如。曰。兒志也。于是縞素詣葉。及門。而光曾柩自外至。撫棺大慟而絕。逾時蹶然起曰。受命良人矣。舅姑在。未許身殉也。固當代終子職耳。則入拜舅姑。執子婦禮。舅姑哭子而哀。輒爲寬言譬解。朝夕饋烹。含淚從事。絕不聞號泣聲也。鄰婦惑之。私問曰。而始歸慘悼不有身。何烈也。今乃不甚戚。豈激于一時耶。節婦嗚咽曰・志豈須臾忘同穴哉・顧舅姑痛深矣・又觸以哭踊・益之痛也・且化者有成命・曲體之未能・而重傷厥志・毋乃貽以不瞑乎・鄰婦乃歎服・其舅有宿疾・以喪子故・驟發而劇・數月竟不治・節婦撫膺曰・本求終事兩大人・今唯姑在耳・脫寢與飲膳之或失其時・則未亡人獲戾茲大・而葉產不及中人・連遭喪益窘・夫兄榮曾・及其弟昌曾・竭力謀甘脆猶不給・節婦晝夜庀女紅佐之・歲得葛五六疋・疋值可二金・繭一二疋・疋可値四金・悉以奉其姑・姑老且病・凡扶掖搔抓・下訖澣濯溲溺之役・不以均勞諸姒・曰・若有兒女累・吾習此不爲疲也・蓋一臥或至十數起・如是者垂四十年・姑酷愛憐之・嫛呼曰我女・節婦善解姑意・亦不稱姑而稱母也・及姑卒・哀毀幾至滅性・既免喪・曰・吾將報命良人矣・亟爲嗣子鋌納婦・蓋病臥逾月而歿・

初・節婦奩入歲可八十石・不私一粟・其後明榮曾謂其弟曰・吾家諸費・資奩入以佽者久矣・當別儲之・母使賢孀憂困乏也・節婦聞而固請均之・不足・則令鋌治圃以繼・拮据終其身・毫無怨悔・先是以輔妻嘗遘疾・憂不及見新婦・其父囑伯媪携之往見・比歸・問曰・葉家漸落・其兒奚若・媪未及對・節婦曰・積善之家・不病貧也・時年甫十三・其識大義蓋天性云・節婦寡言笑・而遇人和氣可掬・有某氏婦突如造門・色倨詞悖・見者咸爲不平・節婦從容相對・溫語移時・卒慚謝而去・後乃知其夫累負葉債・謀服毒以賴也・不動聲色・而悍懟屈服・尤女子所難者・

雍正十年・有司具其節孝上之・奉旨建坊旌表・節婦歿十餘年・其夫元子廩生錦請余爲之傳・傳非史官不敢作・禮也・而其事足爲婦女勸・不可以不錄・夫未嫁而稱婦・于古禮疑若少異・要未可執此爲譏・前史官汪堯峯・號稱立言不苟・其傳宋典姐・誌宋孝貞・詳哉辨之矣・節婦逮事舅姑且數十年・婦道尤爲克盡・視二宋有加焉・余同年友陳君子杏・其鄉人也・徵之而信・因詮次其本末・以俟良史如堯峯者・光曾有弟曰顯曾・其妻潘・廿四而寡・撫遺孤・矢志不再適・簡自五十後稍衰・所以事姑者・潘與有力・稱雙節孝云・潘今尚在・年四十矣・

馮慈 字子持・南海人・始由西樵之簡村・卜宅羊城・乾隆辛未進士・歷任浙江縉雲歸安龍游知縣・著有大埜詩文集・

張躍珍傳

張躍珍者・東興里之初祖也・里當增從龍門三縣咽喉・兵興以來・山寇出沒無常・躍珍設法防捍・得免蹂躪・人稱爲保障・劉總兵剿賊其地・俘男女數百・珍惻然請於劉曰・比年兵燹頻仍・戶口年去八九盡・推罪人不孥之義・貸諸男女・亦爲國家生聚計也・劉然之・躍珍竭力糾諸鄉里粥之・榜通衢・使各引去・尚藩時・諸無賴之隸籍於旗者・橫恣莫奈・一日暴珍鄉・珍時爲諸生・輒攖而折之・列其兇狀・因謁者以詣王・王曰・生何爲・珍曰・君王武定南陲・功銘鐘鼎・英風所至・草木摧折。謂宜少煦春陽・以甦元元・而永帶礪・乃臺輿下隸・怙勢力以玷王威・樵夫牧豎・不知大體・向隅之下・嘖有煩言・生愚・竊恐爲君王盛德累也・王遽按狀．置諸無賴於法．是後附省諸縣．得少減藩下之害．進士張朝紳者．故明兵部尚書家玉季父也．玉兵敗．朝紳挈玉子走匿珍家．八閱歲．卒無恙．康熙甲辰．朝紳始出．成進士．（按廣府志．羅珍名兆瑋．增城庠生．事蹟與上傳同．）

黃紹統 字燕勳．一字翼堂．香山人．乾隆己卯舉人．官石城訓導．擢瓊州教授．訓諸生以實踐之學．學者稱仰山先生．嘉慶中．國史館修儒林文苑傳．嘗徵其遺書．著有仰山堂集三卷．阮志注存．子培芳．最知名．

石城橫山李氏族規序

古者先王欲率天下於大同也．聯之以姓．立爲宗法．顧又說鄉大夫黨正族師比長以訓諭之．維時人無論賢愚．內則受治於家．外則受治於國．禮法相維．其或即於敗類者鮮矣．此王道所以隆也．後世宗法不立．又無鄉大夫之設．以故族姓之萃處既繁．習俗之澆漓日甚．一姓如此．推之鄉邑國與天下可知．世道其尚可瘳乎．君子謂王道始於鄉．鄉固羣族之所托處也．使族各率其子弟．各申其教誡．則族無不肖之類．即世無梗化之民．返而淳龐．固自易易．然非其族有人焉．爲之樹之型而立之坊不可．

橫山李氏．石之巨族也．聞往者士遊於庠．農安於野．謹愿淳樸之風．爲一邑冠．端自其族人廸悔先生有以倡導而束約之云．先生爲經明行修之士．嘗司訓南建．教澤在人．至今猶稱道弗衰．居家日嘗著爲族規十有六條．爲要者八．爲禁者八．其事皆人紀日用之常．告誡諄諄．勸懲有法．人皆重其德．服其教．故數十年來遵循罔替．

迄今先生往矣．不無桀驁者錯出其間．嗣孫亦兼．痛祖法之不行．思有以重申條約．鋟板而榜諸家廟．因問序於余．蓋欲得余言以覺其族人．因而念及先生也．亦兼繩祖之志．不已苦歟．余惟秉鐸是邦．固有身教之責．恨末秩微權．不能遍諭諸人．有以助邑大夫之所不逮．余滋愧矣．因素心儀先生．又幸得讀其族約．古稱所謂鄉大夫者．其在斯人歟．吾願先生族人佩服規條．率教罔斁．庶幾爲孝子．爲順孫．即爲良民．爲佳士．用成先生之志．顧不韙歟．

石城縣志序

高涼隸嶺嶠之西．領州縣六．而石城爲殿．固所稱偏陬也．地雖偏．而土地人民政事必有與立．宰斯土者．其所以愼封守．撫蒼赤．審張弛．是果何道之施．詎不各守爾典．而能報政一方歟．循是說也．則凡布芳躅於當時．昭遺規於來許．匪志弗章．諒矣．惟是建縣以來．歷唐至今．千百餘年．其間陵谷變遷．人物隆替．戶口登耗．風俗淳澆．匪紀載則不傳．即傳矣．而魯魚混淆．亦弗信．非蒐羅稽覈．勒成一書．其奚以信今傳後．上備輶軒之採也哉．

石邑有志．由來已久．己丑．統以司訓來此．索志循覽．中外模糊．即竊竊焉殘闕是慮．稽厥纂修時日．則出自前侯孫公．距今業七十載矣．故於公事謁邑大夫時．每以補輯之說爲請．諸公均有志未遑．將毋事之興廢有時．抑亦待人而後行耶．迨乙未秋杪．心筠喻公以名進士來宰是邑．一切興革輯寧・諸善政次第舉行・即以修志之役是任・顧丁酉戊戌兩歲・災祲已告・公心力已瘁・又卒卒弗暇・年來歲稔人和・乃起而珥筆焉・時有若簡亭王先生者・公姻友也・淹雅多才・與之分校・將浹期而後成書・蓋其審愼謙讓若此・統雖與考輯・自慚譾陋・而分門別類・去僞存眞・刪繁就簡・竊有力焉・於戲・石之先・椎跣錯處・大都樸野悃愊・愚魯之習・亦或不免・我國家涵濡日深・聲敎所訖・久已進於鄒魯・嗣公涖任・文物丕變・即楓陬茅麓・鏗琅皆絃誦聲・上之化下・疾於風草・亶其然乎・此則統目擊其盛・而志所未及載者・竊願有以補之・夫以公之經濟・施於土地・土不曠矣・保此人民・民不困矣・振而政事・政不窳矣・而學問文章見於此志・特一班焉爾・公今以循卓入覲・行將藉手以獻當宁・俾知嶺嶠偏陬・其土地人民政事・亦有卓卓可觀若是者・顧不韙歟・乾隆庚子・

陳子承 揭陽人・乾隆庚辰進士・

榕江書院賦

城西榕江書院・剏於中州張侯・薙草營基・甚盛舉也・歲久漸即頽圮・雖歷數令宰補葺・顧形制狹隘・不足以示壯麗而詫巨觀・大令劉公以粵西碩彥・先後兩蒞茲土・因舊址而廓式之・飛檐修梁・曲沼小坡・詭制殊觀・兼包博落・更闢射圃・俾擁百城者擅三鐮八法之伎・伎也進于道矣・陳子覩茲而怡・遂抽毫而賦曰・

伊揭嶺之雄鎮・實秦戍之舊墟・環雙溪之玉帶・浸孤城之菰蘆・炎精干牛斗而上・蜎蝝挾明珠而趨・美盡東南・地軸綿于桑浦・風高鄒魯・潮海溯自韓蘇・弋乎道德之圃・側乎比耦之徒・妙機張于省括・神虛發于蒲且・蓋自吳碭興而孝廉首闢二千石之舉・思仲作而廣南獨冠三百六之儒・儲楩楠之嘉植・課洞主于居諸・緬石鼓之賜額・起山長而秘書・造舍博延・聿昭鉅典・經義治事・胡弗究圖・爰有劉侯・南平是指・乃廓書院・西城之隅・昔斯宇之肇基也・相方揆日・審曲面勢・櫳擴楯榴・汔可小愒・物窮則變・工倕指攭・蒼䶑竄瓦・是用侘傺・陰陽剝蝕・天地委蛻・空憶文梍・無復設□・腐黑撓折・懸肬附贅・脫有欵門而謀惎・亦惟操鏝而牽制・孰是綿蠻䵝霿・隨雲融泄・峨峨嶫嶫・規四院而濟厥美于世世・

洪維我皇・崇化右文・宗胡瑗・禮鄭虔・拓槐市・優寒氈・萃六材之奇・探七畧之編・籠烏兎而高狩・陋雉塲之應弦・干茲乎觀禮觀射而並肅・金鐸木鐸而俱震・寧假進學之解・以畢兀兀之年・爾乃登登馮馮・再興百堵・奎褸鬱其上躋・儼擎天之八柱・凌倒景而墮羲鞭・攢壁宿以匝圖書之府・燾冪拮桀・轉縣痏僂・權枒黝糾・翔鶤却顧・棼楣偃虹・夸岸嶺而紛黈・重霤彯漢・眇眇匌匌於一縷・排飛闥而從兢魂・恍恍于水擊三千之羽・

若乃啓南端之重闉・豐伯起之鱣堂・睽罛㡉豁・鍔鍔皇皇・三門四表・雲蔓翼張・欃櫨各落以撐柱・駕躨跜而騰驤・綺楝揭孽而宏敷・仡鷳眈以徜徉・皎月矆乎懸黎・微風動乎瑯瑺・隱宿霧則爌熀爣閬・象迷譎幻・激朝暾則班間賦

白・光燭微茫・朱明而沍寒・恍入冰室・窅窱而弸彋轉拂洞房・搴木蘭而解佩・啓軨軒以迴翔・茫茫墜緒・咀華含英・斷斷多士・刮垢磨光・孰云施絳幃而愕眙・可曰擁臯比而讙驚・步隥道以縈紆・循圖扉而跳踉・宛櫂流之瑋構・羌邐靡而彌望・

其東則有觀瀾之亭・植荷之沼・緬彼美而波遙・愴贈誰而思攬・集裳乍挹孤芳・初日還誇筆妙・朱華賦罷・祗延賞于夜遊・白露歌殘・謾含愁于秋杪・田田之戲・偶浹潑機・亭亭之植・寧夸蔓草・綠房窋窕・會濡毫于藻茹・碧玉舒霞・聊絜芬于井湫・伊達人之大觀・嘆逸徽之是紹・前面南榮・盤石倚傾・仰攀陬互・俯眺崝嶸・背穴偃蹠・唯意所丁・瘦骨冰鑑・奇峯雲蒸・望舒秋碧・沮洳春青・新晴則螺黛橫空・宿雨則蝸蜒鏤形・鑄鴻鈞于卷石・圍五嶽于一庭・昔巨靈之贔屭・坼太華而營搸・洎夸娥之刋定・拔二山而互走・何小阢之盤礴・嗟化工之在手・鬱爾而紆・凸兮其岫・穩于累棋・工于會構・峆岈澒洞・脈絡通透・咍女媧之鍛鍊・愍精衛之恂愁・如射麋之麗龜・如中使之間箔・乍駭天竺之飛來・得非羅浮雲逗・或岩嶙而纚聯・或巀嶭而成甗・或如奔虎蹲踞・或如神螭蜿蜒・或如魚頡鳥盱・駢羅而傑俽・或如劍鐔玉笥・刻陗而瑸瞵・研山頻揖顛米・仇池如慳鬅蘇・圖千幅之絹素・恍瞀十洲于蓬壺・

于西則飛閣修除・復道詰曲・築方廣之陂塘・宛巇嶐之溝瀆・感盈虛于宇宙・遲消長于潮汐・澄泓瀜瀠・氣呑洮滆・鑿渾沌之坤竇・忘機械于魚躍・因方止鑑・應候起伏・準渾儀之樞轉・符晷度于圭測・碧臺突湧于中流・朱欄却倚而遙覗・澄八極于無垠・澹孤懷而誰告・雲栭搖而曳于素波・露萍交併于瑤席・錦鱗噞喁・游菰㛌嫿・聽寒風之蕭蕭・鳴循途之虢虢・玉窖滙而成洿・鸕鷀宛以棲彴・浮四面之波光・渾一灣之潛激・寫活水于源頭・亦焉往而不適・

爾乃攷射義于禮經・稽夏官于周典・用是以觀德于節・俾持滿審固而罔眡娗・古者遹經必期射策・故春絃毋廢秋獮・男子縣弧而典綦重・夸牟作矢而事始蔵・以己為鵠・胥繹厥志・名澤以宮・用登乃選・比於禮與於祭・共幷夾偉槀韄・伊振古而若茲・吁舍是而有覗・廼樹繹堂・廼擊射場・廼張豻侯・矢箙低昂・

劉侯戾止・旌旆飛揚・序點揚觶・佽檥蒼黃・發彼有的・雷鼓齊鳴・侯曰善哉・拔幟登良・斯時也・氣軼天寶・力羂嘷陽・赤羽沒石・星弧隱芒・烏號夏服・騺駻聿皇・寧止由基與飛衛・獨詡貫虱而穿楊・曠覽九垓・下黷上墋・弗常厥德・入于坎窞・搜叢薄・乘磨颩・徽咟窟・駕崖广・峪嵲隗其相嬰・吾將逝乎廩廩・忽振衣而濯足・抒豪吟于東廂・幽石白雲・遜矣謝公之別墅・名園淥水・儼于莊生之濠梁・奚必揖伯昏之分・悵孤踪之落落・觀呂梁之險・似無依而洋洋哉・是其衙宮般爾・斧鑿鬼工・圬者曷能役其朔・梓人究難相厥終・振河汾之逸響・步夔相之高風・千間大廕・六藝昭融・嵩陽無以尚・嶽麓可許同・澤紫陌之繡壤・叩黃歧之鯨鐘・懿夫千村之化雨・展也百里之令公・

龔騶文　字熙上．號蘭庵．高要人．乾隆癸未進士．官翰林院檢討．以大考罷職．改主事．擢御史．會舉行召試．騶文請令大臣子弟不得與寒士競進．上溫諭嘉獎．累遷至宗人府丞．嘉慶丙辰與千叟宴．致仕歸．家居貧甚．自奉如儒生．課士於端江義學．有函白金乞關說公事者．峻拒之．其諫草詩文多散佚．後人想望豐采．僅搜得詩文數篇．刻入端溪詩述文述中云．

彭樸園先生兄弟壽序

孔子謂仁者壽．而老子曰逸則壽．不可知者數也．無不可知者理也．人生一身所歷．一日之內．紛華靡麗．其迭起而嘗我者．百端萬變．莫可紀極．以區區之神明．與莫可紀極之嗜欲相角．日馳騁眩鶩其中．其必不勝可知也．然以區區之神明．與莫可紀極之嗜欲相角．日馳騁眩鶩其中．其輕重得失之數．又有識者所不待計而辨也．

樸園彭先生曁其仲氏素園先生者．無金玉青紫之華．而枕流漱石．有遺榮樂道之槩焉．無鐘鼎牲牷之養．而烹葵剝棗．有恬淡寡欲之風焉．雨足春疇．霜清秋圃．與田夫野老．笑傲歌呼．有順時止足之思焉．其不干進也．箕潁之全其天也．其甘淡薄也．松喬之適其性也．其出作入息之寬閒也．無懷葛天之熙熙而皡皡也．富貴福澤所以厚吾生．而紛紜憧擾實性命之賊．二公吾不知其於仁何如．其有得於靜與逸之趣者歟．且溫和者．天地之元氣．氣至而萬有不齊．咸欣欣盎盎．光澤充盈．人身亦若是而已．先生塤篪友愛．門內翕然．則卜式薛苞之芳躅猶存也．和光同塵．與物無競．則婁師德謝萬之流風未遠也．以集介祉．寧有艾乎．

今樸園先生行年七十有一．而素園先生亦六十一矣．歲癸巳十月日．爲樸園先生懸弧之辰而素園先生則以六月日．戚里咸謀治羔酒以爲壽．辛卯孝廉顯．樸園先生猶子．素園先生之嗣君也．謁余里門．屬余爲敍．因誦二先生高風懿行．以見求福有道而康寧壽考受於天者．未始不可修於人也．

胡定　號靜圃．保昌人．乾隆癸未進士．官檢討．轉御史．連劾甘肅湖南巡撫．直聲震一時．後以劾內務府郎中某．褫職逮繫．久之放歸．著有雙柏廬文集十卷．保昌志十四卷．阮志並注存．

芙蓉亭詩序

謂詩有益於治乎．謂詩無益於治乎．將無益於治．孔子固常取爾矣．誦詩三百．授之以政．苟爲不達．是無所與於詩．昔唐承六代之敝以有天下．振六義而宏之．取士多以詩．能者等出．其任刺史尉令者．往往有善政惠愛留民間．戴叔倫韋應物姚合劉長卿諸公．具著紀冊．後世讀其詩．猶想其居官恤人之心．故不以詩而能從政者有之．未有深於詩獨拙乎其政也．

南海梁氏．世以能詩聞．凡吾粵稱詩者．以爲指首．石雲長兄以其才代起而益張之．可謂盛哉．雖然．予於君不惟其詩之工．且有以信其達於爲政．蓋君之詩．厚而不傷．和平而不迫．庶幾管子所云止怒者．持是以往．此君子善感人而移易風俗之具也．君今以廣文遷縣令．來京師．其於臨治有日矣。予方樂觀之。而安可無言也。君刻詩有名芙蓉亭集者。爲跋以志之。

四餘偶錄序

文章者。經濟之流也。經濟者。文章之源也。理有相因。道可兼盡。譬之水焉。必貿地涵虛。如玉淵雲液。浩然達於長川。瀦於大澤。夫乃鼓之爲濤。盪之爲漪。蹙之爲縠。澄之爲練。而至文具焉。不然。潢汙之漲。溝澮之流。涸立待矣。

楊訒庵先生。吾同年友。少承家學。弱冠後。以進士出任司牧。洊歷八閩。五管豫章之境。所以山川險易。疆域形勢無不詳。農田水利。學校書院無不治。雖古之循吏何以加茲。夫其修廢舉墜。立法垂後。一言一紀。皆時事之所不能已。而經政之所由見。周子云。得其實而藝者書之。美則愛。愛則傳。不其然乎。昔韓昌黎倡爲古文。柳子厚李翊之輩和之。厥後廬陵眉山南豐繼之。而法大備。要皆學之有本末者。先生以昌黎爲宗。而博參諸子之變。始則奉文章爲經濟。繼則著經濟於文章。余讀其文。茫乎不知其畔岸。浩乎莫測其津涯也。謹就蠡測。還以質之。

羅良會列郡名賢錄跋

昔張公藝九世同居。由於忍。江浦鄭氏七百口同牢。由於公。予應聘來修順志。覩羅公之行。慨慕其人。過孝子之廬。訪其賢裔。得晤竹軒霖軒兩上舍。伯仲雁行。皤然皓首。同居共爨。食指過百。庭無間言。非公忍安能若是。按孝子廬在鳳城東畔。前環桂海。後枕西山。南距神步山十里。此山相傳文殊飛錫而來。掛錫三宵而去。至今仙跡。宛然石上。北峙龍巖。巖上有仙牀丹竈。廣輿志謂有仙人往來。其廬臨沼編茆。號枕池居。荒畦數弓。莳名藹艷卉。四時紅翠欲滴。芳郁襲人衣袂。釣於水。鮮可膾。採於畦。芳可茹。佳晨月夕。賓朋過從。觴詠無虛日。構精舍。幣名流。滋培蘭玉。風靜書聲。迢遞出林間。亦隱居逸興也。是錄公晚年手定。作細頭小楷。結體嚴整。尤爲耄而嗜學者。

顏鳴漢　字濟川。嘉應州人。乾隆癸未武進士。由侍衛授西安府都司。累官至福建陸路提督。皆以捕勦著功。然能文章。識政體。操防緝捕。其餘事也。

與洪刺史書

僕官閩將□□。其中弊端。畧悉一二。誠不易易治也。昔湯潛庵先生云。今日吏治壞極。百姓困極。有司亦困極。不但八閩爲然。而八閩爲甚。泉州又八閩諸郡之尤甚者也。先生學術經濟。裕于平時。欲振勵風俗以報效。深可嘉焉。但聞近日獲洋盜。不問首從。概置斬律。此雖周官用重典之意。然振刷實政。必有至道焉。願慎之。夫大洋劫奪之徒。半屬近海閒民及行商脅從者。此輩詎生而有盜心哉。官無善政。釀成盜風。則自少而長。習見習聞。潛移心志。故至于此。僕謂治洋盜宜□□閒民。使之各就職業於富穀之地。職業定則廉恥立。廉恥立則父率其子。兄率其弟。不三四年。而皆不忍爲盜矣。民不忍爲盜。斯盜亦觀感而化矣。焉用殺・昔某制憲造飛舸捕盜・月擒百十斬之・至期年而盜如故・某提軍設焚盜法・及三年而盜又如故・何也・徒法故也・君子謀家國事・固不能廢法・然在公恕廉明・以實心行實政・方爲垂久計・若武健嚴酷・非所尚也・先生以爲何如・

勞潼 字潤之・號義野・南海人・孝輿子・乾隆乙酉舉人・一上公車・母老思念殊切・不再赴試・以倡明正學・利濟鄉黨爲己任・每授徒・必先講孝經・以爲德不本於孝則非德・教不本於孝則非教・立學約戒約・受學者歲常數百人・値歲飢・倡議捐賑・出社倉粟平糶・全活無算・嘗言後世庠序之不教・能如古所恃以善民心者・在重小學・三代井田之法不可復行・所恃以活民命者・在謀積貯・平生致力在此兩端・其裨益於世道人心者大也・少師事馮成修・弟子吳應逵林伯桐能傳其學・所著書已刻者・四書擇粹十二卷・孝經考異選注二卷・救荒備覽四卷・四禮翼一卷・人生必讀擇要四卷・荷經堂稿四卷・未刻者・周易擇粹・朱子學粹・興觀錄・追慕繼志編・養正編等書・藏於家・祀郡學鄉賢祠・

與胡定先書

聞尊館從學多人・必能推所聞以拯斯人之溺・決不如俗儒止教人爲科舉之學已也・足下論文・以大家爲宗・不屑爲順時取譽之文・實爲有志之士所推仰・然愚伏讀程子之言有曰・聖賢之言・不得已也・蓋有是言・則是理明・無是言・則天下之理有闕焉・如彼耒耜陶冶之器・一不制・則生人之道有不足矣・朱子亦有言曰・文字之設・要以達吾之意而已・正使極其高妙・而於理無得焉・則亦何所益於吾身・而何所用於斯世・愚嘗以爲此兩言者・天下之至也・凡我輩文人・皆當書一通・置之座右・抑程子又有言曰・科舉之事・不患妨功・惟患奪志・今世之士・志在科舉者・比比皆然・志在身心性命者・百中無一・以其志不在身心・故其所爲之・皆不從身體力行而出・雖使氣格極其高渾・詞調極其古雅・而細按其中理藴・止說得一個影子・終未見其親切而有味也・愚嘗謂今人發科發甲・必謝其師之功・若不孝不弟・不忠不信・則當咎其師之過・蓋人之科甲功名・生初已定・不論何人教之・皆可使發・惟其立心行己之道・則必有賢父兄平日講究之精・防閑之切密・乃能有成・孟子曰・其子弟從之・則孝弟忠信・何嘗曰子弟從之則功名富貴也哉・我輩講學日日思有益於人・不知日日之貽害於人・潼深以自懼・又兼爲人懼計・當今之世・非足下無與告斯言也・呂涇野云・民生不厚皆由士習之不良・士習之不良・皆由師道之不立・陸清獻嘗言・不通秀才其害猶小・唯通的秀才其害更大・以其做得文字好・其心只是要功名・不曾有爲聖爲賢的眞念頭・此等人脚根不正・一旦得志・爲害無窮・自古敗壞天下的小人・多在極通秀才內出來・每讀至此・未嘗不毛骨悚然・然竊謂此輩多是圖富貴耳・並不知有功名・此意尤從事科舉者・所宜早辨也・昔朱子嘗歎正論衰息・吾黨甚孤・潼每欲與足下聚首暢談・而無如各以事牽・勢不能併・何也・

再與胡定先書

昨承手教・言欲倣孟子私淑之意・由陸清獻而上遡程朱・由程朱而上遡孔孟・大哉斯言・果充其志・實爲斯道所

係・世運攸關・潼也敢拜下風矣・而前札所謂聖人言語・如布帛菽粟・要在身心體認・自然親切有味・此數言者・尤得讀書三昧・聖人復起・不能易也・近今學者通病・不出清獻所謂書自書我自我一言・其卑者・窮年盡月於舉業中・無非爲利祿計・其高者以爲掇巍科・邀封贈・榮及所生・即顯親揚名之事畢矣・間有一二稍能自異・從事於詩文詞者・亦僅以才子文人自命・而習於曠放・或反爲斯道賊・即求一如朱子所辨江西頴悟永嘉事功者而不可得・而況乎主敬窮理篤志力行者乎・故愚嘗慨今日不獨無眞道學也・即假道學亦僅見矣・且不獨無眞正學也・即眞異學亦罕有矣・昔湯文正公見人譏陽明白沙之學近禪者・應之曰・今日有窮禪客亦妙・正同此慨也・又其中事舉業者・復多不專・甚而博奕好飲・優倡是效・狹邪是遊・種種惡習・皆爲陷人阬穽・嗚呼・士習至此・雖使程朱復生・亦何暇異端之是闢耶・

程子有言・古之學者爲己・其終至於成物・我輩俱屆中年・成己成物・似宜一齊並至・若知自淑・而初無成就後學之意・寧不於性分有虧耶・潼今年小館來學者・不及去年之半・或歸咎於去年不應逐數博徒・以致人望而避・夫以樂放縱而畏繩檢之流・雖千萬輩・予何賴焉・若以此而致人不來學・雖門可羅雀・愚不恨也・聞尊館負笈者亦復寥寥・得毋亦以師範稍嚴故耶・切望勿爲少貶・以蹈昔人鄉愿道學之譏・葢吾人講學・本期成物・有益於人・若稍貽害於人・則斷不可爲也・即或藉館穀以糊口・慮來學不多・則束修不厚・然朱子有言・學者當常以志士不忘在溝壑爲念・愚意未必如是而浩然之氣乃得伸・況此中有數存・又未必至是耶・昔人謂設教而縱人爲非・其罪甚於自爲非・葢自己爲非其非止一人・若縱人爲非・則衆人之非・皆其非矣・此與居官而縱盜者何異・我輩即不問本心・獨不顧子孫耶・近世諸前輩開大館而而克昌厥後者幾人・豈不可危之甚哉・總之・自爲爲人・皆不能出朱子讀書法六條之外・而六條中尤以切己體察一條・爲目今學人對症之藥・近世儒者・唯清獻獨知重此・此其所以爲醇儒也・來札云云・實深得此意・愚有望矣・更期推此以成就後學・則斯道幸甚・潼此等鄙論・唯足下或不我迂・其有不當處・更乞有以正之・不宣・

訓蒙論

呂涇野有云・民生不厚・皆由士習之不良・士習之不良・皆由師道之不立・則師道之所關大矣・愚則謂訓蒙之師爲尤要・昔朱子八歲・通孝經大義・署其上曰・若不如是・便不成人・可見宋時教小子・皆隨讀隨解・其時所以多賢人君子・而風俗純厚也・今之教小子者吾惑焉・方其上學之始・止教之讀・不教之解・在貧窮之家及愚魯之子・止讀三五年・遂徙業爲農・或爲工商・則所讀者止識其字・不識其意・是讀猶不讀也・其或豐裕之家以爲姿質頴異者・一聽講・便令之學作八股・則小子輩遂以經書止爲作文字取功名之用・而於身心無關也・況其講解時・止說如是爲虛神・如是爲實理・如是作文・便可入彀・曾無一語引歸學者身心・使聽者滿腔皆利祿之心・而無一毫興起爲善去惡之意・是人才從小便壞・又安望士習之良而風俗之厚也哉・昔人謂村塾中肯置一本小學・老實教將去・世上旋旋・出得幾個好人・

此豈小小事業耶・愚謂教讀小學・固爲緊要・而尤須隨讀隨講・即讀三字經・便要講起・又必聽講四書・三年始令開筆作文・凡講解俱令切己體認・庶幾先人爲主・可以保其良心・他日成事・固可爲蒼生造福・即過時徙業・亦可爲鄉内善人・所關豈鮮淺也哉・敢抒管見・願與世之訓童蒙者共商之・

救荒備覽序

乾隆戊戌・吾粤大饑・潼居佛山鎮・曾隨諸先生後・僉捐賑濟・鄉人襄事之下・因考古事・得蔣魏王三家之書・有裨於荒政者・鈔集成編・時以閲書不多・恐法有未備・未敢刋布・既而丙午歲復饑・丁未復大饑・僉賑之舉・難以復行・潼與鄉縉紳聯懇大憲・准於佛鎮舖店租銀・每兩科收五分・共得數千餘兩・募人往楚南粤西買穀回鄉平糶・因恨鄉中先事無預備之策・至臨時周章補救・所裨無幾・遂欲刋布是編・獻其一得之愚・以備當世采擇・既而購得欽定康濟錄・莊誦數次・仰見聖天子覆冒萬方・軫念民瘼至意・先事綢繆・臨事補救・既事善後・無所不用其極・潼所葺不及百分之一・且其要處如林次崖魏冰叔諸策・此書已具・不覺爽然自失・用是不敢付梓・

今年春大旱・夏大水・田禾未熟・識者憂之・友人馮子世則過余書齋・偶見是編・謂可以觸發人善心・雖不如康濟錄之盡善・然康濟錄乃爲朝廷及有位者言之・是編兼及士庶之微・使有心者得以人人自盡於世・未爲無補・勸予亟付之梓・予亦念生平久處困約・徒有濟人之心・而無濟人之力・居鄉數次救饑・不過因人成事・究無大補於時・深以自愧・而偶值災祲・鄉里之中・鳩形鵠面・所在多有・又未免爲之惻然・且康濟錄粤中少有・人罕得見・用是思刻是編・藉以補救於萬一・倘有力之家得寓目焉・未必無觸於心・鄰里鄉黨或有賴也・若大人君子・俯恤災黎・欲起溝中之瘠而衽席之・則固有欽定康濟錄在・法良意美・自可爲蒼生造無疆之福・亦奚取乎此・

送洪瑤圃同年序 名瑞元・番禺人・

予友洪瑤圃・年弱冠與予同受知於武進劉少司空・補博士弟子・既而同食廩餼・乙酉科又同年・與計吏偕・志相同・道相合也・然瑤圃學問淹博・十倍於予・尤長於詩賦儷體・人咸以石渠天祿期之・顧頻上春官不第・至今乃循年例謁選・將宰百里・人皆爲瑤圃稱屈・瑤圃顧怡然就道・作詩別友朋・以守嚴一介自矢・予知其意念深矣・

呂新吾先生有言・士君子希清華之選・以爲一身之榮可爾・若思實行所學以有益於民生・則莫妙於守令之職・斯言誠有旨哉・抑古人著手令官箴・蔽以三言・曰清・曰慎・曰勤・潼則以爲是三言者・須以愛民爲本・天下之官多矣・獨邑令人稱之曰父母・則必惻怛慈愛・視民如子・乃稱所職・否則淸以沽名・愼以避罪・勤以營私・其所益於民生者幾何・此程子一命之士存心愛物之語・所以爲萬世名言也・且夫愛民之實・不外教養兩端・而教養之大・誠有非守令之職所得爲者・其然所得爲者・不宜自諉也・賈生謂積貯者生民之大命・故程朱大儒・及古今名臣所至・無不爲民謀蓄積

者・如勸開墾・興水利・緩催科・禁糜費・及義倉社倉之設・誠心實力行之・即未至家給人足・而使荒凶有備・民免死亡可矣・

至于教民之方・非如世俗教習科學之文・竊取富貴已也・我朝學政・凡應童子試・必覆試朱子小學・論意至深遠・而主試者每視爲具文・漫不加省・誠使人生自七八歲皆習小學・讀之至熟・講之至明・即資質愚鈍・不能習舉業取功名・然小學義理已在胸中・孰肯以父母遺體逞兇行險哉・予嘗論後世風俗不美・州縣命盜案多・由於教成人者之過少・由於教小子者之過居多・蓋教小子者往往躐等・童蒙一入學・輒教以經書深奧之言・而不教以小學切近之詁・其經書又止令之讀・而不使之解・則童子十歲內外・雖日讀書・與不讀無異・一旦去而改業・宜其不知孝弟忠信爲何物・此命盜之案所以日多也・其有資稍穎異者・又輒教以作文應試・而無所謂切己體認躬行心得者・故士子徒以利祿爲心・其心雖在庠序之中・其行去市井無幾・此人才所以日少・風俗之所以不古若也・

明道先生爲晉城令・教民有方・故三年中無强盜及鬬死者・瑤圃則既聞之矣・亦在乎舉而行之耳・瑤圃性行溫良・仁心爲質・誠本此以治民・而行之以淸愼勤之三言・而又虛懷采訪・如宓子之宰單父者・則四境疾苦・無不周知・萬姓利病・無不興除・異時報最超遷・事或有殊・理則無二・雖宰天下可也・豈獨百里之間勝任愉快哉・上可以報朝廷之知・下可以慰友朋之望・此豈非瑤圃意中事乎・潼性慵才拙・甘守鄉閭・常憂愆咎之日積・古人臨別贈言・區區之意・非敢謂有補於瑤圃也・因慕顏仲二子之相規・於其行・作序以貽之・瑤圃其必有以教我矣・

愚與義野同年・然不常見・比辛亥・從洪瑤圃所見此文・亟借歸讀之・而有意於義野之爲人也・惜其活國之計百未一試也・魚山昌識・

粵臺徵雅錄序

粵臺徵雅錄者・羅章山先生所作歲暮懷人詩也・章山既歿十年・厥友南賓陳君以爲此詩不獨可以見章山及章山所懷之人・而吾粵之雅人雅事・多由此而可徵・故詳爲之註・名之曰徵雅錄而梓之・章山長予二十年・陳君於亦幾十年以長・予素以兄呼之・而於章山交未深也・憶乾隆乙酉科試郡邑博士・例於諸生中舉報優行・當是時・吾邑所舉者六人・予與章山名居前列・章山與余皆力辭不獲・予於是年幸膺選拔・旋領賢書・章山方有事於徵選粵詩・竟不與考・余竊愧焉・未幾・章山即引疾・歲科試輒不赴・會新司鐸者至・爲學中胥役苛求構隙・章山遂棄諸生去・不復踏省門・予彌服其高也・生平所爲詩古文詞・遐邇交推・惟不輕以示人・予偶獲見之・輒爲心折・同里陳雲麓太史・章山世講執友也・既卒・厥孤丐章山文爲狀・章山以推予・並手書來屬・予益愧不敢當・不知章山何所取於余也・茲刻成・陳君屬予弁其首・予於陳君・近爲其姻家子・然相暱久・不能遽改呼也・今安敢以不文辭・

陳君詩筆俱工・與章山相埒・選詩之役・嘗預事分輯・其胸次高曠・亦與章山相近・故相知最深・知此詩不足以盡

章山．章山亦不藉此詩以傳．而必為之註而梓之者．其意固不專在乎章山也．嗟乎．吾粵僻處海濱．士風淳樸．罕標榜為名高者．因之輶軒所至．無從採訪．往往有奇人碩士．制行卓然．其著作亦多所關繫．而姓名湮沒不傳於後者．何可勝道．詩文風雅之遺佚．其小焉者也．如金竹先生之文行．或以為吾粵白沙後一人．何西池前輩亦有絕學程朱詔之詠．其論雖未知確否．而要非章句之儒所能逮也．去其世未可云遠．文獻具存．而能言之者已鮮．近有來遊嶺外者．於席閒稍得所聞．即為之撰傳．播於藝林．欲垂永久．得之者將謂金竹先生藉此乃傳．讀陳君詩註所引．適見掛一漏十．未墜舊聞．反為所掩．則此錄豈可少哉．陳君不為世網所羈．志存著述．所註章山詩．洵足徵粵臺之風雅．其有更大於此者．當發其祕篋．出而問世．予將拭目俟之．且欲使後之君子得繼其志焉．

學約八則

一立志

三代以下無聖人．乃儒者持論之刻也．諸葛君．郭汾陽．范文正．韓魏公．岳忠武．程明道．朱考亭．此數君子者．豈猶在大賢以下乎．顧亦丈夫耳．士自一鄉一國以至尚論千古．惟所取法也．自小不可．自棄尤不可．

一寡慾　昔人謂學道以身為本．於此條不可不留意也．

身康強則力易奮．然養身非寡慾不可也．心靜專則悟易開．然養心非寡慾尤不可也．血氣未定．聖有明戒．況尚有歡止一刻．憾乃終身．時時警省．庶可有為．切記切記．

一敦行　小學一書宜時置案頭玩味．

五倫之內．即非讀書人．不可失也．矧在儒林之列．豈容大本之虧．父不願有此子．兄不願有此弟．狗彘不如矣．尚圖上進乎．才如班馬．文駕曾王．竊所不取．讀書人務宜自愛．

一慎言

言汚不可．閨閫之談汚矣．言鄙不可．市井之談鄙矣．言驕不可．自矜者驕．言傲不可．輕人者傲．至若好談人過．居下訕上．是為狂悖之人．必罹不測之禍．故吉人之詞寡．是所望於吾徒．

一擇交

日近君子．未必即君子．日近小人．斷乎為小人矣．況詩書中自多良友．閉戶儘堪晤對．倘無知人之明．不若寡交為得．

一節用

周書有之．玩人喪德．玩物喪志．古人制度質樸．非徒惜費．實慮蕩心．凡服食器用．須有儒者素風．翻屬雅人深致．深於書味者自知之．

一虛心

太上立德．其次立功．其次立言．所謂不朽之三也．何者為我所有．僅能數句時文．遂欲目空一世乎．況其時文尚未佳也．志愈高則心愈下．猶有一毫自足．必非上達之人．然此病須時刻自勉．

一改過

恃改在後日．謂今茲不妨有過．是暫辱也．久之且長辱

矣・惟今以始・從前必改之務盡・後此者必愼以自持・庶免下流之歸・不玷士人之列・

戒約七則

一戒賭

國法昭彰・豈容藐視・生有鄙性・與賭爲讐・大則送官・小則扶出・匪同戲言・幸無嘗試・近有以對對爲名・科錢角勝負者・亦賭類也・至奕棋荒時廢日・均宜切戒

一戒遊

陶長沙有言・大禹聖人・乃惜寸陰・至於衆人・當惜分陰・親損友・樂佚道・此之謂惰民・聖世之所不容・吾黨必宜痛戒・

一戒爭

心平氣和・乃徵學養・即遇横逆・自反宜先・次亦當置之度外・瞋目忿爭・大非讀書人氣象矣・此豈堪聞之長者乎・愧甚愧甚・

一戒聚談

過房久坐・既廢己業・復妨人功・在己既不堪失此光陰・在人亦不樂有此損友・師長若不在館・尤當自爲防閑・

一戒鬭酒 館中不猜拳・不行酒令・不盛歘客・客有責言・可以戒約謝之・

先王設酒以行禮・後乃流而爲欲・兩晋風流・敗風俗・喪家邦・不足道也・酒誥賓筵可無熟乎・非好爲老生常談・實乃恐斯文掃地・

一戒作僞

文雖不通・自可漸進・倘盜襲前人・或假借他手・欺父兄・欺師長・實則自欺・終身止此矣・邇來士習日卑・人才日少・職此之故・有心人深以爲憂・有志者諒宜不屑・

一戒蓄疑

學貴心得・凡所聽講解・須返之心・倘有不安・務宜再四辨明・或講者一時意見之偏・以此反覆起予之助・至所閲文字・或有誤彈錯改・不妨舉以相質・輔予不逮・所深幸焉・

按朱子白鹿洞教條論定・程董二先生學則・及輔漢卿所編朱子讀書法・具載程畏齋分年日程內・凡立教之綱領・儀節之詳細・已備言之・近日馮潛齋師粤秀書院學約・嚴箴切砭・尤中學人病痛・豈復有遺義哉・茲所選學約八則・戒約七則・意言淺近・後生家易警省耳・諸君或視爲具文・在某實出之肺腑・如曰夫子教我以正・夫子未出於正也・反言以相稽・則某方將與諸生共勉之・先言後行之罪・誠無可逃耳・閲者鑒其言而諒其心・則幸甚・

有明制義總論

黃柱覺 字惺草・號夢庵・化州人・乾隆乙酉拔貢・出翁方綱門・官連山教諭・未報滿即告歸・主講羅江書院以終・柱覺嘗取明以來名家制義・與李唐三百年之詩相比例・凡所論列・皆撤前人藩籬而躋其堂奧・故其所爲制義文・皆戛戛獨造・古文則宗韓歐・而出入於柳・所著有覺庵稿・阮志未注錄・今刻入高涼耆舊集中・

昔人謂唐詩分初盛中晚・予謂有明制義亦然・其間得失

短長．有未可一概論者．開國之初．解大紳方正學雖有文字．不以見長．自洪武乙丑．黃子澄元墨．爲場屋揣摩之始．宣德乙卯．李時勉試程．爲主司式士之始．此兩篇乃有明文章之星宿海也．景順之瓊山西崖．峻潔雄深．允堪俎豆不祧．薛文清商文毅陳白沙．高古淡遠．得一二流傳．已令人景仰不置焉．成弘間．守溪特爲開山祖．理精法備．無體不該．雖鶴灘之潔淨精微．猶無以及．非燕許之大手筆乎．羅一峯以雄鍊擅長．李北地以古文自許．王姚江文．如翻水氣．挾風霜．均推豪傑之間出．正嘉號爲極盛．震川實冠羣英．公嘗謂文章天地之元氣．得之者其氣直與天地同流．今讀其文．渾雄深厚之氣．上匹少陵秋興古蹟諸詩．制藝至此．乃詩中之杜工部也．荊川開合變化．神行無迹．前乎歸而可媲美於歸．猶豪宕激昂之供奉．配沈雄悲壯之拾遺．爲盛唐詩家兩絕．夫二公均原本古文．而蹊徑各別．唐則指事類情．曲折盡意．使人望而心開．歸則大氣包舉．使人入其中而茫然．故學唐稍易．學歸最難．世人並瞿薛稱之．然昆湖學以養勝．氣局大而骨力鬆．方山則近薄矣．弇洲以盛名居顯位．熙甫獨昌言排之．然其式士諸程．抗衡於江陵荊石．且自知而不難自屈．其贊歸曰．千載有公．繼韓歐陽．予豈異趨．久而自傷．則始異終同．而謙己受益之風．豈後世所能及哉．理齋瀟灑閒散．一片天機．疑孟襄陽之再也．鹿門萊峯．宗派原無甚別．第周之層波疊浪．氣雄而勢稍急．茅以風起泉湧之才．自得空山無人水流花放之趣．是皆深於古文．而爲正嘉之拔萃者．摩詰詩中有畫．鹿門以畫意爲文．勿謂古今人之不同也．

夫唐至中葉．追逐李杜有韓公．而元白唱和．照耀千古．亦何減於盛唐．矧義山樊州．復傑然振響乎．徒以中晚槪之．陋矣．然則隆萬以後之文可論矣．初年定於葵陽．一時並著．猶存正始之音．中間涇陽以度勝．儕鶴以骨勝．而魄力之大．獨推思泉．他如淇澳之胎息．左國與孟旋之跳脫．若士之風流．石簣之奇矯．二愚之簡峭．皆能獨出冠時．雖月峯具區．頗嫌圓熟．其實堅厚之氣未漓．猶思白之風骨內藏．溫潤外著．未可與霍林求仲輩同類而並譏也．啓禎時．如金正希陳大士黃陶菴．此三家者．縱橫奇變．出沒無端．春生秋殺．陽開陰闔．可泣可歌．可驚可愕．如吟太白蜀道難．如讀杜老哀江頭．誠制藝中不可不開之洞壑．蓋歸唐以古文爲時文．止領取其氣脈．啓禎諸公．變時文而復古文．則全用其局陣矣．大力精銳鑱刻．遠追荀韓．與前三家並足淩轢今古．惟雲間幾社．頗嗜華縟．不免爲江右所呵．然大樽風格．在陶菴伯仲之間．其撫時感事．遂志捐軀．直性均不可沒也．文止澹餘．幽香冷艷．各不尋常．東鄉老眼無花．論文如老吏斷獄．其定待諸選．與楊維斗同文錄．並嘉惠後學不淺矣．若夫不遇之流．如思曠之獨行己意．自適而不必適人之適．其齟齬固宜．乃揣摩刻意如蘇生．亦竟失諸正鵠．以至錢吉士繆太質者．後人拾其餘慧．猶足弋取高魁．而生前寂寂若此．金榜無名．誰識昭諫．士固有幸有不幸哉．吁可慨矣．

馮城 字子維・南海人・乾隆庚寅舉人・官湖南永興知縣・調善化・能詩・與順德張錦芳胡亦常黎簡・欽州馮敏昌齊名・在官時・值方征苗・所撰行軍諸什・風格逼少陵・以忤方伯某・既引疾歸・仍摭其增收穀價事・嚴檄追繳・落職旅居・而士民索書求詩文者不絕・著有左傳批竅・三史精華・七言摘粹・七律翻新・五律龍天・及傳經堂詩文鈔等書・皆未見・

五律龍天自序

詩自漢魏至隋・俱五言古詩・無分古近體・及唐遂有五七古・五七律絕・并試帖排律等名目・竊謂諸體不必專主一家・須相題而行・惟五律則杜文貞一人・足包衆美・千古不能出其範圍・就中約有三種・其一淸和朗適・如遊何將軍山林課小豎是也・其一眞樸婉摯・如得舍弟消息喜觀即到等是也・其一沉雄悲健・如秦州雜詩有感收京西山等是也・凡園林寫景・骨肉言情・邊疆碩畫・莫不皆臻絕頂・自宋元至今日・作者各因其性之所近而分仿之・東坡中隱堂詩・則學何將軍山林一派・荆軻雜詩・則學秦州一派・其淸和眞摯兩種・後人俱有髣髴・惟沉雄一種・竟成絕調・蓋此種要性情深・學殖富・魄力雄・如龍天八部・護持正法・震九閽而撼九幽・攀躋分寸・不能上也・

近日王夢樓論詩・謂詩貴正法眼藏・不尙狡獪神通・心餘雲松・專恃神通・不求法藏・惟子才能兼之・蓋以正法自處・今其集見在・所謂正法・不過輕鬆圓脆・調諧韻適・非別有妙道精義也・況具正法者・未嘗不用神通・釋伽牟尼舒五指化爲獅子・醉象慴伏・阿修羅長萬丈・首觸須彌・尾掉東海・手掩日月・能與佛鬥・刀輪飛空・海水盡赤・五絲縛繫美法堂・是何神力・一味高談・實自護其短耳・王阮亭爲一代正聲・而晚年專主妙悟・未免啓後人不學之漸・故有詣其一生只到王孟境界者・然其漫興十首・老杜無多讓也・茲所選以少陵爲先河・此後有類乎此者則登之・無使此派就絕・非敢存甘辛丹素之見也・

馮經 字世則・一字未廬・南海人・乾隆庚寅舉人・官教諭・經邃於易學・少得何夢瑤指授・又嘗從戴震問業・所著周易畧・解算畧・及周髀算・經述・皆刊入伍氏嶺南遺書・

周易畧解自序

易與天地準・非管見所能測也・說易者自周秦至今・美矣備矣・非末學所能逮萬一也・承家塾之業・守黨庠之訓・不敢嗜新・不敢尙異・不敢苟安而弗求・不敢附會以强通・服習焉・講貫焉・積數十年・茫乎其未有得也・慄慄焉・懼不自知其非也・頻年舌耕・老矣・記性日拙・薈萃舊聞・聊備遺忘・非有眞知卓見・出前人傳註之外也・諸同學喜其簡畧・便於尋覽・勸付剞劂・益自惶愧・然自顧尊信所聞・已匪朝夕・未忍廢棄・因約爲圖書一頁・圖式一頁・卦畫一頁・先天後天一頁・卦位一頁・掛扐會通一頁・變占二頁・互卦附焉・卦目三頁・爻位附焉・上經三卷・前十卦・起乾坤・中十卦・起泰否・後十卦・起噬嗑與賁・下經三卷前十卦・起咸恆・中十二卦・起損益・後十二卦・起漸與歸

妹・總爲三十六宮・彖象文言五傳・分附經中・繫辭以下五傳・合爲一卷・十翼具焉・並以六經舉要及算畧附後・南海朱廬馮經謹識・

王時宇 字愼齋・瓊山人・乾隆庚寅舉人・嘗以宋蘇軾居儋錄久佚・後人採蘇詩編爲海外集・頗病其畧・時宇補成四卷・阮志著錄注存・

瓊山縣白沙東西新橋記

距郡城東北十里許・有白沙村・村之南有河・河有渡・河之南・有溪汊二・適當往來之衝・淺不容舟・潮水漲入・往往不能行・當夏秋瀰漫・隆冬冱寒・涉者每以爲病・學齊編修太夫人陳太宜人・出自白沙・少悉其苦・數十年來・嘗有建橋利濟之念・而事未果・

乾隆丙午・學齊以丁外艱旋籍・一日・太宜人召而告之曰・白沙之欲建橋・予存此志久矣・今出所積白金若干・爾兄弟其爲我成厥事・學齊欣然承命・即日躬親相視・鳩工伐石・偕弟學博惺齊朝夕督率・不辭其勞・經始于丙午二月・閱十月而雙橋落成・東橋長八丈・寬九尺・橋門三・西橋長四十丈・寬如之・橋門二十・計費白金二千有奇・鄉之人感其德・謀勒碑誌・屬學齊季弟文侯請其名與記于余・余名之曰・東西新橋・昔蘇文忠公之在惠也・惠人造東西新橋・公捐犀帶以助・而子由史夫人・亦助以大內所賜金錢數千・故先生詩・有歎我捐犀帶・及寶錢出金閨之句・至今述爲美談・今斯橋之建・太宜人獨任其事・其功大・其利溥・其視史夫人所助更何如也・橋成閱十年矣・學齊惺齊皆赴修文之召矣・余重太宜人利及鄉人・而悲學齊惺齊之不久存也・爰書厥年・勒學齊昆弟之名于左・庶幾後之履斯橋者・得以考其顛末焉・

陳昌齊 字賓臣・一字觀樓・海康人・乾隆辛卯進士・官編修・擢中允・大考左遷・復由編修轉河南道御史・兵科給事中・出爲浙江溫處道・以審案遲延鐫級歸・歷主雷陽粵秀講席・卒年七十八・昌齊工測算・任溫處道時・値海寇蔡牽騷擾閩浙・細繪諸洋全圖・諦審形勢・武弁開報有不實者・輒能斥其謬・尤精考證之學・著有大戴禮考證二卷・經典釋文附錄四十卷・雷州府志若干卷・荀子考證二卷・老子正誤二卷・呂氏春秋正誤二卷・淮南子考證六卷・測天約術一卷・天學臆說一卷・楚辭韻辨一卷・賜書堂文六卷・詩一卷・並存・

海堤水則碑議案

郡人陳昌齊案曰・水則碑之立・距開渠設閘時・已踰四百餘載・其時塘身業經淤塞淺□・容水不多・瀦滿則塘上患浸・洩深則塘下患旱・以故互相爭執・不得不因時調劑・國朝雍正十年・知府葉思善查悉・從前閘板五塊・積水四尺・一遇山溪泛漲・仍被淹浸・定爲閘板三塊・積水二尺四寸・啓閉惟以舊則中字爲準・此又百二三十年間・塘身更淺・又變而通之也・乃判斷之後・爭訟如故・嘉慶十六年六月中・余邀二三同人親履相視・正値雨後・見第十一閘水則碑上字末筆・與水面平・塘上偏西各田塍・離水面約尺・適有風雨而歸・七月五日・颶風挾雨周時・初八日復同往視・則塘東一帶汪洋・塘田不分・溯上二里許・田水深猶及膝・回視十

一閘石碑．則已溢過上字上橫格之外一寸．因思古人因民所利．計出萬全．深其塘以蓄水．多渠以引水．渠有閘以出納水．三者相輔而行．故有灌溉之利．無淹浸之患．而三者中．渠爲尤要．自閼代已綿．渠之近山者．砂礫漸壅．地方日蹙．渠之在田者．阡陌以開．今考各渠．大半夷而爲田．如卜札大渠．受第十一閘之水．流至馮村莊前．即經砂礫淤塞．東洋之田．毫無沾潤．而水轉東行．合塘陂第二以下各閘之水．經東北上游之田．出海堤之麻烈麻洋麻蔞三閘入海．若當大雨泛漲．十二坑之水．猝然而至．往往爲三閘之所不消．則不獨塘上之田淹浸．而塘下東北上游一帶．亦受泛濫．此必然之勢也．積弊雖久．舊址仍存．浚塘身．疏渠流．復爲閘之舊．鄭白之功爲良二千石任之矣．

測天約術自序

古有黃赤道相準之率．大約就渾儀比量得之．無所謂算術．自元郭守敬始以弧矢命算．其法一出於勾股．然入算必先求矢．又用三乘方．取數不易．西法以弧角八綫相求．謂之弧三角法．雖亦出於勾股．而能盡勾股之變．又其有八綫對數比例法．易乘除爲加減．斯尤便之便者矣．弧三角形內．有正角者曰正弧三角形．無正角者曰斜弧三角形．參伍錯綜．爲類繁多．諸算書所載．冗雜難稽．學者往往難之．今於正弧三角形約爲六法．斜弧三角形亦爲六法．其正弧三角形．則取利瑪竇之省除法．斜弧三角形．則取穆尼閣之不分綫法．凡以求其簡易也．明夫此．則七政之升降出沒．經緯之縱橫交加．無不可知矣．

韓節愍公集序

節愍韓公明於經術．達於時務．尤敦尙風誼．而以餘事作詩人．余一再讀之．感其遇而不能已於言也．蓋嘗披禎圖．稽瑞典．知造物者於瑰琦之品．實深愛之．故夫至德之世．嶽修貢．川効靈．凡玉版金璧銀甕珊鉤之屬．莫不搊采揚藻．以彰貞符．非其時則靳焉．是其常也．若夫淵坌起而爲陵．崖下陁而成谷．巨石自泐．平地忽陷．時則譎詭俶儻．休咎靡徵．雜遝並露．向之所深愛者．亦與諱嚚等量．埋照弢光．爲庸衆耳目所屑越．洎夫乾宇既晏．地區重謐．盤盂中外．組繢甄賞者出焉．擢之泥塗．登之繅藉．輯之爲五等之瑞．薦之乎兩大之壇．是變而仍不失其常者也．人之或晦或顯．或晦不終晦．顯不遽顯．而卒歸於由晦而顯．亦若是則已矣．

以節愍公之品之才之學．而躬際隆平之世．考文徵典．颺言賡歌．稱良臣可也．立中興之朝．救災彌闕．扶危定傾．稱重臣亦可也．而時丁瑣尾．位止倅丞．賫志以終．奉身殉義．不可謂非遇之變．乃欣逢我朝．受命穆淸．盪滌逆穢．華璘照寓．陬澨無遺．遲之而搜遺文．訪軼事．易名之典．榮及往朝．蓋相距百三十餘年而後變者復其常．造物者之意見焉．斯亦足以興弔古之懷而殞志士之淚矣．余感公之遇．於詩中見其人．故不敢復作評詩語．適公之冑孫懋林攜公之集來索序．因書附於卷以歸之．

南海陳氏續修族譜序

陳昌齊

南海陳生昌運・舊從余受舉子業於粵秀書院・每晋謁・見其性行謹飭・有恂恂儒者氣象・竊以爲芝固無根・醴固無源・而能崛起於鄉・誠可喜・越二十年・余復主粵秀・昌運偕從弟上洹洪澤以其家舊譜相示・且曰・今將續之・願得一言以爲序・余閱之竟・則載自趙宋以來・家故頗悉・乃知生爲宋大學生少陽公東之後・嗚呼・不讀緬志・又烏知洪河之源・尚在飛鳥外哉・公嘗請誅蔡京梁師成李邦彥等六人以謝天下・請復用李綱・以閫外付种師道・而斥李邦彥張邦昌等・請罷黃潛善汪伯彥・請帝親征以還二帝・治諸將不進兵之罪・請車駕還京師・勿幸金陵・書凡五上・忠誠懇切・深切時弊・最後帝怒・乃以書下潛善・府尹孟庾召公議事・公知必死・請食而行・手書區處家事・授從者歸致其親・遂赴市・時建炎元年・

自公上書後・楊龜山先生以諫議大夫兼太學祭酒・推蔡京蠱國之禍・黜王安石從祀・靖康之變・擢馬伸爲殿中侍御史・荆湖廣南撫諭・誅張邦昌及其黨三・時雍還臺・亦言執政黃潛善汪伯彥不法十七事・朝廷政事・大有轉機・無如汪黃氣燄・伸復爲所搆・死於貶所・建炎三年・汪黃以罪免・公寃漸白・始詔贈公官・幷求其嫡裔・以無人出應・遂僅官其親屬一人・故作史者・書公無子・按陳氏舊譜云・公當府尹召議赴市時・公之子遂忠方周歲・家中得公手書・即命家人襁負・變姓名・由丹陽走江西南昌・迨尋公後・遂忠公復由南昌入粵之南雄・其不敢出應詔者・以潛善伯彥雖出・而猶外知府州・其叵測未可量也・自遂忠公繼傳至岷山公・又由南雄徙寓廣州省城・明初・元廣公始遷於南海之河淸鄉・家焉・據此・則史稱無子・特就衆所共見共聞者書之・而匿跡潛踪・輾轉僻地・爲直臣延一綫之傳・無從而知之・則固其所譜中世傳有緒・源遠流長・正如洪河之伏而復見・脈絡可尋・因述之附於譜後・以補宋史之闕・

雷祖志序

余嘗謂人有不信鬼神者・必其不知有祖宗・夫盈天地閒・氣而已矣・附以質・則爲人・還於虛・則仍爲氣・由其附以質者言之・曰祖宗・由其還於虛者言之・曰鬼神・鬼者歸也・其體・神者伸也・其用・用莫妙於神・故人無智愚・莫不尊神・自夫言鬼神者・推而遠之・不知吾所推而遠之者・即他人之所謂祖宗也・言祖宗者・引而近之・且忘夫吾所引而近之者・即他人之所謂鬼神也・於是分祖宗與鬼神爲二・而近之至・鄰於褻・遠之甚・流於慢・兩俱失之・

吾郡神之最烜赫震疊・民俗無敢褻且慢者・莫如雷祖・誕育之奇・靈異之蹟・登之地志・入乎人心・自有唐以來・閱數千年・褒綍洊膺・有加無已・地方文武官史・以及郡之士農工賈・莫不神之・神亦默護茲土・曰雨曰暘・以戰以守・皆肸蠁潛通・有祁斯答・原其住世・則白院陳族之始祖也・其處也爲鄉賢・故鄉賢之祠祀之・其出也爲名宦・故名宦之祠祀之・其飄然冲舉也・則又變化不測・應感無方而爲神・故琳宮紫宇羣祀之・而其族實以英榜山廟爲始祖之祠・祭田供器・自爲經理・期於永久・夫宗法之立・原於別子・

所謂始封之諸侯是也．禮家竊取古人推進放文之意．引而伸之．謂公子來自他國．民庶起爲公卿．並得爲別子．神之生也．不知所由來．神之仕也．起於民庶．比之別子爲祖．義適相孚．其爲百世不遷之主固宜．矧夫禦災捍患．有益於民．尤載在祀典者哉．

舊有雷祖志．明莊元貞纂．國朝陳清端編校付梓．嘉慶歲在上章涒灘．神裔復道等續修之．而問序於余．因告以鄙意．俾知鬼神與祖宗之合．庶幾事鬼神者．毋遠而慢．事祖宗者．毋近而褻．於以迓鴻禎於無極．且曉然於士庶人不得祭始祖之疑云．

吳石華守經堂記

守經堂者．吳君石華藏書之堂也．君富於書．四部叢焉．獨稱經何．宗聖也．聖人之道備於經．餘或言事．或言理．皆準之．非然則倍．羣言淆亂．蓋衷於是矣．其曰守何．勵志也．古人治經．一音一義．一名一物．具有師承．六朝後少經師．侏儒問天．高漢故訓．其修人也．古之治經以爲道．今之治經以爲藝．志於古者違於今．誹譽之見動於中．利祿之私誘於外．不渝其素者鮮矣．吾定吾力學古．庶幾有獲也．曰．然則曷不言守道也．曰．經者道之質．道者經之心．徒言道．懼夫主冥悟者．得所依託而道其道．轉以亂吾聖人之道也．有爲之質者而心在焉．經之所以爲常而可法也．曰．經之傳也．歷祀綿遠．時異勢殊矣．守其界．或拘於墟．士以通經．致用言守．曷若言通也．曰．恒言經率與權連文．夫子言可與適道．未可與立．可與立．未可與權．立即守．而權則通矣．經之用．妙乎權．惟能守也．後能通自得之．則資深而左右逢源．是在深造之以道者．

石城惜字塚記

嘉慶己未之秋．余自雷赴省．過石城界．宗人居邦携其九日聯吟詩冊見示．屬記其事．將勒貞珉．以垂永久．時行色匆匆．無以應也．明年冬十月．自省歸．復道故境．因追念舊約．不敢以不文辭．蓋邦等深憫夫世之人．或遇殘編斷簡．輒委棄之不知惜．其知惜之者．亦惟是隨時隨地拾而焚之．而付火之後．遺灰冷燼．直聽其與塵埃野馬．自墮自飛．天之苞．地之符．其能不受汚黷者．正復幾何．用是創立字塚於郭外之馬鞍山．以每歲重九日．瘞其一年之灰．又恐其推行之不廣．且久而或弛也．則醵金錢作字庫．於每歲瘞灰之日．會諸同志設筵致祭焉．甚盛意也．夫盈天地間．道而已矣．載道者文．成文者字．是故欲明道．莫先學文．欲學文．莫先識字．惜字者．識字之本也．今邦等自惜字．而能使人惜字．而又欲使千萬年以往．人人皆惜字．精誠允格．肸蠁潛通．溯自書契以來．諸神聖賢人在天之靈．必時往來於纍纍之間而式憑焉．可知也．因爲迎神送神之歌．俾祭時歌之．歌曰．

靈之來．瑞紛紛．八風從律不相奸．自然五氣天成文．龜龍蟲鳥雲之間．髣髴倉相當吾前．周室史籀儼隨肩．厥左李趙胡母甄．右許叔重孫叔然．徐氏楚金偕鼎臣．程邈次仲相後先．作者稱聖述者賢．電爲鞭策雷爲輪．佳哉光氣連奎躔．又歌曰．靈聿歸．萬象收．山神終古守茲邱．日月久照江河流・五卿三靄壟上頭・霖甘寶露零松楸・草如書帶青還柔・楷樹古陰更稠・禁步不使狐兔遊・夜來毋令鬼啾啾・風清氣爽我思悠・庶有時兮靈少留・年年九日祁孔修・插株戴菊數酒籌・受靈之胙萬千秋・

重修粵秀書院碑記

嘉慶庚辰秋八月・廣州太守雲南羅公修建粵秀書院工竣・院諸生謁予言曰・吾粵自康熙初午・創建茲院・備館穀・簡師資・爲朝廷儲士・士之登巍科掇膴仕者甚衆・隨敝隨修・載之通志・比者海颶屢發・復漸剝損・居者舉頭當室之白・不必其在缺隅也・風雨之所漂搖・非戶牖之桑土能周禦也・公至・請於大府・願捐資脩建・以監院學博嘉應吳君蘭修董其事・牆之攲者埴之・木之蠹・瓦之裂者易之・太甚者拆而新之・前此未經□及而爲所必需者則增之・計拆建講堂先賢堂福德祠各一所・齋舍四十二間・脩補齋舍四十三間・又增蓋廚房三十三所・開井二口・砌溝渠五十七丈・以三月二十四日興事・九月初七日報蕆・通費白金三千六百餘兩・其惠諸生也良厚・盍記之以示來許・

予告之曰・生知公之惠諸生也厚・生知公之責諸生也尤厚乎・今夫學以爲道・文與行其具也・古者教人・其始也由行以及文・其既也即文以考行・行有餘力・則以學文・自爲弟子時始・逮既學矣・學且博矣・又必以古聖賢之言之見於文者・體之於身・措之於事・無一不與之相應・博而約之・多識而一以貫之・以達德行達道・以至爲天下國家・是也・方今聖天子重道崇儒・自州縣學校外・令直省別設書院・延山長以訓生徒・學有常師・居有常所・食有常廩・士生其時蓋幸甚・諸生由大府甄別而擢之於院・其於文蓋優爲之矣・近年以來・院生之登巍科掇膴仕者・視前較盛・其文之效亦既章矣・然求其忠信廉潔以治心・履中蹈和以善行・通達古今・可與之謀畫天下事者・卒亦不多覯・何哉・視德行文學政事爲歧途・而歧之中・又有歧焉・所爲文特虛飾耳・是徐偉長所謂務於名物・務於訓詁・摘其章句・而不能統其大義之所極・以獲先王之心・此無異女史誦詩・內豎傳令者也・願諸生且置巍科膴仕勿論・根源經術・陶冶心性・貫通乎事物之理・循道以制行・原行以立言・由是發而爲文・可以華國・可以經世・措之事業・可大而可久・登巍科・掇膴仕・而天下且不得以科第膴仕中人例之・即境遇各殊・不必巍科膴仕・而如陽城之居晉鄙・人多善良・庚桑之處畏壘・家皆戶祝・其亦何愧於巍科膴仕也者・而況祿在其中・夫子之言・固大人胥應哉・

公仕粵也久・若南雄・若惠州・皆修書院・增膏火・以闡明聖道・端士習爲先務・誠得乎教化之源・今於通省首善之區・尤懇懇焉不顧時詘而舉贏・諸生仰體此意・得毋有惕然於中者乎・昔者漢文翁爲蜀郡守・減省少府用度・選郡生親自飭勵・遣詣京師受業・蜀郡大化・而其時蜀之人才・若司馬相如楊雄王褒諸人・僅以詞章名世・不可謂之聞道・後之論者歉焉・諸生幸勉爲之・以毋隘公振興之才之量・是予之所深望也夫・是爲記・

報恩精舍記

報恩精舍何・陳觀樓兵使葬其先考中憲大夫龍溪公妣柯

太恭人繼妣王太恭人於雙髻山之麓・搆之以奉神主居・冢人・蓋丙舍也・其奉神主而並奉佛菩薩何・從其幽而幽之也・儒者之道・以顯貫幽・釋氏之道・自幽及顯・死者即於幽矣・使魂得所依於幽・烏知滕城吉壤冥漠中・非七重樓閣・七重闌楯・七重行樹・如彼經所云安養邦也・是觀樓氏之極思也・其冢人以僧何・僧奉佛菩薩也・虔其奉神主・當亦若是・抑身無他務・或修淨土・或參禪機・暇輒出舍視塋域・墻垣黝堊剝落・隨繕整之・有摧殘及宰木者・禁止之・地界內毋使或有作踐・極未來無量刼・波青梯不沒・舍與塋兩無恙・而僧之徒・紹隆法種・且與陳氏孫曾並緜緜也・擇嫡孫之良者居丙舍・說久不行・而他人又恐不如衣鉢遞傳者之罔替・是觀樓氏之久遠計也・

雖然・罔極之恩無從報・亦無能報・而顏其舍曰報恩・若了義然・又何也・既募僧以奉佛菩薩並神主・則入舍墓田・即爲檀越之布施・僧世世衣食檀越布施・得修頭陀行・證菩提果・其於檀越之先靈及先靈兆域・斷無膜外置之者・是觀樓氏不敢以報恩之號自居・而寄諸苾蒭・其不敢言報者・反之當躬・有傷心之隱痛・其姑言報者・垂之奕禩・爲指事之强名也・觀樓氏駊歷中外幾四十年・其家田租歲入・與貧諸生無異・斯舉也・計築舍工料・舍中器用・並設主繡佛・需費頗浩・取之公產者・不及什之二・餘皆減衣縮食勉成之・又自撥歲收穀四十石・租田八舍・以爲住僧世業・工既竣・因書其緣起・幷爲訂住僧條約書諸石・俾世世子孫有所觀感焉・

鄭安道 字茂周・號梅村・潮陽人・生而穎異・通經學・熟左氏秦漢諸書・作文有奇氣・學使鄭虎文試潮・以出經入史目之・揭陽鄭勤恪公著愛日堂文集・屬偕江右蔣士銓刪定・文名藉甚・乾隆戊子舉於鄉・辛卯成進士・邑令李文藻聘主東山書院・以先正根柢學共相討論・士品文風・一時稱盛・己亥銓知縣・以親老辭・或有勸駕者・曰・君親無二致・未有不能事親而可以忠君者・名爵奚慕焉・及父母相繼逝・服闋・補國子監丞・卒於官・著有西山集・

贈李侯豳風七月圖序

潮陽在唐爲州南境・故郡名因之・自昌黎韓公以謫至・其名遂著於天下・厥後郡治既分・始專以潮陽名縣・然考當日遷邑治・祭大湖・勤勞潮邑者獨摯・故邑人之思公也尤深・邑侯李公・山左名宿・由甲科出宰百里・所至有循聲・文章政績・今之韓公也・壬辰三月・奉調莅潮・潮頗繁劇・公清積弊・嚴吏胥・緩催徵・勤撫字・井井有條・教士以器識爲先・以通經學古爲務・自宋儒章句・上及漢唐箋注義疏・凡古今大小之學・靡不析其源流・正其紕繆・令士知俗學之陋・而曠然於古人所以爲學之意・勤於課試・士有一言之善・捐廉獎勵・喜動顏色・聽訟清慎和平・民自媿服・先是民有詐傷誣人者・爲害甚大・公廉其狀・置於法・奸宄肅然・澆風遂革・躬行阡陌・問民疾苦・勤課農桑・簑笠之具・隨地頒給・雨澤愆節・竭誠致禱・屢有奇應・夫吏以法令爲師・公獨敦崇教化・開誠布惠・痛癢相關・故曰今之韓公也・韓公莅潮纔八月・民至今思之勿忘・況公漸摩之深・些民親額其德者乎・謳歌滿野・豈偶然哉・

癸巳四月・雨暘時若・禾麻俱茂・父老僉曰・我公之

賜・因繪豳風七月圖以獻・以附於古者躋堂介壽之義・屬余颺言・余惟古者上下相親・如家人父子・今公以誠感・民以誠應・此可觀政理矣・彼謂吏治必尚擊斷者・或未之思也・繼自今・民合敬其業・歸樸返淳・無負公教・將古風可幾・何論唐宋哉・至以公之德之才・挹之不窮・施之各當・行以治行超擢・炳蔚天下・韓公所謂丈夫屬有念・事業無窮年者・余老而廢學・烏足以測之・

遊西山記

西山吾邑右障也・與東山對峙・舊傳上有甎塔・久廢・俗呼爲塔山・遠望秀削歷落・丁丑五月二日・與諸同人往遊其地・攀嶺而上・一路皆古木嘉卉・幽陰凜冽・至山腰・則海潮巖在焉・相傳地脈通潮・潮退輒長沓痕・巖因得名・內爲石室・甚幽靜・練江一帶・廻繞其下・梵宮精廬・周遭蒼翠・巖上山泉・忽滴忽止・西行少折・穿榛木・度磴道・屈曲窪突・幾於無路・峯轉境開・爲北帝閣・益復軒豁・南面諸山・羅列如培塿矣・方徘徊凝望・忽山雲驟起・海霧爲空・颸雨點點・從空而墜・山勢蕩漾・疑與俱流・須臾・洶洶聲至・則山水馳驟・瀑布細簾・不可勝數・俄而雲開雨止・復從東而登・爲蕭太史讀書亭・亭在石上・今僅存遺阯・因歎古人高風逸致・渺不可追・悵然者久之・再攀木陟巘・路益登・徑益仄・石勢益奇峭・若墜復倚・若奔復駐・不可舉步・似蟻次相綴・竟造其巔・遠望大海・浩渺陰森・直接天表・晴沙千里・長空一氣・烟雲變滅・頃刻萬狀・因慨然有遺世之思焉・復迤邐而下・憩於巖中・鳴蜩發音・花風送香・知己咸集・解帶登堂・羽扇不搖・高亭清涼・長江靜穆・風帆時過・臨階雜坐・空明鏡如・倒映碧色・雲天在下・古樹茂密・山鳥朋遊・風聲澗韻・訇砰鏗鏘・諸人探奇玩勝・各有賞心・柔以旨酒・永以清言・可謂極一時之勝已・

夫雒下鄴中・蘭亭梓澤・一時文酒流連・類多艷稱後代・況吾輩素心聚合・形骸無間・山水之奇・雨晴之變・尤屬偉觀・不紀諸文辭・不幾辜負勝集乎・因相引賦詩・或疏短詠・或賡長句・感盛會之難逢・懷塵外之賞心・欒礡歡笑・流連竟日・仍從故道歸・於時村墟中炊烟浮動・白雲欲還・回望巖木・積翠滿山・夕陽雨影・晃漾其際・倍覺冷艷可愛・久之還齋・將黃昏矣・濡筆作此・恐如坡老所云・清景一失後難摹也・

簡榮　番禺人・乾隆辛卯舉人・歷官安徽霍山南陵知縣・池州府同知・潁州通判・補建德知縣・地瘠民貧・能以廉勤舉其職・秩滿・大吏擬卓薦・自以年逾七十・引退・

靈應祠記

古者祭祀不以官・雖在布衣方技・凡有功德於民・能禦大災捍大患・則祀亦及之・邦之典也・民之紀也・曷可遺哉・

吾宗簡師・生於番禺屛山鄉・名昱・號雲巔・父大崙・兄弟俱業六經・師固儒家子也・少仁慈・狀類風狂・遊隴畔・見治田者行水不均・輒爲均其水・被斥笑走・率以爲常・一日晝寢樹陰・父至・呵之・則曰・呼何速也・兒走端

溪救覆舟．已濟其一．惜有一不及援．父不信．揚其袖．則有麻豆存．後廉之．悉如言．父乃奇之．師遊於外．道術自明．以所學施於世．皆獲益．共稱爲簡師而不名．桑梓災輒歸救．築壇禱雨．雨即降．有魃躝城北某氏女．執而誅之．他靈應事甚多．不能悉紀．旋坐化於黃薑之林．里人德其功．收瘞遺蛻．塑像祀之．迄今垂三百有餘歲．聲靈長在．歷久如生．凡旱魃寇祲．尚去冠以示先兆．故鄉鄰卜災者恒於斯．祈雨澤者亦恒於斯．生既弭人災患．沒後猶屢降祉錫福．兆民祠而祀之．宜也．他祠之在鍾山茶園者．已肸蠁興作．孱山尤師首邱地．歲乾隆庚辰．鄉人共謀新之．以舊碣蕪漫．命予考其行事始末．麗於碑陰．俾後人知靈應之所由名．其來固有自云．

胡亦常 字同謙．一字豸浦．順德人．乾隆辛卯舉人．鐫詩稿時．年二十五．越四載．領鄉薦．旋卒．錢曉徵少詹謂其妙悟天成．能於南園諸子外．自成一家．凌揚藻采其詩入嶺海詩鈔．極許之．著有賜書樓詩鈔．

賜書樓詩鈔自序

亦常生二十五年矣．承先太史教治經術課程．暇竊學爲詩．事物所値．悲愉所存．不知識卑而辭陋也．邇來頗惜藁失不復記憶．無以爲異日學問進否自鏡之地．故稍拾而鐫存之．夫當世賢士大夫暨諸同好．時出其餘事爲風雅者．遠近林立．孔子云．就有道而正焉．其將敎誨我矣．詩始乾隆庚辰至今丁亥．八載存若干首．

饒慶捷 字曼塘．一字桐陰．大埔人．乾隆乙未進士。官內閣中書．著有桐詩集．阮志注存．

擬梁簡文箏賦

樂之音有八．而位居乎七者絲也．絲之屬四百 而繁絃十三者箏也．當夫丹崖秀茂．青壁敷榮 幹凌霄漢．枝薄上清．棲霞浥露．負陰弄晴．完性正直．托體堅貞．幽巖莫到．採取誰爭．乃命后夔之巧．魯班之良．剪而成器．削以成章．中乎矩制．合乎度量．華文素質．修直端方．制絃則擬乎月數．列柱則排乎雁行．設之則四象在．鼓之而五音揚．或奮假以洪纖．或曠蕩而縱逸．或溫潤以輕清．或慷慨而簫瑟．或若合以若離．或乍疎而乍密．或不縮而不盈．或忽徐而忽疾．或有始以有終．或毋固而毋必．或將斷以還連．或欲返而復出．既推故而引新．斯同音而協律．如竹邊之曉露．如葉底之清蟬．如憑虛之爽籟．如別洞之寒泉．如飛濤之乍捲．如活火之初煎．如鶯聲之嫵媚．如燕語之聯綿．如珠璣之錯落．如雲雨之盤旋．如馬足遊韁兮行不定．如雁行征侶兮去相連．

則有宋褘綠珠．方桃譬李．花臉雲鬟．朱唇玉指．佩重珠璣．衫輕羅綺．乍按頻移．欲彈忽止．度玉爪以紓徐．拂危絃而張弛．情悲聲凄．神傳音靡．倏悠悠其彌長．竟嫋嫋而未已．遂使山空木落．水咽雲寒．烟橫露冷．月昃星闌．庭皐葉脫．隴首花殘．蛩吟蝶夢．風度庭欄．遊魚出而鼓鬣．白鶴至而飛翰．

若夫懷人南浦．送客吳淞．含情餞別．極目長空．杏花

微雨・黃葉西風・聽鳴箏之斷續・聞觸手之玲瓏・羌徘徊而抑鬱・乃躑躅而憂冲・緘恨情于新曲・入哀怨于絲桐・

又若驛館郵亭・登山陟岵・渺渺征途・茫茫塵土・鄉關之音信未通・陌上之行吟無侶・奈銀甲之一彈・覺淸音之如縷・若含潯水之愁・若訴長城之苦・時撫景而悽愴・倍警情而泰撫・別有嫠婦逐臣・聞聲鬱悒・檐鐸晨鳴・淋鈴夜急・聽鐘漏兮添愁・邈金門兮莫入・惟朱絃之慷慨・寫愁思之交集・於是急弦促柱・變調改曲・散輕音而流轉・若將絕而復續・□放蕩以絨奏・邈遺世而越俗・長吟亂而將終・新歌感而遂觸・歌曰・

彈箏對涼月・箏希月正明・秋山何瑟瑟・磨樹杳無情・一時停蓄意・分付入絃聲・

楊梅賦

德祖方幼・孔君平詣其父・父不在・爲設楊梅・君平指以示之曰・此是君家果・試爲賦之・德祖曰・僕未詳其族也・請狀其似・

夫其涵黃糅丹・垂紅綴紫・墨暈微深・玉肌半醉・攢金粟以成團・染絳囊而欲墜・疎疎密密・戎戎翳翳・此何果也・是梅之族・別以楊稱・非蜀所有・吳越實生・時能止渴・亦可和羹・從傳鼎而分派・比隨珠而稱情・杭人以金嫗著姓・其白者又謂之聖僧・

爾其斜簪寶髻・細織筠籠・撚幾痕之纖玉・留一掐之輕紅・入口而冰霜浸齒・觸手而風露盈叢・詎假吳鹽而微酸不覺・豈輸崖蜜而釀氣彌濃・不膩不纖・亦醇亦郁・低垂項里之園・燦爛南村之曲・黃雀之風正涼・濯枝之雨新足・看紅實之纍纍・糝丹砂之粟粟・色映葉而逾鮮・香出籃而未隱・點鶴頂而朱殷・濕龍睛而月暈・襯綺霞之淺深・疊春山之遠近・合與荔爲先驅・諸盧對之不韻・

若乃華軒洞開・嘉賓接簞・座上傳花・尋前剝芡・時則午熇欲收・茶烟自颺・而斯果在焉・莫不怡神而霽臉・滋醇醴之芳馨・勝玉漿之瀋染・時而小轍輕輿・水郵山市・探奇東閣・小院紅墻・問譜西泠・綠陰青子・過楊海之前灣・摘揚園之新紫・亦可以融液冰心・消除溽氣者矣・徒侈其鹽梅之選・錦繡之囊・托春葩以自媚・誇地氣以爲良・無斯實之可美・恐得名之不光・山谷以黃梅名蠟・煬帝賜堤柳姓楊・豈因族之所貴・能流其芳者哉・

顏檢　字惺甫・連平州人・乾隆丁酉拔貢・由禮部小京官洊擢郎中・出守吉安・累擢至雲南按察使・値安南夷民擾邊・邊吏以反聞・檢願佩兵符往詰・檄國王立界石・約不得犯境・事定・福文襄歎爲眞封疆才・自是由布按擢豫撫・移督直隸・以易州虧庫事降主事・擢黔撫・又緣直藩任內失察書吏・謫戍烏魯木齊・召還・授主事・擢黔撫・復以前督直失察邪匪・降部郎・尋出爲山東鹽運使・擢浙江巡撫・坐庇所屬・落職回籍・未幾・復督閩浙・移督直隸・內召爲戶部侍郎・調倉場・改漕督・以河淤滯漕休致・所著有衍慶堂稿・

直隸河道大概情形疏　道光三年

竊前據欽差大臣尚書臣文孚・臣蔣攸銛具奏・察看文安大城一帶地方被水情形一摺・奉上諭・著照文孚等所請・將文安境內陳家窰進水漫口・及崔家房漫口・並已洞口門・趕

緊堵合・以免河水內溢・著顏檢迅速遴委妥員・切實估計奏明・由藩庫先行借撥銀兩・分段購料興工・再由該部籌撥還款・其業經估報之大城縣九里橫隄・一併墊發趕辦・統限伏汛以前・一律修築完竣・至該處隄外河身・因下游不暢・以致下壅上潰・該督仍遵前旨・通籌全局・委員分投查勘・妥議具奏辦理・等因・欽此・臣當即欽遵・飭委署清河道董淳・天津道韓文顯・永定河道張泰運・分投前往確勘・並將該道等查明現在應辦要工・趕緊督辦緣由・節次奏聞在案・

竊思河渠水利・關係民生・必使隄防有蓄洩之方・水道得流通之地・庶閭閻可資利賴・水旱藉以無虞・直隸地方河海相連・淀泊紛雜・水源則清濁不一・水行則緩急有殊・散水勻沙・築堤作壩・前人之經畫已備極其精詳・而疏瀹功成・因循日久・水之流行不定・沙之停緩易淤・河身益高・則下游愈形不暢・堤工漸歸單薄・則汎至每費周防・地方官因工鉅費繁・籌畫固未能得計・而各河須因勢利道・勘辦亦不易得人・我皇上洞悉情形・召對時諭臣悉心籌酌・仰見我皇上愛養黎元・勤求民瘼之至意・臣才質愚魯・未諳宣防・而畿輔備員・前後亦經數載・或因公親歷・或稽覈輿圖・近復與在直年久熟悉河工之員・往復講求・稍悉梗概・

竊以為疏濬首重尾閭・相度宜探源本・直隸大川有五・曰南運河・曰北運河・曰永定河・曰大清河・曰滹沱河・五大川若順軌安流・則諸河皆有所歸宿・謹就臣愚見所及・敬陳宸鑒・

一・南北兩運河・為傳送衆水歸海之道・與西來之永定大清子牙三河・同入天津之三汊河・每當伏秋之交・五河泛漲・畢注於三汊一口・而海潮牴牾・洄漩不下・上游堤岸田廬咸受其害・故治水必先治南北兩運河之減河・減河治則入海之路有所分・而三汊河之受水較少・則易於消納・而永定大清子牙三河・乃得暢然入三汊口而東注・此治水之所以必先下游也・查南運河上承漳衛汶諸河之水・有減河二道・在滄州者曰捷地・在青縣者曰興濟・二河同會於歧口入海・北運河上承潮白諸河上之水・亦有減河二道・在務關廳屬者曰三家務・在楊邨廳屬者曰筐兒港・二河同會於七里海入薊運河・以上四河・自嘉慶六年異漲之後・所在填淤・必須派委妥幹河員勘明酌定・如何挑挖以暢河流・其南運河之在山東境內者・亦有減河二道・一在德州之哨馬營・一在恩縣之四女寺・二河同會於直隸之老黃河・仍歸山東海豐縣入海・近亦多有淤塞・俟直隸興辦之後・擬請飭下山東・一律修濬・

一・滹沱河發源山西繁峙縣泰戲山・至直隸平山縣・與冶河合・而其勢遂猛・經靈壽正定藁城晉州・自此以下・遷徙靡常・故道不一・雍正三年・河決晉州周頭邨・直衝東鹿・四野瀰漫・時有障歸寗晉泊之議・怡賢親王以泊為三郡衆水所歸・不可再使濁流淤墊・乃於縣南水邱邨起・至衡水縣焦旺邨止・開挖河道・引滹歸滏・乾隆二十四年・河決束鹿之曹家莊・南至寗晉縣之營上邨會滏・五十二年・河決藁城縣之廣陽堤・南至寗晉之候高邨會滏・前督臣劉莪因決口通暢・舊於高仰・奏廢廣陽堤・任其南注・自堤廢之後・下游遂漸南徙・直到滏泊會流之口・以致出路不舒・河道壅塞・滏不敵滹・遂潰堤而東・寗晉隆平之交・竟成巨浸・嘉

慶六年・又於小劉邨分爲二股・一自邨南分流南注邱頭邨一自邨北分流東至大營上邨・又分爲二股・一東南流注黃龍窪・一東流注北賈邨會滏・此三股中・惟此股水勢較盛・今應否挑復怡賢親王所開故道・使滹滏二水・仍由焦旺邨合流・或從此股因勢利道・併歸一槽・應俟新任督臣蔣攸銛到後・另委諳練河員通籌全局・確勘定議・再查滹沱上游・本係安流・自合冶河而始橫・雍正四年・怡賢親王奏請於冶河入滹之處・堅築大堤・以遏絕之・引入汶河・以適其性・由是冶河復循故道・而滹沱亦慶安瀾・此前人已著之成效・惟是滹冶之性・皆激湍善徙・故至今復合爲一・今欲滹水安流・似須仍遵怡賢親王原議・勘尋冶河舊跡・挑挖深通・道之入汶・堅築合口壩・以絕其入滹之路・再將滏河現在經行之道・竭力疏濬・而於東岸築長堤一道・障全滏之水以會滹・使二水力敵勢均・庶可循軌東注・又滹沱東經冀州衡水武邑・過獻縣臧家橋・則爲子牙河・自獻縣以下・河東於兩堤之間・伏秋盛漲・每致漫溢・查獻縣原有滹沱故道・由完固口東流・經三支黑龍港・北注新河口・又北入老君千金二泊・穿獨流疊道・歸今之子牙河・自滹沱北徙之後・故道下游尚通・惟上游完固口一帶・漸成平陸・似應派委妥員確勘・以昔之故道・爲今之減水河・將完固口一帶・疏瀹深通・而於完固口建減水口壩一座・分水以入減河・可以殺其盛漲・子牙河又東至大城縣之張家莊・向分爲正支二河・至王口鎭仍合爲一・河後大溜・全歸支河・而正河遂淤・伏秋大汛之時・支河不能容納・上游遂有倒漾之患・應將正河力加疏通・使兩河分流・以殺其勢・子牙河又東經靜海縣・北至天津縣之西・沿浮橋下入・子牙河在大清河之南・尙由西沽紅橋下入運・與大清河本不相通・第該處地勢南高北下・子牙北徙・必入大清河・是以乾隆十年・築格淀隄以閉之・分別清濁・不使混淆・此隄實爲三河之關鍵・最爲緊要・至三十七年大工案內・格淀隄自當城以下・改爲疊道・添建涵洞五處・而南水遂與北水相通・水性就下・自漸衝刷・於是子牙河下游北徙・直入大清河・而紅橋之故道遂湮・大清既會永定・又會子牙・三水相抵・流緩沙停・不能暢達・是以下壅而上潰・比年以來・三河上游皆決・而保霸文大之間・胥爲巨浸・此其流弊也・是格淀隄爲第一喫緊處所・其殘缺卑薄者・必應急爲修補・自當城以下・修築堅實・不設涵洞・以復其舊・再將子牙故道・一律挑濬・使仍由紅橋下運・庶東溜遄行・沙不旁散・自無壅塞之患矣・

一・大清河以東西兩淀爲停蓄宣洩之地・故其下游・謂之淀河・今兩淀大半塡淤・不能容水・一經盛漲・則北岸之新安雄縣霸州・南岸之任邱保定大城文安・咸受其害・若非大加疏濬・無以暢達衆流・查兩淀以保定縣之張青口爲界・自張青口以上爲西淀・以下爲東淀・雖淀形延廣・不能施功・而淀中通流之渠・則有可疏道・西淀受唐沙滋淶易諸川之水・每當汛發・泥沙俱下・所恃以不淤者・惟在下游之速爲宣洩・似應開通趙北□橋下各河道・西淀諸水・由毛兒灣入玉帶河・又開通雄縣之窰河・以分白溝入淀之勢・又開通盧僧河・以分白河上游之勢・至東淀之中亭河・上承玉帶河・下入臺山河・分南北中三股・其由蘇家橋東至石溝・又東由臺頭出揚芬港者爲南股・其由臺山東至勝芳者爲北股・

其由趙家房東至勝芳者爲中股．二股俱由辛張出揚芬港．與南股會．此三股實爲東淀之腹．急宜各加挑濬．使周通貫注．以資暢達．又西淀趙北口一帶．向有漁利之徒．撈泥築圩．樹藝靛草．日久漸成水田．阻遏水道．莫此爲甚．似宜委員勘明．先行押令開除．以利轉輸．東淀中蘆葦叢生．阻礙水道之處．亦須芟除淨盡．以清淀底．至兩淀南岸之千里長隄．自高陽以迄大城．綿亙七百餘里．自嘉慶六年異漲之後．處處殘缺．必得一律加高培厚．以資捍禦．除現應修築者業經奏明趕辦外．其餘應令各地方官隨時查勘估計辦理．

一．永定河滙灤恢桑乾壺流三洋諸川之水．自西山建瓴而下．一過蘆溝．則地勢漸平．水流漸緩．而沙亦漸停．及至下游．則沙無去路．而日漸淤塞．蓋永定河不能獨流入海．必南會大清河．又南會子牙河．及南北兩運河．而後達津海．以全省地形而論．則四河皆在前．而永定河獨居其後．當大汛之時．淸流前亘．衆水爭趨．渾流不暢達．則水緩而沙停．是永定有洩水之區．而無去沙之路．此其所以難治也．所恃以容沙者．惟四十餘里之下．可以任其蕩漾．但歷年既久．南淤則水從北泛．北淤則水向南歸．凡低窪之區可以容水者．處處壅塞．已無暢達之機．下口淤高．上游河身亦隨之而高．兩岸隄工．遂形卑矮．難資捍禦．今欲治全河之水．必先去全河之沙．自頭工至九工．長一百八十餘里．兩岸之寬．自三四里至五六里不等．下口之寬．四十餘里．一歲之中．除三汛及冰凍時不能挑挖外．祇有三四九十等月可以興工．計此四月之中．必不能將一百八十餘里之沙．全行運出隄外．而一經大汛．則舊沙甫去．新沙又滿．是以每年疏濬中泓下口．但能裁灣取直．疏通梗塞．而不能將淤沙挑除盡也．淤沙不能挑除．則惟有將兩岸隄工加高培厚．幷添建新埽．增高舊埽．以資捍衞．或再於上游高處．添建減水壩．以分盛漲之勢．似亦爲補偏救弊之一法也．

覆議減差輕徭利弊疏

爲遵議覆奏事．前據直隸布政使奏．直隸吏治不肅．民困不蘇．議請減差均徭．以資整飭．欽奉硃批．公同妥議．詳細奏聞．再降諭旨．等因．欽此．臣蒞任後．復將通省情形．細加體查．並於接見僚屬之時．周諮利弊．竊謂原奏立意未嘗不善．而其事則窒礙難行．殆未能詳思而熟計之也．按賦役之制．原有常經．東南則賦重而役輕．西北則賦輕而役重．昔人立法之初．本於用一緩二之精心．而權衡至當也．直隸爲首善之區．民氣淳良．皆知急公奉上．一百數十年來．辦理差役．官民相安．從無貽誤．近年來地方官奉行不善．不能於使民之際．寓恤民之心．而於差務．復踵事增華．日形朘削．以致蠹役奸胥．藉端苛派．刁衿劣監．過事把持．遂至控案日多．而且流弊滋甚．該司有見於辦差之弊．憣然思所以更張之．擬於每地一畝．攤征差銀一分．其意在藉賦以收減差之實效．不知適藉差而添加賦之虛名．即如其法以行之．而累官病民之弊．仍不能免．竊恐殆有甚焉．臣請得而詳陳之．

查直隸通省．有按地畝出差者．有按騾馬出差者．有按行戶出差者．名式各不相同．行差即難畫一．今欲比而同之・專於地畝攤派・是逐末者差輕・務農者差重・此不可行也・直隸賦額・有每畝征銀一錢以上者・有征一二分至數分者・亦有僅征數釐者・地有肥瘠・故賦有等差・今若概以一分攤之・是差費與正賦相符・且較正賦倍增矣・失輕重而淆定制・此又不可行也・辦差章程・各處情形不一・省北州縣・有旂三而民七者・有旂不辦而民獨辦者・省南州縣・有衿三而民七者・有衿不辦而民獨辦者・歷久相沿・竟成積習・今欲概以一分均派・恐豪强奸滑之徒・藉端啓訟・轉滋紛擾・且一郡與一郡事例不同・一邑與一邑章程互異・甚至一村與一村情事亦不能相合・今欲執一法以繩之・恐不能强以相從・民不能從・事多掣肘・此又不可行也・

春秋兩差派・令州縣辦理・有一年一派者・有隔年一派者・原在上司因地制宜・以紓其力・今若照賦加攤・必須按年完納・致無寬暇之期・轉不若輪流派差・得均勞逸・況派差折錢・民間稱便・若令同正賦完納・則必須逐一傾鎔・其火耗解費・逐項加增・勢將浮於所定之數・此又不可行也・

至於中途驛站・每值護送餉鞘・遞解獄囚・及往來差使過境・需用車輛・自一二輛至十數輛・或數十輛不等・不能不借資民力・派民出車・官給喂養・一呼即至・各邑亦有向定舊章・今欲一律官爲備辦・則一切皆須僱覓・差務喫緊・車戶必恃以居奇・稍加裁抑・又必以勒揹累民上訴・民之情僞・官實難防・官既無權・民且益肆・此時雖出以重價・亦將不應・設有票差・恐滋貽誤・地方官不敢誤差・其力又不能備辦・日久自必仍然派累・且恐派累滋甚・是既累官・又復病民・此更不可行也・

再地方官派辦差徭・果能留心民瘼・如零星小戶・凋敝村莊・儘可加意撫綏・隨時酌量減免・今若攤派於地・則征收既有定額・閭閻難免追呼・將恐貧乏農民・避差遷徙・轉致地畝荒而不治・不惟無補於差・必致有虧於賦・此又不可行也・

凡州縣征解正賦・例有考成・而每年尙多拖欠不能全完者・今又加以每畝一分・無論事屬創始・民多觀望・即使踴躍輸將・恐不肖官吏・視非奏銷正賦・無關吏議・或竟挪移侵蝕・全不報解・亦爲事之所有・參之不可勝參・況遇水旱偏災・正賦尙應蠲緩・豈差費獨能照舊征收・如照舊征收・是差費轉重於地糧・實爲非例・若一例蠲緩・則遇有差務・又將何以處之・彼時上下交相諉卸・欲復舊章而不可得・此更不可行也・

至直隸近年・多以派辦不公・紛紛訐控・推原其故・非出於民之無良・亦非盡由於官之苛派・半因於戶有優免本身丁銀之文・影射包攬・或有以一人而兼其宗族者・或有本人已故而延及子孫者・甚至串通書役鄉保地方人等・朋比爲奸・挾制官長・無賴之徒又復因而效尤・以致殷戶差徭日益減免・而窮黎仍歲以爲常・年復一年・漸至苦累・此所以控案日多・而刁風愈長也・此時籌調劑之法・如恭屆大差・衿民自當一律遵辦・其餘雜差・則衿戶准免本身一人・其影射包攬諸弊・概行嚴禁・有力而應當差之戶・無計譸張・無力而不避差之民・可免煩瑣・如此則以有餘補不足・似爲持平・

臣愚・以爲自古有治人・無治法・立政貴恃大體・無事

紛更・守土重在得人・自臻治理・現惟有嚴飭該管道府・各就地方情形・並向來辦理舊制・隨時斟酌・妥爲安置・一有差務・即嚴查各州縣・如有能體恤民艱・公平允協之員・據實保舉・以示鼓勵・有聽信書役・任意浮派苦累者・立即指名糾參治罪・勿稍姑容・若有劣衿蠹端包攬・刁民串通妄控者・即當秉公細審・按律嚴懲・不得稍從寬縱・是黜貪墨而杜誅求・民生可裕・除稂莠以去擾害・民困可蘇・務期畿輔之內・百姓返朴還淳・大小臣工・莫不砥礪廉隅・共襄聖治・固不在明設科條・更張舊制也・臣愚昧之見・是否有當・理合恭摺奏聞・

馮敏昌　字伯求・號魚山・欽州人・乾隆戊戌進士・官編修・大考改官刑部主事・晚年講學於鄉・學者稱魚山先生・敏昌至性純篤・而學兼衆長・丁內外艱・廬墓六年・其論學云・聖門之學・大抵就事上見心・至公無我・可以處處推廣・又知權達變・無歉於己・而有濟於人・是之謂仁・其論詩云・詩者心聲也・天地之中・聲流於人心而發於詩・正如元氣之鼓萬物而不自知・萬象咸該・滴水不漏・此之謂大家・非節節而爲之也・故其詩・由昌黎山谷・上追李杜・穿穴諸家・自闢面目・於嶺南三家後・卓然傑出・王蘭泉翁覃溪皆稱之・書法由褚入大令・尤精研蘭亭・平生遍遊五嶽・皆造巔題其厓壁・丁憂後・遂不復出・主粵秀端溪講席以終・所著有孟縣志十卷・小羅浮草堂詩鈔四十卷・阮志藝文畧並注存・河陽金石錄・注未見・又著有華山小志・師友淵源錄・阮藝文畧皆未著錄・

吳亦山文集序

丙申春・北平朱笥河先生・招同好三十餘人・修禊于京師城東十里運河之二閘・因效蘭亭故事・各爲詩以紀勝・余與吳子亦山李子畏吾與焉・參相得也・後二人偕與進士第・而余與亦山又同出韋藥軒夫子之門・顧榜下・亦山既歸・余兩人不相見者八載・乙巳冬・余至山右訪亦山于大平之北柴莊・相見各喜出望外・于時歲暮天寒・亦山命酒相對・因出所爲文一編示余・且屬余序・余夜分挑燈・讀之至曉不寐・隨抗手別・別後余自大平馳驅二百里許・至河津・觀于龍門・喟然而嘆曰・壯哉河山之氣之盛也・洪源千里・萬山蟠束・及夫長河奔而山爲之斷・勢成崇闕・聲如怒雷・未知夫所以鑿之者何繇也・既復自夏縣疾馳百三十餘里・觀于底柱・則世所謂三門者也・其山河之會・亦若龍門・然而勢更奇・蓋中流一柱・狂瀾遂迴・而山右之形勝在是矣・因更爲紀遊詩數章・蓋今歲夏初事也・

夫吳子窮經數十年・尤邃於三禮之學・蓋本說文以治之・而于漢唐宋說經之書・無不穿穴貫串・所謂經術湛深者也・而諸史又復包羅胸次・旁及百家・視其人・皆樂易簡率・飲數杯輒醉・好論議・而對人期期若不能自暢・及其作爲文章・氣昌盛而詞博大・無重不舉・無堅不摧・長驅廣騖・蹂躪諸子・而訖沿於孔曾思孟之道・庶幾所謂震川嗣音者歟・

夫文章之敝也・患在無源以導之・而又師心自用・造爲一切幽異詭僻以及獷悍佻巧之習・蓋其別派至于不可究析・余間好論文體・而無以自實其言・嘗用恧焉・今吳子之作・其原本經術・則九曲之發源於崑崙也・其綜貫子史・則經流之輸會夫百川也・其歸之至道・則長瀾之趨赴夫東海也・然而有文心焉・因物盡變・扼要爭奇・則固若洪河之至於龍門

底柱．壯哉．此亦天下之奇觀也．然吾坐臥以遊之．不若曠覽而得之．是故吾非忘序亦山之文．特其文之序．必有爲之左驗者．聊以待吾之遊也．

夫山右作者．古今不乏．而國初河中有吳蓮洋雯．善爲古今體詩．新城王尙書序之．以爲雷硠劃豁．有河聲嶽色之概．今亦山之文．其謂非得江山之助矣乎．特藥軒師在遠．未及爲序．而重念筍河先生已下世．不及見此集之成也．若余者．踣頓風塵．荒落無似．其序亦奚以爲．特就所見書之以復亦山．他時或爲畏吾言之．畏吾閩人．名威．亦豪于文．爲筍河先生所禮異者．

傳經堂詩鈔序

吾粤詩人．自張曲江公倡正始之音．閱數百年．有明南園前後五先生繼之．鄺屈陳收玉振於木運．嶺海間風雅之彥．彬彬乎盛．與中州等．國朝文治休隆．梁藥洲程湟榛諸公．提唱宗風．承學之士．相沿至今．莫不稟經酌雅．摛艷薰香．求頡頏乎鄉前輩．以蜚英聲．而騰茂實．若家大令方山．誠其尤著者已．方山幼奉先人文學拱北先生庭訓．以學問行誼傳家．雖貧極無聊．終不少挫其志．於書無所不窺．雅好古文．兼工書法．惟詩嗜之尤篤．高自期許．古近體皆以李杜韓蘇爲的．聞之者間以放言高論目之．而方山持論益堅．

予之初識方山也．以受知翁覃溪師．隨棚讀書．至廣州．方山適爲覃溪師取錄遊泮．旋即補廩．因得與訂文字交．庚寅復同領鄉薦．吾宗在粤者．皆以高涼太守寶爲鼻祖．因又與方山通譜．由是其交益密．而當時與方山並予譚藝者．張藥房錦芳．胡同謙亦常．黎二樵簡諸君．每一篇出．五人互緘隲評．莫逆也．乾隆戊戌．予幸成進士．入詞館．方山落第．與其姻關榕莊匕謀．僑關廷收甯河縣署過夏．辛丑復落第．仍寓甯河．而拱北先生捐館．予時改官刑部主事．爲詩四章挽之．其第三章云．諸馮名籍蔚庚寅．（是科吾宗同舉者五人一時傳頌難得）允子論年伯仲親．（方山長予二歲．）奮翼排閶懷遠別．魚歌彈鋏每長貧．蒼涼風雨橫經地．駑頓關河草檄身．那更麻衣歸去日．還從風木結酸辛．方遂南歸讀禮．久之服闋．丁未會試．大挑一等．作令湖南．中丞姜薌晟器重之．調善化．委辦軍需．予撰書帖子寄贈曰．循吏芳聲．首推楚相．吾宗淸德．尤重野王．蓋方山才餘於事．雖爲縣令．在簿書鞅掌中．吟咏未嘗或廢．年來予告假歸粤．而方山亦引疾返里．

嘉慶辛酉．予主粤秀書院講席．方山自鄉來晤．予叙寒暄外．詢其近作多少．翌日．以所著傳經堂詩鈔見示．予受而讀之．五古眞摯類杜．樸拙類韓．七古激壯類杜．奔放類蘇．五七律瀏亮亢爽．出入李杜蘇．七絕風韻纏綿．於李爲近．嗟乎．予與方山別．十有五年於茲矣．中間郵筒問訊．雖歲時不絕．終以不獲促膝面談爲憾．予自回粤後．風晨月夕．未嘗不敲韻拈題．而藥房同謙早逝．二樵近亦繼歿．每一脫稿．求如曩時五人郵筒往復．共相與欣賞．邈不復得．爲之悵觸者累日．乃空谷足音．跫然而喜．忽於方山得之．方山詩於吾粤前輩．自梁程以上．不知位置何如．然起藥房諸君於九原．平心衡量．必謂故人所詣．進而益上．嶺海騷壇日振・雖欲不於方山屈一指・而不可得也・爲書予語於首簡・俾傳諸其人・世有借讀方山稿者・亦藉以知予兩人文字之契・自弱冠至耆艾・愈久而弗衰・有如此者・

聽竹軒詩鈔序

嘗謂詩之爲教・其來尚矣・在昔虞廷論樂・首及言志・逮於風雅頌燦陳・用之閨門・用之邦國・用之朝廷・其事甚重・而聖人論詩・有興觀羣怨之旨・則其益又甚大・降及漢魏・抑亦猶有合焉者・今之樂猶古樂・刪後無詩之論・殆過言也・獨奈何後之爲詩者・靡嫚爲工・綺麗爲事・此固無論・而號爲能詩者・或尙虛無・或宗禪悟・甚且標此以爲準的・使一世靡然從之・嗟乎・興觀羣怨之旨・固若此乎・而若其矯靡嫚之弊・雖主氣格・而又以剽竊爲事・吞剝爲能・此又何與於眞詩也哉・余嘗持此意以論詩・而玆於黎川王君簡亭之詩・而竊歎其所見之相合也・

王君生龍光牛斗之邦・承豫章宗派之後・負才清妙・禀氣和平・盛年讀書求友・嘗欲有爲於斯世・後以食貧外出・遊於諸賢守令之門・所至分廷抗禮・客況亦復不惡・然而華堂高會之際・肉薄色飛之餘・君獨憮然以思・抑然自下・則又何也・而及其遇賢哲・接英異・中心好之・稱獎誘掖・不啻口出・而若聞見一切忠孝廉節之事・靡不流連憑弔・作爲詩歌・踔厲風發・使人讀之・豪蕩感激・又何壯也・又其居停所主・可以爲善・則於生民國計利病所關・未嘗不三致意焉・嗚呼・此其於興觀羣怨之旨・固自不爲所見矣・而其學詩之勤・則古今之詩・殆無所不窺・而杜李韓蘇・則尤所服膺者・故其爲詩・無剽竊之習・而有結撰之能・既不涉邪・又不佞佛・和易中正・屛絕惑慝・惟所謂泉石膏肓・烟霞痼疾者・殆未之能免焉・噫嘻・此亦可謂雅量高致者歟・竊觀王君之詩・意謂以王君之才・使其得登仕版・操尺柄以發揮揮於事業・而鼓吹乎休明・豈非盛事・而顧以遠遊作計・終老侯門・使其不得自見之意・間亦發之於其詩・不亦重可惜哉・雖然・君老矣・以君目中所見・繁華富貴灰飛烟滅者・不知凡幾矣・彼其人亦尙有聞於後者乎・君子疾沒世而名不稱焉・則君今之爲・殆亦可任造物之位置・而自全其天矣・而又何悲乎・

君頃寓新興楊令君潔庵署中・令吾與余同門・而令君署中潘文學柳塘者・亦余所素識・君因介柳塘以交余於端溪書院・出詩數百篇・屬余刪定・幷屬余序而刻之・余感君有知己之言・故不揣僭妄而序之如此・抑近世儒者顧亭林之論有云・人之患・在好爲人序・何則・人之造詣未定・雖有著作可觀・及作序之後・轉而之他・忽墮失檢・爲世詬病・或幷其作序之人而詬之者亦多矣・此余於詩序之所以不敢輕作・而玆爲王君作之者・蓋誠有意乎王君而作之深也・王君然我乎哉・

魏故南秦州刺史司馬進宗墓誌銘跋

右司馬昇字進宗墓誌銘・其曾祖祖父・誌不著其名・魏書亦無司馬進宗之傳・姑以誌中所云・祖荆州・來賓大魏・授侍中・使持節征南大將軍・開府儀同三司・十州軍事・封瑯琊王・遷司徒公・考之・則其人爲司馬楚之・

按魏書司馬楚之傳・畧云・晉宣帝弟・太常馗八世孫・父榮期・爲梁益二州刺史・遭變・楚之送父喪還・値劉裕芟夷司馬戚屬・亡依從祖荊州刺史休之・及休之爲裕所敗・楚之收衆據長社・後降于魏・魏假楚之使持節征南將軍荊州刺使・後劉義隆入寇・以楚之爲安南大將軍・封瑯琊王・屯潁州拒之・破其諸軍・以散騎常侍徵還・尋從征涼洲蠕蠕・拜假節侍中・鎭西大將軍・開府儀同三司・雲中鎭大將・朔州刺史・王如故・薨・贈都督梁益秦寧四州諸軍事・征南大將軍・領護西戎校尉・揚州長史・謚貞土云云・據此・盡與誌中所言相應・唯缺遷司徒之文耳・然又按庾開府集・周大將軍司馬裔碑文云・曾祖楚之入魏・授平南大將軍・荊州刺史・襲封瑯琊王・又授使持節侍中・安南大將軍・開府儀同三司者・與晉史及此誌畧同・至其載楚之卒後・贈征西大將軍・都督梁益秦寧荊兗青豫郢洛十州諸軍事・揚州牧・謚貞王者・則尤與碑所云十州諸軍事・遷司徒公者相合・

再考魏書北史・楚之外・亦無有官職封爵似此者・此以知其爲楚之無疑也・然魏書謂楚之父榮期・爲梁益二州刺史・遭變・而庾開府集司馬裔碑・乃謂曾祖楚之・爲晉太傅・錄尙書・揚州牧・會稽文孝王之次子・元顯之幼弟・元顯見害之後・桓纂逆之初・容身屠釣・收合餘燼入魏云云・則是謂楚之父爲司馬道子・與魏書所書楚之父爲司馬榮期者不合・又庾碑所言・司馬道子爲會稽王・即晉書所云道子爲簡文帝之子・出後瑯琊王改封會稽王者・與此誌所言進宗曾祖彭城王者亦不合・按此誌所云曾祖彭城王者・乃或即魏書所謂司馬榮期・考晉書宗室傳・彭城王權・子植・植子釋・釋子雄・雄坐奔蘇峻・更以釋子紘嗣・紘子元・元子宏之・皆襲封彭城王・更以魏書楚之傳所云太常馗八世孫推之・則楚之父榮期・與彭城王宏之爲昆弟輩行・或與宏之同出於元・或出於元之弟俊・皆未可知・然俱爲彭城王權之後・雖嗣世封王者爲元・但榮期守土遭變・意當時必贈以王爵・又以其爲彭城之後・或即贈彭城王・故誌即以曾祖彭城王稱之・則彭城王之稱・其於榮期亦近似者・究之此誌所云・祖荊州者・斷爲司馬楚之無疑・特于曾祖不著其名・則或以榮期慘遭禍變・故不忍正著其名耳・至庾碑著楚之所生・與魏史不合之處・更以俟博雅者考焉・

又誌言・父鎭剖隴西關右・著唯良之續者・按魏書・楚之三子・長寶允・次金龍・次躍龍・寶允仕爲雁門太守・金龍躍龍俱至尙書・今此誌云・著唯良之續・亦似指寶允而言・蓋引用太守故實・則其非金龍躍龍可知・特隴西關右・與雁門不合・或寶允前嘗官于彼・而後守雁門・亦未可知耳・

又魏書金龍三子・長延宗・次纂・字茂宗・次悅・字慶宗・則或名或字・皆與進宗之相似・轉疑名延宗者之亦爲其字・而史失其名耳・然則進宗爲楚之之孫・殆無疑矣・進宗作令桑梓・有惠政可傳也・

魏司馬元興墓志銘跋

右魏司馬元興墓志銘・與後司馬景和妻墓志銘・司馬景和墓志銘・司馬進宗墓志銘・於乾隆二十年間・同時出土・

其地在今縣東北八里葛村・蓋父子夫婦宗族・合葬于此・故其出亦同時也・諸誌初出・爲縣學生張大士購得其三・復有韓姓者・買得是誌・以贈河內劉姓・今自劉姓轉入孫姓人家・孟人欲贖歸不得・僅宛轉搨得紙本・因載其文如右・

碑誌稱・元興爲河內温人・葬于温城西北廿里・按太平寰宇記云・古温城在温縣西南三十里・周司寇蘇忿生邑・漢爲縣・東魏天平中・移縣於古城東北七十里・隋大業十三年・又移于今所・温縣志亦同・云古温城即今所謂安樂寨者是也・以里數地望考之・葛村正居古温城西北二十里・蓋後此三十年・温縣始移・而此則正在其未移之前者也・又其時・河陽城在野戍・似以淇爲界・故此地屬温・厥後孟州城移于今所・則以沇爲界・地遂爲孟境矣・是可想見昔之疆域焉・

又按此誌・序其世系甚詳・其所云武王欽者・見於晉書河間王司馬顒傳末・蓋元帝以嗣河間者・但官階不具・唯穆帝紀永和九年書遣太尉河間王欽脩復五陵・及哀帝興甯元年三月・書散騎常侍河間王欽薨而已・其右衞將軍中護軍使持節侍中及贈謚・皆畧而不載・又所謂景王曇之者・亦見于孝武帝紀太元九年十月所書河間王曇之薨而已・其官階贈謚俱不見焉・是此誌云云・足補晉書之缺畧・至云簡公叔璠者・魏書本傳・亦稱父爲曇之・及歸魏・爲安遠將軍丹陽侯・至誌所云・在晉爲淮南王秘書監・鎮北將軍・幷刺徐兗二州・及在姚秦・爲殿中尚書・入魏・有卒後贈謚・則魏書北史皆缺而不載・而於其長子靈壽之卒・則又載其贈謚・是史疎而此密・

又魏書載・道壽爲甯朔將軍丹陽侯・而誌所云・爲驃騎府從事中郎・鎮西將軍・畧陽王府長史・魏書皆畧而不載・則史畧而誌詳矣・又魏書云・道壽長子元興・襲父爵・則似但名元興者・而志稱諱紹字元興・是尤足正史氏之誤焉・

又誌稱・永平四年・歲次辛卯者・在南朝當梁武帝天監十年・與史相應・唯所稱魏太和十七年・歲次戊申者・則作誌者之誤・

按通鑑・太和十七年・當齊武帝永明十一年・係癸酉而非戊申・又所云七月庚辰朔十二日壬子薨者・以庚辰推之・十二日當云辛卯・此云壬子・皆誤・究其所以・蓋自太和十七年薨・至永平四年遷葬・前後相距已十九年・故追書而誤耳・

其誌石殊無損剝・書跡廉悍勁折・饒有筆力・于南朝可敵王僧虔・自可稱爲佳書・今其石雖已轉徙・然孟地乃其自出・故既載其文・復屬湯子令名以校志之暇・重摹入石・存其筆・庶與現存後魏諸刻仍聚斯境・而孟人亦不歎舊石之相去轉遠也・

大唐故上護軍獨孤府君碑跋

右獨孤府君仁政碑額題云・大唐故上護軍獨孤府君之碑・陰文凸起・三行・行四字・篆書・碑文三十四行・行四十八字・正書・此碑序其家世特詳・其云高祖永業者・北史及北齊書皆有傳・謂其本姓劉・中山人・隨母改適獨孤氏・遂從其姓・

今按碑中所云・導擾龍之巨源・疏斷虵之曾岫・逐鹿中

原・避時北漢・因山易姓・以氣雄邊者・則俱指獨孤永業之先世・出于劉氏者而言・非謂永業之身之出于劉氏者也・按唐書宰相世系表・載獨孤世系・所稱易姓之由・畧與碑應・而于永業之父冀・不言永業爲其生身與否・又按唐獨孤及自作其父通理墓碑・所稱易姓之由・亦與世系表大同小異・而就其中所云・歸生冀・冀生永業者觀之・則永業並非隨母冒姓之謂矣・又北史及北齊書・載永業生平歷官・與碑詳畧互見・不必深論・唯稱永業在齊時・封臨川郡王・與獨孤通理墓碑所稱亦同・而此碑則稱入周・冊臨川郡王・與獨孤世系表所載・冀周司徒臨川郡王者又同・其間彼此互異・良由世代久遠・俱難意斷・

又獨孤及以一代文伯・自序其先世封爵・而其中亦別有失于考據者・其碑內所稱先世・畧云・獨孤之先・出自劉氏・後漢世祖光武皇帝之裔・世祖生沛獻王輔・輔生釐・釐生定・定生節・節生丐・丐生長子廣・嗣王位・少子廙・爲洛陽令・廙生穆・穆生進伯・爲度遼將軍・擊匈奴・兵少援不至・戰敗・爲單于所獲・遷居獨孤山下・生尸利・單于加以谷蠡王之位號・獨孤部尸利生烏和・烏和生二子・長曰去卑・爲左賢王・建安中・李郭之亂・左賢王率其部衞帝・自長安還洛・後歸國卒・次弟猛代立・生富論・富論生路孤・路孤生眷・眷生羅辰・從魏孝文帝遷都洛陽・始以獨孤部爲氏・爵永安公・定州刺史・生萬齡・官至廷尉・萬齡生稽・又官廷尉・爲鎮東將軍・稽生歸・又爲鎮東・生冀・官至征南將軍・定州刺史・贈司徒・生永業・即通理之高祖云・而唐書獨孤世系表則云・漢世祖生沛獻王輔・輔生釐王定・定釐王定論・但爲一人・又云・定生節王丐・節又丐論・但爲一人・是又彼此互異・及考後漢書光武十王列傳・內戴沛獻王輔薨・子釐王定嗣・定薨・子節王正嗣・正薨・子孝王廣嗣・則通理碑與唐書世系表・以正爲丐者・固字體小誤・而通理碑以二人爲四人者・誠誤耳・且其間尤有錯誤・足以自累其世系・而并以累人之世者・則通理碑中所言・以去卑爲烏和之長子・劉猛之兄者・

按唐書獨孤世系表・亦謂去卑爲烏孫之長子・劉猛之兄・烏和即烏孫・和蓋孫字之誤・此又不必論・但論去卑非烏孫之長子・亦并非劉猛之兄而已・今按魏書鐵弗劉虎傳云・虎爲南單于之苗裔・左賢王去卑之孫・北部劉猛之從子・魏與晉并州刺史劉琨合討之・虎走歸劉聰・聰以其宗室・拜安北將軍云云・又按晉書劉元海傳・述其先世爲冒頓之後・以母爲漢高祖宗女・遂冒姓劉氏・觀其初立國時・所下國中之令・可見聰爲元海之子・以劉虎爲宗室・則虎之祖去卑・其爲冒頓之裔甚明・今獨孤通理墓碑・與唐書獨孤世系表・并謂劉去卑與劉猛同父・是不將使人疑劉猛之亦出于冒頓・即獨孤亦出于冒頓之後・而此碑亦誤耶・今試仍即魏書劉虎傳所云虎爲去卑之孫・而猛之從子者推之・則去卑之視猛・猶猛之視虎・皆從子耳・何兄弟耶・故二人既尙非兄弟・況於同父・即魏書所謂從子者・亦當爲同姓不宗之從子耳・

竊以爲劉猛自當出于進伯之後・下開獨孤永業・獨孤仁政・獨孤通理之屬・去卑當爲冒頓之後・下開劉庫仁與劉虎・及其孫劉務桓劉衞辰・以至於赫連勃勃之屬・分爲二

派・則按之晉魏諸史・庶皆兩無所妨・而如獨孤通理之碑・以及唐書獨孤世系表・皆難專據者・猶不若梁肅作獨孤及之弟獨孤正墓誌銘・謂其出自進伯・因部易姓・隨云・其後有羅辰・臨川王永業・渾而言之・與此碑之畧舉大意者・皆不以去卑闌入之爲愈也・且唐書與獨孤世系・既以劉去卑闌入爲劉猛之兄・而於河南劉氏世系表・又謂河南劉氏・本出匈奴之族・漢高祖以宗女妻冒頓・其族貴者・皆從母姓・因改爲劉氏・右賢王去卑裔孫庫仁・南部大人凌江將軍弟眷・生羅辰・爲定州刺史・其後徙居河南・羅辰五世孫仕儁・即宰相崇望之十代祖云・夫謂去卑之出自冒頓・則誠當矣・而謂其裔孫庫仁・即劉眷之兄・故劉眷之後・皆冒頓之裔・此甚非也・去卑與劉猛不同所自出・則庫仁安得謂劉眷爲弟哉・即以弟言・亦不過同姓不宗之弟耳・而遽謂其子孫皆冒頓之後可乎・夫以劉去卑一人・而於獨孤世系表・則謂爲劉進伯之裔・於河南劉氏表・則又謂爲冒頓之裔・以劉眷一人・於獨孤世系表・則謂爲劉猛之孫・出自進伯・於河南劉氏表・則又謂爲庫仁之弟・出自冒頓・一人而二本・始分而末合・其自相矛盾・多所牴牾如此・其謂之何・

今按去卑之孫・即上所謂劉庫仁及劉虎・并其孫劉務桓等・當爲冒頓後裔一族・而初不必以劉眷之後・又爲河南劉氏者上冒之・蓋河南劉氏與獨孤・同出自劉眷・即同出自劉進伯者・即如此碑書撰・皆劉姓・而又皆宏農人・當即所云河南劉氏之派・此亦可見其與獨孤甚親・其言獨孤先世・無異自言・故能詳載若此・是可即此碑書撰人之於獨孤・有關合者・以并正唐書世系表・謂河南劉氏出自冒頓之誤焉・

又獨孤世系表・於永業父冀官爵下・載其謚法・而於永業官爵下・不載謚法・又北史及北齊書本傳・但稱永業後爲崔彥穆所殺・壹似不應得謚者・而碑乃有謚曰貞之文・茲考周書崔彥穆傳・謂彥穆爲行軍總管・討司馬消難・軍次荆州・彥穆疑荆州總管獨孤永業有異志・遂收而戮之・頃之・永業家自理得雪・彥穆坐除名云云・即北史崔彥穆傳亦畧同・

據此・則永業之戮・乃但出於彥穆之疑・而碑所言謚曰貞者・必其家自理得雪後所予之謚・是又可以補世系表及本傳不載其謚之缺焉・至表所載永業子子佳・隋淮州刺史武安公者・按隋書地理志無淮州・唯南海郡有含洭縣・註云・梁置衡州陽山郡・平陳州・改洭州・廢郡・二十年州廢・今碑云・曾祖子佳・隋大將軍洭州刺史者・正與隋書地理志相應・乃淮州尙未廢爲含洭縣之時・而正可以訂此表以洭爲淮之訛・又表謂子佳爲武安公者・亦指隋言・今按碑載・子佳在周爲武安郡開國公・在隋爲應國公・亦當以碑爲正・又世系表・於子佳之子義恭名下・畧不載其官爵・而於其族人爲主簿都尉參軍之類・悉載之・今按碑所載・義恭在唐・歷官至溫汾歸婺四州諸軍事・婺州刺史・高平縣侯・其官爵尤不當畧・是宜據以補世系之缺・至義恭之子士賨・即仁政之父・與仁政之子宗・其名字官爵・世系表皆缺載・是尤宜據碑補入者也・蓋唐書之闕誤・見於吳縝新唐書糾謬者至多・而其可據此碑而補正・又旁及他史者・亦不一而足焉・

馮敏昌

冬集紀程跋

今學者坐手一編・高吟振壁・當其意得・伏案疾書・矻矻不少休・自謂可以囊括山川・錯綜今古・然足跡或不出三四百里外・則所謂聖賢餘蹟・風教固殊者・固莫得而見・即其居安處逸・久若性成・殊不知所謂崎嶇跋涉・人勞物屈者・以怵于目而警于心・則所言亦無實之承筐耳・顧或遊矣・而學有未充・則無以隨地而徵文・即充矣・而中無所養・則又無以因文而見志・而吾讀周君耕厓冬集紀程之作則不然・

周君家海昌・與丁進士小疋交故善・歲癸卯・舉于鄉・其入都時・小疋寓書于余・稱爲樸學・余因得訂交・一見後不啻飲我以醇・而又淡乎如水也・蓋周君生平邃於經術・又貫穿諸史・其根柢深而枝葉茂・庶幾所謂醇乎醇者・所爲孟子四考・季漢官爵考・小疋尤亟推之・而是則周君入都紀行之作・余讀之而見其徵引浩博・考證精確・時復與經義史傳相發・雖簡冊無多・而非腹笥便便者不能道其隻字・蓋即此可覘周君之學・而余更有所異焉者・今夫詞人學士・就其所至・類必俯仰形勢・留連景物・以自嗚其得意・況乎乍登科目・振而矜之・豪情盛氣・所在而然・即平昔讀書譚道之君子・保無流露于不覺者・而覘周君此冊・志惟淡泊・而言多古・處所爲兄弟姻戚師友之間者・固藹然用情之厚・即至於舟船車馬之際・亦不欲苟以快吾意而盡其力・則固其存心之仁・有觸而發焉者矣・且其過蘭陵而惡高洋之風・望嶧山而思因利之宅・是何取舍不謬於君子也・余用是知周君之所養大矣・

抑嘗論紀行諸書・自宋元以後而盛・就其著者・可補史傳未備・而若其依于儒術・本乎性眞者蓋寡・周君此書・當不令人別有激發耶・又況此書所紀・皆余前後入都所歷之程・而余自愧謭陋・所考據無一言以贊助于周君・而惟此傾寫之懷・因讀此書而一發之者・以更冀周君他日之益余・以無負于丁君千里寓書之意焉而已・至集後附詩一卷・趣味古雅・余並讀之・益自愧焉・時乾隆乙巳初秋八日・欽江馮敏昌跋・

重修伯益廟碑記

粵稽虞廷・命官分職・禹受益稷契・厥功懋焉・其後三代遞嬗・各推祖德・用歲二千・益之遺烈邈矣・而秦幷天下・史亦推本于益・抑秦暴又世不久・或乃上論益德・若烈火之故使然者・其信然歟・昔孔子于舜治天下之臣五人・而嘆其才難・則益之有功于天下後世亦大矣・余自乙巳出都遊晉・如平陽安邑稷山・諸所謂古先聖王都會遺迹・莫不低徊仿像・間至大平・邑宰徐君爲言・邑境伯益墓・有廟臨汾水・蓋歷代載在祀典者・余時未暇以謁・遂去之秦中・復歷豫之河陽・以至于今・而徐君書來云・廟已新修・視前峨煥・屬余爲文以記・

余謹按祀典・能禦大災則祀之・能捍大患則祀之・有大功德于民則祀之・是以有先嗇之祭・有瞽宗之祭・爲其爲養與教先也・若益之佐禹・平水土・奏鮮食・其後相禹・以至于薦天・其功若德・即所在報祀・禮亦宜之・又況其墓之在

邑者耶・抑余至秦・觀于祠廟亦多矣・而秦後之祀無聞焉・至中州・聞周穆王時・臨淮之國・有徐子者・與秦同柏翳之後・至偃王・誕得朱弓赤矢之瑞・躬行仁義・去刑爭・文德漸于四方・時穆天子駕八龍三駿・方觴西王母于瑤池・四方諸侯・無所質正・遂賓祭于徐庭・執玉帛而朝者三十有六國・穆王懼・歸而連謀諸楚・楚伐徐・徐不忍鬥其民・北走彭城・仰天嘆曰・余賴于文德・而不明武備・奈何・民隨而從之者萬餘家・又于武原山鑿石爲祠以祀之・而戴其後嗣如初・其後以國爲姓・名公巨人・史不絕書・皆本于偃王・而實發源于柏翳之緒・噫嘻・此非仁者效耶・奈何執秦事以論于益德也・雖然・偃王之仁宜廟祀・而益獨不得廟・廟或不虔・寧非數典而忘其祖也哉・

今徐君之爲此・其大有合于人心・而亦克廣乎自志者矣・徐君名希高・字柏源・吾粵之德慶州人・在官有仁聲・晋中無不聞・蓋覘此即亦可知其餘矣・余既爲之記・而重詩之曰・

煌煌大益・火靈降精・爰佐帝功・以開太平・高參稷契・平視阿衡・當其烈山・怪物震驚・及其昌書・神禹拜廷・上下若予・山海有經・元圭之錫・阜遊乃旌・迄于相禹・時則老成・亦薦昊穹・以播鴻聲・王降帝升・代可合幷・秦暴徐仁・裔有專亭・窾枕射山・神妥與凝・廟食汾隅・臺駘比靈・遂閡波流・以俟家楨・猗歟家楨・修廟孔誠・垣墉固護・殿宇虛明・雲連繡楣・霞啓丹甍・几筵是設・俎豆維馨・廟新禮盛・地古神寧・神之靈兮・萬載千齡・惠我烝黎・佑彼羣生・

太守康公德政碑

今天子御極三十有八年・有邃學君子來守茲土・曰茂園康公・公諱基田・字仲耕・山西興縣人・丁丑進士・知江南昭文縣・升廣東雷州府同知・尋攝欽州・遂知廉州府・廉地僻左・瀕海爲郡・明末蹂躪於盜・康熙中始翦滅・而生理未復・百事因循・其秀者欲振拔以自淑・而不知其所繇・公抵郡・慨然曰・吾儒所學・詎有用之而不效者・顧以風氣囿哉・遂次第與之更始・郡中胥隸暴橫爲民蠹・士人或見侵侮・其尤姦猾者・公未至・識其名・至則首懲以法・每呼前使白事・即竦慄無人色・久之竄去死・繇是中外肅然・郡有事・諸父老得見太守・備言疾苦・諸生執經獻藝者見・無異若子弟之請業於其師長・公於是率郡民復古衞民墟・築廛舍二百餘間・以徠商賈・南北城垣就圮・繕葺之・東南舊有龍江・本通海・乃從龍津橋尋故道・淤者剔・塞者闢・西流繞城南以達於江・凡八百餘丈・其城內之水・壅遏爲民患者・繇城西鑿溝・循北街而東注・又南注今流・以東城隅水洞爲壑溝・東西立六石橋・凡治諸水道・皆公召父老面授機宜・使歸各率其屬・未嘗發一牒・徵一夫・勤一里正也・而事先後畢舉・

公尤念士氣之不揚也・思有以振之・於是新學宮堂廡・鑿泮池・拓海門書院以居多士・移院門南向・爲延師・減俸入・以裨膏火多士・繇各屬學升於院者・歲有試・月有課・皆公親督之・建坊以表前代仕宦者・既得蘇文忠公遺跡於東城瀦水之洲・因念公量移廉地僅兩月・而文章風烈・至今廉

人想慕不衰．此尤不可任其湮沒．爰於其故處建五楹爲清樂軒．以祀蘇公．而復長春亭之舊．郡署堂戶倚傾．廓新之．建門樓．築吏舍．署內有地數畝．立亭閣爲愛園．公每以政進諸生於愛園．講業興酣．輒命移席於長春亭中．或乘月挾諸生登觀海樓下．復放舟東湖．賦詩飲酒．竟夕忘倦．人以爲諸生榮．而諸生若有忘其爲太守者．方公權欽州時．州故患虎．公至遂掃跡．郡又數饑．蒞郡之時．年遂大熟．比歲豐稔．廉俗不事蠶桑．公教之蠶．居人於是興紡織．公性廉潔．寡嗜好．左右僕役．不輕假以詞色．府中內外潔齊．諸凡興廢．一本於中心之誠．故民之趨事．如營其私．治廉四載．乙未．護理惠潮道篆．丙申．復任．尋去官．去之日．吏民攀轅．百餘里不絕．有素爲公擯斥者．亦感動泣下．公去後．士民思公德政．勒銘以頌公．其辭曰．

帝惠遐方．簡畀我公．江左政成．達於海邦．我公治術．正厥本原．至誠感神．敷教無言．俗億已甚．掖而起之．政弛不張．秩而紀之．孰利孰病．公肇其謀．是經是營．成不踰時．士民有言．公實我愛．不謂我無．飲食教誨．江可以舟．梁可以輿．使我晝夜行．不避於菟．孰荒於原．孰嬉於室．使我力蠶桑．是繅是織．自公之來．苞苴術窮．各愛其名．曰無愧我公．自公之來．忘太守尊．士從公遊．不叱於閽．自公之來．民有所恃．祈年屢豐．以育我婦子．公之化行．如影隨形．或興於鄉．或遺於黌．三海有巖．石□有峯．明德永垂．勒石無窮．

重修靈山縣學記

己未之歲．余主講端溪書院．靈山學博仇君汝昌過余．以邑人士之意．求余爲學記．爲言靈之有學．自立縣時始．至本朝某年間重建．歲久頹落．乾隆某歲．邑人修復．視前閎壯有加．願爲文記之．而幷以勸後．余辭不敏．及余移講粤秀．仇君復請．余不敢辭．乃作而嘆曰．靈邑人士之好德而好學．乃至是哉．余雖不敏．竊願有所明焉．蓋謂國家設學．不過欲使人自昭明德而已．夫德之本明．非由外鑠．此蓋出于天之所爲．而非人之所設也．然非學聚問辨．則無以爲寬居仁行之地．此學之所以不可不講．而講之尤不可以無要也．何以明之．詩曰．天生蒸民．有物有則．民之秉彝．好是懿德．夫子以爲知道．夫作則者天．而好德者人．天與人合而道著焉．故夫人之好善．惡不善．皆所謂好德之良也．而人之尊師取友．皆所謂好學之實也．天之事少．而人之事多．故必盡人而後可以合天．而聖人者又爲人倫之至．則欲盡人事者．舍聖學其何以哉．三代以上．道在堯舜禹湯文武．三代以下．道在吾夫子．固無異論．然愚竊見後之論學者．以爲聖人之道．高遠難幾．欲求所以從入之路．則舍聖人之論．而求之賢人君子之論者有之矣．然而所謂賢人君子之論．似近而實遠也．聖人之論．似遠而實近也．故嘗竊謂聖人雖不可得見．而論語之書具在．學者深觀而細味之．當有以見其不離乎人倫日用之間．而有以得乎盡人合天之學．無支離煩苦之弊．而亦不墮于鹵莽滅裂之譏．語其近．則夫婦之愚可以與知．而極其至．則賢人君子莫之能外焉．

此則吾夫子之道・所以爲大中至正・不特非後儒之所能盡・而亦竝非大賢以下之所得而同也・然而後儒之論・有合于聖人之道・而爲學人之所最要者・陸子靜喻義章之講義・朱晦翁以爲深中學者痼疾・此則學人切要之功・不可以朱陸同異紛然而置之者也・

今觀斯學之建・其好德之良・見于倡脩襄事之甚力・其好學之誠・見于求記之不怠・而特愧余雖知尊聖・不能勉行・而竊願諸人士以尊聖之心・求尊聖之實・而尤以義利之辨爲先・則庶乎有入德之門・其于天人合一之原・將有所見・而去道不遠矣・抑邑人修學後・又建文昌廟及其所文閣・皆力于爲善之事・故得竝書・

高要縣儒學教諭周君墓誌銘

君諱星聚・字以德・號竹里・廣州府三水縣人也・系出周之後・遜于嚴海・自考以上・潛德不曜・君善讀書・爲弟子員・數冠軍・登己卯鄉貢等八人・文爲世重・顧數上春官不售・挑得東安縣訓導・後謁選・當得知縣・而君不樂吏事・改就高要縣教諭・以疾卒于官・門弟子奔走經紀其喪・君之子若孫乞余狀其行・又以將葬・屬幷銘其墓・

余惟君生平行事・粹白無訾・余既已知之綦詳也・于此寧無慨然乎・君之事親也孝・居喪三年・未嘗見齒・有一弟・友愛甚至・居官課士有法・待士以誠・在官十餘年・尙無一椽以庇家・而安貧樂靜・雅契道妙・又工于文・嫻于詩・若在聖門・其亦曾閔原思之流亞也歟・惜乎不得附于青雲之士也・然而君則無所待矣・君卒于嘉慶己未歲十一月三日・春秋七十有四・祖朝邦・考兆元・君以覃恩貤贈父母如例・元配張孺人・先君卒・君爲終不再娶・長子之機・庠生・先卒・次子夢祥・諸生・承重孫樾楠・諸孫三人・茲樾楠等以是月二十二日祔君于邑南四十里象山祖塋・禮也・君善與人交・同邑觀察陸君蒼霖周奇傑尤相得・即某自齠齡愚闇・君即引爲忘年友・今將四十年・謬來主講端溪・再與君遊・而君竟卒矣・悲哉・銘曰・

衣錦絅衣裳絅裳・羌將升兮聖人堂・象山之高鬱蒼蒼・我銘厥幽名彌彰・

例贈徵仕郎李君墓誌銘

君諱振清・字德靜・李姓・合浦人・系出閩之福清・明中葉・有客于合浦者・因家焉・曾祖曰開・泰州丞・祖曰建相・肇慶府開建縣教諭・有德行・事載府誌・父曰映漢・邑庠士・生子五人・君其長也・君天性警悟・又世以文學起家・故早有文譽・然長身玉立・復多力善射・兼應武試・竟冠于邑・補弟子員・及七赴鄉闈・皆以病阻・遂不復往・而受其業者率獲售焉・

先是君九歲喪父・哀毀如成人・後居母喪・有過禮・爲諸弟總家政・不有私蓄・及析產・尤讓財・以故家無長物・然持重然諾・尙意氣・嘗偕數友出・內有與人角者・誤中其要害・君方勸解・衆隨避去・其家獨輿傷者至于庭・當是時・諸不逞者咸藉端集・毀門塞巷・傍觀幾無人色・君不爲

動・曰・姑徐之・吾力能起死者生爾・因親爲調藥・復搜得以毒進者白諸官・傷愈事寢・其避去者咸曰・愧君愧君云・

所居老屋數楹・畧蒔花木・課諸子及二孤姪蘭香長香其中・後皆有成立・居恆手不釋卷・恂恂若忘世人事然・中更家故・志無所得伸・每中夜侘傺・則索牀上醇酒數斛・立飲至盡・隨復危坐・往往達旦也・顧亦坐是得疾・後或勸之不飲則不飲・然亦竟衰矣・以乾隆四十八年六月二十八日卒・距生于雍正十三年五月二十九日・得年四十有九・以子馥香拔貢・例贈徵仕郎・直隸州州判・娶同邑楊氏・邑庠生楊維某之女・生男三人・長馥香・丁酉科拔貢生・次馤香・庠生・次花香・出嗣叔氏・女二人・長婿陳氏子嘉桂・早寡・次許字譚氏子・孫二人・定遠安遠・俱馥香出・馥香早服父訓・盛有文章・將自見于世・君特促入館局校錄以資學・君之卒也・馥香既在京・馤香又以省試不在側・即君弟芳清甫從京歸・得訓導官・君思見之・亦不及一面・哀哉・馥香已奔喪・將以乾隆五十年月日・葬君于郡城里之原・以余與君昆弟叔姪夙交好・誼兼姻戚・重以狀來乞銘・余不敢以不文辭・遂爲銘曰・

摧剛爲柔・與世無訧・惟霧豹之深幽・見兒孫之炳彪・鬱鬱茲邱・喟然千秋・

處士李府君墓誌銘

君諱極・字大年・番禺人也・祖以上皆潛晦・父顯川公・有令德・生子三人・君其嫡子也・君天性孝友・稟氣醇和・以家貧不能卒佔畢・遂習計然術・周知百物良楛美惡之實・奇贏輕重之道・而無有大力者振之・故技成而無所試・每惘然念少時詩書之業・于是凡有讀書之子以事相誘者・靡不傾心盡力・其人雖不知・不計也・久之美譽日起・游道日廣・一時名流・無不倒屣延納・歡若平生・省垣中無不知有李君大年其人者矣・晚與先奉政公遊・先公以弟視之・如左右手・嘗數千里至余家・留連彌月・故某等視君如丈人行・而究以守約終・嗚嘗・其可感也・君生于乾隆己未歲正月二十九日・卒以乾隆辛亥歲十二月初六日・得年五十有三・子四・鴻章出嗣・耀章長殤・有章潤章皆能成立・先葬君于會城小北門外地近圯・茲以嘉慶乙丑歲十月十六日・遷于白雲山下小缽盂峯之陽・禮也・潤章拮据遷事・又推君意・遷伯叔祔之・孝也・求余銘・銘曰・

雲山斯蒼・德人是藏・遷地而良・後嗣以興・（叶）

文學潘公墓誌銘

公諱杏・字庭芳・號林仙・欽州人也・曾祖應鴻・前明出廣州爲籍・爲州學生・祖傑・由吏員授經歷職・考演洙・歲貢生・公少專靜好學・弱冠補州學博士弟子・事親以孝聞・奉母董孺人・壽至八十有四・孺慕不衰・友二弟・非常情所及・姻黨待以舉火者尤衆・天性高潔・所居在城西五里彭屋溝・老屋數楹・門庭修潔・與族中昆弟比屋絃誦・稱極盛焉・中年文戰數奇・復屢遭慘變・遂挈家躬耕于鄉・歲歉・盜火其居・以奪牛犢命幾殞・因再造于州北七十里之米家村・復聞戒・而舊居蕪沒不可以歸・然公亦委心任運・敎

子課孫以食貧終矣．嗟乎．士生斯世．苟義命自安．將所以待其身者．皭然而不緇．此固如歲寒松柏．自全其天爾．何問境遇哉．而感慨係之．固將有人矣．悲夫．

公生于雍正甲辰歲三月二十五日．卒于嘉慶丁巳歲三月初八日．春秋七十有四．配藍孺人．與公合德．先公一載卒．公子五人．長振起．武生．恂恂若儒士．蓋少服父訓．與瑤琇璉皆先公卒．公用是傷．五振珩．國子監生．孫三．坑埍垺．女一．適馮敏昌．戊戌進士．刑部主事．前翰林院編修．孫女一．適姚際昭．振珩等以嘉慶戊午年歲九月十二日．葬公于米家村外一里珠螺峯之陽．某既徒步號送矣．遂返袂而爲銘曰．

行之豐．遇之嗇．山之青．日之夕。待余不返銘其石．

何文明 字堯臣．香山人．乾隆己亥舉人．大挑分發河南．補洧川縣．在官三年．以廉能稱．引疾南歸．舟至洞庭端坐卒．著有諸子粹白四卷．二恩齋文存六卷．詩鈔六卷．存．子日愈．四川知縣．孫璟．閩浙總督．

擬平賊疏

臣聞言於求言之時則聽．言於不求言之時則輕．今陛下明降德音．草野疏賤之人．皆得許陳天下之利病．而四方之上書言事者．時蒙褒納報聞．其上當聖心者．或賞給官爵．即其不中者．亦悉與留中．此即古聖王之建鞀懸鐸．無以過此之時也．伏惟皇帝陛下．神聖英武．寬仁慈惠．而復有出於數千載之大志．即位以來．夙夜孜孜．勤求治理．一物失所．以爲身憂．而猶恐利害之有未明．壅蔽有所未決．此憂盛危明．治益求治之至意．誠千載一時不可逢之嘉會．臣海濱下士．辱蒙聖恩．苟有所見．敢不盡言．

方今天下之議者．莫不以教匪爲憂．臣愚度之．以爲此無可慮也．大凡英雄舉事．必爲根本之謀．高祖之關中．光武之河內是也．得如關中河內者據之．而又使若蕭何寇恂之倫．修戰備．務耕織．而後可以爭衡於天下．今賊以虜掠爲生．曾無根本之計．若使堅壁清野以待之．彼掠無所得．十萬之衆．無所覓食．必將自潰．此其不足慮者也．

夫圖遠大者必務結人心．人心嚮往．而後功業可成．未有粗猛嗜殺而可長久者也．今賊匪所至．城邑爲墟．膏血被野．居人莫不望風逃竄．如被水火．其附之者率皆羣不逞之徒．志在乎子女玉帛之好．見禍不能不避．見利不能不趨．其安得有手足腹心之固．夫以人心之所憤怒．而復無心腹手足以自固．其敗也必不久．此又其不足慮者也．

臣伏思之．仁皇帝即位．則有三藩之變．純皇帝即位．則有金川緬甸之變．皆用兵連年．今陛下即位．復有教匪之變．臣愚以爲此國家靈長之祚所由基．臣請效其說．而陛下亦以爲然也．從古守文之君．法令既具．蹈常習故．蒙業而安．易於積弱．必有以儆動而振起之．使之勵精而有爲．然後可以久安而長治．故三藩金川緬甸之變．皆天心之所以儆動聖祖高宗者．聖祖高宗皆在位六十餘年．宇內寧謐．清和咸理．今教匪之擾．起於陛下受禪之時．亦天心之所以儆動陛下．誠因是而幾康夙夜．益動勤求．則國家靈長之祚．將必由此．此臣之所爲爲陛下賀者也．

以此而推．蠢茲醜類．誠無可慮．然而久未平者何也．

則封疆大吏不任事・而陛下未得馭將之術也・封疆大吏之所以不任事者何也・兵興以來・陛下一以盜賊爲己任・軍旅之事・一稟廟謨・命將出師・指揮乎殿陛之上・封疆大吏時有失事・陛下薄行其責・曾未聞有逮繫論死者・是靖盜守土之責・陛下所以責之封疆大吏者輕也・人臣利陛下之獨任其責・而得以自全而無禍・誰復肯奮身而爲國者・此封疆之事・益以決裂敗壞・而盜賊之所以往來蹂躪・而無所顧忌者也・故數年以來・攻城破邑・不少見報・而封疆之大吏自若也・彼疆吏大吏之所以敢若此者何也・由陛下未嘗以守土靖盜之任責之・而封疆大吏亦得有詞以謝其責・而陛下不復得而問也・臣愚以爲盜發之區・如四川湖北陝西甘肅諸者・皆當專責督撫以辦賊・捐一省之賦稅將吏以與之・兵不足則聽其召募・餉不足則任其征榷・苟不擾民・一切不問・使得格外有所展布・若古諸侯之國自擅其國然・然後封疆殘破・行其失守之誅・積時無功・重其養寇之罰・如此則文武大吏・必效死於行間・疆圉宜可固矣・

或謂一省之賦稅兵力・恐不足於用・即嚴加督責・究亦無裨・是大不然・臣請以唐之藩鎭言之・夫田悅・朱滔・李師道・王庭湊之流・常以一鎭而抗天子矣・方是時・肅代順憲・皆英主也・李吉甫・杜黃裳・陸贄・裴度諸人・皆賢相也・渾瑊・馬燧・李晟・李愬・高崇文・李抱玉之流・皆名將也・屢煩六師・無能翦撲・以是知一鎭之兵力・足以自固・而非弱小矣・且夫四川・漢先主所都以王也・李雄黃建孟知祥之徒所據以霸也・湖北又劉表高季興之所虎視也・陝西則百二之雄・秦之所以制諸侯也・甘肅則竇融之所保・而夏之所恃以國也・昔用之而有餘・今豈用之而不足耶・昔人得其一・可以爭雄於天下・今者上奉聖天子之威靈・而下合兵幷勢・以殲區區之賊・猶得以力不足爲解・此眞庸人懦夫之見・而志士之所羞言矣・臣所謂願陛下責督撫以辦賊・使之畏罪圖功以固疆宇者此也・封疆既固・然後征剿可得而議矣・

臣觀古名將之用兵也・無所謂伺釁而擊也・鄧艾之入蜀也・將數千之衆・度陰平・出江油・使師纂鄧忠進戰・纂忠還言・賊未可擊・艾怒曰・吾勝負決於此・何不可之有・欲斬之・二人更還決戰・蜀兵大敗・遂滅蜀・沐英之征緬甸也・戰既合・左師甯正軍少卻・英望見・令人馳取其首・正見一人握刀馳下・知當斬・遂還死戰・賊遂大敗・然則賊豈有不可擊者・顧吾將士之勇怯何如耳・將士誠勇・賊無時而不可擊・將士誠怯・賊無時而可擊・故凡膺閫外之寄・而爲持久之計者・皆幸兵以自重・虛糜國家帑藏者也・

臣又觀古帝王之命將也・皆限以時月・責其成功・未聞久暴師旅於外也・武帝之擊匈奴也・命衞青霍去病將數萬之衆・分道並進・往返不過數月・何嘗宿重兵於塞外・飛芻輓粟・以爲飼便之計乎・漢之征羌也・一無功則逮下獄論死・何嘗有罪而仍見委任・令立功自贖乎・蓋兵者凶器・非可久用・久則國家未有不困者矣・十萬之衆暴於外・糗粱芻茭・一月之費・動踰百萬・統計一歲所糜・耗費不下數千萬・若是者國何以給・而民安得不困哉・故兵法曰・兵聞拙速・未睹巧久・此之謂也・

今陛下命將已數年矣・重兵屯於興安・轉輸半於天下・而遷延時月・未見成功・使烏合之衆・得以崛强跳梁・久稽

天誅．則將士玩寇之罪不可逭也．將士之所以玩寇者何也．陛下御將姑息之故也．今逗撓者無誅．而失律者大則削奪．小則降調．仍使效力行間．徐冀後效．如此將士安得而不玩寇乎．夫將士之所以摧鋒鏑．冒白刃．戰不返顧．計不旋踵者．畏誅耳．死於敵．忠義有褒．優恤有典．死於法．身首異處．家聲潰敗．故寧死敵耳．若知進則死而退則生．誰復肯死敵者．尉繚子曰．民無兩畏也．畏我侮敵．畏敵侮我．是以古之名將．令出如山岳．威行如雷霆．可與之死．可與之生．驅之蹈湯赴火．而皆可以爲其所命．孫武斬二妃．故能令行於女子．穰苴斬莊賈．故能伸威於境外．武侯斬馬謖．故能以弱蜀抗中原．從古未有賞罰不明．威信不立．而可以用人者也．未有不能用人．而可以取勝者也．故以陛下之神武．用兵連年．而逋寇未盡者．臣愚以爲陛下御將之術未得者此也．誠一旦赫然震怒．詰諸將以逗撓之罪．逮其失律者誅之．然後命某將由某道出某．會於某．又命某將由某道出某．會於某．俱持數月之糧．限以歲月．責其成功．使知進則生而退則死．則莫不捨命以爭先．將見天兵所臨．如湯沃雪．有征而無戰矣．陛下倘仍聽握兵之臣．玩時愒日．行持久之計．爲伺便之說．萬一更數年未靖．國家何以給．度支告匱．將費仰屋之籌．則凡巧取豪奪預征加賦之法．不得不暫請舉行．夫以瘡痍未復之民．而重之以暴斂．臣恐國家之憂有不在敎匪者矣．

陛下誠聽臣愚計．鑒茲二失．翻然改圖．則賊匪之平．自可責效於期月．此臣妄意其爲無足慮者也．雖然．是二者固有後先矣．陛下欲命將出師．而不先令督撫固其疆圉．則大兵一出．獸走鳥散．軼越四出．必將流毒延蔓而無所底．唐之黃巢．明之流賊可鑒也．若徒固疆圉．而不命將出師．則根株仍在．必將蓄力俟時．乘隙而竊發．此又養癰而潰之勢也．陛下詳審於是．次第而舉行之．則殲諸賊徒．如搏狐兎於獵圍之中．無不獲矣．雖然．信而後諫．孔聖所訓．交淺言深．昔人所戒．臣疏逖之臣．遽爲陛下言軍國之務．深言則恐不信．畧言則事不悉．謹爲陛下條其大畧如此．若以臣言爲可用．然後請得細論所以破賊之要．惟陛下裁擇焉．干冒宸嚴．不勝戰慄隕越之至．

諸子粹白序

屈指束髮受書時．忽二三十年矣．頭顱故吾也．強仕之年．蓬蒿屏迹．胸中五岳．不免時須杯酒．然靜閱數十年間．凡其占福爭先者．率多顚躓困踣於風塵澒洞之中．至於欲削奪善去而不得者．而天乃以酒國詩城．爲吾湯沐．可以幸矣．天既假我以閒．性復不甚諧俗．兼不好治家人生產．爲仰取俛拾之謀．於是掃地焚香．閉門謝客．日取諸子百家之書而恣讀之．坐一席．卷卷積疊者．鱗錯於前．幾於飢忘食而垢忘浣也．夫諸子之書．雖不足希蹤六籍．然其於道也．如屋漏之窺天．然亦時有所見．於是棄瑕錄粹．都爲四卷．曰粹白者．其義取諸淮南．雋語名章．纍纍觸目．體與馬總意林畧近．雖異由博返約之義．而亦披沙揀金之說也．

或曰．一肢具不可以爲完人．一幅具不可以爲完衣．子於諸子之書也．章裂而句摘之．首尾之不完．筋脈之不具．其謂之何．予曰．否否．夫猩之美在脣．熊之腴在掌．將全猩而烹之・而使人箇其一臠之脣・全熊而烹之・而使人箇其一臠之掌乎・抑專取脣與掌而薦之也・矧更不止此・脣與掌・猩熊之美固在是・然脣掌之外可食也・若諸子之書・自其一二精粹者外・則率多誕妄恢詭乖僻之說・其背理傷道之甚者・乃或與孔孟相水火・於此而不可有以扶剔而審擇之・是猶食河豚而留其肝・取附子而并其烏喙也・又不第如前說云云而已也・客無以難・曰・如子言・僕亦朶頤矣・余笑客亦笑・遂書其語以爲序・

莫元伯　字召可・一字曜山・高要人・乾隆己亥舉人・官番禺縣訓導・著有柏香齋詩鈔・

重修端溪社學記

我宋溪之有社學・自華溪李先生始也・華溪名資涵・當天牧惠學使時・以優等食餼・學使雅重之・時國家方以經術造士・學使輶軒所至・多立鄉塾以養育人士・而於諸生中・擇其有學問文章者爲之師・吾要邑考取二人・其一爲華溪先生・其一爲長溪琪瑛蘇先生・邑侯顧公・因各就其鄉立學舍・俾主席焉・歲發公項銀三十兩爲修脯資・實曠典也・厥後長溪社學廢・而吾鄉社學至今猶存・華溪之遺澤更長矣・溯社學之建・始於雍正七年□□□□・嗣因□□□・遷於圜邊上村・准前□□□□□□□□□□立而□□□亦呈請延師・然名存實亡・□□□□□□□歎・歲己未・合水紳士踴躍簽金・設立鄉課・董事黎弼載譚華之慕容聘之唐植廉等・謀以社學爲四時課文之所・并欲敬延名師・敎廸多士・因修復中座・其後座則供奉文昌神・歲舉祭焉・又欲於學之南・多置齋名・苦其地之不足・而華溪之族孫亭時・獨慨然捐□益之・且身爲經紀・不辭勞瘁・其所以克成華溪之志者甚大・譬之治田・華溪闢地下種・而亭時爲之灌漑・董事諸君則耨之穫之・以遺後人・後之人晏然坐食・其亦可深長思矣・夫前事之不忘・後事之師也・伯賴同社人士敬禮朝廷作育之心・與諸君子後先成就至意・發憤興起・毋棄其基・毋隳其制・益光而大之・則斯學雖爲一方設乎・而學術出其中・經濟出其中・其所裨益於國家天下爲何如哉・伯不自揆・謹述其顚末以諗來者・嘉慶九年甲子孟秋勒石・

趙希璜　字渭川・長寧人・乾隆己亥舉人・歷官陝西延川永壽縣知縣・調補河南安陽知縣・希璜工吟詠・與黄仲則交好・嘗刊其詩集・其自著四百三十二峰草堂詩鈔・阮志注存・惠州志又載其有研筏齋文集・五經文字通正・安陽金石錄等書・阮志皆未著錄。

議征邪教疏

今夫救焚者・與其渥水以遏火之衝・無如徹屋以斷火之路・治水者・與其築堤以防水之溢・無如鑿渠以分水之流・蓋徹屋而火自止・分流而水自減也・賊至之地・類皆先時可知・莫若令司牧之官・預爲曉諭鄉民・凡零小村聚・其資糧婦女・併歸大莊・近山者依險爲寨・平原者築牆爲堡・深溝固壘・老弱居守・强壯抵禦・但能聯絡數十里之地・一處如此・處處皆然・使教匪進無所掠・攻無所尅・不過旬月・勢必解散・因其懈而擊之・所謂以逸待勢也・即使不擊・亦不

能添裹多人・其衆有減無增・豈能猖獗・此即古人堅壁淸野之謀也・側聞賊匪滋擾・皆係搶奪口糧・戕戮老幼・焚燒屋廬・刧制强壯・非有攻城佔據之策・但爲逃避蔓延之計・而官兵所以不能制其命者・以賊人擄掠・隨地皆糧・復裹多人・一遇追襲・率以所刧之人・前當鋒刃・至於眞賊・戰敗先逃・官兵探訪所逃之方・須得的實・加以籌調裝糧・即使捲甲疾趨・計已動涉旬日・是以邀截之兵・每尾賊後・而山中路徑多歧・官兵難以備悉・更加樵採之蹊・隨在皆有・賊窮輒遁・又不必遵由平民素日所行之路也・圍剿之說・有似難行・況醜類非比從前・跳梁業已三載・蓋衆聚則易殲・勢分則難圖也・佔據則可圍・流徙則難追也・接戰則銷滅・逃避則蔓延也・夫用兵之道・寧貴拙速・不務巧遲・遷延之間・積匪成猾・事勢釀於四省・波累不止一方・分闖有人・責成奚屬・竊以賊人避戰之情已見・分竄之勢既成・使仍戢我前・予趨其後路・是猶擊蛇而躡其尾・搏虎而逐之山・欲求有功・曷云克濟・爲今之計・須易良圖・賊意在分・我誘令合・誘合之法・以守爲長・夫川陝楚豫・橫亙終南・荒山本易藏奸・開墾原非土著・零星散處・防範維艱・今旣賊蹤潛往・慮其照舊潛來・無論所過之區・蹂躪定無遺類・即彼聞風之所・逃亡必乏居人・宜以山中散居之戶・難守之區・撤其室廬・遷其積聚・況已逃亡之衆・業經留養有方・募其精壯・練即强兵・廣求險阨之口・多築堡障以防・陷坑拒馬・列在當途・伏弩窩弓・布諸徑路・空山無所侵掠・堅壁難以卒攻・彼固因糧於民・而糧不可因・借脅於衆・而衆無以脅・到處皆然・計窮必合・又加各關要地・厚集弁兵・告急聞風・星馳策應・若果守之以法・應之有方・斯賊既分・決不能合・縱能合亦必不能分矣・其他設施之方・抵禦之術・僂指可數・請更詳之・

一曰・官兵可合而不可分也・夫兵貴速而不貴遲。宜聚而不宜散・散則務單。聚則勢衆・今使調萬人之衆・置之十處・所用不過千人是已・置九千人於無用之地・非但虛糜帑項・抑且坐失事機・

一曰・鄉勇可守而不可戰也・鄉勇之設。本以衛一鄉之民。非但此縣不可調於彼縣・即此鄉亦不可調於彼鄉・此鄉之鄉勇・即令此鄉之强壯者爲之・彼之父母妻孥在是・田廬墳墓在是・一旦賊來・相爲抵敵・猶如手足之衞其頭目腹心・有不勇氣十倍者乎・假使招募游手・征調他處・此固不練之兵・即同烏合之衆・用之不當・反足以搖動官兵・

一曰・神堂古廟宜預拆毀也・鄉僻寺觀銅鐵器皿・宜廣爲收致也・夫深林密箐・本易藏奸・此等處所・設被賊人所佔・木植甎甓・皆爲攻具・銅鐵器皿・可作利兵・莫若先行拆毀・廣爲收致・以供堡寨之需・非但化無用爲有用・且變防人者爲自防・

抑臣聞之・將將校難於將兵・立法尤貴於行法・昔吳宮教戰・斬愛姬以伸威・齊國陳兵・戮貴臣以行令・今既有奏陛之官・甄錄之幕・自當有明法之士・降罰之員・蓋賞罰者用兵之權衡・德威者鼓士之橐籥・古人云・賞必先遠而後近・則遠人服德・罰必使近而後遠・則近者畏威・誠謂近習之人・希澤易而知威難・疏遠之士・用力多而受德鮮・公道而行・勇氣自倍耳・

與顏侍郎論教匪書

趙希璜

李靖爲布衣時・謁楊越公曰・方今多事之時・足下不宜倨見國士・越公改容謝之・足下銜天子命・遠守邊圉・川陝教匪・日有窺伺豫東之意・正足下延攬國士之秋・講求武備・因材器使・茲蒞豫將屆兩月・未審謀畧之士爲誰・技勇之夫爲誰・想足下鴻才大畧・布置周詳・必有以上慰宸衷者・希璜待罪中州・十有一載・目擊時艱・心神慘怵・不忍不向足下詳言之・

一曰・邊防宜扼要也・豫省最要者・鄧州淅川內鄉盧氏四州縣耳・其餘次要之區・亦不過四五・合一州一縣之民・足以扼其要害・即愼選一州一縣之官・足以得其要領・夫守令親民・下情易於上達・今賊曰・官逼民反・民則曰・兵甚於賊・官既得逼民反・是官亦能使民不反・兵既更甚於賊・是制賊無需乎兵・則不如仍寓兵於農・愼選守令・堅壁淸野・各守一州一縣之足以制賊也・然獻堅壁淸野之說者・類皆迂濶不經・無裨實用・則所謂壁者非壁・何可言堅・既無堅壁・何可淸野・夫所謂壁者・即以一州一縣之城池而論也・一州一縣之城池・即豫東九十餘州縣之扼要也・

一曰・江防宜嚴密也・夫十圍五攻・志載之矣・今以少制衆・所恃者惟江防鄉勇・類皆游手烏合之衆・緩急果足恃乎・是宜仿甬道之式・令防江鄉勇於無事之時・石運土・凡可偷渡之處・多築甬道・既足以自衞・亦足以拒賊人窺伺・所謂守者自逸・而攻者自勞也・

一曰・糧儲宜預畫也・夫善用兵者・役不再籍・糧不三載・取用於國・因糧於敵・遠輸則百姓貧・貴賣則百姓財竭・故智將務食於敵・奪敵一鍾・當吾二十鍾・今以萬人之食・每月不過三千石・萬人之餉・每月不過三萬兩・誠能於鄧淅內盧四州縣・各儲糧六千石・銀三萬兩・以備不虞・賊至則堅壁守之・俾野無可掠・賊懈則悉萬人敵之・使退無可據・不出旬月・勢將解散・其餘次要州縣・半其儲蓄・以待轉運・斯無遠輸之煩・而收賤買之效矣・

若夫臨機制勝・變化因心・縱反間者善用亡命・養壯士者不惜重賞・是固足下思之爛熟者也・

再論川楚兵事書

今之川楚亂民・固赤子弄兵於潢池中耳・欲其急平而轉緩者何也・按龔遂傳・載渤海左右郡歲饑・盜賊並起・二千石不能擒制・上選能治者・丞相御史擧遂可用・召見・曰・海瀕遐遠・不霑聖化・民困於饑寒而吏不恤・故使陛下赤子・盜弄陛下之兵於潢池中耳・今欲使臣勝之耶・將安之也・上曰・選用賢良・固欲安之也・遂曰・臣聞治亂民猶治亂繩・不可急也・惟緩之然後可治・臣願丞相御史且毋拘臣以文法・得一切便宜從事・上許焉・至渤海界・郡聞新太守至・發兵以迎・遂皆遣還・移書勑屬縣・悉罷捕逐盜賊吏・諸持鉏鉤田器者・皆爲良民・吏毋得問持兵者乃爲盜賊・遂單車獨行至府・郡中翕然・盜賊亦皆罷・渤海又多刼畧相隨・聞遂教令・即時解散・棄其兵弩而持鉏鉤・盜賊於是悉平・

又後漢書・永和二年・日南象林徼外蠻夷攻象林縣・交阯刺史樊演・發交阯九眞二郡兵萬餘人救之・兵士憚遠役・

遂反攻其府・會侍御史賈昌使在日南・即與州郡並力討之・不利・遂爲所攻圍・歲餘而兵穀不繼・帝以爲憂・明年・召公卿百官及四府掾屬・問其方畧・皆議遣大將發荆揚兗豫四萬人赴之・大將軍從事中郎李固進曰・若荆揚無事・發之可也・今二郡盜賊・盤結不散・武陵南郡蠻夷未緝・長沙桂陽數被徵發・如復擾動・必更生患・其不可一也・又兗豫之人・卒被徵發・遠赴萬里・無有還期・詔書迫促・必致叛亡・其不可二也・南州水土溫暑・加有瘴氣・致死亡者十必四五・其不可三也・遠涉萬里・士卒疲勞・比至嶺南・不復堪鬬・其不可四也・軍行三十里爲程・而去日南九千餘里・三百日乃到・計人稟五升・用米六十萬斛・不計將吏驢馬之食・但負甲自致・費便若此・其不可五也・設軍到所在・死亡必衆・既不足禦敵・當復更發・此爲刻割心腹以補四支・其不可六也・九眞日南相去千里・發其吏民・猶尚不堪・何況乃苦四州之卒・以赴萬里之艱哉・其不可七也・前中郎將尹就討益州叛羌・益州諺曰・虜來尚可・尹來殺我・後就徵還・以兵付刺史張喬・喬因其將吏・旬月之間・破殄寇虜・此發將無益之效・州郡可任之驗也・宜更選有勇畧仁惠任將帥者・以爲刺史太守・悉使共往交阯・今日南兵單無穀・守已不足・戰又不能・可一切徙其吏民・北依交阯・事靜之後・乃命歸本・還募蠻夷・使自相攻・轉輸金帛・以爲其資・有能反間致頭首者・許以封侯列土之賞・故並州刺史長沙祝良・性多勇決・又南陽張喬・前在益州・有破虜之功・皆可任用・昔太宗就如魏尚爲雲中守・哀帝即拜龔舍爲太山太守・宜即拜良等便道之官・四府悉從固議・喬至・開示慰誘・並即降散・良到九眞・單車入賊中・設方畧・招以威信・降者數萬人・皆爲良築起府寺・由是嶺外復平・

又康熙十二年・范承謨疏請興兵屯・畧云・臣聞古之善用兵者・皆於軍興旁午之秋・舉行士卒屯糧之法・悉獲成效・我朝興屯之法・寓諸墾荒・一行於招民募墾・一行於安插投誠・獨兵屯未聞肇舉・蓋因坐食驕卒・一旦率作南畝・自食其力・永無粮糗之望・所以畏憚不行・查從前墾荒之民・例以六年起科・則此屯種之兵・亦宜俟一年之後始裁其餉・仍以旱澇之年・倍加賑恤・是兵既獲六年之現餉・復得田畝之收穫・又不憂意外之災荒・誰不願興屯乎・臣謂興屯更有五便・兵之需餉・必取於民・司農仰屋・守牧催科・民髓日枯・財源日耗矣・而披堅執銳之卒・率皆驁悍不馴・無恆產以繫屬其心・則渙而難固・無操作以勞瘁其力・則惰而圖安・無生計以寬其日用・則庚癸時呼・惟是兵屯之法・行將見金錢可省・國用恆足・便一也・追呼不迫・民漸休息・便二也・防卒變爲土著・堅門戶・固藩籬・便三也・有事則戰・無事則耕・進可攻・退可守・便四也・兵皆溫飽・分爲臂指・聯爲心膂・消戢反側・便五也・至於地方有不盡宜於屯者・臣謂又當因時而制宜・屯可行於一處・即一處受利・屯可行於數處・即數處受利・屯得一兵・即省一兵之餉・屯得數十百千之兵・即省數十百千兵之餉・兵法云・屯田一石・可當轉輸二十石・非虛語也・

誠能取龔遂勝之安之之說・以治川楚之亂民・取李固七不可之說・以選川楚之守令・取范承謨五便之說・以屯川楚之逆產・庶不致賊與民習・民與兵仇・兩收拯民於水火之實

效乎。

嘉慶安陽縣志序

趙希璜

曰嘉慶安陽縣志者。何也。仿元和郡縣志而作也。是志始纂於康熙三十一年安陽縣知縣馬君國楨。再纂於乾隆三年安陽縣知縣陳君錫輅。閱今又六十年矣。希璜於乾隆五十七年壬子。由夏邑調任安陽。次年癸丑。延太倉王明經開沃。次年甲寅。延興縣康舍人儀鈞。同纂斯志。尚未成書而希璜調署濟源。藁經散失。去年戊午。偃師老友虛谷武君億過從。與之商榷。攷據爲圖爲表爲志爲傳爲記。體例凡五。而另編爲錄。博取金石。以資攷證。

夫圖之爲言度也。度地之廣。輪而圖之也。爾雅釋詁。謀也。說文。計畫難也。周禮地官。大司徒以天下土地之圖。周知九州之地域。廣輪之數。夏官。職方氏掌天下之圖。以掌天下之地。注云。圖若今司空郡國輿地圖也。表之爲言標也。標其年次名位以爲表也。說文。表上衣也。書畢命。表厥宅里。晉書。置茅蕝。設望表。注謂立木以爲表。表其位也。志之爲言準也。以準志將來也。說文。从心。之聲。志者心之所之也。書盤庚。若射之有志。疏云。如射之有所準志。志之所主。欲得中也。漢書有十志。師古曰。志記也。積記其事也。傳之爲言傳也。以傳示後人也。說文。驛遞曰傳。集韻曰。訓也。賢人之書曰傳。紀載事迹以傳於世也。記之爲言紀也。類紀衆事也。說文。疏也。徐曰。謂一一分別記之也。禮王制。太史典禮執簡記注。國有禮事。則豫執簡記載所當行禮儀。文心雕龍。後漢始有公府奏記。記之言志。進己志也。錄之爲言總也。總錄衆事也。說文。借鈔寫字也。公羊傳春秋。錄內而畧外。禮檀弓。愛之斯錄之矣。漢書于定國傳。萬方之事。大錄於君。注云。大錄總錄也。圖以度地。故圖爲首。表以紀年。故次之。志以準事。故又次之。傳以書人。故又次之。記以類紀。故又次之。錄以總錄。故又次而另編之。圖表志傳記凡十三卷。錄凡十二卷。其攷據經史。旁求金石。虛谷之力爲多。至於綱舉目張。條分縷析。希璜盖七閱寒暑而後成此書矣。

漳河天平閘故渠圖說

案西門豹史起。導漳水治渠。寶得職方之遺。其後率循者皆食其力。後漢書安帝紀。元初二年春正月。修理西門豹所分漳水爲支渠。以漑民田。注史記曰。西門豹令鄴。發人鑿十二渠。引水灌田。所鑿之渠。在今相州鄴縣西也。曹魏時。有天井堰。故魏都賦云。墱流十二。同源異口也。元魏時。有萬金渠。東魏時。築漳濱堰。北齊時。有河淸渠。至唐至德時皆廢。惟汴宋時。欲復之而未果。

唐史王沿傳。天聖四年二月。沿言史起爲鄴令。鑿十二渠。引漳水以漑斥鹵之田。而河內饒足。唐至德後渠廢。而相魏洺磁之地。濱漳水者累遭決溢。今皆斥鹵不可耕。夫漳水一石。其泥數斗。古人以爲利。今人以爲害。繫乎用與不用者耳。請募民復十二渠。渠復則水分。水分則無奔決之患。可使數郡瘠鹵之田變爲膏腴。詔河北漕司規度。而洺州倅王軫言。漳河岸高水下。未易疏導。又其流濁。不可漑田。八月沿又奏。渠田起於魏襄王時。但紀灌漑之饒。不言疏導之法・惟相州圖經載天平堰・魏武帝所作・凡二十里・分十二墱・相距二百步・互相灌注・一源分爲一流・皆縣水門所溉處・名晏澤陂・然則爲渠之法・必就高阜鑿岸爲渠・裁流爲堰・然後水行數里・方至平田・若渠開二丈四尺・則作堰之功・可損其半・日役萬人・五十日而罷・扼中流以作堰・下流大渠・分置水門・東入於衛河・或水盛溢・則下版閉渠・以防奔注・復三百年之舊迹・溉數萬頃之良田・雖役百萬・數載而畢・未足爲勞・況此五旬之力哉・奏寢不行・

康熙時・彰德同知李光型天平閘說・魏鄴令西門豹引漳水溉田・以富魏之河內・史載是事・爲水利之權輿・然其迹久湮・余巡歷河干・訪得天平閘舊址・在西高穴村濱河高阜間・屬今安陽縣地・非臨漳也・其閘石前後上下左右・至今完具・閘設兩門・各濶八尺五寸・自頂至底・高一丈五尺・長四丈七尺・河發水漲・流可至閘門・退則不及・土人云・古於閘外開清渠一道・由漁洋渡口河身高處引水入閘・長二百六十丈・今以水平測量・水頭高閘門底二丈・其閘門內正渠・經東百餘丈轉南・舊有子閘一座・其石尚存・復轉東至東高穴村界・又有小閘一座・年久被土壅塞・蓋自西高穴村至東高穴村・正渠長六百餘丈・兩岸高三四丈・寬二三丈至四五丈・內有支渠一道・係張胡頂洩水之處・自東高穴村至邵家屯・正渠長三百餘丈・兩岸高三丈餘・寬二丈餘・內有支渠一道・在張顯屯後・自邵家屯・由郭家屯小洪河村至李家屯止・正渠長一千四百餘丈・兩岸高二三尺至七八尺・內有支渠六七道・經張家莊劉家屯後蔡村・東自李家莊崔家莊至後靜曲村・長八百餘丈・此二莊有渠形・無渠道・渠道已爲民所耕種・自後靜曲至三十里甫止・渠長二千四百餘丈・兩岸高二三尺・寬七八尺至一二丈・內有支渠一道・經華村店・自三十里鋪大路・東由華村街往東南至小華村・正渠長五百餘丈・兩岸高二三尺至七八尺・寬七八尺至丈餘・內有支渠一道・經臨漳界・自小華村至郝家小莊・入大青龍渠・長三百餘丈・有渠形・無渠道・渠道亦爲民所耕種・自大青龍渠達青龍河・入洹河・長四十餘里・現在疏通自西高穴村至大青龍渠・入洹河・共長七十餘里・滙歸衛河・

大抵古人設立水利・必先明其水土之性・漳河水性悍急・而自漁洋以下・濱河之土極疏・所以設有子閘・以護大閘・復設有小閘・以防岡水・其措置之周密如是・至設大閘在山岡高阜之上・因水勢之高如建瓴・開鑿小渠・引入山岡石骨之內・託基始固・而引渠分流・勢復紆徐・此尤其用意之精微・且有合於納水用山之說也・嘉慶五年庚申三月初三日余至西高穴村・徘徊竟日・歸作斯圖・並纂說以詔來者・

李世芳 字仙澤。號潤菴・信宜人・乾隆己亥副貢・官廣寧教諭・世芳父宜昌・與其叔祖東逑・世父宜達・仲父宜相・並出王文肅安國門・四李遺文・嘗乞文肅孫引之尚書爲序・茂名吳徵叙則謂世芳之學・心自得之・故錢塘戴文節公表其墓・稱其不及於庭訓・而學紹先業・尤難能可貴云・著有青藜閣文集・

覆陸次山廣文書

次山内兄足下・聞君錦旋・渴想一見・猥以試事見阻・迨僕失意而歸・則又嗒然興盡・訪戴之行・亦又不果・忽接

朶雲・如親謦欬・慰甚快甚・足下於學・眞知篤好・深造自得之功・莫與倫比・夙深心折・常舉以語後進・至著述之富・久已等於觀海矣・今又畢力於四子書・屬草垂就・眞不朽盛業也・以足下之好學深思・而復賦之以矍鑠之精神・假之以寬閒之歲月・天之所以成就之者・意斯文其在茲乎・雖未讀其書・然私心揣測・其信今傳後無疑・顧乃抑然自下・旁搜遺緒・詢及先伯父艮齋先生言論・欲取以證明而表彰之・是何其宅衷之謙・取益之廣・懷舊之切也・聞言之下・銜感奚似・慟念先伯父一生涵泳聖涯・咀嚼道妙・於四子書中・多發前賢所未發・嘗思有所述造・終以手足骨肉之傷・幽憂憯怛・未遑卒業・雖時時講說・實未筆之於書・謂已列其目・著有論說・僕實未見・今搜求遺編・不存隻字・迴憶從前聞之過庭者・亦未及劄記・强半遺忘・自憶爲人之後・失其家學・而問陳蹟於將湮・求遺草於身後・乃在故人之子弟・私淑之大賢・先伯父可謂知人・足下可謂好學・

抑嘗聞先伯父之言曰・孔子集羣聖之大成・朱子集諸儒之大成・毁之者等蚍蜉之撼大樹・然不求心得・一味附和如應聲之蟲・恐亦非朱子之所取・何者・朱子於漢唐諸箋疏・不肯沿襲・至於詩序・則攻之不遺餘力・即周程張邵之說・亦抉擇綦嚴・豈好辯哉・亦求其理之得・心之安耳・吾於朱子之書・敬若神明・信如蓍蔡・然心所未安者・終不敢自誣以求合・亦朱子之志也・然先儒亦有言・知得一尺・不如行得一寸・吾輩一知半解・縱有發明・濟得甚事・而顧沾沾自喜。以爲上掩前賢・則傎矣・今來書云・將儒先要說・彙輯成編・而其閒往往於章句集註・尙欲獻疑者・是不爲立異・亦不爲苟同・雖未知立說之何如・已於先伯父之言暗合矣・至於書說雖多罣漏・然亦有記憶一二者・俟相見時彼此觸發・或尙可引其緒而衍其義爾・尊著若有副本・祈見示一二・祥麟威鳳・幸先覩之爲快也・

上王伯申宗伯書

宗伯先生閣下・先生之祖文肅公・一代名儒・海內宗仰・而教澤所被・以吾粵爲最・至於栽培造就之深・又以某一家爲最・昔公督學肇高時・先叔祖戊午舉人東遊・以選拔受知・先伯父歲貢宜達・與先仲父甲戌進士四川宜賓知縣宜相・以童年受知・皆蒙奬許・召至使院肄業・洎公撫粵・又召入節署・首尾數年・親爲指授・若布衣師弟・先父甲戌明通榜宜昌・辛未計偕・與仲父拜公於禮部邸第・均命留受業於門・兩年之內・飲食敎誨・不異家人・爾時尊甫老先生雖在沖齡・亦視如骨肉・先季父丙子舉人江南寶山知縣宜隨・雖未列門牆・以癸酉選拔入都・隨諸兄晉謁・公復加矜寵・推愛及之・厥後丙戌分發江蘇・曾踵潭府・辱承尊甫老先生歡然道故・無閒昔時・是某一家受恩者五人・而受知者兩世也・不幸先人嗇於年・不克有所建樹・以延河汾之緒・而終身謹守師法・拳拳勿失・生平作制舉文頗夥・其經公筆削者・亦復不少・乃不自愛惜・散亡殆盡・

某之生也晚・少孤失學・於先人無能爲役・訪求於親知之家・僅有存者得若干首・都爲一集・名四李合稿・以其皆公門下士也・欲持獻於尊甫老先生之前・丐乙之序・以識授受淵源・而自致無由・徒抱虛願・迄今犬馬之齒亦七十矣・

所幸尊甫老先生康強壽考．以功成名遂之身．頤養邱園．居多暇日．或亦有懷舊之念．而座客簪裾．已爲陳迹．不意海濱下士．尚守此薪傳一脈也．

茲因兒子大根忝列選科．北上應試．喜逢先生官於朝右．登臺鼎掌文衡．偉烈豐功．與文肅公後先輝映．韋平世業．未足專美於前．想當趨庭之日．諒亦備聞前事．用敢奉咫尺之書．并文稿四卷．令兒子齎叩鈴轅．泥首階下．塵讀高聽．伏望先生不替舊德．俯賜觀鑒．嚴加遴選．錫以弁言．昔也喜託龍門．今者得附驥尾．庶無負文肅公昔日栽培造就至意．而尊甫老先生聞之．當亦懽然心許也．則先人不朽．某亦感且不朽．

陸次山廣文墓表

睿皇帝御極之元年．詔天下府州縣衛各舉孝廉方正．以六品用．士多夤緣請託以求舉．吾邑孝廉陸君次山名重一時．邑人擬舉以應選．君固辭．卒列其事實上之有司．撫軍陳公簡亭不輕許人．獨以君聞於朝．人多羨之．謂功名可立就也．君乃遲迴不赴闕．奉部敦促．比辛酉上公車．猶懷牒不投．其從子德嘉與計偕．勸之再．則曰．予竊怪陶靖節既知性剛才拙．與物多忤．自量爲己．必貽俗患．何彭澤一行．輕於嘗試．始覺今是而昨非邪．我自量審．故早決．卒辭之．冢宰戴衢亭先生歎曰．眞徵士也．許之以成其志．已而大挑二等．得教職．則忻然曰．以吏隱．吾之樂也．遂就會同教諭．君性狷介．生平無他嗜．惟酷好學問文章．朱墨未嘗去手．爲文操筆立就．博辨明快．善反覆馳驟．讀書務求心得．不事口耳記誦．窮思畢精．至忘寢食．所注莊子雪．左傳臆解．陳撫軍序而梓行之．尤畢力於四子書．著會要錄二十五卷．深造自得．折衷羣言．憶君解組歸日．即抵余室．相見無雜言．惟往復商榷疑義．移晷乃去．迨君病革．余往省視．憊矣猶講論不輟．嗚呼．其誠知之而好．好之而樂者歟．

先是庚子歲．陳撫軍主試吾粵．得君．及撫粵見君著作．益重之．招至使院．諮以政要．君知無不言．言無不盡．條陳十數事．撫軍稱善刊行．後官廣文．時制府那公諭詢地方形勢．民間疾苦．君上書數千言．力陳時弊．指斥有司．制府喜．手札褒美．飭屬吏擇而行之．蓋君留心經濟．斟酌古今．所言無不可行如此．而顧以閒散微員．末由自見也．豈不惜哉．

然韓退之有言．使子厚得所願．爲將相於一時．其文學詞章必不能自力．以致必傳於後．以彼易此　孰得孰失．必有能辨之者．今君不求用於世．擇官而居．日與其徒從事經史．講明而切究之．涵泳聖涯．咀噍道味．以寬閒之歲月．立說著書．傳之不朽．視居其位不能行其道者．其得失又何如耶．

君諱樹芝．字見廷．一字次山．乾隆庚子舉人．父誥贈奉直大夫．縣學生．諱璵．有積德．惠徧鄉里．君官會同十年．告歸．卒於家．年六十有九．元配張氏．繼配陳氏．子八人．德威．廩貢生．德方．增貢生．德綏．附貢生．德敷．德顧．德祚．皆業儒．德瑩．貢生．德肖．國子生．女三人．婿配皆世族．以道光戊子十一月五日．與元配合葬於旺京山．其孤請余表其墓．君余少所服膺者．又娶其從妹．往來甚洽．知君也詳．顧行誼具載保舉牘中．玆不論．論其出處大節著於篇．

辭曰．嗚呼．謂先生而無意斯世耶．胡以民生國計遠慮深思．其發於言論見於文辭者．每激昂慷慨撫時事而欷歔．謂先生而有意於斯世耶．胡爲徵召不赴．辭尊居卑．寒氈數載．又賦遂初．蓋其所心營目數．慨然自任者．斯世斯民之責備．而其所夷然不屑者．崇高之富貴．升斗之祿糈．其諸可溍可見之龍歟．謂余不信．視此豐碑．

莊子雪自序

陸樹芝　字見廷．一字次山．乾隆庚子舉人．嘉慶丙辰舉孝廉方正．不就．官會同教諭．生平酷好學問文章．朱墨未嘗去手．所著莊子雪．左傳意解．已梓行．尤畢力於四子書．有會要錄二十五卷．

莊子諸子之冠也．其名異於六經．而亦不同於諸子．六經如日月之麗天矣．諸子其猶爝火乎．幽陰中可以自見也．若夫稱瑞於冬春之交．而晶瑩皎潔．不染點塵別具寒香者．雪也．唯莊子似之．顧其書奧衍磅礴．自晉唐來．解者無慮數十家．率皆支離隔膜．雖一二卓識之士．時有特見．而所得者尚未什一．固未能通體了澈也．博採者是非雜陳．妄庸者任臆猜混．於句解段落．往往失之．竟使千古奇文．盡如夢讝．又安望其揭全書之大旨．識厥功之甚偉哉．

夫說經者多而經亡．禍有甚於秦火者．況以洸洋自恣之文．而復爲瞽說所蒙．安得不如墮雲霧也．不揣固陋．輒取內外雜篇而通解之．務使簡約不繁．而肌理分明．單詞皆適．旣乃取龍門之傳．東坡之記．述論以前．以明其無罪．而大白其維持六經之功．雖不敢自謂必當．而開卷瞭然．無復沉悶．似撥雲霧而對皓雪也．遂名之曰莊子雪．據所見也．

今夫房室之中．幃帳之內．人以爲闇也．□蚤遊之．則與青天白日之下無以異．然莽蒼之林．荆榛之野．人以爲蓬也．鳥雀入之．則與康莊四達之衢無以異焉．何者．性之所近．而身之所習也．見以爲雪．則雪之耳矣．獨是物之光且明者莫如火日．火日可以遠照．而雪不能．說莊而僅如雪也．遂無憾乎．然火日外光．雪則表裏洞然．久視日火者．目爲之眩．雪則諦觀焉．把玩焉．而心之煩者亦釋．神之濁者亦清．雖予之火日．有不以易者矣．且夫莊子雪人也．其文雪文也．說之而使塵垢得混焉．不使寒香沁於心脾焉．則其文汨．而其人之眞亦以沒矣．可乎哉．此則私心之頗竊自喜者．莊叟如可作也．倘亦曰．我有文字．人夢讝之．我亦苦心．雲霧蒙之．得一畸士．從而雪之乎．時嘉慶元年七月七日次山陸樹芝見廷氏書於三在山房．

李符清　字仲節．一字載園．合浦人．乾隆癸卯順天舉人．歷官直隸東鹿清豐知縣．擢開州知州．符清能文章．尤工詩．馮魚山稱爲合浦珠光炎異彩云．著有海門詩鈔．

寶昌聯吟序

銅梁王鎭之先生．詩學宗昌黎昌谷．自榜其書屋曰寶昌・讖南士大夫仰之如山斗焉・壬子二月・余將還嶺南・先生時遷宣化司馬・寓上谷・前一日設祖席・並招蓮池山長家介夫編修・寶坻尹楊米人・豐潤尹夏鷺汀小集・席上約爲七言古詩・拈得料字・未逾時・先生詩先成・余同介夫米人詩亦成・相與朗誦・歡笑竟夜・各扶醉歸・平明・余將秣馬・米人復用前韻投送別詩一首・鷺汀詩擬翌日成之・而余已南行・不及待矣・丙辰秋杪・偶檢舊篋・得諸詩成帙・迴環展玩・覺五年前文酒之歡・恍如昨日・而先生觀察天雄・往來省會・米人雖夏歸桐城・將還直補官・俱可以時聚首・惟介夫於今夏竟以母喪哀毀卒京邸・介夫素爲詩・亦酷擬昌谷・與余唱和久・意氣尤篤・乃以少年詞館・赴召玉樓・故交零落・而文會盛衰之故。即以聚散相因。俯仰今昔・感慨係之・時蔚亭傅君・以公事寓鹿城署・閱之曰・此雅集也・諸詩俱有二昌風格・是眞可寶・宜刋之以傳一時韻事・余唯唯・爰付剞劂・并記顚末云・

重修東鹿縣城隍廟記

鹿城之城隍廟有二・一爲銅像・在舊城西街・鄉人時修葺之・一在今縣治西北・自明天啓六年・前令宋公創建・迄國朝以來・楊公沈公王公・三歷增修・規模稱宏敞焉・余以乾隆五十三年宰是邑・下車謁廟・見堂除廊廡半爲風雨所蝕・遂捐俸構材鳩工・擇邑紳士之能者董其事・於是飾其舊者・增其新者・廓而大之・視前之所修・更煥然壯觀矣・工甫竣・余調任天津・未遑紀之也・越四年・復宰是邑・偕斯土之父老子弟・復覩所謂煥然壯觀者・而講彰癉修悖之義於斯廟・俾吾民之循循於法紀彝倫之中・修五教・親九族・以致其禋祀・而享年豐降福之休・洵非偶然也・

或問於余曰・鬼神於人何與乎・冥司之說信何如也・余曰・噫・子不知鬼神・獨不覩之人乎・天地之大也・人與鬼神共居之・天下之人之紛紛也・亦人與鬼神共治之・先王之以神道設教也・非以誣民也・風雲雷雨屬之天・而有司之者矣・山岳川瀆屬之地・而有主之者矣・司之於天者・稱之師焉。主之於地者・視以公侯焉・公侯稟天子之命・以治於明・鬼神亦稟天地之命・以治於幽・欲天下之無治・不可得也・後世守土日增・政令日繁・於是有郡州縣之官焉・即有郡州縣之神焉・郡州縣之官・稟天子命以治於明・郡州縣之神・亦稟天地之命以治於幽・欲天下之無治・不可得也・然則城隍之神何據乎・由有其邑則有城有隍・有城隍即有城隍之神・亦猶有其地則有其邑・有其邑則有其官・鬼神因人而有者也・今余之新斯廟・非獨以神道設教也・亦以爲宰是邑者之宜聰明正直而一者也・邑宰稟天子命以治於明・城隍亦稟天地之命以治於幽・欲斯邑之無治・不可得也・曰・後世稗官異史・言城隍之神・有可以人爲者・有補有調有署篆・皆鑿鑿可據・其信言乎・曰・此儒者不必言・而傳說言之・有其理則有事・信之於理・即信之於事可也・信之於明・即信之於幽可也・因或之問并論之・且書之碑・俾知余之再至於此・復得與斯民之循循於法紀彝倫・更講明彰癉修悖之由・有以自信而臻康和之福者・則亦洵非偶然也・

重修滿城抱陽山定慧寺記

楊叙揆

滿城介燕趙間．多名山．而邑西之抱陽山爲最勝．兩山如抱．東南向陽．故名抱陽．以蓄花木．亦名花揚．自山足達山門．凡七折．中有歇足盤山．門內石平如掌．寬數畝．旁有石廊百步．曰百步廊．廊側有窩．倒懸曲盤．光澤若蚌胎．曰明珠窩．有石洞數十處．山腰一洞．傳爲唐張燕公讀書堂．有門有床有几．皆石也．山左巨壁厜㕒．泉聲滴瀝．曰青龍潭．尤爲奇蹟．水自石中出．滙爲潭．色清可鑑．味甘冽．旱燥不渴．嚴寒不氷．有祠祀靈溢英澤二神．舊傳因旱禱雨．見二青蛇立飲．異而祀之．至今遠近禱雨者輒應．中即定慧寺也．建自隋開皇時．至宋景德重修之．後遂淪湮．迄明成化間．僧圓顯復葺爲叢林．

余於乾隆戊申年宰是邑．羽書之暇．每登是山．見洞壑之幽．泉石之美．羣鳥翔泳．四時樹木不彫．爲畿南異境．顧其寺規模狹隘．半就傾圮．殊不足以稱斯山之勝．欲廓大而修葺之．適邑之楊生志伊家於山下．慷慨從事．余因捐俸爲創．因高就下．曲成佳構．逾年而功成．內可以開講幄．集生徒．媲蹟於嵩陽嶽麓．以希風於張北平張燕公諸前哲．蔚起乎一邑之文人．當不同尋常之丹崖峭壁．僅資游屐登眺已也．余尋任鹿城津門諸邑．猶乘間屢至焉．辛亥冬．將還嶺南．復偕邑之人士．躋茲山絕頂之華嚴菴．信宿而去．夫三宿桑下．猶戀戀焉．余能無意乎．丙辰冬杪．楊生至鹿城．請曰．茲寺成於公．猶待公記之以垂久遠．余因不忘始事之意．述重建之由．以告後之繼修者．寺舊名定惠．今名定慧．雖不知所自改．而因定生慧．亦大乘之宗旨云．

楊揆叙 字鄂臣．嘉應州人．乾隆癸卯舉人．

定川李公墓誌銘

公諱光邦．字魁巽．號定川．姓李氏．世居嘉應周溪鄉．代有隱德．州志傳懿行．所稱古廉芳躅．庠生諱紹然者．公曾祖也．祖諱振勳．配林氏．亦詳州誌烈女傳．生穆雅公容若．爲郡庠生．是爲公父．公生而孝友．口無擇言．身無遺行．穆雅公及諸昆皆厚愛之．比長．讀書四方．知名士舉相引重．而公顧不屑佔畢業．年四十．注籍成均．持身正家．一井井有法度．凡修理祖塋．崇舉祀典．人畏爲重且難者．皆毅然引爲己任．

公既棄儒冠．謀家人生產作業．每經營四方．而絲粟出入．義利之辨必嚴．前時嘗與族人良俊賈閩之東甯．東甯故海外地．累貲頗厚．竣事欵息．俊誤脫金一百入公．公不知．俊亦不自知也．及公抵莊．細稽舊籍始覺之．立遣人越百餘里歸俊金．人咸服公長者．交口勿衰云．文珍者．亦公族人．適以家事促歸．廹不及待．以某某所貸洋錢若干托公．迨公携錢歸而文珍已故．遺一子．甫周歲．公聞喟然曰．此人千里相托．何可負也．急命子建猷君携金往．而文珍妻感泣．如有隕自天．家人駭異．有過于還俊金時．而公第若行所無事者．

嗚呼．自薄俗爭錐刀．錙銖必較．甚或醫鬚朱頰．睚眦終身者有之．記曰．臨財毋苟得．喻義如公．其諸有古之風歟・令子建猷君・未冠入泮・人共稱公長厚之報・信不誣也・公生于康熙乙未十一月二十二日・終于乾隆戊戌二月四日・年六十有四・配侯氏孺人・終溫且惠・閫範可師・先公五年卒・年五十有九・子男一人・即庠生建猷君・庚子冬十月・葬公於金盤堡・甲辰夏五月・復奉孺人合葬公兆・建猷君以狀來徵銘・銘曰・

見得思義古所稀・不爲利疚公有之・嗚呼公乎吾之師・

溫汝适　字步容・號篔坡・順德人・乾隆甲辰進士・改庶常・授編修・累官至兵部右侍郎・告養歸・會丁內艱・哀毀成疾・聞仁宗賓天・力疾奔赴・至吉安・道卒・汝适籌築桑園圍・嘗言於大吏・奏借帑金八萬・爲歲修費・至今南順諸縣田廬・皆獲保障・最爲有功桑梓。其學以朱文正紀文達爲師資・具有根柢・所著咫聞錄二卷・曲江集考證二卷・曲江年譜一卷・携雪齋詩文鈔十三卷・並存・

禮以養人爲本論

天下有知其美而不爲者・非失於因循・失於拘牽而已・然失於拘牽・其究亦歸於因循・而因循之弊・必流爲決裂・中古以降・禮教日微・刑法日密・職此之由・今夫先王之禮・所以正君臣・親父子・睦兄弟・別夫婦・而信朋友也・故自王朝以及閭巷・凡吉凶軍賓嘉・莫不有一定之節文・經衰周暴秦・雖散亡畧盡・然因其意以思其制・即其情以考其文・則雖先王未之有・可以義起也・況遺經未泯・墜緒可尋・舉而措之・又奚疑哉・然議禮者輒云三千三百・古禮如是其備也・今僅存什一於千百・儀文制度之詳・多不可考・甚者衆說紛紜・幾如聚訟・使吾所行者有毫髮之差・仍未合乎古也・不足以稱制作之隆・昭明備之盛・不如其已・噫・惑亦甚矣・

古之爲治者・未嘗一日而廢禮也・然豈能一創制而即臻美備哉・其始操之有要・先其大者而已・其繼爲之有漸・以時增益而已・其後酌文質之宜・立至善之準・遂爲百王不易之典章・故曰・禮至太平而備也・設以其毫髮未合於古・而遂置之・是廢禮也・禮教不明・慝禮將作・凡冠昏喪祭・皆奢侈無節・民俗益偷・背禮之事・不一而足・如是則上必任法以繩之・而民既鮮恥・犯者愈衆・豈非始於拘牽・而終於決裂者哉・

昔班固志禮樂・述劉向之言曰・禮以養人爲本・如有過差・是過而養人也・且謂今世無皐陶・未嘗不定法・獨至禮樂・則不敢議・是敢於殺人・而不敢於養人・其言深切著明・蓋爲小不備而廢禮者發也・嗟乎・禮者禁於將然之前・法者禁於已然之後・其得失易知也・修禮以治民・事逸而功倍・顧憚而不爲・至於禮失獄繁・則事勞而效遠・始不得不爲・謂之愛逸惡勞可乎・其必鑒因循之弊・而無取拘牽之說可矣・

韻學記聞序

余少覽鄭氏通志・六書以外・繼而七音・所列韻圖・若有條理・心竊喜之・時方從事決科・未暇卒業・弱冠游京師・舍人宜興李君爲余言・宜讀梅氏字彙横直圖・又云・凡切韻如遇見母字・即加經堅二字以調之・餘母各有加字・即可得音・余試調之・竟不能叶・未之信也・於是遇切韻之書

必觀・泛覽既多・明味各半・遂置不復學・且深悔其枉用心力矣・既歸・遇同邑劉君言・切韻須辨南北音・即詞家所傳度曲須知・亦有采李安溪等韻・韻辨疑諸書論之詳矣・又見舍弟北雄言・此殆天籟・衝口而出即合・不煩致思・致思則及茫昧・然試之或不盡合・以爲人所從入・固不同也・既而好之頗篤・久之豁然有悟曰・切韻非圖莫顯・余觀舊圖盡之矣・曩余所聞・皆足相發・惜余未深喻耳・遂取切韻十六攝圖・横直讀之・句日而益領其要・蓋縱有四聲・横有七音・諸攝各以一圖・而且横直本易知也・特横讀難而直讀易・法當先其易者・則一經一緯・瞭如指掌・自可轉難爲易・而字莫能遁・向之不果讀者・以未知分南北音及古今字音・間有異同・故疑而置之耳・至經堅等字・即雙字也・本散見於各攝各母之下・同聲相應・實爲捷法・確不可易矣・開齊合撮・各有雙聲・專用齊齒・殆從簡易・其始調不協・後乃無不協者・生熟之分耳・七音原本天籟・亦須調習・學之即能・以本有故・不學即不能・以未習故・濁水摩尼・澄之即現・信斯言也・豈獨切韻乎哉・

迨余甲辰應會試・大宗伯曉嵐先生得余卷・歎其對音韻甚晰・及見・爲余詳言周秦漢魏六朝以來用韻之別・蓋以余爲可教也・迄今又十有餘年・每一展卷・時有新得・益嘆聲音之道固無窮盡也・設余一學即喻・必不肯偏覽諸書・而所得亦游移不固・今自念學此有年・得於師友者半・得於自悟者亦半・由是觀音韻諸書・通達無窒礙・而於休者聲病諸忌・及彥和浮聲切響之論・亦灼然知其不誣・復念余之譾陋・得此匪易・輒薈萃舊聞・撮其梗槩・藏之家塾・以志不忘云爾・

靈淵詩集序

昔元遺山論詩・摘少游有情芍藥含春淚二語・謂拈出退之山石句・始知渠是女郎詩・然山石詩特朴老蒼勁・尚未及他篇之豪・故遺山已服膺不置・況其全乎・大抵少年作詩・專務琢句・氣格遂卑・故學詩當學杜韓・則無是病矣・杜爲詩家之宗・韓學杜者也・而力去陳言・詞必己出・如云・險語破鬼膽・高詞媲皇墳・又云・善善不汲汲・後時徒悔懊・救死具八珍・不如一簞犒・思深力厚・眞摯沈着・千百世下讀韓詩者・如無杜・噫・亦奇矣・蓋其才大而氣充・非淺學所能摹擬・故學之者寥寥・果有十年讀書・自當從事於斯・更能周覽四海名山大川・得江山之助・則學之尤近・又或絕徼羇孤・風塵困頓・艱危挫折・皆足激發其意氣・如大山之飛瀑・奔流直下・遇亂石阻遏・愈激盪砰訇・聲滿山谷・則所遇之境爲之・是皆可資以學韓者也・

余弟北雄・少而好奇・下筆輒驚人・與余論古今詩・獨推韓公・余笑語弟・吾等生於嶺表之南・崇山嵯峨・巨海泱漭・皆神仙之所窟宅・靈怪之所潛藏・其瑰奇詭異見稱於韓公者・則有纜船而訪韶石・入險而怵瀧中・海浴而鵬騫・電而鱷徙・其餘龍戶馬人穹龜長魚之屬・靡不攝入豪端・供其嘲弄・而吾二人少小讀書鄉園・多未之見也・所見不過數百里之間・所詠不出月露風雲之什・無奇闢壯觀以開拓其心目・烏能追古人而上之・及壯・同遊吳越燕齊・一舉而覩山川之紆曲・晚而各宦遊四方・余自衡湘入桂林・又自劍門入

蜀．又經華岳抵關中．旋自榆關出入塞門．直至甘涼．又自湟中折至臯蘭．歸途遂登隴坂之峻．皆古詩人所歷之境也．弟亦自羚峽溯西江而上．歷不測之灘．踐無人之徑．密箐晝晦．驚飈夕號．鳥道盡而滇雲通．故山遠而黠蒼矗．然後行蹤所歷．應接不窮．覽物懷人．形諸歌詠．而詩筆亦遂鬱勃沈雄．足以相發．視昔之桃李芳園．偶然成咏．相去果何如也．憶余至肅州．咫尺玉關．雪山橫亘．有懷弟詩云．憶汝滇南天萬里．赤藤入手好題詩．時逢過客．聞弟已至梧州．疑弟必返滇．既又聞雖偶至蒼梧．仍留滯粵境．卒未嘗再至滇也．及余乞假歸里．而弟已卒．遺草有滇行集長篇大句．古勁排奡．凡宦途抑塞．山川悠遠．邅回往復．一一見之於詩．余讀之終卷．慨然嘆曰．弟之詩筆雄放．固其天性．然非遇此境．無以佐其揮灑也．庶可云善學韓公者乎．乃爲選定七十餘首刻之．至弟初年之作．亦多爽朗拔俗．今幷選而刻之．計八十餘首．老杜云．文章千古事．得失寸心知．前後數十年之作．於古人孰離孰合．毫釐分寸之微．可以寒宵風雨時．若或遇之．益信眞放本精微．古之人果不余欺也．

曲江集考證序

曲江集重刻於韶郡者．增改頗爲雜揉．而闕畧仍多．蓋有明成化至今．已經七刻矣．文莊少時．即知金鑑錄之僞．而今韶本有之．固知非文莊舊本也．文獻通考所載．宋將曲江本附刻神道碑及行狀謚議．晁氏所見之本．又有贈司徒制詞及呂溫眞讚．舊書稱溫文體富艷．所著張始興畫贊．頗爲文士所賞．蓋其文早重於當世．宜附公集以傳也．今韶本僅存制詞神道碑．而行狀謚議已佚．有眞讚而無撰人名氏．證以文苑英華．知即呂衡州作．又僅載家傳．而不衷諸信史．書多疑似．無以爲知人論世之本．覽者病焉．所附題詠．別擇未精．最著如少陵詩．亦未收入．訂譌補缺．又烏可以已．

余既以暇日據英華文粹諸書校正全集．蓋畧仿韓文考異之例．仍廣爲會粹．自正史以及文集說部．凡有足資考據者．一一編輯以補其遺．傳聞異辭及省文脫誤．即以管見畧爲辨證．附於公集之後．插架無多．不無挂漏．然而公立朝大節．亦差足證明一二云．其韶本原有各條．悉仍其舊．列入卷首．不以附此編．重改其舊也．至改句舛誤．則摘而辨之．附載末簡．便觀覽云爾．

張曲江年譜序

始余壬子歲手校曲江集．幷撰年譜．時有增改．未及付刻．今逾二十年．歸自京師．閱向所藏書．帙走壁魚．籤封蛛網．恐遂散失．因閉閣十日．復加詮次．勒成此篇．可付剞劂．夫記載之難．不特傳聞異辭．工於文而疏於事．亦其病也．如公之奔喪歸里．載於舊唐書．新書以省文未載．世遂疑公不奔喪．故涑水喜舊書．以其能紀實也．徐季海撰公神道碑云．奔喪南歸．祔葬先塋．尤爲詳核．公之年壽．新舊書並誤．非神道碑孰正之．至省志載公以景龍元年擢進士．邱文莊信之．而新舊書及神道碑俱不載何年登第．及細讀碑文．始知是長安．非景龍也．碑云．公弱冠鄉試進士．考功郎沈佺期尤所激揚．一舉高第．是公弱冠舉於鄉．一舉即擢進士第也．又云．時有下等謗議．上聞中書令．李公當代詞宗．詔令重試．再拔其萃．考新舊史．佺期於長安．間爲考功郎．以受賕劾．未究．會張易之敗．遂流驩州．唐試進士．以考功員外郎主之．佺期以考功受賕劾．或即緣試事．與碑云因謗議重試頗合．雖廢逐未久．至神龍中復進用．然不聞再仕考功也．碑所云中書令李公．當是李趙公．時罷相在朝．文望烜赫．雖武后改官名．無中書令之釋．趙公之爲中書令．在神龍間．然稱其最著之官．亦臨文常有．不足疑也．

文獻通考引晁氏郡齋讀書志云．公長安二年進士．據唐登科記．是科進士纔二十一人．唐時重進士科．有屢舉無成者．以其艱難．謂之五十少進士．公時年二十餘．一舉高第．故碑以弱冠稱之．（據碑．公壽六十三．登第時年二十有四．）若如志乘所載．至景龍初元乃登第．則公年已三十．不可云弱冠矣．意長安二年已成進士．至神龍二年．舉材堪經邦．又高第．乃授校書郎耳．文莊誤信志乘．據公壽六十八推之．故云公年三十五登進士第．授校書郎．且云．公長於武后時．不欲仕女主．至中宗復辟之三年始出．不知狄梁公宋文貞諸賢．幷砥柱中流．乃心唐室．不聞以仕女主爲嫌．何獨於公而疑之．况武后納梁公之諫．深知立姪之非．帝在房州．久而無恙．晚自房州召還．神器有屬．微諸賢調護之力不及此．中宗存則唐室可復．此理勢之必然者．非必不可出之時也．唐人登第後．未能便釋褐入仕．韓文公尚三試吏部無成．有遲至十年之久者．公登第後即歸．未嘗出仕．故燕公以長安三年謫嶺南．公時在粵相遇．其官校書郎在中宗神龍二年．故謂公至中宗復辟乃出仕則可．謂至景龍乃登第則非也．論古貴覈其實．未有苟同．然非遺文未墜．何以考信．晁志雖存．而徐碑久已湮沒．其文之附載公集者．復因譌字而晦．近年玆石始出土得之．以證史傳各書．向之所疑．渙然冰釋．公譜賴以撰成．雖世遠年湮．尚未能詳備．亦庶幾信而足徵者矣．

至公之正色立朝．孤忠謇諤．卒以直道不容．瀕於死而不悔．投杼生疑．一斥不復．消長之機．關乎治亂．公必知之．新書但云．雖以直道黜．不戚戚嬰望．惟文史自娛．獨徐碑云．每讀韓非孤憤．涕泣沾襟．是眞知公者．公豈一日忘朝廷者哉．故著此譜．俾年經月緯．粲然可尋．千載而下．有以見公之心焉．

龍山鄉祀張陳兩先生碑記

士之遭時光顯．能文章．負才藝．而無堅貞不拔之操者．可以震耀於當時．而不能得於身後．可以要譽於都邑．而不能得於其鄉．何則．一鄉之耳目近而眞．身後之品評公而允．非夫孤志大節．殊尤卓絕者．莫能感其鄉於數百年之久也．當明嘉靖初．吾鄉景川張公．與楊用修諸君子．同以直諫著．楊公遠貶．而公竟死於諫．一時士論皆惜之．予鄉人士惜之尤深．及明社已亡．諸王播越．國勢窮蹙．僅同一木之支．而吾鄉巖野陳公．獨與少宗伯秋濤陳公．矢死靡他．舍生取義．鄉之人傳其軼事．想其風烈．未嘗不同聲悼惜也．張公在明隆慶初．已表揚卹贈．崇祀邑之鄉賢．惟陳公以勝國孤忠．鬱而未顯．桑梓之近．未有專祠．其遺祠在錦巖者・遠阻江瀆・歲久頽落・非所以昭景仰也・乾隆四十年・特詔追謚明季殉節諸臣・仍其原官・予以謚號・於是少宗伯陳公得謚忠肅・公得謚忠烈・恭繹諭旨・以諸人各爲其主・守節捐軀・較宋之文天祥陸秀夫・實相彷彿・大哉王言・所以獎忠貞・即所以扶名教・於是窮鄉僻壤・咸曉然於爲臣死忠之義・而公之大節・遂炳若日星・輝映於三山五嶺之間也・

吾鄉建有鄉約數楹・地勢軒敞・四鄉人士月旦遊集之所・歲甲辰・余兄謙山自京師歸・首倡議祀兩公於其中・鄉之耆宿・僉以爲宜・曰・非以擬郡邑之鄉賢祠也・志嚮往焉爾・古之鄉先生・沒而可祭於社・此其例也・顧吾鄉自明以來・名賢碩士著在志乘者・蓋不乏人・奚獨祀兩公也・曰・舉其最也・兩公植節・較諸賢爲獨苦・其感人爲尤甚・則肇祀兩公爲不可緩・況兩公事蹟・並傳載信史・千秋論定・文章忠義之氣・凜凜如生・後之人登斯堂者・慨然想其爲人・寧非砥礪名節之助歟・先是久旱連月・祀公之日・始獲甘澍・及龍見之辰・農人望澤甚亟・鄉人諏吉祈禱・並爲文禱於公祠・翌日大雨如注・遠近霑足・斯豈偶然耶・抑兩公浩然之氣・爲星辰・爲河岳・實能興雲致雨・如響斯應耶・比閭之人・額手相告・咸以爲繄公之賜・亦可以卜衆情之欣悅矣・余故因諸君子之屬而記其事・并系以詩・

龍山山高江水長・公騎箕尾歸何鄉・此山此水公豈忘・奉常志節凌秋霜・昌言侃侃論封疆・（謂論救彭襄毅・）公卿動色嗟倔强・肯與璁蕚同班行・抗疏而死終表揚・玉泉猶遶忠諫坊・尚書武庫覘中藏・翩然鵠舉知圓方・中興有策干何王・忠謀不用空迴腸・干將縱缺餘鋒鋩・浩然正氣還窮蒼・天湖金紫（鄉之二山名）遙相望・泉源萬斛來洋洋・留公畫像如彥章・奠以桂酒羞松肪・公之來兮雲旗颺・風雨颯沓聲滿堂・海水盡立驚雷硠・高田有稌堤有桑・公之去兮雙鶴翔・睠懷故宇飛頡頏・蜺旌羽蓋霞爲裳・白雲相逐浮晴光・思公不見心彷徨・載瞻星斗懸寒芒・江村讀史秋蘭芳・

龍廷槐 字沃堂・一字春巖・順德人・乾隆丁未進士・官編修擢贊善・大考左遷・旋記名御史・告歸・築園奉母・不再出・著有敬學軒文集・阮文達爲之序・言廷槐將爲權相羅致・既乖其指・遂不復出・都門羣彥爲書勸駕・不知其操守・莫可明言云・

與瑚中丞言粵東沙坦屯田利弊書

某近閱邸抄・見粵東藩司摺・奏請嗣後粵東沙坦陞科・按照該地上中二則民稅定額報陞・其已陞科者・亦照鄰田賦額一律起征・惟潮鹵未退止能割草者・仍按斥輸納・如有隱匿不報・即屬欺隱・概令入官・給予貧民・俾資養贍・不致流入匪類・而盜風亦可少息・會計新征所輸糧米・除撥補屯田虛糧外・尚有餘羨以充兵餉・且自行親詣沙所・督率州縣查辦・必不假手胥役・致涉滋擾・竊其意・蓋欲爲國裕民・將以興利也・愚以爲利未得而害有不可勝言者・

粵東十郡・近海者居其八・沙坦稅業・瀕海州縣皆有・而惟廣州之番禺新會香山東莞新寧等縣爲至多・以其地受西北兩江之委流・遇天雨時行・漲潦挾沙泥而奔注於海・既入海・則水勢緩漫・凡海畔不當大溜急湍之處・水靜流平・潦

泥下墜・淤積日久・水勢便淺・居民規度可以成坦者・報官承墾。由縣遞詳督撫・批准給帖・限以三年陞科納賦・其稅有陞下・有起征・陞下陞斥鹵・起征陞斥鹵四歛・而起征陞斥鹵爲多・其賦亦至薄・每畝征餉四釐六毫四絲・此坦稅之大較也・民之報墾者・每案或數人・或十數人以至數千人不等・報墾稅歛・自數頃以至數十頃百頃亦不等・皆視水勢之緩急廣狹・以定其縱橫長短之數・議既定・則各出貲以爲衙門報承領帖之費・准墾之後・俟其水勢漸淺・人力可施・又合貲僱工賃舟運石・沉纍海底。周圍數百丈以至數千丈不等・名曰石基・又名底基・石基既纍・幸不爲風浪沖刷・積之數年或十數年。潦泥淤與基平。則又運石再纍・至再至三・如是者又數年十數年・漸積漸高・於是潮退盡時而坦形可見・乃運高田有草之硬泥・四周築爲大堤・中間間以小堤・縱橫碁布・又曰硬泥基・基既成・又幸不爲風浪沖刷・閱數年・潦泥復淤與基平・又再築・又積之數年十數年・泥復與基平・則坦形亘然出面矣・名曰水坦・水坦泥土如漿・踐之滅頂・乃運小艇載蘆荻散栽之・（粵人名爲蓢・）數年後・荻茂根蟠。其土漸實・則去荻而種之以草・四周乃留荻以禦風濤。名曰草坦・計自纍底基以後・有歲修・有小修・有守基之人・守荻守草之艇・防偷掘亦以候風信・種草後數年或十數年・坦益高・泥益實・乃相其高阜之處・試種稻之能耐鹹潮淹浸者・名爲出水蓮・（俗名鍛稻・言如鍛之日在水中也・）由此漸開漸拓・遲之十數年・乃可種上稼・而名之爲田・然地瀕大海・去鄉村遠者數日之程・近者亦有一日・耕者既費舟楫之力・若遇颶風及旱・而潮鹵不熟矣・以知此工築之費・經營之勞・又必延之數十年或百年始成田・迨成田矣・又有爭訟之累・風濤鹵水之虞・已非易易・況未成田之時・或屢築而屢圮・或纔築而被風・一掃蕩然・以致力竭不支・展轉相售・因而破家蕩產者踵相接・故粵諺曰・開山承田・破家相連・而民獨不顧而爲之者・狃於俗之所習・又利乎稅之輕・以幾倖於子孫之得食其業也・此承沙坦之大較也・

坦既成熟之後・名爲熟業・業既熟而訟興矣・訟之大畧有三・曰新沙佔老沙・曰移荒佔熟・曰買虛影佔・緣報承之案・其人於其年報承・某處若干頃・是爲初承・復有量其水勢・可以再承者・是爲續承・續承至再至三・但願照例三年陞科・官無限焉・工築成坦後・則初成者之位置當在上・名爲老沙・續承者之坦當在下・名爲新沙・又名爲嫩沙・爲子沙・其坦必俟初承之老沙・足額有餘・以給續承。如此遞給・此理之必然而易曉者也・無如報承之初・本無所謂坦・祇就海面上懸擬四至・弓丈以定其稅畝之數・繪圖報官・及坦既成。其縱橫廣狹之形・悉憑於水勢之消長・而非人力所能繩規而尺定・故已成坦後之丈尺・多與原報之丈尺不相符・於是續成者垂涎老沙之熟業・乘間而入・交訟於官・各執一詞・官與書役利其訟・則置遞給之理與將贏補絀之說於不問・續承者賂入・則執初承者所贏之弓丈・而指爲溢・初承者賄入・則執其所絀之弓丈・而指爲缺・互爲勝負・迄無定讞・此以新沙佔老沙之案也・坦之種稻者爲熟・栽草及荻。均謂之荒・荒者無收・則又藉原呈弓丈贏絀・及四至之舛錯・舍己之荒・而佔人之熟・是爲以荒佔熟・凡田被水沖坍・或佃人不力・被人侵蝕疆界・或田高蓄潦・掘河通流・均致缺額・田缺則稅溢・其溢者謂之虛稅・變賣時虛稅隨田幷賣・謂之包虛・其或受者不肯包虛・賣者圖得重價・賣田實稅交給。而留虛自辦糧餉・是謂虛稅・於是沙棍覬坦戶之謹愿・及富戶之畏事者・剛買別沙之虛稅・影佔此沙之實田・不知稅則可誣・而坵段四至之載於魚鱗冊籍・與歷來買受契券不可誣・披冊稽畝・曲直立判・而官與胥役又利於不立判也・屢結屢翻・有田已易數主・而原爭之案猶未定者・此舊日沙田爭案之大畧・

前李制軍以圍築有礙河道・禁民承墾垂二十年・迺來孫制軍以籌補州縣虧空・委官設局・張示募墾・公然索價・每案之准駁・以出價之輕重・與稅數之多寡爲衡・其所費視前時報承・不啻十倍・若各安位置・又勞工築・誰肯以十倍之厚値交官・今既不惜此重費・是其報承之始・已懷截佔之奸・故凡老沙之有力者・皆援子母接生之例・雖水道狹隘・決無可成之坦・亦欲虛賠墾價・以免沙棍之攙成爭訟・自貽噬臍・若力不能接承・其坦皆爲棍猾所墾・給帖後則恃强越佔・不耕而獲。而老沙又以業戶衆多・人心散渙・勢不能敵・坐受其擾・其或有力能與爭者・棍徒則買兇拚命・於搶穫時自行淹斃・以挾制官府・官畏其强・依違寡斷・而熟業各戶・又因於命案牽累・費財失業・於是棍徒得志・澆風愈長・而搶穫强佔之事遂起矣・此又新案之愈出愈奇・愈流而愈甚者也・其始也・吏治肅而是非明・人皆畏法・其後也・吏治廢而曲直紊・人多倖心・州縣胥役・視沙案所入爲常例・沙蠹土棍・藉沙案爲生計・兇徒奸佃・倚爭耕搶穫爲衣物・相率效尤・莫可究詰・而其毒・則熟業各戶獨當之・故沙坦成熟之後・守分之良民・決不敢隱匿以自招訟累・即間有隱匿・而沙蠹土棍積慣搜查・蓋不俟官爲勘丈・其虎視眈眈者・已攻訐無遺矣・

若丈量之法・其弊更難悉數・丈之制有二・截竹爲丈・中鑴尺寸・此用之按坵逐段細量者也・接續長藤十丈・或二十丈・或三十丈・每丈小繩爲記・此用之通沙統量者也・粵東潮田・二月播種・三月蒔早熟之秧・四月蒔晚熟之秧・早熟之禾穫於六七月・晚熟穫於十月・此九月中皆以害稼不能丈量・丈量惟在於十一十二正等月・然此三月中・每日潮長・則田在水中・又不可以丈量・丈量必俟潮退・然潮退日不過兩時之久・沙坦多者二三百頃・少者數十頃・中等則百餘頃・今且以中等沙坦稅數而論・其未成田之前・無分拆零賣之事・既熟後則三分四拆・零星售賣・其業戶自數畝以至數十畝・及一二頃不等・其坵段多則一段數十畝・少則一坵數釐數分亦不等・以四五十頃核之・其業戶總不下數百人・坵段不下數百段・逐段細量・又拘於潮退兩時之促・儘力促量・日不過二頃・且潮田泥土稀浮・陷沒至股・非慣習者不能步・强步則十步數蹶・不百步則苶然不前・初熟之坦・其泥淖更甚・民間變賣丈量・看丈之權・多委於佃戶・其不肯任人者・則雇賃小艇・獨坐其上・令人前挽後推以行・至官親詣勘丈・只安坐船上・以聽胥役弓丈手之所爲・即委親信家人・亦與書役無異・今當事者欲勘辦隱匿・將用統丈捷法・以冀省事・毋論無隱匿・就令有之・一量而所隱之多寡立見・但其法止能得通沙隱匿之數・其爲何人有隱・何人無

隱・何坵有隱・何段無隱・不得而知也・若混截而入於官・則所截之田・非即所隱之田・李代桃僵・無所取償・而隱匿者仍自若也・

故統丈之法捷・而勢有所不行・必需用按坵逐段細量之法・以核其實・然日不過二頃・以小沙四五十頃計之・須三月而畢・每縣沙坦多至四五千頃・少者或二三千頃・截長補短・以二千頃爲率・使六縣沙坦皆親詣勘丈・須數十年始蕆事・而別郡之坦不與焉・其間風雨之阻滯・官役伺候之煩擾・又不與焉・此勢之所難・必分委於州縣・毋論州縣賢否不一・就令皆潔清自矢・又不惜沾體塗足之苦・其能弛去冠服・如佃人之赤足跋踔汙泥中乎・又能十步不蹶・與弓丈手上下馳逐・以觀其施丈乎・又令認眞辦理・效民間乘坐小艇之法・而所用前挽後推之人・將官自雇覓乎・抑仍書役雇覓乎・既憑書役雇覓・則所雇必其平時習慣承應之人而後可・習慣承應之人・有不善作弊者乎・於是當前推而反後・當緩挽而反急・百計支挪・務令艇不能隨丈而止・而官究亦無如之何・賄串一氣・有隱者反量歉・無隱者轉量溢・贏絀多寡・顚倒失實・有力之戶・莫不先時賄囑・惟此無力之貧戶孤丁・手無餘貲・藉此數畝以贍家室者・獨受其累・而無所告訴・此必然之勢也・勘丈之令既行・則必先期於各鄉各堡張示曉諭・令民繳契呈驗・勘丈後又令領契管業・一繳一領・需索百端・臨期則又傳集各業戶・艤舟海旁候勘・其或營生在外・家無可託之人・皆須回籍聽候・稅數多者・尚可支持・其少者至候量了局・計其所費・已將田之所値耗散過半・倘遇風雨阻滯則停勘・到期傳喚無常・就皆晴朗・而此一月中・聚數百之舟楫於海畔・人雜言龐・因而書役棍徒・從中舞弄・指官誆騙・弊端百出・又勢所必然也・

且圍築沙坦・東起則西坍・上流長則下流塌・有盈則有歉・水勢之自然・而內河老田坵段・當潮溜之沖以致缺額者・亦不一而足・今將量出之溢田・給與貧民・彼缺田缺坦各戶・紛紛以歷賠虛糧之苦・請官勘給・不給則非政體・給之又恐不敷・是擾數縣之民・爲缺田者補額也・又聞沿海一帶續承之坦・已指報至汪洋巨浸之中・不第如昔時所云・魚遊鶴立而已・今縱於初承之老坦勘出欺隱・其所隱之坦・不能不給與續承者・以此遞給・其能滿汪洋巨浸之量乎・則紛紛勘丈之擾・又何賴焉・就令撥補遞給之外・尚有溢田・如所奏給與貧民贍口・以免廹於飢寒・流爲盜賊・似甚有裨於治道・第貧民給田之案・前事可覩矣・前香山境內兩造爭坦・理皆不直・遂斷入官・給與貧民・人五畝。案定詳准後・書胥串合富戶・就其鄉里認識之窮民・給以數金・令其出名及鄰里甘結・而所謂報官承領・窮民不知也・及給帖後・又予以數金・令其虛揑數倍之價・寫立兌契・以杜後來咬贖之端・而所謂如何領田・如何使費・窮民不問也・以數金而得數畝之田・貧民不怨・反見惠焉・何也・數金而借名・凡貧者皆願焉・今不他人之借・而獨借於我・貧人無故而得此數金・已過望矣・又寧敢問田・故田仍循貧民之名・而食其業者則富戶・此人所共知・今欲給予貧民・將大吏所素識乎・抑家至戶認而給之乎・抑仍令州縣假手書胥里正之舉報乎・由書胥里正之舉報・則所謂貧民者可知・而貧民之實受其田與否・又可知矣・況田有限而貧民無數・惠之未

徧・轉以速怨謗而啓事端・此不可不慮也・

至請將嗣後沙坦陞科・按照上中二則民賦・其已陞科者・則照鄰田賦額一律起征・匿不報陞・即屬欺隱・概令入官・則此事關國課・沿海百姓・食毛踐土・受我朝深仁厚澤百有餘年・其具有天良者・自無不踴躍樂輸・但上中二則・賦之至重・斥鹵賦之至輕・而又有鹹潮未退・未能種草・仍照斥輸納之例・愚民既避重就輕・而潮鹵之退盡與否・又無確據・誰不假是以避重賦・如此則必須勘丈而勒令照輸・既勘丈・則俟候奔走・繳契領契・與書役土棍之滋擾・又紛紛而起・如畏其擾・概令增賦・其已成田者・固樂輸無怨・其尚在水中遲數十年而後熟者・乃令先賠上中之賦・力有不勝・則必紛紛報銷請豁・而勢又有所難・

不獨此也・粵東自宋末・中州士民流寓・遂爲土著・歷元以至我朝・太平日久・生聚盛繁・地方所出足以自給者・惟瓊雷高肇四郡・南韶近山而瘠・仰食於江西・惠潮仰給於臺灣外夷之米・廣郡則仰給於廣西湖南及外夷・故廣西穀艘一日不到佛山鎮・則闔戶便聯增米價・此守土所共知・是其地非足食也・自前明圈築沙坦・至今而尚未足・則沙坦成田之難易・已可概見・況圈築之法・是以人力奪諸波臣而有之者・本非天地自然之利・昔年大吏奏定斥鹵之賦・非不知其過輕・但不如是不足以爲勸・今乃俟其工築成田從而加之・是何異鬻駒犢與人・俟其牧養茁壯而又索之值・又何異鬻駒犢與人・逆料其茁壯而豫索之值也・有是理乎・

且粵中上腴之產・畝値三十金・中腴二十・坦成熟後・可比中腴・計其圈築之費・與年歲之久・其值亦與買置中腴之田相埒・獨經營之苦・爭訟之累・視中腴勞數倍焉・而民顧舍彼而就此・則輕賦爲之招・然閱五六十年成田者・十不過一二・七八十年成田者・十不過三四・甚有百餘年而後成・或水潦情形忽而變易・永不能成・苦賠虛賦者・而當其報承時・必幾倖於二三十年・如博者赴局而祇倖其勝也・博倖於勝・而負者十常八九・承沙坦冀於速成而反緩者・亦十常八九・惟視其人福命之厚薄以爲衡・今概令增賦・則人皆將工築之費・置中腴之產・有春耕秋穫之安・無風波爭訟之累・誰豫費數十年之財力・而爲博局之試哉・故賦既增・而報承圈築之事・將不禁而自息・

近年海濱魚蛤之利甚微・貧民蛋戶皆借耕佃工築之業以餬口・承墾息則人皆失業・當此艇匪滋擾之時・獷悍者已出洋入夥・狡猾者又潛踪港汊爲盜耳目・止存此守分之民蛋・不敢爲非・日竭其手足胼胝之力・傭工自給・而欲奪之・是欲贍貧而貧者轉多・欲弭盜而盜將益熾・所謂利未得而害有不可勝言者・此也・

第今之爲是議者・其亦有所本焉・夫事率其常・民安其業・此國家之利・封疆之益・而非近時州縣及官親家人幕友書役土棍之利也・彼皆利民之有事・而罔恤其後者也・嶺嶠之外・天涯海角・爭訟之累・百姓已備嘗之矣・近乃相率而不敢訟・不敢訟而欲求其訟・又求其訟之大者・則沙坦其最也・沙坦而不指爲隱匿・不足以動聽・隱匿之調劑・而不關乎國計民生之大・又不足以動聽・故一則曰足餉・二則曰弭盜・三則曰濟屯・皇皇碩畫・百口沸騰・而當事不察・遽信以入告・其亦未深思博訪而長慮其後也・且手實括田之令・

前代已有行之者・其時講求再四・專遣使臣督辦・一路有司承望風旨・將少報多・卒之民受其困・而事終不行・史冊所載・班班可考・且其所括并非斥鹵之地・民已受累若此・況其爲波濤簸蕩風雨不時之區乎・

夫焚林而田・獸雖多・明年無復也・竭澤而漁・魚雖多・明年無復也・魚多獸多・子政且以爲譏・況焚之竭之・而獸與魚且未必多也・則亦可以知所變計矣・夫不增賦・不勘丈・息事寧人・即其中不無棍猾隱佔之弊・然較量於利害輕重之際・與其自滋煩擾・不如循舊之尙爲得計・是即古人不擾獄市之意・若其見在控爭搶穫之案紛紜轇轕・則當慎選廉能二三人・專辦其事・如有以新佔舊・以荒佔熟・只按其承墾先後之次・照稅遞給・而不必深究乎原承弓丈・以蹈奸謀・其以虛影佔者・一以魚鱗冊與印契之四至爲斷・其或契籍遺失・四至間有一處不符・是皆流傳日久・殘失無存・或當日開載小有錯舛・惟核其人耕佃已數十年・而田鄰肯具文結・則非棍徒買虛影射・是皆可以意斷者也・葢獄無定形・惟在良有司平心訊察・酌情理之當以爲斷・則奸徒自難以售其奸・而澆風自可漸息・若沙坦之說・仍循斥鹵・則民有薄征之餌・而無構訟之虞・踴躍報墾・田多穀盛・於以彌近來洋米不到之缺・濟生齒日繁之食・則不言利而利普・不增賦而賦足・仰體皇上軫恤閭閻藏富於民之意・而沿海羣黎之陰受其福者・更無紀極矣・

至屯糧之徵收缺額・其弊竇各縣不同・今之屯田・即前明之衛田・自國初裁衛歸營・其田仍給予衛丁耕種・免餉輸糧・其糧有放穀收米・而糧則視民田獨重・國初至雍正末年・穀價平賤・每官石價不過壹兩或八九錢・今則貴至三倍・惟其糧重・故民間買受屯田・其價視民田獨賤・然有田即有租息・有租息則可完糧・其所以疲抗不完・其弊有六・民田輸糧・即不自封投櫃・亦係親向糧店交納・鄉里交易・毫無留難・屯丁若向屯房自輸・書差淋尖踢斛・揀穀篩米・百計刁勒・守候無期・勢必歸於串熟之屯頭攬棍代完・旣經攬戶之手・則攬多完少・以飽私囊・而正糧疲缺・其弊一・屯田惟香山瀕臨大海・坵段成片・難於隱匿・餘則自國初以來・不賣者留傳子孫・歷代分拆・賣者則業歷數主・瓜分片裂・屯頭又歷代相傳・代易生手・隱匿難稽・其弊二・民間以困苦變賣田畝・利於價多・屯田糧重・於是賣者志圖重價・則有多買賣田・少割糧稅・留虛糧自完之詭術・且逆料數年後赤貧・可以不完・而先受厚價・以濟急需・沿至虛糧無着・其弊三・民田有都圖戶甲眞丁・又有本戶催征之人・每歲稅畝開出收入冊籍・井然可以跟查・屯田則專倚屯頭・屯頭蠹者則被丁欺瞞・猾者則串同書差疲抗分肥・其弊四・屯頭攬戶旣串同書差・官即追比・不過雇人應卯・稍賠板費・是眞是替・官不得知・其弊五・官旣以賠墊不堪・訊究書差・無可搪塞・則揑稱被水冲塲・與逃亡故絕・而官旣知其揑・而無可着力・又不肯自認其過・亦只得據此上達・以自文其短・且不肯以傳舍公忙之身・焦心勞力・爲後任塞墊解之門・年復一年・積成錮疾・其弊六・細核情形・被水冲刷・間亦有之・然不過十分之一二・若指爲逃亡故絕・獨不思逃亡故絕・丁可逃可絕・地豈能逃能亡・豈香山順德之屯不逃亡・而別縣則逃亡・如同一轍・可不辨而明矣・其故總由州

縣不肯親歷屯所．勒繳當初花戶底冊．重重跟究．見在食田之丁．另置新冊．逐戶按徵．以淸積蠹．姑以逃亡冲塌之詞．與奏銷賠墊之苦．以亂上臺之聽．以興增稅濟屯之議．深求其故．坦稅即照增．而屯糧究歸無着．苦樂不均．李代桃僵．所不免矣．

要而論之．世風日下．奸詐百出．弊竇紛然．第有是病．則有是藥．只有失治之病．決無不治之症．惟在當事虛心察問．切脈制方而已．昔人言．州縣治法．信官親幕友．不如信書差．信書差．不如信百姓．今則反是．是察病由不問近身之人．而問諸門外．其能得親切乎．病源不知．而欲以意制方下藥．求愈其疾也難矣．然此亦爲有意圖治者言之．若意不在民．更無論矣．語云．有治人．無治法．不信然乎．辱承明問．謹據所見．惟執事圖之．

前因温質坡鄭建亭兩前輩過寓．稱古制臺有加征通丈奏摺．囑詳寫利弊與朱中堂．因閉門三日．具此底稿．繕寫託呈．得奉駁回．息此紛紜．庚申八月．再書一摺與瑚中丞．春巖誌．

與陳望坡廉察論捕匪書

昨乘縣役齎文赴省之便．敬泐寸函．馳賀升祺．想已呈達鈴閣．仰邀垂照矣．啓者．洋匪自六月初九日．在香山磨刀角海面戕害許鎭．突擾中路．深入內地．蹂躪六鄉鎭．甫經退出．復於八月二十日駛入順德板沙尾海面．聯幫三百餘號．自紫泥以上．東抵番禺之沙灣市橋．北抵南海之石灣蘭石等處．首尾相銜．綿亘百有餘里．其環困地方．則順德城．雞洲．大洲．烏洲．黎村．倫教．羊額．上村．北水．黃連．黃麻涌．碧江．陳村．三桂．大晚．林頭．北滘．桃村．簡岸．都粘．橫岸．黃涌．勒竹．泮浦．龍灣．古壩．紫泥．沙灣．市橋．水藤．蘭石．石灣．馬村．平洲．新村．良村．容奇．桂洲．鹿門．小灣．攻破沙亭．霞石．扶閭．乾滘．馬基頭等鄉．其未逼擾而虎視眈眈．與未圍而晝夜戒嚴．則新香東南順五縣之村庄．所在皆然．人心洶洶．匪轉間暇．半月以來．安泊內河下碇．卸帆收穀碾米．酣歌達旦．旁若無人．驕僻已極．各鄉村以防守之故．塞河堙路．舟楫不通．穀米阻運．百貨停滯．行旅斷絕．工商坐困．晚稻已熟．農不敢收．廣屬當饑歉之後．鄉無積儲．若更環困經旬．穀販旣阻．秋穫復失．閭閻乏食．土惡會匪乘機鼓譟．煽動饑民．從風內閧．實爲可慮．故人之所憂．在洋匪之肆擾．而槐之所憂．更在內匪之乘機．欲弭內變．須靖外擾．則會剿之舉宜速．而斷在必行也．

然自六月以來．洋匪竄入．旣經兩月有餘．竊聞制軍調集舟師百餘艘．嚴檄剿捕．而將領皆不奉命．沿途逗遛．孫提督統船二十隻．安泊虎門太平墟．何協鎭統帶紅船四十餘號．杳無聲息．王署鎭所帶兵船．遠住獅子洋．林遊擊蔡都司楊大使盧從九．則聯泊陳村柵內．何武舉繪船二十五號．又逍遙於倫教河內．此數路兵壯．皆食朝廷糧俸．有司供給．以爲征剿之用．當此賊勢猖獗．焚刧村庄．乃退處於空僻無賊之地．雖經屢檄．違抗不率．坐視匪黨傲睨嘯聚而不知奮．蓋狃於怯葸之素習．而恃於法令之太寬．戀官保祿．苟存性命．巧詞飾諉．習爲故然．其屬下官卑祿薄．即欲捨命立功・又受制於妬忌之怯將・空懷憤懣・而不得行其志・是以相率坐守・虛糜軍餉・而曾無一矢加遺也・不知外洋風濤顚簸・難於追捕・今既聯泊內河・水狹波平・兩岸鄉村・聲勢聯絡・況匪船雖多・其夥黨全出於擄掠脅從・心既不齊・戰非素習・所恃三四百死黨・恃強撲岸・以焚燒爲先聲・以吶喊爲恐嚇・當其登岸・鄉壯苟能力禦・無不退敗・故先挫於外海・繼衄於小欖・兩敗於陳村・被獲於湖後・其所被破擄・沙亭霞石以猝至無備而失事・到滘大汾以假充渡船詐突村塲・乾滘得勝於前・繼以內應而破敗・初由疎忽而然・本非力絀而致・則匪之有虛聲而無實勇・已可概見矣・而無如師船畏怯・甘蹈其術而不進・何也・夫賞罰者者用兵之大柄・進退者行陣之神機・志怯者無功・心一者勢勇・今以制府暨列憲之體國恤民・志切奠安・誠能峻其號令・怯其積懦・信賞必罰・振厲戎行・撤退懦軟・令所屬偏裨・自千總把總外委・下至目兵・有欲殺賊圖功者・令其量力自陳・分管師船・又於鎮將中擇一二有志節者・俾以總統之權・爲之節制・尅期調集・相機合勦・師期既定・即密飭各縣臨期傳知紳耆・督率鄉壯團練・集快船巡艇分泊口岸・乘勢協擊・并於沿河岸上・持械列堵・遙助軍威・近防奔突・虛虛實實・或設疑以制分竄・或暗伏以擄逃亡・所在嚴防・且預備柴排草艇・藏藥灌脂・相風縱火・又於焦門橫門一帶海口・排列夷船・以便兜擒・如此水陸夾攻・即不盡殲醜類・而兵威一振・亦足以褫兇殘之氣・使有所懲・而不敢屢次深入・困我農商・釀成別釁也・若更爲意外之慮・則兵給標識。倘或失利・即棄船登岸・沿河生力精壯・橫衝抵禦・可資救援・諒不致於大損軍威・蓋以賊船散據洋面則難擒・今則聯泊內河而易制・驕則必敗・懈則可擊・以賊之自陷敗地・而毫無顧忌若此・或者天奪其魄・驅令蟻聚一河・以爲列憲奏績之地乎・未可知也・

況匪攻圍各鄉・每被砲擊・常不回砲・衆疑其火藥短缺・且火船上多用婦人・裹頭戴盔・充作夥黨・是能戰之匪・除開水快艇兇黨外・敢勇無多・而師船顧望風膽裂・遠泊不進・不特坐失因利乘便之勢・亦徒長賊之志而滋其蔓耳・然欲求其不用命之故・則不得不歸咎於將兵之不得其道也・查前左翼鎮黃標・在洋歷年・所向無敵・現在之兵・多其舊伍・何勇戰於前而退怯於後・蓋黃鎮與士卒同甘苦・每戰勝・所得貲財・計功均得・而己無私・故人爭效死・今賊貲充牣・衆所共知・若明示以克敵之日・許其瓜分所有・不許將弁恃勢吞收・窮卒貪財・見利而動・士氣百倍・乘百姓之憤・餌舟師以利・合力齊心・攻其無備・亦機會之難得而易失也・失此不勦・俾其遠颺・匪無所懲・旋復內擾・歲歲防守・月月調兵・不獨事無底止・百姓罹殃・而官帑民財・交受其弊・此不可不深計也・

蓋洋匪積患已三十餘年・盤踞海面・凡商販漁鹽之往來海上者・順之則打單納賂・逆之則人船全擄・挾其財以役內地奸民・輸糧送械・源源不竭・分布耳目・動息皆知・若循此而豢寇不已・禍將不測・不懲此嚴禁通洋・勢必內擾・堵海口則港汊多歧・汪洋浩渺・難以施工・建砲臺則海岸空濶・亦難得力・再四思維・惟有勦之一策・選將練兵・備械籌餉・常爲警備・以待機會・急則率精銳以進擊・緩則嚴刁

斗以堵防・兵精則餉匱・堵隘則力專・剿守互用・屢挫兇鋒・俟賊勢漸弱・震懾兵威・然後招撫之法可得而行・然必以得將爲先・不得其人・雖孫武不能建其功・而李郭不能善其後矣・

夫干將莫邪・天下之利器也・持以投之懦夫・至不能刺雞犬・倘更匣而藏之・卒遇徒手之人・亦能搏而制其命矣・豈劍之或鈍哉・人自鈍之耳・現在香新東順四縣田禾已熟・匪船盤踞・農不敢穫・師船不出・殘燬立見・民天既失・實切隱憂・語曰・愚人千慮・必有一得・又曰・書生之見・紙上談兵・槐何敢自謂所言有當・但以身處閭巷・頗有見聞・念大府之焦勞・惘梓里之失所・情同獻曝・恃愛妄陳・尙冀詳酌・婉達當途・然志在避嫌・幸勿宣言於外・使官紳百姓知槐有奏記于左右・則厚幸矣・

胡同謙賜書樓詩草叙

乾隆戊子春・歐陽芸庚偕豸浦胡同謙過余華陽山館・適同人畢集・相與爲文酒之歡者累日・越歲・同謙奉母遷居來城・望衡對宇・過從益密・每更闌人寂・一燈共對・窺其意・常悒悒不樂・同謙不自言・余又不能以一言相慰藉・然私心竊憂之・迨壬辰落第南歸・適相遇於羊城・時已患胃氣寒逆・把晤之頃・猶歷述在都日以所業就正河間紀曉嵐先生・備聞緒論・還日復得與休寧戴東原同舟・盡抄其所著經義理數象緯緒書・且勗余於舉業之暇・當肆力經術爲諄諄・其不以科名疾病介意・而篤於學問友誼若此・余因速之歸就醫藥・未數月・竟至不起・遠近聞之・咸爲痛悼・

同謙負其聰敏雋拔之才・邁往無前之氣・擺脫凡近・力追古人・所爲文及制義書法・皆戛戛獨造・變而益上・原不僅以詩鳴・然即其所爲詩・固已溯源魏晉・取法盛唐・雖極鏤心刻骨・出之自然・而一種蒼深雄渾之氣・直欲俯視一切・蓋由其天資既高・而又能深造自得・故命意鍾聲・超然獨遠・如此其至也・年甫弱冠・即手定其少日所作付梓問世・顧流播日久・殘缺漸多・四方人士咸以未得寓目爲恨・適癸酉春・內廷國史館奉詔纂輯儒林文苑二書・文下有司・徵其遺集・其宗人既補葺重鐫・裝潢成帙以獻・復爲之蒐羅散佚・得古今體若干首・屬余簡定・編爲續集・以永其傳・獨念同謙生平刻苦力學・欲有所表見・以託於著作之林・天不假年・齎志以歿・不謂身後猶獲仰邀採錄・又得賢宗人克體遺志・搜其殘篇斷頁・珍付剞劂・與前刻並傳・俾後之覽者・得以獲窺全豹・同謙有知・其亦可以無憾於九京矣・

所可慨者・吾順自乾隆中葉以還・通經服古之士・遠近林立・於是陳璞園・黃叩山・陳南浦諸先生・皆講學邑城・日以經義古學・提唱宗風・同謙又適自鄉來・相與講明切究・一時聲氣所孚・如梁澧隅・談用脩・馮術之・張藥房・張玉洲・胡介光・李文洲・蘇其詹・羅雋垣・歐陽芸庚・羅麗明・余肇淇・黃虛舟諸君子・莫不追風躡響・晨夕切磋・而興至命觴・即景題詠・相與角逐於詩酒讌遊之地者・殆無虛日・可謂極一時之盛矣・顧自同謙歿後・四十餘年間・曾不轉瞬・諸君子亦相繼零落殆盡・獨余以支離無用之質・幸而苟存・今且歸老林泉・眇然寂處・乃於白髮頹唐之日・濡毫吮墨・弁其遺稿・俯仰今昔・其於人世聚散存歿之感爲何

如也・

岸舫記

丙子春・闢屋後蔬圃・構一小亭・接以棕篷櫺檻　四周雜蒔花木・春朝花夕・憑几靜對・如放棹清溪淺渚・花鳥縈紅・杳然不知此身在闤闠中也・因顏之曰岸舫・而屬呂荔帷以隸法書之・客有以避險爲解者・余應曰・險何分於水陸・顧舫也・而繫於岸・襲其形而失其用・等於坳堂一芥・曷取焉・惟不見取以無用爲用者也・主人自笑半生冒險・歷涉江湖・欲有所用而究歸於無用・曾不若此舫之足供我嘯歌爲足多・敢謂險也・而可以岸恃乎・客聞而嘆曰・子之言・其陶公昨非今是之見・而更有戒心歟・然已晚矣・余韙其言・遂書而揭於左・

溫汝能　字希禹・號謙山・順德人・乾隆戊申舉人・官中書科中書・中歲告歸・築室蓮溪上・藏書數萬卷・又廣搜鄉先哲詩文集・輯爲粵東文海六十六卷・詩海一百卷・補遺六卷・行世・其自著有謙山詩文鈔・孝經約解・龍山鄉志等書・並存・

文海自序

粵東瀕大海・宅南離・山禽水物・奇花異果・如離支木棉珊瑚玳瑁孔翠仙蝶之屬・莫不秉炎精・發奇采・而民生其間者・亦往往有瑰奇雄偉之氣・蟠鬱胸次・發於文章・吐芬揚烈・或爲入告之嘉猷・或爲談道之粹論・自漢迄今二千餘

年・寖昌寖熾・誠輯而編之・可以黼黻朝廷・炳烺宇宙・偉哉・嶺海之奇觀也・能少賤・不得試於時・竊聞孟子尚友之說・深有志於讀書論世・早歲馳驅京朔間・與當世賢士大夫考證古今・辨論經史・而汎濫渺茫・畧無涯涘・忽忽數十年・卒未有所成就・退而老於南海之濱・日求鄉先哲遺文・以考世變・察得失・而年湮世遠・簡斷編殘・其不得專集以行於世者・又多散佚於山海間・文獻之後・莫能編次・噫・後之人而欲尚論古昔・幾莫從而測其世故矣・

且夫古之君子・負不世之才・抱忠誠之悃・守先待後・而力爲文學詞章・傳諸其徒・垂之後者・豈徒以其人之賢否・言之是非・爲後世尚論而已哉・亦欲後之覽者・讀其書・明其道・援據古今・權衡世變・使其行事不謬於古・不悖於天・不疑鬼神・不惑於後聖・以維持世運於不壞耳・而顧聽其湮沒不傳而漠不留意・古之人其何望焉・後之人其何賴焉・余故網羅散失・旁搜於山陬海隅・凡館閣之英・山林之彥・其言語文章・有義理法度可觀者・悉採輯而論次之・書成名之曰海・蓋有幷包之象也・噫・吾老矣・血衰氣弱・形神不倅・雖日孳孳於是・謀之於目未必得之於心・得之於心未能赴之以力・求尚友於古人・吾亦知其難矣・然使世之學者・讀是編而能奮發有爲・浩然獨立於萬物之表・進於朝廷・則諫諍奏議・言成藥石・足以翼王德而宣皇風・退居草茅・則求當時之遺事・成一家言・誅奸發潛・垂箴規以標民彝・維世範・芬郁葩華・爛漫宣吐・固嶺海之奇觀・而余與古人之所厚望也・

詩海自序

自唐以詩取士・海內多事聲律・五嶺以南・作者奮興・日月滋廣・遂蔚爲奇觀・明區啓圖嘗會萃諸集・編爲嶠雅・採擇孔翠・芟簡繁蕪・自唐迄明・得五百餘家・可謂盛矣・而刋未及竟・浸已散佚・國朝乾隆間・車蓼洲羅石湖何西池諸先生・懼其久而散・散而無以徵其奇也・更爲廣徵傳刻・已屬番禺馮箕村啓局於羊城・達近郵寄・繩繩不絕・乃功未及半・亦相繼殂謝・今所傳嶺南文獻・廣東文選・五朝詩選・廣東詩粹・或搜輯未富・或採取未精・均未足以盡其奇・夫粵東固海國也・昔在大荒・水泛無歸・天乃廓靈海・導百川而注之・江河之大・瀝滴之細・莫不來會・其在東粵・若黔・若[illegible]・若鬱・若賀・若湟泉・若湞水・若槎江・若漢陽・若濂鑑欽韓諸大川・悉皆綱絡羣流・商擢涓澮・會於南海・噓噏洗滌・經途瀴溟・遂成巨浸・蛟龍鯨鯢・黿鼉蜃鼊・珊瑚珠璣瑇瑁之屬・咸育其間・此番禺之所以成都會也・向使百川潛渫・涓流決瀼・僅得藪澤以爲之滙・亦安能會其歸哉・

粵自曲江以來・文獻已開・薦紳解組歸・往往不事家人產業・唯賦詩修歲時會・至於今日・廊廟之英・山林之彥・類能文章・嫺吟咏・雄者・豪者・淡者・雅者・勁而健者・高而古者・綺麗而典則者・自然而和平者・各建其旗鼓以馳騁中原・大則縈洄盤礴・千變萬狀・洋洋乎・如修江萬里・巫峽千尋・小則漪漪淸潤・如漪流・如淸泉・采采蓬蓬・絡繹交會・無淺深廣狹之不得其源・而觀者猶不免崖涘之見・則未有海以爲之歸也・余已論次桑梓之文・復遍徵詩詞・自甲子迄庚午・凡七閱寒暑・四方緘寄者千餘家・與二三同志稍加裁擇・咸使雅馴・共得詩一百卷・補遺六卷・上自公卿・下徵謠諺・旁及僧道・幽索鬼神・無體不有・無奇不備・書成名之曰粵東詩海・其亦庶幾人文之淵藪矣・

且夫詩者所以觀民風者也・故古者太史嘗乘輶軒・採之四方・天子巡狩所至・亦命太師陳之・以觀其貞淫・夫風之貞淫・由於習之邪正・粵東居嶺海之間・會日月之交・陽氣之所極・陽則剛・而極必發・故民生其間者・類皆忠貞而文明・不肯屈辱以阿世・習而成風・故其發於詩歌・往往瑰奇雄偉・轢轢今古・以開闢成一家言・其次者亦溫厚和平・兢兢先正典型・不爲淫邪佻蕩之音・以與世推移・是則廣東之風也・後之覽者・因其風而知其習・因其習而求其人・則文獻文莊白沙忠介之流・其猶有興焉者乎・徒以詩爲詩・則雖海涵嶽負・無物不具・猶未足以盡其用也・作詩海序・嘉慶庚午孟冬・順德溫汝能書於聽松閣・

陶詩彙評序

詩品至陶尙矣・評詩至陶亦難矣・孟子曰・誦其詩・讀其書・不知其人可乎・是以論其世也・夫晉宋之間何世也・淵明之詩何詩也・淵明之爲人何人也・淵明出處具在・蓋始終不以榮辱得喪撓敗其天眞者也・其心固眞且淡・其詩亦眞且淡者也・惟其眞且淡・是以評之也・雖鍾嶸謂其源出應璩・說固無據而近於陋・即謂爲古今隱逸詩人之宗・亦未盡陶之旨趣・陽休之謂其體雖未優・而棲託仍高・詩譜謂其情

景幾於十九首．惟氣差緩．黃山谷謂當血氣方剛．誦陶詩如嚼枯木．及□歷世事．知決定無所用智．又云．陶詩不煩繩削而自合．然巧於斧斤者．多疑其拙．窘於檢括者．輒病其放．此皆知陶而未深知者也．蓋徒論其詩之迹．而未及其人之心也．即或有謂淵明爲晉忠臣．志願莫伸．憤悶時見於詩．要之淵明胸次悠然．雖寄懷沈湎．而德輝稱上．每當興會所到．意不在詩．亦如琴不必絃．書不甚解焉爾．亦何嘗必於字字句句皆關君父耶．此評陶者深求而泥其迹．則又與陶隔者也．不獨此也．杜少陵云．陶潛避俗翁．未必能知道．觀其著詩集．頗亦恨枯槁．韓昌黎云．讀阮籍陶潛詩．知彼雖淹蹇不欲與世接．然未能平其心．或爲事物相感發．於是有託而逃．是二說也．余尤疑焉．

夫評古人之詩．貴因詩而尚論其人．如身居其世．覩其事．然後古人之情見乎詞者．可以吾之精心遇之．而古人之心始出．嗣宗詠懷．言遜而意深．不無傷感．然白眼壘塊．迹近於狂．淵明則詩眞懷淡．超越古今．其所形諸咏歌．並無幾微不平之見．而安貧樂道．即置之孔門．直可與顏曾諸賢同一懷抱．論者謂風騷以後．陶詩其近道者．此語良然．而後之人．往往疑其篇中多言飲酒．而竟夷之於醉鄉之儔．以韓杜之學識．尙知之而有所未盡．而遑問其他哉．則甚矣．評陶之難也．余少嗜陶詩．每念紫陽朱氏所云．作詩須從陶柳門中來乃佳．陸象山亦云．李白杜甫陶淵明．皆有志於吾道．朱陸二氏．咸以陶冲淡出於性眞．蓋與衆殊趣而獨成一派者更爲上．觀東坡之論．謂外枯而中腴．似淡而實美．其知陶也最深．而其兩心相契於千載者．則又在乎詩之外．恍如身居其世．目覩其事．循是以尙論古人．蓋庶乎其得之矣．

近居林下．飽食捫腹．一無所事．惟與東坡同好．然自愧欲和不能．復苦無善本．惟於家藏諸刻．綴拾評箋．鈔寫成帙．細思陶詩眞淡．即不事詳箋．而大旨了然．倘無眞評．則古人之心不出．故於每篇末標明姓氏．詳摘其評語錄之．至其評之之人．則未暇審其世次先後．以所重在評．非論其人也．於每句下畧加諸家箋釋．而不及列其姓氏．亦以所重在評．不重乎箋也．故名之曰彙評．最末則時綴以鄙見．非敢自言評也．所異因是尋求．庶幾神與古會．而淵明之詩也．心也．人也．或將旦暮遇之．是亦論世之一證也．豈非余之厚幸也歟．

陶詩合箋跋

謹按查初白云　陶詩宋以前無注者．至湯東澗始發明一二而未詳．元初詹若麟居近柴桑．因遍訪故迹．考其歲月．本其事蹟．以注釋其詩．吳草廬爲序．比於紫陽之注楚騷．當時必有刻本．而今不可得也．據此．則東澗以下注陶者．當以詹爲最．惜其不傳．而詹氏論陶之說．亦罕見於他本．厥後論注．雖代不乏人．然或附於合選．或別爲箋釋．或偶爲命說．每苦缺而不全．余生平喜讀陶詩．近年家居多暇．適齋中所藏陶集數家．時加檢閱．尤愛蔣丹崖薰所評之本．而其壻周青輪文焜參訂殊精．且於其末．附以東坡和陶諸詩．惟未經箋釋．頗嫌簡畧．此外如陳倩父祚．明聞人訥甫倓．選評精當．皆於陶旨有深契然者．因並集前後諸家論說．

分爲四卷・於卷末附以歸去來辭・五柳先生傳贊・讀史述九章・其他文不及悉載・仍綴以東坡和陶・並集諸家箋釋・分爲四卷・續之於後・使閱者讀之・瞭然以見兩賢後先同調・千載神交・誠非偶爾・非敢侈言評論也・

至靖節全集・自梁昭明太子嘗手輯爲編・序而傳之・歲久頗爲後人舛亂・其改竄者什居二三・北齊陽休之宋丞相庠等・前後綜輯讐校・不下數十家・曾未見其完正・惟前明琅琊焦氏竑所遺新安吳甫卿汝紀代刻之本・校訛訂謬・頗稱完善・近復得毛氏所刻蘇本・相傳文忠景仰陶公・不獨和其詩・又手書其集以入墨板・其後燼於火・此本筆法宛摹蘇體・似從蘇本翻雕者・然年湮世遠・無論眞贋・悉屬難分・觀其卷末・附以聖賢羣補之目・且有八儒二墨之條・與昭明舊本迥異・似爲後人贅附無疑・摹刻雖工・竊不取焉・但以海內至廣・諸家箋刻甚衆・僻處陬隅・計未獲見者正復不少・姑就余所見聞如此・畧爲論列一二・以俟博雅君子・

張錦芳 字粲夫・一字藥房・順德人・乾隆己酉進士・改庶常・授編修・尋乞歸・卒・年四十七・錦芳淹貫羣籍・通說文・能篆籀分隸・以餘事爲山水花草・尤工詩・早年以優行入都・已爲嘉定錢大昕河間紀昀賞識・自後所造益邃・與欽州馮敏昌・同邑胡亦常・稱爲嶺南三子・三子詩合刻流播都下・後益州李文藻官粵・又合其同邑黃丹書黎簡與番禺呂堅・稱嶺南四家・皆以錦芳爲首云・所著逃虛閣詩六卷・詩餘一卷・存・南雪軒文鈔二卷・未著錄・

創建金甌堡白雲洞三湖書院碑記

寓內名山巨嶽其烟嵐變幻・巖谷崇深・足以盪滌胸懷而開發神智・士之潛心大業者・多建書院爲遊息地・而南海之西樵舊址尤多・若大科雲谷建於湛文簡・四峯建於霍文敏・石泉建於方文襄・迄今過客猶識其處・而山之北・昔所未有而今增築者・則爲白雲洞之三湖書院・洞有大小瀑泉三・流滙而爲湖者三・曰應潮湖・曰鑑湖・曰會龍湖・岑君璞軒與二三同志名之・因以名其書院者也・書院枕峯面湖・空明爽塏・樵北諸勝・盡在几席・經始己酉夏月・而斷手於冬至・辛亥乃屬余爲之記・

予謂璞軒曰・君亦知今之書院與古異乎・古之爲書院也以講學・所談者心性・所重者實踐・其流也・或脫畧書冊・直趨本源・皆謂之理學・今之爲書院也以談藝・穿穴經傳・辨正文體・期於以文載道・是謂辭章之學・爲理學者・約而求之・靜而悟之・可以不出戶而闚道妙・爲辭章者・聞見必廣・考據必繁・非遊大邑通都・博綜乎當世賢豪之所撰述・無以考其源流而正其得失・此其所以同而異也・璞軒曰・然・然則何如・曰・是有道焉・古之通經者有經師・學官弟子而外・大儒宿學・皆以顓門之業相傳授・而居山者尤不可無師・故教授曰山長・元仁宗賜下第舉之・竝授山長・則得師其要也・古之奇書・多藏名山・羣玉之山有冊府・河北石室・大小二酉・中多積卷・瑯嬛福地・則列代之史・萬國之志・玉京紫微諸秘籍・盡充牣其中・則藏書又其要也・書院之大者・列朝皆有賜書・今誠能仿其意以鳩集圖籍・分類藏弆・使居於是者・日晤對古人・不自安於孤陋・又得一二積學多聞之士爲之師・相與折衷異同・申暢疑滯・由文辭以幾於道・如沿波而得源・安見深山幽谷遂不如大邑通都之殫見

治聞乎哉・嘗觀於湖・有千尋界壁之雲瀑・裕其不竭之源・而後能瀠洄渟蓄・以成淪瀾之觀・不則行潦耳・蹄涔耳・烏睹所謂澄之不淸・淆之不濁者・今諸君既能選勝地・構堂宇爲居業之所・吾願勿以流連光景爲娛・而更思所以殖其學・將見人材輩出・彼湖光山色之所盪滌而濬發者・且不知其然而然矣・岑君曰善・遂書以爲記・

黎　簡　字簡民・號二樵・順德人・乾隆己酉拔貢・簡生於廣西南寧・弱冠始歸里・以擬石鼎聯句・受知督學李調元・取入縣學・因又號石鼎・越十年・選拔・以父憂未赴廷試・足跡不踰嶺海・其名益著・袁枚遊粵・簡不與相見・而海內鉅公翁方綱王昶亮吉許宗彥皆極推重之・生平擅詩書畫三絕・李文藻嘗稱張黃黎呂・簡頗不喜・謂有盧後意也・論者謂嶺南自屈陳梁三家後・繼起者以簡爲冠云・著有五百四峰草堂詩鈔・藥煙閣詞・芙蓉亭曲・注莊等書

弼教元君古廟碑

吾鄉有天妃古廟・蓋始於趙宋咸淳六年・是時帝昺入閩粵・始封神爲妃・或曰元世祖所封也・鄉有廟既三百年・始從西約遷於此地・蓋前明萬曆之八年・時此地號爲東約云・我朝聖人兼以神道設教・百靈奔趨・銜命就位・以輔二氣・使民不疵癘・五穀蕃熟・惟神坤德載物・柔順利貞・博厚悠久・保民無疆・乾隆五年・勑命封神爲護國庇民昭靈顯著宏仁普濟羣生敎主太后元君・五十三秋・林爽文叛於臺灣・節制公相以天兵渡海討平之・時維我皇仁壽・聖敬日躋・益封神爲贊順顯神妙靈護國庇民英烈聖母太后元君・職方春秋致祭・載在祀典・簡嘗聞從征大總戎謝君云・官舸渡河・嘗見

怪物・牛馬汨沒・蹂躪陰焰・雷車礮於海底・大旗曳於波末・海天巉喦・若架大壑・蒙衝攏捩・不得徑渡・節相率官吏朝衣冠而禱之・則乃天光瑩發・八溟若鏡・旌旗飛揚・帆席靜正・習習洋洋・靈雨祥風・廼有大鳥・其光熊熊・其氣魂魂・集於危檣・厥翅隱芘・舟馴以從・獲醜若執・獻俘明堂・自是數年・嘉禾穭穀生乎郊野・吉日所照・遠行不勞・吾鄉之人・咸知元君之力・護國庇民・不間遠邇・以廟古將壞・圖鼎新之・

簡嘗與嶺海士夫論南徼神祠靈蹟・昭著吾鄉・此廟亦屈一指・時當入謁・雖在井市・而其風窔然・其響谷然・徊徘彷徨・立則鵠然・以內自省・心則肅然矣・是則元君不言之敎・能令人順其懿德・方寸之內・弗萌不祥・蓋不知其然而已然者・廟之東・有不筍之竹・年復叢生・玆廟將新・咸以爲兆・故老區適侯年九十八・嘗云・此竹有異・勝國之末・草昧之世・海寇切掠・邨岸以柵自衞・吾鄉獨否・將肆荼毒・則見萬竹挺竦・千神莊嚴・隨風剽搖・躡此竹末・各執兵刃・光如虹蜺・交指賊舶・江波壁立・賊乃逃遁・厥竹之筍或迸道路・折不可食・食輒得疾・此其驗者・簡以爲元君之神・固生而神者矣・浦田林氏志・稱元君以宋太祖建隆元年三月二十三日生・幼而聰慧・悉悟典要・年十六・照井得符・屢顯神異・常駕雲霧・飛渡大海・衆號曰通靈聖女・越二十三年・以肉身白日登遐・徽宗時始封夫人・歷四朝凡膺二十八命・累至今號・又聞元君既昇・心乎親親・常以季春下旬・遣颸風靈雨往迎先神・故至今三月二十三日前後・必有風雨・瀰漫天地・是則元君之靈・合前觀之・其忠孝之

感・彌於六合・凡有血氣・莫不尊親・固其宜哉・是廟欲新久矣・數作數止・斯不克就・則竟圯矣・爰集鄉人士與視事者・矢力新之・經始癸丑冬・落成乙卯夏・柱石結構・窔窴宏深・金碧煥日・天監下臨・視昔有加・益以尊嚴・此鄉之人萬喜・於是成以簡爲鄉之文人・屬爲之記・是役斂金不出於鄉・復勒將助名氏於他石・額曰元君古廟・崇今號也・

韓懋林　字淳修・番禺人・乾隆己酉舉人節愍公上桂之後・節愍殉節後・所著書已散佚・懋林剔蠹搜殘・近諏遠訪・必欲裒成先集・及任海康教諭・乞陳昌齊作序刊行・早負文譽・以敦慤周愼見稱於時・性嗜書・披吟無倦・晚築別館・嘯咏其中・著有竹香吟草・

明建甯司馬節愍韓先生事蹟碑

恭覽勝朝殉節諸臣錄・自乾隆四十年十一月初十日・高宗純皇帝特敕大學士九卿翰詹科道等褒崇明代遺忠・以勵臣節・於是廷臣博徵史志・錄其仗節死義者・各仍原官・亦弗臣也・旌典則有專謚通謚未謚之分・而俎豆於忠義祠則一・又賜謚諸臣・謂宜表墓旌閭・但代隔年湮・難以遍考・爰聽後裔立碑祠墓・（本朝官大學士尚書乃得賜謚及立碑・典皆至重・）及殉節錄成・帝親灑宸翰・序而繫以詩曰・信史由來貴癉彰・勝朝殉節與獮卹・五常萬古既云樹・潛德幽光允賴揚・等度早傳遼及宋・後先直邁漢和唐・諸臣泉壤應相慶・捨死初心久乃償・於戲・謚以尊名・祀爲崇德・詩褒大節・碑述生平・表彰至此・蔑以加矣・先大夫與邀殊典・敢不拜首稽首・敬勒貞珉・永揚聖天子之休命・

先大夫節愍・諱上桂・字孟郁・初字芬男・號峯・節愍則我高宗純皇帝所賜謚也・姓韓氏・宋侍中使相魏國公贈郡王謚忠獻諱琦之後・古壩房祖三十官人十四代孫・曾祖諱天鑾・少失怙・諸弟皆幼・翁琮理家務・纖悉無私・及析產・自取其瘠者・復以祖屋讓諸弟・自營滘口・鄉人士每舉其事以勸族・祖諱芳・少習舉業・屢試不售・以父命屈首就椽・初考恩平・捐資濟人・有受殊恩者・無以報・飾其婦以進・翁正式拒之・其夫婦感泣而去・轉守番禺刑曹・令酷而貪・諷爲通賄・翁守法不阿・大失令意・數被榜辱・終不爲動・久之・令知爲長者・將解任・溫諭慰之曰・而後必昌・遺以十葛・止受其一・父諱奕・贈承德郎・三子皆自教之・而節愍公居長・（已上本家乘・以下節愍公事蹟・則本志傳參以墓誌及散見他帙者・）將誕之夕・父夢美丈夫持青蓮入拜・呼爲大人・遂生・穎悟絕倫・家貧好學・日誦萬言如宿記・七歲能屬文・尤喜作駢偶・稍長・書不給・嘗借人二十一史・一卒業即默識不忘・十六爲諸生・尋聞土默特連結西部・數爲邊患・慨然有投筆志・即習象諱・學擊劍・按八陣圖尋玉女反符之事・而頓足歎曰・是可以折衝萬里矣・家人乃大驚・兒安得爲亡身事・效馬服子挺身言敵乎・遂竊焚其所習・萬曆甲午・年二十三・舉於鄉・己未入對・擬榜首・以韓范招討表內有碎首玉階四字・犯時忌・遂落乙榜・乙榜例得教職・弗就・歸即閉門讀書・非知友雖當道不輕延接・以此多得謗・不問也・久仍不第・乃放懷詩酒・酒酣則慷慨悲歌・或拔劍起舞・諸勝地詠遊幾遍・兼工詞曲・著凌雲記填詞・蘧廬稿・城坳集・雞肋篇・四衍詹言・（所著至桂王

時亡於兵燹・雍正間・續修通志・刪去・今惟邑志存之・）名益起・播於嶺北・丙辰復乙榜・以母老・署定州學正・丁巳冬奔喪・服闋赴補・天啓二年・以學官試禮闈・是歲遷南國子監博士・會討山東妖賊徐鴻儒・公參謀兗師・忌者騣騰蜚語・幾中奇禍・（因有雜詠及猛虎行之作・今存・）事白・即假還里・無何・魏忠賢亂政・遂久不出・（因有有所思及築屋之作・今存・）崇禎初・起故官・歷監丞・久之・轉永平通判・府界遼西・而是時內外多故・軍儲孔亟・飛輓告匱・輒慮脫節・公下車・悉心經畫・漁蠹僉除・計漕之多寡・上下大小・畫如龜形・中以十字歸質・百艘如一・不錯升斗・不半月完運・邊軍賴以濟・巡撫方一藻才之・大爲薦賞・

公博學多通・洞識星緯・一夕觀乾象・憂形於色・其子騏超從子麟超叩其故・歎曰・象變不遠・隱憂其更在甲申乎・爾曹可歸事親・吾死官守矣・自此心每鬱鬱・及擢建甯府同知・仍留餉邊・抵甯遠・聞京師陷・號泣不食卒・（建甯同知與殉甯遠・志缺載・今依墓誌補出・）平生不問家人產・下筆數千言立就・藉以供菽水・自奉甚薄・而濟急無所吝・尤篤於親友・在官廉勤有惠政・完節日・撫鎮經紀其喪・請恩卹・（一云卹贈福州知府・）次子駿超・奉靈輀歸葬羊城小北門外蓬蓬水攀繪岡・

今既受諡入祀忠義祠・隨奉成命・立碑祠墓・初・邑志論宋明人物應入祀鄉賢者・曾附名於祀祠諸賢之後・至是列祀・並祀郡學鄉賢祠・仲弟韜・萬曆丙午武舉・季弟上梓・邑廩生・皆先卒・韜最知名・有茄霞稿（見邑志藝文・今佚・）騏超麟超・俱郡庠・國變後・騏超駿超不復應試・

（遺蹟附）

公幼時・十日讀・一日樵・攀援蹻捷如猱・尤善植瓜・十歲歷試・乃徙於羊城・就居府學之西・宮牆邑治・而故蕪蔓・公乃手自鋤翦・携卷其中・蔭古樹下・絃歌自適・夜則瑯瑯聲聞數里・或至達曙・傅令公（廷范進士）詢而異之・曰・孺子無乃苦乎・資以月俸錢・每謁廟・則過而式焉・比學使按臨・人皆救焚不暇・公獨旁覽古編・見人家善本・輒趨寫之・（見遽廬稿序）萬曆己未・初試南宮・夢題爲晉元帝恭默思道・被易水生奪去・是科・司馬牛問仁章・題已擬榜首・以表犯時忌・易一卷・則湯賓尹也・易水之符果驗・（見廣東舊志邑誌傳）丁酉再上春官・挾空囊欲往・父母不可・罄貲・不滿十金・遂徒步往・（見桐柏山房送行序）丙申・移居東城・戊戌・移之北・癸卯・復移而南・八年間三徙愈陋・因以蘧廬名其居・（見蘧廬賦序）甲辰・留滯京師・霪雨自夏經秋・粟貴如珠・遂至絕糧・（見苦雨詩引）丙午・公車道淮・淮督上書李公（三才）負重名・公借友人李長度（之世）投刺見之・李未及見・遣以數縑留使者坐・立裁振章・頃刻千言・駢麗典則・章入・李亟延見之曰・幾失名士・（見新會志李之世傳）虞山錢牧齋曰・嶺南人文蔚起・與吳越爭勝・吾於公車得韓孟郁・銜華佩實・質有其文・彬彬大雅君子也・（見楚庭稗珠）壬子友人蘇汝載・（景熙）被誣繫獄・公與諸友咸爲力解・不獲・於是周旋其間凡九閱月・蘇自謂幾忘其身之在繫云・及出・避禍燕京・公又以賣文錢代其家歲完典屋租如卷（事詳桐柏山房漫

記）丙辰・為定州學正・學舍東北偏有亭曰玩玉・（宏治時州守官賀所題・以玩先賢墨跡也）太守周心濂（士昌）行部・偕僚屬造亭吟嘯移時・改曰仰蘇・屬公作賦・（賦見州藝文志又見歷朝賦彙）公後請於郡守鄭公之文・乃書曰玩玉・又宋蘇文忠公草書壽□圖與所書杜收之詩・三石皆公搜獲・嵌於雪浪齋壁・（見定州志）天啓癸亥・里居修族譜・西往端州・館於石室・復自石室東抵龍門・依王令幼度公署・編成乃還（見家譜）

判永平日・南海陳文忠（諱子壯本朝賜謚忠節）答書曰・台諭所云・出處難以高談・浮湛亦豈易託也・乘時救時・則蘇君在・儀何敢言・乃用世出世・孔北海亦知有劉玄德乎・日苦逐隊告成事為幸・欲和出塞入塞之篇・無從也・誦之而而已・（答書見陳公文集・公出入塞詩今皆失傳）公甘淡薾・耐勞苦・未仕時・身自為使・妻自為炊・日或不再食・衣敝亦弗自覺・其後食祿十餘載・仍無糊口之田・博羅韓文恪（韓日纘）稱為俯仰千秋・縱橫八極・榮華膻膩・了不掛其胸臆云・（錯見蘇韓二公文集）又錢牧齋謂孟郁為萬曆間嶺南第一才子・晚年好慎南詞・曼聲長歌・多操粵音・今刻本不傳（見列朝詩選）竊按諸志・公與陳文忠韓文恪諸公友善・得名最先・黎公烈愍（諱遂球）梁公節愍（諱朗鍾）輩・皆以丈人行待之・惜特絕之才・當擾攘之際・屢守閒官・不得盡所用・而殉為遇非其時・信矣・然其厄尤有甚者・諸集亡於兵燹・十不存一・崇正改元以後之作・概無從覩・宦游所經・又為用武之地・迄今訪其志乘・歷仕歲月・且有未詳・惡問事蹟乎・我後人見聞有限・茲據所得於簡編者・錄次如右云爾・裔孫懋林謹述・

邵詠　字子言・號芝房・電白人・乾隆壬子優貢・宣韶州訓導・詠性冲淡寡累・故所學博涉而能精・古文義法精嚴・風格在南豐半山之間・古今體詩出入三唐・亦王孟流亞・繪事摹刻・皆臻能品・詩文散佚・其弟子秀琨錄存僅十七篇・為種芝山房集・今高涼耆舊集已選者十六篇・止佚其一而已・

裴晉公論

唐自憲宗以後・稱賢相者無如裴晉公・內輔主德・外平寇難・以身繫天下安危者二十餘年・望重四夷・而中主不疑・功蓋一時・而奸臣不忌・固非牛李諸人所可同日而語也・然余讀史至甘露之變・而歎唐之紀綱盡矣・宦寺之悖亂・至此極矣・獨不解晉公何以默無一言也・當是時・晉公雖不秉政・猶鎮河東・若奮袖而起・抗疏以問罪君側・小人如仇士良輩・豈能不懼・以劉從諫之位望智識・比之晉公・奚啻霄壤・而上書暴士良等罪惡・閹寺猶且憚之・至為鄭覃李石所借重・以稍安人心・而況如晉公者乎・且不獨士良輩也・即如鄭注王涯李訓之徒・弄權恣肆・亦非一日・並不聞晉公一言・此皆不可解者也・豈明哲保身・知其無益而不言歟・抑奉身引退・以待人主之自悟歟・夫以晉公之才望・而垂暮之年・氣力不振・乃浮沉為自存保子孫之計・嗟乎・此純臣之所以難也・

寓憫忠寺題名冊子序

京師宣武門外南折而西・古木蓊然・有雕甍出樹末者・

憫忠寺也・寺建於唐貞觀中・相傳太宗征高麗以超度陣歿將士者・明改爲崇福・國朝賜名法演・土人猶相沿舊稱云・寺宏敞精潔・西廊數十間・四方留京之士多僦居於此・余自乾隆甲寅入都・與同人讀書其中・至嘉慶丙辰春・始移居張相公廟・甫二月而南歸矣・夫人生一逆旅也・棲遲古寺閱二年餘・萬里歸來・魂夢時屬・而親老家貧・頻年潦倒・昔時比舍之士・或躡蹀青雲・或寂寞黃土・冥情追溯・能不慨然・寓處故有雙槐樹・憶每月夕與二三同人徘徊樹下・經綸琅琅出墻東・事如昨日・而不覺十年所矣・爰作寓寺題名冊子・疏其爵里・志不忘也・而生死升沈之感・益無窮已・

荆香齋試帖序

余幼時聞江西甘莊恪公爲粵方伯・識莊滋圃相國於寒畯・始終振拔之・以至大魁天下・百年來士論勿衰也・公之孫海樵先生・以詩古文名・爲彭文勤公之甥・庚午客嶺南・其明年・主電白蓮峯書院・與余交善・一日以試帖一卷示余曰・此往者所爲・不忍棄也・我朝功令・以試帖幷制藝取士・向者與海樵論詩古文辭・絕不一言及之・而所工若此・不可測也・雖然・海樵老矣・憶重九登莊山寺飲酒詩賦・海樵據席談歷試不中時事・琅琅誦所爲文・皆足陵轢儕輩・而竟至貧不自給・奔走數千里・羈棲海曲・亦可慨矣・夫莊恪能薦人之才・而不能使其孫爲世用・海樵負過人之學・以冢宰之孫・宰相之甥・不屑奔競以求富貴・其祖孫之賢・舉可知矣・門下士將刻是編・余以爲海樵之輕重不在此・然亦使世人知場屋取舍之權・固非文字所得爭也・此則海樵不忍焚棄之意也・夫是爲序・

族父樂山公墓碣

公諱應寬・字樂山・電白人也・曾祖闡・祖有德・父純義・母楊氏・兄弟八人・公居六・幼失怙・及長・日食不給・公親率僮僕耕南畝・稍稍有儲積・善畜牧・有牛數十頭・分置山莊・公月周視牧人勤惰・時其水草・節其勞逸・十年之間・牛以千計・每當歲祲・無一病者・或鄰有牛疫・避於公・其病若脫・人爭德公・而公不受也・昔陶朱公畜五牝・馬援放牧塞上・皆爲名將相・儒者治天下・牧民當如是矣・晚年家益裕・氣益醇・衣食不及中人・曰・凡以惜福・城市罕見其面・曰・寡交游所以少憂患也・族里有困乏者・時佽助之・六十年來・以儉約勤愼導其子孫・未嘗一日暇逸也・於嘉慶己巳某月日卒・年七十有七・監生先娶黃氏・繼某氏・子三・長暄・監生・次昱・從九品職・次曜・按察司照磨・孫八人・將以某月日葬於某山之原・曜從余受學・乞表其碣・余喜曜篤實・故據狀書之・

殤兒兆朴壙志

吾兒兆朴・以嘉慶戌壬八月四日生・越三年・甲子七月廿五日殤・譬猶客居三載・飲食宴處・儼然家也・一旦而歸・豈復置念人生・亦可悲矣・其母懷朴時・夢官人高輿入門・意爲材也・及解笑語・能順人意・果餌得少已足・今年余讀書東郊・每歸・朴在母手・輒喜曰・爺來矣・而余不甚提抱也・六月下旬・余之廣州・辭父母出門・朴走向余・哭

甚悲・余方欲一抱・而行者催以出・誰謂朴已知不復見余耶・悲夫・余行數日・朴下痢・是時吾弟子京已病・夜數起視・卒不可治・子京歿・朴隨殤・相距三日・天何使我至此耶・聞朴死時索新衣・衣則布耳・余爲朴父・無繒帛以衣之・臨死語是・是愴余也・今朴死百餘日・使人易葬於高原・無使魂孤而骨寒・以盡吾情・前有殤子兆惠・女月娥・皆鄰葬於此・乃刻磚爲銘・銘曰・

戀而何來・捨而何之・松耶槿耶・修短隨時・爾有叔父・今當提攜・有姊有兄・相尋以嬉・人生百年・亦且如斯・余又何悲・

欽州天馬山廟祈雨記

嘉慶戊午・欽州大旱・自六月不雨・至於八月・膏壤盡坼・秋苗如焚・是時刺史不在州・州之人祈於社及名山川・皆不應・積六十日・人心皇然・刑部主事馮魚山先生方在告・乃禱於天馬山先農廟・因阜爲壇・依董子春秋繁露・刻桐魚九・爲五方龍五・致蜴蜥五・親率九鄉之衆・考鐘伐鼓如法・於是天空無雲・日焰如火・將午・日益烈・衆流汗悚懼・忽片雲從東方來・頃之四合・雷雨驟至・平地水尺・須臾雨霽・日烈如故・跡雨所至・僅在十里・田禾盡蘇・九鄉慰甚・豈神之爲靈歟・抑先生忠信足以格天歟・若董子之術・殆適然者・吾知其不足恃也・庚午八月・先生仲子士履爲余述之・乃記其事・刻石於廟・以告來者・

存杜軒記

吾堂之東有斗室・虛白洞然・余兄弟所游息也・甲子之秋・吾弟子京亡矣・余方抱痛・厭接人事・每至此・倘恍而不懌・因名曰存杜軒・憶子京之病足也・常居於此・日作畫糊墻壁間・余每外歸・與子京相燕笑・馴鳥窺人・忘其爲日之夕也・嗟乎・曾不轉瞬・子京之跡隨履而沒・所畫者盡除而藏之篋・丹黃筆硯・猶狼藉几案間・馴鳥飛鳴・下啄庭樹・而向者坐對之人・已杳不可得・悲夫・子京長往矣・顧余目之所存・心之所屬・夢之所接・堂階燕寢竹樹花藥之間・無一不與子京遇・而斯室爲子京所習處・尤無時能忘子京也・嗟乎・人生百年・何非泡影・子京雖往・余不啻或左而或右之・謂長存可也・子京一字杜洲・故以名・噫・可傷也已・

東溪草堂記

余與東莞陳小山・同以優行薦有司・同試於廷・又同歸粵・未嘗一登小山之堂也・今冬與盛韋廬刺史出海門・泊舟東莞・乃得訪小山別業所謂東溪草堂者・竹木交蔭・雲水四繞・顧而樂之・爲盤桓不忍去・小山長余十餘歲・憶同舉時・小山方强壯・有攬轡當世之志・嘗欲走函谷・出榆關・窮歷邊塞・以舒其慷慨激昂之氣・乃再至京師・迄無所遇・今荏苒十八年・余年已逾强壯・而小山鬚髮且蒼蒼變白矣・小山能詩古文・工書・與一姬偃仰草堂中・讀書種樹・求文字者戶外履恒滿・其自樂於斯堂也審矣・小山勉哉・小山不

日爲校官．將別斯堂．余以爲小山即能遭時如公孫宏．老年起徒步．亦當輕簪組．飲酒看花．以斯堂爲娛老計．無僕僕如往日之爲．爲東溪魚鳥所笑也．乃爲卓堂記以要之．

江菱湖學博傳

汪國字幼眞．別字菱湖．浙之鄞人也．母羅氏．夢鷹集懷而生．資性絕人．過目成誦．尤熟於歷代典章沿革．能縷舉不失銖黍．每爲文．下筆千言．如夙搆者．乾隆丁酉舉於鄉．甲辰赴禮部試．欽州馮魚山先生得文大喜曰．此闈中第一藝也．力薦不售．憤懣至於嘔血．寄先生書云．子文品不在荆川下．擯落而歸．吾爲伏枕者累日．先生前後答書千餘言．知己之感．讀者爲流涕云．丁未復試禮部．有欲爲先容者．先生曰．苟如此．不如其不第也．卒下第．由是絕意進取．先生狀貌偉駿．口能容拳．嘗與客對語江樓．舟過樓下．聞磔磔聲如雲中鸛鶴．咸知汪先生在其上也．家貧無隔宿糧．而得錢輒盡．意豁如也．鄞俗求子弟師者．以月旦爲賢否．有質諸先生者．必力贊之．常語人曰．鄉人以吾言爲重．何惜齒牙爲寒士終歲資耶．其行事多類此．晚歲益讀書．思有所撰述以著於後世．尋授上虞縣教諭．半月而卒．學者惜之．有空石齋文集若干卷．詩一卷．子堉周鼎刻於廣州．

葉　鈞　字貽孫．一字石亭．嘉應州人．乾隆甲寅解元．官直隸曲陽肥鄉縣知縣．祁州知州．卒官．身後蕭然．僅存著書數種．重訂三家詩拾遺二卷．今刻嶺南遺書中．南田吟舍遺草二卷．阮志注存．張維屏詩人徵畧稱石亭詩文集．

毛氏出王廟辯

左傳．吳子壽夢卒．臨於周廟．杜氏曰．文王廟也．蕭山毛氏曰．諸侯與天子同母．得立．出王廟．非也．先王之制禮也．仁以盡愛．義以斷恩．愛盡則情洽．恩斷則分明．記曰．庶子不祭祖．明其宗也．庶子不祭禰者．明其宗也．天下未有無父之國．先王豈不諒人子之心．而爲是不近情之禮哉．情者人子之私．分者天下之公．親親尊尊．禮之所由制也．漢元帝議罷郡國廟．韋元成曰．春秋之義．父不祭於支子之宅．君不祭於臣僕之家．王不祭於下士諸侯．周之姜嫄．帝嚳之正妃也．是生后稷．周立姜嫄廟矣．未聞立帝嚳廟也．夔子不祀祝融與祝熊．杜氏曰．夔．楚之別封．於禮不當祀也．周公制禮．將已明君臣之大義．而反不如夔子之守禮乎．毛氏之言曰．諸侯不得祖天子．而可父天子．大夫不得祖諸侯．而可父諸侯．此大惑也．我謂之父．而得以父天子．我之子與我之子若孫．將謂之父天子乎．抑謂之祖天子乎．此不待辨而明也．

且夫廟之將以祭之也．周公身相王室．春秋時．享天子祀文王於周．周公亦儼然祀文王於魯．是二尊也．若其不祭．廟之何爲．無一可者也．且其言曰．天子之母弟．有宗道焉．得立．出王廟．猶季友爲莊公母弟．得立桓廟．此又不通之論也．周自文武至於景敬．二十六王．王之母弟多矣・魯自周公至於哀公・二十四君・君之母弟又多矣・如是則出王之廟・不幾徧天下・而魯公之廟・不幾徧國中哉・且所謂宗國者・蓋言周公之德・天下宗之・猶曰望國云爾・若必以宗法言之・則支庶之家・必皆助祭於宗子・豈不春秋諸姬・將助祭於魯廟乎・抑猶助祭於周廟乎・進退無所據・亦見其惑矣・孔子曰・宋祖帝乙・鄭祖厲王・非禮也・又曰・公廟之設於私家・非禮也・由三桓始也・儒者言禮・而顯悖於孔子・未見其有當也・或曰・然則左氏之言非乎・曰・此非左氏之言也・杜氏之說云爾・且烏知所謂周廟者非□公之廟乎・藉令有之・則魯有姜嫄廟矣・有武官煬宮矣・至定哀之末・桓僖之宮・尚不毀矣・周禮之未失・又烏足據乎・

台南從軍義民紀畧

乾隆五十一年・台灣林爽文作亂・爽文閩之平和人也・僑居彰化・縱博無賴諸惡少・以爲逋逃藪・閩俗故慓悍・諸惡少赤雞白狗・聚徒插血爲盟會・號曰天地會・又曰刀子會・爽文爲之魁・後黨羽日盛・結胥吏爲援・橫暴鄉里・或白晝伏榛莽中・伺客過殺之・攫其金去・台灣知府孫景燧聞之・至彰化・遣台防同知某率壯丁數百・會游擊某・統兵往捕・諸無賴遁匿爽文所・官軍圍之・責令擒殺者以獻・諸惡少知不免・因慫恿爽文反・而是時捕兵有爲賊耳目者・因反・與賊攻破官軍・同知某遊擊某被害・時十月十九日也・次日・陷彰化・十二月初五日・陷諸羅・十三日・陷鳳山・時承平日久・人不知兵・賊連陷三邑・文武官吏死事者・自知府孫景燧以下共若干人・倉儲軍資・悉爲賊有・郡城大震・賊黨推爽文爲大盟主・僞號大洪元年・餘黨自相署制・某日・遣僞元帥莊大田圍郡城・大田與衆計曰・台灣孤懸海外・以吾之力・郡城可旦夕破・郡城已破・扼鹿耳門守之・援兵勢難飛渡・梅花洋東可爲吾有也・惟粤庄客人・數與吾閩爲梗・不先下之・則官兵藉爲犄角・以粤人之衆・借起義之名・樹黨而益吾敵・事難圖矣・不如以吾勝兵屯海上・令其歸附・客人雖趫勇・可先聲也・

客人者・廣東嘉平鎭三州邑僑寓之人也・先是台灣・明亡鄭氏據有其地・康熙初始入版圖・內地流人僑寓者閩人謂之犵猪・粤人謂之客人・而客人占藉北路者・在諸羅彰化等處・其占藉南路者・在鳳山之方寮瀰濃等處・戶口殷盛・邑屋相望・自康熙六十年朱一桂・雍正十年吳福生之亂・李直三侯觀德侯心富・前後佐官軍平賊有功・朝廷嘉之・詔官吏即其庄立忠義亭・故大田等懼之・某日・賊黨數人持僞檄至・賊勢浩大・人心震駭・諸父老集忠義亭・議戰守未決・鎭平黃袞進曰・賊席捲三縣・所以未能即舉郡城者・畏我粤人之躡其後也・而亦未敢公言攻粤庄者・慮郡城之介其中也・自朱一桂反後・賊與粤人勢不兩立・郡城既破・粤人無噍類矣・竊謂台南與瀰濃爲首方・寮爲尾・我依山阻水・形勢既利・繕甲厲兵・以分賊勢・而密遞人聯絡生番・斷賊右臂・曠日持久・援兵必至・全台可復・此萬全之策也・請悉依故事・設堆堵禦・深溝高壘・伺賊之隙・以圖進取・六根兵出新圍・以潮州庄等處爲聲援・大湖兵出萬丹・以新北市老北市爲聲援・凌洛兵出阿猴・以火燒庄竹葉林等處爲聲援・瀰濃兵出番薯寮・以竹頭背等處爲聲援・其餘小庄及中

堆後堆出淡水河．與內營相爲表裏．地利已得．賊不敢渡河窺我．至於用間設伏．與夫時日支干．孤虛旺相．則俟事至．神而明之．某雖不才．請爲諸君效一得之愚．衆曰善．

適嘉應州舉人掌海東書院教曾中立．奉憲檄至粵庄．勸以起義．乃部署粵人．分爲六堆．推中立爲總理．衮與廖某劉某副之．克期十二月十九日興師．斬賊使以徇．取其血祭旂．而馳書報鎮道．郡中官吏始有固志矣．大田聞斬其使．大怒．謀急攻府城．府城破．即移軍攻粵庄．二十一日．諜報賊首陳武張基光洪賽各統賊數□．一駐阿里港．一駐阿猴．一駐萬丹．衮謂中立曰．賊廹長河而營．以遏我師上府之路也．吾聞先發制人．後即爲人所制．我師倉卒．賊必謂我不能遽越河而北．我出其不意．盡銳攻之．破賊必矣．乃遣中堆總隊劉福生．左堆總隊陳幸．分軍攻萬丹．右堆總隊鄭福．後堆總隊鍾朝綱．分軍攻阿里港．前堆總隊吳眞．別攻阿猴．而以中堆義勇五百爲遊兵．往來策應．二十三日．劉福生至萬丹．遇賊佯北．賊空壁逐之．陳幸引軍從間道繞出賊後．拔其柵．因縱火燒其積聚．烟焰障天．賊大驚却．福生回軍夾擊之．殺賊七百餘人．阿猴賊聞萬丹賊破．亟引兵往救．吳眞乘虛入賊寨．殺其守砦者．乘勝拔阿里港．聞呼聲動天．賊與義民已相紛拏．忽見東南火起．賊愕不知所爲．鄭福鍾朝綱前後掩殺．賊大敗走．吳眞截其歸路．邀擊之．獲賊首千餘級．餘自相蹂踐．死者不算．賊勢大阻．郡城圍稍緩．賊以粵庄不破．郡城終不可得．乃令購得曾中立者萬金．黃衮等者五千金．分遣細作潛入各庄爲內應．邏者獲之．縛送忠義亭．中立命殺之．中立內鎮撫六堆．每堆聲壯丁若干人．有事聽調遣．暇各守庄汛．老弱以時耕種．輸其糧忠義亭．以供軍中酒食犒賞．外遊弋三千人．時渡河侵敵．無令賊得安營．是時海澄公黃佐簡渡海至郡．北路義民李喬基．起兵從征諸羅彰化等處．郡中以粵人南北從征．聲勢益壯．五十二年正月某日．賊據番薯寮．進廹各堆．黃衮廖某親卒義勇三萬人．遇賊於牛埔庄．前軍接戰稍却．而益縱左右翼斷賊爲二．賊不得勝．欲歸營．則營皆義民旂幟．伏兵旣從間道襲奪之矣．因大亂散走．次日．克藍子山．別遣生番二千人．焚其巢穴．賊因是不敢踰河而南．益陳兵上下坑．阻我北上．

三月某日．我師攻下坑．不利．因相持不決．府城遂梗．四月某日．閩浙總督將軍常公靑．檄調義民五千保護郡城．初．海壇參將瑚某．引兵出鳳山．數困於賊．得義民救圍始解．因駐兵粵庄．軍糈糧餉．皆取給義民．時賊兵日衆．檄至．瑚某難之．黃衮廖某進曰．賊兵分屯要路．我師衆寡不敵．不如益張旂幟．陳兵若與戰．而別引軍從內門出．踰滾氷坑．間行至郡．此間山路崎嶇．賊所不備．郡城可達也．乃密調義民一千五百人．與參將瑚某．都司邵某．夜啣枚魚貫行．旣出險．遇賊與戰．敗之．黎明至府．常將軍大喜．承制給黃衮等六品八品頂戴有差．令駐軍將軍營側．號曰義民營．賊聞義兵至郡．益懼．又意粵庄空虛．因悉起兵二十餘萬攻粵庄．中立率六堆兵禦之．平明．賊十路並進．義民殊死戰．不可敗．日晡．賊勢益急．忽大風從東南起．揚砂石．窈冥晝晦．有黑雲壓於賊營．隱隱聞兵馬設．賊大驚．疑有神助．遂大亂．義民乘勢擊之．斬賊首二千・生擒百餘人・衮等在郡聞之・上書常將軍曰・竊自林爽文莊大田南北擾亂・某等糾合鄉里・設堆堵禦・自去歲十二月至今・與賊大小五十餘戰・屢挫賊鋒・而義民陣亡者亦六百餘人・嗣因南北道塞・郡城孤危・總事曾中立・奉檄調某等帶領義民一千五百餘人・別取道越嶺晉郡・以便隨軍征勦・某等自念享國家太平之福・此番出兵・勢不與賊俱生・願執鞭弭隨大軍掃蕩賊匪・幸甚・將軍以聞・有旨・既能捐助兵糧・又能奮勇殺賊・天下那有如此好百姓・著常靑格外獎賞・時北路義民李喬基・遇賊不屈死・事聞・將軍以爲粤民忠勇・因奉旨次第頒賞・諸義民歡聲雷動・因數請進擊南潭・不許・七月某日・南潭賊萬餘犯郡城・衮等迎擊助之・乘勝入賊巢・將軍聞之大驚・以爲義民輕敵・即率官兵五千往接應・而親駐馬高阜望之・見義民皆裸而逐賊・賊巢皆阻山爲營・竹木叢雜・道路險惡・諸義民攀蘿附葛・上下如飛・斬賊首二千餘級・戰畢・獻首虜・將軍大悅・

衮等復上書曰・賊所以難猝平者・大都爲莊大田牽制於南・林爽文乃得肆意於北耳・夫台灣南北遼濶・賊巢止有水底寮・東港・章子寮・盤踞較衆・餘如新園・埤頭・南子坑・及阿公店・小陂頭等處・半屬良民・爲賊逼脅・以將軍之威・乘我師之銳・水底寮三處賊巢・指日可破・勢必走大馬甕瑯橋上下地方・此時分兵搜捕・某必擒莊大田・致之麾下・南路既淸・賊勢益孤・義民踴躍同仇者・不下數千人・便可全師往北田大烏甕進發・以擊賊人之後・使前後受敵・賊雖百萬之衆・必成擒□□師於北・賊必走南路・則南路向義之人・復爲賊廹・北路之賊未靖・郡城之困立至・首尾難顧・不又多一番勞頓乎・將軍察之・書上未報・會諸羅告急・常將軍調台兵三千往救・令義民留護郡城・與粤庄表裏拒賊・賊既不得郡城・志益懈・而閩民被賊脅從者・復困於供輸・因密遣人至粤庄乞降・中立令於沿河一帶・縛草爲屋以居・家出廪粟給之・前後招降閩人二十餘萬・賊勢始孤矣・

冬十月・大學士嘉勇公福・統領侍衛章京巴圖魯・攻鹿子港・勦北路賊匪殲滅・生擒林爽文・解送京師・方畧具載邸報・五十二年正月・大將軍下南路・檄總理曾中立堵截南北要路・而自以大軍卒隨征義民・搜山窮追・至瑯橋・斬賊首二萬餘・獲莊大田・大將軍以粤民奮勇・從軍三年・始終不懈・傳諭親至忠義亭・犒賞粤庄父老・十六日・發瑯橋・彤牙葺纛・旌節前導・左右執弓矢・介而騎者千餘・笳鼓喧塡・馬上奏軍中樂・次日抵粤庄界・見烟火萬家・稻苗芃芃・粤民男女老幼・望塵稽首者以萬計・十九日・至忠義亭・總副理卒諸父老謁見畢・大將軍諭以奉旨宣慰諸父老・諸父老皆呼萬歲・是日大饗□□□□爔炙萬甕・行酒甚樂・顧謂海侯鄂將軍曰・計自渡台以來・所經南北兩路・蹂躪萬狀・獨此一方・猶有太平景象・該庄總副理人等・三年心血殆盡也・顧左右取花紅綵緞銀牌凡六十・以從軍有功者・次第犒賞・承制賜曾中立黃衮等以下花翎有差・各以五六品文武官奏聞・分別補用・並賞修葺忠義亭白金四千兩・總副理叩頭謝恩・宴畢囘郡・是役也・天威所到・賊匪數十萬衆・如風捲籜・而大軍未□□牽制賊人・卒完郡城以□大將軍者粤□□□□四月□□□旨曾中立此人實在可□□□□□□□□□實兩錠・該督撫給資引見・某日・奉旨賞給

廣東義民御書褒忠扁額五十六張．天恩下逮．洋盜遐荒．五月初八日頒師．台灣平．

東畧頌

嘉慶四年．上以御史中丞潁川公．久勞於外．手詔召公入覲．命以保釐東郊．有山有河．殿此大邦．下車未期．信順休洽．鼠無夜動．鴞變好音．粵陽月．公以溜青地踔遠立．海越成山．踰之不罙．益亘且夐．厥政或不憲不肅．戎政或不紀不戢．民或有孽芽莠稗．以害我嘉穀．惟大吏職在撫循．不可以勞故辭．迺發英蕩．啓軒蓋．鐃吹鉦皇．旌幢晻藹．道無驛騷．徒御不驚．前期．疆吏以告二十四城守長．負䪊矢如禮．及至．吏以其成質．公齋戒受質．舉者慶．廢者讓．爰飭百校．勒五兵．組練浴鉄之士．鳥蛇互張黿藻叶．公令之以三．申之以五．俾海於有蔽．渠於有渚．環山於有牢．島夷遜聽．睢盱下風．水慴陸慄．職貢益虔．阮事還轅．於是瀕海眉龐齒鯢之叟．纓冠束袵．魁壘耆艾之儒．喟然嘆曰．懿哉公功．眞旒拾之式也．惟齊俗寬緩．濶達而足智．怯於衆鬥．而勇於持刺．自公之來．雷霆風雨．弛張闔開．扶桑朝隮．宿翳解駁．昔仲山甫徂齊．繕完築復．猶有雅詩以垂至今．矧我公之功．與嶽俱崇．公之門下士鈞．適客兹土．竊諸父老語．輒操觚牘．作頌一篇．上之太史氏．

鄭士超　字卓仁．號貫亭．陽山人．乾隆乙卯進士．授工部主事．歷官員外郎．郎中．轉御史．疏陳粵盜．條陳剴切．好講社倉法．門人官縣令者．必以告．後遂舉行於鄉．微時爲欽州馮敏昌所知．馮彌留．尤思一見．士超至．爲經紀其喪．哭以詩云．難堪元伯彌留際．猶自呻吟待巨卿．又云．眞性彌漫忠與孝．寄懷空濶海兼天．觀其所與．品概可知矣．

臚陳廣東五弊疏

臣籍隸廣東．請假回籍．竊見各府州縣．盜賊充斥．奸宄横行．風俗敗壞．民生窮蹙．地方官不肯認眞整頓．誠恐日久患深．非所以仰體皇上肅清吏治綏靖海疆之至意．臣職居言官．誼切桑梓．謹就見聞所及．臚列五條．敬爲皇上陳之．

一．粵東海盜．向在外洋肆劫．近年以來．沿海口岸及內河之盜．較外洋爲尤甚．從前地方官規避處分．遇報刼重案．逼令改盜爲竊．改多爲少．改白晝爲黑夜．今則諱有作無．輒擲還原詞．不爲伸理．或反坐誣控．留難事主．不顧寃抑．是以盜風愈熾．刼人取贖．公然於沿邊港口．設立稅廠．商船俱納洋稅．上年關書王洪被刼．地方官束手無策．捐銀弍千兩贖回．通省詫爲異事．又於離省六七十里之荔枝園汎獅子竇汛一帶．有賊船十六七隻．沿海大掠．炮傷客民．拆毀營汎．經途二三百里．爲期兩日有餘．所過塘汎十有餘處．掠心腹之地．如入無人之區．實爲從來未有．就現在情形而論．治內河之盜．較之外洋．尤難刻緩．

一．奸徒結會拜盟．言語舉動．皆有暗號．以自別識．其尤兇悍者．身帶雙刀．横行無忌．名曰大貨手．廣州南雄韶州等屬尤甚．清遠縣官親鍾姓．至水西鄉征糧．調戲婦女被毆．會匪乘機搶刼．王水生等家挈眷奔逃．迨事定回歸．又被英德會匪邀刼財物．並婦女多人．此案並未聞該縣作何懲辦．又英德縣闕姓二十餘家．亦被土豪羅壽元帶領會匪數百人．搶刼一空．至今案懸三載．並未將被告拘到一人．質訊一次．縱盜殃民．莫此爲甚．黨類繁多．布滿腹地．勢必釀成大患．如博羅之陳爛屐四一案．其明證也．

一．棍徒開設賭局．名番攤館．招集無賴．凡勾通洋匪之土匪．及回鄉漏網案犯．多溷跡其中．前經臣具摺奏明．請旨飭禁．不過數月．此風又熾．現在城廂內外．開設紛紛．附郭南海一縣．即有七八十處．佛山鎮亦四五十處．前者荔枝園刼掠一案．經各紳士等聯名．以此案盜匪．明係土匪接引．欲除土匪．亟治賭場等情具控．乃各衙門祇以飭拏究等語．批示塞責．開設如故．各衙門長隨吏役人等．互相盤結．收納贓銀．以四十五日爲一衙．名曰納衙銀．歲計巨萬．足抵一歲錢糧．當盜賊充斥之秋．閭閻切齒之事．而布滿於耳目共昭之地．屢奉飭拏．竟置不理．何怪盜賊橫行．殲除無自．

一．鴉片烟乃淫藥之一種．而爲害尤烈．例禁昭然．豈容藐玩．近者省城內外．公然開設烟館．工商士庶．靡然成風．宴會則以之欵客．嫁娶則用作妝奩．廉耻喪盡．可爲痛心．現由閩粵延及各省．以至京城內外．亦均有私販私銷之處．粵海監督稽查洋船貨物．是其專責．聞該處把口書役人等．遞年坐抽私稅．盈千累萬．因而擅放入關．直行無阻．該監督亦難保無收受陋規通同放縱情弊．應請旨飭令該監督．祇礪廉隅．認眞防範．毋許絲毫透漏．其從前已經私運入關者．恐一時未能淨盡．查該國夷船．一年一至．應請以一年爲限．倘一年之外．仍有私販私銷者．無論何省破案．不惟照例議處．必嚴究該關監督及書役等賄縱情由．無使不肖之員．冒輕罰而貪重利．以至流毒無窮．

一．粵東浮收錢糧．積弊多端．臣籍隸陽山．請以陽山一邑言之．陽山每稅一畝．無閏年額．征銀一分六釐五毫．舊規納銀二分．有閏年額．銀一分七釐．舊規納銀二分二釐．又每稅一畝．額征米四合八勺一撮．舊規按觔數核算．納亦色條米四兩零．銀則自封．投櫃庫房．取割票銀一分．米則赴倉交納倉房．亦收割票銀一分．惟零星小戶．統計米銀及割票．準銀匠包收．銀二分六釐．自乾隆三十年以前．照舊投納無異．至三十四年以來．歷任遞有浮收．年加一年．任加一任．現在每畝例收銀一分六釐五毫者．收至三分八釐至四分不等．其征收米石．自四十八年後．改爲折色．每米一石．折銀二兩五錢．現在折至五兩三錢．較之時價極昂．年分亦多至一倍有奇．其零星小戶．向準銀匠包收銀二分六釐者．現在收至一錢五分至二錢不等．銀米割票．從前收銀一分者．現在收至六分至七八分不等．通邑錢糧．銀不投櫃．米不交倉．皆係圖差及銀匠包攬．而銀匠公然於鋪面．張掛錢糧總局字樣．所收錢糧．彙總交官．官既取足浮收之數．又復短價發給採買．該匠勢難賠墊．因而浮外加浮．官則剝匠．匠則剝民．以致貧民無力完納．積久愈多．而地方官催征積欠．尤肆橫行．一戶未完．輒勒令同戶殷實之丁代爲完納．名曰掃戶．甚至拆毀民間門樓房屋．鎖縛民間祠堂木主・當街笞責・往往一家欠糧・數家破產・催科法變・人人自危・重斂虐民・伊於何底・伏乞皇上飭下該督撫轉飭該縣・嗣後一切遵照定例・銀則自封投櫃・米則征收本色・其銀米割票・仍照舊規・取銀一分・毋許多索・其零星小戶・雖準銀匠包收・務照舊規二分六釐之數・不得再有加增・倘是年米糧價值・實有不能循照常例之處・請令監督撫榜示通衢・示以確數・令小民遵照輸將・至征收舊欠・務將實欠之丁・挨數催追・不得拖累別丁・並通飭各州縣・有似此包攬浮收及拖累者・一體嚴禁・庶苛政不行・小民得均沾樂利於無窮矣・

以上五條條・臣在籍年餘・見聞確鑿・事關地方積弊・伏乞皇上嚴飭該督撫・悉心查辦・並將如何實力整頓緣由・先行分晰具奏・庶封疆大吏認眞一分・即地方受一分之益矣・

黃丹書 字廷授・一字虛舟・順德人・乾隆乙卯舉人・官開平訓導・馮敏昌主講粵秀書院・以丹書監院事・爲人狷介不苟・工書畫及詩・與黎簡並稱三絕・簡自粵西還・聲譽未廣・丹書爲之揄揚・後遂與齊名・著有鴻雪齋詩鈔八卷・文鈔一卷・子玉衡・嘉慶辛未翰林・改御史・詩文書畫・皆傳家學・玉繩玉露並工書・

明經二樵黎君行狀

君諱簡・字簡民・一字未裁・號二樵・世居順德之弼教村・曾祖秉忠・國子監生・祖超然・國子監生・考晴山・處士・妣葉氏・生妣雷氏・晴山公客遊粵西・僦居南寧・娶雷孺人而生君・君少慧悟・十齡能賦詩屬文・稍長・博綜羣書・常操紙筆獨遊巒洞間・遇勝處輒留題・晴山公亦耽吟咏・每囘東省・必携君侍行・遍覽桂林山水・舟中命君稱詩於前・相顧以爲樂・歲辛卯・君奉雷孺人歸里・不復西行・栖小屋中・益肆力於詩古文辭・人鮮知之者・顧貧甚・丙申・授徒於廣州之西郭・時張藥房以詩名里中・得君以爲勁敵・一時詩人皆喜與之遊・番禺呂石驪・兀岸自異・少所許可・見君詩・輒嘆服・予來郡城・遇藥房版門書屋・藥房指壁上詩謂予曰・此吾邑異才・君識之乎・因携詣君・遂與定交・山左李公文藻・以名宿來令潮陽・耳君名・即命駕訪君・許其詩必傳・勸出應試・而君於功名淡如也・丁酉・來邑城・留予齋者累月・予爲繕寫西征集・幷檢舊所作詞・屬予杪撮成帙・戊戌・西川李雨村先生視學吾粵・以古學試士・得君擬韓昌黎石鼎聯句詩・驚爲奇絕・取置第一・補弟子員・自是君詩名益振・己酉・選拔之期・關晉軒督學以君名貢太學・將赴廷試・適丁外艱・服闋後・得氣虛疾・而君益淡然於仕進矣・

君足跡不踰嶺・海內名士想望風采・咸以不獲一見爲恨・鉅公來粵者・皆折節下君・北平翁覃溪學士・常夢與君遊處・以書索南雄太守邱公學敏・錄其集寄都中・手爲點定・學士送太守詩有云・寄語二樵圓夙夢・蘇門學士待君來・蓋深望君之出也・君才思最敏・所爲詩援筆立就・而語皆深警・寫物言情・時發前人所未發・兼工書畫印章篆隸・眞草得漢晋人之髓・山水直造元四家堂奧・每至郡城・以金幣求書畫者坌集・然君頗自矜重・意不合・或揮斥不顧・以

是人稍目爲狂．而得君片紙者．無不珍爲奇寶．君晚益好學．所得潤筆貲．奉親外悉以蓄書．筆墨之餘．手一卷不置．邇年氣病時作．苦於應酬．藥錢恆不給．原新甯令萬公應謦．病留羊城．亦貧甚．偶得金一錠．即以贈君．君却之不可．相對而泣．其爲名輩輸心如此．今年十月．予自都下回．訪君於邨中．君已臥病彌月．云尙能飯．予悵悵別去．踰月而訃至．遵命囑予述其事狀．而囑蘇君其詹銘其墓．以予二人交最密．知君爲尤悉也．

君生於乾隆丁卯五月二十三日．卒于嘉慶己未十一月七日．昆弟三人．伯兄世揚．早卒．仲兄世浩．葉孺人出．原配梁儒人．繼室龐孺人．子二．長以付兄子爲嗣．名汝彪．次名佛蓮．幼．龐出．女二．梁出．皆適士族．君所撰已刻者．五百四峯堂詩鈔廿五卷．未刻者五百四峯堂文鈔．藥煙閣詞鈔．芙蓉亭樂府．注莊．韻學等書．嗚呼．以君之才．縱橫馳騁．若明代臨淸謝榛．山陰徐渭．南海鄺露．非其倫歟．竊意君雖未仕．他時國史傳文苑宜及焉．故書其生平大概以爲狀．俾後之君子有所考．

吳應逵　字鴻來．別字雁山．新寧人．乾隆乙卯舉人．著有雁山文集．阮志未著錄．新興陳在謙稱其文瓣香永叔．表揚諸節烈．動色驚心．足與太僕張氏女子神異記抗衡．姚氏椿撰國朝文錄．於吾粵惟錄應逵一人．核其文目．皆與在謙嶺南文鈔同．疑即從陳氏選本轉錄．於雁山全集未得見也．

白沙學出濂溪說

白沙教人．從靜中養出端倪．嘗曰．僕年二十七．從吳聘君學．其於古聖垂訓之書．無所不講．然未有入處．比歸白沙．杜門不出．專求所以用力之方．如是者累年．於是舍繁求約．唯在靜坐．然後吾心之體．隱然呈露．體認物理．稽諸聖訓．各有頭緒．日用應酬．隨吾所之．如水之有源委．馬之御銜勒也．又曰．伊川見人靜坐．便歎其善學．此一靜字．發源濂溪．程門遞相傳受．豫章延平．尤專提此教人．晦翁恐人差入禪去．故少說靜．只說敬．學者須自商量．若不至爲禪所誘．仍多靜坐．方有入處．而其復趙提學書曰．孔子教人．文行忠信．後之學孔氏者．則曰一爲要．一者無欲也．無欲則靜虛而動直．然後聖可學而至矣．此則明舉濂溪之語．示人以見其學之所得矣．

然謂主靜之旨．發於溪濂．白沙實默契焉可也．謂白沙之學．盡同濂溪．則又當有辨．蓋濂溪之言靜曰．動而無靜．靜而無動．物也．動而無動．靜而無靜．神也．物則不通神妙．萬物其意．使人知太極即在吾心．存養於未發之前．靜驗夫太極本然之體．以立動應之本．故靜而無靜．又密察於方發之際．適協夫太極流行之用．以完靜正之理．則動而無動．白沙則曰．至無而動．至近而神．藏而後發．形而斯存．又曰．知至無於至近．則何動而非神．又曰．惟至虛受道．蓋言至無者道也．至近者心也．知至無之道於至近之心．而致虛守寂．以立其本．則無動而非神矣．然則濂溪之靜．無欲也．白沙之靜．致虛也．似不可一例視矣．夫周子言靜．陸子亦言靜．周子之靜．則一動一靜．互爲其根．陸子之靜．則絕去意念．有涵養而無省察．白沙之靜．則養出端倪．然後商量．然則白沙之學．非周也．亦非陸也．殆自成其爲白沙之學也．

贈勞需大序

吾師莪野先生．有家子曰作楫先生．字以需大．弱冠失明．先生每購書輒讀．令聽之．遂博通經史．凡山經地誌陰陽卜筮之書．靡不究悉．其後先生偶有記憶．或反叩焉．需大則朗誦無訛舛．每屬文．口授諸弟錄以呈先生．先生色喜．吾黨以畏友事之．然而先生之造士也不倦．而其訓子也嚴而有方．嘗詔諸子侍立於前．而提其耳曰．吾家子弟爲不善．其罪當加一等．以教導有素故也．汝曹能勉自砥礪．則吾無遺憾矣．先生即卒．諸子悉聽命於需大．需大則又進諸弟而詔之曰．汝忘吾父之言矣乎．吾家子弟爲不善．其罪當加一等．以教導有素故也．我曹能勉自砥礪．則吾父無遺憾矣．諸弟皆循循規矩．不敢不自力於學．如先生在時．蓋其刻苦自厲以繼先生之志者類如此．

君既盲廢無所用．遂以卜筮爲活．顧獨諄諄留意時事．思寄其用於文章．己巳饑．作書千餘言．欲以先生所暑救荒備覽呈百制軍．而請平糶．又欲致書李椒堂太史．速其言於當事．以救桑梓之急．方脫稾．而制軍已發倉矣．乃取書焚之曰．毋令後之見此書者．謂功出自余也．蓋他人之有志經世者．以爲於此可以見吾才．可以無愧吾學云爾．而君則以光大前人爲念．我身所不能爲．故深望他人之爲之．他人爲之．而可以完吾先人未竟之志．即我所以質諸先人而無憾者也．是故以孝子之心．而曲折以行其經世之術也．是則需大之所以爲需大也．需大今年且四十．亦古人强仕之時．乃竟以疾廢．不獲展其所用．僅託諸空言以自見也．悲夫．

書謝里甫太史二烈婦傳後

傳曰．徐子震語余以王千戶妾事．未傳也．翌日．莫子元伯又以梁瀚妻刲股事告．莫子曰．高要縣梁瀚居父喪．遘疾幾殞．其妻楊．念姑老而夫弟幼穉．夫死必胥殆．調藥虔禱於神．飲之愈．越三日．氏以瘡潰死．衆咸曰．悲哉．氏殆刲股以全其夫與其家．而戕其身者也．徐子曰．有千戶王錡玉．廣州旗籍也．始爲兵．期滿得考官．而寠甚不能治戎裝．恐不當上官意．悶欲殆．妾葉氏詢之．以告．夜絮絮籌畫無策．妾忽曰．計窮矣．有一策可得金．君勿疑．亟叩之．泣曰．此非君畜妾時也．苟鬻妾．事可辦．否則坐視母妻子若姪流殍耳．妾與母妻子若姪孰輕重．君勿疑．千戶大錯愕．而妾去意益堅．不得已．鬻於某豪家．得五十金．考官授百戶．升千戶．卒致富．方妾之適豪家也．逮夜．有奔告者曰．氏方入門．蒙面闗窗牖．酒闌．豪叩扉不開．撞入直視．則纍然縊梁上矣．謝蘭生曰．千戶妾自誓一死．在請鬻時已決．人咸信之．後千戶乞其尸歸葬．爲製服祔於廟．是矣．至楊氏刲股．人或疑其有倖生之心．而未必計出於死．蓋克濟其君．而又保其身．如甯愈逢丑父鬭辛輩．皆倖而不死．而其初皆義不反顧．故人猶稱其以死免君也．死常也．生變也．楊氏之死．志在刲股時．固與千戶妾異事而同情也．然刲股容有不死．鬻身則斷不可以生．是又同中之異也夫．

歲壬申・余授徒開平之長沙埠・有梁巨源妻余氏・値海寇至・率其幼女繭投塘死・得建坊旌表・巨源乞余銘其墓・癸酉來端州・高要梁君凌霄示余謝太史二烈婦傳・蓋傳其嫂楊氏刲股療夫事・而因及王千戶妾死事也・余讀而嘆曰・古有剖腹割肝而不死者・刲股未必遽死而竟死・天也・雖然・死不死・皆非所以論楊氏也・向使創未甚而不死・而夫又終不可活・吾知楊氏必將茹荼苦以事姑而撫叔・爲門戶計・又未必急於求死・是故死不死・固非所以論楊氏也・楊氏雖生無愧於死・其妾則非死無以爲生・至於可以不死而卒死・豈非天所以成烈婦之志哉・至太史所聞王氏妾死事・則有所未盡・方妾之求去也・與千戶謀・僞爲再醮之妹也者而鬻之・賓得百金・豪家以舟迎・千戶送之河干・妾度離岸已遠・遂沉於水・千戶猶癡立未返也・因慷慨白其義・乞以尸歸葬・其後既得官・且致富・治家嚴肅・長子不肖・杖殺之・而妾所遺子曰成傑・少亦不檢・欲予大杖・念其母・輒涕泗而止・成傑卒自改悔・中庚子武舉・今官陝西固原參將・蓋事之端委如此・余得之同年陳君誥・陳君得之呂良佐・及其鄰人劉氏・成傑嘗師事良佐・而劉氏則其內弟兄云・因詳書於傳後以歸梁君・他日將復於太史・且牽連及長沙事・以見梁氏之多節行也・

紀雷異

嘉慶壬申・余授徒長沙・父老爲余言・新寧縣某村兄弟二人・有妹適人矣・兄年四十未娶・弟曰・兄終不得娶・嗣將絕・盍鬻弟以娶婦乎・兄曰・得婦而失弟・不可以爲人・不如其無婦也・近村有富戶・聞而義之・語其兄曰・吾正需傭者・今予若三十金・使若弟爲我傭而當其息・弟得食而若得婦・不兩利乎・他日有金・可取贖也・從之・婦歸・竊疑夫故有弟・今何在也・夫泣而語以故・婦驚曰・得婦而失弟・不可以爲人・不如其無婦也・歸謀諸父・展轉得三十金・藏諸笥・既而索之・亡矣・憤而自縊・葬日・小姑哭送之・忽雷震棺開・婦活而小姑死・金擲於地・如三十之數・蓋小姑歸寧時・知嫂藏金處・陰竊之・而婦不疑也・遂以棺葬小姑・而以金贖其弟・

東坡亭記

東坡亭在鶴山古勞都石螺岡前・古勞都舊屬新會・相傳坡公徙昌化軍時・自惠州南行・取道於此・値西潦暴漲・舟不能進・止旬日而後去・後人築亭・以東坡名之・誌不忘也・亭左右古木數百株・前臨大江・曠蕩無際・牂牁之水・一吸可盡・五六月中・巨浪奔騰・瞬息千里・至亭前・則水石相觸・距躍而後東下・自古地以人傳・不一而足・在坡公爲尤多・公之果止於此與否・不必深辨・而公之所以能感人・與夫鄉人之所以不忘公者・則重可思矣・昔包孝肅刺端州・其去也・不肯持一硯・後人因以擲硯名其沙・然此自感恩者愛之慕之・比於甘棠云爾・公則偶然一過・何德於此鄉之人・而鄉人顧愛之慕之若此・

且夫景星慶雲・鳳凰芝草・古今所爲美瑞也・幸當吾世而一見之・必將鋪張揚厲・播諸歌詠・公之忠義文章・彪炳

宇宙・豈僅如四者比哉・而當時之媒孽公者・必欲摧抑之・擠陷之・竄之遠方・極之人跡所不到之地・蓋不啻等諸渾敦窮奇檮杌饕餮・必投之四裔而後快者・而豈如窮鄉僻壤之中・方且以得見公爲幸・即公足跡未經之地・且欲貌公像而尸祝之・況其游目騁懷・盤桓而不能去者哉・此鄉人之所以不忘于公・而此亭之所爲作也・去亭數里・舊有朝雲亭・今圮・易秋河先生有記・

處士西愚馮君墓誌銘

越塘馮氏・爲鶴山巨族・君諱元釗・字西愚・一字嬾雲・祖某・父某・皆隱德不曜・君生而岐嶷・祖母愛之・日啖以餅餌・一日與之餅弗食・怪而問之・曰・此餅似人形・吾不忍食也・比長・學詩有風格・所爲制舉文字・尤落落自異・與人言嘐嘐然・則曰二川・蓋謂荆川震川也・既而卒不遇・則益自力於詩・不輕以示人・而所居鄉・率以屠牛爲業・益不諧於俗・恒閉戶終日不出・鄉里益非笑之・庚申・余主講崑陽義學・偶見其所作落花三十絕・語及門曰・此人殆可與道古・君聞・輒走學舍請見・他日・余報謁斗室中・書籍半之・賫酒作竟日談・所畜犬二・先食之而後食・暇即短衣草笠・驅二犬馳逐茂林豐草間・日暮・取醉乃返・英爽之氣・如出兩人・顧嘗語余曰・君亦樂此乎・聊以消歇壯心而已・壬戌・有傳余登第者・君賦詩志喜・既而下第歸・君以詩寄余・自是遂不復相見・而君亦竟卒矣・遺詩文若干卷・皆手定而自爲序・君生於某年月口・卒於某年月日・子某某・比葬・乃爲銘以歸其嗣君・俾刻石而納諸壙・銘曰・

其才不如文長・而數則已奇・其意不可一世・而世終莫之知・時耶命耶・竟止於斯・嗚呼噫嘻・

黃烈婦傳

彭東郊先生示余黃烈婦傳・詳而有法・先生卒・遺文散失・而余亦不復記憶・僅傳其大畧・使不致湮沒云爾・

高要水口村・有殉夫而死者・爲賣酒者黃宇佳婦李氏・村夾溪而居・賣酒肆距家約半里・乾隆己亥七月・宇佳病肆中・婦往侍疾・三日夜目不交睫・既而病劇・婦亟歸・更易服飾・比氣絕・即奔投溪中・家人掖之・不得死・則以頭觸地・昏絕者再・當是時・宇佳未殯・其弟宅佳・倉遽抱襁褓兒置婦前・請立爲兒後・合家人羅拜之・乞無死・久之・婦乃言曰・吾夫得此・庶幾瞑目・叔善視之・吾志決矣・又顧其妾曰・若能撫此藐・使有成立・上也・並從亡人於地下・次也・兩者不能行可也・吾志決矣・語畢・即起入閣・閣闔・登樓・樓門亦闔・急披篋得信石・向所藏以殺白蝗者・遂吞之・家人出死力折扃・掖婦出・出則索梳櫛理髮・未竟而手爪皆黑・急灌以藥・隨灌隨吐・至不能吐・而烈婦卒矣・家人合葬於某原・墓門常有白氣翁鬱・數月不散云・

吳應逵曰・烈婦無子・以死殉夫・義也・然已立後・毋乃太激歟・士不幸生當離亂之際・苟緩須臾無死・其後有求死而不得者・後之人悲其遇・惜其才・而不能不傷其節・是故需者事之賊也・烈婦之所見・亦卓卓矣・

薛貞女傳

貞女薛氏・名七妹・順德人・父裔榮・四齡失怙・母陳氏・以女許字同邑倫滘鄉鄭氏子蔭・嘉慶元年某月日・蔭卒・母聞訃・秘不令女知・久之・女聞其事・涕泣不食・母慰之曰・兒雖有一兄兩姊・然皆莫兒若・兒無自苦以戚・我兒不得歸鄭氏・命也・貞女則愈飲泣不語・而其里中譚姥者・女俠也・能爲人緩急・貞女則私與謀曰・母之愛我・姥所知也・母必改字我・我將死・姥倘有意活我乎・姥曰・然則爲之奈何・貞女曰・姥能以我歸鄭氏・是姥活我也・姥私計距鄭氏且百里・非舟楫不能達・而女年少守節・固未易易・逡巡不即應・女則要之曰・我言且洩・姥即不許我・我請畢命於姥前・翌日早起・失女所在・則譚姥已挈女歸鄭氏矣・既登堂・撫棺大慟・姑某氏・痛哭撫之・乃遍告宗人・成納婦禮・居三年・得蠱疾・手足腫如匏・垂五年以至於死・嘉慶九年六月二十日・貞女薛氏卒・年二十有五・以某月日合葬於蔭之墓・

吳應逵曰・貞女吾姨也・嘗聞內人言・貞女寡言笑・不喜粧飾・每姊妹行相聚語・則默然端坐而已・是其貞靜之性・有過人者・乃天既阨其遇以顯其節・亦且悲其節而故促其年・彼蒼蒼者・豈無意歟・時雷州陳觀樓先生將修廣東通志・余思上其事於先生・故述其梗槪如此・

兩節婦傳

吳應逵曰・余友許君藝圃・蓋爲余言兩節婦云・兩節婦爲番禺淩滄州先生女・曰淨眞・曰潔眞・淨眞適何氏・夫落魄無行・役使如奴隸・時加鞭撻・衣飾盡歸質庫・常並日不得食・不怨也・後益不自聊・與夫寄食母家宛轉爲夫置妾・終亦無子・夫卒・哀毀逾年而歿・

潔眞適江生拔儒・生子來兒・三歲而夫卒・遺腹生洛兒・既而皆夭折・煢煢隻影・藥罏相對・暇則以詩自娛而已・當李恭毅公之撫吾粵也・茭塘梁阿香聚黨爲盜・撫軍將移五營兵盡勦之・遠近逃匿・潔眞獨守姑不去・或問之・則曰・中丞賢・豈有濫及無辜者・且姑老矣・吾又寡・去將何之・脫有不測・吾以死衞姑・卒安堵無恙・又嘗謂其弟日雲曰・汝屢困場屋・不無介介・此殊不然・人生所難問者心耳・心苟無愧・隨遇可安・吾遭際若此・宜不可終日・然思造物位置已定・亦惟以義命自寄而已・聞者嘆服・卒年□十歲・日雲梓其遺詩一卷・

書鍾錫朋

鍾錫朋・新會人・從余受學三年矣・年十六・忽得奇疾・兩足不能任其履・由趾而脛而股・至股則不能坐而臥・既而至腰至脅至臂・則兩手不能舉箸・日偃臥牀上・若僵尸然・非人不可轉側・或曰・病由上而下者順・由下而上者逆・此逆證也・故不治・然而目眈眈・神色如故・飲啖如故・三十日不如厠・亦無所苦・醫至・皆瞠視不知所以・一日忽大呼曰・我去矣・語不類錫朋音・祖母曰・此固我家也・兒去何之・曰・我與若有夙寃・今將與俱去耳・問何寃・曰言之無益也・祖母曰・寃何結・獨不可解乎・吾八十

龍鍾・僅得此孫・汝忍奪之去耶・曰・此則萬萬不可爲力矣・於是祖母哭・衆皆哭・久之・錫朋張目視父母・視祖母・氣遂絕・余聞訃・悲不自勝・錫朋爲人・樸魯無虛僞・每早起就書案・必端坐・從容展卷・徐徐吟哦・頃之・誦聲大作・衆竊笑之・不知也・好抄集先正格言・所爲文經余改定・必再錄一過・暇則默誦之・每出必告・約某時返・必返・無後時者・

錫朋既卒・未殮・忽有少女號哭而至・則所聘黃氏婦也・先是女父母使嫗視錫朋病・嫗歸・言病不可治狀・女則飲泣・卒之夕・女覺有物瞰其帷・微聞歎息聲・乃去・心疑錫朋死・比曉・訃果至・女逕歸鍾氏・當是時・舉家旁皇・無所爲計・而女之父母繼至・兩家合勸之歸・祖母更輟泣謂之曰・若誠賢・得孫婦如此・是我無孫而有孫也・顧來日方長・守節大不易・汝有是心足矣・汝聽我老人言・隨父母歸可也・女固不可・則手捧茶・哭而跪於尸前曰・疇昔之夜・嘆息者非君耶・妾今歸・爲君守貞・矢死不二・君果有靈・當飲此・是君許妾也・且哭且啓其口・口張・徐徐咽下・咽已・合如故・於是兩家父母及在旁觀者・皆大驚且泣・既而無可奈何・乃罷去・遠近聞者嘖嘖稱異事・今歲己巳・距錫朋死九年矣・余晤其父聯芳翁・知貞女事翁姑孝・日閉門作女紅・足不出戶外・竊幸錫朋不死・因書其事・以俟鍾氏子孫他日有成立者・庶幾彰女苦節・取予言爲左券云・

勞莪野先生傳

莪野先生諱潼・字潤之・南海人・世居佛山・曾祖翀・歲貢生・官瓊州教授・從祀鄉賢祠・祖仁・歲貢生・官乳源教諭・事繼母以孝聞・父孝輿・一字阮齋・舉鴻博・未用・以拔貢生出宰鎮遠・卒於官・先生幼聰頴・母談太孺人・常於榻上口授毛詩・輒能成誦・爲諸生・以毛詩應試・兩薦不售・或勸其考經・先生曰・吾不敢忘母教也・乾隆己酉科・以第二人冠其經・丙戌・應禮部試・不第・座主盧紹弓先生視學湖南・召之往・至冬乃歸・談太孺人思念殊切・抵家時・漏三下・跪太孺人榻前・太孺人且泣且撫之曰・其夢也耶・先生悲不自勝・自是不赴禮闈・侍養十有六年・而太孺人卒・先生既家居奉母・絕意進取・遂毅然以倡明正學・利濟鄉黨爲己任・其論學也・以窮理篤行爲的・謂學者能由乎此・上之可至聖賢・下之亦足寡過・若遺棄事物以求靜虛・必至放逸恣肆・流爲無忌・受學者歲常數百人・立學約八・戒約七・曰・苟犯此者・勿入吾門・又以爲德不本於孝則非德・教不本於孝則非教・故每歲授徒・必先講孝經・而後及其餘・又以人才之壞・由於師道之失・師道之失・由於養蒙之無基・作師鑒及訓蒙論・以勉世之爲蒙師者・嘗曰・今人登科第・不必謝其師之功・若不孝不弟・不忠不信・則當咎其師之過・孟子曰・其子弟從之・則孝弟忠信・何嘗曰・子弟從之・則富貴利達哉・其立教如此・

初・佛山合十堡立社倉・發倉之銀・例貯官庫出入・胥吏百弊叢生・九堡患之・遂移而歸於佛山・且約曰・寧朽腐・必勿發・戊戌大飢・先生議捐賑・且出粟平糶・衆持不可・先生曰・積粟以備荒也・若棄而不用・何以積爲・爭之甚力・卒出之・而米價頓減・丙午丁未・歲再飢・仍出粟勸

捐・不足・則議於佛山舖戶・取其租二十之一・得數千金・糴於西省・乞上官免稽核銀米之數・而知府張公道源・陰遣人覘之・見在事諸人・儉於自奉・而規畫有法・則大喜・更捐俸五百金助焉・所活無算・乙卯又飢・飢而不害・皆先生力也・先生復憾先事無預備之策・臨時補救・所益無幾・宜立義倉・名隸於官・事理於民・主事者公舉・一年而代・無得擅借升斗・歲羨所入以糴穀・毋貯銀・侵漁者罰之・所以矯社倉之失也・請於上官・皆曰善・

又念佛山水道壅塞・作清涌管見一篇・大畧謂清涌之利有四・曰備旱潦・曰利舟楫・曰除癘疫・曰資防禦・反覆千餘言・上其事於督撫・皆報可・且議舖租之外・益以田租・亦一十取一・如捐賑例・工費具足・會有撓其事者・先生以桑梓之利・垂成坐廢・扼腕久之・自是積憂成疾・

談太孺人之卒也・先生哀毀骨立・杖而後能起・家人或失先生所在・於殯所覓之・則已慟哭失聲矣・太孺人性嗜禾蟲醢及鱭魚子・其後偶遇二物・輒流涕・又痛阮齋先生歿時・不得躬視含殮・故以莪野爲號・其自序孝經考異選註曰・年來風木久悲・廼念平生子職之虧・無從追補・故勉輯此書・俾後生輩有所觸發・早供厥職・勿如予之抱憾終身也・讀者皆爲流涕・嘉慶辛酉春・先生病甚・一日・顧家人曰・吾病縱不治・幸兒女皆侍側・亦復何憾・獨痛吾父歿時・子女四人・無一在前者・甚可哀也・因伏枕嗚咽・尋卒・先生立身捐介・非公事・於當道不投一刺・當其持正守義・强毅之氣・見於詞色・及接引人物・則和藹可親・煦煦然惟恐傷之也・自奉甚儉・布衣粗食終其身・少以六事自期・曰傳先集・葬先墳・建宗祠・濟族人・定世居・報知己・後乃語所知曰・諸事皆次第就理・惟報知己・有所未盡・或曰・君於馮潛齋盧紹弓兩業師・皆視猶父・潛齋先生晚年・供給尤至・寧不足以報知己耶・先生曰・是報恩耳・非報知己也・師所期於余者・在立身行道之大節・豈戔戔於有無緩急之際耶・所著書已刻者・四書擇粹十二卷・孝經考異選註二卷・救荒備覽四卷・四禮翼一卷・人生必讀擇要四卷・荷經堂稿四卷・未刻者・輿觀錄・朱子學粹・追慕繼志編・養正編・周易擇粹・呂語擇粹・先正格言・名論拾遺・讀史隨筆・古事拾要・藏於家・子五・作拱・作楫・作楠・作幹・作椿・

吳應逵曰・逵兄弟皆從先生遊・見其純孝性成・終身如一日・嘗言後世庠序之教・不能如古・所恃以善民心者・惟在重小學・三代井田之法・不可復行・所恃以活民命者・惟在謀積貯・故平生致力・在此兩端・嗚呼・先生雖未用於時・而所裨益於世道人心者・亦已大矣・竊謂宜奉木主於鄉賢祠・使後來者有所矜式・不揣固陋・閒取其嗣君所爲行實・編次爲傳・寧詳毋缺・俾後之徵文獻者有考焉・

温處兵備道陳公傳

公姓陳氏・諱昌齊・字賓臣・一字觀樓・雷州海康人・先世由莆田徙瓊州・二世祖孚中・宋進士・瓊州科目自孚始・入祀郡鄉賢祠・曾祖英相・卜宅於雷・凡數遷・乃定居海康之南田村・祖全夫・諸生・父龍溪・恩貢生・皆贈中憲大夫・如先生官・先生少有神童之目・十一歲・居母喪・哀

毀如成人・十六歲・補邑弟子員・以選拔貢成均・庚寅辛卯・聯捷進士・入翰林・散館・授編修・甲午・典試湖北・乙未・充會試同考官・旋轉河南道監察御史・巡視西城・嘉慶丙辰・升兵科給事中・辛酉・補刑科給事中・巡視東城・甲子・出爲浙江温處道・己巳・因事罣誤・部議降調・遂解組歸・

先生遇事敢言・其初轉御史也・奏各省首府・宜請旨簡放・以杜夤緣・直省督撫政治・宜令學政隨時稽察・以防弛縱・京師各門・宜嚴章程・以杜勒索・均下部議覆・廣東海防・舊分三路・以廣州爲中路・惠潮爲東路・高雷廉爲西路・前明倭寇來自閩海・東路實爲咽喉・今則中東二路・爲總督提督駐劄之區・獨西路僻在一隅・而廉州一郡・又與安南接壤・海賊恃爲接應銷藏之地・久之・遂與陸匪相連結・接濟糧食器械・又導之掠人口・刼財物・懸所得男婦姓名於通衢・限日取贖・近海居民稍有力者・遷居避之・輒訪其父祖墳墓・插標勒金・否則發掘無餘・人人震恐・先生丁巳奉諱家居・備悉情狀・辛酉服闋後・即據實陳奏・明年・又奏緝捕洋賊事宜・其畧云・今春以來・凡離海五十里內外處所・掠財帛・焚廬舍・刼人口・不一而足・其尤甚者・在高州・有青平墟橫山墟・數百人焚刼殆盡・在雷州・則有海康縣牛路村陳家・被刼男女七名口・遂溪縣那郁村梁家・被刼男女十八名口・陳村陳家・被刼男女八名口・俱勒銀數千或至一萬兩・查屢次由海上岸之洋匪・率不過一二百人・至行刼時・輒有陸居會匪多人・持械助兇・每行刼後・又在海濱招夥・給丁壯等安家銀每人數十兩・誘令下海・沿海居民・

類皆自少採捕爲生・習拳勇・熟水勢・向爲匪等所畏懼・自經匪等招誘・從匪者往往而有・因思重賞之下・必有勇夫・可以爲盜・即可用以捕盜・似宜令地方官明張告示・有能相率出洋勦捕・或乘匪等上岸・併力殲擒送官驗實者・除將所得軍械交官外・其財物船隻・併陸路上或有匪黨產業・一概給予獲匪之人充賞・即已經聽誘下海之丁壯・若能設法殲擒多匪・連船械等物運來投首・亦准免罪爲民・一體給賞・其擒獲勾引助兇之會匪確有證據者・亦照此辦理・則當該匪行刼在塘汛切近之地・官兵自可聞信趨勦・或官兵未到之時・丁壯亦必圖賞力捕・仍須令地方各官・詳稽戶口・妥編保甲・以淸續行入匪之源・於各埠頭・訪拿濟匪糧物・於各市鎮・嚴緝代匪銷藏・以絕水陸勾連之路・庶幾洋面肅淸・而地方可臻寧謐矣・奏入・上召見・詢問再三・迨之温處新任・即飭令各營武弁・協同畫工・出海繪浙閩海洋全圖・纖悉備具・每汎口弁兵禀報殺賊情形及道里遠近・稍有虛妄・必加申飭・與提督李公長庚深相結納・凡接見武員・必加禮曰・海氛未靖・正武夫効命之日也・向例・擒獲盜夥・多或百餘名・少或三四十名・除各船盜首外・其餘大概審問某年下海・有無與官兵打仗・有無過船接贜・問者輒以爲煩・先生按名喚訊・無論老少・不遺一人・語屬吏曰・問官高坐堂上・不過盡一日之勞・猶以爲苦・武員冒險捉賊・其苦更何如耶・巴圖魯一等侯德楞泰・奉命按閱閩浙營伍・議於各海岸添設兵弁・晝夜巡邏・不許一人下海・令水米器具・無從接濟・不數月可盡斃・侯風采嚴厲・屬吏莫敢置對・先生進曰・侯未身履其地也・閩浙兩省・皆環海居民・耕田而食者

十之五·捕魚爲業者亦十之五·若禁其下海·則數萬漁戶·無以爲生·激變之咎·誰當任之·侯默然久之曰·公言是也·

永嘉有胞弟誤用屠刀格兄致斃·聽訟師指引·認木柴毆傷·刑訊十年·獄未具·先生曉之曰·汝明驗刀傷乎·以誤殺援赦·木柴斃命則故也·非誤也·訟師利汝財以延歲月耳·犯大驚·叩首於階曰·公活我·指使者實某也·先生按律定擬·並置訟師於法·一時稱爲神明·其遇事平反多此類·當降調時·制軍阿林保調兩江總督·欲奏調江蘇辦理河務·新制軍方公維甸·又欲以諳練海疆·奏留原省補用·先生並辭·遂歸·

生平博極羣書·嘗取漢書史記十三經註疏·凡陸德明經典釋文所未備者·錄之爲經典釋文附錄·又著歷代音韻流變考·鄰舍不戒於火·並所藏書俱燼·後欲重輯之而未就也·戴東原先生應詔至京·一見輒心折·所校水經注·先生指其訛舛處·東原以限於官書·未能更正·常以爲恨·邵二雲編修著爾雅正義成·質之先生爲駁正三十餘條·歸里後·修雷州府志·海康縣志·制軍阮雲臺先生修廣東通志·聘先生出總纂志事·兼掌粵秀書院·庚辰十月·通志草稾畧定即歸·歸二十五日而卒·年七十八歲·著書已刻者·呂氏春秋正誤二卷·淮南子考證六卷·楚詞韻辨一卷·測天約術一卷·臨池瑣談一卷·賜書堂集六卷·未刻者·大戴禮記正誤·老子正誤·荀子正誤·天學脞說一卷·嘗兆約旨一卷·囊玉秘旨別傳一卷·子三人·箸·先卒·簡·優貢生·篪·邑庠生·

虎門左翼總鎮黃公傳

公名標·字殿豪·南澳人·隸籍香山·幼孤·負薪奉母·弱冠·充南澳步兵·以次拔至香山縣守備·時尚未知名也·乾隆五十五年·擒獲洋匪吳昌盛等·又勦滅狗頭山賊·授都司·始爲總督福公所知·數年擢至左翼鎮總兵官·前後手縛賊六七百人·沈盜艘無算·公身長八尺·面赤赭·能開二石弓·左右射·又善占雲氣·測風雨·著測天賦·及海疆里道圖·凡東南水道淺深險易之處·如指諸掌·嘗曰·水戰與陸戰不同·全在驗風旬·識水性·司命寄諸柁·可以轉逆爲順·故每戰必親操柁援桴·以鼓發礮·縱火如弄丸·一舟先·衆舟尾之·浪高如山·隨風上下·賊望見旗幟即遠遁·故所向有功·嘉慶五年·奉旨賞戴花翎·命繪象以進·異數也·七年九月·博羅會匪陳爛屐四·盤踞羅浮山·制府檄公會勦·賊聞風奔竄·一晝夜直擣巢穴·事聞·賜白玉搬指·鑲嵌帶頭大小荷包各一對·晉封武顯將軍·八年□月·偵知海賊大隊出掠·與提督孫全謀率舟師勦捕·賊遁廣州灣·灣險不可進·公曰·守其隘口·不半月·賊必乏食·可盡殲也·孫以相持日久·有風濤患·議分兵守·實妒公功而欲養寇·公力爭不得·附髀嘆曰·此機一失·海氛無已時矣·賊悉公勢孤·冒險突圍出·公知衆寡不敵·引師退·憤懣成疾卒·年六十二·病中頻大呼縱船縱船云·

公自結髮從戎·出海未嘗失利·率擒賊殲其首惡·不妄殺一人·所獲贓物·以其二分士卒·其一儲修船費·降者量才委用·俾自效·擢顯職成良將者·殆不止一二數云·子四

人・次子琛・現官千總・吳應逵曰・粵中雖婦人孺子・無不知有黃總鎮者・海氛不靖・垂二十年・微公則海濱居民糜爛久矣・惜哉・使廣州灣之策行・奚事後來招撫之紛紛也・公乘馬張蓋・觀者塞途・一顯官也・及登舟・則衣短後衣・大布裹頭・與士卒飲食・同臥起・故人樂爲用・雖古之名將・何以加茲・丙寅・廣州試院不戒於火・諸童排牆走・公之子爲衆所擠・股折矣・於時香山應試者數百人・爲禱於城隍神・願乞黃總鎮子無恙・醫者曰・此殆非藥物有靈也・蓋公之功德在人心如此・

長壽縣知縣曾公傳

公諱受一・字正萬・號靜菴・東安人・康熙乙卯拔貢・乾隆戊午鄉試・以第二人冠一經・庚辰・揀發四川・初署洪縣・至即創南廣書院・增設膏火・作勸學詩百韻・諸生斷斷向學・每歲農時・巡行郭外・作勸農憫農歌・令兒童歌之・凡賓興鄉飲讀法諸令典・他邑令所視爲具文者・公必敬謹行之・旋調江津・江津號難治・又值歲荒・公聯邑人作救命會・以有餘貸不足・明年秋熟・捐穀千石・勸民立義倉・作訓俗瑣言以教愚民・於署前立旌善坊・大書邑忠孝節烈諸士女名氏・民俗丕變・人稱曾夫子而不名・乙丑・以署合州事降秩・囊篋蕭然・江津人醵金資之・癸巳開復・補長壽・其治視江津・甲午乙未・兼攝巴縣・時金川軍興絡繹・公不累民・不悞公・供帳悉辦・戊戌・解組歸・長壽人預奉主入名宦祠・巴人作有田亭・以比鄭子產・而江津人則建坊於城南官道・建祠於通參門內・曰曾夫子祠・公所嘗涖事如涪開綦江閬中廣安諸邑・民過祠者・咸瞻拜伏謁・每歲八月廿七日・爲公誕辰・紳士耆老咸率其子若孫・具衣冠・陳酒脯・鞠跽頌祝・門外設俳優陳百戲爲樂・三日乃罷・

公少時讀朱子書・有所得・輒劄記其旁及上方殆遍・嘗曰・集註主釋經・貴嚴約・而不得盡其詞・故作或問以暢達其意・並著前人立說之是非・蓋註舉其端・問竟其委・註釋其要・問備其義・註採程門諸家之精粹・而問辨程門諸家之得失・故讀集註者・必讀或問・然後詳悉無遺・纖微必晰・又考洙泗以來淵源授受・下迄宋元明諸儒之俎豆學宮・與未經從祀而獲聞斯道之傳者・皆博採史傳・釐其序次・曰尊聞錄・漳浦蔡文恭公謂其定見知聞知之統・屏俗學雜學之陋・嚴陽儒陰釋近理亂眞之防・非一人之書・而天下萬世之書也・又舉歷代禮樂政刑治亂得失之大・推本經義・旁及諸史・著學古錄六卷・朱文正公謂其所志者正・所學者邃・讀之見末知本・想見古聖人禮樂刑政之迹之心・是爲有本之學・有用之文・致仕家居・講學授徒・復著易說四卷・春秋四卷・四書若干卷・卒年七十七・

呂　堅　字介卿・一字石帆・番禺人・歲貢生・學於同邑張大進・大進博極羣書・文筆奧賾・堅盡受其學・益都李文藻見其詩奇之・因以堅詩與順德張錦芳黃丹書黎簡並稱嶺南四子・文亦奇情鬱勃・不作常語・顧老而不遇・在四家爲最後歿云・著有遲刪集・文二卷・詩四卷存・

重修靈洲妙高臺碑記代

山水之靈・必以人著・會稽匡廬六聘之屬尙矣・然一邱一壑・足以悚神智・懾精魄者・亦必以名賢之迹・游人才士

憑弔稱說・迺有所據依・靈洲山之搆妙高臺也・唯東坡故・士大夫少負異才・卓欲有所展布・所如不合・其材處於用不用之間・輒壆坌偃蹇・數十年以至於老・數極而知返・力困而思遷・於是遂欲逃之晴空寂滅之教・以平其心・而恬其志・而其時之精神・又不可以已・遂托之奇幻窅冥之說・以自娛其情・嗟夫・此妙高臺之詩所由作也・古今靈闢之區・又貴游權勢所心爭而力據・乃歌臺舞榭・不旋踵而荒草寒煙・後之人臨其址者・輒唾罵之・以資其文字之感槩・視妙高臺之屢圮而屢建・是人之賢不肖・而地因有幸有不幸矣・非以其僻在海隅・祇供遷客騷人以憑式也・

東坡既賢・則不必其說之可信於後世與否・而亦必有所振起・今某鄉紳耆黃君等力鼎新之・臺之下・復搬爲軒・爲會文所・余嘗以公事經其麓・登所謂寶陀寺・木石杈剝・苔青蘿碧・咸有古色・其外則鬱水沙明・澄波如練・曉日初出・如大冶流金・赤光瑣碎・淸秋涼月・剪琉璃千片・閃閃有聲・時而漁火村烟・相與明滅・皆足消人壯志・發人淸警・輒復甜於臺畔蒲團・召小沙彌述所聞得雲事・釋然有會於心・又以歎山水之靈・自足致名賢之迹・而與以不朽之於世者・其故又不盡屬諸人也・余既嘉黃君等營造之力・搁前令之碑・無及古人之意者・於是乎記之・以告後世・才識之士・其必同感焉・繼有年所・圮復營之・以紹前休可也・

潘炳綱 名彰國・以字行・更字同人・號野亭・乾隆間諸生・食貧力學・遇未見書・輒典衣購之・久困童子試・中歲屏舉業・負弩從軍・晚爲黃提督梅亭課子・藉館穀以自贍・益肆力漢唐諸儒傳說・五經皆有纂述・所著禮記庭訓・阮志藝文署注存・

編校按・作者考目有禮記庭訓自序一首・原稿謄印本缺文・

談　樵 字用修・號五山・順德人・著有一枕亭詩草二卷・

王楊盧駱論

唐書裴行儉傳・李敬元盛稱王勃楊烱盧照隣駱賓王之才・引示行儉・儉曰・士之致遠・先器識而後文藝・如勃等雖有才・而浮躁炫露・豈享爵祿者乎・惟烱稍斂戢・得禍當少減云云・厥後勃溺南海死・照隣惡疾死・賓王從徐敬業起兵敗死・烱終盈川令・人莫不高行儉之識・談子曰・儉之說是・而以論勃等・則未盡是也・即儉之論勃等・未嘗不是・而勃等之才・終可不沒也・勃等之死生・終不可謂非命也・

今夫顏子夭亡・冉牛惡疾・三家田常・安享富貴・三代以下之貴賤死生・曾何足論・至若司馬德操之於孔明・士元許邵之於曹操・王夷甫之於石勒・謝安之於謝元・李太白之於郭子儀・張曲江之於安祿山・是皆卜其人之才智功名・與其終身之賢不肖・未嘗言禍福也・管輅之於何晏鄧颺・孫登之於嵇康・言禍福矣・然何鄧之禍・有以致之・不待智者而後識・嵇生鸞翮遭鎩・後世傷之・勃等行事・至今不少槪

見・才高識淺・在儉豈必無據・但勃之才・莫著於滕王閣矣・讀至序中末一段・所云君子安貧・達人知命・酌貪泉而覺爽・處涸轍而猶懽・又云・楊意不逢・撫淩雲而自惜・鍾期既遇・奏流水以何慚・其謙和周密又固何似・而不幸不見用於時・而不幸復至於溺死・豈非命也・至當日武氏之欲篡唐也・其間委蛇朝右者・豈必人盡狄公・徐敬業以勳臣後裔・欲伸大義於天下・賓王一書生・左右其中・磨盾草檄・今讀之凛凛有生氣・更何得以矮屋隙窗・坐論成敗・且敬業之心・不可必知也・而敬業則固有名也・目之以反・萬世豈爲定論・如行儉之論四子・或見四子有如是之才・更欲使之斂華就實・養成德器乎・是未可知・余特恐宿搆序文之吳子章輩・盜虛聲以愚時俗・一旦見眞文章如花似火・汗出舌結・反託於有養者之所爲・又如武氏朝・彼宋之問閻朝隱諸人・非不並負妙才・非不久居高位・縻重祿・其人賢不肖・於勃等四子何如也・故曰・勃等之才・終不可沒也・勃等之死・終不可謂非命也・

石緣詩鈔序

石緣詩鈔序・余從兄陳官子洪甫所著也・兄姿性高邁・胸懷磊落・生平以古人自期・躭詩酒・不屑事家人產業・與人交・復謙和周折・雖嘗謂識滿天下・知己曾無幾輩・而所遇無論智愚賢否・務必罄其歡心・好出遊・間裏糧獨至西樵羅浮諸勝・登高賦詩・繼以太白・春風秋雨・窅然不自知其情之一往而深也・余家僑寓鳳城・已歷三世矣・鳳城故多名宿・兄執經問難・無間晨夕・最後師事羅石湖先生・揚風扢雅・先生每有起予之歎・常扃戶金榜山庵・與同人長歌短詠・得奇句必以酒澆之・筆之所至・獨開生面・詩已成亦不甚收拾・暨捐館・散失畧盡・賞識者往往蹤跡於余・余茫然無以應也・

歲庚辰・其長子天成跪余請曰・先君子石緣一稿・乃半生心血・今者不能存什一於千百・姪心惄焉・但少不經事・無從搜討・叔豈有意乎・余曰・然・此素志也・因遍檢篋笥・約得百十餘首・蠹蝕過半矣・於是極力訪求・復得一卷於友人案頭・其餘或經天成手錄・或爲諸公傳誦・又或散於僧寺酒樓・統計約得五百餘首・亦裒然成帙矣乎・遂竊爲校讐・幾歷二載・將謀諸剞劂氏・歲壬午・訪四家兄於潛山官署・載諸行篋・前潮陽明年張公・皖城進士也・見之驚喜曰・此僕十年前所遊神忘味・以不得盡見爲憾者・造物有靈・忽獲異寶・因力爲慫恿・俾勿庋閣・余歸後・爰再爲序次・付之梨棗・而竊歎以吾兄才華卓犖如此・使天稍假以年・所造或未可量也・商榷之餘・又不覺爲之慷慨而涕零・

愛日樓序

子與臣有二道乎・無有也・忠與孝有二理乎・無有也・是故在家言孝・在國言忠・爲子爲臣・途若殊出・然吾觀孝經之書・仲尼教孝之書也・其言曰・夫孝始於事親・中於事君・又曰・資於事父以事母・而愛同・資於事親以事君・而敬同・是一言孝・而臣道具矣・後人補葺忠經・反成瘤贅・

吾邑温子某・篤行君子也・少負儁才・學問淵博・尤通達治體・已成名・就職有日矣・其大父太翁先生詔之曰・爲

學非以干祿也．窮經亦以致用也．兒幸際明時．頗懷素具．於民社未必無小補．行矣．勿以我爲念．温子乃長跪致謝曰．兒豈無君國之念哉．顧白髮在堂．不能婉愉奉養．心實愧恧．其遠離膝下．毋乃負疚滋重．太翁曰．非此之謂也．君恩未報．何以家爲．温子曰．固也．天下豈有無本之功名哉．兒不能事親．君謂我向．且仕優則學．兒并學焉而未能也．爰搆小樓於宅旁．名曰愛日．以致惓惓之意．樓之中．晨昏冬夏．無弗省也．几杖房枕．無弗親也．萊子之斕斑可戲．曾參之酒肉必有也．樓之下爲圃．庭草交輝．林花互擠．千竿之竹．四時之果．可以供老人之徜徉而分甘者．亦無弗備也．覩鳴鳩之拂羽．思育子之殷勤．見烏鳥之栖枝．念反哺之慈感．白雲在天．親舍在下．不必顧瞻而悵悼也．圃之前爲池．一望如鏡．魚之樂．似樂人之樂．或時邀賓友以共樂其樂焉．而又以其餘閑．益講修己治人之學術．古今治亂之之得失．凡所以黼黻鴻平．霖雨蒼生者．無不有以究極其精要．蓋温子之性情．於是乎不可及．而志亦可謂大矣．

而或者謂毛義捧檄．喜動顏色．奈何乎温子．予謂親老祿養．古人多有行之者．至温子家素封．承顏順志．庭闈之樂．固無與比．若君家太眞．晉代名臣也．急於立功．至別母絕裾．君子猶弗滿焉．今時際隆平．聖天子以孝治天下．內外臣工．凡在職者．量多優假奉養．愛日之樓．又安能已乎．且夫人生百年．不過三萬六千日耳．人子即欲以吾身三萬六千日之身而事吾親．以三萬六千日之日．心猶有所不足．而曾不得半焉．光陰易過．耄耋難逢．遠遊之戒．喜懼之迫．皆吾子行在孝經之言也．温子勉乎哉．若夫温子之才．久而益卓．恐東山之臥．終不可得．而立身行道．揚名於後世．以顯父母．捧日之樓．將繼愛日而作焉．此又他日之事矣．

方天根 字應復．一字子谷．香山人．諸生．縣府院試俱第一．所爲詩古文詞繪事篆刻．皆卓然可傳．年三十八卒．黎簡哭以詩云．使我同斯世．得君誠古人．著有風佩軒遺草一卷．阮志藝文畧注存．

新美齋銘

邑東鄙之西村．舊有新美齋．蓋其鄉人讀書之地．邑侯洪公顏之者也．自宋迄今．未有銘之者．爰取新美之意．而推廣潤色之．其辭曰．

巋然高齋．峙於天鄙．孰董其謀．而克慮始．慮始伊何．爰命畚築．顧此平曠．是立家塾．告其村人．而父而兄．置之土田．以爲代耕．丹雘既治．我侯乃來．周視廊廡．則喜而怡．是錫嘉名．厥爲新美．日新又新．充實可企．侯告村人．新無取奇．尼父絕韋．温故而知．侯告村人．無外美爲．美在其中．暢於四肢．侯告村人．爾果爾毅．匪新弗華．匪美弗貴．始焉村人．懵未知學．侯誨之書．漸以磨濯．始焉村人．椎魯相望．侯誨之行．出入禮讓．今此村人．歡躍舞蹈．匪齋奚居．匪侯奚教．齋之成矣．侯之相承．保後生矣．凡厥後生．尙守典型．敢或怠惰．視此齋銘．

仇巨川　字滙洲．號秦山．順德人．與同邑溫汝能舍人交好．汝能所輯龍山鄉志．多宗其論．著有羊城古鈔八卷．存．

蕭曹魏丙相業論

繼天立極者君也．而輔臣以代天理物者則惟相．伊呂周召．夐乎尚矣．顧其人不世出．此相業之所以日雜也．雖然．居其位．行其道．即有其業．而欲比隆三代．大要有四焉．相德．相度．相識．相任．以誠意不以知術．相德也．以責難不以苟安．相任也．大公無我．不挾以私．謂之相度．崇本析末．洞悉本源．謂之相識．知此四者．復正其學術．嚴其進退．則幾矣．三代而還．語漢相者．則曰高祖開基．蕭曹爲冠．孝宣中興．魏丙有聲．四人相業．亦既光昭漢史矣．考蕭之爲相．守關中．薦韓信．入關．收秦圖籍．鎮靜之操．加以卓識．蕭誠有之．然其遣子弟以詣軍．買田宅以自汚之類．往往挾術相欺．所謂君臣以誠意交孚者．當不如是．則相德之憾也．至其請地上林．遽受廷尉之辱．猶不能引身以退．楊龜山謂其貪冒榮寵．如持重寶．惟恐一跌．毋亦刀筆小吏．不知刑不上大夫之義．而昧進退之節也歟．及其病也．薦有隙之曹參以自代．斯又深得所謂外舉不避者矣．曹之代也．一尊蕭法．治尚清靜．夫以苦秦多事之民．一旦得我無爲之治．安而歌之．是猶出烈燄而沃以淸冷之水也．曹亦可謂識時矣．抑知蕭之佐帝．倥傯馬上之治．制度多習秦舊．先王良法美意．百不得一．曹之相在孝惠時．秦灰已冷．焚坑已平．牝鷄之晨未鳴．屠牛之鋒已挫．正有可爲之日．帝察參不事事．且使其子諫之．帝亦非常主矣．使曹以責難．不以苟安．可臻上理．奈何酣歌廢事．坐使漢治流爲雜伯．豈相任哉．殆亦由其學宗黃老．故術治止此耳．

夫矯黃老之弊．必變爲申韓．勢也．而漢實以之．相爲倚伏．故至孝宣之世．治用申韓矣．陳亡齊謂宣帝刑名．而魏相以嚴刻佐之．夫亦以元勳如霍子孟．良吏如趙廣漢．不幸而後人與及身．各麗於罪．尚當十世宥之．八議生之．乃魏以其私憾．致霍赤族而趙斬．其於相度蔑如也．邱瓊山短其引許史以爲重．進不以道．宜也．故雖能止無名之師．屢上災變之疏．其始不端．後美莫贖．君子惜焉．繼弱翁而相者丙也．跡其問牛喘．不問羣鬬一事．時人以爲知大體．而君子不以爲然．夫君子修己以安百姓．中和位育．民不知鬬．此燮理先務也．何必徵於牛．況陰陽非拱平無爲而自調者．當孝宣時．趙蓋韓楊之寃未伸．許史恭顯之勢將熾．信鳳凰．惑碧雞．種種乖政．不可勝紀．舍此不慮．而慮牛喘．豈相體乎．識之不裕故也．第自其寬大好禮．而於皇曾孫保護．舊恩絕口不言．器量可謂深矣．大抵漢承秦後．去古未遠．其所以不能復元於三代者．雖曰其君有以致之．而未必非輔相者．其德其任其度其識之有缺也．雖然．伊尹周召．不可再覯矣．設非有蕭曹畫一．與天下更始於開國之年．魏丙同心．與國運維持於中興之會．又安能位冠羣工．聲施後世哉．君子於是乎多四相矣．

約齋剩草序

約齋先生・禮郁百家・筐篋六藉・學誠博矣・有名其齋曰約・非欲由博以歸諸約者哉・先生蹙然曰・反約之學・談何容易・吾得以約鮮失・不亦幸乎・玆乃復以齋名名其詩・且曰剩草・夫既已約矣・又言剩・何也・不知其以約爲賸乎・抑以賸爲約乎・客疑其義・以問竹嶼山人・山人曰・子不云多聞闕疑・愼言其餘乎・夫詩也者・永言之謂・約則愼之至・而剩草即其餘也・作者其存寡尤之思歟・予又何疑焉。且子亦知詩之起於約・歸於約・而神於約乎・邃古之世・里巷謳吟・士女贈答・矢口成章・此聲律所由起・詞固甚約也・至三百・則學士文人・臚萬有之奇・以騁其才華・供其舒嘯・亦云侈矣・然悉蔽之以思無邪之一言・是無之而非約也・約齋之詩・雄論風生・奇情雲湧・疑非約矣・而要不御鉛華・不事組織・一如天籟自鳴・不求工而自工者・無他・能約其情以歸於正故也・彼世之拾餘唾於唐宋・步後塵於齊梁・優孟衣冠・邯鄲學步・詡詡然互相標榜・謂某也風華・某也絢爛・某也錯綵而鏤金・而實詞競浮華・習沿綺靡・流蕩忘返愈趨下・吾安得以約齋之詩約之・又其甚者・矯浮靡之弊・而故爲枯禿艱澀之句・以諛聞動衆・而曰・吾已約矣約矣・則亦約其所約・而非約齋之所謂約・若約齋之約・則以六經爲根柢・以左國爲波瀾・以莊騷助其天趣・以漢魏六朝三唐兩宋諸作・資其考鏡・如是而簡練者有年・涵泳者又復有年・故其發爲詩歌・在在有經籍氣・而能斂華就實・不傍門戶・不落時蹊・卓爾成家・以自寫其性情之正・蓋其約・不約於約・而約於博・故能約也・能約斯能剩矣・

雖然・更有進焉・誠能約之又約・攝其心於語言文字之外・以至收視反聽・約無所約・則音沉響寂・心與天遊矣・其或策杖登高・振衣千仞・長嘯一聲・萬山皆應・覺大地山河・恍從我鼓吹而出・而前古後今諸大作手・舉可闌爲此中剩語・不識約齊剩草・更從何處剩來也・將以爲約者約乎・未始約乎・抑未始約夫未始約者乎・約齊何以教我・約齋聞而笑曰・豐干眞饒舌哉・約之時義・既被和盤托出矣・請序是草・遂書以序・

家監紀公傳

家監紀者・明永明王之監軍官也・名自奇・字子珍・號曰寧菴・其先世居於肇郡・父夢槐・爲靈山縣小吏・卒於署・公年甫十五・請母扶櫬歸葬・母以公年少・且乏貲・未之許・而請益力・卒能經紀其喪・致哀盡禮・雖老成練達・不是過也・承父業・吏滿・爲廣西陸川縣典史・順治丙戌・城陷・公整衣冠北面再拜曰・臣敢以微員自恕而負朝廷耶・將投繯矣・令蹌踉而來・止之曰・守土予責也・死而有益於國・敢不共勉・若使人盡如北京・君臣同殉社稷・奚益乎・古有一成一旅克復舊物者・唐桂二王無恙・甌閩諸郡猶存・天下事尚可爲・奈何於子之才・一死塞責耶・公頷之・遂與其令歸肇・會明臣丁槐楚等擁立永明王於郡・公以大司馬式耜瞿公・兵科給事邦彥陳公交荐・召對・上恢復大計十二策・深中時要・上嘉納之・授以監紀・公於是破千金之產・以抒國用・恩威並著・深得軍心・無何・擁立諸臣扈從與反

正事功・武臣與降賊修怨・公抑膺大慟・嘆曰・悠悠蒼天・國事何竟至此也・時年四十三・遂棄官隱遯於西靈山中・

初・公之婚於高明東寨譚氏也・有子曰伯璋・冠矣・公至靈山・復婚於賴・連舉丈夫子三人・曰奉璋・曰顯璋・曰殿璋・杜門課子・有終焉之志・時有武弁黃學明者・聚衆於高廉間・奉明永曆年號・欲引公爲重・數造廬咨以軍事・公爲之指畫形勢・授以方畧・瞭如指掌・荐於西師・欲强起公・西師者・張獻忠四大部將之一・降於明者也・公逆知其終於無成・故不應・學明隨西師・由高州掠出新興河頭・下肇慶而攻新會・道經王臣諸部曲相戒曰・此仇監軍故里・毋得掠・有不戒者・帥斬以殉・復竪一幟於村口以爲識・左右村庄・多藉以保聚云・由是仇監軍之名愈著・奈天下事愈不可爲・而公入山之想愈深・公大節之立・亦於此兆矣・

康熙乙卯・滇地蠢動・改國爲周・使其僞將徇定兩粤・並欲起公爲參贊軍機大臣・公正色曰・使延陵將軍於二十年前・爲先朝泣涕興師・號召天下・天下忠臣義士・豈無起而應之者・不此之務・今天下已定・而自圖叛逆・庸有濟乎・使者聞而惡之・短於帥・帥曰・必致之・不然則殺之・而公亦懼・終爲所逼・挈家奔橫州八□莊以避・詎賊跡至橫州・竟爲所獲・公拒之益力・遂遇害・卒年五十八・莊僕阿保隨行・殯之・囘葬□莊・時干戈梗道・長子伯璋奔喪・瀕於危者不知凡幾・越二期・乃得抵橫・尋見母弟・仍遷回靈山宋泰以居・玆則雲礽蕃衍・分住靈欽各處・人以爲忠烈之報云・

嗟乎・士君于生當亂世・而能於生死之際・較然不欺其志・倘所謂忠知兼備者非耶・明社之屋也・死節之臣・史不絕書・顧當死而不死・謂之專生不勇・忠者固不爲也・不必死而遽死・謂之專死不任・知者亦不爲也・兩行其道者・則又戛戛乎難其人・使公畢命陸川・節雖著・又安有陳恢復策・受命監軍・使倉卒行在・而蒸蒸有起色耶・功雖未竟・其心固已盡矣・及其匿跡山林・甘心薇蕨・不肯與賊共事・以至罹害・非識卓而力定者・其孰能之・迄今讀却吳賊數語・猶凜凜有生氣・生死之際・公可謂較然不欺其志矣・

羅元煥　字超倫・號章山・南海諸生・後棄去・有歲暮懷人詩五十首・邑人陳仲鴻爲之箋注・世並稱之・著有萬石堂集・未見・

因竹齋詩序

自古父子相繼以詩著稱者・莫過於魏之曹氏・宋之謝氏・唐之蘇氏・蓋父之與子・其氣類固有以相感・然亦係乎門才之盛・斯無忝一家詞賦焉・同邑黃君秋畹・以能詩聞於時・曩者家石湖先生及何西池前輩・數爲余稱君之詩・余嗟異之・既而獲君交・君更出其尊人醒堂先生詩草示余・余於是嘆君之能詩有自・而醒堂先生之得君而益彰・其才地名業・來審視曹謝諸家何若・要其瑤章繡句・前輝後光・嶺海文人墨卿・靡不知有黃氏父子詩・殆無異魏武之於陳思・方明之於惠連・昌容之於廷碩也・

醒堂詩草・胡金竹先生序之・君詩之序・則出西池手撰・二公皆吾粤騷壇哲匠・不輕許可・顧樂爲君父子作序・當代元晏・洵足不朽・而希聲平古人矣・君近以醒堂先生

詩・與己平生所作・都爲因竹齋集・因竹者・君家本所居里號顏其齋・今遂統以名集・或曰・竹蘆茁而叢蜜・昔人謂有父子依屬之義・世之讀因竹齋詩・倘亦恍然如青翠交加・風篁成韻・協嶰谷之黃鐘・而奏廣樂於瑤池也乎・

陳仲鴻 字南賓・南海人・與羅元煥同邑・嘗注其所作歲暮懷人詩・題曰・粵臺徵雅錄・并爲之序・張維屏聽松廬詩話・稱爲百年來詩人韻事・畧見一班・今刻伍氏嶺南遺書中・

粵臺徵雅錄序

章山羅先生・長余十有一歲・余年四十・始與章山定交・間嘗晨夕過從・樂以上下古今相質・證其議論・嚴寒酷暑・恆至忘疲・或與言詩・章山偶舉誦其歲暮懷人之什・則必爲之擊節・蓋愛其用事精切・且善於形容・不可移易也・然所領畧者僅十餘首耳・夙聞章山所爲詩古文詞・積盈篋笥・雖密友與及門高弟・皆秘不相示・意其未定之稿・有待而出・故亦不甚索觀・甲辰仲冬・章山沒於鄉・其小阮盈茲・親訃於予・并屬爲行狀・余即以遺稿詢・則云未嘗裒集・且迭厄於蟻・余太息久之・惟時嗣君衍茲昆季・尚在少稚之年・因屢趣其編輯所存・毋使更滋散佚・既乃漸於零牋敗帙中・取次撫拾・迨閱十稔・始繕成若干卷・携以謁余・以余與章山交雖晚而相知深・欲予有言弁於簡端・至是全讀其詩文・乃知懷人詩五十首・所懷七十三人・余獲交者過半・而父事兄事者在焉・此外有曾經接席者・有雖未識荆而素耳其名者・求其歸無恙者・周若谷明府一人而已・餘則人琴云亡・可勝感舊・而誦章山之詩・猶不啻其流風餘韻・恍然見於紙上也・

因思各詩・變帶經堂集之例・每首祇以其人之別號或字爲題・豈章山當日一時遣興・聊以自娛・無意傳之後世・遂不復詳釋以示人耶・今其詩幸存・恐後之讀者・茫無考據・目倦終篇・究亦歸於湮沒耳・爰憶及所知諸公・暨詩中所指事跡・欲一一爲之紀述・使泉下故人・不至風流頓盡・即未獲與交者・亦可畧表其梗概焉・惟余見聞所未及者・尚有十餘人・於是訪之耆舊・遲之經年・僅得其名諱爵里・亦云粗備・乃倣昔人註詩之體・并錄其出典・別爲一帙・題曰粵臺徵雅錄・亟以先付剞劂・愧余腹儉・又藏書未廣・所註舛漏・知所不免・至詩中之意・未有能盡發明者・則余所不及知・不得不闕如矣・博雅君子・幸哂而諒之・若其全稿・應有當代元晏爲之表彰・又何俟余言・

溫承恭 字莊亭・德慶人・乾隆間諸生・好經世遠畧・嘉慶初・川楚用兵・出入蜀漢間・久之・客松潘・著松潘防守議・及松潘廳志三卷・復遊齊魯・遊浙・遊黔・再至松潘・二十餘年・足跡幾徧海內・十踏鄉闈不售・以歲貢終・所著散佚・子颺・輯存之・後颺弟子某・刻颺遺書・援黃氏伐檀集例・取冠集端・題曰溫氏家集・德慶州志注存・

錦石山記

康州當嶺西之衝・據南海上游・地名淥水・有錦石山・距州城四十五里・俯臨牂牁江甸・傳漢文帝時・陸賈說趙佗・佗與賈泛舟石下・賈禱於石・願得佗臣漢・以錦裹之・

後佗去帝制黃屋左纛·賈因栽花當錦以褒石·故得是名·世傳是言·蓋誇賈之禱石有神·訛以傳訛·所以歷數千年而人皆共信也·

夫佗雄才大略·智勇過人·自立爲南越武王·早有不肯降漢之意·故高帝前使賈授佗璽綬·佗雖受命·而立織爲南海王·遙奪佗郡·佗終拒·織不得王·則高祖之威之力之才·佗固未肯以雄心屈也·文帝威力才能·不及高帝·佗忽奉詔·即去帝號·蓋心服文帝之德耳·奚藉山靈而後覺悟趙佗哉·世人不本於漢文德服趙佗·好假神異·以爲賈禱此石所致·嘖嘖於錦石之名·吾恐後世之主·偶爲所惑·將圖霸者·亟創陳寶之祠·爭王者·私立苻堅之祀·謬託神物·謂海內可一·遠國可撫·迷罔日以興矣·夫中州歸附·梁武先見於夢·土田增廓·虢公先聞於神·其後卒皆無驗·國家席卷天下·包舉宇內·鬼神豈易得而私之·然則賈之禱石·其有無未可知·而謂一石之靈·遂能使佗戢其雄才·委命下吏·不煩一兵·不折一矢·頓舉百越之地·入漢封疆·吾恐天下無是理也·

溫瑞柏　字茂承·號漢臺·德慶人·貢生·與同州溫承恭善·相偕遊蜀·卒蜀中·著有遊蜀日記二卷·漢臺詩文集各二卷·並佚·

按德慶州志·瑞柏僅存詩七首·附刻承恭遊蜀集中·然順德溫氏選文海時·尚得其文八篇·疑瑞柏文其初尚有傳本·後乃佚也·

蕭曹魏丙相業論

嘗讀漢史·至魏相丙吉傳·未嘗不廢書而嘆也·其言曰·高祖開基·蕭曹冠位·孝宣中興·魏丙有聲·若以此四人者·實爲漢冠·故類舉而幷稱之·嗟乎·此漢之所以成其爲漢者乎·蕭何曹參以秦刀筆吏·識高祖於微賤·爲布衣交·視宣帝之與魏丙·相得應爲尤甚·即蕭曹之相·得視魏丙以宦遊而始著者·亦爲特異·天下既定·何爲相國·一朝儀而弗能定·猶賴叔孫輩爲之·殿廷始無醉呼之武士·所收律令圖書·果何爲也·時則可爲·勢復易爲·卒未能大有爲·區區占民業自汚·以免於猜疑之主·有正己之學·而格君心之非者·果若是哉·其舉參自代·亦明知參於己生平·無所短長·近又習清靜之學·益無所爲·得以自覆於身後耳·

夫治初定之天下·如治嬰兒然·其啼其笑·其飢其寒·朝撫而暮不同·隨時以求·猶恐弗得·況得以醇酒自醉·而並欲以醉塞天下之口哉·成王賢主也·周公聖相也·猶且一飯三吐哺·一沐三握髮·豈好勞哉·懦弱如惠帝·亦知其不可·故使其子窋私問之·特震於法令明具之言·遂信天下爲可以垂拱而治耳·

夫不問鬬傷而問牛喘·史稱丙吉爲得大體·司馬溫公方且譏之·况如參者·更無燮理陰陽調和氣化之言·其於政體·顧何如哉·丙吉亦幸承弱翁綜核名實之後·列卿稱職·遂得寬以居位耳·使前魏相·後無杜延年·于定國諸人·相繼輔政·即丙吉亦必遂成中興之業·

或曰·得天下以得民心爲本·何惟孳孳得民和·故乂安海內·曹參相繼·不事紛更·文景本其政教·幾致刑措·厥功顧弗偉歟·武帝英主也·紛紛改革·立法多而犯法亦多·

當時學究天人如董仲舒，亦無救於其弊，獨奈何弗滿意於蕭曹哉，曰，今有丐者，行乞於道，與粥得粥，與肉得肉，其飽一也，其所以飽不同也，民之背秦思去，何以異是，當此易於見德之時，不必聖如周公，即以魏相爲之，本其所學，順流更化，當有與秦民以肉者，且可使後之接踵於其位者，循之而治，雖不肉而自有肉，道無行乞可也，若秦則逼民爲丐者也，何則，與粥者也，此漢之所以適成其爲漢也。

火井考

火井龍湫，楊子雲蜀都賦類言之，讀左思賦，至所云火井沉熒於幽泉，高焰飛煽於天陲，心竊異之，謂當與山經志怪，並當闕疑，蓋太冲之賦三都，言雖鋪張揚厲，而實所以抑蜀而媚晉，秉正之士，宜無所取重焉，迨遊蜀，訪野老於路，果謂有之，既覽通志及儀隴縣，亦載其一，是與臨邛有二火井矣，蜀都賦注及華陽國志，皆言其入夜光燭數十里，接以筒，藏而拽之行，終日不滅，人之言曰，今引其火煑鹽，其制，鑿石作圈如井火，圍之，蓋以板，圍四周，竅小孔，孔貫一竹接於灶，灶心以鐵作筒，上展其口，接鍋心，下圓其竅，接竹口，井火從竹口入鐵筒，吐焰溢鍋外，一孔供一灶，灶滅則去竹塞孔，不用去蓋，息火依然空洞，一井□常道將又言，井無二水，取井火煑之，一斛水得五斛鹽，以家火煑，則鹽無幾，是與人言同，而皆無可疑者，諸書皆言需火，火先投家火引之，須臾，隆隆然如雷聲而焰發，獨博物志則謂，入以家火即滅，其言稍異，元和志言，井廣五尺，深三丈，而亦不言儀隴有井，通志雖載之，其深廣丈尺亦弗及，惟言火可禦寒，稍深之，則又有水云，因憶陰火潛然之說，余嘗遊海上，觀見其爲海水鹽氣所生，得之形似者，木華固非虛語，即山海經所志火炎山，投物輒然，火山國，霖雨不滅，抱朴子所言之南海蕭邱，春生秋滅，生木焦灼，亦皆言有可信，然皆火浮地外，而非掘諸地中，惟陸放翁言，火山軍之地，鋤深則烈焰，不妨於耕種，差與火井同，然未嘗享其所用之利，是惟蜀之火井有之，豈火爲地二所生，蜀處中國西南隅，適當洛書地二之位歟，由山海經觀之，則無地火，由蜀二井言之，則擇地得火，此又不可解者，又考外紀言，臨邛井之火，熾於漢室之盛，而微於桓靈，孔明窺而更盛，景耀□年，投以燭而火滅，遂併於魏，火□關於國家盛衰□此，蓋火氣生於地，火精麗於天，此□之所以普照□方也，故盛則晉而衰則明矣。

溫湯井記

溫湯井曰松木，曰柏木，曰龍馬，開縣鹽井也，泉熱如湯，井旁有溪，日三消長如海潮，曰三潮溪，溪水冬溫夏冷，稍殊於井，縣城東南雷洞山側，亦有井，與此同，四時皆熱，然不產鹽，蜀鹽井視滇爲最，其產鹽凡四十州縣，多者數千，次千，次數百，又次不滿百，泉皆冷，鹽政志載，開縣井一眼，設鍋十五口，雖與前說異，其指溫湯井則同，他處井口，寬五六寸，差容汲筒出入，開井口寬五六尺，深如之，他雖淺，亦十其十倍計，且有倍十，其十倍計者，鑿若何，費若何，汲更若何，溫湯井內築磚石，其形八角，泉氣鬱勃而泡沸，木二，架井口，以待汲者，汲時且可覿面，各持木桶・汲以短綆・不似他井更換數牛力・順逆轉運・廼得盤車推動轆轤・收發汲筒・灶戶沐浴及凡需湯者・日取諸此・既用・傾諸溪・井泉供給・隆冬不少涸・固無損於鹽・且浴此水者・肌瑩如雪・不似他井泉不可拭・即來遊者・耳鼻竅孔亦染煤黑・書曰・若調羹・用汝作鹽梅・是鹽可調味・且冠五味・今海鹽外・有井鹽・地不愛寶矣・鹽井中有溫湯・生物不測矣・溫湯浴・肌肉白・味得鹹酸外矣・

溫泉所在多有・即予目覩其奇・且便利日用者・有石山・下注一水中・左右溫冷殊性・好事者築亭稍平處・墻堵之・分流暗行・墻竅二孔・塞以活木・就石作池・客遊浴者・去冷竅木・取水淨池・乃發熱竅・若熱不可浴・復拔冷竅和之・又有遠自深山趨及曠野・急淺且冷・去來之水皆同・獨一曲走處深平・氣濛濛上數丈・日光未嘗照水・水泡如覆數百大小玻璃杯・以時起滅・土人屠宰禽畜・燖毛必取此水・越此數丈・沍寒猶可浴・二水皆見電白・總不若溫湯井蘊水火二氣・益國利民・獨洩靈於閧・獨爲閧人新其面目・余今聞有鹽井・即有火井・獨犍爲之五洞磘鹽井數千井・井皆可引火・雖分刑著異・不若合氣交融者磘爲尤奇・要皆可見不測妙用・不可以不附記・

鹽井記

有人即有養・有養即有食・毛血並食・食未知味・烹飪調味・味多取鹹・鹹資鹽・鹽資火・火先天而生・後天而定・伏行地・溢洩海・中土十八省・不皆近海・無弗食鹽・煑海外・煑池於秦・煑井於滇蜀・是未生人・先生水・大造愛人豫且周・前聖養人公而溥・人於天地・故稱三才・然煑海易・煑井難・煑滇井易・煑蜀井難・難鑿井・難及泉・難汲泉・泉汲難在設鍋・鍋設難在置車及泉・井漏補難・已汲井・枯廢難・枯廢家破・漏補鍋停・鍋可隔山・漕須附井・漕坐石及鍋坐澗・井可高岡・車須平土・車行鐵・及井行篾・鑿井以木・汲泉以竹・竹木齊等・汲鑿咸宜・其木上縛繩・下包鐵・鐵啣泥・泥盡泉起・木盡繩提・繩代木鑿・鑿靡已・數十丈有之・百丈有之・不及泉亦有之・井既成・車先立・車連竹・竹去節・一竹不足・二竹相續・上張口・下翕皮・鈎皮放水・塞皮汲泉・車筒相接・接以篾・或以綆・綆架活梁・梁承四柱・梁動分左右・篾動分放收・篾隨車轉・車尾牛行・牛有順逆・車有緩急・順放筒入井急・逆收筒出井緩・駕牛以軛・起泉以梆・梆聽敲聲輕重・牛知脫軛去留・水得一筒・車行幾晷・牛更幾頭・人豈兩手・其人有司井・司牛・司車・司篾・司梆・司漕・司澗・司鍋・司火・司飯・司草・又有醫工・井工・鐵匠・木匠・其聲有人聲・牛聲・車聲・梆聲・放漕聲・流澗聲・湯沸聲・火揚聲・鏟鍋聲・破篾聲・打鐵聲・鋸木聲・其氣有人氣・牛氣・泡沸氣・煤烟氣・氣上冒・聲四起・於是非戰而羣囂貫耳・不雨而黑雲遮天・一井如此・千井若何・一時如此・四時若何・

於是同地之井・鹽分黑白・於是同井之泉・時異清紅・黑曰鍋粑鹽・堅・白曰水花鹽・軟・清味鹹・泉喜旺・紅味淡・泉惡衰・衰者一鍋鹽合煑數井泉不足・旺者一井泉分煑數鍋鹽有餘・於是鍋多於井・井稱上・鍋亦上・知泉旺・井

多於鍋・井稱下鍋亦下・知泉衰・衰旺因地因時・且因人・徵輸由例・又由吏・更由官・於是蜀境分野・若州・若縣・若廳・若所・若屯・若藏・若土司・長官司計一百三十有九・產鹽者三之一・不產者三之二・於是有坐商・有行商・有陸引・有水引・猓蠻幷賴・黔楚兩需・普其利・無不利・專其利・有不利・大造如私・羣生何濟・酌盈虛・均出入・憾平人己權望商人・且鹽時濕時乾・能堅能腐・予味奪味・化痰生痰・滷縮腸・炒易性・熊食鹽身死・鼠食鹽身輕・鴿食鹽卵充・蠱食鹽腹脹・松潘食青鹽・頦包結・薄味・味加長・厚食・食得癖。物性測者難・用者當愓愓・

新會伯傳

先生名葵・系出河東之蒲州・夏封舜後於此・因以蒲爲氏・始祖衣子。八歲爲舜師・讓以天下・弗受而去・其後有祖・中年逃禪・得禪家風味・坐破團浮海至粵之新會・愛其風景・乃盡族以居・遂世爲新會人・宋時有宗孟者・建閣藏書・顏曰清風・且以寒可無衣・飢可無食・書不可不讀・遺我子孫云・葵生即特立獨行・有高世志・少遊閣上・覽遺訓・便知抽心披閱・然每脫畧形骸・類狂者風・因讀左氏春秋・至南風不競句・慨然曰・豈其然哉・豈其然哉・振頹起靡・是在有志者耳・乃更修飾自愛・以此聞於時・葵遭際中天之盛・天子當陽・政治嚴明・葵喜氣運蒸蒸日上・坐見皇風遠被・無勞草莽臣焦思矣・於是高臥閣上・吟風自適者數十年・適觀風使巡行南國・弗克善布德風・濟以酷・民畏如趙盾焉・葵翻然曰・民孔熯矣・吾南產也・吾道其南矣乎・吾如不出・慍將誰解・自葵出而南方之民飽挹南薰矣・

有葵志之而同時顯名者・東吳之蘇箑・青州之齊紈・及雉氏尾・紈嘗自獻於朝・不久廢・雉氏最寵・出入禁闥・侍左右・天子使世掌其職・箑與葵散迹四方・流風善政・民樂和之・然箑以聲價自高・葵則不然・苟聞風而慕者・以禮來・無弗往・往則移風易俗・如列子御風而行・冷然稱善・有獻愛於葵曰・古之維持風運者・三聘乃出・今毋乃輕身乎・葵曰・不然・彼當寒風徹骨時・故須自重・惠風乃可遠施・今風不鳴條・引領者衆・盍莫不興起於聖人之世矣・亦何假於丕變爲哉・吾不過與斯民懽忻鼓舞・以俟德化之成耳・以是雖販夫牧豎・無弗知有葵・亦無弗挹葵之風者・

惟時葵名日著・於是天子特旨宣召・送葵行者慶曰・播陽休風・而使協和萬邦・在此行矣・葵至・見天子於保和殿・廷臣皆曰・臣等甘拜下風矣・天子喜・命葵遍遊宿苑・謂廷臣曰・葵此來・三十六宮都是春矣・顧雉氏戲曰・爾則任吹多少・雉氏唧之・未幾・商風不靖・雉氏乘間獻讒・天子雖弗深信・葵知之・羞與煽艷・因上疏曰・老臣葵出自南土・病體脆薄・不耐北地風霜・且性樸逮・疏於容止・恐失朝廷雅風・倘賜臣骸骨歸炎州・臣敢不奉揚仁風於下・天子察其誠・許之・詔南海吏歲以春秋存問其家・久而以葵風益大行・天子乃遣使知其家拜爵爲伯・食實封萬戶・子孫世襲有新會之地・葵感知遇・亦歲遣子弟之秀而文者・入侍南薰殿焉・

當葵乞骸時・紈亦以讒被遣・悲歌就道・怨形於言・祖餞日・公卿高葵風・握手別曰・先生未究所用・先生而去・

吾輩能無汗顏乎．雖然．其榮多矣．南海衣冠之氣．不有先生．趨炎者能汗免流浹背乎．葵歸坐臥淸風閣．日以修飾戒子弟唯謹．故其遊於四方者．望而知爲新會蒲氏．其和氣迎人亦如葵．當日得人歡心．其最美者更輕盈俊雅．熱腸士尤狎之．雖當解衣磅礴時．亦必握手相隨．謂坐無蒲氏不樂也．葵聞之．益喜家風不墜云．

葵生平以廣風化爲己任．故與遊者皆藹然相接．如坐春風．然觀其狀貌稜厲．又殊不類其爲人．跡其所居．亦無赫赫名．而去後常見思．可謂奇矣．初葵承召．朝廷處以鴻臚寺職．戲之者曰．今茲之役．有異於當爐之役乎．其亦有餘風．可使人爭賈如未遇者乎．葵惟笑頷之．蓋葵之才無大小．而用無顯晦．故寵辱不驚如此．蒲別友居姑蘇者．纖小姸娬．巧於趨媚．亦同時著名．朱履客每踪跡之．至於寸步不離．屢欲聯譜於葵．葵鄙之．嘗語人曰．大丈夫縱不能馳驅皇路．使風聲洋溢四海．亦當洒脫風塵．出人頭地．何可隨人步趨．從風披靡也哉．今惟分居江門者乃葵後．攷蒲氏．當別焉．

外史氏曰．蒲葵一草莽子耳．當覽古慨然．時若欲以雄風顯者．然攷其語默．出處又雍雍．君子風也．豈其仁心爲質歟．吾聞其食邑多腴田．而子弟無紈袴氣．何也．人苟矯矯．雖伏處畎畝．吾烏能景其所至耶．孔子云．誠不以富．亦祇以異．誠哉是言也．

謝貞女傳

女謝氏．華陽人．幼字同鄉陳孫容長子紹洙爲婦．聘歸未婚．逾二年．洙年十五．殤．又後一年．謝女亦殤．得年十四．初女之聘於陳也．年十一．類成人．不惰不佻．不華不苟．衆異之．洙病且篤．或私洒淚．及卒．哭甚哀．逾常情．戚屬相與私恉．此子入門．未與洙交言．痛苦若是．且幼年．此必有異．否則傷生矣．曷遣之歸．容許之．遣之日．女默稔其意．對舅氏曰．陳門祖先在是．兒將安歸．勉以語．誓之必反．乃行．久之．陳未即迎．女疑焉．一日．見其姑將所製衣物至．益疑之．趣母送歸．且哭曰．母．將女來時．曾告母曰．他日即有事．願母不相干．今豈忘之乎．兒今決計矣．母毋見難．母曰．陳將不許入門矣．女曰．非陳門．女斷不入．果不留．自有主張．必不貽母羞．既無可奈何．聽之去．入門．登堂遍拜．大言曰．兒雖未得爲紹洙婦．今猶幸得爲陳門人．且女初來．天地已知之．兩姓祖宗共知之．陳親族共見之．兒尚何往．今後離陳門一步．即兒入地時矣．自是勤婦職．事父母弗輟．未幾病．屢扼吭求死．與紹洙會．容勸其歸母家．女曰．兒今庶幾得爲陳氏鬼矣．苟以朝夕不便．願暫往母家．兒服未滿三年．死願殮以白．且曰．須兒一個主意．不然．死不瞑目矣．容曰．兒行也．紹泗舉子．即先爲紹洙立後．兒死．葬洙側．設主於祖堂．無欺也．往舉殮具示之．女掩泣曰．兒今爲陳氏鬼矣．目遂瞑．

猴僧煥然傳

煥然．四川寧遠府會理州猴也．後懺悔於夔之開縣大覺寺．其住持祖禪錄爲徒．取今名．字曰色空．初煥然世居州之沙臥山．偶於嘉慶六年一月八日．隨野人來城市．時署州牧爲今梁山尹符公永培．召之見．以俊慧留．嗣署開篆．挈以東行．權授廐地辟瘟大使．開當敎匪數數傷殘．後廐馬不時倒．自煥然來．幸無恙．方煥然受知於符時．雄偉已邁他族．處廐久．益聳拔逾十歲童子．每人立．行亦如之．少見匍匐狀．且漸形桀驁．狎習如馬夫．時或弗敢近．見符則馴．依戀如會理時．九年十一月六日．脫練越出衙外．當是時．衙內人熟其悍．旣懼執．衙外人訝其龐．又喜執．煥然睜目顧．自啐啐作聲．如攫人狀．人未之察也．一時潮湧墻堵．衆益逼視．煥然一衝突．衆益驚駭．煥然益顚狂．或左或右．且叫且跳．不知者持棒徑擊．其知者揚聲急止．而符聞報適至．煥然俯首就執．尾而入．旣入．有告符曰．速斃之．市民有受其傷者矣．且曰．斃之民怨息．練之狂終作．所得孰多．符曰．此非不畏人者．第初適市．靡知所向．衆狂起．此亦狂奔爪傷有之勢也．非悍也．斃之何忍．且固諸廐．未幾．煥然病．又有獻議者曰．棄之可乎．符曰．不可．且吾自川南挈之東來．歷有年所矣．病而棄之．其死必殘於豚犬口．吾何不立斃於傷人下．猶可免支解也．其生難保故態弗萌．則是貽害鄉民也．卒亦不能幸生．烏乎可．且姑待之．

於時符戚有瞿鏊者．疾言曰．是誠不可．捨之僧寺可也．死則僧必理．生則僧必養．大覺寺祖禪持戒律．捨之便．符曰．然．吾有以處之矣．往囑諸廐曰．汝頗具人形．未必非風孽漸除所致．今不靜候解脫．急逞狂奔．汝病即死．恐欲再求如此生．亦不可得．苟如我約．即還淨地．迻汝佛前．自行禮懼．或再世得入人道．汝覺之乎．煥然聞言．躍躍欲起．符旣命工備僧衣帽．遂以嘉慶十年元旦．與之沐而衣冠．偕瞿歷二十里外．迻諸寺．祖禪引參佛．煥然依行成禮．對符嘆曰．不意異類有此．嗣是曉暮課誦．必旁立聽．心喃喃如欲語．祖禪坐亦坐足側．握之去則出．立堦上．弗離也．益異之．客至．禪呼茶．必以茶至．烟亦然．祖禪益愛逾行童．先是．煥然病未愈．時使人受意於祖禪．禪叩悉所以．亦慮其難制也．婉言復命．瞿謂符曰．强行之．無傷也．人當不以勢壓議吾後．是日元旦．鄉民炷香者衆．見其人立．且種種如禮．羣已陰異之．試呼煥然．無弗合掌．羣嘆曰．是何能變動若此．於是有歸而復以衣帽來布者．煥然合掌如前．而煥然名益馳．來觀如市焉．蓋其族爲僧．自煥然始．

傳曰．煥然族類滿天下．率皆谷處巖棲．果食泉飲．有隱者風．又似佛家戒尙矣．然性佻．時隨於俗誘．作優人戲弄．沿門詎財物．於己亦無所圖焉．抑何其愚也．畜胎使然歟．煥然一旦了悟乃如此．世有居然人也．窮凶至於老死．曾無一悔者．何耶．嗚呼．其脫而奔也．是轉機也．其復見繫也．是痛心也．烏得不病．不有符也．能直遂其心哉．煥然始終戀而且畏之也．有以也夫．

擬張衡周天大象賦

根幹旣建．道實斯貞．剖彼混沌．浮乃輕淸．得一非一．無名有名．涵虛匿景．孕實蘊精．含氣吐化．懸象流形．斜帶黃赤．顯赫晦明．七政三垣．紛其羅列．四圍八極・遠匪幽冥・其廣博則域中爲大・萬物資始・笠冒四洲・盆覆四海・星繫一萬四千四百六十有奇・徑盈二億三萬二千三百之里・南北增千而鐃・東西減千而止・故能靈蠢怪奇・智愚賢否・總浩浩之包羅・與蒼蒼而挺峙・

其高明既出地覗乎廣半・亦入地得乎廣分・其氣不降・其命維新・叩關兮仰不見・輔復兮俯可親・飛龍何以御・鳴鶴何以聞・無曰高高在上・斯其炳炳有文・垂之本天道・則之自聖人・其運行則以左而旋・以順爲序・不息其神・至健其主・別中星於二分二至之旦昏・測天行於一南一北之子午・有象可則・而南極之無象弗取・至動者體・而北極之不動爲所・其紫微之宮・則北辰正位・天地常居・神爲天・太乙門夾左右・樞輔鈎極尾宰・列藩隅御女・西連柱史陰德・東統尚書勾陳・華蓋皇柱・別六甲・帝座垣內・俱外則階床槍棓舍轂兩廟・他如公勢近乎尊陽・權祿附彼帝車・輔相三師・既象成而位設・牢理元戈・或氣布而光舒・其太微之宮・則五帝同明兮端門開・謁者外侍兮列屏障・三台抵垣・兩藩旁仗・其西藩則虎賁常陳・其南藩則執法將相・其北九卿臨・其西五侯仰・其東北則太子東引幸臣而來・三公北接二郎而往・其西南・則明堂西倚靈臺而看・少微南指長垣而望・其天市之宮・則侯星之西・帝坐是尊・女床喜暗・宦者幸昏・維市樓之有象・本天紀之可言・指三宗則邦家惇聚・列三肆則貨物粉屯・或帛或布之燦燦・或斗或解之焞焞・七公橫列貫索之口・九分配環曲之端・

其經星則有角有亢・有氐有房・有心有尾・箕不簸揚・七宿類從・東方統昌・有斗有牛・有女有虛・有危有室・壁理圖書・七宿類從・北方統扶・有奎有婁・有胃有昴・有畢有觜・參以猿狡・七宿類從・西方皎皎・有井有鬼・有柳有星・有張有翼・軫以蚓靈・七宿類從・南方熒熒・其緯星則木森森・金鏘鏘・水蕩蕩・火煌煌・土坌坌・中芒芒・附日晨見・附月夜光・其周天也・或一而短・或二而長・或一十二而弱・或二十八而强・循行二十八宿之度・統維一十二宮之綱・

其日則陽宗秉氣・火光麗質・至貴之象・無二之匹・星弱避其光・宿强纏以律・赤道黃道・進退而氣節以分・南陸北陸・斜正而永短不失・故行歷歲・終三百六十五日之期・而徑當天・周七百三十六分之一・

其月則類應乎水・義長乎陰・水故含景・陰故夜臨・朱黑青白・異日而速・滿缺魄明・倚日而尋・是以月當日而月光盈・月就日而月光沉・著明莫大・其徑如日・得天周地・廣之尺寸・麗天分司其數・與日有烏奇兔・偶之獸禽・

夫天爲萬物之祖・星繫羣生之命・厥道無私・厥心常正・六擾既畜・九行以乘・伺察休咎之情・步測宿躔之性・是宜仰觀以文・授時以敬・於是在野象物・則蚺蟒蛟虬・鰲鯤鱷鰌・殆蒼龍連蜷以遊也・獅象麒犀・熊羆猩夔・殆白虎猛據以嬉也・鸞鳳鳶鷟・鶴梟雁鵬・殆朱鳥奮翼以升也・黿鼉鼇鼈・鼃鼈鼊鼉・殆靈龜圈首以悅也・

於是在朝象官・則握乾綱・亮天工・宰輔重・師相隆・陛階肅・館轂豐・嬪御備・床廚供・文教訖・武禦雄・訟獄允・爵祿公・則紫微示衆以宅中也・閽闔闢・斧扆立・後宮從・前戟執・圭器承・東宮襲・侯伯維・藩服翼・靈翼崇・

明堂集·遺逸室·邊陲戢·則太微顯曜以作則也·州國建·潰派勸·市有治·賈以愿·量同式·帛中寸·則天市燦陳以垂憲也·

於是在人象事·則貌之澤·恭之適·肅之畣·水之脈也·言之揚·從之長·乂之彰·火之昌也·視之散·明之判·哲之貫·木之幹也·聽之收·聰之周·謀之優·金之流也·思之道·睿之融·聖之功·土之宗也·於是啓閉斯別·寒暑斯遷·顯乃晦朔·陳乃望弦·出沒在地·晨昏在天·稽遲疾與·順逆兆時·日與歲年·靡不彰以經緯·表以度躔·於是動靜旋轉·陰陽游衍·貟景凝暄·噓氣盪散·膏爾渥澤·殷其震撼·氤氳靡窮·施受彌滿·體之不遺·人猶有憾·匪培覆之偏陂·維垣辰之審辨·

於是日升夜沉·月明星稀·聯光異職·分道揚威·箕畢殊好·風雨攸司·火流寒察·龍見農馳·長庚先昏耿耿·啓明報曉離離·蓋其性專情嗜·爾乃古耀今垂·於是神守精萃·明宣氣帥·則入於其宮·正於其位·□於其舍·迴於其次·會躔協紀·度數按轡·故能下步庶徵·上測天瑞·於是精歇神衰·光息氣頹·則有變合之赫赫·有散犯之恢恢·搖首陵歷而怵惕·騁目鬬食而徘徊·彗索握腕於其野·飛流屈指於其胎·斯莫非乖情與戾氣·且以兆烈風與迅雷·

於是九圍九有·匹夫匹婦·戴月披星·盼箕睞斗·匪靈弗塋·踞高蹐厚·於中有人·乃出羣醜·事天如父·事地如母·日月照臨·兄姊敵偶·兆庶星羅·邦國肩貟·同體以正·同氣以守·象辰法天·垂裳拱手·夫是以和陰陽而贊化盲·勤修省而回災咎也·乃爲歌曰·

太元伊其垂蓋兮·糾靈蠢之胎胞·挻兩儀以儷道兮·紛經緯之戀巢·杳樞極之幽寂兮·妙二五以相交·迥迴幹於左右兮·迭道度而弗殽·騁東西與南朔兮·訖衆法之羅包·又歌曰·欽天命之穆穆兮·凜垣象之昭昭·誰執競以立極兮·敬五事而不驕·五紀協而備叙兮·儀度體之非遙·嚮五福而威六極兮·念庶徵以均調·稽樞運以經天常兮·握璣衡以立標·

清 三

莫紹惠 定安人・嘉慶丙辰進士。官內閣中書。

補刻蘇文忠洞酌亭詩記

去郡城東北里許有泉焉・出于高岡之上・噴起泡沫・細如粟米・故名浮粟泉・水清而甘・深不盈尺・上爲石幹・廣三尺・方形而空其前・以便汲者・前爲方池・廣七八尺・以瀦溢流而資瀚濯・高岡之上爲洞酌亭・亭後爲東坡祠・祠之東爲僧室・前爲觀稼亭・又東爲龍王廟・東南面高城・西北聳喬木・境地清曠・爽目悅心・蓋瓊郡第一勝概・爲士大夫遊觀之所・而縉紳仕宦凡至瓊者必造焉・城中諸官儲竹簽于亭・使役夫取水・持以爲信・猶東坡竹符調水故事・泉之用汲・始于宋紹聖丁丑文忠南遷過瓊・始飲而知其甘・以告于衆・亭之名・則元符庚辰文忠北歸復過瓊城時・然□實得兩泉・故詩曰・洞酌兩泉・挹彼注茲・而今止存其一・其一疑在平地中・耕田者墾鑿廢之・而不考者遂指城內之東坡井・以備其數・誤矣・然吾私心竊有所憾者・文忠生平所遊歷・必有詩文・多自書或自刻石・或人爲刻石・往往而是・而此洞酌亭詩・爲太守陸公所求・尤必鄭重自書無疑・乃陸公獨不刻之・後人亦未有補刻者・是可怪也・今詩載于郡乘及公之集・不觀二書者不得而知焉・公詩曰・旣味我泉・亦嚌我詩・人之飲公泉者多矣・而問其詩則不知・豈非一大憾事乎・余不揣筆墨拙劣・因補書而刻之・立石于亭中・使登覽者得讀焉・

宋湘 字煥襄・號芷灣・嘉應州人・嘉慶己未進士・官編修・出知雲南曲靖府・擢湖北督糧道・官雲南時・所屬土州知州某卒・遠族有景在東者・聚黨奪印・謀襲土職・湘慮爲前明二夷續。練鄉兵・以計散其黨・搗其巢・斬在東・不費公家斗粟・而邊境以安・郡人建生祠祀之・早以詩名海內・粵東詩家・前有馮敏昌黎簡・後有張維屏黃培芳・湘名與埒・幷爲大興翁方綱所稱・所爲詩・雄奇奔放・如其爲人・著有紅杏山房詩集・內分不易居齋・豐湖漫草・燕臺膹瀋・滇蹄草・南行草・楚艘吟・兩漢摘詠・凡七種・惟文無專集・今錄其詩集自序數首而已・

不易居齋自序

予自乾隆壬子領解北上・守禮部試四次・過七霜乃歸・出都門・則己未之十月矣・其前三年・蓋依南海陳榕溪師名鶴翔三河縣齋讀書爲多・其後三年・則栖止鑲黃旗覺羅官學教習舍中・坐客無氈・種花度日・實惟此時・而中宵抱疚・八十老親・尙操硯田以活不肖之妻若子・仰天刺心・不可告

人・每一搦管・愁苦森發・愛我者見輒戒之・而不能知予心之所自來也・不易居齋・隨身自頟・尙非心語・況其詩乎・然而是則不易居齋之詩矣・年來泣血・轉眼星移・恩重詞垣・行將有日・檢理殘篋・片紙零星・則皆丙辰以後之作・聚而復汰・僅若干首・都爲一集・夫鄉里父老・艱苦半生・逮有子孫・提携曝背・縷縷前時負販事・移晷未休・豈自鳴意得哉・心良苦耳・則我是集・何肯牽耶・何肯棄耶・

豐湖漫草續草自序

惠州西湖以東坡先生得名・水之淸不如杭・居然水也・湖之廣不如杭・居然湖也・湖上之長林豐草名亭傑閣不如杭・居然長林豐草名亭傑閣也・潁之西湖吾未見・見杭之西湖矣・不能廢惠之西湖也・今年僑寓湖上・風日佳時・一艇一笠・未嘗不出・出未嘗不有所題識・殆游者結習畧同耳・家玉洲隨予讀書・知予生平善棄・乃遂默爲檢存・自春徂秋・得詩若干首・秋杪肺病不復出・詩遂少・今依原錄・以關涉湖山者居前・而年中贈答寫懷之作附焉・題曰豐湖漫草・聊志游踪・湖故二・曰豐・曰鱷・東坡以後・統名西湖・今稱豐湖者紀寓也・

滇蹄集自序

滇蹄集者・予出守滇中積年所作刪而僅存者也・騷屑之音・時或不免・人竊議焉・昔人重內輕外・今則無是・予亦無以自解・大抵人各有好・飲蜜不以爲甘・噉蔗不以爲美・非其好也・況非蜜非蔗・更可知矣・昔人又謂勞者善歌・予之所履・不可謂勞・而乃自謂可歌・宜其不善也・然則存之奈何・今之人生必寫照・歿必譜年・得其眞者十一二爾・是物雖筌蹄・猶愈於彼・故不復避旁人嘗笑而終存之・敢曰一官一集也哉・

吳榮光　字伯榮・號荷屋・南海人・嘉慶己未進士・官編修・授江南道御史・落職・改刑部郎中・入直軍機處・出爲陝安道・累官至湖南巡撫・兼署兩湖總督・榮光出阮文達門・在兩湖時・仿浙詁經精舍粵學海堂故事・置湘水校經堂・所造就皆一時之選・緣事降四品京堂・再藩閩中・休致・卒於家・榮光寡嗜好・惟於法書名畫・吉金樂石・冢書壁簡・視若性命・嘗築賜書樓・儲古籍以訓子孫・自爲之記・所著有歷代名人年譜・吾學錄・石雲山人文稿・綠伽楠館詩稿・

吾學錄初編叙　見石雲山人文集卷之三

國家制作大備・垂二百年・同軌同倫・而荒陬辟壤・於冠婚喪制之禮・尙有沿前明之舊・徇時俗之陋者・蓋以官民禮制・具載大淸會典・而卷帙浩繁・不能家有其書・以爲率循之準・道光四年・增輯大淸通禮・頒發直省刊刻流布・八年・復命內外各衙門・將民間應用服飾及婚喪儀制・查照會典・刊刻簡明規條・務使家喻戶曉・則有所率循矣・然條教之式・或久而輒忘・通禮全書・或讀而未能全會・蓋有待於學者也・

榮光年二十・奉母諱・先資政公取世所傳家禮辯定授之・其書作於宋・辯於明・竊意國朝制度・未必盡於此・迨二十六歲通籍・官中外者三十年・三度蒙恩歸省・鄉人以四禮來質者・必舉會典所載應之・質者往往於字句內疑信參

半・未能盡行・益歎舊俗之錮人已深・一時驟難轉移・而當代典禮之切於人生日用者・亟應詳攷而深繹也・道光戊子・奉父諱・既葬・廬墓於白雲山之北・敬取大清會典・通禮・刑部律例・五部則例・學政全書等書・於人心風俗之所關・政教倫常之衆著者・手自節錄・兩載遂竟其業・庚寅服闋入都・蒙恩授湖南布政使・不數月升本省巡撫・因延陵鄉舉人黃君本驥至署・公餘之暇・出與錄者相與攷訂論次・以及門陳子傳均家弟彌光任校讐之事・一載有餘・遂成此書・歷代以來・所因者宜遵・所革者宜改・悉以官書爲定・凡乘輿服物郊廟大祀・不敢載入・蓋專爲官民法守而言・謹分別門類・各加案語・首典制・尊朝廷也・其餘照功令所頒・以事之大小重輕爲序・次政術・次風敎・次學校・次舉貢・次戎政・次仕進・次制度・次祀典・次賓禮・次婚禮・次祭禮・次喪禮・禮以齊民・法以防民也・以律例終焉・爲門十有四・爲卷二十有四・

夫五帝不相沿・三王不相襲・禮時爲大・况我朝秩叙之精・損益之善乎・昔之論禮者・如元鄭詠之家儀・明宋纁之四禮藁・呂維祺之四禮約言・皆雜采禮書・以意爲之・成一家言・使閱者不知其人爲何代之人・禮爲何代之禮・自用自專・榮光不敢也・而以一代之人爲一代之書者・如唐吳競之貞觀政要・張九齡之六典・宋彭百川之太平治績統類・元闕名之典章前集・明馮應京之經世實用・所紀皆大政事・我朝列聖相承・文謨武烈・炳如日星・豈私家紀載所能闡揚萬一・尤恐傳習失據・掛漏滋多・所謂賢者識其大者・榮光未逮也・榮光之錄此初編者・竊以生今之世・爲今之人・使居官行事・先有以自立・而於里俗之趨向・夫婦之知能・或不無少裨焉・冀以上佐國家道一風同之治云爾・孔子曰・不學禮・無以立・又曰・吾學周禮・今用之・吾從周・

石畫記序

天地間奧衍磅礴高深峙流之境・始發於詩家・繼發於畫家・然畫不能到者・詩或肖之・如古人遠矣・得吳曹顧陸輩爲之寫照・聖賢之氣度言論色笑・與文人學士之風流文采・讀畫者流連感嘆・如或遇之・而不如讀聖賢之書與文人學士之遺集也・夫山水有眞境焉・有眞意焉・人爲之・不如造物者自爲之・昔者摩詰之輞川・龍眠之山莊・北苑之江南烟雨・子久之富春大嶺・叔銘之天池石壁・以其胸中丘壑爲畫・讀者但賞其筆墨之變幻・渲染之空靈・而於本境未必一一皆肖・且未必如二謝岑孟之詩之肖・此有迹之畫也・而曷若無迹之畫也・又曷若無迹之畫・而證以克肖之詩也・

雲南點蒼山十九峯・其第十中和峯之腰・出文石・石中青赭濃淡・層巒疊嶂・風雨晦明・水天灝渺之態・無不畢具・而無有發其微者・吾師儀徵相國官總督時・公餘之暇・取石之方圓長橫而裁成之・每幅拈出古畫家筆法・而證以古詩人之詩・惟妙惟肖・凡得若干幅・間系韻語・成石畫記五卷・榮光受而讀之・嘆曰・此眞境也・此眞意也・此眞無迹之畫・證以克肖之詩也・文章天成・妙手偶得・起各畫家而質之・將俯首於造物之自有此境此意也・起各詩家而質之・將俯首詩畫家之已有此境此意・造物之實有此境此意也・而自然之勝勉然・天工之勝人巧・則畫家詩家皆嗒然若失矣・

夫絹壽五百年．紙壽千年．雖珍襲慎護．過此則靡矣．今此石畫．於以發上千古未發之知識．於以留下千古難留之眞鑒．吾師之久大德業．當視諸此．乙未秋．受業吳榮光謹序．

送程春海視學楚南叙

國家禮科獲雋二百餘人．入翰林者僅數十人．學使之選．多出其間．與是選者．各以其道課多士．如聚沙而雨．如以光燭物．其深淺廣隘．亦如使者之分量矣．顧三年即去．未聞有移節他邦者．

今歲．巢松侍講由豫移山左．春海學士由黔移楚南．其創格也．侍講與余遠．不敢知．吾有以知學士矣．方命下時．黔之人走且僵曰．奈何去吾良學使．而益彼良學使也．黔之士大夫咄咄不解曰．奈何一爲學使而即再爲學使也．於戲．朝廷之所以用人者．其在斯乎．學士登清秘．直禁近．以文字結主知．奏御之篇．屢蒙奬賚．相如逸才．子雲識字．不足擬矣．顧使者建高牙　總行部．與疆吏等．四境之內．所以伺喜怒．假聲威．以試其奸而操其所忌者．日夕相環於庭．而莫之知也．懦則敝．苛則殘．使者之維持風俗．培養人才．亦與疆吏等．四境之內．朋聚曹肝．手畫口議．以窺使者之短長．使者不爲多士式．而多士無式．使者不爲多士學．而多士無學．今學士之學．貫乎天人．以逮山川地理形勢險要．一證於枕經子史中．學士奉母以養．孝於親．忠於國．信於友．學士之灼奸鏡弊．明而不苛．是以黔人感而黔風一變．朝廷之所以用人者．其在斯乎．其在斯乎．楚材十倍於黔．黔與楚鄰．學士於黔課士條約．悉本經術．而又重刻□岳氏五經．散布黌序．黔民多瘠．導之種橡育蠶．以贍其家．吾知學士之能以教黔人者教楚人也．

山月讓魄．江波始冰．請爲作歌以聞鄰國．歌曰．牂牁之水兮清且長．清且長兮到衡湘．到衡湘兮無極．留不住兮與彼爲德．又歌曰．牂牁之雲兮潤如渭．潤如渭兮由黔及楚．君不見雲在天兮本無心．于楚爲楚兮于黔爲黔．何所私兮楚人．君不見沅有芷而澧有蘭兮．竢願時布濩而同春．

帖鏡自叙　見白雲山人文集卷之三

董宗伯有言．絳鼎潭澧諸帖．世皆無傳．至有對面不識者．非不欲識之也．貴人道高望重．爲當代宗．憚於檢校．以意定爲某帖某帖．無人敢議其後．而不顧古人之非笑也．貴人能書善鑒．爲當代宗．果於自信．定爲某帖某帖．而人即曰某帖某帖．居高而倡．沿至百十年而不悟．而不顧古帖之齟齬也．譬如晉人之說易．高談名理．而不顧鄭康成之鬼．揶揄而掊擊也．如宋人之詩．動曰淫奔．而不知鄭七子之歌．相遇而偕藏也．余生又後宗伯百有餘歲．於前明人之碑帖之考．不得見一二．而自京師而之陝．之閩．之浙．之黔．之楚．遇古帖之異同．畧記纖末於殘編斷簡中．既得觀內府重刻淳化閣帖．又得絳帖全本．羣玉堂鼎帖．英光堂帖諸殘本．寓吳兩月．訪鈔敓帖家一二．歸里後閒居無事．彙萃成書．名曰帖鏡．蓋深感於帖賈之誑人．欲以一鏡燭之．故於帖之欵識．字之偏傍全缺．分行布白．斤斤較量．而不敢爲黃米論書之言．亦不敢作姜西溟何義門楊大瓢之武斷．

冀以見古帖之眞面目云耳・
嗟乎・人生大者爲經世之業・次亦爲經世之言・窮理之書・而余以戢影餘閒・作無益以害有益・亦可哂矣・

賜書樓藏書記

余性好書籍・官京師二十年・聚至七八千卷・後以嘉慶己巳・鐫秩閒居・去其半以易米・最惓惓不忘者・宋拓化度寺碑范氏書樓原石本・宋板史記・及陳後山集也・嗣外擢出京・以館閣通行易得之本悉贈友人・嗣在閩省建鳳池書院・以重複者二千二百餘卷・捐置院中・蓋三散矣・然余歷走陝閩黔浙十年・廉俸所入・短衣縮食以購之・閩浙多藏書家・余兩涖其地・所得尤多・道光乙酉冬・在黔藩任內・告歸省親・除寄存杭州方芭田孝廉家外・檢篋中金石簡冊・將及二萬卷・悉携以歸・薏米之謗・不足計也・丙戌北行・戊子夏・在閩藩任內・奉先通奉諱遄歸・大事既畢・偶閱囊存卷帙・半爲蠹蛀・嶺表卑溼・思有以保護之・因以建立家廟餘工・於宅後購西隣區氏屋地作樓・樓中敬貯先帝所賜上方善本・餘則飭方漸增壁爲閣故事・將二萬卷盡列兩旁閣上・卻微蟫・登爽塏・統名曰賜書樓・記恩及也・

廬墓歸來・或與家園羣季・指函數典・或獨手一編・終日忘倦・始覺向者之未嘗學問・徒躐科名・自今所得爲已多矣・浙中寄存之本・行當附海舶載至・續有所得・當增益之・後之人・知有張茂先三十乘之載・不可悔沈攸之十年之讀・蓋藉以博古知今・持躬應務・匪細故焉・余之貽厥謀者・惟此而已・尙其保之勿失・道光十年・歲在上章攝提格斗指亥之月・拜經之日・南海吳榮光伯榮甫記・幷書・

重脩詩人梁藥亭先生故墓碑記

詩人之筆・茹古涵今・抑浮振靡・裁僞體・親風雅・喤喤厥聲・以鳴其世・鄰黨僚友・翕然宗之・而身世轗軻・間關南北・至老始一遇・詩人之才・上下千古・采芳草・弔美人・原本忠孝・發抒胸臆・使其登明堂・薦郊廟・必能黼黻張皇・爲一代制作・乃一遇之後・遽歸田里・放浪山水・寤寐嘯歌・□□日月・百年而下・讀其書・過其墓者・僅以詩人目之・嗚乎・悲矣・吾粵詩人・南園五子之後・繼以梁陳屈三家・陳屈未用於世・不具論・若藥亭先生者・固我大清景運初開拔起之才・非有嫌於徵遺訪舊・名節可議者也・又非有如前明之媢賢嫉能・立朋黨・角門戶・使不得伸其志者也・乃年六十而始遇・遇而即歸・何也・夫人負著作才・際休明運・歷高科・躋省闥・孰不願爲中天慶景・朝陽梧桐・况同時詩人・如南施北宋・及新城王尙書・俱以文章特達・置身通顯・政事劃然可傳・然猶曰早達也・後此長洲沈文慤公・六十後入翰林・與先生同一晚遇・而優游清要・喜起賡歌・垂十數年・然後乞身林下・何先生與此數人者・同抱其才・而不能同盡其才也・雖然・先生之詩固在也・先生之才固在也・則先生之所以爭千古・不爭一時者・亦固在也・榮光過五羊城隅・海風乍寒・里巷雜遝・詢先生故居・遺裔零替・無一知者・出北門・登柯子嶺・訪先生邱墓・惟見夕陽歸鳥・斷梗荒烟・而問其遺集・則家戶猶能誦之不置・嗚呼・先生之所以爲先生者・乃止此夫・

先生姓梁氏・諱佩蘭・字芝五・號藥亭・南海人・順治丁酉解元・康熙戊辰進士・改庶吉士・生於前明崇禎己巳年十二月・卒於國朝康熙乙酉年三月・春秋七十有七・著有六瑩堂詩集・並前後文集各若干卷・道光丙戌鄉人訪得其墓・傷其久而圮也・醵金重脩・謹爲論記・且系以銘・銘曰・

冷月荒樹・大海孤村・先生之詩・先生之魂・孰推其轂・孰考其槃・先生之魂・駕鶴驂鸞・鸞翔天門・鶴歸雲邑・先生之詩・出膏處済・靈洲之陽・胥江之陰・冥冥先生・千載高深・

吳徽敍　字惇倫・號香樵・茂名人・嘉慶庚申舉人・一上公車・即不再赴・官博羅教諭・解官後・主講郡邑書院二十餘年・文清而行高・能以繩墨約束門下士・所著有鹹石集・存・

曾了瑕傳

曾君了瑕・邑之隱人也・少穎悟・讀書無所師授・獨觀大義・不爲文詞之學・故不就試場屋・然講於時務・有大志・凡古史循吏治績・名將籌畫・決勝之畧・一一手錄成編・以親老・就高鎮中軍幕府・資甘旨於微祿・謹其伍符尺籍・而不爲私謁・當事器焉・蕭然一室・圖史外無他蓄儲・嘗屢匱矣・而不貸於人・或以事求濟・且餽之・未嘗不辭・喪父母・毀不欲生・既窀穸・時節展省・著哀思錄一卷・淚與言俱・其天性孺慕・純篤可知也・晚作淸夢記・黃廣文廸光以進士官吾郡・序刻之・以爲得聖賢誠意正心之學・足以悟世云・君雖居邑在官・而落落寡交遊・故知君者少・雖予數十年往來城邑・於君曾不相識・及見君淸夢記・綴言其後・始知君之爲篤行君子・而君已死矣・雖君之行修於隱・不求人知・而同縣邑且數十年往來如予者・何猶生不相知若是・則夫窮鄉巖谷之中・質行不文・終無所聞以沒・郡邑志乘當事不及采而登者・可勝道哉・

君祖籍化州・父博齋・始遷茂・爲茂人・博齋君七子・君爲長・娶何氏・生三子一女而卒・君時年甫三十二・不復繼室・博齋君之遷也・與叔父謹堂偕・事之如父・其喪之也・以兄子代子・博齋君卒・君奉從祖母二十餘年・不少懈・及君弟玭官把總・從祖父母得援例貤封・其內行有自來矣・君子輅・軒皆早世・仲子軫・工書畫・篤行有君之風・其交於予・自道光壬辰歲始・君諱瓊璋・了瑕其字・晚號退巖・以道光九年卒・得年五十有九・

贊曰・志乘之載人物・以揚善也・然及其不公・則無美而稱・有美而遺・不足爲信史・君之篤行廉介・以風俗・其可哉・傳之使他日有采焉・

劉彬華　字藻林・號樸石・番禺人・嘉慶辛酉進士・官編修・乞養歸・主講端溪越華書院・阮文達修廣東通志・延爲總纂・又選粵人詩・名嶺南羣雅集・今存・

嶺南羣雅自序

吾粵詩自曲江而下・明季三家以上・作者前後蜿蟺相望・煒哉盛矣・竊校前人能事・近體爲最・次則五言古・多溯源漢魏六朝・有醇無疵・若七言古風格・高不過高岑王李間・或馳騁才華・則泛駕之馬・不暇顧衝勒・繁會之音・不

盡諧鍾呂・求其毛髮無憾・往往難矣・國朝鉅手迭興・迨魚山藥房二樵諸公崛起・研鍊諸體・各擅所長・獨七言古詩・專以李杜韓蘇爲之師・引氣必盛・徵事必實・運思必沉・矢音必洪・置陣必整・彬彬乎入大家堂奧・有起衰式微之功・粤中詩教・於斯稱極盛焉・

夫人情狃於近習・不能遠擘・而是古非今者・又或捨目前之寶・而不以爲奇・予少從先君子・始學爲詩・即獲與數公遊處・飫聞其說・而信好之間・又廣咨時彥・旁羅遺佚・其中歌投頌吹合雅・莫不允洽乎予衷・方軌乎前秀・爰彙數十家・擇其尤雅者・斷自魚山以下二十九人爲初集・而先君子遺詩附焉・其現存者・自芷灣以下四十三人爲二集・統名曰嶺南羣雅・詩・小雅之材七十四・大雅之材三十一・言衆多也・司馬長卿曰・載雲罕・掩羣雅・言求之者勤也・予賦性謭陋・區區一目之羅・不能引而上之以紹乎古・猶欲推而廣之以不遺今・遠攟詞人・搜訪未遍・儻肯惠示鴻篇・仍復續事剞劂・俾廣承平雅奏・而予亦幸免暖暖姝姝之誚也乎・

林伯桐　字桐君・號月亭・番禺人・嘉慶辛酉舉人・官德慶州學正・伯桐踐履篤實・宗宋儒・而治經則宗漢儒・十三經注疏・手自丹鉛・又嘗作朱子不廢古訓說・故所學通博而無門戶・阮文達建學海堂・首延爲學長・所著有毛詩通考・毛詩識小錄・史記蠡測・供冀小言・古諺箋・公車聞見錄・學海堂志・四禮通考・修本堂詩文稿・統名爲修本堂叢書・存・

天道好還論

天道至近而莫測・亦至遠而不差・其報近者其效小・其報遠者其效大・語曰・天道好還・豈不然哉・今夫寄物於人・久而一無所失・則以爲奇・人有善惡・天之報施・久而不爽・而人忽忘焉・何哉・報于一日・至愚者猶知之・報于數年・不必愚者而後不知矣・報于終身・非智者不知・報于數世・雖智者或不知矣・天不能使愚者皆知其意・但欲智者知之以及于愚・而利令智昏竟不及知・私智自用・知之而不信也・匹夫一朝爲惡・不旋踵而報者至・此易知也・其得失在數年之前・其利害在數年之後・習而相忘矣・又況生不能報・待於其死・如魏其灌夫之于田蚡者乎・又況三世爲將・道家所忌・如王翦之孫王離者乎・

夫善惡之報必不爽・天道也・急之不能・緩而後可・亦天道也・然而緩急之間・恆使人疑・雖然・何疑焉・朝菌之榮枯・可立而待・豫章之木・七年乃知・掘井九仞・或未見泉・有繼之者・則用力少而成功多・故曰・炎炎者滅・隆隆者絕・又曰・積土成山・積水成淵・自非深思熟慮・未必見微而知著矣・且夫小惠未徧・而人已歌舞之・其效小・故其報近也・昔者劉子政之先・好書籍・親師儒者數世・其父劉德・出其家所有以分族黨之人・至中壘而後以敦厚博物・蔚爲儒宗・近時平湖陸氏・發粟賑荒者數世・而後清獻公出焉・然則天之報善・其極大者・且不能及其身・而必待于其後・況以歲月之間・善不積而欲成名・既不能得・遂以爲天道無知・曷不于古今善惡之報而深觀之也・

周禮故書攷

周禮注中・具載故書・示治經之法也・治經者不爲黨同

專己・斯能研精覃思・此經出山巖屋壁・本是古文・自入秘府・世儒莫見・稱爲故書・劉歆校理・著於錄畧・杜子春能通其讀・鄭衆賈逵受業傳述・然皆非秘府原本・亦轉寫耳・北海鄭君・從東郡張恭祖受周禮・又過馬季長・授以周官傳・據今文作注・注中稱故書・猶言舊本・其別於今書者・語同而字異・非如尚書古文今文・家法攸分者也・攷鄭君以前・杜子春有周禮注・鄭氏興及子衆・衞氏宏・賈氏逵・各有周官解詁・鄭君稱・鄭少贛及子仲師存古字・亦信多善・今注間載鄭司農曰・故書作某・稱杜子春則讀爲某當爲某・不言故書・以此知鄭君所據本・非衞非賈倂非杜・殆鄭司農傳述杜子春鄭大夫之本・與故書字異・當不止此・據其時所見・擇善而從・蓋著述之體・甄綜百家・折衷一是・至於文字通借・訓故遂殊・論甘忌辛・重誣來者・故一字之微・必從其柢・短長互見・證據斯存・如治歲差・必稽上古・如理水道・當知發源・經師蓋闕之旨・即後進繼志之端・若乃未學膚受・一切速成・不在此數・然則故書所存・固經部之重規疊矩矣・故書流別・鄭君詳言賈申・鄭君間釋故書・時賢發明・尤爲完善・今可攷見者・故書會經前人是正・後鄭或從其說改字・後鄭自攷定者・則但傳己說於注・不遽改經文也・故書異字見於前者・後或不及注載・攷定之說亦然・或注文不備・或轉寫有奪字也・

有稱書即爲故書者・大宗伯注故書・吉或爲告・下引杜子春云・書爲告禮者・此言故書別本・又云・書亦多爲吉禮・此則故書當從之本也・有稱或作或爲・即是故書者・天官籩人注鄭司農云・茨字或作瓷・玉府注鄭司農云・夷槃或爲珠槃・上文已引故書或之者・皆謂故書別本・有時偁書亦或爲者・則取證己說也・有偁古文而不言故書者・古人字少・多用假借・漢漸分別・仍在古文・如春官保章氏注・古文注・（小史外史亦有志字・而注不言古文識者・舉例於此・可互見也・）考工記玉人注・衡・古文横・（天官庖人注・獻・古文爲獸・此則字異・）或偁古字・則春官弁師注・繅・古字・或稱故字・則夏官圉師注・故字庌爲訝・文字一名・古故同物・此則故書今書・皆有古文・字畫偶殊・非傳本大異也・有對故書言・不得不偁今書者・地官鄉師注・今書多爲屯・春官小祝注・今書或作名・此連類而及・非謂古今之分・止於此也・有注載故書・時形槮槎者・地官載師經文作桼・注云・故書桼作漆・則春官司几筵・經注亦當然・而今本經作漆・注不引故書・則未知爲注文簡質・抑轉寫偶譌也・有經非今文・而注不引故書・倂不言古文者・地官有丱人・按說文・丱・古文礦・夏官質人邦國基・按士虞禮注・古文朞皆作基・則丱之與基・無論今故・皆是古文・而注闕者・或偶有所遺・或別本自異也・有偁古書・而非指故書者・天官大宰注・古書連作聯・蓋古人所偁聯貫・漢人改用連貫・故特明之・而非古本今本之謂也・

綜此數端・或起例發凡・或互文見意・不加攷證・疑不能明・觀其會通・各有所得・至若衞賈緒論・廑存許氏說文・它師異文・具著陸氏音義・因聲求義・則段氏漢讀考・正譌砭謬・則阮宮保校勘記・引而伸之・更僕難悉矣・唯注家以治經之法・餉遺方來・宜通其大旨・餘則畧之・它若前有定論・又或不涉故書者・既不敢支離其詞・亦不爲駢拇之

論矣・

禮意說

有禮文・有禮意・文者可見也・意者可知不可見・賤事貴・幼事長・文也・不貴而尊・不長而重・意也・至于以貴敬賤・以長敬幼・其禮愈厚・其意愈隱・淺人未必知・而勸善之道微矣・曰・貴則吾事之・不必問其賢與佞・曰・長則吾事之・不必問其智與愚・張廷尉爲王生結襪・長長也・柳公綽具戎容於郵舍候牛僧孺・貴貴也・人所共見而易知也・雁門太守謁則不迎・趙壹至則倒屣・不貴而可尊矣・過陳仲弓・不宿而去・見黃叔度・流連忘歸・不長而可敬矣・此意猶易知也・曹參爲相國・虛其中堂・而舍蓋公・以貴下賤也・賈生年最少・諸老先生自以爲能不及・以長下幼也・夫貴賤之勢・長幼之序・即智愚賢不肖相去懸絕・不可得而移易・視其微意而已・意微則難知也・今有人于此・長之甚・貴之甚・雖其庸庸・安得遽輕之・又有人于此・賤之甚・幼之甚・雖其奇才異能・安得遽重之・然其意有輕重・不可誣矣・意之所在・非聲音笑貌也・性情存焉・精神憑焉・其智者見微而知之・及其久而著也・愚者亦聞而知之・自古有所好而爲善・有所惡而不爲惡・賴有此耳・

名分者・天下之通義也・不以一二人之智愚賢不肖而移・公道者・古今之通義也・不以一二日之貴賤長幼而移・兩者各有所伸・而皆不可屈・則其道易窮・于是以意通之・意之所在・不爵而貴・不祿而富・不言而罰・不怒而畏・在上者有榮辱・意通於上・而風俗成焉・在下者有趣舍・意通于下・而風俗移焉・然則意也者・所以通禮文之窮也・公道不可易・則卑且幼・可以勸矣・名分不可易・則貴且長・愈可以勸矣・不明乎此・見有堰蹇在上・而人不輕之・鮮不以爲傎・見有獨行在下・而人不重之・又以爲不平・是知禮之文有所阻・而未知禮之意有所通也・漢高帝素慢無禮・田橫倔強・猶能招之使來・而所不能致者・天下有四人・其不能致・而不強致也・即其禮意也・項羽喑嗚叱咤・千人皆廢・淮陰侯以策干之・亦不肯用・而外黃小兒一說・遂赦外黃當阬者・當其怒而竟然其言也・此禮意也・禮文未足而禮意存・天下之士就之矣・禮意不足而禮文存・天下之士去之矣・天下之人賤之・而一二君子貴之・中人之才・猶不忍爲惡也・天下之人貴之・而一二君子賤之・有中人之志・不敢不勉爲善也・不知禮意・無以勸天下之士・士不知禮意・又何以自立哉・

士有百行說

學行士之本也・行又爲學之本・有行無學・其行多誤・有學無行・其學多虛・然好學者不易・敦行者尤難・何哉・士之一身・百行皆所應有・一一有之・非剛健篤實君子不能・有所不足・則士自知其非・而好議論者・亦不復爲假借・不欲居其名・不能免其實・于是舍實而務名・虛者飾之・少者益之・雖有一二內行・亦歸於可疑矣・

鄭君曰・士有百行・功過相除・（見詩衞風氓箋・）斯言有味哉・自非上哲之流・豈能有功無過・人人居功・過將屬誰・志士不必如是也・春秋傳所載士大夫功過互見者・無論自漢以來・粹然無疵者・代不乏人・而瑰瑋卓犖之士・尺

有所短・寸有所長・或以內行・或以惠政・或以實學高文・仲于此者詘于彼・縮于前者贏于後・人思其功・何嘗不知其過・然其功終不以過掩也・用其所長・樹立卓卓・視彼欲蓋而彰者・果孰得孰失哉・魏無知之薦陳平曰・臣所言者能也・陛下所問者行也・今有尾生孝己之行・而無益於勝負・陛下何暇用之乎・夫陳平不矜細行・雖知己不諱其過・然定宗廟・稱賢相・則功多于過・周處少時・父老以中山狼南山豹比之・及入洛讀書・遂爲名儒・則過可轉爲功・其過本氣質之偏・其功皆學問之驗・其過在一身一時・其功在他人・在後世・功過相除・信不誣矣・又況大德不踰閑・非一生所能掩乎・向使陳平周處輩・徒以有過・甘自暴棄・則終其身爲過府・或自文其過以爲功・則過之在人耳目者終不可欺・而功在事物者反因以盡失・惟其過不自藏・而功必自勉・雖有苛論者・能指其過・而不能沒其功・此古來豪傑所以不忍自廢・亦不敢自解者也・連城之璧・不掩其瑕・而碔砆無瑕・鳳凰之鳴・世罕得知・而鸚鵡多言・然則士之所處可知矣・記曰・與人同功・其仁未可知・與人同過・然後其仁可知・謂功不必假托・過不必不共見也・世之論人者・知功過相除・必不輕棄人・而天下得爲善之利・世之立身者・知功過相除・必不忍自欺・而天下多補過之功・鄭君此言・必有所傳・或者七十子之微言大義乎・夫士行有百・故華士不忍其名而甘于作僞・百行在士・故拘學視士既重而不免求全・吾謂功過相除・一言可使改過者有所望・而積功者有所勸也・乃爲之說・

爾雅足以辨言說

爾雅・小學之書・而列於經者・蓋六藝之指歸・百家之鈐鍵・皆在於是・不通雅訓・則於經義・往往私心穿鑿・人自爲說・本於雅訓・則同條共貫・即爾雅書中一字兩訓三訓・亦不相紊・或爾雅所未備・而輔翼之書・要不離乎宗・(如小爾雅廣雅之類・)此雅訓所以重也・毛公詩傳・畧同爾雅・蓋古訓本・然不可移易・或者見爾雅多同詩傳・遂以爲專釋詩・(歐陽永叔詩本義・及高承事物紀原・皆有此說・)然試攷漢魏六朝說經者・孰能外於雅訓・賈董書中有經訓者・輒符雅義・史記引尚書・以訓詁字闡經文・亦依雅義・其他諸子百家之古者・與爾雅疏通證明・則其書不專釋詩昭然矣・

夫言六藝者・折中於孔子・孔子曰・爾雅以觀於古・足以辨言矣・蓋小辨破言・小言破義・小義破道・必以近于雅・以通古今之言・而後無小辨之失・楊子雲謂孔子敎魯哀公學爾雅・蓋指此也・夫對君之言・猶稱雅訓・況綴學之士・實事求是・舍此何由乎・孔子又曰・通道必簡・又曰・辨言之樂不下席・然則簡而易從・至近而可樂者・莫如爾雅・按小學之書・有形有義・說文・言形者也・爾雅・言義者也・二書實相表裏・但說文爾雅・訓詁畧同・而字體各異・蓋說文言形・宜用本字・爾雅言義・或用假借・(如說文・贛・賜也・貢・獻也・本有分別・今釋詁云・貢・賜也・說文有挾字・無浹字・今釋言云・浹・徹也・皆爾雅用假借字・)古時字少・音近則假借用之・用之既久・人人習見・

而字之本義反隱．然亦有經典用假借．而爾雅用本字者．如經典麟字．俱用假借．惟釋獸．麐字是本字之類．非謂爾雅字皆假借．但較之說文．則假借多耳．

攷爾雅．在漢時嘗列學官．劉子政謂史佚以爾雅敎子．王充論衡云．爾雅者．五經之訓．故劉勰云．通乎爾雅．則文義曉然．是則周秦漢京以來．經師碩學．無不通雅訓者也．唐人以爾雅爲小經．士子所必誦習．其後浸微者浮華日勝．則古義日疏耳．朱子謂字畫音韻．多不留意．爲甚害事．（語類載．朱子曰．字畫音韻．先儒多不留意．不知此等處不理會．却枉費了無限辭說牽補．而卒不得其大義．甚害事也．）可知通儒之學．訓故爲先．將欲辨言．不僅空談．不識文字．則爾雅宜亟講矣．又攷爾雅有犍爲文學舍人注．經疏中多引之．其人蓋當漢武帝時．夫漢文置爾雅博士．不久即廢．漢武時爾雅不甚顯．犍爲又僻在蜀中．而有能注爾雅者．（全謝山先生論此．以爲文翁之化遠矣．）况當聖朝崇儒右文．經學昌明．而雅訓尙可緩乎．夫通古人之言．而後能求其義訓．故未明而謂吾能通其大義．果足信乎．故必如孔子之言爾雅．觀古辨言．而簡通於道．道之不明．言之不辨也．言之不辨．雅訓之不辨也．淸談空論．皆破義破道者也．

儀禮名義說

儀禮之名非古也．漢書（河間獻王傳）但偁禮．（藝文志曰．禮古經者．對今文言．猶云禮古文耳．）鄭注周禮引．但曰某禮．詩箋引．則偁禮記．（爾雅部注引亦然．）皆不言儀．東晉元帝時．荀崧請立博士．儀禮之名始著．此與周禮．皆周公致太平之書．然周禮言設官分職．用人行政．一王之制．宜著代名．又古偁周官．言官不得不繫以周．此書則自君身及朝廷四方．（唐賈氏所以謂儀禮爲本也．）專禮之名．不必言代．且夏造．殷因損益．自古未有知其所由來者．不言周可也．（禮之來也遠矣．賈疏但據冠禮．醮用酒及燕禮．諸公士喪禮．商祝夏祝．以爲兼異代之制．似未確．且未備．）今本即高堂生所傳本．今文也．史記（儒林傳）云．于今獨有士禮．高堂生能言之．然今十七篇中．如覲燕公食聘射少牢．皆非士禮．且禮本於天．非天子不議．禮當自天子下達．不當自士上推．漢志謂禮．古經多天子諸侯卿大夫之制．雖不能備．猶瘉倉等推士禮而致於天子之說．按后倉爲曲臺記九篇．（如淳曰．行禮射于曲臺．后倉爲記．）漢志譏其不及古經之備耳．非謂儀禮由士禮推于天子也．則以十七篇爲士禮非矣．然則史漢儒林傳何以皆稱士禮．曰．士．事也．（本說文．詩傳屢云．士事也．）論語．雖執鞭之士．鹽鐵論．（貧富篇）士作事．鄭君以儀禮爲曲禮．故禮器．曲禮三千．注云．曲猶事也．其事儀三千．言儀者．見行事有威儀也．又曰．事禮．謂今禮也．則鄭以此爲事禮．事士一耳．非謂以士禮上推也．至開卷冠昏二禮．曷爲以士名篇．曰．昏禮首云．昏禮下達．未有士字．疏引鄭目錄．冠禮于五禮屬嘉禮．昏禮于五禮屬嘉禮．皆無士字．士相見篇引目錄．則有士字．可知士字皆後人加之耳．士相見篇．不止士禮．而以士名．何也．曰．禮不下庶人．此士字．猶云搢紳先生兼卿大夫言．非對大夫以上言・士即士・禮記曲禮前有士師注・士或爲仕・周禮士田注・士讀爲仕・皆是也・特牲篇實士禮・不偁士者・士祭用特牲・言特牲・則士可知・猶之言少牢・則大夫可知・覲禮篇名不偁侯・鄉禮篇名不稱大夫以也・（士喪士虞兩篇・名偁士者・因其前有喪服篇・總包尊卑上下不專據士若喪虞兩禮不偁士・則無以示別・與冠昏兩禮本不偁士・及特牲禮不必偁士者・皆不同也・）

諸篇名皆不偁儀・大射篇獨偁儀　疏謂射禮盛・威儀多・非也・夫祭燕朝聘・威儀孰非多者・何獨射爲然・蓋古但偁大射・周禮注・後鄭所引（掌次射人弓人・三注所引皆同・）是也・或稱大射禮・先鄭周禮樂師注所引是也・儀字蓋後人加也・（儀禮校勘記云・單疏本無儀字・陳閩監葛各本俱同・）既夕有司兩篇・（釋文本・有司下無徹字・周禮臘人大祝兩注所引皆同・）不偁禮者・一爲少牢下篇・一爲士喪禮下篇・古者書用方策・文字既繁・須分爲二偶・舉卷首二字爲名以別之・非有意義也・或曰・張氏淳云・後人以其書有儀有禮・故合而名・其說非與・曰・禮可該儀・儀不離禮・中庸但言禮儀威儀・（小顏漢志注曰・威儀三千・蓋儀禮是也・）未嘗以禮與儀並重・後人因周禮之名既立・但偁禮則與周禮無別・今所用禮記之名漸著・又不可偁禮記・以其書記儀獨詳・故以儀禮爲名・說者謂鄭學之徒所加・近是・至同此一書・或以爲曲禮・又以爲事禮・或以爲威儀・或又以爲動儀・皆約其大義而言・非即以爲書之定名也・古但名曰禮而已・

釋名

有實而有名・則實在名前・無名而無聞・則聞在名後・名也者・實之所著聞也・實至而名・則有其名・實至而不名・其名猶有也・今夫楩枏豫章・天下知其美材・而深山窮谷・有不必顯於世者・明璣璠璵・世所謂至寶・而洪濤巨浪・有不得見於用者・然其名不可掩也・蕭艾之族・碔砆之倫・日竊其名於市中・然其實不可假也・名依于實・實者是也・事之是者・謂之故實・實不聚・名不著・實事求是・名在是矣・無實則無是・無是則無物・物者何・名也・不誠無物・不實無名・泰伯至德也・民無德而稱・齊景公衆人也・民無德而稱・其無能名畧同・而相去甚遠者・其實爲之耳・名從口・近取諸身也・目上爲名・人皆見之・何爲以口自名・自名者・自言也・古者以言爲名・名之必可言・言之必可行・以口自名者・可言可行者也・故曰・能言之能行之者謂之實・實在則名在矣・記曰・黃帝正名百物・自黃帝以前・物之無名者多矣・唯其實存・則黃帝能正之・後之人・不敢亂名改作也・爾雅曰・從釋地以下至九河・皆禹所名・禹以前・山川之無名者多矣・禹平水土・則主名之・亦唯其有實故也・

是故立名者・立其實也・名教者・教其實也・名不正則言不順・其言是・其實非矣・劉熙作釋名・釋其實也・苟非其實・何名之可釋・諸侯之客進兵法・信陵皆名之・有卻秦之實・故世稱魏公子兵法也・無實而有名・則不如無名・求名而亡・欲蓋而彰矣・漢人重立名・然其言曰・辭名而名我

隨・逃名而名我追・夫名何必辭・亦何必逃・辭其無實者耳・又曰・名可得而聞・身不可得而見・夫聞與見何別・志於其實者・不暇其他耳・名者立于身・傳於世者也・君子疾沒世而名不稱焉・名・公器也・沒世而稱者至公・故名從夕・夕者冥也・沒世之謂也・口者立言也・夕而以口自名・必其可言可行者也・黃帝曰・聲禁重言・不欲虛名過其實也・實大而聲宏・何禁之有・鼓不聲・而淵淵之實在也・琴不聲・而愔愔之實在也・世之人・非鼓與琴之求・而欲得似其聲者以自名・且唯恐有鼓有琴・而人弗知鼓・弗知撫也・實之不存・名于何有・

冠昏喪祭考自序

冠昏喪祭・敎家之要・即保家之本也・然平日弁未考求・臨事安得妥帖・且自古禮書・詳於上而畧於下・或讀者未解以意・自爲苟且・則僭妄往往有之・聖朝禮文明備・頒在學官・士民家儀・皆得所依據矣・帷卷帙重大・非儒冠罕知尊藏・加以義蘊精微・字句典重・若講習無素・亦未易遽豁然也・至如流俗僞謬・非盡實情・或一二好事者偶倡之・又二三粗心者偏執之・而所在惰遊之士・互揚其波・游談無根・流爲丹青・於人事多不便・於人心甚不安・然而中無成見・末由糾正・遂悞以爲衆情所同・不得不尤而效之・良可慨矣・

余每見閭里有吉凶事・倉卒取辨・言人人殊・稀有折衷一是者・竊謂討論儀節・當一以官書爲準・四方鄉禮・小有異同・則可採於地志・志乘亦非私家書也・人之境遇雖萬殊・而禮之本意有一定・自古及今・名公巨卿・通人魁士・其讜言偉論・皆足洗拘圩之見・收易簡之功・耳目所及・愼爲引申・庶覽者易得其意・所愧學淺時邁・志切功疏耳・當世達禮之士・刪其未明・補其不備・俾閱者有會心・用者無竭力・變通隨宜・而敎家有要・非僅檮昧之幸也・老人憊矣・猶夙夜以冀焉・

讀戰國策書後

或曰・戰國策何爲而作也・曰・紀戰國之事也・何以失其名・曰・作書者隱其名也・古之人固不好名歟・曰・非也・古之人未嘗不好名・一鼎也・一敦也・則必名之矣・一弓也・一矢也・則亦名之矣・何於書而獨不然・且古書之紀事者・其前則尙書左傳・其後則歷代之史・無不名也・何於此書而不然・然則隱其名何也・曰・恥之也・古之時・人皆以節操爲重・春秋雖亂世・而奇節不絕・高爵厚祿・有棄之如遺者・戰國則魯仲連而外・其節操罕得而言矣・古之時・人皆以學問爲重・春秋雖兵事・一則曰・先王之命・一則曰・求諸故府・閎覽博物之君子・相望於世・戰國則荀卿而外・其學問罕得而言矣・當重者輕之・當輕者重之・舉世皆然・惟利是務・作者恥其事・故去其名也・然則何必作此書・曰・一百餘年之事・不可不記也・具書其事・而深藏其名・斯勸戒存焉・且當時著書者多不名・何以言之・緯書雖出於漢・大抵戰國博聞之士爲之先・然其名不可攷也・呂不韋大集賓客以著書・而賓客之名・終不可攷也・君子有所聞・不忍其隱而不彰・又自知其事與其人之可恥・故深沒其

名矣・而或者曰・古人不好名・故隱之・則何以解於其前後之不隱其名者歟・雖然・不能不著書・而猶有不忍以其名傳之時・亦異於後世之好名者矣・

書東莞陳氏學蔀通辨後

學問之道・至廣至大・其要歸於篤實而已・莊敬日强・暉光日新・皆非可課虛而求也・朱子之學・實學也・凡所爲讀書窮理・居敬持志・循循然莫不有規矩・大約根柢六經・而參稽百氏・必欲得義理之至是而行之・其於孔子所謂好古敏求・孟子所謂博學詳說者・實相表裏・是以昭代大儒陸清獻公有言・孔孟之道・至朱子而大光・學者但患其不行・不患其不明・但當求入其堂奧・不當又自闢門戶・（見集內上湯潛庵先生書・）斯定論也・

自金谿陸子靜・以虛靜爲易簡・以學問爲支離・避實課虛・遂豐其蔀・朱子亦旣詳辨之矣・然其爲說・不待層累漸進・而惟冀一旦之獲・則欲速者便之・不必讀書稽古・而侈談靜悟之妙・則空疎者便之・不事履規蹈矩・而高語心性之功・則跅弛者便之・加以聰明才辨之士・厭常喜新・更端求勝・朱子言居敬・而彼則曰主靜・朱子言窮理・而彼則曰求心・朱子言格物・而彼則曰致知・近理亂眞・斷斷如也・沿及前明・實學類疎・空談相尚・大抵宏治以前・尊紫陽者尙多・正德以後・則爲朱陸之學者互相詬病・隆慶以後・則金谿一派・靡然成風矣・葢自趙東山對江右之策・善爲調停・程篁墩著道一之編・巧於顚倒・迨王陽明作朱子晚年定論・其顚倒益工・其彌縫無迹・明史儒林傳序云・姚江之學・別立宗旨・顯與朱子背馳・門徒徧天下・流傳逾百年・其敎大行・其弊滋甚・亦可知朱陸異同・未易以猝辨矣・

東莞陳氏・究心十年・著學蔀通辨十二卷・申朱子之學・證陸王之禪意・在實事求是・信而有徵・庶幾冰炭無言・而丹石不奪・其用心亦勤矣・其用力亦勞矣・全書分爲四編・前編辨朱陸早同晚異之實・取朱子年譜行狀文集語類・及與陸氏兄弟往來書札・逐年編緝・兼取證陸氏諸書而爲之辨・上卷具載朱子早年・嘗出入禪學・與象山未會而同・中卷則載朱子中年方識象山・其說多去短集長・（日知錄曰・朱子答項平父書・有去短集長之言・此特朱子謙己誨人之辭・未嘗敎人爲陸氏之學也・）疑信相半・下卷則具載朱陸晚年冰炭之甚・而象山旣歿之後・朱子所以辨之者尤明・此其大畧也・其辨答何叔京二書・學專說心・謂與書册言語無交涉者・此朱子早年未定之言・（答何叔京書凡四・此所引二書・其一有奉親遣日句・其一有賑糶之役句・證以年譜・實朱子三十九歲之作・此外尙有二書・亦爲王陽明所引者・又皆在此二書之前・）尙未識象山之時・（淳熙乙未・朱子方識象山・而何叔京亦卒矣・）而篁墩陽明・槪指爲晚年定論・實屬顚倒・（陸清獻答秦定叟書曰・朱子四十以後・答薛士龍書・所謂因而自悔・始復退而求之・於句讀文義之間・則是以答叔京諸書爲悔・此朱子之轉關也・若夫答何叔京諸書・則正其四十以前・出入佛老之言・）又辨論孟集注・雖成於四十八歲・其後刪改・日益精密・至學庸章句・則成於六十歲・行狀所云・先生著述・於語孟大學中庸・尤所加意・若大學論語・則更定數四・以至垂沒・（按

年譜行狀．及蔡仲默所撰夢奠記．皆謂大學誠意章．爲朱子絕筆．）其言明白可按．而王陽明詆爲早歲所著之書．（傳習錄）爲中年未定之說．（定論序）皆捕風捉影也．此其辨之深切著明者．（按日知錄云．王文成輯朱子晚年定論．當時羅文莊已嘗與之書而辨之曰．偶攷得何叔京卒於淳熙乙未．朱子年方四十有六．後二年丁酉．而論始成．今有取於答何書者四通．以爲晚年定論．至於集注或問．則以爲中年未定之說．竊恐攷之欠詳．又所取答黃直卿書．監本止云．此是向來差誤．別無定本二字．今所編增此二字．却未詳本字所指．朱子答呂東萊．嘗及定本之說．然非指集注或問也云云．與此編互相證明．孫退谷所著考正．晚年定論．其大旨亦不外此云．）雖然．朱子之學．孔孟家法也．爲陸王者亦曰．吾所學者．乃孔孟家法也．此亦一是非．彼亦一是非．以未嘗發其覆也．故後編取朱子所論陸氏者．兼採象山語錄年譜．及慈湖遺書．以明象山陽儒陰釋之實．其言曰．何謂辨陸之要．養神一路是已．又云．苟徒曰陰佛．曰遮掩．而不說破養神一路．未免無徵不信云云．眞能得其要領．上卷載養神所得之體段．中卷載養神下手之工夫．下卷載養神之患害．詳哉其言之矣．（戴東原緒□□卷第二條．所論老莊釋氏及陸子靜王陽明云云．皆不外此編之意．）又引象山語錄．而辨其不管言行功過．不分善惡．而專說心．爲悖道入禪之甚．又謂不識一箇字．亦堂堂做人者．孔孟曾有識字之教耶．惟禪佛乃不假言語文字矣．皆不易之論．

且夫人之嗜禪學者．樂其誕而自小耳．故續編取朱子語類文集與程氏遺書．又引王陽明之言．以明佛學近似惑人之實．其謂達磨以前．中國文士皆假莊列以文飾佛學．慧能而後．中國文士則假儒書以文飾佛學．又引何叔京曰．非浮屠之能惑人也．導之者之罪也．引葉水心曰．佛學至慧能自爲宗．此非佛之學然也．中國之學爲佛者然也云云．皆深探其本者．葢自宗杲以改頭換面之說誘張子韶．（詳見朱子雜學辨）至金谿而愈精．至姚江而盡顯．學者既未深究釋氏之書．而溺於所聞．未有能求其端．訊其末．如此編者也．蔀障既空．指歸始者．所謂專明一實以抉三蔀者．洵不誣矣．故於終編．仍取朱子之言．以明聖賢正學不可妄議之實．其引朱子答吳晦叔書．而辨陽明謂世儒不當分先知後行．必待豁然貫通地位．然後誠意．則有白首不及爲之患．今攷朱子意正不然云云．尤爲切要．（陸淸獻答秦定叟書云．朱子平日雖說蔽不離口．而於大學補傳．則又諄諄敎人窮理．又於或問中．反覆推明．眞無絲毫病痛．所以異於姚言者．仁此云云．足與此辨互證．）葢以徵實爲明辨．雖有好異者無所容其喙．固非以口舌爭一日之異同也．是以陸淸獻屢稱此書．謂所以辨學術之得失．（跋讀書分年日程後）爲朱子洗剔其眉目．（朱子語類後序）崑山顏氏謂此書於朱陸二家同異．攷之極爲精詳。而世人不知。又謂學蔀之編．固中流之砥柱．亦可謂公論在人矣．

按邱文莊有朱子學的．霍文敏有象山學辨．輔車相依．俱資考證．而是書兼綜同異．條理始終．若網之在綱．射之有鵠．有志昭晰者無疑能爲其難也．或曰．是書之辨．誠有功矣．雖然．朱子生平．旁搜遠紹．本無暖暖姝姝之見存．今之所辨．得無沾沾然奉一先生之說乎．曰．此是非之公．

非門戶之見也．陸淸獻有言．學術之害．其端甚微．故自古聖賢．未嘗不謙退忠厚．而於學之同異．必兢兢辨之．其所慮遠矣．是也．且其終編．引羅整庵困知記曰．大儒言論．只是大本大原．見得端的．所以不免小有出入者．蓋義理眞是無窮．後儒果有所見．不妨爲之申明云云．謂此論使朱子復生．亦當弗咈．則知其所辨者．非徒謂入者主之矣．或曰．不言而行．以成其信也．如徒以辨而已．世固有好爲議論者．又有隨聲附和者．其可以一辨盡學問之功乎．曰．不言而行者．謂非苟知之．亦允蹈之．修於身．施於事．雖不見於言可矣．若夫學者中未有主．而曰一切可以不辨．則歧路之中又有歧．必將以不狂爲狂矣．是書續編．引姚江之言影響．尚疑朱仲晦支離．羞作鄭康成．夫使人人疑朱而且羞鄭．則是不學無害．可以游談無根．任意所便．偭規矩而改錯矣．其烏能無辨乎．（亭林文集有云．躁競之徒．語以五經．則不願學．語以陽明之語錄．則欣然矣．亦此意也．）

或曰．人如金谿．功如姚江．何必引繩而批根乎．曰．取其人者．以其一身言之．取其功者．以其一時言之．至學問之事．則天下古今之通義．非區區一身與一時之事也．陸淸獻嘗云．有天資僻而學術正者．有學術僻而天資美者．不得因其學而棄其人．亦豈可因其人而遂不敢議其學哉．（學術辨下）又曰．即欲取其所長．亦非盡發其病痛不可．（答范彪西第二書．）其言甚明矣．明史於姚江傳贊有云．矜其掀獲．標異儒先．卒爲學者譏．抑流弊實然．固不能以功多爲諱矣．足知是編非苛論也．或又曰．君子之立言．約而達．微而藏．有餘而不敢盡也．今之辨者．於贈僧應酬之作．則以爲顚倒錯亂之．其於辨釋氏與吾儒不同．又以爲呵佛罵祖之機．（俱下篇後卷）至若傳法沙門．護法善神等語．（續編下卷）毋乃束縛馳驟．不留餘地也乎．曰．此則作者已自言之矣．前編之末．有曰．得無傷於訐直耶．傷於好辨好勝耶．若逆知當世必以此相責．然變本者既加厲．矯枉者必過正．有不得已而後言．惟欲去其非以歸於是．固非盡言以招人過也．

或又曰．是書既出朱子之實學．人人共見矣．然近時王需人（復禮）有三子定論．吳尊彝（鼎）又有東莞學案．意是書亦有未滿於人心者歟．曰．以所聞王氏之書．欲申陸王而不能顯詆朱子．但爲調停之說．則是公論昭然．彼爲書者．已自知之．固不必辨也．吳氏學於毛之議論．常與紫陽相難．而往往助姚江張目．攷其學所由來．則亦不必辨也．抑聞之．學記之言辨志也．先之以離經即繼之以敬業．中庸之言明辨也．先生以學問．思即繼之以行．蓋必好學深思．行著習察．而後所辨爲不虛也．是書之辨已明．讀是書者．固宜心知其意．當不徒以辨勝也乎．

至山亭銘並序

夫涉海必遠到．升高欲先登．游覽之大凡也．然乘輿而來．或自厓而返．豈不欲往．足疲者輟塗耳．楊子雲所言至於海．不至於山．有味哉．海以善下爲大．故可至．山以特立爲高．故不可至．雖然．泰山之高．而跛牂牧其上．豈跛牂也而易百仞之高哉．山有不至．而人無不至也．至泰山者．以見海爲至高．今此亭中覜海．乃猶几席．何耶．近海

則然・學焉而得其所近・當無不可至者・山海一也・遂爲銘曰・

題彼嶙峋・莫知其高・培塿易安・將翔將翱・不涉其顚・曷云能豪・仰止則遠・至之孔邇・磈磈磥磥・登由施靡・拾級連步・安知倬詭・瞻言岱宗・海氣百重・居高見遠・善下兼容・粤秀山亭・長與海逢・乃知躋攀・勿以足艱・色山藏書・可讀而還・海風浪浪・山雲斑斑・十駕不遑・展也至山・

招元傳 字巖升・號晝野・茂名人・嘉慶辛酉舉人・官高要訓導・調欽州・復調雷州・三考皆卓異・擢國子監典籍・其官欽州時・州人掘地得石・字迹斑駮・元傳洗濯搨之・知爲隋寗贙墓碑文・亟以搨本牒府・此碑遂傳於世・所著有三邑山房文鈔・見高涼耆舊集・

上張郡伯書

伏讀頒發志例・有採訪金石一條・欽州地接交夷・故屬邊鄙・雖美寗二公挺生唐代・文章事業・彪炳史策・而碑版流傳・求之故土・不少概見・又如唐之張公說・李公邕・宋之陶公弼・皆嘗至此・名賢所到之處・草木都香・乃詩句或見於他說・而遺跡卒莫考焉・惟道光六年七月・大雨潦漲・冲出石塊・長四尺・寬三尺・農民移置路旁・過者偶見石面平坦・有鐫刻字痕・因加洗刷・字文顯露・學內諸生・隨有携紙就搨者・知係前隋大業年間古刻・元傳取其搨本檢閱・首額楷書・寧越郡欽江縣正議大夫之碑十二字・志銘共一千一百三十四字・原蝕去字・末著大業五年四月字樣・再讀其文・乃蠻酋寗贙之墓志・寗贙者・寗猛力之子・長眞之弟・按通鑑・隋開皇十七年・欽州刺史寧長眞入朝・大業元年・行軍總管經畧林邑・遣欽州刺史寗長眞・以步騎萬餘出越裳・至海口・入其國而還・今按碑文所稱贙・實與戎行・即此可以爲軼事之徵・但撰文及書丹之人・並不著名・譯其文義・亦未見文從字順・意者僻陋在夸・文體未備也・至核其年數・則歷唐及五代宋元明以來・昔稱荒服・今列版圖・鼎革遞更・風霜兵火・遺跡湮矣・而此碑猶幸呈露於我朝稽古右文之時・使好古之士・得摩挲於千數百年以上之石刻・此亦若有數焉・昔歐陽子集古錄・四海九州・名山大澤・窮崖絕谷・荒林破冢・神僊鬼怪・莫不皆存・以爲有益於多聞・則此碑或可備紀事之一端・合將搨本呈覽・敬候鑑裁・

又欽州學宮・現存銅鼓一口・諸生僉謂州治東南十五里・有小邱・每遇風雨・如聞鼓聲・因名曰銅鼓嶺・嘉慶三年二月・土人於嶺畔犂鋤種植・見土忽鬆散・因掘深尺許・有物相觸成聲・儘力掘之・銅鼓出焉・高二尺・徑三尺・圓身平葢空底・而腰稍狹・左右各綴二小圈・若爲穿繩之用・其葢四圍・環列蟾蜍・以淸水滌去泥滓・周體花紋畢露・隨畀報州堂・時知州尙牧・留貯官廨・及秩滿北歸・將載以行・州人士請納諸聖廟・今春秋上丁・有事皆擊之・鞺鞳之響・徹於畔壁・元博竊考范大成桂海虞衡志・其志器篇云・銅鼓古蠻人所用・南邊土中・時有掘得者・相傳爲馬伏波所遺・其製如坐墪・而空其下・滿鼓皆細花・紋極工緻・四角有小蟾蜍・兩人舁行・以手拊之・聲全似鞞鼓・按范志以諦審・此鼓形製畢肖・當爲漢代所遺無疑・雖無鑄造年號・要可信其爲古物也・

夫金石之製繁矣．好古者嘗嗜之．顧蠻烟瘴雨之鄉．樸陋相仍．前之人既無所留遺．則後人亦何自搜採．且無論其他．即如銅柱遺銘．明著州境．考古者亦祇覽其山川．按其圖記．想像得之．欲問其蹟．渺不可得矣．抑志者記也．記事者固徵其實．亦提其要．多者是羨．而少尤足珍．欽之金石．其可得而記者僅此．若存乎見少之意．并此弗之錄．殆所謂垂涎於不可必之大烹．而忽目前一臠之味也．且讀隋碑而識蠻疆之嚮化．聽漢鼓而想新息之立功．時地可揆．雖數千百年以上之人如晤．是又烏可弗志耶．元傳孤陋寡聞．忝承重委．得參州中分局事宜．故不揣迂疏．謬陳管見．藉以仰質明訓．不勝翹首跂足之至．

歸邵芝房舊書册頁後跋

邵芝房明經．擅工書名二十年矣．余自弱冠訂交．即知愛芝房書．人或有以素冊索寫而不得者．余每求則必應．故余得芝房書特多．自芝房遊京師數年．凡顏柳鍾王諸家傳帖．能購其全而別其眞僞．又與時賢商訂．筆法獨有神會．舉前人不言之秘．神明而出之．余於往來簡扎．得窺其一班．乃悟芝房向者軟媚之失．深喜其善變於古．而芝房書遂爲世人所難及．顧余平日所存者．已分給予姪．乃亟爲檢全．不欲使散佈於外．恐有識者見之．謂芝房所詣僅此．將不免淺視芝房也．其或耳震乎芝房者．不細核其佳否．第以芝房有工書名．求至於芝房．如是而已．夫淺視芝房者．自有眞．無關得失也．惟耳震乎芝房者．守其殘墨．昧其進境．其害有不可勝言矣．蓋學芝房今日之書而不能有得．猶可擬之刻鵠不成．尙類鶩也．學芝房前日之書而即有得．適蹈昔人饅頭墨猪之誚耳．曷足貴乎．且芝房負一世重名．徒以其曩日之拙筆．爲鄉里學子所宗．一方效尤．漸成風尙．藝林學圃間．下筆奄奄無生氣．他日論者．推其罪首．將於芝房任其咎．芝房又何說之辭．因取其十年前舊書册頁．跋而歸之．吾知芝房必自視憬然．益思詣力所造．原無止境．更閱十年．或又自以今日爲老年兒態．未可知也．夫如是．非惟可以救從前之失．而益保令名於無窮．若余固不善書．亦無浮名以震世．又芝房所不得反唇以相譏者矣．

崔　弼　字積匡．番禺人．嘉慶辛酉舉人．未弱冠．即成詩一卷．名𠀤兮集．比長．才氣橫溢．傾倒時賢．南城曾燠爲布政使．枉駕訪之．贈以粟帛．堅辭乃受．燠嘗贈詩云．崔子商歌出金石．豪氣不爲飢寒銷．其自守可知矣．卒年八十一．阮文達題其墓曰．詩人崔鼎來實藏．著有珍帚編．游寧草．兩粵水經注．波羅外紀等書．今存．

新建粵秀山學海堂記

治莫切於揆文教．化莫美於興賢勸學．我阮公督粵之始．即集諸儒纂修廣東通志．三年書成．凡三百三十四卷．視前黃志郝志．詳加糾正．搜討最精．粵東百年文獻．賴以不墮．此公文教之始也．粵東貢院．號舍狹窄．易以石．斥而廣之．民房買而拆之．士子免淋雨潦浸之患．此文教之繫於興賢者繼也．本朝廣南人士．不如江浙．蓋以邊省少所師承．制舉之外．求其淹通諸經注疏及諸史傳者．屈指可數．其藏書至萬卷者．更屈指可數．故州郡書院．止以制藝試帖與諸生衡得失．而士子習經．亦但取其有涉制藝者．簡鍊以爲揣摩．積習相沿．幾於牢不可破．公乃立學海堂．課綴學之士．承流景風．翕然振奮．始猶襞積餖飣．鱗次獺祭．久之見聞日擴．而其文亦漸純熟．嶺海人物．蒸蒸日上．不致爲風氣所囿者．學海堂之力也．

粵秀山龍祠之西．舊有石路．直達綠瓦廟．喬木繁翳．木棉參天．蓋百年古麓也．公遊此．顧而樂之．謂可置堂于密林之中．以課士之治經學文章者．命學博吳蘭修趙均等董其役．道光四年冬．堂始成．抗高棟．架長梁．疏窗翼戶．榕蔭覆瓦．煥然一大觀矣．粵士修學好古．讀書礪行者．皆藏修息游於此．登高望遠．雲山層疊．江海環抱．琶洲虎門諸塔．近在堂下．又若西夷巨舶．隱隱在黃浦間．公令諸夷以米通市．風帆兩楫．往來如織．外洋肅清．太平景物．亦美不勝收．目不暇給也．即謂此堂與西湖詁經精舍相並．亦無不可．公之名堂．取何休學海之意．謂學之海也．若揚雄所謂百川學于海．非其指云．爰爲之記．

謝蘭生　字佩士．號澧浦．南海人．嘉慶壬戌進士．館選後．不再出．以庶常終．累主越秀越華羊城書院講席．能詩工畫．酷嗜古文．新興陳在謙稱其沉實高華．具有典則．詩文之外．尤工八法．雄俊中而以書卷氣勝．自言得書訣於族祖詮．後同邑朱次琦復從之受書訣．述其論書語甚詳．見九江集中．著有常惺惺齋詩文集八卷．書畫題跋二卷．羅浮日記一卷．北遊記畧四卷．

答溫莊亭書

去歲足下詣省垣．不獲一晤爲悵．至今係仰．無時去懷．昨捧來函．並賜示詩古文．琳瑯滿几．光射四壁．頓覺茅屋生春．研誦再四．味美于回甘．田善齋先生品學．高雅可傳．而足下椽筆．實能舉詳舉要．似此文字之交．眞是生死共命．孰謂張范交情．今不逮古也耶．

古文一道．少所癖嗜．泛涉諸家．粗知門徑．頓欲刪削舊稿．彙成一集．而年來貧病交訌．筆硯荒蕪．久不料理．過承嘉譽．愧赧無地．第念足下高才卓識．儘可信今傳後．猶專人馳札．殷殷下問．管見所及．不敢不據實直陳．竊謂作文大要．首須辨體．經云．詞尚體要是也．尊作眼明手辣．命意得要矣．而運筆琢句鍊字．似未得要．不得要則不成體．有如全體合法．忽以一兩筆不得法．全體皆雅．忽雜以一字一句不雅．則體段不純．求諸古人．無此繩尺．昔人論五言律詩．譬諸四十賢人．假如四十人中．忽厠一屠沽駔儈．豈得云賢．又如製錦而參以敗絮．琢玉而不去瑕纇．均是美中不足．故魏叔子論文．自鍊意而推極至於鍊字是也．此等議論．亦足下所熟聞．而文之大意在此．尊作受病．亦正在此．不揣檮昧．謹於大作上．謬加評點．倘望精益求精．以臻美備．昔子建爲文．自謂好人譏彈．有不善．應時改定．歐陽公好改舊文．竟有全篇刪削不留原稿一字者．二公皆雄於文．然猶加意磨研．一字不肯放過．故能度越流輩而獨有千古．足下虛衷雅量．有古人風．諒恕狂直．不加怪責．謹布區區．不盡欲言．

與梁璜溪書

吾兩人同處大城．不時時過從快談．以消其胸際痞瘀．

豈不惜哉．昨承枉顧．頓覺眉宇軒豁．談未暢遽去．又謂課讀無須臾暇．因述前之鄙言．而深以爲然．予自度材力短淺．因有是迂拙拘謹之談．不意璜溪而亦爲是言也．璜溪少負軼才．如天馬行空．一往奔放．不受羈靮．每酒酣耳熱．上下古今人物．雖赫赫負重名者．任意揮斥．甚或奴隸命之．今乃一變而冲漠恬淡．又恂恂然守故業．較量功課．不敢踰尺寸．殆斂其少年豪邁之性．歸於沉實者耶．不爾．何前後如出兩人耶．

竊謂吾黨之士．豪邁者不可不沉實．而沉實之後．又不可不出於豪邁．其自豪邁而沉實者．或由涵養．或因境遇．大約非十年二十年不爲功　其自沉實而豪邁者．則鼓其銳．作其氣．立自振拔．可以責効旦夕而有餘．譬如涉川．少時恃其勇悍以泅江湖．迨習知呂梁之洶險．瞿塘之迅激．又習見夫遭風破船．可驚可愕．然後退而治繂纜．料桅帆．若夫風日晴朗．倚桂棹．泛恬波．日行不過三四十里．一旦覘五兩．張雲帆．一日而數百里不難．此沉實而豪邁之說也．然予之爲是說．璜溪又將謂夫天也．幸弋科名．因爲是說以慫恿我耳．不知適滄海者．乘長風破萬里浪矣．彼愛名山入剡中．獨不曰布帆無恙．挂秋風耶．莊生曰．大塊噫氣．其名爲風．天下之物．莫沉實於土塊．莫豪邁於颯然之風．風之起也．畜于土囊之口．枵然若無一物．及其決浮雲．負鵬翼．雖有勇力絕人者．不能追捕其迹．故曰．沉實之豪邁．視少年之豪邁爲不同．吾甚願璜溪之偶一噫氣．以倡其風．毋論大言炎炎．小言詹詹．皆令人得聞璜溪之風．且令後之人．知予璜溪乃沉實而豪邁之璜溪．非徒一味沉實之璜溪．是則余今日發論之鄙意云爾．然是說也．非作十數日談．不足以罄．聊發端而佈之以書．

宮保大司寇菊溪先生還朝圖序

昔賢被徵去位．民爲樹碑畫象建祠者衆矣．夫安樂無事．而食其福享其利．雖所居無赫赫之名．如何武者．民猶見思不忘．況手剔瘡痍．掃蟊賊．二十載氛祲頓熄．十三郡生靈晏安．功高澤厚．如我宮保菊溪先生．則更入人肝脾．繫人寤思．緜緜延延．而靡有替也．公撫粵而去．民挽之．再來督粵．民迎之．平海盜．至自高雷．民拜於馬前．奉詔入爲大司寇．民餞于江滸．維時頂香燭．擎壺漿．張幔設樂．數百里蟬聯弗絕．皆公所目覩而數見．距今易一寒暑．痛定思痛．形爲口碑．如甘棠之歌勿翦．召公未必知也．淇竹之詠弗諼．武公未必聞也．此平海還朝所以圖也．

夫曹有獄市之寄．而後歌畫一．趙有屯田之奏．而後圖未央．公自平海後．謹斥堠．添巡防．編保甲．糾義勇．既與諸大吏詢謀僉同．使諸司百職咸有法守．以故時和而年豐．外戶而不閉．民咸曰．袞衣麛裘．公實惠我．蓋人知搗穴擒渠．功甚拯溺．亦知勞來安集．與民更始．其福慶流衍．尤不可世數計量哉．爰系以詩曰．

殲鯨鯢兮撫凋瘵．與更生兮俾有乂．婦袴襦兮兒負戴．加冕服兮擁旌旆．謐有喜兮僉言邁．蹇誰留兮我心痗．勳龐洪兮恩霑霈．木有枝兮山有嵑．振英聲兮彌年代．

送程月川先生任兗沂曹濟道序

大人之惠利及民也・無所不周・而其所措意　必規求乎遠大・而不屑屑爲目前之圖・書院儲材地也・如建屋然・凡百皆可立就・惟林木似名節・必植焉漑焉・培焉剔焉・遲之又久・而後乃得蔚然繁茂・故急目前之效者・往往苦其迂濶而不暇圖也・吾郡大府月川先生・仕粤二十餘年・偉績未易殫述・其大要在除民害而衛民生・而其心尤以倡敎興學爲急務・廣州舊有義學五・先生存其二・重脩之・統稱羊城書院・辛巳三月工未竣・承聖天子寵命・遷山東兗沂曹濟道・維時簿書塡委・凡治之有緒而未竟者・胥候斷結・而先生措置裕如・稍暇・則詣院進諸生誨之・諄諄然以明體達用爲事・其餘籌薪水・廣額數・親考校・靡不周悉・洎又以條例申諸大憲・勒爲成式・

竊維先生所以嘉惠末學之意・豈不以仕學分・而人心不古若哉・士誠以古人之學勵吾學・必能以古人之治爲吾治・觀先生歷任諸大政・雖極艱巨・皆毅然爲之而不疑・匪獨其治近古也・其學之素定者・能師古也・今出其所素學以訓示多士・是即舉其所以治粤者・以付多士・多士守其學而不變・先生雖去・而學與治長在・又況推其學業・廣奏治功・如泰山之雲・膚寸而滂沛天下・其所沾被・又豈有涯哉・然其效。必以不倦之意・須遲久之功・不知者・又或疑其迂濶而遠於事情・是蟪蛄惡足以語春秋・井蛙安足以量江海哉・或曰・先生之除民害・莫偉於禦海寇・衛民生・莫大於築陂塘・不第興學立敎・然其道又烏有二哉・寇盜之發不常有・柔以學・則囂者靖・飽煖之後需敎化・知有學・則爭者息・故先生嘗謂立敎之事・若飢者之不可一日無食・渴者之不可一日無飲・非明見事理於未然・疇能爲此論哉・今諸生於先生之去・各爲詩歌以誌去思・他時先生擁旌旄・重涖茲土・諸生執經而前・其强學待問者若而人・力行待取者若而人・懷忠信以待興者若而人・當亦先生顧之而色然喜也・然此豈目前之近效・先生又曷嘗預期其效哉・

送徐友白歸試序

程鄉士多好遊・徐子友白獨靜默自守・善矣・一日來廣州・無所遇・將告歸・人笑其拙・竝以越雞誚予・謂不能化鵠卵也・夫予誠不能化徐子・今之能化徐子者疇歟・果能噓之使入雲表歟・且徐子誠拙・而今之巧者何如乎・夫朝叩門・暮隨馬・古有屈志爲之者・猶曰求宦非以求食・然猶僕僕無所得・吾謂即得之・猶不免巧宦之目・況於無得・又況求食而非求宦者・而忍爲此耶・吾儒所業・遠矣重矣・朝研暮鑽・惟日不足・一旦馳逐於外・耗散其精神・糜費其歲月・心粗計疎・不至盡喪其所有不止・可不大哀耶・不自哀其巧・而笑人之拙者何耶・易之頤・取養正・而其道貴自求・能自求而後免於朶頤拂經之咎・而所以自求之方則節・卦有之・彖曰・節亨・節固未有不亨者・雖苦節之不可貞・而猶曰・悔亡惟不節・則嗟・若節不節・先內斷於己・其餘通塞甘苦・加權衡焉・而養身養性之道備矣・吾嘗以此自勉・故持以告徐子也・或言徐子非求食者也・徐子以東野自命・求廣州・欲求退之而師之・余曰・退之難矣・東野亦不

易學・徐等姑自勉爲東野・退之之有無・勿計可也・於其歸・試書以送之・

小羅浮詩集序代

登山而遇一邱一壑・一草一木・皆有可觀・迨一覩夫穹巖巨林・如所謂五嶽四鎮・則駭然以驚・惝乎其若失・覺向之所習翫者・均無足以措意・詩有大宗・有小宗・其道亦復如是・惟卓然自命者・能舍其小而忘其大・又能以實學以追所見・而非旁門捷徑所能惑・若吾同譜魚山先生其人矣・

予甫入粵・聞順德温謙山舍人・編粵東詩海・自漢唐迄明・得專集百數十家・可謂盛矣・而惟曲江菊坡及有明數公・可稱大宗・餘雖驚才絕艷・多以偏師制勝・而未極其大・魚山之詩・專取法李杜韓蘇・及詣之既成・足與其鄉先輩抗行・而自爲一大宗・可不謂豪傑士哉・蓋其始爲詩也・躭翫若嗜欲・勤求若飢渴・博採而兼收若市賈・日鍛而月鍊如工師・其力健・其氣豪・其聲正・故其成也沉鬱而蒼厚・或曰・魚山嘗遊五嶽・故所見卓絕・良然・然五嶽日在天壤・身歷其境者幾人・惟魚山不避寒暑・親攜斧鑿・鐫題其上而後返・斯實踐之所爲・不可及也・且魚山立身持己・經世接物・以逮彝鼎圖書雜藝・無一不奉古人爲之的・而冥心孤往以求合・雖不能至・亦必勉盡其力・不肯稍留餘地以自欺・魚山之學・焉往而不慥慥篤實哉・廼積之既久・終以浮沉曹司而不獲展・南歸後又困於資斧・不復再出・溘然而逝・所餘獨數百篇詩・焉足以盡吾魚山哉・

吾少與魚山同鄉舉・同進士・同官比部・相知最悉・今魚山不可得見・披閱其吟咏・恍如京邸晤對時・猶幸此數百篇之存・可以窺見生平崖畧・此予眷眷而彌加珍惜也・集有初刻選本二卷行世・其子某・復裒其全稾・編次以付梓人・是誠能讀父書者矣・勉於學而接武以起予・有厚望焉・

定湖筆談序

石不能鳴以水鳴・樹不能鳴以風鳴・金鼓不自鳴・因木之撞擊鳴・絲竹不自鳴・假人之手口鳴・物固有所激觸使然哉・予少與黃子定湖同爲諸生・定湖尚氣誼・善談論・所至屈其座人・人乃樂聞其談而不憾・今老矣・豪氣頓減・又兩耳重聽・無所激觸・談不暢然・身世之所閱歷・耳目之所聞見・時若有鬱於中而未吐者・不得已舍其舌之鳴・而以筆鳴・數年來累爲一帙・每一篇成・輒攜示予・相與共讀稱快・近又以爲未足・續撰數篇・或至夜分不寐・而兩耳重聽加甚・予曰・筆談可以止矣・夫言毋論多寡・問其有當於人心否耳・君書尚未成・時賢爭以先睹爲快・是筆之所到・己曲當乎人心之所不言而同然・雖意不盡言・而彌有餘味・又多乎哉・庖丁之解牛也・合於桑林之舞・乃中經首之會・及其四顧滿志・則善刀而藏・是謂能養生者・又多乎哉・

臆說序

鄭人緩呻吟裘氏之地・三年而緩爲儒・是學一先生之言・而暖暖姝姝私自說者也・吾鄙焉・惠施多方・其書五車・其道舛駮・其言也不中・是猶一蚉一虻之勞者也・吾憫焉・若夫不株守・不武斷・其爲言也・犂然有當乎人心・善

矣・而其中又有辨・北人看書・如顯處視月・南人學問・如牖中窺日・顯處視月・博而闊也・牖中窺日・寡而覈也・博與覈・二者不可兼・得其一・足以傳矣・然而其弗傳也寧覈・王充之論衡・裴郎之語林・皆非以博炫長・而時人秘爲談助・遠近無不傳實・覈故耳・

吾友徐子冬郎・淫於書・典於學・積數十年者著臆說・凡幾卷・自倫紀之大・以至一名一物之細・無不虛心研審・折衷至當・可謂覈矣・而冬郎乃以臆說名書・一若管之窺天・蠡之測海然者・冬郎之謙德也・千金之劍埋於地・連城之珠藏於淵・途人不以爲寶也・而其光自不可掩・姑弁數言於簡端・以俟他時之豐嶽掘而象罔求者・

酥醪觀齋堂記

酥醪觀舊有齋堂・道人江瀛濤重葺之・始祀仙人安朝生・畢役屬余爲之記・余曰・是役也・可謂能知本矣・集仙傳載・安期生與神女會玄邱・酣玄碧香酒・醉後・呼吸水露・皆成酥醪・此觀名所自昉也・志云・循延祥寺東七里餘抵冲虛觀・北曰酥醪・又曰・觀即葛仙北山庵基・玄邱位北方・觀在羅山以北・倘所謂玄邱者耶・往時酥醪村多賣酒家・與麻姑峯下酒田並著・是即玄碧之醞・與酥醪之味・所以稱耶・余竊惟天一生水・卦圖位北・水者道樞・北爲玄牝・玄邱者・吾身玄妙之門也・至若會有神女・姹女覿也・酒尚玄碧・黑鉛色也・吸取水露・河車力也・味成酥醪・金丹液也・讀者不深攷・而規規於形迹求之・不亦遠乎・

夫阜鄉眞人・脫屣萬乘之貴・翱翔雲漢之表・而獨於蓬萊左股・證道得仙・則此地或嘗有飈車戾止・高會酣飲・均未可知・而集仙傳所舉酥醪之義・蓋欲學道者返求諸至虛極靜之中・以漱滌其心源・使玉池生肥・漸次遍滿・則身之津潤・酥醪也・天之風露・酥醪也・地之江河井泉・酥醪也・蔬果草木之瀝液・皆酥醪也・獨醴酒云乎哉・道人深曉此旨・塑仙人像於齋堂中・朝夕虔事・蓋朝眞之誠・與守默之學・互相印證・以庶幾其萬一・非徒搜訪遺跡・憑虛指實・以爲修誌乘者作談柄已也・道人近采浮山以內十景・凡前誌所未詳者・屬香山黃香石撰記・其大要以酥醪爲宗主・酥醪一觀・譬猶北方坎位・乃眞鉛所居之本鄉・其餘各名勝・則九金八木七火・三方之正氣・咸來朝宗・而旋繞於道舍・游斯境者・於九還七返八歸之旨・觸處發現・雖窮幽極遐・日新月異・皆能不離其宗矣・齋堂者歸根之所・亦即先路之導也歟・是爲記・

鄉飲記

古禮之有裨於民者・與其名實俱廢也・不如實去而名存・況能蹈其實而不襲其名・則於美教化・厚風俗・必有陰受其益而不自知者・固宜行之永久勿替也・鄉飲酒之禮・廢久矣・南海平地堡於嘉慶某年實舉行之・堡凡數十鄉・鄉數十族・每族醵金・擇公正能事者分年輪管・正歲・總所獲息・酌定儀物豐殺・屆期諏主賓・擇介僎・羣萃於堡・敬宣聖諭一遍・然後就席以正齒位・四方來觀者・咸美其安燕不亂・行之某年・鄉弟子咸知尊長養老・人以爲崇禮之實效・囑予爲之記・

予維漢代儒生・有戴弁執豆・烹瓠葉・燔兔首・以脩古禮者・爾時傳爲美談・況能準古宜今・實推之一堡・以教孝弟乎・雖然・事之始踐其實・而終應以名者・每患不能持久・竊攷屬民而飲酒於序・見於周官之黨正・一黨五百家・民數衆矣・必先於族師・百家申嚴邦比之法・使五家爲比・十家爲聯・五人爲伍・十人爲聯・四閭爲族・八閭爲聯・民胥相保相愛・而後與之言行禮・何也・鄉飲酒之禮・實與保甲相爲表裏・蓋夫家之數明・奇袤者不相及・而後所舉之賓介・皆耆年碩德・而可以爲民表・使良楛不明・善惡雜揉・方且淘汰驅除之不暇・而奚暇言禮・然則欲斯禮之行而勿替・亦還禮周官校比之法・嚴其牘撻・毋令姦民得容於其中・斯禮之行也・亦可長恃以毋弊也夫・

馮魚山先生傳

公諱敏昌・字伯求・姓馮氏・欽州人・祖憲萬公・增廣生・始居天馬山之南雅村・父天巖公・歲貢生・候選訓導・以覃恩封贈・兩世如公官・天巖公八子・公最長・髫齡隨父文筆峯賦詩・驚座上客・年十二・補弟子員・乙酉拔貢・庚寅舉鄉試第三人・主司陸耳山先生・故鄉榜第三・欲以衣鉢傳也・戊戌成進士・入翰林・散館授編修・充甲辰會試同考官・得胡應魁等六人・乙巳大考・改官主事・方候銓・乃縱遊豫陝燕楚間・癸丑冬・戶部浙江司行走・甲寅選刑部河南司主事・臘月丁外艱歸里・辛酉丁內艱・廬於墓・丙辰・主粵秀講席・爲諸生說經・晨夜輒先誦數過・無倦容・忽病煩熱・浹旬而遊・得年六十・公自釋褐後・居官才七八年・遠遊九年・退居十二年・所蘊未獲究施・而內行誠篤・績學醇茂・布於遠邇・嘉慶某年・奉旨祀鄉賢祠・

嗚呼・公不朽矣・公論學云・聖門之學・大抵就事上見心・由求赤之兵農禮樂・要是日之講求即仲弓之見賓承祭・顏子之克己復禮・亦於出門・使民視聽言動上見・非另有求心之學・又云・順理成章・至公無我・可以處處推廣・世世通行・而又知權達變・無歉於己・而有濟於人・此之謂仁耳・公官刑部時・慮鞫疑獄・遇秋審決囚・矜愴形於色・歸猶寢食不寧累日・天巖公嘗一至京・故偶儻有遊興・日供具出遊・至西山窮探焉・長子士載・昏於鄭州仇氏・踰歲殞・是歲・天巖公凶訃至・比歸・四弟又卒・三喪在庭・而昏憒中準酌古禮・條理井井・母太宜人之將歿也・公自端州馳歸・猶得侍湯藥十日・人謂誠孝所感・初隨覃溪先生學・聞三弟訃・不得歸・哭痛常徹心・四弟歿・教育諸侄如己子・庶出七八兩弟・當析箸・卜宅屯廩村・絲粟皆爲經紀焉・在都日・聞籜石先生訃・痛哭・啜粥數十日・後復哭於墓・房考韋藥齋先生病劇・公往護視・藥齋曰・甚哉・子視予猶父也・臨訣・以所寶大滌子畫畀焉・藥房先生卒・懸其所畫松爲位・哭至咯血・有卒於京者・爲歸柩於里・前後凡十餘櫬・每急人之急・慨然以不得廣厦萬間爲憾・此皆實踐所學而著于倫紀者也・

其論詩云・詩者心聲也・天地之中・聲流于人心・而發於詩・正如元氣之鼓萬物・而不自知萬象咸該・滴水不漏・此所謂大家・若節節而爲之・豈有詩哉・又謂手腕須和・筆頭須重・寧拙毋巧・寧蒼毋秀・寧樸無華・寧用禿筆・毋用

尖筆・故公詩由昌黎山谷上追李杜・又穿穴諸家而自闢面目・所師尊者・筍河籜石覃溪三先生・所交戴東原・周林汲・李南澗・黃仲則・彭秋潭・洪稚存・王秋塍諸君子・上下議論・而所詣益進・

且公足跡半天下・嘗謁闕里・觀車服禮器・登泰山・至日觀峰視日出・遊廬阜・觀瀑布三千丈・泊之大梁・上中嶽神祠・又抵華嶽・攀鐵絙・躋幢峽・大鐫蒼龍嶺三字其上・復書一聯於嶽帝廟門・在河陽時・畢秋帆中丞屬修孟縣志・親歷芒碭・王屋・大行諸山・條其疆域・訪韓子祠墓而確得其處・公以北嶽去孟縣不千里・騎駿馬・直造曲陽飛石之巔・窮雁門長城而後返・最後兩宿南嶽廟・待霽而升祝融諸峰・觀雲海・賦七古一首勒石壁・其餘神皐奧區・靡不遐矚・曠攬變態・吐納奇狀・一注於詩・是故開闔動盪・而歸然爲大宗也・

書法專宗二王・尤得力於大令・時文則馳驟諸名家・晚乃專師王唐瞿鄧・閒詔子士履士鑣曰・汝等不可浮慕聲華・須及時專研一經・使融會貫通・作文庶有根柢・又曰・敬以持己・靜以養氣・義所當爲・則毅然爲之・否則卓然不可奪・皆至論也・掌端溪粵秀越華三書院・爲學約十六條・皆切中文士膏肓・所著有孟縣志・韓詩選・小羅浮草堂詩集・

論曰公崛起天南陲・爲人倫模楷・擬之日南姜公・瓊臺邱公・雖功業祿位不逮・而所造深邃・與代興無愧焉・予嘗就公問業・有叩輒鳴・而猶嗛嗛若不足・大致在專心希古・而不移其力・聞公每月朔望・必肅衣冠向闕稽首・轉而拜於祖及其師・終身如一日・亦難矣哉・

袁致堂小傳

吾故同年致堂袁君・名應・字大中・番禺人・工爲文・兼通岐黃堪輿家言・忼爽尚氣誼・時類俠士之所爲・豪於酒・與同志閉戶痛飲・或徹日夜・乾隆戊申・舉於鄉・嘉慶戊辰・大挑二等・選四會教諭・癸酉・終於學署・遺命即葬四會山背岡・

嗚呼・君豈以一司鐸畢其志者哉・君癖好時文・自前明迄近代傳稿・披閱殆盡・曰・聖人之言一耳・而行文思路各別・閱之益人神智・勝閱稗官小史多矣・爲文操筆立就・與論文法・分肌劈理・細入毫芒・扣以書理・應口即答・老學究不能過也・與論天下事・高議飈發・有所爭執・面發赤・聲震屋瓦・猶不肯休・

予嘗步出城西門・有言今日一富豪・道上被一偉男子搤其頸如牽羊・豪奴五六輩揎袖欲毆・偉男子厲聲一叱・奴惕息不敢動・豪被牽・急唯唯伏罪乃已・予不審爲何許人・一客曰・豪乃富商某・偉男子袁致堂先生也・豪恃勢佔其屋地・先生不能平・拉鳴官耳・其不受挫折如此・

君會試多由長江・一日風利甚・船破入水・舟子方理綷纜・君手一瓢斛水・左手執卷高哦・若無事焉・某科場前未到・屆點名・君方投文・衆詢其故・曰・長江阻風耳・焉有不會試之袁致堂耶・凡十一上公車不遇・而興猶勃勃・癸酉・君涖考詣肇城・予方掌端溪講席・見君扶病拜客・歸則肅客飲・不能陪席・旁坐勸客・仍不醉不止・

嗚呼・君豈以一司鐸畢其志者哉・君歿時・二子廷超如

洋方幼．今從予遊．爲述所知一二事．爲君小傳．二子亦志君之志．繩其未畢之緒乎．

二烈婦傳

徐震語予以王千戶妾事．未傳也．翌日．莫元伯又以梁瀚妻刲股事告．

莫子曰．高要縣梁瀚居父喪．遘疾幾殆．其妻楊．念姑老而夫弟稚弱．夫死必胥殆．調藥禱於神．飲之愈．越三日．氏以瘡潰死．衆咸曰．悲哉．殆刲股以全其夫與其家．而戕其身者也．

徐子曰．有王千戶．廣州旗籍人也．始爲兵．期滿得考官．而窶甚不能治戎裝．恐不當上官意．悶欲死．妾某氏．詢之以告．夜絮絮．籌畫無策．妾忽曰．計窮矣．有一策可得金．君勿疑．急叩之．泣曰．此非君蓄妾時也．苟鬻妾．事可辦．否則坐視其母妻子若姪流殍．豈惟不得官．且妾與妻子若姪孰輕重．君勿疑．千戶大錯愕．而氏去意益堅．不得已．鬻於某豪家．得五十金．考官授百戶．升千戶．卒致富．方妾之適豪家也．逮夜．有奔告者曰．氏方入門．蒙面閉窗牖．酒闌．豪叩扉不開．撞入直視．則纍然縊梁上矣．

謝子曰．千戶妾自誓一死．在請鬻時已決．人咸信之．後千戶乞其喪歸葬．爲製服祔於廟．是矣．至楊氏刲股．人或疑其有倖生之心．而未必計出於死．蓋乞濟其君．而又保其身．如甯俞逢丑父鬥辛輩．皆倖而不死．而其初皆義不反顧．故人猶稱其以死免君也．死常也．生變也．楊氏之死．志在刲股時．固與千戶妾異事而同情也．然刲股容有不死．而鬻身則斷不可以生．是又同中之異也夫．

蘇瑞一先生逸事

公性嗜酒．無一日不持杯．惟執親喪斷酒三年．一勺不入口．人餉以珍異．必焚香薦於寢曰．某人以某物饋．某男敢敬獻．凡四時品物．先薦而後敢嘗．有某顯者欲求公文．至所住聚賢坊．不能舁入轎．徒步至門．拒不納．

將軍錫公特庫．撫軍鶴公年．關榷唐公英．咸敬愛公．每讌集．以得公爲歡．公亦時一再往．一日．遣使延公．公不至．叩其故．則昨夜被竊衣帽．不能往．大吏震怒．飭縣追給．令窘甚．饋公衣服財物兩大篋．公曰．此非我故物．胡能强顏受．令曰．大吏促我急．而盜又不可得．公不受．會當重譴矣．公曰．篋中物不可以汚我．我爲言大吏．贓物已得．不以是瑣瑣者累也．

乾隆三年．典試聞公棠素耳公名．又知公治春秋．欲從暗中摸索．遍簡春秋房．無佳文．搜遺得一卷．已塗抹狼藉．愕然曰．非老名宿焉能辦此．拔冠房首．榜發．果公也．放榜之夕．諸報喜者皆不詣公．曰．蘇先生中．人誰不知．焉用報．黎明．其門人市題名錄．始知之．公曰．余文艱澀．自分不售．今既賞文．何爲置第五．沉吟久之．乃徐徐冠服出門去．先外祖吳寅谷公．公姻家也．往道喜．不相值．候至已刻．公還．則極稱解元王定九文．嘖嘖不去口．乃爲寅谷公朗誦一遍．指謂某處好．某處勝予文遠甚．寅谷公固好學．聞公稱善處．輒求覆誦．公援筆默寫一篇．並加評點以示．蓋公出門時．問知王住處．乞草藁讀一遍．即能

背誦・竝虛衷服善如此・昨歲晤公仲子赤・謂公有文稾數十篇藏於家・將訂正付梓云・嘉慶三年六月・蘭生謹述・

金菁莪 字藝圃・一字蘿香・番禺人・嘉慶壬戌進士・官兵部主事・喜爲文・河間紀文達極稱其文筆健舉・年四十・丁父憂歸・尋卒・陳在謙選嶺南文鈔・僅從張維屏處得其文五首・別有軒木齋詩鈔四卷・阮志注存・

殛鯀論

余嘗讀唐虞之書・觀鯀之殛唯帝・禹之禪唯帝・未始不疑禹之功・而鯀之罪不能末減也・爲已甚矣・鯀父也・禹子也・臣也・堯舜君也・堯六十一年・命崇伯鯀治河・六十九年・黜崇伯鯀・七十五年・司空禹治河・及舜受堯之天下・遂殛鯀而終禪於禹・一洪水也・其父死故是・其子興於是・當日者・舜豈不念禹痛其父之死于罪・而何以爲鯀殛・又豈不念禹固痛其父之死・轉難奏厥功・而何以爲禹地・且鯀之罪・罪在父・禹之功・功在子。使前後出於一人之身・若後世之棄瑕錄用者・不僅功罪足相抵・終嘉其功之浮于罪・矧以子之功・免其父之罪乎・

或曰・既殛鯀而後禪禹・時弗逮也・抑知禪禹在殛鯀之後・而殛鯀正在禹治水之初・假使舜闢四門・下一詔於羣臣百姓曰・咨來禹・汝往哉・幹父之蠱・則父可赦・裕父之蠱・則子並誅・未嘗不足服人心而大快人意・舜胡亟亟若此・舜而不亟亟若此・當元圭告命之日・子成其功・父免於罪・不惟敎忠・且以敎孝・斯治天下之本在是矣・乃舜卒不爲此者何也・誠以功罪者・朝廷之大法也・舜君人者也・鯀吾臣・臣有罪則罪之・禹亦吾臣・臣有功則功之・不得功禹之功而讚之鯀・猶之不得鯀之罪而加之禹・使天下知有功如禹・而其父之罪猶不能因是而稍寬・使天下知有罪如鯀・而其子之功亦不能因是而稍貸・不然・因禹而免鯀・在廷執法之臣・安得盡如皐陶者・於是迎合上意・隱議同官・若共工驩兜輩・誰無父子・幽州可不必流・崇山可不必放・吾恐天下之爲子者・萬難與禹比・而天下之爲父者・幾何其不鯀若哉・

或又曰・舜雖有羽山之殛・禹終不能無羽淵之痛・此則在父子之間・而非所論于君臣之際也・由是觀之・罪在父而功在子・不得爲父免矣・況功在父而罪在子・又烏能爲子免乎・子之功如禹・不得免其父於罪矣・況父之功萬不如禹・又烏能免其子於罪乎・父之罪如鯀・不得因父之子免矣・況子之罪不啻如鯀・又烏能因子之父免乎・此亦充類至義之盡・故曰・功罪者・朝廷之大法也・雖堯舜之君・莫之能易也・

焚陰宅論

閩粵間遭喪之家・始死既殯後・有所謂焚陰宅者・倣其生時所居之宅・命匠氏剖巨竹・成間架・屋瓦牆垣・紙爲之門焉・庭焉・堂焉・寢焉・凡一几一筵・及飲食器用服御之需惟肖・往往富家巨室・稱其華贍・幾與土木之工埒・在平原空地・布置咸宜・孝子奉其親之靈・安坐於中・擗踊哭泣・稽顙成禮・舉炬燎焉・昭明焄蒿・蕭光上騰・若以爲魂魄式憑・於宅乎在・夫人之死也・精氣游魂・銷歸何有之

鄉。古有以俑殉之者矣。有爲之尸而祭者矣。俑則非禮。尸則合於禮。陰宅之舉。俑耶尸耶。是禮非禮之間。亦謂孝子思親。無所不至。充不忍死其親之心之盡。凡所以致吾思者。無爲弗也。方竭附身附官之誠。復極肯堂肯構之事。比諸升屋而號。尤有進焉。親死而親之舍隨之。故宅之說從陰。親死而爲人子者。如窮人無所歸。故欲併子舍隨之。亦求諸幽之義也。祭義曰。思其居處。是或一道歟。謂之合於禮也可。

十八灘說

西江之險者。有儲潭之十八灘焉。石與水違行曰灘。茲灘則山在水中之象。小石礅。大石砦。石戴土崔嵬。土戴石砠。錯落散布于其間。兀兀然。巉巉然。如星隕然。水落則石出。水盛則石沒。險猶易見也。莫甚于江流甫漲。若沉若浮。舟之來也。入于坎。困于石。蓋十八九矣。儲潭廟焉。奚灘神也。灘師告廟。插血而去。禱神佑也。豫章水利備載厥名與否弗深攷。今昔傳聞異詞。書缺有間。其軼乃時時見于他說。鱉灘者何。蛟龍藪澤。靈物守護之所。故爲羣灘之冠。或曰。石形鱉也。白澗者何。石白而澗幽也。何謂匡風。風水相持。其勢不相下。雖有大匡中匡小匡之署。而難匡之也。過此以往。浩浩滔天。中流砥柱。故其灘曰天柱。危詞以示惕也。亦肖其形也。冀州有壺口。蓬島有方壺。象於物也。又譬諸世人日用之所習見者。猶茶壺然。言質而易曉也。故其灘曰茶壺。二足而羽謂之禽。四足而毛謂之獸。九脚者何物也。或曰。水怪憑焉。又曰水中有石九。狀如人之脛。攸口。攸鎮驛之口也。或謂銅盆其處也。白蛇頭何。狹小而修長。動搖而難制者。蛇之頭也。若錫洲。若涼口。指其所在之地名。吉贛交界也。崑崙。西極之山也。河從塞外來。來以此也。故謂之崑崙。其汪洋如見也。皂口。亦地之也。尺。直也。河出崑崙墟。百里一小曲。十里一曲一直。尺而曲。不百里千里也。故曰曲尺。其地東南山。形如虎。又訛其音曰虎索。小溜水。小而溜甚也。大者何。浮于小也。故次之以大溜。曷言乎繇繩。舟子牽裳。以繩引舟。繇繇如也。淮陰祀漂母。哀王孫而食之者也。母之神。如水在地。將濟人于難也。其上有漂母閣云。又曰飄。迴風爲飄。文文山詩曰。十八灘頭十八名。一名惶恐更傷神。舉一以概其餘也。勉君子戒懼之意。而警小人徼倖之心。鑑于水也。故以惶恐終焉。順流而下。逆流而上。其險也如此。余南北之行。往返必涉。旁采諸士夫賈客之程途記。近詢諸其地榜人漁父之口。以證余目力所及者。竊比釋九河之例。一二爲之說。復綴以有韻之言。

題鄭蘐坪吟秋草後

天地間肅然其氣者。秋而已矣。秋何悲。自宋三閭始也。秋何興。自杜拾遺始也。于是逸流畸士。思婦勞人。其抑鬱不平之感。動于秋乎託之。雖然。余竊有辨。孔子作說卦傳。兌。正秋也。萬物之所說也。故曰說言乎兌。兌以說訓。兌之說無言。以言爲說者。其說不深。猶咸之感無心。有心於感者。其感亦淺。且當適意而說。與處安平時而說。皆未足爲難。當勞苦患難而說。始見其說。彖所謂說以先民者·能使之任勞而不辭·赴苦難而不畏·知兌之義·則知秋之義矣·然則肅然者其氣·而怡然者其情·大抵富貴紛華之遇·人情所恒說而氣以舒·莫過于是·然而風露迴乎四時·而於秋爲金風·爲玉露·金之玉之·其蕭條者·居然富貴矣·然而華葉榮乎百卉·而於秋有黃華·有紅葉·黃之紅之·其平澹者·居然紛華矣·一切逸流畸士·思婦勞人·事不適意·境非安平·有心皆愁·無言不說·跡其撫時感物之所託·卒不外此金風玉露黃華紅葉之秋·觸其目而興於懷·能不役役於富貴紛華之迹·能不戚戚于勞苦患難之交·然後見富貴于蕭條·處紛華若平澹·雖勞苦焉·患難焉·而眞說自存·

鄭君護坪出吟秋草丐序于余·集名吟秋·殆亦蘊肅然之氣·以自寫其怡然之情者乎·讀者若槩視爲抑鬱不平之感·託於秋以鳴·是不識秋之爲秋·又惡曉吾護坪之所以吟秋·祇自墮於矯偏過當之見耳·余特爲持平之論正之·悲者其宋之秋耶·興者其杜之秋耶·吟者其鄭之秋耶·宋耶·杜耶·抑鄭耶·其秋之在人者耶·何往非天地間之秋耶·何悲耶·何興耶·而又何吟耶·護坪得余論·當於無言中而相說以解·

重修韓山書院碑代

嗚呼·詩書之教·匪直士習·固關風俗哉·潮有書院以韓山名·自文公刺潮·潮人始知學·唐之時·無書院也·其制自趙宋始·至我朝人文益盛·大都書院建於省會·封疆大吏主之·名師易延·而生徒亦衆多·若廣州之粵秀越華·肇慶之端溪皆是·潮特一郡耳·其地一郡守領之·其肄業不出一郡之士·廼來自嶺南·莫不知有韓山書院者·以是信潮人之好學·而俗未嘗不易治也·

宋元祐五年·知潮州軍事王公滌始創建書院·其地在城西南·淳熙十六年·知軍事丁公允元·于河東雙旌山遷之·即今韓山也·元至順間·總管王公元恭·改爲城南書院·明天順間·參政龔公毅拓其地·國朝雍正年間·知府事龍公爲霖重修·規模大備·左爲韓公祠·祠左建閣祀奎宿·右爲景賢祠·又右爲陸公祠·祀宋丞相陸忠正公·潮人德公·于書院東偏爲專祠以祀·是爲龍公祠·又以是嘆守牧之多賢·而潮人之好學益篤也·

嘉慶十一年·余來守是邦·所謂養士治民·一以韓公爲師者·愧未之逮·因思風俗之原·先敦士習·于是庀工集事·余捐廉爲之倡·其餘則勸之僚友及紳士·去年夏四月·余從制府百公督師高雷·勦辦海寇·既奉命觀察廣州·不克與潮人士相見矣·今年春·復奉檄來潮·僉以書院工竣告·于落成之日·謁先賢·欵師儒·進諸生而勗之·士爲四民首·誠能讀聖賢書·不負所學·躬先砥礪·化及鄉隅·相與父誡其子·兄勉其弟·薰德者善良·遷善者遠罪·去其舊染之污·咸與維新·詩曰·如彼築室·于道謀是用·不潰于成·書曰·既勤垣墉·惟其塗塈茨·今茲修復之舉·比物比志也·讀書樂·又爲善最樂·士氣既揚·不移于習俗·此邦械鬥之風·庶幾乎息矣·是則余區區之意·而眷眷於斯者·潮人士尙其勉旃·是爲記·

金菁華 字殿選・番禺人・嘉慶甲子副貢・生周歲而父卒・母沈・守節撫孤・有末疾・菁華侍養備至・因博覽醫家言・悉心以療母・疾竟瘳・既就教職・歷署廉州府博羅縣訓導・永安縣教諭・欽州學正・能勤其官・月課親爲講貫・諸生多所興起・爲人悃愊任眞・寬和自適・至所願爲者・必盡心力・不少瞻顧・於族黨尤任勞而讓善・同邑林伯桐稱其質則能勤・厚則不忮・無意外飾・爲足多云・子錫齡・舉人・以學行稱・爲士林所重・

醫學輯要自序

醫始於黃帝歧伯・觀其問答・即知其人之病所由來・不啻洞見癥結・何也・以意消息之也・故語云・醫者意也・內經所云微妙在意是也・古名醫之意・皆寓之於書・素問・靈樞・傷寒・金匱尚已・孫思邈之千金方・王燾之外臺秘要・猶是古來專門授受之法・至東垣之獨重脾胃・河間之分消三焦・丹溪之專於補陰・子和之銳於袪邪・雖各有所長・亦各有所偏能・得其要則一以貫之・不得其要得散無及紀・此醫學輯要一書所由作也・

余秉氣素薄・弱不勝衣・補弟子員・益瘁力於學・得怔忡疾・延醫治之・幾至於殆・因杜門習醫・罄心渺慮・二載始悟其意・疾遂得瘳・厥後先妣沈太孺人有末疾・醫藥罔效・復博觀醫家言・悉心以治・幸得無恙・然是時方治舉業・未遑專習其術・舉榜後・就校職・冷官多暇・取四庫全書醫家類九十七部徧閱之・手披掌錄・掇其菁英・積以歲月・遂成巨帙・條貫其說・便於瀏覽・出以示人・皆以爲已陳之芻狗・不知法古人者・貴會其意・不泥其迹・醫不師古而能得心應手者・未之前聞・誤鍼之・誤藥之・至於不可救・轉諉之於命・造化豈任受咎哉・是則庸醫殺人・一言以蔽之曰・不學無術而已矣・夫無其範不可以合土・無其則不可以伐柯・學醫之範與則・舍醫學奚取焉・古之名醫不作矣・書之所存・即意之所注・讀其書不達其意者有矣・未有不讀其書而能通其意者也・苟能心知其意・雖謂古之名醫至今存可也・不然・師心自用・妄作方論・草菅人命・良可悼歎・韓昌黎云・爲之醫藥・以濟其夭死・有醫藥而夭死更甚・黃岐在天之靈・能不抱憾乎哉・

陳在謙 字六吉・號雪漁・新興人・嘉慶甲子舉人・官淸遠教諭・在謙少往來南北・又嘗客山左・生平遊跡・多見於詩・而尤肆力古文・論者謂其功較詩爲深・其官教諭時・嘗委監越華書院・當錄科有奸民以番夷妖書散給考生・高要彭泰來得之・書數百言簡端・語至激切・在謙立白學使・令捕之・燬其版・其持正如此・所著夢香居士集十五卷・七十二草堂文勺四卷・所選嶺南文鈔十八卷・續集三卷・今並存・

與曾勉士論沙田書

勉士足下・承示治江論・言沙田之害甚悉・然未聞有議去之者・知其宜去之由而不能去・抉其難去之根・或者不能不去乎・請爲足下言之・天下有利在目前・害在身後者・害在身後者・非智者不知也・有利在數人數十人・而害在千百萬人者・不俟智者而後知也・然知之非難・行之爲難・行之胡難・決之難・速之難也・今之有沙田者・皆豪富有力之家也・大人先生・非有世職於粵也・豪富有力者・無事不可轉移・履勘之官・即不爲所賄賂・而俟潮長始引而觀之・十得二三耳・以爲已成之利不可棄・已升之稅不易銷也・則游移

生焉・讐仇讐怨・而我非長久於是・則遲廻生焉・於是水日盛・沙日積・利者之利愈廣・害者之害滋深・不盡數縣而魚鼈之不止也・故曰・决之離・速之難也・百姓者・皇上之赤子也・大人先生者・赤子之父兄也・數子飽其利・而衆子殉以身家・豈惟父母不安・父兄能坐視之乎・夫無害之謂利・無禍之謂福・無危之謂安・以天下爲量者・無偏行之仁也・圖目前之將就・過此以往・非我所知焉・此小臣效奔走・供職分之事・非大人君子運量天下・謀及數世之心也・且沙田之税皆斥鹵・其輸將甚輕・而有沙田十畝者・其家必有百畝之資・而始能致之也・有百畝者・必有千畝之資・而始能致之也・是沙田特富家之緒餘耳・

方今天子仁聖・時患一夫失所・捐區區賦税之人・以存元元億萬之生・無不許也・大人先生・捐富家緒餘之財・以除數縣昏墊之阨・未爲已甚也・亦何爲而不决之速之也哉・或曰・沙田即去矣・不能保其不復築・不勝去也・是大不然・河工之令・與軍令等・何者・黄河一决・則蕩析隨之・令之所以嚴也・今者粤江之患・幾與河等・實則沙田階之厲・必定以章程・嚴其賞罰・著爲令・以授臨水諸縣官・則利未至而法先及・安必其敢復爲也・雖萬世無患可也・或又曰・去沙田・事甚囏鉅・令勿更築可也・是足下所去病水瘇者・不爲之宣洩・但令勿再補脾・容有瘳乎・倘舍茲弗講・議平糶・議賑恤・所以救其病者甚至・而病至而後救之・不能使其不再發・救者之力已竭則危矣・足下言沙田之害甚悉・沙田之宜去甚亟・僕敢抉其難去之由・而商其去之之道・惟有心者擇焉・足下幸察之・

與陳仲卿書

仲卿足下・大著書霍副憲宋明大禮私議後云・當時諸王皆未就封・舍興王子無可迎立・以時考之良是・而謂得武宗遺詔・命世子某入嗣孝宗・爲朕親弟・則張桂不能掩弄・竊以爲未盡也・傍支入繼大統・漢宋明三朝俱有之・而議之愈激・行之愈悖・無如明世宗者・皆新都諸人不爲其君審所處以致之也・蓋世宗之初心・不難於考孝宗・難於無以處其父母・故張桂得乘間投其邪説・而楊廷和輩必曰・稱興獻王爲皇叔興王・言適足駭世宗之聽・遂以一考孝宗・則不得不叔興王・吾欲不叔興王・盍先不考孝宗・觀其言曰・何父母之倒置若是・是叔興王之説・世宗所必不許者也・夫不叔興王・未遽不是・而不考孝宗・則大謬矣・

歐陽修論濮王・引喪大記・爲人後者・爲其父母降服期・而不沒其父母之名・以見服可降・名必不可改・本生之親・改稱皇伯・歷考前世・皆無典據・善哉・斯言不易之論也・而論者動引舜不尊瞽瞍・光武不尊南頓君・安見舜與光武稱其父爲伯叔哉・惜宋時大臣未能確定其名・徒以皇太后手詔尊濮王爲皇・夫人爲皇后・天子稱曰親而已・而楊廷和等又謂古時未有定論・至程子始定・夫程子之説曰・王伯父濮國大王・猶是伯叔之稱・不足以安世宗之心也・然則如何而可・我朝之制・爲人後者・爲其父母降服期・而在官者必去職守制・稱本生父母・仁至而義盡也・嘉靖三年・稱興王曰本生皇考・蔣氏曰本生皇太后・設此時楊廷和輩從而贊之曰・稱本生・所以別於爲人後也。稱考皇太后・所以尊所生也・陛下斷自宸衷・遠邁古昔・世宗安得不考孝宗哉・乃鯤鯤焉・猶以爲非是不叔興王不止・又相率而痛詈之・又思撲張桂於朝・是徒欲爭勝於口舌・而不知小人之勢如水・激之則沸・止之則靜・此新都諸人不能辭其責者也・足下以爲吾所持者。正可告無罪於後世・而不爲人主熟審所處・深中當時之弊・顧第欲於武宗遺詔以箝制之・不明言興王稱號猶有遺議・敢詳言之・以畢足下之說・

再與陳仲卿書

仲卿足下・承示第二書・感悚交幷・僕前極道同時諸子・而足下轉用相推・殆甚過量・豈愛而忘其醜耶・抑千慮一得・鄙作不大謬耶・足下非佞譽誣諛之人・又瑣瑣者不嘗次心目・所言如是・意者鄙作果不大謬耶・僕恃以自固矣・文章之道・朋友之功十六七・非獨講去其非而即於是也・吾之所是・得知我者贊之而益堅其信・又況瘕疵伏於隱微・作者熟視若無覩・傍人見之則毫髮呈露・苟非吾友・誰言之者・文鈔諸君・皆非率爾人・其爲文章・亦非一日・而僕常參酌其間・顧甚不自是・必還質其人・各得其願而後已・所以如此者・非閱者之才勝於作者也・傍觀則明・有如前說・大著擬選之什・亦間有是・俟還質之耳・呂石帆文・足下所指數篇・未嘗不差强人意・然以備一家則未足・拙選又不錄零星篇什・此著或有待也・足下謂此等文・不染八家習氣・不落八家窠臼・此論甚卓・習氣窠臼之不宜有・不獨八家爲然也・學古人爲文章・如蜂釀蜜・食蜜者但知中邊俱甜・安辨何花耶・其若可辨・必其未化者也・

僕生平爲文・不敢有所依傍・萃吾心之所欲言・意盡而止・間常胸中有十百古人文字・到下筆時・直須一概抹摋・此僕所自爲・不敢以律他人也・承示鄙作三處・具中肯綮・今悉如命・讀足下與梁子春書・想見晉宋人標致所自・叙足下生平如揭矣・君臣冢一篇・似宜再加剪裁・間參鄙見・仍未繕也・海騷四卷・前未卒業・不敢妄言・乃今知之・足下穎異天成・古色幽香・浮以楮墨・每一篇讀竟・率如人意所欲言・至隨手應付之作・雖古名集・亦復不廢・識者不足以是吹毛也・襍記已大概流覽・中多考證・非尋常小說比・四庫中子書也・拜服拜服・

自到中宿・所交不足五人・其三遠去・新葺齋居七十二峯堂・與拙婦弱息・暇則談古昔・饑則治飲膳・年已及艾・不復更求仕進・思以文章自娛・故知己獨難・日在離索・足下不棄・時惠德音・使我作蹷然喜也・幸甚幸甚・駕舫尙時見・當爲道意・不宣・

與喩明府論平糴書

糴糶商賈之事・非在上之所爲也・自齊桓公魏文侯始也・而後世踵之爲常平倉・爲義倉・爲社倉・皆足以利天下・何者・凡以爲貧民計・而未嘗稍私其利也・新興戶口不下十萬・有餘者十不過一・各足者十不過三・其待糴而後舉火者則過半矣・然酌有餘以補不足・平出入以均食貨・雖遘凶荒・不難閉關而取贍・而富人商賈・或深藏以索重價・或轉市以取厚値・去秋小不熟耳・其始米價長一二分・至今春而三四分・今夏而六七分七八分・以至加倍而未止・富人之

粟．短不盈寸．其錢已及尺．宜必欲至丈而後快．貧者終日屹屹．求一飽而不可得．不大可憫乎．

側聞執事下令平糴．百姓稍定．沸價少息．乃數日而洶湧益甚．則謂官粟出境賣矣．詢厥所以．謂鄰飢彌甚．價彌昂．倣古和糴之說．是執事知其利而未知其害也．宋彭龜年疏曰．去歲淮浙竝飢．江湖小熟．始下和糴之令．商賈競趨利．又復爭糴於下．米價已長．害及細民．由是觀之．小熟猶不能移給他所．而況其不熟也．去年八九月間．天稍旱．米價畧增．執事江口置防．使粟米不出境．百姓帖然．其不足者二三殷戶耳．今不惟撤江口之防．且官舸連檣．轉粟巨萬．愚民無知．謂執事覬覦重利．行同販豎．而向者固藏轉市之徒．皆藉口而踵爲之．而數十萬人待糴而後舉火者．至于欲糴而無可糴．即有可糴．而竭一家之營．不果一人之腹．眞能閉戶忍飢．相安于無事乎哉．傳曰．大夫鄙則士貪．士貪則庶人盜．執事欲行和糴之法．而令部民擬諸販豎．則非所以爲名．萬一閭閻困迫．而不肖之心生於大都白晝．則非所以爲實．名實竝戾．亦何樂而爲此也．謹布區區．惟執事察之．

博浪沙擊秦論

子瞻謂秦以刀鐻鼎鑊待天下士．其平居無罪．夷滅者不可勝數．嗟乎秦所夷滅．特無罪者耳．眞有罪．有罪且大者．秦不得而夷滅之也．張子房以匹夫狙擊天子．所謂大逆不道．使秦得而甘心焉．即夷其族而揚其灰．天下不得以爲暴．後之君子．亦疇敢非之者．然而子房卒獲免．且夫子房固非有功名富貴之念繫戀不忘者也．出萬死不顧一生之計．報五世之仇．倘陽武博浪間．得制祖龍之死命．雖陷胸決脰其無悔．即幸而獲免．而願已酬．志已遂．從赤松子遊可矣．

於是酈食其爲高祖畫策．封六國後．賢才各爲其主．則漢之勢微．韓信陳豨彭越輩亦各分地爲南面孤．當此之時．高祖雖欲長王漢中不可得也．況混一區宇．晏然而帝哉．然而天下事卒不出此．何也．子房在故也．子房之不即從赤松而歸高祖．何也．仇未報故也．由此觀之．天欲與高祖以不可少人．先與子房以不能了之事．暫與始皇以不即死之命．然則始皇之不死．緩秦之亡．乃所以堅漢之興也．或曰．子房狙擊始皇．逾數年而始皇竟死．褫祖龍之魄者．子房一擊之力也．夫子房之事．孰與燕丹乎．

鼂錯論

漢景帝時．鼂錯請諸侯罪過．削其地．於是吳楚皆反．以誅錯爲名．上令錯衣朝衣．斬東市．君子曰．吳楚之反．非爲誅錯．而錯之死．亦不在削諸侯地．在乎其爲人．太史公曰．鼂錯陗直刻深．嗚呼．陗直刻深．亦何在不足以取死哉．

初．袁盎不好錯．及盎相吳．吳王反．錯欲請治盎．盎因言吳所以反．以錯故．急斬錯．吳兵乃不罷．由是觀之．錯之死．盎死之也．然使盎不死錯．錯必死盎．盎而果教吳反．其死也固宜．乃觀其初信子種之言．及其後吳王欲殺盎．則盎之不助吳也明甚．錯特以私怨欲中傷之耳．向使錯不欲中傷盎．則吳楚即以誅錯爲名．無盎之言見入．帝未必

欲殺錯・帝即欲殺錯・安知無爲僕射鄧公之言以力爭之者・錯之死不死未可知也・無如陗直刻深者之不能忍也・

夫錯一潁川布衣耳・操申商之術・恃天子一日之寵・與竇嬰申屠嘉輩皆有郄・錯之立朝・亦甚孤矣・以孤立之人・說天子剝削其骨肉・殘殺諸侯之大臣・此其危不待智者而後辨・而錯顧以此號智囊・無乃謬乎・或曰・削地之議・始於盎・而盎以殺錯・何以服錯之心・曰・盎之謀未行・人無知者・且其所以待淮南王固甚恕・其作用必與錯異・觀盎之所結交・蓋深於自衞者・而卒不免受制以死・况錯也哉・

夢香居自序

韓子謂物不得其平則鳴・爲東野言之・非通論也・有物則有形・有形則有聲・平亦鳴・不平亦鳴耳・大之而風雷・小之而蟲鳥・皆能鳴・而其聲大率皆同也・其萬有不同者莫如人・論人之鳴而至於文章・不同中之一端耳・論文章而至於詩歌・又不同中不同之一端耳・然而彌有不同・何者・人心之不同・如其面焉・人聲之不同・亦如其面焉・然而猶未也・人面一成而不可變・聲則隨感而生・感之於外・則境地也・感之於內・則性情也・性情與境地値・而詩歌出焉・上下古今・百其性情・百其境地・即百其詩歌・一人一身・一其性情・百其境地・亦百其詩歌・何者・觸之而動・性情不必先定也・人一天也・而春而夏而秋而冬・天亦隨之而已・詩之麗者如春・大者如夏・淡者如秋・勁者如冬・執一說以相非議・偏矣・執一說以自珍重・漏矣・春蘭秋菊・孰改其秀・冬裘夏葛・孰易其宜・區區之心・以爲兼之者善也・雖然・謙有志焉而未之逮・且復性鈍・十四歲始解韻語・歷二十三年・性情境地所値・有結於中若不能自已者・或時發爲詩歌・除船脣輪鐵之所遺落・覆瓿行火之所毀棄・餘若干篇・於古人門徑堂廡・茫乎未有知也・姑留之以見四十年前之性情境地焉爾・道光壬午秋七月・陳在謙書於梅花草堂・

夢香詩鈔序

道光壬午・予齒及不惑・授經鼉江西・窮秋風淸・褰裳漢水・謁唐左衞將軍馮盎墓・將之海淩・觀張太傅埋骨處・未果・明年冬・遊浙中・度歲於禦兒・定海令從兄從嘉伻來促往・道會稽・探禹穴・訪永和修禊故蹟・謁夏后廟・尋張僧繇畫龍・渺不可得・經四明・出蛟關・渡橫水洋・止乎舟山・覔雪交亭遺墟・爲文吊同歸域・五月渡銕蓮花洋・登普陀・觀夷王太子塔・歷梵音潮音諸洞・期梅福安期海上・覗日本倭奴伊都・出沒灝溔・太倉稊秕・手可掬也・北走乎金臺・臥病春風中・坐花折柬・辭而弗赴・魏紫姚黃與六街塵土俱過耳・薊門涼歸・買船直沽・從運道而南・過廣陵・酌酒平山・故人金嵎谷主東道・至錫山・飮第二泉・訪舊臨安・家兄移令永嘉・乃繞蘭溪・踰金華・走括蒼・觀瀑於石門・浙中飛瀑・天台石梁・雁蕩龍湫・與石門稱最也・十月幾望・維纜東甌・策笻華葢峯・謝客巖在焉・涉孤嶼・偃息江心寺・即宋南渡君臣慟哭處・登浩然樓・謝亭在其右・杜詩所謂天涯水氣者・像刻石中・屐齒苔沒・野竹數竿・嬋娟煙水間矣・向與舟山厲駭谷約遊雁蕩・以歲晏速歸・遂不及往・丙戌臘・息影故園・僂指四周・足跡二萬里・得詩若干

篇・次而序之・當詩譜焉・陳在謙書於湖海堂・

嶺南文鈔序

祝融之區・浴日沐月而生百寶・是爲南離・其文炳焉・温謙山舍人粤東文海・先輩作者備矣・然志在兼收・靡所決擇・所錄胥過去人・其體例然也・

在謙弱冠・卽喜學爲古文・洎出而與諸君子遊・各悉其得力所在・然後知珊瑚木難在人耳目間者・可寶實多也・間采同時作者若干家・上及楊林數先輩・都爲一集・曰國朝嶺南文鈔・人自爲卷・多寡不均・各綴鄙見於卷首・其采錄大意・則以理爲主・以氣爲輔・以有用爲率・以不失眞爲歸・非是者畧焉・諸家文體不一・各從其性之所近・學之所造・以成一家之言・要各有不可磨滅者・若夫挂漏之譏・疎忽之病・耳目有限・識見短淺・俟有人心規吾失而廣吾志焉・詎以是盡吾嶺南乎哉・新興陳在謙書・

宛在錄序

右宛在錄一卷・爲詩若干首・爲文三・高要彭子大避水所著也・子大居臨大江・西潦歲至・往往衝門入・無足怪者・今歲之水獨異・視往昔大數倍・壞田園廬舍人畜實繁且酷・天地大德・忽至於此・非偶然矣・子大覽川嶽澒洞之勢・生民流離之狀・因推夫天人交感盛衰往復之原・其詞甚茂・意甚懇・令讀者愀然而悲・猛然而省也・

嗟乎子大一介士耳・未嘗膺一命之錫・無斯人飢溺之任・盡人回天之權也・乃所慮不徒一身一家・而勤勤於是・何哉・天下之樂・君子不必與人分・天下之憂・人實不能與君子分也・樂爲人之所欲・情常忸於目前・人皆知之・卽人皆樂之・而君子分也・樂爲人之所欲・情常忸於目前・人皆知之・卽人皆樂之・而君子不樂也・憂爲人之所惡・機常伏於數十年十數年之後・非察微見遠・識超萬物之上者・不能先事而察其所必然・而慮其辨之不早・後事而推其所由致・而懼其返之不亟也・然在下之君子・能知之不能爲之・在上者能爲之・或未盡知之・於是能知者・卽其所知・發爲文章詩歌・以覺悟而提撕焉・庶幾能爲者一致力・不知者一動心焉・則轉移之機在是矣・不然・子大方置高榻於水中・貸米而淅・懸釜而炊・沽酒賦詩以與細君壽・安危不動其中也・明矣・而紀雷紀水・若大聲而疾呼之者・果胡爲耶・予家新興・南去端江二百里・不能涉西潦之涯涘・而與曾勉士論去沙田書・蓋有不能自已者・得毋與子大有同心乎・然能爲者卒不欲爲・能言者其力又不足以爲・嗚呼・天下事若此者・可勝慨哉・

化身潭記

余家東南五里爲龍山寺・寺南二里温泉・温泉南五里・土人曰藏佛坑・卽化身潭也・嘉慶壬戌・與從弟在壯讀書南隆・當盛暑往而遊焉・至谷口・聞水聲潺潺・茅塞路・遇樵者使導・披茅入・可一里・飛瀑出兩山間・注而下者潭也・人立厓上・俯視若削・坐而憩矚・藤本甚巨・垂端戛厓・若修蟒挂壁・援之下・涼氣湛水石・竦人毛髮・厓花倒影・沖瀜芳烈・非有非無・潭隈沙礫・澡淬冰雪・諦視泬汐・罔知

所底・或云・下有傍洞・爲六祖涅槃・弟子跡異香至・緾而入・得師肉身・其或然耶・顧謂在壯曰・能也腰石而舂・以受信具・歷水火强暴・屢瀕於死・然後超曠刧爲彼家大宗・予與子之抵斯潭也・將無同・天下究極之境・鮮不從艱瘁出也・一笑而歸・是夕宿田家某氏・六月廿七日也・

東齋修竹記

東齋有竹・叢生而修幹・久無人蹟・蔓草荆榛・潛滋其下・與竹爭尺寸之土・莫不癯然而瘦・蕭然而疏矣・予居是齋・日課僕僮梳剔之・于是害竹者盡去・植其石・使竹得依據・有以修潔其體貌而不散誕焉・不逾旬・拔地戢戢者・駢頭而碩苞・不逾月・高出簷上者過半・予於是對之而吟・撫之而歎曰・物之不能已於人力也如是夫・猶是竹也・而今昔異觀・是豈獨竹也哉・

客有過而笑者曰・是竹節挺而體纖・葉稠而枝柔・爲筏而渡・則弱而不勝・爲筒而灌・則狹而鮮受・先生護而培之・無乃過歟・予曰・嘻・子徒知常用之用・而不知非常用者之爲用也・徒知用之以人・而不知用之以天也・彼筏以渡筒以灌者・固功可濟・而澤可涸矣・若夫大者截之以爲笛・小者編之以爲籥爲笙・其聲清揚以遠鳴・以奏郊廟・以宣和平・否則疏枝挺節・以全其生・風之雨之・以暢其情・質雖柔而不屈・神不濯而自清・是宜蔭乎廣文先生之庭・而子又何以稱也・客不能答・予退而志之・

浙江定海鎭總兵羅公神道碑

嘉慶十年九月乙丑・浙江定海鎭總兵羅公剿洋盜蔡牽於制海之盡山・沒於風・仁宗皇帝軫念勤勞・賜白金七鎰・予葬祭・祀昭忠祠・給騎都尉世職・道光五年・襲騎都尉浙江昌石都司羅君廣勳・攝定海鎭遊擊・余隨從兄令定海・得交焉・羅君謂予曰・先公以死勤事・越十六年・埏道之文未備・敢以爲請・余固辭不獲・乃就公歷官所著功・與定人所能言者而敍次之・

公諱江泰・字靜波・其先海寧州人・曾祖漢誠・黃巖守備・因家焉・公少好學・家貧・太夫人令習賈・公慨然曰・昂然七尺軀・不能爲國家干城・衣食胡爲也・乃投營伍・九年・授外委・又七年・至遊擊・皆在浙・由參將歷副將・在閩・總兵又在浙・在浙前後・多與壯烈伯李忠毅公左右・而在閩功特顯・嘉慶初・浙閩多海寇・北界山東・西連廣東・中間數千里・皆盜出沒・而蔡牽尤不可制・時李忠毅公總兵定海・爲朝廷倚重・而公爲中營遊擊・閫內之事・悉以屬公・故忠毅得專意外洋・先是賊船高大・我師仰攻失利・忠毅與巡撫阮公元議・造大船・凌賊船上・命公治之・名曰霆船・忠毅用霆船・大困蔡牽・牽懼・南走福建・六年八月・公遷督標參將・十一月・陞副將・十二月・擊賊黨於白犬洋・敗之・七年二月・敗賊於四礵・三月・追至嶼頭・破其船・又敗於東礵・擒賊目徐業・軍聲大振・四月・蔡牽逃竄南下・時公護海壇總兵・遂赴南洋・合金門總兵何定江・截賊去路・橫擊於銅山・追至烏坵・八月・追至浮鷹水・會賊

船衝礁．走匿山上．公搜山．擒賊目王朱．十月．遇賊黨於仰月橫山．擲火器．焚其船．賊皆墮水死．公之在福建也．止逾年．凡十擊賊．俘百千人．奪船數十．獲礮械無算．號敢死軍．自是賊見公師輒引．總督請以公爲總兵．攝鎮金門．九年八月．移鎮定海．當是時．蔡牽方遠竄臺灣．忠毅公以浙江提督總閩水軍．公固忠毅舊部．同心戮力．誓殺蔡牽．明年九月癸亥．蔡牽船泊道頭．忽遁去．公從甌洋會八總兵追之．至盡山．失牽所在．時秋暑酷甚．黑雲起海上．急下令移港．風驟至．白波山立．羣舟相擊觸．頃刻破碎．公所御大船．帆重不可舉．舉才及尺．船遽去．不知所終．年四十有四．

公熟悉海道．號令嚴．賞罰信．自偏裨而卒伍．無不願爲公死者．由定海遷閩安．百姓送者萬計．多泣下．至今言水師良將．咸以公伯仲忠毅也．公卒後二年．忠毅戰歿．今又二年．副將黃得祿邱良功殲蔡牽於黑水洋．洋盜平．盡山之役．朝廷命浙江福建廣東諸海口．探訪甚急．久之．卒無得者．子建勳．襲官．葬公衣冠於黃巖．銘曰．

氣薄蒼穹．炳爲日星．魂兮歸來．海氛已平．海水浩浩．公騎長鯨．千億萬年．魚龍不腥．

郭御史傳

公諱儀長．字震元．一字豫堂．淸遠人．祖諱賢書．父諱曾榮．皆諸生．以公貴．俱贈中憲大夫．贈公曾榮厚德著於鄉里．某氏孤．以貧鬻爲僮．爲贖而歸之．未嘗語其家人也．其他焚券指困．事難枚舉．有丈夫子五．長即公．生而孝友．讀書抱經世志．年二十．補諸生．屢躓鄉闈．乃援例爲主事．乾隆四十八年．中式京兆舉人．丙午．補刑部主事．洊升郎中．嘉慶元年正月四日．高宗純皇帝舉千叟宴於寧壽宮皇極殿．公年六十五．與焉．得賜御製詩玉如意靈壽杖等十二事．時人榮之．己未五月．以大學士阿公桂胡公季堂薦．授江西道監察御史．旋奉命廵視北城．歷兼江南浙江諸道．當是時．天下承平久．海隅不逞之徒．嘯聚爲盜．閩粵沿海村落及賈舶漁船．多被擄掠．强壯脅入夥．老弱勒重贖．百姓苦之．文武員弁畏干吏議．相率容隱．及朝廷責令緝捕．又靳以獲賊爲功．不復區別．輒付重典．百姓不幸陷賊．其後雖欲脫身．而官兵握之．無所逃死．皆樂於從賊．雖有嚴誅．而滋蔓益甚．公條陳緝捕事宜．言百姓脅從爲盜．本非得已．若概同駢戮．無以開其自新之路．恐從賊者益衆．嗣後應許其親屬．具列被擄人數姓名年貌籍貫．上於官．俟捕獲時．按驗得實放還．仍選强壯．分配水師．令爲前導．彼既感生成之恩．又習知賊中形勢．藉手報復．宜出死力．此反客爲主之一術也．又言．各省解運官至京．部中胥吏舞弊延擱．官物狼藉．久不得輸．解官資用乏絕．無可赴訴．京城各門及蘆溝橋胥役．藉名搜索．至於啓緘破篋．士大夫不敢誰何．乞敕下所司嚴禁．疏入．皆留中．公在諫垣十四閱月．凡六上封事．留中者三．著爲令者一．所言弭盜明法奸胥巧宦．皆切中機宜．有所裨補．山西宋文魁在介休縣行竊．既黥而遣之．遇赦還．復於平遙殺人．乃自毁黥．亡命京師．公獲諸北城．具得在籍殺人狀．咸驚爲神．蓋始被廵城之命．即屛騶從．晝夜偵緝．故能發姦擿伏如

此・天子既屢納公言・公復深自飭勵・阿公胡公旦夕期公大用・

無何・從子見晟與計偕・卒於都中・公喟然曰・吾家子弟數輩・阿晟頭角非猝爾人・一旦如是・七十老翁・何所求耶・越日謝病歸・嘉慶庚申六月也・既抵家・築別墅爲習靜地・大吏按粵者・經申宿・必造廬訪得失・公亦知無不言・居刑曹十年・日以輕減爲念・至法不得生・則終日戚然・粵人客都中・死喪疾病困躓無歸者・公皆爲之經紀・同邑劉大令丕堂・官益陽・被議籍其家・以其子世培屬公・公撫之成立・後以拔貢令山東・蓋公之好善・不一而足・而扶掖單寒・拯濟窮乏・尤素所蓄積云・卒年七十有八・子三・長見超・候選布政司經歷・次見陽・廣西平南縣知縣・三見獻・山西襄垣縣知縣・

陳在謙曰・吾儕不獲置身政府・而得爲諫官・與天子宰相爭得失・責亦重矣・乃或託於朝無缺事・以遂其緘默・或徒爲無用浮言以塞責・獨何心哉・豫堂郭公居臺諫歲餘・所奏六事・天子率多聽信・惜乎其未久即歸也・予官申宿三年・與令嗣駕舫遊・得悉公生平而爲之傳・鄉曲間嘖嘖・公家居善行不概書・書其大者・

梁菊泉傳

菊泉姓梁氏・名曾齡・字濟彭・菊泉其自號也・德慶州人・性闊達不拘小節・往往睨視儕輩・年二十七・舉於鄉・嘉慶乙丑・與予定交京師・時菊泉裘馬甚都・視取富貴若反覆手・越八年・予館瀧州・一日行衢中・有字呼予者曰・六吉將焉往・審其音・菊泉也・髮既種種・頷下髭鬑鬑然・幾不可復識・攜手之所館・破帳敝席・舊書數卷・抵掌談天下事・泉湧風發・各賦詩四章・菊泉讀余詩・至鶴病烏慈二語・淚下交睫・不能終篇・蓋菊泉亦有母在也・歲暮同上春官・皆不第・馮君德濬令平原・延予主景顏書院・菊泉訪余・談抵夜半・門外雪月交光・菊泉披大裘・行庭院中・高歌慷慨・院中人皆驚起・各相耳語・以爲狂生・居二日南還・余匹馬送之郊外・揮手去・洎余歸自山東・或間歲一見・見即出所爲詩相可否・

菊泉詩主清和・善道人意・自數上春官・家中落・終歲勤動不足供菽水・舉生平困躓・壹鬱無聊・與世間一切變態・皆發之於詩・悅愉悲涼・沉憂鬱懣・猶恐不足以達其胸臆・予嘗規之曰・君所感一身一家耳・何遽若此・菊泉亦不自知其所以然也・少時以詩見稱於魚山太史・居京師十三年・依其座主李心庵農部・農部甚愛之・嘗以詩謁紀文達公・公曰・老境頹唐・知交零落・覩子所爲・吾豁堂有孫矣・豁堂菊泉祖・文達公丁卯同年生也・道光乙酉秋・與余同寓郡城・余貧甚・菊泉出白金贈余・余於是遊浙中・菊泉遂以病卒・予聞之・菊泉少時曾爲孝子何某償帑負・州人至今義之・

二何傳

二何者・吾郡詩人也・粵詩自張曲江後・代多作者・至我朝・梁陳諸公擴之・乃益盛・近數十年・順德黎簡民・欽州馮伯子最著・而伯子論詩・亟稱二何・小何從伯子遊・親得指授・多有家法・大何時與唱和・獨擅性靈・故二人竝爲

伯子所器．當其年少氣盛．高自期許．士聞二何之名．皆願見顏色．戶外屨常滿．然喜交遊．不治家人產．困頓場屋．竝以明經老焉．

大何名彬．字公度．小何名元．字叔度．肇慶高要人．父名慕剛．例貢生．公度長叔度不數歲．少同筆硯．相親昵．公度性樂易．人有單辭可誦．即爲傳播．叔度稍矜飭．於人鮮平視．尤少許可．公度談詩．娓娓不絕．叔度不輕言．有問者．輒曰．談何容易．其爲詩獨刻骨鏤髓．展轉屢易．甚自珍惜．公度脫口而出．不復更變．人或取去．不之省．論者究未嘗有所軒輊．而皆目爲必傳．嘉慶丙寅丁卯間．公度窮益甚．由陽江返新寧．寓東郊寺．日糴二升米．與寺僧共炊折足鐺．久之．賣卜於開平之長沙．居數月．人無知者．陽春譚康侯．道長沙．遇之於市．握手還舟中．於是長沙富人梁某．推大宅舍公度．而令其子弟與之遊．叔度故與惠州太守伊秉綬友善．常從泛舟豐湖．賦詩飲酒甚歡．太守去粵．猶以書介叔度於曾方伯燠．方伯雅重叔度．待以上客．居幕府二年．言不他及．初．高要莫元伯善齋．德慶溫承恭莊亭．予從叔燫雲岩．陽春譚敬昭康侯．與二君同儕輩．其後出者．高要彭泰來春洲及余．曾相視莫逆．公度既窮．多往來西園主春洲．而余或間歲一見．即流連旬日．上下其議論．道光乙酉．叔度寓羊城．自訂其詩．將序而刻之．遂疾且篤．其子榮祖請曰．如其序何．叔度沉思良久．乃曰．以屬春洲．未幾卒．而公度之卒也．先叔度六月．詩無全稿．榮祖拾其散佚．授春洲商訂．余爲序．長沙梁維手刻而傳之．春洲曰．公度有隱孝．嘗割臂療其父．非獨詩人也．

陳政達傳

余讀歸太僕張自新傳．以謂一質直困窮之士耳．而震川傳之．及觀其補弟子員．至學宮．索贄金急而鬱鬱死．甚有感於陳政達也．政達姓陳氏．羅定州人．世居州郭外．家赤貧．爲童子師自給．習歐陽率更書．從余學爲詩．多雋語．又學畫．率瀟灑有致．顧常嗒然終日．類無知者．以故不諧於俗．久之．補諸生．故事．新進生當具學使者門金．政達實無所出．欲棄去．州少府代捐之．始得覆試．其後常多病．至不能授徒．寄食僧舍．州人富人或與之財粟．政達不謝．用盡而止．亦不復請．於是人無與者．而政達卒不言貧．道光庚寅．田侯溥權羅定州．號愛士．余爲書薦之．田喜甚．即物色政達．已死矣．

陳子曰．予交瀧州之士多矣．顧獨不忘政達．異哉．政達之才藝．非有大過人．其恬澹之性．不可及也．使政達稍出而與世周旋．必將有以自衞．而卒以是佗傺以死．悲夫．

李苑芝傳

李苑芝．新興雙橋人．今隸鶴山．豪俠有勇畧．時方多故．苑芝破千金產．募壯士以衞鄉里．康熙十九年．賊圍逕口寨．將縱火．時吾祖桐遷公急召苑芝．苑芝至．大呼曰．八老在．敢爾．八老苑芝號也．賊相顧引退．樓中火起．苑芝從火中出男婦十許人．復上馬追賊．斬十餘級．賊轉鬥不勝．伏磩草中．磩發．苑芝死．自是賊無敢犯逕口者．

陳在謙曰．少時聞父老言．吾祖桐遷公待苑芝甚厚．苑芝所以衛吾家者甚壯也．方今天下承平．壯士或老死牖下．無所表見於世．嗚呼．人顧易得諸苑芝乎哉．省志言．滇逆馬雄圍逕口．非是．新興志確而未詳．逕口吾所居鄉．傳聞可信．故備論之．

柯英傳

柯英．新興南城人．明隆慶二年．浪賊陳明山大俘北郭．官兵不知所禦．遂縱掠．而南城廂震讋．英奮起召諸健兒曰．鼠輩猖獗．不大創之．何以生爲．衆皆曰諾．遂率其屬與賊戰於西郊三日夜．賊大敗．引退．英欲盡殲之．陰躡賊後．斬其魁．歸至城南．飲水卒．邑人哀之．會葬二龍岡．題曰英烈柯公之墓．英烈者．私謚也．其馬亦死．邑人葬諸墓側．

陳在謙曰．今新興無柯姓者．而城南長生廟．有柯公木主．邑人歲時祀之．英以一死衛鄉里．血食不替．宜哉．梁學博冕有傳．予節之如此．

黃培芳　字子實．號香石．香山人．紹統子．嘉慶甲子副貢．肄業太學．充武英殿校錄．官乳源縣教諭．大興翁方綱所定粤中三子詩．培芳其一也．邃於易．著有易宗一書．今未見．生平六上羅浮．稱羅浮爲粤嶽．築祠絕頂觀日出．有粤嶽詩話．浮山小志．今存．又有嶺海樓詩文集．

復蔭亭二兄家書

手諭云．館席尚未得合．且云累弟家計．此誠吾兄友愛

盛心．實由弟無狀．不克家．致長者不能安享．吾兄年已半百．正古人衣帛不負戴之時．本合家居．主持門戶．約束子弟．優游暇日．以自娛樂．奈家素寒儉．食指頗繁．故兄緦緦然．恐重爲弟累．弟當年富力强．負米於外．固其職耳．弟今不逮養二人．飲恨終天．猶幸侍生母膝下．吾兄强健．得寬百年之期．少盡弟子之職．即奔走勞瘁．亦無所憾．況得優游講業．重以朋友之樂乎．弟本不足爲人師．所得修脯．視他人爲少．而弟已多．現遭喪葬大故．斯見支絀．過此以往．歲中所得．倍加約儉．未嘗不足自活．吾兄非能屈首於人者．不必過於籌畫．順時且過可也．此家非弟一人之家．弟與兄實再分祖父之遺體耳．府君遺經之外．尙有數楹．足蔽風雨．家有不足．弟當力贍之．兄無過慮焉．張公藝九世同居．史氏稱美．後人亦多有之．兄弟之間．必斤斤分畛域．甚有父祖骨肉未寒．即互爭產業．計較錙銖者．此皆薄俗營私之見．夫君子方以天下爲一家．四海皆兄弟．況其手足至親者乎．弟奉先人之訓．吾兄之敎．雖不敢望古君子．然至薄天倫以營己私．惴惴然斷不肯出此．惟賦質庸弱．自治不勇．恐無所樹立以振家聲．爲可憂耳．

漢學宋學論

宋儒之興．非廢漢學者也．以爲抱殘守缺之功偉矣．而宏旨或未得．典章訓詁之學備矣．而晰理有未精．漢儒所已詳者．宋儒則不更衍之．於是專抉義理之奧．以發孔孟之傳．使吾道燦然復明于世．此正善於繼漢儒．並非令人廢漢學也．無如宋學日盛．漢學漸微．其弊至于苟簡陋畧．束漢

唐註疏而不觀・於此不有持之者・漢學幾乎息矣・此消息之勢有迭乘・所必至者・

夫宋學精于義理・漢學長于攷據・輕重攸分・而不可偏廢・獨怪今之言漢學者・必極揚漢學・而暗抑宋儒・偶得一爲漢學者・雖支離破碎・滅裂不完・猶將袒之・於宋學則有意苛求・鄙夷掊擊・非特失輕重之倫・而又甚焉・推其意・懼漢學之不興・不得不陰爲偏側之說・以潛驅天下之人・由宋而返漢・其始不過一二賅洽之士・居中握柄・力以持之・繼則一唱百和・夾之而趨・遂成風會・於是天下囂然・興漢學而薄宋儒矣・興漢學是也・薄宋學是也・薄宋儒則非矣・然而天下靡然從之・何也・義理之學・歸本身心・非沉潛體認・不能有得・少年才士・與之相背而馳・故恆苦其難・若攷據之學・喜其便己・徒事撏撦・可不體於身心・而依附聲氣・又易以成名・嗚呼・此其流失・使人浮誇博辨・漸至于無忌憚・而不復知有聖賢心得・實踐之學・豈非矯枉過正之弊哉・余非謂漢學可不興・不懼宋學寖微也・蓋先儒之學・以明道覺世爲心・今人之學・以炫博喜新爲務・學術之偏・非徒學術之病・即人心之病・而世道之憂也・

張邦昌非僭竊辨

張邦昌事・本不待辨・乃或者著論・以爲邦昌不避嫌疑權帝位・俟金人退・徐爲之圖・不費斗量・不折一矢・遂開南宋九伐之傳・嗚呼・可謂謬矣・夫神器至重・豈人臣可冒嫌而據之者耶・邦昌身爲太宰・進不能却敵・退不能自裁・猥爲敵人所脅・忝竊帝位・援人臣無將之義・明正典刑・宜無足異・何得反以竊位爲功・謂宜配享大廟・世襲王爵・若是之謬哉・

論者又謂欽宗去後・天命已改・人人得而君之・邦昌乃棄不取・而迎立康王・始終未見其僭竊之罪・此尤大謬不然・張子曰・一日之間・天命未絕・則是君臣・欽宗雖蒙塵北狩・猶然宋之主也・康王奉辭在外・即宋之少主也・況天猶未厭宋德・忠臣義士・猶有欲爲之飲血者・邦昌僭位・非天與人歸・不過妄受金人軍前之命・而遂靦然居之・其迎康王也・非其心之純也・力不足也・所謂首鼠兩端・進退失據・無才無恥之小人也・至其平日立朝・阿時蠹國・力主和議・一旦金人廹立異姓・當時何以不議他人而議邦昌・金人竟無諱言・安知非宋人陰窺金人・感其和議・故彼此相蒙・成其僭立耶・若然・幷其情亦無可原矣・

論者又謂凡論邦昌者・皆泥成敗之迹・使其一戰而擒康王・席有天下・後之作史者・孰不曰宋承周・楚繼宋歟・曰・誠如是・是亦篡也・自魏曹司馬氏以下至明之成祖・皆難逃篡之一字・更何有於邦昌・亦何論乎成敗・古帝王革命・如湯猶云有慚德・武王猶曰未盡善・聖人之微意・所以立臣道之防也・蓋君臣大義・天地之經・僭竊必誅・萬世不貸・吾儒著論・必當扶立人綱人紀・使是非不謬乎・聖人斷不容啓闔干闚盜之漸者也・是不可以不辯・

駁侯朝宗太子丹論

侯氏論太子丹・謂荊軻書盜・狃於成敗之形・而不察於確然之數・此以勢論・余不謂然・夫昭然聲罪致討・伐暴救

民・是謂湯武之事・掩人所不及而殺之・以僥倖于萬一・是謂盜賊之爲・二者天下之通義也・秦虎狼也・爲太子丹者・度德量力・能伐則伐之・不能則守以待之・計不出此・妄欲僥倖於荆軻之一擊・夫以伐國大事・舍湯武不法・而竊盜賊之故智・非理之正・就令僥倖成功・不可爲訓於天下後世・紫陽書之爲盜・論理不論勢也・侯氏又引張良之椎爲比・張良於韓亡之後・以匹夫復仇・計無可遲・猶之可也・太子丹則燕國未亡・何致出此・况博浪之椎・少年氣盛・猶未見許於識者耶・孟子亦嘗說齊梁之君矣・不過勉之爲湯武・不聞進以僥倖之說・至於滕文公・則愈窮促矣・亦不過告以遷與守・所謂君如彼何哉・强爲善而已矣・亦不聞教以刺客之行・朱子孔孟之徒也・其綱目書法師春秋・出於湯武・則湯武之・出於盜賊・則盜賊之・豈以成敗論哉・若荆軻者・其人非盜・其事則賊也・若太子丹者・其心可諒・其理則非也・故立說者・不容執勢以撓理也・

臨谿文集序

天下有專嗜・性情之所嚮・一往而深・上自道德經濟・下至博奕・莫不皆然・文章之道・亦猶是也・培芳從兄臨谿先生・貧病寡諧・獨於古人有深嗜・年十七八・好古玩器・思以是業於市・冀得時見三代法物・既而曰・玩物喪志・雖古不足好也・去之・仍入塾・又不好舉子業・遂專意爲古文・愈讀愈嗜・如史記國策等書・皆丹鉛五六過・性復好遊・羊城東郊外有荒庵・水木幽瑟・中多厝棺・兄輒偕培芳同往・徘徊終日不忍返・又行墟墓林莽閒・仰天四顧・踟躕若有所會・時風吹敗葉・栗人毛髮・培芳進曰・此古之拗折幽峭境也・兄深頷之・兄以爲舉子業・取科第外即無用・而自古興亡成敗之迹・人心世道之得失・非古文不足以發之・於是爲文數百篇・删存數十篇・一日語培芳曰・吾獨學無友・惟吾弟可以語此・盍爲吾序之・因誦東坡四海相知惟子由之句・培芳聞言感且慚・

竊惟天下事惟專嗜者爲能得之・培芳於此事・未窺藩籬・然古大家逮今作者・要皆自道其所得而已・兄文種論云・夫人有獨得之謀・不可遽以示人・何者・恐取忌於人・而反不吾信也・此數語・足發千古諸謀臣策士之秘・兄文所自得者多類此・兄兼通繪事・閒亦爲詩・皆不如古文之專嗜・兄年來臥病・貧亦日甚・萬事俱廢・獨手古文一編不輟・昔人謂詩能窮人・豈文亦能窮人耶・抑造物故爲抑塞・使窮而後工也・又烏從而測之・

易宗自序

經訓必有宗・易之爲訓・談理而忽象・不可宗・舍孔子之傳・而別主後儒之說・亦不可宗・盈天地閒皆易理・即盈天地閒皆易象・聖人畫象・其始有象無文字・傳曰・書不盡言・言不盡意・立象以盡意・聖人說易・亦先標象以揭易之所存・解易曰・苟舍象言理・則泛而無薄・卦爻之取象・皆成贅設矣・顧聖人之取象也・無所於滯・義類可通・即隨舉一隅以明之・故文王周公所取之象・不必相襲・至孔子說卦傳・乃爲之觸類引伸・廣徵物類・實釋象之發凡起例也・於是後人得所依據以明象・即說卦傳有未備者・亦可推求得

之．或求之比應乘承．或求之互卦．以互卦求易．左氏以來有之．大傳所謂非其中爻不備是也．此理象不可偏廢．故余說易．必以因象明理．切于人事者．爲得其宗．

夫三聖之易謂之經．孔子十翼謂之傳．是孔子之傳．所以發明三聖之經．其釋三聖之經．必當以孔子爲宗可知也．愚采後儒之說．合孔子者從．不合孔子者置．而易以前民用．其或溺于禨祥．流爲術數．惑於元虛．皆非正指．采錄慎焉．若陳邵之學．爲易外別傳．至以伏羲爲先天．文王爲後天．與夫方圓諸圖．於傳無徵．槪不敢從．易有聖人之道四．獨以占爲本義．亦不敢主．惟河出圖．洛出書．則見于大傳．然此特聖人取則于物之一端．本非作易之源．說者謂圖書已亡．今所傳乃九宮數．出乾鑿度．及僞之華子陳希夷傳．致以爲今圖耳．但傳既有明文．又無他圖可引．過而存之．以備一說．非同泥圖書以言易者也．凡此皆求合乎孔子之傳．不敢離其宗而已．依王註析傳以附經．便覽也．刊古周易於首．原始也．

良方偶存自序

凡物有獨到者．奇效必倍於常．官方．常方也．單方．能傳於通俗．則徵信可知．然往往不見於方書．而能濟官方之窮．余行東西南北．客爲言單方之良者夥矣．過即忘之．迨急用．始悔不著錄．因思蘇沈良方一書．傳于千古．古人雖極細事．用意亦良厚也．壬午冬夜．京邸無事．追憶良方可記者存之．自此以往．得輒錄焉．儲材平日．備用臨時．讀書用人之道．可類觸矣．竝知凡物有獨到之才．尤不可以其微末而忽之也．

書香山縣志目錄後

道光丙戌臘月．邑中薦紳先生馳書羊城謂培芳云．邑乘缺有閒者．七十餘年．今茲議修．乃祖文裕公嘗從事於此．子其繼事毋辭．余敬趨邑以聽嘉約．承賢侯祝薌香先生厚聘下聘．暨伍遐齋進士彭年．李湫溪廣文螢書．劉文泉舍人濬．蔡蒙泉孝廉顯原．余門人番禺賢書龐鹿門茂榮六人共事．而屬培芳彙其總焉．諏吉於丁亥仲春開局城西．各都竝設採訪局分其勞任．即專其覈實也．

於是發凡起例．定爲十二篇．有土地而後有人民政事．輿地第一．其目八．按圖攷史．故圖說最先．既有輿地．建置輿焉．第二．其目五．既有建置．經政行焉．第三．其目九．行政必設官．職官第四．任官由賢材．選舉第五．二篇皆立表．而仕宦封廕飲賓連類及之．海防鉅政也．第六．澳門附焉．地有古蹟．不容沒也．第七．其目五．金石足資攷證．第八．方隅搴拓無多．採至明代．稍從變例也．由是推之．義取激揚．宦績第九．列傳第十．傳之分目又五．藝文爲人物之緒餘．第十一．惟錄四部．序目詩文．則分見各門．邑事不可不書．事畧第十二．俾祥異雜記終焉．就正有道．僉以爲韙．然猶恐採訪容有脫誤．諗龐子爲之．偏履陬澨．周爰諮度．祝侯復延南海曾勉士明經釗．嘉應李秋田茂才光昭．晨夕商搉．期盡善也．培芳樂觀厥成．敬書目錄後曰．

志爲史家之一體．大抵志地理官師食貨經籍五行數類而已．古之地志．專以地爲主．聿重圖經．元和郡縣志始涉古蹟．太平寰宇記稍稍增入人物．自元明以來．郡邑志大興．輾轉沿襲．末大於本．輿圖反若附麗．蕪濫斯甚．迨康對山韓五泉輩起而矯之．如武功朝邑等志．敻然獨絕．然以成一家著作則優．以備一方掌故猶畧．玆志意在詳核有體．繁簡得宜．仍不離乎地志之宗．故繪圖必親歷開方．山川必審晰支脈．都鄉必細書里數．海防尤海疆所重．必特立專門．至採引須詳出處．本王氏外臺秘要法也．詩文改隸夾注．用范成大吳郡志例也．著錄書目．師漢書之志也．兼收金石．仿夾漈之畧也．抬寫平闕．遵唐六典之式也．嚴義例．明限斷．缺者補之．譌者正之．或一字可疑．旁參竟日．或一端未協．合訂羣編．牘省事增．罔非求有用．戒無稽焉耳．凡此皆禀承於我侯．親加裁定．獨是培芳學識譾陋．無所發明．遠愧先祖．近負賢侯．幸珥筆從諸君子後．不敢稍徇私見．是則余所兢兢自惕也已．丁亥九秋．里人黃培芳謹識．

增修雲泉山館記

山館在羊城東北郊六七里而近．其地山迴谷隱．石潔水冽．松篁幽杳．嵐翠葱蒨．擅勝於濂泉蒲澗閒．門于澗濱．題曰雲泉山館．合白雲濂泉名之．入門．循竹逕行．爲北園．由北園披重闥達廳事．爲南雅齋．中祀蘇文忠公．崔清獻公．先文裕公．三先生經濟文章垂史冊．炳天壤．皆嘗遊止於斯．高山仰止．景行行止．山中人得所師矣．齋前爲自在池．四面繚以迴廊．又前爲清湍修竹軒．齋右爲注經窩．上有樓曰寄嶽雲．藏粵嶽祠碑刻．迤前達環碧樓．樓側爲索笑檐齋．左爲江景亭．亭下爲鏡花舫．瀦水環之．迤前達枕流閣．亭之南有門．仍署雲泉．旁通碧虛飛霞二觀．自六眞橋入山館．此又一徑焉．複道月臺．橋梁庖廡悉備．迴遭可通．北園之旁有小水．自山壑流入．爲蒲澗．跨澗聚水曰通泉．循澗登後山．第一盤爲綠陰坳．幽篁裏橫藤磴．朝爽坪．由穿雲徑而上．第二盤爲松竹壟．松臺．坐月坡．埋憂冢．凡二十二境．是可藏焉修焉．遊焉息焉．各得其意之所適．初購碧虛觀外餘地．上淩山椒．下踞澗石．同志創建者．培芳曁家蒼厓喬松．譚康侯敬昭．林月亭伯桐．張南山維屛．段生佩蘭．孔生繼勳．凡七人．董其役則江瀛濤黃越塵二道士．始事於嘉慶十有七年．伊墨卿太守撰記而爲之銘．繼事於二十有一年．增而廓之．任其勞者．段生之力居多．而培芳爲之記．

方竹孫傳

余執友方竹孫．諱緗武．字顯謨．別字竹孫．香山諸生也．爲人古直峭淡．以酒全其天．以詩陶其情．以山水寫其懷．視朋友爲性命．好面折人過．而尤暱余．余嘗有從嫂楊孺人病．先夕與友人善醫者約．明晨當相遇．余度友人未起．以事他適．醫入門而余始返．竹孫踞座謾罵曰．甚矣．其人天性之薄也．嫂病冀爾召醫．醫至爾猶他適耶．余幾不自容．而竹孫之事其從兄子谷也．幼同學．長相師．子谷卒．竹孫哭之幾絕而復甦者屢．居恒酒後召門人子弟來前．瞑坐囈囈不休．細聽之．則皆格言讜論．或與友人諍至面熱．他日遇之．復油油然與之遊．余年未弱冠．返邑應童子試・題詩山寺・竹孫見之・即覓余訂交・來羊城・共筆研・登堂拜母・余遭嫡母憂・竹孫視余喪次・聞余哭聲・乃升堂大哭・以助余痛・每留孝舍外露坐假寐・伴余卒夜・余嘗薄暮典衣沽酒・與竹孫遊白雲山・叩寺門留宿・時北風蕭蕭・四山林木皆應・中宵披衣起・汲九龍泉烹茗・視月華如晝・約相與吟咏達旦・又同遊月溪・余與陸子鍾亮昏黑中對坐・縱言天下事・視竹孫・則被酒酣臥・鼾聲與余二人相應也・

竹孫十三歲時・過滕王閣・賦詩甚警・其世交香浦公時爲江南令・已器之・其爲詩・初涉獵漢魏唐宋諸大家・久之・乃以杜陵劍南爲歸・余在邑授徒・去竹孫家不二里・竹孫忽折簡相招・及至・未嘗具肉・乾菜鹽豉數事而已・竹孫曰・世俗靡靡・家政不脩・官箴不肅・即所聞於父兄師友者・撰爲憶昔詩七章・庶近而可入・子爲我正之・遂出酒共酌・且酌且哦・歌聲徹老屋・他日僑居省門之南園・見前後五先生栗主蠹且壞・率同人新之・乃遍集詞人飲酒高會・竹孫爲之主・于是大樂・家居常意行至親戚故舊家・輒留飲・或自呼作黍・遇窮交・或自出杖頭錢行沽・醉則頹然而臥・明日或更留・然不喜見要人・見人有富貴氣者・背坐他顧・傲形于色・嘗館于許侯・有某氏子・盛治具・陳百金壽・將求說事・未及啓齒・而屨已出戶矣・連舉有司・不得志・愈耽于酒・得足疾・年五十・竟以酒病卒・

黃培芳曰・余每於朋輩偶坐中・輒髣髴曰・安得有方竹孫・自君死而余過日多矣・使君得志・置身諫臺・服獬豸・操白麻・觸邪去佞・當不止如中條山人詣延英門論裴延齡伏閣不去已也・嗚呼惜哉・

冼冰玉傳

冼冰玉・南海沙塱村人・父名盛輝・女性純孝・嗜讀書・七歲時讀戒牛文・即下淚・舉家爲之不啖牛肉・又讀朱栢廬家訓云・讀書志在聖賢・即悚然有希聖賢之志・常欲謁孔子大成殿・恨爲巾幗不克往・由是父授以孝經小學・日可誦百行・四子書甫卒業・其祖母謂詩書非閨壼所急・遂暫輟而事女紅・一習即敏妙・日攻鍼黹以佐家苦・隨父僑居會垣・未嘗多費脂澤果餌一錢・事祖母父母・幼即如成人・承顏順志・問寢視膳・纖悉必盡・每侍疾・寢食俱廢・父行役・遇大風雨・女輒徹夜焚香禱祝・坐以待旦・平時敬上撫下・惜寡憐貧・行誼無閒於內外・年二十有一・忽患痘・疾亟・猶請其文父講解論語・父引死生有命諭之・如鯉不能待孔子之終・淵不能免顏路之痛・女即誦伯牛有疾章・至命矣夫句・再三諷歎以自解・並慰其父曰・女不孝・請勿以女爲念・順受其正・我亦無憾・惟老母未讀書・恐不能不痛耳・盛輝爲余述至此・淚涔涔交睫不自止・嗚呼・女竟死・時道光三年十二月十一日也・女許字同邑張志宗・前桂林太守業南之猶子・

粵嶽子曰・唐時有七歲女子・武后命賦別兄詩・又有作鞶鑑圖者・巧妙幾于織廻文・皆南海女子也・隋時高涼譙國夫人以武功顯・則又出冼氏也・然不櫛而以讀書見聖人爲志・不尤僅覯耶・吾聞女不苟言・不苟笑・一坐一立不跛倚・終日未嘗稍見其惰容・雖古大儒齊莊自檢・何以過諸・可不謂賢哉・可不謂賢哉・

記汪瑚事

黃培芳

何子曰·我國家承平二百年·草澤閒奇材異能之士·湮滅殆盡·即有·何所用哉·庚寅閏夏月夜·與彝陵何子瀛論古來奇士·因言乾隆閒汪瑚事甚悉·爲記之·

汪瑚·宜都人·兒時賣菜爲業·晨興荷擔寄蕭寺·輒疾走還家·而後鬻菜於市·寺僧詰之·爲買餅餌啖其母也·僧曰·孝哉·孺子可教·于是敎以技擊丁甲壬遁諸秘術·人無知者·嘗乘舟渡河·笠爲風落水·汪踏水面取笠·人始異之。有舅氏官歸·富甲鄉里·汪往省·見急裝客徘徊門外·汪告舅曰·此非孔道·客殆爲舅來耶·舅恐·問策·汪難之·舅曰·甥能譏客·必能禦客·毋辭·汪不得已應之曰·此特偵者耳·後當大至·可備白金千·盛筵二·至時烹茗待之·後三夕·閉從者於室·舅從隙瞯汪·時夜將半·汪獨在中庭·忽一人自天而下·汪呼茗·茗自牖出·已而纍纍者十餘人省繼下·汪速呼茗·舉篚向牖·茗置於篚·累十餘椀不墜·因徧餉客·汪曰·公等來·僕已喻指·顧主人非他·僕舅也·僕非他·某師弟子也·雖然·主人已治具餉客·且奉千金爲壽·衆唯唯·飲饌取金去·蓋素讋服某寺僧·而隱隱知有汪者也·由是舅大寵異之·爲納衆作令·數歲歸組解·遂閉門謝客·

乾隆初·汪年踰六十·川督某眷屬·道出宜都被盜·喪重貲·汚其婦女·督聞之大怒·檄縣令刻期捕盜·否則罪令·令懼。計無所出·或謂汪可辦盜·乃急踵門求汪·汪始託辭化出·既而察令廉吏·卒許之·語令曰·此去入蜀境巫山中·羣盜在焉·請具大船·在彼俟我·汪乃乘小舟·晝夜達·則巍峯峻嶺中·羣盜結砦自衞·汪上及半坂·遇邏者·大呼曰·速告爾酋·汪瑚來也·盜魁聞·跪迓砦口·請曰·茲事重大·願明府終貸此三十餘人·汪曰·攫不義金·本無足問·淫惡者不可宥也·羣盜意汪隻身來·可攢斃之·方動念·手足已如摯·乃皆大驚異失色。魁曰止·汪徐徐出袖中綆·悉綰而去·還至水次。汪先登小舟·繫三十餘人于舟尾·曳之從水中行·過大船·始加桎梏·遂按治如律·自是汪愈引匿·然迄今問宜都故老·無不知有汪瑚也·

汪瑚後·麻城有荳腐翁·何子之師胡君少時識之·翁設小肆於野·貨荳腐爲業·胡君嘗因觀劇·過而憇焉·翁問所觀·則皆盜賊勇戰事·翁忽色動曰·余亦勇者·今老矣·請爲郎君戲·乃步出肆門·一躍壁上立·復一縱至地·瞠視之·猶然傴僂翁也·胡訝曰·翁胡爲者·曰·余固盜也·今爲郎君言·當無害·三四十年前·約予爲兄弟者十人·以材力爲差·余居十·長者嘗率十人·行經鄂城·長者曰·此行無他求·就某方伯假五千金耳·至·適方伯納姬燕賓客·乃夜踰數重垣躍下·排闥而呼曰·我輩十人·偶經此乏·幸假我金·人五百·行矣·久不應·叱咤促之·寢門啓·姬出·從容語曰·諸豪士幸見遇·不腆酒食·無辭醉也·金細事·且備矣·十人易之·環而飲酒半·二鬟婢共舁一物至·擲地聲轟然·衆起視·鐵棒也·婢曰·孃子約·能舉此·惟所欲·于是自第五人以上·前舉棒·棒不動·長者乃撩衣前·脰絕亦不動·而棒忽折脛矣·瞬頃·五人皆死姬鐵棒下·餘五人·急躍上屋·姬從屋上拘之下·各跪而乞命·姬曰·鼠輩

不足辱吾棒．留若指．貸若死耳．啓兩手示胡．竝亡其小指．刀痕宛然．余自是亡命至此．不敢言勇矣．今老矣．

李黼平 字繡子．嘉應州人．嘉慶乙丑進士．由庶常改官昭文縣知縣．以革漕規爲漕棍中傷．繫獄七載．歸粵．阮文達重其學行．延課諸子．並評定學海堂課藝．所著有毛詩紬義二十四卷．著花庵集八卷．續集四卷．已刊．堪輿六家選注八卷．小學樗言二卷．說文羣經古字考二卷．順德梁廷枏錄有副本．今未見．

著花庵集自序

樂之有南．解之者曰．南任也．蓋任樂也．或曰．阮樂之名．南者文明之區．其音與中和應也．予觀軒律探諸禺竹．舜樂張自韶石．其地皆在五嶺之南．南人誠善爲雅樂者．夫樂即詩也．三百篇皆可弦而歌．是以南風雅頌並稱．然而風雅頌傳．而南不傳．何歟．古昔盛時．遒人有木鐸之超．太史有輶軒之陳．故雖僻遠如南．其詩皆得頒諸樂官．以時存肄．及周衰而殘缺失次．孔子刪詩．錄汝南漢廣．以其爲鄉黨邦國天下之所用．且以志化之及南．其餘得之楚地者．方以其僭而削之．其何有於楚之南如吾粵者歟．

漢興以來．南裔漸闢．至唐張曲江公出．實有以追正始之音．流風未微．積而發於勝國．維時天下之詩派有三．河朔爲一派．江左爲一派．嶺南詩自爲一派．蓋其才力排奡．聲調高張．足以起衰式微．彬彬乎其盛也．而世之論者．又或以粗厲猛起少之．則詩樂分．而南音之亡也久矣．聖代右文．遠邁前古．風敎所暨．極於幽遐．生文明之區．仰中和之建．著述之士．猋起雲集．然則心聲所發．含宮嚼羽．期與象胥胥鼓相應．南樂之復．在此時也．予蓋未之逮也．是集本曰志南．著花庵者．明結習之未盡也．猶初志也．嘉慶十有二年．青龍丁夘七月既望．程鄉著花庵居士書於廣州越華講院．

漁石初稿續稿序

漁石入棘闈．而用我法不少甹．以故爲諸生久．僅以序貢成均．歲丙子．江筆花大令分校粤士．得其卷異之．亟呈薦．卒以平淡擯．弗解以己所獨喻．强人以同喻．其大較可睹已．漁石既不遇．益自喜．益肆力於古文．疲精雕肝．窮歲月不厭．會予主寶安講院．乃裒所著．屬予丹黃付梓人．且丐一言序於卷末．噫．漁石欲奏其箎鐘．而又將使予勸客以昌歜耶．雖然．宇宙大焉．奇侅非常之人．州列郡居．而謂無能識漁石文者．何輕量天下若是．漁石雖屢躓．而邇年來已有江君歎嗟而愛惜之．是子雲之後．不必更俟子雲．而澹雅扶疎知元經者．旦暮覯之也．道光乙酉季冬．

李清華 原名殿芳．字漱六．順德人．嘉慶丁卯舉人．羅定州訓導．內閣中書．子應田．翰林院檢討．應棠．舉人．

吳門集序

學者多言詩隨時代爲升降．綜其實不然．三百篇後．五言聿興．建安黃初．風骨遒上．及六朝而萎薾甚矣．而淵明集高古沖淡．與漢魏不異也．七言古詩．源於栢梁．至唐李杜而極盛．中晚五季．又以陵夷．迨蘇子瞻出．屈潰連滄．體格雄偉．與李杜不異也．如二公者．豈復可以時代論哉．

先生以庶常出宰江表．僅三年而罣議．又十年而歸客廣州．筆耕自給．暇集所著吳門集見示．曰．子視吾近詩．境地差進否．于古大家有萬一近似否．盍爲吾決之．先生蓋意在復古．而未敢自信也．竊惟宋南渡以降．風氣愈卑．幾如江河之日下．明人有復古之稱．而貌合神離．去之愈遠．國初新城尚書．崛起山左．談詩者翕然宗之．百餘年來．毀譽各半．平心而論．鑑胡一曲．庶幾放翁遺山．新城之自評．如是焉爾．先生詩兼總象．有不名一長．大率興寄深微．而未嘗稍隣於僻澁．魄力雄大．而未嘗稍涉於囂張．任舉一篇．皆與其性情聲氣．而傳之楮墨之上．故能翹然特出．不爲風氣之所局．以較淵明之在晉．子瞻之在宋．一而已矣．即謂復古自先生始焉可也．道光丙戌十有二月望後．順德宗門人清華拜撰．

端州石室銘有序

端州石室者．南嶠之仙闕也．幽若三山．緯應七宿．風清鶴下．時有仙雲．月午泉溜．似聞天樂．古稱福地．信非誣矣．爰綴小銘．以抒遐想．銘曰．

七曜珠貫．瀝湖瀠洄．下蟠地軸．上應斗魁．洞天福地．豁然中開．日月不到．雲烟往來．帝觴百神．曰璇璣臺．龍笙鳳管．玉液金杯．陰洞窈窕．仄徑崔嵬．疑有金簡．深閟蒼苔．丹書可讀．誰是仙才．北海不作．獨立徘徊．

梁烔

初名靈．字蓼圃．一字蔗坡．靈山人．嘉慶丁卯優貢充正黃旂教習．期滿．以知縣用．癸酉中順天舉人．改就教職．道光三年任曲江教諭．倡建劉希仁祠．自爲之記．著有蔗境軒草．

新建唐劉希仁先生祠堂記

昔孟子自謂欲正人心．息邪說．距詖行．放淫辭．以承三聖．而懼吾道之孤也．又曰．能言距揚墨者．聖人之徒．則知欲成聖者．必於學孟始矣．自漢迄唐．微言絕．邪說興．昌黎韓子起而排之．世咸推韓子之功．不在孟子下．抑知與韓同時．而能以衞道爲任者．已有韶郡之希仁先生也哉．

考先生少嘗泛濫於浮屠釋氏之言．自得師後．則反而求諸易經．以傳書爲道．手所著多至十餘種．自樂天稱其於聖人之旨．作者之風．往往而得．馬植嘗薦其文．與韓柳齊．皆信而可徵者．要其精力所萃．則在翼孟一書．以維持乎正學．使先生生當孟子時．必樂引爲聖人之徒也．明矣．夫以先生之賢．雖曠代異地．猶將共宗仰之．矧先生上座主書．已云徙貫南鄙．新舊通志．皆書家於曲江．編爲韶郡人物．而韶志獨列於流寓．此眞謬誤之大者．可不亟正也耶．

予初蒞茲學．詣鄉賢祠．闕先生．思專祠以祀．而力未逮．抱憾久之．適今冬縣移百金至學備修葺費．爰與西齋黃同年文緣．籌建祠所．惟學旁虛舍宜．於是因其基．高其牆．易其梲．前檻增二．傍舍一．外繚以垣．門揭石額．顏曰希仁先生祠．中設龕奉主．議於春秋丁祭之明日祀之．當蠲祀伊始．醴齊牲備．升馨燔燎．配黎焜光．芒乎芴乎．儼先生之精爽．實式鑒臨．諸人士奮如躍如．凜然如先生之導於前也．相率請爲文以記．余曰．是舉也．匪獨爲梓里光．將欲學者思先生翊孟之志何志．幷思孟子承聖人之學何學．必有以得其性靈之本．審乎義利之途．而絕夫邪侈之行。以即未在邇在易之道．庶幾人心風俗．可以勿壞．是則司鐸之所厚望也夫．

張杓 字磬泉．番禺人．嘉慶戊辰舉人．選揭陽教諭．改國子監學錄．舉學海堂學長．杓少坐黑室中．目炯炯如炬．過目成誦．世稱神童．工詩文駢體．善隸書．中年以後．折而治經考．證注疏金石文字．晝夜點勘甄錄．目眚大作．至暮年．竟瞽焉．所著書皆散佚．南海桂文燦訪輯之．得儀禮古今文一卷．經史筆記一卷．增校尸子三卷．四民月令一卷．皆未見．惟磨甋齋文存二卷．今刻學海堂叢刊中．

尚書之訓解

百篇之書．其義皆訓也．二十八篇之書．其篇目無所謂訓也．自東晉古文因書序之目．撰伊訓一篇．立典謨訓誥誓命六名．唐孔穎達等作正義。又增征貢歌範四者．合爲十例．至元熊朋來復據陸德明正攝之說．取正義所增者．併入六體．以伊訓高宗之訓兩篇爲正訓．五子之歌．太甲三篇．咸有一德．高宗。肜日．旅獒．無逸．周官．呂刑．典寶。明居．徂后。沃丁十四篇爲攝訓。於是訓之名．遂爲書之一體。嘗因而考之．典寶．明居。徂后．沃丁四篇．惟沃丁．序言訓．然曰訓伊尹事者．訓之言順．謂順承伊尹之事．爲命爲誥．未可知也．典寶明居．則幷無訓字．鄭注典寶．引伊訓曰．載孚在亳．又曰．征是三朡．馬注明居曰．咎單湯司空．明居者．明居民之法．則爲誥爲誓．又未可知也．至徂后與伊訓肆命連文．序曰．成湯既沒．太甲元年．伊尹作伊訓．肆命徂后．鄭注．肆命廣．陳政教所當爲也．徂后者．言湯之法度也．漢書律曆志．引伊訓曰．維太甲元年十有二月乙丑朔．伊尹祀于先王．誕資有牧方明．說者謂太甲除喪．朝諸侯于明堂．祀方明．以成湯配．伊尹因稱述成湯之德．以訓太甲．合之鄭君所言．則三篇當同一例．

熊氏既以高宗肜日．與高宗之訓序連文．而目爲訓．肆命亦與伊訓徂后連文．顧獨別之爲命．豈其然乎．無逸．爲周公陳戒成王．則與咎繇益稷之謨同也．呂刑曰．度作刑以詰四方．鄭注周禮．大司寇職曰詰．謹也．引此經爲證．注．布憲職曰詰．謹也．使四方謹行之．伏生大傳曰．甫刑可以觀誠．是其義也．則與多方多士之誥同也．其餘若五子之歌曰．有窮后羿．左氏襄四年傳．魏絳引作夏訓．唐孔氏謂書有歌體．固未善。然曰夏訓．正不知果屬何書．未見即爲五子之歌也．太甲曰．惟尹躬先見於西邑．夏自周有終．相亦惟終．咸有一德曰．惟尹躬暨湯．咸有一德．禮記緇衣．竝引作尹告．康成注。尹告．伊尹之誥也．則又誥之明驗也．熊氏篤信晚出之書．又惑於六體之說．皆別出爲訓．其果可信乎．

或曰．如子言．是書無所謂訓體也．曰然．然則伊訓高宗之訓．果何備乎．曰．訓猶誥耳．說文誥．告也．漢書揚雄傳．顏師古集注．訓．告也．是其證也．康成注顧命太訓曰．太訓者．謂禮法先王德教．夫曰先王．則統二帝三王言之．而典謨亦訓矣．故王肅以大訓爲虞書．典謨．又其證也．然則東晉以前．言書者無六體之說也．故曰．百篇之書．其義皆訓也．

春秋之傳解

傳有二義．有訓詁之傳．有載記之傳．訓詁之傳．主於釋經．載記之傳．主於紀事．昔之傳春秋者五家．鄒氏無師．夾氏無書．今所傳惟左公穀．公穀依經立傳．經所不書．更不發義．故康成謂穀梁善於經．王接亦曰．公羊於文爲儉．通經爲長．此而例之．訓詁之傳．猶或可也．若左氏之書．據太史公十二諸侯年表．則曰．左氏春秋．而不言傳．據嚴彭祖引觀周篇之文．則言爲傳．與春秋相表裏．而不言是釋經．據盧氏（植）王氏（接）．則謂囊括古今．成一家之言．不主爲經發據．高氏（祐）賀氏（循）．則并目之爲史．是漢晉諸儒言左氏者．莫不以爲紀事之書．所謂載記之傳是也．故漢世左傳．與春秋分行．至杜元凱作集解．始割傳附經．妄生義例．謂傳或先經以紀事．或後經以終義．或依經以辯理．或錯經以合異．似左氏此書．專爲解駁經義者．獨不思經止哀十六年．而傳則終於二十七年．如依杜說．此十有一年之傳．爲先後何經．依錯何經邪．甚矣其惑也．後儒不察．乃反依據杜本．妄議左氏之書．唐權德輿謂左氏有無經之傳．失其根本．宋工哲謂左氏貪惑異說．於聖人微旨疎畧．明何異孫謂左氏疎於義理．理不勝文．凡此狂言．皆杜氏以傳附經．謂左氏專爲釋經而作．有以啓之也．昔人謂三傳作而春秋微．余亦謂杜注行而左傳隱．

陳氏仲卿鄘齋襍記序

鄘齋襍記六卷．番禺陳曇仲卿撰．鄘齋．仲翁所居室也．仲卿之生．與湛若同物．墮地不啼．襁褓中不鼷人乳．皆與湛若同．稍長爲詩．詩筆復肖湛若．人皆曰湛若復生．因以鄘名其齋．仲卿既負異稟．又富于學．師友咸目以著作才．顧久困諸生．近始以歲貢納粟作校官．生平好遊覽．常歷衡湘．過吳會．登嵩岱．入幽并．而講學于潞黨．所至輒與其賢豪長者交．故練達朝章．而所得所聞亦夥．暇日因纂輯而成是書．

仲卿之言曰．古者小說流出稗官．巷議街談．有資考鏡．故黃車使者采而錄之．自齊諧志怪．干寶搜神．末學啜醨．侈言狐鬼．而此風眇矣．其或好談名理．借托褒譏．非烏有先生．即馮虛公子．莊周寓言．亦豈足爲典要乎．余爲是書．一徵諸實．蓋其存交游之謦欬．識平昔之見聞而已．敢與容齋之筆．夢溪之談．相頡頏哉．余曰．君之書．斯可傳矣．漢志諸子十家．小說居其一．後爲之目錄者咸遵之．然志謂十家之中．可觀者九．意似抑小說一流．實則胡可抑也．說部之精者．其綜覈六藝．可以翼經．其紀錄時事．可以裨史．翼經則論衡之嫡．裨史則新序之支．分列部居．實同條貫．唯謬悠之說．曼衍之辭．斯無當矣．是書攷古者十之三．記事者十之七．皆述所聞．抒所見．無勦說．無讆言．信可傳矣．仲卿所爲詩．名曰海騷．與湛若嶠雅配．是書視亦雅體裁雖別．然辨而不華．質而不俚．殆亦所謂義正于揚雄．事實于相如者乎．道光九年．青龍在赤奮若辜月．

黃應麟周述翼序

張杓序曰．余嘗謂周易一書．若非孔子所述．後儒各以臆測之．不獨六十四卦之義紛然．即六十四卦之名．亦迄無一定．三連者何．止爲乾．六斷焉何．止爲坤．是故言易者必遵十翼．猶言詩書者之遵序．言三傳者之遵春秋．夫人而知之矣．顧人知之．而不能爲之者．則是無故．好事新奇信古不篤故也．吾友黃厚菴孝廉．覃思經術．博衡羣書．尤邃於易．著述翼一篇．貫穿經史．上下古今．而一以孔子之言爲主．所謂以經解經者也．其論四德．謂非元不亨．無貞不利．而亨貞利皆統於元．其論用九用六．謂凡三百八十四爻．遇陽爻變者．皆以見羣龍之義推之．遇陰爻變者．皆以利永貞之義推之．不專爲乾坤二卦言．此言獨攄心得．而不悖於儒先者．至謂立象見意．意在象中．象本自然．非由附會．持論尤爲精卓．彼舍象而言易者固非．穿鑿而言象者亦非．學者由是說而精擘之．因以通夫馬鄭荀虞之義亦合．其庶幾乎．

顧亭林日知錄跋

亭林先生。宋之深寧叟也．其學同．其行同．其遭遇亦同。至其挾經世之才．懷匡時之志．慨然以世道人心爲己任．則非深寧所不及．所著天下郡國利病書．於廿一史外．博採天下圖經．及有明一代實錄．下至公移邸報．凡有關民生利害者．悉粹錄之．旁推互證．務質之今日所可行．而不爲泥古之說．誠古今一大著作也．視深寧之區區搜緝漢制．不可同年而語矣．

此書凡卅二卷．餘錄四卷．乃先生讀書有得隨筆記錄之文．尤生平精詣所在．自經史而外．凡國家政治．大而典禮典賦．小而館舍郵亭．無不援據典籍．疏通其源流．而攷論其得失．至於風俗之敗壞．世教之陵遲．陳古諷今．尤三太息．蓋先生目擊明季之政．故不覺言之深痛如此．雖其中攷經之失．如幽幷營三州．不在禹九州之內．攷史之失．如宣房既築．導河北行．而梁楚之地無水災之題．皆不免疎舛．又譏說文穿鑿．至謂武后制字．荊公作書．皆濫觴於許氏．立言亦過當．閻百詩錢辛楣先後糾正之．均足爲先生諍友．

要之先生之才．體用兼備．固不屑屑以攷訂見長．而亦不徒以經生自命也．即以經學論．書中所錄．及世所傳五經同異．題皆折中衆說．不名一家者．是先生學期心得．不尚苟同．而亦非立異．正不必於馬鄭程朱之間．爲先生强分主奴也．論者不察．乃據音學五書．謂古音復萌．自先生始．遂推先生爲漢學．或又以下學指南一書．謂先生尊信朱子．力辨上蔡橫浦象山諸人之非．因目先生爲宋儒．議論曉曉．自以爲推崇先生者至矣．而惡足當先生意哉．

重修新寧縣學記

新寧之立學也．自前明宏治始．厥後廊而張之．改而更之．役凡十焉．縣誌詳之矣．今上御極之廿二年．歲在元默攝提格．邑人士以棟宇之或蝕也．垣墉之或薜也．復鳩工而重葺焉．蓋閱半載而後事畢．邑孝廉余君廷濬．屬其同歲生番禺張杓爲文以識之．

杓因諗于衆曰．學校之興．諸君子僉以爲脩文教矣．而抑知所以成武功乎．禮曰．天子出征．受命于祖．受成于學．執有罪．反釋奠于學．以訊馘告泮水．詩曰．矯矯虎臣．在泮獻馘．淑問如臯陶．在泮獻囚．夫學校者．文德之地也．征伐者．武功之事也．先王以武功之事．行之於文德之地．豈不曰．用武以文．成功以德哉．是故功德一致．而文武同源也．學記曰．五年視博習親師．七年視論學取友．九年知慮通達．强立而不反．此學之所由成．人材之所由盛也．兎罝之詩．美賢才之衆多也．一章曰．公侯干城．二章曰．公侯好仇．三章曰．公侯腹心．嘗比而論之．能親師取友．然後可以爲好仇．能知慮通達．然後可以爲腹心．能强立不反．然後可以爲干城．然則赳赳之夫．即彬彬之儒爲之也．是從學校中來者也．

抑又聞之．學所以明人倫也．人倫之重．莫先于孝．孝者非徒守身而已．將以建功而揚名也．曾子之論孝曰．事君不忠．非孝也．戰陣無勇．非孝也．然則奮臂從戎．非違親也．捐軀爲國．非虧體也．烈烈之征夫．即恂恂之孝子爲之也．是從學校中來者也．國家養士二百年．士之枕葄於文學者久矣．新寧風俗醇古．士皆敦本篤行．其脩明夫孝弟者又益衆矣．而杓則尤欲諸君子因文植德．以立功奮勇．成忠以廣孝．

諸君子不覽邑中之山川乎．展旗之峯．磨斧之石．金門之島．銅鼓之津．皆赫然有威武象焉．是故地靈所鍾．代生豪傑．伍健隆挺民捍衞之節．蕭良輔樹毀家饟士之勳．李越則保障一城之人．陳照且剿撫五縣之賊．此非所稱文弱書生哉．而乃處爲義士．出爲忠臣．上以報朝廷．下足庇桑梓．功業炫乎當世．聲稱浹乎來茲．葢非特賦稟之殊．亦其成于學問者素也．

諸君子涵濡聖化．模範先民．詩書以定其心．義理以充其氣．平日不爲利動．不爲威怵．廉直競正．鄉鄰憚而服之．然後出其緒餘．爲之講論．與子言孝．與臣言忠．使牧豎販夫．咸知大義．遇有倉卒．則忠信爲甲冑．仁義爲干櫓．仗一往無前之氣．父率其子．兄率其弟．聲響相應．衆志成城．于以同仇．于以敵愾．禮所謂無事則用之于禮義．有事則用之于戰勝者也．詩曰．濟濟多士．克廣德心．桓桓于征．狄彼東南．允文允武之材．非諸君子其誰屬哉．夫如是．然後不負吾君．不負吾君．然後不負吾親．然後不懦夫儒紳．此之謂成身．此之謂全人．若徒以誦讀爲功．吟咏爲能．視勇敢爲歧趨．等家國于異路．地方有急．非畏葸即矜張．甚且假公濟私．釣名而射利．是豈學中人乎．衆皆曰．然．爰叙次之．以復余君．並質諸徐君子遠．以爲何如也．

吳蘭修　字石華．嘉慶戊辰舉人．官信宜訓導．舉學海堂學長．蘭修工詩文．善倚聲．兼通算學．著得方程考．荔村吟草．桐華閣詞．石華文集等書．其文學六朝者得其韻．學八家者得其法．論事之作．尤通達治體．切中事情．兼精考證．所著南漢紀五卷．竭十年精力而成．後以餘力爲南漢地理志一卷．南漢金石志二卷．端溪硯史三卷．今皆刻嶺南遺書中．嘗自言．喚作文人．死不瞑目．其自負可知矣．

與曾勉山書

承問南漢紀．近已卒業．計攷異不下數百條．間有確然足正載記之失者．如宋師伐南漢長編．宋史竝云．先克富州．繼克賀州．不知富州不接湖南．必取賀州．然後能攻富州也．（元和郡縣志．富州東北至賀州三百一十里．西北至昭州一百六十里．）又宋史南漢世家云．十月次昭州．破開建寨．不知開建自屬封州．旣克昭桂．回師東向．然後能及開建也．（開建在賀州東南．昭州在賀州西．長編注．引國史本紀．於十一月初書克昭桂二州．月末書破廣南軍二千於封州．開建縣是也．惜修宋史者失載．長編注雖引之．仍書破開建於昭州之後．桂州之前．與宋史同誤．）

竊嘗攷之．五嶺者．南越之門戶也．北師南伐．一由南康度大庾嶺至雄州．漢武帝元鼎五年．遣樓船將軍楊僕出豫章下湞水是也．一由郴州度騎田嶺至樂昌．後漢桂陽太守周昕開六瀧是也．一由桂陽度都龐嶺至連州．漢伏波將軍路博德出桂陽下湟水是也．三者由北江出中宿峽．一由道州度萌渚嶺至賀州．漢下瀨將軍下蒼梧是也．（漢書不言所經．以地攷之．蓋由賀江下封州．漢廣信縣地．屬蒼梧郡．）一由全州度越城嶺至桂州．漢戈船將軍出零陵下灕水是也．二者由西江出羚羊峽．初．宋師圍賀州．聲言督戰艦順流趨廣州．南漢懼．遣潘崇徹領三萬衆屯賀江．而宋師已趨昭州矣．聲東擊西．蓋兵法也．當是時．昭桂據其角．韶連扼其背．孤軍深入．三面受敵．潘美之智．必不出此．至於昭桂連賀四城已克．併力取韶州．由湞江乘流而下．如探囊中物耳．夫重關四塞．霸主之所資也．飛瀧急流．樓船之所利也．苟得其人．則屯兵十萬．閉關而守．負山抱海．南面稱孤．撫之以德惠．教之以禮樂．訓之以兵農．飛芻轉粟．沿江而至．珠玉犀象之富．甲於天下．所謂金城湯池．天府之國也．否則民有異心．軍無固志．雖南越百萬之甲．不足以敵五道之師．何有於南漢哉．書付鈔胥．即當奉質．先疏一二．惟足下教之．

與沈薌泉明府書

正月接奉手書．言長樂風土民情胥役利病甚悉．且殷殷於僕．期有所陳．以裨益於閣下．仰見虛衷求治．意懇辭溢．而久無以復閣下者．以酬應簡札．非閣下所望於僕也．三月以來．嘉應州屬．斗米八九百錢．聞閣下開倉．令各鄉父老分局平糶．不假胥役．民無向隅．米無耗粒．良法美意．可謂周矣．顧聞閣下禁米出境．此唐濟武所謂似爲仁人君子之事．其實無益而大有害者．是猶惑於奸民之說也．請爲閣下陳之．蔡邱之會．五命曰．無遏糴．趙岐注曰．無止穀不通鄰國也．董煟救荒活民書曰．嘉祐四年．諫官吳及言．春秋諸侯相傾．然同盟之國．猶有救患分災之義．秦饑．晉閉之糴．春秋誅之．聖朝視民如傷．而州縣官司．各專其民．擅造閉糴之令．一路飢．則鄰路爲之閉糴．一郡飢．則鄰郡爲之閉糴．坐視流離．甚於春秋之世．豈聖朝所以子育兆民之意者．由是詔諸路轉運司．凡鄰郡災傷而輒閉糴者．以違制論．是遏糴不可以爲法．明矣．

竊謂閣下行於長樂．則更不可．何者．長樂風俗勤儉．

農無遺力．野無曠土．一歲之耕．足二年之食．比聞米禁一出．游食之徒．囂然竝起．下河之米搶．出鄉之米亦搶．鄉米日閉．民食愈艱．夫富戶者．貧民之母也．一家出粟．則十家不飢．十家閉糴．則百家待盡．今閣下不設策以導其出．而立法以堅其閉．抑有餘爲不足．竊爲閣下不取也．嘉應鎭平．不下三十萬戶．一歲所收．僅備三月．必仰給於潮州興寧長樂．今者興長遏糴．潮州米弗時至．則遠糴於佛山．聞佛山之米接踵度嶺矣．而長樂之羅湖橋河口轉水角等處．皆無賴奸民嘯聚攔截．鄉米必搶．客米亦搶．無米則貨．無貨則錢．於是度嶺之米．畏縮不前．斷炊之民．旦夕待斃．是何異飢者得粥．扼其吭而奪之．此閣下所不忍聞也．尤可慮者．海濱莠民．椎牛釃酒．以豪俠相矜負．其蓄睚眦．玩法律．非一日矣．所恃者歲稔則人心固．食飽則民氣靖耳．今者青黃不接．尙有五六十日．四鄰遏絕．告糴無門．此平糴所不能周．而賑粟所不能繼也．不幸攘臂一呼．揭竿四應．甘棠之下．擊柝相聞．其能宴然而高枕乎．此又不得不爲閣下危也．然則奸民所以聳閣下者．不過曰．外糴日甚．則市價益高．民食愈絀．夫長樂之米．非不足於食也．富戶之藏．非不足而糴也．

伏望閣下布令邑中．勸諭富戶．鄉糶其七．外糶其三．過境米船．放行如故．有横索一錢．强奪一粒者．罪無赦．如是則富戶之米日出．外境之米日來．不兼旬而米價平矣．民食濟矣．施及於鄰封．惠周於宇下．此功此德．雖飲食尸祝．猶不足以相報也．前月吾州父老請於大吏．已奉嚴檄禁止攔截．此特爲客米言之．竊謂遏糴之禁不開．則搶米之弊不絕．是在閣下權其輕重．審其得失．破衆口之惑．施無量之仁．則閣下所殷殷於僕．期裨益於豪末者．在是矣．

與葉耘圃書

承示九河論．大指謂九河必不可分．九河者．九曲之河．蓋大伾以下．一曲爲徒駭．再曲爲太史．三曲爲馬頰．四曲爲覆鬴．五曲爲扶蘇．六曲爲簡．七曲爲挈．八曲爲鉤盤．九曲爲鬲津．皆曲折廻逆．故曰同爲逆河也．博採旁證．可謂辨矣．顧審於經訓．有不合者四．請爲足下陳之．足下據爾雅云．百里一小曲．以爲曲河之證．謹按爾雅．於河出崑崙虛．至千里一曲一直下．總曰河曲．於徒駭太史至鉤盤鬲津下．總曰九河．是河曲者．合全河而言．九河者．分末流而言也．此不合者一也．足下引攷工記云．凡行奠水．磬折以參伍．欲爲淵．則句於矩．以爲曲防之證．謹按此行奠水之法也．鄭司農讀奠爲停．謂行停水．溝形當如磬．直行三．折行五．以引水者疾焉．鄭注．太曲則流轉．流轉則其下成淵．皆爲停水言之也．又按攷工記云．凡溝逆地阞．謂之不行．水屬不理孫．謂之不行．鄭注．阞．謂脈理．屬讀爲注．孫．順也．不行．謂決溢也．禹鑿龍門．播九河．爲此逆阞與不理孫也．由是推之．禹播九河．因地之阞．順水之性．其不等於行奠水也亦明矣．此不合者二也．禹貢曰．九河旣道．鄭注．河水自上至此流盛．而地平無岸．故能分爲九．以衰其勢．（書疏詩周頌般疏引．）又曰．北播爲九河．鄭注．播．散也．（詩周頌般疏引．）史記夏本紀．北播九河．正義．播．布也（按說文廣雅竝云．

播・布也・詩周頌箋・河自大陸之北・敷爲九敷・布播皆聲義相通・轉爲訓也・）若如尊指・則當云・播・折也・所未聞矣・此不合者三也・禹貢曰・同爲逆河・鄭注・同・合也・（詩周頌般疏引・）下尾合名爲逆河・言相向迎受也・（書疏詩周頌般疏水經河水注・引按爾雅說文・竝云・逆・迎也・）自王介甫謂逆河者・逆設之河・非竝時分流也・羅泌本之・謂逆設九河・以防暴漲・未至則不妨民耕・既至則不隳民舍・揆於經義・已所不安・今又爲曲逆之訓・無亦好異滋甚歟・此不合者四也・胡渭曰・河之播爲九也・勢至此・不得不分・非禹有意分之也・其同爲逆河也・勢至此・不得不合・非禹有意合之也・

愚嘗論之・河之性濁・濁則沙多而易淤・海之性鹹・鹹則沙沈而易墜・二者以力爲進退者也・潮力勝則足以遏沙・河力勝則足以攻沙・禹於是爲二百里之逆河・併全力而注之・內沙不停・外沙不入・此所以千載無患也・胡渭曰・自逆河變爲渤海・而潮汐直抵九河之口・九河勢分力弱・不足以攻沙・而河患自此始矣・由是觀之・九河者・縱墜之勢也・分之所以泄河之怒也・逆河者・歸墟之道也・合之所以併河之力也・而九河可分爲九河・而逆河不可不合・知此則無疑於九河・而不必曲爲之說矣・幸足下明以教之・

與劉墨池書

承示中星表・剖析度分・可謂密矣・其尤善者・爲中星平儀・分內外二層・以日纏度分・如於所求時刻・即得周天星度・不獨昏中旦中也・（雖本高原蒙求・而簡便過之・）然而尚有可議者・如各方天頂日出入變位二圖・謂人居大地心・則所戴天頂最正・日出寅夘辰・入申酉戌方・如河南爲大地之中・十二時俱得正位・若人居大地之東西南北・各以日至其頂爲午正・則日出入變位云云・按地體本圓・隨處居民・各有地心・即各有東西南北・十二方亦各有天頂・各以日中爲正午・故謂河南爲中州則可・謂河南爲地心則不可・如以是爲地心・則相距四萬五千里之國・將以爲地背得乎・又謂地球之外・四維皆海・其下無地・只有天云云・夫振河海而不洩者地也・地能負海・海不能負地・地體圓・則海水隨之而圓・四萬五千里之外・有海焉・在地視之・海在地下・在彼視之・則海在地上・亦猶地球半周・其居民足底相對・彼此視之・皆如倒懸・實則彼此皆正立也・其爲戴天履地一也・屢辱下問・輒復舉正・惟足下裁之・

與陳雪漁書

前日論硯・曲盡物理・至今思之・有餘旨也・竊謂端石高下・在水巖山巖之別・大地之氣・凝者爲石・融者爲水・端州之石・質則石也・而性水也・山巖者・石之性九・而水之性一・水巖者・石之性七・而水之性三・是以材殊也・然則水巖之石・大西洞獨美何也・曰・泉脈之所寄也・石堅而性腴・泉清而性潤・二者必相孚也・相孚者・性情俱化・而忘其爲石也・老坑最深曰大西洞・以二百餘人吸水・晝夜易之・三月而後涸其泉・脈可知矣・麻子坑石・近歲始出・亦有青花・蕉白・魚腦・驟用之・甚發墨・久則滑・以五道石磨之・乃復其初・大西洞石・如有道之士・穆然而靜・藹然

而温・持久而不易其素・麻子坑石・如名士・華而不斂・其美易盡・久之與凡石等耳・前論未及・故復爲足下申之・

論米票

道光乙酉夏・嶺南數郡饑・仰給於廣州佛山嶺・佛山者・四方米穀之所屯也・番禺南海下令曰・恐有奸民運米出海・是宜禁・凡他郡米商由州縣給票・書其糴米之數・自東江者・詣番禺驗票・自西江者・詣南海驗票・然後糴・既糴・由番禺南海驗米・然後行・其無票與米石不如數者・以違制論・

吳子曰・噫・此困民之道也・商賈者・以市價爲權者也・票行則權失・權失則利一而敗九・是召商而閉其途也・且給票驗米・非洲縣所得親也・勢必假之胥吏・走私夾帶・非流縣所能察也・勢必假之巡船・胥吏巡船・必奉公守法而後可藉・非然者・給票・一索驗票・再索驗米・巡船則又索・吏諸取商・商取諸民・米烏得不貴・民烏得不困歟・嗚呼・億萬生靈・非一手一足所能爲烈也・必分曹而牧之・司牧者但糾其角觸已耳・能爲牛羊求芻者・蓋亦罕矣・乃牛羊自爲求芻・又多爲法令以限之・亦殆矣哉・夫分曹而牧・視他人之牛羊・猶秦越也・自大吏視之・皆夙夜孳孳・所爲求牧與芻者・吾知其必不忍聞也・然則洋禁奈何・曰・此海口之責也・今之巡哨・亦已密矣・苟得其人・顆粒不能飛而渡也・否則以利啗之・何所不至・雖百其巡船・庸有濟乎・是故君子重於用・而慎於變法・

論米船

廣東幅員二千里・瀕海諸縣・土壤膏沃・厥田上上・其餘山溪間錯・厥田中下・生齒繁庶・食常不足・桂柳潯梧諸郡・歲浮江而東下者・凡數百艘・或歉歲・諸郡閉糴・則市價頓起・皇然如不可終日・乾隆五十一年大飢・海關監督穆騰額・請飭商夷於小呂宋採糴・免征船鈔・米船大至・粤人德之六十年・嘉慶十一年・均依故事・而監督阿克當阿議・以載米夷船・既免船鈔・止准空船出口・由是米船不復至・

謹按小呂宋・在臺灣之南・（本名蠻哩喇・轄於呂宋・故名・其去呂宋甚遠・一在南洋・一在西洋也・）地平土美・芟草布穀・不耕而穫・稻米一石・直銀三四錢・其至廣州・不過六七日・又無船鈔之征・豈不甚利・然而空船回國・遠涉重洋・無貨物之載・有風濤之險・宜其不復來也・（各國夷船有運米者・均由小呂宋裝載・）藉使果來・歲給米直十有餘萬・禁出口之貨・予以出口之銀・揆於得失・計亦疎・今上御極之四年・總督阮元奏言・各國米船・照舊免輸船鈔・仍准原船載貨出口・照例收稅・如此則洋米可以源源接運・且以出口貨稅抵算・進口船鈔・有贏無絀・似於裕課便民綏遠・均有裨益・得旨俞行・自是以後・連檣而至・歲約三四十艘・計米十萬餘石・（米船有二種・大者約載四千餘石・小者千餘石・）夫裕民食者・補救於荒年・孰若綢繆於豐歲・即使家給戶足・而歲增十餘萬石・市價益平・倉儲愈實・羣黎百姓・飲和食德而不知・所謂無赫赫之名・而其利周於百世者也・然而法久弊生・索費漸多・則來者日

少・是在善後者嚴以別之・良法美意・庶恃以勿替也・

說硯

水巖亦名老坑・明萬曆以後所開・內分四洞・曰大西洞・曰小西洞。曰正洞。曰東洞。按趙希鵠洞天清錄云・下巖惟有舊坑・無新坑。上中二巖・則皆有新舊坑・此宋時所稱舊坑也・陳子升硯書云・明成宏間・先輩所遺端硯・有老坑之名・即宣德巖朝天巖諸石・水巖開於近日・此明季所稱老坑也、高兆端溪硯攷云、正洞東洞西洞・土人皆名老坑・景日昣硯坑述云・老坑有中洞西洞東洞之分・此康熙以後所稱老坑也・自是老坑之名・專屬水巖矣・

周氏硯坑志云・治平坑・土人又稱曰巖仔坑・據此・則巖仔坑・（今名坑仔巖・）即宋之下巖也・宋之下巖・塞自崇觀以前・今之水巖・開自萬曆以後・其地相越四五里許・作譜者混而一之矣・

水巖大西洞・猶宋之下巖北壁・皆稱絕品・小西洞次之・正洞又次之・東洞為下・廣語云・東洞尤美・端溪硯攷云・正洞為上・東洞次之・西洞又次之・皆不足據也・

端石之美有五・一曰青花・欲細不欲粗・欲活不欲枯・欲沉不欲露・欲暈不欲結・如淄塵翳於明鏡・如墨瀋着於濕紙・斯絕品矣・一曰魚腦・白如晴雲・吹之欲散・鬆如團絮・觸之欲起者・是無上之品・亦名魚腦凍者・水肪之所凝也・白而嫩者次之・灰與紅者下矣・一曰蕉白・如蕉葉初展・含露欲滴者上也・素而潔者次之・黃而蕉藍而灰者下矣・一曰天青・如秋雨乍晴・蔚藍無際者上也・陰而晦者下矣・青花者石之榮・魚腦蕉白者石之髓・天青者石之肉・榮無質・必傳他質而著之・傳於天青者上品・傳於魚腦蕉白者無上上品・惟大西洞有之・一曰冰紋凍・白暈縱橫・有痕無迹・罥如蛛網・輕若藕絲・是謂異品・亦惟大西洞有之・他洞白紋如線・適損毫墨・雖曰冰紋・非所尚矣・

唐詢硯錄云・眼生於墨池之外者・謂之高眼・生其內者・謂之低眼・高眼尤為人所愛尚・以其不為墨所漬掩・常可睹也・按高眼低眼之論甚精・硯心必不宜有眼也・水巖石眼・外層有淡墨暈・眼嵌石中・其圓如珠・初磨見淡墨圓暈・即眼皮也・愈磨愈大・層亦愈多・睛見而眼適中矣・再磨則睛去・愈磨愈小・層亦愈少・皮見而眼去矣・故宜眼處見睛而止・不宜眼處・見皮而止・毋再磨也・

石工治硯既成・以火煆硯・以蠟傅之・塗澤於蠟・受傷於火・飾外而戕其中・甚矣・作偽之為害也・凡硯積墨之下・其石易泐・正由火攻傷其水質耳・治硯者所切戒也・

宋太宗罷貢硯・而元豐時王存等撰九域志・仍載入土貢・米芾硯史・亦載治平中貢硯事・殆未久已復也・明代中使採硯・官民騷驛・設守坑官一員・有私取者・以竊盜論・我朝悉除去之・每歲端午・督撫但以端硯九方・隨葵扇葛布香珠進之・皆新坑純淨之石・嘉慶中・用麻子坑・近則用茶坑・購自市中・製為宮式・縣官與石戶・均無科累矣・

釋車

輈端為衡・衡下縛軛・此乘車之制・若大車轅端・有鬲而無衡也・鬲亦作鬲・記曰・鬲長六尺・（謂鬲兩端相距之

長・）鄭司農云・鬲・謂轅端壓牛領者・說文・槅・大車枙・釋名云・槅・枙也・所以枙牛領也・皇侃論語疏・古作牛車二轅・不異即時車・但轅頭安枙・與今異也・即時車枙・用曲木駕於牛脰・仍縛枙兩頭著兩轅・古時先取一橫木・縛著兩轅頭・又別取曲木爲枙・縛著橫木・以駕牛脰也・蒙按皇氏所據梁時車・即古大車之制・其云先取一橫木著轅・別取曲木爲枙・縛著橫木・與乘車相混・蓋沿包咸轅端橫木以縛軛之說而誤也・（賈疏云・鬲長六尺者・以其兩轅・一牛在轅內・故狹・因馬車鬲長六尺六寸者・以其一轅兩服・馬在轅外・故鬲長也・此衡鬲混合爲一・）何以明之・大車輪半崇四尺五寸・加軸半徑二寸一分・（記曰・五分其軫・間以其一爲之軸圍・求得軸圍一尺三寸二分・以密率求得軸徑四寸二分零一毫・）共四尺七寸一分・（大車兩轅・下鑿鉤以夾軸・轅與軸相傳也・無伏兔・今車尚然・）若轅端有衡・則衡與轅平・鬲在衡下・其高不及五尺・不足以容牛・故有鬲無衡也・鬲兩頭・若於轅・其曲高出轅上・深約六尺・轅端以鍵持之・所謂輗也・（說文・輗・大車轅・耑持覽者・當云持鬲・古人事同・則名相假・如輈亦稱轅・析言之・則有別矣・）今牛車與梁時車正同・知古大車當如此矣・

記曰・國馬之輈・深四尺有七寸・鄭司農云・深四尺七寸・謂輈曲中是由輿底輈平起度・幷輿下四尺・則八尺有七寸也・後鄭謂・衡高八尺七寸・除馬之高・則餘七寸爲衡間也・此則不然・何以明之・記言輈深・又言輈注・是當衡者必下注・不與輈深同度可知也・（詩小戎・傳梁輈・輈上句衡也・疏・輈從軫・以前稍曲・而上至衡・則居衡之上・而向下句之・）阮宮保師車制解云・衡去地之高約六尺・國馬高八尺・就昂首者言・若其頸脊之間・至高不過六尺・中人皆長八尺・此與胸相齊・今擇馬至高者驗之・皆如此・蒙按馬頸之高・大約與牛脰等・鬲高不過六尺・則衡高非八尺七寸明矣・

轂入輿下之說・有可疑者三・記曰・加軫與轐焉・是軫與轐必相傅・疏云・車軸上有伏兔・伏兔尾後・上載車軫是也・乘車兩軫・下有鉤以函軸・猶大車兩轅下有鉤以夾軸・而轂無由闌入矣・可疑者一也・輿底板薄・其繫轐也・不牢則函軸也不固・可疑者二也・記曰・長轂則安・令轂轉於輿底・則有震動危隉之患・不安甚矣・可疑者三也・然則轂不入輿底・而輻內之轂無以容之・奈何・蒙按記曰・參分其輻長・二在外・一在內・以置其輻・鄭注・轂長三尺二寸者・令輻廣三寸半・則輻內九寸半・輻外一尺九寸・此先除輻廣之度・而後計內外三分之數也・竊謂記文當先計轂長之度・而以內一分置輻・以輿旁七寸爲限・而少弱焉可也・（少弱焉者・欲其不逼軫且爲脂車地也・）如鄭說・轂長三尺二寸者・三分之外・二尺一寸三分寸之一・內一尺三分寸之二・於內一分置轂・疏云・於前一尺三分寸之二三分・取一以除空中當藪之處・使容輻是也・除輻博三寸半・輿旁七寸・尚餘一分有奇・如車制解・所求轂長二尺九寸三分三釐三豪者・外一尺九寸五分五釐五豪・內九寸七分七釐七豪・於內一分置輻・除輻廣二寸・與旁七寸・尚餘七分七釐七豪・所餘無幾・以其使轂內侵・何如使輿內移也・（程瑤田謂轂斷

難納之輿下．是也．謂徹無定處．則與經兼戾矣．）

車人．凡爲轅．三其輪崇．參分其長．二在前．一在後．以鑿其鈎注．鄭司農云．鈎．鈎心．釋名．鈎心．從輿心下鈎軸也．此大車兩轅之制．蒙按．鈎與伏兔．物異而事同．（盧氏曰．輹車之鈎心夾軸之特．是誤鈎與轐爲一物．）棄車有伏兔．必無夾鈎．有夾鈎．必無伏兔．軫與轅下．爲地無幾．不能二物也．（今車兩轅下．有夾鈎．而無伏兔．可驗．）大車轅下．鑿鈎以夾軸．可知乘車．軫與轐必相屬矣．軫與轐相屬．則轂內一分置輻之說益信．

記曰．牝服二．柯有參．分柯之二注．牝服．長八尺．謂較也．鄭司農云．牝服謂車箱．(戴東原先生曰．輿有式．較卑高之分．箱則其上齊平．）蒙按．此車箱之度．非輿長之度．何以明之．記曰．凡爲轅．三其輪崇．參分其長．二在前．一在後．以鑿其鈎是大車之轅．長二丈七尺．三分之．前一丈八尺。後九尺．以鑿鈎．鈎者夾軸之物也．若以車箱八尺爲輿長．是轅餘一丈九尺．而輪在輿前．必不然也．輿人曰．白伏兔不至軌七寸疏．伏兔至軌蓋如式深．是乘車三分輿隧．二在後．一在前．以安輪大車之鈎．猶乘車之伏兔．其後九尺．則前當加四尺五寸爲輿長也．一丈三尺五寸之輿．中爲八尺之車箱．前後各二尺七寸半．旁無車闌．今大車可驗矣．（說文軝大車後也．蓋有底無闌之名．與軝別．軝長轂約也．）必如是者．車箱之度．不能物之度．有闌者惟輿之容．無闌者惟物之容．厚載之道也．輿前轅長與輿下等．柏車輪崇二柯．牝服二柯．是轅長一丈八尺．三分之．一前一丈二尺．後六尺．以鑿鈎．則前當加三尺爲輿長也．九尺之輿．中爲六之車箱．前後各一尺五寸．旁無車闌．其輿前之轅亦與輿等．

匠人經涂九軌．鄭注．軌謂轍廣．乘車六尺六寸．旁加七寸．凡八尺．是爲轍廣．旁加七寸．者輻內二寸半．輻廣三寸半．綆三分寸之二．金轄之間三分寸之一．繹鄭意謂輻內九寸半．減與七寸．則在輿旁者止二寸半．故合輻綆金轄以足七寸之數．不知綆數即在輻骹中．非別一物．金轄之間．更與轍無涉矣．蒙按．徹．通也．中空而通也．以兩輪之內空處言之．不及身厚輻廣之數也．各車身厚不同．由輪內計之．則皆八尺故．得以心度云．

中廣徹廣．皆有定度．軸長無定度．視轂之長短以爲度也．故匠人．路門不容乘車之五个．（注．乘車廣六尺六寸．五个三丈四尺．不容者．是兩門乃容之．兩門乃容之．則此門半之．丈六尺五寸．）應門二徹參个（注．二徹之內八尺。三个二丈四尺．）但以輿徹起度也．

記曰．徹廣六尺．戴東原先生曰．古者涂度以軌．軌皆宜八尺．故曰車同軌．軌不同爲不合徹．不可行於涂．車人徹廣六尺．字之誤也．蒙按鬲長與車廣同度．輪在輿外．六尺之輿必非六尺之徹．程氏瑤田謂車人徹廣當爲車廣之譌是也．段氏若膺謂車人徹廣六尺．自其裏言之．匠人注徹廣八尺自其表言之．然則表裏之間．各寬一尺．有此身厚之度乎．

登雲山人文藁序

登雲山者．長樂之南鎮也．萬石巉巖．與天皆碧．其西麓温子盧焉．乃自署曰登雲山人．山人爲余言．每薄曉雲氣如炊．縷縷從石罅出．膚寸而合．瀰漫無際．耕者樵汲者與雞犬常在雲中．造訪者非雲去不得途也．余家去此二百餘里．山人常貯雲贈之．出囊如絮．尚有苔石氣云．山人故健甚．窮幽造極．雲之所到．足必及之．故其爲文深峭幽折．各出生面．境使然也．

余宿與山人勉士爲莫逆交．而爲文各不相類．今春入都．見龔定庵舍人文．理偉淵奧．如黃山雲海．不可方物．語魏默深云．定庵之文．人不能學．亦不必學．默深韙之．夫六合之內．山匪一形．一日之間．雲不一狀．天下之文猶山也．一人之文猶雲也　作者且莫測其變之所極　而况於學者哉．然則此集．故山人之一體．而非山人之全能．他日等身著作．吾當持是說以證之．山人名訓．字伊初．長樂縣諸生．道光三年九月序

送楊桂山都轉之任兩淮序

道光十年之秋．惠潮嘉兵備道楊公奉命擢山東鹽運使．未幾有兩淮之命．騶從將發．都人士爲歌詩以贐之．志遺愛也．先是公由軍機出守潮州．越三年遷惠潮嘉道．尋署兩廣鹽運使．鹺政之日壞也．淮揚爲最．長蘆次之．兩浙又次兩廣爲後．然廣引八十一萬四千餘道．歲不及額．公權任僅七月．而銷引百萬．則公奏績於淮．猶左劵也．竊嘗聞之．淮鹽重弊．厥有二端．而私梟與鄰私不與焉．正引包額三百四十斤．而淮南捆至五百餘斤．淮北多至二三百斤．是謂商私．官船舊載大者三千引．小者千餘引．今則大者七八百引．小者二三百引．商私之外．皆爲夾帶．是謂船私．夫一船之載．引居其一．私倍其三．船私鬻於途．商私積於岸．無引之鹽日銷．有課之引日滯．上負府帑四千餘萬．論者顧竊竊焉私梟鄰私之是議．是急手足之疾．而忘心腹之患也．然而積重難返奈何．曰．太上變易之．其次補救之．改埠歸場．就場定額．先餉則有同關市之征．貯倉則參用常平之法．此變易之說也．權其輕重．度其緩急．節費以恤商．因法以便民．此補救之說也．補救則易爲力．變易則難爲功．杜于萬人之口而任之．合十數人之力而舉之．其利可以百世．而公非其時乎．淮揚吳楚之民．延頸企踵亦已久矣．

顧亭林日知錄跋

國初顧亭林閻百詩朱竹垞諸公．歸然竝起．而亭林其尤也．生平周流西北垂三十年．所至載書自隨．每有所得輒記之．成日知錄三十二卷．餘錄二卷．於經義史學天象地輿典禮兵制．及政事風俗之得失．靡不綜貫．但引據浩繁．不無舛誤．如辨嶽頂無字碑爲漢武所立．而不知漢書武帝紀注．已載碑文．此姜西溟湛園札記所駁也．謂單名以偏旁排行．如衞瓘衞玠之類．而不知晉書玠乃瓘之孫．此閻百詩潛邱札記所駁也．謂詩除二南七月正雅三頌之外．皆不入樂．而不知季札觀樂．列國之風並奏．此全謝山經史問答所駁也．謂隨會不與晉文同時．而不知左傳城濮之役．士會攝右．士會即隨會．此錢辛楣養新錄所駁也．謂韋昭注國語．凡莊字猶避漢明帝諱作嚴．爲意存忠厚．而不知其沿襲舊文．疎於檢點．（今按國語鄭語曰．齊莊僖於是乎小伯．楚語曰．莊王

爲䆗居之臺．凡數見．則其稱魯莊公爲嚴公．曲沃莊伯爲嚴伯．殆偶沿舊文．未盡改爾．）此趙雲松陔餘叢考所駁也．謂禹貢東迤．北會於滙．蓋指固城石白等湖．而不知正義引鄭云．東迤者爲南江．鄭氏讀東迤爲句．南江北會於具區．故曰北會於滙．此阮宮保浙江圖考所駁也．皆切中亭林之失．

至謂幽幷營三州．在禹貢九州之外．（原注．孔安國馬融說並同．今按史記五帝紀集解．通典一百七十二．玉海十四．引馬融曰．分冀州置幷州．分燕置幽州．分齊爲營州．孔安國傳．分冀州爲幽州幷州．分青州爲營州．皆無九州外之說．）幽則今涿易以北至塞外地．幷在今忻代以北至塞外地．營則今遼東大寧地．按爾疋釋文引鄭康成曰．舜以青州越海．而分齊爲營州冀州．南北太遠。分衛爲幷州。燕以北爲幽州．幷舊爲十二州．（史記五帝本紀集解．通典一百八十．玉海十七．通鑑地理通釋引竝同．）元和郡縣志太原府下．引王肅曰．舜爲冀州之地太廣。分置幷州。（寰宇記引同．）漢唐諸家迄無異議．且周禮幽州澤藪曰奚養．注在長廣．即今登州府萊陽縣地．其浸菑時．注菑出萊蕪時．出般陽．即今濟南府淄川縣地．則幽州豈僅涿易以北乎．幷州澤藪曰昭餘．祁注在鄔．今汾州府介休縣地．則幷州非暨忻代以南乎．又謂宣房既築．導河北行．復禹舊蹟．而梁楚之地自漢至唐．河不爲害者幾及千年．按漢書溝洫志．自塞宣房後．河復北決於館陶．分爲屯氏河．東北經魏郡清河信都渤海入海．元帝永光五年．河決淸河靈鳴犢口。而屯氏河絕．成帝建始四年。河決於館陶及東都金隄。泛濫兗豫入平原千乘濟南．凡灌四郡三十二縣．河平三年．河復決平原．流入濟南千乘鴻嘉．四年．渤海信都河水溢．灌縣邑三十一．據此．則百年之間．已經五決．此皆好騁議論而不顧其背馳．（右二條．已見潛邱劄記．而駁之未盡．故復正之．）然而大純小疵．終無害其宏博耳．亭林著作等身．音學五書尤有裨於聲韻．惟天下郡國利病書頗無倫次．蓋鈔輯各省府縣圖經文冊邸報以備編撰者．惜乎其未及成書也．

楊訒庵廉訪文集跋

吾鄉李檢討士淳．以古文雄於明季．如健馬脫韁．橫行千里。不受控制．厥後楊廉訪出．才力沈毅．一繩以法．初學昌黎．繼出入於老泉半山之間．吾鄉文格由是一變云 公生平以事業自許．居官四十年．於山川阨塞．民食緩急．河渠學校諸事．經畫井井．悉著於文．論者謂其行有恒。故其言有物也．

吾聞之觀樓先生曰．公鬚髯如戟．風節凛然．官瑞州時．中丞以墨敗．使者按餽送冊．公惟餅餤數器而已．及官楚臬．制府陳．爲公年家子。有所失．公輒匡之。公一袍十餘年且敝．一日。制府以爲言．公曰．此俸錢所爲．不敢輕易也．制府色變．由是忌公．然其改官部曹．未嘗幾微見於辭色．當是時．嶺表人物．淸端已逝。惟公巋然獨存如魯靈光耳．由此觀之．公之不朽．豈獨文章也哉．集四卷。余與秋衡錄存二卷刻之．秋衡名炳南．爲文有法度．公之族孫也．

吳蘭修

鄺湛若傳

鄺露字湛若．南海人．年十三．爲諸生．居恒慷慨．以才畧自負．念海內多事．遂爲劍槊韜鈐之學．會上元跨馬夜出．觸縣令前騶．令怒．詳於學使．削其籍．時崇禎七年也．乃走廣西．窮歷諸郡山川阨塞．游於岑胡五土司．爲猺女執兵符者雲軃娘書記．述其風土儀物．爲赤雅三卷．文飾古藻．往往過實．

然其言曰．先王建國．必因山川．審遠近．故建瓴之勢立．指臂之義順．勢立則內强．義順則外服．然後霸王之業可成也．若割兩江．東包廉欽潯鬱．以北盡乎宜柳．屬之南寧．使自爲牧鎭．則兩江谿峒可馳尺版而服．即用兩江之兵．南畧交阯．此指臂之義也．桂林故衡湘地．形勢衺延．首起衡嶽．腹盤八桂．尾達蒼梧．湘漓二水分繞其下．桂林據其上游．若屋極焉．割永郴道諸郡竝隸廣西．封畧偉矣．此建瓴之勢也．又述岑氏兵法．能以少擊衆．將千人者．得以軍令臨百人之將．將百人者．得以軍令臨十人之將．一人赴敵．則左右呼而夾擊．一伍爭救之．一人戰歿．左右不夾擊者斬．一伍之衆皆罪．一伍赴敵．則左右伍呼而夾擊．一隊爭救之．一伍戰歿．左右伍不夾擊者斬．一隊之衆皆罪．不如令者斬．退縮者走者斬．言惑衆者斬．敵人衝而散者斬．敵以金帛遺地拾者斬．論者以爲鑿鑿可用．非文士曼衍之說也．

當是時．關中已陷．河南江北流寇四起．湛若浮湘而下．轉徙吳越間．明年北走燕趙．賊勢益熾．冬十月．愍帝下詔罪已．慨然有求賢四方之志．而湛若孤羈逾歲．裘敝刺滅．卒無所遇．遂南歸．我朝順治二年．唐王據福州．起爲中書舍人．甫三月引去．五年．永明王據肇慶．復起就職．七年二月．奉使還廣州．會大淸兵至．與諸將戮力守城．十二月朔城破．死之．年四十有七．

湛若蓄古琴二．一曰南風　宋理宗宮中物　一曰綠綺臺　唐武德年製．明康陵御前所彈也．死之日．幅巾抱琴將出．騎以白刃擬之．笑曰．此何物．可相戲耶．騎亦失笑．徐還所居海雪堂．擁古器圖籍與琴殉焉．生平好大言．汪洋恣肆．以寫其牢騷不平之氣．所爲嶠雅三卷．憂天憫人．主文譎諫．雖小雅怨誹．離騷忠愛．無以尚之．妻鄧氏．自遭難後．見湛若荷絮負米．遂絕粒．舂糠粃爲丸服之．恬如也．子鴻．字劇孟．年二十餘．能詩及擊劍．先於順治三年．率北山義勇千餘人戰死．贈錦衣千戶．

三典史傳

仁廟受政之初．國家承平百五十年矣．海宇乂安．累世不知兵革．一旦白蓮敎起漢中．倉皇蹂躪．流毒川陝．盡西南之兵力．効死用命．乃克蕩平．於是詔錄殉難諸臣．一命之吏．罔弗褒卹．吾州得三人焉．曰四川蒼溪縣典史楊堂．曰陝西咸陽縣典史梁崇．曰陝西試用典史李培秀．

楊堂按察史仲興孫也．嘉慶三年．敎匪王三槐擾蜀．大軍追勦急．亡命四竄．堂守永興塲．士卒譁曰．賊至矣．則皆欲走．堂守劍叱曰．賊未至而棄糧．法當死．孰若守糧而死也．賊至死之．

明年・大軍駐鎮安勦張漢朝・梁崇率鄉勇守鳳凰嘴・賊散・解囚回省・至孝義廳遇賊・崇釋囚蔣文芬等七人・曰・若曹於法當死・然死於賊則枉・吾不忍也・可速去・毋從賊・余義不可逃・死其所矣・賊至・被執不屈死・

其明年・李培秀從大軍挽粟至四川大寧縣・與賊遇・盡委輜重於河・遣其僕曰・速報大營・賊不得糧・必掠東郊・截而擊之・可盡覆也・吾死不及見矣・大軍果破賊・訊俘・言培秀死時・賊恨不得糧・被二十一創云・

事聞・竝祀昭忠祠・世襲如例・初崇所釋囚七人・皆歸就獄・報崇死事狀・曰・吾不負梁公也・至是七人皆赦・

李喬基傳

李喬基名安善・以字行・嘉應州人・善搏擊・盡得少林法・客臺灣・見土豪嘯聚・白晝相讐殺・嘆曰・變將作矣・乃簡北莊數百人團練之・（廣東嘉應平遠鎮平僑寓者・謂之客人・南北路各百餘莊・）其法先鍊氣・次筋骨・又次搏擊・久之膚堅如鐵・則大喜曰・眞健兒・

乾隆五十一年十一月丁酉・林爽文反北路・旬日間彰化淡水諸羅俱陷・郡城大震・喬基召諸健兒曰・賊衆十餘萬・負山據險・一鬨而出・遂破三城・所不即取郡者・懼吾粵人躡其後耳・吾出兵以牽制之・賊至則守・去則擊・相持久則援師且至・而賊不足平矣・皆曰善・乃合北莊得萬餘人・以諸健兒領之・莊爲柵・里爲臺・計畝以爲糧・臺者擊・柵者守・一莊有賊・諸臺應之・賊數至皆敗走・十二月辛亥・喬基率三千人・從前令張貞生復彰化・擒僞官楊振國高文麟等・旣而食盡・士卒多散去・城復陷・明年正月壬辰・從總兵柴大紀復諸羅・獲僞軍師侯元・喬基自起義兵・與賊二十餘戰・皆帕首・著短後衣・持長桿・陷陣衝堅・無不一以當百・前後斬馘以萬計・賊銜之・以萬金購喬基首・二月喬基與從子舉相・率健兒數十人越鹿港請火藥・爲賊所偵・庚戌還至青埔伏發・衆禦之・殺賊數百人・賊大至・矢石交下・突圍而出・失舉相・喬基三入賊中・傷左股・遂被獲・諸健兒皆戰死・喬基罵賊・賊誘之・罵益厲・賊怒斷其舌・縛而射之・猶不屈・乃磔焉・喬基輕財任俠・與衆同肝膽・至是白衣冠而哭者萬餘人・皆曰誓不與爽賊俱生也・

是年十月癸亥・嘉勇侯福康安渡海・義兵從之・盡復北路・明年正月丁夘・獲林爽文・又一月復南路・臺灣平・是役也・死事之烈・以喬基爲最・事聞卹贈知縣銜・子端柏後六月戰死・次子枝三廕授浦城縣丞・世襲雲騎尉・先是康熙六十年朱一貴反臺灣・其族兄紀率義民從軍・以功授都司・尋改侍衞・出爲常州參將・雍正十年從兄瑋光以征土番・功授千總・至今南北莊稱忠毅者・必曰李氏云・

孫大焜　字南瀛・吳川人・嘉慶戊辰舉人・歷官福建尤溪壽寧沙縣知縣・所至興革・凡牒陳大吏章程・皆手自裁定・罷官後・築藝蘭山房・藏書極富・所著詩文・即名藝蘭山房集・

捐置冬至始祖祭田碑

蓋聞萬物本乎天・人本乎祖・故孝思之所及無窮・而禮法之所制有定・惟聖賢能於有定之禮法・通以無窮之孝思・

是以有其舉之・莫之敢廢・禮曰・四世而緦・服之窮也・故時祭止及四代・至五世則親盡・在所當祧 自天子達於庶人 未嘗異也。然天子于時享外・有大祫大禘之典・非獨上及太祖・而又追太祖所自出・諸侯無禘而有祫・亦得及其太祖・大夫士有干祫之文・無遠及之義・此則禮之所限・而孝亦因以窮者。於是伊川程子定爲立春祭先祖・復溯厥初生・以冬至祭始祖・所謂以義起者也・故朱子遂本之以述家禮・次二祭於時祭之後・既而又以爲似僭不敢祭・而後儒議禮・多從程子者・則以追遠報本・無妨過厚也・而始祖之祭尤深遠矣・

吾族祀田素薄・不能歲供四祭・甲子之歲・家君與族人謀・爰置誠齋公祭田・以立春日行先祖之祭・乙丑正月・復糾族人捐置始祖儒齋公祭田・而以其冬十有一月二日陽至薦其歲事・事竣・咸曰・斯事體大・汝其博采舊聞以記之・

謹案儒齋公閩人・宋乾道間・由進士權太原府參軍・轉嶺南高雷廉遊擊將軍。致仕後因家焉。高涼之有孫氏自此始。

昔邱文莊公有言・古別子之法・與今不同・今以人家始遷及初有封爵仕宦起家者爲始祖・以準古之別子・非公誰與歸・夫自禰而推及於高祖・自高祖而推及於先祖・自先祖而推及於始祖・孝思於是無窮矣・而告孝告慈之有其序・奉牲奉盛之致其潔・皆安其位而莫敢相踰越・葢禮因時適變・要以不犯其分・而得心之所安爲本・何必盡同・此後世帝王之所不禁・而昔賢舉之者之所以可行歟・

抑又聞之・鄉飲酒之禮廢・則長幼之序失・而爭鬭之獄繁・今以歲晚務閒之時・既祭・行旅酬禮・老者咸在・少者舉觶・交錯以辯・不惟有以敎孝・且有以敎弟・是舉也・其有關于人心風俗甚大・爰勒之石・以著厥美・俾後世知法守焉・

壽寧鰲陽書院詳定章程碑

自古人才之生・原不擇地・故十室之邑・必有忠信・然非興學以風勵之・雖有美質・難以成材。興學之法・自后王君公以逮大夫・皆有表率之責・後之臨宰邦邑者・能躬爲之師・廣庠序之敎・明孝弟之義・上有好者・下必有甚・昔文翁守蜀。化侔齊魯・任延治武威。移變邊俗・斯其績用之尤章章者。師道立則善人多・豈不信哉・

壽寧爲閩邊鄙小邑。當前明之初。分隸政和福安二縣・其地僻絕。崇山隱天・狐兎之所居・寇戎之所伏・百姓離散流亡・枕戈擊柝・無日休息・迄於景泰之年・虔劉大憝・始析置邑・庶務草創。絃誦之化未遑也。我朝誕受天命。重熙累洽・百有餘年・聲敎所被・薄海內外・罔不丕變・壽邑之民・重本抑末・其士負耒橫經。風氣最爲近古・其敝也・婚姻者居室之大倫・而壽邑往往有一婦而二夫・不以爲恥・是其於夫婦之倫未敦也・四寸之棺。五寸之槨・附身附棺・必誠必信・壽邑惑於火葬之說・焚化親屍・是其於父子之倫未篤也・夫學以明人倫而已・倫之不明・敎尤宜急・

余自下車以來・思曠然一變其俗・嘗於公餘進諸生而課之・欲借論文之暇・導以德義之歸・寧學舍久荒・餼廩不繼・有司奉行故事・名存實亡・甚可傷悼・爰稽書院歲租之

入。得穀二百一十七石六斗有奇．為之計畝淸釐．復其為吏民所隱者．歲增租七十一石四斗．又捐俸百二十兩．市田六畝．歲得租三十石．而先生修脯．弟子廚饌皆可取給．遂詳定章程．延師教授．邑之士說而來學者數十人．

然余竊有怪者．夫古之人非有異於今之人．今之學猶是古之學．乃古多大成之材．今鮮宏遠之器．非學之有異．所以學之者異也．蓋古人以實踐為學．自入小學時．已習乎灑掃應對進退之節．禮樂射御書數之文．及其入大學也．有射鄉食饗祭祀師田以生其恭．有鐘鼓琴瑟詠歌舞蹈以平其心．有師弟問難朋友講習以解其惑．有論秀論選移郊移遂以示其勸懲．至其為之條目．則有格物致知誠意正心修身以明其體。有齊家治國平天下以達其用．故不出戶庭．而天地之大．萬物之理．皆備於己．一旦得志．布施優裕．今之學者．非不日有孶孶．其志不外於計文詞之工拙．決制科之得失．及授以政．或滯古鮮通．或不學無術．此其與古人相去遠矣．記曰．學之為父子焉．學之為君臣焉．學之為長幼焉．學者誠能切而求之綱紀倫常之間．嚴以辨乎天理人欲之界．非知之艱．行之惟艱．勿謂庭闈近．孝悌之至．可通於神明。勿謂衽席褻．妃匹之際．實基乎治化．由是潛心六經．可以明道．博覽諸史．可以觀政．深根固柢．言自有物．立身揚名．皆在於此．何古今人之不相及也．

壽邑雖僻壤．然閩中自唐以來多文學士．至宋楊龜山得河洛之傳．倡道東南。大儒接踵．有海濱鄒魯之稱．余既喜諸生鼓篋之有其地．欲進以古人為己之學．俾禮讓之行．由邑而達之鄉．由鄉而達乎道路．翼翼濟濟．質有其天．行且覩學道之成也．諸生勉乎哉．乃刻辭於石．而立之其廡以俟．時道光五年歲在乙酉冬十有一月短至前一日．

趙　均　字國章．一字平垣．順德人．嘉慶戊辰歲貢生．歷官羅定州學正．饒平豐順揭陽學教諭．學海堂學長．均有治事才．阮文達闢粵秀山．開學海堂．建文瀾閣．皆所營畫．學海堂磚．鐫有趙博士監造等字．今山堂已毀．惜無有如張瓊之於漢楊議郎南雪者．所著有自鳴軒吟草．

新建粵秀山學海堂記

粵秀山之學海堂．宮保揚州阮公取漢何休學海之義．以造就我粵人才之地也．嘉慶戊寅．公自兩湖移督兩粵．寬猛互濟．鯨浪全消．年登豐稔．人民安恬．遂設學海堂．課以造士．拔其尤者．加以獎勵．人才已蒸蒸日上矣．而堂尚未建．今上嗣統之元年．舉行恩科．公兼撫院印．為監臨．憫試舍湫隘．撤棘即捐俸倡修．均與其役．壬午落成．廣廈之庇．一時頌之．

今歲甲申．復議建學海堂．乃得地於粵秀山半．茂林古木之中．此地羣山環繞．江海瀠洄．誠千百年來留以待闢者也。復委均與吳學博蘭修共司其事．且命之曰．堂宜敞不宜高。徑宜曲不宜直．不尚華奐．祇取樸素而已．乃召匠人具畚備揭．高者平之．陷者補之．堂數架．不雕斲．階層累．不琢磨．外圍以牆．加植以木．始於重九．三閱月而成．溯堂之未成也．荒烟蔓草．蟲喧獸嘷．一旦傑構宏啓．前後改觀．地之待人傳者信已．

且粵省之堂亦甚夥矣．廣平堂．燕公之撰文也．衆妙堂・坡公之作記也・石屏堂・蔣穎叔之因月峽而侈游觀也・大雅堂・趙志皐之就浮邱而開觴詠也・然祇一人一事・不能傳諸久遠・何如此堂・萃文苑之精華・據儒林之名勝・外連獅海・內闞珠江・誠細流之不擇・百川之所會哉・公前撫兩浙・造詁經精舍於西湖之麓・茲則登山臨海・一覽兼收・兩地英才・如相綰合焉・斯堂之建・均如絳縣老人・身親版築・知之最詳・故不忖鄙陋・綜其顛末以記之・儒學教諭順德趙均・

朱程萬 號南溟・南海人・嘉慶戊辰歲貢・著有植蘭庭遺稿・

記己巳平寇事 庚午元旦作

嘉慶十四年春・制府百公・（公名百齡・姓張氏・號菊谿・正黃旗漢軍人・乾隆壬辰進士・）奉命總師百粵・粵中士庶鼓舞懽呼・以復見青天爲幸・夏四月・公入境・父老子弟即以復見青天四字標幟前迓・蓋公昔年任廣東巡撫・拯寃抑・黜貪競・風采最著・尤以安民弭盜爲急・戟門設鼓・凡民有疾苦者擊以聞・一時官清民樂・宵小遁跡・外戶不閉・會擢去・縉紳奔走赴當道・乞據情代奏予留・去之日・市民無聊・各資米一囊塞官廨・須臾積米如山不可去・公廼夜從廨後射圃出・百姓慕思悲悼・衢巷相弔・城市爲之慘澹無色者累月・

公既去・吏治漸弛・盜風遂熾・海洋賊魁嘯聚益猖獗・數闌入沿海郡縣焚畧・官兵束手・甚有與賊鈎通者・新造去省城數武耳・寇蹤蹣出沒・如入無人之境・當是時・大吏中豈無有設爲憂勞・張掛告示・稱說嫉惡如仇・保民若赤・臨風灑淚・誓不與海盜俱生者・然而畫餅指梅・原非實事・更有假神道以愚黔首・欲以虛言退寇・嗟呼・民雖甚愚・非嬰兒鳥獸比也・既無仁愛之心・又復巧爲遮飾・民隱誰爲昭察・是以益思百公不置矣・

廣洋地分三路・惠潮爲路之東・廣肇爲路之中・高雷以下爲路之西・大海環其外・東西南洋海船叢集沓至・咸滙於廣・貨殖傳所謂番禺亦一都會也・自羣寇陸梁・海道遂多梗・於其初起也・大率謂是疥癬之疾・不以介意・無何而船日益夥・黨日益衆・摽切搏噬之勢日益張・寇氛遂不可制・維時著名者六股・曰郭學顯・（亦名郭婆帶・）曰張保・（亦稱何保仔・）曰梁保・（亦曰總兵保・）曰麥有金（亦稱烏石二・）曰李尚青・曰吳知青・其小股不計焉・郭學顯張保・同事巨盜鄭一者也・學顯番禺蛋家子・嚮業漁・爲鄭一所執・幷虜其父母兄弟・遂脅從・鄭一死・即率衆自爲一股・領船百餘號・船各七八十人或百人・旗幟色黑・曰黑旗幫・張保踵鄭一之餘孽・以事鄭一之姪安邦・耎懦無能・聞礮聲輒掩耳・張保實左右之・張保每刦畧・衆有不前者斬之・得財悉瓜分・不事蓄積・虜人不妄害・仍聽命於鄭一之妻石氏・或曰・保與石氏・陽稱主僕・實陰爲夫婦也・領船二百餘船號・船各七八十人或百人・旗幟色紅・曰紅旗幫・梁保一股附之・旗幟色白・爲白旗幫・三股分據東中兩路・有急相救援・互爲首尾・西路則吳知青李尚青麥有金三股・有金兄有貴・（亦曰烏石大・）弟芝吉・世居海康之烏石

鄉．曾受安南僞封．迨阮氏滅．始爲盜．海康生黃鶴者．以事褫衣巾．輒投有金作謀主．爲布僞檄．脅鄉愚．歛財物．歲計得銀不下十萬兩．而潿洲硇州孤縣海外．遂爲賊巢穴．李尙青吳知青朋比以益其勢．繇是東中西三路俱擾．中外商氓不安業者彌年矣．

百公再至．則周歷澳門厓門蕉門虎門．以規約形勢．亟下令曰．此方苦盜久矣．方今聖人在上．顧使下有覆盆無告之民．海疆千里不能安枕席．守土之謂何．吾爲命吏．誓滅此朝食．諸君其交勉之．有治盜策者請告余．又嚴飭將士．戒爾戎律．毋泄視如昔．用命者有賞．不用命戮無赦．又曰．盜之所賴以抗士卒者火．所賴以糜黨羽者食．所賴以爲藏身之固者舟．夫盜若是其衆．不有接濟之者．安能取不竭而用不窮邪．迺差遣幹員．分赴海口．譏詗米艇及禁物之出洋者．其要隘則戍以重兵．賊於是不得食始困．又准鄉紳呈首岸匪．嚴詰潛蹤．其武弁則不敢庇爪牙．通線索．且穀米騰貴．每斛値銀二兩至三兩．出口亦無所漁利．洋盜益阻飢．五月甲寅朔．遂率幫船五百餘號．闖入內河．歷新會順德．丙寅至我鄉九江東南方．日嚮暮矣．盤旋西海中．越旦日卯刻．刼畧鶴山傑州貲裝人畜．不可勝數．已刻回刼鄉中沙口．屢焚火焰．有載西穀大艑從上流揚帆來．鄉人守望者呼止之．舟人以爲訛說．圖肆搶．不信．順流下．竟爲賊得．賊窺覦欲入我桑園大圍．鄉人勇氣百倍．礮愈放而鄉衆堵禦者愈多．當事急時．駐防文武兩官．率領兵役．反嚮鄉人求救護．窮迫可憐．盡失從前據鞍虎視威勢．殊可笑也．賊既不能入我大圍．直下甘竹．燔爇墟場．搶畧殆盡．男婦多被殺虜．停泊二日．轉新會香山而出．沿途殘破．尸積塡河．署總兵許廷桂力戰．射殺梁保．滅白旗賊．礮傷郭學顯父．賊黨死傷甚衆．許總兵亦以失機陷陣．可惜也．百公聞報．親率提督帶領水師赴救．所過村墟．目擊情形．泣數行下．其所以賙卹難民者甚厚．追逐出洋．盜已遠去．夫以秉節之尊．不貲之身．膽涉風濤．躬禦矢石．是嫉惡如仇．保民若赤．不願與海盜俱生者．雖未能嚴設內備．遽斷接濟．不知困獨猶鬭．鋌鹿走險之義．未免爲千慮之失．然以視假設拊循．虛張告示．以愚弄其長者．其立心之險易．行事之忠詐．豈可同年而語哉．

公懲前事．念鄉村所以賊至輒糜者．繇平素恪遵功令．臨時無守禦之具耳．爰便宜行事．許民閒練壯丁．鑄火礮．造軍械．俟事定繳官．而章程甫下．守備未堅．賊復於八月時從蕉門入．沿河村莊．徧遭荼毒．惟東莞風俗勇悍．以敗賊聞．而黃連鄉爲南順下游門戶．軍火素具．又水陸交通龍江龍山勒樓甘竹九江沙頭河淸古勞諸處各鄉．率勇赴援．相持月餘．礮聲不絕於耳．火光不絕於目．僅而獲全．其餘雞州烏洲大洲上直下直熹涌紫泥瀾石等處．被難之家．奔告制府．登聞鼓至爲擊碎．公憤氣塡膺．大集舟師．十面兜擒．困賊於赤瀝角之大嶼山．偵知其地水勢內淺外深．艨艟難入．檄令各兵船堵塞海口．載蘆草數十艘．實以欿硝硫磺．縱火焚之．將聚而殲焉．賊大懼．乘昏黑死力冲突．潰圍逸去．或謂有統兵元戎．久在行伍庇賊．與賊有連．當賊闖入時．遣子勸止．爲所留．恐玉石俱焚．故逸賊以免子．未知其審．弗敢決也．

先是郭學顯一股．有乞降意．因公銳意剿賊．且恐無以取信．未果也．故當張保困赤瀝角時．求援於學顯．學顯弗許．乘其敗縱擊之．擒三百餘人．奪大船十有六．赴歸善縣之平海獻捷乞降．公謂能殺賊立功．即吾卒何以異．遂親往受之．收其衆六千餘人．船百十有三．銅鐵大礮五百．兵械五千有六百．其黨馮用發郭就喜張日高等數十船．水手鋒銳千人．散處於陽江新安者亦降．黑旗幫即日消滅．事聞．上奬學顯功．授把總．餘各留遣賞敘有差．時嘉慶十四年十二月也．

赤瀝之圍．張保已膽落．學顯降．梁保殺．聲勢益孤危．內河守備已固．怨毒已深．勢必不敢復入．其假想須臾徘徊海上者．直釜底游魂耳．況我公囊底運籌之智．胸中數萬之兵．將來督飭將弁．決勝萬全．所謂滅此朝食者．信非夸語．東中兩路既平．西徼一隅．鼠與廣肇惠潮諸劇寇．堅脆異形．衆寡異勢．更何能爲．吾鼠掃除可翹足待耳．果爾．則寰海鏡清．方隅砥平．我士民復見青天之頌．庶非虛願矣乎．抑吾聞公將大舉出師．學顯力請從征．前鋒當賊．此甘興霸尉遲恭志事．甚可嘉也．學顯勉乎哉．能以晚基蓋過也．如日月之食焉．亦不失爲君子也．

張岳崧　字子駿．一字翰山．定安人．嘉慶己巳一甲第三人及第．授編修．累官至湖北布政使．岳崧以纂修明鑑按語有誤．部議革職．道光初元．以原官起用．歷官皆有聲績．平生學宗程朱．詩宗漢魏．書宗歐柳．著有筠心堂集．今存．

與顏魯輿觀察書

魯輿觀察執事．客臘承惠書存注．并寄示示文．剴切詳摯．洞中時務．眞令讀者有感奮興起之意．而謙沖之度．諮訪之詳．與人爲善之誠．藹然言表．循誦回環．即當紉佩書紳．藉以自勵．不但爲官吏等圭臬也．

且夫安民之道．在乎察吏．而吏治之賢否．由於所學之邪正．邪正既分．如南朔之殊方．冰炭之異類．各適其適．而不能相謀．方今宇內承平．家塾鄉庠．人多弦誦．而士少實修．吏或不職．其故何哉．士自束髮受書．初不知書何爲而讀也．其父兄必詔之曰．讀此可弋科名也．可券爵祿也．可漁貨利充囊橐廣田宅也．則欣然聽之．惟恐不得當．比稍長．出而交遊．見有奇才異能者．初不識其何以奇且異也．又或詔之曰．某某以博洽稱也．某某以文章擅也．某某以詞賦書法言語狀貌著才藝誇圓通也．則奮然企之．惟恐不得當．若此者．少而習焉．長而安焉．鈍者苦之．敏者幾之．惰者失之．懃者得之．父師督責之．弟子步趨之．持衡者以是進之退之．用人者以是升之黜之．夫以其博洽文章詞賦之所攻．博科名爵祿貨利之所得．攻之則竟工之矣．博之則竟得之矣．然則所謂士少實修．吏多不職者．當其學而幷無敦士修之心．當其學而幷無稱吏職之意．譬則垂綸於山．而責其無魚．投罝於淵．而責其無獸．有是理乎．

竊以爲人才之興．自學校始．學校之要．惟力行先．士當其少．必敎之以親長愛敬之理．比其長．必敎之以事君愛民之心．有其理．必見諸行．有其心．必施之事．而誦讀之中．皆所以講求此理此行此心此事者．使資古人之言論以振起之．師古人之成法以遵行之．由一家以暨鄉國天下．耳濡目染．無非此意．趨向既正．習尚自移．天下古今學術邪正

之所關・人才賢否之所判・蓋莫有大於此者矣・

某職仕師儒・爲責綦重・惴惴弗勝・加以三年瓜期・甚蹔也・按棚考試・甚促也・扃門關防・不得延採訪授・家諭而戶說也・以弗勝之才・處難期之效・然終不敢諉以爲非己責・亦責己以自修自勉以盡職之意也・

執事才識恢恢・度越儕輩。捧檄甫出・約束嚴明・訓誡詳悉。風聲所樹・遐邇傾聽・它日必大有建樹・某以爲舉廉懲墨。則勉強從善。實可濟時・講學興賢。則風俗囘心・無難至道・尤願於有司教職等謁見時・詳加告誡・幷採訪官吏士民中有孝弟忠信操持廉潔者・默記名字・博爲稽考・倘有實際・則獎美存問・或加拔擢・鄉里小學。尤時誡其父師・俾知訓教之本。某將來按試所至、即得據以爲去取準的・共相策勵。想有同情。不迂濶視之也、訓士錄刋成呈政・半爲中等以下說法・不欲令其佈若河漢故耳・久未復書・走筆作此。以當面譚。即頌台祺不備・

再與顏魯輿觀察書

涉春以還、一再惠書。存注甚備・重以逝室・辱荷慰問・感不可言・試務孔亟・刻無休暇・遂致稽復・想不訝否。閣下才守兼優・頌聲滿耳・然每一札事・便諄復下問・虛懷延納・情見乎詞・某學疎識淺・罔助高深・竊以爲患去太甚、而熟籌時地之宜、此非親歷不悉・至監司以上要務・不在才猷而在表率・與用人實相表裏・示之以好惡・推之以至誠・使知嚮方、而人可得而用矣・

且夫用人難・用人於今日則尤難・何也・教化不先・學術不明・士子講求・無非利祿富貴之說・而欲責之以義理之學・居官治民之道・固知有所不能・然其竊謂不患無可用之人・而要在能用而不可用之人・其道使中材勉而爲善而已・夫所謂不可用之人・其聰明才力・心思智慮・未必遜於君子・獨惜其以之教者・施之營求奔競效諛貢媚、以爲迎合計・故上之所好在利欲・彼將以利欲爲迎合・上之所好在承順・彼將必承順爲迎合・然則上之所好在廉謹・彼將以廉謹爲迎合・上之所好在民事・彼將以民事爲迎合・夫廉謹與民事・豈若輩所喜・而不能不勉以遂迎合之意・不敢不勉以免夫不迎合之愆・以彼之私・成我之公・苟非貪殘性成悍然不顧者、皆將有所轉移以收其微效・是故盛世何嘗無僉壬・叔季何至乏人才・而勿令君子不得已而爲俗吏之爲・而能令俗吏有所勉以爲君子之事耳・閣下廉明勤愼。表率既端、不難奏效、拭目可望・忙中草草、以當面譚、

上朱幹臣中丞書

某頓首・某采訪所及・浙江有南田・屬寧波府・地四環海・由象山縣一葦可渡・僅數里程・其北即象山縣。東北爲鎮海縣・東與海中之定海縣遙對・其南多山・山之外・巨浸汪洋・浩無邊際・海舶候潮可至・潮退則不能行・其地利膏腴。可得數十萬頃、高原可種者稱之・前曾開墾・因經理未善・致相爭奪・自奏請封禁以後・無建議復開者・

某以爲朝廷以四海爲富・區區片壤・原不必務盡地力・但方今生齒日繁・無業之民・不可勝計。乃將沃土棄爲廢地・似非所宜・且地居腹裏・更非荒僻邊隅可比・似宜熟

審・查前議封禁・或以爲地隅海洋・易藏奸宄・控馭緝捕・有鞭長莫及之虞・不知小民越利如鶩・封禁未必能嚴・苟徒有封禁之名・是反爲逋逃之藪・目前不獲其利・將來必受其害・非計之得者也・

夫地利之興・與時變易・吳越荆楚以南・閩滇黔粵・皆古昔版輿不隸之區・開闢漸廣・其孤懸海外如粵之瓊州・閩之臺灣・地廣產豐・文物衣冠・稱爲樂土・即蘇之崇明・浙之定海・皆隔洋外・與南田密邇・均極安恬・未聞滋事・何必南田之不可開耶・某以爲倡議封禁・何不改請設官・苟酌量形勢・或置縣治・否則撫民廳員或簡缺・通同移駐此地・水師營汛・亦可移防・無添設之煩・有撫馭之便・且募民之始・無難考覈籍址・部署之始・更易編查保甲・洋面或有匪船出沒・正可與象山鎭海定海各縣相爲犄角・以資控制・似爲有利無害・有益無損・聞閣下曾主此議・並經親勘・計知之最稔・畢竟當時何以不行・今日可否復開・望詳示原委・想舊部關懷・民生念切・不吝指教也・某頓首・

淮揚下河水利論上

事有利必有害・利害相反也・而實相因・是故欲爲民興利・必先爲民去害・然而古之時・民樸而愿・衣食居室耕鑿之利・聖人興之・故其民拙於利而害輕・後世巧而僞・農畝居處種殖之利・甿庶爭之・故其民工於利而害愈重・

下河者・高郵寶應東臺泰州興化鹽城阜寧・凡爲州二・爲縣五・分隸淮揚二府・其地沮洳下濕・號澤國・東瀕大海・又其東北爲黃河入海之路・其西北則淮水挾齊豫之水・匯洪澤湖□□・南爲高寶甓社諸湖・縱廣數百里・汪洋浩瀚・茫無畔岸・舊制自高家堰清江浦以下至召埭・聳以長隄・緜亙四百餘里・歲計茭楗宣防之費至百十萬緡・束東行之水使南折・由六閘邦溝分流入江・春秋吳通江淮即此也・然河水大漲・六閘歸江之水・不但不能暢洩・且江水倒漾・六閘反受其灌注・益增危險・而所謂下河之七州縣者・處長隄之東・登隄下瞰・民田廬舍・棋置星羅・視淮湖之水・若建瓴於屋・戴盆於首也・其東歸海之道・歲久湮塞・水不宣洩・如居於釜中・入於坎窞也・歲或淫雨・所在巨浸・民嗟其魚・設或長隄不守・則滔天波浪・馳驟東奔・厥禍尤烈・此下河之形勢然也・且夫天池左海・百川東流・若壅閉阻遏・將失其性・而況恃丈尺之危隄・禦萬頃之巨浪・其衝突潰決・理勢固然・是雖糜巨帑・加意修防・庸可恃乎・

竊謂下河之地・大半古時水道・自民與水爭地利・其膏腴平而爲廬舍・墾而爲田畝・生聚既繁・州邑斯建・其實水無行道・汎濫爲災・歲入租賦・不足供蠲振之貲・而滅頂堪傷・援手乏術・所謂利與害相因・言利愈工者・被害愈重者也・假令下河之地・留其有餘・使有所容・民不病溺・沈災不作・經費無需・易之節曰・節以制度・不傷財・不害民・言水歸於澤・有節制之義・意正如此・此在司牧平時諄復勸諭・凡居民田畝廬舍有閉遏水道者・罰無赦・庶愚民不致逐利目前・貽害後日・所謂欲爲民興利・必先爲民去害者此也・

淮揚下河水利論中

事有知其利而不能興・知其害而不能去者・有知其利害

相因．而不能無害即無以興利者．則莫若揆諸理而力持之．審其事而善用之．易之辭曰．通其變．使民不倦．窮則變．變則通．通則久．此之謂也．今以下河州邑之設舊矣．人民之聚繁矣．田畝廬墓之世業長矣．一旦欲廢州邑．徙人民．使不有其田畝廬墓．不待智者而知其不能矣．然則將奈何．曰．莫若疏引河以導水．濬湖蕩以容水．疏海口以行水．周官遂人職十夫有溝．百夫有洫．千夫有澮．萬夫有川．稻人職掌稼下地．以瀦蓄水．以防止水．以溝蕩水．賈讓治河策曰．使水有所容．游波寬緩而不迫．皆治水良法也．考下流之地．引河原有故道．湖蕩昔本深廣．海口本可通流．日久荒廢均不同可用．今引河爲地無多．必居窪下．湖蕩海口均非田廬所在．無妨民業．何憚不爲．

議者或曰．昔自聖祖高宗臨幸數四．當時扈從多名儒碩士．孰諳水利之巨．皆議導水歸江．未及歸海．是恐不然．考高郵甘泉各境．有車南中新昭關各閘．當時原議歸海．不然．數閘之設．竟以民爲壑耶．又考湯文正公斌別傳．公建議引水入海．因廷議未協．靳文襄之幕友陳某者．爲書萬餘言．與文公牴牾　然則當日排擠之言．何足取信．以今考之．各閘之設．爲洩淮河之水．如不尋歸海故道．是上游雖啓而下流仍閉．又不能浚治湖蕩．是衆閘竟歸無用．致近日有大水方漲．而閉閘坐守者．其說以爲啓閘是以水灌民．不如聽其自決．此所謂掩耳盜鈴耳．且啓閘多在白晝．民業雖傷．民命可保．儻昏夜驟決．七屬生民．恐少孑遺．尤爲可慘．然其患在引水蓄水之不求．致修閘有害而無利．其亦不思耳矣．

淮揚下河水利論下

或曰．下河水利．以歸海爲主．以疏水道浚湖蕩爲蓄洩．而權其利害之宜．子之論辨矣．然下河之勢．形如釜底．歸海之道．自范公隄內外百十里．逐漸高仰．孰能移就下之水而導使安流乎．余曰不然．夫經國之道．利不十不變法．害不百不更制．此猶道其常者耳．今下河之害百矣．而余所陳前議．則未必其利之果能十也．雖然．害先去其太甚．而利則不必謀其萬全．且余所陳．亦率由舊制．並非有所變更．何也．海口高仰．疏引甚難．然如草偃白駒諸閘．疏水有道．掌閘有官．至今未盡廢也．今若將閘口以時疏治．務令高深牢固．閘板堅厚．令牧令皆親閘官．驗明水志．妥爲啓閉．至閘外水道　須相度地勢　擇其低窪者引水歸焉．水之在閘內．有湖蕩以容之．水之在閘外．復有窪下之地以處之．即不能流歸海．而水害可減什之四五矣．是故釜底之地不可耕．而釜面之地可耕也．水之勢逐漸而殺．則釜面之地逐漸而出．釜面之地能出尺寸．則下河之民獲其利者千萬矣．所謂害去其太甚．而利則不必謀其萬全者．此之謂也．若概以海口高仰地同釜底．置之而聽其沈溺．此豈仁者之用心．救民之善術哉．余以道光十一年分巡常鎮．專管高郵以下河道．適當大小周歷巡防．又奉命督理江北賑撫事宜．於七州縣地境．查勘往還．凡五閱月．地勢情形．頗所詳悉．當時上書河帥．每以事體重大．經費不足．格而不行．姑記其所見．存此三論．以備採訪云．

續修瓊州府志序

張岳崧

昔有明邱文莊公嘗以未修郡牒爲一恨．意當時未屆應修．且公蚤致通顯．數十年列官臺閣．無暇及此故耶．嗣後王桐鄉先生曾經秉筆．乃以建武復縣．執舊疑史與衆論齟齬．故未成書、僅以瓊臺外紀名編．又黃暾江先生嘗應聘主修．見於鄭篁溪先生所贈詩．今皆不存．迄讀唐西洲先生瓊臺志序有云．志史事也．而事必盡乎郡．非徒例史以備事．且欲仿史以備義．想其蒐討甚勤．其紀載甚備．其勸懲甚著．且云．體文莊而將順其欲爲之意．尊桐鄉而忠輔其已成之書．深歎前人著述．矜愼不苟蓋如此．

夫以我瓊諸先達如數公者．類皆畜道德．能文章．又明代去古較近．聞見較審．其所撰著．足以信於當時．傳於後世．惜乎藏書甚難、不但宋元之瓊筦志萬洲圖經不可復見．即桐鄉先生之外紀．暾江西州二先生之撰有成書．皆無一存者．令人望古太息也．國朝最先修輯者．有牛公天宿志．次則賈公棠志．最後有蕭公應植志．牛志亦就殘闕．然其文詞樸質．猶見國初人筆意．當時有明舊志．想可得見．然則今所傳牛賈二志．必是本明先達諸志而成．後之人沿波討源．更不能不鄭重而祖述焉者也．

某學識淺闇．又自幼壯遊學仕宦．奔走四方．於本郡典章人物．未能討論精確．仰止先賢．自知無能爲役．適道光己亥．由楚北奉諱歸里．郡之官及紳咸以續修爲言．力辭不獲．因與同郡夙好杜廣文以寬．鄭孝廉乃憲文彩．採輯遺佚．大率以牛賈二志爲本．輔以蕭志通志．則黃泰泉志採錄尤多．其金郝阮先後諸志．及恭讀大清一統志．有切郡事者．皆紀載焉．計爲門類者十．爲卷四十有四．於舊事重加考訂．疑者闕之．新事間有續補．皆據採訪所及、詳加諮詢．不敢斷以臆見．雖挂漏訛誤固知不免．匪敢云備事備義．信今傳後．特以數十年間郡事．聊備遺忘．以爲後日修輯地．蓋於前賢矜愼著述之意．亦冀遞相祖述．而不敢苟然從事也．

羅茗香四元玉鑑細草序

道統於天．殺於地．森布於人．散播於物．四者理之權輿．而數之綱紐也．宋元間．算學特顯．據原序所云．益古照膽鈐經之言天元．兩儀羣英集臻之言地元．乾坤括囊之言人元．遺書闕軼．弗著於後．其推廣二元於及於物元者．則有元朱庭之四元玉鑑一書．實可以涵羅萬象．樞紐衆變．蓋自九章以降．天元爲數學之宗．而此編又爲天元引而伸之．而立法以盡變．升降進退．縱橫參伍．函蓋衆形、端倪萬有．有隸首所未傳．商高所未洩者．誠古今算學之巨觀也．顧疑此書爲松庭先生未竟之業．孱雜挂漏．時復不免．且互相傳寫．輾轉舛譌、昔國朝梅之穆公赤水遺珍．嘗議其或問歌篆二則．爲術士自秘機緘．與有明唐荊川之訾李氏測圜海鏡同意．蓋學者苟非冥心默契．深求乎作者之法與其意．雖以荊川文穆之淹通博洽．猶未易言．甚矣算學之難也．

吾友甘泉羅子茗香．沈潛穎悟．博涉羣編．幼擅此業．研極奧旨．冥洞天機．尤服膺此書．歎爲絕學．於是闡揭精蘊．審訂譌失．演細草．廣爲二十四卷．窮原探委．指事類

情・其於先生・若瞻揖語對・口陳而指畫也・其於此書・若權設衡縣・朗然昭着而莫或爽也・信乎此書之功臣・而緜代算學之津筏也・

某於此道・未遑肄業・昔年官京師・因故友昌平王北堂獲交茗香・又數與同里黎見山晤・二君皆研究算學・每晦明寒暑・與香茗集・劇談此編・咸以未經表章・恐就湮沒爲惜・嗣後茗香取鈔本與何刻本互相參證・覃思殫精・閱十餘紀乃成此草・蓋此書五百年後闡而復章・而邇年北堂見山相繼奄逝・未觀厥成・余與茗香既爲此書幸・又悵然於耆學同志之友未獲一覽爲惘惘也・因本茗香意・而叙其緣起著於篇・

馮魚山先生小羅浮草堂詩序

歲辛酉・岳崧從魚山師讀書粵秀山中・師敎人端品績學・至嚴且勤・諸生有志於古者・則喜與之言詩・一日・岳崧偶賦登鎮海樓詩・師可之・其獲聞緒論自兹始・甲子秋・岳崧幸鄉薦・公車北上・師殷勤祖餞・酒數行・則悲歌慷慨・語岳崧曰・行矣勉之・予亦當北來相聚・異日偕若南歸・渡瓊海・攬五指黎婺諸山・訪東坡遺蹟・所得詩視今孰多且精・吁・岳崧疏蕪・於詩懵無得・師猶以爲可言・期待之過・伊可胡忘・越丙寅・而師竟歸道山矣・悲哉・戊辰春・同門梁君炅攜師著小羅浮草堂詩鈔入都・岳崧盡讀之・閒爲校訛闕・刻既竣・爰粗陳梗槩・竝識前聞焉・

師年十二・補弟子員・弱冠受知於大興翁覃溪先生・與選拔・讀書試院・旋偕入都・越七載・始成進士・入詞館・蓋聞先生之論獨詳・又得與名賢公卿遊・故其於詩・功益深而學益邃也・迨改官部曹・假遊雍豫・恣情山水・旁搜金石・每與岳崧言・平生足跡偏五嶽・而留太華最久・嘗攀鐵絙・登天門・陟落雁之巔・俯瞰黃河・直如一線・又嘗匹馬千里・度大行・踰轘轅・至恒山・上琴碁臺・睹秋中之明月・與塞外之黃雲・故凡山川雄直蒼莽之氣・世路夷險可喜可愕之情・一於詩發之・宜乎嘉興錢籜石先生曰・嶺南自曲江後・諸子皆存偏方之音・惟馮生力追正始也・師於詩始學山谷・繼乃騰踔百家・綜韓蘇而歸於杜・至其鑪錘鍛冶・生面獨開・則自成一家言焉・師有云・詩不可不守繩尺・亦不可徒涉舊窠・不可專恃性靈亦不可浪逞博洽・必深悉古人堂奧・而究其離合深淺・然後自闢一境・以附古人之後・又云・凡大家詩・寧質毋浮・寧拙毋巧・寧秃毋纖・而尤要在陶淑性行・讀書窮理・乃能爲正大洪達之音・有合溫柔敦厚之旨・然則師之爲人與其所以爲詩・皆可思也已・岳崧不敏・未由窺測涯岸・一編在手・謦欬如新・山木之感・寧有終極哉・

戚蓉臺洗馬同年哀詞

嗚呼自陽春之送君兮・牽麻衣而欷歔・怨三載之遲會兮・詎涉秋而永離・羌天道之緯繣兮 殲良而訾好 緊荃蕙之不芳兮 禀萎先於衆草 君諒有此昭質兮・醇篤而溫良・悲四齡而何怙兮・又隕涕於陟岡・靈萱萋萋而撫苡兮・形影颯其相依・爰髫齔而逮今兮・摯性怡夫慈幃・練姱修以自矢兮・竭嗜學之毣毣・諒虛冲以切劘兮・喩金鍛而玉錯・紛既

有此內美兮・又重之以文采・辭條理而修潔兮・芬澤襲於蘭茝・名揚兮再捷・蓬壺三山兮拾級・皇華馳兮晉齊・珊網羅兮俊傑・洎黔中之視學兮・有類林之好音・拔尤而薦善兮・賙惠兼濟夫災祲・皇綸肅其內徵兮・直□天之講幄・雖六月之一息兮・仍典司夫玉局・戴君恩而念母慈兮・情怵怵以自徵・勤修省以進德兮・固曩哲之所矜・方盛年之未艾兮・正皇路之修平・簪毫而黼黻兮・志攬轡之澄清・

夫何命之乖舛兮・遭慈竹之先悴也・將殉死而兆殃兮・匪好修之懟也・扶靈艦以南泝兮・欒欒見於江鄉・夫孰無此明發兮・咸至性性而蠹傷・西湖風雨蒸滯不可處兮・冢嗣階伏於苫廬・倏玉折而蘭摧兮・泣西河之漣洳・羌蒼昊之降割兮・慘胡酷於倫紀・屯鬱邑侘傺而痁作兮・竟畢命其長已矣・嗚呼・君敦仁而篤禮兮・俛焉以[illegible]・外龢恕而中介兮・藹然以莊・年富體充兮・眸烱烱而聲揚・魄軀豐頰兮・宜康彊而允臧・進將鬱爲時棟兮・退猶式型於家術・恕名位之未副兮・傷氣類之凋喪・士林奔走哭相屬兮・雖百身其奚贖・疑天道之報施兮・召靈氛其難卜・

亂曰・蓮社荒涼・風雨凄兮・孤雁南翔・何所歸兮・君以孝殉・依母慈兮・泉路杳冥・携佳兒兮・同儕永訣・痛難追兮・朋好慶弔・君不遲兮・納誨責善・君是資兮・侃侃譚理・君罔疲兮・吟席吮毫・憶君詩兮・銜杯命侶・解君頤兮・而今而後・終古違兮・吾儕半衰・拜君帷兮・執紼無期・斷琴悲兮・繁詞告哀・冀君知兮・尙饗・

吳懋清

字澄觀・吳川人・嘉慶庚午舉人・年十二・能誦十三經・稍長・益致力於箋注義疏・漢唐以來作者・皆搜剔纂錄・以爲生古人後・讀書始得如是・會試不第・館京師・陳昌齊張岳崧皆推重之・尋歸里・著書自娛・教人以敦行稽古・學者以列弟子籍爲榮・稱廻溪先生・弟懋基・癸酉舉人・有二吳先生唱于集・陳喬森爲之序・喬森復次懋清所著書・有尙書解・詩經解・四書解・尙書古今文測・詩經測・周官測・儀禮測・禮記測・春秋傳注訂訛纂輯・十三經注疏・地理雜書凡一百七十餘卷・詩文十三卷・

山吟行序

吟者何・非詩非鈐亦非記・故謂之吟・行吟曷謂・我自行之・我自吟之・故曰行吟・我自行之・我自吟之・此我之所以自樂也・我自吟之・我不自吟之・必對山而後吟之・此我之以山自樂也・山不遇我・我不復吟・我不遇山・山亦不能引我以吟・既有見山必吟之我・又有引我必吟之山・而轉一面則不相識・止一步則不相逢、山亦無如我何・然有我不能無行・有行不能無山・有山不能無吟・此山行吟之所爲作也・

然我自吟之・我自聽之・此我之自樂也・我自吟之・又欲人聽我之吟之・此我之與人共樂也・高人以自樂爲樂・我則以共樂爲樂・此我之所以異於高人也・我以共樂爲樂・不能使人樂我之樂・我無如人何也・高人以自樂爲樂・反笑我與人共樂之非樂・我亦無如高人何也・其笑我者何・謂我所吟之皆糟粕也・我亦無以自解・我亦知我所吟之誠糟粕也・我亦欲聞我者之皆知我吟之誠糟粕也・

保家訓

三代以前．天下田地皆王土也．故漢人引用孟子凡地方百里．及使畢戰問井地．地字皆作田地．爲田去聲．同部相假．凡賜以祿．皆授以田耳．自秦作盡地力之敎．墾田者得自有之．永爲世業．令民得賣價．省授田歸田之勞．而分田制祿之法大變矣．古具六德者使有國．三德者使有家．有國有家．亦指授田多寡言．至選舉一途．不過暫選之．使丕建無世官世祿之例．在今日承祖父業者．即安享租穀之奉．與古世家何異．正借此爲教養之資．令不失其家風．昔叔敖屬子請封寢邱．其土薄惡．反能長享．今即所業利薄．歲或歉收．適免爲有力者所奪．故子孫守業．當如諸侯守社稷．果能恢張光大．即應別置良田．而祖業斷不該廢．又如陽宅．亦與古建國同．必不得已而後遷．

我自遷赤嶺后水潭．舊居決不忍棄．閱十年．勢不能修．始爲變計．今時時廻憶．猶不安於心．汝等將來嫌此陽宅偪窄．不妨別推廣之．如舍此遠去．竟賣與人．即爲非理．我讀書半世．止看透數句．其一．在敬天威．凡憑祖父業．當其盛時．謂可長享．不知天意不屬．零替之子孫早降生其家．爲將來破敗地矣．其二．在恤民隱．凡富貴家．未有不取之貧民以自封者．必當體恤．不可刻薄．鬆得一分．即是積德所在．其三．在孝友忠信傳家．凡不可對祖父者．則決不可爲．家教既正．自可傳多數代．鄭卿歌詩．其歌蟋蟀者．趙文子以保家令主許之．乃爲鄭六卿．又得世襲．可謂不薄．而仍以良士瞿瞿．不敢自逸爲戒．況在世俗享四頃之田．止當古上士食三十六人之祿．可不節哉．又顧命．丕平富．不務咎．馬遷引作不使富．毋多欲．爲天子者尚不敢以富貽子孫．凡厚積以貽子孫者．皆釀之使侈耳．

四書文源流考

鄭灝若 字蕚坪．番禺人．嘉慶癸酉拔貢．學問淹雅．阮文達因公開學海堂．識拔最先．嘗撰四書文源流考．文達因令輯四書文話．其論學．謂明初諸儒．皆朱子流裔．學術之分．自白沙姚江始．白沙孤行獨詣．仍本周子周子主靜之旨．實與朱子不遠．工詩及駢文．爲曾燠所稱賞．李兆洛來粵．歡若舊識．恒與湯貽汾酬唱．劉彬華凌揚藻並推重之．所居曰榕屋．謝觀生爲作榕屋橫琴圖．著有榕屋詩鈔．吟秋草．

四書之文．原于經義．掓自荊公．荊公因神宗篤意經學．請興建學校．蘇軾非之．他日又言．學者專意經術．庶幾可以復古．于是改法．罷詩賦帖經墨義．士各沾治易詩書周禮禮記一經．兼論語孟子．每試四場．初大經．次兼經大義．凡十道．後改論語孟子義各三道．元祐四年．罷試律義．專立經義詩賦兩科．皆各試語孟義二道．此則四書文所由昉也．茀史只言論孟命題．不及大學中庸．有之．當在南渡以後．（宋史選舉志．朱子常爲私議．欲罷詩賦．而分諸經子史時務之年．諸經以子午卯酉四科試之．皆兼大學論語中庸孟子義一道．議雖未上．天下誦之．）元太宗時．耶律楚材請用儒術選士．從之．（元史選舉志．九年．詔命朮忽解劉中以論孟經義詩賦分三科．考試諸路．）仁宗皇慶二年．中書省臣奏科舉事．專立德行明經之科．乃下詔及條目。頒行出題，亦用四子書。（元史選舉志，考試程式，蒙古色目人第一塲，經問五條，大學論語孟子中庸，內設問，用朱氏章句集註。其義理精明，文辭典雅者爲中選。漢人南人第一塲，明經經疑二問。大學論語孟子中庸內出題，並用朱氏章句集註，復以已意結之，限三百字以上。）後至元統稍有更益，而其大要，俱仍舊制。

明初即置國學，每月經書義各一道，諸生應試之文，通稱舉叢，四書義一道，二百字以上。經義一道，三百字以上，取書旨明晳，不尙華采，其命題專取曰子書及易書詩春秋禮記五經，遂爲定制。（太祖實錄，洪武三年八月，京師及各行省開鄉試，初塲四書疑問，本經義及四義各一道，京師以大學古之欲明德於天下者二節，孟子道在邇而求諸遠一節，合爲一題，問二書所言平天下大指同異，此即宋時之法，宋寧宗慶元四年，以經義多用套類，父子兄弟相授，致天下士子不務實學，遂命有司，六經出題，各于本經摘出兩段文意相類者合爲一題，以杜挾冊售僞之弊）八股之法，明史選舉志，以爲太祖與劉基定。仿宋經義，代古人語氣爲之，體用排偶，通謂之制義。顧亭林以以爲天順以前，經義之文，不過敷衍傳註，或對或散，初無定式。成化以後，始爲八股，（成化二十三年會試，樂天者保天下，文起講，先提三句，即講樂天，四股中間，過接四句，復講保天下四股，復收四句，再作大結。宏治九年會試，責難於君謂之恭，文起講，先提三句，即講責難於君四股中間過接二句，復講謂之恭四股，復收二句，再作大結。每四股之中，一反一正，一虛一實，一淺一深，亦有聯屬二句四句爲對，排比十數對成篇，而不止于八股者，其兩扇立格，因題本兩對，文亦兩大對，則每扇之中，各有四股，其次第之法，亦復如之，故今人相傳，謂之八股，若長題不拘此。）先以破題，次以承題原起，（日知錄曰，發端二句或三四句，謂之破題，大抵對句爲多，此宋人相傳之格，實本之唐人賦格也，下申其意，作四五句，謂之承題，然後提出夫子爲何而發此言，曾子子思孟子皆然，謂之原起，至萬曆中，破只二句，承止三句，不用原起，）篇末敷衍聖人言畢，自攄所見，或數十字，或百餘字，謂之大結，明初之制，可及本朝時事，以後功令益密，恐有藉以自衒者，但許言前代，不及本朝，萬曆之後，大結止三四句而已，當神宗改法之時，命中書撰大義式頒行，王安石遂命呂惠卿王雱等爲之，眉山三蘇出其古文之餘，遂與臨川抗，其後陸（九淵）陳（傅良）汪（立信）文，（天祥）相繼而起，要亦不過本之經術，斐然成章，雖不至如明經墨義粗解章句，而其于八股格式，尙未周備，是以洪武四年會試，猶先經後書，書只孟子疑一篇而已。

自時厥後，踵事增華，方（孝孺）黃（子澄）倡之于前，胡（儼）解（縉）繼之于後，法律漸密，體製漸開，三百年間以之取士，故凡壬午甲申之忠義，四瑞三案之氣節，削藩監國之權變，大禮國本之議論，莫非制義中所得士，後人徒嗤八服爲腐文陳調，是亦過高之論矣，顧國運因人而替隆，文格亦隨時爲更變，是非得失，可得言焉，明初諸君，文多散佚，永樂得登第者則有于廷益（謙），薛敬軒（瑄），讀其英風颷發之作，知其効忠貞，讀其醇正無疵之文，知其傳理學也．正統間．商文毅（輅）．陳白沙（獻章）．岳蒙泉（正）．王石渠（恕）．蟬聯鵲起．及邱瓊山（濬）．教習國子．人才蔚興．乙未主試．冠南宮者文恪王（鏊）．魁大廷者．文正謝（遷）．師表之任．不綦重哉．其時李西崖（東陽）．屢任文衡．振起之功．亦復不少．故羅一峯倫．章楓山（懋）．林亭大（瀚）．吳匏庵（寬）諸人．皆雲蒸霧蔚．炳耀一時．然稱爲斯文宗主者．則首推文恪．雖文正之淸剛古樸．不讓文恪．究不若其體臻純粹也．善乎俞桐川之言曰．前此風會未開．守溪無所不包．理至守溪而實．氣至守溪而舒．神至守溪而完．法至守溪而備．宜千子（艾南英）大力（章世純）維斗（楊廷樞）吉士（錢禧）輩之奉爲尸祝也．至宏治庚戌．錢鶴灘（福）南宮第一．因而王錢並稱．然其則已衣被天下矣．攷成宏兩朝．會元文多名世．其後惟董中峯（玘）可與二家鼎足而立．論者謂守溪長于議論．鶴灘喜于刻畫．中峯則游行理窟．自成大家．非他人所不及．亦非識者莫能辨．故王錢文易讀．中峯文難讀．王錢體正大．中峯格孤高．王錢之後．衍于荊川．（唐順之）終明之世．號曰元燈．中峯以後其遂絕．三百年間．無問津者．洎乎正德．鄒謙之（守益）淸微淡泊．陸治齋（鉞）絢爛茂美．皆不愧名元．荊川雋于嘉靖己丑．遂冠絕諸家．蓋其于經史子集．無不貫通．而皆不以八股文字．故品獨高絕．昆湖（瞿景淳）以精□冲夷別標一幟．合諸守溪鶴灘荊川三人．因有四家之目．第其派極於宣城．遂爲世詬．顧其文內堅凝而外渾厚．未可少也．乃世之喜方山（薛應旂）者．又退錢而進薛．謂其文如金出冶．如玉離璞．在鶴灘之右．是又嗜好有酸鹹之殊矣．溯自成化文體大備而後．顧東江（淸）以高峻稱．李空同（夢陽）以峭潔稱．唐子畏（寅）以方正稱．羅迂岡（文叙）以簡貴稱．王陽明（守仁）以醇茂稱．顧文康（鼎臣）以端嚴稱．楊升菴（愼）以光芒稱．舒國裳（芬）以氣節稱．汪靑湖（應軫）以宏大稱．李彭山（本）以精謹稱．崔東洲（相）以堅潔稱．羅念菴（洪先）以深遠稱．諸理齋（燮）以淵雋稱．嵇川南（世臣）以老練稱．海剛峯（瑞）以光怪稱．莫不分道揚鑣．各森壁壘．

及乎嘉靖之季．此道寖衰．古法蕩析．于是茅鹿門（坤）以其名貴．王方麓（樵）以其精采．周萊峯（思廉）以其瀟洒．陶樸菴（澤）以其遒鍊．王荊石（錫爵）以其廓大．許敬庵（孚遠）以其茂暢．相與維持之．猶未能振復也．自震川（歸有光）崛起．力挽頹風．使天下人復見宋人經義之舊．厥功茂焉．世以中興目之．豈虛言哉．其後胡思泉（友信）相繼而起．二人皆本經術．出以浩氣．舉王唐以來蘊蓄而不洩者．至此而發揚殆盡．嗚呼盛矣．隆慶時．江陵柄國．葵陽（黃洪憲）定宇（鄧以讚）素所受知．辛未之試．抑葵陽而元定宇．又復刋其行卷．程式天下．抑何謂也．是科之後．文歸正雅．乃至萬曆一變而爲淩駕．再變而爲蕪穢．狂瀾既倒．是所望於大力者．其間如孫月峯（鑛）之安適．趙儕鶴（南星）之矯異．馮具區（夢禎）之恬靜．非不矯矯出羣．而西江一榜同列之鄒泗山（德溥）以冲夷勝．萬二愚以簡括勝．湯若士（顯祖）以名雋勝．葉永谿（修）以精醇勝．究亦不能爲中流之砥柱．吁可惜已．太倉主試．深厭平易．力求峭刻之文．又適當丙戌風氣升降之會．錢季梁（士鰲）因之穫雋·故俞長城曰·李梁于地爲歧路·于天爲閏統·舉斯言也·可以窺一時風氣所尙矣·及石簣（陶望齡）矯其時習·于是尙凌駕者衍其法·便成俗法·尙斲削者衍其調·便成俗調·雖董思白（其昌）郝楚望（敬）吳因之（默）·顧開雍（天峻）孫淇澳（愼行）黃貞父（汝亨）許鍾斗（獬）張君一（以誠）方孟旋（應祥）顧瑞屛（錫疇）石季常（有恆）王房仲（士驌）輩·或主高簡·或□□卓·或取峭削·或主振拔·或主淳厚·或主幽奧·或主簡鍊·或主古腴□··不足以駐峻阪之馬·其亦世運使然也·天崇之間·文體敗壞已極·一時轉移風氣·豫章諸君之力居多·陳大士（際泰）文最奇橫·如蘇海韓潮·章大力幽深勁鷙·如龍蟠蛟起·羅文止（萬藻）淸微澹遠·如疎雨微雲·楊維節（以任）纏綿精采·如劍氣珠光·至於千子·則所謂公輸運斤·指揮如意·師曠辨音·纖微必審者也·他如曹峨雪（勳）博菴（元寬）陳素菴（之遴）包宜壑（爾庚）徐思曠（方廣）錢吉士諸家·皆能上接王歸之法·不愧名家之目·若夫文湛持（震孟）黃石齋（道周）淩茗柯（義渠）金正希（聲）楊維斗（廷樞）左蘿石（懋第）陳大樽（子龍）黃陶菴（淳耀）諸君子·皆見危授命·大節凜然·其人固已炳燿千秋·宜其文之卓越一代也·大抵天啓之文深入·而失于太苦·崇禎之文暢發·而失于太浮·有明三百年文運始終·有如此者·

史稱歸有光少工舉業·與胡友信楊起元湯顯祖先後齊名·配以王唐薛瞿·稱爲八家之文·八家者·其亦動物之麟鳳·植物之蘭桂也矣·至若稿本選本·抑又不同·稿本主于壽世·而流於沽名·選本始於法程·而流於射利·當宋之時·猶然經義·其體與論相似·古人往往編入文集·可儀堂選本·謂于楊誠齊遺集得制義三首是也·有明以後·體格漸變·與他文迴然不同·于是工此者皆別爲一集·成宏之際·稿之富者·首推守溪鶴灘中峯三家·後至嘉靖間·惟荆川足與比盛·其教學里中有教學文·爲吏部有吏部文·爲中丞有中丞文·隨時編定·（戒菴漫筆曰·荆川中會元·其稿是無錫門人蔡瀛與一姻家同刻·）及乎昆湖崛起·操觚家遂以王錢唐瞿爲四大家稿·方山視學兩浙·有薛夫子之稱·浙人愛其文·又去鶴灘而益以方山爲四·（方山中會魁·其三試卷·常熟門人錢夢王以東湖書院活板印行）其後許敬庵亦足與王唐相頡頏·究不若歸震川爲富有也·玉茗堂稿·以六朝之佳麗·寫五子之邃深·宜其一時紙貴·石簣思白·作者奉爲圭臬·至今猶二家並行·萬曆壬辰·吳中文運大興·辨眞八藝·太乙山房稿·並行於世·松陵開雍·號稱雙絕·瑞屛文稿·有容雅者·爲諸生時作·有簡鍊者·爲翰林時作·雖以題次編輯·識者自能辨之·啓禎而後·家數尤多·稿本競出·綴學之士·往往以兩家並稱·如曰章羅·謂世純文正也·曰金陳·謂正希大士也·曰錢黃·謂吉士陶菴也·是諸稿本·未易悉舉·皆足以傳諸奕禩·嘉惠後學·然或以四家稱·或以兩家著·雖稿本也·實亦隣于選矣·明季社事既興·非名下士無有過而問者·其間派別·尤爲涇渭·于是諸君子競刋其文·播之遠近·以待招邀者之採擇·豈非聯聲氣沽名譽哉·史稱萬曆末·場屋文腐爛·南英深疾之·與同郡章世純羅萬藻陳際泰·以興起斯文爲任·乃刻四人所作行之

世・世人翕然歸之・稱為章羅陳艾・此數人者・其亦龍門之史・少陵之詩・宜乎至今瓣香勿替也已・

選本則仿於房稿程文・其意蓋在于程式天下・轉移風氣・房稿之刻・自萬曆壬辰鈎元錄始・旁有批點・自王房仲（士驌）選程墨始・至乙卯以後・坊刻有四種・曰程墨・（三房主司及士子之文・）曰房稿・（十八房進士之作・）曰行卷・（舉人之作・）曰社稿・（諸生會課之作・）顧亭林謂一科房稿之刻有數百部・皆出于蘇杭・某謂房稿雖多・猶不足與社稿敵・蓋自熹宗之朝・閹椓秉成・東林閒講・錫山馬素修（世奇）勃然興起・是非邪正・悉寄於澹寧居一集・戊辰之後・社事大興・欲以昌明涇陽之學・振起東林之緒・于是天如（張溥）介生（周鐘）有復社國表之刻・彝仲（夏允彝）臥子（陳子龍）有幾社會義之刻・國表一編・意主廣大・盡合海內名流・其書盛行・即戊辰房稿・莫之與媲・因有二集之刻・會義則主簡嚴・止于六子・（杜麟徵・夏允彝・周立勳・徐孚遠・彭賓・陳子龍・）故未能風行・先是周徐已有古今業一書・因其利于小試・已為松江首推・及庚午榜發・彭陳獲雋・會義遂不脛而走・由二集以至七集・聲應氣求・竟與復社並峙・然其膾炙人口・終不若金沙名山業也・迨至貝錦含沙・幾成黨禍・社局亦因之少息・乃其流風餘韻・猶有存者・是以求社會義・幾社景風・以及雅似堂・贍言社・昭能社・野腴樓・東華集・接踵而興・其間或為衣食之謀・（社事始末曰・西銘慮閣公先生艱于家食・乃議以選政歸閣公而秉文一選出・）或從坊賈之請・則亦流于射利矣・維時陳百史（名夏）有五十大家之刻・一時鴻文鉅製・囊括無遺・不惟示後學以先型・亦足以傳諸人于不朽・至如艾選（千子）錢選（吉士）尤為風動一時・艾與徐方廣（思曠）選定待一粟・比戶絃誦・錢與楊維斗（廷樞）選同文一錄・海宇嚮風・則轉移風氣・不誠賴此耶・

某嘗慨夫有明之初・以儒士掌文衡・柄國政・後之登朝陛者・鮮有不由科目・延于末年・門戶之見興・朝局亦因之大變・婁東喪母・西銘病殂・會吊會葬・皆及萬人・而周之變以國表二集・選其時藝一首・遂致伏闕上書・八股所關・良非細故・雖其後忠義之士・軼乎前朝・謂為三百年養士之報・究何益哉・是以常論者・謂其全屬空言・毫無實用・既非經傳・復非子史・故其書汗牛充棟・皆為目錄家所遺・第國家既以設科・其書亦未可盡廢・明史藝文志總集類・載經義模範一卷・（不著編輯者姓名・王廷表序・稱得之于揚慎・似即慎所輯・凡宋人經義十六篇・）原其始也・四書程文二十九卷・著其法也・此外絕不多見・我朝四庫全書目錄・亦著錄經義模範・謂存之以見八比初體・又載欽定四書文四十一卷・其中分明代四集・國朝一集・去取之精・超前軼後・蓋我朝文治昌明・英才間出・劉克猷（子壯）應運而興・熊鐘陵（伯龍）乘時並起・王邁人（庭）峭刻奇拔・戚介人（藩）出晦而光・李石臺（來泰）鑄鎔經史・張爾成（永祺）力追正嘉・唐采臣（德亮）萬頃波濤・陸圓沙（燦）丰神淡宕・郭水容（溶）高古博雅・張素存（玉書）大雅雍容・章雲李（金牧）變化離奇・趙明遠（火）超越流俗・李厚菴（光地）精詣純粹・顏修來（光敏）升天入淵・韓慕廬（英）別開生面・金穀似（居敬）沉鬱幽遠・孫峨山

（勤）氣機圓妙．方桐城（舟）古盎拔俗．皆足與前代作者後先媲美．至俞長城百二名家文稿．多者稍事刪汰．少者全行入選。是雖選本．幾與稿本無二矣。自宋及明．足以百數．國朝止二十人．蔡寅斗因而繼起．有三十家之選．首於儲欣．終王之醇．金壇七子．宜興六儲．各登其三．豈非嚴于所擇哉．七子之中．自以罕皆（王步青）爲最．所編八法一集．由初學以及成材．循序漸進．誠所謂良工心苦者．然佔畢之士．奉作楷模．莫若欽定一編．蓋是書爲方苞奉勅編輯．大旨凜遵聖訓．一以清眞雅正爲宗．苞於此中．亦稱三折肱者．故分朝編次．使學者得溯其相承相變之源流．宜其存之四庫．永爲士林矜式也已．

彭泰來　字子大．號春洲．高要人．父輅．工詩文．著詩義堂集．泰來嘉慶癸酉拔貢．道光元年舉孝廉方正．不就．負儁才而性行高介．不諧於俗．以能古文名．其爲歐陽文忠公像贊．隱寓私淑之意．而所爲文．能自闢門戶．旣絕意進取．抗志立言．憤時感事．一託之文．嘗自爲詩云．不令斯人窮．孰寫天地心．其自命可想矣．所著昨夢齋文集四卷．詩集六卷．外集二卷．修縣志．撰金石畧四卷．別選端人集十卷．並存．

答人問爲後書

來書問爲人後之義．而疑於某宅之喪狀．僕非深於世故者．何足以知之．雖然．事有古有今．有義有利．儀禮喪服傳曰。如何而可爲之後．同宗則可爲之後．如何而可以爲人後．支子可也．此言大宗之世不可絕　小宗之嫡不可去．若非宗子．則無立後之禮．古之義也．自漢以來．如伏恭諸葛喬．皆以兄子後叔父．不必大宗．晉張湛曰．兄弟以子相養．代代有之．時無譏議．蓋同繫一祖．兄弟所生．猶如己子．雖非禮之正義．亦是一代成制由來故事。湛所言．今用之．僕少讀宗書．至謝宏微後從叔峻．襲爵建昌侯．唯受書數千卷．及國吏數人．遺材祿秩．一不關預．竊以宏微本家．累世仕宦．縱復貧儉．寗闕溫飽．廉讓人之常行．何至書之史策．迨年齒漸長．稍閱人事。往往見富足之家．生無血胤．身死婢妾之手．三尺繼子．提抱一至喪次．田宅財物．便已籍沒．筐篋瓶盎．搜括靡遺．寡妻弱女．惸惸如罪囚之仰衣食於獄吏．猶慮所受之薄也．死未可俟．生早防之．一錢之費．猶盜外府．不幸而有遺腹．旦夕詷刺．蜚言預彰．必墮地非男．而後母子獲保一日之無事．此皆分體同氣．事勢夙定．無所謂於爭議．而人亦不敢議之者．若有擇繼．房族遠近疑似．則昨日行路．今日孤子。羣起而共鬭．分朋而樹黨．婦女質公府．訐訟連年歲。至於帶索窮老．室如懸罄．雖恩踰伯道．而餒同若敖．然能以四壁易一棺．無餘物怛其化．轉不至蟲流出戶．嗟乎．人非親親．孰肯使其子謂他人父．而親親之效．乃至爲親者．欲安於絕嗣而不可得．然後知古今事殊．而古人之不可及也．

今來書言．死者仲子．伯叔各以其一子後。不如此則恐不均．夫古者之後大宗．尊祖收族．受重無二．固不待論．即凡非宗而立後者．亦欲存系續耳．非以廣支庶祝多男也．孔子射於矍相之圃．與爲人後者不入．鄭氏注曰．與猶奇也．後人者一人而已．旣有爲者．而往奇之．是貪財也．今一死二後．此奇彼乎．彼奇此乎．將匹嫡而二孤乎．且天下無以衰麻苫塊起爭者·所謂不均·果何物也·喪狀之制·於古未聞·近今所行·亦未盡合禮·至爲人後者爲子·則舉世賢愚所共悉·所後者稱父·則爲後者稱孤·更無餘文·所後者稱父·則所生者降服而稱本生·以致一於所後·不可易也·天之生物也·使之一本·使其子爲人後而不使一於所後·則二本矣·何也·孤者無父之稱·稱孤而冠以父命·是不孤也·不孤者一父·孤者又一父也·二孤猶可言也·二本不可言也·然此特論其習耳·若乃名與之以析其家·復名靳之以示其絕·此飛箝捭闔之術·不可於典禮求之·明世宗入纂大統·毋妃來至通州·聞朝議考孝宗·恚曰·安得以我子爲他人子·世宗原有繼統不繼嗣之義·且爲天子母·無難直道胸臆·若在凡庶·則但暴其實而微其辭·使人灼然知吾昆弟之無子·吾得有未亡人所有·而子吾之子如故·是或一道也·來書以某宅世爲士人·書其子所後喪狀·承父命出嗣孤子某·甲乙疑必有理·審爾·則其辭猶未備·二孤非一父所生·一父不得而並命之·胡不書曰·承二父命出嗣孤子·其所後木主亦當書曰·承二父命出嗣先考·則庶乎其辭之備·而名之不少假矣·可耶不可耶·僕非深於世故者·而尤拙言財·所陳之義·唯足下裁擇·餘則非所知·

復黃香石書 見昨夢齋文集卷之上

別十載矣·出處難齊·日月易邁·大著之積·當已等身·維憂用老·鄙人所慨·去臘得手書·所以存念之甚摯·泰來頻歲飢饉之阨·與衆同之·特拙爲尤困耳·至骨肉之際·死與生皆不忍言·自省平生·求其致此之故而不得·此西河所以嘆離索也·

書言儀墨農孝廉欲爲授館·賡堂吉士已再三言之·昔鄭莊置驛馬以存諸故人·而餽人不過算器食·墨農初未識面·亟欲援手·推解風義·遠過古人·同世豈復多覯·顧墨農方爲諸侯客·泰來豈可以口腹累之·承論文舉孝章以況友道·孝章名滿天下·不免憂能傷人·臣精已亡·不足與當世士馳騁翰墨矣·五十之期·僅一未滿·貧固不易過·然亦無幾時·賡堂之言·欲使離去家鄉·湔雪幽懣·天地雖大·憂從中來·縱適萬里·何異環堵·況復生事益非人謀·如目前塹有豪髮之益·則意外必有倍蓰之損·歷溯已往·類持錢家計較子母·執籍以算·百無一遺·二三十年來甘自放棄者·心未必無欲·身未必無用·誠熟見於定命之不可放·定數之不可埤也·千尺之木·旦旦而伐·披枝傷心·雖復灌溉·甯免僵仆·餘生少味·孤負良友·唯修身以俟死·此外無所措意也·日間族人有赴試者·計足下已來郡·謹報書一道·契濶、幸謝儀君褚中之惠·如實出己·勞人草草·不盡所懷·

與蘇賡堂書 見夢齋文集卷之上

別五載·身事無所異於昔·故無書·時事之異·又不敢有書·歲時晤令弟平甫·知足下每有家問·必及鄙人·僕不自愧其疎懶·愧何以當此眷眷也·昨平甫自廣州歸·冒大暑相遇·言足下在都·稱僕於制府祁公·制府撫粵時亦嘗知聞·今欲相招一見·次日又屬貴弟子玉符來云·制府意不可負·吾師意更不可虛·何日可行·有無具舟楫者·倘易衣而出·有爲備裘葛者·僕老矣·衰槐病柳·生意日盡·攀條息

陰．相視感嘆．雖有萬輩．與不見同．忽有人焉．力能噓枯吹生．風風而雨雨之．豈非至幸．然鄙心有所不安．何也．古之人．忽通忽介．非意爲之．時爲之也．

僕昔少年．未嘗不履公卿之門．其時海隅乂安．幕府清暇．公卿之賢者樂收好士名．而士亦樂得大人先生以爲歸．文酒談讌．絕口不道公家事．如此則賓主交得矣．今則何時耶．前明倭寇之亂．蹂躪千里．十年而後定．實沿海一大變．然當時兵力雖脆怯．而將帥猶以剿禦爲事．故胡梅林卒以成功．若廣東近事．則史策以來所未有也．制府之來．舉壞局而修之．扶傾器而正之．諮謀懲毖．有聞無聲．必非雅歌投壺．徒不整暇而已．爲之士者．進不能助十反之思．退不能效一割之用．而大人先生爲之紆尊降貴．取山猨野鶴．置之崇轅列戟之間．非不光榮．猿鶴之心安乎否乎．故曰時也．

夫嫠不恤緯．女不務績．其心固不在嫁．漢文帝每飯不忘鉅鹿．而雲中止一魏尚．不免於罪．唐天寶間．鮮於仲通覆軍南詔．而楊國忠以大捷聞．使兩事並時．雖十馮唐不能悟文帝意．其已事可勿論．今夫火厝於積薪之下．未及焚．可抽而去也．其始庸庸．可撲而滅也．燎方揚矣．謂撲不爲功．乃以蠡杯水爲厲禁．而又沃以千古之膏．鼓以七輪之扇．殘鄧林以續其薪．至於然海燭霄．則曰吾已媚於回祿．焦土凉燄可一手掩也．掩之誠是也．不知爲火者喜其媚而益孽．則可掩不可掩．未可知也．

制府之來．寇氛正惡．軍旅之事．先有主者．勢不能獨異．而主軍者則已奏功行賞．凱歌而勞還矣．大臣對君父之

心．皆百姓共見之心．大臣對君父之言．非百姓所見之事．語曰．屋漏在上．知之在下．下之所知．不惟不可使屋上知．而屋上者．并有以屋委漏之意．獨爲其難．非制府而誰．杞人私憂．不敢言於足下．敢言於制府乎．制府又豈俟人言．而後知乎．古以兵衞民．今以民衞兵．制府教令所以團結民心者甚至．今日所可爲．更無出此．庶其有豸．記曰．君子樂得其道．小人樂得其欲．僕未聞道也．不能無欲．誠使寇戎革心．冠履不越．則僕被褐而居．帶索而遊．皆制府之賜．見不見何有焉．舉頭長安．遠於白日．足下諭蜀來歸．僕未必能待．欲少達誠悃．又意滿口重．萬不宣一．褚中荀榮．如實出已．臨紙愴悢．我勞如何．

說賑上

周禮以荒政十二聚萬民．首曰散利．財散則民聚．故賑災者弭亂之本．然而事有當務之急．不先其急．則雖散而人不獲其利．而散之亦不易．漢之汲黯劉頌．晉之王蘊鄧攸第五訪韓韶．至唐之員半千韓思復．以一尉一參軍．皆能擅發郡縣之粟．以起溝壑．古之賑於官者如此．宋富弼知青州．河朔大水．弼勸民出粟十五萬石以活流民．趙抃知趙州．解金帶勸．富民施者雲集．林概知常熟縣．出俸粟勸．土豪輸數千石．并賴全濟．官賑之藉於民者如此．以吾土今日論．使汲黯諸人復生．竭郡縣之積．民得升合．官費邱山．不旬月而嗷嗷者如故．有司以大府意勸．分於富民．不得已也．雖然．救饑者粟切而金緩．童稚皆知之．以爲今日之富民．皆自發其倉廩之粟以賑乎．將不免市粟而賑乎．如必市粟而

賑・則粟之所由來・當籌及也・且富民固不足恃・又甚病不訾・素封此地無有也・里巷温飽之戶・能積累自殖・其人必纖嗇堅忍・輕譽重貲・耰鋤箕帚・親者避色・不幸凶歲・生事蹇剝・方使掊其身命之物・爲鄉黨宗族謀舉火・其疾首蹙額而不應者情也・其不敢不應者以慮禍也・敚斅劫質・毁墻屋・傾囷篋・而蹂躪者不知幾家矣・無錙銖以塞有司之令・則禍至而無所訴・猶沃焦釜姑免灼焉・烹飪非所知也・可不謂病乎・賢者不能急病讓夷・而欲瘠士之腴・好行其德・其可恃哉・涸陰將凍・衣褐並盡・枵腹引領以望不可知之來年・行且見之矣・語曰・備有未至而設之・有至而後救之・未至之備・無可言矣・至而後救・亦其時矣・救之而當務之急奈何・大惠不費・散一而兩利・使鄰境無遏糴而已矣・

說賑下

春秋之世・魯飢・臧文仲以兇圭玉磬告糴於齊・齊人歸其玉而予之糴・晉飢乞糴於秦・秦輸粟於晉・自雍及絳相繼・彼實敵國・各固其圉・猶急救患恤鄰之義・今天下一家・一總督所部・而出粟之地・動言封江・亦霸者之所笑也・廣東民逐山海利・不屑田・田亦不給・又置重兵・滿漢家口數十萬・視廣西幾三倍・外通番夷・珍怪委積・四方遊宦商旅・係踵駢跡・利者一而食者十百・肇慶廣州歲卽稔・必移粟於廣西・廣西之粟・常種外有山禾・澇不及而耐旱・有七禾八禾九禾十禾・謂其月皆可蓺・無曠土・無後時・民逐末者稀・自潯梧達於南寧・皆東方泛舟之役所必至・潯之貴縣・南寧之橫州・尤市販所聚・然販之稍殷・則遏商塞塗・顆粒不使東下・官徵賄而遏曰官封・姦人聚黨倡衆而遏曰民封・農粟內死・估運外廢・食操舟者千餘家・失業爲狗鼠盜・而二郡之米價不可問矣・廣州尙可致米洋舶・而肇慶惟新江綏江米稍裕・閉益急・則獨受其患者高要・今歲潯梧雖歉・而貴縣以上皆大熟・南寧以上・歸德果化上林向武田州諸土司・米及菽麥並充牣・聞橫州積不得出・蒸鬱糾結如李梅・使當道者善治之・東民雖病・未絕也・此散一而兩利者也・

昔黃裳治撫州・令閉糴者籍・強籍者斬・劉淸之治萬安・使大家得錢・細民得米・皆荒政之最善者・然猶爲境內蘊年者治也・吾邑之不登四歲矣・二斛之蓄・所在懸罄・而糴不通・富民將障簏而槁・何暇言賑哉・桔槔雖勤・不如引渠・豆區雖優・不如輓輸・斗斛不翔於市・則樵漁百工婦孺傭丐・皆有謀食之路・非賑而視賑之利實大・唐崔俊爲湖南觀察使・湖南舊法・雖年貿易不出境・鄰部遭荒不卹・俊至・削其禁・自是商賈流通・資物益饒・廣西服用百貨・無一不資於廣東・東鹽十日不至・則千里淡食・天災流行・乃阨鄰自封・知其弊而罔革・豈古今異情耶・抑五管統部其分民甚於敵國耶・或曰・官封賄至則解・民封不易以法禁・異哉・當道者能使富民損身家之養以賑貧民・獨不能使西民收貿易之利以活東民・此何理也・誅墨吏・剔莠民・通有無之津・而後人不思亂・

端人集自序

吾郡經學・著於兩漢之際・而宋元以前・未聞以詩名一

家者・風會之後先・乃至此乎・明雲萍海目・終始一代・及乎我朝・文物百年・作者宗緒・後生尙難言之・詩之序曰・風・風也・八風之生・各以其時・而韓子言詩・特曰以風鳴冬・奚取於鷙發之令耶・四時相推・此爲盛耶・吹萬不同・協乎雅者正耶・

余輯乾隆以來端人之詩・出於偶然・然寥寥古今・一似方隅之閒・含有此事・則亦時爲之也・所輯諸家・不足以盡端人也・知者錄之・其不知者・以知者發其端・而俟之將來・且以俟之將來之人・而甘幸丹素之說・不與存焉・亦不足以盡諸家也・心之精微・各爲獨至・輪扁之甘苦・易牙之淄澠・相善也・而不可以相喩・則連城碔砆之誚・無所避焉。

或謂昭明著文選・不登何遜・以其生存・今一集之中・不相識者無二三焉・疑於標榜聲氣之習・夫文選豈一時一地之書・擬之妄矣・元次山篋中集・選止七人・而及其弟季川・何相識之足云・且昭明青宮帝胄・其同撰十學士・皆朝彥顯人也・眄睞所來・能軒輊人・三十年罷舉諸生即爲次山・誰與爲季川哉・況區區之聲氣而標榜之也・則不舉吾所知・從吾所好・志吾土風雅之大畧而已・

是集始事於丁酉・有所采・輒命兒子道孫鈔之・甫及半・而道孫病且死・余不忍復視・一切束高閣・後有所得・亦概置之。甲辰大水溢閣上・藏書半渰・所束幸無恙・同好惜之・促使成編・而任其寫費・因即所有卒業・與前鈔合・次而終之以先君子之詩・蓋古有此例・亦自傷多難・不能繼其聲也・嗚呼・終身於人倫之憂・而矢口以談性情之正・雖樵夫能笑之・然自經學變爲舉業・反本修古・未知何時・而晩出之詩・積而方昌・引而彌長・潦流絕續・畧可考見・吾道爲不窮矣・道光二十五年九月・高要彭泰來・

端江公餞圖序

古今吏治・漢爲最盛・宣帝綜核名實・以爲太守吏民之本・數變易則下不安・民知其將久・不可欺罔・乃服從其敎化・嘗曰・與我共治者・唯良二千石乎・漢太守專制方面・郡內事歲上計於天子・刺史行部・所察唯六條・其他不得過問・故易者易以行其志・後世守一郡・監司督撫層累臨其上・而所部州縣令長・皆得直達督撫・輕重爲不侔矣・督撫監司位益尊・則九重近而百姓遠・州縣寄百里命・然非獲乎層累益上之意・則民不可得而治・故事上急而親民緩・位尊而民親・一官而兼上下之責・則良二千石之治・視漢爲尤難・夫古今者時也・輕重者勢也・難易者人也・不得其人・則中書堂爲模稜伴食地・何況一郡得其人・則亭長嗇夫・皆有可盡之職・何況太守・其得與不得之故・可勝道哉・

道光二十二年・利津趙公怡山先生自御史臺來守肇慶・甫期月・數以大府檄勘事他郡・今年夏在廉州・尙書符以前任公事被議・當去・郡人聞之・且信且疑・既得實・則道路嘆詫相告語・皆曰・自趙公來・一城皆好官・下至胥吏輿隷・靚若畫一・無敢攘獄冒法以取罪譴・自趙公來・一城無莠民・往時博徒囊家・設阱半街市・囮紈袴・誘狗鼠・累政莫禁・公不厲威猛・而馬足所及・姦宄掃迹・游惰返業・今去・將奈何・嗟乎・公至未久也・且在治之日又無幾・而民

之服從已如是．幸朝廷知之．必不奪民所安以伸吏議．而公則竟去矣．借而留之不可得．於是各爲歌詩以寫繾綣．長言不足．則又采其行色．形於圖畫．來慕去思．著丹青之不渝也．而使泰來序之．

泰來屏居田間．自公之來且去．未能一至城府望棨戟．其觀德悅化．實與衆同．然人之思公則願其勿思．何也．賢者得位行道以爲民也．於己無與也．民以惠我而思．則爲己也．非爲賢者也．前有賢者居之．後自有十百賢者繼之．民習賢者之政以爲固然．則亦淡焉相忘已耳．譬素封之子．饜膏粱．襲狐貉．安問其所從來．一旦半菽不給．樵蘇不爨．絺兮綌兮．淒其以風．然後追思溫飽之日食我衣我民之人．不知何以爲懷矣．泰來公部民也．不能知公而能知．故不願公之獨賢。而使民無以爲懷也．然而如之何勿思．癸夘七月之閏彭泰來謹序．

按趙怡山太守．部議去職．端人士賦詩繪圖贈行．故有是序．後遇宗室耆制軍保．奏留粵．游升臬司．丁外艱．始去．

修隄記　見昨夢齋文集之上

道光十三年五月大水．鴨塘圍決於廣利墟全源街．壞廟一．店舍十有四．水入民廬．淺者沒牆要．深者拍檐牙．最深者露屋脊．枕隄而市者炊於門．不改肆．水退．斫樹畫壁記漲痕所及．爲修隄．高下決口長十丈四尺．深丈三尺．新隄廣一丈．址五之．高增於舊二尺．自新隄而西．盡于廣平街．增九寸至尺二寸．夾以磚．長百四十五丈．皆下漲痕之半．險且薄者匯源街．累石衞隄．足高八尺．廣培之．長倍於廣．復祖社街壩．自新隄而東盡于北竇之西．增寸覆土．增尺益石．長三百四十四丈．功殺于西十六黍．皆出漲痕之上．葺二竇．濬南竇之渠百七十丈．籍丁壯之無業者．庸其力以代賑．始仲秋．竣仲冬．費白金千一百兩有奇．

按地志．隄築于元至正二年．其後與陳塘圍分壞．嘉慶五年．匯源街地無故陷．乃稍稍徙而建壩於上游．近歲沿鄉隄屢修益高．懼通闤之懼．受廛者弗便也．卑如故．而壩亦潛毁．至是水溢隄上二尺四寸．栽版五晝夜．當版者胥遁．隄乃潰．土功始度．淪訾盈市．蜚言飲章．沮撓萬方．事其一隅．如築怨府．患十治五．前植後侮．蓋衆謀之難若是也．周諺有之．禍不好不能爲禍．去歲之禍．比郡幾無完隄．民物之蕩析．功役之艱鉅．有千百倍吾鄉者．而吾鄉獨不得盡委氣數．蓋降災者天．而致災者人．害之所生．必於利之所聚．蕞爾虛臨上下之津．禁物奇貨．來重洋而西走者．牽轉輸於是．陳椽之才．析秋毫而不見身命．其不以他人之身命市者蓋鮮．且彼自以爲四方之人．其廛於是也．爲放利不爲捍患．患百年而一至．至則有胥遁者．可□未必適及．故習卑而惡高．大懲而不戒．沼鄉壑鄰．而樂留其害．而吾鄉之毖後者何哉．孔子繫易．謂爲市取諸噬嗑．觀象玩辭．有戒心焉．是役也．官視其成．下教使鐫石．凡七條．綜其畧而記所聞見．如此有國有家者．與四方喻利之人．其安危之計．則雖有善者無所用其力．是古者命士以上不入市．而君子之道譬於方．

記水災 見昨夢齋文集卷之上

西江合楚蜀滇黔交桂之水注肇慶．出高要峽數百里入於江．夏潦歲至．堤以防江曰圍．高要爲圍二十五．水利使者至．巡檢對以故事．歲徼民．民自治之．與他省之河工海塘異．道光十三年五月．西水至．浮查蔽江下．巨者十餘丈．輪囷如屋．巨囷如車輪．兩岸薪阜積．十五日乙酉．水大至．雨．丙戌雨甚．丁亥．峽上下南岸銀江白豬大欖思霖．峽下榃塘弛塘桃溪香山金西要古竹洞白石羅秀榕邨諸圍．相繼決．臚言洶洶．日數至．不辨孰先後．吾鄉鴨塘圍水汩汩冒堤上．單里簣土．土至隨溢．廣利墟列肆版築．版以外行者水沒腰．薄暮．長利圍決．隔溪聞崩摧叫號聲．與奔濤相雜．咫尺地隱隱震動．火光中客竭蹶從東來．言三水以下無完堤矣．戊子昧爽．陳塘圍決．雨．陳塘鴨塘同一堤也．有分畛．無分災．日禺中水漫界．入夜半．廛人逃．板築潰．自康熙四十四年至是．縣中十三度水災．鴨塘圍再決．辛卯漲定．六月庚子朔至己酉．始復平．水利使者守令勘災至．所決二十一圍．壞民廬萬間．淹田三十餘萬畝．隄當塞者七十五處．通九百十七丈有奇．齧蝕半損者不與．

初漲方暴．攬江邨吾宗．年九十餘．嘗鬻宅市一棺．聞隄決．急衣斂服入棺．棺遠浮．不得上．手挽之．流數里．抵朝南邨．有拯之者．竟不死．北邨一媪．走樹上．餓五日．遇過筏得下．亦不死．樹媪南有富民善泅．日赴水攫鄰里漂物．遂凍死．遠近數驚盜．傳聞水從黔南灌柳州．陷州城而東．而左江自潯州以下．亦毀邨落無算．吾邑大鼎山．日拾流尸二百餘．下流北江東江並溢．南海災尤甚．盜亦尤劇．地稍遠．未能詳也．句遊七星巖．覩崖間鐫題云．乾隆四十九年．水至此．蓋西潦絕異者．視老屋漲痕．今歲尙過七寸．溢半流蓋二丈四五尺許．民歲築堤．堤益高．水益大．徵其故．則沙田日積．海道日塞．豪民日肥．而舉國之民屢災．君子曰．民猶水也．不安其流．爲天下憂．毋盡其利．害與病至．毋雍其氣．將潰汝備．故上天下澤．必定民志．

跋三十六洞天草堂詩存

余跋江上萬峯樓詩．其家旣刻成．明年．叔度令子榮祖復以其仲父公度先生詩屬編定．公度與余交．年已四十許．前此所作．閒得之口誦．恆勸[illegible]成帙．輒漫應之．及屢問．一笑而已．今所存皆摭拾遺．不盡可次第．索故篋．得贈答手蹟二十餘紙．合之釐爲二卷．適陳君雪漁歸自京師．來訪．相與繙閱．因屬之爲序．而閒平梁氏昆仲出金刻之．

自古詩人之窮．其人窮．詩未嘗窮也．君坎壈數十年．方偶之間稱君詩人者．不如不稱者之語質而可受．而君以老諸生終矣．所謂昌其身不若昌其詩者．然邪否邪．雪漁以其詩零落散佚爲憾．余謂君即自愛重．留等身之作．絕筆以後．亦安知藏之何山．傳之何人．即令藏之傳之．君之魂魄又能知之．亦以爲君遂不死已耳．君昔未死何如哉．散者可惜．存者不可恃也．君能爲古人之詩．不能居古人之世．如古人之窮也．

君生有隱孝．兄弟白首如童孺．性通倪．喜言論．處困極．無機心．其詩才餘於物．音止乎雅．衆子凌鶩．獨攄自然．視之不驚怨肺腑．曩嘗欲爲君傳．顧無立言之分．言之且相常．諸梁君異鄉縣．慨然梓其遺稾．其風義甚厚．所見甚異．而余又不能無言．毋乃滋君謗也．夫君與叔度沒三年矣．明日又改歲．寒雨渫渫．把卷就鐙火．老屋木榻．君舊談讌處．窗隙風射眸．兒童譁笑別院．昔徐陳應劉之死．子桓以貴介公子．猶謂年已長大．所懷萬端．時有所慮．通夜無寐．況同貧賤者哉．嗟乎．使窮士而無死．其窮愈無窮期．然而君竟不死矣．梁君樹棠．字澤南．維祺字吉山．維斗字紫臣．道光七年除夕書．

題番夷訞書

此書以盡理正道傳爲名．言天帝創造萬物．以土作人．獨成一男．剢男之脅．以作一女．合爲夫婦．魔鬼害之．天帝乃使獨生之子耶穌下降世間．救人靈魂．死後復合．使升天堂．耶穌爲天堂之主．萬教之宗．西國中國並遵奉．反復數萬言．訞妄怪誕．至不足道．所可恨者．處處竄取經籍語．附會連綴．欲假堯舜周孔爲惑人之助．執左道．侮聖言．莫此爲極．問書所由來．則科舉士出試院門者．數人要於路散給之．每試日所散．無慮數千百本．嗚呼．是何可長也．語曰．涓涓不塞．將爲江河．兩葉不去．將尋斧柯．番夷之蠹中國．非涓涓兩葉比矣．

天主之敎．蓋古所謂祆神．昔年愚夫愚婦有信習者．廢祖宗之祀．亂男女之倫．以至抉垂死之目睛．而不知悔．然信習之家．皆深自諱匿．所傳僞經．秘不示人．余嘗廹取視之．方寸小冊．字如黑蟻．夷言侏儷．半不可解．今之是書．廣寸而尺．譯夷而華．山積雲布於節鉞之下．以蠱衣冠禮樂之士夫．非復昔年態也．其書造作鄙劣．似譫似囈．雖數萬言．實無一義．其勢不足以惑人．然人有病嗜土炭者．至病狂喪心．則赴水火．蹈白刃．不可以常理度．今日所見有如飲狂泉者．則今日之人．易惑且甚．如之何勿憂．

夫鴉片之禍．開闢以來所未有也．砒鴆殺人．一身而已．鴉片所中．非鬼非疾．戕其軀且絕其子孫．而甘其毒者．需之急於簞食．昵之甚於女德．用之始於游惰．而極於宮府軍伍庠序閨閣緇袍黃冠．畏死益深．趨死益切．於是販鬻之者．窮神姦．抵禁網．出沒盜賊之手．馳鶩旦夕之獲．一闤之市．華其衣者、鴉片客也．而骭不掩者百工百家之邨．潤其屋者．鴉片客也．而突不黔者耕農．利在必趨羣棄．故而相從殺人爲生．亦有章逢．其居積大猾．號曰窰口．役使亡命．往來汪洋．戈船礮火．形類反叛．儌之於海．則海之兵弁同之．譏之於關．則關之吏卒同之．禁之於宮府．則官之子弟親戚幕僚廝養胥史輿臺無不同之．十餘年間．廣東之銀．自窰口入於番舶者．數已萬萬．國家所徵夷稅．曾不及所去之萬一．而鴉片之來．歲歲益增．填金滄溟．爲衆市死．雖百官商．何以足國．雖萬和扁．何以活人．相傳有咬嚁吧國．昔居臺灣．紅毛夷欲其地．乃製鴉片誘之．人吸食者皆不任兵甲．遂爲所據．今夷種互市．彼猖黠鶩．屢慢戎索．此中隱憂．病民生．絀財賦．尚其緩也．先是數歲．請內地造花園矣．請新豆欄築步矣．請賃居大嶼山矣．夫大嶼山．固鴉片屯泊之所也．而又請居之．雖不得志．然其敢輒請者．必其有隙可窺者也．

漢宣帝時．光祿大夫義渠安國使行諸羌．先零豪言．願時渡湟水．比逐民所不田處畜牧．安國以聞．後將軍趙充國劾安國奉使不敬．是後羌人旁緣前言．抵冒渡湟水．郡縣不能禁．況番夷之狡．百倍羌人．戎心一生．欲不可盈．他日必有任其咎者．而海疆上下．且漫然視爲積習之固然．亦何論區區數冊書乎．然則書之惑人．與人之易惑．姑置勿計．惟中國之馭四夷．安可使之無所忌憚也．

雖然．吾猶以爲番夷之罪薄爾．番夷能以彼教惑中國．不能習中國之教．而自行其書．今經籍之文．隸楷之字．與校士之地之期．皆非彼所及也．誰爲竊之．誰爲譯之．誰爲奔走而散布之．沃土之民不材．衣食於夷而變於夷也久矣．鴉片無窑口．雖竭西海以爲餌．不能無脛而遍中國．猱捷而教之升．虎猛而導以倀．使早折其萌．豈遂橫流至此哉．孟子曰．我亦欲正人心．正心之道．以言乎內外則先內．以言乎上下則先上．守不貪之寶．行必信之法．故曰．大人正己而物正．（甲午七月客廣州．聞夷書有數種．且聞春閒先有巨舫散之肇慶．至是偶得其一．時陳雪漁監越華書院．見此文．持白王學使埴．執其人．荷校於衢．追板燬之．其數種遂不可詰．）

水災後記　見昨夢齋文稿之上

六月水既退．鄉人築秋隄．樹晚稼．鍼芒畢青．人盼更生．初早稻之垂熟者．晚秧之先蒔者．前水並盡．至是三播．庚申水復至．鄰堤不塞．吾土再墊．厲揭而居．奄度旬朔．七月十一日己卯．越三日壬午．再颶風．連雨九日夜．戊子郡城隄決．江走峽背下漲．與五月平百家之邨．有止存數區者．風雨自海來．經廣州城東北隅．萬室爲墟．穉婦靜姝．鳧水於衢．吾從昆客彼中．脫險還止．各述顚沛語．未既．鄰叟闖戶入曰．嗟乎．造物者不祥耶．生人者數殃耶．彼滔滔者孰職其藏耶．吾自少四閱水災．曷嘗見此也．僕曰．叟之齒長矣．所見多矣．若天人之變．請陳所未見可乎．曰可．

夫七舂之粲．粒去其斷．飷讓餅說．萬錢之設．吝者不屑．少嘗見此飯歠乎．曰未也．奇服曠世．日新月異．朝成暮棄．縠紈編諸．取笑伶隸．少嘗見此綺麗乎．曰未也．散樂數折．遊航一昔．中產十家．以犒小食．主愧其嗇．少嘗見此聲色乎．曰未也．西洋之泥．重金輕齎．挾以戈船．上走京師．遠遍伊犁．少嘗見此居奇乎．曰未也．匪胥而寺．匪賈而肆．堯言堯服．周才孔藝．衝口義利．少嘗見此士氣乎．曰未也．善傾者才．有恥者摧．劍腹甲顏．郭尖李錐．衆所取材．少嘗見此民義乎．曰未也．乾紾緱兒．箕帚誶姑．蔑等決坊如水趨．百瀆一途．少嘗見此禮制乎．曰未也．然則叟所見者奚翅此水也．叟曰．嘻．原田晦晦．有稗有粟．巖巖昆岡．有石有玉．此報其濫．孰俾以穀．且佌佌蔌蔌．未害有屋．夭夭是椓．首絕惸獨．何也．僕曰．然．道之長也．小人受君子之福．道之消也．君子被小人之禍．道之消長．天地之往來．非僕所知也．叟去．遂書其語於前記之後．是日戊戌晦．潦盡衕出．始得郡城報．壞屋三千餘間．

重建紫林寺碑　見昨夢齋文集卷之上

佛以不生不滅覺世界、不能使世界無生無滅、蓋生非實生、滅非實滅、在佛曰無極體、且生且滅、且滅且生、在世界曰有爲法。

肇慶北郭外紫林寺者、建於明崇禎十七年、遭亂廢、國朝順治十六年復之、增建大士閣、未幾又廢、康熙十七年又復、乾隆間、僧徒鬻寺產散去、又廢、三十七年、郡守吳公繩年復其產、以戒律僧廣傳主之、廣傳弟子容現、善丹青、爲當道所禮、纂治堂宇、像設益整、容現示寂、弟子秉祥繼住持、道光十三年、比歲水且風、寺蕩爲墟、秉祥弟子明超白諸長者、若歐陽君恩麥君逢寅陳君汝亨馮君馴、倡合衆資、十八年、即故址重建、土木嚴麗、有加於昔、明年又水、寺完而安、求文紀其事。

寺自創始迄今、不及二百年、已閱如許興廢、以彼法論、二百年視千萬億劫、是一剎那間無量生滅、一紫林寺視恆河沙數諸國土、是一微塵中無量生滅、即現前地、非現前地、欲於何處更著言語文字、寺有康熙郡守張公京銓一碑、以修寺故、歷敍當時寇盜之蹂躪、饑饉之薦臻、征役之困苦、百姓室家子女仳傺蕩析、孑遺殘黎相率轉溝壑、自歎守土吏不能養命回天意、如寺廢復興之易且速也、讀之陫然見仁人之用心、知亂之所以治、承平以來、物阜而蠹、邇者屢水、民舍傾壞、若此寺等不知凡幾、壞而旋修若此寺等不知能幾、非寇盜、非饑饉、非大水颶風、而一切迷生、作如來捨身、割肉相供養鷹虎、又不知其幾、現長身爲佛僧舉一念、有修寺諸君在、現宰官身、爲百姓舉一念、則百六十年前寺中一片石、在此一念、先衆生生、後衆生滅、不立文字、不離文字、感秉祥明超能不墜宗教於苦海橫流間、有此淨土、乃爲銘曰。

元黃絪縕、煦嫗棣通、物力有竭、人心無窮、蘊穴藏金、傾山鑄銅、餓殍溝瘠、寒號倮蟲、含靈億塗、眞宰太空、姬禮秦裂、像敎漢東、如是我聞、佛降迦衛、空一切相、成萬法智、云何六如、更有三世、云何解脫、廣受布施、云何寂滅、經部十二、十二部中、願了大意、世尊乞食、一鉢繞城、修羅啖人、若饌百牲、顏彫跖壽、施悴嫫榮、補天有缺、填海難平、已矣終□、或然他生、以非非想、得無無明、凡諸有生、即有人我、既有人我、茵溷水火、養生日微、受生日夥、孰爲衆母、孰爲民爹、別通津梁、不住因果、檀波羅蜜、若證薩埵、維紫林寺、自明紀年、精藍甫造、昏鼎遽遷、法身著竹、火宅生蓮、桑陰秋隕、薝蔔春鮮、積劫未掃、浮泡匪堅、風災水厄、大地洪川、杯渡不驚、燈傳詎熄、合四無量、圓八功德、室廣維摩、閣新彌勒、回頭三變、彈指一息、日東月西、璇璣在北、（謂慧日寺寶月臺七星巖、）照此閻浮、衆生何極。

高要縣學宮重修碑

孔子既沒三百五十九年、高要始立縣、又千一百四十餘年、縣始別有府、自立學去聖人之世久遠矣、由宋政和迄於皇廟嘉慶、學之創毀遷復規模歲月具縣志、道光十三年某月颶風、大成殿右宇及西廡屋壞、比歲大水、人艱食、春秋釋奠・苫蓋將事・官師薦紳生徒愍焉疚心・以爲夫子廟堂・至嚴且鉅・土木之功・曾未廿載而墮敝若是・雖曰天災・懼人事之不誠也・十五年春・卜日肇修・既始既戒・費以時集・材易其窳・工去其僞・加崇殿基・上峻甍霤・自廡及閎・自唐及衢・夷石斲楹・咸與殿稱・殿後崇聖祠明倫堂・嘉慶間輟不修・徹而高之・損益舊制・祠東西故名宦鄉賢二祠・移大成門左右・堂東西忠義孝弟祠節孝祠故址・廢爲縣倉・今復之・十八年春・學宮成・先是修府學・成於十二年・榱棟奕奕・城內外相望也・天地之化・四時行・百物生・聖人贊之・庶而富・富而教・今高要歲獻民數四十一萬而羸・視漢時一郡十縣且再倍之・可謂庶矣・富之教之之說・夫子不言・弟子亦不問也・蓋以道不在迹而在人・有其迹・無其人・則文武方策・皆故府之長物・有其人・無其時・則期月三年不可待之東周・有其人・有其事・則君子愛人・小人易使・居一邑可行之天下・惟聖人不能爲時・故問治曰得人・天地之運・有日闢・無日蹙・聖人則之・久而徽・遠而明・昔者浮海居夷・感歎所不及之地・今無異於吾黨・蓋生民以來・至皇朝殆極覆載之大・而夫子乃極尊親之盛・是宜有有恥之士・成章之才・上下百世・以無墜夫子之遺經・無忝夫子之法庭・以對越夫子之神靈・

夫高要・固服嶺以南千餘年一望縣也・新廟既成・秋大有年・後甲先庚・碑以麗牲・敬爲銘曰・

百粵之要・發英祝融・帝車指南。鬱濆注東・翼翼壯縣・言言崇墉・爰開天田・以立廟宮・有嚴廟宮・越祀七百・斯文未喪・曾構屢易・歲在昭陽・離其死魄・六鶂退飛・萬靈動色・梁木懼壞・翦茨殿堂・楹欹奠接・壁溜書亡・瞻彼日月・黯然星霜・山虛仰止・地狎懷襄・邈哉禹功・往矣稷烈・饑溺頻告・絃歌殆絕・坎勞莫亨・坤養致缺・聖人有憂・神聽心結・屯災俾乂・禮樂在茲・庶艱泊鴻・始築契龜・度修往墜・功監前虧・九頭絕識・數仞增卑・楔闔進扃・鸞旂觀燎・展虡牲帛・聿新政教・爲政在人・安我老少・有教無類・矧爾秀孝・昔有夫子・堯舜道明・今有堯舜・夫子道行・昔者洙泗・夾於魯城・今者洙泗・被於寰瀛・忠孝節義・基宇重作・將明人倫・共貴天爵・經專伏鄭・理樹濂洛・逴璽之思・師所願學・

署澄海縣訓導陳君墓誌銘

余未成童・即聞番禺陳君仲卿以詩名・後十年至廣州・君見訪寓次・長余六歲・盡出其詩相示・別去・又三年・有新會巨商濫祀鄉賢・君與同縣舉人劉君華東合廣州士百餘・訟於制府・制府蔣公奏之・欽使即訊・久未決・衆情危懼・君對簿抗論不屈・卒撤其主罷祀・舉者巡撫以下皆獲譴・而劉君竟除名・君亦麗薄罰・蓋其事首發自劉君・而君實成之・嘉慶二十年也・

君諱曇・字仲卿・先世福建同安人・曾祖夢熊・贈奉直大夫・祖甯國・贈朝議大夫・考貽幸・朝議大夫・候選同知・始籍番禺・妣潘氏・封恭人・生母陸氏・例贈孺人・君生有異禀・與明舍人鄺露同物相似・人謂海雪後身・稍長・通眉銳頰・下筆英絕・甯化伊先生秉綬歎爲才子・君遂請受業・先生守惠州・博羅亂・請兵・忤大官意・論戍軍臺・君

請命・師手書詩冊將攜往塞外・君其時尚未冠也・以不世才・負俊氣・處都會華膴之區・一時勝流・傾風託契・老宿先達・皆折行輩與交・布政使南城曾先生燠開閣禮士・士之才者・胥奉壇坫・君受知最深・四方文人來嶺海間・無不知陳仲卿者・性伉直・篤風義・與人語・百否一可・一言之善・則好若己出・壯歲常邑邑・有遠遊志・未果・會經大獄・名益噪・當道有嗛之者・遂如京師・以廩生就貢應順天試・不遇・轉客山右凡數年・往還途中・登泰岱及嵩少・過揚州・素服要絰・哭伊先生栗主於三賢祠・謁曾先生於南昌・持其畫像歸・先生薨・刻像於石衘虞仲翔祠壁・虞祠先生昔所建・而君爲攷證其地者也・歸後息影卻掃・往時聲氣侶・門外無一跡・叩戶入其室・積書縱橫・僅留坐處・旦夕吟諷・雖乏絕不[illegible]・門□者猶往往指目君・君若不知・遇所愜意・文酒談燕・或及當世事・感激豪宕・精神逼人如故也・晚出爲澄海訓導・僅歲餘・咸豐元年五月十二日卒於家・得年六十有八・葬某・娶張孺人・生一女・適趙氏・並先卒・以兄子建勳爲嗣・

君一諸生・清議動當宁・使神羊在廷・則五鹿折角・豈足言哉・治平之世・無所需才・干將莫邪以善藏爲福・非邪・平生於學無所不窺・於文喜六朝・其自爲文・駢散皆有古法・至於哀樂無端・眄睞無旁・奇懷內紆・萬感並入・則壹發之於詩・著海騷十卷・感遇堂詩集八卷・文集四卷・外集四卷・鄭齋襍記八卷・續記□卷・文學碎金□卷・南北史姓名詳錄□卷・師友集二十卷・余於君始終四十年・蹤跡疎濶・性習言論・亦不盡同・而君每見益親・嘗貽書歷論明季以來吾粵詩家天資學力・所以自以其集付商訂・且爲序・未及作而君下世・建勳書來・稱君遺命曰・吾墓誌屬彭春洲・嗚呼・銘曰・

楚之靈均・孰擷其芬・漢之君宗・孰擬其倫・華衣若英・被於青春・太學三萬・敻哉斯人・天下有道・危言危行・長歌傷心・獨處繕性・茫茫千秋・鬱鬱九原・世無中郎・銘太邱孫・

國子監生周君墓碣

龍岡周尹卒之明年・其孤以狀來請銘・泰來受讀畢・起曰・君鄉國之善士・法宜銘・顧一時操觚家傳述已衆・即銘無以過所述・請約言之・毋求備・其可・

君諱振陛・字擴清・龍岡其號・曾祖諱彌浩・自新會來居肇慶城西・遂爲高要人・祖諱可傳・考諱文耀・有五男・君中子也・天姿淳懿・操尙端直・幼羸輟學・服賈以養・嚴於勑躬・謹於擇交・自其童冠之年・隱然老成之望・父母大耋・君亦垂艾・鞠膯上壽・捐齡禱疾・門數百指・薰然成和・昆弟之子・不知異父・此君之惇本・鄰里緩急・叩無虛往・宗族孤寡・恤有常餼・質劑負約・宅不問子・鬻田取直・券還其親・此君之惠物・昭陽閼逢・洚水歲害・護城一隄・萬室再墍・危救其敝・塞助其費・徙基而安・君實始議・此君之捍患・肅肅子姓・諄諄提命・各因其材・務軌於正・購書滿家・餘儉此奢・獲十而詭・人榮我恥・此君之詒訓・君起素門・洎乎黃髮・終始內外・人無間言・而所罕言・厥有二事・古之立後後宗・今之立後後產・古之後者繼

已絕・今之後者鷇未亡・棄鷇取巢・籓生餓死・不幸並世・悼此見聞・君仲兄沒・子永徽穉・寡嫂王孺人・以家事屬君・無何・永徽又夭・王孺人欲子君次子永岐・告之尊親・咸謂允愜・君念與仲同業致富・子未知孝・財則幷歸・乃婉白曰・永岐方八歲・嫂何時得抱孫・伯兄之子永良・長且才・可事仲母・及永良能承家・君返其籍・貲倍仲日・從弟懷陞陣亡無嗣・君曰・國殤也・不可餒・割巳產擇從子永圖後之・君之處骨肉者如此・

初・西海有奇毒潛祟・中國姦民化居・吏養爲橐・關津如櫛・稗販塞路・羣從營生・資君本流・特與戒約・矢毋冒禁・諸冒禁者・朝藍縷・夕裘馬・所知貧辛悇憛思試・君必苦尼・人化其誠・君卒未踰月・郡縣奉嚴憲詰坊市・惟夙受君教者懂而免・爲食邑戶・君之維風俗者又如此・夫篤親守法・見利思義・在世匪其行・君亦不自知・而俯仰之間・使人感激思慕・歎其不作・此何故哉・

君生乾隆二十八年三月八日・卒道光十八年十一月朔・春秋七十有六・葬於城西牛眠崗之原・配杜孺人・子永南・縣學生・永岐・孫汝中・福田・福慶・福從・女二人・女孫四人・天道之難言久矣・理數相厄・賢愚交病・賢者斂舌而無徵・愚者信目而不反・君人倫之順・休於有政・窮乏短折・猶爲遐福・乃復使年邁古・樂志著論・籍豐履豫・無疾考終・作善之報・至平至奇・或者造物悔過・暴君一人以誘生人未死之心・不可知也・銘曰・

山高水長・此幽宅爲善之則・視此銘石・

温仲道墓碣

君諱颸・字仲道・故宜城令霤齊先生頤之孫・莊亭先生承恭之子・道光十三年夏四月朔・卒於京師・明年十二月・歸葬德慶后里塘・諸弟子抱其遺書・屬其友彭泰來且銘其墓・

謹按禮曰・博聞彊識而讓・敦善行而不怠・謂之君子・嗚呼・君其所謂君子也已・君於學至精篤・雖疾病未嘗釋卷・尤嗜研經・出入漢宋諸儒水火之說・破除黨護攻訐帖括茍且之習・平心以求其安・闡思以測其微・以期造乎自得・外至列史百家之言・皆務旁羅貫通・探賾舉要・嘗言非深信古人・不能深疑古人・其成書易繫辭解一卷・古本大學解二卷・書序辨一卷・秦楚之際月表辨一卷・宜善堂集六卷・餘未成者尚多・少負氣岸・寡交與・人或目爲狂・稍長・益折節謙下・廣坐衆語・退然若無所知・惟知舊數人・微辨切論・恂恂不自足・人又畏其迂・然寡與如故也・士從其遊者・必導以根本之學・繩檢甚飭・初共厭苦之・久乃愈親敬不能忘・嘉慶二十二年・莊亭先生僑家高要・明年・君舉鄉試・又二年・遭莊亭先生憂・君配何孺人相繼卒・踰年・祖母黎太孺人又卒・積毀羸病・病歲劇・生事益瘁・所親官中貿其先世重貲・以厚實返鄉里・君絕不過問・亦不爲人一言・歲脩脯所入・戚族求索必盡・有託故贈金者・置几上遽去・君疾追還之・其自守如此・四上禮部不第・最後將入都・語泰來曰・四壁中稍可讀書養母・不願爲進士也・卒年四十・遺二孤女・繼配謝孺人出・故居德慶城中・至是諸弟子德慶

談應棠・西寧吳焜・高要陳旦・奉其家還金林・合金爲治產者若干人・分宅以居者應棠也・君三世畜德而不獲其嗣・抱百世之志而不及壽考・區區窮達更何論・泰來長君數歲・不自意後死十餘年間・哭君兩世・孰知傳與不傳・死與不死・非造物所能與・顧茫茫宇宙・自孤危一心之外・一無可恃・則烏能不悲・銘曰・

於虖・溫子仲道之墓・不死而死・孰知其故・天之窮耶・儒之通耶・說經硜硜・而以是終耶・

莫氏子蘭森墓碣

嗚呼・蘭森之墓・余何忍爲言哉・蘭森沒・有室而生未字・遂稱名・不得已也・蘭森祖謂臣上舍・父春圃墓・皆余銘・母何氏・年十七歸春圃・十九而孀・後四月・生蘭森・道光二十三年十二月二十七日也・咸豐十年・年十八矣・聘同縣龍氏女・納徵已行・告昏期十二月十四日・而蘭森於十一月二十三日病卒・既葬・明年正月十四日・龍氏女歸・守志於夫家・家人復以墓銘請・

嗚呼・銘莫氏至是三世矣・昔昌黎誌殿中馬少監墓・言未四十年・哭其祖子孫三世・人欲久不死・而觀居此世者何也・近世袁子才大令誌龍陵金同知墓・引昌黎此言・而自謂銘人三代・古人希有・蓋昌黎於北平少府・雖哭之未嘗誌・子才於中丞觀察・則各銘之・然中丞乃同知叔祖・此皆不足論・惟少監同知・皆歷宦職・長子孫・雖榮悴不齊・亦人生常事・若蘭森沒有知・念其母・自昔人未嫁之年・飲氷茹孽・鞠不見父之子・迎不見子之婦・黃泉白日・一例無夫・則眞古所希有・余即久不死・亦未必及見其母妻旌表時・即見之・褒存念亡・撫榮增悼・今爲詳書日月・使他日繼嗣讀之・庶幾感而思孝・則觀居此世者・或不徒觀・嗚呼・銘曰・

生不識父兮・爲母是依・長乃別母兮・從父所歸・孰事汝母於空房兮・有女而不婦之貞妻・顏生叢蘭・滅顏之壽・銘三世墳・汝舅之舅・

明河南柘城縣知縣梁公塋域記

許文學榮郵書來・以邑縉紳意・徵余文・別一幅生紙寫高要縣正堂三爲出示嚴禁事・據舉人何九鰲・梁蒲貴・梁棟・劉成芳・袁梓貴・何鳳飛・何其謀・貢生周永鎬・黃登瀛・楊鯤・生員何傳瑤・許榮等呈稱・縣內渡頭村梁祖榮先生・前明永樂中・任柘城縣知縣・卒官・祀其邑名宦・歸葬塘崗村左祖墳之次・閱今四百餘年・道光二十七年・有土人李成・毀碑侵葬・經梁氏裔孫福善等疊控・蒙諭・舉人等秉公查覆・隨檢縣府通志・及萬姓統譜諸書・宦蹟相符・相視墳所前後左右・各得地五丈・與居民無礙・聯請示禁到縣・查乾隆四十八年定例・歷代鄉賢名宦載府縣志者・仍照舊例・予以禁步・其在乾隆四十八年以後・志稱鄉賢名宦者・如係官山・限以穿心四丈・故名宦梁祖榮・乃前明之人・其墳塋禁步・應仍循其舊予以四面地各五丈爲界・爲此示諭軍民人等知悉・嗣後毋得在前朝名宦梁祖榮墳墓界內侵葬穢汚・以昭嚴敬・違者按罪・道光三十年七月十五日示・許君曰・不朽之人・當得不朽之文・記之事如示云・

謹案梁氏自宋居高要・前明載舊志者三人・柘城公同時有左贊善諱敬・萬曆中・有旌德縣知縣諱挺芳・並祀鄉賢・而公以名宦祀柘城・故家名德・於是爲盛・昔朱邑爲大司農卒・自以舊愛・屬其子葬桐鄉・知也・公卒於柘城・祀於柘城・首邱歸葬・仁也・以秦人之彊暴・魏武之權奸・然猶柳下設樵採之禁・北地蒙除存之令之令・矧在平世・彰癉有經哉・桐鄉於故・嗇夫奉嘗・不啻子孫・而吾鄉鄉先生之壟・狐鼠犯其松柏・子孫號呼・四歷霜露・君子於此審風俗覘政教焉・今以賢士夫之義・賢宰官之明・去其逼處・申之告誡・九原可作・隨會已安・亦何俟於文・

然而事有相□・情有相發・則轉有因之附見者・泰來族祖節愍公殉難開封・事在明史忠義傳・其時從死・有第三子三銳・字英□・衣冠之藏・祔壺盧岡祖塋・岡近甫草邨・邨氓蠶食・侵及馬鬣・梁榮翰者掘之・以瘞他骸・其妻族有監生爲縣胥者・實員主之・縣宰李侯一訊引伏・他骸則去・衣冠遂亡・詎三侯之示・僅一歲也・嗚呼・柘城公當明之興・其仕河南・尸祝俎豆・節愍公値明之季・其仕河南・捐軀黃流・國亦隨覆・此自氣數・無所可言・至從死之子・聲光沉沒・傳志無稱・由節愍視之・亦卞家之盱眕也・祠贈之典・不得從其父・墳墓之厄・乃從鄉先生之後加甚焉・豈不痛哉・緬維章志貞敎・長民者事・徐孺子之墓・謝景夏侯嵩立碑・劉凝之之墳・朱文公元晦撰記・風聲所樹・文則傳之・儒生效之・後世觀焉・頃余參修縣志・公循績有傳在・不復書・三侯名三多・李侯名鼇・咸豐元年十一月縣人彭泰來記・

劉節婦傳

劉節婦者・西甯吳氏女・爲同縣劉恒之繼室・恒之父某・妻早死・三子皆庶出・恒之季也・與伯兄同所生・所生亦死・惟仲之母主家政・恒之前室遺一女・六歲・吳氏撫愛若己出・歸四年・恒之沒・吳氏年二十三・守節・仲之母陰計婦在・伯有子・當爲後・減仲產・風使改嫁・不可・慫劉翁導意節婦父・父某曰・吾昔嫁吾氏女・安能復嫁劉氏婦・且死者非劉氏子耶・必去其未亡人也・劉與仲之母知節婦終無去意・益厭怒・家人相效・恣陵侮・且謠諑爲流言・節婦不動亦不怨・然內危若・更不敢言立後・前室女漸長・日悖嫚・不得已避歸母家・時節返劉氏・執婦道愈謹・病嘔血・積四年・劉氏不一問・道光十年・年三十三卒・前室女不服衰・鄰里皆爲嗟嘆・節婦素勤・病不廢紡織・及卒・篋貯布八十餘丈・將爲前室女嫁衣云・

彭泰來白・天下難處之地・未有甚于閨門者也・萬變生於所極・親極之疏・恩極之讐・同極之戾・較之胡越・乖睽百倍不可解・君子居人倫之變・舍盡性致命無所由・申生伯奇・未易言感格也・彼闒茸妒嫉何責爾・夫惟孝不慈之尊・慈不孝之息・甯夫婦之義而渝焉・作劉節婦傳・

施彰文傳

施彰文・字美衡・廣西蒼梧人・歲貢生・居梧州府城・貞介嗜古・常教授里中・學者稱香海先生・咸豐四年・艇賊犯城・旣退・官委辦團練・時駐梧兵守西北・彰文乃於城東

南學前坊築炮台．治戰守具．詰姦宄．砲台十餘分布練丁．身統之．其年廣東賊大起．陷肇慶．引西賊爲援．明年四月．東兵復肇慶．賊並竄而西．過梧火民居．彰文以練卒擊之．賊奔潯州．前後獲賊黨三百餘．賊酋八．皆斬以徇．六年七月．上游兵敗於藤江．賊猝至．攻西北門．擄居民百餘．明日泊火山．與學前相望．擊以巨砲乃退．七年閏五月朔．賊千艘集城下．進圍城．彰文合官軍拒戰．爲前隊．連三日．自卯至酉．砲不息．夜巡警達旦．撫勵部伍．卹死傷．大雨．江暴漲．士立霖潦中．氣益奮．賊屯較場．擊走之．旬餘．破賊營數處．斬獲無算．六月五日．賊大舉環攻．艇數十．撲學前奪路上．遇砲卻．再撲再卻．而賊之攻南門者．官軍拒斬數百級．奪賊巨艦．殲其渠．彰文沿岸截殺．賊遂大敗．七月九日．復環攻．彰文立砲台．方督戰．忽賊砲傷右肩．流血被體．衆皆恐．彰文指揮自如．殺賊益多．而城中食已盡．

初．潯江道梗．梧州糧但取給於府江．數日少．彰文請于官．凡商穀之經梧者．核其數．以七東下而留三於梧．聽民糴以實城．商以計撓之．不果．平樂陷．穀不至．而東商之販於梧者尚萬餘石．欲使亟就梧賣．商不可．同議者皆恐忤商意．默然罷．比圍城．城中無兩月糧．六月中．官遣同事何培．領練卒百人突圍出．由思蒲邨東乞師．且告食盡．遇土賊伏．培死焉．彰文急往大雲山偵狀．且援脫歸之卒．連日戰．賊皆靡．適官軍攻獲隔江三角觜賊營．造浮橋築壘以守．欲通藤容之路．彰文復渡江攻賊別營．深入殊死戰．賊震動．欲棄各旱營解圍去．土賊告以城中食盡．賊遂止．益來攻浮橋．數道大進．詐爲攻城勢．彰文據砲台．連敗之．而隔江兵以孤壘無糧．撤浮橋歸．自是西北之糧道絕．彰文議攻思蒲土賊．以通封川．遣衆往．山路阻險．衆飢怯不得前．於是東方之糧道亦絕．是後賊雖每接屢敗．然已知我虛實．不急攻．欲坐困下之．我軍亦堅待外援而已．彰文謀於衆．醵米麵雜物．益以牛馬肉．具一食．選兵練數千．水陸兩路攻府江賊．修浮橋．冀糧道復通．夜半俱發．明日食時兩路皆捷．衆少不能遠追．日中．賊援大至．遂引還．時七月二十八日也．八月．糠粃俱盡．人餓死萬計．援師終無至者．有言旦暮兵必散．彰文仍防守不懈．初十日乙夜．城中火四起．遍地皆賊．知事去．召集所統．勉以忠義．使間逃封川俟恢復．皆痛哭願從死．促麾之．乃去．彰文用兵數年．大小數十戰．未嘗一敗．竟爲糧困．圍城百日．絕口不及家事．至是乃命長子廉負幼弟隨衆出．自赴水死．妻關氏．妾賴氏．二妹一女．皆死之．所著挹蘇樓詩集．及同人詩鈔．士女詩．錄行於世．

彭泰來曰．施君相知近十年．未識面．讀其詩．溫溫風雅士．及聞其統烏合之衆．扞危城．折暴寇．瀕死無一離畔者．雖古名將何以加．乃歎君知余．余未足知君也．肇慶與梧脣齒郡．傳事者朝夕至．君死．爲詩哭之．後四年．君之子廉以狀來．與所傳合而益詳．日月歷歷可按．惟缺糧事稍異．因譔次爲傳．與詩各存之．庶備考焉．語有之．世之治．才在上．世之亂．才在下．君一老書生．無尺組寸祿之任．借使儉德避難．見機而作．誰謂其非．乃至桑梓運窮．股肱力竭．滄海橫流．盡室同歸．嗚呼．在下如此．凡在上者．余安敢知之．

歐陽文忠公像贊 見作夢齋文集卷之下

絹本．像高尺有咫．幅深長．袖手徐步．上題歐陽文忠公像六字．八分書．絕類文待詔．不署名．其下左角．有停云二字圖印．疑像即待詔筆也．

孟子以後．韓稱荀楊．韓子堂堂．雄何敢當．五季道喪．世無文章．天以宋繼唐．篤生歐陽．粵若仁宗．休養太平．杜韓范富．左右股肱．維歐陽子生．斯文乃昌．斯道以明．經刪讖諱．論進朋黨．君心允格．聖塗日廣．有天下才．出於其門．亦有青蠅．止於其藩．能困其身．不能屈其言．公議濮禮．仁至義盡．云何盈庭．不殄厥慍．公策周禮．見幾於微．彼莽新之苗裔兮．周公方且膺之．匪躬三朝．載筆二史．新法既行．新學漸□．公乎歸矣．去公千載．公儼然在．春風溫人．秋月映水．耳白於面．脣不著齒．讀非相篇．更問荀子．

譚敬昭 字子晉．一字康侯．陽春人．嘉慶丁丑進士．官戶部主事．敬昭天才俊逸．詩學最深．尤長樂府．而兼工文筆．所擬答客難．七稽等篇．及雜文一卷．新寧吳應逵嘗刻之譜荔軒筆記中．今不可見．惟楚庭耆舊集刻其聽雲樓詩一卷．存

夢香居初集序

粵惟南紀．曲江開盛唐之風．南園樹前後之軌．獨得風雅之正．而華天盛推吾郡區中．允謂有明三百年嶺南之詩．海目為最．論者以為風氣正宗．於是乎在．是則然已．然知正而不知變．則陳而不新．美而不傳．知變而失其正．則流而不反．雜而不醇．是惟深於詩者知之．惟善於變者審之而已．

自國初梁陳諸公．以逮馮張黎黃諸先輩．溯源騷雅．出入諸家．美矣盛矣．吾粵之詩．廣於天下而進於古矣．故邇者詩人．上規李杜．旁參宋元．振樂府之遺音．匯百家之流派．各極其才之所至．不以一格拘也．

新興陳君雪漁．少負異才．夙懷敏學．早歲從其家雲巖明經梁荊園博士相為切磋．每抵郡城．則與莊亭秋客琴心諸君上下其論．而與余相知特深．既而同出荔峯先生之門．甲子君先舉於鄉．吾友南山百石皆其同年生也．君以逸倫殊儁．馳騁諸家．然絕艷驚才．于是去玉溪飛卿尤近．憶戊辰上計．雪漁自鳳滁淮泗匹馬走京師．手一編曰七千路吟．見示余．余題其簡末．有唐王孫剪天孫錦．陳郎捲作珊瑚枕．及哦詩走馬黃金臺．鳳城鞭春花爛開之句．足以豪矣．今秋示夢香初集．益以精博．時復參之韓白諸體．皆遺貌取神．詞必己出．故惟善詩者善變同聲之應．無間千里焉．然君方壯歲．和聲鳴盛．斯固東序之鐘鏞．寗僅同音于笙磬云爾哉．繼南雅而代興．將於是乎覘之．嘉慶二十一年丙子重九陽春．康侯譚敬昭頓首拜序．

遊通眞巖詩序

嘉慶九年甲子春三月二十一日．歸自石岡．途青山．過黃泥之坂．至石龍灣．遂宿焉．故人蔣生主東道．客舟春夜．縱言邱壑．蔣生乃述銅石之勝．所謂劉仙棲息地也．始

從舊聞．豁如飛獲．延望靈皋．耿耿不寐．殘夜披衣．凌晨振策．乃以二十二日舍津而塗．五里芳郊．綽有春態．風禽送音．春蟬競響．天籟爽發．石泉濺流．葢未至名山．先爲神往焉．穿林涉波．仰見峭壁．攝衣拾級．梯雲而上．洞門豁開．循澗右旋可數十武．天光幽閟．石氣青蒼．大石倚壁而立．緣徑若綫．雲根一割．無始無終．相傳自千仞壁下墜者．豈伊天工．驅策神力．以爲茲巖蘊靈寶耶．石下嶔巇一片蒼玉．磐陀具體．則劉仙唱歌石也．滑膩如拭．摩挲卷然．遂偕友生作團圞坐．對面壁隙．徑濶三尺．乳懸可捫．承以露栝．輪廓淨飾．縝密溫潤．天然自嵌．如鑄如生．匪甄匪陶．而乳水微注．宛若壺漏．涓滴不盈．振古如斯．則劉仙水鍾石也．水鍾容斗合．正圓潤滑．色如宣瓷．大如茶甌．外微一痕．天然嵌石．水冷徹骨．夏不溢．冬不竭．罕潦不改而底無隙．旁不瀉．具化工而無端倪．聞尚有劉仙績麻籃在峯頂．人迹不至．末由致之．想當然耳．左右巖石不深．蓮座隱現．西構房廊．當窗外視．衆綠如染．其上多名燕．依崖而巢．聲若蝙蝠．搏身齊翼．亦異凡族．遺翮飛溜．翩翻紛綸．凝睇緣崖．深造幽遠．旁多暗室．元妙靡悉．上多宋元以來題名．架棧爲廊．廊前摩崖．則周濂溪遊碣在焉．碣石二尺尺許．得宋熙甯時許彥先記．始知巖以通眞名．由來舊矣．而志乘失載．徒使碧澗銅陵嘉名不彰．可勝慨哉．（志稱銅陵以陽春舊銅陵縣得名．後譌銅石．今遊始得宋碑．碑左行書云．轉運副使許彥先．熙甯丁巳孟夏．再遊陽春通眞巖．）

又上爲劉仙巖．通觀音巖．巖廊倚空下眺．春碧江峯．靈林歷歷．送目遠帆出沒．彈指天際．而近見平疇．濠梁交暎．運掌可數也．百尺懸崖．倒垂仙藤．翠蕤盈尺．同條雙葉．弄影廻風．望不可即．聞之故老．葢雙葉連莖．冬春不凋．不增不減．造物者奇耶．仙靈者戲耶．草木者無情耶．無情而有情耶．吾不得而知也．吾所知者．亦謹爲故老言之．劉仙不產於陽春．仙經所謂白石山女仙劉三妹者是．（白石山在粵西．爲三十六羽天之二十一．）是爲西粵貴縣人．以善歌化粵俗．猺人至今祀之．以爲歌仙．唐景龍間．嘗與朗甯白鶴書生張偉望歌而善．同聲同心．遂締仙侶．亦靈仙而有情者也．暫遊萬里．少別千年．靈蹤步虛．亦集爰止．安知不爲陽春高歌．倡和雲表．况茲巖幽靜．通靈朗秀．呼吸陰陽．吐納元牝．則於仙居宜信劉仙棲息處也．而遙遙古今．屬和無間、遂使仙心寂寥．惓然傷之．其在於今果棲息此否．時往來否．或樂此而忘故都否．或未免有情．亦未能遣此．來自東而眷西顧否．或不忘歡．携手翱翔．升雲曲房．悠悠將將．游戲無端．千春萬秋．靈飛無間否．其情狀又不可得而知也．惟故老幸敎之．惟我友生共識之．

又聞此中人語云．每歲花朝．爲仙生日．覽揆之初．與百花共命．惟是歌舞降神．雨暘響應．仙乎神乎．其有道者乎．仙之果樂於斯乎．天問神契．縹緲窈冥．未寫予心．將爲迎送神絃之曲．授諸髫丱．歌以娛神．蜚騰天聲．病未能也．以俟異日．聊爲是詩．以寄欣慕．凡千一百言．良以仙山匪今而未覯佳作．爲長言之．猶恐不足．靈之來兮．願誠愫以先達．解玉佩以要之．

詩義堂集後序

譚敬昭　陸殿邦

古人遠矣．頌其詩知其人．故其詩傳而古人之性情以見．况時同地同．親其人得其性情．受其詩而讀之．知其可傳世而行遠．述而信之．又烏可以已．

東郊先生．其志高．其行潔．其言有物．其爲詩本之性情．以合夫古人之度．探其奧．綜其博．神明其法而歸諸自然．以成一家言．先生非可以詩人竟．然即以詩論．而先生亦見．先生少以詩古文辭見重於翁覃溪錢竹汀范衡洲湯蕘南諸公．壯遊京師．切磋於馮魚山先生．乃益雄肆．大放厥辭．魚山先生稱其必傳．既爲英德學博．迄歸田園．燕居溫溫．詩爲餘事．或酬贈有作．而觸緒紛綸．或無意爲詩．而彌臻古淡．蓋其學者化．養者醇矣．先生於詩不輕許人．所爲詩尤不輕示人．以知者希也．

憶敬昭自戊申謁先生．以論詩見許．甲寅隨先君於韶陽．得先生詩教爲多．戊午省試．以詩就先生正．以爲可教．引而進之．退而喜也．幸其不棄於先生．則先生之詩可盡得也．其後數過詩義堂．尊酒論文．浹旬不倦．而先生之詩．時出一二．未能偏觀而盡得．退而疑也．以先生知我．而所得於先生未盡．果以末學未足以知先生詩耶．抑尚有待耶．乃丙寅秋．先生臨終．以自訂就刪草授其嗣君春洲曰．俟譚康侯來．可示之．敬昭聞而愀然曰．先生固以我爲足知先生詩耶．乃受而讀之．先生之詩．誠本之性情．以合夫古人之度．神明其法．以成一家言者．約而指之．於杜陵樹其骨．於昌黎宏其規．於眉山厲其氣．於劍南博其趣．晚乃優

游冲淡．歸諸自然．時與香山神遇．其他出入諸家．上薄漢魏．溫柔敦厚．探原風雅．靡所不具．嗚呼．先生於詩可謂大而博．博而約．約而精矣．

論者謂粵詩自曲江後．至前後五子．代不乏人．而吾郡惟前明區中允．自先生奮興．羣雄之才．聞風而起．雲龍追逐．上下四方．乃不敢謂秦無人．然詩以地論．以時論．猶淺之乎測先生也．先生詩不自序．得其人不待告也．不請序於人．不藉人以傳也．敬昭受知於先生者深．雖未足盡知先生．然述其所信以問諸世．後之頌其詩者．如見先生焉．至春洲得詩義於庭闈．善繼其聲．先生詩有傳人．然所傳正不盡此．而先生遠矣．

陸殿邦　字磬石．一字達泉．番禺人．嘉慶戊寅舉人．丁父憂．哀毀至嘔血．大挑二等．補吳川訓導．母老不就養舍去．課徒以修脯養母．性直能任事．雖處里閈．而留心當世之務．總督祁墳耳其名．以禮延訪．殿邦爲畫防海之策．咸豐四年紅匪之亂．與贊善何若瑤議設局平賊．大吏請獎．敘擢教授．六年．餘匪乘夷變．竄據彬江．殿邦率鄉勇擊賊．盡焚賊舟．各鄉賴以安堵．選高州教授．賊圍城．課諸生不輟．人心堅定．城卒不陷．以老告歸．尋卒．著有大學臆．中庸通論．孟述．四書故．共十卷．維心亭室文集一卷．

武台山寺碑記

武台山寺者．番禺慕德里司鳳凰約黃田九鄉香火也．省會幹龍．自揚大嶺始入縣境．落坪過峽．凡十餘里．岡阜陂陀相屬．復起茲山．五峯橫排．皆數百仞．中峯尤峻．古寺在焉．其西最高峯．頂有小石樓．高能蔽日．名蔽日岡．眞所謂義和假道於峻阪．陽烏迴翼乎高標者．東樵飛靈頂．西

樵大科峯・夜半見日・未足奇異・

按舊碑・寺創於唐・奉洪山神・宋元以後・修廢莫詳・至明天順中一修・國朝雍正乾隆嘉慶道光間凡四修・初建在山麓・繼遷山頂・復遷今址・廟基屢易・神威愈赫・雨暘祈禱無不應・有行宮神像一區・以六年分莅九鄉・輪值供奉・咸豐四年・土匪蠢動・各鄉團勇及平民殉難者衆・寺亦畧燬・卒仗神力得安堵・事平後・衆謀葺治答神庥・慮兵燹之餘・物力艱阨・某年行宮應到某鄉。神像堅舁不動・隨蒙神示・以浩刦既定宜修復・且興文教以安戢之・作佛事以超度幽滯・衆咸踴躍・醵錢銅山・伐材梁父・不日告成・薦紳先生咸在・集附近文士・得一百人・作文會以落之・復延高僧・廣建道場以慰忠魂・洵善舉也・

慕德里司風土號醇古・視沙灣茭塘鹿步三司易治・顧俗僕而嗇・文風苶然不振・豈地靈人傑無以相爲感召歟・山於省會爲幹龍・形家稱爲五星聚□・宜其鍾靈毓秀・代多魁碩。乃振古以來・聞者尙少・將扶輿磅礴之氣・積之愈久發之愈大歟・論五峯。以圓肖形・所謂五雷出陣・五雷躍鼓者・皆其物也、應名五雷・乃俗旣譌五爲武・譌雷爲台・省志又誤載從化縣中・遂使此山埋歿千古・鄉人以重修來丐文。余亟爲其正訛舛・泐之碑以著明其義・且進鄉之人而謂之曰・聖人以神道設教・爾等旣承與文教之示・當合九鄉或合鳳凰全局・建一書院・每歲延師教其子弟・十年以後・當必大成・無徒以此會文・遂謂足仰邀神貺也・此尤余所期於山靈及合鄉人士者也・因備書捐金總理各姓名於石・以諗來者・

溫颸 字仲道・號陶舟・德慶己卯舉人・四試禮部不第・卒京師・颸爲承恭子・承恭深於史・颸則好研經・高要彭泰來志其墓・謂能出入漢宋諸儒水火之説・平心以求其安・所著有易繫詞解一卷・古本大學解二卷・書序辨一卷・秦楚之際月表辨一卷・宜善堂集六卷・德慶志注存・

書序辨論 見德慶州志卷十三

書序僞造篇目・其畧有四・一倣擬・二緣飾・三補綴・四搆造・四者之外・則又取其篇之次第而分之・若咸又分爲四・説命太誓分爲三是也・順其篇之前後而附之・若帝告下添出釐沃・夏社下添出疑至・臣扈原命上添出伊陟是也・兼此六術・而百篇之數具矣・所謂倣擬者・如因堯典而增舜典・因皐謨而增大禹棄稷・因沃丁而增亳姑・因賄息愼之命・而增旅巢命旅獒・此兩事相比倣擬而增者也・所謂補綴者・如仲丁河亶甲祖乙三篇・乃因夏本紀仲丁書闕不具一語・以意揣摩・造作篇名・史遷仲丁書闕不具句上凡三君・而作僞者亦止仲丁河亶甲祖乙三篇・篇數不多不少・恰補史遷之闕・篇名亦不更造・即以三君之名名篇・僞迹亦顯・此乘間規摩補綴而增者也・所謂緣飾者・如成王政將蒲姑二篇・篇目杜撰不典・其實乃取周本紀東伐淮夷・踐奄・將遷其君薄姑・作多方一節・分踐奄句下增入一篇・分將遷其君薄姑句下增入一篇・將史記多方一叙・割截爲三・此因事詭託緣飾而增者也・所謂構造者・如汨作九共槀飫・十一篇同一序・案伏生尙土書大傳・虞傳有九共篇云・予辨下土・使者平平・使民無傲・此序帝釐下土・方設居・方別生・分類三句效之・衍九共爲九篇・其汨作字似取洪範汨陳其五行

意・橐飫字似取含哺鼓腹意・皆影合唐虞時事・此架空搆造而增者也・顧氏炎武曰・益都孫寶侗仲愚・謂書序爲後人僞作・逸書之名・亦多不典・今考傳記引書・竝無所亡四十二篇之文・則此篇名亦未可盡信・嗚呼・孫顧兩公之論・其有深識哉・

陳孝女傳

陳孝女・高要之沙步鄉人・父季循・素好善・年老始生子杏甫及孝女・杏甫年十四歲・偶隨父至羊城・道遇術者・遮季循問曰・此公之幼孫乎・曰・非也・吾垂暮乃得此子耳・術者曰郎君貌當夭・以相法觀之・年十八歲必亡・然急取婦・當生兩男而後卒・遲恐莫待・將絕公之嗣・公早爲計・季循從之・明年杏甫年十五・取妻吳氏・連舉兩男・長棟・次彪・而杏甫死矣・果十八歲也・是歲爲順治之庚子年・杏甫亡妻吳氏踰年亦殞・遺二子・大者纔四齡・少則僅及周歲・季循年益衰老・兩幼孫既失母・呱呱索哺乳・生死幾莫能保・孝女時方及笄・許字蘇坑張姓・親迎之期至矣・孝女手百金・自斷髮置彩輿中・退立庭前語曰・吾父老・兄嫂不幸並亡・所遺二幼孤・孩穉無可倚恃・吾決不嫁・撫兩姪・續父之後・今手剪髮自誓・幸歸爲我語張家・以此百金改聘他氏女・勿奪吾志・孝女既矢節奉老父以壽卒・慈畜兩孤兒・長棟肄文・次彪肄武・並遊庠序・又各抱子・孝女耄老・乃闢靜室・焚香奉佛以終云・

嗚呼・孝女之沒百餘載矣・其節卓卓如此・族之人能述之・鄉之人又能述之・今沙步隔江名石頭・地有菴曰陸修・是其遺蹟也・杏甫後歷七八傳・子孫凡四五十人・皆不忍忘孝女・孝女之節偉矣哉・

黃　釗　字穀生・一字香鐵・鎭平人・嘉慶己卯舉人・官潮陽教諭・除翰林院待詔・釗負詩名・與張維屛黃培芳譚敬昭等稱七子・性亮直・篤於交友・盛大士謂爲獨行傳中人・著有讀白華草堂詩鈔初集九卷・二集十二卷・苜蓿集八卷・梅曾亮淩堃包世臣爲之序・讀白華草堂文集・並存・

覆顏魯輿開府書

月之初七日得初一日手示・并寄示抄說・仰見遠識深慮・大畧雄才・出萬全無患之策・爲百世不易之論・當今此事・更復誰推・伏讀之下・惟有拍案隱几・斫劍浮白・冀拭目以見此論之行・而特未敢仰測廟謨契合否也・逆夷自蕭岡三元里鄉衆痛勦之後・始有懼心・特痛恨坐失事權・縱賊貽害・反戢兵講和・蒙蔽聖聰・吾不知衮衮諸公・是何心肝以奉至尊也・蒙意義律者・逆夷市儈中詭黠之巨魁耳・伯麥者・逆夷市儈中之潑皮者耳・觀蕭岡三元里鄉衆斬逆夷一百餘人・伯麥與焉・其非統領將帥可知・伯麥殲後・登臺而思復仇者惟義律・其別無酋目可知・誠如閣下所論・夷船聚集黃埔・酋目紛紛出入十三行夷館・恩信所不能結・機會豈無可圖・餘人無足責・吾不知身歷戎行・行年七十許之文人・當日何以得此重名也・方是翁之來也・逆夷已逼省垣・蒙竊料其必由從化增城遶出東莞新安・斷逆夷之後路・而竟不然・此猶謂省會爲重・不可不先入省城以鎭定之也・迨五省弁兵陸續到粵・蒙又竊料其必當分散各處・安營如棊布子・庶攻勦之際・出奇制勝・變化不測・謂老於行陳者・部署

必能如此．而又不然．而以數萬之客兵．率聚於一城．蒙即知其戰矣．而後日川楚之兵．驕縱恣肆．殺人於市．茫無師律．遇敵而潰．又蒙所逆料及此者也．

嗚呼．文官飲珠江之水．即能變其操守．武官飲珠江之水．亦即喪其心肝耶．而大帥且謂粵人皆漢奸．試思蕭岡三元里數萬衆．擒斬逆夷者．豈亦漢奸耶．閣下膺國厚恩．肩國重寄．粵與閩雖分界．而實同舟．飛章入告．固所應爾．而區區以局外之身．蹈位卑言高之罪．閣下所未及者．纏結胸臆．亦正如刺在喉．不能不傾吐耳．

吳大令字雲機．讀閣下抄說．贊服不可名言．蒙詢以有所建議否．則謙讓未遑．渠意似以爲將來水師．可改爲陸路而以水勇充水師．水師備弁皆於水勇拔補．如此則可得良材．而特慮三百號船中．敢死之難多得其人也．而蒙則以爲三百號船．有敢死士數十人爲之統領而練習之．其始雖未必盡皆敢死．久而習之．則皆敢死矣．然即使器得其用．將得其材．而駛至外洋．則仍彼之所長．而我之所短．如粵省今日逆夷深入重地．虎門以內．以此擊之．必可使其片帆不返．若虎門以外．則難必其制勝耳．惜乎今日粵省之坐失事機也．臨穎不勝扼腕歎息之至．

楊明經論

楊明經自崇禎國變後．入閩謁唐王聿鍵．授監軍道．唐王死汀州．蘇觀生定粵．復援立唐王弟聿𨮁．明經隨至粵．當是時．惠潮劇盜黃海如閻王總邱文德劉公顯陳大智蘇誠黃團元林學賢陳耀等．各擁衆攻城掠邑．明經故才辯．謂招降之．可得精兵十餘萬．東連漳泉．北制汀贛．足以抗王師之踰嶺者．先是贛州破．陳邦彥勸觀生急趨惠潮．扼漳泉．觀生不從．至是始奉聿𨮁．以明經巡撫惠潮．未至而大淸統帥佟養甲旣由贛州入潮．遣閩衿黃夢麒諭降諸寇．惠潮長吏皆降附．即用其印牒．廣州報無警．而與李成棟兼程進兵．明經知事不可爲．遽歸鎭平．平南王入粵．奏授明經柳慶道．累徵不赴．久之始卒．

黃釗讀觀生傳．多貶辭．似謂觀生一死不足以塞責者．夫觀生亦維不當奉聿𨮁與永明爲難耳．然永明之立．觀生固欲與其事．因丁魁楚素輕其人．拒不與議．呂大器復叱辱之．其急功殉名熱腸旣無可施．因激而爲兄終弟及之議．援立卑幼．彭燿之見殺．亦因其詆而殺之也．吾不知當日永明諸臣．何絕之已甚也．載筆者因貶觀生．乃併其同僚而亦貶之．於梁朝鐘則曰．喜談論．於關捷先則曰．小有才．於明經則曰．好大言．夫朝鐘之死．從容就義．純廟不予觀生之僨事．而於朝鐘之節．獨賜之謚．固未可輕議也．朝鐘語人曰．內有捷先．外有明經．强敵不足平矣．傳亦因而譏之．夫明經之策．非大言也．誠使佟督少緩入潮．明經馳至．先諭降諸寇．扼漳泉．控循梅．爲廣州屏蔽．不可謂非勝算也．天將與我朝以萬世之基．使之計能及．卒無及者。天也．天命自歸．自以林泉爲汐社．亦賢於劉夢炎輩遠矣．

（見海雅堂集．）

明謝霜厓給諫詩序

余嘗讀殘宋謝皐羽之詩．如遇其人．如荒厓絕嶂．披髮呼號·狷聞之而腸裂·鶴和之而吭喑·妖鳥九頭·譆出於樹巔·山鬼獨脚·彳亍於崖足·嗚呼·是奚境耶·是何遇耶·乃三百五十餘年·復有望帝子之舟·辭侍郎之嶼·繭足荒山·竄身異地·欲填海而石無可銜·欲移山而塵且弗動·天柱折·地維缺·海魚吹塵·訓狐厭血·嗚呼·是奚境耶·是何遇耶·何三百五十餘年之迹·迷離景響·恍惚依稀耶·而余獨怪其所入之劫灰·因其所出之苗裔同·豈三百五十餘年之臯羽·五庚申之局既終·一甲申之變復見耶·夫西臺之哭竹·如意碎矣·變而哭芷·變而哭石。今古茫茫·一慟幾絕·其放言自序曰·風雅頌俱亡矣·風雅頌亡而騷作也·是詩也·祖乎騷者也·夫國亡家破·徒以老母故不死·宗祧幾無意矣·尙何心於祖騷·其爲騷也·心聲之肖也·而尙欲以唐宋詩人方弗之·則是陳叔寶之流也·明亡而我朝興·道光丁未。其同里諸君蒲瑞刋霜山草堂集·而屬釗序之·其里居出處·事蹟見於本傳·不復贅云·

明義士江寧黃石齋先生祠記

今皇上御宇之三年·廷議以明臣漳浦黃道周從祀文廟東廡·道周諡忠端·世所稱石齋先生也·同時有江寧義士黃石齋·先忠端殉節死·義士名安·字定公·亦號石齋·父恒泰·官工部主事·義士故江左名諸生·仁和孟長民進士出宰潮陽·義士來潮參幕·値海盜蜂起·軍書旁午·日不暇給·闖賊入京師·莊烈帝殉社稷·義士聞變痛哭·旋赴縣署西偏井中死·時寇氛正熾·因就井旁埋其骨·國初潁上王君覺民令潮陽·遇義士僕·述其始末·爰作記勒石於井旁之龕·邇年有設其主祀於郭北大忠祠者·十八年·署潮陽縣事錢塘吳公均·乃建特祠於北門外里許·爲堂三楹·棲奉壯繆像·崇明祀也·於□月鳩工庀材·凡□閱月而工始畢·時吳公已調署揭陽·郵書屬釗爲之記·余惟吳公權潮陽篆·興除數大事·皆潮人夢寐所不及·斯祠之建·亦所以振頑懦·崇義節·整風俗也·夫義士以一韋布丁國變·非若忠端必不可不死而卒死·語曰義士殉名·義士信烈矣哉·而並世兩石齋·同姓同殉國難·亦輝映千古云·

賴其肖傳

賴其肖·字未若·一字若夫·鎮平句馬鄉人·父如保·爲雲南雲州刺史·其肖生而警捷·甫就塾·授四子書·過目成誦·常與羣兒戲·塾師見而責之曰·若夫爲不善·其肖遽應曰·若夫豪傑之士·師大奇之·天啓末·補邑弟子員·時鎮平尙隸潮州·其肖赴潮·試南昌·萬元吉爲潮州推官·靑年負氣節·獨奇之·甲申之變·其肖方赴省垣·至河源·聞難急歸·嗣聞福王立·乃團聚里中義勇·結寨爲拒土寇計·乙酉·江南破·唐王聿鍵即位閩中·時萬元吉以兵部尙書總督軍務·與督師閣部楊廷麟守贛州·其肖將赴之·俄聞大兵破汀贛·唐王就執·楊廷麟萬元吉皆赴水死·先是增城侯張家玉至惠州·說山賊約赴贛州·其肖因與結·家玉遽歸東莞·大兵統帥佟養甲及李成棟由汀漳至潮·略循梅·趨廣州·時丁魁楚等已擁立桂王子永明王由榔於肇慶·蘇觀生又擁立唐王弟聿鐭於廣州·其肖遂與弟其賢據鎮平·以明宗室朱慈春主軍政·大兵統帥遣副使文貴金領兵至·其肖設伏於

勒馬寨・與戰僞敗・貴金已克三寨・乘勝至勒馬寨・單騎先入・伏起遂殺之・四月總兵許友信統兵至牛圳磔・與戰復敗之・其明年戊子四月・閩師鄭鴻逵以朱由桂起兵揭陽・其肖因以慈眘擊平和・不克・是時大兵已破廣州・聿鐭死・增城侯張家玉・職方主事陳邦彥・閣部陳子壯・謀起兵襲廣州・其肖將應之・無何・指揮楊可觀事洩・子壯兵敗死・乃以兵返鎮平・己丑十二月・王師克南雄・庚寅三月・度大庾嶺・時海陽以南俱送欵・其肖勢頗蹙・乃退入邑西北長潭口內・據險自固・計與平遠爲犄角勢・而惠潮巡道陸振芬與總兵班志富已克復平遠・將掃蕩諸寨・振芬故幾社名下士・爲陳臥子夏彝仲諸君子所器・耳其肖名・不忍覆絕之・乃先期易服隱姓名・至其肖寨中・諷其歸順・其肖誓以死報明・振芬乃以實告・且令其速遁・是夜見村中火炬由西北山路去・越二日・班志富等統兵至・僅空寨・其肖不知所往・

論曰・賴其肖我大清之頑民・固前明之義士也・余嘗攷端州紀事及陳子壯傳・順治三年・明兩廣總督丁魁楚・廣西巡撫瞿式耜・巡按王化澄等・迎永明王朱由榔於梧州・十月十四日・由榔至梧州・監國肇慶・建號永曆・當是時・嶺表抗王師而稱義旅者・皆以永明爲詞・十二月・我師入廣州・四年春正月・永明奔梧・提督總兵官李成棟入肇慶・而陳子壯陳邦彥及王興賴其肖等・先後起兵・謀攻廣州・陳子壯者・明禮部侍郎・陳邦彥者・明職方主事・王興者・初起草澤中・嘗攻城據邑・永明拜爲虎賁將軍・後永明奔滇・粵地悉平・獨興提孤軍・踞新寧五年・興饑乏食・兩藩以重兵臨之・半載・興令其子侄奉母出詣大軍約降・是夜積火藥樓下・率一妻十五妾自焚死・平南王義之・養其母終身・陳元孝詩所謂・炎方有義士姓王名曰興者是也・夫明之永曆・轉徙偏隅・留須臾之閏位・與宋之祥興・無以異也・陳子壯陳邦彥諸人・雖昧於順逆之理・其志則與宋之張陸・無以異也・則若王興若賴其肖者・比之鄒渢謝翶之徒可也・永明既奔滇・粵地盡入版圖・賴其肖始變姓名遁・夫其肖爲前明諸生・父如保・爲雲州刺史・其起兵也・傳紀紀之於陳子壯陳邦彥・王興固非寇之也審矣・故老傳其肖據土抗命事・皆訾其桀驁不馴・即其肖宗族・亦若外之爲寇焉者・可以見當日王師之來・望若時雨・如其肖之頑民・眞絕無而僅有・乃以其爲頑民・而遂儕之於土寇・鎮平舊志至與徐黃毛涂武子同列也・吁・亦過矣・（讀白華草堂文稿）

勞光泰 字靜庵・南海人・嘉慶庚辰進士・官湖北蒲圻縣知縣・累官至武昌清軍同知・落職・以軍功開復原官・再以帶勇潰散・罷歸・光泰喜任事・尤熟於河防水利・宰蒲圻時・成瀕江大堤三千六百丈・尋監利堤勢岌岌・大吏以光泰通河務・檄權縣事・光泰不待檄下・先期規畫・全堤鞏固・然後到任・民以爲神・

監利隄工記

楚北隄工・監利爲鉅・監利隄工・今年爲鉅・而又至難・監利江沱潛漢皆有隄・沱潛漢隄各長二三萬丈・江隄六萬九千七百丈・他縣未嘗有也・今年沱潛各隄皆大修・江隄加修一萬六千丈・又尺八口下退築二月・隄一千五百七十丈・翻沙五六里・深至八九尺・經費十餘萬・皆民輸・前此未嘗有也・故曰・鉅且難也・然邑人不謂難・謂余始到職・

曾出險地而安之・而欲與圖久安也・余去年七月所搶之險・前此未嘗有也・時到職二日・中九工報險・比馳至・乃朱三工發漏無算・水復與隄平・余亟塞漏・亟加高・而水輒長・皆股慄不敢近・余以輿坐低險所・疾呼乃前進・己水高隄面三尺・新加之土・危若纍卵・又越二日・廖六工發大漏・甫施築工程・隄又內塌・已開口・挽大船壓之・以麻布袋盛土塡其罅・隨向外築・得少安・各旬日・尺八口下報岸坍・余至・則見隄身僅一綫・遷避者紛紛・若鳥獸散・余止之・使從內築・此外尚有傾漏十六處・凡搶險二十四晝夜・而卒能固存・歲則大熟・民心壯焉・故樂趨事・及春殫工・而忘其鉅且難也・余既綜其事・與築隄之作・作爲詩歌而復爲之記焉者・欲邑人民長無忘去年搶險之時・遂長如今年之修築・而可以久且安也・是爲記・

陳　曇　字仲卿・番禺人・廩生・曇生有異稟・伊秉綬曾燠皆奇其才・嘉慶中・新會盧某濫祀鄉賢・與同縣劉華東合廣州士人訟於大府・事尋上聞・欽使涖訊・對簿抗論・卒罷祀・舉者及巡撫以下皆獲譴・曇亦麗薄罰・而當道有嗛之者・遂入都・應順天試不遇・尋爲澄海訓導・卒・曇生與明鄺露同物・人謂爲露後身・故又號鄺齋・著有感遇齋詩集八卷・文集四卷・師友集二十卷・文學碎金・南北史姓名詳錄若干卷・鄺齋雜記八卷・

端人集跋

古端人集四冊・高要彭春洲明經所輯・同郡詩人十九家・而終之以先德東郊先生者也・端人之詩・有流傳人口而未成家數者・寗從割愛・有方隅所限・而聞見所不及者・概從闕如・蓋以紀一時風雅之會而已・將來或補或續・春洲將自爲之・抑後人踵而爲之・蓋有待也・而非以此爲斷也・攷元結篋中集・錄七人詩二十四首・而其書盛傳於後世・殷璠河嶽英靈集・錄二十四人詩二百三十四首・姓名之下・各著品題・隱寓鍾嶸詩品之意・至若金人之中州集・元人之宛陵羣英集・或就詩以存史・或就地以選詩・作者之旨既異・其書自不得而同・

今春洲閉門却掃・既貧且老・而於同郡之人才・惟慮其放佚・勤勤焉手錄其詩・以冀其傳・其用心之厚・亦可感已・是集與曇相知者七人・何叔度明經・陳雪漁教諭・兩君蹤跡最密・春洲以此集郵書相示・輒就所見・跋而還之・道光二十六年三月既望・番禺陳曇・

馮龍官　字孟蒼・自稱馮孟山人・順德人・年十二・補縣學生・從粵秀書院肄業・甫冠・出作汗漫遊・沿楚入蜀・所至與名流講求學問・歸則聚羣書・窮日夜研究・嘗取周秦廿八書・文選・玉臺新詠・各爲考證・又集弟子職・急就章・爲幼學十書・思註十四經・先成孝經數萬言・爲蟻蝕・歎息中止・平生尙風節敦古處・南城曾燠汀州伊秉綬慕其名・皆不一晤・及伊得罪入獄・就獄中與訂交・阮文達聘修志・不就・爲文洋灑千言・攷據精博・喜金石文字・著有十四經附錄・爾雅注・說文解字註・古籀文註・幼學十書十五冊・馮孟文二卷・

游羅浮山序

羅浮山之勝・言人人殊・嘉慶十一年之四月・番禺陳學生仲卿・要潮陽林監生鋏笛・贛袁貢生永伯・同縣陳舉人子常及余同游・而所會心亦不同・鋏笛顧以爲靈異者近是・而

仲卿曰．師嘗以冷艷稱鄺湛若氏詩．曇於茲山亦云．余聞之．殆不能復爲說．而抑重有感焉．今夫人與山．同生於天地之間．聖賢而下有名士．五嶽之外有諸名山．名山可數計．名士亦豈易得哉．山之在境內．人皆知之．而或不以異．即異之亦不足以稱之．其稱之必自外至焉者．其在境內．則必其非常之人．而又能潛孚默契於其深者．既稱之．然後天下後世翕然信而和之．如羅浮之始稱於陸生南行紀．太史公復以爲南岳佐命．逮袁謝及子瞻氏．繼而稱之．而吾廣亦有湛黃陳黎諸先生．日游而娓述焉．而其名遂以不朽．士之知遇．蓋猶是也．

士有德行文章．山有泉石物產．物產可通於世．且不必盡人而需之．文章或見於時．且不必盡人而識之．而況夫能領泉石之趣．與足觀德行之眇者乎．士幸而名位通顯．則稱譽日隆．而多返於其軌．山亦幸而院刹修治．聚集煩多．人輒慕而往游．而或囿於所居．無以得山之眞趣．設不幸而兵荒洊至．林焚物謝．居室就傾．見者咸以爲小惜．或且詆爲童然．不堪駐足．而高人逸士．樂耽幽寂．反得以領畧於無窮．亦如人不幸而文於貧賤．士林減色．而識者幸其閑曠．與之游處．玩其文章以推其德行．知其名所以不朽者自在也．今日之羅浮．而前此之羅浮．與後此之羅浮．所以悠然於五嶽之外．傀然於天地之間者．可如鄺氏詩以冷艷會之．而比擬諸山．若高若廣．與夫四百三十二峯．十五嶺．十八洞．十二長谿．九百八十瀑布．璿房瑤室亦七十二所．以及一切道釋傳會之說．可勿拘拘也．

是游爲日不久．於山有至有不至．其至者余既以載諸日記．其未至者期以再至．而或能爲久居．則將環覽窮探．以參舊志．削繁攷實．撰爲羅浮山錄．而別發其意於此．質之同游．以爲何如．鎮笛有詩若干首．又永伯子常詩若干首．仲卿詩若干首．併游記．余亦有百三十韵詩一首．具如錄．二十二日己亥子夜叙．距游四日．陳盜之亂五年矣．順德曼生馮龍官．

擬唐翰林志序

翰林志者．唐翰林學士左補闕肇所作也．維肇實同國氏．宗貫未聞爾．其仕履初官尚書左司郎中．嘗續劉餗小說．成國史補三卷．既自監察御史司入充翰林．尋改補闕．後爲中書舍人．坐薦柏耆左遷．將作少監．是志作於憲宗元和十有四年己亥之歲．正乃所謂遡紫霄登玉署之時．簡文温理．本末桀然．可攷而知．猗歟媺哉．洵昭李唐之鴻規．翰苑之冠典．巴庸乘三昧．記陳故事．敷繹事義．而爲之叙曰．

若翰林之設．主掌國史圖籍．制誥文章．以及撰述編纂．僕直經幄．蓋觀繼明照四方之象．以麗乎正．取諸離也．亦用山犬之象文明．以上觀人文．化成天下．取諸賁也．紬從二京．金馬待詔．東觀校書．開元以來．專官立院．館閣儒臣．併爲定職．是志則舊參學士．而新□翰林．畧漢侈唐．沿制置也．載宣公貞元之疏．列德順兩朝之釁．示防弊也．覼縷制體．暨所用寶紙函鎖．標格式也．禁嚴漏洩．著機密也．備時節供賜服食．與夫門廂廳樓榻壁．花樹雜植之繁隘．紀恩榮．慶安適也．次班僕出入及八博．諷勤愼也．當是之時・選用綦重・禮遇至隆・號為內相・又或以為天子私人・唐家方二百年・殆於來去閒而觀文・轉麗正而履險・首援宋昌之言・肇之意亦深矣・是蓋以為翰墨之任・最稱清要・入則持橐殿中・出則扈蹕屬車閒・平時從容・伏悉深宮憂閔元元勞心求治之意・因而載於制書・以鼓動天下・藉非學足以明古人之大體・智足以達當世之切務・篤實廉恥之操・足以容諏而不疑・討論潤色之宜・足以付托而不負・豈能發揮帝王之蘊・藹然為治世之華藻・播告四海九州之遠・垂名千百代之久而無窮哉・厥後洪氏遺事・兼輯前文・元韋有記・執誼故事・楊有舊規・丁有壁記・張有盛事・李有雜記・有讌會集・蘇氏父子若續若次・又稽四庫所采適總館閣之錄・有若致道之麟臺故事・子充之玉堂雜記・元之秘書志・明之翰林記等書・類皆依仿於是志・逮我皇朝・詞林典故一編八卷・仍張位之舊名・定瀛洲之全籍・疊承臨幸・億禩餘歡・詎止軼古而超唐・要以肇所作為大輅之推輪焉・是故百官之志・國史難詳・著作之材・承明共仰・不徒惟瀕海鯫生・得登木天・窺重麗用文之指・偶作飲水思自觀已也・

按唐宋藝文・是志並一卷・故所寫書分十三科・中缺一字・凡三千五百六十又九云・

梁氏春堂藏書圖記

順德明蘿邨梁氏名梅・初名發・字錫仲・又字子春者・以其父寓居會城・有堂焉以養其母・而即藏所讀之書于其中・曰春堂者・同縣馮龍官奉母所署而移以署之者也・乃寫其志為圖而自敍于後・以問于龍官・龍官乃再拜而告之曰・子固有志于學者也・夫學豈第讀書云爾哉・若學于古訓・若多識前言往行・若學以聚之・讀書未嘗非學也・然而弟子學文・則曰・行有餘力矣・好學則曰・敏于事而慎于言・就有道而正矣・又曰・不遷怒・不二過矣・即博文亦必兼約禮矣・即所謂時習與夫日知所忘・月無忘所能者・皆不徒斤斤于呻其佔畢之云也・又況子也・少孤有母與兄・其為溫定凊省常儀而外・凡可與其兄以旦夕娛母者皆學也・而立身行道・揚名於後世・其大焉者・又其後焉者矣・然則讀書猶非學之專務・況多藏乎・抑子之志・以為其母寶好勤・每減常御為廣購書以資子讀・是亦罔極之德・則昔者龍官亦嘗有此・既而悔之・以為養身亦即養心・而分憂實以詒憂也・

雖然・亦有學而不必其讀書者矣・貧賤則羣居終日・言不及義・好行小慧・富貴則有民人焉・有社稷焉・何必讀書・然後為學・而究之患得患失・無所不至・或且忘其身以及其親矣・彼以讀書為支離者・特其溺于異學・而猶未絕于人倫者也・今子能順承堂上・盡出所藏・習而讀之・而立愛立敬以畜其德・問以辨・寬以居・仁以行・而有獲于古訓焉・則可以登高賦詩・亦可以出而從政・而事與言與所知所能為交致・而所以娛母者在是・所以為學者亦在是矣・惟子與龍官有同志・故以邇言進・子也察之・

羅學鵬 字秩宗．順德人．國學生．喜談經濟．嘉慶中．海賊張保內犯．上書制府．條陳勦禦方畧．不報．又好搜集鄉先正詩文集．雖殘篇斷簡．皆手自纂錄．既累試不售．乃累所錄成廣東文獻五集．鬻所居次第刊行焉．今存．其自著別有春暉草堂詩集．未見．

廣東文獻初集自序

吾粵自樓船下瀆以來．中朝之聲教日隆．嶺表之人文蔚起．文獻之盛大矣．並驅中原矣．逮奉聖朝．文治光華．聲教四訖．典章完備．美善兼賅．不且度越前古也哉．

緬維曩昔．歲舍旃蒙赤奮若．學鵬授經佗城．散步藝苑．搜剔叢笥蠹簡中．獲覯曲江之張．文溪之李．暨陳湛邱梁劉峯南園諸先正遺集．擇其尤雅者．錄而存之．將十稔矣．近恭閱欽定四庫全書總目．則枕中之秘．强半屬焉．然後知此書實為天府之琅函．匪直方州之掌故已也．乃亟謀鋟板以公同好．蓋四庫全書．藏之館閣之中．外人罕得循覽．已蒙聖恩．於江浙之揚州鎮江杭州三處．搆秘閣以珍藏．委妥員以董事．俾士林易於抄錄．是嘉惠士林之盛典．實曠古所未有．

吾粵僻處偏隅．道遠莫致．今此書雖非全豹．亦可窺見一斑．南人而操南音．或可為大雅君子好古之一助乎．至於原集卷帙浩繁．未遑悉錄．非敢妄為去取也．李忠簡有言．儒者立言．苟於世教無關．人國無補．不過組章繪句．悅儒生口耳．楊子雲邃於元．不如劉更生攻外戚一疏．柳子厚雄於文．不如昌黎論佛骨一表．尚論古人．大節為先．不僅在言語文字間也．故拙選所錄．恒奉此意為兢兢．要之舉要而不舉詳．貴精而不貴多．亦已探驪而得珠矣．況書欲流通．在乎簡便．若汗牛充棟．勢必壅滯難行．坐令先正之錦帙牙籤．復消殘委翳於叢笥蠹簡之中矣．豈不重可惜乎．倘存見少之思．則有原集在．可覆按也．梓成為叙其緣起如此．嘉慶甲戌花朝．順德羅學鵬雲山氏自題於鳳城東畔之春暉草堂．

廣東文獻二集自序

客歲編輯廣東文獻初集．就正有道．幸不鄙夷．復荷郵示粵中先正名編．爰是增輯二集．其大指猶夫初也．而有未盡焉者．初集於志節之彥．尚未及悉．茲以所得忠孝文章．凡若干卷．合而刻之．欽惟我皇上文思光被．薄海從風．罔不探名山之秘．開石室之藏．以呈奇獻媚．而況忠孝文章．為人倫之綱紀者哉．

或謂余襄公遭際盛明．身名俱泰．似與蒙難艱貞者迥別．抑先儒不云乎．平居無直言敢諫之氣．臨難必非捐軀殉國之人．襄公直道批鱗．彰彰史冊．況奉使强鄰．寄身虎吻．非辦一死．必不敢行．故節不必為公期．未始不可為公信也．逖稽往牒．揮魯陽之戈．取虞淵之日．類皆有位號之人．從未有草茅下士．閉門草疏．伏闕上書．卒能掌半壁之天．綿將絕之緒．如陳忠烈公者．豈非千古絕無僅有者乎．維時共患諸賢．不一而足．即如抱琴而死．從容就義也．時則有若中翰鄺公．矢窮援絕．巷戰揮戈．慷慨捐軀也．時則有若烈愍黎公．預知國恤．志决身殲．無可去之義也．時則有若節愍韓公．之數君子者．本忠義發為文章．即以文章傳其忠義．所謂忠義文章．與天壤同不朽者．端在乎是．然論者謂欲求忠臣必於孝子之門．人苟無忝所生．本至性．發鴻文．自足令人可歌可泣．而況綜首郡名徵．標其芬躅．不且光騰穗石．秀發仙踪耶．若潘郡博廣州鄉賢傳一書．昔人方之遷繼談史．固續彪書．是所謂以繼述爲孝者矣．

若夫各府儒先．嘉言懿範．未遑攟摭．因竊取曾大父所輯列郡名賢錄．附而鐫之．雖不敢妄與此邦文獻之傳．然跡其循陔致養．遇寇全親．久蒙當塗謬獎．月評交推．已採入郡邑志乘．或庶幾無忝所生者．矧其書近自韶雄．遠屆奇甸．舉凡桄林蕉埠之墟．蜑雨蠻烟之俗．罔弗網羅散佚．殫見洽聞．然後薈萃成書．得與廣州鄉賢傳相輔而行．以備荒陬之掌故．此與鄉賢傳所謂合則兩美．離則兩傷者也．

謹按吾粵自元鼎以來．鮮有裒集羣籍．所繇散佚孔夥．良用惋惜．惟勝朝神廟中．蘄陽張公邦翼視學粵中．輯嶺南文獻三十有三卷．其書分書頌表疏序記論說詩賦十體．自謂脈存孔孟之眞．不竄佛老之似．同求伊呂之實．無慕董賈之名．於以齊六紀而正三綱．類萬物而周八極．厥後晉江楊僉事猶病其簡畧．欲爲補遺．而禺山屈華夫則謂其書分體而不分人．失却本來面目．是直以文選之體．冒文獻之名．且極論其稱嶺南之非是．因欲自著廣東文集凡三百餘卷．而論者又慮其繁雍難行．是集於前人所呵．不敢復蹈矣．但去取未知當否．尚望大雅君子進而教之．嘉慶丙子桐月．順德羅學鵬雲山氏自題於鳳城東畔之春暉草堂．

廣東文獻三集自序

惟有明五葉宣德紀元之三年．龍集涒灘冬十月戊申．陳文恭公白沙先生．鍾光岳全氣．篤生於古岡州都會村．先是中星見於粵分．望氣者言．黃雲紫水間．當有異人應運而興．至是而先生出．倡明正學．上接洙泗淵源．下成海濱鄒魯．泝自閩粵以來．蓋千五百年於此矣．維時請業者．戶外屨綦滿．升堂覩奧．實繁有徒．而論者謂出而行其道．惟梁文康相業最隆．處而傳其道．惟李子長獨得其旨．嗣是聞風興起．則有霍渭崖．黃泰泉．楊復所．陳淸瀾．葉石洞．龐弼唐諸君子．雖其間言論風旨．不無異同．要其所趨一也．一者何也．曰仁也．仁．人心也．即天地之心也．人能以天地之心爲心．視天地間物．一如己物．由是格天地間物．以默會於吾心．因即吾心所會．絜度天地之心．此修齊治平．中和位育．不外吾心之全體大用．所謂理學也．處爲碩彥．出爲名臣．一以貫之耳．

慨自異學爭鳴．或有體而無用．或有用而無體．其有體而無用者．冥心獨造．不能施之政治之間．其有用而無體者．簿領紛拏．而不稟之性眞之地．將大學明親之理．看成兩事．凡此皆由格致之功不深．知止之效未到．故眞儒不出．郅治未易逢．無怪乎瞿曇聃耳與管商申韓迭出以相嘗也．蓋亦有講理學而不必爲名臣者．如李子長是也．擲硯棘闈．貧居百咏．簞瓢陋巷．沂水春風．豈必以勛業見哉．若夫爲名臣而不必講理學者．如竇安五帥龐少南葉男兆李獻衷梁森琅是也．夫竇安五帥、龐葉二公邊臣也．獻衷言臣也．

森琅諍臣也・計臣足食・邊臣足兵・兵食足而國勢張・諍臣正君・繩愆糾謬・君正莫不正・而天下平・古大人求志達道・所欲明明德於天下者・不過如此・夫豈有體而無用・有用而無體者・可同日語哉・吾因之有感矣・

吾粤重洋五嶺・川嶽鍾靈・漢唐以來・名儒輩出・藎臣相望・不僅三數君子・今就其所見・已卓卓如此・何其盛也・嘉慶柔兆困敦・學鵬復有事文獻三集・畧弁數言・以見名世挺生・悉禀兩大英靈之氣・鬱積磅礴・久而蹶興・而吾粤中星所臨・其丕應之象允若茲・

凌揚藻　字譽釗・番禺人・增生・學者稱藥洲先生・嘉道間最知名・爲一時所宗仰・其論學・以毋自欺爲端・以躬行爲本・以期於有用爲歸宿・時海寇剽掠鄉落・揚藻爲畫方畧・盜不敢犯・所著有藥洲詩畧六卷・文畧十六卷・續編十二卷・扗楣葩記六卷・四書紀疑錄六卷・春秋咫聞鈔十二卷・所選嶺海詩鈔二十四卷・並存・又有蠡勺編四十卷・今刻嶺南遺書中。

嫡繼並祔議

程氏祭儀・謂凡配止用正妻一人・或奉祀之人・是再娶所生・即以所生配・朱子曰・凡配止用正妻一人是也・若再娶者無子・或祔祭別位亦可也・若奉祀者是再娶之子・乃許用所生配・而正妻無子・遂不得配祭可乎・程先生此說恐誤・唐會要中有論・凡是嫡母無先後・皆當並祔合祭・所議爲允・按唐太子少傅判太常卿事鄭餘慶廟有二祖妣・疑於祔祭・請諸有司・太常博士韋公肅議・古諸侯一娶九女・故廟無二嫡・自秦以來・有再娶前娶後繼・皆嫡也・兩祔無嫌・晉驃騎大將軍温嶠繼室三・疑並爲夫人・以問大學博士陳舒・舒曰・妻雖先沒・榮辱並從夫禮・祔於祖姑・祖姑有三・則各推舅之所生・是皆夫人也・生以正禮・沒不可貶・於是遂用舒議・且嫡繼於古有殊制・於今無異等・祔祀之典・安得不同・紳士之寢祭・二妻廟享・有可異乎・古繼以媵妾・今繼嫡妻不宜援一妻爲比・使子孫榮享不逮也・

或曰・春秋魯惠公元妃孟子卒・繼室以聲子・孟姪娣也・不入惠廟・宋武公生仲子・歸於魯・生桓公而惠薨・立宮而奉之・不合於惠公而別宮者何・追父志也・然其比奈何・曰・晉南昌府君廟有荀薛兩氏・景帝廟有夏侯羊兩氏・唐家睿宗室則昭成肅明二后・故太師顏眞卿祖宗・有殷柳兩氏二夫人並祔・故事則然、諸儒不能異・黃勉齋曰・喪服小記云・婦祔于祖姑・祖姑有三人・則祔于親者・祖姑有三人皆得祔于廟・其中必有再娶者・則再娶自可祔廟・

答李燕濤書 海雅堂集

辱承來書・謬推一日之長・勤勤懇懇・辭甚遜而心甚虛・足以見吾子所養之深・而所造之未有極也・特未轉計爲僕地耳・夫吾子於僕・微論老友不當在弟子之列・即謂弟子不必不如師・師不必賢於弟子・要亦惟傳道解惑者・乃足以當之・僕自顧無狀・舍己耘人・其敢侈然自大・亢顏以從事乎・向黃子伯籍著原師一篇・亦嘗收鄙名以與乎其列・然獨居深念・輒赧悚不自安・至再三走書・令彼削去而後已・何者・誠以師之爲望重・爲道尊・必經明行修而不汲汲於聲利者・然後可以主持乎風氣・苟非其人・而妄予以重且尊之

名號・將後生小子・靡然從之・其隱爲人心風俗憂者良非淺鮮也・噫・夫豈易言哉・近世師道益衰・而事之者亦益薄・居其任者・類皆以升斗視之・而不復自修其模範・是以其望易狎・而其道易輕・夫以益衰益薄易狎易輕之事・而欲經明行修・不汲汲於聲利者出乎其間・於以長人才而裨教化・難矣・

僕八歲入家塾・比長出而從當世之大人先生遊・見夫高坐堂皇・誦說經義・環皐比而侍者數百人・意謂彼以孝責人・必其無忝於孝者也・彼以忠教人・必其克盡夫忠者也・彼以廉與節勉人・必其無不廉無不節者也・徐而俟之・然後知程課之外別無事業・帖括之外別無文章・拜謁之外別無儀型・奔競之外別無經濟・而凡所謂忠孝廉節者・殆如優孟者之陳冕服焉・下塲時即非其所有也・

且夫師豈惟是說經硜硜云爾哉・昔魏照欲師郭泰・泰曰・當精講義・何勞相近・照曰・經師易得・人師難求・照之來・欲以素絲之質・附於朱藍焉耳・信乎斯言也・今之道學夫子・能自問者幾何人・而況於僕也哉・而況於僕也哉・比年來饑驅旅食・不能不餬其口於四方・然不過授之書以明其句讀・相與學爲穿鑿破碎之文・雖復下帷鍼服・埋照息影乎其中・究無裨於立身行己之方・與經國治人之道・捫心自咎・愧悔何如・而欲使之效大人先生之所爲・以希乎重且尊之名號・毋乃不自量之甚・而自欺以欺人乎・吾子誠欲往來言所聞・俾僕得收切磋之益・凡有著作・賞奇析疑・相與共勉乎義理之指歸・講求乎當世之實務・無誘於勢利・無望其速成・則於古聖賢闇然日章之學・雖未能窺見底裏・而亦可以弗畔於道也已・吾子以爲何如・幸更有以教之・

虞祭辨

儀禮士虞禮・初虞曰哀薦祫事・再虞曰哀薦虞事・三虞曰哀薦成事・三虞卒哭・鄭康成謂虞安也・骨肉歸於土・精神則無不之・故三祭以安之・檀弓曰・及日中而虞・葬日虞・弗忍一日離也・是日也・以虞易奠・今俗以人死七日而祭・至四十九日則卒哭・而亦曰虞・王棠謂古禮・諸侯七虞・以七日爲節・春秋末・大夫皆僭用七虞・今逢七日必祭・凡七祭・蓋因虞禮而誤用之也・

按虞爲既葬而返之祭・且皆用柔日・惟最後一虞用剛日・拘以七日・安所得剛柔悉中乎・況諸侯七虞・實十有二日而畢・未聞必以七日爲節也・若然・則自初終至四十九日而事已畢・諸侯五月而葬・將送形以往・迎精而返・其日中之祭・可不必行乎・抑別有所指名乎・春秋去古未遠・禮可僭而時不可易・其謬戾當不至此也・蓋七七之說・實本二氏慈悲十王懺法・及上清靈金書・王氏求其說而不得・又從而爲之辭耳・乃今之逢七設奠者・不自知其非・至三虞五虞字面・形諸書簡・柩尚在殯・無不安意・行之竟莫有知其爲既葬之祭者・何怪乎久而不葬者之比比然哉・

雜說

猶是金耳・爲鐘鏞・爲錡釜・惟大冶之所成・金非能自主也・顧爲鐘與鏞者・雖具有鏗鍧鞺鞳之能・而不恆値鏗鍧鞺鞳之用・秘其色則黯然也・蓄其聲則啞然也・或者過而陋

之．以爲天下之不才．而非急於用者．莫鐘與鏞若也．其爲錡與釜者．膏塗而飴沃．朝刮而夕摩．膳夫僕隸爭而寶貴之．謂夫舍是將無以爲食也．彼亦自以爲舍我而饔飧莫與濟也．因常挾其膏塗而飴沃．朝刮而夕摩者．以傲彼鐘與鏞．鐘與鏞無以對也．夫鐘與鏞．實不能遽貶其重大之質．以從事乎饔飧也．大治使之然也．然縣輿而樂作．藉以鳴其盛於夏璉殷瑚間者．當在鐘鏞而不在錡釜．捫蘿剔蘚．錄其欵識以垂諸久遠者．亦在鐘鏞而不在錡釜．

嶺海詩鈔自序

余年踰弱冠．喜譔次同人詩．得蘊而未施於世者二十八人．號停雲集．取靖節思親友意以自娛．非借言選政也．顧從學之士．輒手錄以去．三十年來．遠近傳寫．四方才彥．郵稿就質．而以粵詩續輯相慫恿者日至焉．余維濩落在野．解攬環結綬之歡．縱令十三州郡．薈蕞成編．究無以偏天下十五國風之廣大．則亦鄉曲焉已爾．方隅焉已爾．烏乎可．雖然．昔人有言曰．士生聖人之後．不能師其作．當師其述．述而有其本焉．父母之邦是也．

夫吾父母之邦之詩之選．如嶺南文獻．廣東文選．皆自唐而宋而元而明止爾．錄本朝之作．則自高士黃積庵進士梁崇一始．然采摭未富．不可以爲巨觀．近則温謙山舍人粵東詩海．號稱大備．而見在者弗登．劉樸石太史嶺南羣雅．存沒兼收．又數十家而止．曾莫有處右文極盛之世．擷嶺徼之菁英．蒐海壖之光怪．使與珠璣瑇瑁珊瑚木難石英鍾乳諸瑰瑋以爭衡上國者．不亦爲南交之宅．祝融之墟．陽德之所孕含．炎精之所凝毓．一大闕憾事哉．爰去篋衍所儲．與羣公選本而甄綜之．既又取向所輯羣居課試析疑集芟附焉．合停雲集．得六百四十餘家．更曰國朝嶺海詩鈔．夫而後見我朝涵育之厚．雖海隅一曲．其雲霞蒸蔚．有如是焉．則夫天下十五國風之大之盛．不從可推歟．後之人．誦其言而窺其心．知皆爲精神志趣之所寓．則無論隱顯崇庳．要蘄有合於道者爲至詣．勿謂寥寥華冑外．多窮閻韋布顑頷專一之徒而易視之．則得矣．若乃雄奇綺澹體製之各殊．升降源流指歸之有自．已散見小傳評語中．固無竣屑屑焉騈枝其說．而妄加軒輊爲也．嘉慶二十五年庚辰春上元日．番禺凌揚藻題於桃花潭畔之柘陰草堂．

募修大通寺祖師堂引

大通寺東廂曰祖師堂．供養沙門達岸禪師肉身處也．師在五季時．爲南漢後主所皈仰．賜玉環銀鉢金襴袈裟．勅就珠江南岸廓中宗所剏精藍居之．名寶光寺．宋太平興國三年示寂．數著靈異．政和初．追謚大通慈應禪師．（大通出淮南子．宋法雲僧善本．謚大通．見世宗憲皇帝御選語錄．）是今之稱寺者．以師得名．而港又以寺得名也．（今呼大通滘．音窖．六書無滘字．）

嘉慶乙丑．有長者布金．殿宇房廊．漸次完繕．惟祖師堂爲師丈休歇地．未經始而告乏焉．歲癸酉．寺僧培元乞余言募成之．余向以阻風雨宿僧寮．聽座客言．萬曆戊寅．迎師渡江禱雨．將返．舁之弗動．留訶林者九十年．康熙丁未．乃返初地．又言．乾隆丙午．師拯鵝潭覆舟事．娓娓可敬信．比曉別去．曾未辨其所謂祖師堂者．今來讀書寺中．過烟雨亭．觀師手植柏．禮肉身於斯堂．見冰枯雪老．光金黕然．神宇靜深．符采迸溢．意必有廣大智慧．妙微精魄以主乎其中．焄蒿悽愴．不可磨滅．時與旃檀婆律．氤氳離合於古壇浸漶飛甍陊剝之餘．嗚乎．其可異也已．

夫釋氏之說．以無生爲宗．以有身爲妄．涅槃之後．付以闍維．所以齊生滅而外根塵也．渾去來而超解脫也．今而龕焉幢焉．丹焉漆焉．以從事乎千年之遺蛻．不亦自戾其教．而以所弗貴者事其師乎．雖然．大道不明．事之喜異趨奇者．方日出而未有已也．故其時雲門僧文偃死．後主命迎眞身赴闕．留供內廷．（見周克明僞南漢書）宋僧志言死．仁宗命以眞身塑像寺中．（見宋史方技傳．）師之入滅．在文偃之後．志言之前．安知非諸大弟子沈信痛敬．因時崇尚之所爲．而非師之本志歟．然宋元明累劫不毀．所以使人敬信奉承而不容已者．其靈異要不偶然也．

抑聞之．南漢多授諸僧官．有至紫金祿大夫檢校某部尙書者．有上將軍上柱國某伯食邑十萬戶者．師獨請離城市．而以白足終．亦可謂蟬蛻汚濁之表者矣．彼玉環銀鉢．曾何加於朽骨之馨香乎哉．余喜其梵行高潔．而又異其靈之昭昭也．用約言之．俾持以爲檀那勸．

按禪燈世譜（明匡山黃巖寺僧道志撰）南嶽懷讓派七世雙泉永．（即慧濤）八世廣州大通．（即達岸）是大通二字．非號則諡明甚．而郡邑寺觀志．謂政和六年．經畧使覺民題賜大通慈應禪院．豈世譜中第稱寺院爲授受耶．又方外志言．師不樂城市．偶過大通滘口．（今郡邑志乘．官府文書．皆作滘．沿俗可笑．）入寺愛其形勝．請於後主移居焉．則竟以大通爲滘名．若更在師之前然者．其爲誤尙足辨乎．蓋世閱千年．幾經荒燬．而豪右兼幷．又利其廢而不利其興．故簡斷碑殘．捃摭罔據．以致傳聞異辭也．宜哉．

書柳子厚童區寄傳後

柳先生集．柳州蕘牧兒童區寄．以十一歲殺二豪．至鄉之行縛刼者．莫敢過其門．抑何壯哉．吾以爲非獨其器與識之異．亦其勢之所値有以激之也．向使逡巡隱忍．罔識夫事機之宜．其不屈而爲僮者幾希．又使無隙可伺．賊賣之．獲金以去．寄雖黠．不過逋逃以負其主人．亦何從而傳其事耶．甚矣．幾之可乘而時之勿可失也．夫人當履夷處順．溺乎所便安．末由激發其志氣．帷臨蹈厄．遇事變．巓跌撼頓而奮生焉．充其類可以至仁人．次亦不失爲慷慨激昂之志士．故知其所當行．無或轉念．天下事不足爲也．彼童寄者．亦若是焉已耳．不然．背刃絕縛．即鑪瘡乎．豈可嘗試於平時者哉．而或者謂慷慨就死易．君子無取焉．嗟乎．此苟且因循．蒼黃反覆．僥倖於利害之私．而卒流爲小人之歸者之所以接迹於天下也．

跋南宋書 海雅堂集

南宋書六十八卷．嘉善相國錢士升撰．嘉慶丁巳．南沙席世臣氏從王述菴少司寇家得鈔本．序而梓之．稱是書大指．患宋史冗長．因集南渡後事蹟．刪纂成書．其於官階之複沓・奏疏之汗漫・刊落甚多・而列傳之分合・亦多所移置・雖取諸稗官野史・而事無關繫言不雅馴者・概不敘入・如據蔡絛北狩行錄・以闢南燼竊憤錄之謬・是其卓識也・蓋宋史舛蕪・誠有不必立傳而拉雜闌入者・有共一事而分繫各傳・若不相侔者・有多遺漏者・有相矛盾者・故臨川湯義仍・祥符王損仲・吉水劉孝則・咸事改修・而書不概見・得是本援據綜覈・合三朝北盟會編・建炎以來朝野雜記・中興紀事本末諸書・而淹貫之・卓有條理・宜席氏審定之而亟鋟以傳也・按錢字抑之・萬曆四十四年授修撰・崇禎六年官禮部尚書兼東閣大學士・國變後七年卒・

書史記六國表後 海雅堂集

竹書紀年魏書也・其紀魏惠王薨于周慎靚王二年壬寅・明年癸卯・今王元年・今王者・魏襄王也・漢時竹書未出・龍門掇拾秦漢間異聞以成史記・誤以魏惠王三十六年丁亥爲惠王卒・即以是歲爲魏襄王元年・不知惠王三十六年改後元・稱一年・又至十六年壬寅然後薨也・是表既以丁亥爲襄王元年・至十七年癸卯・又誤分襄字爲哀字・作二人・稱癸卯爲魏哀王元年・其實魏無哀王也・於是後儒皆以孟子書惠王言・西喪地于秦・南辱于楚・爲惠王既歿襄王在位時事・反指集註所引爲非・聚訟紛紜・牢不可破・抑知孟子至梁・正在惠王後元之十四五年・而非初元之三十五年也・（孟子生周烈王四年己酉・至是年五十二三矣・若初元三十五年・年三十七耳・王何稱之以叟・）夫竹書・魏書也・其紀魏事也・必確取而證之・是表之誤・不辨自明・而孟子書之足信・亦可以息諸儒之喙矣・

望岡三圖善後條例記

古之善治者・必立經常簡易之法・使上以仁愛其下・下以義急其上・故上用足而下不困・此歐陽子之論食貨然也・而得其志者乃能神明其法・以自效於編氓什伍比閭黨族之間・以是知務本而力作・尊吏而畏法・上之人所由號稱易治者・良非偶爾也・

及門黎子渭清・日與其族祖像元先生過余曰・吾世籍望岡三圖・蓋揚武都所屬堡也・向來歲遇催輸・雖踴躍赴公・而甲衆紛紜・事難遽集・自乾隆四十五年・值九甲家經德達五二公・參酌條議・使遠近先後・鱗次櫛比・若循環然・然後應催者無濫費之煩・出資者無不均之嘆・其例之遞行於今・殆二十年所矣・願爲之記・俾我後人以永守勿替可乎・

余維揚州田下而賦錯於上・自漢氏開粵・元鼎六年・始治稅賦・其時郡止六縣・戶近二萬・而珠璣瑇瑁翠羽文犀之屬・甲於中州・晉宋以還・代有捐益・唐武德七年・定嶺南上戶米一石二斗・次八斗・下六斗・南漢承五季之亂・僭僞據割・任意誅求・至宋熙寧四年・詔屯田・使周之純相度・乃昭畫一・其見于會要通考諸書者・可覆按也・元運之末・版籍散亡・田賦無等・明自太祖即位・覈土田・置魚鱗圖冊・又編黃冊・以戶爲主・而法行焉・我朝聲教覃敷・取民有制・休養生息・邦以永寧・伏讀會典與賦役全書・薄賦輕徭・軼於三代・又丁口配八畝・米通融派徵・以故閭閻無恣索之聲・貧富免偏枯之弊・宜乎徵發期會・奔走偕來・而輸

將恐後也已・

夫番禺爲海邦巨邑・十鄉六都六十六堡・爲田八千四百二十七頃有奇・合山塘沙坦共一萬二千八百六十三頃有奇・亦云多矣・然時値徵收・官私稱便・上不負國・下不病民・毋亦良司牧實意奉行・故惠均而澤普使然・抑被澤之民・歡欣鼓舞・以樂守其成例之所致也・爰就其說著於篇・以爲望岡三圖善後條例記・使天下之有志急公者・皆可節其所已試而取法焉・將效力輸忱・民無梗化・風俗淳美仁讓興・而孝弟之選・經術之儒・所謂野處而不匿其秀者・亦可出乎其中矣・豈不休哉・

彭邊眞武廟碑 海雅堂集

廟之有記・西京以前未聞也・故蕭梁文選不收此體・惟孫巨源得唐人所藏古文苑・載後漢樊毅修西嶽廟記一篇・或即指之爲權輿・然觀古來金石文字諸書出其前者・有韓勑孔子廟碑・孫羨倉頡廟碑・其文亦大約相類・後乃沿而日盛・凡宮觀祠廟・不必麗牲測景・皆有碑・即皆有記・唐文粹宋文鑑具在・可覆按也・

余從在廷李先生游・與劉子超漢及其兄子普寧共學・相契潤者有年矣・辛未冬・普寧過余曰・吾鄉彭邊東約里門之外五十餘步・有眞武廟焉・踞叢木・面修衢・每當林旭初升・廟門方啓・車者徒者負而戴者・日不知其凡幾・而神端居寧謐・裔裔皇皇・蓋燀靈於斯土也久矣・顧自乾隆丁夘・吾曾祖端志公倡修而後・寖蝕風霜・衆慮無以妥靈爽而壯觀瞻也・嘉慶辛酉・復謀而新之・□□□□・落成於孟冬之初・維時務廹西成貞珉□□□□□稔・敢以叔父超漢命・請吾子補記焉・

余惟眞武之神・本北方元武七宿・春秋文耀□・所謂北宮黑帝・其精元武者是也・漢興二年・立黑帝祠以繼白青黃赤之後・命曰北畤・殆亦近於周禮小宗伯兆五帝於四郊之義・而圖誌乃謂神爲淨樂王太子・承帝命・被髮跣足・建皂纛元旗・攝元武之位・又言・與六天魔王戰於洞陰之野・王以坎離二炁・化召龜蛇・神力攝諸趾足之下・此道家不經之說・宋靖康初・遂加號爲佑聖助順靈應眞君・使天神地祇人鬼之分・淆焉莫辨・不其戾歟・今劉子之鄉・祇事乎神・是墍是塗・不忘典禮・故日月雖遠・猶必屬余言以記之・似亦有疑於流俗所以云眞武・而欲得所折衷然者・豈同夫老子之宮・眞人之室・坐糜金錢・雕漆楹桷・假當道之文・恢張其教以誇衒於世・若三公無極白石神君諸碑之所爲哉・

抑聞之・吾粵火維也・亦水國也・有祝融以炳乎文明・即有元冥以資其調燮・此體用互根而剛柔相濟之義也・惟神實司水德・以漸被朱方・將陰口□□□□・或亢節宣昭・灑爲生民休・行見眞武□□□□□之祠・並有千古矣・若余文之卑陋・弗□□□□□・則固遠遜唐宋・又何論西京也・

鳳凰岡社稷壇碑

禮・天地山川五祀百神・皆分各有所宜祭・惟社與稷・則自天達於庶人・罔不得以祇厥事・蓋人非稷不食・稷非土不生・故社稷之祭典最鉅・禮亦最古・距吾里西北曰鳳皇岡・其地東西皆有社稷壇・而麗乎西者・則蘇梁葉李諸姓屬

焉・甲戌之冬・相與易楛而良・新其壇壝・有嚴有翼・神用居歆・吾友蘇孝廉藍田方當司鐸徐聞・於瀕行屬余紀其事・

余惟共工氏之子勾龍・平九土得配社・厲山氏之裔柱爲田正・得配稷・既唐虞夏后以來・社稷所由始也・湯以棄代柱・欲更勾龍・無可代者・漢元始中・乃以禹代之・然唐宋及元・卒復勾龍・而棄之配不易・明初用尙書張籌言・罷勾龍棄・而以仁祖配・建文時・更以太祖・洪熙後・又以太宗・宏治甲子・始率舊典・我朝定鼎燕京・戡平亂畧・乃立冢土・以爲民請命於干戈擾攘之餘・故順治五年・即遣官祭告郡國社稷・而於鄉社里社・亦聽閭閻所自爲・誠有合乎大夫以下成羣立社之義・生其間者・割牲宰肉・歆福致胙・恍置身乎三古而上・何其盛歟・余嘗誦詩矣・載芟・言春祈也・而終之曰・振古如茲・良耜・言秋報也・而終之曰・續古之人・既洽禮寧耉之孔時・猶惕然於規矩高曾・而惟恐蹈蔑視前人之咎・以視乃逸乃諺既誕・謂昔之人無聞知者・相去爲何如哉・後世人尙詔誣・事不師古・一切物慰叢祠之設・多僭瀆而不經・其不胥天下之人心以淪入乎二氏者幾希矣・惟社與稷・一墠一亭・一樹一石・閱四千餘年而莫之敢異・雖謂二帝三王之禮・至今賴以存焉可也・夫則古昔稱先王以曉當世之惑・吾黨之事也・用書此歸之・而係以祈報之歌・俾工歌以樂神焉・其辭曰・

鳦鳥至兮桃始華・耕少舍兮安萌芽・歈豳詩兮擊土鼓・巫傚傚兮秉芭・以儺載蓺兮椒馨・藉蕙茝兮肴蒸・神之徠兮燕喜・登延祥兮煦元祉・社公雨兮既零・膏液融兮溝塍・謏厥嘉兮降康・邕含孳兮爲歲徵・露既白兮蘭有芳・奄銍艾兮雲其黃・謏我祀兮祇肅・念泰媼兮率育・炳而膂兮苾而芬・靈輝輝兮歆緸緼・鳳之岡兮香之浦・室滿千倉兮人食四䣛・紛驂驔兮文螭・旖旋颷兮遨嬉・假祝嘏兮申錫之・介穰穰兮永蕃釐・

石井墟張王廟碑 海雅堂集

三水雙井阬有張王廟・諏吉者必歸焉・由來舊矣・道光己丑重建石井橋・襄事者以王有疏鑿聖瀆功・迎其神使陰相之・事既蕆・咸欲妥王之神於斯土也・乃合十三鄉募金立廟石井墟之東隅・經始壬辰臘月・落成於癸巳之秋・二三父老詣余屬言紀其事・

按王姓張氏・諱渤字伯奇・武陵龍陽人・或曰烏程人・漢神爵三年二月十一日生・長游吳會・渡浙江・至苕霅・其顯跡則始吳興郡順靈鄉・能役陰兵導河・欲自長興荆谿通津於廣德也・已而工輟・幻化在縣西五里横山之巔・居民思之・立廟山麓・唐天寶中・禱雨甚應・初贈水部員外郎・横山改名祠山・昭宗贈司農少卿・贈金紫・南唐李景封廣德侯・既又封廣德公・後晉封廣德王・宋仁宗封靈濟王・理宗改封正祐聖烈・度宗加昭德昌福・元泰定加普濟・由是而張王之稱爲特著・余觀馬氏通考・謂祠山神在廣德・土人多以牛爲獻・南唐時・聽民租賃・每牛出絹一疋供廟費・宋史范師道傳・廣德張王廟歲祀神・殺牛數千・黃震傳・廣德祠山廟・祈禱者歲數十萬・其牲皆用牛・師道震怒・悉釐正之・又夷堅志・華亭胡亶家供事張王甚虔・毘陵胡瑢謁張王廟・祈夢皆顯靈異・故陸放翁有張王行廟詩・明史禮志亦言・祠山張

王⿰火勃・以二月十八日祭・其炳諸紀載・歷歷可據者如此・竊嘗思之・自古豪傑非常智能瑰偉之士・其有功德於民者・人弗能忘・往往就地立專祠・列祀典・以昭夫廟食之報・至於地易時移・則從而已焉者有之矣・惟王英爽焜奕・日流行宇宙間・使遠近之人・奔走虔恭・疑必占・怖必禱・閱千八百餘年而莫之敢懈・此其氣機鼓郭動宕・固非廣德之民所得私・抑亦非天下之羣相立廟者所得而私也・蓋王之德・幽噓默運・於昭燀赫・以佐佑黔黎・誠未可以擬議言思竟也・用摭其散見於史志說部者鏤諸碑・俾世之敬信王者得瀏覽焉・

都督僉事林公傳

公諱桂・字斐日・廣州番禺人也・祖夢兆・字應祥・考起鳳・字集梧・俱皇贈驃騎將軍上護軍・公少食貧・多膂力・爲人操舟・磊砢負奇氣・及從征伐・智深而勇沉・所向輒有功・然恥自言・人罕知者・順治十一年・李定國破高雷廉・平藩標下副將李武等・與戰於石城青頭營失利・公率同舟數十人・挾柁櫓堵遏之・授百夫長・定國入高州・衆號二十萬・十月・圍新會・知縣黃之正以蠟書募公等三人・潛水中出請救・十二月・將軍朱馬喇合平靖兩藩援至・圍解・轉千戶・隨用左翼鎮總兵官王忠孝薦・擢都司・康熙十九年十一月・從平南將軍賴塔征滇南・陞左營遊擊・時福建廣西諸將軍固山鎮協俱隸塔麾下・塔命公副忠孝爲前鋒・師次西隆州・阻大河・公與忠孝夜伐木造橋以濟・值大風雪・裹餱兼道・晚駐萬人壩・賊屯石門關・相距十餘里・明年正月乙卯朔・塔命分道進攻廣西固山・劉與總鎮蘇定國等擣其左・福建將軍馬與韶鎮李高揚等擣其右・公與忠孝及兩廣督標嚴梅等中路薄敵壘・賊將方元勇・亦三路出接戰・我軍失利・公白塔・令諸將分據要害・夜半・與忠孝選驍勇數十・腰絙徒跣・從北山亂石上越嶺・爇巨砲・挾盾操短兵馳突下・殲賊過半・元勇以五百騎遁・公欲乘勝蹂之・遣人報塔・入關與忠孝兩路追躡・賊出不意・果大亂・獲降卒二千・馬二千・芻糧輜重無算・黎明・沿塗告捷・自是倚公與忠孝如左右手・

去石門關五十里曰馬鬃河・賊面河結大砦・塔度大將軍貝子章泰大兵將至・而河流如駛・又逼賊砦・計無所出・公偵下流里許沙淺可涉・岸石險惡・中有間道可達賊營・請自領千五百人・乘夜渡河・鑿石取道・忠孝領兵二千協剿・福建軍馬揚旗烈炬・鼓角趨上流・公留忠孝繞其後・大破之・賊棄砦走・隨迎大軍過河・壓其壘・賊將長孫德擁勁旅壁黃草壩・馬將軍劉固山請往擊・公謂黃草壩去此八十里・我軍甫至・險易未悉・且德素號機警・毋遽進・二將慮粤兵功多・固請往・公謂忠孝曰・志驕必敗・吾不忍坐視敵人之挫吾銳也・相與請共護其後・出二十里・命速具食・秣馬倍芻　未四鼓　諜報前營火光　我軍散亂・馬劉二將陷圍中・公與忠孝悉銳馳突・引之出・賊知有援・遂解去・二將負媿詣公謝・公曰・此兵家之常耳・當爲君雪之・乃請獨騎往偵・道經青界山・遇偉少年關顯・與語大悅・因引公徧視賊壘・凡出沒情僞强弱虛實・靡不洞悉・於山北五里許・得地曰困兵谷・公喜曰・此天之設險以助順討逆也・歸請塔詣勘・部署既定・翌日・偕顯率衆誘戰・德空壁出迎・公與顯

且戰且卻・德追躡・入谷聞砲聲・谷外王忠孝張文盛管仲貴林必選等伏兵皆起・公回馬轉向・內外夾擊・呼聲殷數里外・塔卓龍旗・據山巔・執枹鼓・自午至申・屍徧厓谷・仲貴中流矢・德突圍奔・顯射德中腰・負創走・公復引滿斃其馬・德步走・將踰嶺・顯下馬追及之・與手搏・捽之墮山・斬其級・是役也・獲降卒二千五百人・馬二千八百匹・糧米一萬五千斛・第功以公最・公言斬德者顯也・因述得顯時徧踏敵壘事・塔召顯・給中備・仍屬公部下・

是日上疏奏捷・奉旨乘勝進兵・於是度蚩尤關・歷關索嶺・磴道崎嶇・風沙晦冥・日行三十里・賊聞風膽落・皆棄屯堡・委器械・焚浮橋遁・二月十九日癸卯・抵昆明・駐師滇城東歸化寺・章泰貝子由楚度交水河・駐滇城西北碧雞關・軍聲益振・吳逆遣僞護國將軍馬三保背城砦・約二十八日決戰・塔詣貝子營定議・傳忠孝與公諭方畧・屆期雞甫鳴・我軍未盡食・賊擁火象數十・直薄營柵・命弩射之・賊爇象尾・益衝突不可禦。公與忠孝橫突斷賊陣・林必選張鳳祥向應龍蕭國賢陳義□關顯等・亦領衆疾驅・呼譟縱擊・烟焰四塞・天既明・猶不辨旗幟・失忠孝所在・公提刀突圍・斷賊先鋒高虎臂・忠孝望見公・瞋目呼曰・大兵至矣・衆益力・三保舞槊直取公・公射之墮馬・忽飛砲碎公馬首・傷左股・必選等悉力堵殺・顯下馬掖公・血流至踵・忠孝跳盪來援・爲賊將李大成刺背透鎧・公復裹創上馬・殺大成・挾忠孝幷馬左右射・潰圍出・會貝子軍繼至・遂大捷・拔其砦・三保走楚雄府・參領臧國泰李培益等追北・至小西天・三保降・檻送京師・忠孝既負重傷・次日卒・公亦七日不飲食・貝子與塔聯疏奏捷・幷言王林兩先鋒事・上優詔批答・贈忠孝都督同知・加公左翼鎮副將・遣內閣學士禮部侍郎額爾克圖齎人參戰袍上尊嘛喇酒・幷御書着問・褒勉顯掖・公謝恩・時五月八日庚申也・

城西南杏花舖・與紅白二廟相犄角・爲賊饟道・其北銀錠山・扼之可盡滇城形勢・公謂駐軍既久・非奪此三隘・城終不可下・幷請率游兵覘動靜・貝子塔皆謂公瘡痍未瘳・令別將圖進取・賊守將馬三成・三保弟也・與僞參軍洪文達定議迎敵・我軍三匝・堅壁不爲動・俄白旗一麾・杏花舖紅白廟兩砦・矢石迸發・我軍進退失據・折衆千餘・公料三成恃勇輕脫・既獲勝・明日必復來・先令設伏東山以待・詰朝果至・公佯與決戰・望東而逃・三成追北十餘里・見長林・疑有伏・然深入不可回・彭祖輝馬九旺李春薛報國諸伏出其背・夾擊之・斬首二千級・文達馳鐵騎數百來翼・三成逸去・貝子塔欲饗軍・公曰未也・兵不厭速・當令廣西先鋒趙永年・左營張士舉・右營李茂芳・福建先鋒彭祖輝・左營黃文選・右營周德仁・分伏諸路・以絕賊援・韶鎮李高揚・左營張文盛・領兵先焚杏花舖・必選仲貴顏興郭進忠等・領兵各持束芻・伏紅白二廟・公自領三千握中路・請塔出部內兵爲遊騎・往來搏擊・鼓三下・杏花舖火焰燭天・賊猝不及措・遂虜文達・三成從紅白廟望之・大驚・督勁赴援・爲公中道遮殺・必選等既縱火趣兵躡其後・將軍部兵及銀錠山爲伏所拒・不得出・三成欲西走・遇高揚文盛還師縱擊・所向受敵・被殊創死・次日・即所焚地立屯堡・沿滇城築長圍困之・貝子方欲就塔議取銀錠山・忽傳塔病亟・公遽入見・塔

曰・此行大小數十戰・非將軍及王將軍不至此・吾一旦先朝露・兩人勛績誰知之者・言已淚下・越三日・平南將軍賴塔薨・貝子命公權本帥印務・公請護柩歸京師・貝子曰・君於賴公・恩誼固篤・然豈宜以私恩廢公義乎・公不得已從之・

翌日・貝子召諸將議取銀錠山・將軍希佛部下揚彪請往・兵未交而潰・賊梟其首置山前・公謂此山嶄絕・猿鳥莫度・非兵力所能制勝・庶幾伺閒出奇・一戰可捷也・頃之・交遊見行者數十・甚惶遽・問之・皆言城中乏食・畏搜括而逃者・公曰・奈四門嚴守何・曰・昨銀錠山將軍白國柱・殺敗官兵・今在城賀功飲酒・並料民財產・因得越城逃出耳・公白貝子・立傳令分勒部署・漏下二十刻・親率顯等精銳三百人・著帕首・衣短後・操刃持炬緣壁上・值天大風・草具益熾・賊守兵皆錯愕被俘・城內猶聞絃管聲・俄火光徹城堞・白國柱始驚悟出・遇必選勝龍鳳祥仲貴等・夾城相拒・廣西福建兵出山側・躡賊後・飛矢雨集・國柱性狡銳・揮戈突圍・左右辟易・諸將多爲所傷・公引顯等馳下・奪敵馬與苦戰・衆負創益奮・國柱兵殆盡・猶手刃百數十人・公射殺之・遲明・洒掃燼焰・迎貝子登山・大饗軍・徧賞賚・公部下林必選管仲貴夏勝龍張鳳祥李春薛報國馬九旺郭進忠顏興蕭國賢俱授守備・關顯加牛彔額眞・並賜名大顯・大顯少失父母・依姑夫習騎射・隸平西王部下・平西有逆志・長孫德譖戮其姑家十餘人・顯以他事出獲免・道遇公・蓋相資以成功名者・越數日攻城・城中食盡皆畔・進克子城・世璠自剄死・三桂壻郭壯圖自焚・僞相方國琛・及夏國相・巴養元・李本深・趙國佐等伏誅・餘黨悉降・雲南平・時十月二十八日丁未也・越日・貝子令歸順官各仍舊職・留京師兵守城・各省先行奏凱・乃謂公曰・本欲留君鎮守騰越・控制土司苗彝・然久役思歸・人情不免・若疏聞得旨・可速來也・公頓首謝・一月十一日庚申啓行・朝命仍假道粵西・再歷數千里不毛之地・二十一年二月抵廣州・大吏委權韶州左翼鎮・帶管左營事・五月章泰貝子班師・至交水河薨・

當是時・中朝權貴人多不欲嶺徼偏裨居上功・又以主兵者皆歿・無可據・令司勳姑闕焉・故遷除不及・七月・牛鈕出爲廣東左冀副都統・甫入境・知公在韶州・徑造公謂曰・鈕聞黃草壩諸役・公勳烈讋六詔・意謂鳴鐘鼎食・今猶屈居都尉耶・因徧詢征滇始末・公爲備述之・鈕默然良久曰・吁・其有攘之者矣・既抵任・亟語將軍王永譽・進公左翼鎮總兵官都督僉事・亡何・公以長子太學生其昌懿子・次子縣學生其璧璞子俱病歿・而庶子其俊澤君・其佐致君・其位尙君皆幼・乃託年老解任・部議・總兵官都督僉事林桂・征戰有功・理宜在任養老・念曾經重傷・准以原品休致・仍帶餘功・十二月部文下・鈕意鞅鞅・謂偉績薄償・何以激厲雄駿・出萬死不顧一生之力・爲朝廷蹈險難哉・每過從・輒爲公不平・次年・鈕陟大學士・封廣順伯・遂疏言公功・請授雲南提督・將軍王永譽數趣公・公詣府力辭・永譽不得已・爲疏覆・並走書牛學士代辭免・學士得書嘆曰・世皆急功近名・而林都督矢志若此・向戍辭城・免餘讓卿・吾見其人矣・三十五年・學士子某任虎門協鎮・嘗遣使通問・時公年近八十・猶健在云・

凌揚藻曰・余少聞長老說林都督事・輒欲考見其爲人・

而省郡縣志至佚其名氏・則以後裔式微・修志者采訪之不及・抑亦鄉先達不切意表揚之過也・嘉慶辛酉・授徒公之故里・公元孫美章・示公手著夢錄一卷・蟲蠹鼠齧・盈一萬八千言・雖不雅馴・然事蹟歲月有可徵者・亟芟其蕪爲之傳・俟後之良史・或可取焉・

滇南之捷・諸家文集・傳聞多異詞・意公身歷行間・所紀宜得其實・用悉依之・雖或異同・弗敢易也・（如馬保作馬三保胡國柱作白國柱之類）又廣東通志・言牛鈕鑲白旗人・康熙三十五年任都督・觀曝書亭集・竹垞太史以二十三年正月・被大學士牛鈕彈劾謫官・則鈕非左遷・疑無既陟大學士・而復出任外省駐防副都統之理・是蓋因其子於三十五年任虎門協鎮而誤之・惜乎志幷其子而弗載也・大抵逆藩甫定之後・經制仍未悉備・武職之或裁或併・姓氏之或紀或亡・冊籍固多遺佚・故以公之偉伐・且從闕如・其他則又奚論乎・（道光元年・阮芸臺制軍增修廣東通志・以是稿送局・幸采入列傳矣・後死之責・可畧逭與・）

劉忠毅公像贊

學士劉公諱裒然・字擧之・廣州番禺人也・登咸淳四年戊辰進士一甲第三人・授韶州軍司理・考最・晉承直郎・差提領豐儲倉所檢察官・德祐二年・擇文學清敏者充史局・改史館檢閱・尋進承議郎・行太常丞兼翰林權直學士・時百度隳弛・四維潰裂・外則牧守叛降・內而縉紳逋遯・太皇太后詔戒之而弗能禁・公守死不去・降敕褒美・有懋思盡忠・勿替初節之語・未幾・伯顏俘三宮百官諸生以北・遂憂憤卒・謚忠毅・於虖悕矣・可不謂忠乎・道光庚寅・其裔孫某某・出公五百五十餘年畫像・裝潢完理之・屬題其端・瞻拜之下・爲贊數語・用以表高景之思焉・其辭曰・

在昔德祐・莫挽頹綱・江横白雁・劫換紅羊・車駕蒙塵・北狩踉蹌・公抱忠藎・耿耿不忘・感激塡膺・攘臂勵勷・矢死弗去・媿彼叛亡・予敕褒美・世有耿光・逾五百載・綸綍皇皇・（其家猶存敕書三道・一咸淳四年十二月・一德祐二年正月・一德祐二年二月・）瞻禮遺像・貌頎而昌・朱衣象笏・卓立旁旁・太學之徐・端明之汪・同死宋土・七尺昂藏・敬爲此辭・氣慨以慷・絹素孔舊・作作有芒・嗟爾臣工・體此泳霜・

釋載山自寫止觀圖贊（名德堃羅浮寶積寺僧以畫著・）

載山大師未忘結習・對鏡自圖・止觀法身・南海謝庶常里甫見之・生大歡喜・爲補竹石・有古岡張雲斤氏屬余題詞・余維杜少陵詩・白首重聞止觀經・說者謂止能捨樂・觀能離苦・又謂止則無所不定・觀則無所不見・是止即吾學中定之能靜・觀即吾學中慮之能得也・以此知鷲嶺龍庭沙勒摩伽陁城之遠・而原其所以得乎天・未始或異於堯舜禹湯文武周公孔子也・惜乎其別爲一端・而罔知來學也・用姑就彼心理所同然者爲之贊・想載山必听然笑・謂此老木强・固在未諳禪理・當亦儒重菩薩二千餘歲後興起之弟子矣乎・贊曰・

咄爾開士・現自在身・拔進乎道・精入於神・明鏡本

空・那更有我・是耶非耶・兩無不可・靠眞實義・妙解脫因・離形司契・如坭在鈞・匪石中火・匪水上泡・曰止觀圖・是謂像敎・止根於心・觀徹夫目・攝相歸性・何從擊觸・止無有二・觀或屢遷・由定生慧・播諸人天・定期守虛・慧乃莫測・以畫寓禪・用證爾德・

黃芝 字子皓・號瑞谷・香山人・文裕公八世孫・世居泰泉舊里之寶書樓・於書無弗讀・邃於羣經・旁通算術・屢試不售・遂絕意進取・嘗擴集嶺表名蹟往事・編爲紀錄・題曰粵小記・巡撫祁恭恪公於省會建惠濟倉以備饑・即採其說・與從弟培芳一門切劘・有文雄之目・詩則天籟自鳴・同時詞宗咸相推許・學行篤實・不求聞達・所著粵小記外・有四書句讀正譌・詩經正字・粵諧・瑞谷詩鈔文鈔叢鈔若干卷・

書瓊山邱氏朱子學的後

朱子學的二十篇・邱文莊倣論語而作・所以明學之本原・欲學者造乎聖賢之域也・蓋世俗之學興・則本原之學廢・於是務爲高遠・談空說元・甚至援儒入釋・而所謂修身窮理盡人道之常者・以爲平庸之事・不知聖賢之學・亦如是而已・觀學而一篇・首言爲學・即繼以孝弟・正以人之學端・自人道始・孟子曰・聖人人倫之至也・尹和靖曰・所謂學者・學爲人也・學而至於聖人・不過盡爲人之道而已・觀於此・古人所以齊家治國平天下・以至於吾道承先啓後・莫不以人之道爲始・故曰・堯舜之道・孝弟而已矣・然則吾人之學・必以聖賢爲歸可知矣・然其始不外乎下學・蓋下學者・進德修業之基也・今文莊于學的之首篇・引朱子言曰・下學者事也 上達者理也・理只在事中・夫人之爲學・既明事理之常・復從事理之實・循是而力行之・上之則爲聖賢・其次則爲君子儒・余謂是言也・雖爲下學之始事・而究其指歸・即二十篇之意・亦不外此・其曰持敬・即下學之始基也・窮理精蘊・即下學之淵深也・須著鞭策進德・即下學之能事也・道在天德・即下學之功驗也・推之下篇・自上達以至道統・亦由是循序漸進而已・所謂學問之極功・聖人之能事者也・故上達篇之首・則曰聖人只是理會下學・而自然上達・其餘若古者曰・古者小學・教人以灑掃應對進退之節・愛親敬長隆師親友之道・皆所以爲修身齊家治國平天下之本・此學爲治諸篇・皆以學言之・是不特敬爲徹上徹下之事・故曰下學而上達也・故文莊謂上篇以進德言・下篇以成德言・蓋上篇爲隱居求志之學・下篇爲行義達道之功也・然聖賢之學・不外是矣・

雖然・自漢時談聖人之道者・如董江都揚子劉向蔡邕諸儒・各有所得・而觀其所學・或雜黃老・或習霸功・或主張清靜・或本無爲・求其所謂醇正淵深・宏大精微・以爲學之準繩者・不可多得・又如南宋・自周子程子張子而外・如游（酢）楊（時）呂（大臨）謝（良佐）諸儒・皆能發明吾道・唯朱子醞釀菁華・闡揚閫奧・紹不傳之緒・自漢唐以來・歷諸儒之大成・至朱子而集・猶自羲文以來・歷羣聖之大成・至孔子而集也・蓋朱子之學・本諸龜山・傳自延平・合主靜主敬而一者・觀其入告人主・敷教門人・一以正心誠意爲宗・其視學・苟知道六經皆我注脚者・確乎不侔矣・昔人謂周子得孔子之精微・二程得孔子之純正・張子得孔子之篤實・而朱子得孔子之全體・是朱子之學・固以聖人之學爲

準・故文莊是書・節取朱子之言・名曰學的・正以吾人之學・必以朱子爲的・然後可明聖人之的也・學者誠能玩索之・可以見朱子之學・即可以見聖人之學・而文莊之學・亦可見矣・

抑猶有説者・前明如吳康齋王陽明胡敬齋薛文清諸人・當時號爲四大家・而陽明倡良知以教學者・其學尤著・然觀其告弟子陽儒陰釋之語・遂與諸儒相攻擊・是陽明於聖人之的・猶未能中也・然則文莊遵信朱子・爲是書以遺學者・豈非獨見其大哉・合大學衍義補一書・皆足千古矣・

陳旦 字扶初・高要人・諸生・與彭泰來友善・嘗以墓銘相屬・又曰・定吾文者・非子而誰・其雅相推重如此・

南雪草堂詩集序

南雪草堂詩鈔三卷・亡友石君華九著也・彭春洲先生刪存之・屬旦序・新會陳偉南水部遂付之梓・旦交華九三十年・夾江而居・各以衣食奔走・恆終歲不一見・見亦不久聚・年來同就偉南館・校讐藏書・昔別少償・而華九遽爾長逝・西望頂湖墓草・又兩閱霜露・夜闌寒燈・人海孤寄・每憶華九・不知涕之何從也・

華九生於粵西之蒼梧・十餘歲乃東返・薄田數畝・耕且讀・豚柵雞棲・紡磚織杼・橫榻叢書其間・吟聲出戶外・春洲先生偶見其詩・驚曰・里中未嘗有是人也・即乘月叩門訪之・自是相過講論・嗜古日益篤・及爲詩・則肺腑獨寫・空所依傍・創見駭聞・時形飄戒・道光癸巳・江大漲・華九重客蒼梧歸・屋圮於水・編茅隄巔・洪濤撼風・悲號澎湃・與嘯歌相亂・所尤感慨淋漓・直摩少陵之壘・夫悲與歡違・抑與達異・華九之詩・悲而歡・抑而達・情生於境・而不溺於境・是能止其流・持其變・可以固窮而與論交・華九性警敏而意度豁如・極濩落時・諱言貧・或笑其狂生・華九乃戲取鄺生語刻小印・嗜酒又好琴・惟聞人談時事・即掩耳走・謂凡文字皆有比興・不但詩・獨此無之・所以卑也・嘗醉語旦曰・吾輩不能軟其堅頑・與衆逐所不屑得之利・勉如陶淵明・傾身營一飽・舍吟詠無以自遣・使造物厭其喧鬨・幷此一飽奪之・我亦不肯爲鮑焦之槁立・若子則溝壑耳・蓋華九知旦之拙・而自道其實如此・今讀其詩・益痛交深之言・不復再聞矣・

嗟乎・以華九之才・窮老以歿・其見於世者止此・然世之不窮者何限・知華九不願舍此而易彼也・質之春洲先生・必以爲信然・咸豐二年冬・同縣陳旦書・

昨夢齋集跋

羅學博伯麟既刻春洲先生之詩・李菊裳汝英同有羅子之好・議刻其文・旦屢促先生自訂・乃出其昨夢齋文稿授旦曰・吾少學時文無成・學古文老亦無成・兩窮相值・愛忘其陋・定吾文者・非子而誰・旦愛而讀之・擇而編之・十存其五・得文七十一篇・卷則釐而四之・先生以爲可・遂付之梓・時菊裳沒已踰年・刻費則其子壽棠任之・

夫抗志立言・窮者事也・不令斯人窮・孰寫天地心・先生立言之意・詩自道之矣・文與詩異其體・不異其理・先生不以窮累・其天理直而氣充・而又深之以學・故其文能醇能

肆．如良工運斤．尋尺之施．各中其度．感及時敝．則預燭未然．博徵已往．有宏議而無郛詞．爲宋爲唐爲史漢．講文格者自能辨之．若深造之故．未易得而窺焉．

韓退之云．學不得其術．凡所辛苦而僅有之者．皆符於空言而不適於實用．又重以自廢．詳退之語文．必有用乃可謂學．先生性介行高．不肯俯仰爲世用．實用其見於其文．先生窮而不窮矣．先生不自信者．可共信其不朽矣．惜菊裳讀其詩．而不及見此刻之成也．縣志所載金石畧．是先生一人之筆．簡存家集中．未刻．同治四年孟春．同縣後學陳旦跋．

彭春洲先生墓表

道光元年．旦隨温陶舟師在郡．聞道府議舉彭春洲先生孝廉方正以應詔．委縣造廬致意．師曰．是安足以縻春洲．既而果如所言．旦心識之．後與友石佳田往謁先生．一見如舊識．自是每過必設酒佐談．持論務援證經史．振厲廉節．語及近士．則少可而多否．人或病其激．嗚呼．先生之論．今不可再聞矣．憶在日所否．皆其有所不爲者也．又奚病．

先生諱泰來．字子大．號春洲．嘉慶癸酉拔貢．父輅．學者稱東郊先生．拔貢任英德教諭．府志有傳．母李孺人．生母朱孺人．先生與弟修來昭來皆生於學署．生二十月．能即事誦古經．語無不切．年十五出試．恩太守保取以冠軍．隨府學．十七居父憂．服闋．曾方伯燠禮爲坐賓．方伯門號多士．先生年最少．腹富才奇．諸老宿謂無與比者．選拔入都．罷歸後．丁兩母艱．遂絕意進取．林居數十年．足跡不至城府．李學使棠階高其品．屏騶徒步就見．索文卷去．踰月．得肅函問挽回風俗之道．并勸出教人．先生乃高切時敝．直明己志．爲數千言復之．學使表其廬．請下敎高要縣．復歲時存問．自惠學使士奇禮下胡金竹後．此爲再見．道光二十二年事也．先是祁制府延見先生．意甚殷．不往．分巡道某由廣莅肇．舟經其鄉．倣李公故事求見．不納．其自守如此．先生於書無不覽．義無不析．兼工隸草八分．精篆刻．而因時以興慨．即慨以動物．則詩與文尤獨到．嘗自言．我作詩心無古人．作文常有古人在心．著詩義堂後集六卷．昨夢齋文集四卷．高要金石畧四卷．讀史讎筆六卷．輯端人集四卷．初癸酉督學爲程公國仁．先生與吳川林殿撰召棠．同受知程公．决林必大魁天下．先生異日必爲粵東文行第一人．至今識者謂程公若在．當不抵□□論．先生生平心慕趙邠卿．自刻私印曰趙齋．咸豐改元間．朝廷有□□分爲詩誌．率土同慶．又刻四朝窮士印．蓋生於乾隆五十五年八月□十七日也．同治五年．年七十有七卒．於二月四日甲午丁酉．葬老閣祖塋．配孺人梁氏．妾鄧氏．子男道孫復孫顧孫．殤者六．梁孺人道孫俱前歿．女五．一在室．孫堯年引年有年．女孫一．已嫁．先一年．先生率其季子携酒過旦共酌．酒半．曰．陶舟佳田皆後我而生．皆先我而死．皆我銘之．我墳石一片．累子亦不遠矣．卒後．其子重述前命．表其大者勒諸石．嗚呼．先生傳人也．乘化考終．自無可憾．而垂老益孤之未死．則何以堪．

羅瑗 字玉符・高要人・諸生・與彭泰來陳旦往還論古學・時稱名宿・

硯洲包孝肅公祠石刻像贊

包孝肅公像・廣平程氏本・程氏元季官著作者・藏聖賢像一卷・明正統間・其曾孫太常寺卿南雪刻石・道光十五年秋・瑗獲觀搨本於五羊之市・卷中孝肅像・與世所傳塑逈異・先一歲・瑗鄉人建崇樓祀公於硯洲之東・公去郡時擲硯處也・朱邑奉祠於桐鄉・陸雲圖像於浚儀・禮以著存・情孰漓古・此像不審何人筆・元代溯公・視今爲近・問天之高・必於脩人・爰重摹立碑・敬爲之讚・

□□不仕・少之事親・國本諄諄・晚之致君・孝子純臣・是□□□・冷面寒鐵・嚴冬古春・滔滔委波・閱世如電・蛟龍□□・□□□□・祁祁士女・公逝汝睠・黃河千年・寒山一片・

梁傑 高要人・諸生・肄業學海堂・所作四書文源流攷・賀氏採入經世文編・

四書文源流考

天下之事・惟無所爲而爲・乃可以不朽・宋王介甫作新法・當時之人・岌岌不可以終日・而爲四書文開其先・乃更數世・歷六七百年而不廢・其所撰諸經新義・列之學官・用之取士・天下靡然・皆王氏之學・其力亦鉅矣・南渡禁革・遂罕有過而問者・而四書之文・緣之而起・學者舍此幾似無書可讀・創之者非耶・因之者是耶・習之積者不移・利所在者偏重・其初本論體之小變・時專以四書語命題・其源葢出唐之帖經墨義・北宋以前・大學中庸尙在禮記・唐試經義・未立孟子・而以禮記爲大經・治諸經者・皆兼孝經論語・爲論題者・如顏子不貳過論・皆其濫觴也・至代言口氣・八股對仗・雖備於前明・其實南宋楊誠齋汪六安諸人・已爲之椎輪・至文文山則居然具體・而文山之文存于世者・或疑贋作・葢不可得而辨・而明一代用之科目・天下之士・竭才盡氣・畢力以從事於此・葢自漢唐千有餘年以來・鼓篋讀書之規模氣象・至是一變・而時之法日以密・體亦屢遷・景泰天順以前・渾樸未開・隆慶萬曆以後・風氣漸隆・其間巨手・未可指屈・約而綜之・王守溪造其極・歸震川振其緒・金正希持其終・他若于廷益之忠節・陳白沙之理學・薛方山之史才・唐荆川茅鹿門之經濟・楊升菴季彭山之婂雅・出其餘技・皆勝專門・

自古天之生才・惟在極盛之朝・與興亡之際・孝宗在位・君明臣良・故昌博大之製興・神廟怠荒・國事日壞・熹懷相繼・遂以淪胥・故志微噍殺之音作・雖應制干祿之言・非盡由衷・而心聲所應・皆潛與運會・轉移于不覺・正希僉事・文節並峻・其時又若黃陶庵陳臥子者・皆秋霜皎日・其文直頡頏於西江之四雋五家・遂以結明代時文之局・而劉念臺黃石齊諸公・又不以此論也・西江之派既盛・精裁鑒者推艾千子・時與錢吉士稱選家之最・時文之道・與他著述異・魯壁之經・汲冢之策・丹枕之鴻烈・胡盧之漢書・古則愈貴・時文云者・既以逢時・時過則菁華既竭・褰裳去之・而新科墨刻・且汗牛充棟而來・與之代興矣・

詩賦盛于唐試之作・諸家集雖間存一二・而藝文志集部・寧載俳諧傳奇・笑林雜說・惟試律之詩・官韻之賦・絕無專書著錄・則史體宜爾・時文設科・與彼何異・而尊之者以爲代聖賢立言・朱子曰・詩賦卻無害理・經義大不便・分明是侮聖人之言・宋時經義・即已如彼・使聞者不知語出朱子・鮮不以爲怪妄・

康熙初・聖祖仁皇帝諭內三院九卿・廢時文・用策論・不數年而廷臣奏復・善夫・蘇子瞻之議貢舉文字・謂雖知其無用・而祖宗以來・莫之廢者・以爲設法取士・不過如此也・明代作家・有掄元之訣・有決之式・有坐闘三年者・有闈稾五易者・有七作平常徧粘四壁者・有首藝甫成・嘔血滿地者・諸君皆君子也・其心果止爲代聖賢立言乎・況其下者乎・然知其不過如此而竟莫之能廢者何也・衆楚人咻之・則求其齊語不可得・置之莊嶽數年・則求其楚語又不可得・習之說也・上以孝取人・則勇者割股・怯者廬墓・上以廉取人・則敝車羸馬・惡衣菲食・利之說也如此・則不收於藝文志也宜・故曰・天下之事・惟無所爲而爲者・乃可以不朽・

宋　淳　花縣人・有文名・康熙初・析番禺縣境・置花縣・水道久未修治・嘉慶五年・邑令狄尙絅蒞任・從事疏濬居民賴之・淳爲作記・

花縣水道修濬記　嘉慶五年

自古建置都邑・必開築溝堰・因時疏洩・所以護城池・又人民也・花邑城周三里・無深溝巨塹・因山築城・城勢西高・沙虛水浮・水道易淤・北門城外水・半由西門城濠而出・半由北水關入城內・由西水關而出・潦水驟至・則沙壅水積・城內水道・一自西南轉南門石渠橫繞至東水關出・一自東南隅書院前水圳・至東水關出・一自東門隍廟右水圳・至東水關出・其東關之外古圳及東圳・繞回南門外石橋・至少西之沙灘・與西關水會・直達石巖塘・轉龍川而下・自城北地脈被水冲陷・致水關內外相接之渠道・沙泥淤塞・更有填築不循古制者・以故水潦之患常多・

邑侯狄公來莅茲土・相視山原水道・惻然于懷・乃令紳士疏之・先于城北脈山加土堅築・城內水道・照舊疏開・深廣有度・諸水悉復舊焉・而城外東水關會城東象湖林水・舊自關至南門石橋大坑與西關水合・自失故道・往往下流・倒灌入城・不可不以次復也・于是疏深下流・以匯城濠・築堰旁近・以禦時潦・引導上源・以刷沙口・使匯西關者直達龍灣・村下枕近田塘・亦一體疏通・

夫固城築池・時加洩宣・以節民居者・司土者之事也・樂事勸工・得安其居・則生斯土者之利也・邑之人咸曰・此邑侯之賜・安可忘諸・于是不揣固陋而爲之記・計桃城內溝三十五丈・北城培土方廣十五丈・城南築堰二里・開溝二里・廣丈深仞・越月而功成・

黃大幹　字子直・別字臨溪・香山人・少年棄科舉・專嗜古文・著有臨溪文集・未見・陳在謙選入嶺南文鈔・極推重之・

文種論

越王句踐爲吳所敗・棲於會稽・洎反國・用文種范蠡

計・卒滅吳・越遂以霸・范蠡既去・或讒種作亂・句賜種死・黃子曰・種之死・九術死之也・且夫人有獨得之謀・不可遽以示人・何者・恐取忌於人而反不吾信也・觀越王賜劍之言・知其欲死種已久・但未得其隙而誅之耳・不然・一旦人有告變・都無形跡・而遽致諸死・有是理哉・天下智勇之士・謀人家國・功成而主不忌・此古帝王天覆地載之量不易言也・范蠡知句踐不可共安樂・見幾而退・文種不知智術・爲句踐所忌・及詰問將戮・然後悔之・蓋亦晚矣・然則種知九術可以著功・而不知九術可以取死・種之死・實自致之耳・漢興・夷滅功臣十之七八・淮陰臨刑・其事亦若相類・惟留侯曲逆・策術深微・故能脫身遠害・名施後世・嗟乎・人患無術・而種以術終・術固可恃也哉・

鼂錯論

鼂錯發難・在人臣不可逃其罪・在人君尚可原其情・吳王謀反・非一日矣・初封時・高祖相其有反狀・故叮嚀戒之曰・天下一家・愼無反也・文帝即位・稱病不朝者二十餘年・以至親不忍罰・益無忌憚・孝景初立・反謀滋甚・藉削地誅鼂錯爲名・東連六國・强兵數百萬以攻漢・夫君親無將將而謀之・雖欲爲親者者諱・不能爲天下赦・帝之有劉濞袁盎・國家不致如疽之朽腐滅亡不已也・噫嘻・吳楚方舉兵・遽以讒殺大臣・反故削地以謝吳楚・此豈識國之大體・尊朝廷利社稷也哉・蘇子曰・鼂錯發七國之難・欲使天子自將而己居守・錯之受禍自取也・魏子論其發難・蓋已無術・即自將未必有功・卒之身亡爲天下笑・雖然・苟有利於國家・劉氏安・鼂氏危何害・今夫臣子竭忠於國・早已置身於度外矣・至於事之成敗・罪之所歸・是又在人君洞鑑之而已矣・夫吳王富甲天下・侯其養成大患而不可救・曲沃武公之事・復見於景帝之世・未可知也・廷臣不敢言・鼂錯獨言之・使帝哀矜鼂錯・意實無他・爲諸侯王國强大難制・削地以示貶損・不獨尊朝廷爲社稷萬世利・即諸侯王亦守法不敢爲逆・捐其小過・以憫孤忠・則錯可以不殺・焉有謀猷未展・遽以得禍・且吳王首惡袁盎吳相而獨不誅・何以服天下・雖有忠臣義士・欲當大難以安社稷・皆杜口而不敢言・其後梁孝王驕寵・求爲漢嗣・弗許・以致骨肉乖離・國之所以保全者天幸也・嗟乎・孝景每讒殺功臣・絳侯父子且不免・又曷可深論鼂錯耶・

郁離子論

古今奇人異事・往往能脫人危阨而不能自脫其禍・非巧於爲人・拙於自謀・顧其技有時而不適於自用・而人反藉此以中傷之・是故曰・務名利而陷乎法・龐涓遂成豎子之名・春申君不信無妄之災・張易之亦有三思之禍・然則思患預防・脫危難以幽隱・有非智力權勢可能免者・惟求古人已往之迹・較我今日之事・覺悟其理之所以然・庶幾免之而已・

予讀郁離子身喻醫喻愼術諸篇・其思患預防・可謂至矣盡矣・宜其不死於相地・然卒死於毒・何哉・方太祖之與羣雄爭天下也・冒萬死一生之險・脫急難倉卒之間・基之術・又可謂至矣盡矣・及天下已定・干戈戢而文敎興・帝問置相

於基・基對曰・胡惟庸不可任・帝卒任之・基曰・其如蒼生何・遂憂愁致疾・惟庸遣醫歸藥・基飲藥中毒死・嗚呼・基何疎忽若此哉・夫申韓龐涓・以被讒而不覺悟・春申易之・有德於彼而不覺悟・猶有可委也・惟庸積怨已久・顯然必欲死之而後快・基豈不知乎・而乃以運籌帷幄決勝千里之謀猶・智足以服常遇春之徒・忠足以取信於大祖・功業才能・無有出其右者・然卒死于一叛臣之手・而使英雄豪傑・聞而發悲歔怒於千百世之下・則甚矣・惜基不能覺悟其事理者也・故予謂知其理之所以然・如羊祜之與陸抗・則遺藥有時而可食・苟非其人・則雖生知之聖・必曰・未達不敢嘗・師是二者・欲自脫其禍患・庶幾矣乎・

方孝孺論

予常讀先生愍窩記・竊怪人君得戇者出而治天下・有以制禍亂於未萌之後・及讀深慮論・然後知措天下於安危・不全賴戇・夫建文帝之亡天下也・先生實未嘗用才智而深慮故也・當時燕兵既克懷來・人心震動・猶以北兵爲不足憂・夫不憂建文之亡天下則可・不憂燕王之能取天下其可乎・帝之禁燕王入臨也・是削宗藩之意也・其削宗藩・是燕王篡位之機也・豈必待程濟而後知哉・且燕王素懷不軌・以誅齊泰黃子澄爲名・將以遂其大欲・非帝殺燕王・則燕逼帝・此勢不兩立也・昔漢燕王旦自以爲帝兄不得立・與上官桀等謀誅霍光・廢帝自立・卒之自相剪除・吾意先生必將有以處燕之道・比賢其君如昭帝者・不致成讐於骨肉・不然・何惜發天下之兵・攻北燕一隅之地・必戮之而後已也・乃先生智不出此・及大事既去・束手無策・徒踵轍孔範亡陳之計・以長江爲百萬之兵以拒燕・其能濟乎・嗚呼・先生戇有餘而智不足・氣節高而短於才・此其不能保全天下也・噫・吾觀先生對成祖擲筆之言・千載而下・人所難能者・然使才智之士出而治之・必有深慮安全之計・然則國家固不可無氣節之士・而才智之士・又安可少哉・

宦者張永論

世固有極惡大罪殺之無赦之小人・一念之誠・遂改前非・可使變而爲君子・蓋其勇於義如此・而縉紳大夫碌碌者無與焉・明武宗即位・劉瑾張永等八人用事・世號八虎・惟張不甚噬人・噬必中節・如劉瑾・虎中最惡也・人畏之而不敢視者也・張永噬之以快人心・宸濠就擒・文成功蓋天下・江彬等欲中傷之・卒賴張永以免於難・當時不畏瑾彬者有人・未有如永之勇於義者也・然則永始號八虎也・罪不容誅・喜於遷善・人不能及・搢紳大夫視此・能無愧哉・

伍孺人傳略

孺人姓伍氏・增城顯聰公四女・明寧波府知府克剛公裔孫・文學湜池公次子黃大榦臨谿繼室・賦性儉樸・溫柔淑愼・恪守婦道・遇事不敢自專・精女工・能剪裁縫紉・嘉慶癸酉・孺人于歸・越明年・臨谿病・自夏徂秋・僅留餘息・孺人服勞盡瘁・衣不解帶・嗣後連年臥病・延醫侍藥・皆孺人親執家苦・既而臨谿兩耳重聽・不能授徒・取辦孺人十指所給・以爲生計・時其饑寒・供其旨畜・臨谿性復嚴厲・孺

人或稍忤意．必自知其過．譬解寬慰．臨谿呼孺人告曰．吾宗自雙槐粵州泰泉三先生．以著述傳家．古者不得志於時．則必有所托以自遣．吾不能有爲於世．家固貧賤．賴爾淡薄以爲樂．繼志撰述．其吾分乎．孺人自是日夜加苦．臨谿亦寢饋不釋卷．意到或漏分始臥．或五夜復起．磨墨疾書．掉首拍案．孺人披衣煎茶進餅餌．怡然色善．如是者又十餘年．竟成臨谿之志．於是孺人整衣進曰．世所謂能者．輒能謀生．夫子拙於謀生．世所謂無能．而能固在．世所謂能者．往往歸於無何有之鄉．於是臨谿喟然曰．向之非笑我者．吾未嘗少顧．不謂爾婦人能見及此也．臨谿今年五十有七．孺人四十有三．適修家譜．於傳例未得列入．因別具孺人事畧．

虛谷弟四十序

虛谷之爲人也．孝友樂善．古道待人．然復剛直不好名．不居功．人見其和易之極．欲謀以私事則勃然．浩瀚之氣見於面．謀者辟易而退．常平居慷慨．與余論事．謂富者未嘗留意於貧者也．以我較極貧者之有餘．可以補彼之不足．則雖貧者可以濟人．若俟我用不盡然後惠人．則衆富者終無濟人之期．然每出極貧人之口．言之不能行．富者力能行．而又不肯爲．可慨也．既而年弱冠．順堂叔父棄世．遺叔母弟姪寡嫂．家無餘物．奉母常乏甘旨．則潸然出涕而無如何．而自奉或啜鹽水下飯．當其極困．遇兄弟親戚．從不怨尤。故雖至親．亦不覺其貧．終不之恤．而不知其一絲挽千鈞之重．其勢危殆矣．豈非夫子所謂固窮之人矣乎．年二十六．受知萬學使．補弟子員．其時脩脯稍裕．今亦稍行．其論世之言．猶未獲大展．蓋其意將有待也．常六月以緜衣衣母．或遇微恙．則遍體摩挲．手足無停頓．嚴冬見貧兄弟．必撫其肩背曰．得毋寒乎．推其孝友之心．即司馬温公不能過．兄每念愛弟．不如弟之敬我．其感愧爲何如．

吾嘗謂今之教者．不講倫常之道久矣。往往竭畢生精力於名利場中．而其患得患失之心一生．則雖至親．反眼若不相識．及其自悔．以爲倫常少虧爲適然耳．而其或作或輟．浸潤其心於無用之地．如入深淵而不可復出．今虛谷教人．先器識而後文藝．故四方來學．皆被其淳風而無澆漓敖惰之氣．於此又見其爲人之大畧也．嗟乎．爲善必報．不於其身．必於其子孫．欒武子所以有庇後人之難也．弟有潛德．實行不欲人聞．而人無不知者．兄欲博一虛名而不可得。香石弟撰余文集序云．兄年來臥病．貧亦日甚．萬事俱廢．惟于古文一編不輟．今我又作虛谷四十序．弟見之必大笑曰．吾何有於是．兄之言如此．是果欲以文章自娛者耶．是眞欲垂空言以見志者耶．則吾不敢知也．

廣東文徵

改編本卷二十二

番禺吳道鎔原稿

清 四

趙古農 原名鳳宜·字聖伊·一字巢阿·番禺人·諸生·勤於撰述·南海林青門茂才輝·康熙間人·著嶺海賸四卷·未百年·莫有舉其姓氏者·古農購得斷爛稿本·爲審定刊行之·其古誼不易及·多類此·著有抱影吟草·闕疑殆齋雜錄六卷·骨董二編四卷·玉尺樓賦選五卷·菸經二卷·龍眼譜，檳榔譜各一卷·

闕疑殆齋雜錄自序

闕疑殆者·取仲尼多聞闕疑多見闕殆之義·以名其齋者也·雜錄云者·所錄不止一端·其間有錄古者·有錄今者·有錄人之所不錄·又錄人之所共錄者·凡莊語諧語·有韻之語·皆所以不棄·是之謂雜·叢積遂多·未經檢擇·課餘之暇·都爲一書·得以便覽·此中有味乎言之·予手遂不忍釋焉·故題其書曰闕疑殆齋雜錄云·時道光元年五月·

骨董二編自序

是書繼闕疑殆齋雜錄之後·而易其名曰骨董二編者·雜錄爲初編·此爲二編也·骨董者何·羹也·昔羅浮潁老取飲食雜烹之·故名也·此書曷爲以骨董名·編不一體·若雜烹之物·不一味也·昔余暇時·采諸先哲及今人有味之言·隨手錄出·以便玩賞·雜錄已竣·又錄是編·客見之·指有動者·涎有流者·有欲得禁臠而食之者·不欲余爲己私·慫余剞劂·因弁數言·以俟後之有力者梓焉·道光十年四月·

尹光五 字謙中·番禺人·廩生·少孤力學·父未葬·每風雨暴作·輒趨省父柩·母卒·亟卜兆迎父柩合厝焉·遇歲除·家人掃舍·光五輒持帚掃墓·友有貧無以殮者·出百金告其子曰·吾曩貸汝父金·茲還汝以備殯葬事·實未嘗貸友金也·著有四書解·多識圖·詩講義·粵東土物聞見·各若干卷·

多識圖自序

夫理必寄乎物·物所以載乎理·識是理·多由識是物·不識是物·豈遽能識是理也·故詩人多因物而發意·即物以寫情·不識雞之爲雞·讀雞既鳴矣·茫然也·不識狗之爲狗·讀無使尨也吠·又茫然也·他可知也·讀雎鳩自切於夫婦·識華萼自懷於兄弟·識凱風自深於母子·識鶯鳴自厚於朋友·識松柏蔦蘿·自篤於君臣之依附·然而辨物誠難矣·居今日而辨古人之所咏物·既時異世殊·或音移字改·更難矣·然以其難而不辨·將安於一無所辨乎·而甘盲聾以終乎·故汲汲日就其見聞之所及·即詩人所咏之物·試爲之想像摹寫·自知百無一當·但念爲之猶賢乎已·必俟既當而

爲之．必終無爲時也．是不可妄自誇誕．以僞爲淹博．亦何敢妄自菲薄．以目爲兒戲．或者日積月累．又得高明指示．安見其果以淺陋終耶．方覆一簣．意爲山自宜然耳．

余不曉繪畫．余友陶齋高子善繪畫．且薄涉名物．余所摹稿．高子日爲更定．復賴相資以見聞．積數年來．得鳥獸魚蟲草木共二百餘幅．珍喜而竊存之．姑以所見聞漫誌之．興至又爲之詩歌以咏之．時或高子相過．則出展視而互訂之．意亦期有一得之益也．其敢玩物喪志耶．

吳岳　字正方．鶴山人．歲貢生．嘗從勞莪野遊．博通經史．講學廣州．弟子以千數．時粵中知名之士．多出其門．著有易說旁通十卷．同治辛未刊行．卷首有自序．

新建粵秀山學海堂碑

我大淸聖神相繼．緝熙懋學．大臣秉旄于外．振興胥漸．海陬遐壤．罔敢暴棄．咸勤古修．宮保大司馬阮公．當仁宗睿皇帝時．屢膺封疆重寄．嘉慶二十二年．奉命總制兩粵．及今皇帝道光四年．已八年矣．公之爲政．淸儉愼勤．馭吏綏民．寬嚴得中．不務求赫赫名．武備既修．海甸淸肅．乃揆文敎．深以士風安簡趨陋爲病．蓋公平昔讀書．實事求是．不囿庸常之見．故乾隆嘉慶初．即主文衡．皆本所學．爲朝廷樹植正士通人．俾後收用人之效．

其初涖粵也．即攷東粵志乘．聚文學士．博搜曲證．徵實存信．盡改舊觀．復睹棘院湫隘．高廣其舍．石逕坦若周道．庚辰壬午癸未．數年之間．兩粵會狀雙元．或分或合．相襆適均．咸謂雙元之兆．符公姓名．又皆公門生門下之士．公以文人之福．衣被及千萬人．而方隅僻陋．乃集其成就桃李之盛．傳爲佳話．宜乎公矢其音而咏歌不輟也．

先是公撫浙．於孤山麓開詁經精舍．以古實學造士．比來粵．亦如其所以造浙士者．道光元年春．倡學海堂課．凡經義子史．前賢諸集．下及選賦詩歌古文辭．莫不思與諸生求其程歸．于是而示以從違取舍之途．然所課之堂．尙未有其地．粵之慕古之士．益以淬勵．羣翹首跂足．希登其堂以共暢其擬議所欲言．公亦不以粵士爲卑愚．而喜其可相與有成也．今秋九月．乃相地于北郭內粵秀山．因茂林叢樹之舊．而建堂于其中．冬十一月成堂之後．山房與亭愈幽愈高．登而眺遠．汪汪萬頃．其源既長．其流無極．蓋東粵地濱南海．海爲百川所歸．斯學乃大包舉．衆有尋原竟委而進放乎海．非若望洋浩歎．徒震驚于其名．則公之取是名堂．凡升堂之士．不以此堂爲遊觀宴樂之地．而以此堂爲篤實高潔之修．然後知公之媲浙士于粵士．而孜孜以古訓實學相勵者．上以報國家倚任．不負生平所學．而期待于吾粵者甚厚．岳受公知有年．旣爲文記其事．且繫以銘．銘曰．

玉山蒼蒼．南海茫茫．霸圖永絕．儒術其昌．漢盛經師．唐分詩筆．波湧明珠．沐月浴日．古曰在昔．昔曰先民．來者可繼．學海經神．公構堂軒．甍密磩齊．其樸如學．多士克躋．夫惟樸學．質有其文．邵公木訥．窮極典墳．夫惟正學．博文約禮．晦庵實踐．非言虛理．學海至海．爲百谷王．瀾廻山遠．巍巍此堂．

張璐 字伊佩・號漁石・東莞人・道光辛巳恩貢・著有海氛紀聞・桑梓識佚・漁石初稿・續稿・

上胡邑侯請安奉邵先正書

聞之祭法曰・以死勤事・以勞定國・則祀之・能禦大災・能捍大患・則祀之・又況鄉黨賢哲・故蹟猶存・流風竟泯・行路過而弗知・道古遇而莫觸・瞻溯之情・其能已乎・竊念本邑邵廷珦先正・南漢時爲上柱國・直諫竭能・竟以讒死・終守臣節・載在史志・彰彰可考・至於勸象除害・捨宅爲寺・又其遺愛餘韻・垂芳來禩・以故懷慕悲思・學士詞人・歌誦勿諼・而年世湮遠・祠塋嗣裔・渺滅無稽・甍然傷之・夫過地而祀信陵・下教而修良廟・豈非以明德遺留・馨香景仰・前我粵方伯曾公・以光孝寺故虞翻宅・割堂奉位祀之・現制府阮公・議建楊孚祠於廣城河南・皆追甄儀型・宏奬風化・風聲所播・人士忻傾・

茲資福寺乃邵公舊宅・鎮象之塔・手澤尚在・幸逢前宰倡釀鼎新・堂廡宏煥・愚意宜設邵公一主・奉祀其間・揆之祭法・實合祀典・亦即鄉先生沒而祭於社之義・使人士遊履其地・仰瞻風範・徵稱故事・動其忠君國惠鄉閭之心・其於風化・當有裨益・雖說者謂邵公已享鄉賢・然通奉而非專奉・且以蹟存人・憑瞻尤切・又或以爲宦者・然志籍不載其罹於宦之有由乎・且鄉賢尚享之・胡不可祠・此曠舉大典・實出臺裁・鯫生愚昧・敢陳管見・

海氛紀聞自序

粵東古澤國也・聖天子乾綱總握・離照遠輝・靡有遐邇・罔不率治・而重溟之阻・間有梗於王化者・則姦宄誘呼・貪殘類聚・其性然也・始之不除・馴之滋蔓・火燎於原・不可撲滅・如曩者戊己之際・海氛可踔已・當其時・烽火競起・羽書紛馳・婦孺仳離・風鶴振駭・幸而劫運回光・韓范總制苦心焦思・竭蹶籌畫・安反側於堵墻・登阽危於衽席・此地方之福也・實國家之休也・嗚呼・事必有所由・前所以潰壞・後何以救寧・觀於成迹・亦是得失之鏡也・可無紀述・以垂覽觀乎・余夙志之・會今制軍阮公・整飭治理・重修省志・璐承乏採訪・思錄前事・以備海防採擇・適得友人舊本・而詮次失體・詞乏要倫・乃刻意修纂・事因而文創・粗畧成書・庶幾抱杞人之心・而繪監門之圖乎・至於不備不核・則深望於博識君子訂正焉・

寶安文萃初集自序

詩曰・維桑與梓・必恭敬止・桑梓一物耳・在所生之土猶重之・況人文乎・吾邑郡於晋・縣於唐宋・山黃嶺而浸虎門・毓爲人文・鏗訇炳燿・所從來遜矣・顧人物大者載國史・餘亦登志乘・已彰彰可考・至於文・余嘗有事志役・稽一邑述作・約有二百餘目・都矣富矣・詎歲月緜曖・人事滄桑・所據實見者・十不得一・墨彩雨沉・心精烟滅・蕩前徽・晦來躅・其感惻可勝言耶・然間有搜獲零膏殘楮・猶若吉光片羽・嘗欲集一叢書・而力尚未逮・先就其體近著作・成一家言者・彙輯付梓・仍隨得隨續・尚望同心惠助・廣成巨編・嗚呼・文者吾之所愛也・桑梓者吾之所敬也・愛敬在此・眞不啻飢渴之求矣・由此而進而郡焉・進而省焉・將以

吾遇卜之．

聽蟲翁傳

余遊西樵．其上蓋有李子長墓云．讀其碑．想像其爲人．低徊而不能去．大抵當輓近世．氣化日洩．奇猷偉業．或不絕天壤．而抱眞特立者鮮．此碩果所以可珍也．以余所遇之聽蟲翁．蓋約畧近是．翁姓傅．名宏浩．瀚朝其字．南海人．世居西樵．少學醫．非其好也．棄去．居羅浮數年．人事轇轕．卒返．又嘗遊鼎湖．久之．困而無以自活．仍習爲醫．顏其廬曰聽蟲藥室．間業圬匠之藝以給其家．貿貿然人莫之識也．余以甲子冬．慕西樵勝．策杖獨遊．至．乏鄉導．彼中人僉舉翁．訪之．質貌樸魯．與語．醰醰有味．偕之遊．某峯某巖某名勝某古蹟．指數無遺．當是時．余旣跌蕩盤礴．翁亦踴躍鼓舞．窮數日之力．余曰．盡矣乎．翁哂曰．嘻．余遊西樵四十餘年．十猶不得三四．蓋等是山也．而時有陰晴朝晦．景有雲雨風月．峯則有側有正．泉則有委有源．物物察之．色色辨之．猶恨年邁桑楡．不常如少壯之陡健耳．余聞而益異．細詢旁人．具道其安約寡營．樸心古道縷縷景狀．余曰．是殆近抱眞特立者也．是儻有子長之風者也．不可以不傳之．贊曰．

余覯聽蟲翁時．適爲鱠．客有持魚慫恿者．翁退避不知所宰割．又人言翁雖藉力自給．然有招遊者．輒輟業應．時荷簑束炬．獨往西樵山．以見若此．以聞若彼．吁．可識其人矣．

東莞賦

有鴻博先生．造乎學古主人之茨曰．蓋聞多識君子．察土俗．辨物宜．吾子產莞言莞．盍道其山川風土．遠考近稽．俾知夫久爲百粤之大邑．而中州之匹齊乎．主人曰．走也居微而齒稚．烏足語茲．然且聊舉一二．爲賓告之．

莞之肇造起于東晉．始曰東官．迄梁而郡更號改縣．屛廣作鎭．或以鹽官莞榷而得名．當取莞簟安民之義近爾．廼載綜疆域．式覩四至．南界零丁．北跨增水．循州東連．獅洋西暨．水陸交通．犬牙相制．考香山與新安．實剖區而折置．山則黃嶺大嶺．巑岏崟岑．閣西蜒蜿．深溪邃深．寶山之石甕噴玉．嵩山之飛瀑垂簾．蓮花吐蕚．石鼓桴音．山擎捧缽．峯位當壬．銅嶺陰雨．金鼓喧沈．道山之臺頤集鳳．海月之井眼窺帆．水則東江活活．珊洲盈盈．三門壯勢．廉泉表淸．癸水繞城．不見刀兵．

然都未若虎門之汹潏也．爾其爲浸．洪淋淋焉．詭汨汨焉．浮截島夷．沐浴日月．天吳海若．瞥滅倏忽．溯合瀾．睇龍穴．蛟蜃窟宅．老雉千年．吹氣盤薄．如霧如烟．樓臺城闕．變幻萬千．又有海市．冥夜列廛．閧闠雜遝．沽酒數錢．

歲聿云暮．水師是操．犀軍荼火．虎士咆哮．餘皇樓艦．劍戟韃櫜．臨乎蕉門暨亭步．似昆明之迢遙．龍堂伐鼓．貝闕揚旍．魚麗鶴陣．鬬劇兵鏖．蓋三出三入．雲垂海立．亦何殊乎斬蛟與射濤．

爰乃浮游溥覽．地博風妍．鄉閭繡錯．雞犬聲聯．珂里銅街．甲第朱闍．桑麻溢野．阡陌連田．其人率務本業而無異好．崇禮讓而恥詐諼．其或歲時休暇．物力豐亨．樂嘉會．抒勝情．迎神賽景．騰吹鳴鉦．飾香車寶馬．施錦幔綵棚．五色流蘇之蓋．九華金碧之燈．端陽綺節．龍舟乃浮．乘潮上下．絳標奪眸．綺羅綷縩．絃管啞嘔．賓筵餉人以荷飯．蛋娥侑客以扶留．屆重九．肅清秋．登高旗嶺．萸酒飛觴．追龍山之落帽．採菊把以簪頭．懷舊蓄念．思古攄幽．循河北岸．至于石龍．天南巨鎮．廣惠稱雄．街衢洞達．闤闠周通．雲屯霧集．摩換衝衝．詫商賈之叢聚者．萃東西與南北．而食貨之捆撫也．直不知其幾千百國．

若夫所產．又得而言矣．其穀則銀粘油粘．霜降鼠牙．種於山田．精鑿孔嘉．黃糯黑糯．新種潯洲．潮田所穫．粉餌兼優．副以豆麥．蹲鴟並收．其木則山松水松．苦楝篁竹．木棉千霄．社榕蔽屋．花樹之類．益繁其屬．其果則荔支龍目．香柚黃蕉．林檎橄欖．蜜望蒲萄．梅橙柑桔．既庶且饒．雪蔗甘蔗．熬爲片糖．不脛而走．沾潤四方．其水族則鯿鱭鯆鯉．鯇鯽鯦鯧．蚌蜆蠃蛤．䲟渚潛潢．水母即蝦爲目．璅蛣寄蟹作腸．或登陸而化雀．或投石而結房．其他土物．益可博徵．魚凍筒布．精鹽鹵蒸．蜜蒙之紙萬幅．紫石之餌長生．莞草爵席．錫縣嘉名．莞香千樹．彌野翳岑．黃中通理．朱暈浮沉．女兒潛割．拾襲綺匳．芬馥郁．滌煩襟．逾嶺海．價兼金．亦可謂衆香之國．而柟檀之林也．

且夫不貴異物．古喆所以審重輕也．所寶惟賢．人傑所以表地靈也．使第耀魚鹽蜃蛤珠璣果布之湊．又何足以稱焉．則試道古烈．揚曩芳．發碩德．闡幽光．賁土廬墓．仗義勤王．惟忠惟孝．植立綱常．身肩絕學．道化蠻邦．謂非理窟探始．儒先啓行．倡清瀾之學蔀．導南川之瓣香乎．

又若草昧元黃．龍從雲合．保障寧鄉．歸誠欵納．其識時俊傑爲不可及也．揚葩振藻．潤色承平．鐃歌賦頌．乙夜賞傾．論者謂凌雲之遇榮焉．籌邊則三軍慴股．定亂則一劍當門．鞠躬盡瘁．免冑首髡．羅都憲之可爲社稷臣也．九死不移其心．一隕方畢其事．忠不顧家．闔門玉碎．張文烈之忠節不二也．其餘盡職宣猷．含章履潔．處則邁軸幽貞．出則廟廊黼黻．故非騰口說．抒紙筆之所能殫述．賓曰．有是哉．庶矣富矣．爰得處所矣．海濱鄒魯之稱．蓋非虛語．斯所以魁粵嶠而儷中土乎．子見及此．亦可以書簡冊而備掌故．僕聞命矣．遂請辭而却步．

鄧　淳　字粹如．一字樸庵．東莞人．舉道光辛巳孝廉方正特科．生平博涉羣籍．尤究心古今道學源流．嘗搜訪粵東故事．爲嶺南叢述六十卷．又輯廣東名儒言行錄二十四卷．其爲文醇懿淵茂．陳在謙選入嶺南文鈔．謂學人之文．不必有心求古而自古云．

白沙學出濂溪說

前明三百年．言心學者始於白沙．靜觀乎此心之體．得其自然．不假人力．其於世之榮名若遺也．而天下學道者．始厭支離而反求諸心．然世往往以爲學出濂溪．何也．白沙謂張廷實曰．此一靜字．自濂溪主靜發源．後來程門諸公．遞相傳授．至於豫章延平．尤專授此教人．學者必多靜坐．方有入處．此白沙自道其學之淵源也．莊定山贈詩云．「才力凡今我與翁．百年端許自知公．橫渠老筆雖終勁．周子通書自不同．」此一證也．湛甘泉撰爲白沙書院記．有曰．以崇報寺舊址．創而新爲白沙書院．實邇濂溪書院．且濂溪上右．白沙下左．若相承然．明白沙之學出於濂溪也．此一證也。郭棐曰．白沙之學．以自然爲宗．不離日用．而見鳶飛魚躍之機．誠近領康齋之傳．而上接濂溪之派．此又一證也．萬曆十二年．都御史趙錦侍講王學會等．奏請陳獻章從祀禮廟．申時竹等議．獻章言主靜．沿宋儒周惇頤．此又一證也．合觀諸說．均以白沙學出濂溪無疑．

愚以爲白沙與濂溪．似同而實異也．濂溪言主靜．白沙言靜中養出端倪．此其畧同也．不知人生而靜．性之本體．無欲即爲立極之要領．以事言之．則動不居．以心言之．則周流貫徹．其工夫初無間斷．但以靜爲本耳．非厭夫動而第株守夫靜．如白沙所謂去耳目支離之用．全虛圓不測之神．靜坐陽春臺．絕無戶外跡者此也．其同而實異者也．明儒學案．謂有明之學．至白沙始入精微．其喫緊功夫．全在涵養．夫涵養誠是也．其所以涵養者．果如程子之用敬乎．第存虛圓不測之神乎．黃梨洲派雖本姚江．而爲姚江之諍子．何乃斯言之失實也．要之白沙本原則潔．品地則高．學術則偏．以爲學出於象山．信有之矣．以爲學出濂溪．隨其聲而附和焉．則吾豈敢．然學者苟不潔不高．而徒議白沙．則又非濂溪所許也．

說蟻

交廣地卑濕．蟻類極多．黑蟻之外．有黃蟻赤蟻．而白

者其禍最烈．雖綺楝丹楹．數月而圮．堅如白金．亦能蠹食．饕餮肆毒．人不得而治之．爲蟲類陰惡之尤者．至老則生翼．見火而撲．旋至隕滅．人觀其羽翼既成．飛揚跋扈．卒至自投於陷阱．謂翼之爲害也．噫．翼足以累人哉．不見乎胡蜨耶．方其爲蠶蛾也．吐絲縛身．不飲不食．抱伏纏綿．及破繭成蝶．彩衣絢爛．翱翔太虛．瞬息千里．而人靡不羨之慕之．原其性不貪．從萬死一生之中。歷勞苦困頓．而後能羽儀鄉國也．若蟻之白者．其性險惡．翼生必趨炎．死而後已．是則非翼之足以累人．性不同也．性正則其翼爲鵬之奮．性邪則翼爲虎之傅．語云．惡不積不足以滅身．盍取蟻以爲鑒．

牂牁江考

牂牁原出於夜郎豚水．漢武帝時有竹王興於豚水．後唐蒙開牂牁．斬竹王首．平之．豚水東北流．逕談藁縣．東逕牂牁郡且蘭縣．謂之牂牁水．水廣數里．縣臨江上．故且蘭侯國也．一名頭．牂牁郡治也．楚將莊蹻泝沅伐夜郎．釋牂牁繫船．因名且蘭爲牂牁矣．漢武帝元鼎六年．王莽更爲同亭．在桂．蒲關牂牁．亦江中兩山名也．左思吳都賦云．吐浪牂牁是也．史記南越尉佗傳．元鼎五年．使馳義侯因巴蜀罪人．發夜郎兵．下牂牁江．咸會番禺．正義曰．江出南徼外．東通四會．至番禺入江．故後人遂以西江爲牂牁江．按漢牂牁郡及且蘭縣治堂．在今清平都江之閒．正臨都江之上．武帝元鼎五年伐南越．發夜郎兵．下牂牁江．其下江之處．當在今獨山州三角屯左近．酈道元言．豚水東北流．逕

談藁縣・東逕牂牁郡且蘭縣・謂之牂牁水・

攷談藁・亦漢牂牁郡屬縣・則談藁縣亦當在今都勻內境左・近獨山州西南可知・蓋豚水古名二・曰豚水・亦曰牂牁江・近名九・發源處曰板河・曰邦水河・亦曰黑神河・在都勻者曰都江・亦曰都勻河・在獨山州者曰獨山江・入廣西境爲龍江・又名柳江・又名潯江・至田雯黔書以烏江爲牂牁江・則大不然・今烏江不能通番禺・鄭畋又以北盤江爲牂牁江・廣東郝志因之・攷北盤江在永寧安南之間・非漢牂牁郡及且蘭縣治所・且其地廣數十步・兩岸皆高山峻嶺・無從展拓・迄今尚不通舟楫・與水經注水廣數里・及縣臨江上之說相背・亦與漢書武帝時伐南越・發夜郎兵、下牂牁江・同會番禺之說不符・其爲誤無可疑者・屈華天謂西江盡納潼黔交桂諸水而東・經流四省・長幾萬里・可爲一大瀆・而峋嶁碑有南瀆衍亨之語・因名之曰南瀆・蓋東粵江之大者・無如牂牁・故南海一名牂牁海・亦曰牂牁大洋・南海固以江而重也・則祠牂牁於廣州・以爲南瀆也亦宜・此又一說也・至史記所謂會番禺・攷古番禺城去廣州城南五十里・漢建安・交州移治於此・吳分交州爲廣州・亦治於此・今之沙灣紫泥港是也・

強學堂序

吾粵地位南離・文明迭啓・以故英才卓躒・績學宏達・窺天文之秘奧・究人事之終始・漢之陳長孫楊孝元・唐之張曲江趙天水劉希仁・宋若明之馮道宗梁賓卿・以迄瓊山白沙甘泉泰泉清瀾諸子・莫不懷文抱質・彪炳史冊・此之謂不負其所學・辛巳歲・東官華仁蔡君穗祥・象賢麥君蔭封・道泰張君青照・瞿君桂林・蔡君星衢・劉君良瓊・蔡君振芳・劉君大文・清福瞿君・榮仁尹君・秩桂胡君・暨擢先弟・共集益友十五人講學・顏其切劘之所曰強學堂・而問序於余・

余固粥粥無能・不學將落者也・何以序之・雖然・嘗聞之矣・儒行曰・夙夜強學以待問・揚子曰・君子強學而力行・夫所謂強學者何也・學諸易以通性命之理・學諸詩以求事物之情・學諸禮以識中和之蘊・學諸書以達治忽之由・學諸春秋以定上下之分・而猶不可驟也・先之大學・以正其本・次之孟子之書・以振其氣・則之論語・以準其的・約之中庸・以窺其奧・而六經乃有所措焉・由是博之百家以探其賾・考之諸史以質其實・歸之濂洛關閩之說・以折其中・參天人之理以明之・察生民之利害以凝之・歷一生之酬應以驗之・燭之於心・無不明也・踐之於身・無不實也・措之於人・無不當也・發之乎文辭・無不研精盡微・表裏洞見也・夫然後出則澤被斯民・聲施奕禩・處則傳聖賢之墜緒・以淑後人・此學古有獲者也・

今之所謂學者吾疑焉・童而習之・剿其虛辭・以揣合當世之好尚・父師之設教・學者之自勵・止此而已・幸一再試而輒利・則自以爲學已成矣・而人之欽羨者・亦莫敢不稱其學之成焉・聞其名・則曰善學之前輩也・覈其實・則學究講章・暨時藝類書數十卷而已・噫・亦可哀矣・方今聖天子御極之元年四月朔日・五星聯珠萃於壁・夫壁文明之區也・當必有游六藝之囿・馳仁義之途・以應景運者・諸君勉乎哉・無迷其途・無絕其源・無欲速而志卑・無自欺而動衆・遠心

曠度．贍智宏材．庶幾如長孫曲江諸公．學術治術．合而爲一．隆經國之大美．流千載之英聲．以洩嶺表離明之秀．曲學俗學之流．迨不可同年而語矣．諸君勉乎哉．

直養齋序

甲戌春．林子郁秋偕余姪華庭等一十六人．論文講學．問言於余．並乞顏其齋．余嘗論東官之雅集．無如鳳臺南園．然皆不過含宮嚼徵．振響騷壇．若鄒忠介之求仁．黃陶菴之直言．則能集義以養氣．處求志而出達道．其益更大．今諸君之雅集也．其亦有意於斯乎．獨愧余學淺辭陋．不能爲先路之導．況諸賢父兄．類皆體質彪文．即以其所身歷者相勸勉之．亦奚不可．閱三載．抵省垣．林子郁秋復與陳子鳴玉來謁．極道其欵欵之誠．再三敦迫．余雖不文．夫亦奚辭．

攷吾邑前賢翼聖道者．則有竹隱清瀾諸子．勳業彪炳者．自何恭靖公而下．四大中丞踵相繼．至督師袁公．文烈張公．尤其忠貞亘亘者．人第徒慕其名．而不知其皆善養浩然之氣者也．古之君子．方其在草野．而惕然有朝廷之憂．巍然有聖賢之志．蓋其平居．凡接於其身存於其心者．皆養也．謹於取予交際得失之間．以養其質．習於禮樂政事弓矢馳驟之節．以養其才．行乎仁義道德之塗．講乎性命陰陽之說．以養其德．觀於天人事物之變．以養其目．聽於琴瑟管弦歌誦之音．以養其耳．驗於喜怒嗜好之故．以養其情．愼於言語動作食息游宴之頃．以養其身．其所素養者如此．故夫卿相之加．萬鍾之賜．得以行吾道．世之幸也．吾何喜而驕之．患難之臨．貧賤之困．不得以行吾道．世之不幸也．吾何惕而憂之．此古君子充養其氣．宜其過人遠也．今之人則不然．得釜庾之祿．則以夸於衆．有一命之爵．則喜以爲榮．患難臨之．則戚戚不能生．貧賤困之．則怨天尤人．若是者．豈非氣不充之故乎．

吾莞百十年來．科名不遜於前．而立德立功．不逮古遠甚．豈其性之不若哉．莫之養而戕之者衆也．請以直養名齋．諸君其志乎古．毋狗乎今．循其理而不畔．充其氣而不餒．講論切偲．必求至當．將見出則比恭靖文烈諸公．處則繼竹隱清瀾諸子．即與求仁直言鼎峙可也．請還以余言質之諸賢父兄．以爲然否．

湫藝堂序

玉以攻而良．蘭以湛而美．友固學者之所取資．而藝亦風雨晦明所砥礪以成其材者也．吾莞堯章梁君．世英王君．乾健廖君．貢斯王君．從彥袁君．常健廖君．勵圖王君．景光李君．朝英王君．繼眉蘇君．桂陽尹君．暨達邦姪．共萃益友一十二人講藝．以湫藝顏其堂．而問言於余．夫余固窮老佗傺．一藝無成者．而何以序之．無已．則請以曩之聞於父師者以相質．

周禮大司徒以鄉三物教萬民．而賓興之三．曰六藝．蓋統禮樂射御書數而言也．漢之時．三年而通一藝．三十而五經立．又以藝爲經矣．宋熙寧中．始以經義取士．至明代乃衍爲八股．排次比偶．動有尺度．其法日以密．復名之爲制藝．記有之．事君先資其言．幷自獻其身以成其信．後日之致身．固取之其一日之言．是非可以苟且姑就也．制藝雖小道．而命題必主四書五經．四書五經．非熟復於胸中．無以言也．四書五經熟之復之矣．非貫穿浹洽於周程張朱之書．猶無以言也．四書五經．周程張朱之書．既知其相爲表裏．其於三才萬物之理．離合分寸眇忽之間．與夫古今禮樂制度沿革興衰之故．不能能有所發明．猶無以言也．經書事理．既皆瑩如廓如矣．猶必浸淫於古．自周秦兩漢．如左氏．公羊．穀梁．屈原．莊周．楊雄．司馬遷．班固之文章．以迄於韓柳歐曾諸家．皆能出入變化．復養其氣以愼其言．夫然復其文皆彬彬可觀也．

有明以來．制藝之文．亦云盛矣．名賢傑士．多出其中．如薛文清．鄧文潔．顧涇陽．陸稼書之德粹學純．邱文莊．唐襄文．歸太僕之淵博宏贍．文文肅．湯文正之介節．金正希．黃陶庵之忠貞．不可枚舉．嗚呼．制藝亦何累於人耶．自士以剽竊爲文．意愈深而愈離．辭愈妍而愈陋．又其甚者．往往辭窮意盡．鹵莽襲取．以徼倖於苟得．而衡之者誤以爲才也．亟收之．其人之得者．固不復自知．而世且妄推之．謂是嘗勝於人而取於人矣．且相與倣效以爲之．及他日在事．則又操是以爲衡．視制藝爲筌蹄粃糠而無所須．詢以聖賢之著書者何意．朝廷之所以設科取士者何謂．而彼茫然也．迨至仕與學乖離．文與行交詘．而反咎制藝之無用．嗟乎．此昔人之所以歎僞種相承也．

方今聖天子龍飛之元年．崇制科而黜競進．尤欲漸摩陶治天下之人才．使習熟於深造自得之學．以措諸實用．此正多士觀感奮興之日也．諸君素以遠大自期．必不汲汲於媕娿苟合．俯仰隨時．觀法於文淸文潔諸公．由制藝而通乎經．由經而游乎六藝．言行相顧．仕學相須．將見德如玉而氣如蘭．豈徒爲弋取科名之具也哉．黃石公曰．同道相成．同藝相規．吾願諸子之相規而共底於成也．是爲序．

嶺南叢述序

吾人問學之功．大而天地山川禮樂兵農盛衰人事．小而器用草木鳥獸魚蟲．與夫生平耳目所及．可喜可愕可悲可憤者．莫不有其所以然之理．必多識而幷蓄之．以爲格致之助．故君子之道．語大莫載．語小莫破．其致一也．而况桑梓之邦．其考核尤近者耶．淳賦性迂拙．於藝一無所好．獨於載籍．不啻性命以之．誦讀之暇．輒取嶺南事實．畧爲剳記．歲戊寅秋．制府芸臺先生纂修通志．命淳採訪東莞事竣．旋檄爲省局分校．爰取曩時篋衍所藏者．稍加編次．列目四十．釐卷六十．名曰嶺南叢述．

夫叢者聚也．哀而聚之也．叢者雜也．雜而列之也．譬如集千狐之腋．合五侯之鯖．必藉良工而成．而其先取材置物．雖豎子販夫亦能猝辦．蓋志則綜其全．茲編則述其瑣．亦猶販豎之取材置物云爾．嗟乎．流光如駛．冉冉無聞．不能羽翼六經．貫穿諸史．而徒璅璅見聞．不醇不備．然使天假之年．得以殫精竭慮．格物致知．而復由博返約．即小見大．以免叢雜之譏．是則夙夜兢兢而未敢必者．

粤東名儒言行錄序

昔之儒者．闇修一室．研窮夫天人性命之旨．馳騖乎道德仁義之途．懷文抱質．深委窮源．靡不騰茂當時．垂訓後世．然原其初．不過躬行實踐．自盡吾所賦於天之理．與吾所力乎人之學．深造而自得焉．斯已矣．固不蘄乎人之知也．而後之人．撫其遺編．流連慨慕．從數百年之後．而追述數百年之前．竊不禁考其微言．標其奧旨．且述其生平行事．以誌嚮往之私焉．

吾粵地位南離．漢唐以來．文明漸啓．故歷宋迄明而愈光．其中循博約之教者有其人．厭糟粕而談性命者．亦復不鮮．濟濟彬彬．猗歟盛矣．慨自朱陸分壇．薛王各祖其徒．攻訐不已．是己非人．黨同伐異．而考其實．則有鄉黨自好之所不爲．恬然不識其身之無狀．而宄肆譏彈者．由其未嘗誦詩讀書．知人論世．無怪乎其道聽途說．而以北山爲臣父之證．小弁爲小人之詩也．夫見仁見知．體道雖殊．而各道其胸中之所得．其爲修身齊家陶世淑人則一．學者果能識其格致同功．知行並懋．眞參實踐者何如人．文章經術．抑狂中禮者何如人．規員矩方．鼓揖近道者何如人．取其長而遺其短．法其實而棄其虛．由是履德蹈仁．盡性至命．尚何至狥於詞章功利．鹵莽滅裂．沈溺而不返耶．三人行必有我師焉．亦在乎學人善於抉擇而已．余不自揣．僭加搜括．共得八十人．題曰粵東名儒言行錄．典型具在．瘖寐羹牆．是有望於吾粵之有志向上者．抑不獨有望於吾粵已也．

養拙齋記

余素性迂拙．無用于世．復善病．頻死者屢矣．每念學問非交友不成．氣誼非交友不正．以故雖坎坷拙滯．不忘友朋．年廿六．頗厚自期待．自漢唐以迄本朝諸大儒之遺書．儼乎若思．茫乎若迷．即至丹經秘笈．亦必索其奧旨．閒學爲古文辭．當興會所至．感慨悲憤．愉樂之發激．浩然自吐其胸中所欲言．有低徊往復而不忍即下者．不計工拙．聊可怡悅．以爲南面王不與易也．然觀古人之得以卓卓者．大都出於艱難磨鍊．百折不回之中．余生鮮挫抑．又無名師益友．夾持其力之所不逮．故忽忽無所成就．後十餘載．始出門觀覽．自公卿大夫以及騷人碩士．往往交接．迄今又十年．卒無所得．益覺心勞日拙．已非復本來矣．夫子曰．三人行必有我師．言隨地可師也．今欲集益而反失其眞．何耶．魏叔子曰．俗薰陶人．如於室中焚燒病草．氣著衣帶．出市而臭．然不自聞．誠篤論也．

余年五十有三矣．德不修．名不立．髮白齒豁．僑寓羊城梁文康公故居．曲徑窮巷．雞犬之聲不至．孑然獨坐．一燈熒熒．萬籟俱寂．妻孥交謫．良友不來．每念古人勃勃興起．以爲斯會良不可失．故境愈窮而愈厲．居愈索而愈眞．恍然悟造物之玉我於成．存我之拙者不少也．杜詩云．用拙存吾道．茲以養拙名其齋．齋無定在．隨所居而名也．庶幾不失其素性云爾．噫．繼自今．將欲遊五岳探奇蹤．而數口無依．欲匿跡歸耕．又無十畝之產．其將携妻賣藥于市耶．詩有曰．維鵲有巢．維鳩居之．言乎鳩性拙不能爲巢．而必居鵲之成巢也．今且徘徊于雲梢月幹之中．其果有巢居之否．吾恐人而不如鳥．居不居未可知也．亦聊效淵明之息交絕遊．乘化樂命．以守吾拙焉可耳．是爲記．

鄧氏南陽書院記代

嘗聞祠祭之道．天性也．公羊注曰．祠猶食也．猶繼嗣也．春物始生．孝子思親．繼嗣而食之．故曰祠．孝經疏曰．祭者際也．人神相接．故曰際也．古者廟有定制．親盡則祧．後世士大夫均有家廟．以世祀之．無復祧者．蓋禮之變．而情之至也．行乎心之所安．推乎事之所極．故曰天性．君子不以爲嫌也．

吾宗崇祀太祖高密侯於南陽書院也．於雍正十年．中翰蓼伊先生倡建．始嗣攝事者不得其人．偭規弛法．有志者莫不慨然歎息．道光庚寅歲．徵君淳．孝廉光岳．邑曹成之等．爰集子姓議修．余曰．懿哉五宗．其振興者機乎．肇工於中秋．始而寢室．次而堂而廡而門．以洎餕食有所．庖湢有廬．糜者築之．朽者易之．漫漶者不鮮者堊之．冬至而竣．工不待鳩．資不待募．嗚呼懿哉．升主之日．族姓胥大和會．俎豆既設．笙歌既登．肅肅蹌蹌．怡怡如也．爰礱貞石以書歲月．而授簡於余．余既慶我祖之貽澤以佑啓後人．而又慶吾族之敬共匪懈．足以報本而妥靈也．抑更有進焉．夫孝以事先則誠．愛以睦族則順．誠以交於幽故饗．順以行夫明故化．饗則祖考格而百福臻．化則子孫賢而家道立．由是本天性之篤．以極乎人情之至．處則法高密祖之治家．出則效高密祖之勳業．豈徒侈廟貌之崇閎已哉．而益信斯祠有造於吾宗爲甚鉅也．爰記端末．書于麗牲之碑．

饑思食．渴思飲．情也．未饑而食．未渴而飲．其心必有所不欲．亦情也．饑而無食．渴而無飲．不得不付之無可如何之數．亦情也．若夫饑矣渴矣而又有嘉珍羅列於其前．卒不得一飽饑渴之腹者．何哉．胸膈滯于下．而咽喉壅于上也．

重修福隆隄記

邑治東七十里．境接循惠．每東江暴漲．則良田鞠爲汙萊．廬舍穴于魚鼈．民甚患焉．宋元祐間．邑侯李公巖始畫地宜．振民之急．自司馬頭西袤．薄福隆．抵京山．築長堤以捍之．延袤萬有餘丈．環九十鄉．護田九千八百餘頃．中間圻壟間斷者七．後人各立名號．而統稱曰東江堤．以均爲東江之禦也．其小段修築易爲力．率附諸鄉治之．惟福隆一堤．蜿蜒蟠薄．爲諸隄冠．非合衆力不可．故各鄉應出工數．五萬有奇．明季鐫於碑末．初非爲後日派修計也．考之圖說不甚條晰．曩承制府阮公命．修通志．採訪故事．始得其詳．嘉慶乙卯秋七月．洪水暴漲．堤蠕蠕然動．環堤居人．鳴金相聞．萬衆雲集．荷鍤負土．日夜守護．議請于吳侯廷揚．吳侯慨然相度．捐捧爲倡．復下令按里鳩徒．率舊章與事．可謂勤恤民隱矣．顧捐輸不一．九載始成．尙有要工．力盡而止．

考舊志．自元大德間以迄國朝乾隆丁酉．大修者十有三．皆數月而舉．於是竊歎古今人不相及也．夫堤之所係．夫人而知之矣．稍有不戒．廬墓淪胥．士女奔走山巓．樹杪爲巢穴．不啻饑者之待食．渴者之待飲也．九十餘鄉之丁．

九千八百餘頃之田．僅出五萬之工．亦非勢窮力絀．付之無可如何之數也．而竟至九載始克有成．豈官斯土者之壅於上聞歟．抑風俗頑梗之阻於下歟．何古今人不相及若是也．我國家休養生息．百有餘年．登斯民於康樂和親．生其間者．無水火疫癘之災．無調發差徭之擾．飽牛而耕．滿桑而織．曾不以圖維捍禦．爲子孫長久之計．知者顧出此耶．茲者衆維魚而旐維旟矣．集中澤而究安宅矣．自今伊始．吾願父老子弟．歲修月補．未雨綢繆．踴躍赴工．敦龐純固．長爲含哺鼓腹之民斯可矣．鄉人以余曾與其議．悉其巔末．因屬爲之記．

黎孝女傳

鳴呼．女孝之難也尚矣．然顯於世者．多見於孝婦．女孝徵之史冊．恆不數數覯．何耶．蓋婦而孝．婦之常．女而孝．女之變也．婦人于歸．往往獲事舅姑者數十年．以故得盡厥職．女自挽髻後．始識大義．即不能久侍膝下．惟門祚衰薄．侍養無人．不得已永供子職．此家庭之變．而孝道之常也．故書曰五常．凡倫紀中所當盡之事．皆天之所秩．叙而有常．於常之中．而遭其變．變而不失其常．於是乎孝女特傳．

吾莞孝女黎多娘．上坑處士沛霖之女．年十六失恃．門無弟昆．矢志不嫁以事父．族黨中欲爲議婚．則以死自誓．足跡不踰閫外．矮屋一椽．深廣不滿八尺．牀灶相并．形影相弔．一燈熒熒．漏下四鼓．機聲與促織相間．其父不事家人產．惟彈棋晏遊是好．孝女積誠感悟．家庭間蒸蒸然．奉養二十餘載．甘旨悉取辦十指．凡疾病痾癢．無不曲至．父沒．喪葬盡禮．歲時拜祭．淚涔涔下．跪至香燼而後興．族人復勸之曰．大事已畢．煢煢孤影．何以爲終身謀．孝女曰．昔之不嫁．爲奉養計．今父母俱亡．功緦之親．罔有言及嗣事．此身一出．血食將安恃乎．乃跪靈几前．辟踴號泣．三日不食．族人知其志已決．遂寢其議．自失恃後．茹素逾四十年．粗衣糲食．人所不能堪者．輒甘之如飴．年五十．始積白金二十餘．爲父擇嗣．每女紅閒．則持孝經及女小學．正席南向坐．諸娣姪坐東西向．爲講明義理．及古今貞烈善惡感應事．諸娣姪咸奉爲師表焉．庚寅春．奉旨旌表．後數月卒．年五十有七．

鄧淳曰．孝女生於窮鄉．非有保姆之教導．耳目之濡染也．而能扶綱常．繼名教．卓卓如是．是亦奇矣．世之冠儒冠．服儒服．自命儼然．至考其內行．則吾不得知也．女眞賢矣哉．

陳貞女傳

婦之於夫．猶臣之於君也．庶人之未委質．猶女子之既字而未嫁也．躋仕版．食天祿者．雖當國步艱難．使非寄軍令．守城邑．猶不輕責之以死．況乎其未仕也．然而夷齊餓死首陽．未嘗事紂也．汪錡死於郎之戰．未嘗仕魯也．宋纖不食而卒．徐應鑣與其子女闔樓自焚．許掞絕食死．湯文瓊投環卒．並非仕於晉．仕於宋．仕於明．而均可以無死也．而夫子不以夷齊汪錡之過而亟稱之．歷朝國史．不以宋徐許湯布衣故而忽之．豈非以忠臣不事二君．猶烈女不事二夫．

世教衰・人倫斁・得一忠孝節烈者・可以廉頑而立懦・烏敢議其激哉・作陳貞女傳・

貞女名潋姐・東莞人・其父興・故業農也・許字同邑何亞奴・年及笄・亞奴疾癩・繳聘書・聽其別字・潋姐曰・婦人從一而終・義無改適・雖身罹凶疾・命也・且翁只一子・年已七十・生無養・死無後・父母若憐女志・以女歸何氏・捐奩金以資紡織・猶可以養・他時擇嗣爲後・則何氏一綫未絕也・母不從・女乘間伺母出・衣平時白衣・投環死・亞奴聞而哀之・同死焉・適節府阮公修粵志・上其事・遂載之・嗚呼・女不朽矣・

羅文俊 號蘿村・南海人・道光壬午一甲第三名進士・授編修・記名御史・大考翰詹・兩次高等・累擢通政司副使・工部侍郎・以冒寒查東陵工程・得疾告歸・文俊廻翔史館・累掌文衡・其主順天鄉試・得人最盛・視學浙中・識深寒畯・阮文達剏詁經精舍・文俊重修之課士・親爲校閱・浙中人以配祀文達・所著有綠蘿書屋文集・存・

倚松閣詩鈔敘

予視學浙江之二年・同鄉以名進士宰浙者・曰臨安徐君銕孫・曰太平馮君侶笙・皆夙好也・銕孫同予舉於鄉・以詩名嶺海・通籍後・阮雲臺相國以詩縣令稱之・侶笙則己丑定交於京都・與談藝・歡甚・而未見其詩・未幾分符之浙・迄於今・不見十一年矣・夏五・定海差竣・予適試浙畢・即來晤・出所著從我集見示・予讀之・卹然以駭・急索觀全集・把玩五月・如置身冰臺玉露中・信夫能者不可測・益歎吾粵詩人何其多也・若然・吾甚疑之・世之人・一行作吏・筆墨都廢・叩以三唐兩宋・幾忘却是何年代・其上者・驕語經濟・施之本末無序次・亦早衙晏罷・薄書堆案・目不暇給・間有衆推賢能・大抵善供張・應對便給・奔走院司鼻息・以冀遊除・一遇馳驅原隰・嗟行邁・憚險阻・艱虞甚至・奉委軍營・挽粟飛芻・聞警報・巧作奔避計・又何暇濡毫吮墨・以詩詞自見者・

侶笙之宰太平也・三面距海・土瘠而民疲・盜賊出沒・時拮据而煦咻之・公餘猶岸幘歗詠・綽有元道州遺風・濵之役・如少陵入蜀・得江山之助・紀程之作・可當臥遊・及調定海・未赴任・英夷犯邊・城猝陷・時承平久・上下蒼黃無措・侶笙毅然捧檄・短衣匹馬・馳突礮火・轟喧間・磨盾賦詩・如劉文房之賦從軍・嗟乎・從事之賢・任事之勇・如侶笙者・安得僅以詩人目之・然以詩論・又豈俗士所能幾・不堪爲吾粵騷壇生色哉・

粵東地屬離明・爲人文藪・自曲江公力開正始・南園前後五先生繼之・皆一時之傑・屈陳鄺振於末運・海雪一編・品格尤高・國朝程湟溱梁藥洲蔚起・幾媲美中州・至乾嘉・風雅大盛・藥房俊逸・豸浦高超・二樵幽峭・魚山出而昌明溥大・蜀中李南澗定爲嶺南四家・而同時馮方山大令傳經堂詩鈔・亦堪伯仲・侶笙爲方山族子・學有淵源・其爲詩・五古淡灑標奇・不名一體・高者乃欲攀提陶謝・七言古瀏亮頓挫・氣象蘇李・五律妙於寫景・七律工於言情・長排類虞山叟東・絕句夷猶・得唐人三昧・均堪步武鄉前哲・近日嶺海詩人・銕孫外罕與爲儷者・銕孫讀其詩・語人曰・吾粵多

才・今又逢一大敵・雖虛衷・亦確論也・銕孫危乎哉・詩縣令之稱・恐難專美矣・因喜而序之・并質諸銕孫以爲然否・

道光辛丑中伏日・

重建三原文廟記

學校興則賢才奮・今天下府州縣皆立學・惟督學使者所駐之地・較他屬尤切焉・每校士・前學期率學官及高才生・敬謹展謁・宣講聖諭・辨論經義・使者因得以人心風俗・與多士相勉勵・而一時圜橋門而觀眡者・亦各有以感發興起・其崇化厲賢薰陶而樂育之者・典至鉅・事至重也・

三原文廟・自元大德十年刱始・厥後屢有修廢・至嘉慶五年重修・迄今三十餘載矣・道光癸巳秋・余奉命視學秦中・下車隸事・恭謁文廟・見殿宇傾頹・廊廡穿漏・神位漫漶・露處堪虞・心怦怦然動・亟詢有司・以帑弗備辭・因思釋奠釋菜・三代以來行之・記曰・祝先賢於西學・誠以爲校者・一邑風教之所關也・倘離敗不整・何以振士氣而肅□□邑人胡司馬建堂・善士也・力請獨修・出資萬八千金・於乙未經始・工將畢矣・而胡君卒・不數日・燬於火・自正殿及戟門・皆爲灰燼・母崔氏・憫子志未遂・命孫礪金・稟請重建・於丙申二月興工・殿廡崇庳・悉遵舊制・惟殿六椽・增爲八・門外石坊・改建櫺星門・崇聖宮增東西廻廊・前後縻白金共四萬七千有奇・丁酉八月落成・學官請爲之記・且曰・諸生觀化聿新・願有以敎之也・用即行部所至・與多士講說者・告之曰・

關中人文淵藪・康成說經・必先入關者・有馬季長之爲師也・元魏典誥・跨越江左者・以徐遵明輩各樹標幟也・中庸日程戴記・希文舉以授横渠者・以鄜伯能學古力行也・三原古馮翊地・當其學校修明・人材蔚起・鉅儒碩彥・項背相望・類皆講道論德・砥節礪名・以風俗人心爲己任・而又能正色立朝・剛淸嚴肅・百僚振風・紀綱偉然・爲一代名臣・如端毅恭□數君子者・皆多士所式法者也・多士勉乎哉・今者廟宇告成・牲幣將事・杗棟櫨桷・丹雘煥然・莊莊乎如登闕里堂・觀車服禮器之盛焉・微胡君之好善・而又賢母・何以得此・君子善善樂終・又以予秩滿瀕還・愧無以興起教化・而爲風俗人心之助・而猶幸學校興則賢才奮・親觀盛事之成也・故泚筆而爲之記・

新建華林寺五百羅漢堂碑記

華林寺者・吾粤建福舊道場也・自蕭梁普通七年・達摩泛海至粤城西南登岸・後人名其地曰西來・建菴曰西來菴・歷千三百餘載・傳燈弗絕・國朝順治初元・有福建宗符老人卓錫于是・創爲華林寺・傳法者三人・曰離幻・曰鐵航・曰天藏・遞主講席・著有語錄・今其後住持僧祇園・持行堅苦・精進上乘・嘗北踰嶺嶠・涉江淮楚越之間・鼓櫂錢塘江・入西湖淨慈寺・瞻禮應眞・發大慈悲願・毅然以廣羅漢堂爲己任・旣拓基庀材・塑像莊嚴・生面各開惟肖・乃行脚來京師・乞爲之記・以志始末・

佛書言聲聞四果・曰須陀洹・曰斯陀含・曰阿那含・曰阿羅漢・以與菩薩摩訶薩果位差別・然考楞嚴經・摩訶迦葉等一十四人・皆成阿羅漢道・其所說圓通・乃與彌勒普賢無

優劣．蓋離欲無諍．人中最爲第一．其爲人天崇奉也固宜．顧阿羅漢之傳於世．有云十六者．有云十八者．有云五百羅漢者．有云八百及五千者．殆獨佛之稱．七大菩薩之稱．八大曼陀羅義之稱．十七聖旃檀海佛及弟子本起之各稱．五百因時以立數也．而五百之名最著．羅浮異記云．黃龍洞西．嘗有五百華首眞人遊會於此．開元間．始建爲寺．空隱禪師所謂一門直入羅浮路．五百重登華首臺是也．又韶州延祥寺經樓．有五百羅漢像．後以寺建王府．像無存．東莞資福寺．亦有五百羅漢閣．即蘇子瞻薦誠禪院所記者．今斷石猶存．然則吾粵固靈異之所遊化．仙眞之所窟宅乎．

恭溯我高廟精研梵夾．深入佛智．于萬壽山大報恩延壽寺．築祇樹園獅子窟諸勝．以奉五百應眞．人天環拱．普攝三千大千世界．是豈徒耀搏埴．工藻繪．誇殊形異狀之勝哉．亦惟使普天率土．翹誠悲仰．發菩提心．生正信心而已矣．文俊於乙巳終．乞假閉戶．每晨起焚香盥手．虔書蓮花經般若經．積一載．得數十冊．非敢妄祈福祐．而佛天鑒誠．沉痾頓起．今夏將南旋．喜善果之落成．瞻寶相之湧現．謹述其緣起．先寄祇公．勒諸貞珉．俾十方衆生皈依瞻仰者有所覽焉．

曾望顏 字瞻孔．號卓如．香山人．道光壬午進士．由翰林改御史．累擢陝西巡撫．四川總督．以事劾罷．旋被召入都．賞四品京堂．望顏官御史時．有直聲．宣宗稱其遇事敢言．擢任京卿．洊膺疆寄．清介有惠政．光緒六年．陝督左宗棠奏請將政績宣付史館．於陝西省城建立專祠．今清史未爲立傳．其諫垣奏議．亦無可考矣．

重修九曲水石壩碑記

邑城東南九曲水者．源出竹逕坡．迤東瀦而凸．匯從坡西折至庫涌．滙新庵諸山水．分二渠．其一北折爲九曲．特朝學宮．繞城濠達於海．水經南北之衝．置壩閘以蓄洩之．所謂減水也．志載前邑侯申張暴馬四公．皆有修築．暴侯置田二畝餘．以所入爲守堤工食．馬侯立表于中．左右皆一丈五尺．歲久堤削．水漲沙積．愚民復貪小利．藉多尺寸之地．淤涌爲田．水失故道．汎濫演溢．閘壩崩頹．附近田廬悉被淹浸．

余自前歲歸里．聞之愀然．適陸侯涖吾邑．鋤暴安良．諸廢具舉．余因以此事請．侯曰．此吾責也．躬親履勘．首捐六百金爲倡．勸諭邑中紳富．捐貲助成之．屬鄭廣文廷榕專任其事．於是估價計工．採石築壩．由減水達城濠．約七百餘丈．其近壩百數十丈爲民田佔塞者．今疏濶二丈．豎立界石．仍以寬三丈爲則．存其舊也．其餘悉濬深之．順其故道之紆迴曲折．一律深通減水．石壩工料堅實．煥然一新．舊石閘一．合增爲二．使易宣洩．始事于丙午年六月．迄五月而工告成．計用工料銀二千二百餘兩．成之日．侯復親往驗勘．僉以久遠計爲請．乃命置船一隻．載運積沙．歲需工食・即以前置守隄之田給焉・惰則易之・其船有損壞修補之・年不過數金・命由附城公所給助・惟上游羅婆陂下游之南城濠・以捐項未全集・工尚闕焉・是役也・工程浩大・疏濬又多窒碍民田・其任用不得其人・終隳乃事・前之人久而不修復者・畏其難也・茲一旦成此巨工・微賢侯之力不及此・今而後・朝潮夕汐・無塞而不通・春耕夏耘・無往而不利・豈惟旱潦之患無虞・大有裨於農田水利哉・登蓮峯遠眺・斯水之環境・拱護於頖宮者・通達明秀・殆人文煥發之徵・而頌侯之德者・且垂諸勿替歟・夫一邑之利・一邑之人士實賴之・余不敏・樂觀厥成而已・謹臚其始末於石・並誌助貲姓氏於碑陰・以告後人云・

林召棠　字愛封・號芾南・吳川人・道光癸未一甲第一名進士・授修撰・辛卯・典陝甘省試・尋引疾歸・主講端溪書院以終・召棠工書能文・而性耽禪悅・其自輓有問今安往・本未曾來語・可謂澈底透悟・文亦淵靜閒適・如其爲人・著有心亭居文鈔・存・

東安縣志序

昔班史志地理風俗・於山川之險易・民俗之奢儉・物產之饒瘠・詳哉言之・非夸示侈贍・明政理所宜施・爲後世守土者龜鑑也・東安舊雜猺寇・明萬曆間・以兵夷之・土其地・及我朝垂二百年・聖人醇熙之化・外薄海甸・循良之吏・梳櫛而撫摩之・去其螟螣・烝我髦士・昔所謂林深嶂阻蜂屯蟻聚之區・既養既治・比於沃壤矣・然其境羣峯阻天・鳥道險絕・西山一司・孤懸數百里・犬牙差互・錯於他壤・沿江諸戍・斗入絕壁・境分而崖峻・廵警稍懈・剽艫胠篋・狐鼠竄逸・不可究詰・田廬夾兩山間・瘠雜沙石・夏雨驟至・水建瓴下・悍不可禦・十月不雨・源竭無餘・水旱之劑恆難・貧民耕富民田・彼此更授・主不得問・黠者更相欺匿・訟由是興・其民俗尙敦樸・而待澤於禮讓之士・志在奮發・而亟需乎鼓舞・故地雖僻小・非精明勤敏者爲之・治恆不易・

邑侯汪公以名進士來令茲土・下車一朞・民歌於塗・杭稌告豐・獄靜無事・暇乃披圖考典・補其缺畧・邑諸君子踴躍藁筆・從公指授・典實贍舉・燦然大明・夫世之爲吏者・日勞於刀筆筐篋・每以志書爲餘事・不知政理之宜・寬猛之要・不因其俗・無以施其宜・不綜其成・無以酌其變・且高行懿跡・久就湮沒・使後來者靡所勸效・豈治之要乎・今公日不懈於政・而以其所治筆之書・循良之績・於是乎在・後之官斯土者・披是書而所以爲治者・不外得矣・昔宰相名臣・多起於守令・他日公之治及遠且大・而實自東安始・則是書者・公治行之初基・即東安人士所志勿諼也夫・

吳川易氏族譜序

古者世家鉅族・與國終始・至於更革・則解析分張・以殺其勢・而新立之國・又因其資而樹建焉・周之興也・殷民六七族分封・魯衞九宗五正・終勤翼侯・漢初徙齊諸田楚昭屈景・以實關中・强幹弱枝・銷釋戢萌・於此爲兢兢焉・非以族大勢强・枝葉扶疏之故歟・

古有世本者・詳諸侯卿大夫之族・杜元凱據以註左氏・傳姓氏字諡・親疎分合・源流畢貫・六朝以前・諸史舉其

人・必系以郡望・而新唐書至爲宰相立世系表・唐代諸儒・李淹柳冲韋述諸人・專精譜學・以名其家・葢古人氏族譜牒・若斯之重也・

宋以後・圖牒散亡・士夫仕官・輕去鄉土・故宗族失紀・而公卿大臣家廟之制・屢講求而不能舉・獨范文正忠宣之後・立義田以卹其族・宗子正位於廟・長幼咸受約束・治以家法・不犯於有司・近代言族制者・以范氏爲法・則其恩足以相聯・其義足以相率・其尊卑疏戚・有統紀而不紊・甚矣・圖譜之不可以苟也・然非祖宗之澤垂於久遠・而代有文學・則不能遞加修輯以傳於勿替・若易氏者可紀焉・

易氏始商周間・若雄若重若賛若祓・有名迹於晉唐宋之世・至司馬彖入粵・支庶蕃衍・房分衆多・儀賓公仕熊・復遷我吳邑・子孫至今廿餘世・亦分十餘房・其譜修於前者屢矣・今鳳山孝廉・予姻親也・又修而加詳焉・京兆之阡・通德之門・弁以圖・溯源也・圭田之疆・飾蒸之典・詳其物・志恪也・餕餘之均・悉髦之奬・厚其頒・示惠也・庭誥之嚴・夏楚之誨・臚其目・昭戒也・靈運著述德之詩・竇氏刻連珠之集・遺編副墨・紹遺烈也・中郎撰有道之碑・延年贈太常之什・投縞獻紵・褒懿美也・叙次有紀・甄錄咸宜・依託傳會之談・諒在必黜・若正倫近託於杜固・武襄遠希於梁公・吾知其免矣・使有族者・皆如易氏之敬宗收族・以上媲於古人之譜牒・其庶幾矣乎・

端硯銘有序

瑩珠潤玉・文櫝之珍・而無所用・佳毫精楮・臨池之樂・而用易敝・兼斯二者唯硯乎・硯以端最・端以水巖大西洞最・道光甲午客端州・巖適啓・市石命工・日親礱錯・鑒別色理・嘘吸精華・如嵇康之鍛・樂而不厭・是秋歸・雨滯山寺三日・擇可題品者銘之・或哂曰・藏不徧用・比於弃也・子殆寶燕石歟・予曰・人生寄耳・寄情於文・寄文於書・寄書於硯・尤寄之寄也・姑摩挲娛吾老焉・午窗乍起・花氣入簾・淨几橫陳・井華滌濯・琳腴輝煥・麝臍香流・情怡務閒・自適吾適・所得良多矣・世之謹緘縢固扃鐍者・果可寶而非弃物哉・又十九年冬・故人子暢韶茂才工八法・乞其精楷・以張予銘・

多識畜德・至人淵默・多其入而寡其出・探囊取之・言乃有物・（括囊硯銘・）

挈水若抽・巧言如流・唯口起羞・苟詘於理・卷舌而止・毋乃瓶罄而罍恥・（挈瓶硯銘・）

江波澹涵・色如綠蕉・予不能書・愧鸜哥嬌・（綠端硯銘・）

洪鐘萬鈞・莛撞無聲・無聲聲存・勿羨缶鳴・（鐘硯銘・）

張維屏 字子樹・號南山・番禺人・道光癸未進士・歷官湖北黃梅廣濟縣知縣・以不願收漕告病・大吏異之・令署襄陽同知・尋丁父憂・服闋・改官江西・歷署袁州同知・吉安通判・南康府知府・假歸不復出・維屏未通籍時・已負詩名・嘗與同邑林伯桐黃喬松段佩蘭・香山黃培芳・陽春譚敬昭・南海孔繼勳・築雲泉仙館於白雲山麓・據蒲澗濂泉之勝・汀州伊秉綬題曰・七子詩壇・爲之銘記・及告歸・復於花埭西築聽松園・榜其堂曰松心・著書其中・所著有松心文集詩集・國朝詩人徵畧・藝談錄・自六十後・述生平事蹟・爲花甲閒談・並存・又著有讀經求異・經字異同・海天史鏡等書・皆未見・

原命

臨川李子作原命・李子曰・有有定之命・有無定之命・有定之命四・無定之命四・張子曰・命一而已・何若是之紛紛爲・夫理必溯諸天・言必衷諸聖・聖人言・五十知天命・言君子畏天命・言道將行將廢・命也・不知命無以爲君子・蓋人之有生・內而性之所有・外而身之所遭・莫非天之所與・即莫非天之所命・性所有・如仁義禮智是也・身所遭・如吉凶禍福是也・知爲天所命而保持弗失・立命即所以事天・知爲天所命而趨避・無庸俟命・即所以樂天知命・立命俟命皆命也・即皆天也・故曰・命一而已・然天之有命・非有形迹之可見・非有度數之可推・故曰・莫之爲而爲・莫之致而至・乃世之言命也・以術士所言之命・爲聖賢所言之命・以所生年月日時之干支・合爲八字・遂謂之命・因謂命可推測而知・

夫推年月日・始于唐之李虛中・推年月日時・始于宋之徐子平・此後世術士一家之言耳・天下之大・古今之遠・其年月日時相同・而其人之一生迥然不同者・不知凡幾・此不待辨而知也・且世之斷斷談命者・惟以干支爲據・亦思干支紀年何自昉乎・昉於唐堯之元載・通鑑前編・本經世曆定爲甲辰・竹書紀年則以爲丙子・路史則以爲戊寅・山堂考索則以爲癸未・是則今所據之干支・其果爲此干此支與否・亦尚未可知也・而謂人之命在是・嘻其惑也・夫命一而已・前人歧而二之・吾故折衷聖人之言・將以解衆人之惑・作原命・

五行

太皞炎黃帝少皞顓頊・此五行之帝也・勾芒祝融后土蓐收元冥・此五行之神也・伏羲神農軒轅金天高陽・此五人帝・配食於五帝者也・重黎句龍該脩熙・此五人官・配食於五神者也・人得五行以生・賴五行以養・先王曰・是不可無以報之・是故迎之於四郊・位之於五方・禮之以五色之玉帛・凡以致吾心之誠敬而已・然先王能自致其誠敬・而不能使天下之人皆致其誠敬・何也・人無日不在五行中・五行無日不爲人用・習則褻・褻則玩・玩則慢・而所謂五行之帝・五行之神・則又無形之可見・無聲之可聞・先生曰・是不可無以實之・夫伏羲神農軒轅金天高陽・與夫重黎句龍該脩熙・皆有功德及人・而以所積敬生畏者也・先王以是爲五帝五神之祀者・所以實之也・實之者・尊之也・尊之者・報之也・夫不待聞見而敬生焉者・聖人也・必待聞見而敬生焉者・凡民也・五行之帝・五行之神・豈有形象之可指・名號之可紀哉・惟配以人帝人官・而虛者實矣・虛者實・而後凡民皆敬而不敢慢・能使天下之人皆敬而不敢慢・而聖人之所

以報五行者．於是乎至．

德勝

客曰．星降爲人．有諸．松心子曰．聞諸古矣．堯翼星也．舜斗星也．禹參星也．湯虛星也．文王房星也．傅說箕星也．客曰．星降爲聖人．亦降爲惡人乎．曰．降爲人者非星也．星之精氣也．言氣則有正有邪．天有邪氣．乃生蝃蝀．山有邪氣．乃生魍魅．水有邪氣．乃生蝄蜽．星有邪氣．乃生彗孛．星之正氣不一．邪氣亦不一．天槍之屬．木星之邪．蚩尤之屬．火星之邪．天伐之屬．土星之邪．竹彗之屬．金星之邪．天麻之屬．水星之邪．邪氣所生．奸慝盜賊．其氣未盡．其惡不息．何以勝之．曰爲陽德．

治要

圖治有要乎．曰有．能用人而已矣．用人有要乎．曰有．能不爲人用而已矣．曷言乎爲人用也．曰．我好貨．人以貨用我．我好色．人以色用我．我好諛．人以諛用我．我好藝．人以藝用我．此其易知者也．我好清淨．人以清淨用我．我好樸拙．人以樸拙用我．我好文字．人以文字用我．我好道德仁義．人以道德仁義用我．此其不易知者．夫人至假道德仁義爲用我之術．而我爲其所用．則其害與貨色等．故善用人者．以人用人．不以我用人．以我用人．不以我所好用人．如是然後不至人用我．而我可以用人．能用人．然後可以圖治．

聖穀

詞章如卉木．義理如五穀．卉木悅目．五穀果腹．聖言穀也．聖心倉廩也．聖人不忍獨豐．出穀以濟人之窮．不忍獨聰．出言以振人之聾．不忍獨肥．出穀以濟人之飢．不忍獨知．出言以覺人之迷．是故飢者得之可以飽．危者得之可以安．病者得之可以愈．亡者得之可以存．是故果中有核．肉中有骨．言中有物．

規士

上焉公卿大夫．下焉農工商賈．居乎上下之閒．能使人敬之重之．則爲士．三代所以育士而成就之者尙已．戰國以降．先王之敎不行．於是士之途．錯出以相勝．而刑名法術縱橫游說之輩以起．繩以先王之法．則皆不得爲士．而就其時論之．則士雖失其正．而其氣未嘗不伸．後世士愈多而士氣愈不振．夫士非必有過人之才．絕人之智．勝人之勇．而人恒敬之重之不敢輕量之．此其故不在待士之人．而在士之所以自處．

魯君致邑．曾子不受．曰．臣聞之．受人者畏人．與人者驕人．桓溫謂孟嘉曰．我能駕馭卿．或謂桓溫曰．孟陋爲儒宗．宜引在府．溫歎曰．會稽王尙不敢屈．非敢擬議．夫陋與嘉．其勢均不敵溫．而一則爲所駕馭．一則不敢擬議．何也．其所以自處者異也．自古賢人處尊位必敬士．奸人有勢力而畏清議．亦往往陽慕禮士之名．而欲士爲己用．如董卓之於蔡邕．曹操之於荀彧．蔡京之於楊時．一旦被其籠絡．受其汲引．卒至殉其身．損其節．使後世爲之歎惜悼恨．則其所以自處者有未審也．然見士之自處當如何．曰．於孔子得一言焉．曰．行己有恥．於孟子得一言焉．曰．尙志．能有恥．則非禮非義之事有不爲．能尙志．則可歆可羨之物無所動．幸而遇於時．則行義達道．進而爲良吏．爲名臣．不幸不遇．退而終其身於布衣糲食蓬戶甕牖之閒．猶將守法先王．維持淸議．使公卿大夫農工商賈咸敬之重之．無敢輕量之．夫如是．然後能不失其所以爲士．夫如是．然後士重於世．而世亦賴有士．

粵食

粵東人多而米少．粵之米．不給粵東之食．向取給於粵西．粵東米價．視粵西穀船之多寡爲低昂．粵西偶苦水旱．穀船來稀．粵東即米價騰貴．人心皇皇矣．而邇來無慮是者．則以有洋米故也．洋米來自外洋．風順數日可至．粵東得此接濟．雖荒歉或可無恐．嗟乎．天之愛粵人甚矣．東米不足．西米濟之．西米不足．洋米濟之．爲大吏者．體天之心．順民之情．禁關津之阻勒．懲吏胥之苛求．使穀船米船源源而來．是備荒之善政也．是弭盜之本計也．是安粵之良法美意也．蔡忠襄公曰．欲世治安．必先使窮百姓有飯喫．旨哉言乎．牧民者其念諸．

關睢

關睢．后妃之德也．德者何也．求淑女也．淑女者何也．謂嬪妾也．嬪妾可稱淑女乎．曰可．詩言彼美淑姬．言淑人君子．淑者詩人之恒言耳．非必后妃始稱淑．而嬪妾不可稱淑女也．嬪妾可稱好逑乎．曰可．逑匹也．詩言公侯好仇．言率由羣匹．武夫可言匹．羣臣可言匹．豈嬪妾必不可言匹乎．且衆妾不敢自以爲匹．故小星曰．寔命不猶．后妃能以衆妾爲君子之匹．故關睢曰．君子好逑．下之不僭．由上之不妒．夫人之不妒．由后妃之能化．是求淑女者．后妃之德之實也．且淑女之繫於國家者大矣．龍漦之妖．牝雞之毒．人彘之慘．馬嵬之辱．趙入而漢祚傾．武入而唐宗覆．其始不過一女之不淑者耳．然則后妃之求淑女．是即侍御僕從．罔非正人之意也．是即制治未亂．保邦未危之道也．多士得而文王寧．淑女得而后妃樂．其義一也．言后妃之德．而文王之德見．大姒之徽音．即文王之刑于也．

如謂文王求淑女．則不能無疑．以王季爲父．以大任爲母．豈猶不善爲子擇婦．而文王乃自憂之．至於輾轉反側乎．乃如之人也．懷昏姻也．不知命也．曾謂生有聖德者而若是乎．即謂發情止義．在人也．懷昏姻也．不知命也．曾謂生聖德者而若是乎．即謂發情止義．在文王不妨有淑女之思．而宮人不當形之於詩．文王娶太姒時．方弱冠耳．公子新昏．而宮人乃追溯其昏姻之前．形容其寤寐之事．其迹涉於褻．其言近於邪．是固敬止之．文王所不樂聞者．而乃用之鄉人．用之邦國哉．

箴漁

漁人家於石門．臨江結茅．有白衣之客投宿焉．漁人飮以酒．烹魚而進之．酒酣．有鳥立水際．若伺魚者．客曰．

鳥飛而魚潛．鳥能入水而取魚．魚不能翔空而取鳥．漁人曰．客徒知鳥能取魚．不知魚亦能取鳥也．客曰．翁習魚知魚．魚取鳥何如．漁人曰．有鳥賊魚者．佯死浮於水．鳥以爲死魚也．就而啄之．魚乃卷而取之．故名烏賊．余惡此魚之以詐而濟其貪也．網而得之．骨可療痠．食其肉而售其骨焉．客曰．嗟乎．詐哉魚也．雖然．鳥實貪且愚．夫天下之物．不勞而自獻焉．其必有故也明矣．使鳥不貪魚．魚安取焉．漁人曰．善哉客言．客曰．願有進．鳥欲食魚．魚乃食鳥．魚既食鳥．翁又食魚．相食何時已乎．翁知漁利而忘漁害．吾恐翁將溺於漁．漁人曰．謹受教．於是客醉．擊缶而歌．歌曰．嗚呼鳥鳥．貪魚啄魚．而自喪其軀．歌畢．褊襹而起．化爲老鶴飛去．明日．漁人棄漁具．移家山中．是歲．江水暴發．石門漁舍多漂沒．翁先去獲免．

虞許

虞．國名也．許．亦國名也．申公曰．黃帝萬諸侯而神靈之．封君七千．蓋虞許在其中也．國語曰．虞幕能聽協風．左氏曰．自虞幕至于瞽瞍．是虞先舜而有．非至舜而始有虞也．左氏曰．許．太岳之祚也．四岳皆炎帝之後．當時必有分封．如申呂甫許是也．是許先周而有．非至周而始有許也．故虞舜者．虞之舜也．許由者．許之由也．虞之賢有舜．許之賢有由．蓋四岳皆薦於帝也．書爲虞作．故不載許由事也．舜之志．在兼善天下．故受堯之讓而不爲泰．由之志．在獨善其身．故辭堯之讓而不爲矯．使堯讓由而由受之．其功德必不及舜．是不能兼善天下．又不能獨善其身．由不爲也．然則堯自有天下而能讓．由可有天下而亦能讓．由與堯同一心也．舜不以天下爲樂．故有而不與．由亦不以天下爲樂．故辭而不居．由與舜同一心也．以天下之大．可與則與之．可受則受之．可辭則辭之．各行其心之所安．皆聖人也．故君臣有道焉．立其極者曰堯舜．出處有道焉．立其極者曰虞許．

黍離降爲國風辨

王次衞．何也．黍離降爲國風．信乎．曰．不然．此說詩者之過也．孔子曰．多聞闕疑．又曰．吾猶及史之闕文也．詩之次序．因其舊可也．必逞一己之意而升降之．則述而不作之謂何也．乃范氏甯序穀梁．謂列黍離於國風．齊王德於邦君．明其不能復雅．則賤而好自尊孰大於是．且春秋於王．人猶尊之．而詩於王風．乃降之乎．於郭公之文．猶兢兢然闕之．於王國之詩．獨毅然貶之乎．

或以爲平王棄舊都．號令止及於郊．與諸侯比．則又不然．周雖弱．天命猶未改也．晉侯請隧．楚子問鼎．其君若臣猶能以大義析之．孔子曰．吾從周．又曰．吾其爲東周乎．而乃於刪詩之際．奮然降王於衞下．使不得繼二南之後．則爲下不倍之謂何也．

或又以爲恐混於二南．故以三衞間之．則又不然．夫所謂王者．固文武之子孫也．即次王於二南之後．奚不可者．而必取侯國之詩．駕乎其上．此有識者所不爲．而謂聖人爲之乎．蓋所謂風雅頌者．作者之體．猶典謨訓誥誓命者．作書之體．非雅尊而風卑．非雅優而風劣．其體然也．明乎體之說．則平王之詩．可儕於衞鄭．非平王可降也．費秦之誓．可參於湯武．非二公獨優也．

然則先抑鄘衞何也．曰．殷之故都也．次之以王．何也．曰．周東都也．無所升降於其間也．范氏之說．先儒多用之．信如斯言．則聖人非述而不作者也．非爲下不倍者也．夫聖人焉可誣哉．故曰．此說詩者之過也．

儀禮之記之傳春秋之傳辨

儀禮十七篇．惟士相見禮．大射儀．少牢饋食禮．有司徹．四篇無記．餘皆有記．記之詳畧不同．而覲禮之記僅十六字．此其最畧者也．案記冠義疏曰．凡言記者．皆是記經不備．兼記經外遠古之言．鄭注燕禮云．後世衰微．幽厲尤甚．禮樂之書．稍稍廢棄．蓋自爾之後有記乎．又案記士昏禮疏曰．凡言記者．皆經不備者也．又案燕禮記．燕朝服於寢．疏曰．凡記．皆記經不言者．以經不言燕服及燕處．故記又言之也．又案記冠義疏曰．記時不同．故有二記．覲疏所云．則儀禮之記．皆記所未言．而記之者非一人．記之者亦非一時也．儀禮注疏卷一校勘記．六禮經在漢．祇稱爲禮．藝文志云．禮古今五十六卷是也．亦曰禮記．熹平石經有儀禮．載洪适隸釋．而戴延之謂之禮記是也．然則昔人凡記遠古之言．與記禮制之事．皆可謂之記．不獨坊記表記之以記名者爲記．即禮記四十九篇皆記耳．儀禮諸記．分繫篇末．即說文所謂疏．徐氏所謂一一分別記之是也．

十七篇之中．有記復有傳者．惟喪一篇．賈疏云．獨爲喪服作傳者．喪服一篇．包天子以下五服差降．六術精麤變除之數．既繫出入正殤交互．恐讀者不能悉解其義．是以特爲傳解．

至作傳之人．讀儀禮者．據喪服有子夏傳三字．皆實指爲子夏．然觀賈疏曰．人皆云孔子弟子卜商字子夏所爲．又曰．師師相傳．蓋不虛也．使古本有題子夏傳三字．則賈疏何爲尙作疑辭．儀禮校勘記．謂喪服經傳四字．乃舊題子夏傳三字．蓋唐石經誤改．辨之極明．讀賈疏者．至是可以釋然矣．傳之取義．釋文曰．傳以傳述爲義．釋名曰．傳．傳也．以傳示後人也．合二說論之．自其守先而言．則曰傳述．自其待後而言．則曰傳示．守先待後．要皆貴乎傳信．成傳之義．又爲信也．朱子撰儀禮經傳通解．以儀禮爲經．以禮記及諸經史雜書載及以禮者．附以本經之下爲傳．是凡釋經者．皆得謂之傳也．

釋經之傳．門戶不同．而並立不廢者．蓋莫著於春秋三傳矣．左氏公羊穀梁．同爲春秋傳．而孔疏徐疏楊疏．其解傳之義不同．禮疏云．傳者傳也．博釋經意．傳示後人．徐疏云．經傳者．雜縟之稱．楊疏云．穀梁所修謂之傳．不敢與聖人同稱．直取傳示於人而已．故謂之傳．徐疏乃釋經傳並題之義．非釋傳字本義．孔疏楊疏釋傳字．並以傳示爲義矣．三傳皆傳示後人．左氏主於傳事．則史傳之傳也．公穀主於傳義．則傳注之傳也．其爲傳不同．其爲傳釋經同也．其爲傳信同也．漢書注．傳．符也．釋名．傳．轉也．轉也．執以爲信．皆不外傳信之義也．夫能釋先聖之經而傳信於後．可謂賢矣．人之書曰傳．

陳清端公詩集序

明瓊山海忠介公．以直聲清節震耀宇內．後百餘年．而國朝海康陳清端公繼之．人皆謂公之清足配忠介．而吾以為二公之清．有同有不同．其有守同也．其有為亦同也．其接於人也．忠介每有淩厲峭激之氣．而清端則易直慈良之意為多．其發於言也．忠介之文．勁爽而直達．清端之文．寬舒而有餘．其施於政事也．推忠介之意．必欲事事復古．而清端則相時度地．惟期實政足以利民．蓋忠介之清．主乎肅．清端之清．兼乎溫．清如冰霜足以殺物．清如雨露足以生物．故學忠介而不至．其弊恐流於刻．學清端而不至．猶不失溫厚之意．顧忠介當日．目覩紀綱廢弛．憸壬橫行．本其憤時嫉俗之心．發為淩厲峭激之氣．而清端則遭遇盛時．受特達之知．際明良之會．則二公之同而不同者．時為之也．

公不以詩名．然昔賢手澤所存．後之人猶寶愛之．而況詩固出於性情者哉．公文集鐫於乾隆乙酉．附詩僅一卷．今丁君瑤泉輯公遺詩．多至十卷．且編次公生平行實．撰為年譜．丁君客數千里之外．而於鄉先哲之事業文章．懃懃焉蒐羅而紬繹之．得其先後之次第．而手自錄之．其用心於文獻．勵志於典型．可謂勤矣．余之服膺公不以詩．故置詩不論．而特論夫公之所以異於忠介者．夫仁一而已．乃有好仁者焉．有惡不仁者焉．忠介清而肅．其近於惡不仁者．與清端清而溫．其近於好仁者歟．君子亦仁而已矣．何必同．

夢香詩鈔序

文以載道．文實道中之一事耳．然其間有難易多寡之別焉．其事愈難．則為者愈寡．為者愈寡．斯難能而可貴矣．今學中人為時文者多．為詩者少．為古文者尤少．選時文者多．選詩者少．選古文者尤少．吾粵自華夫先生以粵東人選粵東古文．其體備．其義精．百數十年以來．未見有能繼者．近時溫謙山舍人．刻有粵東文海．所收雖富．所選未精．蓋古文之道難言矣．

吾友陳雪漁同年．工詩而又能為古文者也．其詩古文．皆取法古人．而自抒心得．以謙山文海所輯．皆已往之人．於是選已往及現存之文．為文海所未有者．名曰嶺南文鈔．夫謙山席豐履厚．延李秋田茂才於其家．助之編輯．而雪漁冷官困守．獨能搜羅數十家古文．錄之．選之．評之．刻之．非專心篤好．其能若是乎．可不謂難乎．雖未能如華夫所選之精備．然雪漁繼前人為之．他日又必有繼雪漁而為之者．是嶺南文鈔之刻．為桑梓文獻所關．較之刻一己詩文．尤難能而可貴也．而雪漁固工詩．而又能古文者也．

雪漁夢香居詩集．久已板行．今春令子小漁將刻三集四集．而問序於余．曾子有言曰．難者弗辟．易者弗從．余故畧其詩而論古文．若其詩之工．則前集譚序．已言之矣．余為此序．獨表其難．雪漁一生懃懃於詩古文若是．其於道必有所得也．然則雪漁之可傳．固不獨在詩也．道光甲辰孟秋之月既望．年弟張維屏拜序．

張維屏

見星廬詩集序

海其歸墟乎・其以虛而成其大乎・日月沐焉・百寶育焉・萬怪伏焉・衆流族焉・天下虛受者・孰有過於海乎・其靜也・濔滐沆瀁・莫知所止・其動也・砰磅㶁潏・聲越百里・其又虛而善鳴者乎・惟樂亦然・大而鐘鏞・細而笙竽・其器皆虛而善鳴・使有物焉窒其中・則喑矣・惟詩亦然・人心觸於物而情生焉・發於情而詩作焉・當其物未至之先・則必使其心廓乎如太虛而無所滯・俟其物之既至・情之既發・然後肖物而出之・順情而達之・要以鳴吾意之所欲言而止・夫是以詩爲心聲・而誦其詩可以知人也・

吾友林君辛山・歲甲子・同舉於鄉・吾始見其文・繼而見其詩・其長篇浩浩乎如百川之赴海・而必達也・其短章澹澹乎如迴洲曲溆・可以蕩瀁而容與也・繼而見其人・則又溫乎其容・吶乎其言・其性情淵乎其潛・而沖乎其恬也・其出詩文示人・惟恐人之不言・言之而善・從之惟恐不及也・辛山殆學於海者耶・何其心之虛受若是也・今秋自都中・將刻其見星廬詩・而屬爲序・余不欲泛爲揄揚之辭・而惟鳴吾意所欲言而止・辛山行矣・言歸吳川・吳川濱大海・秋高水淸・一碧萬里・攜琴刺船往・鼓天風海濤之曲・或有成連方子春其人出焉・則試以吾所云海涌於樂・樂通於詩者質之・

粵東詞鈔序

詞一名詩餘・談藝者多卑之・余謂詞家所填之詞有高卑・而詞之本體則未嘗卑・何也・詞與詩・皆同本於三百篇者也・說者謂詩有定體・而詞之字・則或多或少・詞之句・則或短或長・是以不能與詩幷・而不知此即本於三百篇・試畧舉之・

如一句兩字・本於鱨鯊・祈父・一句三字・本於螽斯羽・殷其靁・四五字六字與詩同者・無庸更僕・若夫上三下四而仄韻者・麟之趾・振振公子・上三下四平韻者・園有桃・其實之殽・上四下三而平韻者・式微式微・胡不歸・上四下三而仄韻者・自今以始・歲其有・上三下五而仄韻者・美無度・殊異乎公路・上三下五而平韻者・左執簧・右招我由房・上四下五而平韻者・靜女其姝・俟我於城隅・上四下五而仄韻者・微君之故・胡爲乎中露・上五下四而仄韻者・益之以霢霂・既優且渥・上五下四平韻者・無金玉爾音・而有遐心・上四下六而平韻者・懷哉懷哉・曷月予還歸哉・上六下四而仄韻者・迨天之未陰雨・徹彼桑土・上六下五而平韻者・我姑酌彼金罍・維以不永懷・上六下五而仄韻者・胡寗瘨我以旱・憯不知其故・上四下七而平韻者・我有旨酒・以宴樂嘉賓之心・上五下七而仄韻者・日辟國百里・今也日蹙國百里・上四下八而仄韻者・九月在戶・十月蟋蟀入我床下・上四下八而平韻者・不狩不獵・胡瞻爾庭有縣貆兮・

而尤可證者・詞往往以三字句作收・似乎纖屑・而其實本於風之遠條且・從夏南・且以頌之莊嚴・而收句亦於繹思三字・是其字之多寡・句之短長・皆從三百篇來・則安得以詞爲卑耶・而況兒女情長・曼聲不少・英雄氣壯・傑作恒多・青蓮白石・傳來樂府之遺音・東坡稼軒・行以古文之灝

氣．然則詞亦視乎其人．視乎其詞．非可一概論也．

粵東地位南離．人文炳煥．聲詩之道．自唐以逮國朝．大家名家．後先相望．總集別集．遠近風行．惟詩餘則千載以來．從未有人蒐羅而甄綜之．吾友許君青皋．沈君伯眉．好古多聞．尤深詞律．一日偶談及此．兩君慨然任之．於是近覽遠稽．探幽索隱．或訪諸他鄉異縣．或求之斷簡殘篇．人無論歿存．詞無論多寡．自五代迄今．共得六十餘家．分之則各自成篇．合之則都爲一集．雕板將竣．問序於余．余因舉詞字多寡．詞句短長．皆本於三百篇．以明詞體之未嘗卑．先以質諸同人．且以質諸海內之工於倚聲者．

石洲詩話跋

石洲詩話八卷．大興翁覃谿先生視學粵東與學侶論詩所條記也．前五卷草稿．久已失去．葉雲素先生忽於都中書肆購得之．持歸求先生作跋． 先生因命人鈔存． 又增評杜一卷．及附說元遺山王漁洋論詩絕句兩卷．共成八卷．會先生門人襄平蔣公來督兩粵．因寄至節署．屬爲開雕．公命維屛董校勘之役．維屛既以詩辱知於先生．憶丁卯戊辰寓京師．每淸曉過蘇齋．先生輒爲論古人詩源流異同．亹亹不倦．一日．詢及是編．徧檢弗獲．不意是書失去．遲之又久復還．而維屛於七千里外．乃得取而細讀之．且距先生視學時已四十餘年矣．今展卷坐對．不啻追侍杖履於古榕曜石間．文字之緣．抑何紆而愜也．至先生聞見之博．考訂之精．用心之勤．持論之正．是編特全鼎之一臠耳．比年同人築雲泉山館於白雲蒲澗之麓．先生作雲泉詩見寄．適是書剞劂甫竣．而雲泉詩亦已上石．此又一重翰墨緣．因連綴及之．

羅浮分霞嶺記

遊羅浮者．羅盡而得浮．浮爲逢萊左股．不可驟得．得必由其戶．分霞嶺者．浮之門戶也．距嶺數里．踏犖确．穿丰容．造乎嶺根．於是躡衣而登．磴道數百丈．蛇盤螺旋．乃躋其巔．嶺形旁高中凹．舊名佛子㘭．余思羅浮爲第七洞天．是嶺又爲二山之交．東西霞彩．朝暮迭見．金支翠旗．靈飈送迎．因易其名曰分霞嶺．逾嶺而北爲酥醪洞．此洞無麻雀．而多五色鳥．異哉蓬萊．老僊之靈聚於是．而特設茲嶺以爲界耶．羅浮之巔．是爲飛雲．羅浮之交．是爲分霞．江瀛濤鍊師依山構亭．鑿石引泉．俾勞者得息．渴者得釋．孰謂深山蕭寥無利物事哉．竝書之以告來者．

白鹿洞講書記

白鹿洞在廬山之南．自唐李渤始闢爲書舍．南唐始建爲學．宋初始置爲書院．後廢． 至淳熙己亥．朱子守南康．訪尋遺址．奏復其舊條例教規．以示學者．於是鹿洞之名益著．迨象山陸子訪朱子於鹿洞．講君子喻於義一章．是又鹿洞講書之最著者也．數百年來．凡官長師儒以逮生徒．至斯地者．靡不殷然興起其慕道嚮學之意．詩曰．高山仰止．景行行止．蓋前哲之流風餘澤．其及人遠矣．

道光十六年．歲在丙申．維屛承乏郡守．仲春之月上辛．率諸生致祭於鹿洞先賢．禮畢．諸生有進而問學於屛者．屛曰．先賢教規．詳且備矣．屛復何言．然不可無以答諸友之問．則請舉見其過而內自訟一語．與諸友共勉之可乎．且夫孔子大聖也．其言曰．加我數年．五十以學易．可以無大過矣．顏子大賢也．聖人稱其不貳過．子路賢者．孟子稱．人告以有過則喜．由是觀之．聖賢且不能無過．況庸衆人乎．夫庸衆不能自見其過．固無望其內自訟．而古今來才學高博之人．亦往往不能自見其過．即能自見矣．不惟不內自訟．且有過而自文之．至人告以過．不怒於言．必怒于色．且或陽德之而陰嫉之．求其聞過而喜者罕矣．夫以有過之身．既不能自見其過．又不喜人告以過．將聽過之潛滋暗長乎．抑以爲過無損于己乎．夫過而不改．將陷于惡．至是而後悔．則已晚矣．故周易一書．多言無咎．無咎者．善補過也．又曰．震無咎者存乎悔．秦穆公能悔過．故秦誓一篇．得列于周書．然則人能改過．是取法孔子顏子子路秦穆公．不能改過．則將辱身敗名．甚且貽害于家國天下．是改過誠吾人切身至要之圖也．顧內求改過．必內自訟．訟未有不求勝者也．訟又未能必勝者也．則亦惟于獨知之中．行對勘之法．長抱此內自訟之心．以終其身焉已矣．雖然．知之非艱．行之惟艱．夫子嘆曰未見．則甚矣．能見其過而內自訟之不易言也．屏賦性顓愚．愆尤叢集．既苦不能改．又苦不自知．今舉是言爲諸友勗．亦甚望諸友之有以規我也．問者既退．遂援筆而記之．且以自箴焉．

劉念堂先生云．聖賢乃有過．衆人之過皆惡也．屏案此言．眞足發人猛省．蓋人多私心．非求則忮．但隱而未發．發而未甚．遂不見其爲惡耳．古來大奸大憝．陷害忠良．傾覆邦國．其事皆始于一念．其機每伏于隱微．書曰．人心惟危．吁危矣哉．與諸生講論．意有未盡．復識數語於此．道光丙申二月十四日．張維屏記于白鹿洞書院之文會堂．

陸大夫祠碑

廣州城南有陸大夫祠．祀漢大中大夫陸生．禮也．祠不聞有碑．爰補以文．將刋諸石．辭曰．

昔赤帝子斬白帝子．遂以亭長而爲天子．逢儒則罵．見士不喜．大夫能掉寸舌．與之抗抵．而折以至理．蠻夷大長思逐秦鹿．帝號自尊．黃屋左纛．魋結箕踞．倔彊不服．大夫能出數言．與之往復．而使之馴服．或謂漢廷諸臣．若將相．若王侯．生口辯雖優．位止大夫．殆書生之流．其才智福澤．固不能與羣公匹儔．若是則吾請言將．淮陰既醢．黥彭並誅．孰若大夫．好畤家居．有田有廬．既安且舒．則又請言相．酇侯功高．封二千戶．一朝械繫．徒跣恐懼．孰若大夫．駟馬安車．無憂無慮．則又請言富．帝與陳平黃金四萬．用於反間．金多陰散．孰若大夫．槖出千金．優游泮奐．則又請言壽．柱史張蒼．百歲有餘．口中無齒．食乳當餔．孰若大夫．養老擊鮮．既甘且腴．則又請言樂．曹參後園．飲酒歌呼．奈何相國．與吏爲徒．孰若大夫．侍者鼓瑟．家人是娛．則又請言遊．嗟哉酈生．馮軾下七十餘城．而不免於烹．孰若大夫．西京南越．萬里之行．不辱君命．而身名俱榮．然此皆世人所欣所羨．非古人可法可傳．

傳有之．君子九能．可爲大夫．則欲知大夫．必觀乎漢之人才．賈董比肩．董策天人．賈策治安．然賈好痛哭．

自取憂煎・董談災異・自致迍邅・孰若大夫・新語每奏一篇・帝未嘗不稱善焉・著成敗不在賈生之後・說仁義實在董生之先・且坦坦焉・蕩蕩焉・自行其志・自樂其天・至於不費兵力・不動聲色・以靖蠻荒・以匡社稷・帝謂安劉者勃・誠有知人之明・然非用大夫之計・則平勃之功無由以成・猗與留侯・卓哉可風・出佐赤帝・歸從赤松・然侯多病辟穀・孰若大夫・飲食宴樂・康寧壽終・然則漢廷不少王侯將相・吾以爲大夫之才之福・實足弁冕乎羣公・請爲之歌以侑神・歌曰・

大夫未來兮・大長侈張・大夫既來兮・老夫恐皇・稱臣奉約兮・職貢承筐・何以贈別兮・千金之裝・我欲立廟兮・楚庭之旁・左祀大夫兮・右祀越王・嘉賓賢主兮・長無相忘・英魂傑魄兮・鎮茲海疆・紅棉始華兮・奠以椒漿・驂鸞跨鶴兮・常翱翔兮白雲之鄉・

黎攀鏐　字伯慈・號半樵・東莞人・道光癸未進士・官戶部主事・擢員外郎・除湖廣道御史・官至江南河庫道・河督某薦其才可大用・以親老・遽乞養歸・在言路時・因粵東積弊・疏陳十事・又當時論鴉片事・或主嚴禁・或主弛禁・聚訟紛呶・攀鏐獨疏請嚴禁・以抽稅爲非計・語尤切至・著有詒蔭堂奏議・存・鶩門集・未見・

裕國足民疏

竊惟平天下之大政・用人而外・首重理財・查各省地丁關稅鹽漕耗羨・年入共四千餘萬兩・而俸廉兵餉河工雜支等・約需三千四百餘萬兩・即偶有偏災蠲緩・歲中仍可節存三百餘萬兩・以十年計之・可盈餘三千餘萬兩・何致庫項尙有不敷・則以有額徵之名・無報解之實・有未盡之利・無博施之術・宜綜核區畫・經理董勸者・厥有六焉・

一・各省解部入撥銀兩・應年清年欵・以復舊規也・查乾隆初・部庫所存・不過三千萬兩・四十六年後・增至七千餘萬兩・復四次普免天下錢糧・三次普免天下漕糧・未嘗稍加賦稅・今地丁稅課・積欠頻仍・有欠在民者・有欠在官者・有官欠而捏爲民欠・又不知凡幾・上年戶部奏催・共有八百七十餘萬兩之多・今僅據解撥二百六十餘萬兩・任意支延・積壓愈多・所關匪細・莫如嚴定考核之法・年設總簿・該管各官・應徵欵項・春秋撥解・按年清欵・漸復舊規・雖一時不見有餘・日久自臻饒裕矣・

一・積年分賠代賠銀兩・應查明現任離任・分別追賠也・查戶部例載追繳銀兩・均有定限・現各省應追應賠・以及分賠代賠各欵・不下三百餘萬兩・現任人員應行完繳者・約一百餘萬兩・應請查明現任離任・分別辦理・其離任降革・如有子孫出仕者・仍照現任追繳・倘實家產盡絕・督撫具結保題・照例准其豁免・以清積案・

一・地丁正項銀兩・應禁止借撥動墊・以杜牽混也・查湘省借動司庫銀十萬餘兩・贛省例外多用運費・借動銀十餘萬兩・直隸額設剝船・計前後借動地丁銀一百四十五萬五千餘兩・雲南支放囚犯口糧・借碾倉穀・雖非地丁・亦係入撥之欵・現已借墊銀十餘萬兩・以臣所知者・已一百八十餘萬兩・此外未及知者・當不止此數・應請勅下部臣・通查各省借動正項銀數若干・按欵提還・報部酌撥・

一・八旗漢軍閒散兵丁・應設法疏通・以謀久遠也・滿洲蒙古・均與國同休戚・斷難輕議變通・獨漢軍一項・視滿洲蒙古實有不同・乃亦羣聚京師・歲費司農俸餉數十萬兩・漕糧十萬石・不農不賈・袖手仰食於父兄・又安怪生計之日蹙耶・查乾隆初年・漢軍壯丁幼丁已三萬餘名・迄今又及百年・自當數倍・若不預爲籌畫・生齒益衆・仰給愈難・可否仿照乾隆年間成案・更爲推廣・妥定章程・俾資生有路・則農工商賈者・得自食其力矣・

一・農田水利・應及時疏濬・以盡地力也・北方田壤・一望坦平・數千百畝之內・無一溝洫・旱則盡成赤土・雨則滿目汪洋・從前勘修水利・漸就湮塞・此時欲舉大工・經費浩繁・未可輕議・然該管州縣・能躬親履勘・使耕者各濬其田・田主給食・佃戶出力・認眞督理・自有成效・至開塘鑿井・其利尤溥・大約一方畝之塘・可濟禾十畝・一圓井之水・可灌地五畝・就地施工・既不廢財・又不廢力・一二年後・民享其利・將有不煩督責者・

一・地方積貯・舊額欠虧・應預籌捐設義倉・以裕蓋藏也・直省倉儲・半已空虛・社倉亦復有名無實・今既未可盡恃・莫如勸設義倉・令民間量力捐輸・以豐年之有餘・補歉歲之不足・本年各省並慶豐收・正當及時籌辦・廣爲勸設・不拘捐數多寡・一切出納・聽推擇老成殷實者經理・不假胥吏之手・圖匱於豐・有備無患・刑措不難也・

請嚴禁鴉片以塞漏卮疏

奏爲鴉片流毒日深・紋銀偷漏日甚・必應從嚴查禁・敬陳管見・請旨飭下該省督撫・認眞辦理・力除積弊・以塞漏卮・仰祈聖鑒事・臣近日風聞粵海關監督傳集洋商・有弛禁鴉片煙・並抽收稅課之議・臣始而驚疑・繼而駭異・以鴉片煙貽害中國・雖大爲之防・猶不能驟絕・意竟欲並例禁而盡廢之・竊思人臣謀國・當出萬全・論者謂法令過嚴・夷船不敢公然易貨・因而私售・以致銀兩偷漏出洋・故不如弛禁・不知夷情貪狡特甚・彼所欲得者內地紋銀耳・豈眞凜然不敢易貨哉・以臣所聞・近年夷人與洋商交易・已不盡以貨易貨・若復准其販賣鴉片・計每歲不下二萬餘箱・其價値約二千餘萬兩・彼所需者・不過茶葉大黃絲觔・安得如許之貨與之互易・既無如許之貨・又安能保其不以銀私易也・夫爲此議者・亦謂銀可不耗稅・藉以充有利而無害耳・以臣論之・豈惟無利・其害實甚・

查乾隆以前海關則例・鴉片煙列入藥材項下抽稅・嗣因愚民吸食日衆・戕性傷生・遂停止收稅・設爲嚴禁・允宜永遠遵行・臣聞該國製造此煙・立禁最嚴・無人敢食之者・有犯罪在不赦・誠知其毒而不肯自蹈之也・乃彼國不食・而獨賣與中國・其處心積慮・豈堪設想・今若不禁其販賣・即不能禁人吸食・若如論者所云・只禁官員兵丁・其餘概置不問・臣恐一經弛禁・便屬市肆中尋常之物・兵丁私自買食・益難稽查・將來輾轉傳染・兵額有缺・何人挑補・民壯更練・何人承充・又況國以民爲本・彼謂愚賤無知・遂不足惜・豈我皇上惠愛黎元之至意乎・夫以彼國所不食之物・而內地獨恬然食之・又從而收其稅課・使外夷漸生輕視之心・豈獨民命所傷實多・揆於國體・所關匪細・臣所謂不禁之爲

害甚烈者・此也・
查鴉片煙從前納稅・每箱百斤・抽銀三兩零・以近年二萬餘箱計之・即全行入稅・僅可得銀七八萬兩・況外夷之牟利日奸・倘歸餉後・該夷不願易貨・能保奸商之不以銀私買乎・即使洋商盡遵功令・而該夷見稅額一定・獲利較微・將來入關交行・又安知其不以數百箱充數・其餘仍復勾串內地奸民私賣乎・既不能禁其私賣・是朝廷徒有抽稅之名・而紋銀出洋如故也・且該夷商向攜洋銀到粵購貨・沿海各省・頗資其利・故定例該夷所帶洋銀・雖屬有餘・只准帶回三成・以示限制・今若任其販賣鴉片・彼將藉口於以貨爲名・竟不必復帶洋銀・小民漸少此一項流通之用・而徒歲以中國有用之貨・易彼無用之鴉片・其利害之數・亦較然可識矣・臣所謂不禁之斷斷非利者・此也・
伏思我朝治法相承・邁越前古・如開山採礦諸秕政・一切屏斥不行・我皇上躬先節儉・宵旰勤求・近年疊奉諭旨・禁止紋銀出洋・所以爲民計者至深且遠・乃該省諸臣・因查辦未能得力・轉欲設法變通・臣竊爲再三思之・鴉片煙來自外洋・固非眞不可禁也・禁之之法・一在斷外夷躉船・一在窮漢奸窰口・一在緝匪徒快蟹而已・溯查道光元年・案辦澳門屯戶葉恆樹以後・每歲始有番船七八隻・載貯鴉片・終歲在零丁洋面停泊・謂之躉船・凡私販鴉片者・先向省城窰口兌銀・夷館給單・然後至躉船起貨・臣竊思躉船所泊之處・並非師船所不能到之區・自萬山至金星門・處處有水師營汎・碁布星羅・如果認眞防範・何能渝渡・應請勅下該督・責成水師提鎮・就近躬親督率將弁・實力巡防・嚴拏賄縱之兵丁・加等懲治・並請嗣後遇有私銀出口・如能立時拏解・即將所獲銀兩・全數充賞・俾知激勸・至粵海關監督・稽查夷船・是其專責・聞該處把口書役・遞年坐抽私稅・盈千累萬・豈竟毫無覺察・應請一併嚴行飭禁・倘此後仍有私販私銷・無論何處破案・即惟該管提鎮並該關監督是問・以專責成・
再查各國夷船・皆係一年一至交易・以後即便回颿・何以獨任該國躉船・終年在洋面停泊・應令該督及粵海關監督・勒令該坐省夷商等・具限將寄泊躉船刻期歸國・並寄信該國王・諭以天朝定制・毋許該夷商私販鴉片・貽害地方・倘躉船仍復再來・即將該國貨船封艙・不准互市・並將該坐地夷商・立行驅逐出境・爲之剴切曉諭・彼雖貪黠・當亦理屈詞窮・誠使躉船不復潛來・則鴉片之來源清矣・
至奸民設局販私・謂之窰口・凡走私銀兩・皆由此兌給・不下數十家・皆在省城外沿河舖屋僦居・該地方官果肯留心訪拏・此輩豈有容身之地・乃該省自前任督臣盧坤按治土棍姚九區寬以後・此外獲案絕少・總由因循姑息・以致該匪等敢於作奸・應令該督嚴飭該管文武・將開設窰口各家・嚴密訪查・按名悉獲・並將家產查抄入官・倘不認眞緝拏・僅以零星小販塞責・即行從重參處・誠使窰口不復私開・則紋銀之去路斷矣・
至匪徒私置船隻・裝載器械・潛運鴉片紋銀・往來護送・謂之快蟹・此等莠民・類皆無賴匪徒・亟宜痛加懲辦・應令嚴飭沿海州縣・如有私造此項船隻・立行究治・並責成水師提鎮・督飭將弁・遇有快蟹等船偸渡出口・即協力圍

捕・盡數擒拏・無任一名漏網・誠使快蟹不敢公行・不獨鴉片無從入口・紋銀無自出洋・即凡海外搶刼之案・亦從此靖絕矣・

臣又聞閩浙上海各省海船・每歲皆潛來粵洋・與夷船交易・即由外洋駛至天津・凡北方鴉片・皆從海船來者居多・此項船隻・沿途並無關卡稽查・應請勅下直隸總督・責成天津鎮道・自後每年七八月海船到口時・親自前往・按船實力搜查・如有夾帶情弊・除將私販奸商治罪外・並將船戶從嚴懲辦・如此互相堵截・不分畛域・實力查辦・何患積弊不除・無如錮習相沿・外省大小衙門・內而官親幕友・外而書吏胥役・吸食者十居七八・無不樂於弛禁・地方官習見習聞・大都若輩又以便於目前卸責之計・遂謂查禁無益・巧爲奪理之詞・

夫天下事特患不爲・未有爲之而無其效者・況復政體所關・斷難稍爲遷就・即謂禁令容有或窮之處・亦惟當隨時補救・竭力防維・從未聞法久弊生・遂並舍法而曲徇之者也・臣竊見比歲以來・該國夷船・公然至各處內洋游弋・上年竟敢在山東省散布夷書・情殊叵測・若不及早申明定制・反復墮其術中・恐此後奸民之勾煽日深・財力之銷耗日甚・爾時再思變計・其悔已遲・伏乞勅下該省督撫・即將如何窮治漢奸・並勒令該國夷船不得寄泊洋面・以資整頓之處・熟議妥籌・奏明請旨辦理・總期從長策畫・以裕國計・而厚民生・臣以事關重大・既有所聞・不敢緘默・理合據實縷陳・

溫訓　字伊初・長樂人・道光乙酉拔貢・壬辰鄉試試官程恩澤以星經輿地策問・訓所對獨奧博冠場・遂中式・時嘉應吳蘭修著弭害論・以煙禁不能止・不若弛禁自種・訓著論駁之・名弭害續錄・鴻臚寺卿黃爵滋采其說奏行・著有梧溪石屋詩鈔・登雲山房文集・所爲文有奇氣・番禺陳澧極賞其觀運觀民諸篇・新興陳在謙取其諸遊記選入嶺南文鈔・謂得半山神骨・今并存之・

晏平仲論

溫子曰・齊景公柔而溺・晏平仲柔而弱・此一君一臣者・皆以柔道行之・而齊卒以不振・陳之興也・平仲知之・景公亦知之・家施不及國之言・景公聞之而不能用也・嗟乎・彼直以社稷爲兒戲者耳・不然・胡不之恤也・且陳氏之興・齊君臣非特不能禦也・抑又有助焉・子雅之卒也・司馬竈見晏子曰・又喪子雅矣・晏子曰・惜也姜族弱矣・而嬀將始昌・二惠競爽猶可・又弱一個焉・姜其殆哉・魯昭公之十年・陳鮑氏比以攻欒高・平仲端委立於虎門之外・四族召之無所往・而景公者・方且使王黑以助攻之・故二子不勝而奔魯・當是時・齊之公族盡矣・景公宜亦有戒心焉・而賜陳桓子莒之旁邑・穆孟姬爲之請高唐・而陳氏始大・

溫子曰・嗚呼・篡漢者非新莽・乃元成也・非元成則新莽無所售其奸・篡齊者非陳氏・乃景公也・非景公則陳氏無所施其術・詩曰・毋教猱升木・老子曰・國之利器・不可以假人・彼數君者・何瞶瞶也・且吾於平仲・抑又有說焉・彼蓋深於老氏之術者也・老氏之術・以謙退柔下爲事・故其言曰・柔勝剛・弱勝强・又曰・知其雄・守其雌・爲天下谿・知其白・守其黑・爲天下式・平仲一生以此爲術・故周旋亂

賊之閒・比肩悍族之際・卒不至攖其患・國家無事時・進一二讜言・及其有變・則中立而無所可否・而欲其慷慨赴死以效節烈之爲・吾知其難矣・以平仲之賢・吾豈敢訾人・要其流弊・則不可不防也・嗟乎・彼馮道者・其滋甚者耳・

觀運正議之一

秦國・今古使帝王之治迹・不復施於後世者・秦爲之也・罪諸乎・非特秦之罪也・漸也・運而已矣・運者日變者也・天地之化・陰陽寒暑晝夜・迭嬗迭代・闔闢往來・贏縮進退之機・必有其迹・迹逝成故・故者不可以爲新・聖人挈象致治・乘天地之變・而有其迹・迹陳而躡之・非所以爲理・聖人治天下之迹如何・曰・其大者在井田封建・斯二者・必壞者也・其來也非一日・則其壞也必以其漸・一治一亂者・古今之運也哉・井田封建而可以無壞・則往古必有治而無亂・往古不能有治而無亂・則井田封建不得不壞・圈百蟲於盎・則必相食・食而不已・必腹於一・井田封建者・相食之勢也・夏之亂而一食矣・商之亂而再食矣・周之亂而盡食矣・食盡而歸於秦・勢也・非特秦之罪也・昔軒轅立監・葢萬國焉・至於禹而不大損者何也・其人淳・故幷吞之事稀也・至於湯而三千矣・至於武而千有七百矣・至於春秋而百有餘矣・茅土之封・日即於少・其勢不得不爲七・則不得不爲一・夏之亂・而强侯必有所幷吞焉・及商而不能治也・商之亂・而强侯必有所幷吞焉・及周而不能治也・周之亂・而强侯遂大相幷吞焉・世無湯武以訖之・遂成秦焉・是故上有明天子・下有賢方伯・則諸侯不相幷吞・大字小・小事大・各保其社稷焉・此世之所以治也・上無明天子・下無賢方伯・則諸侯起而幷吞・强凌弱・衆暴寡・不得保其社稷焉・此世之所以亂也・夫明天子賢方伯不世出・則不幷吞之日少・而幷吞之日多・是故萬國者・幷而爲三千矣・三千者・幷而爲千七百矣・千七百者・幷而爲百餘矣・百餘者・幷而爲七國矣・何異於盎蟲之相食也・此往古之大運也・夏有天下四百年・而傳于商・商有天下六百年・而傳于周・周有天下八百年・而幷於秦・三代之所以長久者・何也・曰・仁也・曰・非特仁也・歷數之運・葢進而日舒也・故夏不如商・商不如周・周之延・所以成秦之混一也・

昔者周自成康而降・葢曼有賢君焉・東遷以後・僅如守府然・而未有桀紂之暴也・天下諸侯・又非有湯武之德也・故圜視而莫敢動・嚮使厲幽之亂・而有湯武出焉・更姓改物・圉遏暴强・天下諸侯・必不至若是幷吞也・而又不然・而周又不能以再振・故諸侯因得以肆其幷吞・葢自昭穆而降・五六百年・而天下諸侯始幷而爲七也・當此之時・海內之勢・混混溶溶・若江河之將入海焉・不可得而圉也・是故諸侯幷吞於上・則封建壞・豪强幷吞於下・則井田壞・世稱商鞅開阡陌・壞井田・非特商鞅・自東遷而後・列邦咸壞之也・秦特承其下流耳・是故封建廢則井田不得不壞・二者俱壞・今古閾焉・此天地之運也・

運之將更・其緼必甚・周秦之間・其古今之氣交乎・帝王之迹・掃而蔑焉・曼有存者・葢自軒轅而降・二千年而後有秦也・由秦而上・爲唐爲虞・爲夏爲殷周・其所以治者・皆軒轅之制也・由秦而下・爲漢爲唐爲宋明・其所以治者・

皆秦之制也．秦之制其善乎．曰然．善則何以速亡．曰．秦之所以速亡者．不在乎廢井田封建也．而在乎焚書坑儒．嚴刑重斂之禍內．使秦得天下而施恩澤於民．尊儒重士以培其氣．烏在其不延也．曰．後之聖人．其將何從．曰．聖人者．乘時者也．傳曰．聖人不能爲時載．聖人而可以爲時．則舉後世之天下．而井田之．封建之．則大亂之道也．是故秦之制．有不可變者．至尊之稱．郡縣之制．斯二者．彌天地．亙萬古．而不易者也．由秦而來．千餘年于茲矣．夫豈無復古而率以繩者．何哉．勢不可也．是故井田封建者．往古之善制也．而不幸而遂廢．廢則不可以復興．郡縣者．後王之常制也．常制則可以永行．井田封建方揖讓．郡縣方傳子．傳子者．萬古之常制也．世無堯舜．則揖讓不可復蹈．蹈之必亂．時非三代．則井田封建不可復行．行之必亂．此非人之所能爲也．運也．運之行．其若旅乎．山谷日異．川涂日異．井邑日異．能知旅之所爲者．其可以圖治乎．是故治亂之變．古今萬端．而勢必有所積．封建之世．有强諸侯之禍．而無匹夫之亂．郡縣之世．有匹夫之亂．而無强諸侯之禍．此古今人大較也．軒轅之蚩尤．東周之蹠蹻．漢之七國．唐之藩鎮．其變也．權奸之內伺．戎夷之外侵．則億萬世而不可不慎者也．是故聖人爲治．道從古．制酌今．本仁以居之．陳義以釐之．修禮樂以維之．通神化以和之．精理已得．萬物自定．無膠而廸．與運爲更．故俗士多溺汙．而拘儒多迹競．

觀民正議之二

古之民著．今之民流．古之民一．今之民擾．古之民愿．今之民巧．古之民淳．今之民偷．其故何也．曰．秦爲之也．何以明之．以封建井田之廢而明之也．昔三代之治天下也．其疆域之廣．東不過渤海．西不過流沙．南不盡衡山．北不盡恒嶽．既已分爲公侯伯子男之國．而又計口以授田．當此之時．諸侯各守其封疆．世其土．子其民．民生不見外事．安其否．美其俗．仕宦商旅．不出千里之外．士之往他國者．必以假道之禮．封疆之吏．謹其出入．其有不達者．以符節送之．吳楚二國謂之蠻夷．洞庭彭蠡以南．人跡殆絕．閩粵之名．雖見周官．自蘗戎否不與中國通．間一朝貢．蓋亦肅愼西戎之屬．秦幷嶺南．夷人數叛．漢武時．遷閩粵之民于江淮．而空其地．其崇山峻嶺．懸崖絕壁．昧谷幽溪．深箐密木．激湍瀧瀨．惡瘴毒霧．陰森不見日月．猿猱魚龍之宅．魑魅罔兩之區．三代以前．益未嘗通也．

嗚呼．先王之世．其民之土著．而未嘗去其國．蓋自開闢以來．至於周末而不變也．及秦廢封建．壞井田．民無恒產．如鳥獸散．漢興．徙山東豪傑以實關中．徙中國之民以充邊塞．而民始不土著矣．其自奔走于衣食．而散于四方蠻夷者．又不可勝數．天下囂然無樂生之心．商賈多而農益寡．習見外國奇技淫巧之物以蕩其心．自秦幷百粵．而南海之珍奇．始輦於中國矣．自張騫使西域．通大夏．見笻竹蒟醬．而西南夷之異物．始入於華夏矣．自是而後．窮兵黷武之主．益務擴疆．弊所恃以事無用．繩行沙度之國．舟車所不到・人力所不通・縋險鑿幽而致之・羈縻其主・而令之朝貢・立互市以來其物・自中國至于四夷・商旅不絕・雖有流沙弱水雪嶺懸度之險・尾閭氣海浮天沒日之浪・如山之鬐鬣・而無所畏・五尺童子・挾數百之金・可以周四海・入蠻夷・而無所不達・

嗚呼・後世之民・其不土著如此・是故不土著則耳目侈・耳目侈則心思幻・心思幻則巧偷出・韓子曰・古之爲民者四・今之爲民者六・古之教者處其一・今之教者處其三・農之家一・而食粟之家六・工之家一・而用器之家六・賈之家一・而資焉之家六・奈之何民不窮且盜也・古之時・汙尊抔飲・百物未備・聖人制器利用・歷軒昊至於商周・而後用物具・然僅取樸素而已・有淫靡之物・則禁而不鬻於市・後世列肆・什二皆淫巧・又加以外夷之奇幻・幾何不相率而爲之邪・古之時・鶉否鷇處・淳淳悶悶而已・後世奸詐日興・密網以禁之・而奸猶不止・故刑獄由是繁・而暴亂由是作・其弊皆原於封建井田之廢也・

嗚呼・天之生民久矣・而運會之變・至於如此・其能無慨乎哉・方靈皐曰・人之於天也・以道受命・不若於道者天絕之・三代以前・教化行而民生厚・舍刑戮放流之民・皆不遠於人道者也・是天地之心所寄・五行之秀所鍾・而可多殺哉・人道之失・自戰國始・當其時・篡殺之徒・列爲侯王・暴詐之徒・比肩將相・民之耳目心志移焉・所尚者機變・所急者嗜欲・薄人紀・悖理義・安之若固然・人之道・已無以自別於禽獸・而爲天所絕・故天不復以人道待之・草薙禽獮而莫之憫痛也・此言殺戮之慘・古今懸殊也・抑可以觀世變已・

慎麗 正議之三

天地萬物・其必有所麗乎・天何麗・麗乎地・地何麗・麗乎天・天地何所麗・麗乎氣・是故天地麗乎氣・而萬物麗乎天地・日月星辰・麗乎天者也・山川草木人民鳥獸魚鱉・麗乎地者也・麗乎天者・以天爲宅・麗乎地者・以地爲奧・日麗于道・月麗于行・星辰麗於次舍・各得其麗則序・山麗于高・川麗于深・草木鳥獸麗于山・魚鱉麗于川・人民麗于平地・各得其麗則安・故在天者得其麗・則薄蝕淩歷鬬食隕死之變不作・在地者得其麗・則崩竭焦縮夭閼殰殈之禍不興・故聖王之治・慎其所麗而已・慎其所麗・必始于人民・是故人民得其麗・然後鳥獸魚鱉草木得其麗・鳥獸魚鱉草木得其麗・然後山川得其麗・山川得其麗・然後積其和・致其祥・以及于天・而後日月星辰得其麗・

故聖王在上・慎其民之麗而已・何以明其然也・夫民之生・非有爪牙角距之利・以與萬物相奪也・取之皮而衣之・剸之肉而食之・猶以爲危也・教之稼穡樹藝之事・爲之水火金木土之用・使其不與禽獸相逐也・居有室廬之安・出有舟車之利・麗于身者備矣・然後爲之四民・分之職事・以麗其業・是故士麗於學・農麗于田・商麗于市・工麗于肆・一失其麗則無業・無業則危・爲之君臣父子夫婦兄弟朋友之倫・以麗其性・是故君麗于仁・臣麗于忠・父麗于慈・子麗於孝・夫麗于義・婦麗于順・兄麗于友・弟麗于共・朋友麗于信・一失其麗則暴性・暴性則危・爲之后王君公大夫師長以

治之・使不失其麗・則有法度之制・刑罰之禁・大小輕重贏縮進退・不失其宜・然後可以措之于民・是故隆學校・勤敎育・則士得以麗于學・薄稅斂・修補助・則農得以麗于田・易關市・輕征廛・則商得以麗于市・禁淫巧・辨良窳・則工得以麗于肆・明道德仁義之旨・以牖其明・則民得以麗于性・夫然後四海之內・無一民而失其麗者也・

故聖王在上・人民得其麗・然後鳥獸魚鱉草木得其麗・鳥獸魚鱉草木得其麗・然後山川得其麗・山川得其麗・然後積其和・致其祥・以及于天・而後日月星辰得其麗・故在天者得其麗・則薄蝕淩歷鬥食隕死之變不作・在地者得其麗・則崩竭焦縮夭閼殰殈之禍不興・唐虞三代漢唐宋明之盛是已・辟王則不然・非特不愼其麗也・而又奪其所麗・弃君子・任小人・暴征斂・峻刑罰・故四海之內・無一民不失其麗・是故水旱之變作・而後疾癘繼之・疾癘之變作・而後干戈繼之・干戈之變作・而後更革之亂興・于斯之時・邑無完廬・壑無完柩・故辟王在上・人民失其麗・然後鳥獸魚鱉草木失其麗・鳥獸魚鱉草木失其麗・然後山川失其麗・山川失其麗。然後積其孽・致其沴・以及于天・而後日月星辰失其麗・漢唐宋明之季是已・故曰・治天下者・愼其民之麗而已・愼民之麗矣・而又必愼其所麗・君何麗・麗乎枋・故枋不可不操也・雖有賁育・倒戟而授人以秘・即千鈞之力・而亦無所獲施矣・故曰・魚不可脫于淵・國之利器不可以假人・昔者太康之于后羿・齊景之于田常・元成之于莽・靈獻之於卓操・唐明末造之于宦豎・失其操枋者也・故君失其麗・然後人民失其麗・人民失其麗・然後鳥獸魚鱉草木山川日月星辰・咸失其麗・故曰・聖王愼麗・

白諱 正議之四

人皆有所諱・而卒于不可諱・諱者隱慝之所由生也・諱在宮庭・則慝生於宮庭・諱在臣鄰・則慝生于臣鄰・諱在疆圉・則慝生於疆圉・故曰・爲天下者・愼所諱而已矣・天子而有所諱・必喪其天下・諸侯而有所諱・必喪其國・大夫而有所諱・必喪其家・士庶人而有所諱・必喪其身・故聖人之治・必求明亮忠讜之士・而相與白其所諱・諱白而後隱慝不生・隱慝不生・而後殃禍不作・灌莽之囿・龍蛇生焉・蓊蔚之山・虎豹穴焉・今之嚴關重扃・非特灌莽蓊蔚也・若有不測・龍蛇虎豹萃焉・此天下之大患・不可不察也・

凡怪之爲祟也・必乘于其不知・閩之人有爲蠱于肆中者・毒人而役其魂・不知而食之・祟立至也・知之而食之・雖毒無恙・是故無支祈刑天舞・天下之至怪也・禹能名之・名而後其祟不得作・奸邪之爲祟也亦然・是故多諱之國・其蠹必熾・腋蹠之間・設之翳豐之蔀・洫乎若層淵之深・而莫知其所底也・書契以來・其陳可睹已・天下之患・莫大于蹷蹶・蹷蹶之端非一・總其巨轍・奄寺權奸嬖寵之孼爲多・此數者・古今之所由僨也・原其始・皆中于有所諱・有所諱・而後慝隱于中・不相與白之・其始雖微・其後必巨・是故殃禍作焉・故曰・爲天下者・愼無諱而已矣・

鬱儀結鄰・相與遻于天衢・鬱儀謂結鄰曰・吾旦出暘谷・暮入虞淵・吾之明・灼毫毛而燭隙竅・吾于天下・無不見也・俄而暈珥抱其旁・虹蜺貫其內・九洲之內・若遊奧

隘・而鬱儀不言也・結鄰謂之曰・子之疾深矣・子殆多舉諱乎・吾聞之・多諱者必喪其明・是故豐之卦・聖人之釋蔽也・日中見斗・甚而見沫・其蔽深矣・至于上六・豐屋蔀家闃其無人・于斯之時・宮寢若昧谷・朝庭若黑獄・聖人哀之・故明其法于六五曰・來章有慶譽吉・章也者明也・明也者賢也・天之明・著于日・人之明・著于賢・聖人準日以爲治・故就賢求明・若以天燧取火於日也・就賢求明・莫急于選言・古之聖人・鼓木鞀鐸・虛佇羣議・于是有面稱目諫之臣・有獻詩之臣・有獻典獻書之臣・有箴賦誦諫之臣・極于百工庶人悉矣・故其明所宕暢・寢室庭戶永巷庖湢・達于官府・洞于畿甸彊圉・無有鬱閉湫底・若登明堂而鑒淸昊也・是故奄寺權奸嬖寵之慝・無由而生・奄寺權奸嬖寵之慝不生・而後殃禍不作・

自古喪亂之世・未嘗無讜言也・其言多中于世主之所諱・故世主少選焉・然則雖有蓍蔡金鑑之言・與芻狗同擲矣・于是賢者鉗口結舌于內・庶人譸張詛咒于外・奄寺權奸嬖寵・因以搖其毒而訌其孽・天下盡然若洪水之將至・而世主不悟也・是故人主必有所諱・而後其臣相與諱之・其臣相與諱之・而後國人相與諱之・

昔者紂爲長夜之飲而失日・問之左右・左右不知・問之國人・國人不知・使問箕子・箕子曰・一國皆不知而獨我知之・吾其危矣・辭之以醉而不知・箕子賢臣・失日怪異而不言・何也・國將有大諱焉・不可勝言也・奄寺權奸嬖寵之蠱其君・必導之以多諱・使其君多諱・而後其臣相與諱之・其臣相與諱之・而後可以惟已之所爲・而亦無不諱之・趙高之導二世是也・高教二世曰・天子稱朕・固不聞聲・于是二世常居禁中・公卿稀得進見・諸侯之師至于函谷・而二世不知・其後高欲爲亂・恐諸臣不聽・乃先設驗・持鹿獻二世曰・馬也・二世笑曰・丞相誤耶・謂鹿爲馬・問左右・左右或默・或言馬以順高・鹿之與馬・易別者也・一人謂馬則笑之・五人而皆謂馬・則視爲之惑矣・故人主而有所諱・則眞假易形・眞假易形・則是非易理・眞假易形・是非易理・則前有讒而不見・後有賊而不知・望夷之變是已・王氏之禍・劉向梅福數君子言之也・自餘囊口翕舌・雖謹厚如禹光・敢言如永欽・皆相與諱之・君臣上下・若坐危堂・乘漂木而不知禍之將至也・故始諱之而終至于不可諱者・末世之君臣皆然也・是故聖人無諱・

梧溪石屋詩鈔自序

訓生七歲入鄉塾・十歲學制藝・成童後・稍學爲古歌詩雜文・弱冠補博士弟子・始一意於古文・當其時・伯子嘗語余曰・汝矢志希古・欲到何人・訓笑曰・二十年後・會當作陳無己・夫無己之詩・宗仰老杜・其文亦具體昌黎・在宋人中・甚爲卓卓者・即其所造・豈易及哉・且兼才之難也・如少陵聖於詩・而文鮮可傳者・子固長於文・而詩少可誦者・以二子之才尚且如此・況訓譾陋・何敢兩營乎・顧心實好之・如蝜蝂然・力不能勝・猶多取而負之・葢訓半生精力・多在古文・其次則詩・自漢魏六朝以及唐宋元明・亦嘗博而觀之・擇而效之・大率本之漢魏以樹其骨・取之盛唐以宏其韻・意歸沈著而忌輕浮・氣尚豪邁而屛囂張・弔古覽今・則

風雲助其鬱勃．模山範水．則鬼神佐其雕鎸．私心所向．未審有合否也．世有大雅君子精於此事者．幸是正之．

梧溪石屋者．去登雲十里．蓋生釣遊之所．山水清閟．因以名吾集．道光壬辰孟春．温訓自序．

書東林傳後

神宗之季年．黨禍始興．朝廷水火者數十年．其卒也．魏忠賢一網而空之．善類消．國亦亡．君子覽其事而哀之曰．三代而上．未聞有所謂黨也．秦漢以降．道喪俗薄．於是乎有黨．黨立而後爭．爭甚而俱亡．凡黨之興．患生于矜名．而成于惡異．不可不戒也．

嗟夫．以顧高諸君子之敦敦．講道德．植名節．所以扶綱常於紊亂之秋．豈非天地之正氣所激發而不可已者．烏得而訾之哉．不幸而名太盛．徒太衆．而輕浮好事如于玉立．黃正賓輩．又從而翹之．於是徐兆魁之徒．遂以攻東林爲事矣．自是而後．凡爭京察國本科塲封疆三案者．率指爲東林．抨擊無虛日．卒以投逆閹之毒餤而後止．當黨勢之熾也．一二識微之士．如繆昌期顧大章黃尊素已深憂之．魏廣微以父閹得相．魏大中因其大享不至．將糾之．尊素曰．不可．今大勢已去．君子小人之名．毋過爲分別．則小人尚有牽顧．猶可一二救也．若政府明與之合．惟所欲爲耳．弗聽．廣微喟然嘆曰．諸君薄人於險．吾寧操刀而不割哉．遂以黨籍惎忠賢而大獄興．終於天啓之末．竄殺相仍．豈非孔子所謂人而不仁．疾之已甚．亂也．之謂乎．

東林之講學也．昌期私謂人曰．諸君有意立名．黨錮禍學之禁．殆將合矣．已釁朝．而羣小攻東林甚急．還觀其所爲．皆附時相走私門．惡淸流淸議爲己害．昌期雖未心許東林．而惡攻者滋甚．往往盱衡扼腕．形於顏色．朝論遂以東林目之．大章見朝士持門戶相指摘．慨然曰．黨議已成．須有以解之．昔賈彪不入顧廚之目．西行以解其患．吾忍坐視耶．而其時．黨勢已熾．如燎原之火．不可撲滅．以三君子之不立黨而卒罹其禍．哀哉．

是以聖人惡盛名．名者禍之囮也．名盛而衆附．衆附而黨成．黨成而患生．故曰．毋張之的．衆之所射．毋設之質．羣之所擊．君子用晦．括囊則吉．諸君子不明易．此其所以戚也．漢有甘陵之黨．唐有牛李之黨．宋有洛蜀之黨．明有東林之黨．四者之興．皆叔世也．而漢明之黨．俱殲於奄寺．豈非古今之大變哉．

天啓五年．魏忠賢籍黨人名．榜示天下．共三百一十九人．國朝康熙中．江陰陳鼎爲東林列傳．更參以七錄所載．凡二十四卷．足以昭示萬世．七錄者．天鑒錄．雷平錄．同志錄．薙稗錄．點將錄．蠅蚋錄．蝗蝻錄也．

白龍窖記

白龍窖．梧溪之奇者也．其形如牛鼻者數四．水瀉其中．白波若霜．于是與二三好事．咸往遊焉．比至．皆赤足走亂石中．或攀崖而俯觀者．或踞磴而仰矚者．其大凡．則空山風雷．變幻無常．激如矢．旋而輪．沸如鼎．懸如布．隔石不見人．對語不聞聲．二三子咸色然駴．余坐石厓下．飛濤噴人．覩乎水影．見于石之陰．其靜者爲鳥卵蝌蚪木葉之形・其動者如電光倏忽・目不可注視・蓋因水之靜激而異・石皆孔穴相通・大者爲池・周二丈許・圓如盤・其深不可即・小者如瓮如缶・有鳥下石梁・大如鷹・嗄然而去・于是日沒于西・月生于東・二三子咸欲歸焉・同遊者・余兄紹德・弟純德・族兄纘樂・弟定元・

遊龍澗記

雲溪口磥砢多大石・水行或伏石下・或被石上・至游龍澗・石益蒼以奇・爲牛馬鷹隼屋梠劍盾之狀・水懸百尺・雷鳴山腹中・游龍澗者・俗所謂游魚瀨也・雲溪至此醞爲二・中峙石磯・備首尾・春脇鱗甲・余取羅浮游龍澗名之・或曰・名昔所命也・子取而易之・何也・余曰・望而眂其形・爲龍耶・魚耶・彼昂首突角而欲升者・非龍胡耶・吾以形實也・抑龍神物也・不此之名・而名魚耶・或笑而頷之・

遊靈峯洞記

沿雲溪行數里・抵深處・得銅鼓潭・懸澗百尺・奇矣而未也・至靈峯洞・乃大奇・詫甚・始余與騰翱啓信約遊銅鼓潭・過嶄敦凹・望登雲西山蒼甚・決意陟其巔・而靈峯洞當西山之下・途之所必經也、兩山夾立・遙聞水聲噌吰・欣然曰・是必有異・既陡西山・取閒道入洞・洞三成・初成得懸瀑一丈・石峭甚・躍而跨其背・則再成矣・高初成五之・余以力竭告。二子則攀崖捫藤・登三成矣・余奮勇從之・壁削千尺・古幹捎其垠・望之雲滃滃然・瀑從雲中飛下・其裂山腹也・如蕤鼓・如石雷・如頹雪・如墜雹・有石突然矗其腹・間厠幽隱・殆不類人間世也・

天下之名山水多矣・若茲之奇・吾未之見也・於雲溪口得遊龍澗・於梧溪得萬石窟・白龍窟・皆未若茲洞之詭特也・余觀雁宕靈峯洞圖・最奇・與茲類・故取爲名焉・他日當泝淛湍・登其峯・以視茲山之奇之果爲孰勝也・

記西關火

道光壬午秋九月己丑夜漏下乙・西關火・火作而風・始於第七鋪餠肆・夜中踰打銅街・庚寅晨・及十三行・日晡・及杉木欄・是日風甚、其夜愈甚・越翼日辛卯・食時風息火潛・凡燬街七十餘、巷十之・房舍萬餘間・廣一里・縱七之・焚死者數十人・蹂而死於達觀橋者二十七人・於火之作也・粵之吏・無小大・無文武・無敢不奔救・救火之具・無有不備・風莫能禦・余時館河南・覩鬱攸之狀・聆號泣之聲・心慘慄而不能已・

粵故踞海・通夷舶・珠貝族焉・西關尤財貨之地・肉林酒海・無寒暑・無晝夜・一旦而燼・可哀也已・粵人不惕・數月而復之・大者甚於昔・

南嶺文丞相廟碑

南嶺環萬峯・峯屹屹如排雉堞・南盡海豐・東極揭陽・綿迤數百里・重巒複巘・稱奧區焉・其地在宋長樂西南極界・明設永安縣・割附焉・故今爲永安地・宋文丞相嘗駐兵於此・其鄉有廟・萬曆中・余族祖孝廉太和建也・廟前有亭・額曰兩至・至元十四年・丞相師潰空阬・妻妾子女皆見

執・乃收殘兵奔循州・駐南嶺・黎貫達潛謀降・執而殺之・此初至也・明年三月・進屯麗江浦・十二月・復趨南嶺・此再至也・逮五坡嶺之執・丞相吞腦子不死・鄒渢自刭・衆扶入南嶺死・南嶺之祀丞相・宜也・鄒渢起兵江右・繾綣從丞相・卒死於此・於禮宜從祀・惟南嶺雖險峻・偏隅偪仄・非天府雄圖可謀恢復者・而丞相顧一再至焉・豈奔逼窮蹙・不得已而據險以拒耶・宋事至此・蓋可知已・廟負山臨溪・溪水清深・石崱屴立水中・南嶺人歲時虔祀・廟故有碑・文譎不足以垂後・乃與其鄉人謀・伐石鐫詞・用抒正氣焉・銘曰・

南嶺蕞壤・虵狐所藏・險匪足恃・匱難聚糧・丞相之來・師潰空阬・自循徂茲・獸駭鳥驚・既出復入・折旆裂鉦・勢則蹙矣・心不欲生・吁嗟丞相・宋之保障・天則不迴・人孰能抗・南嶺之麓・作廟潭潭・孰其基之・吾宗孝廉・丞相之靈・誘其寐寢・（孝廉醉臥此地・夢丞相告之・即其處立廟・）有蛙則喑・丞相所禁・（見通志）沒五百祀・赫若其始・南嶺之岯・歲事有恪・丞相之靈・永永是託・伐石鑱銘・以慰毅魄・

贈道銜原任甘肅通渭縣少尹温公傳

公諱模・字孫朗・一字法可・長樂登雲鄉人・曾祖蘭如・附監生・祖廷鑑・贈儒林郎・父元祚・州同知・公守正不阿・在鄉里表表著風節・事親孝・居喪如禮・少習舉子業・試不售・既而入貲爲吏目・分發甘肅・借補通渭縣典史・在任三載・革里役雜派・宿弊爲清・

乾隆甲辰・小山逆回田五爲亂・聚石峯堡・肆掠村落・遂犯通渭城・令王僂閉關不出・公率兵民登陴固守七晝夜・鼓聲如雷・兵民皆奮力用命・會糧盡・與學博劉公議開倉・給諸守者粟・王令持不可・諸守者稍稍散去・城將陷・公仰天大呼曰・事去矣・吾豈偷生以負皇上乎・馳抵官廨・正衣冠・北向拜・仲子熙開在側・抱膝大哭曰・爲臣死忠・爲子死孝・兒今日從大人於地下矣・公從容謂之曰・汝死義也・如吾後事何・熙開不得已走出・公鍵戶自經・氣乍絕而城陷・縣令王僂割其鬚・竄入鄉里・訓導劉德墜樓折脛・死而復蘇・邑人李南暉率宗人巷戰・被執・罵賊死・而都司福德保適至・賊竄・事平・大學士阿公・嘉勇侯福公・以公死事聞・純皇帝嘉悼之・贈府知事・加知縣銜・旋晋道銜・賜祭葬・祀昭忠祠・廕一子知縣・卹請死事者・而置王僂於法・

論曰・訓生之晚・不及見公・諸□□云・公美鬚髯・顏色峭厲・見者肅然起敬・嗚呼・公之節著於天壤矣・懿哉懿哉・

曾釗

字勉士・南海人・道光乙酉拔貢・官合浦教諭・調欽州學正・舉學海堂學長・吾粤自馮成修講學・一傳爲馮經勞潼・並稱爲經師・潼弟子吳應逵林伯桐・皆勞門都講・博通羣籍・恪守師傳・伯桐治漢學最深・而亦溝通漢宋・惟釗專治漢學・於諸經訓詁・能交互以通其說・其爲文根柢既深・氣息自厚・不規規於八家繩尺・一時人士奉爲眉目・祁恭恪公撫粤・與樊封儀克中同客幕中・於籌設海防・疏濬水利・有所建議・亦以經濟自命・嘗築面城樓・藏書數萬卷・自爲之記・著有周禮注疏小箋・面城樓文存・

與馬止齋書

觀望溪先生文・最愛其讀孟子・書柳文後・左忠毅公逸事三篇・其文大抵以理法勝・才力似有未到・故簡淨者便佳・至傳誌多用紀言體、亦所謂善用其短也・

竊謂文字當從難入・難故有力・力所以員其氣・韓公自言・其初爲文・陳言務去・戛戛難之・今觀謝上表・平淮西碑・曹成王碑・送鄭尚書序・石鼎聯句序・與孟尚書書等篇・筆筆見氣・句句見力・所謂從難字過來者・若其他文從字順之文・見皆應酬所作・顧其氣醇意厚・閎肆不失爲大家・至宋代歐公・只學得送王含序・馬少監墓誌諸篇・而望溪學歐・所學又雜以歐之氣法・故奇崛終未得耳・僕非敢論議前輩・但晚學無師法・妄欲剖判流別・以定所適從・然未敢自信其是・竊聞足下從事此道有年・又酷嗜昌黎・兼愛望溪・必有得其深者・故率爾言之・不自惜其僭罪・有以教我則幸甚・

宋義論

宋義將楚兵救趙・留安陽四十六日不進・而使子襄相齊・送於無鹽・飲酒高會・人皆以是罪義・爲不急渡河破秦而徇其私・項羽殺之固當・而不知其寃也・秦帝天下十餘年・諸侯爲郡縣・六國復自立・於秦視之・皆叛民耳・義受叛民僞命・位上將軍・擁數萬衆以與秦抗・秦滅趙・必更事齊楚・齊楚滅而義能逃族誅乎・不僇力破秦自救・而偷一時之安・釀族滅之禍・猶欲區區徇其子・義雖愚・吾知其萬萬不出此也・且謂義徇其子・何爲哉・其以相齊爲富貴邪・必不能踰南面而王・懷王與諸將約曰・先破秦入關者王之・義誠能破秦入關・則王關中千里・其子孫世守勿失・不可與相齊同日語也・如畏秦强・軍且破・子及禍邪・則父子天性・必有惘惘死別可哀之色・相抱哭不暇・而奚置酒高會之有・然則義所爲・可識也已・

古之善戰者・必先爲不可勝・待敵之可勝・而又回曲其待敵之術・以無疑於敵人、趙奢軍閼與殺諫者而破秦・謝玄賭棋而破苻堅・李愬却戰而入秦・此懈敵而後戰之明效也・不示之常止・不能使不備吾起・不示之無求・不能使不備吾謀・兵法曰・易其居・迂其途・使人不得慮・義之謀葢庶幾矣・章邯嘍唶・宿將也・先渡河・據戰地以致楚・藉令楚兵渡河・章邯必設敵覆河上・俟半渡而掩之・則雖有渡者・能屬幾何・士卒食芋菽・軍無見糧・秦以二十萬衆・扼絕趙道・堅壁不與戰・則楚兵不旬月餒死矣・尚何破秦乎・知秦不可破而輕嘗之・徒以教其備・後雖盛兵・將有難渡者・所謂自困之術也・宋義者・能料己以料秦者也・以爲秦既破項梁・氣已輕楚・吾又久留示怯以張之・拒羽計以惑之・遣子相齊・使謂吾虞齊援以怠之・飲酒高會以弛之・則渡河襲秦易易矣．而不料羽殺之．沒其功於垂成也．

或謂義能謀破秦．羽何爲殺義．不知義惟能破秦．故爲羽殺．何者．破秦大功也．義誠破秦．諸侯皆屬．鼓行而西．道新安．破咸陽．關中非項羽有．當是時．羽能沁沁睨睨．屈首降心．居功其下乎．故羽之所以必殺義．而決於未渡河之前者．勢也．然則義果不能自全歟．夫羽爲人．喜自大耳．鴻門之會．沛公卑詞以讓關中．遂得免於難．使義當懷王命將時．以上將軍讓羽曰．臣微不如羽賢．羽世將．家有名於楚．則懷王必以羽爲將．義爲師．而羽無忌於義．夫人臣苟利國家．豈必功皆歸己．孫臏破魏存趙．而田忌不妒．職此故也．而義不能．亦其喜立功名．故遠料章邯．而不及近料項羽乎．嗚呼．是義之失．而非義之罪也．世不追議此．而斤斤於其不渡河．遣子相齊．飲酒高會之迹．則惟武進野闞不能迂曲爲謀者．然後庶乎免耳．悲夫．

繫辭說上

或問易始畫而已．爻卦下之辭．孰繫之．曰．鄭康成以爲皆文王爲之．文王欲盡其言以明吉凶．而告於人．於是乎有辭．曰．繫辭亦文王自名乎．曰．否．孔子贊易．言繫辭者六．繫．屬也．以此辭屬於爻卦之下．故名之曰繫辭．曰．陸氏釋文．謂辭當作詞．何也．曰．說文詞者．意內而言外也．從司言．司．察也．（周禮媒氏禁殺戮注）意內而言外者．意不可見．以言形容其意也．爻卦之陰陽剛柔升降消息．意也．元亨利貞及天地人物之象．言也．司察其言．而言外之意自見．故謂之詞．若夫辭．說文云．說也．（據

廣韻引）從𤔔辛．𤔔辛猶理辜．段懋堂大令曰．謂文辭足以排難解紛也．周禮大行人故書汁詞命．鄭司農曰．詞當作辭．明詞辭義異．辭乃篇章．非形容之用也．曰．經之繫辭．固無篇章矣．孔子繫辭上下篇．各十二章．（據劉瓛所分也．正義下篇九章．）非篇章歟．曰．此傳也．非辭也．漢書儒林傳云．孔子晚而好易．讀之．韋編三絕．而爲之傳．然則繫辭上下篇．傳之一耳．陸氏釋文引王肅本．有傳字．後人直稱繫辭者誤也．且孔子之繫辭傳．與文王之繫辭．體故不同．文王之詞．所以形容爻卦．形容者．謠頌之類也．（詩序云．頌者美盛德之形容．）故句皆有韻．孔子之傳．所以解釋．繫辭解釋者．論說之類也．故句不皆有韻．皆韻便於諷誦．不皆韻便於抒意也．曰．劉彥和云．有韻者謂之文．故孔子文言有韻．繫辭亦韻．而不曰文．何也．曰．文以言飾意．（廣雅．文．飾也）意在言中．詞以意主言．（詩羊裘傳．司．主也．）意在言外．爻卦本有吉凶．文王以物象形容之．是意主乎言．非言飾乎意．故孔子不名曰文．而曰詞也．

繫辭說中

曰．賈逵馬融皆以爻辭爲周公作．（見左傳昭二年正義．）而鄭以爲文王．何也．曰．漢書藝文志云．人更三聖．顏師古注．引韋昭曰．伏羲文王孔子．是未嘗及周公也．且周公作周禮．而爻辭往往與周禮不合．文王三分天下以服事殷．爻辭多殷制．故鄭以爲文王作也．曰．有徵乎．曰．曲禮．國君春田不圍澤．正義．國君不圍則天子春圍．

周禮大司馬．中春教振旅．遂圍禁．中冬大閱．設驅逆之車．是周制合圍．且逆要不得令走也．比九五．王用三驅失前禽．與周田制異．三制云．天子不合圍．皇氏以爲殷制．（正義引）史記．湯立三面網．而天下歸仁．三面網．即不合圍之意．是從禽舍逆．爲殷制矣．此爻詞爲文王作．非周公．一證也．詩．豳風東山．之子于歸．皇駁其馬．傳黃白曰皇．騂白曰駁．孫炎爾雅注．騂．赤色．是周制昏時之馬．黃而赤鬣也．賁六四．白馬幹如．匪寇昏媾．與周昏禮異．明堂位．殷人白馬黑首．周人黃馬蕃鬣．是昏用白馬．爲殷制矣．此爻詞爲文王作．非周公．二證也．周禮．外府掌邦布之入出．泉府掌以市之征布．斂市之不售．貨之滯於民用者．注．布．泉也．是周制用泉布也．損六五．益六二．皆云．或益之十．朋之龜震．六二云．億喪貝．與周錢之制異．文貝解云．古者貨貝而寶龜．周而有泉．古者與周並舉．則古謂夏殷也．是龜貝爲殷制矣．此爻詞爲文王作．非周公．三證也．據此三證．則鄭義信不誣矣．然則朱紱赤紱．金車鞶帶．諸制又同乎周．何也．曰．此周之因殷．非周公創始也．

繫辭說下

曰．周制因殷．既聞之矣．爻辭多文王後事．如孔穎達所舉．岐山箕子．東鄰西鄰．及左傳宣子之詞．以證爻繫詞周公作．亦有說乎．曰．孔氏所稱．蓋郢書燕說也．升六四．王用享於岐山．竊謂王斥太王王季．（隨上六．王用享于西山同）禮記大傳正義．引合符后云．文王立后稷配天．追王太王亶父．王季歷．則古公公季．在文王時．嘗追尊爲王矣．然猶謂其出於緯也．史記周本紀．亦有退尊古公爲太王．公季爲王季之文．史遷時．緯學未興．則追王．蓋古詩書之說．小雅天保．爲文王時詩．其四章曰．禴祠烝嘗．于公先王．箋云．公謂后稷．至諸盩則先王必斥古公公季無疑．中庸又言．周公追王者．蓋文王尊以王號．至周公則改葬以天子之禮．（此本鄭氏說．中庸云．追王太王王季上祀先公以天子之禮．當作一句讀．謂以天子之禮．爲太王王季邱封之度也．周以王爲天子號．故曰追王．又曰．以天子之禮．）故不同耳．又史記殷本紀云．周武王爲天子．其後世貶帝號．號爲王．據此．則王號在殷時．未爲至尊之稱．故自帝太甲至帝乙帝辛皆稱帝．天子既尊稱曰帝．（高宗肜日．西伯戡黎．屢稱王者．生曰王．沒曰帝．曲禮云．措之廟．立之主曰帝．當爲夏殷禮．若周則無帝稱也．）諸侯尊稱曰王．尚何嫌乎．古公公季既追尊爲王．故文王繫爻辭．即本其追尊之稱曰王也．

明夷六五．箕子之明夷．漢書儒林傳．趙賓云．箕子者．萬物方滋也、釋文引劉向荀爽並同．則作荄滋．蓋秦漢經生相傳之義．疑本作箕子．故趙賓以聲近．訓爲荄滋．萁乃荄之假借．子者滋也．（據史記律書說文云．子十一月．陽氣動．萬物滋．人以爲稱．則滋者子之本訓．人以爲稱．乃許君說假借之義也．）自萁僞作萁．（曲禮．梁曰薌．箕釋文．箕本作萁．是其證．）子之本訓又晦．遂與彖傳相混而誤耳．五君位易例．不得舉箕子爲說也．既濟九五．東鄰殺牛．不如西鄰之禴祭．虞注．泰震爲東．兌爲西．坤爲牛．震動五殺坤．故東鄰殺牛．在坎多眚．爲陰所乘．故不如西鄰之禴祭．是東鄰西鄰．皆以象言之．與西南東北之以納甲言者同例．非必謂紂與文王也．鄭氏坊記注．曹大家幽通賦注．並云東鄰紂．西鄰文王．舉人事以明易耳．豈以紂解東鄰．文王解西鄰哉．左傳．趙宣子見易象與魯春秋．曰．周禮盡在魯矣．吾乃知周公之德．與周之所以王也．宣子見魯春秋．故曰周公之德．孔穎達乃謂享岐山爲文王．箕子爲紂諸父．東鄰西鄰．斥紂與文王周公之德．贊易象郢書燕說．何其惑歟．吾故曰．爻卦繫詞．皆文王爲之．鄭義未可破也．

友說

聞彈冠之朝．則思其主．及廢棄而悲其身．當是時．以爲知已難遘矣．過賢豪之門．則訪其人．及接談．漠然若不相親屬．當是時．謂天下之友難友矣．有喜鳳鳴者（鳳．古作帇．即朋字．）斷竹吹之．鳳以爲皇也．飛自遠至．知爲吹竹而去．夫似可以欺物．亦可以陷物．嗚呼．吹竹以召鳳焉．知羣鳥更相戒而去之．故求友聲．必自其鳴．求友生．必自有其德．

希古堂文課序

文之用重矣哉．自疏釋經典．攷證史志．發揮道德．雖甚精確．藉令詞不文．皆不足信今而傳後．孔子曰．言之不文．行之不遠．信已．朝廷功令以時文取士．蓋使學古者小出其技而試之．而躁進之徒．日鍛月淬．以幾速化．古文之學置不講．甚非國家待士之意也．

嘉應吳君石華．邀同志二十餘人．月會於希古堂．堂無常所．二人主之．吾粵自張文獻以詩雄天下．而文至今少成家．國初江西魏叔子文．最有法度．汪鈍翁．侯壯悔．莫能爭其勝．無他．易堂諸子．日鍛月淬．不懈而及於古耳．然史深而經疏．故其文薄．吾輩講習．以經爲主．子史輔之．熟於先王典章．古今得失．天下利病．而後發爲文．將駢漢轢唐．何論宋人．是在勗之無倦而已．爰爲序．

古輸廖山館藏書目錄序

余家貧．故鮮藏書．然遘異本．輒不能釋．歐陽子曰．好之而無力．雖近且易．有不能致．余每誦而悲之．然亦用是自豪．蓋余室四壁立．獨插架數萬卷．且有宋元槧及舊鈔手校本．紙墨奇古．丹鉛淋漓．清風逗簾．展卷流連．未嘗不私心竊喜．謂幸不中盧陵之言也．嗟夫．人患不好耳．好而不得．鬼神將致之．獨書也歟哉．

王文成先生文鈔序

昔成安君以儒者稱．義兵敗於泜水南．世遂詬儒者不足將．環寇十萬衆．悉委武士．武士則益咆虓暴怒．衣短後衣．瞋目叱咤．奴童視儒者．恆謂若輩握毛錐子．坐議經濟足耳．安國家．禦寇亂．何足恃哉．嗚呼．兼文武資．而後稱儒者無愧．今人居橫舍．服儒衣冠．仁義道德相磨琢．詩書文字相矜詡．謂周召畢散復生不相讓．一旦當小寇亂．則張皇跋踔．命持節中軍．爲我臣師．內環精卒數萬．壁壘甚

輩・猶相顧謝曰・我儒者・我儒者・嗚呼・自號儒以異於庸衆而如是・亦足恥也・聞王文成先生行事・庶幾一洒焉・

先生當前明正嘉之際・掀宸濠・蹂猺獞・剜浰頭・踔涌岡・速則旬月・久不逾時・固已蹈其壘・犂其營・霧捲塵掃・莫之能禦・而居平晏坐・則固儒衣冠・居師席・講仁義之學・彬彬與諸儒者無異・乃獨能用詩書文字之業・建周呂大功・提武士口而奪之氣・此豈用詐謀奇計・爲成安君所不屑爲者哉・良由心知明睿・靜於中而遠照於外・動與機會相湊中以決勝敵人・然後知眞儒者所養・出於僞腐輩萬萬・非僅欲以語言文字立不朽也・

且夫中養淺者・文亦不工・先生即以文論・亦爲明代冠・余友馬子立齋選若干首・尤其精粹者・世之儒者讀其文・因求其用心以自策勵・毋爲武士詬病・斯亦馬子之意也已・

歸熙甫先生文鈔序

昌黎韓子之文・奇而能醇・雄而能斂・從遊士末由抉其心而化其氣也・然猶各得其一體之所成・迨傳遠習紛・乃遂如一人之身・生而至億萬人・情才逕殊・不可復合於其祖・蓋皇甫湜得韓之奇・一傳爲來無擇・無擇之後爲孫可之・可之益切奇出・然既沒而其傳遂絕・宋穆伯長始倡韓學・然俛軋不能成家・歐陽六一喜李翺・翺亦親學於韓・詞醇氣斂・頗得淡致・自翺歿後・古文嚴謹之法亦幾絕・及六一繼起・然後彌彌昌其宗・故余雖弗深嗜・而亦不能闢焉。嗚呼・萬炬齊炳・其光熊熊・燭天爭日・至明也・久之而燼必及跋・然熸火不息・雖暗微猶可傳炬・如非其火也・雖竭斂熜・終弗燃焉・故學古文者・謹於所習・習於放縱平直不收之氣・以求昌黎之法・猶囊億萬螢蛢以求燃薪爨炊也・故初學者・往往自六一始・

明歸熙甫傳六一法・而彌明白淺易可見者也・吾友馬止齊・擇其尤雅者數十首・以爲歐學燋契・嗚呼・從熙甫以溯歐・又益以皇甫持正之學・奇崛謹嚴・肆焉大成・昌黎其有肖子哉・

榕陰習靜圖序

石馨庭讀書於海幢寺之惜陰軒・余扣其所爲・則出示榕陰習靜圖・且曰・此近日所自得也・海幢僻在河之南・周數十畝・廊徑迂曲・齋舍百數・獨惜陰軒爲最幽・地僻而幽・又蔭古榕・衷山茶以爲榦・百尺鬱芊・晝而陰・夏而凉・風而愈寂・軒之右爲鏡空堂・堂右爲樓・望遠數十里・樹烟山嵐・皆在衽席下・而收視返聽・得靜者趣・率不如軒・馨庭居軒久・宜有得於是也・

然余嘗遊白雲山・宿飛霞觀・心境浩然・自謂有得・及與人接・則又憧憧不能自止・比年課徒近市・甚囂・或厭之・余方兀坐讀書・若無聞也・傳曰・知止而后有定・定而后能靜・豈不信哉・雖然・當其未知止也・强靜以求知・則心愈動・動而必於靜・則心苦而反躁・於是有搖奪於至淺且近者矣・何者・心之官必思・而耳目又善引・思而加之引・非有以養之・則耳目泛而心遊・無怪乎慮雜而神雜也・

今夫山茶・修然長榦・榕寄生而周遏之・及時之至・花

自開萎・榕不能雜也・今夫榕・枝揚葉繁・風震雨淩・及其既霽・漠然不與・是皆素養者然爾・故木養其根・人養其知・養根以土・養知以學・土沃生榮・學深氣恬・孟子曰・我四十不動心・又曰・我善養吾浩然之氣・此之謂也・明有白沙先生者・其教曰・靜中養出端倪・一時之習靜皆師之・余以爲屛學以求靜・近佛氏之說・海幢大剎・必有異僧・謦庭其問之・如曰・佛氏習靜・較儒尤捷・則余不能知矣・

虎鈐經跋

右虎鈐經二十卷・宋主簿許洞撰・洞吳人・咸平三年進士・解褐雄武軍推官・嘗忤知州馬知節・又會私用公錢・知節奏之・除名歸・越數年・當景德二年・乃應洞識韜畧運籌決策科・獻是書於朝・是時眞宗皇帝方厭兵・思休養天下士・歲不惜三十萬幣輸契丹・定和議・洞以故報罷・除均州參軍・終烏江主簿・嗟夫・惜哉・洞不遇時・使當建隆乾德時・洞以進士起佐太祖・經營天下・安在不爵・即不然・方咸平初・洞既舉進士・又以進士起佐太祖・經營天下・安在不爵・即不然・方咸平初・洞既舉進士・又當天子憂北邊・晨夕出陳圖及險要示宰相・議戰守方畧・洞於時苟不黜歸・究其機宜・致之宰相・薦之天子・一日以推官召爲戎臣師・建奇策・佐大將軍謀帷幄中・名豈出雷有終馬知節輩下・

雖然・洞果爲戎臣師・建奇策佐大將軍謀帷幄中・則追奔逐北・上功幕府・何暇假毛錐子著兵經垂於今無疑・自序云・創意於辛酉之初・成文於甲辰之末・考辛酉爲太祖建隆二年・迄甲辰・眞宗改元景德・蓋歷三十八年所而書成・史稱洞精左氏傳・著有春秋釋幽五卷・又演玄十卷・集百卷・檢前朝及國朝諸家藏書目・並湮不傳・惟此書卓然與陰符六韜等著於錄・司馬遷曰・虞卿非窮愁・不能著書以自見於後世・余於洞亦云・是書缺實沉鶉首鶉火鶉尾四篇・文字謬舛尤甚・就其可知者・爲之正若干・字乙者若干・滅者若干・不可意測者闕之・俟再校焉・嘉慶癸酉中夏一日・

編輯楊議郎著書跋

謹案隋書經籍志異物志一卷・後漢議郎楊孚撰・交州異物志一卷・楊孚撰・新舊唐書志交州異物志一卷・宋以後・史志不著錄・殆亡於宋時歟・水經注引楊氏南裔異物志・藝文類聚引楊孚交趾異物志・初學記引楊孚臨海水土記・（隋書有臨海水土物志・沈瑩撰・非此書・）而隋志又皆無之・黃泰泉云・太平御覽・以南裔作交趾・臨海水土記・後人亦改名異物志・然則三書蓋流傳稱名之異・非隋時有佚也・考楊孚爲漢章帝時議郎・而臨海置於吳太平二年・又續後漢書五行志注・引楊孚董卓傳・據此・則議郎歷漢末至吳時尚存・蓋百餘歲人矣・而史志猶稱爲漢議郎・其不仕吳可知・粵人著作見於史志・以議郎爲始・而又享大年秉忠節如此・其遺書烏可任其散佚無傳・爰刺取羣書・以宋爲斷・備楊孚撰者・得若干條・編爲一帙・其不著撰名・惟備異物志者・雖灼知議郎書・亦別爲一帙・附於後・愧讀書不多・缺漏且誤・尙冀博物君子・補而正之・道光辛巳・南海曾釗識於粵秀書院之東齋・

編輯異物志跋

謹案議郎著異物志一卷・其後沿襲其名・往往有之・如譙周異物志・引於蜀都賦注・薛瑩異物志・引於吳都賦注・孫暢異物志・引於初學記・曹叔異物志・引於爾雅翼・其他著錄隋唐史志者・亦不下數家・顧羣書引用・必著撰人之名・惟引議郎書・如齊民要術引稻・事類賦注引橘之類・直偁異物志而已・然則羣書所引異物志・疑皆爲議郎書・蓋異物志創自議郎・惟議郎得以專其名・斯亦引述者之義例歟・余既掇拾議郎遺書・并編此爲一帙・以無明文・別附前帙後・從疑事無質之義・用是矜慎云爾・己酉春・識於南園寓齋・

編輯交州記跋

按劉欣期交州記・隋唐志皆不著錄・太平御覽徵引不少・而圖書綱目所列書一千七百餘種・獨無此記之名・殆亡於宋以前歟・劉欣期不見史傳・不知何時人・然以記偁太和封溪縣三條考之・太和爲晉海西公年號・封溪晉志屬武平郡・宋志無・則劉欣期當爲晉時人・記又稱・九眞郡軍安縣・考宋志引何志云・晉武帝之太康地志無・是軍安立於太康平吳之後・又記偁・李遜征朱厓・考通鑑太元五年冬十月・九眞太守李遜據交州反・則欣期當爲太元以後人矣・記所載皆博核・足資志乘考據・惜其久佚・爰剌取羣書所引・以類相從・分爲二卷・其不偁劉欣期名者爲一卷・劉澄之姚文咸則附焉・姚不知何時人・劉澄之有江州記・揚州記・宜都山川記・宋初古今山川記・殆劉宋人也・道光元年秋中識・

編輯始興記跋

謹按王韶之始興記・隋唐宋史志及諸家書目・皆不著錄・隋志載王韶之集十九卷・唐志二十卷・或記在其中・如吳萊集南海古蹟記之比・王韶之宋書有傳・終吳興太守・水經溱水注・文選李善注引・竝偁王歆之水經溱水注・又偁王歆・考宋書王歆之・列循吏傳・不偁其著述・御覽經史圖書綱目・王歆之南康記・王韶之始興記・分載甚明・則歆當爲韶之譌文無疑・始興郡吳立・屬廣州・晉成帝度荆州・宋元嘉二十九年・又度廣州・三十年度湘州・明帝太豫元年改廣興・韶之卒於元嘉十二年・其時尚屬荆州・領曲江・桂陽・陽山・湞陽・含洭・始興・中宿七縣・元嘉初・徐豁爲始興太守・有政聲・韶之未嘗至始興・或即從徐豁討問故事・筆爲此記歟・酈道元水經注・雖止引二條・然其餘尚多暗用・則比記爲當時所重可知・第書佚已久・今剌取羣書・所引七縣山川故事畧備・惟原書卷數體例・無從考索・聊以類相從・尚有闕遺・以俟後哲・道光元年四月・識於粵秀書院東齋・

思源橋記

自安期巖右出數百武・聞潺湲聲・爲滴水巖・巖上橋焉・曰思源・思源者・思濂泉之源也・滴水積爲泉而發蒙・則自橋始・故曰源焉・橋橫亂石間・廣六七尺・怪石出其底・旁羅數卷・如畫家平臺然・四五人可坐・中刳尺許・層

疊而下・如刀斧劈狀・泉流其上・薄如紙垂・最窪者瀦爲湖・深尺・廣二之・清可見底・新泉注之・點點成珠琲・有小魚數尾・逐流游泳・如縣明鑑中窺者・須眉與鱗鬣了了・劖石上・其外無叢木遮翳・放目遠覽・羣山撲地上・樹露其半・如小兒立・眞奇境也・

余曩游白雲・眺鶴舒臺・東出而澣襟於滴水巖上・又稍北而飲於濂泉・窺幽選勝・自謂日至・今重九又偕同學劉介庵來遊・日卓午・得橋下憇焉・水氣逼人・瑟瑟砭肌骨・移時懽然自得・而後知是橋爲白雲最幽・於乎・足迹所及・豈亦有偶耶・濂泉四面多叢木・不可遠覽・而遊人顧獨夥・當祀安期生時・人爭列飲食・坐無餘石・凡游白雲者・必曰濂泉濂泉云・而是橋或終歲無有人迹・何喧鬨寂寞之異也・然不寂寞・則山水不足爲幽・雖奇境不足道・吾又竊爲是橋喜焉・於是歸而爲之記・

記沙鑽

沙鑽之事・權四材之長短・以爲無牙之輪・而傳轉之・刃也者・以爲入沙也・軸也者・以爲利轉也・輻也者・以爲激水也・筩也者・以爲任浮也・四者一有失職・不能爲良・凡取軸之道二・鐵梨爲上・紫荊次之・非鐵梨紫荊則不沉・凡斬軸長十有五寸五分・其軸四在上以爲之身・一在下而殺之以爲之骹・骹圍六寸・菑半之・當其末入刃也・望之削爾而纖也・三分骹圍・益一以爲身圍・竑其身圍以爲之鑿・鑿已深則傷軸・已淺則設輻必大杌・凡爲輻・水松爲上・凡斲輻・小則失勢・偏則畸重・是故十分其刃長・以其五爲輻廣亦分其廣・益一以爲高・十五分其高・以其一爲之厚・窪其面・隆其背・自菑至於蚤・微殺焉・五輻若一無所取諸・取諸均也・凡設輻毋偶・偶則左與右直・及其用之也・左欲旋而右制之・則難爲轉矣・是故竑其輻之圍・而五分之以設其輻・水之行于輪也・前輻迎大轉・而後輻受水轉而前・次第推之・如人爲之推焉・無所取諸・取諸疾也・凡設輻・已高則浮・已低則閡沙・是故四分軸之長・而中設輻焉・去刃蓋八寸・無所取諸・取諸不蘸也・凡爲刃・重則不靈・輕則不入・是故以軸身之長・爲刃之長・十分其長・內四之・鍔六之・以其內之長爲之圍・夾其內而孔之・關其骹焉・三鍔廣皆一寸有半・重一百有二十二兩・今夫刃之鍔剡・則是以刀割沙也・故雖有磔礁・弗之能拒・軸之勢沈・則是以鐵投水也・故雖有勁波・弗之能漂・輻之機得則是以水轉水也・故雖有厚沙・弗之能滯・然而非人持之則傎刃・軸輻雖失其職・此無故・惟已重且無氣以爲之攝也・是故以其軸之長爲筩・長五分・其長以其三爲之圍・凡爲筩・無過箕竹・厚無過十分寸之三・中空二寸有十分寸之四・上節距下節無過一尺・齊其上節而截之・遠其下節四寸而截之・以冒於軸・軸上建墊焉・長六寸・圍一寸有十分寸之六・挺四寸・內廣一寸有十分寸之二・外廣十分之七・深一寸・以入于輻而出之・十分墊之長・七在下・三在上・而捎其蚤十分寸之四・以木爲之・轄而鍵其筩・筩必密・毋使水入焉・然後可以攝軸・水激軸則傎・以筩鼓之・旋傎旋起・如人持其上・倚而轉之・故雖有勁流・弗之能偃・無所取諸・取諸浮也・軸沉筩浮・然而不能立者・此無故・惟水淺不及沒其筩・積不厚・

則貟筩無力也・水深筩浮・然而不能轉者・此無故・惟水平不流・流不疾・則激軸無勢也・故四材既得・水不失理・謂之器之良・

中立謹案沙鑽一器・道光十五年・先大人疏靈洲河時・命工倣製・試于勁流中授之・果能倚立水底・旋轉不停。遇有厚沙・隨鑽隨起・水行沙去・弗復淤積・誠濬河善後之良器也・惜當時未及多製・以廣其用・茲繪圖於後・俾讀斯記者有攷焉・

編校按：原稿無附圖・

袁先生傳畧

袁先生應・字紹本・東莞人也・年二十一・補番禺諸生・遂爲番禺人・少貟氣・慷慨輕財施・好爲文而奇於時・乾隆戊申・年三十八矣・舉鄉貢士・又二十年・乃得四會縣教諭・四會僻左・邑士習不知書・教諭又冷官・相沿不事事・知諸生冊籍而已・先生既上官・則呼諸生誨之文・終以古聖賢籍導之・月一二日・抵莫不休・退則左手披卷書・右手疊兩指撚頤下鬚・不輟誦意・泊如也・釗記從先生遊時・客至談天下事・不當意・拍案呼・案幾裂・雙目烱烱爍客・口上髭如戟・唾及客面・於是正月北風尚勁・颼颼撼屋瓦有聲・釗聞之・不覺面熱也・先生爲人魁梧・岸岸有氣・然故善病・既不得志・又苦心督諸生・病時猶中夜起讀書倍文・以爲諸生倡・嘉慶十八年六月・病遂劇・逾月某日卒・年六十有三・諸生哭・視斂殯者百餘人・

先是五月・西江水暴漲・四會邑城沒數版・版折・水突橫舍門如矢激・米騰貴・城中嗷嗷・夜輒譁・先生雖殗殜・猶伏枕瞠目問曰・邑侯發倉未・而終不及家人產・先生家故饒・及赴禮部試時・從弟某破蕩畧半・先生又俠好客・周人急・其在四會也・每歲盡以白金郵餉諸親故貧者・及卒・乃質衣服共斂殯・卒前數日・自書券析從弟田若干畝・疾遽大漸・不及命・後數月・子某得遺券・則以田獻其從叔父・如先生書・余得之石孟馨云・

曾釗曰・釗侍先生二年所耳・不能悉先生事・先生沒二載・乃次孟馨所言・及釗侍先生時所見聞者・爲先生傳畧・而諸同門生往往言先生說魯論・至父母在不遠遊・輒飲泣哽咽不能語・退詢其僕・則太夫人卒時・先生初赴禮部試入都也・嗚呼・先生磊落・抗直自喜・良根柢至性哉・

何邵公贊幷序

何氏公羊之學・義古例奧・讀者往往疑之・如黜周王・魯嬰齊禰兄・衛輒拒父・邾婁叔妻嫂・其尤也・然以釗測之・人言蓋誣妄焉・元年者何・居之始年也・解詁云・不言公・言君之始年者・曰諸侯皆稱君・所以通其義於王者・惟王者而後改元立號・春秋託新王受命於魯・據此文・則是記託王者之義於魯而已・他注有所謂春秋王魯者・亦謂託王於魯・非直以魯爲王也・傳不云乎・王者孰謂・謂文王也・如直以魯爲王・何乃稱文王哉・古者諸侯之子爲公子・公子之子爲公孫・公孫之子・氏王父・字則繫王父字於孫上・如稱仲孫叔孫季孫・傳曰・公孫嬰齊・則曷爲謂之仲嬰齊・爲兄後也・爲兄後則曷爲謂之仲嬰齊・爲人後者爲之子也・此言不稱公

孫嬰齊之故．蓋稱公孫嬰齊．嫌與公孫歸父同稱．則後歸父之義不顯也．傳解之曰．爲人後爲之子也者．此約儀禮喪服之義．以况嬰齊．言若爲之子也．其文義猶僖公元年．傳曰．此非子也．其稱子何．臣子一例也云爾．傳又云．爲人後者爲其子．則其稱仲何．此言不稱仲孫之故．嬰齊繼歸父爲大夫．據世大夫之例．是嬰齊之世．與公孫之子同．次公孫之子．當以族紀．故嬰齊亦以族紀．明其支所從來也．傳解之曰．孫以王父字爲氏也者．言惟孫乃以王父字爲氏．嬰齊不言孫．明嬰齊是繼歸父爲大夫．非以仲遂爲王父也．何氏解詁云．不言仲孫．明不與子爲父孫．其書昭然明白矣．至於蒯聵入戚．齊國夏衞石曼姑圍戚．曼姑受靈公之命以立輒．義固可以拒聵．輒於蒯聵入戚之時．但當責其不避位．不能加以拒父之名．解引論語．子貢問夫子爲衞君事．正以明輒當讓也．叔術讓國．傳賢之．非賢其妻嫂．凡此二事．傳皆有明文．說者猶或誣妄．况其奧義乎．邵公爲公羊學．閉門覃思十餘年．然後成書．學者欲以耳食膚受譏誚之．多見其不知量而已．因讀解詁．有感於此．爰爲之贊．其詞曰．

於惟漢京．公羊孔昌．復仇討賊．有功素王．後人曰否．黜周王魯．拒父禰兄．三惑其蠱．卓卓邵公．博通六經．尤篤此學．條例研精．周道已傷．乃賢伯討．新周之云．黍離同禱．於魯託王．義本孟子．天下之事．知春秋矣．圍戚非輒．厥惟曼姑．臣受君命．子豈父圖．仲孫歸父．氏不稱孫．惟繼大夫．匪亂弟昆．人言謬悠．世莫言辨．集矢先儒．傷哉淆亂．嗚呼邵公．學海浩浩．徐彥猶誤．曰善妻嫂．而况餘子．誰其創通．緬惟大義．嗚呼邵公．

林聯桂　原名家桂．字道子．號辛山．吳川人．道光丙戌進士．歷官湖南綏寧新化邵陽等知縣．林召棠稱其文聲生勢長．以氣自豪．與同郡吳徽敍並以能文積學稱．而氣格迥別．所著有見星廬駢文．古文．詩集．存．

綱鑑總論序

古今言史事者．莫詳於鄭夾漈．杜君卿．馬貴與之三通．顧分門別類．以觀其會．謂之通．參伍錯綜．以持其要．謂之總通．職詳而總職要也．肇自伏羲至帝摯．一千零五十八年．堯至前明．四千零年．其間年代遠矣．而欲總論其運於一時．則必以運會爲旦暮而後可．人物賾矣．而欲總論其人於一室．則必以天地爲牟廬而後可．形象殊矣．而欲總論其形於一覽．則必以日月爲眼目而後可．異同夥矣．而欲總論其事於一貫．則必以風雨爲合離而後可．作史者不一手．論史者不一口．而欲總千百手爲一手．千百口爲一口．則必以巨靈爲手．懸河爲口而後可．未之能也．總論將無由．則甚矣綱鑑總論之難也．

吾郡陳子明先生．生當明季．能不得展．志稱其天才超邁．嬉笑怒罵．皆可成文處．酷類大蘇．國初流寓吳門．遺稿多佚矣．惟其綱鑑總論八篇．表表於時．是誠能參伍錯綜以持其總者．余近主講高文．方藉爲坐談秘本．廼因坊友之請．序而付之剞劂．將見價重雞林．枕珍鴻寶．鈎元提要．觸處逢原．浸假而化讀者之口爲懸河．化讀者之手爲巨靈．則一口可以總捫古今之舌．一手可以總捫古今之筆．浸假化讀者之離合爲風雨．化讀者之眼目爲日月．則一貫可以總通古今之事．一覽可以總照古今之形．浸假而化讀者之牟廬爲天地．化讀者之旦暮爲運會．則一室可以總聚古今之人．一時可以總推古今之運．由握其總以觀其通．未必非此篇有以導之源也．胡明仲之讀史管見．陳了翁之讀史壁記．又豈在多乎哉．

高廉羅總鎮府職官題名碑記代

題名碑何以記．曰．記者寄也．寄名於碑也．名何以云寄．曰．茲鎮設於順治十二年．官斯署者凡四十七．攝篆者凡六十人．皆匆匆若行客．斯署若傳舍然．人如寄．名亦如寄．記故謂之寄也．自古勛臣宿將多矣．到今望之．如神人天上然．人皆不可見．僅膽其名．如衆星落落．空懸於三百六十度之中．又安往而非計也．故夫鐘鼎鐵劵．名寄之金．燕銘峴勒．名寄之石．雲臺凌煙．名寄之圖畫．年表臣贊．名寄之史官．記之云寄．夫亦因夫古義也．或曰然．然義因乎古．或不切於今不．余曰．不．不也．斯鎮轄兵八千四百有奇．轄官一百六十有奇．轄地二千里有奇．封疆於是乎寄．兵權於是乎寄．賞罰於是乎寄。凡寄名斯碑者．當意聖天子閫外寄托之重．而後之讀斯碑者．皆得指而目之曰．某誰負所寄．某誰不負所寄．將春秋褒貶史官勸懲之微意．皆於是寄之．又高府志職官．文官皆列姓名．而武官獨缺．今寄名於石．以俟後來修志者之采．則拾遺補缺．徵文考獻之事。又於此寄之．孰謂寄之義因乎古而不切於今乎。言已．衆稱善．乃記之．

聖駕東巡謁陵禮成賦

洪惟我朝謁陵．禮成賦文．顯館所收錄者．名篇林立．後有作者．不可及已．第思顓頊附禺伊耆．穀林文命會稽．後之珥筆者．猶推本於集慶垂庥．永存景慕．矧我朝孝道重熙．形之宸藻．倘不綜述徽媺．使永永年代．服此成烈．斯亦文囿之缺也．因仿詩詠長發．書陳觀德之義．擬作古賦一篇以紀盛云．其賦曰．

伊大淸之肇命．聳長白之鬱葂．鎮長男之正位．開震旦而蘧蘧．拓靈輿之曠奧．振天聲以砰磅．沐三江而呑東海．殫四極而壓八荒．乾包坤維．箕翕翼張．犴神爵而咮朱果．孕軒羲而育虞唐．以和風雨．以爕陰陽．以開我國家億萬年有道之長．

於惟肇祖．初哉首基．虎欄哈達．榮業所滋．俄朶愛新．洴澼龐鳌．三祖紹休．垂光錫慶．蘇克蘇滸．拓宇日盛．太祖奮興．整十三之遺甲．蠢爾尼堪．斧膏牢執．扈倫朝綱．是籠是柙．書七大恨以雷轟．攻七十餘城而雲合．文創旗分．南讋北擠．太宗恢緒．始建兩京．察哈爾瓦之拓地．杏山錦州之降城．崇煥承疇．以和以征．海尸浮兮雁鶩．勁旅摧兮朽荆．大破十三萬之明兵．崇德改元兮．廼定有天下之名曰淸．

於是基闢丕丕．大占庚庚．堯曦天鏡．軒風海澄．洎我世祖．遂大一統而定九垠矣．赫赫前謨．顯融懿鑠．藏弓之地．三陵垠堮．虎躍龍飛．天關地絡．蚡蝓蚴蟉．庨䜤峍岞．氣佳哉葱葱鬱鬱．信靈符之所氤氳而磅礴．億葉之雲礽慶長．百世之豆登虔恪．聖祖三謁而肅然．高宗四臨而欽若．禮大典博．古皇莫匹疇其能．亘之哉．洋洋乎丕天之大律也。

皇上挈珠囊以念典．握金鏡而奉先．陟降鑒觀如有見．黈纊冕旒如有聞．廼愾然曰．惟天惟祖宗所以付畀者．庶其在此．脫不能事事．其何以對越於在天．癸亥曾侍敬禮．乙丑一薦明禋．今忽十有三年矣．敢自暇逸而不躬吉蠲乎．於是羲和練日．造父簉輿．風伯清道。雨師灑途．參旗房駟．霓旒虹旗．從官繁星其汁緯．屬車赴壑以流趨．砰隱舀霍．樛纚纚虖．煌煌乎．洸洸乎．僤婏沛艾以爭敷．於時秋氣初霽．朗徹圓壺．屬蓐收而警蹕兮．過盧龍之故墟．睨漁陽矚兮．跨山海之雄郛．飲馬凌河兮流竭．振鞭松山兮林虛．而遙旌翳冰天兮如夜．車匝沙漠兮無餘．覯迎輦於四十九旗兮鱗集．睇飛軿於一千五里兮雲舒．容容裔裔．遂至乎肇祖之留都．

夫其地也．巫閭巑岏．德亨巀嶭．巨靈贔屭．神龍蟠結．陵園在焉．天秘地洩．與天通而一氣青蒼．納坤符而六幕門闕．陋雲氣於芒碭．埒巘原於陶穴．唐漂漢流．圖超牒溢．此列祖之靈爽憑焉．昭融熤爚者也．

皇帝於是俙乎其思．穆然其容．頤神於淵淵蜎蜎之室．滌齋於冥冥漠漠之宮．洗以九天之沆瀣．薰以桂殿之香風．搴薜荔兮以爲席．采靈芝兮以爲供．吸若木兮夜露．餐流霞兮朝紅．氣□於秋．心藏如冬．蓋將思其居處笑語嗜欲之緜邈．勿勿乎如有覿乎夔夔齋慄之重瞳．

廼謁永陵．百禮孔時．福陵昭陵．次第陳犧．雕戈揭郅．翠蓋葳蕤．星冠炭業．衰服綏纚．和天地以爲樂．傾江海以爲卮．九州十州之德產．再獻三獻之上儀．精誠肹蠁兮恍惚．焄蒿悽愴兮如疑．天門開兮詄蕩．馳風馬兮驅雲輜．晞堯臘兮舜徽瞰．禹耳漏兮湯植鰭．於彼乎．於此乎．上下左右之不可虔思．穆穆禮成．皇皇義徧．報地靈兮所由鍾．溯天璜兮所由昚．六宗山川兮禋望崇．三公諸侯兮秩芳饗．香與山雲俱升．馨並秋風其扇．明洽幽通。神忻久忭．

是日也．黃龍隱見．碩麟趁趠．靈迉泥兮艷絶．佳氣普淖兮東南．似煙非煙兮慶雲．三采五采兮靄含．天柱隆業之上．山呼萬歲者凡三．天子於是凝思遐睞．求索於無形無聲．思創業之艱難．則沐雨而戴星．思奮武之赫燿．則走風而驅霆．思瀋遼之肇建．則築豐而遷程．思國書之創造．則河秘而洛精．思貽謀之宏遠．則又東踰樂浪．西被無雷．南諧越裳．北燮丁令．統六合以爲門扃．子若孫宜恢崇祗敬．俾前聖之顯緒．布濩流衍於億萬齡．

遂巡土疆．察部落．逆乎盛京．恢乎式廓．八門洞開．百雉鱗錯．宮則崇政巍峨．篤□恭倬．大政之廷．軒楹軒拓．殿則神繹攸芉．清寧愷樂．關雎麟趾．崢嶸永福．延慶巋嵺．翔鳳飛龍．霞騫文德．武功膏灼．郊社堂子．謚清各各．太廟森嚴．寶冊炳爍．皇上閱視．儀仗肅焉．大常禮備．司儀班聯．大張鹵簿．條狼鳴鞭．句陳擁衞．紫微靜專．戟陛霜飛．芝蓋霞鮮．

廼御正殿．廼正朝儀．禹會周圖．舜陛堯階．王公台省．九卿庶司．句纚之使．東國之耆．麇至鵠立．虎拜龍墀．翽璪火黼．旃裘毳罽．翕翕習習．濟濟師師．隱鱗爲奕．舞蹈祝釐．廼命臣工．敬陳宗器．傳惟太祖．鹿角爲

几・七寶匪華・八乂是倚・仰惟太宗・甲冑弓矢・孟賁烏獲・提之弗起・瞻威儀於天人・驚眞氣於金瓯・

廼講武事・廼獮秋田・王宗岐陽・帝祖版泉・五衛七萃之沓遝・雲罕瓊鈸之聯翩・雲師火帝・馬冀燕鵝・陣魚麗坤。方□圓□・□風血□・羅地遮天・倒混同鴨綠以洗甲・積鐵嶺金峪以擊鮮・軍政修矣・乾豆充然・

既而開書庫・命儒臣・經史子集編其類・甲乙丙丁籤以分・召馬枚嚴徐而作賦・詔孔鄭董賈以綴聞・甡甡祁祁・油油闇闇・相與肴饌乎經訓・笙簧乎典墳・觀賁成化・天文人文・

廼命典樂・樂奏雍雍・羲琴農瑟・和磬倕鐘・鈞天帝所・廣樂雍容・廼命上方・式燕樂胥・几筵肆設・雕俎醍醐・鼎調湯味・𥝖生唐廚・堯羹舜樽・禹糧周魚・五福之餅競進・萬壽之觴齊□・藹藹臣僚・皤皤黃耇・既醉既飽・小大稽首・蓋莫不含和吐祥・祝我皇於如日月・如岡陵・如松柏・如山阜之緜緜延延・以綏八埏而光九有・

吉禮既竣・德音遂沛・枌榆耆耄之澤渥沾・粟帛蠲復之仁霶霈・纖輪轅歷之弁兵・奔走侍從之吉藹・靡不賞之如春・悅之如兌・惠與風而並翺・恩共天而同蓋・此皆惟本於皇上尊祖敬宗之心・以旁皇周浹於無外者也・

天子於是于頓六龍・乘九秋・廻天步・旋皇州・飛翳空之牙纛・騁開道之驊騮・祥靄遊霄・和風交疇・百族寧謐・九穀全收・一路之河山大地・胥入宸藻以雕鎪・歸格藝祖之清廟・祭用文王之騂牛・御蒿宮而受賀・揮虞軫以延庥・交備福應・禮洽潛幽・乃聖懷治益求治・休而勿休・恒調四序之玉燭・永奠一統之金甌・登三咸五・思所以儔之・襲六爲七・思所以修之・高明博厚・思所以悠之・山川鬼神・思所以柔之・熙熙皞皞・思所以留之・繼繼承承・思所以遒之・懋懋慎慎・憴憴慺慺・用能憲先步以軌度・合億萬以秉籌・孝思之大・比隆於虞夏商周・若夫漢高豐沛・光武南陽・是猶擕寸木而擬岑樓・屈五岳而等垤邱也・烏乎與之侔哉・乃作頌曰・

崑崙北幹・氣旁魄兮・蜿蟠虯蟉・鍾長白兮・崷崪三陵・帝與宅兮・柔祇毓聖・開千百兮・我皇升禋・再登餕兮・嘉薦苾芬・物志愼兮・珠絹紫幄・光氣潤兮・列祖來格・嘉孝享兮・吉雲蒸蒸・降福穰兮・鳌蓄辰音・衆忭舞兮・衢謠壤歌・頌多祜兮・百禮既備・帝廻蹕兮・萬神擁衛・翠華謐兮・返乎宸居・毖有密兮・懿綱醲化・治克昌兮・介熙龐憮・綏萬邦兮・佑昆繩祖・兩交虆兮・寶祚靈長・世無疆兮・於萬斯年・

陳其錕 字吾山・號棠溪・番禺人・道光丙戌進士・以知縣用・改禮部主事・丁外艱歸里・母老乞養・遂不復出・主講羊城書院垂三十年・勤於課士・譚瑩李光廷許其光皆所識拔・廣州地廣人稠・米粟恒苦不足・遇歲歉・民益困・其錕創議設惠濟義倉・總督祁㙂恭公最倚重之・每有諮訪・指陳利害・未嘗干以私・平居以藝蘭臨池自娛・精鑒古・通琴理・詩文詞皆博雅・書逼眞歐陽率更・所著陳禮部文集一卷・詩有含香・循陔・載酒等集・共十六卷・詞有月波樓琴言三卷・

月波樓琴言自序

近日倚聲家雕辭琢句・牽憑胸臆・長調短引・按譜成章・至格律之細・節簇之妙・利度寡諧・毫釐楚越・蓋詞名

存而音亡久矣．安得起古人而叩宮角哉．萬紅友言．平止一途．仄兼上去入．不宜遇仄以三聲概填．必審音下字．斟酌盡善．然後抑揚抗墜．得之徵吟婉諷間．昔寄閒老人每製一詞．必使歌者按拍．稍有不協．修改再三．其瑞鶴仙一闋云．粉蝶兒撲定花心不去．閒了尋香兩翅．通體皆協．唯撲字稍戾．改守字始協．又惜花春起早云．瑣窗深．深字不協．改幽字又不協．改明字．此三字皆平．而五音有唇齒喉舌鼻之分．輕重清濁．犂然各判．則信乎協音之難也．予少喜填詞．亦頗研究四聲．然憚於修改．入律未細．按拍或乖．如仇山村所謂老伶俊倡．面稱好而背竊笑之也．姑刊存以質審音者．

梁　梅　字子春．順德人．道光戊子優貢．年三十．尚困童子試．南城曾燠莅粵．賞其文．延致署中．遂工駢文．阮文達以蓮鬚閣黃牡丹詩記事．課學海堂．梅有可憐賓主皆奇節．獨愧當年校藝人之句．文達大加歎賞．既貢成均．歸途自津沽道汶泗．達江泝漢．遍遊衡岳涪溪桂林諸勝．所著有寒木齋詩二卷．文二卷．

武功縣志跋

武功縣志三卷．明康海撰．海行事附見明史文苑李夢陽傳中．以武功縣人而撰武功縣志．如元人于欽以齊人而著齊乘．鄉邦舊典．素所貫串．耳聞目見．事蹟多眞．較他地志但據輿圖乞靈紙上者．固自不同．故與韓邦靖朝邑志皆爲志乘中最有名之著．爲向來作者所共稱．竊嘗論之．關中地大物博．又諸紀載自漢三輔黃圖以降．暨唐韋述關中記．宋宋敏求長安志．程大昌雍錄等．古藉尙多流傳．不憂文獻之無徵．惟慮去取之靡當．稍一泛濫．體例必乖．今觀朝邑志二卷．上卷分四篇．僅七葉．下卷分三篇．亦僅十七葉．自宋常氏激水志後．簡誠莫簡于此者．

若武功縣志篇目有七．曰地理．而山川城郭古蹟宅墓統之矣．曰建置．而官署學校津梁市集統之矣．曰祀祠．而祠廟寺觀統之矣．曰田賦．而戶口物產統之矣．曰官師．則善惡兼著．所以寓勸懲也．曰人物．曰選舉．則攷覈必嚴．紀錄必審．所以矯向來方志之冗謬也。他若藝文．則用吳郡志例．散附各條之下．尤爲得宜．論者謂朝邑志筆墨疏宕．源出史遷．而武功志體例謹嚴．尤有孟堅體段．即新城王氏．亦稱其文簡事賅．訓詞爾雅．石氏邦教．亦稱其義昭勸鑒．尤嚴而公．邦國之史．莫良于此．蓋自明以來．論輿記多盛推之．惟近日陽湖洪氏云．明代諸賢．事非師古．苟爲簡畧．即故城舊瀆．棄之如遺．今所盛傳如武功朝邑二志．不知者以爲實過古人．殆非篤論．獨相排詆．考洪氏纂淳化縣志共三十卷．凡爲記八．爲簿二．爲志五．爲畧三．如倣晉朱育會稽土地記而述土地．倣齊劉澄宋初山川古今記等而述山川．倣隋西域道理記而述道理．倣宋元康六年戶口簿記而述戶口．倣晉常璩華陽國士女志等而述士女．凡爲條目．共一十有八．蓋洪氏學問旣博．考據亦精．其所撰著志在述古．咸有成規．而敍次亦極古雅．不濫不支．校之二志．遂覺後來居上．畧勝一籌．要之體例各自不同．美非一族．南轅北轍．不妨相背而馳．宋人如梁叔子之志三山．施武子之志會稽．陳壽老之志赤城．秀水朱氏何嘗不病其太簡．要自不失爲名著．

平心而論・康氏此志・不獨足與朝邑志並稱・即與澉水志・元延祐四明志・大德昌國州圖志同稱可也・惜正德萬曆間・兩經剞劂・久已不存・今所存者爲乾隆間馮氏刋行之本・聞舊本載有璿璣圖・新城王氏曾論及之・而新本不列・攷康氏孫呂賜刻璿璣圖讀法・前有題識云・余錄先太史縣志眞本・悉依原編・惟蘇氏詩末錄云云・是經賜手始行删去・夫爲人子孫錄先世之著述・而輒以意删截・妄爲削去・無乃不知而妄作歟・

端溪硯石賦并序

硯品中之有端石・其著錄於各譜者・如宋蘇氏李氏唐氏米氏・咸知重之・然物產之美惡・今昔異形・各家之好尚・彼此殊說・惟高固齋先生昔游端州・値開坑時・以所目見耳聞者著爲硯考・辨析精審・遂駕各家之上・而其末・更慨念夫天地眞蘊・山川元氣・漸至耗竭・恐不久變成陵谷・非誠仁人君子之用心哉・然僕謂蘊此精華・而不逢哲匠相與磨礱拂拭以成其器・而發其光・徒自汨沒與頑礦等・其視窮鄉僻壤之士・質稟雄美・而終身不一登博雅之門・無所師資・以自底於玉成者・又何殊也・興念及此・感慨係之・乃爲賦曰・

老屋花南・明窗硯北・飛白書臨・硬黃紙拭・虎僕抽毫・龍賓試墨・念石壽兮最長・需硯材兮孔亟・硯箋細檢・硯譜頻搜・月石星石・青州絳州・璧友名重・了哥詠留・鳳鳴山下・羊闋坑頭・惟端溪兮卓卓・冠文畝兮休休・觀其液一噓而潤多・水盈旬而貯久・嫩若兒膚・滑逾女手・含毫不損・與墨爲受・玉德淵淵・金聲瀏瀏・其體也肖乾之剛・其用也法坤之厚・如逢端人・如對石友・霞蒸雨釀・水狀雲情・芙蓉色重・翡翠痕輕・班分山鵲・血噀長鯨・青花縷縷・金粟盈盈・黑奮蛟龍之爪・綠圓鸜鵒之睛・又若瓌士・才鋒英英・

惟哲匠兮幸逢・費良工兮心苦・水探庚庚・峯搜午午・成風運斤・修同借斧・爬羅抉剔・拔十得五・黃鑛必瑩・綠玉斯覩・拔類攻瑕・雕鐫更加・不規腰鼓・不狀琵琶・玉堂様好・金城界斜・爲鼎爲笏・亦瓢亦瓜・或風字平底・或月池半窪・既如磨而如琢・倘需泥而需沙・於以長其聲價・於以發其光華・

慨夫典水村前・靈山寺邊・蚺蛇坑接・飛鼠巖連・南北之壁石如故・東西之洞穴依然・夜夜則需光燭斗・山山之虹氣貫天・知儲材其尚富・譬何地兮無賢・然而哲匠難逢・良工不賞・遲切玉於昆刀・頁沈珉於鐵網・等泉石之膏肓・費雲煙之供養・日日泥塗・年年槁壤・徒使惜惟鷲駐・弔有龍吟・悵望他山之石・羞同躍冶之金・雖幸全於抱璞・何措意於升泥・奈切磋兮無藉・恐瑕疵兮益深・何日空谷・庶幾足音・

黃子高 字叔立．號石溪．番禺人．縣學生．道光戊子常熟翁文端督粵學．以南海對試士．子高文最工．文端驚異．比之汪中．遂以優行貢太學．平生喜攷金石．尤工小篆．蓄書甚富．南海伍氏刻嶺南遺書．多得其藏本．著有知稼軒詩鈔九卷．續三十五舉一卷．粵詩蒐逸四卷．幷存．知稼軒文集二卷未見．

千秋金鑑錄眞僞辨

舊唐書本傳．九齡爲中書令．天長節百寮上壽．多獻珍異．惟九齡進金鏡錄五卷．言前古興廢之道．上賞異之．新書畧同．新書藝文志入儒家類．通志藝文畧入諸子類．或作鑑．或作鏡．進書之年月．舊史在開元十八年八月丁亥．通鑑在開元二十四年八月壬子．當從通鑑是也．曲江集二十卷．見晁公武郡齋讀書志．流傳甚尠．明成化己丑．邱文莊始從館閣錄出．言童穉嘗得韶郡所刻金鑑錄讀之．灼知其僞．楊文懿亦云．贋刻金鑑錄．則市鬻而家有之．予每撫之而興慨焉．則是錄之亡已久．然明刻之僞．經欽定四庫全書提要論定．及陸世楷廖燕所駁．可不復辨．

近韶刻別有一種．分親賢．遠佞．敬天．勤民．明禮樂．愼刑賞．治府兵．選衞將．齊家．修身．爲十章．以合五卷之數．復僞撰進表有云．莕華祝之封．無事於三．而文皇所寶．尙存其一．又云．此金寶不啻長生之至寶丹．此金錄無殊萬歲之金符錄．此豈唐人語耶．唐人最重廟諱．集中於高祖諱淵．字多易以泉．或原．而錄云．聖德淵深．太宗諱世字．多易以代．或祀．民字多易以人．或甿．或萌．而錄云．不世出之主．等百世而往．且以勤民名篇．高宗諱治字．多易以理．而錄云．治益求治．睿宗諱旦字．多易以日．而錄云．一旦塗地．又如東封赦唐隆作唐元．裴公碑銘．大父本名仁基．僅云大父仁．皆避元宗御名．而錄云．隆逢陛下．聖神文武．于以長享萬年之基．凡此之類．稍有知識．斷不至是．其治府兵一章．多從新書兵志錄出．而故竄易其辭．志言．宰相張說乃請一切募士宿衞．今刪去宰相張說等字．志言．十一年取京兆蒲同岐華府兵及白丁云云．今改作前年．其刪節處尤多晦澀．至云復又制十節度使．以總諸鎭之兵．而府兵蕩然無復存焉．是大不然．唐六典．公奉敕注上進御者也．其言兵部郎中一人．掌判簿以總軍戎差遣之名數．凡天下之節度使有八．無所謂十節度使也．左右衞大將軍各一人．正三品．折衝府所隸者．皆總制焉．左右金吾衞大將軍各一人．正三品．凡翊府及同軌等五十府皆屬焉．何得遽言府兵無存乎．其選衞將章又言．自魚書既停之後．兵不兵．而將不將．不知請停上下魚書．出自李林甫．事在天寶八載．．時公歿已九年矣．又徐浩撰公神道碑．偁公此錄．述帝王興衰以爲鑒戒．似亦不應闌入姚崇宋璟張說韓休楊範等事．意欲堅後人之信也．於是又僞撰東坡讀張曲江公金鑑錄有感一詩．爲本集所不載．又有王偁謁張文獻公祠得讀金鑑錄一詩．詞意卑淺．皆爲可哂．大抵古來僞書如牛羊日歷．周秦行記及南燼紀．聞之類．雖屬托名．尙出唐宋人手筆．此編行文．類帖括家．議論本村學究．竟不知曲江集中自有眞表．而敢於作僞．要之抵蘊易窮．不足當有識之一笑．則亦何益之有哉．

粤詩蒐逸自序

昔之選粤詩．有嶺南文獻．續嶺南文獻．廣東文選．然三書不皆專於詩也．專於詩者．嶺南五朝詩選．廣東詩粹．廣東詩海．大抵以廣收幷蓄表揚前哲爲主．顧每觀各選．俱首曲江．一似曲江以前無詩者．又有明諸君．口談唐律．遇宋元人作．輒行刊落．以故兩代篇什流傳日尠．余竊不自量度．廼發家中所有．聚而錄之．不足則借人閱市．積有歲月．得若干家．雖屬單詞．亦必甄錄．至如文獻．淸獻．武溪．文溪．邵先輩．陳嵩伯．歐上舍．趙王孫．各有傳編．均在所闕．溯自建始之年．迄於有元之世．都成二篇．釐爲四卷．疎脫遺亡．誠所不免．考訂補輯．是所望於後之人．道光十九年五月十一日．石谿病夫自序．

郡齋讀書志跋

郡齋讀書志二十卷．晁公武撰．門人姚應續編．其書以經史子集爲類．如四庫之例．經之類．凡十．史之類．凡十三．子之類凡十八．集之類凡四．每類冠以總論．所謂三衢本是也．今世所行海昌陳氏刊本．乃係袁本．書僅四卷．續以後志二卷．若考異一卷．附志二卷．則趙希弁所編．視衢本祇得其半．顧考證之家．往往引以爲據．欽定提要．亦以著錄．是衢本之晦已久．嘉慶己卯．汪士鐘始以家藏舊帙登板．於是學者復見晁氏之眞．竊嘗謂宋人書目有解題者．惟此書與陳振孫直齋書錄解題爲最．解題引此書．亦作二十卷．當即衢本．又云．其所發明有足觀者．是陳氏久已心折矣．

按公武．字子止．鉅野人．晁迥五世孫．晁沖之之仲子．嘗爲四川總領財賦司．幹辨公事．著有昭德文集及此書．自爲之序．蓋紹興二十一年官蜀時所作也．此書於經．無漢唐近代之分．總以脩身爲要．於史漢國志．皆能抉摘其眞．國憲朝章．尤所多識．至於釋道二家．不得不附之於子．顧以服食之說．因果之談．慮爲學者之誤．集則自漢迄唐．附以五代及本朝作者．不復更加銓擇．而其所指摘者．惟王安石．王雱．蔡京．蔡卞諸人．故於易義．洪範傳．孝經解．新經周禮義．新經毛詩義．新經尚書義．字說．雜說．鍾山目錄．臨川集．及哲宗前錄後錄等書．雖已著錄．或隱約其詞．或明斥其謬．先是公武之從父以道．名隸黨人．嘗着書以□王氏之失．公武習聞其說．目擊其事．凡僉壬敗國之由．言之最爲痛切．然非一家之私言也．序言所期者．不墜家聲而已．信夫其無愧矣．是爲跋．

一切經音義跋

一切經音義二十五卷．唐沙門元應撰．卷首有終南太一山釋氏序．稱法師以貞觀末．歷敕召參傳綜經正緯．資爲實錄．因譯尋閱．捃拾藏書．爲之音義注釋訓解云云．今觀所譯經凡四百四十部．引書自梵筴外．至百數十種．可謂奧博者矣．

案文公談苑．佛經入中國．自竺法蘭摩騰二師．漢明帝時．至白馬寺首譯四十二章．此譯經之始．自是而後．經愈多．譯愈多．譯愈廣．隋書大業時佛經至六千一百九十六卷・又費長房嘗爲翻經學士可證・顧西域有聲音而無文字・必藉華言以傳・隨義立名・固不得不借儒術以自飾・唐代浮屠・多通經史・又去古未遠・授受皆有師承・非如後之禪學以盡掃語言文字爲高・即如應以裴服釋作被服・與說文解字合・縈緍引方言・江沔之間謂縈・收繩爲緍・與儀禮鄭注合・扶渠・扶薛・頗棃・俾倪・虎魄・馬腦・科斗・淡飲等字・皆足以是正譌謬・又如天生曰鹵・人生曰鹽・鹽在正東方・鹵在正西方・夭笑笋・形不申・又不盡天年・謂之夭・其說拟而近古・可附許重叔而行・至所引字・如咼芮本異文・蜘蛛本俗字・應皆以爲古經中本有古字・如借軨作艙・借榜作牓・應反而以爲非・佞本从女信・省以爲从仁从女・規本以矢見・以爲从夫从見・若斯之類・皆舍去本義・別求新解・要其所得・亦云多矣・此書舊存釋藏・唐藝文志作衆經音義・明方氏通雅稱焦弱候引釋廣宣諸經音義序語・與今本合・廣宣當即太一山釋氏之名・疑焦氏當日亦嘗見之・至乾隆時・莊氏校刋・始行於世・昔遼僧行均著龍龕手鑑・宋僧夢瑛書字原偏旁・攷古之士・猶或多之・如應書者・亦小學之津梁・訓詁之淵藪・在彼教中・猶爲質實之難・而不蹈虛無之易者矣・

端溪硯石賦并序

硯之爲類多矣・古之品硯者或曰青州第一・歙次焉・端爲下・或曰端勝・歙也亞之・夫以硯論・誠莫如端・余粵人也・宜習之端硯者・乃據圖經所載・參以故老舊聞・并斟酌諸家之說・設爲主客問答・匪曰誇其土物・亦少抒其諷論之意云爾・其辭曰・

客有造斧柯主人之門而請者・乃稱言曰・吾聞司硯之神・名曰淬妃・繄昔軒轅帝鴻之篆・太公金匱之銘・遐哉邈矣・不可得而稽也・自茲以降・洛州銅雀・絳縣澄泥・割龍溪之馬尾・截北海之紅絲・咸見收於好事・類弃蓄以炫奇・若文房之石交・諒莫過於端溪・足下雅志慕古・生斯長斯・其能爲我詳言之否・

主人曰可・今之肇慶・舊隸蒼梧・自三國以迄隋代・更革其版輿・宋承唐曰端溪・事蓋在開寶之初・錫嘉名以示寵・曰潛藩之邸居・其地則東極南海・西連嶺右・南距電白・北通中宿・山大嶢以爲門・水三江而輻輳・羚羊巒其特起・勢俛壓乎羣岫・氣磅礴以延緜・斯孕靈而胚秀・云星紀之所値・有雲漢之上覆・巉巉端溪・在峽之旁・循峽以往・是爲牂牁之江・水則汪汪洋洋・浩浩湯湯・澒溶滮淢・滇澌淼茫・若湧若溢・滋灌乎中央・產硯之區不一・其處茶園蚌坑・桃花梅樹・中湘鬅蚫・朝天飛鼠・寶塔屏風・巖仔龍虎・大小秋風・半邊南壁・文殊將軍・土地宣德・阿漊白漊・康子後虛・如此之類・不能盡悉・而以水巖爲極・

今夫水巖之爲洞也・蓋有四焉・小西正洞・山靈告匱・東洞之石・幸鮮清萃・故大西洞稱最・大西洞石亦分三層・達上者燥・落墨不凝・下鄰沙版・水紋透迸・全壁無瑕・非中曷勝・其爲硯也・至矣盡矣・美矣備矣・雖有他石・不足視矣・

爾迺元氣中含・英華外越・精緻玫瑰・凜慄霜雪・叩之泗無聲・摩之若有骨・其色也・光磧王嬙之面・艷覆麗華之

髮・翠浮文君之黛・冷結靈芸之血・狀如姑射處子・空山[illegible]歲・冰凝而神寒・又似昭陽之美・華燭深宵・膏膩而脂滑・用是以方寸之膚・而日精月魄・其粹也盎然・頃刻之間・而雲情雨態・其興也勃然・

爰有蕉白・流淫瀋潤・髣髴墜葉・霜花末褪・加以水波・衣裂晶瑩・槁木死灰・其品則遜・復有青花・粗點弗貴・浮沈隱現・錯落連綴・藻熒葩流・蕩漾波際・即而睇之・則有類於蛟睫鼠跡・蟣脚蠅翅・天青之色・如天之青・山嵐朝開・靈雨既零・四垂無雲・纖翳弗興・澄徹晃朗・爲石精英・至於眼・則雞翁鴉雀・貓象異名・了哥翡翠・菉豆異形・尤愛寶乎鸜鵒・綮一點而飛睛・黃經碧重・陰暗陽明・信有奇而無耦・疑重暈以□成・

至如雀糞鳳涎・玉帶金錢・冬瓜之瓤・鱣血之邊・火捺麗龍之紋・麻亂鷓鴣之斑・更或砂釘蟲蛀・重皮鐵線・間與善而並彰・每因瑜而互見・縱或有之・不足爲玷・鑒別之家・往往以此爲驗・

若廼甌秋潦之水退・乘冬日之餘暇・既有事於罌罈・命石灣而燒瓦・於是乎徵巧匠・徽工人・手刀鑿・腰斧斤・向黃江而齊集・蠲太牢以祀神・遂自溪而登岸・役兩足以裸身・其始至也・匍匐而進・蹴踏而行・先設車以運水・已置舟以防虎・織篾箕以貯材・熬豚膏以作炷・然後工作乃得而舉焉・兩人爲堂・蟬聯列坐・一堂一燈・一鎚一臥・作輟更替・不則傾墮・出入弗串・或右或左・神矣哉・巨靈之臂華・其蹟宛然・險矣哉・五丁之開山・厥禍且叵・蓋從梅椿以至凸篷・數有限而日寡・倘督責之太嚴・又慮雜之以假・斲削已施・雕鐫宜加・界之以鐵鋸・磨之以細沙・塗之於黃蠟・浸之以清波・以言守式・則箕笏圭璧・琴阮琵琶・合歡人面・仙桃瓢瓜・又或垂裾風字・八稜角柄・鳳池雙魚・玉堂鍾鼎・海底龍戲・蓬壺仙景・時其廣狹厚薄以配合・不可一律而定・

客曰・詳哉乎其言之矣・往昔讀諸家之譜・慨衆說之不同・即目力以考信・若茫茫而無從・徒辨乎眼之有無・見有似於兒童・承夫子之鑿論・又何異躬歷乎其中・且吾聞之・精華所聚・天地秘之・文明之璞・山川私之・七日而混沌死・信開鑿之非宜・有年長者爲余告・晝石走而沙堆・聞眞宰之歎息・遣魅魈以護持・昔聖人之寶訓・惟玩物以見譏・本無裨於纂述・又何助於抽思・況勞民而動衆・費復出於不貲・拚性命於泥沙・詎仁人之所爲・更效尤而日甚・恆假借而報施・小吏有奔命之苦・閭閻有疲憊之悲・獨不見乎包孝肅之作守・一擲表其清規・馬晞驤之通判・棄長物以如遺・苟有以開坑之說進者・吾欲執此以爲辭・

主人曰・客之言似矣・然知其一而不知其二也・夫天不愛道・地不愛寶・恃偏執之說以爲是・此則存乎見之小者也・彼夫金華銀樸・紫英血珀・非不稱罕貴也・青臒丹粟・夜光結綠・非不言珍藏也・然而君子弗尚者何也・以爲此胡賈之伎倆耳・若夫珥筆西清之朝・校經天祿之夜・或注老而釋莊・或反騷而擬些・覆以琉璃之匣・映以珊瑚之架・周旋几席之間・蓋亦不無少佐焉・如使秉廉能以作治・庸默運以潛敷・鑒李趙之濫舉・偕包馬以爲徒・發離明之閟蘊・留兩大之有餘・不妄役一百姓・不虐使一匹夫・則覩斯硯也・上

之以布朝廷之雨露．下之以澤里閈之焦枯．將見彼都人士．衣焉食焉不敢欺．歌焉頌焉不敢議．雖有滑稽淳于之口．何足以汚之．不然．如若所云．吾誠願石之精者化而爲礪．洞之美者注而爲潭．寧南國有無材之歎．良不忍見衆欲之耽耽．

馬福安　字聖敬．號止齋．順德人．道光己丑進士．選庶吉士．散館．授犍爲縣知縣．丁艱．起復．改官福建．累知順昌邵安漳浦縣事．舉循良．擢知大安州．再丁艱．服闋．尋卒．福安學有根柢．嘗與曾釗結希古堂文社．通古文義法．阮文達剏設學海堂．舉爲學長．著有止齋文集．今載學海堂叢刊中．又著有鑑古錄．未見．

寄曾冕士書

南海吾越領袖．足下褎然爲舉首．私心驚喜．不覺狂忭．非獨親暱之私．實喜此舉得人．且遂足下壯遊之志．明年行旌北指．僕得結伴同行．江河南北吳越燕齊之形勝．其人士美秀而文雄豪而磊落者．足下一出．盡攬其全．於以擴心胸．增識見．儲當世用．必有異於今日者．徒以遠遊追蹤史遷而增長其文．不足道也．

僕齷齪無狀．近頗欲從事心性．以爲人平居必有定志定力以堅持於方寸．然後能應事變．膺大任．確乎不失其守而足以有爲．若以區區小物動其心．則與不學者何異．異日馳驅仕路．其可喜可樂可憂懼之故陳於前．而能無撓歟．僕才非經世者．然竊不敢自棄．足下負公望隆行．將赫然爲世用．願益自愛．裕經濟文猷．以副見慕者之心．使當世知吾輩之研摩於文字間者．果非無所用．而足以雪虛聲之恥．足下以爲何如．望有以教之．

與曾冕士論古文書

古文之道．世不講久矣．蓋此道非讀古書不能．而古之道又不利於時．故士之苟且目前者．爭挾兔園冊獵科第而已．自非抱卓異之志識．而翹然於流俗者．鮮不以是爲怪且迂也．余弱冠讀古人書．即慨然有志於是．而才力薄劣．重以怠廢．併恨同儕中竟無有志於斯道者相與爲淬厲．故私常自歎．以爲人才難得．而又以嘆俗學之困人．竟如是其深且錮也．豈不悲哉．

去年余授徒郡城西僧舍．君過余．相與道古今．上下其議論．然後知君實有志於古．而戛然自異於流俗．余時不覺自斂抑．私心竊愛重君．以爲可與淬厲以成吾學也．可與共進斯道而無憂乎德之孤也．既內自喜．亦以說於人人．

足下爲文．好求奇古．頗有明七子主張．秦漢餘習．空同弇洲固嘗藉甚一時矣．而至今以爲僞體．謂其描摹面貌．而眞氣眞理不存故也．遵巖荊川亦嘗與七子言秦漢．久而悟摹擬形似之非．乃反從事於八家．昌黎云．沈浸醲郁．含英咀華．作爲文章．其書滿家．又云．文從字順各識職．此眞立言之軌範也．余非謂古文可順時也．但意必清眞．法必嚴密．詞必古雅．如八家集中．皆爲不朽盛業．不必定如昌黎曹成王碑等作．然後爲絕世奇文也．夫皇甫湜孫樵．皆學韓而得其奇崛者也．然終不得與韓柳幷．豈謂其奇崛不若韓柳哉．亦謂雄厲恣肆之氣．深醇博大之風．非二子所及耳．余深愛足下有學古文志・而恐與明七子同類而幷譏・故敢以此說規足下・余所以深服望溪・推爲南宋後一人者・亦以其脫盡町畦・理精詞潔・不必求異於人・而人自不可及耳・余學識疎・於此道未有知・復何能向足下曉曉然論說哉・惟深慕足下之學行・而又慮足下知我之失而不敢攻也・故敢獻其區區・亦望足下之更有以教之也・

服問

浙人有生數月失父母爲他姓子・長爲縣學生・乃復姓・然其居猶所撫育之家也・迎養父母終事焉・已而所撫育之氏母沒無子・人曰・當爲之服・服宜何服・余曰・儀禮・繼父同居者・傳曰・何以期也・傳曰・夫死・妻穉子幼子無大功之親・與之適人・而所適者又無大功之親・所適者以其貨財爲之築宮廟・歲時使之祀焉・若是則繼父之道・同居則服齊衰期・浙人出懷數月・受養他姓爲之子・後雖復姓・猶居所養家・迎養父母終事・非繼父同居之義乎・宜以恩・服齊衰期・

或曰・慈母如母・浙人所撫育之母・亦養母類歟・曰・不然・浙人父母存・迎養終事・則非如妾子之無母・既已復姓迎養・將致三年於所生・何得復貳三年於所養・然則浙人不知其父母存沒・或已沒・可以爲所撫養三年乎・曰・使浙人不自知其姓・或未復姓・則專爲所養子・安得不報以父母服・如已知其姓而復姓・則吾自有父母・即無問存沒・均不得致三年於所養也・然則服期而心喪三年可乎・案齊衰杖期章・父在爲母傳疏云・父在爲母杖期・心喪三年・以母喪本三年・厭於父而情不得伸也・今爲所撫養服期・情已伸矣・不心喪可也・

然則祭之乎・曰・築宮而世祭之・報其德也・且不忍所養之無主後也・然浙人生僅數月・即受撫養・復爲迎養父母於其家・恩義甚重・服已盡而情無窮・則爲之心喪・亦賢者之所宜自盡也・

李鄴侯論

唐自安祿山據范陽以畔・安氏滅・史氏繼之・河北諸鎭各擁兵擅地・貢賦不入・喜則臣・怒則寇・自視如異域・雖有英君哲相・僅能羈縻不絕・而終不能得其土・子其民・綿綿延延・禍亂相繼・以迄於唐亡・論之者曰・由代宗專事姑息・將士殺主帥・則以其人代之也・主帥死・則以子弟爲留後也・其惟本之論者則曰・由用僕固懷恩爲制帥・懷恩恐賊平寵衰・故奏留薛嵩帥相衞・田承嗣帥魏博・李懷僊帥盧龍・李寶臣帥成德・唐失河北・實自此始也・余以爲未盡・嘗讀唐史・觀李泌說肅宗取范陽・而計不用・則未嘗不歎泌之善謀・而河北再亂・終唐世不能復者・實肅宗不能用泌之謀以致之也・當是時・祿山已死・慶緒據東西京・史思明據范陽・使誠用泌之策・引安西西域之衆・先擣范陽・傾其巢穴・思明就醢・則慶緒在東京・如狴牢中圈豚耳・亡則無所之・守則不足自保・不數月而天下平矣・乃肅宗急近憂而無遠慮・泌謀不用・致使慶緒得走河北・思明復據范陽・禍結兵連・無有窮已・河朔之人習見畔逆・後遂恬然安之・不以爲怪・嗚呼・使肅宗先取范陽以郭李鎭之・何至復亂如是

馬福安

哉．

余嘗考上下千古．有一言而關天下之治亂．家國之存亡．數百年之得失．而恒歎當時人主不能審其幾而信用之．如賈誼論封建．江統請徙戎．張九齡請斬祿山．劉蕡對策言宦官．皆關天下之治亂者也．王章劾王鳳．王猛勸無伐晉．褚遂良諫立武后．宗澤請還汴京．皆係國家之存亡者也．劉知遠諫無以土地與契丹．寇準欲邀契丹稱臣．曹瑋請擒趙德明．皆係數百年之得失者也．而時君或蔽於私見．或中於畏葸．或阻於權倖．或阨於讒臣．卒使賢人君子謀臣碩士．終日計畫思所以裨補國家於萬一者．竟不能一有所濟以底於亂止．嗚呼．豈不可慨耶．

考泌在肅德二宗朝．所言略通行矣．和父子．保功臣．絕吐蕃．平回紇．泌之功亦偉矣．而取范陽之策．獨不見從．遂使河北之亂．與唐終始．豈天厭唐德．不欲其復貞觀開元之盛耶．抑以河北之民首亂．故使其與兵革相終始耶．三代下賢臣良士之得君如泌者罕矣．而其言之不盡用猶如此．則君子之抱負其所施．亦豈易竟哉．而或因其言不施．遂疑其策之不可用．縱知其可用．亦不知其言之所關者如是之大也．而遂以論古人．豈不悲乎．

揭曼碩先生文鈔序

曼碩先生詩文．在元中葉．與虞道園先生齊名而稍次之．道園自負其詩爲漢廷老吏．今曼碩之詩不具論．文則比道園爲較勝焉．曼碩文長於記序．嚴整勁健有北宋風．非元代孱愞平冗之文所能比似也．

嗚呼．文之所以不朽於天下者．生氣而已．彼夫賈馬豪奇．韓蘇雅肆．固足鉅觀．不則謹嚴簡潔．淸而腴．淡而旨．其爲體雖殊．而其爲生氣一也．其足以不朽於後亦一也．誤於講學家以語錄爲文．而文俚矣．考據家以繁博爲文．而文碎矣．詞賦家以駢麗之文．而文雜矣．平易者患其弛而不嚴也．敷衍者患其冗而不遒也．根柢淺則波瀾不富．才力薄則光燄不長．總歸於無生氣而已矣．今觀曼碩之文．以視賈馬韓蘇雖有間焉．其氣不可謂不雄也．力不可謂不健也．詞不可謂不謹嚴而簡潔也．其元文之傑出者乎．學者由元以適唐宋．於曼碩之文問津焉可也．余故爲錄而序之．

面城樓記

面城樓者．吾友曾子勉士志築之爲藏書之所也．昔李謐嘗云．擁書萬卷．何假南面百城．故曾子取其義以名焉．且曰．斯樓未成．成即以是名．子爲我豫記之．且以誌吾之志在蓄書而未有已也．

余嘗謂天下之最可寶者莫書若．聚千百世之聖賢豪傑．古今理亂得失之故．其議論謀畫．可以發心胸．長識見．其規模行事．可以爲鑒戒．作準繩．人苟悅心研慮于其中．久則與古爲徒而與之化．比之書法名畫．尊卣彝鼎之屬．供珍玩者．其益過之不可以數計也．然世人多積金錢．不以爲裘馬聲色之娛．即侈言宮室器用飲食．又上之好蓄聚古今書法名畫尊卣彝鼎之屬．莫有以聚書爲事者．然其人或豪商大賈不足論．吾每見文士自命者．費百金于無用不甚惜．及有以書售．反出之若甚有吝也．嗚呼．所謂文士．固如是

耶・

曾子雅好讀書・每入市見古本・輒不忍釋・即力所不及・亦必强營購之・故曾子家非贏餘而藏書多・幾與好古有力者等・嗟乎・天下有力之人而慕好古名者亦有矣・其秘本奇函・類皆束之高閣・終世不寓目・徒爲蠹魚之所蝕蛀・蟲鼠之所齧噬・又不能以教其子・不轉瞬而屬之他人・是雖與聚聲色裘馬金石玩器有間・亦非可謂眞能好書者也・夫眞好書者必讀書・曾子既手植書數千卷・則日寢食其中・含其英而咀其華・溉其根而食其實・浩浩乎有以自樂・不知富貴之在彼・而貧賤之在我也・由是發爲志業・見之文章・無不與古爲徒而與之化・信曾子之於書有深情也・余非善讀書者・而好書頗與曾子同・其志意與謐之言亦同・然購既乏力・讀又善忘・覩曾子之蓄而能多・多而能讀・余滋愧矣・何日俟斯樓成・與曾子同居其上・將平生所未見者・盡飽納胸臆間・一實余之枵腹也乎・樓既未成・故凡樓之制度與樓中景色之美・皆不得而記云・

止齋記

天下之未得其止者・不可以安也・水行而舟・陸行而車・方其未止・洪波湧沸・危徑嶮巇・怵然戒懼・心恒惴惴・及維舟息轍・然後嘆未止之難・不如得止之樂也・莊子曰・函車之獸・介而離山・則不免於網罟之患・呑舟之魚・碭而失水・則蟻能苦之・夫居山與水者・獸魚之得其所止也・離山與水者・獸魚之失其所止也・止之得失・見于物猶如此・而況人乎哉・

余思天下之事・莫不各有所止・失其所止・則君而失其所以爲君・臣而失其所以爲臣・父而失其所以爲父・子而失其所以爲子・萬事萬物・莫不乖其正而戾其宜・譬以輕舟遇風・敝車過險・方且行而不止・幾何其不傾且覆也・故凡所以制天下之事・定天下之理者・莫止若也・易曰・艮其止・止其所也・未至乎其所・則不敢以止也・既至乎其所・不敢以不止也・故曰・上下敵應相與也・然而人心不能止其所者・有故焉・貨色利名之念・蟠結于中・有我之私・紛來迭起・何能洗心退藏復其廓然大公之本體乎・又或紛擾于事機・震懾于危疑・或因以徇人・或因而逐物・亦非物來順應之道也・易曰・艮其背不獲其身・不自私也・行其庭不見其人・除物誘也・是故未來者不以入其心焉・當境者不使虧其分焉・過去者不稍留其迹焉・喜怒哀樂而中節・是喜怒哀樂之止也・視聽言動而合禮・是視聽言動之止也・子臣弟友而盡分・是子臣弟友之止也・禹戒帝舜曰・安汝止・詩美文王曰・緝熙敬止・豈讓劣如余所敢望乎・然果能心體常明・無復昏昧・則自然莊敬和樂・而耳目鼻口心知百體皆由順正以行義・非僻之心無自生矣・是敬所以爲安止之實・緝熙又所以能敬而安止之原也・舜則安而自止者也・余則求止而庶以自安其心者也・夫必得其止而後可以安・不得其止而自以爲安・是何異于離山之獸・失水之魚・而自以爲無患哉・余故顏燕居之室曰止齋・而因以爲號・蓋將使顧名思義・欲身心得其所止・不動搖於事物而後可以爲常安之術也・若夫躁進之危・不如知止之安・此固山林之士所守以自娛省・余性鈍拙・又將於是有取焉・

桂文燿　字星垣・南海人・道光己丑進士・官編修・轉湖廣道監察御史・出爲常州知府・調蘇州府知府・擢淮海道・丁艱歸・尋卒・文燿官御史時・疏言・州縣官任重權輕・近如崇陽武岡・賊皆戕官・州縣無兵・束手待斃・萬一歲歉衆飢・奸宄煽誘・恐復有三省邪教之事・今爲防亂未然計・請州縣仿軍民同知例・知府仿兵備道例・兼轄營伍・責以治賊・奉部議駁・尋廣西賊起・蹂躪半天下・州縣殘破・如所言・歸里後・羣盜肆擾・奮然有撥亂之志・每論時事・皆有先見・以通達治體之才不竟其用・世多惜之・

寄十七弟家書

將詩經注疏・或單行之毛鄭本・用朱筆將經文評點・如評點唐宋詩者・即用紀河間評蘇詩之法・六經之體・自以訓詁義理爲重・豈可作詩文論・然漢以後之詩・無不託始於三百・是運意謀篇・選詞琢句・其中竅奧甚深・惜無人細爲抉發之也・刊刻評點書籍・至明末國初始有所見・左傳・史記・通鑑・文選・坊市通行・未爲精當・好古者病之・至紀評文心雕龍・史通・蘇詩・刻成人皆稱快・此則論著之事・視乎其人・惟評點詩經・又須詩家兼通訓詁者方能爲之・詩家於魏晉唐宋以還・但能貫通・由委溯原・熟諳利病・且平生爲詩・其中甘苦能知之・自能詳言之・然詩家未必皆通詁訓・詩經中一名一物・及疊字形容・不得其義・即不知其詞・是必二者兼之而後可・故必須注疏之本・即評點後・亦並注疏用朱筆套刻・因思松廬師當高年頤養之時・各種著述・已經大備・而此則可隨意著墨・與他書之繇重精詳者不同・正可爲適性怡情之助・且不費時日・三月可成・而貺惠後學・開濬心靈者・正不少耳・

三代時字少・故就器立名・今所傳古器之名・多不得見・而今之器更多・總以一名包括之・如杯盤之屬・求諸古彝器・難悉數矣・

考證者多稱金石家碑碣文・可補史之闕・鐘鼎彝器・直可補經・三代法物・秦燹之後・淪於水土・焉知非焚書厲禁・如孔壁之藏・至漢始萌芽・得一器・即以元鼎紀年・迨宋以後・朝廷重此・遂乃大顯・至今無論今日楷書・周孔不識・即小篆分隸・亦不知也・使漢儒得見今日金文說經・更當何似・爲文字者・有一定之例・有無定之例・昔西河寫藥字・木下上勾・爲友所詰・引古篆木根下直・而西河駁以今之楷書・但論楷勢・詳晰百十條・至謂門從對闔・何以左直右勾・其說甚辨・至欲專泐一書・以別楷與篆正變之分而未就・此其說足以見之錯綜無窮・而因時推移・亦有不能不變者・大都秦火之後・至今爲古篆者・則以所流傳於世之鐘鼎彝器欵識爲例・爲小篆者・自李斯稱鼻祖・而所傳無多・則以說文所定爲例・此與古篆・皆不能括天下之字・則此之所無・或參以彼之所有・爲隸書・則以漢碑爲例・漢隸踵秦法・趨簡易・多有不依六書之義者・然依漢爲之・則不失隸法・不得於此外再參一俗筆・行草則以晋帖爲例・如草中有古人未經變草之字・則直以楷代之・不得以意作草・楷書由是而推・則當以晋唐各書家之碑帖爲例・然有未可一概論者・如作賞鑒品類・則可用此・若應試及官書公牘・則當遵功令・以康熙字典筆畫行之・若依西河之說・於應試官書公牘・一以碑帖法參入・豈不愕以爲怪・即右軍諸行楷傳於今者・後人尙謂與當日民間通行之字不類・謂爲王謝家人風流所尙・若概以爲例・則六書義意・變滅無存・故知西河之

說．不能行也．古刻印之字稱曰繆篆．蓋多轉曲．以就縝密．今此體無存．而刻印者以能仿漢銅印爲例．然增減已無定裁．但視其能合篆隸韻致者即可稱．

爲一二尺以外擘窠楷字者．大都非洞習唐碑間架者則字不穩．然作字全在功夫．與爲詩文不同．爲詩文者．天分高超．涉筆更靈．若無天分．有終身爲之．而愈形其拙者．至於作字．則天分高之人．不過易於摹似．然往往朝秦暮楚．有捉筆不住之機．又不若專摹一家．及不臨帖而專精寫字者．轉能自成面目．巔撲不破．蓋藝精而習也．然爲徑寸楷字．尙有日日專功久而不廢之人．至一二尺擘窠大字．則非但自身寫字無此長功．即磨墨按紙洗筆各事．非三五人不敷執役．若仍一身兼僕．未一兩日即殆矣．世之能作大字者．或筆墨不相融洽．惟以堅崛見長．如飛白體則有骨無肉．或寫成間架後重事塡補．使合於大字結密無間之謂者．則又多肉少骨．此總無他．由不能日日爲之也．日日爲之．則始而得間架．繼而見氣勢．終而出神采．一二尺如一二寸者．大都直豎必不可偏．此如夏屋之有棟柱．其橫畫則或平仄．隨字爲之．亦不可曲．至於點折撇捺之間．則當揉之使純．此四字非精習不知．初從事於此．能以歐陽率更爲植體．而以蘇靈芝爲揉練．則可稱得門而入矣．顏魯公間架固佳．然恐寫成之後．難於變化．反得扳滯拙鈍之短．不若由歐入也．

伊墨卿太守寫扇作隸書．數字章法長短不定．餘以行書作論跋．此格不拘團扇摺疊扇俱可．即屏幅亦錯落有致．隸書不宜過爲工整．宜有美女卸頭．名馬馱步之意．昔人之作畫．須到八分．此言深得書卷之妙．惟當日親古人．自然薰陶變化．作隸書尤忌師心任意．粗妄狂率．當游行自在．而不失古法．用迴腕中峯自佳．

誥封中憲大夫鄒公墓志銘

公諱學宗．字錦雲．號澄江．先世江西南昌府豐城縣人．父大紅公．始遷粵東．因家焉．公生於粵．甫週歲．隨大紅公囘江西．弱冠復來粵．兄弟八人．公其最少也．大紅公暮年．不治事．家政悉委于公．公年甫十二．權衡出入．會計井然．旋以貨殖致饒裕．性純摯．好周戚友．求者應．不求者或强施之．以故里中戚黨．待公而炊者不下數十家．公無吝色．亦無驕容．賙恤之如恐不及．嗚呼．如公者．可謂樂善不倦者矣．厥後未數年．而其賢嗣或登賓書．或由司馬擢太守．孫曾又蕃衍日昌．皆得於公親見之．然則天之報報施善人．故如是不爽．而予之以樂善不倦稱公者．誠非溢辭．

公以河工議敘．加知州銜．又以長子貴．誥封中憲大夫．公生于乾隆辛卯年四月二十八日．卒于道光乙未年閏六月初二日．年六十有五．德配楊恭人．賢能有德．事尊章甚恭．助公持家教子．罔弗盡善．生于乾隆庚寅年正月二十二日．卒于道光庚子年六月十八日．年七十一．副室李安人．子五．長之玉．即用同知．以辦賑議敘．加知府銜．楊恭人出．次之璜．布政司理問．次德華．戊子科舉人．次之瑤．布政司經歷．次之瑱．議敘八品．俱李安人出．孫十五人．道齊．之玉出．道浩．之璜出．道漣．德華出．道湖．全齡．餘齡．椿齡．壽齡．百齡．之瑤出．道潤．善長．瑞齡・慶齡・松齡・柏齡・之瑱出・曾孫二人・福生・祿生・道濟出・以道光辛丑年十二月二十日・葬于城北二十里之大石岡・楊恭人祔焉・爰爲銘曰・

積善孔厚・鍾美於後・表諸佳城・萬古並壽・

楊懋建　字掌生・嘉應人・道光辛卯舉人・著有留香小閣詩鈔一卷・詞鈔一卷・又著有禹新圖說・番禺陳澧爲之序云・自來說禹貢者・綜覈羣籍・無如胡朏明・專明鄭注・無如焦里堂・君博通羣書・多識本朝事・所著又出二者之外・其所考黃帝以下至本朝・自九州而外逼大地・蓋君主講席・欲學者因禹貢一篇而通知古今・此君之善教也・所著書嘉應州志・並注存・

上張彥高書

戊辰十一月朔・懋建言・彥高表叔我師函丈・懋建猥以中外故舊・總角奉顏色・五十餘年於今矣・太歲癸亥・子雋奉報章・懃懃拳拳・如見古人・循誦數四・但有感喟・置書懷袖・何止三歲・每欲更奉書左右・一爲顚倒・而鄙事忽忽・牽率遷延・孔文舉爲曹公叙年齒曰・公爲始滿・融又過二・昔者教言・亦嘗惓惓於此・今掌生與叔・皆六十之年・而阿建又過之・鄧士載謂七十老翁何所求・倘天假之年・阿掌亦庶幾矣・

每念吾叔聰穎特達・文而又□・建幸得同出石華師門下・叔以卓犖之姿・沈銳之詣・吾州先達前修茂材異等・雖屈指數・然如叔之性行淑均・學問淹通・未易數數覯也・向使振策皇路・與東馬嚴徐幷駕方軌・其爲吾州矜式光寵・豈非甚盛事・乃一行作吏・低首下心與薄書期會・又不得展長才・庸當知命・頤神家衖・或者天所以玉成者良厚・使爲後進者導先路・以著述爲啓廸・登高而呼・景集響應・此吾州人士之厚幸・無任仰望・

阿掌少以覂駕跅弛・見擯流俗・重闈在堂・不能報稱・少爲慰答・駒隙易逝・風木徒悲・修名既不立・學業復無所成就・自分長沒以終世・遭家不造・多覯閔凶・仰荷吾叔視猶骨肉・大母老年・長承存問・及乎大事・懋建以遠戍不獲自盡・渥蒙垂芘・俾含斂不至有缺・此撫膺仰首・感極垂涕・不敢云報者・

弟妻以謝家少女・作嬪寒門・飲冰茹檗・逾三十年・每事備叨樾蔭・猶子輩每述其母言・未嘗不感極涕零・叔之高行・方之古人・實無多讓・掌生惟有仰而企・俛而怍已耳・

阿建少時爲學・愛博而情不專・又馳情利達・思有以慰高堂・故汩沒於科舉者十餘年・卒不得一當・居京師・酒食遊戲相徵逐・淋漓酣嬉顚倒・既乃如楚王子圍・不能自克・以及於難・荷戈脫網・又經十稔・又不得戢影家園・徒以饑驅・加以避人避地・奔走謀衣食・歲不我與・忽焉老大・回念前塵・如夢幻泡影露電・掌獨何心・能不悲哉・

自顧入門初・但爲詞章之學・自得與學海堂・乃有志研經・而作輟無常・深造無聞・至於史學・尤素所未究心・咸豐初・授徒七輩・爲學子講尙書・至禹貢・以其非口講指畫可便了・無已・費兩月工・筆之於書・無如其地少藏書家・一瓻之借缺然・師友啓發者少・無所就正・草草成冊・命曰新圖說・於所不知・蓋闕如也・掌少作・無片紙隻字存者・去年方子箴方伯徵所造作・無以報命・不得已乃以兎園冊子應之・遽付手民・昔道光初・陳觀樓先生三主粵秀講席・時

令子神海康陳氏書刻之．請王懷祖先生作序．觀樓先生大不謂然．又謂石華師吾粵人．材存者寥落如曙星．諸君勉旃．勿爲外人笑也．道光以來．風氣漸趨簡易．又經軍興旁午．子衿城闕．彌致興歎．雖不盡吾粵爲然．然今日老宿．惟昆吾先生年八十．歸然如魯靈光殿．今秋九月．謁阮太傅祠．集學海堂．猶幸一望見顏色．矍鑠如昔．時亹亹談五十年前事．顧於文筆．不甚措意矣．方今粵人所仰望．吾州則老叔．廣州則陳蘭浦齊年．如太華少華二峯．後起者雖英英多士．大抵才華作舉．而根柢之學．似少遜數十年前．此亦運會使然也．

前見令婿紹堂儀曹．得悉視履考祥．幸甚．五年前來書云．自遭寇亂．生計蕩然．今再更兵燹．吾州之人．所謂人可以食鮮可以飽者．比戶皆然．吾叔家素封尚爾．他可知矣．伏望廣爲開遣．善自頤養．老當益壯．使芝蘭玉樹生庭階者．咸得栽成造就．吾州後生．亦得仰太山北斗爲依歸．則家食占吉．正所以留福澤於鄉邦．曷勝至願．大著成幾種．可賜教一二否．禹貢新圖說．本不敢黷左右．今靦顏呈上．乞教正．幸甚．

吾叔今年周甲大慶．懋建潤遠．不獲與奉觴．寄上銀洋十枚．爲疎太傅佐父老一日酒食費．幸勿哂輶薄也．新圖說以鈔胥多謬誤．昨點勘付梓人修改．而箴翁已攜板赴淮揚．亦姑置之．北宋人有言．思誤書亦是一適．亦或然耶．伏惟萬福．表侄楊懋建頓首．

今日刻小印曰．後陶元亮一歲．與黃山谷同日生．按淵明生乙丑．年六十三．作自祭文在丁夘年．

釋奠釋菜攷

秦蕙田五禮通攷曰．古者立學．必祭先聖先師．所以報本反始崇德而勸學也．其禮有三．曰釋奠．曰釋幣．曰釋菜．釋幣告祭用之禮．不常行．常行之禮．釋奠釋菜而已．宋歐陽子曰．釋奠釋菜．祭之畧者也．釋奠有樂無尸．釋菜無樂．則其又畧者也．此可見釋奠禮重．而釋菜禮輕也．自釋菜之禮．亡於唐宋間．學官所舉．惟畧存釋奠之儀耳．古者四時常祭．止及先師．惟始立學及釁器告祭等．反及先聖．說者謂先師親而不尊．不嫌於數．先聖尊而不親．不嫌於疏故也．後世之祭．則每以先師配先聖．而祭則俱祭矣．懋建籀繹周官經六職．禮經十七篇．衆戴記．毛詩．尋其條理．備爲疏證．都而錄之．凡若祭名祭期祭儀．咸詳列焉．周官．大祝造於廟．宜乎社．過大山川則用事．及行舍奠甸祝舍奠於祖廟．聘禮賓歸至於禰．薦脯醢．觴酒陳．陳者所以奠之也．士昬禮．舅姑沒三月．廟見則釋菜．士喪禮．君視斂．釋菜入門．喪大記．大夫士旣殯．而君往焉．釋菜於門內．占夢季冬．乃舍萌於四方．舍萌．釋菜也．此皆不行於學者也．今雖釋奠釋菜禮不全．傳參稽鉤攷．可互證得之．其間漢先師失舉．而宋先師得之者．悉爲改定云．

禹貢新圖說序

周官經．大司徒以鄉三物教萬民而賓興之．一曰六德．二曰六行．三曰六藝．保氏掌教國子以六藝．一曰五禮．二曰六樂．三曰五射．四曰五御．五曰六書．六曰九數．古者年十有五成童．入大學．此其教也．漢劉歆六藝畧．鄭君康成六藝論．則以禮記經解所云．易書詩禮樂春秋六經爲六藝．（王制．樂正崇四術立四教．春秋教以禮樂．冬夏教以詩書．左傳言．郤穀說禮樂而敦詩書．而易象春秋．韓宣子適魯乃見之．莊子天運篇．亦言六經．蓋六經之名．春秋末年始有之．）而別以六書爲小學．許君叔重說文解字叙．稱漢律學僮年十七以上能諷籀書九千字者．得爲吏．是其事也．宋朱子撰小學四卷．以掃洒應對進退當之．而古小學之誼．不明於世．然綜漢代儒者．不過曰．小學天學地學禮學四者而已．蓋古射御法與今不同．不適於用．而樂律別爲專門．美言可市．非能見諸施行．許君作五經異義．樂已兼統於禮．（古樂經亡缺．漢興．求之不得．僅有竇公所傳樂記．今小戴禮記所載是也．樂不能自爲經．故統於禮．）禮樂．則孟子所云宮室車馬衣服．凡夫官制禮樂器．胥可包之．自利瑪竇入中國．明人譯修歷法新書．我朝律歷淵源．數理精蘊．歷象考成前後編．皆以天文算法合而爲一．蓋天學一事．九數實足兼之．渾蓋通憲．中西合法皆然．四庫全書合爲一類．以別於天官書．其小學則上所云是也．

今因說尙書．故先與諸生言地．班固漢書名地理志．魏收魏書掫地形志．司馬彪續漢書爲郡國志．沈約宋書曰州郡志．二十四史（惟三國志以志名而無志．）因革損益．唐杜佑通典．宋鄭樵通志．馬端臨文獻通考．（明人續三通．國朝又續之．）王應麟玉海稱．名雖殊．體制大同．其地志專門名家．今見存者．（晉太康地記．唐括地志．皆僅從諸書所引見之．）唐李吉甫元和郡縣志．宋樂史太平寰宇記．元豐九域志．祝穆方輿勝覽．王象之輿地紀勝．元歐陽志輿地廣記諸書．與元明以來一統志．繁簡詳畧．例各不同．其不但爲地志作者．顧亭林炎武天下郡國利病書．及讀史方輿紀要是也．其專爲水道作者．（自史記河渠書．漢書溝洫志．或有或無．例不能畫一．）元魏桑欽水經．酈道元注之．近日齊次風召南水道提綱．古今無能出此二書範圍者．宋以來．說禹貢者專書十數家．而胡朏明渭禹貢錐指爲總會．洋洋乎大觀哉．洪稚存亮吉撰乾隆府廳州縣志．以爲秦分三十六郡．而州各有郡．刺史統之．漢武帝置十三州．統諸郡．自後諸郡名日增．或稱刺史．或稱牧．分析僑置．繁然莫紀．元則分天下爲十三路．名與宋同．即唐稱道之意．特以諸路皆有行中書省治之故．或稱省．明代改行省．爲布政使司矣．（元又有行臺御史．明改爲按察使司．）而猶襲元人之名曰省．是名實不相應也．漢儒說經．必證以當代地．今新圖特於本朝．加詳比物．此志也．詞繁不殺．言有枝葉．秦近君說曰．若稽古三萬言之譏．吾知不免．然於禹貢山水釋地．地志之學．言之詳矣．既各圖之．分系以說．大都爲圖三十八紙．爲說四十一篇．發凡於此．

魏收魏書跋

魏收．史才也．世傳收受爾朱榮子金．遂減其惡而增其善．又謂收諂於齊氏．苛於魏室．力黨北朝．厚誣江左．且喜念舊惡．甲門盛德與之有怨．莫不被以醜言．沒其善事．遷怒所至．謗及高曾．劉知幾至謂收生絕兒嗣．死受剖斲．

皆陰慝所致．噫．亦已甚之論已．

竊謂史家各有義例．如史遷傳留侯．所從容與上言天下事甚衆．非天下所以存亡．故不著．夫蕭曹世家．條舉治績十倍其文不足矣．遷此言．非明示綴文之士以義法乎．收之於爾朱榮也．舉兵則書之．弑君則書之．榮之惡滅邪否邪．即以魏室言之．惟太和之政．蔚然可觀．自宣武寵聽讒諛．賊虐親賢．重以孝明幼沖．胡后恣淫．守令貪殘．盜賊蠭起．於是爾朱榮興晉陽之甲．直指伊洛．母后冲主．沈於囘淵．雖孝莊勇決．手刃賊臣．而枝黨四集．禍不旋踵．孝武惡高歡之逼．徙入關中．卒受宇文之禍．東西分裂．相繼並亡．元氏粃政．收皆不諱．則於北朝非黨．即於魏室非苛矣．至高澄斥君．季舒毆帝．收具載之．不臣之狀．已可概見．其他簒逆．有諱辭焉．蓋收齊臣也．國惡不書．史家通例．以是責之．則彼爲有辭矣．

夫史莫不祖龍門而宗扶風．史記屈賈合傳．意在遷謫．故於賈誼祇錄其弔屈賦鵩之文．漢書則全錄其政事一疏．史記董仲舒與申公轅固生虙生諸人．並入儒林傳．故祇載其治春秋傳公羊氏學．漢書則全錄其賢良三策．體例所在．各成其是．未聞劉知幾鄭夾漈諸人概斥史漢．後世亦從而詆之也．平情論之．魏收輕薄．實無足取．而是書詳贍．不可厚非．孔子曰．紂之不善．不如是之甚也．是又足爲作史者鑑也．

吳文起　字子瑜．一字鶴岑．鶴山人．岳子．道光辛卯副貢．學海堂初次專課生．同舉者陳澧．朱次琦．張其翻．李能定．侯度．金錫齡．許玉彬．吳傳．潘繼李．共十人．皆知名之士．咸豐間．以防剿紅巾賊敍功．授直隸州判．文起生平宗漢學．治大戴禮記．爲詩清淡靜穆．所著大戴禮記考．周初洛邑宗廟考．已選入學海堂集．又有西行雜錄．鶴岑詩鈔．

釋士

白虎通．士者事也．任事之偁也．故傳曰．通古今．辯然不．謂之士．周頌．陟降厥士．毛傳云．士事也．鄭風豈無他事．毛亦云．事士也．許君說文．士事一也．數始於一．終於十．從一十．孔子曰．推十合一爲士．段大令注．數始於一．終十．學者由博返約．故云推十合一．博學審問愼思明辨篤行．惟以求其至是也．若一以貫之．則聖人之極致矣．案許君作說文．以一建首云．惟初太極．道立於一．造分天地．化成萬物．又云．十．數之具也．一爲東西．一爲南北．則四方中央傳矣．蓋士以能事其事爲名．則天地萬物．皆士人所有事也．天地萬物．又極乎四方中央之間矣．

一者數之始事．十者數之終極．聞一知十．顏子之因端而竟委也．推十合一．學者之由博以返約也．通古今．辯然不．即天地萬物之事也．數之具也．推數之具．以合乎數之始．又即中庸所謂達道五．行之者一也．士以一以十．其義最爲精奧．概言士之名．則任事之偁也．析言士之用．則推十合一之義也．王子墊問士何事．孟子對以尚志．又言．志在居仁由義．大人之事備是．極乎士事之能矣．孟子又言．一者仁也．是存乎中爲仁．行乎外爲義．一貫之詣也．大戴記哀公問五義篇．所謂士者．知不務多．而務審其所知．行不務多．而務審其所由．言不務多．而務審其所謂．此即返約合一之詣也．又許君壬下云．壬．善也．从士．士事也．段註．人各事其事．是善也．事下云．事．職也．段註．疊韻職記微也．古假借爲士字．張揖廣雅．士．事也．王觀察疏證．士事聲相近．然以事訓士．不徒取聲．韻之近也．段注．謂以一十爲會意．猶一貫三爲王之義也．荀子儒效篇．其惟學乎．彼學者行之．曰士也．楊倞注云．彼爲儒學者能行則爲士．士者修立之稱．蓋美士之名則曰儒．核儒之實則曰士．

駱秉章　原名俊．以字行．又字籥門．花縣人．道光壬辰進士．自編修轉御史．累官至奉天府丞．緣在御史任失察銀庫事．褫職罰賠．完繳．以庶子用．時同罰者皆用主事．秉章獨得宮僚．其以廉正受知自此始．尋遷翰林院侍讀學士．出爲湖南按察使．累擢至湖南巡撫．咸豐十年入蜀視師．擢四川總督．協辦大學士．同治六年卒官．贈太子太傅．謚文忠．秉章外樸內明．能鑑別眞才．得其死力．凡所識拔．起自營弁布衣．及握軍四出．倚以辦賊．名臣良將．滿布海內．能以楚南一隅．籌備全局．援鄂援江援粵援黔．助餉助軍．不分畛域．獨遣將不相遙制．故出境多以功名自見．而己反無赫赫名．迨統軍入蜀．兵無選鋒．部無宿將．而運籌帷幄．摧撲羣寇．發輒破的．登糜爛之蜀人於袵席．然後北定秦隴．南拓滇黔．使上游財富之區．克完疆宇．故其卒也．蜀人喪之七日．靈舟東下．湘人臨江哭奠．前後相望．乃知其神機潛運．威德遐孚．非僅以知人善任稱也．所著奏疏若干卷．附自定年譜二卷．

請淮鹽由浙河轉運湖南疏 咸豐五年

竊自逆賊竄湖廣．擾江皖而陷金陵．長江梗塞．淮鹽片引不抵楚岸者三年於茲矣．湖南一省．例食淮鹽州縣．十居七八．從前無事之時．商民販運穀米煤炭桐茶油竹木紙鐵及各土產．運赴漢口銷售．易鹽而回．分銷各岸．計淮南之鹽．銷數多者惟湖南爲最．每年正引之外．尙融銷湖北之引十餘萬．論者每謂淮南引鹽．行銷西岸漢岸．而其實湖南從漢岸分銷．幾敵淮綱之半．誠以江西有粵鹽浙鹽閩鹽之浸灌．湖北有川鹽潞鹽淮北鹽之浸灌．湖南則距產鹽各省稍遠．而川粵之私鹽．又有三峽五嶺之險．爲之阻隔．浸灌較難．故行銷淮鹽．較江西湖北兩省爲尤暢也．自江淮道梗．淮南片引不到．兩粵多故．粵鹽亦不時至．而鹽價日昂．四民坐困．

湖南爲產米之鄉．近年稍稱豐稔．穀賤如泥．又武漢疊陷．米糧無路行銷．農民賣穀一石．買鹽不能十觔．終歲勤動．求免茹淡之苦而不得．如是而農困．商販貿遷阻滯．生計蕭條．向之商賈．今變而爲窮民．向之小販．今變而爲乞丐．如是而商困．兵勇出征．鹽與銀並重．既不能賫鹽自隨．必隨地購買．近則墟市荒儉．購買維艱．南人數日不嘗鹽味．則筋力疲乏．甚或重膇成疾．如是而兵勇亦困．此患之中於湖南者也．淮南各場．煑海爲業．丁竈而外．窮民賴以營運爲生者．奚止數十萬衆．頻年片刻不行．各場皚素山積．鹽一斤僅易一錢．尙苦無從銷售．生理日窮．坐以待盡．上年兩江督臣怡良．曾經據實陳奏．急以恤丁爲請．其竭蹶可想．此患之中於江南者也．國家兩淮鹽課正雜各欵．每歲共銀六百餘萬兩．爲經入一大宗．三載以來．兵餉增數千萬之出．鹽課失二千萬之入．兵事方殷．餉源旱涸．用兵各省．均抱隱憂．武有七德．豐財居一．財不能豐．且日憂飢潰．主兵之臣．以乏餉而號令難行．貢戈之士以乏餉而壯氣易餒．兵勇之應裁者．以欠餉而不能裁．事機之應變辦者．以欠餉而不能辦．錢糧漕折．追呼急而民力難支．捐輸釐金．括索頻而膏脂已竭．日復一日．何堪設想．此患之中於國家者也．

且自古鹽筴之利．不歸於官．則歸於民．歸官則利權一而國用紓．歸民則豪猾橫而民生蹙．事勢所必然也．今淮鹽之利．不歸於官．不歸於民．而且潛歸於賊．何以徵之．河南片引不行．轉走之路已斷矣．而民間買食之鹽．亦有產自淮場者．謂非奸民與賊販．此鹽何自而來．風聞各處並有販運穀米硝磺．潛越下游荒僻洲渚．搬提傳遞．與賊易鹽獲利之事．奸民冒死趨利．本爲法所難防．小民方虞買食維艱．豈遑問其所自．官軍明失淮鹽之利．而餉無可籌．逆賊陰據淮鹽之利．而禍以愈烈．以此言之．則採買淮鹽之舉．不獨爲籌餉計．在所必先．即爲勦賊計．亦刻不容緩也明矣．歷代籌邊裕餉之策．多出於鹽．誠以鹽之爲利．與地丁漕米．同一取之於民．而小民惟知□鹽．不知納課．較之地丁漕米尤省追呼徵比之煩．但令成本輕減足以敵私．小民盡食官鹽．即小民盡完國課．是有益於國．有益於民．爲朝廷收自然之利．並爲閭閻銷無窮之患．莫便於此．明代開中法及王守仁榷鹽濟餉之策．所爲識時要著．行之有效也．

兵部侍郎銜臣曾國藩．會慮及此．而有借撥浙鹽之請．已蒙皇上俞允．第所講三萬引．爲數甚少．濟江西民食尚且不足．更何能波及湖南．曾國藩非不知浙鹽三萬．無濟江楚兩岸之需．亦非不知淮鹽較浙鹽成本更輕．行銷易暢．特以淮鹽運銷楚岸．必假道浙河．浙中官商方暗侵淮南引地．爲浙壟斷之謀．必將藉淮鹽入浙浸灌浙江引地爲言．危詞聳聽．其勢終扞格而難行．不如即借浙鹽．稍資軍需之接濟．

臣愚則以浙省所產之鹽．斷不足敷江楚民食．而於軍餉裨益無多．不若採買淮鹽．於民食有不匱之虞．而於勦賊機宜．及各省軍餉．尤有裨益．且湖南既例食淮鹽之地．淮鹽又係行銷湖南之引．浙鹽可借．淮鹽豈反不可行．應請飭下兩江督臣．轉飭運使郭沛霖．監掣同知許惇詩．通判馮國柱．鹽大使萬啓彬陳本鎮等．護法倡道．勸諭各場有鹽之商．先運一十萬引赴湖南．俾全省兵民得免淡食之苦．其應納之課．以一半由兩淮投納．以一半歸湖南投納．以充兵餉．在戶部以欠課之鹽抵餉．無俟仰屋而籌．在江楚以滯銷之引變銀．不致束手待盡．不獨江楚兵民商賈．兩有裨益．且於數省軍務．大有轉機．至淮鹽由浙河轉運湖南．經過江西．亦係淮鹽引地．原無慮其浸灌．惟由蘇過浙．必經浙河．係浙鹽引地．然稅途僅止三百餘里．責成領運之商．督運之官．限以稅期．亦無難杜其浸灌．且楚岸鹽價．倍昂於浙．商人惟利是趨．豈肯以貴銷楚岸之鹽賤售浙岸．以人情物理推之．似可無庸過慮．如果試行有效．湖南所收鹽課．漸有成數．則東征水陸兩軍．亦有可指之餉．臣斷不敢稍存畛域．置大局於不顧．當此時局艱難萬狀之時．公家之利．豈可知而不爲．若身任封疆．而徒顧一隅私計．致所濟者小而所誤者大．是何異於鹽商各護引岸之見乎．並懇諭浙江撫臣．及鹽務諸臣．毋爲奸商私議所脅持．則東南大局幸甚．臣一得之愚．謹據實直陳．

瀝陳軍務繁難請旨飭撥協餉疏

駱秉章

竊湖南南界廣東廣西．北界湖北．西界四川貴州．東界江西．以現在時局言之．湖北武漢未復．崇陽通城興國通山等處．爲賊匪淵藪．湖南北界之防不可撤．

廣東之賊．自上年郴桂痛剿之後．本年春間．即選道王鑫．又自藍山越境至廣東東陂觀連州．轉戰至陽山英德各縣界．斃賊甚多．而餘賊自楚師撤後．又各嘯聚山谷．分股蔓延英德乳源陽山連州各界．而湖南東南界之防不可撤．

廣西之賊．倏聚倏散．旋撫旋叛．而爲賊者．大抵飽則爲民．饑則爲賊．散則爲民．聚則爲賊．敗則爲民．勝則爲賊．時窺伺思陵東安江華永明道州邊境．而湖南西南界之防不可撤．

江西與湖南之南境．均接廣東．自郴州桂陽縣以北．歷桂東酃縣茶陵州攸縣醴陵瀏陽平江諸縣．延一千數百里．界外皆江西州縣．除萍鄉萬載業經援軍越境克復外．餘皆爲賊竊據．雖屢次截剿獲勝．而咫尺即爲異域．況遇勢危．時虞闌入．而湖南東界之防不可撤．

貴州銅仁松桃鎭遠黎平各府廳．與湖南之永綏鳳凰乾州三廳晃州廳會同通道靖州等州縣接壤．黔屬民苗搆逆．蟻聚蜂屯．刻思下竄．而湖南西界之防不可撤．

通計湖南接連六省．惟與四川交界二百餘里．尙無賊踪．餘則環境數千里．無一處無賊．賊之起於隣省者．容湖南援勦．而隣省並無追勦之兵．賊之竄入湖南者．惟湖南防勦．而隣省並無追勦之兵．自咸豐二年．至今四載．湖南除勦辦本省賊匪外．勦湖北之賊．勦廣西之賊．勦廣東之賊．勦貴州江西之賊．各省但有賊入湖南．從無兵勇躡蹤追入湖南也．中間兩次．分援江西．現在合圍袁州府城．並籌發瑞州一軍．吉安一軍．以蹙賊勢．一援廣東之韶州．一進勦廣東之連州．一進勦廣東之連州陽山等處．一進勦廣東之仁化．現又擣平連州牛崽營賊巢．一進克貴州之松桃廳銅仁府．代爲防守十月之久．現又大舉而解銅仁之圍．至湖北則本係脣齒之邦．陸軍水軍可以通融協濟者．惟力是視．尤不待言．但有湖南兵勇出境援勦各省之事．從無各省兵勇出境援勦湖南之事．此湖南軍務之繁難也．

湖南通省錢糧．僅抵江浙一二富郡．通省漕米十五萬石有奇．僅及江西五分之一．非有鹽莢之利．關稅之饒也．土產米煤竹木而外．無珍異之貨．民間務農小貿．生計儉嗇．非有大商巨賈之富．頻年兵燹．民困未蘇．以隣省較之．非若廣東之富强．四川之完善也．軍興以來．湖南首辦軍需．首辦防堵．迄今七年．財力久殫．官民交困．而用兵之多．軍需之繁．日增一日．計自咸豐五年正月起．至六年八月止．除州縣辦理防堵應付兵差外．發本省兵勇．及援江援黔兵勇．鹽糧米折夫役．幷發解湖北江西軍火子藥鎗礮器械盤川賞卹等項．共用過銀一百九十萬餘兩．錢九十七萬一千餘串．湖南既防勦五省．又分援兩省．又通融撥解湖北江西兩省餉需．爲時既久．悉索已空．現在積欠各營及援師口糧．計已四十餘萬兩．軍士枕戈待哺．衆口嗷嗷．庫欵蕩然．無從羅掘．此湖南餉需匱竭勢難再支之實在情形也．

臣受殊恩．忝膺疆寄．當時局艱難之會．仰見我皇上宵吁憂勤．刻以滅賊安民爲急．故凡心所可盡者．不自量其力之能否．竭蹙圖維．以求仰慰聖懷於萬一．不敢以窘苦爲辭．稍分畛域．亦不敢以請撥巨欵．屢瀆宸聽．茲則勢不能支．無可挪湊．有不得不據實瀝陳者．

查上年八月．臣奏撥四川者銀十二萬兩．蒙皇上天恩．俯允所請．嗣經臣再三咨商．幷委員守催．僅據前督臣黃宗漢解撥銀二萬兩．餘俱不應．查四川本完善省分．近又專據鹽利．如數撥解．實非所難．合無仰懇皇上天恩．飭下四川督臣．將未解銀十萬兩．迅速委解．稍資接濟．此外不敷欵項甚鉅．並仰懇敕下戶部．察明有著之處．量爲籌撥．庶湖南得稍資周轉．而各路兵勇．知餉源未竭．亦可稍固軍心．感激恩施．實無涯矣．

瀝陳湖南籌餉情形疏

竊湖南地方．山澤多而平原少．地多磽薄．素非財富之區．民務耕種．並鮮經商之利．合通省錢漕計之．僅抵江浙一大郡．貧瘠可知．尋常無事之年．除漕米十五萬餘石起解外．儘本省入數．敷本省開銷．絕少存留待撥之欵．軍興以來．湖南首辦防勦．除二年逆賊竄擾湖南．重兵鉅餉隨同協濟外．此後內勦本省之賊．外禦五省之賊．復越境而與援鄂援江援黔援粵之師．頻年裹糧從征．迄無虛日　且時須協濟江鄂黔粵餉需．統計每歲需銀二百萬兩內外．而本省額兵之餉不與焉．入項如此其少．出項如此其多．念時局之艱難．旣未敢以苦累情由．上廑聖慮．亦未敢以協撥鉅欵．望之鄰封．所資以接濟者．勸諭捐輸．固其一端矣．然湖南富戶無多．捐輸至再至三．勢難爲濟．且鄰省如湖北江西廣西．均聞有在湖南收捐之事．臣以時艱所値．彼此同之．亦未嘗遵照部文概爲禁絕．是湖南軍餉繁鉅．槪非全恃捐輸也．臣與僚屬於籌餉一事．頻年竭蹶圖維．所畧收實效者．蓋有兩端．一在釐剔錢糧宿弊以卹農．而輸將較前踴躍也．一在杜絕釐金擾累以通商．而抽收較有實濟也．請爲我皇上敬陳之．

湖南各屬錢漕科則．原爲輕減近年時民間艱於完納．不但難期年淸年欵．並有逋欠數年未能完納者．臣訪察各屬情形．雖受弊之輕重不同．而究其致弊之原．不外官吏之浮收．與銀價之翔貴而已．州縣廉俸無多．辦公之需．全賴錢漕陋規．稍資津貼．缺分之優瘠．即視陋規之多寡爲衡．此東南各省所同．不獨湖南一省爲然．湖南亦不獨近日爲然也．沿習旣久．逐漸增加．地丁正銀一兩．民間有費至數兩者．漕米一石．民間有費至數石者．欵目繁多．民間難以析算．州縣亦難逐一淸釐．一聽戶糧書吏科算征收．包征包解．不饜不止．每遇完納銀米整數之外．尙有奇零．則一併收作整數．如一分一釐．則收作二分．一升一合．則收作二升之類．名曰收尾．小戶窮民．尤受其累．未完納之先有由單．由單有費．旣完納之後有串票．串票有費．其完納稍遲者糧書先時借墊計息．取價多至數倍．官爲出差催追．名曰揭差．每一揭差下鄉．則一鄉爲之震聳．此弊之原於官吏．害及於民．而小戶爲尤甚者也．

官吏旣視錢漕爲利藪．刁衿劣監．即從而挾持之．每人索費數十兩百兩．人數多者．一縣或至數十人．名曰漕口．

少不遂意。則阻撓鄉戶完納。或赴上司衙門砌詞控告。甚至糾聚多人。鬨署毆吏。釀成事端。州於開征之時。必先將此輩籠絡安置。而後可期無事。此弊之原於刁衿劣監。官吏受其害。仍及於民者也。

從前銀價。乾隆嘉慶年間。每銀一兩。易錢一千文。道光初年。每銀一兩。尚止易錢一千三四百文。自後漸次增長至二千文。近更增至二千三四百文。農民以錢易銀。完納錢漕。暗增一倍有餘之費。咸豐元二三四等年。錢銀之多民欠。實由於此。迨五年秋後。收成稍稔。每穀一石。僅值錢四百餘文。尚苦無從銷售。農民以穀變錢。以錢變銀。須糶穀五石。始得銀一兩。計有田百畝。可收租穀百石者。非糶穀二十石不能完納錢漕。農末俱困。羣情洶洶。臣與司道熟商。嚴飭各州縣將錢漕宿弊大加釐剔。諭以事理。曉以利害。嚴禁吏胥衿棍擾索把持。許地方公正曉事士紳條陳積弊。設局稽查。民情翕然稱便。惟州縣缺分不同。錢漕章程。向來不一。如必盡革州縣陋規。絲毫不許多取。則辦公無資。廉謹者無所措其手足。其不肖者。反將以此藉口。別開巧取之端。更爲國計民生之害。如必明定章程。其每銀一兩。每漕一石。收銀若干。又恐官吏視爲定章。久之或於定章之外。復有增加。弊與令等。且民可使由。不可使知。設刁劣士民。本其挾持官吏之心。執釐弊之新章。指爲滋弊之創舉。則告訐日繁。其勢不至脅官吏以取償於農民不止。如不釐定征收之額。又恐鄉民無所適從。征收未能畫一。弱者必仍爲胥吏所欺。强者或且藉此遂其刁抗之計。是欲除弊而反以滋弊也。臣反覆圖維。不難於立法以救一時之弊。實慮於救弊之法。復增一作弊之端。正躊躇間。適各縣士民。紛紛赴省具呈。自擬款目收征之準。臣察其官民相安者准之。未協者駁之。俟其適中。而復准之。數月之間。大致畧定。復察州縣之不能切實遵行者撤之。不法吏胥及刁劣紳士阻撓者。責革而痛懲之。其不安本分士紳。欲藉口釐剔宿弊之舉。爲臣建祠泐石。希圖斂費者。亦嚴斥而痛絕之。自五年以來。湖南錢漕始有起色。而元二三四等年民間積欠。率皆踴躍輸將。國課不至虛懸。軍儲不至束手。州縣辦公。亦不至十分拮据。而農民則歡欣鼓舞。舉十年之積累。一旦蠲之。稍獲蘇息矣。現在各屬田價漸增。民安畎畝。無復盻盻之意。向之藉錢漕聚衆動輒鬨署毆吏者。自釐定章程以來。絕無其事。此釐剔錢漕宿弊以濟軍需之實在情形也。

抽釐之舉。臣於試辦之初。即深懷疑慮。恐其奉行不善適以擾民。惟念重農輕商。載諸往訓。今四民之中。惟農最苦。獲利最薄。而錢漕一切。均於農田取之。商賈挾貲營運。懋遷有無。獲利爲饒。無力作之苦。而又免征取之稅。當茲多事之秋。稍取其贏以佐國計。其亦何辭。況釐金之爲數至微。百貨長落隨時。本無一定之價。以至微之數。附諸無定之價。官取諸商。商取諸貨。貨取諸時。如果經理得人。亦復何虞擾累。所難者水陸卡局之建設。各有其地。以水路論。有水漲宜設此處。水落又宜設彼處者。有水落暫宜裁撤。水長始復增添者。以陸路論。有已設卡局之處。並無總隘可扼。不能不分設子卡者。有未設卡局之處。商販繞越爭趨。不能不另議移設者。兼之賊踪飄忽。道途通塞靡常。或因客商繞避賊氛。幽僻之區。反成達道。或因鄰封道途偶梗・通行之路・反類遐荒・苟非因地制宜・推行而盡利・百貨銷數之衰旺・會有其時・各處市埠情形・彼此互異・有旺在春夏而秋冬漸形衰減者・有旺在秋冬而春夏忽形冷寂者・上月收數・較之下月・每有參差・此處暢行・推之彼處・又難一律・苟非隨時以通變・豈能斟酌而咸宜・臣惟釐金一事・本屬創行・收支欵目・既無定額之可循・贏絀情形・實難一概以相例・卡局既多・事目又雜・各執一成之法・嚴爲稽覈・罅漏必多・更增一切之法・預爲防維・虛僞轉甚・古云・任法不如任人・洵爲破的之論・使所委官紳・各以實心任事・上念國計艱難・下體商情之畏累・將平常衙署關務習氣・槪與刪除・事必躬親・數歸核實・庶不以絲毫飽奸橐・亦不以苛細失人心・而商情自然帖服・所有局卡需用之費・及在事官紳薪水之需・臣飭總辦局務裕麟悉心斟酌・稍令寬餘・俾將潔己奉公・無虞拮据・亦以養其廉恥・杜絕侵欺・仍不時訪察商旅公評・時申儆惕・其客貨經由之地・水次分泊師船・陸路派撥練勇・令其就近往來巡護・其商賈輻輳之區・專設水陸練勇・令其就近鎮壓・俾知出釐金以少佐軍儲・即可藉釐金而保全資本・自設卡局以來・商賈安心・貿易廛肆如常・軍餉得資接濟・此嚴防釐金擾累以濟軍餉之實在情形也・

伏思古今利國之道・要在利民・以恤民爲心者・除弊即以興利・民以爲利・乃國之利也・百姓足孰與不足・所以爲治平之遠猷・以罔民爲事者・立法徒以滋弊・民不以爲利・終非國之利也・利未見而害已隨・或且誤安全之本計・就湖南現在情形而言・雖局勢狹小・僅勉爲目前敷衍之資・而訪察農商情形・尚無不便・

覆陳鄂督敗退武昌失守情形疏

竊臣於三月十三日・准兵部火票・遞到軍機大臣字寄・咸豐五年三月初三日・奉上諭・

本日據楊霈奏稱・武昌省城於上月十七日失守・巡撫陶恩培等力竭捐軀・覽奏殊深憤懣・現據楊霈奏・胡林翼王國才石清吉等・兵勇約計雖有六七千人・惟糧餉缺乏・急須接濟・川陝各餉尚未解到・賊衆兵單・金口南岸恐難駐紮・若湖南就近可以接濟・金口尚能駐紮・則相機進勦・若不能駐紮・則設法渡江・上扼漢川・以固荊襄門戶等語・著駱秉章悉心籌畫・湖南兵勇倘有可抽撥・即當派委得力將弁管帶・馳赴下游・速爲援應・所需糧餉・就近設法接濟・如或該省兵勇不敷抽撥・而胡林翼等兵勇又復上扼漢川・則金口一帶・勢難兼顧・恐匪乘虛上駛・該省與湖北毘連・在在可慮・尤宜於南北交界處所・水陸要隘・加意嚴防・毋得稍有疎懈・將此由六百里加緊・諭令知之・欽此・

仰見我皇上通籌大局宵旰憂勤之至意・臣前次接准湖北撫臣陶恩培緘知鄂省情形・即籌撥餉項軍火・並增募水勇千餘名・配以戰船礮械・資以鹽糧・飭赴鄂省・又因胡林翼一軍甚單・飭駐岳防守之守備諶瓊林・帶勇六百名・及侯補臬司魁聯・於所帶楚寶各勇內抽撥五百名・赴鄂助勦・均經奏明在案・嗣因逆匪勾結通山等縣賊匪・竄擾崇陽通城・分黨擾蒲圻・窺伺南省之臨湘平江兩縣・守備諶瓊林之勇・未能即進・魁聯所帶之勇・亦難以抽撥・分擾蒲圻賊匪・旋聚

竄通城．三月十六二十兩日．賊匪八九千人．進撲平江縣北界二落市營盤．經臣預派管帶平勇五品銜即選知縣何忠駿．李源濬．即選訓導黃崇策．即選從九黃錫宇．守備銜千總方城等．會合練勇圖勇．兩次奮擊．斃賊三百餘名．生擒三十餘名．內有僞指揮田士林一名．滿髮賊一名．僞指揮徐大志．執令長髮賊饒敦五．砲尉楊至徵．僞先鋒楊時汰熊良鳳．僞司馬．僞兩司馬各一名．立即正法．奪獲大砲五尊．抬砲兩尊．抬槍二十五桿．鳥鎗五十八桿．鉛彈九桶．火藥十五桶．黃馬褂二件．刀茅黃巾旗幟不計其數．賊匪敗後．仍未遠竄．現飭各界加意嚴防．而催諶瓊林由臨湘星馳前進．俟通城事定．再添派勁旅赴鄂．聽候胡林翼調遣．北省水陸兩軍．盼餉甚殷．本省司庫早空．無可接濟．已撥糧道庫漕項銀一萬兩．錢一萬串．委永州府知府張丞實解往．又代墊江西應解還湖北銀二萬兩．委候補知府厲雲官解往．並搭解軍火鍋帳等件．凡水陸各勇．由湖南赴鄂援勦者．其口糧概由湖南支應．合計解赴湖北欵項．已浮於督臣原咨三萬兩之數多矣．但金口水陸各營．每月需餉項六七萬之多．湖南一省．既無從剜肉以醫瘡．金口諸軍．亦終難望梅而止渴．應請敕下湖廣督臣荊州將軍四川總督源源接濟．俾武漢兩城．迅速克復．則湖北之幸．亦東南大局之幸也．

至督臣所慮金口不能駐紮．胡林翼等應設法渡江．上扼漢川．以固荊襄門戶．奉諭著臣悉心籌畫．臣思督臣始終堅執者．防賊北竄四字．以北竄之患．倍重於南．可藉以爲詞耳．防賊北竄．不能不歸重荊襄．荊襄者．南方可由之以進窺陝豫．北方可由由之以窺瞰江楚．自漢魏六朝以迄宋元．皆以荊襄爲重鎭．蓋當南北割裂．彼此爭戰之時．其計不得不出於此．若以現在形勢言之．則江西湖南兩省．雖屢被賊竄．形勢猶完．湖北安徽兩省．皆有重兵討賊．勝負尚未可知．設使湖北水陸兩軍．移駐漢川．則長江千里．盡委之賊．其將置東南於不顧乎．曾國藩塔齊布水陸兩軍．隔在江西．前後皆賊．聲息中斷．在在可危．更何有直搗金陵之望．此臣之所未解者一也．

移駐漢川．亦祇能禦止竄襄陽之賊．其於荊州．無足輕重．逆賊水陸竝進．荊州門戶何存．此臣之所未解者二也．

胡林翼等陸軍．即繞道上駐漢川．水軍無可依附．勢非退守監利之螺山．岳州之南津港不可．爲湖南門戶計尚未爲失．然武漢黃各府．豈可度外置之．水軍既去．則武漢黃之克復無期．此臣之所未解者三也．

督臣動謂賊衆兵單．不思廣濟失利之初．賊之前隊．尾追督臣實不過千餘．督臣麾下兵勇萬餘．亦未爲少．乃退黃州．未一日即退漢口．退漢口一日即退漢川．由此而德安．而隨州．今且退至棗陽矣．是北竄者賊也．引賊北竄者誰乎．督臣以餉缺爲詞．此日之餉誠拙矣．不思自武漢克復之後．督臣所用之餉．不下二三十萬．召募川楚無籍之徒．臨時能得一割之用乎．此輩散處民間．姦淫擄掠．無所不至．洶洶之勢．將何所底．乃仍不知變計．餉絀至此．猶且隨意召募．此臣之所未解者四也．

夫以形勢言之．荊州據江水上游．襄陽據漢水上游．而武昌漢陽爲之鎖鑰．是荊襄者中原之門戶．而武漢者又荊襄之門戶也．扼賊北竄．必固荊襄．欲保荊襄．必守武漢．此固一定之局・督臣既知北竄爲重・何以舍武漢不守而先顧荆襄・既謂上扼漢川・可以固守荆襄門戶・何以舍漢川不顧・而節節退走・且胡林翼王國才等軍・若不能克復漢陽・又何能設法繞道以進扼漢川・武漢黃德既均未克復・胡林翼等縱能繞道而至漢川・亦以孤軍而駐於四面皆賊之地・又何能爲荆襄門戶計乎・此臣之所未解者五也・

臣與督臣・竝未嘗共事一方・本無夙嫌・祇以大局關係非輕・若不據實直陳・於心實爲不忍・臣自蒙恩・復任湖南巡撫以來・鬚髮盡白・咯血舊疾・近益增劇・僚屬紳民實所共睹・雖値此時勢艱難・萬不敢存乞休之想・而自顧精力衰頽・日甚一日・職分應辦之事・竭蹙不遑・更何敢侈談大局・特奉諭旨・令臣悉心籌畫・不得不披瀝愚忱・

遵旨陳川省軍務疏

奏爲遵旨疏陳川省軍務・並賊蹤竄近省垣・現籌勦辦情形・恭祈聖鑒事・竊臣前於恭報起程日期摺內・欽奉硃批・著初抵川境・即將川省軍務情形馳奏・欽此・仰見我皇上篤念西陲・廑懷軍事・臣雖愚昧・敢不殫竭血誠・悉心體察・三月十四日率師由荆州上駛・四月十七日抵萬縣・沿途接見各府州縣官紳士民・諮探軍情・體察賊勢・僉稱藍李張何各逆・裹脅擄聚・多至廿餘萬人・出沒於潼綿資簡叙瀘富隆之間・蹂躪至四十餘州縣・流毒生民・殊堪憤恨・然以臣審度情形・其黨多而不整・其人狡而不悍・其情合而不固・此三者・猶是亂賊草竊之故態・非若粵逆之堅悍難制也・然亦有不易勦除者三端・一則散而不聚・賊黨雖多・而東西分佈・不聚一隅・即至臨陣對敵・往往以數十百人爲一隊・錯雜散布於峯巒堆阜之間・我師銳欲進攻而不能專向一處・幸而勝之・所殺不過數百人・而於賊勢初無所傷・不幸竟爲所乘・則重重包裹・無得脫者・一則漂而不留・賊志本在擄掠・初無據城掠地之圖・每逢勁兵進勦・輒即棄而他竄・所在擄掠糧食・輕飄迅疾・而官兵非整旅賫糧・不能追躡其後・料理數日・賊已遠颺・即欲窮追・而疲勞已極・縱能禦賊・而亦難期得力・一則伏而不出・嘉慶年間川省勦辦匪・多修碉堡・爲堅壁淸野之謀・今往往反爲賊踞・飽掠米丁水粟・巢窟於層壘疊嶂間・聲息相聞・我師欲上攻・而山路崎嶇・峭壁千丈・雖勇者無所施力・及至日暮引還・賊反蜂擁而下・鳴鼓噪逐・此三者所以爲蜀省行師之深患・難期功效於旦夕者也・

臣反覆熟計・竊謂賊勢既慮其分・非聚歸一處・則此勦彼竄・莫收聚殲之功・我師每虞其薄・非併力一心・則補東缺西・終成流寇之患・現在臣所帶湘勇僅五千餘人・即會合蕭啓江舊部・亦只萬二千人之數・川省兵單・習氣太深・營制太壞・雖經署督臣崇實極力整頓・而積習相沿・驟難期其得力・則合圍會勦之謀・恐非臣力所能及・儻賴皇上天威・或事機順手・一戰而殲厥渠魁・使各匪大受懲創・則脅從黨羽・當可駭散大半・由是而節節勦洗・尙易爲功・若其竄踞崇崖・負隅不出・或聞聲而走・南北紛歧・有攔頭之銳師・無截擊之勁旅・則東馳西突・實有疲於奔命之勢・即或窮追偪勦・亦慮回竄滇南・終爲蜀省之患・此臣所以日夜焦思而私切深慮者也・

臣前行次雲陽·接准署督崇實來咨·言粵逆攻破畢節·恐其竄越赤水·兼聞敘瀘一帶·賊蹤蔓延·方擬移師進剿·迨十七日行抵萬縣·始聞賊蹤竄近省垣·東南北三路·遍地皆賊·道路梗阻·並新起另股陳匪等·又復偪圍順慶府城·人心震悚·臣思省城重地·必須先圖保固·即於十八日派撥高淳熙率毅營·由梁山大竹進趨順慶·旋於二十日接准崇實來函·邀臣率師逕赴成都·商同剿賊·臣現已整隊束裝·即日續發·其一切撫剿方畧·容俟臣熟籌具奏·

生擒逆首並剿滅髮逆巨股疏

伏查僞翼王石達開·在粵逆起事首惡中最爲狡悍善戰·其蓄謀窺蜀·匪伊朝夕·自二年正月間·由湖北利川突入川境·即欲逕渡大江　肆甚紛擾　經臣調兵節節扼剿　該逆沿江上下　迄不得逞　乃自長寗敗走敘永綦江　遁入黔境　復由敘南來犯　蠭屯於橫江雙龍捧印等場　綿亙數百里·銳意渡金沙江·以圖侵軼腹地·經臣分撥諸軍·面面兜剿　挫其兇鋒·該逆兩次犯蜀·皆爲重兵堵截·不能展其馳驟·旋復進入滇境·而譎謀未息·以中旗賴裕新一股·先自竄遠·冒險內竄·以僞宰輔李福猷一股·仍由黔境下趨·以圖牽綴大兵·而自率大隊·由滇之米糧壩踵境濵金江·臣撫湘十年·屢因石逆用兵·稔其不憚險遠·最善伺隙乘虛·此次中旗敗匪·足不停趾·晝夜狂奔·預料石逆在後·必謂我軍皆已跟追中旗一股·不暇回顧·乘勢急進·使我驟不及防·臣揣度既審·自當以嚴扼險·毋使闌入·今大渡河爲西南巨塹·發源天全土司境內·流經魚通之瓦斯溝·與瀘水滙流泠邊沈邊至清溪以下·復入夷地·不惟自越嶲冕寗大小兩路必經之安慶壩·以至萬工汎沿岸二百餘里·渡口十三處·皆應嚴防·而上游之瀘定橋·以至化林坪下之灣東·皆可越松林小河·由此經渡以旁入天全·石逆兇狡多謀·一處疏漏·即不足以制其死命·臣當即一面飛飭署雅州府知府蔡步鍾·就近選募熟悉地利勁勇·並調皁利營及木坪松林漢土各兵·一面由溫郫抽調重慶鎮唐友耕一軍·先行馳防安慶壩以至萬工汎大小兩路渡口·札飭松林地方千戶王應元·督帶頭目土兵以扼松林小河·防其旁竄化林坪瀘定橋一帶·仍慮土司兵單·復調雲南提督胡中和所部湘果左軍·分布化林坪以至瓦斯溝·以爲聲援·並檄護阜和協謝國泰·督本標兵馳赴磨西面猛虎崗·以防竄打箭鑪之路·此時中旗殘匪遠遁陝境·臣急調總兵蕭慶高何勝必湘果中右兩軍·兼程馳赴雅郡榮經·以爲後勁·而防奔逸拉扎·飭卭工土司嶺承恩·帶嶺夷兵將越嶲大路各隘紮斷·逼賊使入夷地小徑·即從後包抄·以截回竄·酌賞嶺承恩王應元土夷各兵銀物·以昭激勸·而資得力·面面張羅·層層設守·

乃三月二十五日·唐友耕蔡步鍾等馳至河邊·布置甫定·而石逆果擁衆三四萬人·繞越冕寗·知越嶲大路有漢夷各兵扼截·逆由小路於二十七日逕奔土千戶王應元所轄之紫打地·是夜松林小河及大渡河·小陡漲數丈·勢難徒涉·賊衆搭蓋篾棚屯聚·一面趕造船筏·三十日申刻·賊千餘人至河邊窺渡·被我軍施放槍砲·轟斃數十人·賊遂退·連日隔河游奔·意在疲我兵力·四月初四日·賊出隊四五千人·擁至河邊·拖有木船竹筏數十隻·每隻皆有悍賊數十人·

用擋牌護身．拚命搶渡．棚內衆賊．皆出助勢．隔岸呼噪．聲震山谷．我軍排列河岸．屹立不動．以槍砲連環轟擊．立斃執紅旗衣賊目數名．益將賊筏火藥引燃．同時炸裂．賊衆紛紛落水．有數筏．飄至下游．亦被我軍沿流擊沉．搶渡之賊．無一生還．隔岸之賊．遂皆懾退．是夜亥刻．逆匪數百人．執持火把．沿河探路．復被我兵隔岸轟斃者不少．賊知大河難渡．遂銳意圖撲松林小河．以冀由瀘定橋直趨天全．迭經土千戶王應元扼河力戰．前後共斃賊數千人．甯越營都司慶吉委員王樽等．及土司嶺承恩．復帶夷兵．於初七日由後路抄至新場一帶．節節攻逼．十二日．乘夜刼取馬鞍山賊營．逆匪猝不及防．夷兵從上壓下．殺斃賊匪數百名．遂將馬鞍山佔踞．絕賊糧道．逐日□勦．狙擊斃賊無算．十三日．逆賊數百人．在下壩子窺探．經蔡步鍾派撥兵弁．與土游擊包良潤．由蘇村過河．殺斃百餘名．餘匪四散．我兵收隊過河．從此逆勢日蹙．糧以漸竭．石逆乃以箭縛書．隔河射投千戶王應元．啗之以利．欲使讓路．王應元誓以死拒．該逆復以利誘土司嶺承恩．欲使緩攻．而嶺承恩攻之益急．石逆自知陷入絕地．憤極思逞．於十七日三更時．盡斬嚮導二百餘人祭旗．傾巢分股而出．一撲大河．一撲松林小河．皆被唐友耕蔡步鍾及王應元隔岸槍砲轟擊．兼以水勢湍急．登筏者悉皆沈溺．對岸之賊．亦紛紛倒地．該逆智窮力竭．困伏賊巢．殺馬而食．繼以桑葉充饑．咀嚼殆盡．二十三日辰刻．瞥見賊二百餘人．徑自河岸自棄器械．口稱投誠．唐友耕蔡步鍾察其形跡可疑．督令開放槍砲．石逆親擁大衆．由水陸分撲．船筏二十餘隻．被水飄沒五隻．其餘悉被擊沉．對岸之賊．攀援崖磴．魚貫猱陞．我軍用火彈火箭拋射．並以槍礮轟擊．維時都司謝國泰已至松林地．遂與千總陳太平土千戶王應元．督率士兵渡過松林小林小河．越嶲營參將楊應剛．都司慶吉．委員王樽．顏汝霖．姜由範．把總史國禎．練目雷顯發等．亦同土司嶺承恩．從馬鞍山壓下．兩路齊進．直撲紫打地．將賊巢一律焚燬．斃賊數千名．山徑險仄．逃竄之賊．自相擁擠．漢夷兵練兩面夾擊．槍砲如雨．夷兵復登山巔．用木石滾擊．賊衆墜巖落水．浮屍蔽流而下者以萬餘計．石逆僅率餘黨七八千人．奔至老鴉漩．復爲夷兵所阻．輜重盡失．進退無路．其妻妾五人．抱持幼子二人．携手投河．其曾受僞職老賊自溺者亦復不少．

臣前以石逆或傳其死．倘能設法生擒．辨認眞確．俾就顯戮．庶可以釋羣疑．當經楊應剛等以該逆無路逃生．於洗馬姑豎立投誠免死大旗．石逆果携其一子．及僞宰輔曾仕和．僞中丞黃再忠．僞恩丞相韋普成等．竝餘黨至洗馬姑乞降．楊應剛嶺承恩等於二十七日．將石達開等五人．羈留在營．訊明新被裹脅及老弱者．發給路票．遣散四千餘人．尙有二千餘名．半係該逆五標悍賊．臨陣用以衝鋒．遂派文武弁兵．及土司嶺承恩之弟嶺承高．押至火樹堡．復經唐友耕派都司唐大有等．帶隊過河．約會副將張福都司慶吉等．四面駐紮彈壓．於五月初一日．先將石達開父子及曾仕和黃再忠韋普成．押令過河．唐友耕派游擊龔家國帶隊．並蔡步鍾所派之知縣阮恩濤等護解．起程來省．

臣於四月二十八日得報．復慮其餘黨殲除不盡．將貽後患．札飭藩司劉蓉馳往大渡河．會同唐友耕等委辦善後事宜、乃石達開等於初三日起解・蔡步鍾等即密派各營於四日過河・是夜以火箭爲號・會合夷兵・將僞官二百餘名・悍賊二千餘名、同時圍殺・其偶有逸出者・亦被夷兵沿途截殺・惟遺散老病者數百人・此股巨匪・實已勦洗淨盡・石達開父子及曾仕和黃舟忠韋普成等五犯・於初十日押解到省・臣以石達開自寶慶敗竄粵西後・傳聞異詞・前曾奉旨飭查・臣亦不敢確指該逆是否尚在賊中・而察行兵詭計・實與前次竄擾江西湖南湖北無異・仰賴天威・現既俘獲到省・自應審辨確鑿・先令自瀘姑賊營逃出曾經認識石達開者・辨認的確・臣會同成都將軍臣崇實・督飭在省司道・親提該犯鞫訊・石達開自供・與洪秀全等自廣西金田村起事・即封僞王・及竄擾各省情形・歷歷如繪・皆臣所素悉・語皆符合・且其梟桀之氣・見之眉宇・絕非尋常賊目等倫・實爲石達開正身無疑・本應檻送京師・以彰國憲・惟道途遙遠・著名巨憝・未便久稽顯戮・謹援陳玉成之例・當即恭請王命・將石達開極刑處死・僞宰輔曾仕和黃再忠韋普成・據供從賊多年・受有僞職・亦皆押赴市曹・凌遲處死・其子石定忠・現年五歲・例應監禁・俟及歲時照例辦理・並將石達開原供抄錄・恭呈御覽・

伏維石達開與洪秀全等・首倡逆謀・自粵西擾犯湖南湖北江西安徽・竄踞金陵・其間攻下名城・戕害大吏・不可勝計・逆賊中憚其狡悍・欲相屠害・乃復擁衆自雄・由金陵屢犯安徽江西・繞竄浙江福建廣東邊境・衆至數十萬・圍攻湖南寶慶府・經大兵合勦・敗遁廣西・黨羽逃散・踡伏山中・蹶而復起・突由兩湖直趨川境・賊衆復至十餘萬・乃敗入黔滇・仍敢由甯遠繞遠道內竄・其注意川疆・志在必逞・臣度其狡謀・處處隨方布置・不使少留空隙・仰託皇太后皇上威福・將弁兵勇暨土夷各兵用命・逼使該逆陷入絕地・糧絕術窮・不惟全股勦滅無遺・且將十餘年著名逆首生縛到省・明正典刑・應即傳首被害較重各省・以彰天討・而快人心・

惟李福猷一股・前由黔境下竄・臣已飛調臬司劉嶽昭・由叙南馳赴江津・以備截勦・乃此股賊匪・由黔省遵義・竄至綏陽正安地界・適値勞崇光由川省彭水・取道入黔・行抵黔境之賈家寨・突與賊遇・田興恕奉旨來川・帶有勇丁二千名・行抵綏陽・聞勞崇光在賈家寨與賊相接・星馳往援・將賊擊退・由正安敗退婺川・臣已知照田興恕約會劉嶽昭・兩面合勦・

至黔省苗教各匪・尤難數計・在在皆與川界毗連・而滇省回衆・情既叵測・且土匪此聚彼散・飄忽靡常・叙南自滇粵各匪蹂躪以來・遍地瘡痍・臣萬不敢因石逆巨股殄滅稍涉大意・雖於餉項萬分支絀之際・仍須分布兵勇・以防滇黔各匪・現已移調胡中和仍駐叙南・並俟唐友耕所部凱旋・即令馳赴江津綦江・以固邊隅・俾川南各屬之民・藉資休息・以仰副朝廷眷顧西南黎元之至意・

請接辦川省釐捐疏

竊臣前准部咨・欽奉上諭・各直省勸捐抽釐・藉充軍餉・地方大吏・派員經理・往往不得其人・以致營私蘊利・流弊滋多・著各該督撫於釐捐委員・概行裁撤・統歸地方官經理・事繁州縣・未能肆應・即著該管道府・分別辦理・毋得以不肖委員充數・至抽釐之法・着照部定章程・簡明條

欵．分晰開載．榜示通衢．俾商民一望而知．不致使猾吏奸商從中舞弊．其執照收存藩庫．飭令勸捐各員止准發給實收．再由藩庫換給執照．以杜侵冒．而重名器．等因．欽此．聖主於籌畫軍需之中．即寓體卹民情之意．下懷欽佩難名．

竊查四川本係協濟省分．自軍興以來．協餉不至．而本省籌防籌勦．以及撥解京外各餉．用數已逾千萬．雖經各前督臣辦理監釐．而庫欵仍形支絀．咸豐十一年．臣奉命入川時．正值滇匪猖狂．髮逆相繼竄擾．添兵募勇．費用不貲．兵愈衆而餉愈繁．用愈多而源愈竭．岌岌難支之情形．誠有不堪設想者．臣督同陞任藩司劉蓉．暨前署藩司監茶道啓芳．疊次面加商酌籌餉之法．舍捐輸釐金而外．別無長策．爰即釐定勸捐章程．並於在省之實缺候補正佐各員內．擇其端謹之員．委令會同地方官籌商妥辦．間有揀委聲望素著之紳士．隨同辦理．以免富戶避就．藉爲口實．自開局迄今．時逾兩載．收項已數逾百萬．蓋委員專設一局．率同紳耆．傳集富戶．優以禮貌．曉以大義．勸諭輸將．出入聽其自便．起坐均可與同．既非形驅勢廹．即可動其報效之忱．且係隨收隨解．不三數月可以了事．而軍餉之要需．亦可及期而放．不致有匱乏之虞．若地方官力能兼辦者固多．而一邑之大．事務極繁．既不能時時親身赴鄉．挨戶而告．簽傳票喚．勢將用及書差．而擁有厚貲者．本不必盡係糧戶．其栽糧在冊者．又未必盡有盈餘．一經書差之手．或包攬恐嚇．或得賄營私．其弊無窮．必致小民嗟怨．不但此也．地方官或有緊要之需．往往挪移．在實任之員．徐圖補苴．已不免歲月遷延．有悞支放．其署事者．一經交卸．流攤流抵．勢所必然．縱使撤任參追．終歸無着．此捐輸難以責成地方官勸辦之緣由也．

至於川省辦理釐金原議．委員專司其事．紳士分任其勞．而所收釐金．每日將捐商姓名．銀錢數目．榜示局前．仍按半月一次．照依榜示．挨順月日造冊二分．以一分送院．一分送局．由局按照冊開捐商姓名．銀錢數目．塡示申送臣衙門．核對相符．即蓋鈐總督關防．檄發各該處．張貼通衢．俾衆咸知．以杜欺隱．其所收錢文．按照市價易銀．同收得銀兩．積有成數．即行解局．除繩索鞘匣夫工脚價以及押差飯食而外．並無絲毫使費．其設局之所．皆係繁要碼頭．距城厢較近．委員駐彼．專管局務．無時不可以稽查．無事不可以經理．納釐者登時抽收．漏釐者立刻查辦．公事無積壓之虞．商賈無守候之苦．若歸地方官．不特奔走維艱．且恐稽核難偏．倘於衙署設局．令商賈赴署納釐．誠謹之商．固不憚其煩．而姦狡之徒．繞道偷漏．何從稽查．加以吏胥任意苛求．其弊滋甚．且釐金之舉．原因軍餉支絀．不得已而爲之．賊匪一經盪平．即應停止．而貿遷之來去不時．釐金之多寡難定．如或經理不善．不難隨時撤省．另委賢員往辦．即將來裁撤之時．委員委紳亦不敢公然違抗．若交地方官辦理．則目前視爲利藪．日後必成陋規．縱令扎飭裁撤．而陽奉陰違．勢所不免．此釐金難以委任地方官抽收之原委也．

若夫道府等官．或係監司之員．或有表率之責．本衙門應辦公事．已屬不少．令其親歷屬境辦理釐捐．只可暫時往還．不能在彼久住．則其中利弊．仍不能洞悉周知．而忽往忽來．徒繁供億．況捐輸須竭誠勸導．釐金宜核實抽收．萬不可假手丁胥．皆應躬親經理．道府之職位較尊於州縣．平時尤當樹望．養成爲百姓所瞻仰．若以勸捐抽釐之故．而與紳糧商賈晤對周旋．恐形跡太輕者．其體制易褻．甚至刁矜劣監．從此藐視官長．既無裨於釐捐．且有妨於政治．此又捐輸釐金礙難由道府等官分別辦理之實在情形也．

臣固不敢信委員之皆賢．亦不敢疑地方官之皆不肖．第自設局以來．節次委往各屬勸辦捐釐官紳．先後幾及三載．官民頗覺相安．現在漢中敗匪．尚未殲除．雲貴逆氛．異常猖獗．分力防勦．饋餉增多．專賴捐輸釐金．藉資挹注．而川東各屬．辦理釐捐．甫經就緒．著遽改易章程．商民驚疑．觀望不前．轉恐貽悞要需．合無仰懇天恩．俯念川省釐捐．業經辦有成效．准仍循照舊章辦理．免其另議更張．實於軍餉民生．均有裨益．至部頒空白執照．借收藩庫．飭令勸捐各員．發給實收．再令捐生赴藩庫換照．原係愼重名器．但川省各屬地方．遠者距省二千數百里．近亦千餘里至數百里不等．若令捐生自持實收赴省換照．往返跋涉．費用不貲．似不足以示體恤而昭激勸．且各捐生半係鄉居淺見．皆早沐恩榮．是以捐項一經繳齊．即當發給執照．並請准將部照仍行發交委員齎往．隨地填發．用資觀感．總之利之所在．弊即易滋．用非其人．事鮮不僨．臣惟有飭督局員．益加愼重．勘酌情形．妥爲辦理．總期措施悉當．俾歸美善．如查有假公營私者．即當據實糾參．斷不敢稍事姑容．以仰副聖主諄諄告誡之至意．

統籌新疆各省用兵緩急情形疏

竊臣於同治四年正月十九日．承准議政王軍機大臣字寄同治三年十二月十五日奉上諭．前據曾國藩奏．鮑超請假回籍葬親．當經降旨賞假兩個月．諭令假滿後．即行由川起程出關．勦辦回匪．其舊部兵勇及得力將弁．准其酌量帶往．並著挑募川勇帶赴關外．茲據沈葆楨奏．接准鮑超咨稱．擬帶所部八千三百名．另調川兵四千．募川省步兵數千．酌添馬隊．統計新舊各營．月需餉十餘萬兩．請飭各省酌撥協餉等語．新疆各城變亂．勢甚猖獗．非有內地大支勁兵出關．難資勦辦．鮑超勇畧過人．聲威素著．必能立功邊域．迅掃逆氛．該提督以塞外用兵．必須厚集．擬帶萬餘人前往．方能制勝．自係實在情形．惟籌兵必先籌餉．庶幾士飽馬騰．所向克捷．新疆地處沙漠．餉無所出．從前用兵．皆由各省轉運接濟．此次鮑超所帶兵勇．月餉計需十餘萬．須合各省之力協濟．俾免缺乏．着官文．曾國藩．都興阿．駱秉章．毛鴻賓．李鴻章．吳昌壽．惲世臨．劉蓉．閻敬銘．沈桂芬．郭嵩燾．恩麟．體察情形．每月可以協撥若干．均各酌定數目．奏明辦理．即按月如數撥解．不得宕延．此係緊要兵糈．衆擎易舉．該督等總須顧全大局寬爲籌備．毋許稍分畛域．借口推諉也．將此由五百里．諭知官文．曾國藩．都興阿．駱秉章．毛鴻賓．李鴻章．吳昌壽．惲世臨．劉蓉．閻敬銘．沈桂芬．郭嵩燾．並傳諭鮑超恩麟知之．欽此．

同日又奉上諭．沈葆楨奏．甘肅福建軍情．均極喫緊．霆營兵不宜分．並將鮑超原咨抄錄呈覽一摺所稱．關外平沙廣漠・利在用衆・閩地山重水複・利在用奇・西陲軍務緊急・鮑超宜統全部西行・方可獨當一面・第閩事大棘・江防亦警・若欲肅清康侍各逆・亦須霆營全部兵力・方能摧陷廓清等語・尚屬實在情形・惟新疆自富爾喀喇烏蘇失陷・伊犂被圍・情形萬分岌岌・都興阿穆圖善雷正綰等・分勦寗夏固原之賊・正在得手・未能遽爾分兵・非另撥大支勁旅・迅速西行・則出關勦賊之說・幾成虛語・況閩省餘氛・已由左宗棠三路援勦・鮑超又分兵萬餘人・交婁雲慶等統帶會勦閩賊・兵力不爲不多・自可無須再留鮑超全部・致貽朝廷西顧之憂・著曾國藩沈葆楨傳知該提督・於假一滿・即日率領所部宋國永等各軍回川・起程入甘・節節掃盪・早日出關・相機進勦・婁雲慶等軍俟閩賊殄滅後・仍著前赴鮑超軍營聽候調遣・鮑超請撥川省制兵四千名・並由川中招募步勇數千名之處・著駱秉章即日妥籌辦理・毋稍遲悞・致滯師行・沙漠地方・平原曠野・非馬隊車營相輔而行・不克有濟・應如何妥設馬隊・又入甘購馬之處・著鮑超咨商曾國藩・斟酌情形・實力籌辦・鮑超一軍・每月需餉十餘萬兩・本日已寄諭官文等・各就該省情形酌定協濟數目・源源撥解・等因欽此・

竊維新疆逆回倡亂・自庫爾喀喇烏蘇失陷・伊犂被圍・勢甚岌岌・自宜擇將出師・大張撻伐・惟查關外用兵・與內地逈異・平沙廣漠・利在馳驅・道光年間・克復新疆四城・擒獲首逆張格爾之後・著績以吉林索倫馬隊爲最・次則招集伊犂等處遣犯・用作頭敵・立功贖罪・此輩强悍之徒・久戍邊庭・風土習慣・且有生之望・是以臨敵思奮・奏捷尤速・其各省所調征兵・疲於遠道・不過藉壯聲威・良以南方地煖・旣不耐西域嚴寒・且騎射馳驅・非其所長・奔走絕漠・動輒千里・雖有健者・尚未臨敵而已疲憊・況川楚產米區・人非穀食不飽・關外偶有雜糧・人衆尚且難繼・經過沙磧之中・往往以牛湩馬肉藉充饑渴・風土異宜・飲食異俗・用違其地・不能盡其所長・此川楚兵勇遠征西域甚非所宜也・

內地用兵・祗須籌給餉項・兵勇有資・隨處可以買食・即或偶有乏糧之區・裹帶轉輸・尚易籌辦・關外則人稀土曠・戈壁水草不生・尋常行旅往來・尚須預備餱糧・道光年間・新疆南路之役・於蘭州肅州暨口外・節節設立糧台・派員轉運・並由內地多購駝隻・以備沿途馱運麥麵・源源供送大營・尚聞倘因途中稍有躭延・軍中即不免枵腹以待・維時甘省無事・麥麵旣易米辦關外・哈密烏魯木齊亦皆安靖・尚可轉輸・今則新疆各城・屢報失陷・搶掠已空・而甘肅賊氛遍地・半遭蹂躪・蓋藏旣罄・播種失時・雖河西甘涼肅三郡尚稱完善・而欲日供數萬車之糗糧・轉輸不絕・誠恐難繼・且關外自喀密而前・中途不無梗阻・一旦糧運不繼・非同內地尚可擇近就食・師懸絕漠・進退維艱・雖有勁旅・不戰自困・此用兵西域・運糧更難於籌餉也・

且鮑超所部萬餘人・每月各省籌解餉銀十餘萬兩・若在內地・固敷支用・旣出關外・所費不貲・無論各省現値籌防籌勦・欵項皆非充裕・即使勉力湊解・道途通塞無定・難期隨時接濟・而鮑超行營每月縱有□十餘萬兩・所有糗糧行裝・皆須於關內預爲購備・沿途轉運・所費甚鉅・出關後即無處可以采辦・師無宿餉・何以言戰・欲再增餉・力更不及・此關外用兵非餉項充足不可也・

至於酌調川兵四千名・隨鮑超前赴新疆・現在川北・上自龍安・下自城太・皆難鬆防・川東則酉秀彭涪綦南江合興・皆黔境毘連・羣寇如毛・竄擾幾無虛日・建昌則西防會理監源・東勦越嶲夷匪・時勞征繕・松潘則各營新復・番務未平・峨馬夷匪・時萌蠢動・省標尤以根本爲重・前抽調制兵一千五百名・交鶴齡統帶赴甘・已屬勉爲湊集・此川兵所以再難抽調也・

竊更通籌大局以用兵緩急次第而論・僞侍逆康逆等・以殘敗之餘・遁入閩疆・兇焰復熾・若不大合兵力・及早撲滅・則浙江江西廣東皆虞竄越・籌兵籌餉・東南民困・仍未能蘇・鮑超之霆字營勦辦此股・前在江西・既已屢挫逆鋒・賊中聞風喪膽・似不宜遽行抽調・正可藉此以靖餘逆・且髮捻外股竄擾鄂豫之間・往來飄忽・附近各省・均須戒嚴・亟宜添調勁旅・面面兜圍・除此腹地之患・至若滇南叛服靡常・貴州全省糜爛・川省介居其間・沿邊在在設防・日久師疲・百密倘有一疎・黔境羣盜數十萬・迫於飢驅・日謀來川掠食・設被闌入邊界・蜀中即不堪設想・是川中先將甘境階州踞寇剪除・少紓北顧之力・即宜抽調各營・由東南分道越勦・先將黔界肅清・並西南會理一帶布置周密・方可進規滇南・而無回顧之憂・

至於新疆各城淪陷・固宜早爲收復・竊維廣漠之外・非內地之寇可比・即或稍稽天討・所肆擾者僅止回疆・不至裹脅愈衆・蔓延愈廣・日久寇心自懈・且分踞各城・勢已渙散・此時西路祇須嚴扼嘉峪關・斷其勾結之路・回部絕不敢輕窺內地・至於北路・本有蒙古爲之屏藩・朝廷加意撫綏・治邊藉資保障・逆回曷敢侵犯・一俟甘肅各路回匪盪平之後・即於現在所調各省兵勇內・選其精悍・加以重餉・預備糗糧・統帥出關・節節掃盪・其兵勇在甘從征日久・於西陲風土・漸皆習慣・自能得力・乘之爾時內地餘逆概就剗除・聲威遠播・外域震讋・而各省元氣漸復・籌餉較易・轉輸不竭・士馬飽騰・鼓行而前・以擊其懈・蠢茲回衆・曷能抗拒・天威所指・不異拉朽摧枯・新疆立見底定矣・此內患既平・然後從事西域・方可操其勝算也・

臣受恩深重・値此新疆告警・朝廷日以西顧爲憂・臣曷敢妄參末議・惟愚昧所及・緩急次第・實於大局攸關・不敢不據實攄陳聖主之前・

籌撥新疆暨慶陽糧臺餉項疏

竊臣於同治四年八月初七日・承准軍機大臣字寄七月二十日奉上諭・前諭駱秉章將原撥新疆餉銀二十一萬兩・解交陝甘總督・就近轉交成祿聯捷等應用・此項餉銀・係該提督等出關勦賊急需之項・駱秉章素顧大局・諒必尅日飭司批解・以濟要需・等因・欽此・

八月十一日又奉七月二十一日寄諭・楊能格請飭四川於地丁下・每月指定徑解慶楊糧臺餉銀五萬・即著駱秉章督飭藩司竭力籌畫・酌定數目・按月專解慶楊糧臺・以供支放・不得以協甘餉銀牽混統解・等因・欽此・

竊惟西陲疊次告警・甘肅回逆未平・但使川省力能接濟・臣曷敢不殫精籌畫・伏查川省地丁・歲徵六十餘萬兩・合之課稅等項・每歲所入・本不敷每年例支之數・向須外省

協濟・軍興以自咸豐四年・始於地丁之外・加收津貼・每歲所入・亦僅五十餘萬兩・迨至本省用兵餉項・更形支絀・復辦釐金・仍不敷用・不得已而連年勸諭民間捐輸・至再至三・民力已竭・現在腹地雖漸肅清・邊防仍形喫緊・勇不能撤・餉即無可裁減・以致各營積欠甚鉅・兼以撥軍越勦黔匪・此後籌辦滇事・兵餉仍恃川省接濟・前派鶴齡帶川兵一千五百餘員名赴甘・每月餉需七千餘兩・亦由川省按月撥解・羅掘既空・庫藏已毫無儲蓄・徵求無已・皆取資於民・深有竭澤而漁之慮・此川省欵項竭蹶之情形也・

以甘省軍事而論・統師既多・人人可以專摺奏事・事權不一・各自成軍・自行請餉・此營指撥者未解・彼營告急者復來・或請提釐金・或請定專欵・或請每月按數撥解・不惟應接不暇・亦幾無所適從・究之甘省既無總統大員・諸軍漫無節制・進止機宜・無所禀承・偶有勝負・功過亦未核實・賞罰難期必當・彼此既不相轄・祇能自顧一隅・未遑統籌全局・此師久所以無功也・

歷觀往事・凡兵柄不歸主帥・諸將各自爲謀・未有能集事者・即如唐時九節度之師・不能制勝於相州・似此者史不絕書・可爲鑒戒・況各營勇數太多・旋集旋潰・隨散隨招・如陶茂林雷正綰之潰勇・竄擾陝境・至煩兵力兜勦・其闌入川界者・亦紛至沓來・勦賊既難期得力・散蔓且貽累地方・以前之餉・概歸虛縻・新集之衆・又待支給・現在用兵暨辦各省自籌餉項・已屬力盡筋疲・即使勉强湊解協甘之餉・各營勢難徧贍・竊慮終歸譁潰・爲今之計・亟宜先裁無用之兵勇・以節冒濫之餉需・然後簡練精銳・並歸統帥調度・以專責成・所有餉項・胥由糧臺總司支發・酌其緩急・以資飽騰・自能所向成功・回氛以次掃蕩・甘省可冀底定・

至回疆警報疊至・朝廷固不能置之度外・然揆時度勢・實有鞭長莫及者・溯查道光六年・新疆南路四城之役・其時不但內地無事・各省庫儲充裕・即關外哈密烏魯木齊等處・皆係完善之區・自蘭州以至阿克蘇・沿途節節設立糧臺・由甘省各州縣動碾倉麥・並採買民間糧糈・購備駝隻・轉運出關・源源接濟・用餉至一千餘萬兩之多・目今安能籌此巨欵・無論川省指撥之欵・萬難一時湊齊・兼以自川赴甘・沿途散勇搶掠・不免時有梗阻・即使畫撥之餉・亦祇此餉銀數十萬兩・斷不敷數千里行軍之費・縱有續解之欵・杯水車薪・於事無濟・兼之甘省徧地糜爛・民間搜刮已空・

臣前接陝甘督臣楊岳斌函稱・所部勇丁・甫入甘境・預派委員攜銀各處辦糧・竟不得食・以數千之衆・在甘省內地・且難謀宿飽・況關外情形・沙漠阻絕・有銀無處購糧・雖有勁旅・亦難枵腹遠征・是以征調之師・如鮑超蔣凝學等所部・一聞調赴新疆・中途輒即潰散・即現在甘省各營・亦難保不憚於出塞・潛懷觀望・未肯速將甘省腹地肅清・藉此以爲遷延地步・更慮關外請餉甚急・屢奉諭旨飭催・各省悉索無遺・內地有事・轉致束手・則貽誤更非淺鮮・是回疆不靖・雖敵愾同仇・必待各省肅清・然後可以辦運軍糧・此又事勢所必然者也・此時各省・凡經賊擾之區・防堵未鬆・似宜先顧內地・不可分其既竭之力・以致本省不能自支・即使稍爲挹注・師未成行・餉已糜費・剜肉並不能醫瘡・於西陲兵事・實屬無益・固不獨四川力有未逮也・

並伏讀寄諭・有借俄兵助勦一節・臣雖未悉其詳・竊謂俄國爲外夷之雄長・現今坐視各國强弱・其用心正不可測・若向其借助兵餉・不但於國體有關・更不可不熟慮其後・聖明自能遠燭・固不待臣下喋喋瀆陳・臣知識稚魯・老病侵尋・何敢侈談兵事・惟念深荷殊恩・涓埃未報・芻蕘之獻・冀效一得之愚・用敢冒昧縷陳於聖主之前・川省現已籌解甘餉二萬兩・因沿途游勇搶掠・尚須設法滙兌・遵照諭旨・解交陝西藩庫・又籌銀二萬兩・設法解交陝甘督臣收存・以爲西路用兵之費・此後惟有竭力勉籌・實難預擬定數・

粵省捐輸流弊疏

竊維東南凋敝・財賦久虛・凡在完善之區・亟籌補苴之計・挹彼注此・藉裕餉源・粵東素稱殷富・尤應畛域無分・酌盈劑虛・轉輸各省・乃近日情形・迥非昔比・臣屢接官紳來函・僉謂流弊滋多・商民交困・日甚一日・貽患將不勝言・臣受歷朝知遇深恩・惟以國計爲重・不敢因本籍避嫌・稍存緘默・謹爲我皇上縷悉陳之・

粵省捐辦京米・現雖勸諭紳富輸將・而仍按各州縣地丁定額攤派・於是此屬之紳富雖多・而捐數反少・彼屬之紳富本少・而派額轉多・膠柱難行・更端滋弊・或倚局紳以勒派・或因議罰以抵捐・或挨戶零捐以凑解・或按畝私攤以加徵・此勸捐不善而民力因以漸困也・然猶以京餉爲重・官紳不敢不殫力以圖・近乃督辦雲南軍務臣張亮基・復由湖南調派多員・前往粵省勸捐・有限脂膏・何堪再竭・貧者固無以應・富者亦將轉而爲貧矣・層加剝削・涓滴之餘・不惟難濟滇疆・且慮有滯部欵・

至於抽釐・原以按照物價・酌分數分・在商賈所出無多・而積微成鉅・可資公用・乃粵省既於三水縣之蘆苞・高要縣之後瀝・歸善縣之白沙・三處設廠・委員驗收・其未經設廠之處・則歸各行總抽・買賣各半・所抽過重・勢已難行・近聞自廣西梧州以至廣東省城・設有稅卡七處・重複加增・勢如剝筍・竟有獲利幾倍於本・尚不足以償釐稅・留難勒索・諸弊叢生・行商裹足・坐賈歇業・貨物既難流轉・市廛日見蕭條・其黠者亦惟繞道偸越・納賄賣放・無益公欵・徒飽私囊・此抽釐不善而商力因以漸困也・

然猶爲本省籌欵・經費不能不由此而出・近乃兩江督臣曾國藩・復奏請欽派大臣・前往廣東辦理釐金・商貨日稀・來源不暢・聞本省每月所抽釐稅・不過四五萬金・此外安得復有巨欵以濟東征・恐亦徒費經營・難期果收實效・蓋人皆以粵東富饒甲於天下・不知粵東向賴外洋交易・百貨鱗集・商賈貿遷・會萃於此・故比他省較爲富饒・今則和議既成・各省皆准通商・洋人就利趨便・海舶歲至粵東者・不逮往年十分之一・且自咸豐四年以來・紅匪之亂・繼以夷患・元氣已傷・闤闠無復奇贏・閭閻亦艱生計・兼之民捐屢派・物力無遺・並聞本省勇糧・現亦不敷・每月兵餉已多・積欠京餉協餉・又須籌解・內外交迫・困頓如斯・而他省不知現在情形・猶謂如前繁富・勸捐者既接踵而來・抽釐者復相因而至・咸畏裒多以益・遂欲竭澤而漁・竊慮民困商疲・不免漸生寇患・況今高郡之賊氛未熄・陽春則土客相爭・但事誅求・易滋煽惑・患萌不測・貽悔何窮・深懼別生事端・重煩

朝廷之慮．臣旣有所聞．據實摅陳．

陳灃 字蘭浦．番禺人．道光壬辰舉人．選河源訓導．揀選到班．得國子監學錄銜．爲學海堂學長數十年．晚爲菊坡山長．光緒中．粵督張樹聲．巡撫裕寬．奏請賞五品卿銜．卒年七十三．學者稱東塾先生．灃少好爲詩．及長．棄去．凡天文地理樂律算術古駢文塡詞篆隸眞行書．無不硏究．中年讀朱子書及諸經注疏．子史日有課程．尤好讀孟子．服膺鄭學．以爲鄭學有宗主．復有不同．中正無弊．讀後漢書．言學漢儒之學．尤當學漢儒之行．讀朱子書．言本朝考據之學．源出朱子．不可反詆朱子．晚年乃尋求微言大義．及經學源流．正變得失所在．其言治經之法．當遵鄭氏六藝論．以孝經爲道之根源．六藝之總滙．學易不信虞翻．學禮必求禮意．其次考周末諸子流派．別其疵而取其淳．其次又表章漢晉以後濳德諸儒．嘗曰．吾之書．但論學術．非無意天下事也．政治出於人才．人才出於學術．讀書明理者多出而從政．必有濟於天下．此其效在數十年以後．故與諸生講論．嘗書顧亭林行己有恥博學於文以爲教．所著東塾讀書記十五卷．聲律通考十卷．切韻考六卷．漢儒通義七卷．水經注西南諸水考二卷．三統術詳說三卷．弧三角平視法一卷．摹印述一卷．文集六卷．申范一卷．朱子語類日鈔一卷．讀詩日錄一卷．公孫龍子注一卷．東塾遺詩二卷．憶江南館詞一卷．已刋行．尙有說文聲表十七卷．水經注提綱四十卷．琴律譜一卷．稿藏於家．水道聲律二書．湘鄉曾文正公服其精博．邵陽魏源海國圖志成．灃嘗著論糾正之．源見而大悅．遂改正其書．寶應劉寶楠著論語正義．未成而卒．命其子恭冕成之．幷言．當就正於灃．其爲海內引重如此．

科場議一

文章之弊．至時文而極．時文之弊．至今日而極．士之應試者．又或不自爲文而勦襲舊文．試官患之．乃割裂經書以出題．於是題不成題．文不成文．故朱子謂時文爲經學之賊．文字之妖．其割裂出題．則經學賊中之賊．文字妖中之妖也．然則考試廢時文而用經說史論．不亦善乎．時文弊極矣．而不可驟廢也．經說史論善矣．而不可驟行也．大凡變法．漸則行．驟則不行．今之士人．不習爲經說史論．一旦用以考試．束手不能下筆．必譁然以爲奇異．而俗士之居大官者．出而阻撓之．是故時文不可驟廢．經說史論不可驟行也．時文之弊有二．代古人語氣．不能引秦漢以後之書．不能引秦漢以後之事．於是爲時文者皆不讀書．凡諸經先儒之注疏．諸史治亂興亡之事蹟．茫然不知．而可以取科名．得官職．此一弊也．破題．承題．起講．提比．中比．後比．從古文章無此體格．而妄立名目．私相沿襲．心思耳目．縛束旣久．錮蔽旣深．凡駢散文字詩賦．皆不能爲．此又一弊也．

前之弊大．後之弊小．當先去大弊．考試仍用時文．而去其代語氣之法．以能援據諸儒之說．引證諸史之事者爲上．且時文家於題有子曰孟子曰者．本可不代語氣．奈何猶不引後世之言．證後代之事哉．今時文家亦用書卷．如用三禮．今時幷引三禮注疏耳．用左傳．今特幷用史記漢書耳．其所謂破題承題起講提比中比後比者．仍而不變．雖欲委以不能而不得也．而又無可勦襲之文．則割裂之題．皆不必出矣．

如是．則士人漸讀書．至考試三科．讀書漸多．乃使之去其破題承題起講入比之陋格．於是出經題．卽成爲經說矣．出史題．卽成爲史論矣．自然而成．其勢易易也．於是選古人經說史論之精醇者．板刻頒示以爲之法．又三科以後．經史之學盛．文章之道昌．如是士習醇而人才出矣．

科場議二

今之試士．第一場．以四書題八股文及八韻詩．第二場．以五經題八股文．第三場．對策．其法備矣．然行之久而有弊．有當改法者．其一．五經題當試經解也．八股文代古人語氣．古之文章．本無是體也．四書文不能驟變．所當變者．五經文也．夫說經者．必根據先儒之說．而後不失於杜撰．必博考先儒之書．而後不失於固陋．又必辨析先儒之說之異同．而擇其善．而後不失於駁雜．今使之代古人語氣．不能引證先儒之說．應試者挾一坊刻五經標題足矣．是適以困讀書之人．而便不讀書之人．故曰．五經題當改試經解也．

其一．當復專經之舊例．又當增周禮．儀禮公羊．春秋．穀梁．春秋爲九經．夫禮記爲儀禮之傳．朱子之言也．今但以禮記試士．是用傳而棄經也．孔穎達曰．周禮爲本．儀禮爲末．則周禮儀禮又不可廢也．朱子論春秋三傳．謂左氏長於述事．而公穀長於經義．然則公穀二傳．又不可廢也．班固曰．古之學者．三年而通一經．三十而五經立．此殆以意爲之．試問自漢以來．兼通五經者幾人．夫以一千年中．寥寥無幾人．而悉以責之天下科舉之士．無怪其粗疏蔑裂．有通五經之名．而無通一經之實也．如曰不然．試問衡文者曾見五經皆通之卷乎．夫治五經而不通．不如治一經而通．今謂宜以九經試士．會試十八房．每一經二房．鄉試卷多者亦如之．卷少者九房．皆均分其中額．以杜士之避難趨易．如是則經學必盛．試觀乾隆以前專經之時．經學盛於今日．其效可觀也．

其一．改對策爲史論．而命題以御批通鑑輯覽爲準．夫對策者．所以觀其人博通今古也．然而古今之書．浩如煙海．即問十對五．亦難其人．於是考官皆舉淺俗習見者爲問．使人易對．明知能對者亦非可貴．遂置之不閱．而士亦抄襲習見之語以待問．且又明知主司不閱．而皆信筆空寫數行以塞責．此而不廢．甚無謂也．夫士不可不知史事．前代之治亂興亡．與夫典章制度．前言往行．有益於人者甚大．但二十四史之書太多、資治通鑑亦復繁博．且作史者．人非聖賢．不能無偏．唯御批通鑑輯覽．書不多而事備．又經聖人之論定．以此命題著論．則士必通知古事．有益政治．與陳陳相因之對策．相去天淵矣．又問策一道．往往幾十餘事．易於鋪排成篇、史論則以一人一事爲題．非通悉此人之事迹．此事之本末．不能成篇．史論一事而精通．固勝於對策數十事而抄襲也．

其一．試詩改爲試賦．（或不廢詩．但增試賦．）夫事通經史．原不必以賦見長。然八股文經解史論．或可場外預擬。以其無韻也、詩雖有官韻．而一韻亦可以預擬．賦則限以八韻．雖同題而不同韻．則不可以直鈔。其於鑒別眞僞爲最易．當以第三場試之．如其賦不通．則四書文經解史論．非其自作可知也．如是．則四書文爲一場．經解爲一場．史論及賦爲一場．其法盡善矣．又自來以四書爲一場者、以尊朱考亭故也．然朱子所作者注也．以經而論．則五經爲孔子所誦述．而論語中庸大學．乃孔子與弟子之言．孟子又在其後．五經先於四書．於義爲當．朱彝尊嘗有五經題爲第一場之議．採而行之．尤善之善者也．

科場議三

今之科場士子．多者至萬餘人．人各爲十四藝．試官不能盡閱也。於是三場專重第一場。視二場三場無足重輕。甚至有不閱者。故士皆專力於四書文。而成荒經蔑古之風也。歐陽文忠有論更改貢舉箚子云。貢舉之法。用之久矣則弊。當更變。然臣謂必知致弊之因。方可言變法之利。今爲考官者。非不欲精較能否。而常恨不能如意。患在詩賦策論通同雜考。人數既衆。而文卷又多。使考者心識勞而愈昏。是非紛而益惑。當隨場去留。而後可使學者不能濫進。考者不至疲勞。（其法云。凡貢舉舊法。若二千人就試。常額選五百人。今請寬其日限。先試以策而考之。可去五六百人。以其留者。次試以論。又如前法考之。又可去其二三百。其留而試詩賦者。不過千人。於千人留選五百。則少而易考。不至勞昏。考而精當。則盡善矣。縱使考之不精。亦選者不至太濫。）竊謂文忠所云。誠最善之法也。今學政及府州縣之試士。即此法鄉試會試。誠當仿而行之。第一場去其文不佳者。其留者。取中額之十倍以爲準。乃試第二場。又去其不佳者。其留者視中額十倍以爲準。乃試第三場然後取中如額（歐陽公以二千人爲率。故試策試論所去皆四之一。今科場多至萬人。如僅去四之一。文卷仍多。且文之佳者。亦斷不能及四之三也。）其第一場第二場。所取必限以數者。慮考官苟且自便。於第一場僅取足中額。而第二場第三場無去取也。（今學政試正如此。故其二場三場皆虛設。）此法行。則考官於二場三場卷可盡閱。且二場三場皆所以定去取。亦不能不盡閱。而士於二場三場。皆所以決得失。其用力必篤。十年之後。通經博古之才必漸多矣。且三場通閱。考官固勞。三場連試。士亦甚勞。其入二場三場。皆疲乏之餘。往往有績學工文而不能發抒者。如每場後得以休息。則亦可以盡其才也。此法於考官及士皆甚便。必可行也。

推廣拔貢議

取士之道有二。薦舉也。考試也。論者曰。考試善糊名易書。至公也。薦舉不善。貲緣奔競。多私也。竊以爲不然。今之拔貢。非薦舉耶。舉人進士。貲緣奔競者。豈無其人耶。舉人進士。文理不通者多矣。而文理不通之拔貢實少。然則薦舉之法善矣。其故何也。拔貢始舉於教官。必嘗試高等而無劣行者。否則懼學政詰責。學政三年一任。其試士也再。及合前任所試以稽其高下。而三年中於士之知名者。亦必有聞焉。及教官之舉之也。又一再試而後拔之。非如鄉試會試。以一日之短長而去取之也。且一縣而拔一人。苟文行庸劣。即不能服一縣之士之心。非如鄉試會試。可謝以糊名易書。而文字之眞僞。素行之善否。皆不得而知也。此拔貢之法所以善也。今鄉試會試作弊之案疊見矣。法久而弊多。防之不勝防。不若推廣拔貢。分其登進之途。夫一縣之士。文行優者必有數人。今惟拔一人焉。又十二年而一拔焉。其得才也幾何。莫若仿鄉試之例。三年一拔。其數以州縣之大小爲差。其廷試授官也。與進士等。使天下之士。得由二途並進。豈不善哉。至若優貢。三年一舉。而廷試例無一等。若三年一拔貢。則優貢可廢矣。（按同治初。官文襄任湖廣總督。奏請優貢廷試如拔貢例。自是始有一等。此文作於同治前。故云然。）

講書議

吾粵老師宿儒．教授生徒百數十人者．謂之大館．其來久矣．此風氣大可用也．論語曰．齊一變．至於魯．魯一變．至於道．大館者．一變而可以至於道者也．省城及近縣大館師十餘人．弟子千餘人．所講授者．四書五經．朝一講．暮一講．倣古人鼓篋之法以集衆．師升講堂．南面坐講．弟子兩旁坐聽．美矣哉．古人授經講學．何以異此．此天下所罕有也．然則學術日衰人材日少何也．但爲作時文計．而非欲明聖賢之書故也．

夫講聖賢之書．而但視爲時文計．學術安得不衰．人材安得不少．然欲興學術．作人材．何以興之作之．以教官歟．以書院歟．教官不講書也．書院不講書也．就令講書．一學講之．各學不講．一書院講之．各書院不講．欲其成爲風氣．斷斷難也．幸有十餘大館．講書久成風氣．興學術．作人材．不望之大館．而更何望耶．今欲大館講書．勿專爲時文計．必使學者知此書爲聖賢教我治人之法．非爲我取科第之物．以朱子集注章句之道理．切實而講明之．且不可急急而講．今大館限一年講盡四書．太急矣．講論語必二年而畢．大學中庸孟子．一年而畢．使其學者三年而通四書．而後進而講五經．夫能通四書與能爲時文者．相去不可道里計也．且能通四書．又斷無不能爲時文者也．即使弟子祇爲時文而來．然而數十百人中．必有數人氣質稍清．見識稍高．可以引而進之者．況講書時自講書．講時文時仍講時文．亦何害於其作文也哉．如此則變講時文之風氣．爲授經講學之風氣．其有益於學術人材者甚大．但恐時文風氣．牢不可破．聞此言而笑之．以爲迂闊．且有以爲相詆訶者．所謂夜光之珠．以暗投人．必遭按劍．則非澧所敢知矣．

與周孟貽書

前者在學海堂．足下問讀書法．欲以僕爲師．僕辭不敢當．因勸足下專治一經．足下頗疑之．僕歸而思之．此非所以告足下也．足下才高志博．尊經．非性所近也．今分別有以告足下．凡爲學者．當於古人中擇師．僕爲足下擇之．其昌黎乎．昌黎進學解．先生口不絕吟六藝之文．手不停披百家之篇．記事者必提其要．纂言者必鈎其元．此昌黎讀書法也．上規尙書春秋左氏易詩．下逮莊騷太史子雲相如．此昌黎作文法也．篇末言孟子荀卿．此昌黎之學之大旨也．其吟六藝若何．則沈潛乎訓義．反復乎句讀也．其披百家若何．則識古書之正僞．與雖正而不至者．知其有醇乎醇者．有大醇而小疵者也．其提要鈎元若何．則掇其大要．奇辭奧旨．而著於篇也．其作爲文章也．有渾渾無涯者．有佶屈者．有謹嚴者．有浮夸者．奇者．葩者．似莊者．似騷者．似太史公．似子雲相如者．雖其陶冶鎔裁．合爲一家．而猶可以尋其所自出．至其學既成．而謂觀聖人之道．必自孟子始．遂駕乎荀楊之上矣．

昌黎一生．讀書爲文．求聖人之道．一一自言之．又屢言之．燦然而可見．確然而可循如此．才眞高矣．志眞博矣．足下性所近矣．僕勸足下先取昌黎集熟讀之．又取尙書春秋左氏易詩莊騷太史子雲相如十書熟讀之．然後披覽百家．提要鈎元．一一如昌黎之所爲．而尤以孟荀爲宗．而又取荀之醇．去荀之疵．凡昌黎之學．一一奉以爲法．積之以十年二十年．吾不知其所成如何．雖與李習之皇甫持正．如驂之靳不難也．

僕嘗嘆天下之言文者．誰不稱昌黎．雖三尺童子．誰不讀進學解．而五六百年來．文士學昌黎．登其堂而嚌其胾者幾人哉．昌黎誠不易學．而亦實無學昌黎者故也．何也．吟六藝披百家者有人．而爲說經考據之學．觀聖人之道．自孟子始者亦有人．而爲道學．是二者．多薄文章而不爲．其爲文章者．既不專學昌黎．學昌黎者則又多以摹仿爲事．夫學昌黎者．其聰明才力．萬萬不及昌黎．不待言也．昌黎猶吟六藝．披百家．上規諸經．下逮子雲．而學昌黎者．以其有限之聰明才力．欲摹仿而得之．眞所謂航斷港絕潢．以望至於海也．且昌黎吟六藝．披百家．而我不吟不披．昌黎上規下逮．而我不規不逮．是直與昌黎相反矣．而自云學昌黎．夫誰欺耶．本朝古文．已不及古人．廣東尤自古無其人．有志之士．正當奮然而起．僕老矣．能知之而不能學矣．幸遇足下．勤勤下問於僕．安得不以此學勸足下．足下欲以僕爲師．此正柳子厚之譏昌黎者．且僕何足師．謹述昌黎之學．請足下師之．其眞可謂得師矣乎．

復王倬甫書

正月十三日得來示．自稱私淑弟子．惶恐不敢當．又承過獎．益增愧悚．足下侍奉壽母．捍禦寇盜．里第平安爲慰．廣東羣盜蠭起．省城戒嚴．逾年未解．時事可憂．然憂之如何．閉門讀書而已．此澧之近狀也．

讀來示知於說文著成箋疏．會通於周禮．考定朝儀溝洫．此外讚辨先儒．著書滿家．恨不得盡讀．然必皆不朽之業．可想而知矣．見寄各條．英思妙解．欽服之至．其一條云．說文有說轉誼不及本誼者．尤先得我心．請以愚見與足下相發明可乎．說文者．據形以說誼者也．一字有數誼．古人取易見之誼以制字形．許君即據字形以說字誼．此有兩例．其一．先說本誼而後說字形．如止．下基也．象草木出有址．永．長也．象水巠理之長．是也．其一．則但說字形之誼．而不及本誼．如足下所論奠字．許云．奠．酒器也．从酋．廾以奉之．是也．夫酒器所以名爲奠者．以卑者．奉酒於所奠故也．是尊卑之意在前．乃奠字之本誼．然尊卑之意．難於制字．而酒奠可以兩手奉酋會意．故其字从酋从廾．而許君即解爲酒器．不必說尊卑之誼矣．請以一字證之．許云．主．鐙中火主也．从𡈼象形．从．．夫鐙主所以名爲主者．以其在鐙中爲鐙之主故也．是主賓之意在前．乃主字之本誼．然主賓之意．難於制字．而鐙主可以𡈼．象形．故其字从𡈼从．．而許君即解爲火主．不必及主賓之誼矣．今人每以說文所說爲本誼．其餘皆謂之引伸誼．得足下之說．可以明之矣．其餘諸條．有澧向來未考及者．亦有未敢苟同者．足下學問淹通．見解顯銳．而又不恥下問．其識度閎深．求之古人中．尙不多得．況今人乎．將來禮堂寫定爲一代大師．當與君家西莊光祿．後先一轍．

若澧者．年近五十．學不加長．爲之悒悒．近刻所著地理志水道圖說．因省城戒嚴．久未刻成．又有漢儒通義一書・宋兩漢經師義理之說・分類排纂・欲與漢學宋學兩家共讀之・尙有未成之書二種・一則以荀子云・以淺持博・是大儒者也。本朝儒學奧博・而無以淺持博之書・初學之士・難得其門而入・故其道易衰・因欲取禮樂書數天文地理之類・以其淺者・粗闢門徑・啓導初學・一則讀鄭君之書・舉其宏旨・如詩箋有宗主・亦有不同・故異於許氏異義之學・亦異於何氏墨守之學・又如詩譜序云・一卷而衆篇明・則知當世譏其繁者非也・六藝論云・考經爲道之根源・則知後世譏其支離者尤非也・此二書成・竊冀學術不至乖絕・來示云・請觀一家之絕業・此語不敢當・以蒙過愛・輒佈愚心・聊代面談・道遠不獲就正・伏維爲道珍重・不宣・

復戴子高書

得手示・奬譽之過・稱謂之謙・不勝惶恐・閣下之學・通毛詩尙書公羊春秋・卓然爲當代經師・曷勝敬仰・承賜所著論語疏・高古博奧・如先秦西漢人之筆・弟暮年獲此奇書・得知海內有此奇士・曷勝慰忭・來示論漢明諸儒・雜於釋老・欲輯其粹言爲一書・此尤卓識・然有甚難者・不盡讀二氏書・則諸儒之說雜於二氏者不能辨別・盡讀之則太費目力・不如還讀我書矣・

澧又有鄙見・以爲自唐以後・不獨儒者混於佛・佛者亦混於儒・蓋學術未有久而不變者・自東漢時・佛法入中國・至唐五百餘年・其勢不得不變・且唐以前多胡僧・唐以後則皆華僧・當其未出家時・固嘗讀儒書矣・即不識字・不讀書・而所見所聞・皆中國之俗・儒者之教・後雖學佛・不能盡棄・弟未窺釋藏・然大鑒禪師粵人也・弟嘗覽其壇經・有偈曰・心平何勞持戒・行直何用修禪・恩則親養父母・義則上下相憐・讓則尊卑和睦・忍則衆惡無喧・苦口的是良藥・逆耳必是忠言・改過必生智慧・護短心內非賢・此與儒者之言無異・殊不似佛偈・其餘所說佛理・亦有同於儒理者・且大鑒自言不識字・弟亦不信也・壇經云・不可沈空守寂・即須廣學多聞・若不識字・何能廣學耶・此二語轉可爲道學朱派箴砭耳・大約自唐以後・儒者自疑其學之粗淺・而騖於精微・佛者自知其學之偏駁・而依於純正・譬之西方之人向東行・東方之人向西行・勢必相遇於塗・故唐以後・儒佛之說・有混然而不可分別者・所謂彌近理而反亂眞・以此故也・此愚見閣下以爲然否・

弟所著書已刻者・只水道聲律切韻及漢儒通義四種・此外有朱子語類日鈔一帙・亦頗有合於閣下粹言之旨・惜未得見顧千里晦翁苦口之書耳・閣下在江南・必當見之・近著讀書記・多發明孟子・因而考楊墨如何・欲知楊氏之學・故考索於老子列子・黃涪翁云・列子有禪學・蓋中國之佛・乃列禦寇僧惠能也・列子盧重元注・全說佛教・然未知其根源・列子言古今無窮・上下四方無窮・天地只一小物・然則一身如微塵・百年如一瞬・其空之易易矣・因來示論及二氏・故就鄙見說之以就正焉・

復劉叔俛書

昨得手示・藉悉起居安勝・承詢賤體・近日氣虛咳嗽・此乃衰老・非病也・深蒙關注・感謝之至・來示云・汪君仲

伊張君歗山．皆傾倒於拙著聲律通考．何期竝世得遇賞音．弟先世本金陵人．惟以衰老不能回鄉．與閣下及諸儒相見．以此爲憾耳．近來於聲律復有撰述．茲錄一篇呈教．並乞轉呈汪張二先生．然須正其疏謬．乃使弟受益也．拙著東塾類稿．近年不復刷印者．中年以前．治經每有疑義．則解之考之．其後幡然而改．以爲解之不可勝解．考之不可勝考．乃尋求微言大義．經學源流．正變得失所在．而後解之考之論贊之．著爲學思錄一書．今改名曰東塾讀書記．此書自經學外．及於九流諸子．兩漢以後學術．至宋以後．有宋元明學案之書．則皆畧之．惟詳於諸子之學．大旨在不分漢宋門戶．其人之晦者則表章之．如宋之王萬．明之唐伯元．文之晦者則采錄之．如宋文鑑所選林希書鄭康成傳．廣東通志所錄林承芳重刻十三經注疏序是也．承命將說論語穀梁者鈔寄．茲呈一帙．敬求教正．來示云．穀梁之說．友人索之者衆．知江南多治此經者．弟少時稍涉此經．其後輟業矣．

尊著論語疏．明歲刻竣乞示讀．承索爲序．此過愛之盛意．所不敢辭．惟著書必須自序．乃能深透他人不能及也．如韓文公補苴罅漏六句．其後李南紀亦不能道．但能云詭然而蛟龍翔云云耳．來示云．刻諸史至南北朝而止．接刻通典．不審唐以後諸史不刻歟．通典粵東已刻畢．今接刻續通典皇朝通典．明春亦可刻畢．近日刻通志堂經解．及四庫總目內唐以前甲部書．不能精工．然弟亦不願其精工．但願其速成．年老急欲觀厥成．且宋板書今人寶貴者．亦不盡精工也．陳君卓人．弟舊交也．其書已付梓．甚慰．柳賓叔汪梅村兩先生安健．尤欣慰也．

復曹葛民書

近得手書．論澧所著聲律通考．云於此道從未究心．因復下問．若在他人．澧不敢覼縷．足下知我者．請暢言之．澧爲此書．所以復古也．復古者迂儒之常談．澧豈可效之哉．良以樂不可不復古故也．即世運已降．習俗沈錮已深．勢不能以復古．而吾之說．終不可不伸於天下．蓋伊古以來．禮樂並重．古禮傳至今日．有失者．有未失者．以今人冠昏喪祭考之．儀禮可見也．樂則不然．太常樂部所掌．奏之朝廷．奏之郊廟．草茅下士．不得而聞．尤不得而議．外省學宮之樂．則琴瑟弗鼓．鐘聲弗□．平時所聞者．鼓吹也．小曲也．其號爲雅音者．琴師之琴也．此則今所謂樂也．何爲宮商而不知也．何爲律呂而更不知也．嗚呼．樂者六藝之一．儒者之學而可輕褻淪亡一至於此哉．

本朝古學最盛．講考據者數十百家．古禮已不行．而必考三禮．古篆已不用．而必考六書．而考古樂者絕少．近數十年．惟凌次仲奮然欲通此學．自謂以今樂通古樂．澧求其書讀之．信多善者．然以爲今之字譜．即宋之字譜．宋之字譜．出於隋鄭譯所演龜茲琵琶．如其言．則由今樂而上溯之通於西域之樂耳．何由而通中國之古樂也．又況今之字譜．非宋之字譜．宋之字譜．又非出於鄭譯．古籍具存．明明不可以假借者乎．澧因凌氏書．考之經疏史志子書．凡言聲律者．排比句稽．以成此編．金君芑堂爲定其名曰通考．竊以爲通之名．未易當也．然著書之意．固如是也．古十二宮之有轉調．三分損益之．爲大畧之法．六十調之不可施用．昔人已言之．澧但因而發明之．非所謂通也．澧所通者．將使學者由今之字譜．而識七聲之名．又由七聲有相隔．有相連．而識十二律之位．識十二律．而古之十二宮八十四調可識也．又由十二律四清聲．而識宋人十六字譜．識十六字譜．而唐宋俗樂二十八調可識也．

然此猶紙上空言也．無其器何以定其聲．無其度何以製其器．屬有天幸．宋書晉書皆載荀勖笛．而阮文達公摹刻鐘鼎欵識．有荀勖尺．二者不期而並存於世．此其事殆非偶然者．考古樂至此．如一髮之引千鈞．將絕未絕．危矣哉．夫然後考之史籍．隋以前．歷代律尺．皆以荀勖尺爲比．金元明承用宋樂．宋樂修改王朴樂．而王朴律天．又以荀勖尺爲比．有荀勖尺．而自漢至明樂聲高下．皆可識也．然而荀勖尺．易製也．荀勖笛．難知也．宋書晉書所載荀勖笛制．文義深晦．自來讀書不能解．澧窮日夜之力．苦思冥悟．而後解之．而後倣製之．於是世間乃有古樂器．

又讀朱子儀禮經傳通解．有唐開元鹿鳴關雎十二詩譜．以今之字譜譯之．於是世間乃有古樂章．即謂十二詩譜．不出於開元．而爲宋人所依託．然自宋至今．亦不可謂不古．較之毛大可所稱明代之唐譜．不可同年而語矣．徧考古書所載樂器．從未有細及分釐．如荀勖笛制者．徧考古書所載樂章．從未有兼注音律如十二詩譜者．古莫古於此．詳亦莫詳於此．授之工人．截竹可造．付之今人．按譜可歌．而古樂復出於今之世矣．然而非僕之力也．賴有晉宋隋三史．賴有朱子及阮文達公耳．否則澧何自而得之．

此外則姜堯章七弦琴圖說．凌氏書已爲之表．澧以其列十二調．而統於五調．考之魏書陳仲儒之言．琴有五調．調聲之法．而知姜氏之說所自出．於是絲竹皆有古法．至於金石．則非寒士之所能爲矣．澧所謂復古者．如是止矣．

若夫琵琶爲燕樂諸器之首．段安節琵琶錄云．宮逐羽音．商角同用．遙遙千載．專此兩言．殊不可解．乃一日者觀樂工彈琵琶．而問其法．始悟唐人舊法．至今猶存．此亦一奇也．然琵琶非雅樂也．所謂復古者．不以此爲重也．昔姜堯章以所作大樂議獻於宋朝．澧所考得者．唐之歌．晉之笛．魏之琴．千餘年僅存之古樂．不知比姜堯章爲何如．若承平之日．誠當獻之朝廷．不敢自秘．徒以病廢之身．當兵戈之際．講明禮樂．迂儒事耳．古人云．藏之名山．傳之其人．今則無名山可藏．雖有門人數輩．皆爲經生．不解音樂．欲傳其人而不知誰屬也．象州鄭小谷見此書．歎曰．有用之書也．又曰．君著此書辛苦．我讀此書亦辛苦．嗟呼．辛苦著書．吾所樂也．有辛苦讀之者．吾願足矣．若其有用．則吾不及見矣．其在數十年後乎．其在數百年後乎．

說長白山

長白山．我大清發祥之地．在漢元菟郡境．非塞外地也．漢書地理志．元菟郡西蓋馬縣馬訾水．西北入鹽難水．西南至西安平入海．案馬訾水．今鴨綠江也．鹽難水．今佟家江也．鴨綠江源出長白山．是長白山乃漢西蓋馬縣境之山也．漢志於近塞之水．源出塞外者必著之．（如遼東郡望平大遼水出塞外．番汗沛水出塞外是也）馬訾水不云出塞外．則水源在塞內明矣．或曰．長白山緜亙數百里．鴨綠江出其南麓・其山北亦漢地乎・曰・山北蓋漢上殷台縣地也・漢志・元菟郡三縣・一高句驪・一上殷台・一西蓋馬・上殷台雖無山水可考・然排比鈎稽・而知其當在西蓋馬之北・高句驪之東・其地爲長白山之北也・何以明之・漢志云・高句驪・遼水所出・西南至遼隊・入大遼水・案遼山今興京英額門外長嶺也・遼水今渾河也・渾河與佟家江相去僅百餘里・則漢高句驪西蓋馬二縣・接界其間・不得復容上殷台一縣也・志又云・高句驪・又有南蘇水・西北經塞外・案南蘇水・今赫爾蘇河也・（此水澧所考定・詳見澧所著地理志水道圖說・）志言此水經塞外・則漢高句驪縣之北・即塞外・上殷台不得在高句驪北境也・志又云・遼東郡望平大遼水・出塞外・南至安市入海・遼陽大梁水西南至遼陽・（當作遼隊）入遼・案大遼水・今潢河也・在渾河西百餘里・大梁水今太子河也・在渾河南百餘里・是漢高句驪縣・西與望平縣接界・南與遼陽縣接界・皆遼東郡境・非元菟郡境上殷台・又不得在高句驪之西境南境也・太子河之源・在佟家江西百餘里・又志云・遼東郡番汗沛水・出塞外・西南入海・案沛水今朝鮮國大定江也・（此水亦澧所考定・詳見地理志水道圖說・）在鴨綠江南百餘里・是西漢西蓋馬縣・西與遼陽縣接界・南與番汗縣界・亦皆遼東鎖境・非元菟郡境上殷台・又不得在西蓋馬之西境南境也・然則上殷台・既不在高句驪西蓋馬二縣之間・又不在高句驪之北之西之南・又不在西蓋馬之西之南・必在高句驪之東・西蓋馬之東之北・其地爲長白山之北無疑也・（漢上殷台縣・或爲今吉林・或爲今甯古塔・但漢志不載水道・故無以定之・）長白山・南爲漢西蓋馬縣・北爲漢上殷台縣・是大清發祥之地・乃漢西蓋馬上殷台二縣地也・又案續漢書郡國志・元菟郡六城・其高句驪西

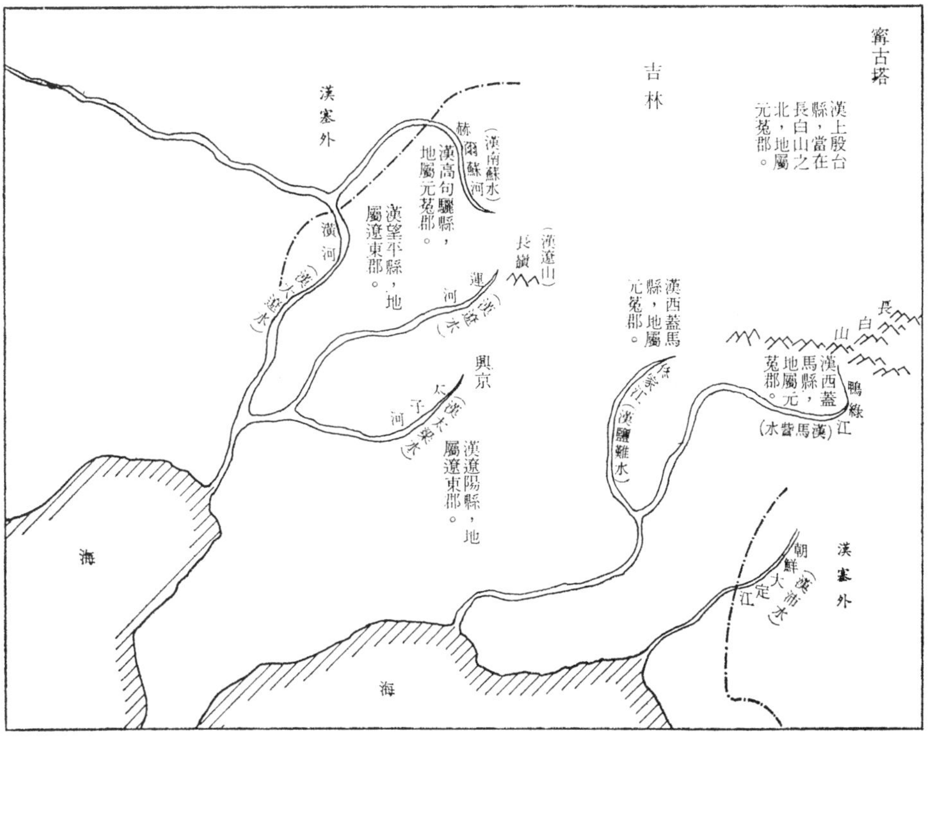

蓋馬上殷台三縣．與前志同．晉書地理志．元菟郡乃無西蓋馬上殷台二縣．是二縣自晉始失之．然此猶幽薊十六州．自石晉失之．而其地固唐時郡縣也．澧因考兩漢地理．知大清清發祥長白山．本兩漢郡縣之地．爰敬謹考證而爲之說．幷爲圖以明之．

明堂圖說一

明堂之制．見記禮月令．曰太廟者四．曰个者八．曰太廟太室者一．見考工記．曰五室．見大戴禮盛德曰．上圓下方其度．見考工記曰．度九尺之筵．東西九筵．南北七筵．凡室二筵．說者大都以四太廟．八个．五室．皆在九筵七筵之內．其制度太狹．廣與袤又不稱．阮太傅始辨其誤．江徵君聲．孔檢討廣森．與太傅並以九筵七筵爲一面之度．舉一面以該三面．於是九筵七筵之義始明．其三家之不同者．孔氏謂九筵爲九仞之誤．（據五經異義．隋書宇文愷傳．引明堂月令．）又謂中室方九仞．與考工記云凡室二筵不合．其說較江阮二家□短．阮氏圖个與太廟同深．四太廟八个之中央地方．九筵中爲太室．四隅爲四室而虛其四．正江氏圖太廟之左右．前爲个．後爲室．四太廟之後即太室．又較阮氏圖爲密．然猶有未合者．每一面太廟與兩个．合九筵．而其後當三室．僅六筵．江氏圖五室離立．遂使廟个後隅．皆空缺而不能掩．且四隅室在四太廟序外．其室壁與序之間．有如隘巷．又室牖爲序所蔽．不能納明．則牖亦爲無用．此由未明考工記室二筵之義也．

澧謂室二筵者．其地方本三筵．四壁皆厚半筵．室中方

二筵也．記云．室中度以几．鄭注云．室中舉謂四壁之內．即其義也．記不云室中二筵者．猶九筵七筵．不必云堂上也．云二筵不云若干几者．與上文九筵七筵連文也．其度（去聲）則二筵．而度（入聲）之則以几不以筵耳．築土爲壁．上承重屋．非半筵之厚．不勝其任．且古一尺．當今六寸許．二筵僅當今一丈許．若復去四壁．其中太狹．不足行禮．二筵不計四壁明矣．幷四壁則方三筵．三室則九筵．與一面之廟个同廣也．由此計之．太室幷四壁方三筵．四太廟各深七筵．則堂基廣袤．皆十七筵也．太廟深七筵．兩旁室个與太廟同深．室幷四壁方三筵．則个深四筵也．東南西南西北東北．每兩个之間．餘地方四筵．不在堂基之內．堂基爲亞字形．八隅立柱．以承圓屋也．盛德所云．上圓者．圓屋也．下方者．堂基亞形八隅也．

或曰．江氏據通典引盛德．隋書宇文愷傳引黃圖．及蔡邕明堂月令論．言堂方百四十四尺．法坤之策．屋圜徑二百一十六尺．法乾之策．以爲兩面各七筵．加太室二筵．共十六筵．適得百四十四尺．堂基正方．其東南西南西北東北．每兩个閒餘地謂之坫．今謂堂基亞形．則非正方．謂堂基廣袤各十七筵．爲一百五十三尺．則非法坤之策．以九筵八十一尺爲句．十七筵一百五十三尺爲股．求得弦一百七十三尺有奇．爲堂基亞形之斜徑．（南堂左隅至北堂左隅．南堂右隅至北堂右隅．東堂左隅至西堂左隅．東堂右隅至西堂右隅．）其上覆圓屋之徑．必不能較堂之斜徑多至四十二尺有奇．以成二百一十六尺．則非法乾之策．然則盛德黃圖明堂月令論非歟．

曰・通典所引盛德・今本大戴禮無之・其文與宇文愷所引黃圖同・而愷不云大戴禮・（愷引盛德篇・明堂者・古有之也云云・則稱大戴禮・）竊疑此非盛德篇文・通典誤也・且盛德有蒿爲宮柱之說・頗近荒誕・本不可盡信・至如黃圖云・太室方六丈・明堂月令論云・太廟明堂方三十六丈・（通典引盛德同・）其說與考工記斷不能合・其云法乾坤之策・傅會易義・不足據也・如其說・屋圜徑二百一十六尺・較堂方一百四十四尺・多七十二尺・半之・得三十六尺・爲每面屋檐出於堂基外之數・屋檐之深如此・堂柱安能承之・（江氏以堂基方一百四十四尺・用勾股求弦法・得弦二百三尺六寸・爲堂基斜徑・以圜屋徑二百一十六尺較之・多十二尺四寸・半之・六尺二寸・爲屋檐出於堂隅之數・然但計四隅而不計四正・疏矣）江氏以爲柱立堂下・然柱豈有立於堂下者・又其增四隅以成方基・引爾雅郭注・坫在堂隅爲證・然堂隅者・堂之隅也・江氏所增・在八个之外・則是在堂外・不得謂之堂隅・且九筵之堂・三分之・太廟兩个・各廣三筵・而所謂坫者・乃方三筵有半・反廣於廟个・必不然矣・阮氏圖堂基無四隅・足正江氏之誤也・江氏之誤既明・而明堂制度疑義盡析・其餘若室四戶・戶二牖・重檐九階四門應門・見盛德及明堂位者・本無疑義。爰因江阮二家之說而補苴之・擬爲明堂之圖・俟考古之君子論定焉・

明堂圖一

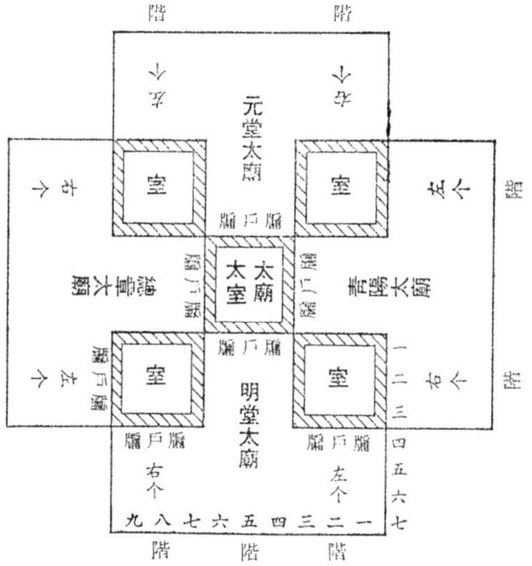

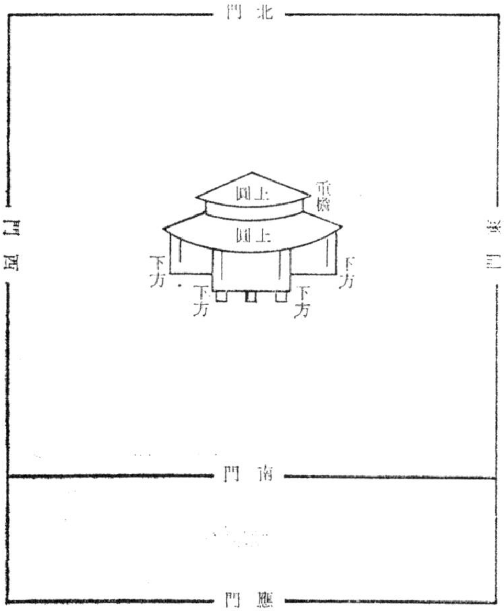

明堂圖二

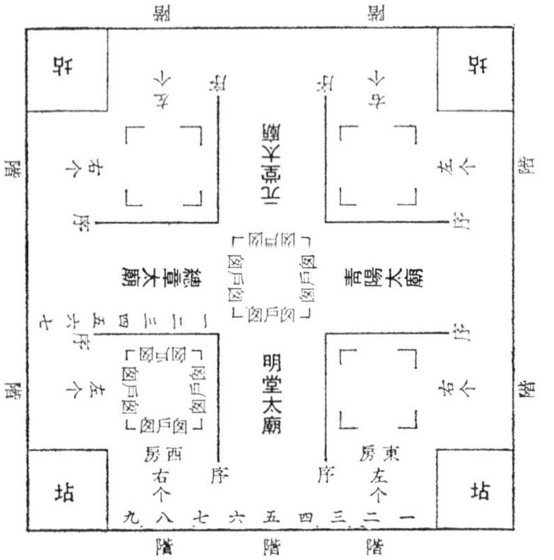

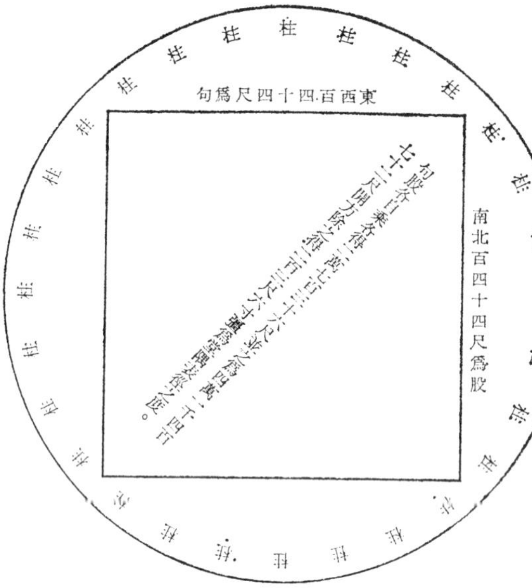

江氏明堂二圖

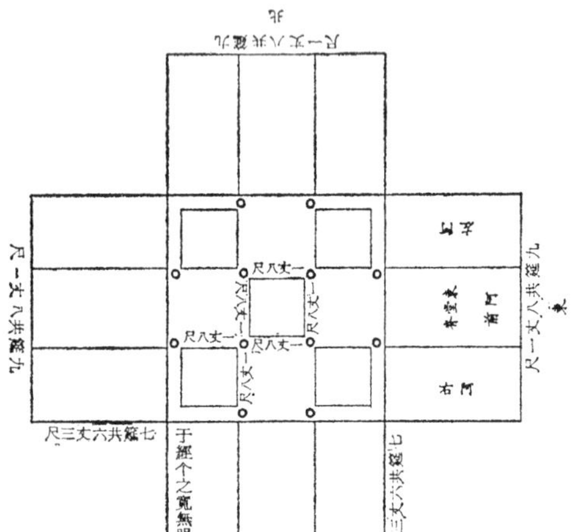

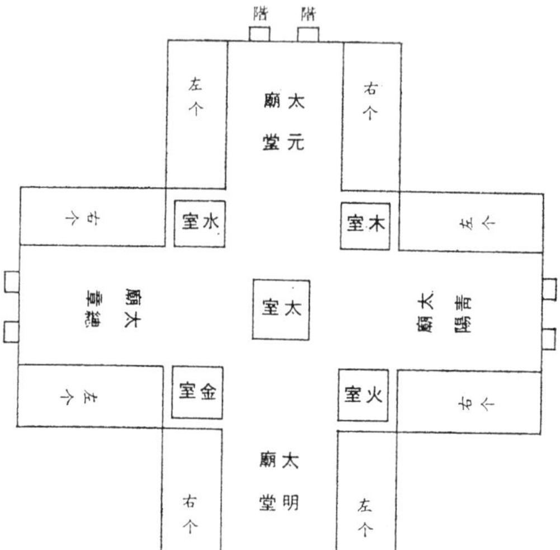

阮氏明堂三圖

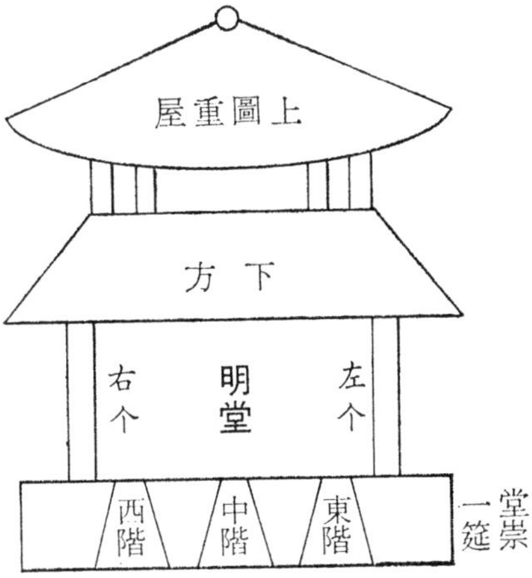

明堂圖說二

澧既據考工記月令爲明堂圖說・復讀汪容甫明堂通釋・以月令爲呂氏書・古未有此制・而譏宋人爲考工月令之謂人・葢以考工記言堂言五室・而不言四太廟八个・月令言太廟太室・而不言五室・未可合爲一也・澧謂考工月令・正相發明・葢室方二筵・五室平列則廣十筵・與堂廣九筵・參差不合・（汪氏以五室平列堂後・阮太傅已駁之・）而亦不能以四室蔽太室四面・其爲太室居中・四室居四隅無疑義也・四隅有室・必四面有堂・故考工記但言五室・而四面之堂・不待言而明也・四室既在四隅・則四面之堂・皆中深而左右淺・故左右別名爲个。考工記但言五室・則四堂皆三分太廟與左右个・亦不待言而明也・（明堂一面・正與路寢同制・明堂之太廟・猶路寢之堂・明堂之左个右・猶路寢之東堂西堂・明堂之堂太室・猶路寢之室・明堂每一面之二隅室・猶路寢之夾室・明堂左右个・不與太廟同深・猶路寢東堂西堂不與同堂深・）月令但言太室・使無四隅之室・則惟四太廟有後壁・而八个竟無後壁矣・其有四隅之室・又不待言而明也・考工記月令脗合如此・信考工記安得不信月令耶・汪氏又以聖人南面而聽天下・天子之居・不得四時易位・然明堂位・夷蠻戎狄之國在四門外・使明堂惟南面一堂・則在東門西門北門之外者・或朝堂背・或朝堂側矣・來朝者不必盡北面・則天子不必恒南面可知也・月令不可信・明堂位亦不可信耶・呂氏著書・雖不盡述周制・而周制亦往往而在・況其與考工記明堂位皆相發明・安得而不信哉・

喪服說

喪服之大限三・期也・功也・緦也・其三年者・期之加隆焉者也・其大功小功者・功之分焉者也・上治下治・皆至三而止・旁治則有大功・有小功・至四而止也・三年問曰・至親以期斷・所謂至親者何也・喪服傳曰・父子一體也・夫妻一體也・兄弟一體也・此所謂至親也・子於父至親・本以期斷・其服三年者・加隆也・父本以期斷・則祖父當服功・其服期者傳曰・何以期也・至尊也・則亦加隆者・曾祖當服緦・而服齊衰三月・加隆其服・不加月數也・父於子至親・本以期斷・而爲長子三年・亦加隆也・爲衆子則仍以期斷也・子以期斷・則孫當服功・而爲適孫服期者・亦加隆也。爲庶孫仍服緦也・曾孫本當服緦・此則無加隆・而嫡庶無異矣・此上治下治・皆以三爲限・故服上至曾祖・下至曾孫・

而無高祖元孫之服也。

若夫旁治者。則分功服爲大功小功。至四而止。昆弟至親以期斷。不加隆也。由是旁殺。故從父昆弟大功。從祖昆弟小功。族昆弟緦也。父至親。本以期斷。加隆乃三年。世父叔父本當服大功。以其與尊者一體。（喪服傳文。）加隆而服期也。從祖父小功。族父緦。則不加隆也。祖父本當服功。加隆故服期。從祖父小功。族祖父緦。亦不加隆也。曾祖父加隆齊衰。而本當服緦。族曾祖父可以無服。然齊衰旁殺而遂無服。不可也。故服緦也。子服期。昆弟之子當服大功。而服期者。傳曰。報之也。以彼加隆於我。我不可不加隆於彼也。然本當服大功。故從父昆弟之子小功。從祖昆弟之子緦也。孫服大功。故昆弟之孫小功。然則從父昆弟之孫當服緦。而無服者。曾孫緦。故昆弟之孫無服也。其間參差不齊者有二焉。昆弟之曾孫無服。而族曾祖父有服。族祖父有服。而從父昆弟之孫無服。故學者疑焉。余竊推求禮意。而知族曾祖父本可無服。其有服者。以曾祖齊衰而非緦故也。從父昆弟之孫本可有服。其無服者。以昆弟之曾孫無服故也。此其參差不齊之故也。其所以旁治限以四。而上下治則限以三者。旁治之人必相見。而上見高祖。下見元孫者少也。後世於上治曾高祖之服。下治曾元孫服。又於旁治因族曾祖父有服。而增昆弟之曾孫之服。又因族父有服。而增從父昆弟之孫之服。使無參差不齊。然而非禮意矣。上治下治之三限。旁治之四限。程易田已得其解。而參差不齊之二事。則易田未解。故說此以明之。

書字說

凡書字用右手。故其勢向左。自蒼頡以來已然矣。象形之文。蒼頡所製。如火字象正視形。几字則象左側形。牛羊象正視形。馬鳥則象左側形。而無象右側形者。諧聲之字左形。右聲者多右形。左聲者少。皆由先左後右故也。篆變爲隸。則偏於左。如大字由中貫左。之字左昂右低。反之則不成字。且篆書用筆。始末皆圓。可以左右反而觀之。隸書筆鋒。始藏而末放。左右不同。尤與篆異矣。至於眞書草書。則落筆必偏而露鋒。譬之畫人。古文篆文。有正面者。有側於面左者。隸書眞書草書。則皆側左。而眞草尤側。其精神皆向左而背右。此無他。右手作字。勢必如是也。試以左手作字。則不如是矣。黃涪翁論書。言自左而右之筆。宜先自右而左。此乃於眞草中用篆法。涪翁嘗言。作眞行當看古篆。段茂堂論書。力持中鋒之說。獨謂點不可中鋒。中鋒則成墨團。（點之筆鋒必偏向前左。以右手點之。故向左也。手在面前。故向前也。此自然之勢也。）然凡寫字落筆。皆起於點。然後引而長之。點不可中鋒。則是此偏鋒而後中鋒耳。鍾繇變隸書爲眞書。其變處正在落筆偏鋒。實則漢人章草已如此。鍾繇用章草之筆以作隸書。遂成眞書也。自鍾繇眞書之後。至今不復變。以便於右手落筆故也。

廣州音說

廣州方音。合於隋唐韻書切語。爲他方所不及者。約有數端。余廣州人也。請畧言之。平上去入四聲。各有一淸一濁．他方之音．多不能分上去入之清濁．如平聲邕．（廣韻．於容切）容．（餘封切）一清一濁．處處能分．上聲擁．（於隴切）勇．（余隴切）去聲雍．（此雍州之雍．於用切．）用．（余頌切）入聲郁．（余六切）育．（余六切）亦皆一清一濁．則多不能分者．（福建人能分去入清濁．而上聲清濁．則似不分．）而廣音四聲．皆分清濁．截然不溷．其善一也．

上聲之濁音．他方多誤讀爲去聲．惟廣音不誤．如棒．（三講）似市恃．（六止）佇墅拒．（八語）柱．（九麌）倍殆怠．（十五海）旱．（二十三旱）踐．（二十八獮）抱．（三十二晧）婦．舅．（四十四有）斂．（五十琰）等字是也．又如孝弟之弟．去聲．（十二霽）兄弟之弟．上聲．濁音．（十二霽）鄭重之重．去聲．（三用）輕重之重．上聲．濁音．（二腫）他方則兄弟之弟．輕重之重．亦皆去聲．無所分別．惟廣音不溷．其善二也．（李登書文音義便考私編云．弟子之弟．上聲．孝弟之弟．去聲．輕重之重．上聲．鄭重之重．去聲．愚積疑有年．遇四方之人亦算夥矣．曾有呼弟重等字爲上聲者乎．未有也．案李登蓋未遇廣州之人而審其音耳．）

侵覃談鹽添咸銜嚴凡九韻．皆合脣音．（上去入聲倣此）．他方多誤讀．與眞諄臻文殷元魂痕寒桓刪山先仙十四字無別．如侵讀若親．覃談讀若壇．鹽讀若延．添讀若天．咸銜讀若閑．嚴讀若妍．（御定曲譜於侵覃諸韻之字．皆加圈於字旁以識之．正以此諸韻字．人皆誤讀也．）廣音則此諸韻．皆合脣．與眞淳諸韻不溷．其善三也．（廣音亦有數字誤讀者．如凡范梵之等字．亦不合脣．然但數字耳．不似他方字字皆誤也．）

庚耕清青諸韻．合口呼之字．他方多誤讀爲東冬韻．如此觥讀若公．瓊讀若窮．榮縈熒．並讀若容．兄讀若凶．轟讀若烘．廣音則皆庚青韻．其善四也．

廣韻每卷後有新添類．隔今更音和切．如眉．武悲切．改爲目悲切．緜．武延切．改爲名延切．此因字母有明微二母之不同．而陸法言切韻．孫愐唐韻．則不分．故改之耳．然字母出於唐季．而盛行於宋代．不合隋及唐初之音也．廣音則明微二母不分．武悲正切眉字．武延正切緜字．此直超越乎唐季宋代之音而上．合乎切韻唐韻．其善五也．

五者之中．又以四聲皆分清濁爲最善．蓋能分四聲清濁．然後能讀古書切語．而識其音也．切語古法．上一字．定清濁．而不論四聲．下一字．定四聲．而不論清濁．若不能分上去入之清濁．則遇切語上一字上去入聲者．不知其爲清音爲濁音矣．（如東．德紅切．不知德字清音．必疑德紅切未善矣．魚．語居切．不知語字濁音．必疑語居切未善矣．自明以來．韻書多改古切語者．以此故也．）廣音四聲．皆分清濁．故讀古書切語．瞭然無疑也．余考古韻書切語有年．而知廣州方音之善．故特舉而論之．非自私其鄉也．他方之人．宦遊廣州者甚多．能爲廣州語者亦不少．試取古韻書切語核之．則知余言之不謬也．朱子云．四方聲音多訛．卻是廣中人說得聲音尚好．（語類一百三十八．）此論自朱子發之．又非余今日之創論也．至廣中人聲音之所以善者．蓋千餘年來．中原之人．徙居廣中．今之廣音．實隋唐時中原之音．故以隋唐韻書切語核之．而密合如此也．請以質之海內審音者．

牂牁江考

牂牁江者．今廣西紅水河．首受南北兩盤江．東南流曰都泥江．曰潯江．曰龔江．入廣東界曰西江．至廣州府境．分數支入海．史記西南夷傳云．南粵食唐蒙蜀枸醬．蒙問所從來．曰．道西北牂牁．牂牁江廣數里．出番禺城下．（漢書．牁作柯．）此由今廣西紅水河．順流至廣東番禺縣也．又云．發巴蜀卒治道．自僰道指牂牁江．按僰道．爲今四川宜賓縣城．（唐書地理志．越嶲郡遂久下云．繩水東至僰道入江．繩水今金沙江也．至宜賓縣入江．）此治道．由宜賓而南至貴州大定府西南境．則得北盤江也．華陽國志云．周之季世．楚威王遣將軍莊蹻．泝沅出且蘭以伐夜郎．植牂牁繫船．因名且蘭爲牂牁國．（史記正義引華陽國志．與今本小異．而與後漢書同）後漢書水經注畧同．（莊蹻．後漢書作莊豪．）按且蘭．今貴州都勻縣　沅水所出．縣南之水．南入紅水河．紅水河爲牂牁江．明矣．漢書地理志．無牂牁江之名．益州郡毋掇縣下云．橋水首受橋山．東至中留入潭．過郡四．行三千一百二十里．此今紅水河．首受北盤江．（橋山．今雲南霑益州西北境．花山．北盤江所出．）東至象州．與柳江合．即牂牁江也．（水經注云．地理志曰橋水．東至中留入潭．又云．領方縣又有橋水．余診其川流．更無殊津．正是橋温亂流．故兼通稱．作者咸言．至中留入潭．潭水又得鬱之兼稱．而字當爲温．非橋水也．蓋書字誤矣．澧按酈以班志橋水入潭．橋字爲温字之誤．又以班志言入潭．爲即入鬱．由其以今紅水河爲鬱水．以今南盤江爲温水．於是班志所云．橋水入潭．行三千餘里者．無水可以當之．故以爲字誤．以爲兼稱耳．其鬱水温水之誤．辯見下文．其引地理志領方縣橋水．以爲更無殊津．亦誤也．地理志領方橋水．字不作橋．其水爲今廣西上思州明江．與紅水河相去遠矣．）

考牂牁江者．其說不一．其誤則自酈道元始．酈云．温水自夜郎縣西北流．逕談藁縣．又西逕昆澤縣南．又逕味縣．又西南．逕滇池城．池在縣西北．此指今南盤江也．（酈氏以南盤江爲温水．非漢志温水．漢志牂牁郡鐔封下云．温水東至廣鬱入鬱．今廣西西林縣同舍河也．其源流甚短．若以爲南盤江．則源遠流長．漢志不應不記里數矣．）又云．鬱水即夜郎豚水也．東北流逕談藁縣．東逕牂柯郡且蘭縣．謂之牂柯水．又逕鬱林廣鬱縣．爲鬱水．如其言．此豚水與所云温水．同出一縣．而豚水東北流．今北盤江與南盤江．同出雲南霑益州．而北盤江東北流．則酈所謂豚水者．今北盤江也．酈以其下流爲牂柯水．是所謂牂柯水．亦指今紅水河．未誤也．而以豚水爲牂柯水上源．以鬱水爲牂柯水下流．乃大誤矣．漢志．牂柯郡夜郎下云．豚水東至廣鬱．鬱林郡廣鬱下云．鬱水首受夜郎豚水．東至四會入海．按鬱水者．今廣西西洋江下流．曰鬱江也．豚水者．今西洋江所受泗城府水也．（夜郎．今泗城府治．凌雲縣也．廣鬱．今百色廳也．百色廳以下之西洋江．爲漢志鬱水．西林縣同舍河．及縣東南至百色之西洋江．爲漢志温水也．西林爲漢鐔封縣・同舍河逕西林東界・凌雲西界・故漢志溫水屬鐔封・水經則云・夜郎溫水・各舉一縣耳・又漢志俞元縣下云・池在南・橋水所出・東至毋單入溫・行千九百里・此今南盤江也・池者・今南盤江上源中延澤也・南盤江與北盤江・同出霑益州之花山・爲漢志之橋山・漢志於毋掇橋水云・首受橋山・其俞元橋水・上有池・則但以池爲橋水所出・其實池水源出橋山・故毋掇俞元兩大水・皆名橋水矣・南盤江不與同舍河通流・志言俞元橋水入溫・誤也・勝休縣下云・河水東至毋掇入橋・此今貴州興義縣馬別河・及廣西西隆州北境之南盤江・東至凌雲縣北境・與北盤江合也・俞元橋水爲南盤江・自中延澤西南流屈東止流・與馬別河合・志文當云入河・其云入溫者・殆班氏之誤歟・抑傳寫者疑河爲黃河・非益州之水所得入・而水經注云・橋水上承俞元之南池・至毋單縣・注於溫・遂據以改班志歟・所未詳也・）

廣西水道・分左江右江・鬱江爲左江・紅水河爲右江・酈以豚水爲牂柯水上源・是移左江水爲右江水上源也・又以鬱水爲牂柯水下流・是又移左江水爲右江水下流也・其誤甚矣・

尋酈氏所以致誤者・由據莊蹻泝沅伐夜郎・而沅水出且蘭・遂謂夜郎豚水逕且蘭・不知莊蹻所伐者・古夜郎國也・豚水所出者・漢夜郎縣也・史記漢書並云・西南夷君長以什數・夜郎最大・莊蹻泝沅至且蘭・乃甫至其國北境耳・若漢夜郎・乃牂柯郡之一縣・其縣固必在夜郎國境內・然豈必在其國之北境耶・酈誤以莊蹻所至爲漢夜郎縣・遂以漢夜郎縣之豚水爲牂柯水上源・又以漢志言鬱水首受豚水・遂以鬱水爲牂柯水下流矣・史記索隱云・地理志・夜郎又有豚水・東至四會入海・此牂柯江也・亦與酈同誤也・又今紅水河無支分之水・而酈云牂牁水又東南・逕毋斂縣西・毋斂水出焉・

又水經云・存水出犍爲郁鄢縣・東南至鬱林定周縣・爲周水・又東至潭中縣・注于潭・酈云・毋斂水首受牂牁水・東注於存水・此並誤也・漢志・牂柯郡毋斂下云・剛水東至潭中入潭・此今廣西融縣西北境背江也・東至縣東境入柳江・又鬱林郡定周下云・水首受毋斂・東入潭・此今廣西思恩縣・龍江首受貴州荔波縣勞村江・東入柳江・酈所云毋斂水・不知其指・今背江歟・抑指今勞村江歟・然二水皆非首受北盤江也・酈注又云・牂柯水又東・驩水出焉・又云・驩水源上承牂柯水・東逕增食縣・而下注朱涯水・又東北逕臨塵縣・入領方縣・注鬱水・此又誤也・漢志・鬱林郡增食下云・驩水首受牂柯・東界入朱涯・此今廣西歸順州水・乃麗江之北源也・鬱林郡臨塵下云・朱涯水入領方・此今廣西龍州廳龍江・乃麗江之南源也・此二水與紅水江・中隔鬱江・豈得越鬱江而上承紅水江耶・漢志言・驩水首受牂柯東界者・言此水源出牂柯郡東界地・非謂首受牂柯水・漢志無牂柯水之名也・酈氏誤讀漢志耳・（漢牂柯郡地・可以水道約略定之・其故且蘭沅水・爲今貴州都勻縣沅水・其鐔封溫水・爲今廣西西林縣同舍河・其毋斂剛水・爲今廣西融縣背江・其夜郎豚水・爲今廣西泗城府水・又鬱林郡定周水・首受毋斂・爲今廣西思恩縣龍江・首受貴州荔波縣勞村江・又益州郡俞元縣橋水・至毋單入溫・爲入河之誤・即今南盤江・至廣西西隆州與馬別河合・並已見前文・其鐔縣鐔水・

今貴州貴陽府北境烏江也・志云・鄨水入沅・今烏江入沅之瀆已湮也・其西隨縻水・今雲南元江州河底江也・其都夢壺水・今雲南寶甯縣南境普梅河・入越南國境曰宣化水也・其句町文象水今廣西天保縣泓滰江也・又有盧唯水・來細水・伐水・今雲南土富州者郎河・及廣西小鎭安廳下勞村那旺村諸水也・又益州郡銅瀨縣迭水・至談藁入温・今雲南寶甯縣西洋江上源・至廣西西林縣南境與同舍河合也・是漢牂柯郡地・北至今貴州貴陽府境・南至今越南國境・西南至今雲南元江州境・西至今廣西融縣・東南至今廣西泗城府境・東北至今貴州都勻縣荔波縣境・及廣西融縣境・東南至今廣西天保縣境・此漢牂柯郡界也・驩水爲今歸順州水・歸順州在天保縣西南・故爲牂柯郡東界矣・凡今所考漢志水道・及考酈注之誤・詳見澧所著地理志水道圖說・水經注西南諸水考・）酈氏北朝人・未諳南方水道・故其書於今雲貴兩廣諸水。多不合・近人考牂柯江者・又或以爲貴州烏江・或以爲廣西柳江・烏江則入江・不至番禺・柳江則距僰道太遠・皆與史記漢書不合・其誤易見・斯不必辯矣・

黑水入南海解

禹貢黑水・前儒之說不一・嘗綜諸說而攷之・則以爲今雲南潞江者是也・潞江上源曰哈喇烏蘇・蒙古謂黑曰哈喇・謂水曰烏蘇・水道提綱言・其水色深黑・是黑水之黑・古今不變也・哈喇烏蘇源出西藏哈喇池・東流至喀木境・其地東直華山之蓋・禹貢梁雍二州之界・三危當在其境矣・自喀木屈南流・爲禹貢梁州・西界至雲南曰潞江・又南出雲南徼外・入于南海・以今證古・無疑義矣・說者以雍州黑水・與梁州黑水爲二水・然雍州・經文云・三危既宅・則道水云至于三危者・在雍州境・而雍州不近南海・其入于南海・必過梁州・不能分爲二也・禹貢以山水明九州之界・青徐同一・岱荆豫同一・荆青徐揚同一・海徐揚同一・淮兗豫雍同一河・且雍州不但曰河・而曰西河・以明在冀州西界・（雍州云西河・則兗州之河爲東河可知・）若雍梁各一黑水・豈得漫無分別・其爲二州同一黑水明矣・（又有謂道黑水・非雍非梁・而分爲三者・尤不足辨・）或疑雍州之水過梁州・則必越河・然雍州之南・以河南界・經無明文・其說本屬臆斷・且哈喇烏蘇・源出河源之西・又未嘗越河也・如以州境太廣爲疑・亦不必疑也・九州之地・大小不同・雍州東至西河・西北至弱水・較兗徐二州之廣・已將三倍・又安見其西南境・不更廣數百里至喀木乎・（雍州界至喀木・則河源在雍州境內積石・爲今大雪山・其山綿亘千里・經言・導河積石・即是河源・昔人以爲河源不始於積石者・非也・河源爲禹蹟所及至・則在雍州境內・可無疑也・）梁州南境・則非直至南海・故梁州・經文不言南海也・又鄭注及漢書地理志・皆可爲黑水即潞江之證・地理志於禹貢諸水・必謹志之・獨不志黑水・（惟益州郡滇池縣・下云・有黑水祠・蓋漢時黑水・不在中國・故立祠於滇池望祀之・）鄭注云・今中國無也・攷漢志青蛉縣下・所載僕水・爲今之瀾滄江・漢地至此而止・又西則爲徼外地・（詳見澧所著漢書地理志水道圖說・）潞江在瀾滄江之西・所行皆漢徼外地・故班志不載・而鄭注以爲中國無矣・是黑水爲潞江・斷斷然也・（班

氏鄭氏・不言黑水所在・是蓋闕之義・至若杜氏通典云・年代久遠・遂至湮沒・則非也・梁州西境皆山・與沙土平曠之地不同・水流何能湮沒・言湮沒・則必自雍州西出徼外・至流沙而沒矣・然當其未沒・則必並流沙而西南繞出哈喇烏蘇上源之西・過前藏西境・後藏東境・乃能入于南海・梁州西界必不至此也・）

說文聲表序

上古之世・未有文字・人之言語・以聲達意・聲者肖乎意而出者也・文字既作・意與聲皆附麗焉・象形指事會意之字・由意而作者也・形聲之字・由聲而作者也・聲肖乎意・故形聲之字・其意即在所諧之聲・數字同諧一聲・則數字同出一意・孳乳而生・至再至三・而不離其宗焉・澧少時讀說文・竊見此意・以爲說文九千餘字・形聲爲多・許君既據形分部・創前古所未有・若更以聲分部・因聲明意・可以羽翼許書。乃以暇日爲之編次・以聲爲部首・而形聲之字屬之・其屬字之次第・則以形之相益爲等級・以意之相引爲先後・部首之音相近者・其部亦以類聚・依段氏古韻。定爲十七卷・其後讀戴東原書・知其嘗疊段氏爲此書・謂以聲統字・千古奇作、竊自幸所見不謬於前人・又聞姚文僖公・及張臬文・錢溉亭・皆嘗爲此・求其書讀之・錢氏書不可得・姚氏書改篆爲隸・張氏書則爲古韻而作・與澧所編之意不同・遂存此編・弗忍棄也・

澧嘗欲爲箋・附於許君解說之下・以暢諧聲同意之旨・其後更涉他學・不暇爲此・姑俟異日・古人有自悔其少作者・澧編此書・年未三十・然本昔人之意・非自出臆見・雖未必爲奇作・世之治小學者・或有取焉・不必悔也・其書有等級・故名曰聲表・吾友桂君星垣見而愛之・欲刻於版・而屬澧自序其意・遂筆於卷端云爾・

等韻通序

等韻之學・其源出於切語而有異同・余爲切韻表・因明白矣・嘗就而論之・以爲字母標雙聲之目・呼等析疊韻之條・縱橫交貫・具有苦心・然三十六母・既據當時之音・於隋唐以前・切語之法・稍有併省・又等之云者・當主乎韻・不當主乎聲・乃等韻家則因字母而定四等・於是考之韻書・有異部而同等者・有同部同類而異者・加以舌頭舌上・重脣輕脣・唐韻時沿古音・而後人不解・益以滋惑・由是憑切憑韻・莫能畫一・而門法興焉・立一法而猶有不合・又立一法以補救之・而法與法且自爲矛盾・彼徒欲使古書切語・盡合等韻・而不能泯其參差之迹・故爲此遷就之說・而學者愈無所適從・所謂治絲而棼之者也・

自元明以來・作者又多・據當時之音・各矜神悟・各出新制・而實未嘗明等韻本法・或且雜以方音・而其法愈不可訓・此初學所以惶惑・而高明所以厭棄也・余謂聲韻・齊梁陳隋之際爲最密・其後愈降而愈混・三十六母・已爲唐季之音・而等韻家因以立法・其不能盡合隋以前之音者勢也・元明以後・復不能盡合唐季宋代之音者亦勢也・今就等韻本法而推究立法之故・表其所長・而祛其流弊・爲書一卷・曰等韻通・通也者・通其所通・且通其所不通也・覽此編者・其

亦有以見余之苦心也夫．

切韻考自序

自叔孫然始爲反語雙聲叠韻．各從其類．由是諸儒傳授．四聲韻部作焉．而陸氏切韻．實爲大宗．蓋自漢末以至隋代．審音之學．具於斯矣．唐季沙門．始立三十六字母．分爲等子字母之名．雖由梵學．其實則據中土切音．然音隨時變．隋以前之音．至唐季而漸混字母等子．以當時之音爲斷．不盡合於古法．其後切語之學漸荒．儒者昧於源流．猥云出自西域．至國朝．嘉定錢氏．休寧戴氏．起而辨之．以爲字母即雙聲．等子即叠韻．實齊梁以來之舊法也．二君之論．既得之矣．澧謂切語舊法．當求之陸氏切韻．切韻雖亡．而存於廣韻．乃取廣韻切語上字系聯之．爲雙聲四十類．又取切語下字系聯之．每韻或一類．或二類．或三類四類．是爲陸氏舊法．隋以前之音．異於唐季以後．又錢戴二君所未及詳也．於是分列聲韻．編排爲表．循其軌迹．順其條理．惟以考據爲準．不以口耳爲憑．必使信而有徵．故寧拙而勿巧．若夫廣韻之書．非陸氏之舊．廣韻復有二種．近代傳刻．又各不同．乃除其增加．校其譌異．雖不能復見陸氏之本．尚可得其體例．又爲通論．以暢其說．蓋治小學必識字音．識字音必習切語．故著爲此書．庶幾明陸氏之學．以無失孫氏之傳焉．後出之法．是爲餘波．別爲外篇．以附於末．於時歲在壬寅道光二十有二年也．

聲律通考自序

周禮六律六同．皆文之以五聲．禮記五聲六律十二管．還相爲宮．言聲律者．此兩言盡之矣．自漢以來．至於趙宋．古樂衰而未絕．惟今之俗樂．有七聲而無十二律．有七調而無十二宮．有工尺字譜．而不知宮商角徵羽．余懼古樂之遂絕也．乃考古今聲律爲一書．蓋自周禮三大祭之樂．爲千古疑義．今考唐時三大祭．各用四調．而周禮乃可通．以此知古樂十二宮．本有轉調．又據隋書及舊五代史．而知梁武帝萬寶常．皆有八十四調．宋時姜堯章最爲知樂．乃謂八十四調出於蘇祇婆琵琶．近時凌次冲著燕樂考原之書．遂沿其誤矣．又古樂十二律．立法簡易．後人衍算術．說陰陽．皆失其旨．今爲辨正．以祛其惑．至唐宋俗樂．凌氏已徵引羣書．披尋門徑．然二十八調之四均．實爲宮商角羽．其四均之第一聲．皆名爲黃鐘．凌氏於此未明．故其說尚多不合．且宋人以工尺配律呂．今人以工尺代宮商．此今人失宋人之法．律呂由是而亡．凌氏乃以今人之法駁宋人．此尤不可不辨者也．

若夫古今樂聲高下．則有隋志所載歷代律尺．皆以晉前尺爲比．而晉前尺．則有王厚之鐘鼎欵識．傳刻尚存．今依尺以製管．隋以前樂律皆可考見．宋史載王朴律準尺．亦以晉前尺爲比．又可以晉前尺求王朴樂．由是以王朴樂求唐宋遼金元明樂．高下異同．史籍具在．可以排比勾稽而盡得之矣．至於晉泰初之笛．可仿而造．唐開元之譜．可按而歌．古器古音．千歲未泯．更非徒紙上之空談也．自念少時．惟好世俗之樂・老之將至・因讀凌氏書・考索故籍・覃思踰年・始得粗通此樂・其中參差變易・紛如亂絲・細如秋毫・故多爲圖表・使覽者易明焉・繕寫甫成・再值兵燹・幸未亡失・當此亂離之際・何暇言樂・惟當存此一編・以今曉古・以古正今・庶幾古樂不墜於地・其有疏謬・俟知音者正之爾・咸豐八年十月・

漢西域圖考序

李恢垣吏部以所著漢西域圖考屬爲序・余讀之累月・乃言曰・昔之考地理者・詳於九州之內・而畧其外・李君之書・自漢敦煌關外西北二萬餘里至大秦・又西北至於海西南萬餘里至安息・又西南至於海・其間國土以百數・若指諸掌・自漢至今・史傳説部・以至沙門之記錄・外夷之圖畫・靡不綜核・方言譯語・侏離啁哳・同地異名・同名異文・靡不貫串・可謂奇書矣・

雖然・李君著書之意・豈欲以是爲奇哉・兩漢西域傳所載・最遠者大秦安息・今則大秦之外・西北海濱之人・奪據天竺・距雲南僅千餘里・自中國罷兵議欵・增立互市・游行天下・而館於京師・安息之外・西南海濱之人・入中國千餘年・生育蕃多・散處諸行省・近且擾亂關隴・用兵未休・嗚呼・其爲中國患如此・而中國之人・茫然不知其所自來・可不大哀乎・古人之書・大都有憂患而作也・今日之患・爲千古所無之患・李君之書・遂爲今日所不可無之書・豈徒以其奇而已哉・余昔著書考漢地理・至敦煌關外而止・嘗以爲古之考地理者・當詳於九州之內・今之考地理者・當及於九州之外・余病未能也・此所以讀李君之書・爲之感歎而不置也・

贈王玉農序

余同年東莞王訓導・有子曰玉農・來謁・出所著書一帙・考覆三禮・兼及漢制・余閱之・喜而不寐・今世之士・治經者寡矣・治三禮者更寡矣・能以三禮考史志・殆無其人・何意得之年家子哉・問其學何所受・則曰・先人教讀三禮・分類而考之・余於是益歎其家學之善・而余於同年之友・未及奉教爲可惜也・玉農所著書凡二十四篇・有是者・有非者・有是非未可定者・然玉農所學之善・不在一篇一句之是非・在能分類讀三禮耳・

鄭君禮書目錄・每篇必曰・此於別錄屬某禮・然則劉向固已分類錄禮記・鄭君述之・示人以讀禮之法也・其後孫炎改禮記徵撰類禮・及朱子儀禮經傳通解・江愼修禮書綱目・秦文恭五禮通考・皆別錄之法也・抑大分之中・又有細分者焉・儀禮賈疏・每一節必釋之曰・自此至某論某事・亦示人以讀禮之法也・其後杜君卿通典・馬宛斯繹史・所載儀禮・皆節節分之・朱子儀禮經傳通解・張稷若儀禮鄭注句讀・吳中林儀禮章句・亦節節分之・皆賈疏之法也・既節節分之・則可逐節繪出之・於是楊復齋張皋文・皆爲儀禮圖・既節節分之・則可以此一節與彼一節比較之・於是朱笥河凌次仲・皆爲儀禮釋例・韓文公謂儀禮難讀・至有圖有例・而儀禮易讀矣・然而圖與例・亦本於鄭注賈疏・士冠禮・筮人右還即席・鄭注云・右還北行就席・賈疏云・以主人在門外之東

南．席在門中．故知右還北行．若此之類．非鄭君皆有圖乎．冠者奠觶于薦東．鄭注云．凡奠．爵將舉者於右．不舉者於左．賈疏云．將舉者於右．謂若鄉飲酒鄉射是也．此文及昏禮贊醴婦．是不舉者於左也．若此之類．非釋例乎．蓋禮學固未有能出鄭賈之範者也．夫以三禮之繁博參錯．非分類而讀之．且大分之．而又細分之．必不能得其條理．而析其異同．譬之考天官者．必分三垣二十八宿．否則盈天之星．執管而一一窺之．終不能識也．考地理者．必分三條四列．否則盈天下之郡縣．按籍而一一考之．終不能明也．故分類者．凡讀書之法皆然．非止讀三禮爲然也．玉農既得分類之法．將盡讀天下之書可也．

抑禮學更有進於此者．分類者禮文也．禮文之中．有禮意焉．不可不知也．不明禮文．不可以求禮意．然明禮文而不明禮意．則或疑古禮不可行於後世．不知古今禮文異而禮意不異．禮意即天理也．人情也．雖闊百世不得而異者也．夫不觀鄭君之注乎．士冠禮．筮于廟門．注云．于廟者．重以成人之禮成子孫．于門者．嫌蓍之靈由廟神．其字字有精意如此．主人戒賓．注云．古者有吉事．則樂與賢者歡成之．有凶事．則欲與賢者哀戚之．其事事深合人情又如此．注又引冠義曰．古者冠禮．筮日筮賓．所以敬冠事．敬冠事所以重禮．重禮所以爲國本．如此之類．鄭君以禮記注儀禮．即朱子所謂儀禮爲經．禮記爲傳也．儀禮．禮之文也．禮記．禮之意也．國朝儒者之於禮學．爲宋以後所不及．然考證禮文者多．發明禮意者少．玉農能讀三禮．吾願玉農守其先人分類之法．以明禮文．進而求之鄭君朱子之法．以明禮意．及此盛年．專力爲之．其所成就不可限量．如余者．考索半生．而後知之禮記．所謂時過然後學．則勤苦而難成者也．今且老矣．雖知之而不能學矣．書其說以贈玉農．玉農勉之哉．

綴玉集序

東莞陳君友珊言．其鄉蔡君守白．用玉臺新詠詩題．集玉臺新詠句．爲五律二百餘首．工妙不減黃石牧香屑集．蔡君歿已久矣．舊有刻板．欲印以貽朋好．余聞之．願先睹爲快．後數日．友珊復與蔡君之姪煦春來．以舊印本示余．循覽一過．歎其工巧．誠如友珊之言．其中有與唐律平仄密合者．其拗調亦唐律所常有．亦有唐律不用之調．則齊梁體也．其工巧之句．如夜夜有明月．纖纖如玉鉤．寶瑟玫瑰柱．水綸翡翠鉤．春風起春樹．春草醉春煙．常恐新間舊．非關醜易妍．新花滿新樹．垂柳復垂楊．坐使紅顏變．誰憐綠葉香．日照鴛鴦殿．春生鴟鵲樓．蜘蛛檐下挂．楊柳月中流．故燕飛檐別．吟蟲遶砌鳴．明珠翠羽帳．綺井白銀牀．迎風初引袖．就水更移牀．片月窺花簟．流輝曜玉牀．其屬對工整如此．更有切題甚精細者．如採蓮云．藕異心無異．君愁我亦愁．鏡臺云．表裏鏤七寶．分明無兩心．相逢行云．寸心百重結．千里一相逢．詠燈云．惟餘一兩焰．共事二三年．詠畫扇云．畫作秦王女．圖爲河洛神．許持自障面．將去復回身．詠舞云．裾開見玉趾．鬟轉帀花鈿．圍腰無一尺．長袖曳三街．見人織聊爲之詠云．多逢蕩舟妾．何處織縑人．擣衣云．悲響答愁歎．廣欄含夜陰．新縑疑故素・朗杵叩鳴砧・自君之出矣云・可憐方二八・何事久西東・初爲三載別・終是一人眠・爲人述夢云・沈思鍾萬里・信誓貫三靈・賦得蕩子行未歸云・此土非吾土・應歸遂不歸・邵匣擘歌扇・開箱見別衣・雖刻意自爲之・亦不易得此・信乎工巧之極矣・其姪屬爲序・余以既有兩序・可不必再序・乃摘最精妙之句・書於卷端・其餘尙美不勝收耳・

重刻琅邪臺秦篆拓本跋

天下石刻最古而無疑議者・惟琅邪臺秦篆詔書・獨完存於世・拓本難得・翁覃溪集中有此碑・跋尾云・壬子夏・按試青州・訪諸學官弟子・有段生松岑・諾爲拓之・時以夏秋・海水盛長不可往・阮文達公集中有此碑拓本・跋云・琅邪臺・在諸城縣治東南百六十里・東南西三面環海・臺上有海神祠・秦碑在焉・拓時須天氣淸朗・否則霧重風大・拓不可成・觀此・可知拓本之所以難得矣・宋熙寗九年・東坡守高密・摹刻於超然臺・高密距琅邪僅百餘里・尙摹而刻之・葢亦以椎拓之難故也・今去東坡八百餘年・嶺南又遠隔數千里・學篆者欲求拓本一紙而不易覯也・余昔時得一紙・凡十二行・鈎摹者屢矣・後借得友人二本・亦十二行・葢皆孫淵如所拓・與余所藏本互相比較・審諦摹成定本・適得百年前斷碑無字者・其石堅厚無匹・乃刻而置之學海堂・近日廣州人士多學篆書者・可以得秦篆之法矣・余旣題記刻秦篆・不復詳述於新拓本後・

書江艮庭徵君六書說後

江徵君六書說・惟轉注異於常解而義甚確・古之說轉注者・如衞恆四體書勢・賈公彥周禮疏・皆以爲互相訓釋・段懋堂謂漢以後釋經謂之注・出於此・然以許君之說按之・則於建類一首之恉不合・如老者考也・考者老也・老爲部首・是建類一首矣・如祜福也・福祜也（此據大徐本・）祜福同一部・猶可謂之一首・若气・雲气也・雲・山川气也・則兩部首互訓矣・若高崇也・崇・嵬高也・可・肎也・肎・可也・（此釋言文・說文止解爲骨閒肉・而未及引伸義・）則彼部之字・與此部首之字互訓矣・何以爲一首乎・爾雅釋詁第一條・初哉首基・肇祖元胎・俶落權輿始也・則數部之字互訓矣・又何以爲一首乎・建類一首之文・與下其建首也・立一爲耑・畢終於亥之文相應・必非偶然相涉・即以爲相涉・非建首之謂然・如初哉首基等字・義同一類・可云建類・亦不可云一首・何也・始者・女之初・引伸爲凡初之義・猶初者裁衣之始・才者木之始・（哉・說文云・言之閒也・凡經典訓初之哉字・皆才之假借・）引伸爲凡始之義・必謂某字爲某字一部首・於義未安・爾雅之例・如君也・大也・有也・至也・之等・皆以恆言易解之字釋經典・不易解之字・使謂君爲林烝后辟之首・善爲儀若祥淑之首・可乎・且林烝后辟自訓君・儀若祥淑自訓善・又豈愛君恤善之意・而後得爲君爲善乎・此幷於同意相受・亦不可通者也・如江氏之說・則建一部之字・以一爲首・元天等字同有一意者・胥受一字□□而以一推之・五百四十部皆然・一首者・一部中

自數字以至數十百字．惟以一字爲首也．非如互訓之說始可爲首．初不可爲首．哉亦可爲首也．

且如江氏之說．尤可見製字之精義．何也．形聲者．與文所謂从某某聲也．如江河以水爲形．以工可爲聲也．然轉注之字或不兼形聲．（如天字从大聲．□不从自聲）．形聲之字則必兼轉注．祇明其爲形聲．則祇知其从某之形．而不知从其形即受其意也．有江氏之說．而後某聲之與从某．其意相屬．乃見製字之意．段懋堂謂會意形聲兩兼之字殊多．已見及此義．獨不知爲轉注形聲之兼．而誤認爲會意．遂往往有不可通．如禮从豊聲．豊行禮之器也．从示．轉注之則事神之意見．福从畐聲．畐滿也．从示轉注之則福備之意見．然不可云會意者．會意必如人言止戈兩字駢屬．而不可云示豊爲禮．示畐爲福也．然則江河即轉注．何必更舉考老曰轉注．以部首之文．注部中之字．所謂孳乳而浸多．故謂之轉．若云水江是也．水河是也．則可矣．然而不詞矣．且考者老也．老者考也．尤同意之□切者也．戴東原謂指事象形形聲會意四者．爲字之體．轉注假借二者．爲字之用．段懋堂謂宋以後言六書者．不知轉注假借．所以包括詁訓之全．乃謂六書爲蒼頡造字六法．如江氏之說．則轉注誠造字之法．而非詁訓．又假借如本有正字．而經典相承用假借字者．則用字之法．若西字來字本無正字．假借烏栖來麥之字．安得謂非造字之法乎．則謂六書爲造字六法又可譏乎．蓋六書者字之體．詁訓者字之用也．得江氏轉注之說而益信者也．（江氏之說．蓋本於徐楚金說文繫傳．繫傳云．轉注者．建類一首同意相受．謂老之別名．有耄．有耋．有壽．有耆．又孝子養親是也．耆．謂此孝等諸字．皆取類於□引．皆從老．又云轉注立字之始．類於形聲．此即江氏之說也．惟又云□依爾雅之類言之．耆耄耋壽．老也．又老壽耋耄耆．可同謂之老．老亦可同謂之耆．似又涉互訓之解．但此欲明部中之字．與部首之文同意．而借爾雅之例以爲說．仍非以爾雅異部互訓爲轉注也．）

逐啓諆鼎銘跋

銘云．博伐玁狁．于洛之陽．案水北爲陽．洛水之北．今陝西靖邊保安二縣地也．博伐玁狁之文．與詩六月篇同．（博．疑即薄字．）此當與尹吉甫伐玁狁同一事．（此銘云．十有三年．竹書紀年．尹吉甫伐玁狁．則在宣王五年．竹書紀年非古本．不足據．）詩云．王于大原．毛鄭不詳其地．後儒之說．亦未確以此銘證之．蓋即洛之陽矣．何以明之．水經注．引春秋說題辭云．高平曰太原．（禹貢僞孔傳同．）又引尚書大傳云．大而高平者謂之太原．按尚書禹貢之太原．春秋之大原．（公羊穀梁春秋作太原．左氏春秋作大鹵．而傳則曰太原．）皆今山西太原府地．其地南則汾水南流．北則桑乾北流．東則滹沱東流．西則六澗河嵐漪河蔚汾河皆西流．水勢分流．是其地勢甚高．故謂之太原也．此銘之洛陽．爲今陝西靖邊保安二縣地．南則洛水南流．北則通哈拉克河北流．東則青澗河濯筋河東流．西則惠安堡河西流．其水勢分流．地勢之高．與山西太原同．故亦謂之太原也．詩於玁狁來侵云．至于涇陽．鄭箋云．涇水之北．爲今陝西涇陽淳化三水諸縣地．周師伐之．玁狁敗歸．於是追數百里．至靖邊保安二縣地乃還．其地爲今陝西北界．蓋即周時邊徼．玁狁由此北入河套．出則徼外矣．故毛傳云．逐出之也．得此銘與詩合而觀之．玁狁南侵．則至涇陽．周師北伐．則至洛陽．當時用兵之地．歷歷可指矣．

葉東卿封翁得此鼎．自京師寄示拓本．時道光丁未二月．夷寇欲入廣州省城不果．乃退．讀此銘．但有感歎．爰跋其尾．

書僞韓文公與大顛書後

韓文公以諫迎佛骨貶潮州．而與僧大顛來往．此實公之過也．宋人遂僞作公與大顛三書．刻於石．歐陽永叔集古錄云．其以繫辭爲大傳．謂著山林與著城郭無異等語．宜爲退之之言．其後書吏部侍郎潮州刺史．則非也．退之自刑部侍郎貶潮州．流俗但知爲韓吏部．謬爲附益爾．歐公既知其官銜之謬．而不知其書之僞．殊不可解．豈有以其眞刻石．而坿益其官銜四字者乎．朱子韓文考異云．當時既謫刺遠州．未必更帶侍郎舊官．亦以其官銜爲附益也．大傳二字．及山林城郭之語．豈必韓公乃能言之耶．考異又云．最後一書．實爲不成文理處．或是舊本亡逸．僧徒所記不眞．致有脫誤．又云．決爲韓公之文．非他人所能作．朱子之說．尤不可解也．舊本既亡逸．但以後人所記不眞者刻之．猶可決爲韓公之文．非他人所作乎．朱子又引洪氏辨證云．吳源明曰．徐君平見介甫不喜退之．故作此文．方氏又云．周端禮曰．徐安國自言．年二十三四時．戲爲此．但君平字安道．而方云安國．未知便是君平否耳．此朱子引吳周二說．既有作僞者姓名．惟安道安國兩字不同．則猶爲疑詞．其意仍謂非他人所作耳．然人有兩字者甚多．朱子字元晦．亦字仲晦．何疑之有．韓公與孟簡書．述與大顛來往事云．與之語．雖不盡解．要自胸中無滯礙．以爲難得．所謂與之語雖不盡解者．韓公與大顛語．大顛不盡解也．胸中無滯礙者．大顛無滯礙也．此文義甚明．朱子則以爲大顛之語．韓公雖不盡解．亦豈不足暫空其滯礙之懷．此尤於文義不合矣．總之．責韓公不當與大顛來往則可．必欲與僞爲眞．則雖歐公朱子．不能掩後人眼目也．

錦雞賦有序

錦雞者．鵕鸃也．翠冠朱纓．符采照爛．性以文章自喜．時或臨川寫質．對鑑呈儀．則颯沓矜顧．翩翾起舞．振踊不已．目眩而斃．悲夫．矜其文而戕其身．是亦可以爲戒乎．乃爲賦曰．

維曾城之靈產．有五色之鵕鸃．出丹穴之文壤．鍾祝融之明曦．被綵緻以耀質．綷璘彬以爲儀．媲朱雀之表傑．拔衆禽而振奇．夫其文膺繡領．斑翎綺翼．高冠陸離．長翹赫赩．張翮若繢．振翰如織．顧翬鷂而失姸．匹孔翠而無色．懷美麗以自喜．乃憍蹇而志得．或陟峻嶺．或集長林．嬉翱原野．栖跱高深．擢輕軀以竦立．引員吭而揚音．忘藻翰之表暴．致雲罟之見侵．

於是虞機密張．方罫潛舉．飛不及翔．旋不及顧．思奮脫于網羅．惜擢落乎毛羽．諒見賞於采色．幸免災於刀俎．雖受羈于繩繳．甘投身而卑俛．洎解縛乎籠檻．爰生致乎華堂・免長翮之剪鍛・繫錦絲之舒揚・絕故栖之衆侶・戀秔稻之餘香・歷釦砌以徐步・窺綺疏而相羊・俯曲池之浩漾・仰寶鑑之淸光・見形影之照灼・紛炫晃于中央・倏瞵目以奮骹・矯龍躍而鳳蹌・

爾乃騰儀宛轉・紛葩霍濩・聳翅霞舉・規身電錯・舒峻尾以洩洩・揭雄冠以崿崿・颯將飛而中止・翩欲前而乍卻・始箕張而翼舒・終煙交而霧絡・觀者爲之目迷・見者爲之神愕・伊繁姿之衆變・咸色動而驚嗟・何斯鳥之雄艷・方效能而自多・甫抝怒以少息・復振迅而有加・矜厲疾之趫悍・競舞容之傲傞・雖惰窳而挺解・肯降歙而寢訛・鼓歘吸以如矢・交翮髾而若梭・慼氣盡而脈弛・乃眗轉而顛蹉・嗟毛質之已毀・紛披離而莫收・刮錦裂而綺碎・遡雨墮而星流・委塵壤之堀堁・摧厲風之颼飀・悲渥彩之暐煜・終潛穢于渠溝・惟秉心之㥄忲・乃輕玅而寡謀・爭文章之遠譽・忘慶瘁之近憂・徒畢力以炫燿・竭精爽而弗留・娭姿態之秀特・祇戕賊而自讐・何比采於鸞鳳・乃讓拙於鶌鳩・

翳羣物之芸生・咸有初其必弊・固懷寶以利見・亦狥名以階厲・守用晦以永貞・昧保身其何繼・惟斯鳥之多文・洵驚采而絕慧・匪怨毒之由人・實露才以自斃・盍潛處于山梁・託巢林以卒歲・勿竭明以自傷・宜有足而知衞・待三年而一飛・炳羽儀而下濟・絕雲氣以圖南・樂逍遙以沒世・

素馨燈賦

爾廼銅鋪秋艷・珠戶宵涼・銀燭無影・瓊花有光・掩蟾輪而鬭彩・飄鶴欲而飛香・綴瓏瓏於四照・含耿耿於中央・細掐細苞・匀排粉蔕・玉骨搓纖・霜棱剪鋭・紅洗醉於檳榔・白分姿於末麗・攢五出之奇葩・擅百華之姸製・

鸞鋮刺蕋・鳳勢裁枝・鏤月千孔・穿珠一絲・華蓋雙聳・流蘇四垂・仿筠蓋而樣小・織綵勝而紋差・絳蠟膏融・玉蟲穗結・胎裹冰涼・心烘雲熱・點流螢而欲墜・撲飛蛾而不滅・蟬翼薄而光通・麝煤濃而馥烈・

況復璇房深鎖・綺樹交加・嵌連錢於素壁・障銜燭以青紗・注荷莖而沁液・燦蘭炬以舒華・玫瑰樹樹・火齊家家・無將百枝影・移照玉鉤斜・

補楊孚南方草木贊

南粵地廣數千里・戶口數百萬・富甲天下・利盡南海・洵九州之上腴・天地之奧區也・夫其應牛女之分野・稟祝融之明暉・內阻蒼嶠・外環紫渤・千嶺之所廱絡・百川之所輸滙・隱轔屈律・渥衍滂沛・其中則生礦金璞玉・明珠大貝・神草靈木・珍禽偉獸・蠕行蟄處之羣・波棲水化之族・爾雅不能釋其名・山海不能悉其類・美矣茂矣・難測究矣・

且夫寶藏貨財・可以充府庫・羽毛齒革・可以利器用・山中果樹・畜之者致富・澗底藥草・得之者延年・是以材不徒豊・產不虛植・其小猶飛光騰文・熙天曜日・足以來文明於上國・張巨麗於南嶠・非夫荒忽詭譎・奇袤侈靡・無益於國・有病於民者也・

若夫織鳥羽以成罽・煎花藥以爲油・刻漏之表・小於鵝眼之錢・照形之鑑・大如龜趺之碣・極耳目之娛・殫機智之

巧·斯並島夷所通市·非粵地之所出也·而二三百年以來·紛牣宇內·窮泰極侈·害理傷俗·近又益以阿芙蓉·毒螫我萌庶·攘竊我金錢·於是天子震怒·羣公僉謀·將遂明罰·敕閉關斥旅·使海內蕩其瑕穢·百姓得其更始·而俗儒鄙夫·淺見寡聞·以爲別異蠻夷·屛絕器物·是琛賮不通於上國·而貢稅不止於大府也·

嗚乎·巍巍聖清·芒芒海宇·版圖廓於職方·包篚邁乎禹貢·番禺一都會耳·其駢坒夥夠也如此·俶儻瑰瑋也如彼·固已闉城溢廓·藻野縟川·斯即西檄王母·使獻其玉環·南馳越裳·使致其白雉·曾何足以加其萬一哉·

昔漢臨海太守楊君·字孝元·爲南裔異物贊·有多識之美·博物之能·世紀綿邈·篇簡佚墜·余敬恭桑梓·竊仰景行·尚友於百世之上·奮筆於千載之下·是用循其義類·補其缺失·嗚呼·楊君之爲此·將以止琛獻之侈·抑嗜欲之源·非陳都邑之殷盛·極衆人之眩燿也·

余今所述·以繁富爲美談·以希有爲瓌異·偉其區域·夸其方物·則非楊君意也·然不耀纂組之華·無以愧文身之俗·不覩西子之容·無以形捧心之醜·使夫遼東生豕·勿詑其白頭·賈人死鼠·勿驚爲美璞·若乃不貴異物·無總貨寶·斲雕以爲樸·再變而至道·此尤鄙人之至願·非今日之論也·凡厥異物·數百餘種·意之所觸·乃不求備·其楊君所述·若桂犀貝鮫鬣蛇係臂鷓鴣之屬·今可見者不復論·撰凡三十五章·序之云爾·

粵惟南服·重離之都·日月沐浴·是生明珠·采溢照乘·色美耀軀·茲惟天寶·光騰斗墟·珠

五指之山·實產水精·大者尋丈·連山如瓊·洋船頗黎·合土所成·應手輒裂·敢鬥光榮·水精

端州之石·實爲硯材·石凝其骨·水涵其胎·潤浮翠墨·瑩絕飛埃·文明之國·允毓斯才·端石

昔聞玉書·黃仵蒸栗·粵有臘石·乃稟斯質·色應中和·體含縝密·山玄水蒼·舍茲奚匹·蠟石

芭蕉弱植·乃爲長林·挺幹數仞·布葉盈尋·草中之豪·衆卉所欽·兼得美實·色如黃金·芭蕉

愼火之草·形如火然·芒角迸地·銛鋒刺天·置之屋瓦·災祲悉蠲·亦以樊圃·盜賊不前·愼火

蕹菜類竹·其葉如柳·編筏布土·浮田百畝·厥性宜雨·脆薄適口·其遇炎旱·既老且厚·蕹

甘蔗挺節·屈屈蒼蒼·既解內熱·尤利糖霜·千牛取液·萬灶傾漿·越貨之首·輸及四方·蔗

藷實山藥·黎洞者良·體重盈鈞·質皓若霜·山民艱食·雜穀充糧·益氣增力·延壽孔長·藷

偉哉木棉·實花之雄·耀文九天·飛英八風·幹無曲柯·色無冶容·百里之外·有光熊熊·木棉

榕實嘉樹·垂蔭孔美·上張大厦·下覆方軌·暑暍得涼·勞役得止·匪曰棟梁·厥功可紀·榕

海南文木·有班如貍·體匹貞石·文縈細絲·用作屛几·刀鑿截治·紫檀雖美·詎以易此·花貍木

伽楠之木·香液所化·含潤如錫·吐氣疑麝·產於瓊海·寶乃無價·番舶所鬻·其品斯下·伽楠香

蠹者之皮·密緻成理·製之爲紙·文若魚子·白蟫遠

遁・飛塵不滓・表茲書策・護我圖史・靏香
荔子之生・或山或水・爰有千族・挂綠尤美・江瑤匪
珍・河豚匪旨・允哉尤物・百果莫擬・荔支
龍眼殊絕・可匹荔支・是曰益智・厥功乃奇・秋陽既
暴・籐篋則施・大庾之北・萬箱載馳・龍眼
烏欖之生・雌雄異族・爰削爰合・載蓄孕育・食而懷
核・剖之如玉・列樹黝山・民以給足・烏欖
檳榔挺異・海南之州・孤幹迥出・萬實鱗稠・祛瘴辟
癘・此焉則優・奚藉異域・鴆毒是求・檳榔
爰有奇果・亦曰蒲桃・厥花非花・毵毵若毛・懷蕊挺
實・宜酒及膏・漢使西域・徒爲爾勞・水蒲桃
羅浮有蜨・仙靈之衣・舉翅若輪・五色相輝・人有取
者・仙靈之從・何羨收香・泰西爲貢・倒挂鳥
乳羊之產・實自英州・仙茅被野・飽食以游・膿肌素
膚・膏髓欲流・充君華俎・嘉此珍羞・乳羊
靈貌牝牡・爰在一身・結香如麝・旣馥且醇・維彼濁
穢・有此烈芬・遠夷香露・糞土奚珍・靈貌
風生之獸・入火不爇・椎格殪仆・向風欻活・爰窒其
鼻・宛轉自絕・毋恃爪牙・終見刳裂・風生獸
啞虎在山・實守靈域・不嘯不咥・是馴是伏・嘉哉騶
虞・生我南國・詩人作歌・詠仁頌德・啞虎

擬江文通閩中草木頌

僕家番禺之麓・臨珠海之涘・以居以游・今近百年矣・丹崖紫渤・快其舒嘯・魁儒通人・得之奉乎・以爲地當祝融之墟・奠離明之維・神秀所毓・爰多偉異・若乃水陸滋植・華實敷垂・斯餘氣所散衍乎・已爲海內所未有矣・夫以旁挺側生之倫・末麗素馨之族・紅棉百尺・綠榕十畝・篇家賦咏・多得表見・而奇木珍卉・異花靈藥・韜采幽巖・匿景荒壑・無得而稱者・猶以百數・有如山澤之彥・懷文抱質・足跡不出於里閈・聲名不聞於沒齒・老死蓬蓽・萎若腐草・陸士衡云・松茂柏悅・芝焚蕙嘆・此古今所共悲也・爰以厲目・各爲一頌・庶以張奇麗於炎嶠・弔幽隱於窮谷云爾・

服嶺之南・文明之區・日月沐浴・雲霞張舒・筆管嘉
樹・含青吐朱・永閉名山・長絕天衢・筆管樹
密葉攢雲・繁葩鏤霜・拳曲近偃・芬烈遠揚・氣郁丹
桂・厄踰黃楊・徒溷里巷・誰聞馨香・九里香
秋風之木・體榦奇重・如鐵如石・宜梁宜棟・螻蟻敢
蝕・風雨不動・明廷多材・棄爾時用・秋風木
胡桃匪美・銀杏匪甘・詎若石栗・擢根青嵐・霜皮外
堅・雪膚內含・野鳥恣啄・山客空探・石栗
蜜望有實・山蜂來窺・瑤漿孕腹・金液融肌・龍目挺
異・離支振奇・此焉鼎足・豈曰差池・蜜望
奇果之生・枵焉虛中・核抱紫丸・花吐碧茸・玉瓶酒
熟・翠盌膏融・徒使西極・馳聲漢宮・水蒲桃
初實苦口・終乃餐勝・中藏廉隅・外表圓瑩・醴甘絕
交・荼苦葆性・異彼酸鹹・嘉茲雋永・餘甘子
布葉方榭・引蔓曲臺・麝苞蘊馥・黛蕚含胎・仰浥涼
露・俯蔭碧苔・白日已暮・美人未來・夜來香
頂湖之山・實產吊鐘・叢葉墜地・勁條擢空・葯懸甘

露．蓴破寒風．獨秀空谷．詎凋嚴冬．弔鐘花

葉以冬榮．花以夏藻．涼燠殊運．顏色皆好．金英環絡．翠莖孤矯．芳時不收．等茲茂草．脫衣換錦

氣凌高雲．根絕下土．羣木驤首．凡卉非伍．敷華層雰．仰潤靈雨．耿介自芳．榮落誰主．弔蘭

縮砂上藥．著產陽春．玉粒香集．金苞鱗皴．祛惡滌穢．導氣通神．苓朮之輔．薑桂之倫．縮砂

細乳垂脂．叢葩敷繡．收彼稺苗．濾茲淸酎．精凝腸胃．力踰鍼灸．金匱遺闕．靈蘭隱漏．倒黏子

翹翠叢薄．抽靑林皋．體彔龍鱗．葉縿鳳毛．貫時永茂．積歲增高．甘謝華色．自掄蓬蒿．鳳尾草

澤蘭秉烈．巖桂表辛．雅記着號．文囿見珍．爰有仙茅．委彼荊榛．誰拾香草．敢告騷人．香茅

拱北樓時辰香贊并序

省城拱北樓．有元延祐銅漏壺．司壺吏合香屑爲炷．視漏箭時刻．墨畫分刌．名曰時辰香．以售於人．夷亂樓燬．不見此香數年矣．仿而製之．爲之贊曰．古刻漏法．用水實良．今變於夷．其今不祥．有挈壺氏．守以水火．五行迭用．奚而不可．曰明曰霽．揆日知時．其陰其夜．宿火繼之．易簡理得．是謂大巧．授我民時．遠物勿寶．

儀克中　字協一．號墨農．番禺人．道光壬辰舉人．負經世才．嘗入粵撫祁恭恪公幕．値官窰大水堤決．建言濬靈洲渠以殺其勢．與南海曾釗自石門溯蘆苞．相度水勢．閱三月工成．又采丙丁龜鑑言．請建惠濟倉．經畫周年．積勞病卒．所學通博．修省志時．采訪金石．多翁氏金石錄所未及．身後遺著散佚．祁恭恪公搜得其文集二卷．詩集八卷．今存者劍光樓詩鈔四卷．文鈔一卷．光緒八年重刻本．

大學衍義補書後

大學衍義補．明邱文莊公拯時弊而作也．明弊莫甚於宦官矣．何以不言宦官也．言宦官．則書不得進矣。書不得進。何取乎言宦官也．眞公原書言之矣．曰．內臣之禍．宜嚴其豫政也．此齊家之要也．至於禍國禍天下．言無及矣．邱書補齊家以後治平之事也．齊家以上．眞言之．邱可無言也．然一則曰．審幾微矣．再則曰．正朝廷矣．是不言而言也．且夫大學無宦官之文也．自誠正達治平．能如大學焉．何有宦官之弊也．明之弊．蓋家不齊．而國不治．天下不平也．故邱書言治平．必權輿誠正也．

林廷式　原名模．以字行．信宜人．道光壬辰鄉舉人．歷官湖南益陽衡陽知縣．祀益陽名宦．其調衡陽．甫受事．値流賊犯鄰境．籌畫捍禦．境內晏然．故林青天之名遍湖湘間．所著有怡雲山房文鈔．見高涼耆舊集．

答周鼎卿論州縣書

今之州縣．古之國也．今之牧令．古之諸侯也．夫天下之大事六．皆始於州縣．興賢能．理貢賦．習禮教．治兵戎．詰姦盜．平水土．此六者．天子以六卿分治之．而州縣官以一人統理之．是職小而任大也．官卑而權重也．任大故

得展其才．權重故得行其志．一州一縣之事治．而天下無事矣．何者．天下之事．斷未有不出於民而始於州縣者．以親民之事責之．而不以治民之權予之．以不經事之人任之．而又以好事之人制之．天下之所以多事．而民不可治也．

史家稱循史．莫先子產．從政一年．輿人謗之．及三年．而後有輿人之誦．幸其位上卿．得以直行其志．又幸得君專．歷年久．假當時文法苛細．簿書期會．上下拘牽．又使限年課績．進退予奪．一一聽諸主爵．恐即子產亦不能及三年．將毋僅聽輿人之謗而止乎．

夫州縣上有督撫．有藩臬．有道府．遞相統轄．仰鼻息於上官．跋前疐後．牽左制右．事成則衆人分其功．不成則一人專其咎．雖有奇才異能．亦浮沉於資序年勞中耳．上之人遑知恤哉．試問如晋鄭諸侯之弊．在今日欲如子產寓尺寸之書．以令名好德．邀其改顔而易聽．能乎．作邱賦以利社稷．傍撓中阻．欲如子產孤行一意．不恤人言．而遂集事有成．能乎．往往令之所行．非意之所在．民之所便．又非令之所急．宜乎立法者多．而法紛而無紀．防弊者多．而弊深而難制．而欲天下之無事．何可得耶．至於佐貳雜職．官最冗．以未嘗學問之人．而予以朝廷不甚愛惜之官．不趨勢．必趨利．其素所慕悦者然也．又何足道．

書家翰猷公逸事

公姓林．名翰猷．信宜西岸人．生有至性．倜儻不羈．重然諾．有古俠士風．家故貧．年壯未娶．値明鼎革．與兄翰鼎力田偕隱．狼賊韋翅鳴犯府城．大吏案籍募從軍．翰鼎當行．公念寇深路阻．無生還理．請代兄．翰鼎曰．旣募吾．吾自行耳．公曰．兄爲冢子．娶而未嗣．可使父母無後乎．弟無內顧憂．願代往也．言至再．兄泣許之．爲具資裝．去之日．族里以酒饌餞．酒三行．慷慨高歌．意氣甚壯．鳴鞘遂行．明年負重傷歸．甫及門．創裂而蹶．翰鼎趨視之．氣已絶矣．撫尸大慟．厚治其喪．葬於西岸之攤蛇嶺．翰鼎子孫．撥田供墓祭．祭必先．報德也．然不登於志乘．當事無知者．邑士大夫亦勿言焉．太史公常悲巖穴之士．名湮滅而不稱．非公之謂歟．

嘗讀蘇長公書狄武襄遺事．武襄本農家子．兄素．與里人號鐵羅漢者．鬥於水濱．羅漢溺．保伍縛素．武襄適餉田．見之曰．殺人者我也．人釋素而縛武襄．武襄曰．我不逃死．然待我救羅漢．庶幾復活．若死．縛我未晚也．衆從之．及舉其尸．出水數斗而活．當是時．武襄亦幾不免矣．當武襄之見兄被縛也．曰．殺人者我．惟知代兄受法．遑計羅漢之有生理乎．轉以出水得活．此殆有神靈掖護其間．論者謂英雄不死．信矣．然公之捨身犯難而卒死．抑又何耶．嗚呼．死生有命．此固非人所能也．公之爲兄不避死．與武襄何異．乃武襄得長公而事益著．公以貧賤處窮僻．遭世亂離．姓字漸湮．幾令人不復記憶．良可慨已．余距公歿百餘年矣．少時嘗聞族長老談其事．爰濡筆敘其大畧．俾後之人有所考焉．亦以風勵也．

李徵霨 原名鳴韶・字孟夔・號阮庵・南海人・道光壬辰舉人官高要訓導・截取知縣・不赴・舉爲學海堂學長・徵霨與同邑朱次琦徐台英友善・同治初元・朱徐並特旨召用・朱不起・而徐應徵・徵霨爲十策贈之・其文不傳・卒後・次琦擬輯其遺文付梓・今亦未見・

南海廟波羅蜜贊并序

扶胥之口・黃木之灣・祝融所都・廟貌增飾・旁有喬木・脩榦十尋・擢圓蔭以彌天・蟠巨根而裂地・朱曦旦爛・遙開蓬嶺之雲・爽籟宵號・自混滄溟之響・茲所謂波羅蜜者也・伊昔達奚司空・攜彼靈根・來植斯境・已多歷年所矣・是以彼國之徒・顧影必式・過廟必下・悠然觸雲樹之思・戀然生梓桑之敬焉・以之彰醇化・則賁若於海隅・以之懷遠人・俾率廸於茲土・懿乎・彼白鶴孤松・青牛文梓・方諸蔑而已・

夫寰海鏡淸之世・梯航貢集之年・邛竹西來・胡柯南徙・凡茲異卉・移藝方輿・然而高昌葡萄・引蔓巨唐之苑・大夏蓿苜・敷榮炎漢之宮・談温室者・杳若雲霄・適樂郊者・奚階耳目・蠢茲蠻子・客寄神州・宜其敷蕢葉而傷離・攣柔條而嗚悒者也・

我國家文軫風馳・遐威雲布・爪哇林邑・解辮輸誠・竹步葛蘭・繫纓納欵・而吾粤地瀕巨浸・眄邇諸邦・獻贐者假途・互市者接踵・桄榔雨暗・遙來獅子之颿・椰葉陰濃・分覆馬人之室・固已無小無大・萬里來歸・爰處爰居・三年成邑矣・特是鶗鴂翔翥・倍眷南枝・代馬騰嘶・恆思朔草・性之所習然也・矧越人祼處・不榮章甫之華・索虜薦居・詎珍漢物之貴・當其遐方遠涉・浪跡常覊・明月起而思鄉・海潮歸而引夢・身非質子・盼羝乳而偏難・石豈留人・祀烏頭而未可・得毋有桓公出塞・撫柳樹而泫然・都尉陳觴・睇河梁而悽惻者乎・

乃者婁犯鯨波・遙離蜃窟・忽瞻土物・如覿故居・想彼雕題・曷勝撫掌・由是烏銅南轉・即憩層陰・鷁首北飛・輒登彼岸・釵鳴銅鼓・曲奏神絃・發櫂唱而引靈颸・拂新條而振初葉・從此虎門生入・纔蘇瘴海之魂・羊石遙環・直抵仙城之館・斯果也・可不謂消除熱惱・即仙人篤耨之香・蔭到中邊・如佛國菩提之樹者哉・

夫五方之土・燥溼異宜・一木之根・枳橘迭變・是以荔種長安而鮮實・棗生東海而弗華・今乃星野既分・柯葉無改・固知草木有性・憑地氣以潛通・雨露所沾・普天區而共載・不因戎夏・有閒幈幪・長使要荒・永遵貢守・夫宣上德以通諷諭・播皇威以攝遐裔・士大夫職也・爰乃揚休瑞・振芳徽・勒彼海壖・以風遠者・詞曰・

玉座蕭閒・瓊宮幽閟・海若魂讋・馮夷跡避・曠攜異植・插此炎州・非響作雨・不霜亦秋・厥榦亭亭・遠混天碧・仰棲過雲・俯拂歸翼・風烟斂氛・天日高深・遙海上月・商濤振琴・爾夷求斯・不嚬以喜・笙管備奏・芳菲薦只・言憩其陰・言坐其廬・匪曰異邦・乃尋厥都・猗嗟名材・託失其處・今來上方・膏我甘雨・含暄飽和・油油其青・熟處中土・而萎以零・譬彼夷人・是覆是幬・我澤如春・爾德如草・歸語而長・率土來賓・於萬億年・作我僕臣・

廣東文徵

改編本卷二十三

番禺吳道鎔原稿

清　五

孟鴻光 字蒲生．番禺人．道光甲午舉人．屢試禮闈不售．以孝廉終．鴻光記誦浩博．好小學及金石文字．能篆隸書．尤工刻印．同邑陳澧嘗問其讀注疏幾部．鴻光曰．徧讀十三部矣．又與談小學．凡將佚文誦之．無遺誤．且言所出．以是畏服之．所著詩文皆佚．存者刻入學海堂集數首而已．

後漢書文苑列傳跋一

古人不以文章名．周秦間書無稱屈原宋玉工賦者．洎乎漢代．始有詞人．而司馬遷作史之時．風流未盛．史記亦非專紀漢事．故尚無文苑之名．宜也．班史亦無傳者．蓋班史多本子長．惟十表題目稍異．列傳若儒林．循吏．酷吏．貨殖．遊俠．佞幸．一仍子長之舊．子長所無．不更創置．范蔚宗則不然．以皇后入帝紀．立宦者．獨行．方術．逸民．列女諸傳．皆前書所未有．文苑亦其一也．此實足補孟堅之闕．宜後世史官以爲法式者也．自茲以降．准沈約逸書．令狐德棻周書．不立此傳．餘或名文苑．或名文學．或名文藝．皆循范氏之軌爲之．然則文苑之名．固蔚宗所剏乎．曰．是未可知也．攷承書經籍志正史類．載蔚宗以前．後漢書凡八家．東觀漢記．謝承薛瑩．司馬彪．華嶠．謝沈．張璠．袁山松．范書體例．必有取之舊史者．如晉書華嶠傳．稱嶠以皇后配天作合．前史作外戚傳以繼末編．非其義也．故列爲皇后紀．以次帝紀云云．今范書正用其例．又史通正史篇．載劉珍．李尤修東觀漢記．雜作紀表．名臣．節士．儒林．外戚諸傳．夫名臣節士既可題篇．亦宜類序文人．合爲一帙．惜今本漢記．從永樂大典錄出．殘闕特甚．而謝承諸家所著．亦無一存者．無從是正．則就今日所見言之．以爲蔚宗剏始云爾．其實或剏或因．未可知也．

後漢書文苑列傳跋二

文苑之名．後人以爲學士通稱．尋蔚宗當日．則自有所專重．非泛焉命篇者．攷六朝著作之體．有文有筆．顏延之云．竣得臣筆．測得臣文．文心雕龍云．孔融氣盛於爲筆．禰衡思銳於爲文．又云．無韻者筆也．有韻者文也．金樓子云．不便爲詩如閻纂．善爲章奏如柏松．若此之流．汎謂之筆．吟詠風謠．流連哀思者．謂之文．蔚宗亦嘗自言．手筆差易于文．不拘韻故也．是文必有韻．蔚宗之意．從可識已．阮君保文筆說．原本經典．辨文與筆．判然不同．今觀文苑傳中．如杜篤載其論都賦．傅毅載其廸志詩．崔琦載其外戚箴．趙壹載其窮鳥賦．刺時疾邪賦．邊讓載其章華賦．酈炎載其詩二篇．高彪載其餞京兆第五永督幽州箴．皆有韻之文也．其無韻者．惟黃香讓東郡太守疏．趙壹謝友人書．報皇甫規書．劉梁辨和同之論．高彪遺馬融書而已．又每傳之末．叙諸人撰述．亦多詩賦誄弔讚頌銘七連珠雜文之屬．（雜文亦必有韻．否則稱雜筆．晉成公綏巍李彪邢虬．皆有雜筆行世．）而少牋奏論記．蓋東漢文章．惟牋奏等取用一時者無韻．其他密爾自娛者．則皆有韻．文苑諸子．不與漢廷大事．故文多而筆少．蔚宗從其多者爲稱．謂之文苑．非泛詞也．後世史家．雖循其名．而或不得其本旨．故詳論之．

後漢書文苑列傳跋三

或曰．史通譏雕蟲末技．短才小說．或爲集．不過數卷．或著書．纔至一篇．莫不一一列名．編諸傳末．事同七畧．巨細必書．斯亦煩之甚者．（雜記下篇．）今觀文苑傳．非此風之濫觴乎．愚曰．知幾此論．實未愜也．夫仰屋著書．不朽之業．雖非盡關體要．亦欲垂示將來．如必揚雄太元．馬遷史記．始從著錄．餘悉棄捐．於史例若甚嚴．而於史裁爲少隘矣．且知幾云．事同七畧．巨細必書．不思藝文一志．史多不具．學人撰述．既無專編．不繫本傳．將何附麗．不必以同七畧爲嫌也．攷范修史時．以志屬謝瞻．范敗後．瞻悉蠟以覆車．志之名目．今豫無攷．或當日未志藝文．則文苑一傳．正宜補所不備．史通之言．尤不得以病蔚宗也．又隋書經籍志．言別集創于漢東京．而蔚宗載諸賢所著．但云幾篇．不云集幾卷．至隋志始通加以集名．（文苑傳中無集者．僅夏恭劉毅蘇順邊讓四人．蓋東漢雖有此稱而未盛行．故三國志王粲諸人傳．亦不言有集也．因讀文苑傳附論於此．

張其䎗　字彥高．嘉應州人．道光甲午舉人．歷官陝西紫陽臨潼知縣．引疾歸．錢唐汪鳴鑾視學廣東．奏舉積學耆儒．賞四品卿銜．其䎗讀書有專功．尤精中西算法．所著有春秋前漢三統閏朔表．後漢四分閏朔表．兩漢日月徵信．算法統宗．難題衍述．方程正負定式．量倉入法等書．其說經訂史．則著有兩漢提要劄記．三國志討論．南樓讀書雜記等書．惟辮貞諒室文稿賦稿．已刊行．

復陳蘭浦書

十月中辮兒輩省試回．攜呈尊著漢書地理志水道考．聲律通考二種．及見惠賦序．賦皆少作．結習未忘．錄而存之．不足當方家一哂．尊序竟作過量語．令人慚謝而已．水道及音律．䎗俱芒昧無知．連日來讀君聲律通考一書．但覺千頭萬緒．無可着手．緣平素於俗樂之工尺．未一研究．平沙淺流．先自窒塞．何能上溯天漢耶．其鑽研而自幸有得者．周禮三大祭樂．恰有唐書三大祭爲證．謂之各用四調．絕無疑義．其分宮角徵羽領之．自是用以起調．晉前尺．載在隋志．乃恰得鐘鼎欵識傳刻之尺式．用以排比勾稽．使古今之樂犂然．眞大快事．二十九調八十四調各表．細如牛毛．而尋踪覓跡．各不相紊．眞能引人入勝．不獨十六字譜之勾字．姜白石之鬲指聲．爲得的解也．至宋人之用王莽錢刀．似仍不如漢人之用子穀秬黍．䎗所蓄之錢刀不少．其大小正復不一．必求吻合．未見其然．先生之所謂分釐不爽．殆偶然耳．若縱黍橫黍．絫而求之．求之不合．再著明其相差多少之數．則可以無誤後人．先之以秬黍．再之以錢刀．

斯爲得矣．

更有不能不進質者．黃鐘之實．何以必設此虛數．竊謂黃鐘十七萬七千一百四十七．至中呂十三萬一千零七十．二十二律．上下相生．皆無奇零．適至單位而止．此古人收零入整最妙之法．向使多增一律．則黃鐘必衍爲五十三萬一千四百四十一．再增．必衍爲一百五十九萬四千三百二十三．否則奇零漫衍．不可收拾故也．魏書樂志．載陳仲儒之言．乃謂雖復離朱之明．不能窮而分之．未免誤會古人之意矣．再卷五引舊唐書．有懿宗孝敬皇帝．敬皇即太子宏．以當作義宗．卷十．姜白石橫州慢曲．六凡工尺四字．即黃淸無南夷四律．此曲既爲中呂宮．似當是黃淸無南林四律．學問之道．實事求是．倘不謂然．望賜復書．俾進一解．是則先生之惠教我也．曉日在窗．花影滿案．拉雜爲書．漫無倫次．敬問動定．不宣．

復楊掌生書

自歸田來．僅一通箋候．迄今又六七年．中間可驚可愕可悲可泣之事．牽連纚屬．不可究詰．自覺甲子以前．五十六年爲一人．甲子以後．又爲一人．刻下知交零落．生平知已惟一我掌生．又遠隔千里．慳此一面．每當中夜不寐．無可奈何．時輒欲置一掌生在前．牽掌生衣．執掌生手．盡情嘔吐．不血不止．血不盡不止．吐盡嘔盡．乃得胸膈稍稍鬆快．茲者鴻叟來．奉到手牋．並承惠燭儀大著等件．尊兄之貺我寒植也．良朋之體我散木也．明師之指我迷津也．感極涕零．又不禁將從前可驚可愕可悲可泣之事．一一揮禿兔發之．喟然自嘆．今而後又當努力餐飯．爲我掌生支撐老境．使復得作故紙中蠹魚．他日稍有自見於世．則幸甚．

蓋弟一生所奉爲指南者．同懷伯子耳．乙丑八月．天奪之去．彼時惘惘若失．曾不百日．髮逆告逼．聞信之頃．倉皇登舟．平日重自愛惜信手可携之物．畧不瞻顧．決然棄去．舟抵西陽．自亦不解何意．遲留不發．天未明而炮聲轟起．賊據下流．急飛棹奪險而下．而賊之別隊．橫抵丙市．又飛棹急上．兩頭皆賊．不上不下．半日中如溼翅蜂．如熱釜蟻．緣延盤辟．不可名狀．幸賊注意典庫．飽即颺去．始得乘間脫難．嗟嗟．弟自忖半生閱歷如此者．亦數數覯．何挾眷口四十餘．竟爾張皇無措．定力之難．信哉．避難三河．計六十餘日．染店之焚．質庫之失．俱意中事．獨敝廬爲先人手搆．陡聞焚拆．心忡忡者數日．賊退歸來．而故廬尚留數椽．逐漸完葺．稍可棲止．惟數萬卷書縱橫瓦礫中．墊爲簟篨．拆爲炊爨．圍爲馬槽．撕爲糞紙．一切神奇．皆化朽腐．斯時口噤目眙．不食不語．滿目中慘慘孤烟而已．

平生不敢云著作．而所藉以自娛．有所謂星學入門．軍帳從事．讀史圖左．讀史駢語．永壽韓城柴陽三縣志畧．河道紀事本末等件．一概失去．所餘惟賦稿數十篇．雜著數種．前歲省垣歸次．又遭胠篋．聞諸賊得此．付之一炬．天之厄我何至再至三而不已耶．數年來東西奔走．逐逐謀食．舟輿中無可自適．幸賦稿稍可記憶．就加删改．尚成卷帙．前數日檢閱書籠．於故紙中得提要札記草稿．謄寫甫完．惠書適至．宛宛話三十年前情事．纖瑣必及．脫畧苛細．如掌生乃有此世俗酬應語耶．

鴻叟言·近於連州葺屋數楹·僦値足以佐鹽菜·於陽春買田二百畝·租入足以備饘粥·菟裘自營·鞠通長飽·是一擲百萬之劉毅·邇來亦判爲兩人矣·卒如弟者·鼠入牛角·實有漸小之勢·性既迂拙·遇復鑿枘·每誦玉茗老人少與諸君比肩事主數語·以自解嘲·非得已也·

提要札記奉上·頗有數條可採·惟嫌一二刋刻訛字亦厠其中·失之瑣碎·閣下謂可删删之·春陽正韶·老樹著花·遙想椒酒香中·耘老偕雙·荷葉婆娑其間·至足妬羨·手書報謝·臨潁不勝戀戀·所希珍護起居·爲後學津梁自重·

致陳蘭浦書

自去夏迄今·箋候疏濶·身之所歷·千態萬狀·每欲授筆攬紙·一吐所懷·心緒煩惡·輒復中止·頃者舍姪錫禧來書·述閣下親詣寓所垂問·殷拳之意·感惠子之知我·不能自已·聊述大概·用當面談·翽與鄭心泉素未謀面·去歲四月大埔之捷·復函中不禁娓娓述之者·深幸東南一帶·得此偉人·我藩我籬·恃以無恐·不圖驕兵輕敵·遽遭敗衄·賊已據有鎮邑·鄙人遂挈家入山·裹我餱糧·負我囊篋·重之以書籍·加之以什物·癡人多戀·多戀多累·蓋較甲歲九月之行·形神爲之交瘁矣·賊既西竄·稍用自慰·而八月下浣·伯子見背·終鮮兄弟·維予二人·翛然奪去·天乎何酷·自是荒荒忽忽·若醒若醉·於兩月中·而髮逆又突告至也·

先是十月二十日得信·即行買舟·廿一日舉家登舟·而賊已入城·前所携持左右不欲遺棄之物·至是決然舍去·舟抵城東南二十里之西陽而止·所以然者·恐我東下·賊由北而東竄·則賊得尾我後塵·少稽一日·便以折回故也·乃不圖次日天色甫明·賊隊已抵西陽·急從槍砲中飛棹而出·而賊之別隊·又於是早間道橫出五十里之丙村·船不能下·折而西上·兩頭俱賊·舉家四十餘口·盤還往復於三十里之中·欲泣不能·相對無言者半日·俟探知丙市之賊·收領回城·乃復折而東下·虎口既出·室人交謫·始則奮然與爭·繼則默然無語·終則啞然自笑·既而羣聲嘈雜·交相慰藉·如是者又一日·乃始安然直下三河口也·

三河距州城百六十里·有自賊中逃出者·詢以故居·曰·左房焚矣·次日逃出者曰·右房亦毀矣·器用穀食·俱移入城去矣·爲之夜不寐者數日·是後遂決然舍去·不復置念·臘之八日·謁季臯宮保於大埔·面陳州城形勝·頗蒙首肯·十四日·聞賊於河南交易場所·忽肆搶掠·料賊必走·因又密紙陳之大營·早爲防備·遂於十八日·挈兒子一人先行西上·至松市·而聞汪逆中礮·至雁洋·而聞賊已南竄·至丙市·聞賊盡殲除·及至州城·則已臘之廿六·賊去四日矣·家住三坑·距城東北三里許·入門來·墻垣傾仄·榱桷槎枒·門闑戶牖毀拆殆盡·書籍縱横·雜瓦礫中·十餘四五·都無完善·廿年著述·思他日來省取以進質者·有所謂星學入門·讀史圖左·軍帳從事·河道紀事本末等各種·竟不知消歸何所·雖藏拙之道·理所宜然·然半生心血·欲鄙人胸膈豁然洞然·了無罣礙也·難矣·附去近作碑記一首·指正是幸·草草布達·敬頌起居曼福·

復陳蘭浦書論宋書范蔚宗傳事

統觀各條辨論．俱中肯綮．我輩讀後漢書．而著書者乃謀反之人．胸膈中終有惡氣一團．留滯不下．此寃得雪．亦甚痛快事．但平反大案．殊不易易．况平反千古以上之大案乎．最要只在所示墨迹．其自陳久欲上聞．尊駁云．豈有自書墨迹．而自欲上聞者耶．不知情狀既露．作此無可奈何之語．前史嘗有之．不能爲蔚宗掩此迹也．竊謂此事．祇可作疑案．不能即雪．但彙種種可疑之事．條而列之．以待千萬世之公論．彼此翻駁．眞是非自出．一下斷語．人且疑我輩褊心讀其書而私其人矣．至條駁厠中之產．及母亡兄報之疾等事．似無關緊要．不必旁涉．從來定案．禁人横生枝節．蓋只在辨明此事而已．先生以爲然否．

求地中辨

測量之術．具有實理．不容懸揣．周禮．大司徒以土圭之法正日景．以求地中．考工記．匠人置槷眂景爲規．以識日出入之景．晝考日中之景．夜考極星．以正朝夕．鄭注賈疏以及諸家之說．有通有窒．何也．方里之地．丈尺可尋．不能假借．數十里之山川．千百里之海島．可以重差測之者．其地一定而不可移．兩差相較．必有毫釐分寸之辨．實測無難．若乃以一撮之地毬．仰測天高．所憑者日月星辰耳．俄傾之間．轉移無定．諸儒又昧於方圓之體．斜側之勢．不知南北可以隨時測量．東西不能以隨時測量．憑臆而談．諸多窒碍．請得一一明之．

蓋土圭之法．以水平地．以繩直柱．製尺有五寸之圭．立八尺之表．夏至之日．視日中之景．適與土圭等．謂之地中．是指洛邑而言．大司徒．日南則景短多暑．日北則景長多寒．日東則景夕多風．日西則景朝多陰．鄭注．景短於土圭爲日南．景長於土圭爲日北．東於土圭爲日東．西於土圭爲日西．是矣．乃又曰．凡日景．於地千里而差一寸．景尺而有五寸者．南戴日下萬五千里．地與星辰．四游升降於三萬里之中．是以半之．得地之中．此無論地中之說．不可施以無根之談．而其所謂千里差一寸．有必不可以爲定率者．日高則景直而短．日晚則景斜而長．有千里差一寸者．即有千里差一尺者．其末且有千里而不可以丈尺計者．日所行者圜圈．景所著者地平故也．賈疏中表之東西南北各千里．各置一表．南表於晝漏半得尺四寸景．北表於晝漏半得尺六寸景．東表於晝漏半較中．表景正時得夕景．西表於晝漏半較中．表景正時得朝景．夫曰尺四寸尺六寸．可實測者也．曰中表景正時．東得夕景．西得朝景．此不過據理而言．無可指實者也．且南表景尺四寸．北表景尺六寸．是明明酌取一尺五寸之平而爲之說．亦非實測也．此亦如劉向洪範傳所云．夏至景長一尺五寸八分．冬至一丈三尺一寸四分．春秋二分之景．七尺三寸六分．是直將冬至一丈三尺一寸四分．減夏至一尺五寸八分．折半而定爲春秋二分之景．故其去冬夏至各五尺七寸八分也．此即冬夏實測其二分．亦必非實測也．惟宋元嘉十九年．使使往交州測景．夏至之日景．出表南三寸二分．何承天遙取陽城夏至一尺五寸．去交州路當萬里．而景實差一尺八寸二分．此爲實測．又梁大同十年．太史令虞劆格江左之景二分二．至所云丈尺寸分．俱憑實測．然隋志引此二條．上云．六百里差一寸．下云．南北略當千里．景差四寸．應二百五十里差一寸．隋天文志．爲唐李淳風等所修．雖不以里數．所差指有定率．乃屢引而不明．其故何也．考工記．匠人爲規．識日出之景．與日入之景．鄭注．自日出而畫．其景端．以至日入．既則爲規．測景兩端之內規之．規之交．乃審也．度兩交之間．中屈之以指臬．則南北正．是矣．又晝參諸日中之景．夜考之極星．以正朝夕．賈疏．前經已正南北．猶恐不審．更以此二者正南北．言朝夕即東西也．南北正則東西正．是矣．然極星正不易測也．周髀算經．冬至日加酉之時．立八尺表．以繩繫表顛．希望北極中大星．引繩致地以識之．又到旦．明日加卯之時．復引繩望之．首及繩至地而識其兩端．相去二尺三寸．中折之．以指表正南北．按極星最小．此云大星．當指句陳．而非極星．且極星亦實有歲差．齊祖冲之大明曆．始覺極星去不動處一度餘．宋中興天文志．北極在艮丑建牛之次．明利瑪竇經天該謂離極三度．近時盛百二尚書釋天．謂已四度餘．以是始明極星亦有歲差．且無不由黃道者．今謹依欽定儀象考成．恆星黃道經緯度表．推算極星．離赤極五度一十三分一十五秒．極星離極．非朝夕測．不能折中．亦必不能定北極直度．以此知周禮所言．猶極星未經離極言之也．隋志引齊祖暅錯綜經注．以求地中．其法曰．先驗昏旦．定刻漏．分辰次．乃立儀表於準平之地．名曰南表．刻漏上水．居日之中．更立一表於南表景末．名曰中表．夜依中表以望北極樞．而立北表．令參相直三表．皆以懸準定．乃觀三表．直看其立表之地．即當子午之正．三表曲者地偏僻．每觀中表以知所偏．細繹此言．可謂似是而實非．夫合地毬而論．何地不可當子午之正．其三表曲者．非地之偏．乃時值極星之偏於東西也．若候極星當樞之上下．合南北中線而一．則直矣．不謂極星之偏．而指爲地中之偏．何傎也．淮南子天文訓篇．亦猶是矣．其正朝夕用三表．亦自常法．其欲知東西南北廣袤之數者．立四表以爲方一里岠．視日出入離表參差之數以較里數．是無論日輪之超忽．不能以瞬睫留．而方里之狹小．亦豈有尺寸之較量耶．且其設表以視日．又何如設表以視景之爲得也．

或者曰．周官已明表四方矣．奚疑焉．是知周官之所謂日南日北日東日西．指測量後之輿地而言．非欲憑此以爲測量也．故論地之緯數．則測日景．測極度．無所不可．二百五十里而差一度．雖約略之詞．不失圓毬之理．表影之測．以入線表度準之．收句股於割圓之內．自然不爽．至地之經度．則諸無可憑．祇有俟月食時．遣人分往東西相距地．同日考驗．較其食時之遲早．乃確得其東西偏度耳．三十度而差一時．無可增損．遠近由此定．節氣之遲早．亦由此推．若周官所云．則自由南北而定地中．由地中而定東西．南北以度數定．東西則以道里定．此測地經緯之大較也．伏讀欽定周官義疏曰．說地中者有二．有形之中．有氣之中．天地既圓．地中乃天中．此惟赤道之下二分．中日表無景之處爲然．以氣而言．必陽陰五行冲和會合．乃可謂中．洛邑得天地之中氣．故謂之地中．善哉斯言．今之經度．以京師作中線．即地中也．康熙間．欽差疇人西士．攜儀器往各省郡邑．測北極出地度．製皇輿圖．中外三十六幅．乾隆閒．增爲一百四十幅．縱橫吻合．經緯分明．今欲測量輿地所加意者．細微曲折耳．其準繩則無逾此矣。

五嶺考

五嶺．衆說不一．而始見於史記秦始皇本紀．三十三年．發兵畧取南越陸梁地．爲桂林象郡南海．以適遣戍五嶺．師古漢書注．引裴潛廣州記．五嶺者．大庾．始安．臨賀．揭陽．桂陽．通鑑胡三省注．引鄧德明南康記曰．大庾嶺．桂陽騎田嶺．九眞都龐嶺．臨賀萌渚嶺．始安越城嶺．又謂師古以裴說爲是．唐書注曰．大庾嶺在虔州．永明嶺白芒嶺在道州．臘嶺在郴州．臨源嶺在桂州．今按水經注．亦同鄧氏南康記．最東曰大庾．二曰騎田．三曰都龐．四曰萌渚．最西曰越城．總而言之．地名雖殊．四同而一異耳．大庾嶺亦曰臺嶺．諸書所同也．在今廣東南雄州北．騎田嶺一曰上嶺山．又曰黃岑山。即裴記之桂陽．唐書注之臘嶺．在今湖南郴州南．萌渚嶺．鄧記作萌浩．即裴記之臨賀．唐書注之白芒．在今永州府江華縣西南．越城嶺即裴記之始安．唐書注之臨源．在今廣西桂林府興安縣北．惟都龐嶺．即永明嶺．唐書注謂在道州是已．而鄧記以爲在九眞．裴記則又以別爲揭陽．考都龐連接藍山九疑．爲衡山之背．九眞或爲九疑之譌．自無緣遠在安南．揭陽則漢武時．東越王餘善．請從擊呂嘉．曾經此路．在今揭陽縣西北八十里．又名飛泉嶺．師古曰．嶺者．西自衡山之南．東至於海．一山之限耳．別標名則有五焉．謂東至於海．明主裴說．而是揭陽．然始皇遣戍．自北而南．揭陽遠濱東海．原屬不必經之路．究宜從水經注爲是．又宋周去非嶺外代答．謂五嶺乃入徑之途五耳．首自汀入循梅爲一路．自南安踰大庾入南雄二．自郴入連三．（即畸田）自道入賀四．（即萌渚．）自全入靜江五．（即越城．）若漳潮一路．非古入嶺之驛．不當備五嶺之數．是雖不主鄧記之揭陽．而又去都龐．而別指循梅一路．且無嶺名可指．即揆之秦時遣戍．當無庸由閩汀入粵也．今江西會昌縣南之軍門嶺．爲商賈南北通道．畧比大庾．汀入循梅．亦由此路．自可備五嶺之數．然亦不必改易水經注耳。

人在地球面足版相抵說

地圓之說．始於周髀．天象蓋笠．地法覆槃．極下地高滂沲四隤而下．此已知地非正平而有圓象矣．其不言南極者．畧於所不見耳．至晉王蕃渾天說明云．天半覆地上．半在地下．天居地上．見有一百八十二度半强．地下亦然．北極出地三十六度．南極入地亦三十六度．而指其形狀．爲猶卵之裹黃矣．近西人言．水地合爲一圓球．而四面居人．其地度經緯正對者．二處之人．足版相抵而立．故南行二百五十里．則南星多見一度．而北星低一度．北行反是．自京師而望瓊海．其人立處．皆當傾跌．乃各首戴天．足履地．初無欹側．不憂環立．由此而推．足版相抵而立．理不容誣．梅勿庵先生曆學疑問．亦謂其可信．而何以能足版相抵而立．則未明推其所以然．即自來曆算家．亦無人言及者．今使立一半圓球於大地之上．據球之顚者自如其四旁．且絕依附．

何論反對者之足版相抵。

至於地球乃各各首戴天．足履地．初無傾側．不憂環立者何也．曰．氣爲之也．氣爲之者何也．曰．周圍之天氣．彌綸充滿．鼓而聚之．地心逼而壓之．地面無有間隙．一切山水人物．飛潛動植．無一不爲氣所壓．周圍而傅著於地．惟人物之有氣者．爲能以氣通氣．兩足以立．兩翼以飛．其立其飛．又各以其身爲輕重．人足左蹺．則手爲右挐．鳥頸前伸．則却爲後攫．一旦無氣．則立不能立．飛不能飛．亦爲氣所壓．偃仆地上矣．蟻之微也．往來平面．從容自如．側面則稍稍費力．一失足則氣壓之．仍在平面矣．竹木之物．一足頁隅．二足倚墻．三足稍可支持．四足大可撐柱．亦氣壓之故也．若水之附地．則更如血脈之附身．流通貫注．呼吸消長．若相戀然．亦氣壓之故也．西人言水地合爲一圓球．此但就地面言之．其實水之下即地耳．今南亞密利加之秘魯．則我中國嶺南之經緯對度．無可假借者也．地球之理．鑿鑿可信如此．而足版相抵之說．驟耳之必駭聽聞．曆算家又從未有明其故者．晷夜不寐．客有舉此爲質．立說曉之．

論語北辰解

爾雅釋天星名北極．謂之北辰．郭注．北極天之中以正四時．邢疏．北極謂之北辰者．極中也．辰時也．居天之中．人望之在北．因名北極．斗杓所建．以正四時．故云北辰．論語云．爲政以德．譬如北辰．是也．

春秋公羊傳何注．大火與伐．所以示民之早晚．天下所取正．北辰北極．天之中也．故皆謂之大辰．

其翽按爾雅以北極歸星名．蓋春秋之世．極星幾與北辰合爲一點．故極與星混而爲一也．然曰極．曰天之中．是星因北極而得名．非星即極也．歷代史書．皆以極星爲不移．至齊祖冲之始覺之．

春秋合誠圖．北辰其星五．在紫微中．

文獻通考．北極五星．在紫微宮中．第五星爲天樞．

其翽按石氏星經．紫微垣北極五星．一曰太子．二曰帝星．三曰庶子．四曰后宮．五曰天樞．其以北極爲五星之總．則北極固不屬之星矣．

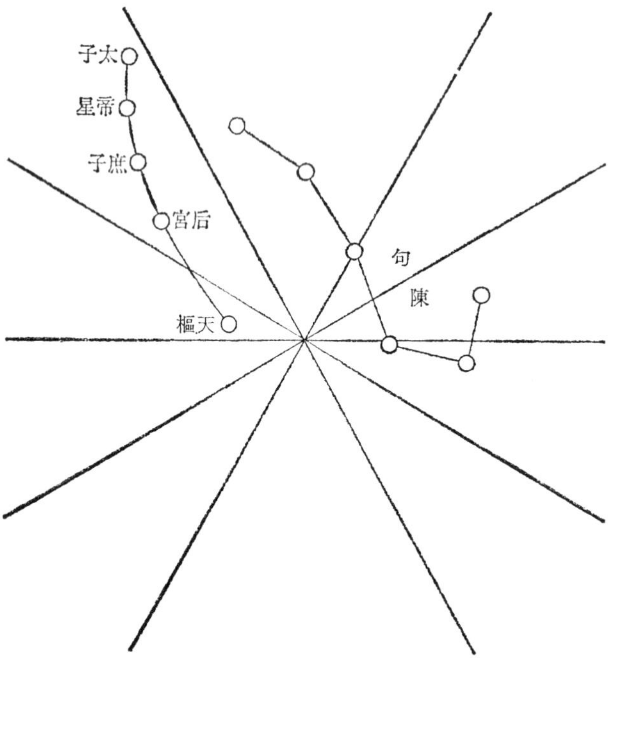

史記天官書．中宮天極星．其一明者．太乙常居也．（漢書同．）後漢書天文志．天者北辰星．合元垂耀．建帝形．運機授度．張百精．晉書天文志．北辰之最尊者也．其紐星．天之樞也．隋書天文志．天運無窮．三光迭耀．惟此極星．千古不移．

宋中興天文志．坎正北方．北極不於坎乾．而於艮丑．以艮東北萬物之所成終．所成始也．

其翻按祖冲之造大明曆．始立歲差．極星去不動處一度餘．隋書天文志．爲李淳風作．後於祖冲之．而猶謂極星不移．何耶．宋中興天文志．北極在艮丑．建牛之次．是極星在極東北之明驗．沈存中筆談．記宋熙甯間．測得離三度餘．元世祖至元中．測得離極三度有半．明利瑪竇經天該．以爲離極三度．盛百二尙書釋天．謂今日已四度餘矣．

欽定儀象考成恒星黃道經緯度表

	北極 經	北極 緯
黃道宮	未	北
度	一三	六七
分	○九	○二
秒	二五	五一
赤道宮	辰	北
度	一一	八四
分	五二	四七
秒	○七	四五
赤道歲差	加	減
分		
秒	二	一九
微	一二	五三
星等	五	

其翻按恒星緯度表．北極赤道緯度．得八十四度四十七分四十五秒．減天頂離赤極九十度．是極星離赤極五度一十三分一十五秒也．每年歲差減緯度一十九秒五十三微．蓋一千年而減五度三十一分二十三秒．未八千年．而半週四十七度．由此又漸加矣．極星離極．其圈蓋大．每日左旋．且將帶動入地．而得謂千古不移耶．

周髀算經．冬至日加酉之時．立八尺表．以繩繫表顚．希望北極中大星．引繩致地以識之．又到旦明日加卯之時．復引繩希望之首．及繩致地．而識其兩端．相去二尺三寸．故東西極二萬三千里．其兩端相去正東西中折之．以指表正南北．加此時者．皆以漏揆度之．此東西南北之時．

其翻按周髀．東西極二萬三千里．折半爲一萬一千五百里．乃大星距北極樞之數．以度計約四度餘．極星最小．此云北極中大星．非極星可知．紫微垣近極者．惟句陳最大．近人常測其東西所極．折中以正南北．所謂大星．當即指此．考工記匠人．夜考諸極星以正朝夕．何休注公羊云．迷惑不知東西者．須視北辰．以別心伐．夫以正朝夕．別東西．非大星不可．至論語．北辰自專．指不動處也．

欽定儀象考成．測北極高度法．於冬至前後．以四游圈安於正北．測天權星．（即北斗第四星．）昏刻．此星在北極下．測其去極度若干．旦刻．此星在北極之上．測其去極度若干．兩去極度相等．則儀之北極高下與天合．若在上之去極度少．在下之去極度多．則儀之北極差高．若在上之去極度多．在下之去極度少．則儀之北極差下．以兩測之去極度相減折半．即所差之地平緯度．以儀之北極高度加減之．即天之北極高度也．

其翻按．此即周髀望北極之法也．今以冬至立一表．退數尺．測天權星．昏刻切表高若干．旦刻切表高若干．折半．即北極高也．以人目高若干．減之爲句．退若干尺爲股．各自乘併之．開方得弦．弦爲法．句爲實．法除實．得若干．依檢八綫表．正弦下橫列若干．即北極高度也．無儀器者．此法爲便．

求北極高度表圖

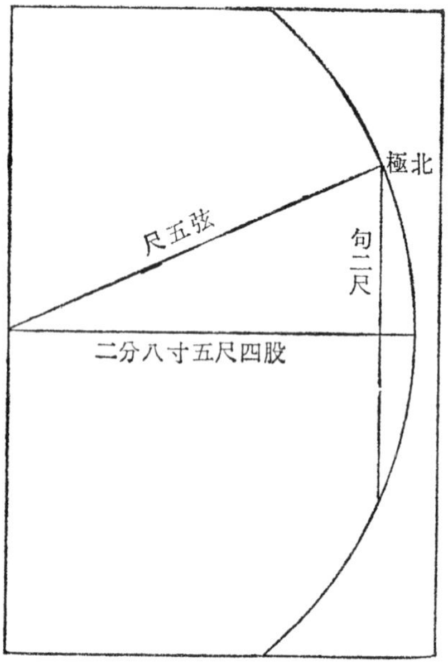

假如廣東海隅．測得表切北極七尺．以人目高五尺相減．餘二尺爲句．人離表四尺五寸八分二爲股．求得弦長五尺微弱．以除句二尺．得四尺．依檢八綫表三九九九三六微小於數．定爲二十三度三十四分四十秒．

假如嘉應．測得北極高．除去地人目．餘四尺五寸爲句．人離表十尺爲股．各自乘併之．開方得弦十尺零九寸六五八五．設弧矢半徑比例．以弦除句．得四一零三六四九．檢表二十四度．爲四零六七三六六．二十五度．爲四二二六一八三相減．餘一五八八一七爲一率．六十分爲二率．今得之四一零三六四九．減二十四度之四零六七三六六．餘三六二八三爲三率．求得四率一十三分七零七四七．其七零以下．除爲十秒．是爲嘉應北極出地二十四度一十三分四十秒．其翻曰．北辰非北極．小星也．三代以上．極星當由西迤北而東．春秋以來．極與星幾合爲一點．故欲識北辰．先認定極星．自歲差之法起．則以爲去極一度餘．宋時以爲在艮丑之次．以是而三度而四度．今且五度餘．在辰宮之次矣．然歲差由赤道．則經之移．在經不在緯．星雖移而其去極．古今如一．何有愈久愈遠者．新法推其故．始辨歲差由於黃道．於是黃道極終古不移．而二十八宿星度．南北緯度．皆有增減．極星離不動處亦漸遠．赤道經移．而緯亦移．黃道經移．而緯不移．今日北極星．離極五度餘．而後世且將離極四十七度．（黃極去赤極二十三度半．倍之爲四十七度．極星繞黃極而東移．其最遠即四十七度也．）且將仍與極合一．然極星雖移．北極實未嘗移．而每日宗動天左旋．黃極又實環繞北極．是黃極亦以赤極爲樞也．邵子言天之無星處爲辰．朱子語類．謂北辰是那中間無星處．這些子不動．此仍與樞紐之說同．故以言其理．北辰自是無星．以言其度．當星與極合一時．北辰明明有星．爾雅之北極．古爲星名．歷代亦指極星．以屬北極．所行之度微．人不之覺．遂謂諸天之星度．皆日夜左旋．而極星獨千古不移．至其不移之故．則仍歸樞紐．而未嘗以爲此一星之所致．則極星之不足以當北辰可知．

正弦表（僅列度數不及分秒）

絃			正		絃			正		絃			正	
六一	八	七四	六一	九七	卅一	五	一五	〇三	八一	一		一七	四五	二四
六二	八	八二	九四	七六	卅二	五	二九	九一	九三	二		三四	八九	九五
六三	八	九一	〇〇	六五	卅三	五	四四	六三	九〇	三		五二	三三	六〇
六四	八	九八	七九	四〇	卅四	五	五九	一九	二九	四		六九	七五	六五
六五	九	〇六	三〇	七八	卅五	五	七三	五七	六四	五		八七	一五	五七
六六	九	一三	五四	五五	卅六	五	八七	七八	五三	六	一	〇四	五二	八五
六七	九	二〇	五〇	四九	卅七	六	〇一	八一	五〇	七	一	二一	八六	九三
六八	九	二七	一八	三九	卅八	六	一五	六六	一五	八	一	三九	一七	三〇
六九	九	三三	五八	〇四	卅九	六	二九	三二	〇四	九	一	五六	四三	四五
七十	九	三九	六九	二六	四十	六	四二	七八	七六	十	一	七三	六四	八二
七一	九	四五	五一	八五	四一	六	五六	〇五	九〇	十一	一	九〇	八〇	九〇
七二	九	五一	〇五	六五	四二	六	六九	一三	〇六	十二	二	〇七	九一	一七
七三	九	五六	三〇	四八	四三	六	八一	九九	八四	十三	二	二四	九五	一一
七四	九	六一	二六	一七	四四	六	九四	六五	八四	十四	二	四一	九二	一九
七五	九	六五	九二	五八	四五	七	〇七	一〇	六八	十五	二	五八	八一	九〇
七六	九	七〇	二九	五七	四六	七	一九	三三	九八	十六	二	七五	六三	七四
七七	九	七四	三七	〇一	四七	七	三一	三五	三七	十七	二	九二	三七	一七
七八	九	七八	一四	七六	四八	七	四三	一四	四八	十八	三	〇九	〇一	七〇
七九	九	八一	六二	七一	四九	七	五四	七〇	九六	十九	三	二五	五六	八二
八十	九	八四	八〇	七七	五十	七	六六	〇四	四四	二十	三	四二	〇二	〇一
八一	九	八七	六八	八三	五一	七	七七	一四	六〇	廿一	三	五八	三六	七九
八二	九	九〇	二六	八〇	五二	七	八八	〇一	〇八	廿二	三	七四	六〇	六六
八三	九	九二	五四	六二	五三	七	九八	六三	五五	廿三	三	九〇	七三	一一
八四	九	九四	五二	一八	五四	八	〇九	〇一	七〇	廿四	四	〇六	七三	六六
八五	九	九六	一九	四七	五五	八	一九	一五	二〇	廿五	四	二二	六一	八三
八六	九	九七	五六	四〇	五六	八	二九	〇三	七六	廿六	四	三八	三七	一一
八七	九	九八	六二	九五	五七	八	三八	六七	〇六	廿七	四	五三	九九	〇五
八八	九	九九	三九	〇八	五八	八	四八	〇四	八一	廿八	四	六九	四七	一六
八九	九	九九	八四	七七	五九	八	五七	一六	七三	廿九	四	八四	八〇	九六
九十	十〇	〇〇	〇〇	〇〇	六十	八	六六	〇二	五四	三十	五	〇〇	〇〇	〇〇

體夫子語氣．自以北辰握樞紐之權．故以之取譬爲政者．而當其時．極星猶未離極．三光迭耀．環拱一星．其巍然不動．何等氣象．則即謂北辰爲極星．亦無不可．總之．北極之與極星．其離合之由．學者不可不明其理．至於章句之間．勿泥焉可也．

恆星東移．胥由黃道．極星東移．亦環黃極．若極星半周．則離極四十七度地平．北極高無四十七度以上者．則極星入地矣．彼時每日左旋．又成甲乙圈．

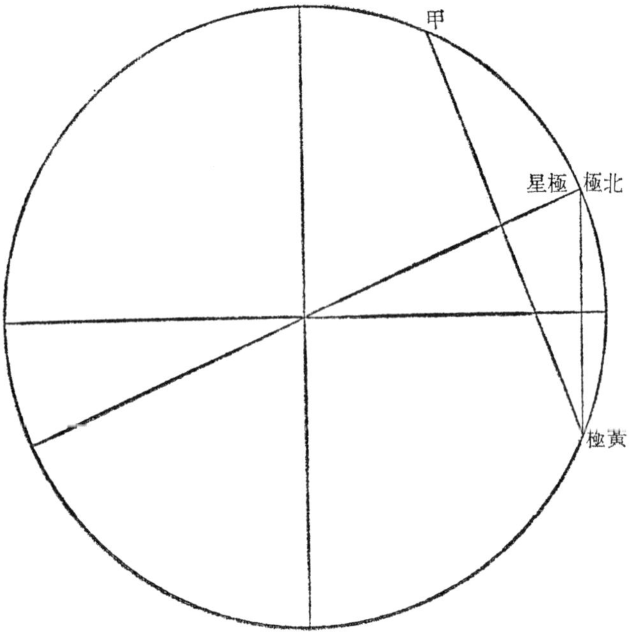

長曆三統校勘表記自序

杜氏春秋長曆．何爲作也．曰．便讀經也．經傳之月日．本之魯史征南．排比其次第．有參錯者則置閏以齊之．其顯然錯誤者則明著之．至其年月之宜閏不宜閏．則不之計．但約畧其前後之閏．當置則置而已．謂其無當於曆法．所不辭也．曰．吾因舊史也．吾便讀經而已．其先三百五十年．劉子駿實倡左氏學．劉氏本太初三統術以治春秋．以魯惠三十八年至釐五年爲一蔀．釐距成十二年爲一蔀．成距定七年爲一蔀．定距元四年爲一蔀．蔀四章．章七閏．氣分以定至．朔分以定月．合氣盈朔虛以定閏．無絲毫假借．今人以今曆步古天術．則精矣．而相距二千餘年．欲求脗合．必不能得．不得則安用此紛紛者．爲三統術固疏．但其去春秋未遠．較爲可憑．今由長曆以排比春秋經傳．由三統以句稽長曆．而魯史月日之得失．昭昭然矣．雖然．三統隱元年元月庚戌朔．長曆正月辛巳朔．明差一月．月有先後．今以長曆辛巳爲正月朔．則庚戌爲前年之十二月乎．爲本年之二月乎．不得而知也．杜氏於隱二年八月庚辰注．八月無庚辰．庚辰七月九日．則似三統正月朔．爲長曆之二月．然茲由釐五年正月辛亥朔．以三統長曆兩兩相比．逆溯而上．乃知三統之正月庚戌．實惠四十六年之十二月．則三統長曆之相需爲用．實賴有釐五年之朔至同日的據也．由釐五年下迄襄二十七年．傳以日食辰在申．明其再失閏．長曆遂以是年十一月連補兩閏．今以三統長曆較．一失於文十八年．再失於宣八年．由此而五十四年．至襄二十七年日食乃覺．前何夢夢。後何忽明．是耶非耶．長曆之連補兩閏．誠事勢之不得不然．然謂初補一閏．而嫌於疊閏非例．至冬．螽爲災．次年乃復再閏．適此數年中．列國無事可書．無日甲可核．則一閏於本年．一閏於次年亦未可知．史無明文．存疑而已．至昭二十年之二月．日南至．證之三統．明爲是年之正月．當閏不閏．又哀十二年之十二月．螽．杜注．一失閏．以傳五月甲辰．是月丙戌論．當再失閏．雖由魯史官不明曆法．置閏無定使然。然就此排比之表以觀．并未失閏．則書螽．不過志時令之不正耳．

茲爲春秋舊史設．以長曆爲主．以三統正之．合爲一表．使兩兩相比．得失自見．當未隱元年庚戌辛巳之孰後先．稟經三易後．乃一以僖五年之朔至爲準．順推逆溯視焉．不辭擣昧．排錄成冊．今表說爲上下冊．就正海內大雅君子．有以匡其不逮．則幸甚．

閱泰要全體新論眼官妙用一節書後

原論云．將兔目割去眼後綿脂．以燭在眼前照之．人在眼後望去．必見燭象倒垂向下．豬羊之目亦可．或問物象倒入者出不紊．其理云何．則非予之所解云云．愚謂今將顯微鏡近貼書上．則見字微大．漸離．則字更大．又離．則不見字．又離．則書易向而字皆倒置．又離．則字倒置而漸小．又離．則字漸不見．至凸鏡貼目．則書又順向．但字體濛混不眞耳．所以然者．鏡貼字．則光專在鏡心．遠則光聚在邊．貼眼則光又在心也．兔目高凸．自然燭象倒垂．豬羊亦並非平目．然物影尖樞．在兔目內．不在兔目外．貼眼望去．或可見眞象．（兔目看燭象．必不倒垂．）若只眼後望去．其倒垂必矣．似不難解．他日見泰西人．當以此問之．

張磬泉先生墓表

番禺吾宗小泉．自潮兩致書．爲其先人磬泉先生近卜葬．請表其墓。先生昔爲學海堂學長．耳其名久矣．詎弗獲辭．而久未有以報．何也．先生生平大概．雖具曾勉士學博所作家傳．及鄭小谷刑部所作墓志中．然嘉應相去千餘里．聞見未審．懼作雷同附和之文．今秋來省垣．適學堂會秋課。因得與譚玉生陳蘭浦鄒特夫諸學長．盡一日之歡．酒闌坐石亭。縱談往事．憶甲午秋試．曾謁林丈月亭．熊丈笛江於此堂．又過訪曾勉士儀墨農黃石溪諸君．歸而述之吳石華師．石師曰．子未見張磬泉耳．此人近失明．然其議論縱橫．不可一世．與之上下古今．辨析疑義．益人神智不淺．此非三十年前語乎．老成凋謝．曷勝悵然．因相與話先生舊事．歷歷指數．用知曾鄭二君所作．信而有徵．嗟乎．今日後起莘莘．方且於經義算學天文地理聲律等事．各出新義以自見．而老輩往矣．不獲就此一堂．與相質證．豈非恨事．蘭浦方將於重陽再訂遊山之約．而余倦且歸矣．舟中無事．因得檢校先生事迹叙次成篇．歸諸小泉．俾列之外碑．其所以遲遲者．實審之又審．以期存古人碑碣徵實無文之意．

謹按先生諱杓．姓張氏．字磬泉．祖光政．本浙之仁和人．考宗浤．幕遊嶺表不得歸．家於番禺．先生於乾隆辛丑生．幼以孝聞．壬戌補博士弟子員．戊辰舉本省鄉試第三人．丁丑大挑後選揭陽教諭．以目眚．改就國子監學錄．不出・阮文達公帥粵・爲學海堂學長終其身・少年雄於文・兼肆力於詩・善駢儷・世以文士見目・先生不屑也・繼而治經・注疏丹黃殆徧・於金石文字・多所辨正・世又以經生見許・先生不屑也・生平經世自命・所學以有用爲期・吾粵自戊戌己亥來・吏事日廢・兵防亦日弛・重門洞闢・殊非所以待暴客・先生時有目眚・惓懷桑梓・先後上書當事・計十四次、凡所籌畫・悉中竅要・當事韙之而不能從・粵事日棘・先生負氣已盛・動多怫意・雙目遂瞽・家本貧・而篤於交誼・夙與曾竹屋鄭蘐坪善・竹屋死・贍其家甚至・蘐坪死・先世有五棺未舉・悉爲扉當入土・前後力幾不逮。猶毅然肩之・終其事而後已・性既豪・書籍及文集・散漫不自收拾・任友朋攜取不之惜。晚年胸有所得・口授生徒存之。丁巳・夷人搆釁・礮火所值・殘編斷簡罕有存者・

先生童時。深見器於外舅・鄧孺人之入門・僅五十日而卒。先生感外舅之知遇・重哀孺人・誓不再娶・子二・祖望・祖纘・則晚年失明後・勉從戚友勸納娶段孺人所出也・鄧孺人歿於嘉慶乙丑・先生歿於咸豐辛亥・相去四十七年・今得合葬於某原・孺人之心慰矣・祖望改名憕・字小泉・善承先志。吾族中諸子與同事者・以畏友視之云・

銅鼓賦

扶胥之口・黃木之灣・前枕大洋・後控重山・碧櫨赧駮・朱拱雲環・偉海神之所宅・首四瀆而崇班・以□鱗介・以矚神姦・以致福延祉・以導愚廸頑・蓋無言之言而血食此・緜隋唐迄今凡千二百年・肅威靈之赫燿・羅瑋寶以彰□・有二銅鼓焉・團臍束腰・箕面參足・瀫文卒青・連錢帀綠・此雙耳聳肩・彼八卦抱腹・此金墓綴五・彼寶鼃坐六・此謏質兮佤今・彼殊形兮駭俗・苞符菡萏・精采滋沃・萬竅翕聲・一氣來屬・歷稽金石之篇・有此大小之目・

溯大鼓之甫出・廼林峒之莽莽・當陰雲兮覆山・每沈雷兮走響・噧循聲而跡之・不見奪於夔魈・質化精存・中通外朗・折丈取墨・即高稱廣・潯灘西去・夜發神光・風寒月碧・聲清而長・文蚪般般以赴吟・火禽啾啾以引吭・舡堆來兮隔浦・猘狂跳兮那廂・老漁不睡・睨乎其旁・得此小鼓・厥用益彰・蓋物之顯晦・意不自量・時而晦・則俚獠可以握其寶・時而顯・則谷王不得閟其藏・信人物之一理・聽昊綍乎主張・

或謂鼓之初製・雌實匹雄。雌飛沈於獅海・雄孑居乎神宮。以陰赴陽・有感必通・故其聲互出入於大海之中・有如月霸向既夜子伊始・重霄盡□海忽紫・於是紅濤一掣・火雲千里・鬱儀盤盤・三俗乃起。陡然天風下來・大聲在水・誰鋌鉦兮若母・孰靁霳兮似子。九陽開扇・萬嶼排齒・大氣翕闢・廻瀾噓哆。冰夷檄蝀以搆梁・鮫人會蜃以結市。鵬溟吸澋以動魄・螭駕糾撓而震耳・但覺騎鼇驤騂・儵忽譎詭。恍乎有奇鬼四瞰。白靈下視・天宇劃開・海色欲死・異哉・何物之憑・而洞心駭目若此・夫雞伺潮而石鳴・蚌候月而珠孕・桐魚宣石鼓之聲・銅山與洛鐘相應・雷澤之梭・則風雨爲從・延津之劍・則雌雄取證・來固有期・走亦不脛・蓋精爽所萃・神鬼斯命・象氣所在・音兆斯媵・事則豎儒所駭・理則通人所信・

於赫祝融．百谷之宗．獨我服領．保我垣墉．維韓碑兮不朽．緬廣利兮崇封．每當紅棉春老．翠羽花濃．閟宮四敞．璇宇百重．黼帳前設．金支後供．綪皷無塵．朱裳有容．時媌娥兮三五．插銀簪而過從．然大炬．擊大鐘．鼓坎坎．神來兮南浦．鼓鼕鼕．神去兮西峯．羌平波兮如席．陡驚濤兮溶溶．爲之溯虞喜之書．讀蔡氏之詩．林霨守高州之日．鄭絪鎮百粤之時．其事不一．存而闕之．況乎武庫所藏．誰眞誰贋．駱越之製．孰信孰疑．慨馬流之淹育．紛種類之蕃滋．肆弱肉而强食．迭雄長乎海陲．爐池開而鼓成．滋都老之紿欺．視寶物之所在．若蠭蟻之附魁．旣而戶窟五金．家延冶師．大小千百．習見不奇．兵燹之餘．消沈水湄．忽轟創獲．珍逾鼎彝．謂帝天其玆鑒．拜而致之靈祠．消覬覦於一切．讋神器兮無私．滄海成田．重淵易涸．獨我神兮呵護．延火維兮照灼．晴雷殷殷．大雲漠漠．年豐告成．疾癘不作．循堂廡以歎息．問誰司其槖籥．願瓌寶兮弗瓻．眷高陽兮斯託．元功無功．大造非造．鼓音淵淵．用昭神保．波羅不風．南國壽考．永永年代．此邦之寶．

藤鼓賦

大藤之峽．環峒原岫．萬壁巑岏．千里延袤．中有藤焉．奇根天壽．火燐星燦．鐵皮雨溜．偶借巢於荔民．幾蒙垢乎世宙．荷盛意兮見錄．俾洪音兮訇奏．夫以雨山峆岈．植壁崴嵬．徒杠亘其詭狀．虹□假其殊采．天所容包．日以魁瘣．傳之精物．緜此年載．神隱見乎林峒．扇妖異乎桂海．狼性不馴．虎嵎斯在．行者若飛．見者氣餒．加以弩灘之流．裂分力山之險．尤倍鏢槍藥矢．木柵石礧．儘蛟蜃兮腥□．莫征鼙兮告凱．稽狂徒蔓孽之始．迄韓公底定之年．一鼓而破石門．再鼓而奪沙田．長條蟻坿．峭壁蝸緣．連牌擬其後．巨礟當其前．全師擣其巢．烈火焚其巓．狖不反狘．兔不及猭．拔本犂根．蕩穢滌羶．散藤甲之軍萬．置藤縣之戶千．上藤嶂而銘功．引藤江而通焉．飐窟旣瀦．豺居畢淵．南人不反．長歌而旋．

因見乎喬根菌蠢．詭狀蹊跜．神虯磔鱗．纓蛇怒皮．蒼雪四舞而不落．墨雲一方而下欹．旣藟蔓櫑葛之糾結．復雞毒豕零之坿麗．乃銅刀延剞．大斧橫斫．倒噴紺汁．斜流赤脂．霹靂一聲．斑珠嘗垂．鬼膊斷兮輪囷．龍□開兮離披．兩峽危其塹絕．千夫挽其下馳．截之爲大橐．蒙之鱓皮．擊之以巨棓．比之如靈夔．繩之墨之．推工倕師．拂剔松脂．濯磨楓纇．仡仡猊趺．趪趪牛領．前震上隆．後轟武靖．譬歸化則毛員觟牢之奏．規破陣則元亥赤賴之警．雷霆迅越．風雨俄頃．此時地無斥堠之驚．臣遂聾纓之請．竿縣大狗之頭．索係藍渠之頸．告爾猺人．毋犯天威．毋作不逞．毋羊而狼．毋犬而獷．毋生成爲不材之檮杌．毋甘斬伐爲塞途之榛梗．

視茲藤鼓．大功垂永．廣州端州．蒼梧尺咫．望望三鼓．遙遙一水．唐乎邁天台之石南．隆乎百峨嵋之沈薌．黑裏雲頹．濃團烟起．繁星四邊以歷歷．秋陽一規其止止．値夫發响天高．吼林風駛．震土脈兮千峯．走晴雷兮百里．萬類跧伏．羣么氣弭．此謂金鼎鑄形．銅柱畫址．延聾斥疵．拔生出死．化妖魅爲尋常．汝何物以見詭．洞重扃使四闢．

張其翻

汝何險之足恃・但覺魂褫魄奪・目眙口哆・斂蠹息鉦・罔知所以・爲思蚖蕭杜松・菲材濫廁・菴羅毗野・反淪異地・慨茲藤之遼鬲・拚見儕夫棘樲・忽焉天戈下麾・國恩申示・出汝於隤陁之塲・繩汝於要約之事・量汝以大小之用・委汝以宣布之寄・謂汝質之斯魁・謂汝材之無棄・汝宜開聾聵・消希覬・以永鎮我南邦・而奠安乎民志・矧茲宸畧光前・皇猷鑠古・樂奏靈鞉・功歌棡鼓・近獻魚膠・遠輸雞羽・蠢茲八排之孽・未格兩階之舞・敢孱臂以當車・嗤殘車之膏斧・藤鼓蓬蓬・拓清寰宇・于萬斯年・用昭神武・

秋蟲賦

旅愁如水。夜氣如煙。孤煙如月・皓露如泉・於是樾館之東・莎階之北・嘈嘈切切・啾啾唧唧・寒吟高下・冷語揚抑・何蟲聲之互集・應秋候而畢出・是爲桑蠖藿蠋・樗雞草蠻・一響一答・在宇在牀・斂音爲徵・促節成商・感具體之已微・恐草莽之不彰・復日月之易馳・將歲暮以自傷・援涼風而助響・聲哀厲而彌長・故其草根高唱・枕畔低咽・緩兮若舒・驟兮若結・若話閨情・若傷遠別・卜後吟以相代・續前韻而逾切・慚輟曲之未工・笑藏身之已拙・孰逼之而使鳴・乃蓄極而始洩・非自詡其微長・因將表其高潔・

何況秋心一寸・秋情萬絲・憐伊耀耀・同此蚩蚩・貧士之怨竟夕・嬾婦之驚不時・慨扞臂之賦予・問彼蒼其孰司・感腸胃之如綫・向嗚吻之見私・冀隔年其一吐・覼瑣屑以靡遺・爲憶蜂顋珠櫳・蝶翎畫閣・雜花亂飛・香風入幕・又復蠨蛸蓬戶・蜻蜓釣竿・蝠陣昏集・螿更夜闌・曾幾何時・忽焉秋夕・病蛩苦哀・燐火皆碧・嗟乎・彼蠅營其逐臭兮・此蟻聚之慕羶・憫春蠶之自縛兮・嗤涸蝸之走涎・奮孱臂其何怒兮・傅粉面其孰妍・惟轉凡而矜智兮・鮮食字以成仙・競雞蝨其誰得兮・類夔蚿之見憐・欲語冰而識闇兮・徒赴火而軀然・蝨一褌其羣處兮・蟲雨睫其各天・紛蠉飛而蠕動兮・殊蠢類之自賢・此皆秋蟲所歎息・吾將助遺響之纏綿・

嘉魚賦有序

粵之大小湘峽多嘉魚・三月入穴・十月出穴・與□產異・蓋喜寒畏熱・厥性使然・如寥落空山・用擢貞士・窈窕深谷・特見美人・此心所之・爰賦寫懷・

鱀湘峽之嘉魚・越衆鱗而殊德・嘘碧乳以供飲・薦青苔以作食・葩炎燀以養和・泳深潮而自得・蒿雪如海・澄波走花・千里百里・陰陰不霞・玉耀製石・銀□□沙・朝發乎澤國・夕徧乎水涯・鰣紋鰷色・鯉質鱒鱗・弁凌以遨・飲冰若春・日月不到・水山無塵・指□畢以爲期・毋草草兮出身・惟所性之冰炭・敢編情以自珍・霜稜稜兮起寒・雲英英兮欲膩・取在淵之萍藻・果儉□以得意・紛吐棄乎一切・豈斯魚之不智・獵汙垢以飽腸・非由中乎好嗜・

月沉潭而見底・風剪波而作聲・屋貏豸之層石・席玢豳之素瓊・信鱗中之伯夷・曾不亮此世情・惟吾拙兮斯守・任人呼而人名・雲脂雙峽・花汁萬竅・落霞次衣・挨冰相照・月久久而忘歸・懼炎威之且慄・非世故之太明・實冷暖之殊調・喜來年之有待・敢迂遲以蒙誚・嗟嗟物負奇而含異・感此身兮幺微・藉筒灑爲蹇修・冀大雅之見知・水昉雲腦・

玉胞香肥．銀刀一聲．靃靃霏霏．得充庖於君子．即呈身其奚辭．任屈信於知己．喜汝魚之能愚．彼笠澤之同類．猶洄泳以自矜識時．

寶硯賦 辨貞諒室賦草

硯癡子．學米不顚．學蘇不達．旣戕厥硯．無任忉怛．於是鄭重端詳．左右周章．邏沙之水汝匝．芙蓉之錦汝囊。性命汝永．茀祿汝康．汝出汝處．長毋相忘．因重爲告曰．

硯兮硯兮．汝數之奇．陽九百六．汝幾□之想．夫端流湯湯．西山奕奕．幾年幾世．種此靈石．天漿下斟．雲氣出沒．歲月久久．受爲魂魄．地不愛寶．汝呈其材．水珠山玉．入塵世來．尾霞外包．朶雲內胎．鸜鵒翕翕．魚腦皚皚．其見用也．衮鐘在左．色斑在右．美人之澤．名士之手．奴隸紅絲．附庸金斗．邀中書以結盟．垂名山以不朽．其見厄也．神色胥晦．容光盡消．字之醜惡．奪廼沃饒．卞氏之玉三刖．中郎之琴半焦．宛宛四棱．熬沙戰濤．烟晨雨夕．水凸雲凹．秦耶漢耶．彼瓦千古．時耶命耶．汝硯如許．何年識面．大業相期．一朝脫手．棄也知遺．磨劍代石．支牀當龜．黯伯抛擲．纖兒劃劍．硯則猶是．役昏不知．硯兮硯兮．汝無知已．非無知已．不敢請耳．

延平不波．雷澤無水．歷二百刼．授硯癡子．硯癡硯癡．負良友哉．硯癡硯癡．夫誰咎哉．粗沙大石．殊材見摧．鐵鋸鑱鑱．劃然中開．嗟乎．汝巖石之自命兮．毋出身之草草．胡大木之宜巨室兮．竟匠人之斲而小．在往日之抑塞兮．猶尺璧之幸全．胡主人之不相諒兮．摧傷有過於棄捐．當明珠之在握兮．了闇淡而無殊采．曾遭厄之不移瞋兮．頓陸離而光怪．南國相推曰瑋材兮．原不計夫遲暮也．歷艱難險阻而嶄自完兮．夫惟王孫之故也．一斲再斲．而大不盈掌兮．余庸任此再誤也．願故人其勿諼兮．籲山靈使呵護也．

系曰．天傾西兮地缺南．大璞不完兮古所談．匹夫懷璧兮德何堪．衆欲逐逐兮視眈眈．硯兮世故汝所諳．吾與汝長相斷守矣．寢食甘．

硯之佳者．四圍皆有火捺．逼而爲天青．逼而爲蕉白．愈逼愈緊．結而成凍．故火雖石之病．亦石之用也．余作此硯銘．曰．眞一之水．得火而胎．是雲非雲．靈氣往來．賦成坿志於此．乙未冬月自記

壬子秋．余自陝請急南歸．一日摩挲此硯．竟失手墜地．碎爲數片．因以漆膠合爲一．再作銘．曰．百衲之琴．彈不成聲．石生石生我負卿．撫創瘢．潸然涕．愼保餘生共富貴．嗟哉．硯乎．一厄至此．又記

拱北樓延祐銅漏壺銘幷序 用元史天文志仰儀銘韻

原夫測天．有器範象．以銅尙已．蓋黃行之道．有蠃縮也．赤極之樞．有斜倚也．故雖環兔輪鷄．定刻符於圭景．晝金夜玉．知時汁於衡儀．而或方圓異用．或機關弗利．豪釐之謬．傳久爲難．廣州拱北樓上．有元陳宣慰所造刻漏在焉．製以四級．而差廣以六尺而殺．拓胸窪竅．哆口承銅．

張其翽

金胥沈浮．玉虬挹注．滴虞其驟．故累甓而成．受恐其緩．故降階必小．垂今昭古．盡善盡美．徒觀其黝綠沈紅．古質無毀．午年涂月．銘欵可稽．想夫準酌古今．盧牟造化．司天博攷．良匠斯成．南極北極．鐵勒塞之測驗不同．仰儀簡儀．紫金山之淵源可溯．表以高而罔象．巧設景符．月察綫而偏難．製成□几．彰示靈憲．鎮我粵邦．潤燥自協夫風雨．消長不移於寒暑．居人於此驗時．旅客由之定候．登斯樓者．摩挲寶物．俯仰前塵．尸祝名宦．慨思遺愛．雖不必如羊公之峴首．知有勝于庾亮之南樓矣．敢規陸賦．自詡裔皇．聊效郭銘．用陳靈異．銘曰．

惟天惟地．絜兩大也．員儀渾球．垂紀載也．古制蓋簡．後乃倍也．金水麗澤．取諸兌也．壺方水方．無寫滄也．可東可西．無列卦也．末位三尺．上用載也．窪竅下注．森戟鐓也．晨夕泠泠．有若晝也．積流既滿．籌出外也．陽吐陰翕．勿使太也．水潄水淫．永無斷也．捊多益寡．受洩配也．弇侈肉稱．外而肉也．委輸相灌．上下對也．流水清漪．無滯芥也．中罇中懸．池下會也．平水分水．義有在也．日月不到．辨晨昧也．子午初正．知進退也．曾不咸速．奚鴻殺也．搏廉頎典．永弗害也．五嶺以南．何勝槩也．雄藩千里．鎮邊界也．殊琛詭物．輸關塞也．北辰遙拱．海邦戴也．應度協紀．無少差也．俾都人士．識明晦也．纖微分秒．得其最也．土圭璣衡．仰峻蓋也．智創巧述．不相悖也．王郭之興．息羣喙也．卓見絕識．疑以沛也．寶物弗磷．無用怪也．挈壺之製．千百輩也．刻箭沃漏．罕有逮也．宣慰於粵．有遺愛也．留此異寶．翌昭代也．庾山越海．相礪帶也．用式南邦．億兆賴也．錫爾壽考．俾勿懷也．

白雲山九龍泉銘　幷序

夫華陽有洞．茅君藉以修眞．橘井用汲．蘇耽於焉垂異．太抵凝脂鍊骨．潄水澄心．小闢蓬萊．別有天地．玻璃雲母．呼吸沆瀣．而何殊冰液石胎．淪源流而盡澈者矣．白雲山者．安期生之所隱也．夫其飛昇任我．隱見無時．密節香蒲．用之延年．如瓠之棗．可以爲餌．丹服絳雪．漿搗元霜．九節之杖頻攜．五雲之車待駕．金花瑤草．問長住於何山．電馭風軿．忽編來兮是洞．於時餐椴有術．吸月無泉．將棲邃巖．苦乏靈液．仙人於是作小遊戲．化大神通．施妙法於虛無．現奇觀於頃刻．地非華渚．等五老之流精．宅豈淮南．忽八童之下降．俄焉觱沸濫觴．鏘洋噴壑．尺帛倒瀉．玉花亂飛．應龍矯而雲騰．羣鶴翔而雪下．成簾羅絡．激石砰硼．皎皎素華．駐童顏而不老．涓涓金屑．潄貝齒而偏清．邃乃通氣丹池．返眞紫府．馭精神於天上．遺清淨於人間．石竇瑤池．既竝名於三疊．璇源醴液．長作鎮於千秋．迄今遺跡尚存．金仙已往．土花密暈．石脫時來．每當碧瑱雲深．青巖雨後．斜日半壁．薄烟萬山．玉峽雙開．金華一噀．洄渦斗起．之而怒張．驅空中之銀甲．箭激星馳．飄霞外之素旌．雲行風送．於時．千仞自懸．萬籟俱息．酣笙竽於空谷．禽鳥不飛．答環珮於高峯．琉璃直瀉．使人聽之泠泠焉．輻輻焉．如鼓湘靈之瑟．如奏鈞天之樂．洗腸滌胃．變氣移情．靈蚳有約．長悵望於玉京．白鶴留臺．每低徊於芝蓋．雲淙咫尺．兩乳同飛．霞洞西南．寒流共脈。茫茫懷古．湛湛斯泉．敢布銘辭．式昭神異。銘曰．

峨峨白雲．梯天直上．下有靈泉．飛光結轡．雲起佛頭。珠濺仙掌．寒腴混混．橫空磨盪。一開一闔。醴流既胎．陰陽孕育．靈源乃來．江海同息．乾坤爲開．呼吸所通．精氣徘徊．奇哉安生．貞元自葆．玉液延算。銀胎却老．萬境澄澈．一洗煩惱．大道既成．高飛蓬島．寒巘夜碧．其聲裂帛．霞來氣靑．雲浸雪白．仰彼巖阿．金仙是宅．辭慙幼婦．不堪銘石．

楊廷桂 字天馥．茂名人．道光甲午舉於鄉．不仕．而喜談經世學．嘗言顧氏日知錄．賀氏經世文編．閎淵淹貫．精熟二書．終身用之不盡．咸豐辛酉．髮逆陷信宜．逼近邑境．廷桂籌策．與郡守蔣立昂誓以死守．危城獲安．人以此益信其所學．其說經不拘漢宋．時有剏獲．詩古文詞亦具家法．所著嶺隅文鈔．存有鈔本．

與欽差羅椒生少宰書

甲辰乙巳．間寓京師．傳聆鴻誨．南還後．每晤羊城朋好．即敬請興居．知閣下於宋四子之言．身體力行．造詣純粹．又接閱邸報見閣下請崇節儉以挽浮囂一疏．不覺以手加額．謂理學名臣之奏議．動固本以培元．李安溪湯潛菴諸先生．於今復見也．

比年來寇氛四熾．而鱗介之族．遂敢爲封豕長蛇．每一念之．撫膺太息．昨承札諭．俾某協同康梁三君子．勸捐裕餉．是膺是懲．義不容辭．謹自備資斧．勉竭樗櫟．乃所辦已畧有頭緒．而忽接津門記畧一紙．與各衙門之行知省報．此事遂廢．嗟乎．嗟乎．時事至此．其胸中有千萬言．轉喉觸諱不能筆之於書．悠悠蒼天．此乾坤何等時哉．某行年六十有七矣．自道光三十年．迄咸豐四年．感胡明府柳門瑤圃．伊觀察雲巖之相浼．佐之籌團練之法．驅除諸寇．後復佐之開防剿一局．俾諸處募勇有所藉手．遂箬笠草屩．長揖還山．今年春．當道强某主講高文書院．並參酌防剿局務．顧年老才拙．城市非所樂行．當謝去．率兒孫力耕耳．

閣下讀關閩濂洛之書．居侍公卿之列．上不負吾君．下不負所學．爲李綱宗澤．爲方叔召虎．師李安溪而能爲安溪之平耿逆．師湯潛庵而能爲潛庵之逐五通鬼．料必有以慰荒村老民之所仰望者．其或鷹之擊者先弭其角．虎之搏者先低其首．安乎此以圖乎彼．靖乎彼而後安乎此．一屈一伸．與時消息．斯至人之妙用．大易之元機．想亦閣下之所孰籌．而非野人之所能知者也．航川東還．謹藉之奉書．拜請鈞安．並於感忿之餘．肆其狂瞽．死罪死罪．

古文準序

歲庚申．取生平所誦讀觀玩之文．而部錄之．自經解體．子體以至於騷體．詞體．其爲體也．十有七．所以闡義理之精．而涵泳其性情之正也．自綱目體志體．以至外傳體．雜傳體．其爲體也九．所以習史官之典．而發抒其勸戒之心者也．自詔策制勅以至讞檄札諭．其爲體也十有七．所以宣王命．詳國是．勸民事．資學古入官之用者也．自序記書啓以至行狀碑誌、其爲體也十有九．所以廣學問．申情愫．揚徽美．備交遊．日用之需者也．書既成．召吾兒惠元．而告之曰．嗚呼．今之學者．日遊於混沌氏之城．而作刑天之舞．求其有志於詁經談道．志墜典．表獨行．傳往哲之眞．以垂於後世者．吾未之見也．甚則膠庠之士．不能善驢券．成僮約．通一札於市廛之賈．嗚呼．其亦可哀也哉．

夫聖人之道之大．非因陋就簡．蒙昧龐雜之學．可以涉其藩也．其廣其途分其類．以發學者之智慧．而導之塗徑者．固至明且切也．詩以理性情．書以道政事．儀禮以謹節文．周官以飭百度．有易焉．總天下之奧而渾言之．有春秋焉．臚天下之蹟．以備易書詩三禮之成案．而詳言之．其於道也．博而賅．釐然而不混者．有如是也．詩爲謳吟之體．書爲議論之體．儀禮．周官．爲叙述之體．易之十翼爲訓詁之體．春秋三傳．命其弟子爲紀月編年．先綱後目．屬詞比事．記實摩神之體．而即一詩之中．復別爲國風之體．小雅之體．大雅之體．三頌之體．其於文也．博而賅．釐然而不混者．又有如是也．子曰．吾自衛反魯．然後樂正．雅頌各得其所．聖人於此有快心焉．豈惟詩哉．殆即詩以示人．使人之廣其塗．分其類．而推及於一切也．夫然後於學問之中有所得於己．而可以待用於世也．孔子沒．六經終．自周．秦．漢．魏．南北朝．唐．宋．元．明．以迄於今．作者大備．坊本所選．既簡陋不足道．而其他錄隆富．又僅就朝代次第彙之．不分其體．讀者如遊深林密箐之中．既出之後．渺不憶其路徑．而欲其有所得於己．而裕其用於世也．不亦難乎．

昭明太子．天姿英卓．文選一書．雅識此意．惜乎其體不備．其文多穠采浮藻．而局於風會．韓柳歐蘇諸大家猶未出．而沈溺於應陳曹陸之餘波．故全書之中．求其邃於理．洞於事．豪於氣．深於情者或寡也．予之爲是書也．補昭明之缺．求無戾於聖人之旨．而時博其趣．好學熟玩．而有得焉．則詁經談道．論議記述．各有以自得於己．而自陶其歲月．而發策奏疏．飛書馳檄．箴啓贊頌．弔祭碑誌．隨所用而無不給．其亦異乎甘心於混沌氏而無所用．其恥焉者矣．

今考定禮記序

西漢宣帝時．梁人戴德．官信都王太傅．其從兄子戴聖．官九江太守．同受禮於東海后蒼．德集古書傳之言禮者八十五篇爲一部．世稱大戴記．聖復刪之存四十六篇．自爲一部．世稱小戴記．至東漢時．馬融增月令．明堂位．樂記三篇．爲四十九篇．南宋後．朱子復舉大學．中庸．配論語爲四書．實存四十七篇．即今所存之禮記是也．是書大小兼賅．本末備具．除明堂位．仲尼燕居．孔子閒居等篇．有義謬而文蕪者．餘皆可爲萬世之經．所惜者二戴君隨手鈔錄．無門類．無次第．參差顛倒．錯雜淩亂．讀者或難於融貫耳．閒居無事．爲兒孫學禮計．因舉四十七篇．別訂之爲六卷．第一卷始內則．終投壺．此十篇皆修齊之懿範也．第二卷始王制．終燕義．此八篇著平治之上儀也．第三卷．第四卷．言喪禮者．凡十三篇．第五卷言祭禮者．凡四篇．此十七篇詳慎終追遠之文．以綱維五教之大也．第六卷始禮運終樂記．此十二篇．扶性道陰陽之粹．以通夫威儀度數之原．不徒能述而且能作也．述者之謂。明作者之詔聖也．或者詔變亂古經．古人所戒．然天下事惟其是耳．費直變周易古經之舊．拘學詈之。而後世卒宗之．杜預變春秋傳古經之舊．拘學詈之而後世又宗之。平心而論．何者於揆理爲長．何者於成功爲易乎．且定哀以前詩之舊本殘缺失次．孔子更定之．使雅頌各得其所．而特自表暴以垂訓於後世．然則聖人亦變亂古經而冒大不韙之罪乎．吾自行吾是．吾固不能强衆人之是吾是．而吾亦斷不敢附和衆人之說．而以聖人爲非也．總之古所傳者此經文．今之所考定者．亦此經文．古何莫非今也．今何莫非古也．夫亦熟之而已矣．

梁廷枬　字章冉．順德人．道光甲午副貢．官澄海訓導．時夷氛不靖．大吏聘修海防彙覽．林文忠公則徐督粵．詢以籌防戰守事宜．繪海防圖以進．祁墳徐廣縉蒞粵．並聘入幕中．襄辦團練．以薦賞內閣中書．加侍讀銜．嘗著南漢書十八卷．考異十八卷．叢錄二卷．金石文字記四卷．網羅散佚．鈎稽同異．論者謂足與馬令陸游南唐書並傳．他著有南越五主傳二卷．論語古解十卷．東坡事彙二十二卷．金石稱例四卷．續一卷．書餘一卷．藤花亭文集十四卷．詩集四卷．書畫跋四卷．曲譜五卷．并見順德續志．夷氛紀聞五卷．碑文摘奇一卷．蘭亭考一卷．鏡譜八卷．東行日記一卷．澄海訓士錄四卷．順德志未著錄．又有粵秀書院志．張維屏藝談錄稱其有關文獻．亦未見．

復吳石華司訓論南漢書書

別後一造雲棲．弗獲接奉光儀．罄聆大誨．今歲出保郡試．自春徂秋．曾約仙裳過訪蓮幕．値家園潦漲．倉皇返掉．比來猬縮寒廬．凍雨孤檠．正勞帳憶．忽枉遠問．順承仁履勝常．以西清才作西湖長．他日寓惠一集．當與坡公輝映後先也．辱賜大著．皆有關世道之言．雪漁年丈前署言之．今獲卒業．知鑒識不謬．其佩服爲何如耶．

承校拙著南漢書錯誤若干條．詳錄示悉．循環省覽．仰頌大君子切磋砥礪之誠．忻慰正復無量．近日交際專尚面諛．間有所商．亦未能切中窾會．如足下者．益未之見也．僕年已壯歲．一事無成．謬思著述自見．旣念家慈垂暮．欲藉寸進博其歡．緣是未獲屏棄一切科舉之學．擬歲當秋冬異試．輒著一書．計已積二十餘種．生平進銳退速．三月外無復耐心．故所著往往粗就而多疏畧．南漢書本不欲遽付剞劂．當時爲何司馬所促．悔不可追．年來隨校隨改已數十條．如文偃傳考畧之誤紀爲年．劉隱加威武節度．此例自爲更正久矣．今即尊校諸條覆加檢閱．有斷即須改者．如區延保聘唐．拙著本紀旣依十國春秋在大有十四年．考異亦以十五年閏正月甲申朔．南唐書使至在是月癸巳．定爲命使在十四年冬無誤．而文內乃遞差一年．遂有矛盾．又嚴加太傅在乾化三年．本據歐史．然通鑑注引梁太祖實錄在二年七月．是月友珪加錢鏐尙父．可爲友珪援節鎭官爵之證．知實錄較歐史倍信．拙著漏考也．

有不須遞改者．如韋堅使廣州條．拙著考異所引五代會要見劉氏五代史記註．原引甚詳．（云乾化二年四月．廣州獻金銀犀牙雜寶及名香等．合估數千萬．是月引進使韋堅使廣州廻．以銀茶上獻．其估凡四百餘萬．福建進御金花銀器一百件各五十兩．是年天下邦國各助郊天及賀正獻相次而至云云．）雖檢今本無此文．然王溥撰唐會要原有脫漏．別本行世・疑劉氏所見五代會要或別一本・故姑據之・趙光裔爲兵部尚書・通鑑趙上有梁使字・頗疑楊洞潛既官副使・舊唐書又以副使屬光裔・一官兩人・强難並屬・而膳部郎中實爲梁官・此不得書・今光裔舊官從缺・故下文節度副使以下・類似可並屬・上下讀如尊指・然其實不誤也・又尊校劉隱授封州刺史在中和三年六月辛丑・今按通鑑是年以隱父謙刺封州・隱之授封州別在乾寧元年・爲謙死後事・拙著亦不誤・宋帝諭鋹稱臣・歐史在乾德四年・陸書年月紀傳互有參差・惟長編在開寶元年九月・今按宋史開寶初・鋹侵宋・道州刺史王繼勳請討・太祖難其事・令李煜以書諭鋹稱臣・則諭鋹斷在開寶改元後。然宋以乾德六年十一月癸卯改元開寶・開寶元年固無九月・因長編年月未確・故且據宋史・鋹卒在太平興國五年三月己丑・見宋史太祖紀・拙著固爲失引・然據長編鋹年十六襲位東都事畧・卒年三十九・首尾凡二十四年・由顯德五年襲位推之・鋹卒當在太平興國六年・惟薛史稱年十七襲位・年分相合・如依宋史則年猶有疑也・至離非女子・近人間多引用・或可强留・而平陽公主之稱・止出羅石湖詩・漢家公主號平陽・餘無所見・今再考羅集・如偶逢公子號西園此類句法・不可枚舉・本爲詞之假借・不經指摘・其疵累苦不自知矣・所有應改兩條・即付工抽改訖・便此寄覽・亦使足下知其勇於從善・非近世護短之輩比・且數十卷之書成於三月・而錯誤止此・尤堪自慰耳・

近又有新得者兩事・其一爲何澤子㲈與晋高祖有舊・石氏稱帝拜侍御史後・因齊王與契丹啓釁・諫弗聽・遂托疾去・至顯德二年世宗以南唐奉正朔・而南漢佶伉如故・用比部郎中王朴議・强起㲈爲南海參軍・持節諭南漢・㲈亦欲道歸・並携家行至漢邊・劉晟方事誇張・不欲國人知有宋朝命令邊吏・館㲈雄州・會雄韶湞連盜起・晟乃以師借㲈討平之・復使引兵擊楚・舟至韶陽灘覆沒・與妻俱死・其一爲㲈孫世忠妻李氏孀居。開寶三年潘美等討南漢・鋹計窮・聚兵十五萬・依山谷間編木柵堅壁老宋師・美既孤軍深入・輓運不繼・軍乏食・李氏時居城中・語家人曰・劉氏竊據爲國・蠢賊侍御・祖翁持節南還・齎志以歿者胡爲也・王師一去・我等何時始見天日・因計宋師日須食幾何・傾廩獻粟・支七日於軍前・美大喜・即督兵・人持二炬・乘夜攻其柵・鋹衆驚潰・既擒鋹・美等以事聞・宋封李氏恭人・給番禺縣務本里下南步村胡仙山等田三萬畝・錫以砧基簿云云・二事並見敝縣羊額村何氏族譜・譜作於前明之末・國初復修之・今存本寥寥矣・□舍去羊額二里而近・餉粟事幼所習聞・而譜無由見・比何孝廉小範携以相示・始得其詳云・砧基簿猶世傳未失也・然兩事僕均不能無所疑・周顯德二年即南漢乾和十三年・明年周嘗遣使聘南漢・使者姓名不可考・或即㲈・固未可知・而譜云起㲈南海參軍・則官名無理・且使臣至境・遽使將兵攻盜・尤非當日情事・况馬氏先亡於乾和四年辛亥矣・安得此時復有使㲈引擊楚事耶・其云獻粟後・美即督兵持火攻柵・是在開寶四年二月庚午・植廷曉死之後・時鋹方遣保興率國內兵併力拒戰・豈能聽李氏□城中運糧・濟敵人七日食乎・然何氏既世守砧基簿・則李氏以功受賜・又顯有可憑・以鄙見度之・據唐摭言稱・澤爲□陽曲江入・廣東舊志亦云・由曲江徙番禺・或者分徙後・李氏尚居祖籍・獻粟當在韶州將陷之時・時開寶三年十二月・宋師迫韶州・鋹命李承渥將兵十餘萬・陣於蓮花峯下待戰・與譜稱開寶四年。鋹聚兵十五萬依山谷間語合・豈譜誤舉四年火攻事・連書於三年陷韶時耶・事關宋師之勝敗。南漢之存亡・而難得折衷。是以拙著亦未嘗補入舉正。博雅必別具卓裁。故不覺引之詳盡如此・

鄉間勸賑防盜。種種周章・臘底未可出門。新春當買櫂珠海。揖送行旌。幷罄陳一切・尊著南漢紀。如繕寫已畢・幸早郵示・先覩爲快・否則統俟晤時・得面商較善也・肅復・即問興居・不備・

宋龍圖閣待制張公鎭孫死節論

通志引陳仲微海上紀事・謂書公死節甚詳・而不載其語。是書今不獲見矣。而史以爲城陷被執遂降。同門張子剛純・公文孫也・嘗談公被執事嘆息・謂先公非降元者・予曰・微子言・吾猶疑之・夫我輩尙論前哲・意有不慊・猶將旁推曲證・以得其爲人・此後死者責也・況桑梓事乎・

考公以咸淳七年及第・起兵在景炎元年・當是時・宜中遁矣・文山執矣・南服彈丸・抗中原全力・勢如壓卵・公旣知之矣・而乃收集散潰・誓圖恢復・師出未幾・克復城池・其志豈嘗一息忘報仇哉・不幸海珠戰敗・守禦不支・至於城破被擄・縊死道路・忠臣之師・蓋昭昭矣・夫曰城陷・固異開門迎降・曰執送・必非俛首軍前・史臣不念就義之苦・遽以降書・豈通論耶・或曰・李光弼與史思明戰・猶納劍於韡曰・吾位三公・不可辱・設有不利・當自刎・公果能視死如歸・則當敗績喪師・何不及早殺身殉國・而顧甘爲仇虜・苟延歲月歟・予應之曰文信國之被執也・吞腦子而不死・欲引決而無間・蓋旗戟森嚴中・求生固難・求死更不易・庾嶺之縊・安知非天以與機乎・且安知公之志・非少緩須臾・願見三戶之亡秦乎・或謂信國留敵・諸將咸待以客禮・及其被禍・宋之遺民痛哭稱道不能忘・公則妻孥並械・等於賤俘・而死亡倉卒・亦未聞有紀其本末而哀之者・不知信國督師受事・視公較久・其聲名之在敵國・較公亦倍重・且門生故吏・必不如信國之賢且多・彼生祭之文・西臺之記・何所自來・然而死耗旣聞・信國猶深相悲悼・弔以詩章・公以此益足千古矣・

總而論之・公而降・公必不死・公畏死・公必不出・假使公而顧惜身命・則黃冠草服・何至冒犯鋒鏑・身入檻車・使公而貪戀祿位・則亡宋諸臣・方多錄用・又豈肯鬱抑自裁・其始之慷慨從王・與信國之志同也・後之從容受命・與信國之節又同也・謝恩詩云・乾坤大德知難報・誓秉孤忠鐵石堅・嗚呼・此公平生之言也・不且與成仁取義之旨相契合哉・因爲考證若干條歸張子・入之家乘・

南越先主傳論

語有之・惟英雄識英雄・斯言也・至囂益信・囂作尉六年・未嘗一日忘主越計・顧畏秦威不敢發・迨二世不道・天下分裂・間有可乘矣・又輒病且死・不以越屬他人而屬之佗・必有深觀於平日者・佗之王・囂成之・囂之成佗・秦實使之也・漢興・佗有服事之志・尺書一到・稽首稱臣・彼其

心實隱慮高帝之不能容・邊關之不足恃・故託於順天歸命以自全・不然・縱百賈何爲也哉・其背漢也・雖釁由高后・亦將伺漢之亂而思逞焉・固不料文帝之能以結之恩者消之也・當是時・諸呂除・賢天子繼出・向之杌隉・安若泰山・固不待賈之再來・而帝號之削・在佗意中久矣・

論者以椎結箕踞待漢使・謂猶有夜郎自大心・不知佗方欲自儕乎蠻夷・示無遠大志・俾漢之君臣荒陋置之・又報文帝書曰・妄竊帝號・聊以自娛・蓋始以倔强・而終以滑稽・皆所以杜兼并之禍於無形・而并令受之者無以測也・佗之志・更出蕭張上哉・

二主傳論

漢之疑南越・自胡始・胡既許助入朝・妄聽諸臣言・助行而又背之・漢始固未嘗招之也・不招之來・則其來也必聽之使去・何也・胡守漢約・不敢擅興兵・武帝既深信之矣・使果因謝誅閩越之故・一修朝覲・禮成而還・恭恪之節愈昭・君臣之義愈密矣・計不出此・而徒質嬰齊焉・夫質子之意・逆慮人之疑我・而以質爲信者也・漢不疑胡・胡背入朝之約・又質嬰齊・一再售漢以疑・乃妄期其信我・言亦左矣・且夫事貴審機・而機固百變焉・佗之戒勿入朝・誠以當高帝呂后時・猜嫌易起・及嬰齊興之世・事又輕南越・日望其來・來必不返・其勢皆不可行・可行者獨胡耳・使無胡請兵之事・心跡未明・漢之待胡者・猶未可知・若明明信之篤・而反啓之使疑・久則漢且來招・招又不至・則漢益疑・疑甚斯禍速・必然之理也・何胡不以自信者信漢也・

三主傳論

嬰齊有國日淺・舍長立少・亂易生・固矣・予謂不盡然・其禍蓋兆於納樛氏・樛自中國來・弟官校尉・爲漢貴族・有淫亂之行・必不達大義・將挾漢之威・以立其所生嬰齊・即愛建德・亦終不得立・興生長長安・與漢習・而內有淫亂不達大義之母后・慫恿其間・立即入受漢制・其臣不願從者必叛・故嬰齊之享祚・短固亂・久亦亂也・向使胡身自入朝・則嬰齊不爲質於漢・嬰齊不爲質・則不得納樛氏・樛氏不納・則建德以長當得嗣・宮庭無爲漢內應者・漢未得所恃或不召・即召亦可託疾辭・卑辭緩之・不與以隙・漢將無如何・呂嘉等之亂・又奚自生哉・然則南越之亡・胡實兆其端焉・雖然・非胡所能逆料矣・

四主傳論

予觀於安國少季之爲使・而嘆漢之用計至深且險也・興立也少・意多主於樛氏・少季素與樛通・說且易入・說行・而南越舉國至不勞一卒・固爲漢利・不然・南越臣民・因少季之來・觸前事・引爲國恥・必嘖有煩言・樛氏必不自安・則勸興入朝愈力・而人情愈不順・不順必反・漢師之出乃有名・皆在漢意計之中・蓋漢不患南越之不破・特患無故而伐藩國・不可令天下・故激之變爲稱兵地耳・嘉之反・遲而後發・其心有所不得已・然苟念先王社稷之重・盍於嬰齊擇立太子之日・積誠極諫・以去就爭・使改立建德・嘉爲國重臣・爭之不已・嬰齊意或可轉・既數諫不能奪・而後從容解

組．歸臥鄉園．未嘗不可見先王於地下．乃身輔少弱之主矣．而遽教之使逆其母．以開罪於漢．不亦難乎．先幾之既昧．至勢廹倡亂．身遭僇辱．幷其先王之社稷一旦失之．盡墮漢之術中而曾不少悔．責嘉以不忠．嘉固不任受．責嘉以不智．嘉當無辭以解也．然則爲嘉者當奈何．曰．輿之行也．宜再三諫．不聽則去之．輿入爲異姓諸侯．尚可守其宗祀．而嘉之臣亦全．孟子所謂異姓之卿．義有可去也．蓋入朝之舉．勢逆而理順．未可以危社稷．當變置例也．而況出之以弑逆哉．

五主傳論

南越之立國．與南漢同．漢之待南越．與宋異．宋伐南漢．有利其土地寶貨之心．故焚府庫之罪．詰責無已．漢之平南越也．仍其舊俗．不徵其賦稅．誠以僻陋在夷．得之不足增富．度漢之初心．不過慮其久．且足難邊將．使除邊關．比之內諸侯易駕馭而已．且武帝雖好大喜功．然南夷東越之用兵．皆緣南越起．未嘗以無名之師．滅人宗社也．就令輿慨然入朝．有三年一朝之約在．何至遽郡縣其國．嘉等之慮．無乃太過歟．至漢使殺．千秋敗．漢之怒已不可解．即舉一國之全力以拒敵．勢將有所不能．況乎四路分來．越人居半．何遺畢取居翁史定蘇宏都稽之輩．方反戈相向．至蒼梧藩衞．亦且望風而解甲也．不亡何待哉．

南漢書本紀論

有唐失馭．海水羣飛．英傑雲興．土疆瓦裂．當是時．苟有尺寸乘勢者．莫不慨思發奮．爭自樹立以爲雄．烈宗父子以裨校起家．破賊立功．不數年間．封王南越．高祖繼之．遂建大號．所招用多中朝名下士．規模草創．畧有可觀．能由是而節費撫兵．保懷若赤．然後乘中原板蕩．率我知方之旅．踰嶺而北．功名正未可量．乃風流自命．土木窮極奢華．濟暴性以濫刑．棄淵好於邊釁．始基之既壞．即使立賢議行．亦且勢難補救．荒縱如殤帝．曷怪乎蕭墻之禍之速也．中宗篡弑得國．兇逆盡封功臣．其積慮已不可問．又推刄同氣．慘戮半屬無辜．如去草之除根．必至於盡而始快．甚至天潢宗媛．瀆淫後宮．亘古倫常．由茲絕矣．坐制萬里何貴焉．矧區區攻取十三州之地．猥語中興乎．

後主沖齡．紹基嗣服．昏愚奢淫．相輔而行．重以閹宦盜權．百出其端．以蠱惑其心胸．蕩娛其耳目．離宮遊幸之費．百姓竭脂膏奉之一方．若熾爐於旁．愴地呼天．莫可控訴．幸亂離踵接．未遽淪亡．一旦景命有歸．眞人乘乾首出．不於此時奉表稱臣．求藩故土．囚使命．絕鄰交．恃疲弊之衆．以抗弔伐之師．勢不至舉國俘囚不止．而猶得全首領．歸魂鄉國者．宋之仁也．雖然．天心久厭禍亂．欲削平僭僞．混一統之車書．君即未極怠荒．臣即未極庸懦．兵即未極微弱．當不過久延歲月．立其國於危急存亡．而曾不得一瞬．蓋觀於效順之吳越．卒不穫畫守河山．愈可曉然於天意之所屬．而後主之賢不肖．舉無與焉矣．作本紀．

正統道統論

天下有正統．無道統．三代以前．治從德出．而兩統合・堯舜禹遞禪天下・亦遞有訓詞・訓詞者・以道爲授受者也・殷湯周武・身創大業矣・乃反身修德・則又上接堯舜以來・當是時・神聖代承・治與道未嘗岐爲二・而必混於一・混於一・則兩統之名不得分・而統之名更不必立・判兩統者・蓋自暴秦之一天下・始兩統判・而後正統道統之說出焉・

夫正統者何・別乎僞統而言之也・統曷言僞・不成統也・蜀漢昭烈以帝胄中興・統固直接光武矣・若魏若吳・皆僞也・推此以論・則繼漢稱正統・惟晉隋唐宋元明六姓而已・晉之宋齊梁陳後魏北齊北周・唐之後梁後唐後晉後漢後周・宋之遼金・此十四國者・大率據地稱雄・祚短年促・其相去多不過百餘年・少或數年・以詭而得・以篡爲禪・所謂置君如易吏・變國若傳舍・凡人力可爲、無關天授人與者・皆得別之曰僞統・

議者謂力爭得國爲不正・必以誅無道爲正矣・然則三代上・惟唐虞之揖讓爲正統・三代下・惟漢高之誅暴爲正統・其餘皆僞耶、又謂以王中原者爲正・然則都咸陽・都長安・都洛陽・都汴・都燕・都南京・未盡同也・豈光武改都洛陽・不可以繼西漢耶・豈南渡改都建業・不可以繼北宋耶・必執山河疆宇之論・將自古無云正統者矣・此說之難齊也・

道本空虛無形之物耳・寄於聖賢之身則有形・有形故曰統・聖賢在上・政即道也・聖賢在下・言即道也・以政見道・堯舜禹湯文武之治是也・以言見道・孔孟之詩書經傳是也・爲堯舜禹湯文武之治・有孔孟之詩書經傳・雖不言統・而道亦存・且禹後五百年而有湯・湯後五百年而有文武・文武後五百年而有孔子・又後百餘年而有孟子・中間相去久遠・而先後同出一轍・不啻授受之遞承・如是而繫以統・誰曰不然・所難據者・孟子以後耳・在漢時則有若孔毛鄭何趙・在魏時則有若王何・在晉時則有若韓杜郭範・在唐時則有若韓陸・能以所訓註翼聖言・明至教・然譬則百川之於江河・壟斷之於泰山・不足云統也・

迨關閩濂洛四子者興・如陽明・如白沙・所謂主靜致知之旨胥宗焉・其言理也・實有以推極乎天人性命之原・察乎日用倫常之道・無如鑿空而說・未見施爲・可以爲前聖功臣・不可以爲前聖宗子・乃叙道之譜系・直尊以鄒魯則過矣・夫主漢學者謂其博也・主宋學者謂其精也・不知無漢學於前・何以開宋儒之精・無宋學於後・何以形漢儒之博・其兩難偏廢也亦明甚・及論道統・則必捨漢而歸宋・不亦惑乎・且夫老彭・孔子所竊比也・而聞知一論・孟子猶或遺之・又安知千有餘歲・必無遯世求志之人・文中子・其著述一規模孔孟者也・而依倣太甚・後世猶或議之・又安知今本大學・必合前聖未錯之簡・第執統以論漢儒之所以斷區乎統外・宋儒之所以斷入乎統中・均未見其據也・然則孔孟而後・道分見於諸儒・則道未絕・諸儒不足承統・則統絕・統絕則道統之名可廢・故曰・天下有正統無道統也・

張氏藏周壺考

右器高尺有四寸・形方・有蓋・通身雷紋密布・四隅完好・邊作觚稜・側面有耳・製絕精巧・瓜綠羽翠・望之斑駁陸離・以形考之・當是古之方壺・銘文云・米癸丂亥王王仏徙卪刋乍作冊冊將收叙新宗宗王王訊賡乍作冊冊豊豐朋貝大

太子子户錫户束・大大𠂤貝用用㞢作・字凡二十有四・蓋銘並同・惟第四第十二第二十一三字・偏旁稍異・宣和博古圖錄・薛氏鐘鼎欵識・王氏嘯堂集古錄・皆不收・而三書均別載有周父已鼎・其銘乃與此器悉符・惟未多父已寶鑒字從刋二字・各本釋文皆同・今此器銘作𠂤卜者・土所蝕也・又戕字・王氏作般・博古圖釋文作妝・薛氏釋文作妆・阮氏積古齋釋文作收・妆即收字・點畫殆偶作增減・釋其文義・當從阮氏作收・又宗字・薛氏王氏釋文並作宗・獨博古作室・考曼龔父簋・有宗室連用者・宗自作宗・室自作室・未嘗相混・今此器銘作宗・則當從薛王二家矣・又賡字・博古作啇・王氏本作啇・兩本釋文並作賡・張蓉鏡嘯堂集古考異・引別本釋文作商・今此器銘作啇・而蓋銘又作啇・雖本銘互異・然細度其義・仍當以博古及王氏爲正・又鐘鼎文凡錫字多作𠂤・今此器止作户・非日久磨滅・即原文從省也・錫下一字・博古王氏本・皆爲束・而博古釋文作綀・王氏作東・今此器銘・止有卪可辨・餘俱剝蝕・然細辨卪字・實無中畫・以意測之・乃束字而缺其大半也・按宋沈揆州學古鼎記云・凡銘稱父丁・父乙・父己・皆商器・故博古己卣・謂商王雍己子小甲所作・然考雍已以壬辰年嗣位・至十二年癸卯崩・中間實無癸亥之年・如但以父己二字定爲商器・與銘文首稱癸亥不合・且周以十干命名・如齊有丁公・乙公・癸公・稱父如宋大夫孔父・周大夫嘉父・此類至多・不可枚舉・則稱父稱已・未必定屬商器・趙氏金石錄・又謂此爲商末周初器・亦涉兩歧・漫無考核・博古據其文鏤・錄入周器・其後薛氏王氏皆依之・所擬自不謬也・今此器銘文・與父已鼎一一脗合・知同爲一人一時所製・彝器爲昔人所最重・有因一事而分作數器・數器之銘・又彼此同符者・如周辟父三敦・其銘識畧無參差・可舉爲此器證耳・葢古者受賞於朝・必範銅鑄器・叙錫命所由來・以昭示其子孫・俾世藏勿失・斯器之作・所以彰王寵錫・紀其有功無已之惠・其曰王徙刋者・言當王遷居時也・曰作冊・猶書所謂王命畢公作冊・言將收宗而先作冊書命之也・曰收新宗者・猶禮所謂敬宗收族也・賡・爾雅釋詁云・續也・曰豐貝・曰大貝・皆言多寶也・言王當此時・既作冊以收恤我新近之宗・後復作冊而錫以豐貝・太子又從而錫之束帛大貝・用以作爲此器・然則作此器者・其人固姬姓・爲周王近支宗室・援引古義・可徵信矣・

漢龍氏鏡考

右漢二神鏡・爲同縣温氏藏器・徑若干寸・重若干兩・羽翠瓜綠・望之如趙伯駒金碧山水小景・林泉畢具・背作二神形・夾以菱花・銘云・吴吴𠙶丁能龍氏氏乍作竟鏡佳佳且且孜好明明日日月月出世少少有有刑刻台治分分守守悉悉皆皆左在長長保保二二親親宜宜孫孫子子大大吉吉羊羊凡文三十有二・中惟第二字不可識・以意度之・當爲下之增文・第五語之中・一字左旁剝落・自黃帝液金爲鑑・由周而來・漢唐尤尚・多具乾象星斗龍鳳海獸天馬嘉禾連理諸形・今此鏡鑄爲神像・所以辟邪禳驅魑魅也・又古鏡銘皆在背・或記鑄人名姓・或識所鑄年月・所用各異・爲語亦殊・用之殊・奉御則曰尚方玉堂・曰千秋萬歲・用之百官・則曰宜官宜侯

王・今曰宜子孫・則藏爲家珍以傳代者也・銘文不具年月姓名・以刻治日月字・與漢長生鑑合・長保二親語・與漢尙方鑑・及十二辰鑑合・定爲漢器而已・

商父己尊考

右商父己方尊・高尺又若干寸・口縱若干寸・横若干寸・圜腹雷紋饕餮・腰以下・肩以上・並光素不紋・製絕質古可愛・銘在口之裏亞形中・凡八字・曰亞亞乂史[illegible]諫且祖乂父己己[illegible]尊[illegible]彝凡古器多作亞形・博古圖錄謂亞者廟室之形・蓋商人尙鬼・尊神作器以祭其祖考・必并摹狀其宗廟之制・以致如在之誠也・錢獻之謂亞乃古黻字・兩己相背・取黻冕相繼之義・近日阮氏積古齋欵識・則以爲兩弓相背云・作器遺子孫・當銘之・以武與執弓執戈同義・三說雖異・意本相通・然廟形之說・始自宋人・其來已古・固可依據・況此器銘文・又以亞字冠首・其於尊崇廟貌之意・更爲脗合・益無可疑・第二字・博古錄商諫尊有之・註曰未詳・薛尙功欵識諫尊・第二字作冄・與此小異・釋文亦缺疑・予以爲即史之省文・史者作器人所授官・諫則其名也・父己諫之父名己也・今曰祖父己・祖視父獨尊・不敢著其名・而必著父之名者・所以見祭器之有專屬・又舉父即可以推祖也・據薛氏子父己鼎註・謂己・即商六世君雍己・按雍己之父爲太庚・如信薛氏・則此銘所謂祖者者即太庚・雍己傳弟太戊・其子爲誰何・本末殆不可考・薛氏之釋子父己尊・又謂太戊爲雍己子・則謬甚矣・以予考之・商人以十干命名・不分貴賤・如不父己鼎・主父己足跡彝・子孫父巳彝・立戈父己卣・子父己卣・子父己爵・父己敦・父己鬲之類・不可勝舉・若但有父己之名・即定爲雍己子所作器・則傳世者多已若此・況失墜豈可數計耶・未免過於穿鑿傅會矣・

又此明尊制而銘詞・則統謂之尊彝・古人文義歸簡・如丁父己作彝・而統名之尊彝・虢叔作鬲・亦統名之尊鬲・原不若後代之細爲區別・然予又有說焉・左邱明外傳・稱法度之器曰彝器・蓋彝有常義・五代盛時・器不中度・不鬻於市・故作器者皆以法度爲繩約・不作淫巧奇異・而後經久適用・可尊可法・然則諸器之統稱曰彝・亦猶戈矛之屬・總謂之兵・絲竹之屬・總謂之樂云爾・

己酉戌命尊考

右己酉戌命尊・銘文凡三十又八字・不可釋者三字・云己已酉酉戌戌[illegible]命[illegible]尊[illegible]宜于於[illegible]招□[illegible]黹[illegible]賡蕪九九[illegible]律蕪[illegible]商[illegible]貝[illegible]朋[illegible]方[illegible]夜[illegible]用[illegible]室囗[illegible]宗□□十在九九[illegible]月[illegible]惟王王一一[illegible]祀[illegible]世[illegible]昌[illegible]五[illegible]惟[illegible]木[illegible]束・博古錄薛氏欵識・皆有此器・並云銘三十七字・誤也・命博古錄作[illegible]・薛本作[illegible]・並與此器異・宜薛本作[illegible]賡・博古錄作[illegible]・與薛本同・薛本釋作賡商・兩本并作[illegible]貝・并作[illegible]夜・薛本作[illegible]・惟王之惟・博古錄作[illegible]・薛本作[illegible]・惟本之惟・博古錄作[illegible]・薛本作[illegible]・亦與此異・博古錄所收爲方器・今此器圓徑・六寸二分・知其人同而作器異矣・據博古定爲周器・謂商雖曰祀・然武王克商・訪於箕子・亦曰十有三祀・其曰惟王一祀・則記其即位之始云云・按洪範傳・箕子稱祀・不忘本・疏云・此箕子陳王問已之耳・被問之事・惟文王受命十有三

祀・武王訪問於箕子・箕子即陳其問詞・此篇箕子所作・箕子商人・故記傳引此篇者・皆云商書・據此・固不得以銘內稱祀・爲周器之證矣・

薛本謂銘文全類商兄癸卣・列於商彝之末・說較近理・又博古・命釋令・賡釋庚・薛本在釋十・一釋王・蓋古者即位未改元・以月稱其日・一祀則不得云十九月也・已酉者・紀其歲・戍者守也・以地而有所守・如春秋齊侯使連稱管至父戍葵邱之類・宜於招撤者・言其別也・如袞衣取黼黻之類・商貝朋方者・五貝爲朋・如錫我百朋・言多也・用室圉宗彝者・彝宗廟嘗器・如周官所載六彝之類也・詞義古奧・不過會意釋之・若周器・則有文理可按矣・

史逗敦考

右史逗敦銘・文凡九字云・叀史伯逗乍作寶寶𣄰敦□其子萬年用・史者其官・逗其名・周有右史內史之職・博古錄伯碩鼎銘云・子史伯碩・曰子史・蓋稱於父・又有史頊鼎・薛氏款識・有史張父敦・史黎簋・積古齋款識・有史自彝・似皆舉其官也・東觀餘論云・史伯・周宣王臣・碩父其字・是又以史爲氏矣・史伯見國語・說固有據・然以例史張父史黎・則張爲氏・黎爲名・而史實爲官・此云史逗・自可援二器以證也・器銅質甚輕・朱斑多而青綠少・高六寸・口徑五寸二分・銘在其腹・

順德學大成殿土像木主並設論 有序

吾順德縣學修成・孔子暨四配十二哲既有木主矣・又位土像於主之上・予往襄祀典・以問董事者・則曰其由來舊・今不得擅易焉・蓋事既成・不可說也・越翌日・留就賓興・駐舟城河心・若有不能自已・爰著爲論・聖人以神道設教・蓋體天道化育不測之至神者施之民・非崇飾廟宇・取衣冠使臨於上・以牖愚民耳目之謂也・像祀之設・三代以上未之前聞・厥自佛教入中國始其端・實兆於金人一夢・而後其徒雕飾土木金塗而尸祝之・致人敬且信・因以斂其布施之資・於是象教遂蔓延天下・嗚呼曾以孔子之聖之大・而反藉是聳人觀聽乎哉・夫像也者・所以肖其形也・山川岳瀆皆有神・神不可見・雖憑空擬焉可也・若孔子則質有四十九表矣・眉有十二彩矣・目有六十四理矣・此即善言如太史公・舉之猶恐不似・數之猶恐不詳・善畫如顧愷之・王摩詰・如吳道子・（三人皆畫孔子像・）猶不能會心於月準日角之異・摹擬以盡其神也・顧以尋常摶土之工・刻木之匠・安識聖人所謂温厲威恭之容貌・止隨其意之所注・手之所欲爲・以輕率成之・毋論孔子不肯依之以享也・其褻孔子也・不已甚歟・予考孔子十哲之有塑像・實興於東魏亂亡之世・（見興和元年兗州刺史李仲挺修廟碑・）其後唐宋因之・明太祖建學成・始議去焉・成祖之都燕也・沿元舊制・復行像祀・洵爲習焉不察・自世宗用輔臣議・然後得永遠廢除・我朝定鼎之初・增以淸文・而不復其塑像・豈非以孔子大德配天地・當如南北郊意・不敢以土偶小之乎・則今日之因仍不改・不獨不知尊先聖・亦幷無以率舊章矣・

且夫像之設・意在尊而崇之也・然大成殿有像・而崇聖祠無像・未聞卑父以尊子・而可行於聖人之庭者也・四配十

哲之有像也·以爲賢乎·則兩廡諸子何獨非賢·而區別之若此其甚也·以爲地隘不能人爲之像乎·則又安得以人力可寬之地而異其尊崇之心乎·推此以論·有人焉舉兩廡之地而寬之·將必舉兩廡之賢而並像之矣·是何以異於廓佛氏之宇·坐羅漢金剛諸薩菩於廊而次第之也·且像必飾以衣冠·今將冠章甫而衣縫掖·曰·孔子所服也·而觀瞻不肅也·將加以袞冕·則王號已去·名實不相背耶·不寧惟是·朱子目擊宋世像祭之非禮·嘗於語類論其失矣·今升之西序·乃儼然親於其身而反之·豈惟朱子不自安·吾恐臨祭者亦以朱子之故·對越間有懷慚無地者計及於是·又何說以處此·然則像之不可不廢也·若指掌矣·夫以像棲神猶且不可·又況位於主上而兩列之·使神之來無所適主·不尤失禮之又失禮哉·

南越叢錄序

南越傳·漢書全用史記·司馬遷生孝武時·事方目覩。論者謂史記之成·多取陸賈新語等書·則賈所撰南越行紀。當時自無不見。而傳中止詳其興滅之由·及代傳之故·挈其大綱·於南越國中一切治人行政之事。曾未之及·豈賈書但記出使始末·詳此而畧彼耶·抑史體簡潔·有所棄而弗錄也。自史記而外·若西京雜記之屬·每有一二條可徵引。顧多混舉南越·無年可繫·又或事實瑣細。不得載記。及引而不詳者。別次叢錄·彙得二卷·佗據三郡。本因秦舊置·志謂以秦所置郡太大·稍復開置·今考武帝平南越所置之九郡。雖非盡佗故地·然志止以南海鬱林日南·當佗桂林象郡南海三郡。所屬縣不過二十又三·戶不過四萬七千有奇。口纔二十三萬·核與秦戍五十萬人之數不符·固無論舊有土著·又經百年生聚也·且佗築城在今仁化縣·舊爲曲江縣地·而志以曲江屬之·桂陽郡築白鹿臺·在今新興縣·舊爲臨允地·而志以屬之合浦·錦石山在今德慶州·佗嘗偕陸賈遊此·舊爲端谿地·而志以屬之蒼梧·知元鼎開置時·多以佗所屬地分隸別郡·志之疏畧·固不待言·但當時地理·古乏專書·舍此更無徵引·今姑錄備參考而已·五主傳成後·一旬而叢錄成·因序其端·

金石稱例序

古人最重稱號之學·爾雅廣疏·風俗通·方言·詳矣盡矣·然非今昔互殊·即南北迥別·著諸文字·反見拘迂·至有壽世母文稱嬸者·藝林至今傳爲笑柄·然則稱謂之間·習焉不察·博雅君子將且譏詆於其後·況經史冊籍·日資翻閱·尚□參稽金石·則散落山水荒僻·或古所存而□已之·或前未見而後始出、拓藏未富·則證據益難·金石稱例之所緣起也·

顧金之爲物·有用易燬·皇祖伯考之屬·存在識銘·僅偶一見·不若碑誌之堅好·尚有文義可尋·蓋石多而金少·自來著錄家類然矣·春來無事·發校藏碑·積爲此帙·區分七類·始三代·迄五季而止·每條先標大意·證以原文數語·渺者缺之·他書可考者補之·中有互證發明者·附以按語別之·此又例中之例也·

南越五主傳序

尉佗王南越幾百年·傳五世·起界秦漢興亡之交·臣漢

後叛服不常．地括五嶺以南．今之兩粵十有其七八．遠逮交阯．與閩越東越長沙西甌駱土壤鄰接．名雖漢藩．實自行其號令．官吏將卒咸自設．專於古諸侯．大事之可記述必多．然當時必無紀載傳後．陸賈南越行紀．今固不可得見．由漢而來．南越虞衡二志．及錄異代荅．草木狀諸編．不過偶具一二軼事．傳廣州先賢者．陸劉兩家．又僅見唐志黃氏書．及歐氏百越先賢志．雖并斷自漢．而於南越舊事．尤屬寥寥．故佗之立國．反以史記漢書猶爲粗具始末．固不若南漢之錯見他書．薈萃牽引．尚可勉足一編也．

余曩嘗倣陸游南唐書例．撰南漢紀傳十八卷．已疏畧之是病．□從二千年遺文散佚之後．欲爲南越載記．更極難而無當矣．且雜簡錯陳．互有牴牾．流覽所及．每反覆不能釋諸懷．如王翦平東越．而方輿紀要以爲南越．爲誤讀史記翦傳．任囂先由萬人城徙番禺．佗自龍川入繼之．而黃佐通志誤謂至佗始徙近南海．再徙番禺．水經註又謂佗徙萬人城．又呂嘉之反．史記漢書通鑑年月日．並有參差．玉海滅南越月日亦與史漢異．建德伏誅．通鑑註與漢紀不同．呂后命周竈陳濞討南越叛．見文帝書．而史記漢書并遺濞．韓千秋攻越．見史記．而輿地紀勝誤引南越志．作田千秋．趙光．佗同姓．亦見史記．而粵述以爲佗孫．此類不可枚舉．尤可疑者．陸賈孤身邊使．而元和郡縣志乃謂賈竟廹佗．都十四里．築城待佗．又賈至．佗即稱臣．而夷堅志乃謂因佗未降．禱山神．在偕佗遊錦石山時．理不可通．而古蹟儼在．恨不得南越行紀．一破千秋之疑．生長是邦．憤悱若此．安用考據爲哉．久欲摭拾殘缺．輯爲成書．折衷歸於一是．彷彿如五國故事之例．而詳覈有加焉．既以謏語單詞．苦難貫串．中止者屢矣．今夏習靜□林．行篋舊帙．薄有所携．輒試爲之．自佗以下．得傳五篇．畧有證明．附之夾註．其餘散見羣帙堪資考訂者．別次叢錄二卷．雖不能如南漢書考異之條分縷晰．顧自束髮迄今二十餘年．所見書大畧具是．終以不獲旁搜博採爲慊慊．而無可如何也．

登仕郎梁君秀山墓誌銘

維嘉慶紀元之年月日．登仕郎秀山梁君遘病終里第．其入嗣子府學生員愷．將奉君暨君配李孺人柩合窆某原．謂予樂道人善也．執狀就予．使爲銘其墓石．且疑曰．先嗣父生平以善事先大母傳鄉里．顧遺言謂無後．不孝狀誌母及事母事．子意云何．予曰．孟子時．無子者固無後也．而非所語於今．論語中庸．兩言繼世．皆謂諸侯．史記．吳泰伯無子．仲雍繼之．即禮運所謂大人世及．及其弟也．是爲繼爵．武王更使周章繼泰伯後．別以虞仲奉雍祀．是爲繼絕．故古者惟諸侯得立嗣．又儀禮．爲人後者．必後大宗．公羊傳．小宗無後當絕．喪大記．爲殤後者以其服服之．蓋禮不繼殤．宗子殤則仍繼殤父．而以殤服服殤．雜記．大夫無子．但爲置後．蓋借他大夫子爲喪主．若爲之後者．喪畢．即□□．即喪大記所謂喪有無後．無無主也．故古者立繼．止宗子．非宗子雖大夫不嗣．論語臧武仲以防求爲後於魯．左傳不可使叔段無後於鄭．季友酖叔牙曰．飲此則有後於魯．皆繼爵非繼人．不繼則後絕．後絕故不孝．今則官紳士

庶・無不立嗣矣・有嗣即有後矣・子通經者・豈未之前聞耶・况子績學能文章・異日顯揚・上推無盡先德之孝・固將質言之爲世勸也・

按狀・君諱祖新・字啓文・秀山又其別字也・遠祖葵齋・以宋之末造・由南雄遷今順德倫教村・更十六傳至君・始由村東水口遷明副使徐橫川先生故第之進士里・築室居焉・家世甚聞・入國朝・諱吉者・司鐸始興・爲君□祖・諱逢鰲者・以訓導歷官九饒南道・爲君之從曾祖行也・君性沉毅過人・秉正嫉邪・義形於色・無長少咸敬憚之・居恒粥粥若無能・然鄉□□有爭・人咸束手・君從容爲指畫・知必言・言必盡從之・則事且集・有古遺直風・家本清素・太孺人陳・方蚤年苦節・慮無以博其歡・則瘁力服賈・李孺人紡績佐之・積有餘・旦夕潔堂□觴・極甘旨奉・太孺人康逸考終・□□遂以此嘖嘖稱君孝・士大夫奔走仕宦・有數十年不獲一見其親・馴至於殁者矣・而君且以事母傳也・蓋君猶幸爲鄉里中隱君子也・君□年月日・例備書・銘曰・

以隱德獲顯報・及身不能・將子是荷・君之續也佳翩翩。珠傾玉吐霞軒軒・吁嗟乎・彼蒼者天・夫豈無意於此而漠視・君□長眠・

書始祖定山公宋亡後事

先公諱起・字起莘・號定山・世居汴梁・生宋淳祐三年。領咸淳三年鄉薦・累官武經大夫。奉勅來鎮粵・拜中順大夫嶺南招討使。時同官有忤公者・遂解兵權・隱民間・祥興二年・元將張宏範追逼・帝昺崩於崖山・時競傳陳宜中奉帝猶在占城・元主下令捕之・公糾率義兵將赴工部侍郎馬南寶軍・先與之書曰・

日健卒從海上走報・元人張宏範擁重兵・自潮陽分軍南北襲擊主上於崖山・我師竭力拒戰・四面受敵・勢不能支・二月初六日・陸丞相負上同溺海中・後宮諸臣皆從・今浮屍蔽海・潮水不流・吁嗟乎・天地古今之變・未有至此極者・某聞言・酸心絕氣・不覺憮然仆地・恨不手刃强敵・飲其血而啖其肉・以洩臣子之憤耳・今民間傳上在占城・眞否未卜・第聞古人有一成一旅而興師者・矧今天潢宏派・多布中外・謀臣義士・□伏草茅・或者天地有知・必不忍以帝王萬世之統・沒於旦夕・祖宗有靈・必不忍以中州億萬姓之命・陷於腥羶・某雖先解兵權・義不俱生・即欲隕殘喘於溝中・棄同螻蟻・孰奮一擊於博浪・雪恥前王・嗚呼・滿腹之剛腸何伸・六尺之遺孤安在・倒其首而加之足・獸不甘心・服左衽而言侏儷・誰肯屈膝・誓致匪躬之節・必有響應之風・某已糾集義兵・期赴麾下・共效死力・惟便早圖・

會宋遺民推南寶爲帥・公副之・與制置使黎德以迎駕起兵・聚衆至二十萬・遇元將王守信與戰・力絀爲所敗・公遂隱南海之逢簡村・至元二十五年・元詔大赦忠於宋者・罪犯悉置不問・幷錄宋舊臣・當事者以公及謝枋得等二十八人薦・有詔起用・公聞即與謝書曰・

某自少筮仕・畧效微勞・謬典兵權・待罪嶺表・自謂一方寧謐・可寬主上南顧之憂・乃動遇牴牾・厥位不終・天蹙宋籙・屋我皇社・某時飲恨滔天・五內糜潰・欲闔門自焚而

不可得．因聞謠傳上尚在占城．竊欲從倡義後．再整江山．奈兵糧不繼．勢寡失援．卒爲敵人敗．淹淹靡骨．豈肯復偷生靦顏當世哉．第念足下晦處建陽．文丞相亦尚在．故間關忍死．冀圖後功．今數載於茲．文君就戮．而足下亦坐老山中．四顧山河．洒淚難遍．興言及之．他日何面見夫差於地下乎．邇者聞元人徵足下甚急．不佞亦與薦剡．足下將爲田橫客．豫讓哭．抑終有蹈海之逃乎．一死生．齊順逆．足下籌之熟矣．某蒙昧寡識．獨恨不能隨崖山之隕．苟存今日．負罪前王．所賴知某者惟足下．而知足下者亦惟某也．嗟嗟．舍生取義．千古綱常．昔程嬰公孫杵臼皆趙孫門下客．一死於十五年之前．一死於十五年之後．萬世皆不失爲趙氏忠臣．某今與足下特未知死所耳．

謝得書．竟不奉詔．公亦屢迫不出．居久之．海濱羣盜起．聚黨數萬．刦掠居民．同里黎耕叟方官南海簿．密以公才畧白閫帥．檄求公急．里中父老子弟亦患鄉閭寇亂．日環門泣請．公不得已．出討平之．遽自返里．事聞．詔授公廣西賓州路同知總管事．公嘆曰．天不祚宋．我反以官爵自汚．何以對吾君於泉壤乎．疏辭不受．中有掬心未朽．願效採薇於箕山．洪運方興．乞許行吟於澤畔語．文別具家乘．自是杜門不與人事．以大德八年卒．卒後．長子諱祐者仕元．至廣東宣慰司都元帥．追贈公如其官爵．安定郡伯勳上騎都尉．事蹟見都御史何經撰傳．家乘亦詳載之．公固未嘗一日受元官也．成化順德志．稱宋以武功同知賓州路總管．是以未受之新銜．爲公在宋舊職．固誤．即嘉靖志．稱隱南海之逢簡村．元初疆起討賊．授賓州同知．亦未核實．

最可異者．莫如黃佐廣東通志之南寶傳．傳稱．聞帝昺在占城．於是招討使黎德梁起莘與南寶起兵．運糧往迎車駕．元萬戶王守信諭起莘降．莘奔還．德與南寶討其叛．兵大敗．南寶被執．不屈死之．起莘遂仕元．至都元帥．固與廣州府志稱．公力戰．爲守信所敗．遂隱焉．語不合．至謂公奔還．德與南寶討其叛．大敗．南寶被執．是南寶反爲公所俘．錯謬尤出情理外．或疑黃志語本宋史．然史但云起莘爲王守信所敗．起莘降元．德與南寶死之．據此．則公曾與守信戰．德與南寶並死守信手矣．故無論脫脫等史裁荒陋．久貽失實之譏．即以史按之．其云守信諭還．及南寶因討叛爲公執．均與史文矛盾．且宋史統紀一代．文叢事雜．其中傳聞異詞．載筆乖誤．理或有之．若黃志則以廣東人傳廣東事．耳目最通．不應疏陋至此．蓋公與馬謝兩書及辭官一疏．雖存家乘．黃以奧籍無由得見．因有是誤．其云仕元至都元帥．則直舉公卒後追贈之官．移作生前身受之爵．又不聞宋亡後八年．與謝疊山同登薦牘一事．妄謂南寶敗時．即受元官．種種牴牾．漫無考核．遽筆於書．而不知吾家贈誥之尚存也．寒族節義代出．祀譽序者凡五六輩．皆公以忠藎之教遺之．後起之彥．將必有慨思先德．據府縣舊志．證以五百餘年所留之家乘．爲天下公言．以正黃氏之謬說者．廷枏爲之噏矢矣．

蘇廷魁 字賡堂・高要人・道光乙未進士・官編修・遷御史・累官至河道總督・尋內召・引疾歸・廷魁官臺垣時・嘗因天變劾樞臣穆彰阿・又因賽尚阿出督師舉內閣侍讀穆蔭入軍機・劾其壞舊制用私親・上隱其名・出疏示賽・賽退・飲臺垣酒・問誰實彈我・廷魁起曰・公負國・某不敢負公・舉座肅然・故當時與晉江陳慶鏞・臨桂朱琦・並稱三直・合之錢塘金應麟・又稱四虎・咸豐戊午英法聯軍入粵・與順德羅文恪公惇衍・龍太常元僖。同爲團練大臣・嚴淸野・絕漢奸・並爲桑梓所稱云・

愼始芻言疏

奏爲敬陳愼始芻言仰佐新政事・臣聞君臣如天地・以交泰爲理・必實意相孚・上無所疑・下無所隱・然後民情畢達・職業具舉・內寇靖而外夷服・四序調而萬物和・去年十一月二十五日臣始補官・伏讀上諭・有拾遺補闕・朕所樂聞之言・竊幸唐虞三代君臣交儆之隆・將復見於今日・臣忝諫司・敢不竭愚・以效一得之獻乎・

謹案春秋書元年之意・欲人君愼始而正其本也・皇上聖性至孝・嗣服初元・必深思繼述之難・有非臣所能窺測萬一者・然自古聖人・不以獨見爲明・而以羣言爲用・方今時勢頽壞・從而救之・非博詢衆智・力行善政・不足以聳天下之視聽・而激發其天良・說命曰・行之維艱・王忱不艱・蓋聽言誠信・其效可立致也・皇上御極之初・允請舉行日講・以禮臣議奏停止・臣不敢贅言・但惜當時大臣・不能和衷商榷將順盛美・致中外頗有諭旨輕改之疑・易曰・渙汗其大號・傳曰・安危在出令・善令反汗・所關非小・若早愼之於始・當必有以處此矣・臣愚・不識忌諱・伏願皇上敬念德元・無忘典學・精求宏濟之道・允釆勞謙之義・預防驕泰之萌・深居燕閒・則以兩廣盜賊未平・遠方觀釁爲儆・所謂任大守重・莫先於治心・心正則明盡・明盡則化至・更請以建元伊始・特旨禮問致仕耆儒如湯金釗者・以尊賢養老・昭示天下・飭各省督撫學臣・舉孝廉方正・必嚴取眞才・以備採用・如有虛應故事・名實不符・一經查劾・即坐舉主・凡條陳籌備經費・事屬專利・有損於民者・概予斥罷・使天下咸知朝廷所向・在德不在財・

又擇翰詹中敦樸有識者爲講官・與九卿分班值日・預備召見・准其繕呈講義・講列時務・皇上虛懷下問・誘使盡言・儀文無晉接之繁・而事體有贊襄之益・如是則宸修日懋・聖智愈明・任賢去邪・當機立斷・弊除其太甚・令出於必行・所以正綱紀・興敎化・弭災害・而長享太平者・皆本於此・若謂羣言易惑・得人尤難・恐非推誠接物之論・今天下不患無才・患士氣不振耳・取舍愼於上・則名節重於下・凡屬臣子・親見君父勵精圖治與人爲善之誠・而尙敢因循苟且・營私取利者・未之有也・宋臣司馬光曰・國家之事・言其大者遠者・則失於迂濶・言其小者近者・則失於苛細・與其受苛細之責・不若取迂濶之譏・臣之獻愚・有類於是・

駱文忠公神道碑銘

公諱秉章・字籲門・又號儒齋・始祖達元・唐時由浙江義烏來居南海之烏石崗鄉・明末有諱產者・又遷華嶺・康熙二十四年・析南海・置花縣・故今爲廣東花縣人・曾祖浩三・祖逢・父翃元・皆以公貴・累贈如公官・妣孔・累贈一品夫人・公生而端凝・力學無倦・見者知爲大器・弱冠爲

縣學生・試輒高等・嘉慶二十四年舉於鄉・道光十二年成進士・改庶吉士・十三年・散館・授編修・十五年・充國史館協修・十八年・補授江南道監察御史・尋轉掌道・稽查北新倉・奏參花戶挪移厫坐・風采始著・二十年・充會試同考官・秋充順天鄉試同考官・校閱號得士・奉命稽查戶部銀庫事務・部庫故弊藪・公涖事・嚴出納・卻陋規・司事者百計浼公・弗爲動・至走當道求遷公官・會臺端發其奸・不得逞・然公固不以淸自鳴也・二十一年・充會試內簾監試官・擢工科給事中・二十二年・遷鴻臚寺少卿・五月擢奉天府丞・上意寖嚮公・乃公去甫踰歲・部庫虧空事發・褫職罰賠・公亦不自直也・賠項完・得旨以庶子用・召見・温語嘉獎・而後公淸廉之名滿天下・上意亦滋欲試之於民・二十四年・補右庶子・充日講起居注官・按事山東・二十五年春・以憂去官・二十八年・服闋入都・復奉命按事河南江蘇山東・咸稱旨・十月・遷翰林院侍講學士・十二月・授湖北按察使・二十九年・遷貴州布政使・仍留攝鄂藩篆・會江水氾溢・公日登陴・躬督版築・城得無壞・發帑平糶振飢・活災民數十萬・七月・調雲南布政使・

文宗踐阼・首擢公撫湖南・是時長髮賊洪秀全反廣西・據永安州・官軍屢挫・朝廷遣重臣視師・以湖南供帳薄・劾公吏治廢弛・咸豐二年・遂有回京另簡之命・未及行・而賊已掠桂林・道茶攸・犯長沙・賊黨蕭朝貴詗長沙城不完・謂可旦夕下・比至・則崇墉屹然・守具咸備・賊大駭・朝貴旋斃於礮・八月・新撫張公亮基始入城・洪秀全統賊隊麕聚城下・圍益急・復得旨留公助防勦・十月・賊北走・長沙解嚴・是役也・自七月至十月・城幾陷・賴公聞警先鳩資・繕垣增陴・識今提督鄧公紹良於諸將中・任以守事・賊乃却・遂湖而東・武昌金陵相繼淪陷・而長沙獨完・公之力也・十一月・命幫辦湖北軍務・三年正月・命署湖北巡撫・二月・新撫崇綸涖任・公仍遵旨赴京・行次・復奉諭署湖南巡撫・八月即眞除・蓋上已深知公能・湖湘以南・一以任公矣・

當是時・賊據金陵・分兵徇江西・武漢雖復・而處爭地・崇通咸蒲・土賊蝟起・以岳州爲重鎭・非水軍東下・無以扼上游而制全局・非陸軍出岳州・無以固武昌之後・時湘勇大集・今相國曾公國藩・奉命督團駐衡州・故鄂撫胡文忠公林翼・以四川按察使留楚防勦・公察湘人樸直耐勞苦・可恃以戰・遂倚二公辦賊・先淸東南・以圖大舉・踰半歲・境內甫定・四年正月・湖督吳文節公文鎔・戰歿於黃州之堵城・漢陽復失・二月・賊船上犯・距長沙僅半舍・諸軍破走之・是年三月・曾公遂有東征之師・軍餉器械鹽米・悉取給於湘・師次岳州・猝爲賊乘・軍資喪失大半・公益佽助之・八日間十大戰・殺賊無算・賊逸・舟師乃順流而東・五年・武漢再陷・時胡文忠公已撫鄂・飛書告急・公奏起今制府楊公載福於家・練水師佐楚・軍勢復振・湘邊東北羣賊數出沒・湘軍不出勦即內犯・而粵賊何祿陳金剛等・犯湘尤亟・武岡邵陽漵浦土寇・乘間蠭起・公復先後討平之・自是湘中無大警・以餘力援鄂援黔援粵無虛歲・而江西之績尤偉・自五年十月至八年四月・首尾幾四年・大戰數十・克復袁臨瑞吉撫建六府州縣・費餉三百餘萬無少靳・上嘉公不分畛域・賞花翎・八年京察・賞頭品頂戴・由是湘軍名震天下・賊益慴

服・不敢窺湘矣・

石達開者・賊魁之尤劇者也・𨺗湘軍東下・九年正月・擁衆數十萬・掠郴桂・北窺衡州・守軍扼湘水・不得渡・則疾趨上游・圍永州・時湘軍多出援他省・公計我軍寡・不宜分・乃以一軍守衡湘孔道・而以全力江賊・今制府劉公長佑・會諸軍鏖鬥祈永間・三戰三捷・圍始解・轉戰至寶慶・公下免死令・解散六七萬人・賊大懼・合諸路敗逆・連長圍困我軍・勢幾殆・會故皖撫李公續宜假歸・道經長沙・請以所部湘勇・由北路之新化進援・公乃檄諸軍分道・內外合擊・而以水勇扼資沅・大戰寶慶城下・圍又解・賊遁粵西・由全州逼桂林・湘軍追益急・賊復遁慶遠・於是石達開始思由粵窺黔・由黔窺蜀・而蜀事日棘矣・

公之再撫湘也・軍需浩穰・長沙官吏遵部議鑄大錢・公以利厚・私鑄必多・亟止之・復數月・商民果交病・洶洶欲罷市・公廉府局私鑄者・論如法・部班鈔寢不行・民乃定・咸豐四五年間・湘省穀價賤・石僅三錢・完漕則石六兩以上・民困正供坐缺・公排衆議・用舉人周煥南策・石減其大半・民益讙・輸納惟恐後・復仿粵西鹽法・化私爲官・榷鹽釐以濟軍・不加賦而餉裕・終公之任・軍興得無乏・而東征之師・卒平巨寇・又公之力也・

蜀事急・十年七月・命公督師赴蜀・石逆復分黨犯永明・冀牽公毋西行・湘軍力卻之・十月・甫戒行・賊大至・吏民乞公留・公乃檄諸軍分道勦擊・兩閱月・賊敗遁江右・十一年正月・始督師西上・抵宜昌・聞皖賊犯黃州・復分軍爲鄂援・僅以故太僕黃公淳熙所部果毅營五千人從・時藍桂・李永和・周紹湧・張弟才・何國樑諸逆・糾衆數十萬・蹂躪四十餘州縣・勢將逼成都・五月・敗賊於定遠・擒何逆・黃公乘勝逐賊・中伏歿・時藍逆圍緜州・李逆踞青神・所在蟻集・賊張甚・公以一軍綴李逆於青神・合川楚諸軍併力攻藍逆・而自駐潼川爲策應・七月・連破賊於緜州・道始通・是月今上即位・旋奉督川之命・涖成都・諜藍逆敗據丹稜・合李逆攻眉州・連營百餘・燄猶熾・乃徼湘果諸軍勦藍逆・而以川軍綴李逆・斷其援・眉州解圍・十一月・回軍攻丹稜・賊依山爲壘・以死抵拒・官軍圍之數重・賊潛遁・追及之・藍逆斃於陣・賊盡殪・李逆欲上犯・阻河不得渡・引而下・諸軍圍之於鐵山・同治元年・京察以公辦賊無畛域・薦舉尤得人・勦丹稜有功・賞加太子少保銜・

是年九月・李逆走宜賓・追獲之・川軍克新甯・張第才走陝西・周提督達武擒周紹湧於大竹・餘賊盡滅・蜀遂平・而石達開復由黔犯蜀・掠楚邊・陷石砫・緣江犯涪州・湘軍擊敗之・賊偵重慶已設備・乃分黨入黔定桐梓・石逆以衆數・遂攻綦江・湘軍復破走之・公檄軍推上・旋賊遂迂道越黔之仁懷・陷叙永長寧・分擾珙商慶符諸縣境・諸軍合擊・連戰皆捷・賊乃走入黔・黔素瘠區・無所掠・遂由黔入滇・九十月間・復由滇之鎮雄入筠連・陷高縣・渡金沙江・窺叙州・諸軍敗賊於橫江・仍遁入滇・二年正月・賊黨賴裕新・由會理犯甯遠・初・公以叙西至甯遠・紆折二千餘里・路歧如梳・官軍入滇・賊必乘虛入甯遠・乃檄西軍守屛山・而以全軍當賊鋒・至是・果與賊遇・前軍戰少却・保冕山・大軍至・賊奔越・漢㠙土兵練連破賊・斬首數千・發逆殲焉・公策石逆必

分道入．賊黨李復猷果由黔竄彭水．三月．石逆復越冕寧．間道走土司．窺大渡河．會大雨河漲．諸軍邀擊於半渡．賊盡溺．石逆鳧江．涉松林小河．冀遁瀘定橋．復爲土練所敗．是時漢土兵練四面至．賊不得出．燒斃墜巖．賊屍蔽流而下．石逆計益窮．官軍誘擒之．斬於市．李逆亦屢爲湘軍所敗．殲於黔．捷聞．上心嘉悅．晉公太子太保銜．

時蔡倡□梁成幅久踞漢中．陝兵討之無功．命公遣兵往援之．公病目．方請告．聞命力疾視事．三年六月．曾公克江寧．逆首殄滅．有旨錄公湘蜀前後功賞給一等輕車都尉世職．幷賞換雙眼花翎．而蔡梁兩逆．亦於四年五月滅於階州．粵逆之禍遂息．先是蜀邊滇黔多土賊逆苗．自石逆犯蜀．內外交訌．公分遣諸部．以次削平．復念綏陽遵義．實通黔省．此路不復．則滇黔坐失．乃以今制府劉公嶽昭統師．由綏陽進抵遵義．且勦且撫．滇黔始通．今官軍由黔入滇．收復兩省．皆公遺策也．公在告久．已解任．上仍畀以軍務．五年五月．疾愈起視事．遂有協辦大學士之命．議者請循鄂文端公故事．經畧滇黔．乃全蜀甫安．而公病已不可爲矣．同治六年十一月．公薨於任．

遺疏入．兩宮皇太后皇上披覽震悼．以公忠誠亮直．清正勤明．追贈太子太傅．賜卹予諡．入祀賢良祠．並敕四川湖南建專祠．生平政績．宣付史館．子天保．賞給郎中．服闋後分部行走．天詒．賞給舉人．服闋後一體會試．孫懋湘．懋勤．懋仁．懋勳．交部帶領引見．姪孫候選縣丞肇銓以知縣分發省分即補．尋賜祭壇．恩禮有加焉，公生於乾隆五十八年三月十八日．壽七十有五．先娶陳氏．後娶張氏．皆先公卒．贈一品夫人．再繼室何氏．封一品夫人．副室崔氏．子二．長天保．張氏出．次天詒崔氏出．女三．均適士族．孫四人．長懋湘．次懋勤．次懋仁．次懋勳．長子天保出．曾孫三人．長毓麟．次毓樞．長孫懋湘出．三毓賢．次孫懋勤出．

公爲人內樸外明．賦性忠直．歷事三朝．受知五聖．忠義激發．一時海內賢士大夫．咸樂爲公用．四川據江楚上游．鹽米之利．諸軍餉源所自出．西南半壁．隱然爲天下安危所繫．公在蜀七年．兩平巨寇．全蜀晏然．薨之日．蜀人流涕．比於諸葛．不其信歟．蓋嘗合近二十年間兵事論之．粵逆之平．湘軍爲多．而用湘人．募湘勇．實自公始．湘軍東征．公獨完全湘以應其急．而又以其閒輯隣固圉．以一隅而爲天下計．亦自公始．自公之歿．凡公所識拔．朝廷多倚以辦賊．良臣循吏．良將勁兵．布滿海內．天下知爲公之功．而世俗之士．或以將畧少之．豈知古大臣識量所以異於人者．固在此不在彼也．公柩歸自蜀．天保天詒將葬公於沙坑祖塋．乞爲神道之碑．廷魁公鄉人也．天詒又爲廷魁壻．於義不敢辭．計公在兵間十餘年．凡公所區處．皆有關天下全局．賊勢破滅之所由．是用掇其大要．而爲之銘曰．

天佑大清．篤生我公．起家以文．事君以忠．峨峨豸冠．吏讋其峻．帝旌爾廉．處膏不潤．外臺游陟．疆寄於南．內修外攘．大亂以戡．跨衡踰湘．獸窟是依．公困其局．技窮無歸．蜀全上游．軍形必爭．公翦其翼．厥角斯崩．蜀平踰年．遂定江蜀．羣賢戮力．功豈必我．惟皇任公．惟公任賢．輔兵以團．謀爲公先．居蜀七稔．活我全蜀．公棄我民．行歌巷哭．番番我公．實爲藎臣．勒茲豊碑．敢告萬春．

梁同新 初名綸機．字應宸．別字渠亭．番禺人．道光乙未進士．官編修．轉御史．累官至順天府尹．同新精鑒衡．有遠識．督學湖南．所取士如羅澤南王鑫皆一代偉人．其官御史時．禁煙議起．嘗疏請飭疆臣示以威德．毋見輕外夷．又請禁邪教．絕亂源．及後變起．悉如所料．其恭擬喪儀一疏．尤洞審大體．識者推服．晚年講周子主靜之學．著有圖書奧義．今存於家．

恭擬喪儀疏

竊臣伏念大行皇太后．撫養聖躬．十有餘年．皇上守慈母如母之文．特尊爲皇太后．誠千古未有之曠典也．稽之往代．既少成規．而考之本朝．亦無故事．臣因詳考禮經．喪服傳三年章云．慈母如母者何也．妾之無子者．妾子之無母者．父命妾曰．女以爲子．命子曰．女以爲母．若是則生養之終其身．死則喪之三年．此謂大夫以下．天子諸侯則不服庶母也．小功章．君子爲庶母慈己者．傳云．君子子者．貴人之子也．爲庶母何以小功也．以慈己加也．若曾子問所云君使教子之慈母．則無服．魯昭公練冠以燕居．君子謂爲非禮．觀此．則知大夫以下之庶子．爲慈母服三年．天子諸侯無服．禮經甚明．前者以皇太后千秋令節．特命諸臣三日花衣．而皇太后謙讓弗居．天下咸稱盛德．今者尊號特隆．揆之事情．實不容已．而按之慈母之義．尚未盡合古經．似應詳定禮文．較之累朝太后．稍有區別．乃爲盡善．

昨閱上諭．命恭禮喪儀王大臣．詳稽舊典．悉心覈議．隨時具奏．仰見宸衷自有權衡．但恐王大臣等拘執故常．謂名與實符．既隆太后之稱．自當遵太后之禮．然事既出之獨創．制亦何妨於稍更．夫所謂禮者．無不及情．亦無過乎情．情之中．當裁之以義．伏乞皇上勅下廷臣．詳加參酌．畧爲變通．務當上愜聖懷．下符公論．庶幾千古未有之曠典．要無礙千古不易之常經．乃可以示來茲而光萬世．臣愚昧無知．不識忌諱．是否有當．謹恭摺具奏．

再臣查宋史楊淑妃傳．眞宗遺制．以爲皇太后．始仁宗在乳褓．章獻太后使妃護視．凡起居飲食．必與之俱．所以擁佑扶持．恩意勤備．章獻太后遺告．尊爲皇太后．居宮中．名其所居宮曰保慶．皇太后景祐三年薨．仁宗思其保護之恩．命禮官議．加服小功．按此事與今日頗相類．其大服僅曰小功．則當時典禮可知矣．謹摘錄附片．以備聖裁．

弭盜疏

竊惟近日盜匪之多．自直隸山東河南及浙江兩湖等省．劫案迭出．幾於無處不然．而最多且甚者．莫如兩粵．粵東自英夷滋事後．土匪益無忌憚．陸路則時劫當舖．致廣屬當商退餉歇業者．十居八九．水路則常劫渡船．致東莞石龍．民間自設巡船防護．當舖在人煙稠密之中．渡船則每載百數十人．尚且被劫．其餘荒村孤客．愈不可問．雖督臣徐廣縉亦屢飭勦捕．而劫案日多者．良由一人耳目不能周知．而州縣則規避處分．諱盜爲竊．營弁則因循怠玩．不力巡防．及事報到官．書差多索使費．竟有被劫而不願報者．甚或借盜銷案．以致正盜遠颺．故非破除情面．嚴定賞罰．以治州縣營弁．則刼案不可止．又有事類於刼．而慘甚於刼者．一曰擄人勒贖．一曰分界打單．擄人勒贖之風．始於順德新會交界之間．今漸及番禺東莞．每擄一人．囚諸密室．逼令致書於家．度貧富而取價．萬千百金不等．若不肯贖而報官．即遭殺害．旣贖亦懼其復擄．不敢報官．州縣營弁以其不報．即知之亦置不問．近海圍田．匪徒按田勒索．謂之打單．拒之則搶奪禾稼．傷伐果木．或擄人而去．此廣屬情形也．

至廉欽之靈山．與粤西之橫州等處．盜匪更爲猖獗．其賊首最著名者爲張家祥．稱公道大王．所管地界四百里．擾亂年餘．今聞官已說降．然猶陰行打單．此外則李自葵鍾亞勝兩股爲大．黨羽數千．逼近靈山縣城．官無如何．遂令李自葵族長勸之投誠．自葵亦效張家祥陽奉陰違之計．自囘壇墟逼脅良民入會．有社山被圍十餘日．卒索銀數千兩乃退．又有胡奇堯一股．起於靈山百勞墟．范晩一股．起於欽州彭城司．蘇能三起於九龍墟．或各處打單．或擄人勒贖．上年七月．那香土匪三千餘人．爲首者三．一靈山陂連村黃青培．二粤西宣化埠村潘德佳．三那陽村顏品瑤．在奇零墟拒傷官兵．九十月迭刼粤西之永康羅陽．復於龍頭墟得馬數十匹．其勢益張．十一月佔據太平墟．焚燬西鄉司署．上自古鎭．下至夾棍．四十村皆被勒索．或銀數百兩．或錢數百千．其盤龍墟荼毒更甚．粤西橫州．沿江千里．盜匪分據五處．每貨船過．逼將錢銀數目吐實．令出買路錢．無者令賣貨交足．粤東人自西省販油豆者．皆相戒不敢行．各盜刼掠衣物．竟在戎墟開設估衣店．遠近墟場．勒令每店寄居匪黨數人．石嘴墟則全被賊匪佔據．似此猖獗無狀．若不大加懲創．恐其貲財日積．徒黨日多．蔓草難圖．必致釀成巨禍．與其治之於事後．勞師糜餉．驟難成功．不若治之於事先．捕要擒渠．尙易爲力．

今粤東洋盜已平．湖南賊匪亦滅．正當及時．速圖治理．請旨飭令兩省督撫合力勦捕．毋畏事之難辦．毋慮費之難籌．毋粉飾彌縫．毋空言塞責．務將著名匪首．悉數殲擒．渠魁已誅．餘黨自散．但賊首消息最靈．布置尤宜愼密．股賊所在不一．官或不能遍防．當先令各鄉自練團勇．因其遠近大小．或以數鄉爲一團．或合數十鄉爲一團．每有賊警．彼此救援．官兵進勦．各團勇亦可合力協捕．則兵能衞民．民亦能助兵．而盜賊可以肅淸矣．臣昔家居．偶聞刼案．今則習爲常然．失今不治．積而日多．恃衆橫行．益難撲滅．此臣愚謂廣東西今日之患．首在盜賊者也．

疆吏不畏事則不生事疏

臣聞有英夷火輪船赴上海投書．傳說爲廣東入城一事．果爾．則必以督臣耆英許約於先．今督臣徐廣縉失信於後爲詞．查此事上年經徐廣縉與該國夷酋往返面商．據情入奏．仰蒙宣宗成皇帝俯順民情．特詔優奬．維時夷酋震攝．不敢抗違．即在香港出示．禁止諸夷不准入城．而移覆文書．亦云以後不必再辦此事矣．今忽越境來訴．聞託言奉國命而來．即使奉命．亦當在粤投書．其所以不在粤者．爲督臣徐廣縉熟悉彼情．難於挾制．因陰行其反間之術．以窺探朝廷．我皇上天亶聰明．彼雖譎詐多端．難逃洞鑒．且事事上承先志．下協民情．自必撫馭得宜．無虞過當．然臣愚竊有慮者．恐老成持重之臣．鑒於前事．謂夷情叵測．桀驁不馴．若拒其所求．必致滋生事端．有壞撫夷大局．臣學識拘墟．何知遠大．顧生長海濱．習知夷務．參以今日所聞所見．而可以必無事者．其故有三．請爲我皇上敬陳之．

一者諭之以理．而知其無可藉口也．今者之來．果以失信爲詞．則以彼旣以理言．即可以理諭．使知耆英之許其入城而必約以兩年者．謂民情洶洶．不可强壓．非故緩期以相欺．該夷酋之肯爲姑待者．亦明知衆怒之難犯也．迨徐廣縉接任．亦以民情激則生變．於彼無益．故勸其不必入城．原非背約．倘謂官可制民．不知官可禁民爲非．不能威逼以强民之所不欲．故凡無厭之要索．當據理以開導之．無事曲從也．

二者揆之以情．而知其不敢輕動也．凡外夷之强弱．視乎貿易之盛衰．國用出於斯．民生賴於斯．而貿易之盛．則全恃乎能通中國．中國地廣人稠．財物豐盛．凡入口諸貨．無物不可銷．而出口之茶葉湖絲．夷民得利甚深．其國收稅亦甚重．是外夷實賴中國爲生財之地．中國可藉貿易寓馭夷之權也．夷人萬里航海．血本所關．若動干戈．即須停市．淹延歲月．賠累實多．故非萬不得已不欲動兵．今則上海浙江廈門皆准通商．又得香港以爲駐留之地．所願已盈．此外所求．皆節外生枝．非其要旨．不過欲顯其求無不得．誇耀諸夷．若據理不從．彼自知難而退．安肯以無關緊要之故．致貿易不通乎．故知其情必不輕動也．

三者度之以勢．而知其不能妄爲也．夫謀事必知彼知此．乃能悉中機宜．聞英夷所居三島．不過若中國一行省耳．物産無多．所恃以致富强者．全在佔據埠頭．收其貨稅．貨稅多則兵餉足．偶遇不足．則借資於民．而與之息．是貨稅之外．又恃有富商大賈．以濟其窮．近年貨物滯銷．該國夷商倒敗至數千萬．則民已非昔比．又聞其與佛郎機構兵．所借民欵數十年始能淸完．及與美利堅構兵議和．賠欵三萬萬．至今爲累．年前入擾內地．所費亦復不貲．元氣已虧．國勢日蹙．所幸照常貿易．得以强自支持耳．若見事勢難行．彼亦乘機思轉．蓋其心未嘗不懼我天朝赫然震怒．下令閉關．此時欲興兵．則禍由自作．師出無名．欲相持則有礙通商．勢難久持．所爭者小．所失者大．故知其勢必不妄爲也．

又況寡衆不敵．主客異形．樓船巨礮．所利在水．捨舟而陸．非其所長．故前所擾者．皆沿海通舟之地．粤中三元里以鄉民尙勝夷兵．乘其隙而攻其短．是在應變之善爲用耳．總之夷人之情．不知止足．愈畏事則愈生事．能處事乃能無事．若沿海疆臣．果能內修法度．以全國體．毋失之過柔．外示懷柔以顯皇仁．毋失之過剛．剛柔適中．則不戰而勝．海宇可以久安矣．

請嚴禁天主教疏

竊臣前見兩江督臣陸建瀛奏請崇正學以黜邪敎一摺．奉旨飭令督撫學臣．實力奉行．所謂經正民興．斯無邪慝．正本淸源之道也．惟是敎人以善．尤當禁民爲非．今所謂邪慝．乃天主敎．非他邪敎可比．今日之天主敎．又非昔日之天主敎可比．查歷來邪敎．其始不過聚衆斂錢．然爲所遍者．咸自其不法治之．尚易爲功．若天主教既爲法所不禁．而夷人復誘之以利．聞入彼教者．人給二十元或十餘元不等．愚民以爲既可得財．又不犯禁．遂因而漁色漁利．無惡不爲．地方官以其天主教也．畏而不敢解．是彼教行而法不行矣．法既不行制．復外有所藉以爲援．治之殊屬不易．故曰非他教可比也．

前法夷請准天主教流行內地．諸臣議事不詳．以彼信奉天主教．不過欲與釋道兩教並行．且其教自明季至今．未聞生事．故議如所請．不知今昔夷情迥異．其特爲此請者．欲得吾民以爲用也．聞習其教者．餌以丸藥．遂專心信從．闔家聽命．雖死不悔．是一人習教．則一家變爲漢奸．百人習教．則百家變爲漢奸．以至千萬家．輾轉相傳．何以勝數．往者沿海肆擾．亦欲佔據疆域．潛圖要地．特兵力不多．難以分守．人心不服．難以久居．衣服語言不同．難以深入．若得此數十萬之漢奸．同心協力．爲羽翼．爲爪牙．則無事不可爲．無地不可至．若有戰爭．則受鋒鏑而被殺戮者皆吾民．而彼則有厚利而無大害．故曰非昔天主教可比也．知習教必爲漢奸．則不可不禁．知夷人欲用漢．愈不得不禁．

在陸建瀛意．謂前既弛之．今復禁之．未免予以口實．不如自扶正學．自治吾民．然思患必當預防．明刑乃可弼教．如良醫用藥．無病培其本．有病治其標．今天主教之爲病顯然．而但培其本．標病不去．元氣亦傷．臣豈不知施而復禁之難．然今日畏其生事．他日卒至多事．況以中國法治中國民．非禁彼教之不行．第禁民之不得入教耳．但禁之當寬既往．而締將來．其前已入教者．設法約束．咸使自新．後有犯者．議律嚴懲．無使幸免．相應請旨．飭下廷臣妥議嚴禁．曉諭中外．免至蔓延．庶奸萌息而風俗淳矣．

重修廣濟王桐君廟碑

道光二十六年某月某日．兵部侍郎都察院左副都御史廣東巡撫臣恩彤奏言．禮無淫祀．凡功德斯民而禦災捍患者．乃著之典．所司以聞．竊見南海縣會城之西．有桐君神廟．經始明季．靈應甚著．間者英夷披猖．蹂躪水陸．竄入附郭．乘風施砲．犯城北隅．居民皇皇．相率禱神．時天冥晦．如有神物空際往來、或見羽葆幢旛者．俄反風滅礮．其雨如注．民賴以安．僉曰．神之靈甚著．應甚速也．

謹按神桐君．黃帝時人．著桐君藥錄．隋唐書經籍志著錄三卷．本草綱目多引其說．位次先醫廟西廡．載在祀典．今廟前大樹圍徑合抱．病者擷葉入煎．飲之輒瘳．故災沴疾疫．祈禱者衆．神無位號．民不敢名．率呼爲藻聖云．或曰．神名藻聖．號桐君．夫上古淳朴．號謚缺畧．事絕依據．竊揆未然．且虔奉之意．匑敢蔑稱．宜按祀典亟爲釐正也．二百餘年．廟貌赫赫．既追配古皇．光昭祀事．今又禦災捍患．有功德于民．尤允協禮經．而遭遇熙朝．封號未加．罔答神貺．流俗稱載．無當名實．瞻仰不肅．黎庶懵然．願下所司議行．臣恩彤敢昧死以聞．

皇帝曰．俞禮部臣．其詳考典禮具報．禮臣奏上．制報曰可．其賜封廣濟．明年聿新廟址．又明年告成．翰林院編修臣同新．時奉恩命．視學楚南．恭紀其事．貽里人俾壽諸石．且銘曰．

惟皇撫運・昭宣百靈・邃古荒忽・舞天杀庭・先零罜开・冉駹卭莋・西塞北庭・敂關絕漠・昔嘪囒夷・弩矢前驅・金門厦門・實為騷除・蠢爾種人・昏不彼若・燔火操烟・見晛消灼・當犯城日・民呼籲神・恍兮惚兮・天靈盡昏・靈之來也・電掣霆激・靈之去也・雨絕烽息・庶類咨仰・徒隸愓息・入告九重・都俞動色・古皇鞭藥・惟神司之・先醫陪位・惟神尸之・明季天啓・肇建斯祠・金液銀丸・含甘吮滋・於鑠垣方・舊書之碑・乃者甲申・疫流比戶・相國臣元・時督東土・無淪胥亡・俾壽而康・祀事昭假・牓諸堂皇・匪能福民・亦克報國・一二疆臣・負神神責・殲我鬼蜮・夷我蛟鼉・願告海若・無為揚波・歸然靈光・式廓制度・乃締新宮・乃崇徽號・緊南海丞・惟臣禹泉・終始厥事・例書以傳・

羅惇衍　字兆蓄・號椒生・順德人・道光乙未進士・官編修・纍官至刑部侍郎・丁父憂歸・值廣州戊午英夷之變・偕太常卿龍元僖・給事中蘇廷魁並充團練大臣・事竣入都・纍擢左都御史・戶部尚書・丁母憂歸・卒・諡文恪・惇衍以詞臣荷三朝知遇・致位正卿・值夷氛寇亂・敷陳密切・皆中外大計。自以身為大臣・有以人事君之義・如曾國藩・林則徐・周天爵・駱秉章・倭仁等・皆以同志夙相推重・登諸章奏・粵吏如吳昌壽李福泰等・并以守令薦擢為封疆重臣・所取士孫家鼐張兆棟等・皆致大位・有聲於時・故世咸稱其知人・著有奏議四卷・孔子集語十四卷・詠史七律一千六百餘首・合為若干卷・藏於家・

請崇儉禁奢疏　咸豐元年

臣聞楊綰作相・德可移風・賈誼獻書・憂深亡等・是知尚儉固賴在位者以為倡・而好奢尤屬有心人所同慮也・況天地止有此數・用之者節・則物力裕而可以流通・耗之者多・則物力窮而無從滋息・此固民生盛衰之大原・而實國家贏絀之大計・惟能以禮為節・則趨向端而汦棼靖・臣訪耆舊之談・咸謂嘉慶人心簡樸・俗尚儉質・父老齏糲是甘・子弟皆儉勤服敎・大吏廉素相尚・屬僚亦悃愊無華・當時物力豐亨・而好義急公者不乏・蓋人知奢靡為無益・故好尚正而異物不能遷・得以其所有餘而濟其所不足・臣生嘉慶之季・洎道光初年・則八九歲矣・目覩閭巷之間・尚多儉約自持者・今則汰侈是從・恬不為怪・遇有婚嫁喪葬等事・動輒費千餘金或數百金・無者多方稱貸・以取辦集・祇圖苟悅耳目・免人嗤笑・問其度日之資・往往朝不謀夕・豈不愚冥可憫・又京外各官・尋常宴會・動至一席費五六金・外官欵宴上司・竟有一日而費百金者・此類糜耗・不一而足・三十年中・日甚一日・以至十室九空・公私交困・勢所必然・重以外國奇技淫巧・日蕩民志・而用之無藝・遂至錢價益賤・銀價益昂・州縣實受其累・然議者見財不足・專事補苴・而不思所以節之・臣謂此尚未探其本也・誠令人人務儉嗇・家家服勤苦・則浪費之患・將不待禁而漸除・往者原任大學士富俊曾奏官民服用・奢靡踰制・請嚴加禁遏・而遵行不力・徒屬具文・

臣伏思皇上代天理物・天道之大・不過消息盈虛而已・易曰・天地節而有時成・今官民之不節甚矣・乃至婢妾幼穉・亦復被華采而飾珠玉・豈惟暴殄・尤屬僭踰・又其甚者・患婚嫁之費・而至於溺女不舉・是不慈也・因窀穸之費・而至於停棺不葬・是不孝也・不慈不孝・豈非人心風俗

之大害乎·

伏願皇上咸與維新·既躬行節儉以倡之·又從而督勸之·務令京外官民·於一切吉凶事宜·悉遵典禮·以逮服食器用·概歸省約·其有奢侈違制者·上司必戒飭屬吏·官吏必戒飭子民·庶冀人心知警·共還質樸·數年之間·物力自裕·人事修而天心亦必默轉·水旱盜賊且當自此而消·

謹按大清會典及事例圖說·爲書一千一百三十二卷·成於嘉慶二十三年·大清通禮·爲書五十四卷·成於道光四年·皇朝典禮二書·第卷帙浩繁·非民間所能備有·雖道光八年·曾命內外各衙門·將民間應用服飾及婚喪儀制·查照會典·刊刻簡明規條·使百姓知所恪守·乃有司未能奉行·故凡典禮之切於日用倫常者·皆無以率循不越·相應請旨敕下禮部·就會典通禮二書·撮其簡約常行者·以爲條教之式·俾海內臣庶·皆可家喻戶曉·必期於革奢而反儉·是誠今日救時之急務也·不然·官民無所法守·則習俗相沿·奢侈益甚·賢者且不能免·而況庸近無識者乎·譬若川流·滔滔日下·良可慨已·

請法祖以端本善俗疏

奏爲勤求治理·貴得要圖·請皇上法祖訓以端本善俗·恭摺具陳·仰祈聖鑒事·臣竊惟古帝王立綱陳紀·根源祇在一心·欲檢攝此心·莫先於居敬窮理·而居敬窮理·胥由省察·則勤觀覽以爲省察之用·事未有更切於此者也·皇上潛邸典學·無間寒暑·凡經書之蘊·以及古來懿行嘉言·皆資記誦·逮乎親政以來·每日進呈實錄·默識勤編·於列聖危微精一之傳·洵若合符節矣·但師法祖訓·固宜總滙而彙賅·亦貴旁通而博採·臣恭讀聖祖仁皇帝御纂性理精義·並親製序文·有曰·

朕自沖齡至今·六十年來·未嘗少輟經書·唐虞三代以來·聖賢相傳授受·言性而已·宋儒始有性理之名·使人知盡性之學·不外循理也·故敦好典籍·於理道之言·尤所加意·臨涖日久·玩味愈深·體之身心·驗之政事·而確然知其不可易·欽此·

此書理該詞約·內聖外王之功·無不畢備·其總論爲學之方·立志之要·由存養省察·致知力行·以及人倫性命·皆有程途可按·階級可循·至於總論治道·君道·臣道·用人·田賦·學校·宗廟·禮樂·兵政·刑罰·諫諍等類·尤足以端主極而肅官方·惟在皇上萬幾之餘·講習討論·身體而力行之耳·昔孔子曰·明王有三懼·一曰·處尊位而恐不聞其過·二曰·得志而恐驕·三曰·聞天下之至道·而恐不能行·以此知躬行實踐·而後至道能體諸身·至道體諸身·而後能本身出治·以之整飭百度·宰制萬端·胥與此書相觸發·誠如董仲舒所云·爲人君者·正心以正朝廷·正朝廷以正百官·正百官以正萬民·正萬民以正四方者·皆如是乎在矣·然欲興利而除弊·或患其不能周知·欲察吏而安民·或患其不能盡善·求其明燭無窮·物來畢照·俾羣僚無所售其欺罔者·則莫如世宗憲皇帝硃批諭旨·此書所載臣工奏摺凡二百二十三人·皆恭錄批答·使共知所陳之得失·非惟神機莫測·明見萬里·爲自古聖君之所無·即累牘連篇·悉經丹毫甲乙·二帝三王以後·亦未聞有如是之勤政也·

今者災異頻仍・盜賊竊發・民生日窮・吏治皆墮・必聖主大振乾綱・然後可臻上理・敬祈皇上於揆幾庶務之暇・幷將此書日閱一二事・凡督撫所奏・有能深謀遠慮・措置得宜者・固蒙褒答・若不實不盡・及飾詐懷私者・一一爲之指示周詳・庶大吏皆知所警戒・各思振刷精神・力除積習・則所以飭官常而維邦本者・實繫於此焉・

抑臣尤有進者・昔宋臣司馬光論人君修心之要有三・曰仁・曰明・曰武・仁者非嫗煦姑息之謂・興教化・修政治・養百姓・利萬物・此人君之仁也・明者非煩苛伺察之謂・知道誼・識安危・別賢愚・辨是非・此人君之明也・武者非强亢暴戾之謂・惟道所在・斷之不疑・奸不能惑・佞不能移・此人君之武也・臣細繹其言・以爲人君之道・旣在於斯三者・則所戒當在於不仁不明不武・夫不仁・豈必盡由殘忍哉。賢不能進・邪不能遠・氣節漸虧於士類・流禍且及於民生・是即入乎不仁矣・不明豈必盡由昏闇哉・偏聽生姦・獨任成亂・壅蔽將至於左右・善惡每易於混淆・是即陷乎不明矣。不武豈必盡由柔懦哉・嗜欲未清・心志偶懈・政務稍涉於因循・綱維遂形其廢弛・是即墮乎不武矣・若又論致治之道有三。曰審官・曰信賞・曰必罰。又論養兵衛國。務精不侈多。其言皆切中治理・爲今日之急務・實足與御纂性理精義。硃批諭旨二書・互相發明者也。他如御撰資政要覽・庭訓格言・御定執中成憲・御製日知薈說。御製評鑑闡要諸書・皆本心法治法・而一以貫之・用能方軌六經・垂模萬世。伏願皇上本法祖之意以修己・推而至於知人安民・皆得其道。將賢否旣判・教養自修・天下有不蕩平正直者哉・臣學識拘墟・未知當否・不勝惶悚之至・

請派大員專剿粵西土匪

奏爲粵西土匪幾成流寇・請旨簡派大員・專司督剿・以救黎民・恭摺具陳・仰祈聖鑒事・竊維廣西盜匪猖獗・日甚一日・該撫鄭祖琛辦理不善・早在聖明洞鑒之中・現聞兩廣總督徐廣縉奉命往剿・自當運籌決勝・迅奏膚功・惟該匪股數實繁・蹂躪幾遍一省・旣無統領・復無巢穴・每到一處・文武員弁望風先遁・有不及脫逃者・則被擄勒贖・該匪即將其地之富戶貨店・盡數刼掠銀物・以俵散於其黨・凡原日農民・亦閧然捨耒耜相從・各求分給・飽則颺去・村落爲墟・致令該省士民・咸被荼毒・無以爲生・胥有朝不及夕之歎・似此刼殺愈多・黨與愈衆・恐尅日難以肅清・該督控制海疆・頗爲外夷所畏服・而夷務初定・尤須坐鎭・儻久駐粵西・則廣東巡撫葉名琛往返函商・動需時日・其可慮恐或有難以意度者・且廣東寇盜滋擾・隨地驛騷・尤宜及時殲殛・凡振作軍營・防禦卡口・在在皆當認眞整頓。似未可遠離本省・反致他虞。

臣聞前任雲貴總督林則徐・謀勇兼全・屢經盤根錯節・前任漕運總督周天爵・勇敢任事・剿捕亦其所長・周天爵前月來京・疊蒙召對・是否可用・諒聖心已有權衡・林則徐雖患疝氣・近聞已就痊愈・精神悉能照舊・可否於此二員中・簡派一員作爲欽差大臣・頒給關防・迅速馳往接辦・俾徐廣縉仍回廣東・急剿本省土匪・幷可遙爲廣西策應・則事權各承其專責・何至有顧此失彼之憂・

臣查國朝文臣，如濟南李之芳，安溪李光地，皆以曉暢兵事，受知於聖祖，遂定八閩。武進劉於義，亦以文臣知兵，受知於世祖，佩征西將軍印，屢破準部，皆可爲知人善任之明徵。至於漢唐以來，綏戢盜賊而民獲安堵者，如龔遂之平渤海，張綱之平廣陵，則尙信義也。馬援之平交阯，虞詡之平朝歌，則尙武勇也。裴度之平淮西，張詠之平益州，則尙威斷也。度尙之平長沙，文彥博之平貝州，則尙材畧也。此數臣皆爲名望素著，老而謀算，遂收廓清平定之功。又安知林則徐周天爵二員，不能遠及古人，誠擇一員而畀以破賊之任，則該臣等知天威震怒，必期盡殲而止。風聲所樹，草木皆驚，醜類跳梁，自可漸次掃蕩。將粤西百萬生靈，不已出於水火之中，而登於衽席之上也哉。但該省毘連黔楚，逼近苗猺，復與越南國接壤，假令句連逋竄，倍難措手。今該省亂象已成，若撲滅稍遲，斯爲禍愈烈。萬一有如乾隆嘉慶年間川湖陝三省敎匪之蔓延無已，則糜費軍餉，更爲不貲，毒害生民，更爲極酷。是知焦頭爛額，總不若曲突徙薪之爲愈也。臣愚昧之見，未知當否，敬謹繕摺密陳，以備採擇。

請飭廷臣修省以回天變附請停止冬至慶賀疏

奏爲此次日食，與尋常不同，敬請嚴飭廷臣，實力修省，以回天變事。竊日食爲災異之大，載在聖經，非同誣罔。聖祖仁皇帝諭曰：日食雖可預推，然自古帝王，皆因此而戒懼，蓋所以敬天變，修人事也。若庸主則諉諸氣數矣。是日食鮮不爲災，而災咎之重輕，視食限之長短。查順治元年至乾隆五十年，日食四十有八，逾九分者止七次，或不當正午之時，或不値純陰之月。此次食至九分五十一秒，幾於食既，又已初初虧，午正復圓，正當南離嚮明之位。又在十一月十一日冬至以前，爲剝盡純陰之候。而是月望日，又値月食。高宗純皇帝所謂一月之間，雙曜薄蝕，災莫大焉。我君臣當動色相戒，側席修省者。敬查康熙二十四年，二十七年，三十一年，三十六年，五十四年，五十八年，雍正八年，乾隆十一年，十六年，二十三年，二十五年，歷屆日食，皆先期特降諭旨，戒飭廷臣，共圖修省。

臣伏見我皇上御極以來，惓惓愛民，孳孳圖治，求言求才之詔旨屢下，而賊盜未平，干戈未息，國用未足，民困未蘇，公私交絀，表裏受病。當此之時，必我皇上憂勤惕厲，振作有爲於上，而內外大小臣工，各矢天良，力除積習，乃能轉危爲安。無如在廷諸臣，非不循分供職，而遲回愼重之意多，奮發振興之意少，因而蒞官行政，鹵莽粗疏之弊少，而游移遷就之弊多，執持不定，則臨令之頒，忽行而忽止，擔當不足，則補救之術，愈合而愈離。行一事，牽制而不前，發一議，觀望而不決。廷臣首鼠兩端，疆臣亦互相推諉，人員委蛇容悅，屬員亦專務趨承，所爭在勢要，而遇事學爲退讓，所急在身謀，而辦公惟事因循，人才日卑，國事日壞，此賈誼所爲有厝火積薪之嘆也。

敬請我皇上因日食修省，特頒訓諭，嚴飭廷臣，將平日諉卸取巧之積習，一旦悚然改悔，毋貪戀祿位，毋顧惜身家，悉屛拘牽瞻徇之私，共圖扶危持顚之策，事可行則行，毋泥成例，費可節則節，毋避衆怨，人可舉則舉，毋限資序・法可改則改・毋憚更張・易曰・大蹇朋來・當此之時・必非蹈常襲故・安靜無爲・所能了事・總期合力振作・銳氣奮興・屛浮華而一本肫誠・破情面而大彰公道・深究利害・確定是非・人人有實心・斯事事有實效・而天災可弭矣・

抑臣更有請者・天文示譴・正天心仁愛人君・而諸臣之振興・尤賴皇躬之率作・從前聖祖仁皇帝親政後・即以三藩河工漕運三事・大書於宮中楹柱・出入觀覽・康熙二十五年以前・無日不命儒臣進講・單日講經・雙日講史・覿面辨論・無稍間斷・逐日御門聽政・與內閣六部諸臣商榷故事・每逾午刻・是以能武定禍亂・文致太平・臣願我皇上勤政親賢・上法聖祖・恭敬撙節・近法宣宗・道光三十年間・停土木・裁貢獻・撤三山陳設・罷一切遊觀・廣儲司積有盈餘・內務府絕無興作・夫宣宗成皇帝・豈不欲於萬幾之暇・爲一日之歡哉・誠以今昔異勢・廣狹殊規・非豐亨豫大之時・而爲潤色鋪張之舉・甚不可也・且人情偶有可偏・即有所溺・逸欲之萌・初不在大・魏徵之論十思・蘇軾之陳三事・李德裕之獻六箴・皆防微杜漸・意至深遠・蓋崇高之地・萬姓具瞻・天生民而立之君・實以至難任之・非以爲宴安之地而娛之也・願皇上勤心庶政・居安思危・裁遊觀・卻玩好・有以宴安逸樂之說進者・立斥其人・而暴其罪・使天下曉然於聖主淸淨淡泊之一心・而後延訪羣臣・勤卹國事・夫天下之廣・萬幾之多・人主一身・原不可躬親瑣屑・然幾務之大者・必經聖心確加考察・洞悉其中曲折・而後與二三大臣・審定而斷行之・若倉卒裁決・取必於立談之間・則不能無率悞者・勢也・至用人黜陟之權・操之自上・然古稱刑賞與衆共之・採公論而加精察者・實用人之準則也・內而卿貳・外而督撫司道・皆爲重任・不愼簡於先・必貽悔於後・缺出請放・而取決於俄頃之閒・則其不能無疏失者・亦勢也・

臣聞帝王之用心・鑑空衡平・使遇事兩得其平・誠較勝於偏重・然苟不衡之以理・而但以兩平爲平・猶爲不平・所謂執中無權・猶執一也・賢否忠佞之分途・辨之不可不早・斷之不可不速・知其忠矣・必顯任之・使得行其志・知其佞矣・必顯斥之・使不得售其奸・未可並容而姑置也・並容而姑置・一旦受其欺而不覺・未有不伸彼而絀此者也・古來直言敢諫之人・其始未嘗不蒙虛懷聽受・其後未嘗不事過輒忘・有由然也・因武備之不修・而留意戎行・不可使人窺見有重武輕文之意・因臣下之多蔽・而別寄耳目・不可使人得遂其逢迎揣測之私・詩曰・愼其相・輔相之職・當助人主出謀發慮・必須委任責成・使賢才得以展布・盡其心力所能至・而後可責其效與不效・否則大臣以箝口結舌爲得計・轉可諉過於君・而其後將有叢脞之患・尤不可不切戒也・周任有言曰・危而不持・顚而不扶・則將焉用彼相矣・故欲知宰相賢否・視天下安危・今天下安耶危耶・漢臣汲黯亦云・天子置公卿輔弼之臣・豈令從諛承意而已乎・且既居其位縱身・奈辱朝廷何・是知大臣必以匡救爲能・不徒以將順爲事・故陸贄之疏論時弊有曰諂諛顧望畏輭・此三者・臣下之弊也・唐憲宗惡李吉甫專迎合旨意・而以李絳每事不阿爲眞宰相・此則和同所由判・直枉所由殊・誠不宜取唯諾苟容者・而忘其繩徽糾繆推賢進能之職任矣・且扼腕而嘆無人・非無人也・求之不誠・與用之不當耳・棘手而嘆無法・非無

法也．古來良法．因時損益而成．苟非其人．則法不虛行耳．今日天下壞在廢人任法．□議改法．先務得人．未可忽不加意．坐歎無人無法．而苟安於歲月之閒也．

臣又聞帝王之學．不類儒生風雲月露之詞．偶然涉筆書畫．藝能之末．聊以陶情．皆非爲治所先．畧與勵精相左．臣願我皇上恭覽實錄之餘．多讀有益之書．如上年命儒臣所錄朱子全書．係故大學士李光地承修經理．聖祖仁皇帝逐條斟酌．內聖外王．理無不貫．必須息心靜觀．切己體察．方爲有益．又聞故大學士杜受田．曾爲皇上講解資治通鑑．首尾二周．舊業既不可稍荒．此書尤切於實用．凡治亂興衰之故．賢姦忠佞之情．以古準今．無微不照．臣伏見我皇上眷懷舊學．於杜受田身後．飾終之典．有加無已．則必於杜受田生前啓沃之言．紬繹不忘．但使聖學日進於高明．則聖治日臻於上理矣．臣賦性迂愚．語言戇率．不勝區區圖報之誠．伏望聖明俯賜觀覽而加詳察焉．天下幸甚．

請禁官紳兵役苛索商販疏

奏爲捐釐助餉．已有成效．請嚴禁官紳兵役藉端苛索．以甦商困．仰祈聖鑒事．臣伏查江北大營自雷以誠立定捐釐助餉章程．經勝保奏請推廣．由戶部詳細核議並無流弊．奉旨允准在案．今江南各府州縣．亦仿照江北辦理．兩年以來．商民踴躍捐輸．於軍餉不無裨益．近聞行之漸久．流弊滋多．即如泰州仙女廟．爲商販總滙．東南通三江營．西北通二道橋．其中團練盤查等局．商船所必由之路．約有七所．弁兵以盤詰姦細爲辭．多方阻滯．官吏紳董以稽查偷漏爲說．刻意刁難．概樹捐釐助餉之旗．得遂假公濟私之計．乃立名色．暗逞侵欺．商船初到．挨次停泊．索掛號錢．兵役上船驗視貨物．索查艙錢．稽查已畢．蓋戳放行．索灰印錢．稍不遂意．即以不服盤查．藉辭窮究．委員任意威嚇．則視商販之肥瘠而魚肉之．是以商販小民．不以大營之捐釐爲苛．而以沿途之盤查爲苦．捐釐不過百分取一．沿塗盤查．則不啻十分取其二三．自沿江用兵以來．富商大賈早已挾貲遠徙．其冒險而來者．不過逐什一之貧民．關鈔之外．即捐釐助餉．已屬一時不得已之謀．豈容不肖員弁以及無賴紳董．據爲利藪．若不嚴禁弊端．恐商民虧累不前．轉與捐釐助餉之章程有礙．相應請旨．勅令統兵大臣嚴飭各路員弁．不得藉端苛索．其非盤查喫緊之地．則員弁概予裁撤．不惟節有用之費．亦且少生事之人．其南北往來貨物．應照奏定章程．於各屬銷售之地．按數捐釐．若貨物非當地銷售者．則南有蘇關．北有揚關．縱不捐釐．亦輸關稅．並無偷漏之弊．如此則商困可甦．招徠可廣．軍餉亦藉資充裕矣．

法祖愛民疏 同治元年

奏爲皇上沖齡踐阼．請以聖祖爲法．并飭下督撫．令州縣勤恤民隱．以迓祥和．而消災沴．應詔陳言．仰祈聖鑒事．竊惟我國家以仁厚開基．無事不以愛民爲本．二百年來．休養生息．恩至渥也．欽惟聖祖仁皇帝．八齡登極．即知黽勉學問．內府所藏庭訓格言一書．凡侍奉兩宮之純孝．以及少年向學．節飲食愼起居之良法．釐然畢載．且體帖太皇太后．尤能曲得懽心．而視膳問安之暇．下至愛民善政．亦無不出眞誠．厥後世宗憲皇帝序此書之首．有曰．

此書雖卷帙簡約．而格致誠正修齊治平之道．罔弗兼賅．書曰．監于成憲永無愆．詩曰．貽厥孫謀．以燕翼子．勗哉後嗣．恪循祖訓．念茲罔斁．受益靡窮．世世子孫．尙其永久敬承．欽此．

此庭訓格言一書．實足以昭垂萬世．而淺而易明．近而易守．經兩聖之貽謀．覺隻字可括千言．片語能含衆義．實與皇上曲學之年相合．敬懇命師傅將此書日講一二條．必能發聖性之高明．似比朱子小學集解一書．祇詳幼儀者．較爲有益治道也．漢臣賈誼保傅篇曰．昔者周成王幼．在襁褓之中．召公爲太保．周公爲太傅．太公爲太師．保．保其身體．傅．傅其禮義．師．導之教訓．此三公之職也．自孩提時．因明孝仁義以導禮習之．逐去邪人．不使見惡行．日見正事．聞正言．行正道．左右前後皆正人．孔子曰．少成若天性．習慣如自然．非即庭訓格言所載之理歟．

至治道首重愛民．愛民首重督撫．督撫誠得其人．則藩臬道府自能惴惴奉法．而州縣有不思潔己盡職者．臣未之前聞也．蓋州縣爲親民之官．必須愛民如子．然後民戴之如父母．其血脈有隱相維繫者．方今黎元塗炭．滿目瘡痍．血肉糜於鋒鏑．肝腦潰於原野．而選擇牧令．猶不取忠信之長．慈惠之師．惟以苛刻便捷爲能．戾氣疊鍾．此饑饉之所以薦臻．氛祲之所以迭降．天變應於上．而人禍起於下也．今欲消災異．惟善氣可以除之．妖不勝德．德可勝妖．則莫若擇循良之吏．與民更始．至於凋敝之區．務必加意撫字．以勸農興學．俾民食漸足．而士習漸端．里中有孝子悌弟順孫貞婦．必褒舉以勵俗．凡有停棺不葬．溺女不舉．及好惰好奢．好鬬好訟諸弊．皆因地制宜．勸使除革．將見父詔其子．兄勉其弟．人人咸務正業．而元氣可復．是皆由州縣之履潔奉公．默化潛移．使民日遷善遠罪而不自知耳．請旨飭下督撫．慎選州縣．勿徒尙精明而輕廉潔．取奔競而抑恬退．京縣一帶．輦轂重地．尤宜格外撫循．則民困可以漸蘇．時災亦將漸弭矣．

抑臣尤有請者．現在星象．固屬可畏．而潼關要地．回匪滋事．戕害忠藎大員．尤覺後患難量．臣伏見兩宮皇太后和好無間．每事必商確盡善．而又率皇上勵精圖治．以戰兢惕厲爲天下先．如納諫求賢諸善政．無不次第施行．但思難圖易．愼始敬終．必須居之無倦．俾百年如一日．永絕懈惰之萌．然後可無虞叢脞．此丹書所謂敬勝怠者吉．怠勝敬者滅．義勝欲者從．欲勝義者凶也．詩曰．靡不有初．鮮克有終．聖人戒之．以天下之廣．萬幾之多．人主一身．原不可躬親瑣屑．然幾務之大者．必經朝廷確加考察．洞悉其中曲折．然後與二三大臣審定而斷行之．若倉猝裁決取必於立談之間．則不能無誤者勢也．至用人黜陟之權．操之自上．然古稱刑賞與衆共之．採公論而加精察者．實用人之準則也．內而卿貳．外而督撫司道．皆爲重任．不愼簡於先．將貽悔於後後．缺出請補．而取決於俄頃之間．則其不能無失者．亦勢也．賢否忠佞之分途．辨之不可不早．斷之不可不速．知其忠矣．必顯任之．使其得行其志．知其佞矣．必顯斥之．使不得售其奸．未可並容而姑置也．並容而姑置．一旦受其欺．未有不伸彼而絀此者也．古來直言敢諫．不畏强禦之人．其始未嘗不蒙虛懷聽受．其後又未嘗不事過輒忘．則行政用人．仍不能有所匡正．徒苟安於歲月之間而已．故臣伏願皇太后與皇上．愼終如始．法天行之不息．而內外大小臣工．亦皆各矢天良．力除積習．乘奮發振興之氣．盡破拘牽諉卸之私．自可轉危爲安．不至遇災而懼矣．

請獎廉懲貪以勵臣工疏

奏爲吏治日壞．亟需獎廉懲貪．謹就督撫藩臬中．擇其清操尤卓者四員．懇請特降諭旨嘉獎．其勵臣工．而維邦本．恭摺仰祈聖鑒事．臣聞六計以尚廉爲宗．四知以不貪爲寶．志潔行芳之吏．當時傳其盛烈．後世播爲美談．史冊昭彰．臣僚所法．未有大吏簠簋不飭．而屬員可以奉公潔己．俾多士知崇廉恥．百姓皆樂輸將者也．近如前任陝甘總督樂斌．賄賂公行．罔知顧忌．其餘大吏曾挂彈章等．尙不乏人．雖淸恐人知．未嘗無闇修自愛之士．而當此公私交困．因苟且而愈肆貪饕．因貪饕而愈形支絀．生民膏血．朘削已空．相習成風．牢不可破．則以未得清廉大吏以爲之提倡也．

臣所知者．四川總督駱秉章．自爲御史．盤查銀庫．獨能絲毫不染．宣宗成皇帝於其革職後．特授爲詹事府左庶子．以獎其廉．後歷任湖南北各省．清節愈勵．吏民敬畏．有天下第一清官之頌．此現任總督之廉者也．湖北巡撫嚴樹森．由縣府以至封疆．除廉俸外．凡屬員陋規．如三節兩壽等項．一概不受．經原任巡撫胡林翼．迭保其操守清潔．且以爲心思才力．十倍於己．是以文宗顯皇帝屢加擢任．此現任巡撫之廉者也．山西布政使鄭敦謹．歷官司道．不受陋規．固屬可嘉．其爲山東學政時．幷不收棚禮．雖未免苦節過高．而卓絕之行．更爲賢哲所難．此現任藩司之廉者也．山東按察史吳廷棟．恪守程朱遺訓．一以理學爲宗．凡事必脚踏實地然後做．兩袖清風．服用儉素．此現任臬司之廉者也．該督撫藩臬四員．皆飲冰受命．酌水勵清．並無沽名釣譽之心．祇有砥節礪行之實．故能輿論翕服．異口同聲．可見秉彝攸好．自有不謀而合者．其餘如兩江總督曾國藩．浙江巡撫左宗棠．江西巡撫沈葆楨．福建巡撫徐宗幹．署江蘇巡撫李鴻章．四川布政使劉蓉．江南布政使吳棠．陝西布政使毛震壽．四川按察使牛樹梅．湖北按察使閻敬銘．廣東候補道吳昌壽．河南陳州府知府安奎．廣東廉州府知府五福．廣東候補知府吳贊誠等．其上者才品俱優．其次亦操守無玷．但求其廉聲尤著．則以駱秉章四員爲最．

臣伏查康熙年間．聖祖仁皇帝調陳瓊爲福建巡撫．諭廷臣曰．朕昨召陳瓊入見．察其言動舉止．實係清官．以海濱務農之人．非世家大族．又無門生故舊．而天下之人．莫不知其清．非有實行．豈能如此．國家得此等人．實爲祥瑞．允宜從優表異．以鼓勵清操．欽此．又以江蘇巡撫張伯行．爲天下清官第一．前後申諭九卿等曰．張伯行居官清正．天下之人．無不盡知．兩江總督噶禮操守．朕不能信．若無張伯行．則江南地方．必受其朘削一半矣．欽此．經屢次訓飭之後．百官爭自濯磨．其時靈壽縣知縣陸隴其．羅城縣知縣于成龍．皆以廉吏而登薦牘．爲當代名臣．此其明效大驗也・迨高宗純皇帝南巡至湯陰・特標宋臣岳飛文臣不愛錢・武臣不惜死兩語・以爲千古人臣之則・皆所以獎廉懲貪・宣示中外・故吏治蒸蒸日上・得以同享太平・

臣又伏讀世宗憲皇帝欽定執中成憲・引明臣薛瑄之言曰・世之廉吏有三・有見理明而不妄取者・有尚名節而不苟取者・有畏法律保爵祿而不敢取者・見理明而不妄取・無所爲而然・上也・尚名節而不苟取・狷介之士・其次也・畏法律保爵祿而不敢取・則勉强而然・斯又爲次也・今其上者・雖不可多得・而能有所懲戒而不敢肆・民氣亦大可漸甦・

本年五月間・御史文吉奏請嚴定外任官員失察・僚屬貪劣處分・奉上諭・各直省督撫・惟當力挽頹風・所有大小官員一切陋規・認眞裁革・遇有屬員貪婪事發・必須破除情面・隨時參劾・府州司道有徇庇貪婪等弊・亦責成督撫據實參奏・毋得日久懈生・有名無實・致干重咎・將此通諭知之・欽此・聖訓煌煌・自當懍守・則懲貪之典・已爲周密・但獎廉之法・仍覺有所未盡・則莫若褒一廉而使衆廉俱奮・縱有不謹官吏・亦皆洗滌除湔・以副皇上建元新政・方能弭禍亂而至平成・今駱秉章嚴樹森鄭敦謹吳廷棟四員・揆諸前賢・其清操如出一轍・可否請旨・將此四員昭示褒嘉・以爲督撫藩臬表率・似於吏治民生不無裨益・昔宋臣韓琦之告仁宗曰・當君上焦勞之際・豈敢避形跡不言・若涉朋比・誤國家・罪當誅・臣謹援其意・瀝誠直陳・以備採擇・不勝戰慄悚惶之至・

請飭該督委大員勦滅廣東股匪疏

奏爲粵省疲敝難支・非大才不能整頓・可否請旨・就近留辦・以維大局・瀝誠具陳・仰祈聖鑒事・竊臣伏讀正月二十三日內閣奉上諭・劉坤一奏・江西各軍勦賊大勝・嘉應餘匪棄城宵遁・本日復據左宗棠瑞麟郭嵩燾奏・截勦竄匪・連獲大捷・餘孽盪平・各一摺・粵匪等由閩竄江西入廣東・復有叛勇合併爲一・肆行兇悖・各路將士用命・一旬三捷・將十餘年髮逆餘孽・一鼓盪平・實足以伸天討而快人心・閩浙總督左宗棠・督辦軍務・調度有方・著賞戴雙眼花翎等因・欽此・是知尊賢使能・朝廷既獲知人之明・而良臣展布・鄰省均蒙其福・粵東士民・出水火而登衽席之中・類無不同聲稱頌曰・公毋歸閩・長留活我・現聞該督仍駐大埔・大埔隸潮州府・係廣東轄屬・離省城非遠・不過旬餘・便達首郡・左宗棠先辦浙閩軍務・兩省均已肅淸・若能留粵東・有六益焉・臣謹就見聞所及・一一爲我皇上敬陳之・

客匪滋鬧已十餘年・到處挖墳焚屋・戮及老耄嬰孩・聚衆逾數萬之多・從未大加懲創・今且由肇慶之開平鶴山等縣・而漸及廣州之新安新會等縣・流徙靡定・土民勢不相容・官軍久未蒇事・恐再蹈雲南陝西漢回□□故轍・則後禍難量・若令左宗棠移得勝之兵・殲厥渠魁・而後因降招撫・土客漸相安無事・此其宜留者一也・

粵海關稅課・偷漏本多・而洋藥一宗・尤易乾沒・臣在籍時・已深悉其弊・今左宗棠果奏言歲課可得二百萬・盡以歸公・粵事尚可爲・以其言與現在數目比較・雖大相懸殊・

然必確有把握，方敢形諸奏牘，但因仍已久，若交地方循例查辦，必至有名無實，反成畫餅。左宗棠既能言之，必能行之，此其宜留者二也。

粵東吏治，早已廢弛。但按部就班，從事於補苴罅漏，譬如衣一孔破則以敗絮綴之，牆一穴開則以朽壤塞之，甚且剜肉醫瘡，迄無成算，終不能正本清源。誠得左宗棠力加振刷，則循良輩出，仕途將煥然改觀，此其宜留者三也。

廣東協濟鄰封，兼顧京餉，鹽務既無起色，而每歲地丁錢糧，所入實不敷所出。百姓困於捐輸已久，稅畝釐金，不一而足。迨經髮匪滋事，外夷擾亂之後，焚燒劫掠，殘破甚多，元氣總未能復，南方民力既盡，又復誅求不已，其生理何由漸遂乎。左宗棠誠求民瘼，視黎元之疾痛痾癢，若切於己身，此其宜留者四也。

廣東緝捕所以疏懈者，因拖欠營餉數年，且久未發，兵丁不得一飽，其悍猾者又有偷走私鹽，包帶洋藥等弊，餘則疲癃軟弱者居多，墮營律而啓戎心，强盜遂因之起，以故搶掠渡船，打切典舖，及來往居民被盜者，指不勝屈，明火持刃，白晝橫行，將來易釀成凶燄。若能早圖滋蔓，整飭營伍，以訪緝奸宄爲武弁考成，左宗棠能平巨憝，又豈患茲小醜乎，此其宜留者五也。

臣恭繹是日上諭，言僞佐將劉廷貴，分赴各營乞降，又高連陞鮑超等，降其脅從萬餘人，又丁賢發生擒僞總統胡永祥，餘衆悉降，又王德榜軍及賊於北溪，賊無去路，降者四萬餘人，又鮑超親率十營，合兵截殺，逆衆見四面被圍，復有羅拜求生者，統計生降之數，不下六萬餘人，洵足廣皇上好生之德。淪肌浹髓，胥慶重甦。然自古受降如受敵，人數過多，既慮變起於臨時，又虞禍熾於事後，凡征調操練，及安插資遣，在在皆費躊躇，以左宗棠之韜畧夙嫻，亦必一手經理，始終其事，然後吏民皆安堵如故，不致釁生肘腋，貽古來班師太早之譏，此其宜留者六也。

有此六益，皆以左宗棠之去留爲斷。現在粵省髮匪雖已掃除，而客匪之禍，駸駸未已，蔣益澧既前赴廣東辦理軍務，兼行籌餉，得左宗棠爲之坐鎮，以定指揮，則該司亦不虞孤立無助。況左宗棠行事，光明磊落，有不可干以私之概，每年養廉，除衙門儉用外，其餘悉籍而記之，儲諸外府，以充軍需，所幫已逾巨萬，又復不願奬叙，聲威所及，誰不肅然起敬耶。昔漢臣李膺，素著丰裁，墨吏望風解印綬去，以古方今，理實如是。但國家委任賢哲，爲地擇人，自有衡鑑，豈容臣下妄行瀆陳。然以微臣受恩深重，親見廣東凋敝情形，日甚一日，非得左宗棠就近留辦，以改絃易轍，掃除而更張之，恐粵事終不可爲，將潰敗決裂，其關係大局，實非淺鮮，是以當言路大開之時，不揣冒昧，謹效芻蕘之獻，以備採擇。

請飭統兵大員聯絡鄉團疏

奏爲兵民已成水火，恐致釀亂，請旨飭下統兵將帥，聯絡鄉團，並嚴定賞罰，以期依限滅賊，恭摺仰祈聖鑒事。臣等竊惟處事以順民爲本，官與民協心，則軍可全勝，兵與民齊力，則師易成功。現聞直東兩省毘連地方，被捻匪荼毒最慘，各勤公憤，自練民團，其尤著者，約有三處，一爲故團・在直隸故城縣一帶・團總爲張蕁・崔丹陽・刁會五・柴清黎・一爲陳四團・在山東臨邑縣一帶・團總爲武生陳貫甲・聞該生前赴山東巡撫丁寶楨轅門効力・後見鄉閭有急・遂回籍毀家紓難・一爲柳林團・未悉其團長姓名・係在山東東昌府所管一帶地面・三處之衆・在運河西岸・不下數十萬・皆自備器械口糧・衆志成城・保衞井里・賊相顧駭愕・不敢偶涉其境・此極難得之機・官軍正可窮賊所向・痛加殲除・乃尙按兵不動・未經開仗・

臣等等前准三口通商大臣崇厚知照・同治七年四月十七日奉上諭・賊股現竄海隅・正可乘此機會・三面圍蹙・就地殄除・著李鴻章迅督前敵諸軍・步步圈逼・合力同心・認眞剿辦・限於一月內・將此股賊匪全數殲滅・儻能於限內告竣・所有出力各將領・定必破格施恩・優加懋賞・如再遲延誤事・亦必重治其罪・等因・欽此・仰見聖明洞燭幾先・指授精詳之至意・而臣等猶有慮者・賊以奔敗餘孽・能接仗者・聞不過數千人・餘者盡屬脅從・其器械如抬槍火礮・均不甚足・以故遇兵即避・賊之技倆・槪可想見・所以延至今日愈形猖獗者・直東地勢平曠・賊騎飄馳・一日可一二百里・我欲迎剿・彼已狂奔・追之不及・圍之不能・此諸軍所藉口也・今賊所竄之處・東則大海・西則運河・南有黃河・北有減河・地利形勢及一切扼守之方・至周且備・然而釜底游魂・猶稽顯戮者・則以兵與民之心・未能浹洽也・

李鴻章・左宗棠・丁寶楨・英翰・李鶴年・崇厚諸臣・奉命剿賊・各矢公忠・和衷共濟・咸有滅此朝食之志・惟將弁以下・人心不一・且大兵十有餘萬・賢愚不齊・更難保無游兵逃勇雜厠其閒・服色之詭異・性情之凶悍・迥殊尋常・賊未至則譎云敵來・嚇詐萬端・以冀乘鄉民逃散・刼奪財物・賊既去・則又從其後擄掠・慘毒情形・無所不至・百姓蕩析離居・既苦於賊・復苦於兵・其弱者飮恨吞聲・莫可控訴・其强者因而互相睚眦・各懷不能相下之心・如此情形・即使寇平之後・其流患猶虞無窮・况在征剿喫緊之際耶・

今者民團聲勢既壯・閒有與滋擾逞强之逃勇疊相仇殺者・署直隸總督官文深恐別釀釁端・遂先事豫防・委按察使張樹聲前往彈壓・實屬杜漸防微弭禍無形之策・現在運防既築長圍・自足以因地制敵・惟慮日久未能蕆事・則十萬州縣之民・盡爲魚肉・慘何可言・有鄉團數十萬之衆而不用・其弊眞譬彼舟流・不知所屆矣・然亡羊補牢・猶未爲遲・果能調和兵民・聯爲一氣・使其交相應援・較之征調・自必事半功倍・相應請旨・密飭各路統兵大臣・相機調度・杜禍未然・並迅將所部勇丁・認眞簡閱・凡游兵逃勇・服色詭異・性情凶悍者・一槪設法驅除安插・其從前收納之長髮降卒・如果堅心歸順・亦須即行薙髮・方免與賊相混・務使兵不殃民・民不畏兵・以兵爲主・即以民爲輔・以兵爲剿・即以民爲守・若能銷患於萌芽・自足立功於俄頃・庶幾天戈所指・莫不讋服・區區窮寇・何難剋日蕩平・又聞提督劉銘傳部下・亦已起程將到・乘其朝銳・其鋒必不可當・果兼藉民團相助爲理・截其歸路・盡殲而止・不更凱旋依限可奏歟・儻仍玩時愒日・則風鶴交驚・時時潛憂回竄・坐視麥熟而不能收穫・恐斯民更靡有安居之日也・

抑臣等更有請者・用兵之道・不外賞罰嚴明・所謂賞

者．非加官進爵之謂．所謂罰者．非降級革職之謂．蓋加官進爵．只及於官．而未能徧逮於衆．降級革職．只褫其秩．而未必戮當其身．臣等愚昧之見．以爲能如一月之期．盡掃妖氛．固屬甚善．苟仍逾限不效．既從重懲處之後．可否更請特頒諭旨再限若干日．將此股捻匪．全數翦滅．除照常奬勵外．賞銀若干萬兩．其首先陷陣及得大頭目首級者．賞爲最．隨同殺賊者次之．各路嚴防不使賊竄逸者又次之．儻有觀望不前．坐失機宜．及縱兵滋擾者．均於軍前正法．如此則前有所貪．後有所畏．似於近日軍情不無裨益．至爲經費計．現查各路軍營及防堵處所．每月餉需不下四五十萬兩．就本年直省兵餉而論．動用已逾百萬．儻再遷延．伊於胡底．若懸賞之後．各軍鼓舞．依限滅賊．則所賞者特數月之餉耳．出數月之餉．殄積年之寇．拯倒懸之民命．省後日之軍需．通盤籌劃．似尚相宜．臣等目擊時艱．不敢自安緘默．謹就管見所及．效芻蕘之一得．恭摺具陳．以備採擇．

侯　康　字君模．番禺人．道光乙未舉人．少讀南北朝史傳所載文．好之．執筆摹擬即肖．及長．熟洽諸史．兼研經學．遂稱經師．年甫四十即卒．所著書多未就．成者爲後漢書補注．三國志補注．未見．補後漢書藝文志．三國志藝文志。穀梁禮證．今刻嶺南遺書中．

說文假借例釋

假借爲六書之一．製字之時已有之．非用字之時始有之也．說文之言假借曰．本無其字．依聲託事．旨哉言乎．必明乎其說．而後可以得假借之本．舍是而言假借．抑末耳．何謂本．製字之假借是也．何謂末．用字之假借是也．二者相似．而實不同．製字之假借．是本無其字．而依託一字之聲或事以當之．以一字爲二字者也．用字之假借．是既有此字．復有彼字．音義畧同．因而通假．合二字爲一字者也．以一字爲二字者．其故由於字少．合二字爲一字者．其故反由於字多．故曰相似．而實不同也．用字之假借無窮．製字之假借有定．而製字假借．有時混入於用字假借之中而不覺．蓋假借之例．有初時用此字假借．而後遂製正字者．有終古用此字假借．而不復製正字者．其不復製正字之假借．後人易明．若始爲假借而後製正字．則迄今二字竝行已久．無以辨其孰先孰後．則無以定其爲製字之假借．而非用字之假借矣．試畧舉數字言之．如言部．譽稱也．依說文．稱訓銓．偁訓揚．則偁譽之偁當作偁．今作稱者．許以稱爲偁之假借也．寸部．將帥也．依說文．帥訓佩巾．𧗿訓將𧗿．則將𧗿之𧗿．當作𧗿．今作帥者．許以帥爲𧗿之假借也．呼訓外息．嘑訓號．而口部言部中．用嘑號字多作呼．實許以呼爲嘑之假借也．和訓相譍．龢訓調．而全書中用調龢字多作和．是許以和爲龢之假借也．（段大令於此等．多改從正字．謂他書可言假借．許書不可言假借．其說過泥．許但於本篆下．注明本義可矣．其他字解說中．不妨參用假借．如此四字．經傳假借已久．許因當時所習用者爲解說也．全書此類甚多．改之亦不勝改．）然未知製字之始．果先有稱而後有偁．先有帥而後有𧗿．先有呼而後有嘑．先有和而後有龢歟．抑反是歟．又或同時竝出歟．如使稱帥呼和四字先出．而偁𧗿嘑龢四字後出．則當假借之時．本無其字者也．

此製字之假借也．若其不然．則仍用字之假借耳．非本無其字也．故製字之假借．有混入於用字假借之中而不覺者也．

至於說文中有明文者則知之．屮部．屮．艸木初生也．古文或以爲艸字．疋部．疋．足也．古文以爲詩大疋字．（徐鍇曰．疋音疏．詩大疋．即音雅．）亦以爲足字．或以爲胥字．言部．詖．辨論也．古文以爲頗字．臤部．臤．堅也．古文以爲賢字．䀠部．䀠．目圍也．古文以爲靦字．𠬪部．爰．引也．籀文以爲車轅字．丂部．丂．气欲舒出．勹上礙於一也．古文以爲亏字．又以爲巧字．可部．哥．聲也．古文以爲謌字．日部．㬎．衆微杪也．古文爲顯字．或以爲繭．㫃部．旅．軍之五百人．㫃．古文旅．古文以爲魯衞之魯．宀部．完．全也．古文以爲寬字．人部．侨．送也．古文以爲訓字．大部．臭．大白澤也．古文以爲澤字．水部．汓．浮行水上也．古文或以汓爲沒字．洒．滌也．古文爲灑埽字．且部．且．薦也．古文以爲且．又以爲几字．（段大令云．上以爲二字衍文．按段說是．）此等皆二字竝行．而幸說文明言古文籀文以爲某．則可知確是製字時．假彼爲此．而非用字時之通假也．又如𠬞部．畀．擧也．杜林以爲麒麟字．木部．構．蓋也．杜林以爲椽桷字．𣎳部．索字下云．杜林說𣎳．亦朱本字．巢部．㽬．傾覆也．杜林說以爲貶損之貶．黽部．鼂．匽鼂也．杜林以爲朝旦非是．杜林會注蒼頡篇．深悉六書源流．其云以爲某者．必是確見古籀之本原．非杜林意爲之也．鼂字一條．許直斥杜林非是．尤足爲製字假借．與用字假借不同之明徵．何者．古書鼂朝通用甚多．杜林之說．本無不合．然作用字之假借．則可．而畢書所言以爲及引杜林諸說．皆言假借之本．鼂之爲朝．祇屬後人通用．非是本無朝字假鼂爲之．而杜林誤以爲然．是以末爲本也．故許君斥之也．

此外有叔重無明文．而可定爲製字之假借者．如會部．會．合也．从亼曾．省益也．按八部．曾．詞之舒也．土部．增．益也．二義迥殊．會字有增益意．而但從會者．是造會字之時．尚有曾無增．其加土旁爲增益．正字猶在會字後．則曾之假作增．乃製字之假借也．象部．象．南越大獸．按易象借用此字．孔子以象釋之．此必作易之時．尚無像字．故假象爲像．韓非曰．人希見生象．而案其圖以想其生．故諸人之所以意想者．皆謂之象．此古時有象無像之證．若初本有像字．易象何不直取諸像．而乃從象字．迂迴取義．待孔子然後以正字釋假借字乎．是象之假作像．亦製字之假借也．他如攩．朋羣也．黨．不鮮也．今經傳朋攩．字皆作黨．專．六寸簿也．嫥．壹也．今經傳嫥壹．字皆作專．渻．減也．省．視也．今經傳減渻．字皆作省．（水部又云．渻．少減也．今經傳亦無作渻字者．）䄷．百二十斤也．今皆假山石字爲之．䨼．水音也．今皆假羽毛字爲之．夫攩从黨聲．嫥从專聲．渻从省聲．䄷从石聲．䨼从羽聲．則假借之字．必不出在正字後．且幷可知非同時竝出．蓋同時竝出．即應竝行．而經傳中絕無用攩嫥渻䄷䨼五字者．此必是初無其字．而後始製正字．然沿用已久．故正字終不見用．而仍用假借字也．則必亦製字之假借也．

凡經傳中正字偏旁．從假借字得聲．而又假借字必行．正字絕少見者．其例視諸此．若假借字偏旁．反從正字得聲．則爲正字之假借無疑．如疏訓與疋訓．記者異義．而言部云．記．疏也．是疏可訓爲疋．塞訓隔．與𡫳訓窒者異義．而穴部云．窒．𡫳也．是塞可假爲𡫳．鬭訓遇．與鬥訓兩士相對．兵杖在後者異義．而鬥部中諸字訓爭鬥者．皆作鬭．是鬭可假爲鬥．憂訓和之行與㥑訓愁者異義．而心部諸字訓㥑愁者皆作憂．是憂可假爲㥑．愛訓行皃與㤅訓惠者異義．而心部諸字．訓惠㤅者皆作愛．是愛可假爲㤅．然疏即从疋．塞即从𡫳．鬭即从鬥．憂即从㥑．愛即从㤅．是正字製在先．假借字反製在後．其假疏塞鬭憂愛爲疋𡫳鬥㥑㤅．非本無其字也．特通用耳．由此推之．气．雲气也．氣．饋客芻米也．後世皆假氣爲气．匋．瓦器也．陶．再成邱也．後世皆假陶爲匋．啚．嗇也．鄙．五酇爲鄙也．後世皆假鄙爲啚（指鄙吝等字言）厶．姦衺也．自營爲厶．私．未也．後世皆假私爲厶．寍．安也．寧．願詞也．後世皆假寧爲寍．（指康寧等字言）冡．覆也．蒙．王女也．後世皆假蒙爲冡．㒳．再也．兩．二十四銖也．後世皆假兩爲㒳．勹．裹也．包．象人褱妊也．後世皆假包爲勹．所假之字．反從正字之偏旁．則必非本無其字而假之者也．經傳此類．更僕難終．一隅三反．是在學者．大抵二字竝行者．用字之假借十之八．製字之假借十之二．而此十之二．仍不可盡知．亦姑從闕疑可也．

若夫終古不製正字者．則其假借易明．不必舉．亦不勝舉．而許書亦偶一舉之．鳥部．朋．古文鳳．象形．鳳飛．羣鳥從以萬數．故以爲朋黨字．烏部．烏．孝鳥也．取其助氣．故以爲烏呼．來部．來．周所受瑞麥．來麰．天所來也．故以爲行來之來．韋部．韋．相背也．獸皮之韋．可以束枉戾．相違背．故借以爲皮韋．（說文明言借字者僅此．）西部．西．鳥在巢上．日在西方而鳥棲．故因以爲東西之西．此皆許書之言假借也．假借甚多．許獨於此五字言之者．蓋五字假借之義大行．而本義幾無人識．故特著之．其本義借義世人尚能分別者．則許不復贅．如令長二字．序文但舉以見例．而本篆下不言也．叔重至今又千餘年．在當時本義借義竝行．而今日獨行借義．不行本義者．又不知凡幾．如爲．母猴也．今但知爲作爲．殿．擊聲也．今但知爲宮殿．翁．頸毛也．今但知爲老翁．舊．鴟舊．舊留也．今但知爲新舊．鷬鳥也．今但知爲艱難．舄．鵲也．今但知爲履舄．久．從後灸之也．今但知爲久遠．□．豐也．今但知爲有無．困．故廬也．今但知爲困窮．普．日無色也．今但知爲普徧．願．大頭也．今但知爲願欲．篤．馬行頓遲也．今但知爲篤厚．焉．黃色鳥也．厥．發石也．而頰毛也．今但知爲語助．凡若此者．不下數十條．使叔重在今日著書．亦必有說以曉後人矣．

至段大令謂許書又有引經說假借者．舉𢻱蒖堲圛枯諸字爲據．然此仍無以定其爲製字之假借．爲用字之假借．蓋經籍中假借之字．不必本無其字而始假．與古文籀文以爲某者未可例視．（支部．敼棄也．周書以爲計．亦不得云與古文以爲者同例．）古籀者．製字之書也．經籍者．用字之書也．欲求假借之本．當於製字之書求之．不當於用字之書求之也．且說文引經．有明知爲用字之假借者．足部．蹡．行皃．詩曰．管磬蹡蹡．按詩義與行皃不類．今毛詩作將．蓋三家詩有假作蹡者．許引之以說假借也．然蹡字從將．必先有將．而後有蹡．則假蹡爲將．非本無將字矣．土部．堋．喪葬下土也．春秋傳曰．朝而堋．禮謂之封．周官謂之窆．虞書曰堋淫於家亦如是．按書義．與喪葬下土不類．今書作朋．蓋壁中古文假作堋．許引之以說假借也．然堋字从朋．必先有朋而後有堋．則假堋爲朋．非本無朋字矣．推是以求．凡引經說假借者．安在必爲假借之本哉．（段大令𢼸字下註云．好惡自有眞字．而古文假𢼸字爲好．此以見古之假借．不必本無其字．是爲同聲通用之肇端矣．是段氏亦知此非假借之本．而又云．與古文以爲者正是一例．則於製字假借．與用字假借不同之處．剖晰未細也．）故欲明假借之本．必深思乎本無其字之說而可也．

若然．則假借得無近於引申乎．曰．否否．引申之義．皆就本義展轉相生．假借之義．或與本義相蒙．或與本義絕遠．其不同一也．引申皆因文生義．義在文後．假借則本應有此義．而無其字．乃託於他字以爲之．義在文先．其不同二也．引申之例．有數字同引申一義者．假借之例．無數字同假借一義者．（用字之假借則有之．）其不同三也．然必謂假借中絕無引申．則又不可．蓋假借有依聲者．有託事者．有兼聲與事者．託事之假借．與引申相類．義恒繫乎事也．依聲之假借．與引申不類．義不盡繫乎聲也．假借依聲者多．託事者少．兼聲與事者多．專主事者少．說者遂謂依傍同聲．以寄託事物之無字者．是爲依聲託事．如此則假借專主聲而已．何以解夫屮之爲草．疋之爲足．丂之爲亏．臭之爲澤．汓之爲沒．且之爲几哉．故必分依聲託事爲二端．

而後諸字可通．而後假借之與引申．或類或不類．其故亦可明．戴侗六書故．謂假借者．義無所因．特借其聲．然後謂之假借．令長二者．皆以本義而生．非外假也．其說直詆叔重．由於不知假借中自有引申之一例．近日江艮庭徵君．謂凡一字而兼兩誼三誼者．除本誼之外皆假借．又直欲以引申當之．皆非也．段大令云．假借之始．始於本無其字．及其後也．旣有其字矣．而多爲假借．又其後也．且至後代譌字．亦得自冒於假借．此數語述假借源流．頗爲確當．而於製字用字之界限．分別尙未甚嚴．故注說文．往往混而爲一□．愚故執叔重之語．隱括大旨．著於斯篇．庶有達者理而董之矣．

雅詩多言文王少言武王解

漢儒多言文王受命偁王．應劭風俗通始有異議．至宋儒而力闢其非．今以詩大小雅攷之．知受命偁王之說不誣也．二雅敷陳王業．論時代．則武王較近．論功烈．則武王尤隆．宜多言武王．少言文王．乃今小雅文王詩九．（鹿鳴至大杜）武王詩僅四．（魚麗．南陔．白華．華黍．）大雅文王詩八．（文王至靈臺．）武王詩僅二．（下武文王有聲）則曷以故．蓋周不以武王爲開創之主．而以文王爲開創之主者也．文王實有創制顯庸之事．非武王善則偁親．姑奉以美名者也．文王受命．詩與序皆有明文．然或謂受命爲西伯．或又謂積德累仁．海內歸往．是爲受命作周．則固無以斷其改元偁王也．見于諸緯書者．改元偁王．歷歷可徵矣．（詳大雅疏）然猶以爲讖緯不足據也．見于史記三統曆者．

在讖緯未興與未盛之前．宜可據矣．然猶恐駁而不純也．見于逸周書尙書大傳者．幾于純矣．然猶曰非正經也．則請仍以大小雅證之．使受命稱王之說明．則多言文王少言武王之故亦明．

伐木詩．陳饋八簋。傳．天子八簋．按天子族食之禮．無文可攷。據公食大夫禮．上大夫八簋．此天子亦八簋者．彼食聘賓。用太牢禮隆．此食族人．用肥牡禮殺。又以秦風權輿詩參之．諸侯食其大夫四簋。彼是常食。若禮食。當有六簋．則天子禮食當八簋．今文王已用王制．證一也．

天保詩．禴祠烝嘗．按夏殷時祭之名．春礿夏禘．周始改爲春祠夏礿．今既易其名．則在改制之後．證二也．

天保詩又云．于公先王．與史記言文王追尊古公爲太王．公季爲王季．合中庸所言周公追王太王王季者．謂改葬耳．二代追王．既在文王時．豈有文王不自王而王其祖父者乎．證三也．

文王詩．殷士膚敏．祼將于京．傳．祼．灌鬯也．周人尙臭．則是時已收殷人尙聲之制．苟未稱王．安得議禮．證四也．

文王詩又云。常服黼冔．傳．冔．殷冠也．夏后氏曰收．周曰冕．箋云．助祭自服殷之服．明文王以德不以彊．蓋是時．周已改冔爲冕．而仍聽殷士服冔．故詩特咏之．猶有客詩云．亦白其馬．苟未稱王．安得易服．證五也．（劉向班固趙岐．皆以殷士四語．爲微子助祭．則在武王滅商後．不足爲文王稱王之證．然毛鄭皆不如是．細審上下文勢．亦不當屬武王時。）

棫樸詩。薪之槱之．箋以爲祭天．或疑箋與傳異．不可從．然春秋繁露郊祭篇云．文王受天命而王天下．先郊．乃敢行事．而興師伐崇．其詩曰．芃芃棫樸．薪之槱之．濟濟辟王．左右趣之．濟濟辟王．左右奉璋．奉璋峩峩．髦士攸宜．此郊辭也．其下曰．淠彼涇舟．烝徒楫之．周王于邁．六師及之．此伐辭也．其下曰．文王受命．有此武功．既伐于崇．作邑于豐．以此辭者．見文王受命則郊．郊乃伐崇．是鄭義本董江都漢書郊祀志載匡衡奏．周文武郊于豐鄗．吳大帝譏爲俗儒．虞喜申匡衡義．即以棫樸詩證之．（見吳志注．虞喜又云．自后稷以來．皆得祭天．猶魯人郊祀也．此則恐不然．后稷得祀天之故．毛無明文．鄭以爲二王後．則商時非復二王後矣．故文王郊祀．自因受命之故．非世得祭天也．）苟未稱王．安得行槱燎之祭．證六也．

棫樸詩又云．周王于邁．六師及之．傳．天子六軍．箋云．二千五百人爲師．今王興師行者．殷末之制．攷白虎通亦以六師爲一萬五千人．鄭蓋祖其說．然據鄭志．則仍以六師爲六軍．與傳同．苟未稱王．安得備軍旅之盛．證七也．

皇矣詩．是類是禡．禮王制．天子將出征．類乎上帝．若諸侯則但宜社造禰．不得行類祭．而文王行之．非稱王而何．證八也．（周頌之肇禋．亦是受命祭天．今獨據爾雅爲證．故不旁及．）

旱麓詩．淸酒既載．騂牡既備．白虎通曰．言文王之牲用騂．周尙赤也．按湯伐桀告天．猶用元牡．仍是夏家之牲．以時未稱王故也．今文王不用殷牲．易白爲赤．非稱王而何．證九也．（白虎通又云．詩曰．命此文王．于周于京・言文王誅伐・故改號爲周・易邑爲京也・此則恐不然・是時文王始取太姒・未得用王禮・且上文曰・嬪于京屬王季事・去偁王時尤遠。竊疑王都偁京・乃後來定制・如天子造舟之類・若殷時・則大邑統可偁京・故毛但訓爲大・鄭以爲周地小別名・又是一解・要皆非王制也・故今不取班氏說・）

靈臺詩・經始靈臺・白虎通云・天子所以有靈臺者何・所以攷天人之心・察陰陽之會・揆星辰之證驗・爲萬物獲福無方之元・詩曰・經始靈臺・五經異義・公羊說・天子有靈臺以觀天文・有時臺以觀四時施化・有囿臺觀鳥獸魚鼈・諸侯當有時臺囿臺・不得觀天文・無靈臺・而今文王有之・豈復侯制乎・證十也・

靈臺詩又云・於樂辟廱・禮王制・天子曰辟廱・諸侯曰頖宮・注乎上文・小學大學言殷制・則此亦殷制可知・正文王爲殷諸侯・若遵侯制・豈得名辟廱乎・證十一也・

文王有聲詩・築城伊淢・作豐伊匹・傳・淢・成溝也・匹・配也・箋云・方十里曰成・淢其溝也・廣深各八尺・文王受命・而猶不自足・築豐邑之城・大小適與成偶・大于諸侯・小于天子之制・按都城之廣狹・周禮典命與匠人殊・鄭注書大傳兩解之・此注則從典命・以命數爲節・上公九里・天子則當十二里・今祇十里・今祇十里故云天子・諸侯小于天子・以文王之圃參觀・規制正同・毛傳・囿・天子百里・諸侯四十里・穀梁注引魯詩傳・天子囿百里・諸侯三十里・今文囿方七十里・亦是大于諸侯・小于天子・此文王以紂尚存之故・稍自引避・使非受命偁王・則自有侯國常度・何必損益于二者之閒・證十二也・（皐門應門冢土造舟等・當時本無定制・後乃以爲王法・故不在此例・）

他如武王夢齡之對・偁文王爲君王・公羊釋春秋王正月・爲文王正月・散見諸經傳者尚多・或曰・紂未滅而周偁王・不幾僭乎・曰・封建之天下・與郡縣之天下異也・古者王畿千里・爲天子國・畿外分封諸侯・爲侯國・天子不得治之・惟天子有道・諸侯咸朝・是謂有天下・（孟子・武丁朝諸侯有天下・史記殷本紀・敘殷之興衰・亦屢以諸侯朝不朝爲言・）若號令不行于天下・則祇可謂之有國・勢與諸侯等・故黍離降爲國風・而周鄭交質・左傳亦偁爲二國也・王政不綱・生民塗炭・有能行仁政而王者・天下歸之・不以受命爲嫌・非如郡縣之世・天下奉一共主・朝政雖紊・而草澤崛起者・皆難免逆叛之名也・故孟子與齊宣梁惠言治・皆力勸之行仁政王天下・若不復知有周天子者然・即文王偁王之說也・且唯文王偁王・武王繼之・復受天命・故可奉辭伐罪・孔檢討廣森曰・以周王伐殷王則可・以西伯伐天子則不可・所謂名不正・則言不順也・是故未克殷・先偁王・似逆而實順也・謂不克殷不敢王者・似恭而實僞矣・然則子何以偁其事殷・曰・事殷者・不滅殷也・既不滅殷・則貢獻之節・亦或時至・且制度亦每降天子一等・如築伊淢之類・是即服事殷也・

蓋嘗論之・王道莫大于改正朔・易服色・城郭都邑之制・祭祀燕饗之隆・盛三雍之上儀・行六軍之天討・而其事皆起于文・不起于武・故曰・周以文王爲開創之主・皆實有剏制顯庸之事者也・如此則大小雅多言文王少言武王也・固宜・

古經說自序

春秋經．一而已．自三傳分而經分．并其卷數亦分．漢志載春秋古經十二篇者．左經也．經十一卷者．公穀經也．（說詳四庫提要．）今以三傳參校之．左傳莊三十年夏．次于成．公穀作師次．以上三年公次于滑．八年師次于郎例之．無直言次者．則有師字是也．僖九年甲子．晉侯佹諸卒．公作甲戌．以上文戊辰推之．則甲戌是也．然大要古經爲優．而自漢以來．即有取公穀亂古經者．如昭十一年．齊國弱賈達從公作酌之類．

宋元諸儒．避實蹈虛．尤好舍古經而用二傳．夫古經傳序相授．非一世矣．公即位爲公即位．已經後人竄改．古字古言．不盡可見．乃并其幸留至今者．亦屛棄弗錄．此毛氏春秋簡書刊誤．段氏春秋左氏古經所由述．與三傳異同有不必辨者．蟓則螽之．或體遬則速之．籀文是也．此外則形聲相近．假借通用之字居多．渝輸同訓．黎耒同音．郿微本一地．厲賴實一國．前人論之詳矣．穀梁出較先．其誤尙寡．公羊出最晚．其誤滋甚．口授愈久則愈離．不期然而然者也．毛氏動輒詆爲有憂變易．又豈通論哉．今剌取其義意可尋者．疏通證明之．至說文述春秋用左氏．而衣部．引公會齊侯于移．品部引次于嵒北．示部引石尙來歸祳．與古經皆不同．蓋又師談互異．今不復盡據爲定云．

晉書跋一

唐貞觀間．以晉史十有八家未盡善．詔重修之．後人愛古薄今．深惜舊史之亡．幷有疑其勝新書者．然舊史今雖不傳．而據三國志注．世說新語注．李善文選注．史通太平御覽等書所引參校之．大旨猶可概見．實未覩其能勝焉．按十八家之名．史無明文．考之隋志．則正史類凡八家．王隱．虞預．朱鳳．何法盛．謝靈運．臧榮緒．蕭子雲．子顯也．編年類凡十一家．陸機．干寶．曹嘉之．習鑿齒．鄧粲．孫盛．劉謙之．王韶之．徐廣．檀道鸞．郭季產也．數多其一．豈以謝書未成．故不數之耶．（玉海則不數蕭子顯．）編年體例與正史殊．不具論．就紀傳諸家論之．

何氏中興．實居其最．（史通雜說篇．）然取名怪僻．傳曰錄．論曰述．表曰注．志曰記（並見史通）則喜新好異可知．又諸錄中有鬼神一編．專訪州閭細事．委巷瑣言．（史通書事篇）李善文選注．引何法盛晉書潁川庾錄．瑯邪王錄．濟陰卞錄．陳郡謝錄．（世說大卷注．引太原郭氏錄．疑亦出何書也．）蓋以祖孫父子合傳．開魏收李延壽之先．其立例未乖體裁．而稱名有同譜牒．新書從其例而削其名．斯爲善矣．

王隱．晉書本傳．已言文辭鄙拙．蕪舛不倫．劉知幾亦謂爲最劣．觀其傳標寒儁之目．（史通稱謂篇）志創端異之名．（史通書志篇．）皆非舊法．又御覽神鬼部所載數條．竟與搜神記幽明錄無異．（王隱書亦有鬼神傳．亦見史通書事篇．此當其傳中語也．）新書即好採雜說．不至是也．

臧榮緒書．裕淵稱其贊論．雖無逸才．亦足彌綸一代．（見本傳）顧其舛繆處．如謂苻堅疆宇狹于石虎．史通已深詆之．（雜說篇．）又謂陸機豪士賦．作于齊王冏敗後．

(見文選注・)但玩賦序意・似是援古諷今・欲感悟冏・新書改爲機作豪士賦以刺冏・冏不之悟・竟以敗云云・於情理較合・

蕭子顯齊書・文傷蹇躓・語多繁蕪・所撰晋史・當同一手筆・且名之爲草・必更疎漏・以視新書詳明華贍・孰劣孰優・

他如謝靈運粗立條流・(本傳・)蕭子雲遺讖涓涓・(見唐書修晋書詔)而虞預亦生長東南・不知中朝事・(晋書王隱傳)朱鳳則更無聞焉・畧舉數端・謂舊史能勝新書・吾不信也・

至于新書喜載詭僻奇聞・亦悉本舊帙・如牛金應讖之語・本之沈約・(見史通採撰篇・雜說篇・即宋書符瑞志・尚存其說・)陶侃折翼之夢・本之王隱・(御覽人事部・困學紀聞云・元規以筆札啗王隱・折翼化鶴之事・隱與杜延業共爲之也・)呂虔相刀・王猛貨畚等事・俱本之何法盛・(上見文選王文憲集序注・下見御覽神鬼部・)嵇康姓奚・賀循姓慶等事・俱本之虞預・(皆出三國志注・上王粲傳・下賀齊傳也・)諸若此者・更僕未終・而臧榮緒謂郭璞爲鼉精之類・(文選江賦注)今璞傳反不收・竊疑舊史本文・原多猥雜・新書特未能刪除耳・非如南北史之故採以益之也・又畢卓等傳・史通所譏・而已先見於中興書・(世說注・)劉伶傳亦見于榮緒書文選注・烏在其能勝乎・惟據御覽皇親部・則臧氏書有懷梁皇后傳・皇后雖在位日淺・而曾母儀天下・不可無傳・新書刪之・據文選馬汧督誄注・則臧氏王氏・似皆有馬敦傳・敦立功孤城・死於非罪・後加祭葬・尤宜立傳・而新書亦闕之・此則其不如舊史者・當分別觀之可矣・

晋書跋二

是書體例之最善者・宗室列傳・別出八王・敦温大姦・次於四裔・列女兼收僞國・(忠義傳王育・韋忠・劉敏元亦無大謬・王伯厚謂爲可削・似未悟作者之旨・蓋忠義二字所包甚廣・旨書所錄・不皆爲國捐軀之人・視韓偕一傳可見・故載王育・取其不負杜宣也・載韋忠・取其捍陳楚也・載劉敏元取其救管平也・至後此之仕劉氏・傳特終言之・其仕劉氏無功業・自不能附載記末・則仍令與晋人同傳・雖似小僭・要亦善善從長之意也・)羣雄畧附僭臣・陶潛己見宋書・而仍歸隱逸・阮籍雖終魏代・而比跡向劉・(爲有觀進牋也)二十志上溯先朝・則補陳壽之闕典・不嫌失限斷也・十四國編爲載記・則遵班固之舊文・(見班固傳)非特創名目也・統而論之・亦可謂得史裁矣・

惟地理志舛謬獨甚・比經洪稚存東晋疆域志・十六國疆域志・錢曉徵廿二史攷異・王西莊十七史商搉等書・疊加考訂・始獲條理・洵房喬功臣也・乾隆間・郭倫撰晋記六十八卷・於記傳多所刪正・而地理獨仍舊貫・因陋就簡・亦何貴改晋書哉・改晋書者・郭倫前已有茅國縉晋史刪・蔣之翹晋書別本・四庫書目皆深不取・竊謂是書詞旨豐華・文筆奧衍・無庸改作・而宜加訓明・高希嶠注釋・既不復見・何令昇音義・亦未爲佳・或可爬搜舊聞・疏通大意・至於事跡脫畧者・如譙登不立傳・徐邈不書字之類・則兼倣裴氏三國注

例以補之．其叙次乖錯者．如謝邈徐邈兩傳．誤重孝武詔書事．和嶠温嶠兩人．誤重庾敳嘆賞語．則兼倣劉氏兩漢刊誤例以正之．如此勒成一書．必有可觀．近人凌君廷堪撰魏書音義．洪君亮吉亦擬撰宋書音義．晋史上比馬班不足．下方沈魏有餘．裒而注之．亦爲晋學者所宜有志也．

易例跋

惠定宇先生深於漢易．是書提要鉤元．分門別類．皆以漢代師法爲標準．惟尙屬未成之本．故其中有應載而不載者．如既有承乘二例．而無據一例．攷易義．陽在陰上爲據．困九二．鄭注云．二據初是也．困六三．稱據於蒺藜．彼以陰乘陽．故孔子謂非所據而據焉．名必辱．而於爻辭下復爲之正其名曰．乘剛也．此據義之明見經者．故鄭注用之．此後若宋衷姤初六注云．初應於四．爲二所據．王肅損上九注云．據五應三．干寶蹇九五注云．承上據四應二．是漢晋已來．相傳有此例．而惠氏遺之．又既有反卦旁通卦變諸例．而無互卦例．考鄭氏易注．有合三爻爲互體者．蒙注云．互體震．同人注云．卦體有巽．頤注云．自二至五．有二坤是也．有合四爻爲互體者．大畜注云．自九三至上九．有頤象是也．後來鍾會著周易無互體論以難鄭．爲荀顗所駁．此是漢儒舊例．而惠氏亦遺之．又如納甲之說．虞仲翔注．屢見其識．荀爽解西南得朋．東北喪朋．顚倒反逆．了不可知．而自爲之解．即以納甲爲言．謂陽月三日．變而成震出庚．至月八日成兌．見下庚西丁南．故西南得朋．二十九日消乙八坤滅．藏於癸乙東癸北．故東北喪朋．又繫辭在天成．象注云．謂日月在天．成八卦．象震．象出庚兌．象見丁乾．象盈甲巽．象伏辛艮．象消丙坤．象喪乙坎．象流戊離．象故已故在天成象也．則此乃日月爲易之大義．

竊謂宜立爲一例．惠氏於卷首易字條下．但云．八卦由納甲而生．而不詳其說．至六十卦用事之月．漢儒屢言之．除十二辟卦．人所共知外．益爲正月．蒙爲正月．隨爲二月．屯爲十二月．升爲十二月．俱見乾鑿度．（屯爲十二月．又見九家易．）小過爲正月．見康成乾鑿度注．解爲二月．井爲五月．損爲七月．巽爲八月．俱見虞仲翔注．噬嗑爲十月．見應劭風俗通．而莫詳於魏書律歷志所載．正光歷推四正卦術．此孟喜易之一綫僅留者．竊謂亦宜立爲一例．使與四正十二消息．甲子卦氣起中孚．諸條相次．而惠亦不收．胥失之矣．其中又有不必載而載者．世應遊歸爻等諸例．皆京氏易也．

按京房有易章句十卷．隋志入經部．又有周易占候各書十二種．隋志入子部五行類．今易章句不傳．僅見陸德明李鼎祚所引．而占候書行於世者．則有易傳三卷．（其名與隋志不同．晁公武疑即隋志之錯卦．雖未知信否．然要是五行類中諸書之一．）世應飛伏遊魂歸魂父母兄弟妻子官鬼等爻．龍德虎形天官地官之說．悉載之．絕不詮釋經文．與陸李兩家所引章句逈異．是知京氏章句．必不旁及術數．其積算之法．自爲一書．故隋志入五行家．使不與經義混淆．陸績治京氏易者．（以其注京氏易傳知之．）今觀釋文集解所引陸注．未嘗一言及於六親九族四氣形□生尅之說．知京氏易之自有本眞．至干寶易注．始多用京氏占候法．張氏惠言．謂易道猥雜自此始．而陸德明復於每卦下注某宮一世二世三世四世遊魂歸魂諸名．後人言京氏易者．遂竟以此當之．今惠氏亦沿其失．以世應飛伏爻等爲例．似稍涉旁門矣．至如扶陽扶陰一例．泛引公羊及春秋繁露爲證．證尙中和．禮樂尙中和．君道尙中和．建國尙中和．春秋尙中和．君道中和諸例．雜引諸書之言中和者爲證．中正一例．引荀子宥坐篇爲證．時一例．引戰國策爲證．皆泛濫．與易無涉．似皆不必載者也．然其他精確之處．則皆深得經旨．卷首引趙賓說箕子爲荄茲．又□蜀才劉向荀爽諸本．而斥班固儒林傳非實錄．按虞仲翔注．亦作箕子．惠頗宗虞．而此不用虞者．以爻辭爲文王作．鄭義必不可破．武王觀兵後．箕子始被囚奴．文王不得豫言箕子明夷．且五爲天位．非箕子所能當．又考之王弼注云．最近於晦．與難爲比．險莫如茲。而在斯中．猶闇不能沒．明不能息．正不憂危．故利貞也．絕不及殷父師事．其云險莫如茲而在斯中．似以茲訓子．以斯訓其．蓋正同蜀才其子之本而段子爲茲．雖與荄茲之說微別．然大旨畧同．皆不作殷父師解．故惠亦不从虞而从趙賓也．

卷下論兩象易一條．虞氏但言夬履大過中孚大壯無妄．而惠兼舉萃臨豫復．或疑仲翔於謙注．引蔡景君云．剝上之三．於比云．師二之五．於豐云．噬嗑上之三．於旅云．賁初之四．皆不以乾坤往來之例．亦宜爲兩象易．而惠不言者．蓋比噬嗑旅雖與之卦不同．亦與兩象小異．但亦以兩象例耳．至謙卦．剝上來之三．虞雖引蔡景君．而實所不取．故其自爲注云．乾上九來之坤．則此數卦．在虞義皆不得正爲兩象易．惠但及萃臨豫復．正見其穿穴之精也．又論九六義一條．謂蓍圓而神七也．卦方以知八也．神以知來．知以藏往．知來爲卦之未成者．藏往爲蓍之已成者．故春秋內外兩傳．從無遇某卦之七者．以七是蓍數．卦之未成者也．按熊朋來云．七八皆不變爻．何以罕言七．而專言八．曰．七七蓍數也．八八卦數也．惠蓋本此而更申以已成未成之說．其義益明矣．他如論卦無先天．闢陳摶圖說之非．論史墨舉乾六爻曰．其坤即是用九．闢魏晉以來諸儒謂乾變坤之非．皆深有功於易學．治易者熟玩之．於漢□門戶．可粗得其條流．由是而之焉．必不至爲鄉壁虛坐之談耳．

百越先賢志跋

右百越先賢志五卷．歐楨伯虞部撰．自叙云．綜史牒．搜遺佚．自周迄漢．百二十八章．武黃初．下逮唐宋．別爲紀載．今考其書．凡百三十餘人．又兼及六朝三唐．與自叙不符．竊意所謂自周迄漢者．乃自歐冶子至虞翻．幷附傳得百廿人．而陸績傳．附子禰逢哀曾孫續．皆僅載其名．惟續孫康．有事蹟．則此傳但宜數陸續陸康．又祇得百十九人．伏讀欽定四庫提要．偁此書有傳蠹地傳．殘闕．今粵中本無之．宜從提要．增此一傳．適合百廿人數．百廿人中．虞仲翔尙界在漢吳之際．其子汜．則實爲吳人．而以仲翔連類書之．故統偁曰．自周迄漢．惟其以漢爲斷．故賀純傳末．僅附見賀齊賀邵名．而不詳其事．不然．二人勳業．載在吳志．豈有失之目睫者耶．李祖仁以下．則序所云別爲紀載者．意擬續撰以附周漢先賢之後．而草剏未就．不忍棄去。因書于末。非虞部本旨也。提要云。斷自東漢。得一百二十人。則所見本尚無魏晉人矣。提要又云。第二卷中養奮傳。傅蠹地傳。鄧盛傳。綦毋俊傳。李進傳。皆殘闕。陳某一傳。殘闕尤甚。僅存姓而佚其名。今粵本全佚傅蠹地傳。餘養奮四傳無殘闕。陳某不知何名。志中陳姓者四人。亦無殘闕。蓋粵本自歐虞部集錄出。故視提要據兩淮本爲完善。惟傅蠹地傳全佚。則不知兩淮本猶存崖畧耳。提要又云。每傳之末。必注所據某書。又據某書參修。一句一字。必有所本。尤勝他家之杜撰。今核其所據者。若虞豫會稽典錄。裴淵廣州記。黃恭交廣記。盛宏之荆州記。沈懷遠南越志。陸允廣州先賢傳。范泰古今善言等書。明代已亡。多由諸類書采獲。而不箸所從出。亦未盡善。然已可謂加人一等矣。其表章先賢。于正史所載者。雖大節間有刪繁。而瑣文軼事。散見傳記者。反備載不遺。蓋以正史人所共讀。而軼見于他說者。或未及知也。說者或譏其詳于小而畧于大。非知虞部者矣。然亦有畧所不當畧者。或已有傳而未備。或應有傳而不收。此則偶失于網羅。非志存乎刪削。至于附會失實。根據少乖者。間亦有之。不揣擣昧。姑以後學之淺識。爲先生之諍友可乎。

何言乎已有傳而不備也。顧奉傳。祇載其爲張霸所表薦。後拜潁川太守。按奉受嚴氏春秋於程曾。見後漢書儒林傳。又奉字季鴻。見吳志顧雍傳注。引吳錄。即李固遺黃瓊書。所謂自頃徵聘之士顧季鴻等者也。奉傳又偁。諸有行業者皆爲張霸擢用。而不能舉其姓名。據華陽國志。則畢海。胡毋官。萬虞先。王演。李根。後皆至大位。是宜補入者也。

陳囂傳。讀者不知何時人。亦不詳何官。按吳志注。載虞翻之言曰。大中大夫山陰陳囂。漁則化盜。居則讓鄰。感侵退藩。遂成義里。攝養車嫗。行足厲俜。自揚子雲等上書薦之。粲然傳世。又太平御覽四百七十四。引會稽典錄云。陳囂。山陰人。宗正劉向。黃門侍郎揚雄。薦囂行義。可厲薄俗。孝成皇帝特以公車徵囂。時已年七十。每朝請。上常待以師傅之禮。據此。知囂西漢末人。曾官大中大夫也。虞翻言囂漁則化盜。攝養車嫗二事。亦見謝承後漢書及典錄。御覽九百三十五引謝書云。會稽陳囂。少時于郭外水邊捕魚。人有捕取之者。囂見。避之草中。追以魚遺之。盜慚不受。自是無復盜其魚。御覽四百十九引典錄云。陳囂。同縣車嫗年八十餘。無子。慕囂仁義。欲求寄命。囂迎嫗。出家財以供餚膳。嫗以壽終。殮畢。皆免其奴。令守嫗墓。財物付與。嫗內外衣服不入殯者。以値槨中。制服三月。由是箸名流。偁上國矣。此二事仲翔與讓地竝偁。亟宜補入。囂之行事始備也。

高彪傳載其能文而品詣不箸。按外黃令高君碑云。君舉將潁川太守南陽文府君徵。詣廷尉。君感綱紀。捐嘗赴義。皇行載驅。不日係路。飢不及餐。至以生疾。則彪非獨文章著美。高義亦可偁也。

彭脩傳。載其討賊張子林事。按謝承書彭脩傳。海賊丁義欲向郡。郡內驚惶。不能捍禦。太守聞脩義勇。請守。令身與義相見。宣國威德。賊遂解去。民歌之曰。時歲倉卒。盜賊縱橫。大戟强弩不可當。賴遇賢令彭子陽。此事在張子

林前・亦宜載也・

衡毅錢博合傳・但載毅投水死・而博事未完・按吳志呂岱傳・延康元年・代步隲爲交州刺史・到州・高涼賊帥錢博乞降・岱因承制以博爲高涼西部都尉・御覽百七十二・引南越志云・建安十六年・衡毅錢博拒步隲于高安峽・（水經浪水注・引交廣春秋・本作高要・高安立于武德・非漢縣・安字誤也・）毅投水死・博與其屬亡于高涼・呂岱爲刺史・博既請降・制以博爲高梁都尉・（梁當作涼）于是置郡焉・此宜補入錢博者也・

虞翻傳不載其先世・按翻上易注表云・臣高祖父故零陵太守光・少治孟氏易・曾祖父故平輿令成・纘述其業・至臣祖父同・爲之最密・臣先考故日南太守歆・受本於鳳・最有舊書・世傳其業・是翻五代傳易・家學最盛・奚可湮沒其名乎・

何言乎應有傳而不收也・志收梅鋗合傳胡害搖毋餘諸人・而漢表載終陵侯華毋害・（史記作降陽侯・）以越將從起留人・漢定三秦・擊臧荼侯七百四十戶・從攻馬邑・及黥布蕢棗侯革朱以越連敖從起・薛別以越將入漢擊諸侯・以都尉侯九百戶・何以不立傳乎・（華毋害名見張賣傳・而不詳其事・亦不言爲越將・）

又收畢取史定諸人・而漢書兩粵傳・載故越衍侯吳陽前在漢・漢使歸諭餘善・不聽・及橫海軍至・陽以其邑七百人反・攻粵軍于漢・陽及故粵建成侯敖・繇王居股・謀殺餘善以其衆降・封居股爲東成侯・敖爲開陵侯・陽爲卯石侯・何以不附傳乎・

吳志虞翻傳注・引會稽典錄・諸人大半有傳・其無傳者・若鄭雲・伍隆・任光・黃池・王修・誠無可取・而法曹椽上虞孟英・三世死義・鄞大里黃公太守・上虞陳業・則固有可取也・黃公名在四皓・無庸具述・孟英事載論衡齊世篇・云會稽孟章・父英・爲郡決曹掾・郡將撾殺非辜・事至覆攷・英引罪自予・卒代將死・章後復爲郡功曹・從役攻賊・兵卒北敗・爲賊所射・以身代將・卒死不去・陳業事見初學記人部五・引謝承會稽先賢傳曰・蒙字文理・業兄・度海傾命・時依止者五六十人・骨肉消爛・不可辨別・業仰皇天誓后土曰・聞親戚者・必有異焉・因割臂流血・以灑骨上・應時歃血・餘皆流去・又御覽四百廿一・引會稽先賢傳曰・郡守蕭府君卒・業與書佐魯雙・牽禮送喪・雙道溺于水・業因掘泥揚波・援出其尸・又水經注漸江水篇云・沛國桓儼・避地會稽・聞陳業履行高潔・往候不見・儼後浮海南・入交州・臨去遺書與業・繫曰樓亭柱而去・（儼書載藝文類聚卷三十一・）此朱育所謂桓文（脫林字・文林桓儼字也・）遺之尺牘之書・比竟三高者也・

箸述不收袁康吳平・方技不收魏伯陽・提要譏之・今更攷論衡超奇篇云・以會稽言之・周長生者・文士之雄也・在州爲刺史任安舉奏・在郡爲太守孟觀上書・事解憂除・州郡無事・二將以全・長生之才・非徒銳于牒牘也・作洞歷十篇・上自黃帝・下至漢朝・莫不紀載・與太史公表記相似類也・上通下達・故曰洞歷・此亦箸述之宜收者也・

列仙傳載・朱仲・會稽市販珠人・高后時・獻三寸珠・魯元公主從仲求珠・仲獻四寸珠・景帝時・復獻三寸珠數十

枚．去不知所之．又載桂文．象林人．常服桂皮葉．龜腦和之．神仙傳載．嚴清．會稽人．常于山中作炭．後遇異人．以一卷書與清．得長生術．御覽百八十三．引郡國誌．載廣州盧躭．仕州爲治中．有仙術．（躭事見水經注．引南宗記．而不言何處人．惟此偁爲廣州．）此亦方技之宜收者也．

西京雜記云．會稽人顧翺．少失父．事母至孝．母好食雕胡飯．常帥子女．躬自採擷還家．導水鑿川自種供養．每有贏儲．家近太湖．湖中後自生雕胡．無復餘草．遂得以爲養．郡縣表其閭舍．此宜以孝行見收者也．

謝承後漢書及會稽典錄云．盛吉字君達．山陰人．司徒虞延辟西曹掾．時隴西太守鄧融以贓罪徵詣廷尉．前後考驗．歷歲不服．明帝下三府．遣精能掾吏．更就彈劾．吉到詔獄．但教主者供湯沐飲食．不去問事．明日．復往解融桎梏．安徐以情實告．君若無贓．强見誣枉．宜具列辭．當相審理．如審有罪．不當誣罔國家．融感吉意．即移辭首服．吉後爲廷尉．性多哀憐．每至冬節．罪囚當斷．妻夜執燭．吉持丹筆．夫妻相對．垂泣決罪．囚無後嗣者．令其妻妾得入．使有遺類．視事十二年．天下偁有恩（據初學記卷十二卷二十．御覽卷六百四十三引．）此宜以醇德見收者也．

會稽典錄云．陳修字奉遷．烏傷人．少受韓詩穀梁春秋．家貧．爲吏常步檐上下．恒食乾糒．後爲豫章太守．性清潔．履約恭儉．十日一炊．不然官燭．以郡風俗不整．常卷坐席．唯徐穉李贇數詣問．乃待以殊禮．（據御覽卷三百九十三．卷八百七十．卷七百九引．卷七百九誤作陸脩．今審定．）此宜以清節見收者也．

他如桂陽胡騰．見後漢書竇武傳．烏傷駱俊．見後漢書陳敬王傳與注．及吳志駱統傳注．會稽周所昕弟喁．見吳志孫破虜傳宗室傳兩注．山陰謝㷡．㷡弟貞．見吳志妃嬪傳注．餘姚董襲．見吳志本傳．山陰了覽．見吳志虞翻傳注．（諸人雖見吳志．仍爲漢人．若入三國者不錄．）皆近在耳目前者．而槩從闕如．亦不無疎畧之咎矣．

若其附會失實．根據少乖者．如史祿傳云．史祿．其先越人．贅壻咸陽．祿仕秦．以史監郡．按祿事見史記主父偃傳．漢書嚴助傳．韋昭史記注云．監御史名祿也．張晏漢書注．監郡御史也．名祿．皆不言其姓．惟御覽[illegible]水條下．引臨桂圖經云．昔秦命御史監史祿．自零陵鑿渠．出零陵下灕水是也．始以祿爲姓史．竊意此史字．蒙上文御史字誤衍．宜據史漢及韋張二注刪之．志乃以揭陽令定爲祿後．不亦誣乎．至云祿先越人．贅壻咸陽．亦未知所本．似因始皇本紀云．發諸嘗逋亡贅壻賈人．畧取陸梁地爲桂林象郡南海．以適遣戍．而附會爲此說也．

鄭嚴田甲傳云．鄭嚴田甲．武帝伐南越．二人首以越人歸漢．竝封歸義侯．按漢書武紀．但稱歸義越侯嚴爲戈船將軍．甲爲下瀨將軍．不載其姓．年表亦無二人．惟寰宇記桂州條下．兩稱歸義侯趙嚴．或當有據．則嚴者南越二人．惟寰宇記桂州條下．兩稱歸義侯趙嚴．或當有據．則嚴者南越之同姓．而甲姓終不可考．此傳所云未知何本也．傳又載田甲辱韓安國事．按韓安國抵罪．在景帝時．史雖不言歸義侯降在何年．意必在伐南越之際．則去景帝時甚遠．且已受侯封矣．何至爲獄吏乎．

何遺傳．何遺越人歸漢者也．爲馳義侯．按史漢南越傳．無馳義侯姓名．年表亦不載．惟徐廣注云．越人也．名遺．此更益以何姓．遷固徐廣所未言者．後人奚從知之．傳又云云．南粵已平．帝便令遺征西南夷．中郎將郭昌衞廣引兵誅且蘭．平之．按史記西南夷傳．南越反．上使馳義侯因犍爲發南夷兵．且蘭君恐遠行旁國．虜其老弱．乃與其衆反．殺使者及犍爲太守．漢乃發巴蜀罪人嘗擊南越者八校尉．擊破之．然則征西南夷者八校尉．非馳義侯．且且蘭反．殺使者．疑即馳義侯良殺矣．

畢取傳云．橫海將軍韓說爲案道侯．橫海校尉劉福爲繚嫈侯．皆粵人．按韓說爲韓王信曾孫．劉福爲城陽共王子．何云粵人乎．

鄭宏傳．奏尙書張林阿附竇憲．帝詰讓宏．按後漢書．宏奏尙書張林阿附侍中竇憲．而素行贓穢．又上洛陽令楊光．憲之賓客．在官貪殘．並不宜處位．書奏吏與光故舊．因以告之．光報憲．憲奏宏．大臣漏泄密事．帝詰讓宏．則是宏之被詰讓．以竇憲誣其漏洩．非因奏張林也．志删范書之文雖簡．而失當時事實矣．

李進傳．叙其客雞爲祥．比諸陳寶．按進討叛蠻增秩事．見范書順帝紀及南蠻傳．而他行事不箸．客雞事見御覽三十五．引南越志云．高興縣野多客雞．其形如雞而五彩．至則年穰．又九百十八引同．不言爲李進之祥．此傳殆以意合之耳．

賀純傳．徐州牧齊．中書令邵．皆其後也．按吳志賀齊傳注．引虞豫晋書曰．齊伯父純．儒學有重名．又賀邵傳注．引吳書曰．邵齊之孫．景之子．則齊邵皆非純子孫也．

郭蒼傳．熹平三年．太守周憬．開導昌樂六瀧．流通商旅．蒼爲撰碑．按周府君碑陰．有故荆州從事曲紅郭蒼．字伯起．乃建碑之人．非撰文之人．漢碑從未有書撰文人姓氏者也．

董黯傳．字叔建．越之句章人．按御覽三百七十八．引會稽典錄云．董孝治句章人．其事與黯同．又四百八十二引會稽典錄．則明云董黯字孝治．惟寰宇記叙明州人物．作董黯．字叔達．達建字形相似．然據後世圖經．不如據古籍也．

黃豪傳．偁爲南海人．按藝文類聚一百．御覽二百六十八．引廣州先賢傳．俱作交趾人．丁茂傳偁爲合浦人．按藝文類聚九十五．御覽九百六．引廣州先賢傳．亦作交趾人．似皆以二書所引爲確也．

尹牙傳．叙其爲太守終寵報讐．手刃張太尉．天子奇其才．因赦不問．按後漢張太尉．有張禹．張酺．張延．張顥．張溫．皆無爲仇人刺殺事．且三公被刺．豈容不問．攷御覽四百八十二．引廣州先賢傳云．父爲豪周張所害．又四百二十一引．亦作周張．則張者其人之名．非其姓．蓋其時豪宗挾勢殺人．故尹牙報讐，而天子赦之．志據交廣記不如據廣州先賢傳．其書更在前也．

姚文式傳．叙其答步騭語．按水經注浪水篇云．交州治中合浦姚文式問曰．何以名爲番禺．答曰．南海郡．昔治在今州城中云云．則是姚文式問而他人答也．又云．吳遣步騭爲交州．鷩到南海．見土地形勢．觀尉佗舊治處．不言問姚文式也．今改觀尉佗舊治處句．爲問尉佗舊治處．遂綴文式之語于下．幷以鷩之遷建州治．綏和百粵．亦歸功于文式．誤矣．且詳水經注文義．秦幷天下以下．似酈道元語．今槩屬之文式．尤誤矣．

大抵此書之可信者．皆本古帙．其增益牽合之處．則采自輿經地志．虞部亦不盡得其所本．但以相沿已久．未敢遽删．不知一經攷核．舛謬立見也．要以畧其小疵．取其大義．在吾粵傳記中．當備一家．茲所補正數十條．非敢抨擊前賢．亦欲附驥以傳云爾．

唐張九皐碑跋

右唐張九皐碑．蕭昕撰．石刻已亡．而翁學士粵東金石畧尙載其文．則亡佚不久．九皐新舊唐書無傳．惟黃泰泉廣東通志有傳．多采此碑．今取黃志相校．而參以新舊書張九齡傳．新書宰相世系表．張曲江集．徐浩撰曲江公碑．所載時有小異．皆可據碑正之．亦閒有可補碑之闕者．

碑云．高祖守禮．隋鍾離郡塗山令．世系表令作丞．而曲江公碑亦作令．則作丞者誤．碑云．烈考宏愈．皇（闕二字）太常卿．廣州都督．而舊書九齡傳云．父宏愈．以九齡貴．贈廣州刺史．世系表云．宏愈．索盧丞．曲江公碑云．烈考諱宏愈．新州索盧縣丞．贈太常卿．廣州都督．參攷諸文．以曲江公碑爲最詳．世系表但書其實職．碑及舊史但書其贈官．似異而實不殊．碑中闕字．當是朝贈二字．曲江集有追贈祭文云．今謹具太常卿廣州都督告身．桂陽郡太夫人告身．及玉帶金章紫衣各一副．尤其明徵矣．

碑云．表授海豐郡司戶．黃志作南海郡司戶參軍．碑不言參軍者．省文．其以南海爲海豐．當從碑爲正．碑云．初．丞相曲江公之元昆．自始安郡太守兼五府按察使．以爲越井殊方．廣江剽俗．懷柔之寄．實在腹心．奏公俱行．可爲同氣．遂授南康郡別駕．是則始安太守兼五府按察使者．曲江公之官也．而黃志云．論功進始安太守兼五府按察使．乃以此爲九皐官．攷新舊唐書九齡傳．曲江公碑．皆載曲江曾爲桂州都督兼嶺南按察選補使．曲江集有轉授桂州刺史兼嶺南按察使制．桂州即始安．刺史即太守．皆天寶元年更名．曲江官桂州．在開元十八年．諸書皆據未更名以前之偁．碑則據更名後追書．故有不同．而唐書及徐碑又言都督者．曲江時以刺史持節都督諸軍事也．合觀諸書．始安太守．實是曲江之官．黃志不善讀碑文．而屬之九皐．誤矣．

碑云．守南康郡別駕季弟九章．以爲桂陽郡長史．太夫人在堂．賜告歸寧．承歡伏臘．新書九齡傳云．遷工部侍郎．知制誥．數乞歸養．詔不許．以其弟九皐九章爲嶺南刺史．歲時聽給驛省家．舊書載此事．系之九齡爲桂州都督時．年歲少異．而謂爲嶺南刺史則同．今據碑．是九皐爲別駕．九章爲長史．皆非刺史．且南康桂陽．俱屬江南西道．亦非嶺南．唐書偶未檢．不若曲江公碑云．遷公弟九皐九章官．近州里．語較得實也．但此事尙有可疑者．新書及徐碑．序九皐移官就養．皆在曲江知制誥時．惟舊書在爲桂州都督時．攷曲江集．有謝兩弟移官就養狀．中有謬掌綸言之語．則爲知制誥時事無疑．舊書不足信．而碑偁曲江爲始安太守・即授九皐南康別駕・自此以迄居憂・未徙他職・夫南康近曲江・則九皐官此・正是移官就養・然不應在曲江守始安之日・豈此本是曲江知制誥時事。而碑誤書于先邪・抑南康別駕以後・別換嶺南一刺史・如唐書所云。而碑漏書邪・二者必居一於是矣・

碑又云・服闋除殿中丞・曲江集有兩弟授官狀云・恩命授臣弟九皐殿中大監・九章太子司儀郎・比服哀疚・縞練猶存・非常之恩・一朝總集・則以殿中丞爲殿中大監・攷九皐終于殿中監・在官南海太守之後・此時未應即爲監・作丞者是・唐六典・上州別駕一人・從四品下・殿中丞二人・從五品上・南康唐之上郡・九皐自南康別駕而授殿中丞・不嫌左遷者・唐制重內輕外・京秩五品・榮于外秩四品・且九皐自殿中丞遷尚書職方郎中・據六典亦是從五品上・若先已爲殿中監・則是貶秩・（殿中監從三品・）惟由丞而遷・則品適相當・故知作丞者是也・

碑又曰・歷安康淮安彭城睢陽四郡守・遷襄陽郡太守・除南海太守・是歷郡凡六・而舊書九齡傳云・弟九皐，自尚書郎歷唐徐宋襄廣五州刺史・曲江公碑云・仲弟九皐・宋襄廣三州刺史・攷唐州即淮安・徐州即彭城・宋州即睢陽・襄州即襄陽・廣州即南海・是所載皆與碑合・而皆有所漏・安康・黃志又作南康・攷唐書地里志・山南道金州漢陰郡・本西城郡・天寶元年曰安康郡・黃志習聞南康・罕聞安康・故易安爲南・而不知非也・

碑又云・嗣十一人・長曰捷・前端州刺史・次曰擢・前右金吾衛闕曹參軍・次曰撝・試大理司直・康州刺史・次曰抗・檢校戶部中郎兼御史中丞・賜紫金魚袋・朔方邠寧節度行軍司馬・次曰捍・前宏文生・世系表則多載拱晢掞披四子之名・皆無官爵・故碑文不書・然正可補其闕・餘尚當有二人・而名不可攷・黃志僅據名見書者之云子九人・未免失實・又以晢爲哲・以披爲援・未知孰是・表載諸子官爵異于碑者・撝・昭州刺史・不作康州・捍・建陽令・不作宏文生・或撝曾任兩州・捍由宏文生出宰建陽・碑與表各書其一・未可知也・黃志此處全用世系表・不用碑文・而敘抗官職云・朔方行軍司馬・檢校戶部郎中・後爲侍御史・氣高能直諫・按抗爲侍御史・不見碑與表・惟曲江公碑云・姪殿中侍御史抗・黃志采此而刪去殿中字・非是・葢殿中侍御史與侍御史・二職也・殿中侍御史・秩卑於行軍司馬戶部郎中・則抗居是官・應在前徐浩撰碑時・抗猶存・（碑即抗所建・）當是據現所居職・此碑及表・則書抗所終之官・黃志據徐碑以補此碑之闕則可・而謂在爲行軍司馬後似失之・

又曲江集有讓兩弟起復授官狀云・今日高力士寅敕令與兩弟京官・若恭承恩命・盡在墨縗・何心何顏・可以偷此・乞寢成命・俯亮愚衷・後拊御批云・朕意欲登賢・俱在朝列・而尚居哀紀・願留主祭・可以理奪・用允所求・待至祥縞・非無後命・據此・則九皐丁內艱時・曾奪起用・以九齡固辭而止・此事碑文從畧・正可據曲江集補之也・

至文苑英華載此碑・間與石刻異・文苑英華云・辛卯歲・丁太常府君憂・石刻作幼歲・按碑偁公薨于天寶十四載・春秋六十有六則當生於武后天授元年庚寅・次年即辛卯・九皐甫二歲耳・九皐尚有兩弟・即未必同母・何以三人

者適同生于一二年間。且碑偁。孺慕銜哀。欒棘無怙·毀能達禮。志若成人。雖諛墓之詞。不無潤色。然以此施之甫晬小兒·亦太不倫·自當泛言幼歲爲是·新書叙曲江居父喪。在張說謫嶺南後。（曲江公碑則叙在前·幷在十三歲上書王方慶前·是時九皐尚未生·其謬不待辨。）攷說謫嶺南·當武后長安三年·時九皐生十四年矣·而居憂又在其後·故碑文云·及日月外除·而顧復就養·斯致逮親之祿·方求筮仕之階·弱冠孝廉登科·始鴻漸也·是服除後即有志祿養·未幾遂登科·細玩碑文當日情事·如是必非辛卯歲也·文苑英華載子名曰楗權柷桿·彭叔夏辨證·謂與世系表作捷擢抗捍異·當竝存·而石刻正與表同·則文苑英華本以形近致譌耳·惟石刻闕字二十餘·多賴英華以存·又當據彼文補之·

龍眼賦

龍眼號偁荔奴·世或以此定二果之優劣·然攷之南方草木狀云·荔枝過即龍眼熟·故謂之荔奴·如言常隨其後也·嶺表錄異說亦同·則奴之云者·因其候之早晚·非其品之高下也·士有不幸晚合·遂爲耳食者所坎·輒有類於是·故感而賦之·

荔顚主人飽啖虬珠之美·饜飫鰩柱之珍·傲睨凡果·邈焉寡倫·沉李安足數·浮瓜敢竝陳·乃過益智先生之館而奴視之·謂未堪步其後塵·比之芍藥之姸姿·爲花王之近侍·櫻桃佳品·斥棖子而偁臣·

客有爲先生之左袒·證俗論之多誣·乃進主人而詔之曰·子亦知荔奴所由偁乎·惟旁挺之殊絕·以側生爲先驅·紅雲罷宴·白露如珠·萬顆之圓乍結·十葉之榮始敷·儗檳榔而不似·類葡萄而更腴·彈丸脫手·溫王凝膚·佐中元之供養·助七夕之歡娛·蓋此則經秋而見賞·彼則買夏而已需·因時序之或異·非聲價之懸殊·苟貴早而賤晚·曷若南楊與北盧·

且夫魏文之詔·左思之賦·漢武植於離宮·唐羌憫夫驛路·莫不二難以幷·二美斯具·驗古之品題·亦何毀而何譽·耳食不察·遂蒙垢汚·誠宜破流俗之觀·而無取乎隨聲之附·不見夫結子離離·依人楚楚·（龍眼近人氣倍易長）纖質可憐·淡妝如許·不爭薦於冰盤·不弄色於瑚俎·不抱後時之悲·不逐趨炎之侶·如逢秋士·如晤靜女·羌獨守其幽閒·彌自矜其出處·色不外耀·美以內含·雖遜河豚之雋·未輸崖蜜之甘·詩窗消渴·酒座微酣·瓊漿細噍·玉液虛涵·故厥貌之瑣瑣·而至味之醰醰·有如樸學·華不務而實是耽·彼金玉而敗絮·徒飾僞於黃柑·

若乃日暴風乾·厥功彌懋·醞釀溫和之氣·珍重中邊之透·蒲何羨乎益聰·菊何資乎延壽·估客遠攜·焙家廣收·（粵人有焙家之偁·）非徒一騎之塵·無假五里之候·侯千戶而不易·賈三倍而必售·故藝比目之百株·且與渭川之千畝·江陵千樹而比富·又如仁人·利著宇宙·味爾芳風·兼茲衆美·非廉州之獨殊·偏閩越與交阯·彭越之喻未工·宋珏之評亦鄙·何夫人之足學·竟軒彼而輕此·豈與夫荔號筭奴·花名菊婢·實臭味之差池·甘居下而不恥·吾將正奴主

之呼．修弟兄之譜．彼林檎與石榴．猶伯仲以比數．（荔枝以林檎爲兄．石榴爲弟．）矧此品之勻圓．本異出而同祖．豈自鄙之無譏．非與噲而爲伍．胡遲暮之見輕．留遺憾於終古．

於是荔顛主人神忩形摧．口呿而罔知置對．色沮而喪其懷．來自海南．食之未盡．而因嘆嶺海之多才．

甘溪賦

維時小雨初歇．涼雲不收．主人擕觴榼．挈朋儔．訂蘭盟於水曲．訪桂隱于山幽．峯迴路轉．競秀爭流．望迢迢兮目極．聽譁譁兮耳謀．似笙鐘之響乎萬壑．似風飈之激乎三秋．于是舉酒屬客而謂之曰．子亦知此溪之所由乎．客曰未也．願先生攄懷舊之蓄念．暢知己之佳游．幸有資於測蠡．庶無忘乎爽鳩．

主人曰．吾粤古稱澤國．地濱海隅．鹹潮上下．通乎尾閭．非杜弼之可遏．豈房豹所能孚．蕩斥鹵而甘旨．厥勳椒於赤烏．（陸允於吳大帝赤烏十一年爲交州刺史．見本傳）酌以餴饎．飲如醍醐．或抱之甕．或操之壺．泉何羨於趙尉．井何汲於鮑姑．溯甘棠之遺愛．口碑載乎此都．誰其嗣之．盧公戾止．股引奔騰．源通邐迤．導雲帆以霞征．送霓幬而電駛．彼兒寬之穿輔渠兮．實鄭國之道軌．白傅之浚湖井兮．亦鄴侯之故址．洵前哲之成勞兮．賴後賢而濟美．

況復春臺熙熙．拾翠在茲．樹蔭百畝．花隨四時．鱗羽翔躍．烟波渺瀰．蘇隄則儼若圖畫．庾園則可以棲遲．弔古者號爲召伯之埭．選勝者呼爲習家之池．信清暉之娛人．俄溪山之易主．苑闢甘泉．亭開避暑．雪驟氷馳．雲蒸霧吐．吳王之玉檻銅溝．梁孝之鶴州鳧渚．羣鶯亂飛．游魚可數．高棉則紅隱鴣鷓．刺桐則碧藏鸚鵡．時或戲鴙中流．呼鸞隔浦．兩岸旌旗．十里簫鼓．迎輦則鷗鷺皆歡．張樂則魚龍起舞．讌紅雲而盡酣．擁素馨而解語．是謂消夏之灣．亦曰藏春之塢．

昔之泉稱上善．法用攷工．隄名邵父．塘號陳公．莫不掩映花欄．迷離月榭．奪萬姓之良沃．供一人之叱咤．泛盃而極肆遨遊．執梃而旋邀恩赦．興廢崇朝．繁華永謝．主人之言未終．客乃儼乎若思．邈乎其容．感風流之霸業．慕霸舉之靈蹤．謂此溪之舊宅．曾棲逸乎鄭翁．嘆仙凡之迥別．實淵源之本同．悟人生之夢幻．問擇術其安從．吾將與子脫屣軒冕．挹袖喬松．飲水而誦黃庭．涉澗而拾紫茸．非丹竈兮難覓．或玉舄兮可逢．

主人曰．唯唯．否否．歌堂舞閣．固清流之所醜也．久視長生．亦吾儒所不取也．惟陸盧之德在民．泐金石而不朽．恩液則潤於江河．惠政則隆於邱阜．今即埋伏波之篙跡．堙信臣之水門．木落前朝之渡．橋移去日之痕．數間野屋．幾處江村．猶復徘徊光景．佇想潺湲．朗州留右史之堰．治城思太傅之墩．此則我與若之所景仰也．尚何棗瓜之足論．于是松麈罷談．芒鞋重理．履蒙茸．披棘枳．樹冥冥．石齒齒．雅懷既伸．幽賞未已．言留約于山僧．請合符而調水．味靈液兮芬芳．詠勿諼乎君子．

侯　度　字子琴·番禺人·康弟·與兄同中道光乙未舉人·大挑知縣·分發廣西·署河池州知州·州在萬山中·無城郭·多盜賊·度地設險·力行保甲·規畫甫定·會爲奸民告訐·奉檄詣省·其後雖解·而所規畫敗於垂成·引疾歸·鬱鬱卒·度熟洽經史·兼通算學·與康齊名·嘗采古書名言爲一編曰述古軒家訓·今佚·

南唐書馬陸兩家孰長論

陸務觀南唐書書錄解題及文獻通考·皆稱爲新修南唐書·蓋以舊有馬令本也·陸書既成·人皆愛其詮次遒邁·體例謹嚴·遠出馬書之上·此亦如宋景文等新唐書出而劉史幾廢·歐陽文忠新五代史出而薛史不行·皆以筆力掩其前人也·然好古嗜博之士·又或嫌歐宋二史刊削太多·反有取于劉薛·以爲其繁醸也可議·其詳贍也可嘉·愚於馬氏書·亦竊持是說焉。近人訾馬書者·皆摘其語多小說·體類稗官·然龍門爲史家之祖·而趙世家滑稽傳等篇·已極猥雜·李延壽南北史·亦專採異聞·持補舊帙·況馬書爲雜史之流·究與正史有間·且南唐國小祚促·奇功偉績·本自無多·軼事瑣談·不忍割愛·遇而存之·未始不可資博聞也·

今取陸書校之·凡陸之刪馬者·其事皆有原本·如楚王景遷傳宋齊丘傳載陳覺輔景遷·謀爲奪嫡計·陸書刪之·而馬則本江南錄·邊鎬傳載邊羅漢邊菩薩邊和尚之謠·陸書刪之·而馬則本釣磯立談及玉壺清話·柴克宏傳載陳杲仁陰兵助戰·陸書刪之·而馬則本江南別錄·馬本傳載救高安時·劉威要之犒宴不留·陸書刪之·而馬亦本釣磯立談·韓熙載傳·載其出使中原·爲感懷詩·及爲嚴續父可求撰碑·陸書刪之·而馬則本湘山野錄史虛白傳·載元宗畫江爲界·虛白作割江賦以誚·陸書刪之·而馬則本南唐近事潘佑傳載其詩·有只因騎折玉龍腰·謫向人間三十六之句·果以三十六歲卒·陸書刪之·而馬亦本湘山野錄·馮延魯傳載其兄弟有隙·因循資宰相一語·陸書刪之·而馬亦本江南別錄·沈彬傳·載彬知烈祖欲取吳國·因獻畫山水詩·陸書刪之·而馬則本江南野史（詩句不同·）劉洞傳載金陵被圍·洞爲詩云·千里長江皆度馬·十年養士得何人·又云·翻憶潘郎章奏內·愔愔日暮淚沾巾·陸書刪之·而馬則本江南野錄·陸書無邵拙孟賓于傳·馬書亦本江南野錄·陸書無姚景張宣傳·馬書亦本玉壺清話·則馬之被刊除者·事多可存·況徐溫爲南唐基業所本·而閩楚又與南唐迭爲盛衰·陸亦概刪之·安見陸之簡·必愈於馬之繁乎·且陸之增於馬者·陳曙祇方術之流·某御廚亦技藝之末·盧文進傳·增宜日及無定河二事·史虛白傳·增虛白將終命·置美酒藜杖于棺中一事·其于馬之繁猥·相去幾何·故謂放翁史裁·事事遠勝馬書·愚未敢以爲然也·

世人又病馬書分門叢碎·頗乖體裁·不知此在古人有行之者·非馬氏創例也·魏時魚豢撰魏畧一書·今不傳·而裴松之注三國志·屢引之·其篇目有游說傳·純固傳·儒宗傳·苛吏傳·勇俠傳·清介傳·佞幸傳·又據梁書·有止足傳·隋時許善心續撰梁史·今亦不傳·而隋書載其篇目·有具臣列傳·外戚傳·孝德傳·誠臣傳·文苑傳·儒林傳·逸民傳·數術傳·藩臣傳·止足傳·烈女傳·權幸傳·羯賊傳·逆臣傳·叛臣傳·是皆多立名目·不拘故常·于古有

徵．何嫌於馬．今就馬書諸傳觀之．其同前史者不具論．罕見者則有若義養傳．而五代史之義兒傳是其例也．有若黨與傳．而後漢書之黨錮傳是其例也．（黨錮皆君子．黨與皆小人．然皆以同黨爲一傳）．有若談諧傳．而史記之滑稽傳是其例也．標題雖異．宗旨畧同．亦無容獻譏矣．且篇目既立．人品以類相從．無韓老同傳之誚．若陸書則不然．賢好雜糅．先後倒置．四庫提要譏其后妃諸王傳．置之羣臣之後．雜藝方士傳．列于忠義之前．以今攷之．更有不止是者．徐玠．高審思．鍾謨．常夢錫皆大臣．而與史虛白等隱士同傳．孫忌．廖偃．彭師暠皆忠臣．而與馮延己延魯等小人同傳．廖居素之義憤．而與劉彥貞陳覺同傳．朱元之反側．而與孟堅韓熙載同傳．蕭儼之正直．而與劉承勵魏岑同傳．以視馬之類聚區分．有條不紊者．果孰得而孰失乎．

或又譏三主書內連綴臣下事蹟．非本紀體．不知其不以本紀名．而以書名．具有深意．華陽國志公孫述劉牧二志．即其前規．彼亦編年紀事而紀載周詳．唯不以紀名．故無妨也．又況史通稱魏著作李安平之徒．撰魏齊二史．於諸帝篇或雜載臣下．或兼言他事．巨細畢書．洪纖備錄．彼正史且然．何必獨嚴於霸史．他如先主未即位以前．始書小字．書名．繼書公．書王．倣史記高祖本紀．起兵時書劉季．繼書沛公．書漢王．即位後始書高祖之例．最爲有法．而陸書則統稱帝矣．馬書于三主書．兼載中原及鄰國大事．最關體要．而陸書則盡刪之矣．馬書于後主保大四年范載遇降周書叛．郭廷謂降周不書叛．用歐史之法．筆削至公．而陸書則概稱爲舉城降周矣．

大抵同著一書．皆後出者勝．而竟欲以後廢前．則不足服前人之心．蓋椎輪大路．難易既已攸分．此短彼長．瑕瑜亦或互見．故愚商搉二家．惟覺陸之筆力．較優于馬．其餘實亦無以大相過．且舉世人之詬病馬書者．辨而釋之．使知未可厚非．庶爲持平之論焉．

宗法攷

宗子之義．見於喪服小記及大傳二篇．而鄭注未詳．以致後儒紛論．無所折衷．有謂別子爲妾子者．有謂別子爲專指次適者．有謂別子爲專指始封君之次適者．有謂繼禰爲繼別子之弟者．有謂繼禰爲繼繼別之弟者．至別子之所自出．則尤無定解．或以爲別子所由來．或以爲別子之先君．或直刪其字．或含混其辭．皆未能精審．今取小記及大傳之言宗法者數條．畧爲疏解．專宗鄭義．閒有發明．使宗子之法．釐然可攷．併取後儒異同之說．條論其得失焉．

喪服小記云．別子爲祖．大傳文同．

小記注．諸侯之庶子．別爲後世爲始祖也．疏．諸侯適子之弟．別於正適．故稱別子也．爲祖者別與後世爲始祖．謂此別子．子孫爲卿大夫立此別子爲始祖．大傳注．別子謂公子．若始來在此國者．後世以爲祖也．別子謂諸侯之庶子也．諸侯之適子適孫．繼世爲君．而第二子以下．悉不得禰先君．故云別子．竝爲其後世之始祖．故云爲祖也．

按鄭云．諸侯之庶子．對長適而言．自次適以下．皆得稱庶子．不專指妾子也．方氏慤云．庶子有二例．

別而言之・妻之子無長幼・皆爲適子・妾之子無長幼・皆爲庶子・合而言之・自繼世之子爲適子・其餘雖妻之子・亦庶子是也・鄭注小記・庶子不祭祖云・凡正體在乎上者・謂下正猶爲庶也・然則禰適・對祖適而言・猶謂之庶・況次適以下・何不可謂之庶乎・後人因鄭注諸侯之庶子一語・遂以別子爲妾子・其適妻子則遷宗於君・非也・

又按大傳注・別子謂公子・即小記注之庶子也・又云・若始來在此國者・其義謂別子得兼他國公子・小記注畧・故又詳於此也・然宗法之立・猶不止於公子・即庶姓之起爲大夫者・亦宜有之・王制與太祖之廟而三・注云・太祖別子始爵者・大傳曰・別子爲祖・謂此雖非別子・始爵者亦然・若然則凡庶姓之始爵者・既爲一族之太祖・與諸侯之別子爲祖同・則其宗法當亦不異・但經無明文・注亦從畧・而其義則旁見於他說・固未嘗不可依類以求也・左傳桓公二年・大夫有貳宗・疏・禮有大宗小宗・天子諸侯之庶子・謂之別子及異姓・受族爲世之始祖者・世適承嗣百世不遷・謂之大宗・禮記據公族爲說・故言別子爲祖・主說諸侯庶子耳・其實異姓受族亦爲始祖・其繼者亦是大宗・但記文不及之耳・（以上左傳疏）據此・知庶姓大夫・明得立宗矣・

至於諸侯之別子・不定一人・記云・別子爲祖・鄭注未詳爲分別・小記疏謂・此別子子孫爲卿大夫・立此別子爲始祖・則是別子之爲祖者・不限於一人・而別子亦不盡爲祖・其說甚是・蓋宗法之立・所以統卿大夫之家・記文別子爲祖・其原雖出於諸侯・實則爲大夫立宗之法・觀王制注益明・至大傳疏謂第二子以下・悉不得禰先君竝爲其後之始祖・其意以諸侯別子鮮有無爵者・雖有罪猶爲之立後以繼其宗・故云竝爲始祖與小記疏微異・其實罪大滅宗者・其族亦廢・別子中容有此等・故必如小記疏所云・義始周帀也・

杜預宗譜曰・別子者君之適妻之子・長子之母弟也・若始封君相傳則繼體・君爲宗中之尊・支庶莫敢宗之・是以命別子爲宗主・而說者或云・君代代得立大完・非也・

按・此說謂始封君方得立大宗・是宗法之立・祇以合諸侯之宗・而大夫士不與・則周禮所謂・宗以族得民者・其義安在・如謂大夫士自有宗・此記言別子祇是諸侯之宗・與大夫士無涉・則諸侯之別子・大率多有爵命・爲大夫亦當自立宗・其世適將爲諸侯之大宗乎・爲別子一族之大宗乎・抑別子一族竟無大宗乎・是皆義例之不可通者・且如其說・則別子一身・已爲庶兄弟・所宗當云別子爲宗可矣・何待繼別而始爲宗乎・

呂氏大臨曰・國君之適長繼先君之正統・次適爲別子・適庶兄弟皆宗之・別子之母弟・雖適子與羣公子・同不得謂之別子・其死也爲先君一族大宗之祖・子孫世世繼之・爲先君一族之大宗・凡先君所出之子孫皆宗之・每一君有一大宗・

按・如此說則繼別爲宗・是爲諸侯立宗・非大夫之宗・而呂氏又謂・諸侯之元子・爲諸侯之大宗・以繼其太祖・若然如魯莊公既爲桓公之大宗矣・而又以季友之

子・爲桓公一族之大宗・是桓公有二宗・以宗法例之・則莊公爲大宗・季友之子爲小宗・是繼別已爲小宗矣・又何解於繼禰者爲小宗乎・故此記斷爲大夫之宗・而凡別子之爲大夫者・皆得爲其後世之祖・蓋既爲大夫立宗・非爲諸侯立宗・則有一大夫・即有一宗・不得專以次適之子爲大宗也・至於天子・諸侯・無所爲宗・蓋宗者・主也・尊也・主一族之事・而族人亦共尊之・故謂之宗子・若天子諸侯則族人不得以其戚戚・君自無宗之可立・白虎通云・喪服經曰・大夫爲宗子・不言諸侯爲宗子・是其證也・書稱・中宗・高宗・是其廟號・與宗法無涉・孟子有吾宗國魯先君・亦祇是同姓爲宗之意・如左傳虞公稱晉爲吾宗之類・豈亦得指晉爲虞之大宗乎・

陳氏祥道曰・諸侯之適子孫則繼世爲君・而支子之爲卿大夫者・謂之別子・其自他國而來於此者・亦謂之別子・有起自民庶・而致位卿大夫者・亦從別子之義・

按・別子之義・惟此條最爲明確・

呂氏祖謙曰・別子爲祖・如魯桓公生四子・莊公既立爲君・則慶父・叔牙・季友・爲別子繼・別子繼別爲宗・如公孫敖繼慶父・是爲大宗・繼禰者爲小宗・如季武子立悼子・悼子之兄公彌・悼子既爲大宗・則繼公彌者爲小宗・

按・此條亦爲明晰・

陳氏澔曰・別子有三・一是諸侯適子之弟・別於正室・二是異姓公子・來自他國・別於本國不來者・三是庶姓之起於是邦爲卿大夫・而別於不仕者・皆稱別子也・

按・此條言別子之義・大致與陳氏祥道同・而竟以庶姓起爲卿大夫者・亦在別子之列・則非是王制・注云・雖非別子・始爵者亦然・在引大傳文・別子爲祖之下・則庶姓始爵者・明在別子之外・混而合之・非鄭義也・陳氏祥道云・亦從別子之義・則是連類而及・其言當矣・

毛氏奇齡大小宗通繹曰・別子就諸公子中・專推其適弟言之・祇用一人・所謂無二宗是也・諸注別子有異姓・始來此國一項・此孔疏誤解鄭注所致・鄭注云・若始來此國者・後世以爲祖也・此譬喻爲祖二字・猶凡人之始來此・作後世祖同・而孔疏不辨・遂分爲二・則豈有凡人稱別子者・且凡人來此爲祖已耳・何必立宗・若又有庶姓起爲卿大夫一項・則宋儒之說・

按・所謂無二宗者・以別子一族言之・非謂一君無二宗也・至鄭注云・若始來在此國者・正指異國公子言・承上文公子二字而省耳・不謂凡人皆然也・若庶姓起爲卿大夫一項・則王制注及左傳疏竝有之・豈得爲宋儒之說乎・

毛氏奇齡經問曰・天子諸侯之弟・不敢與天子諸侯爲一宗・而別爲宗族・使天子諸侯之適弟一人立爲大宗・而諸兄弟之爲小宗者宗之・如魯周公之弟皆宗周公・而稱魯國爲宗國・國語舟之僑曰・宗國既卑・諸侯遠已・內外無親・其誰云救之・專以宗國・指魯言宗在故也・哀八年・公山不狃對叔孫輒曰・以小惡而欲覆宗國不亦難乎・哀十五年・子貢見公孫成曰・利不可得而喪宗國・將焉用之・皆指魯國言宗在

故也。

按。毛氏之義。主於爲諸侯立宗。故以別子爲大宗。別子之弟爲小宗。然如此記文不當。就二世言之。曰繼別爲宗。繼禰者爲小宗也。若滕稱魯爲宗國。祇是宗親之義。猶同姓者之稱宗室耳。左傳覆宗國注。輒魯公族故謂之宗國。然則子貢對公孫成稱宗國義亦當同。皆無與於宗法。且即爲諸國所宗。其宗國之稱亦祇宜出自異邦之人。似非本國之人所稱也。國語注。宗國公族也。據上云。宗國諸侯。下云内外。則宗國内也。諸侯外也。注意爲合。而毛氏以爲指魯國謬矣。

喪服小記云。繼別爲宗。大傳文同。

小記注。別子之世。長子爲其族人爲宗。所謂百世不遷之宗。大傳注。別子之世適也。族人尊之謂之宗。是宗子也。

按。記文與鄭注。其爲二世起宗較然。非別子一世起宗也。

毛氏奇齡大小宗通繹曰。繼別爲宗。非繼別始爲宗也。宗始於別子。有繼之者。而自此以後。雖百世皆爲宗耳。鄭注以繼別大宗起。第二世繼禰小宗起。第三世則是別子。一世無大宗繼別。一世無小宗。凡國君繼體。必有三世。無大小宗者。豈可爲訓。

按。毛氏之説。主於統各族爲一大宗。故不能三世起小宗。若依鄭義。則一族各有一大宗。必至三世。而後得有小宗。以己之説解鄭之注宜其不合也。豈得謂鄭義之難通乎。

喪服小記云。繼禰者爲小宗。大傳文同。

小記注。別子庶子之長子。爲其昆弟爲宗也。大傳注。父之適也。兄弟尊之。謂之小宗。又繼高祖句注云。先言繼禰者。據別子子。弟之子也。疏。別子子者。別子之適子。弟之子者。別子。適子之弟所生子也。

按。此記言別子子孫。有爵者之宗法。而別子當身鮮有無爵者。其子孫皆世其爵。故凡別子悉爲其後世之始祖。則記所稱禰者。舍別子庶子而無所屬。故小記注。竟以繼禰者爲別子庶子之長子。爲第三世起小宗。此記文之正義也。至於宗法。則有記文所未備者。鄭注亦引而不發。以待後人之推求。蓋諸侯之別子。容有未得爵命者。王制疏解。雖非別子始爵者亦然。有云別子及子孫。不得爵命者。後世始得爵命。自得爲太祖。據此。則別子未得爵命者。自不得從別子爲祖之例。然豈容此別子一族。竟無所宗。則此別子之長子。亦爲繼禰小宗。鄭云。據別子子弟之子者。明兼兩人。別子弟之子當指此。於別子爲二世。其別子子之子。則是別子庶子之子。於別子爲三世。如疏所云。直是別子庶子之子而云。別子子弟之子。於文爲迂曲矣。以此例求之。則異姓之起。爲大夫者既爲大宗。其兄弟無爵命者。長子各繼其父。亦爲繼禰小宗。否則大夫之適姪、亦無所宗。何貴於宗法乎。此固鄭注所含意未伸。而足以補經文之闕者也。

毛氏奇齡大小宗通繹曰。禰者。諸弟也。繼禰者。諸弟之子也。鄭注。謂繼禰者。即繼此別子之庶子。夫別子之適子・既繼別子爲大宗矣・而別子之庶了・又使其子爲小宗・則猶是別子一族・而諸公子者既合諸侯而宗此一族之適子・又合諸侯而宗此一族之庶子能乎・

按・毛氏之說・有云・別子長適・既繼大宗・支庶漸繁・不可無小宗統之・是既知大宗之族・仍立小宗矣・則別子庶子之子・爲繼禰小宗・祇其親兄弟宗之・何以見其合諸族而共宗之乎・且如所言・則別子之弟之子孫・其世適固爲小宗矣・其有庶子之子・則將爲繼禰小宗乎・抑不爲繼禰小宗乎・如其爲之・則小宗之族・(即別子之弟・)其下支分派衍・尚各爲其禰之小宗・而大宗之族(即別子・)其庶子之子・獨不得爲繼禰之小宗乎・如其不爲・則別子弟之來孫・於別子弟爲六世・別子弟之子・爲其高祖・如有他子則皆爲其族高祖・其同高祖者・固當宗其爲繼高祖之小宗・至於族高祖之子孫・則將誰宗乎・乃復自知難通・而爲第一世遷、則第六世兄弟・各以第二世爲五世祖・而各分一宗・第二世遷・則第七世兄弟・各以第三世爲五世祖・而各分一宗之說・則如五世繼高祖(即別子之弟也・於五世爲高祖・)之小宗死後・第一世當遷以第二世爲高祖・又分第二世族高祖・(即別子之弟之庶子於六世爲高祖)之元孫・別爲小宗以領其族・設此小宗又死・倣是推之・而又分其宗・是一人之身・忽而宗此・忽而宗彼・變易無常・豈可爲訓・荀卿言・大夫士有常宗・如其說・則是無常宗也・可乎・

大傳云・宗其繼別子之所自出者・百世不遷者也・疏・別子之所自出者・自由也・謂別子所由出・或由此君而出・或由他國而來・後世子孫恒繼此別子・故云繼別子之所自出・

按・孔疏非也・別子之所自出・即是繼別之大宗・爲別子之第二世・繼別子之所自出・即是繼別之子・爲別子之第三世・又自二世以下・皆爲別子之所自出・則自三世以下・亦皆爲繼別子之所自出・別子之所自出・本是統辭・猶云別子之族耳・非必專指一人也・上云繼別爲宗・自起宗之世言之・與繼禰者爲小宗同・此云宗其繼別子之所自出・是要其後言之・與宗其繼高祖同・但小宗則盡於四世・故以繼高祖之世言大宗・百世不遷・故統以後世・言別子之子孫・而云別子之所自出者・與襄公二十五年・左傳則我周之自出・文法相類・雖左傳以周家之甥・而云自出・然可見自出二字・是指後嗣言・此處自出亦不必指其先世言也・如疏所云・直是繼別子耳・之所自出四字・義安所施・

呂氏大臨曰・別子所自出・謂別子所出之先君・如魯季友乃桓公之別子所自出・即桓公大宗者・乃桓公一族之大宗・

按・所自出爲桓公・則自有後嗣之君繼之・何待於大宗之繼乎・且大夫不敢祖諸侯・而又何繼之有・

陳氏禮書曰・繼別者・別子之子也・繼別子之所自出者・即別子也・繼別言其宗・繼別子之所自出言其祖・經言・繼別子之所自出・而孔穎達言・別子之所由出・然則別子所由出・即國君也・其可宗乎・

按・既云繼別子所自出即別子・則別子之所自出即別子之父矣・非即國君乎・其誤與孔同・而乃駮之・殊不思孔言・別子之所由出即國君・則繼別子之所由出者即別子・固

與己說無異矣・

毛氏奇齡大小宗通繹曰・左傳襄十二年・吳子壽夢卒臨於周廟注・周廟文王廟也・周公出・文王故・立其廟・此繼所自出之意也・是必當時立宗・以周公爲文王之昭・得爲大宗。故魯於諸國・獨稱宗國・而魯於諸國・獨得立先王一廟・名爲周廟・

按・此說極善附會・而亦有不可通者・據左氏文公二年・傳云・鄭祖厲王・又昭公十八年・傳云・使祝史徙主祏於周廟・則是鄭有厲王廟・如毛氏之說・必以鄭爲厲王之大宗矣・然厲王子有國者・鄭友之外無聞・則是無人宗之・所謂有無宗亦莫之宗者・而宗之名何以立・然則鄭之立厲王廟・必非以宗子・可知孔疏謂周制王子・有功德出封者得廟祀・所出之王諒非無據・則魯之立文王廟亦從此例・固與宗法無涉・又哀公二年・傳云・曾孫蒯聵敢詔告皇祖文王・則似衞亦立文王廟矣・豈衞亦是大宗乎・至其以魯三家爲宗卿・故亦得祀・別子所自出而祭桓公・其說尤不足據・此乃三家僭禮之事・郊特牲顯有明文・何足取以爲證・且三家皆得祀桓公・則必三家皆爲大宗矣・不且與己說相刺謬乎・

大傳云。有小宗而無大宗者・有大宗而無小宗者・有無宗亦莫之宗者・公子是也・

注・公子有此三事也・公子謂先君之子・今君昆弟疏・以前經明卿大夫士・有大宗・有小宗・以相繼屬・此經明諸侯之子・身是公子・上不得宗君・下未爲後世之宗・不可無人主領之義・有小宗而無大宗者・謂君無適昆弟・遣庶兄弟一人爲宗領公子・禮如小宗・有大宗而無小宗者・君有適昆弟使之爲宗・以領公子・更不得立庶昆弟爲宗・有無宗亦莫之宗者・公子惟一・無他公子可爲宗・是爲無宗・亦無他公子來宗於己・是亦莫之宗也・公子是也者・言公子有此三事・他人無・惟公子也・

大傳云・公子有宗道・公子之公・爲其士大夫之庶者・宗其士大夫之適者・公子之宗道也・

注・公子不得宗君・君命適昆弟爲之宗・使之宗之・是公子之宗道也・所宗者適・則如大宗無適而宗庶・則如小宗公子惟己而已・則無所宗亦莫之宗・疏・大宗之正・本是別子之適・今公子爲大宗・謂禮如之耳・非正大宗・故云如也・經文公子既有小宗大宗・故知適者如大宗・庶者如小宗・

按・前經言宗法・皆自二世起宗・則公子一世無宗・故此二節・皆是明公子之宗・但其法祇行於一世・不得與後世之宗同・故結之曰・公子之宗道・而注亦有如大宗如小宗之說・爲其非宗法之本然也・

朱子文集曰・宗子有公子之宗・有大宗有小宗・國家之衆子不繼世者・若其間有適子・則衆兄弟宗之爲大宗・若皆庶子・則兄弟宗其長者爲小宗・此所謂公子之宗者也・別子即是此宗子既沒之後・其適長者各自繼此別子即是大宗・別子之衆子既沒之後・其適長子又宗之・即爲繼禰之小宗・

按・此條言公子之宗・最明白精當・據此・則經文有小宗而無大宗者・有大宗而無小宗者・皆是公子之宗・不與繼別爲大宗・繼禰爲小宗相混・下節公子之公・爲其士大夫之

庶者宗其士大夫之適者．正解有大宗而無小宗一句．毋庸據此而疑孔疏第二子以下．竝爲其後世始祖之説矣．秦氏蕙田．據有小宗二節．而從杜預之説．不知彼自言公子之宗．非大小宗之通義．

程氏瑤田宗法小記．有大小宗本支相承世次表．已極詳明．惟於別子一世．未見解釋其意．殆從孔疏第二子以下．竝爲後世始祖之説．而絶無一語及之．亦其欠闕處．又於表中別子之第三世下云．此爲別子之所自出．而上繼別子之爲吾祖者．所自出者其身也．據此文義．是繼別子之所自出．爲第四世矣．又云．別子世適相繼不一人．皆爲別子之所自出者．曰宗其繼．別子之所自出者．指此曰大宗之子而言之也．不指大宗而指大宗之子．似亦未合上云繼別．繼禰下云繼高祖．皆指宗子．不應此句獨指宗子之子也．又云．此人之所出自其別子．今繼其別子而爲一族．羣弟之所宗．經云．繼別子之所自出．而祇云繼別子．文不成義．當於別子之第二世云．此爲別子之適子．即所謂別子之所自出者．自後世適相繼．亦皆爲別子之所自出．又於第三世云．此亦爲別子之所自出．而繼其第二世之爲別子之所自出者．自後世適相繼．亦皆爲繼別子之所自出．記云．宗其繼別子之所自出者謂此．若曰其父之所出．自其別子今繼之而爲一族．羣弟之所宗．如此則文義了然矣．今幷取經文所未明言．而旁見於注疏中者．爰爲補圖之如左．

宗法補圖

一世	二世	三世	四世	五世
別子爲祖　諸侯之適長繼世爲君．自第二子以下．不論適庶．皆爲別子．凡有爵命爲大夫者．皆爲其後世之祖．	繼別爲宗	宗其繼別子之所自出	宗其繼別子之所自出	此後世適相承．所謂百世不遷之宗．
	繼別之弟此別子之庶子而宗之適子．繼別之宗子．	繼禰小宗此別子庶子之適子	此後支分派衍．世次相承．詳見程瑤田宗法表．圖此以見梗概．	
別子禰　此無爵命．未爲大夫者．不得爲後世之祖．而祇爲後世之禰．	繼禰小宗其禰爲無爵命者之別子．此人爲其適子．與其親兄弟爲宗．	繼禰而上繼祖之小宗	繼禰而上繼曾祖之小宗	繼禰而上繼高祖之小宗　此後六世親屬竭矣．所謂五世則遷之宗．

其族祇有小宗・而無大宗・

小宗之弟此爲無爵命者之庶子而宗其繼禰之小宗——繼禰小宗——此後支分派衍・義例與程氏表同・圖此以見梗概・

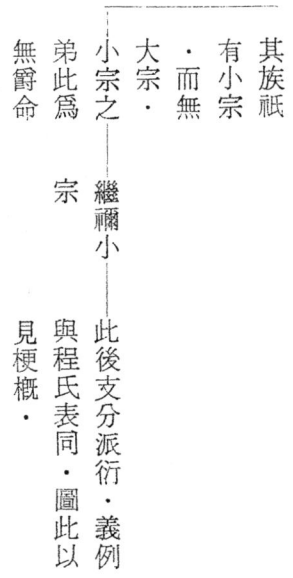

又圖・此庶姓始受爵者・條目畧與前同・茲特發其凡而已・

一世　二世　三世　四世　五世

庶姓始爵者爲祖——適長繼之爲大宗——大宗——大宗——大宗　百世不遷

弟——大宗之宗・五世則遷——繼禰小宗

始爵者之兄弟・此爲大夫兄弟之無爵者・其身以大夫爲宗・如當身有爵・則別爲一族・不在此例・——繼禰小宗・此宗爲大夫兄弟之適・長子與其親兄弟爲宗・——繼祖小宗——繼曾祖小宗——繼高祖小宗　五世則遷

小宗之弟——繼禰小宗

金錫齡　字芑堂・番禺人・道光乙未舉人・同治初元舉孝廉方正・力辭・截取知縣・到班不赴・得京職國子監丞・以積學耆儒保奏・賞加光祿寺署正銜・光緒中・汪鳴鑾侍郎督粤學・舉學海堂學長・禺山書院山長・錫齡爲同邑林伯桐高弟・性情學問・一本師承・於先儒學術・是非疑似・別白尤審・嘗謂上蔡語錄・以禪證儒・分別判然・與陽儒陰釋者不同・謂王學不待層累曲折・而冀一旦之獲・故欲速者便之・不必讀書稽古而侈談靜悟之妙・故空疏者尤便之・皆深中姚江末流之弊・所著有周易雅訓・毛詩釋例・禮記陳氏集說刊正・左傳補疏・穀梁釋義・理學庸言・皆存於家・惟劬書室集若干卷・已刊行・

與侯子琴同年書

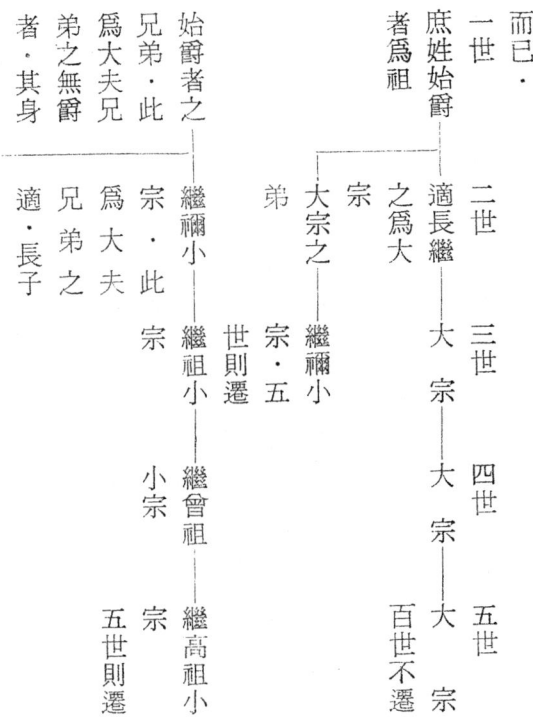

前日趨謁・談及推步月離算法・中西不同・弟反復研求其理・竊以爲中法始朔・西法始於望・此即推步所以不同之故・漢書律歷志所云・迺以前歷上元・泰初四千六百一十七歲・至於元封七年・復得閼逢攝提格之歲中・冬十一月甲子朔・冬至日月在建星・此中法步月離始於朔之證・李壬叔繹西人談天月離章・設秋分在望・則日入正西・在於翼宿・月出正東・在於室宿地平・上爲黃道南半周地平・下爲黃道北半周・此西法步月離始於望之證・（新法曆書・載西人

依巴谷．用兩次月食．求太陰平行經度．以定齊同距度．蓋月食在望．故亦用以起算也．）攷圜天圖說．月輪每日自西而東約行十三度．朔日以後．每日月輪離日輪．亦十三度．循是與日漸遠．以至於望．而日月兩輪．乃東西上下正對．望後月自西移．又漸次近日．以至合朔．此以知中法步月離始於朔．則以同行度比算．而西法步月離始於望．則以相距度比算．其法互異．其理實同．蓋合朔正時．日月同經度至望．則日月相距半周．始於朔始於望．其推步均能密合．惟月光消長．爲稍殊耳．

中法一月之日數．以二十九日六時餘刻爲限．如合朔在子正初刻．過二十九日外．而不及三十日之子正初刻．謂之小月．如過子正初刻．謂之大月．月大三十日．月小二十九日．統計每歲氣盈朔虛．凡十日九百四十分日之八百二十七．（氣盈．五日九百四十分日之二百三十五．朔虛．五日九百四十分日之五百九十二．）是爲閏．分三歲一閏．五歲再閏．十九歲七閏．西法則以日躔行．滿一宮爲一月．冬至以後．日行最速．夏至以後．日行最遲．其定一月之日數．或二十八日．或二十九日．或三十日．或三十一日．要皆以日躔行滿一宮爲準．有閏日而無閏月也．

依中法定朔．凡朔月全無光．上弦則光漸長．至望月光圓滿．下弦則光漸消．周而復始．逐月可驗．若西法則不然．蓋西法每月日數．大小相差至四日．非若中法僅差一日而已．所以西法步月離．必始於望．以日相距之度．驗月相距之度．而中法以日與會爲朔．日月同行經度．即日之經度自徵月之經度也．故梅文穆公謂紀月於望．不若紀於朔之善也．閣下精通天學．凡中西法之所以異者．靡不了然晰然．敢以臆說瀆陳．尚希榘政．

與楊黼香同年書

日前論及周禮天官之屬．比校今職．有仍屬天官者．有別屬各官者．尚未盡致．茲更引申其說以質之．蓋周禮爲周公致太平之書．歷代相承．唐之六典．開元禮．宋之政和．五禮大全．集禮．元典章．明集禮．皆因之．國朝會典．集其大成．至精至當．足以媲於周禮．其中設官分職．有相沿至今不易者．有周禮統於一官．而會典分屬各官者．即就天官之屬而論．如太宰若今吏部尚書．小宰若今吏部左右侍郎．宰夫若今文選司郎中．此皆會典沿於周禮．至今不易者也．凌人若今工部都水司主事．膳夫若今光祿寺卿．庖人內饔外饔．若今太官署署正．籩人若今珍羞署署正．酒正若今良醞署署正．醢人若今掌醢署署正．疾醫若今太醫院院使．左右院判醫師若今御醫官正官．伯內府若今內務府總管大臣．太府．玉府．司裘．掌皮．若今廣儲司郎中．職內．職幣．職歲．司會．司書．若今會計司郎中．內宰若今掌儀司郎中．甸師臘人．若今都虞司郎中．典絲．典枲．若今織造監督．染人若今織造局員外郎．宮人若今內管領正副官．膳夫庖人．內饔亨人．若今尙茶尙膳．此皆周禮統於天官．而會典分屬各官者．歷代職官表考之綦詳．

案．天官冢宰．冠六官之上．其禮最尊．而其所統．六十官之屬．及於至纖至屑之事何也．此周公制禮之精意也．亨庖饔膳之事．事之辱者也．魚膳．酒漿．醯醢之物．物之微者也．次舍幄帟裘服為末用．而宦寺嬪御灑掃．為冗役者也．而不知三代以還．所以蠱惑主心而侵奪主權者．往往是人為之伺候．以承其旨．夸麗以中其欲．小廉曲謹以示其信．人主一墮其術中．則唯所欲為．故以文武之聖．而侍御僕從．罔非正人．以旦夕承弼厥辟也．此說本於陳氏龍標與鄙見合．

今內務府所屬之官．周禮皆統之天官．正此義也．蓋大臣以道事君．而細微之事皆得稽察之．則人君有所敬憚．而不敢妄為．羣小有所畏懼．而不敢專擅．其所以端人主之心術．而絕人欲之萌者有由矣．是故．太宰者統百官．兼內外．而天下國家無不由之以治也．閣下知古知今．於典故之學．必極研究．諒不以為穿鑿傅會耳．

答崔敬坡茂才書

足下潛心於五子書．學業日進．深為欣喜．承詢中和之說．程朱互有異同．案．中庸喜怒哀樂之未發．謂之中．發而皆中節謂之和．程子舊說．謂凡言心者．皆指已發而言．朱子舊說因之．遂以心為已發．情為未發．後者以為未當．故程子文集遺書諸說．皆以思慮未萌．事物未至之時．為喜怒哀樂之未發．當此之時．即是此心寂然不動之體．而天命之性全體具焉．以其無過不及．不偏不倚．故謂之中．及其感而遂通天下之故．則喜怒哀樂之情發焉．而心之用可見．以其無不中節．無所乖戾．故謂之和．此即人心之正．而性情之德然也．(說本朱子與湖南諸公論中和書)是中和以性情言．寂感以心言．寂然不動者．言其心之體則然．感而遂通者．言其心之用則然．性情之德．所以有中和之妙也．朱子或問云．問伊川言喜怒哀樂．未發謂之中．中也者．寂然不動是也．南軒言伊川．此處有小差．所謂喜怒哀樂之中．言衆人之常性．寂然不動者．聖人之道心．又南軒辨呂與叔論中書說亦如此．今載近思錄．如何曰前輩多如此說．不但欽夫自五峯發此論．某自是曉不得．今湖南學者往往守此說．某看來寂然不動．衆人皆有．是心至感而遂通．惟聖人能之．衆人卻不然．蓋衆人雖具此心．未發時已自汩亂了．思慮紛擾．夢寐顛倒．曾無操存之道．至感發處如何得如聖人中節．據此．則南軒謂．伊川中者．寂然不動為小差．其實寂然不動．乃一性之渾然．平日以莊敬為涵養工夫．乃能如此．所以程子之答蘇季明．朱子之答張敬夫．反復辨論．要不外以敬為言也．

近時李二曲四書反身錄云．中和只是好性情．未發時此心無倚．無者虛明寂定．此即人生本面．不落有無．不墮方所．無聲無臭．渾然太極．延平之默坐體認．體認乎此也．象山之先立其大．先立乎此也．白沙謂．靜中養出端倪．此即端倪也．未識此須靜以察此．既識此須靜以養此．靜極而動．動以體此．應事接物．臨境驗此．此苟不失．學方有力．又云．今吾人此心．一向為事物紛拏．靜時少．動時多．而欲常不失此得乎．須屏緣息慮．一意靜養．靜而能純．方保動而不失．方得動靜如一．此以性情動靜言中和．正足發明程朱之旨．但據延平默坐體認為說．然朱子嘗謂．延平此言有病．又謂．以伊川之語格之．覺其稍偏．緣未發之時．寂然不動．不必有所體認．故呂氏求中於未發之說．伊川亦深病其非．蓋此心未與物感之時．本自寂然．程子所謂．靜中有物．朱子所謂．靜時畧綽提撕以存養．皆與周子主靜之說相因．第專言靜則偏．故程子又說．故朱子本此．其答張敬夫云．心主乎一身．而無動靜．語默之間．是以君子之於敬．亦無動靜．語默而不用．其力未發之時是敬也．固已立乎養．養之實已發之．際是敬也．又常行於省察之間．其說可與程子相證明．

至明季．艾千子謂．必戒懼而後可曰中和．然戒懼已是致字工夫．故章句釋．致中和謂自戒愼而約之．自謹獨而精之也．且懼爲七情之一．就是心之動處．若戒懼而後可謂之中和．其謬固自顯然．朱子答潘子善書云．著個戒．謹．恐．懼．四字．已是壓得重了．要之只是畧綽提撕．信如斯言．則性情中和之妙．可以觀其會通矣．是知程朱晚年定論．未嘗不同．講究理學如足下．必能辨之．諒不以予言爲謬也．

笙詩有聲無辭辨

笙詩六篇．小序各詳其義．有義則必有辭．明甚．小序又謂．有其義而亡其辭．此七字非子夏所作．乃毛公所作．明笙詩先有其辭後乃亡失．故鄭箋申毛云．孔子論詩．雅頌各得其所．時俱在耳．遭戰國及秦之世而亡之．其說確不可易．（儀禮鄉飲酒燕禮．鄭注以笙詩亡於孔子之前．其時未習毛詩故耳．）陸德明釋文云．武王之時．周公制禮．用爲樂章．吹笙以播其曲．孔穎達正義云．有其義而亡其辭二句．毛公著之．言有其詩篇之義．而亡其詩辭．故置其篇義於本次後．別著此記語之．賈公彥儀禮正義云．堂上歌者不亡．堂下笙者即亡．皆謂先有其辭．而後亡失．並從箋誼．則笙詩非本無辭可知．

自劉原父創爲異說．謂南陔以下六篇．有聲無詩．故云笙不云歌．有其聲亡其辭．非亡失之亡．乃本無也．朱子因之．據儀禮曰笙．曰樂．曰奏．而不言詩．明其有聲無辭．不知詩三百十一篇．六笙詩在其中．則皆有辭可知．今試取羣經證之．如燕禮曰升歌三終．間歌三終．合樂三終．工告．樂正曰正歌．備是六笙．詩亦謂之歌．經有明文可據．劉氏以爲云笙不云歌．知其一而不知其二耳．則笙詩非本無辭．其證一也．又如燕禮記曰．升歌鹿鳴．下管新宮．笙入三成．鄭注云．新宮．小雅．逸篇．管之入三成．謂三終也．案．下管云者．謂堂下以笙管奏之．左氏昭二十五年．傳曰．宋公享昭子．賦新宮．是新宮固有辭．新宮有辭．而亦曰笙入．凡笙入者．皆當有辭矣．則笙詩本非無辭．其證二也．又如鄉射禮曰．命太師奏騶虞．鄭注云．騶虞國風．召南之詩篇．又曰．命太師奏貍首．鄭注云．貍首逸詩曾孫也．案．騶虞固有其辭．即貍首亦有其辭．禮記射義引詩．曾孫侯氏八句是已．騶虞貍首．以樂奏之．凡以樂奏者．皆當有辭矣．則笙詩非本無辭．其證三也．

又如周禮鍾師職曰．以鍾鼓奏九夏．王夏．肆夏．昭夏．納夏．章夏．齊夏．族夏．祴夏．驁夏．杜子春以肆夏爲詩引．春秋傳金奏肆夏之三爲證．春秋傳肆夏與文王．鹿鳴俱稱三．謂其三章也．鄭注云．以文王．鹿鳴言之．則九夏皆詩篇名．頌之族類是樂奏．皆有其辭．南陔六篇．以笙吹之．實同一例．則笙詩非本無辭．其證四也．又如周禮籥章職曰．逆寒暑．歙豳詩．祈年歙豳雅．祭蠟歙豳頌．鄭注云．豳詩七月也．豳雅亦七月也．豳頌亦七月也．朱子則以大田諸詩爲豳雅．良耜諸詩爲豳頌．案．豳詩．豳雅．豳頌二說互異．經不言歌而言歙．歙者有辭．南陔六篇．以笙吹之．亦同一例．則笙詩非本無辭．其證五也．得此五證．更何疑於笙詩先有其辭．後乃亡失乎．

據儀禮明云．笙入堂下．磬南北面立．樂南陔．白華．華黍．樂之爲言．比音而樂之也．是禮文顯以爲有辭．（說本范氏詩瀋故先儒呂東萊．嚴垣叔．郝仲輿．皆以爲非本無辭．而郝氏之說．尤爲詳悉．信乎箋說確不可易也．至若南陔．白華．華黍．毛詩統附於魚麗之後．朱子則依儀禮節次．升三詩於魚麗之前．而以南陔殿鹿鳴之什．以白華爲什之始．案．六月序列次．小雅二十二篇．自鹿鳴至華黍．皆言缺．由庚以下．則變其文．孔穎達以此爲別．謂華黍以上．爲文武之詩．由庚以下．爲周公成王之詩．是序文原本如此．且南陔．白華．華黍．三篇相連．亦可概見．鄭箋又云．闕其亡者．以見在爲數．故推改什首．遂通而下．非孔子之舊．此亦謂南陔三篇在魚麗後．足見鹿鳴什無魚麗．毛公不數亡詩．移改篇什之首．則自鹿鳴一什以下．什首遞變．但六笙詩之篇第．究不得據儀禮之節次．以難毛公也．因附辨之．

漢書地理志推表山川得禹遺意說

金錫齡

禹貢定高山大川．以別九州之境．除冀州而外．必先叙之．曰．某山某水．又云．導某水過某地．至某地入海入河．而九州之界限．無不依山川之左右．曲折詳記至賾而不亂．斯誠志地理者之定法也．職方爾雅．皆取其法．班氏漢書．地理志自序云．先王之迹既遠．地名又數改易．是以采獲舊聞．攷迹詩書．推表山川以綴禹貢．春秋下及戰國秦漢焉．洵能尋地理之根本．而最得禹貢遺意者也．蓋山川萬古不易．州縣隨時變遷．後之志地理者．以郡縣爲主而求其山川．便失綱領．班志以山川爲主而求其郡縣．斯得指歸．

故凡禹貢之山川．皆見於注中．如北屈縣壺口山在西南．博縣岱山在西北．臨沮縣荆山在東北．武功縣大壹山．古文以爲終南．鉅鹿縣大陸澤在北．咸陽縣雷澤在西北．睢陽縣孟諸澤在東北．武威縣休屠澤在東北．古文以爲豬壄．若此類者．不一而足．皆推表山川之證．案．山海經亦云．某某之山．某水出焉．某某之邱．某水出焉．皆即此意．唐六典．叙十道山川．先定其四．至復舉名山大川而標識之．眞善取法乎班氏者也．鄭夾漈通志地理畧．亦推山川而尋郡縣．戴東原叙水經注曰．因川□之派別．知山勢之逶迤．高高下下．不失地阞．爲汾州府志發凡曰．以水辨山之脈絡．而汾之東西．山爲幹爲枝．爲來爲去．俾井然就序．水則以經水．統其注入之枝水．因而編及澤泊．堤堰．井泉．令衆山如一山．羣川如一川．府境雖廣．山川雖繁．按文而稽．各歸條貫．足以發明班氏之旨矣．然則言地理者．徒求詳於郡縣之沿革．而不推本山川．豈能得其要領哉．

長言短言內言外言說

金錫齡

古人音讀．或爲長言短言者．由音之有發送也．或爲內言外言者．由音之有弇侈也．自公羊傳始發其端．何邵公注復明其誼．如莊二十八年．公羊傳云．春秋伐人者爲客．見伐者爲主．何注云．伐人者爲客讀伐．長言之．見伐者爲主讀伐．短言之．齊人語也．案．呼等之法．發收爲短．送氣爲長．讀伐短言之謂讀伐．如非之入聲短也．讀伐長言之謂讀伐．如浮之入聲長也．顏氏家訓謂．江南學士讀左傳．口相傳述．自爲凡例．軍自敗曰敗．打□人軍曰敗．陸氏釋文謂．自敗敗他之殊．自壞壞撤之異．皆同此例．補邁短言薄邁．長言補發聲薄送聲．怪短言呼．怪長言怪．發聲呼．送聲喉音．雙發雙收．其實首二字．仍是一起一送之例．與牙音舌頭之收．聲長短不同．高誘淮南子注．旄讀近綢繆之繆．急氣言乃得之．又云．閔讀近鴻．緩氣言之．繆爲脣音收聲．收聲短．故曰急氣．鴻爲喉音送聲．送聲長．故曰緩氣．急氣緩氣．猶之長言短言也．說文一部元兀聲．兀長言之爲元．元短言之爲兀．口部唉譍也．欠部欸皆也．玉篇訓．恚聲．唐韻．並烏開切．以今方音．攷之則唉字必短．言之始肖．欸字必長．言之始肖．顧亭林謂長言．則今之平上去聲．短言則今之入聲．合而論之．其義乃備．

又宣八年．公羊傳．而者何難也．乃者何難也．曷爲或言而或言乃．乃難乎而也．何注云．言乃者．內而深．言而者．外而淺．案言之內外．本於音之弇侈．凡音之淺而易者．迤邐向外爲侈．音之深而難者．收攝向內爲弇．弇侈與開合．兩呼不同．如陽韻光與岡．黃與杭．此開口合口之分也．而光與東韻之公．黃與東韻之鴻．則同爲合口．而一弇一侈分矣．又如侵談二韻．皆開口之獨用．而侵弇談侈．故弇侈之與開合相似．而實異也．段懋堂謂．古音多弇．今音多侈．指其大概而言．其實元．宵．陽．談．四部．皆古音之最侈者．眞與元對．眞爲弇．元爲侈．幽與宵對．幽爲弇．宵爲侈．東與陽對．東爲弇．陽爲侈．侵與談對．侵爲弇．談爲侈．明乎弇侈之分．即言之內外可辨．此古音之精細．豈如字母之流變．而過爲區別耶．

後漢書當補曹操傳說

三代下．以子孫而追王者．如魏武．晉宣．景．文．周文．齊神武之流雖歿．膺帝號而生．則人臣求之史義．魏武應入漢傳．晉宣景文應入魏傳．周文．齊神武．應入後魏傳．正不得以本朝之史已皆載之於本紀．而先朝之史．遂可沒之於列傳也．然魏志不載．司馬北魏書不載．高歡及周．隋書不載．李虎．李昞猶可曰．陳壽．魏收．魏徵．諸人．皆不能不爲本朝諱耳．若范蔚宗作後漢書．蔚宗爲劉宋時人．已隔兩朝．何所忌諱．而不立曹操傳耶．其失與李延壽作北史．不立宇文泰及高歡傳等．誠無史識矣．

或者謂史家有互見之例．觀蔚宗作漢獻帝紀曰．曹操自領冀州牧．曰曹操自爲丞相．曰曹操自立爲魏公．加九錫．曰曹操自進號魏王．又曰耿紀．韋晃起兵誅曹操．不克夷三族．載其僭竊簒亂之迹．據事直書．大義昭然．是亦足以互見．雖不立操傳．亦不嫌其闕畧矣．而不知不立操傳．究無以明其爲漢臣也．攷令狐德棻作周書．載隋武元於列傳．深得史法．今當仿其例而補之．或又謂史家立傳之意．往往有以類相從者．攷曹操生平．凡所爲大逆不道．多與董卓相類．後漢書既當爲操補傳．自宜與卓同爲一傳矣．而不知曹操當日．陽託臣事之名．陰圖篡國之計．彼其於禪伐之前．必先有九錫文．以總叙功德．與夫進爵封國．賜以殊禮者．遂乃移易國祚．居之不疑．厥後晉．宋．齊．梁．北齊．後周．陳．隋．皆傚之．是則假禪讓爲攘奪．開權臣奪國之局．實自操始．眞所謂奸雄之尤者也．以視王莽之篡．託於周公之攝政踐阼．其罪尤甚焉．何謂於卓．又況卓之篡奪．其事未成．操之篡奪．其事已成．更何可同年而語乎．究不如自爲一傳．以見操之所爲．不特有甚於卓．抑且有甚於莽．庶足以正名定罪．而立天下後世臣道之防也夫．

禮經稱記釋義

儀禮十七篇．惟士相見．禮大射儀．少牢饋食．禮有司徹．四篇無記．餘皆有記．士冠禮疏云．凡言記者．皆是記經不備．兼記經外遠古之言．鄭注燕禮云．後世衰微．幽厲尤甚．禮樂之書．稍稍廢棄．蓋自爾之後有記乎．又士昏禮疏云．凡言記者．皆經不備者也．燕禮疏云．凡記皆記經不言者．以經不言燕服及燕處．故記又言之也．觀疏所云．則儀禮之記．皆補經之不足者．與禮之變異者耳．其冠禮記．與禮記郊特牲冠義同．儀禮賈疏云．記時不同．故有二記是也．其餘諸篇．惟既夕之記．畧見於喪大記之首章．喪服之傳．與大傳中數語相似．餘記自與小戴冠昏等六義不同也．禮記四十九篇皆記．不獨坊記表記之以記名者爲記也．經典釋文云．禮記者．本孔子門徒共撰所聞以爲此記．後人通儒．各有損益．故中庸是子思伋所作．緇衣是公孫尼子所制．鄭元云．月令是呂不韋所撰．盧植云．王制是漢時博士所爲．然則凡記古昔之言．皆可謂之記也．案禮記三年問．與荀子禮論同．樂記鄉飲酒義所引．與荀子樂論同．聘義子貢貴玉賤珉．亦與荀子德行篇同．蓋皆取荀子之純粹者以爲記．而非遠古之言．故彼此互見也．

禮記中又有引記者．如文王世子引記曰．虞．夏．商．周有師保．有疑丞．設四輔及三公．不必備唯其人．又引世子之說．學記中引記云．凡學官先事．士先志．案文王世子疏云．此作記之人更言記曰．則是古有此記．作記者引之耳．此如儀禮喪服經傳．又引傳者．引他舊傳．以證己義．是其例也．案漢書藝文志禮家記百三十一篇．班固本注七十子後學者所記．鄭君六藝論云．後得孔氏壁中．河間獻王古文禮五十六篇．記百三十一篇．是則禮記四十九篇．具見百三十一篇之中．故間與義禮之記同．亦與荀子之篇同也．至隋書經籍志謂．戴聖刪大戴之書．爲四十六篇．馬融足月令明堂位．樂記爲四十九篇．其說不足據．東原戴氏辨之已詳．茲不復贅．

讀史記司馬相如傳

太史公作司馬相如傳．人第以爲取其文詞．足以卓絕一時．而不知更記此傳編次．於西南夷傳之後．別有微意．蓋以漢武承文景之統．不能法其恭儉．好大喜功．窮兵黷武．

斂中國以事四夷・遂爲天下大害・至開西夷一役・啓漢武之雄心者・自唐蒙發其端・而司馬相如助成之・相如傳云・唐蒙使畧通夜郎・西僰中・多發吏卒・幷誅渠帥・巴蜀民大驚恐・上乃使相如責之・後又因邛筰之君長・聞南夷與漢通・多得賞賜・願爲臣置吏・而比南夷・天子又以問相如・可謂信任之至矣・假使相如深思孰計・而以勞民傷財・多所不便・爲之剴切痛陳・安知漢武不從諫如流・聞而中止乎・乃相如則謂南夷西僰・效貢賦・請歸義・宜遣使以往賓之・又謂邛筰□□者・近蜀道亦易通・今誠復通爲置郡縣・則更愈於南夷・漢武惑於其言・復使相如開西夷未通之路・而爲巴蜀無窮之累・其貽誤豈淺鮮哉・

且相如當奉使之時・蜀長老多言通西南夷不爲用・大臣亦以爲然・使其悔悟前非・力爲諫阻・則失機於前者・猶可挽回於後・乃相如則以業已建策・不敢更諫・又著書以難蜀父老・反復辨詰・揚厲鋪張・藉以宣其使指・令百姓咸知上旨・然則西夷南夷之道・實相如迎合武帝之意・而贊成其事・卒之民困財耗・與窮兵匈奴・輕開邊釁者同・太史公推原禍本・不能不歸咎於相如・攷平準書云・唐蒙司馬相如・開路西南夷・鑿山通道千餘里・以廣巴蜀・巴蜀之民罷焉・據此則史公不滿於相如・亦可概見・故以相如一傳・特置於西南夷傳後・亦猶史公斥衞青諸人・屢伐匈奴・而又不能終服匈奴・徒傷士卒・而竭財力・故以衞青諸人列傳・特置於匈奴傳後・同一微意・至於相如傳中所云・相如之臨邛・從車騎雍容・閒雅甚都・則又譏其閒游土之風・又云卓文君好音・相如以琴心挑之・是又刺其蹈淫蕩之失・或者不察・徒以爲取相如之文詞特爲列傳・是猶未窺史公之微意也夫・

黃梨洲明儒學案書後

黃梨洲參考明一代・講學諸家文集語錄各條・析其師承・以辨別宗派・著明儒學案一書・秩乎有條而不紊・誠一代儒林之總滙也・然門戶雖多・不外河東・姚江兩家・互爲盛衰而已・薛文清理學・自許魯齋一派來・故其語錄・絕似許魯齋・而其錄中贊許魯齋亦不遺餘力・總之行過乎言・質過乎文・故當時之人一無遺議・其誠足以動人也・一傳而爲崇仁之學・康齋倡道・小陂一稟宋人成說・言心則以知覺與理爲二・言工夫則靜時存養・動時省察・故必敬義秉持・而後爲學問之全功・其相傳一派・雖康齋莊渠・稍爲轉手・終不敢離此矩矱也・康齋傳之敬齋・而有胡學所著居業錄・謹嚴篤實・恪守宋人家法・此薛學之盛也・

陽明智高氣盛・不受漢宋以來諸儒籠絡・故能懸旌立幟・奔走天下・而其才力聰明・又足以濟之・然一傳而爲龍溪・近溪已放蕩不可收拾・至大洲復所・海門石簣・更彌近理・而大亂眞・則王學之衰也・明史儒林傳叙云・姚江之學別立宗旨・顯與諸子背馳・門徒徧天下・流傳逾百年・其教大行・其弊滋甚・誠定論也・其立致良知爲宗旨・使人反觀而自得・夫言致則不得爲良・言良則不得爲致・孟子兼良能言之・愛敬即能也・陽明去良能言之・則所知者安在・於是一變而爲良知・即未發之中・未發豈有知耶・再變而爲良知・即天理・天理豈有知耶・合前後之說・相較其不能相應・固有如此者・則其說殊不足據・梨洲生於

姚江後．主張王學未免太過．其品題未必盡公矣．

白沙於河東姚江以外．別立一派．明史儒林傳所云．江門之學．孤行獨詣是也．說者不察．謂其類於禪．與王學相去．不知白沙學事濂溪．其先本於居敬爲主．詩曰．各道有宗主．千秋朱紫陽．說敬不離口．示我入德方．後來自成一家．始以自然爲宗．其所謂自然者．誠也．固不可與王學並論．一傳而爲甘泉．門徒之盛．幾埒姚江．其隨處體認天理之說．即所謂隨處精察也．而陽明乃謂求之於外．豈其然哉．至顧高二公出．復理格物之緒．蕺山出於敬庵之後．力主愼獨．皆足以救王學之偏．則其末流之弊．從可知矣．

他若關中之學．大抵皆重躬行．如經野呂先生．其語錄有體有用．平正切實．是文淸之派．邵文莊在白沙之後．而稍前於陽明．未嘗標道學之目．而循循勉勉．爲所當爲．亦文淸之派．是則河東之學．朱學也．而學者往往舍薛而從王何也．蓋王學不待層累漸進．而惟冀一旦之獲．則欲速者便之．不必讀書稽古．而侈談靜悟之妙．則空疏者便之．而依拊聲氣又易以成名．此所以從之者衆歟．

龍元僖　字蘭簃．順德人．道光丙申進士．官編修．大考一等擢翰林院侍講學士．官至太常寺卿．乞養歸．督辦團練．咸豐戊午．奉旨偕羅惇衍蘇廷魁辦理廣東防務．年七十五卒．

重刻吹劍集序

客挾吹劍集四冊．過余言曰．此前明福建右布政使．碧江虛齋蘇公所撰著也．散佚已久．其後人求之積年．偶得於故紙堆中．如獲異寶．將付手民．願得吾子數言．以弁其首．敢請．余受而讀之．其詩文皆有古人法度．顧念公之行誼．見於省志及縣志者．詳哉其言之矣．余旣荒落．重以老病．無能爲役．操寸莛以撞鐘．何足以發鏗鋐之鉅響哉．客曰．子爲恭也．曾亦思君家與蘇氏固世世有翰墨緣乎．昔蘇氏修其遠祖穆齊公墓．春巖太史實爲之誌．迨刻古儕公所書離騷經．莘田太史復爲之跋．載稽往事．異世同符．君其奚以辭爲哉．

余惟文章之道．本末兼賅．體用咸備．稿項黃馘之士．覃思鍊精．輒欲以著述．垂名後世．卒不免於朝華而夕萎者．文采非不昭宣．行實無堪表見也．公以俊偉之才．居淸華之選．其官翰林也．抗折柄臣．拒絕關節．其督學江右也．振興洞學．創置學田．以不能媚巨璫．至被誣奏．賴淸議之力．事卒得白．迨調任四川．愛才造士．一如督學江右時．綜厥生平．兩典文衡．七膺薦剡．累遷至福建右藩．始終以孤介持躬．去官之日．囊槖蕭然．以是觀之．公不必有志於立言．而公之可以不朽者．固有在矣．顧植之爲志節．宣之爲文章．卒讀斯集．無曼響．無浮詞．剛健篤實．適如其人．夫子曰．有德者必有言．則信乎其有言也．獨怪古儕公未嘗大有建白．而言論風采．至今士大夫．人能道之．公之聲績燦著．而談其軼事者．曾不數覯．豈以古儕公辭翰遠近流布．公則著作散佚．年代邈遠．知之者希．顯晦遂因是而區分與．則是集之刻．爲不可緩矣．余旣不獲以不文辭．爰序而歸之．并屬客慫慂其後人．早爲刊布．庶幾讀其書者．論其世想見其爲人．用以風厲末俗．則不特蘇

氏族望・焜耀無窮・抑亦吾邑之光也・

正大光明殿賦

以樂民之樂・以和性怡情爲韻・

洪惟我世宗之御宇也・包乾維・引坤絡・居正執中・理大施博・宣光而六合同文・嚮明而萬方偕樂・因潛邸之賜園・眷皇情其有託・廼命工倕・爰施丹雘・偉寶殿之巍峨・壯神臯而煜爚・徒觀其地控西苑・天臨北辰・閣連靜檻・樓接富春・門十八以霞起・景四十而星陳・非不芝楣鳳翼・松棟申居・楹裁壁列・阰□雕珉・豈知其習勞尙儉之意・見於御製記中者・將以詔萬世之臣民・自時厥後・勿替有基・聖聖相繼・至我皇而受之・兆民用之・百工允釐・堂啓洞明思・何以愼憲・齋居無倦念何以祇台・矧懷紹造・益懍付遺・又何敢窮泰極侈・以踰越乎前規・

懿夫鑠哉・正則表率萬邦・大則彌綸六幕・光則耀並三辰・明則象符兩作・璇題赫然・彝訓奉若・媲十六字而義精・視十七銘而旨約・準此以行政用人・庶不下堂階・與薄海同其憂樂・斯殿也・以祝純嘏・覲龍光焉・以睦宗親・賡燕喜焉・以惠下士・賦苹芩焉・以烝譽髦・儲杞梓焉・卓哉煌煌・儀之陸・誼之美・百禮既洽・似以續以・洵乎茂矩・燦於明堂・非景福靈光所能企也・殿之內無逸可誦・豳風可歌・堯文羲畫・雲布星羅・柳無諫筆・虞無補戈・其書則金石並壽・其詠則雅頌同科・寫一堂之交泰・涵萬丈之太和・殿之外・壽山削篸・液波澄鏡・草三秀而青濃・枝萬年而綠淨・軒雲飛而雨時・庭生秋而月映・凡夫日永風和。禽飛魚泳・並足以暢宸遊・愉聖性・天子方惕然深念・穆然永惟・謂正大侔乎天地・光明極於緝熙・然後帝烈之揚巍煥・皇風之播融怡・式瞻締構・彌謹綱維・敢耽燕樂・敢萌逸思・故自踐阼之始・以迄駐蹕於斯・恒宵衣與旰食・屢泰保而盈持・

謹作頌曰・葱鬱御園・氣淑淸兮・殿陛有赫・四方程兮・聖人蒞之・協乾行兮・因物付物・順羣情兮・恭己南面・郅治成兮・自天降康・咸豐亨兮・

徐榮 字鐵孫・廣州駐防漢軍正黃旗人・道光丙申進士・浙江遂昌嘉興知縣・以淸廉著聲・遷玉環同知・升紹興府・調杭州・嚴行保甲法・夜必躬巡・不辭勞瘁・署杭嘉湖道・於潛盜趙四作亂・督兵擣其巢・餘黨悉平・會粵賊竄擾浙境・大府檄令籌防・咸豐四年・祁門失守・榮馳至徽州・扼險防守・五年・賊衆大至・自率新軍・屯營漁亭・遇賊・禦之・中矛被害・年六十四・榮少時肄業學海堂・爲阮文達所賞譽・尋爲學海堂學長・工詩・精隸書・善畫梅・稱三絕・尤嚴義利之辨・服膺先儒呂新吾劉念臺之書・著有大戴禮記補注・日新要錄・懷古田舍詩集・孫受廉・光緒丙戌進士・翰林院編修・

知稼軒詩鈔序

知稼軒詩九卷・吾友黃石谿明經撰・石谿留心掌故・攷證金石・多藏書・手自校勘・務爲樸學・顧其詩淸深華妙・無佹激之字・無鄙僿之觀・無飣餖襞積之習・俯仰今古・陶冶性靈・足以愧世之食古而不化者矣。諸體中五言・更擅勝塲・大抵吾粵詩人・自曲江以來。近至海目翁山・諸老皆尤工於五字・君詩其亦瓣香鄉先生之間耶・君著有粵詩蒐逸四卷・續三十五舉一卷・石谿文集四卷・知稼軒詩文外集數卷・嗚呼・天不假其年・以君之才之志・其所表見遽止此

乎・道光甲辰九月記於杭州・

李能定 字碧玲・番禺人・道光丙申舉人・舉學海堂學長・工詩善畫・喜作喬松・筆勢奇崛・而性獨曠逸・其下第詩云・如天一路平安福・權作春風及第看・可見其胸次矣・著有花南詩文稿四卷・筆記二卷・皆未見・

日月爲易解

日月即陰陽也・日月交・而易之字成・陰陽交・而易之義合・六十四卦・惟未濟一卦・得全易之義・其餘或易一二三四五爻不等・至既濟則全未有易・其易焉者・乃交易之理・其或易或不易者・又有不易之道・至變易之說・則易者・未嘗不可以不易・不易者・又未嘗不可轉而易也・易爻之初三五陽位也・二四上陰位也・即日位也・即月位也・陽位必交陰・陰位必交陽・然後可謂之易・故初六九二六三九四六五・上九卦爲未濟・象似日月相易・若初九六二九三六四九五・上六卦爲既濟・則似日月・未嘗相易・總之易與不易・皆可取而變易・六十四卦・三百八十四爻・無非由此二卦而可推也・至於未濟一卦・初六一爻・是以月交日・六二一爻・是以日交月・三五如初六・四上如六二・凡所以錯雜・乾坤義備於此・人能通其大旨・見夫盛極之日。即爲衰亂所由伏・衰亂之後即爲盛世所由開・虞氏所謂日月爲易之義・即終於此・見微知著・存身致用・是學易者之事也・

服問　此篇見嘉興錢衍石記事續稿卷二

浙人有生數月・失父母・爲他姓子・長爲縣學生・乃復姓・然其居猶所撫育之家也・迎養父母終事焉・已而所撫育之氏・母沒無子・人曰當爲之服・宜何服・敢問・

受人之恩・不可不報也・而喪服之制・則斷不容於或紊・蓼莪之詩有云・父兮生我・母兮鞠我・拊我・畜我・長我・育我・顧我・復我・出入腹我・人子之所以報德罔極者・報以此也・人子之所以喪服三年者・喪以此也・然則大凡能拊我・畜我・長我・育我・顧我・復我・出入腹我者・其皆可以生我・鞠我者一視之乎・是又不然・子夏喪服記・子爲父服・斬衰三年・父卒則爲母服・齊衰三年・父在則爲母杖期・古禮不以母並父厭於尊也・至開元時・不分父存沒・子爲母仍齊衰三年・至明・會典始通改爲斬衰・繼母如母・慈母有父命亦如母・如未得父命則服庶母慈己之服爲小功服・至出爲人後・則服本生之服期年・而爲所後之父母三年・誠以名分不容淆・而喪服有定制也・昔子游問於孔子曰・喪慈母禮歟・孔子曰・非禮也・古者男子外有傅・內有慈母・君命所使教子也・何服之有・昔魯昭公少喪其母・有慈母良・及其死也・公弗忍也・欲喪之・有司以聞・曰・古之禮慈母無服・今也君爲之服・是逆古之禮・而亂國法也・若終行之・則有司將書之以遺後世・無乃不可乎・夫慈母爲父之衆妾・雖極劬勞鞠育・而未得父之命・則僅爲之小功・而慈母之外・概可知矣・浙人生數月而失怙恃・爲他姓撫養及長・終事其本生之父母・而撫養之氏母沒無子・人曰當爲之服・夫服制準諸先王・不容或紊也・撫養者之服未之或聞也・無已而必欲爲之・則檀弓記有云・事師無犯無隱・服勤至死・心喪三年・夫子謂・古者男子外有

傳．內有慈母．若所撫養者慈母類耳．與慈母類即與師傅類．是當心喪三年．若喪父母而無服．

昏問　此篇見嘉興錢衍石記事續稿卷二

道光十一年．山東兩縣令約爲婚姻．已爲前後政爭不穀．壻父戕女父死焉．女不忍事仇．白繆死．

有男女然後有夫婦．有夫婦然後有父子．此昏禮所由重於萬世也．然當其常則男女合．遭其變則男女睽．若山東縣令女子一事．則舍一死固無可以自處者也．當婿父之戕女父也．說者謂兩令止約爲婚姻耳．男子尙未親迎也．女子猶未于歸也．考諸禮六禮具備．婿始親迎婦至行合巹禮．質明贊見於舅姑．是夫婦之禮成．然後舅姑之名正焉．故春秋左氏傳．陳鍼子譏鄭忽先配後祖．後儒猶援禮以折之．蓋未成爲夫婦．即未成爲舅姑也．以未成禮之舅．而戕我在室之父．則非舅戕我父．乃路人戕我父也．禮曰．父母之讐不共戴天．夫子曰．寢苫枕干．遇諸市朝．不反兵而鬥．曰果爾是教之弒逆也．夫女子之許人也．壹與之齊．終身不改．今雖百兩未迓．而他日君舅之名．終不可紊也．是烏得直以路人等之．且戕之者在舅而不在婿．舅有罪而婿無罪也．然則上告天子．下告方伯．殺人者死．聽命於有司．治其君舅之罪．而無絕二姓之好．其可乎．曰．烏用是不祥之夫婦爲也．夫忘父母之讐而篤夫婦之好．是尙得謂之人類乎．詩曰．兄弟鬩於牆外．禦其侮．兄弟之間猶禦侮．矧生我之愛爲人所戕．而猶低首下心．恥恥覥覥．爲其子侍執巾櫛乎．且舅果論死．壻尙可以迎其婦乎．昔楚成王滅息．以息嬀歸．終身不言．而生二子．史傳羞之．楚康王殺令尹子南．而其子棄疾．不忍事仇．遂縊而死．夫康王君也．子南臣也．以明君而誅一有罪之臣．而其子且不忍事讐．則夫婦之間．可推而知矣．曰．此女不死．離婚可乎．曰．可．曰如婿何．曰．昔文姜弒桓．而春秋書孫齊去其姜氏．左氏云．絕不爲親禮也．夫莊公之於文姜母子也．母弒其父．而聖人猶許其子可以絕母．矧未成婚之舅而戕吾父．獨不可以妻而絕其夫乎．蓋婦人在室則天父．出嫁則天夫．舍天合之父而不顧．而顧人合之夫．毋惑乎孝行日衰於天下．而夫婦之道．亦未見其能久也．君子其審所以處變矣．

陳良玉　字朗山．一字鐵禪．廣州駐防漢軍鑲白旂人．道光丁酉舉人．工詩詞．尤熟史部遺文逸事．記誦不遺．館新寧縣廨．有富人以千金求言訟事．斥之去．人目爲迂夫子．選通州學正．保升知縣．直隸州．丁艱歸．居近越王山之麓．闢地種梅．因名梅窩．爲學海堂學長．及同文館總教習．生平意度豁達．有用世之志．乃迄不得遇．徒以詩詞名．論者惜之．將軍長善修八旂志．樊封草創．牺具而卒．良玉繼之．加以討論修飾．書成刋行．著有梅窩詩鈔三卷．詞一卷．

隨山館詞稿序

國初．諸老論詞．以淸空爲宗指．其弊也．剽而不留．競事虛響．於是近世詞家．又以澀矯之而不善．學者阨塞底滯．亦不能無所流失．曩與芙生共論此事．芙生以謂詞者．詩之餘也．詩緣情而綺靡．惟詞亦然．必先有纏綿婉摯之情．而後有悱惻芬芳之作．情之所至．文自生焉．淸空可也．澀亦可也．非然者鏤冰翦綵．眞意不存．獨區區求工於字句間．庸有當乎．其持論如此．故於詞不多作．亦自謂弗工。蓋難之也。而聞其說者或不謂然。十餘年來。彼此南北離合非一。今年良玉南歸。相見於端州。芙生出示其詞。則別後所作。不及三十首。即舊與余輩唱和諸詞亦十不存一。而細讀之幾於篇篇有意。情紆語緩。自極杼柚之工。其於曩言。可云無愧。余勸其鋟木。芙生以所存過少爲疑。余曰。此顧工否何如。爾詞果工。少固無害。使其不工。多奚爲哉。芙生曰。如是則子宜序之。良玉所爲詞。芙生嘗序之矣。衡以無言不讎之義。固無可辭。乃述其平昔論詞之語。以爲之序。不知者又將以吾兩人爲標榜也。同治戊辰十月。

朱士琦 字贊虔。號畹亭。南海人。次琦兄。道光己亥舉人。著有谷泉吟草。北行。南還。西行等集。怡怡堂集。畹亭文存。

南順十一堡禦盜方畧自序

昔人有言。天下之勢。聚之則其氣日固。而相親相愛之勢成。散之則其氣日浮。而相戕相賊之機伏。至哉斯言。千古治亂之源。盡於此矣。衰周之末。人競富强。井田破壞。微特周初。比閭族黨之制亡。即管子軌里連鄉之法亦卒無踵行之者。緜延至於暴秦之後。天下乖隔成俗。蕩然無復先王親睦之遺。蓋古法之陵夷。二千餘年於茲矣。嗟乎。生今之世。爲今之人。欲井里之相親。鄉閭之安堵。舍妥行保甲。詳議團守。又孰從而致之。

我南順十一堡。地控長江。界連數縣。爲五方之輻輳。居百粵之下流。土廣人稠。言龐事雜。雖保甲之法。素所習聞。而求其規畫完善。緩急可恃者。寥寥無幾。即鄉之縉紳先生。及老成深識之士。亦未聞以是爲要圖而籌議及之者。烏虖。此盜之風所以日滋。而扞網鋌險之徒。所以接迹而無所顧忌也。又何怪僕僕攘臂其間。而區區欲以空言爲實事哉。今海內幸際昇平。人歌清晏。思患豫防之道。所宜亟圖。論語云。人無遠慮。必有近憂。易曰。繻有衣袽終日戒。又曰。其亡其亡。繫于苞桑。書曰。居安思危。罔不惟畏。弗畏人畏。言豫防之道宜早也。夫蚩蚩之氓。既不可與慮始。而整齊風俗。經制定法。亦耰鋤野老之責也。然則按切時勢。斟酌保甲。所以聯宇縣如一室。杜災變于未萌者。謂非吾人所有事哉。世之君子幸講求焉。僕將拭目而覩康樂和親之化也。茲編瑣瑣。固無論矣。

楊炳南 字秋衡。嘉應州人。道光己亥舉人。邑人謝清高遊海外。日述所聞見。多舊籍所未載。炳南筆而錄之。爲海錄一書。番禺潘氏刻海山仙館叢書中。

海錄序

余鄉有謝清高者。少敏異。從賈人走海南。遇風覆其舟。拯於番舶。遂隨販焉。每歲徧歷海中諸國。所至輒習其言語。記其島嶼阨塞。風俗物產。十四年而後返粵。自古浮海者所未有也。後盲於目。不能復治生產。流寓澳門爲通譯以自給。嘉慶庚辰。余與秋田李君遊澳門遇焉。與傾談西南洋事甚悉。向來志外國者。得之傳聞。證於謝君。所見或合或不合。蓋海外荒遠。無可徵驗。而復佐以文人藻繪。宜其華而鮮實矣。謝君言甚樸拙。屬余錄之。以爲生平閱歷得藉以傳。死且不朽。余感其意。遂條記之。名曰海錄。所述國

名・悉操西洋土音・或有音無字・止取近似者名之・不復强附載籍・以失其眞云・

廖亮祖　字伯雪・道光己亥舉人・負文名・授徒廣州・從者數百人・著有東岸草堂詩文集二卷・存・東岸草堂隨筆若干卷・未見・

讀孟子

或疑孟子一書於古帝臣王佐數稱伊尹・而論語所載則周公之事爲詳・於尹曾未稍及焉・是何・聖一賢・議論若不侔也・曰・孔子之不稱伊尹・以存周也・孟子之數稱伊尹・以救民也・春秋之時・王室雖微・天下猶知有共主・故桓文之覇・咸以尊周爲詞・孔子生其間・方幸文武之祚不遽隕墜・鳴條之事・何忍稱述・益張問鼎請隧者之燄哉・若戰國之時・周之亡決矣・生民之困極矣・孟子幸而見用・得齊梁之君而左右之・必將興仁義之師・拯水火之衆・鋤六國而統於一・如尹之所以相湯者・此其所以樂稱之而不復有所諱也・曰・子之論當矣・孔子何以稱武王・且周公獨非相武王伐紂者歟・曰・武王爲有周受命之君・孔子爲其臣・何得不稱之・若周公之聖在於定禮樂・不在贊變伐・

讀五代史龍敏傳書後

天下縱有萬難之事・而必無俱窮之策・是在能用其機而已・機之能用・可以轉禍爲福・反敗爲功・丕將束守而受其斃・若後唐廢帝之事・其殷鑒矣・當石敬塘之乞兵契丹也・廢帝問計・從臣龍敏言敬瑭所恃者契丹耳・東丹王失國之君・今居京師・若以兵送東丹・從幽州直入西樓・契丹且有內顧憂・何暇助晉・龍敏此言・寔當時之奇策也・昔田忌救趙・不趨趙而直趨大梁・其救韓亦然・此皆批亢擣虛・形格勢禁之道・使廢帝能用敏言・契丹必內訌・縱東丹素無興援・未必能如楚棄疾金烏祿之果有其國・而契丹之兵已不驅而自去・契丹既去・敬瑭即無能爲・而唐之天下固可以不亡矣・獸之被搏也・必反噬人・變之受刼也・或反攻敵・何爲有機而不用・徒束手受其斃哉・或謂契丹之來・唐方謀捍禦・安得更有餘力・不知兵有故張虛聲者・出師數千・即可揚言數萬・况當時唐之勁卒・雖向晉陽・而諸兵尚多未發・固無慮其力之絀也・予惜敏有此奇策・而廢帝不能用・因著之爲坐失事幾者戒・（此文成後・偶閱容齋續筆有此論・欲刪去・不能割愛・仍存之・亦以見古人之先得我心也・自記）

徐台英　字佩韋・南海人・道光辛丑進士・歷官湖南華容耒陽縣知縣・以交代虧空雜欵去官・同治初元・特旨召用・分發浙江・時左文襄撫浙・奇其才・爲捐升同知・委署台州府知府・未到官卒・文襄奏陳其官湖南治績・請宣付史館・所著有鉛刀集若干卷。

治水論

治水無他・治田是已・天下有田之處・苦於無水・不得成田者矣・未聞有水之處・苦於有田不能受水者也・禹之治水土也・疏瀹決排・所以治天下之水也・盡力溝洫・所以治天下之田也・後之人不能學神禹之治水・且當學神禹之治

田・田治而水亦治也・古者方井之地・廣四尺者・謂之溝・十里之成・廣八尺者・謂之洫・百里之同・廣二尋者・謂之澮・夫自四尺之溝・積而至於二尋之澮・爲治水也・水治而田亦治也・百畝爲遂・遂有徑十夫有溝・溝有畛百夫爲洫・洫有涂千夫有澮・澮有道萬夫有川・川有路・徑也・畛也・涂也・道也・路也・爲治田也・田治而水亦治也・蓋挾治水之心以治田・田治而水亦治・挾治田之心以治水・水治而田亦治・古聖人所以經理天下・恃此道耳・

今也不然・當其治田也・祇爲田計・絕不爲水計・所挽之垸・大者田數百頃・小者數十頃・鱗次比附・無一綫之溝以通水道・是水不治也・水不治而田有潰決之患矣・及其治水也・祇爲水計・絕不爲田計・禁私挽・懲私墾・務使可耕之地・半爲沮洳之場・曰吾以受水云爾・不知荒蕪之區・最易停淤・年復一年・不加疏濬・迄至夾岸泥沙・高臻數丈・蘆叢葦薄・曠野無烟・是田不治也・田不治而水有壅閼之患矣・夫已成田者・既與水爭道・貪尺寸之利・以遺無窮之害矣・未成田者・又復壅淤停積・水行地上・不知通變以盡利焉・無惑乎十歲九荒・而民嘗飢饉也・夫三吳之地古稱澤國・所恃洩水之處實爲太湖・不及洞庭十分之一・然富庶甲於天下・商賈輻輳・賦稅獨重・而亡無轉徙流亡者・則以三吳之地・五里一縱浦・十里一橫塘・以治水之法治田・而田無不治・復以治田之法治水・而水亦無不治故也・

今華容地方百餘里・江水自調弦口入・處處停淤・中間分洩處・只有蘿蔔港及紫港二口・淵難撥棹・淺不容舟・秋冬之頃・淤涸不通・蕪隰荒原・彌望無際・其已成田者無可奈何・而未成田者・謂宜亟倣三吳之法・令民得自墾闢成田・溝洫畝澮・如古井田之制・務令達於洞庭而止・如此而田無不治・田治而猶有不治之水者未之有也・前明邱文莊公有言曰・井田之制雖不可行・而溝洫則不可廢・爲今計・莫若少倣遂人之法・每縣以境中河水爲主・各隨地勢爲大溝・廣一丈以上者・以達於大河・又隨各地務開小溝・廣四五尺以上者・以達於大溝・又各隨地勢開細溝・廣二三尺以上者・委曲以達於小溝・溝成堤成・而田禾無淹沒之苦・生民享收成之利矣・噫・此治田治水之說也・華容最重堤工・堤工必資堤費・乃陋習相沿・凡生監職員・田連阡陌・其堤費莫有敢過而問焉者・因而告隱畝・告抗費者無日不有・又各堤均無田冊可稽・即兩造到堂碍難懸斷・是惟決行清丈・每垸各立一冊・冊內備載田畝的數・業戶的名・以後無論生監職員首事堤工・俱照畝派費・其有因畝低窪在各垸中・又自議定減畝減費之處・盡行更正・許減費不許減畝・庶幾堤費田糧・兩者俱清・堤工可永固矣・

清丈垸田告示

爲示諭清丈垸田・以均堤費・而濟堤工事・照得華容一邑・首重堤工・欲策堤工先資堤費・未有堤工不固・而可以言治華・亦未有堤費不清・而可以言治堤者也・查原丈垸田冊・係屬按畝派修・畝多者費多・畝少者費少・至公至平・人無異論・夫以一垸之田修一垸之堤・即偶有天災・斷無屢修屢潰之理。無如日久弊生・人心不古・有貪圖不出堤費・挪垸田以爲圻田者・有買主多出銀錢・令賣主少載糧數者・

有業已賣去而糧仍係賣主輸納．

此告示未終篇如刋刻時宜覓底本補入

與泚水客論包征之弊

徐子以憂去官．待罪泚水．需接署之員．客有唁焉者．慰吊既畢．因進而請曰。子宰華容．著有利弊書．極言包戶之爲民害．以爲非大有所更變．將不可以爲理．及宰耒陽．設分鄉立冊．併戶完糧之法．而悉大定．履任三日．而閭閻之疾苦。胥差之積弊．一若燭照而龜卜者．敢問子之所以得．他人之所以失者．何也．徐子曰．客之所云．僕何足以當之．然嘗於征取錢漕之事．三致意焉．客肯垂聽．是亦芻蕘之一得。可爲宰百里者導之先路也．天下有日行虐民之政．而不自知其非者．其包征包解之州縣乎．朝廷之設州縣曰催科也．撫字也．二者兼之．斯爲循吏矣．自催科撫字之途分．而州縣遂紛紜而多故．何也．田授之民．賦輸於官．此通義也．有賤丈夫焉．不勝其好逸惡勞之心．欲安坐以待錢糧之至．因循浸久．遂成爲包征．包解之痼疾．雖有良吏．類皆縮手咋舌。而莫之敢更。此其弊有非一朝一夕之故者矣。夫實征底冊．錢糧之綱領係焉．若丁若漕若折．爲正爲耗爲起運．爲存留．爲津貼．爲坐支．此不可不存於官．而細加披閱者也．一縣之村坊若干．一坊之糧戶若干．某戶實有幾人．某人共有幾戶．此不可不藉於官．而細加稽覈者也．甲買乙田．乙收丙稅．糧隨田轉．憑契收糧．此又不可不操於官．而細加料理者也．今一切懵然不知．日坐深衙．鬥牌飲酒．奏銷至矣．民欠奈何．官曰無憂也．有櫃書在．包解而已矣．包解而銀將何出．櫃書曰無憂也．有里差在．代墊而已矣．代墊而銀不能歸．欸將奈何．里差曰無憂也．稟官追給而已矣．夫能追給於代墊之後．則何不追給於未墊之前．彼里差者有所不爲也．惟代墊而後可以稟官追給．惟稟官追給而後可以鬻人之妻．賣人之子．據人之產．而百姓將無詞．否則里差之終歲僕僕何爲者耶．

客曰設稟官．而官不爲追給．又將奈何．徐子曰．客誠慮之過．官安敢不爲之追給也．官祇一回奏銷耶．抑今日之官有奏銷．他日之官獨無奏銷耶．奏銷重件也．奏銷誤而官於何有．然則官安敢不爲之追給也．彼里差者惟不欲枷某人而已．果欲枷之官．奚爲不爲彼枷之也．惟不欲杖某人而已．果欲杖之官．奚爲不爲彼杖之也．獵人之逐狐兔也．火以薰之．水以灌之．網羅以遮之．有逸出者．則又有韓盧以供搏噬．今之州縣．求其不爲里差之韓盧亦希矣．客曰．一縣之民有良者．有頑者．良者聽其自封投櫃．頑者用里差以困苦之．是亦抑勸之微權也．徐子曰．客獨不知夫里差．櫃書．魚柳一串者乎。蓋嘗有自封投櫃者．櫃書先裁其串而匿之曰．某戶之糧某日已全完矣．夫自行完納而無串票之可裁．則良民莫不飲恨以去．相卒而告其儔類．使知以投櫃爲戒．而後一縣錢糧通歸里差掌握之內．彼里差之自爲謀．又未嘗不深且密也．其富厚而近城者．則薄收其息以結之．其刁惡而遠城者．則少分其利以餌之．惟貪懦之徒．俯首而任其魚肉．稍拂其意．則受其結與餌者．且環助而詆訶之．恐嚇之．洎乎膏血已竭．箠楚無休．有不傳刃於里差之腹中者．非人情矣．不然楊大鵬．陳觀德之流．非有英雄桀黠之才・更無陶朱猗頓之富・獨能奮臂一呼・萬人畢集・所抄殺者非里差即戶書・豈非蓄怨既深・為禍必酷・鋌而走險・及汝偕亡之一證乎・

客曰・是則然矣・然自開征之日起・至封篆之日止・聽各花戶自行完納・過此而不來・而後責里差以代墊・官為追給・將使良者不至受里差之害・而頑者不得避官府之誅・奚為其不可也・徐子曰・為是說者言之近理・而未深究其事之不可行也・里差之甘於代墊者・正以一縣錢糧任其操縱・因是而得厚利焉耳・若先嚼其肉・而僅存其皮・則彼有望望而去者矣・且里差者果眞有餘錢以代墊錢糧耶・不過以其先所得於良民者・托為代墊之名・以為稟官追給之地・亦如州縣之挪新解舊者・然若一年內毫無所得・至奏銷將近・而後責里差以代墊・則追里差之代墊・更有難於追花戶之完納者・烏在其為可也・客曰・然則約總甲長之說如何・徐子曰・不責之墊・不為之追給・雖里差不能為害・既責之代墊・必為之追給・則約總甲長・吾未知其所以異於里差者・果安在也・其說在狙公之養羣狙也・狙公謂羣狙曰・吾食汝・朝三而暮四・羣狙皆怒曰・然則朝四而暮三・羣狙皆喜三四之數・非有加也・而喜怒異焉・今欲舍里差而用甲長・是以羣狙待吾民也・

客曰・如子之說・里差不可・約總甲長又不可・然則為州縣者・果何恃以清國課・而重考成乎・徐子曰・朝廷設州縣・既責以催科撫字矣・為州縣者・又欲諉其勞於人・而身享其逸・此非留心民事者所忍言也・雖然勞於始而逸於終・亦非强州縣以難為之事・孟子言井地之法・經界既正・分田制祿・可坐而定・僕亦言催科之法・冊籍既清・按戶催糧・可臥而理耳・且客亦知耒陽之易治・有十倍於華容者乎・一縣之田畝若干・一歲之額征若干・向無蠲□之文・永絕糾紛之弊・此其易於華容者一也・縣分二十一里・里分十甲・民冊屯冊・經書共五十人・分管摧收・過割之事・花戶之的名住址・未有不知之者・此五十人者不善用之・則為罪之魁・善用之又未嘗不為功之首・此其易於華容者二也・刁生劣監・食漕規而把持包抗者・或誅或竄・芟除殆盡・紳耆士庶咸拱手以觀新父母之政・而願效馳驅・此其易於華容者三也・故余之始抵耒陽也・行裝未解即召冊書而詢之・詰以里甲花戶・是否住居一處・的名安在・僉曰一月之內可使清厘・余乃知所以治耒陽者・如理亂絲・綱紀仍在・如振破襖・領袖猶存・是故分鄉立冊・併戶完糧之示出・而一縣之人莫不舉手加額完納錢漕者・流汗僵走・惟恐後時・豈不以曲體物情・事雖勞而易辦・强為衆論・理雖直而不伸者乎・今冊籍告成・某戶住某處・某戶即某人・按籍而催・均非無着・惟絲銀賠戶・向由里差代墊者・今不得不責令糧多大戶・及各姓祖嘗・暫且公攤勻墊・鄉愚未諳・偶有參差・本擬奏銷事畢・單騎下鄉・好為勸諭・詎料丁艱卸任・坐使七級浮屠・合尖未竟・此天不欲使余成循吏之名・又不欲使湖南包征包解之全局・任耒陽一邑獨開生面・有心者所為拊膺慟哭・公私交痛而不能自已也・

總而論之・有治人無治法・余之所以治耒陽・而驟得虛譽者・豈誠恃此區區之法哉・清以律身・勤以集事・明以折獄・於斯三者・殆庶幾焉・客曰・子今去官・代理者以民

欠尚多・謂爲不用約總甲長所致・將以聞於上・官而易子之所爲・子將何以辨之・徐子曰・毋庸辨也・余之始抵耒陽也・烟塵甫定・民情洶洶・又値征收漕米之際・大吏深以爲憂・余法立而漕米依限掃數・履任八月・共解新舊地丁南・折銀四萬餘兩・溢於每年額征之數者半焉・民力竭焉・而代任者猶以爲言・是所謂不揣其本而齊其末者・昔者扁鵲見秦王・秦王有疾・扁鵲請除左右・曰・君之疾在耳之前目之後。除之未必已也・將使耳不聽目不明・王以告扁鵲。扁鵲怒而投其石。曰。君與知者謀之。而與不知者敗之・使彼知秦國之政也・則君一舉而亡國矣・今之爲秦王左右者甚衆・是亦僕投石之時也・客且去・毋多談・客乃嘿然而起・天將暮有黑雲如蓋・自南岳來者・疾風迅雷雹雨交下・徐子秉燭危坐・讀漢書循吏傳三頁・俄頃天霽・星月皎然・乃閉戶滅燭而寢。

新修耒陽縣黌宮碑記

自京畿至於郡邑・皆得立孔子廟・豈不以聖人之道・師表萬世・凡有血氣莫不尊親・仰瞻榱桷・俛視几筵・祀事孔明・神保是享者乎・誠使一邑之中爲官者・必務平其政・爲士者必務修其身・農服田疇・女勤紡織・追乎不事・桴鼓無聞・此則崇奉聖人之明效大驗也・豈必掇巍科・躋顯秩・翰林進士・林林總總・而後謂之休徵吉祥乎・自陰陽家設爲風水之說・每遇學宮興作・議論蠭起・曰某方宜高・某位宜伏・某當吉・某當凶・妄言之姑妄聽之・未必驗也・而主其事者・往往惑焉・

耒邑學宮・地凡三遷・最後即今所修地・道光二十年・前任周某集城鄉紳士倡議更修・好事者不勝其誇大之心・自堂徂基・務極崇隆・以爲觀美・曰不如是不足以振文風也・於是台基・增一尺・殿宇增二尺五寸・越一年・殿廡先成・次年二月・鄉匪刼獄・又次年五月・匪衆攻城・前後搶攘不安・迄二年而後定・當事者無所歸咎・僉曰聖殿太高不利於縣署・又議拆而卑之・以經費不敷・事不果・今巍巍者猶是也・夫聖門四科・首德行・次言語・次政事・次文學・文不務振其德・而徒欲振其文・末矣・且今之文與古之文有異・古之文・詩書六藝是也・今之文・講章八股是也・誠有志於古之文歟・其謂吾徒而來請也・宜也・若徒志於今之文耳・則宜擇工於舉業者・薰沐而嘗祀之・若黃金之鑄賈島・其亦可矣・奈何其以瓣香禮拜之事測聖人乎・

而或者以比舊增高爲崇於縣署・則又不然・夫官民一體耳・傳載邾文公卜遷於繹・史曰利而民而不利於君・邾子曰・苟有利於民・孤之利也・民既利矣・孤必與焉・誠聖殿不宜增高・則已果其高・有利於民也・推古人之心・雖其身之死生禍福且猶不計・而何有於升調黜陟之區區者乎・今之爲吏者無乃不能如邾子之存心・其施於民也不順其情・其取於己也必盈・其欲至相激而成禍亂・則又不自咎其撫馭之失宜・而徒諉於陰陽方位之舛錯・鬼神有知・當必有啞其笑者・又安得以聖殿之巍峨・爲俗吏解慚之具也・嗟乎・自通文言之・科名赫奕在乎文人之自立・而不係乎聖殿之崇高・地方治否・視乎宰執之措施・而勿關乎衙署之隆替・得此意者處

則爲賢・處士出則爲良有司・其庶不悖聖人之敎也・夫然則今之巍然而聳峙者・改而從其初可也・因而仍其新・亦無不可也・惟欲因是而妄冀科名・且爲居官不職者藉口詬病之端・則大不可・愚故從實紀之・以望於後之爲治者・且以勉邑中賢士大夫焉・若夫經營之工・捐輸之數・則有董事者之簿籍存列如左・

何若瑤 字石卿・番禺人・道光辛丑進士・官編修・擢右贊善・告歸・主講禺山書院・總纂邑志・未成書而卒・著有公羊注疏質疑二卷・兩漢攷證二卷・海陀華館文集一卷・詩集一卷・統名何宮贊遺書・存・

與黎竹賓書

予嘗謂讀書談道・惟貧賤爲最眞・而交亦貧賤爲可久・富貴之場所心艷者升遷・所矜者要結・所徵逐者酒食游戲・而所習者諂諛・其位尊則其言善・其位愈尊其言愈善・之尊也遽相累・則言之善也遽相屬・貲之積也遽相雄・則情之欵也遽相昵・揮斥其財・而可與爲師生・爲昆弟矣・則不遽揮斥其財・而亦可市以爲重矣・人才之高下衡以交・交之疏戚衡以財・故曰富貴無是非・非無是非也・所習者諂諛・富貴無交游・非無交游也・所矜者要結・夫天下國家之大・必有人焉・起而任之・而此之起而任之者・必其平日相與講明而切究・足以盡天下國家之理・然後可以一旦任之而無疑・豫章之才至鉅也・非絕之削之・非特不可以爲棟樑也・而亦無以效杗桷之用・金玉至貴也・非鎚之琢之・上不足以登尊罍・而下亦無以厠瓦缶・今夫貧賤之士・無烜赫之勢以相傾軋・無車馬衣服之華以相耀・其爲地旣邇・而言又無忌諱・其所可者不必誠可也・見必爲可則可之・其所否者不必誠否也・見以爲否則否之・世故之周旋・傾危之習猶未熟・故清議所寄・眞氣之感激・其得之爲較多・今夫疊石以爲山・而澗瀑峯巒之無不備・楮楮而刻之・而一葉之無不肖・非不可以塗飾一時也・及與游夫邱壑之間・臨清泉・坐茂樹・則有悠然忘返者・然後知眞爲足恃・而物之樸者可常也・不然・輕富貴而高語貧賤・則亦矯焉已矣・詎讀書談道者而出此・

智勇論

有取天下之才・屈天下之力・裁决天下之聰明・經歷數十年・而功不成名不立・夫人所恃以與天下爭勝者・銳精持鋒而已・鋒之所向無勇不摧・鋒之所觸無智不慴・然而不慴不摧何也・英華太露者鬼神忌之・意氣盛者險阻乘之・羊腸之坂無僨轅・而平地或至于軸折・敬與肆異也・果銳之氣能發者不能收・能赴機不能持重・項羽百戰百勝而死于垓下無怪也・負其拔山蓋世之雄・而存趙・而亡秦・而霸天下・卒也韓信以少卻誘之・左右軍縱擊之・高祖與絳侯柴武繼之・覆其軍・殺其軀・爲天下笑・尋邑兵甲之盛・巨毋霸之悍・虎豹犀象之威武・古未有也・光武以三千人衝之昆陽・故無智勇不足以取天下・有智勇非養於淵沉・亦無以制天下之命・且夫天下之衆之不齊・各挾才力聰明以與吾相角・吾勇天下則怯・吾智天下則愚・而必不可使天下見其智勇者・吾見其智勇・人亦思見其智勇・夫一人之不能勝天下之衆亦明

矣．不勝則爭．爭則亂．今夫羣雄幷起．莫不有勇悍之資．過人之識畧．往往垂成而敗．適足爲眞主驅除難者．智勇之窮．而無以善其用．善用智勇者．斂之於無迹．而天下莫由窺．則高祖之鈍．光武之柔．其不可及也已．

謝蔚林詩序

十五國土風．剛柔奢儉貞淫之不齊．愁苦愉懌之異致．然而誦其詩如相告語焉．子姓以還．文武成康邈矣．厲宣之興廢．幽平之流離竄徙．千百年治亂得失．讀二雅三頌．如歷其境．如目擊其時事．故詩者天地之元氣也．今夫草木者無情者也．鳥獸者．有情而無於與於人也．自纍臣思婦閨之．忻若與俱忻．戚若與俱戚．而草木鳥獸之情．與吾纏綿菀結之情．若相繫相維而不可解．故即所言諷之味之．而其人如繪．其草木．其鳥獸．亦歷歷如繪．故詩者萬物之元氣也．天地無元氣而天地盡．萬物無元氣而萬物盡．人無元氣而人盡．而天地盡．而萬物無不盡．故詩者以吾之元氣．存天地萬物之元氣者也．

吾友蔚林少以文見知程鶴樵．韓桂舲諸先生．顧所工尤在詩．嘗從譚康侯游．其樂府古體駸駸乎與之上下．歿之歲與予同學於雲門夫子．蓋三十餘年矣．難弟靜山都轉以遺詩見示．讀之如見蔚林之笑貌焉．如聞蔚林之謦欬焉．如見蔚林所見．聞蔚林所聞焉．三十餘年以前之歲月．如電如光飈逝而滅．而不盡可滅焉．則即以此爲蔚林愚之元氣存焉．可也．

梁國珍　字希聘．號玉臣．番禺人．道光辛丑進士．官中書．丁憂．服闋還京．卒獻縣旅次．國珍初肄業學海堂．工詩駢文．後乃一意治經．身後遺著散佚．僅存刻學海堂文數篇而已．

文筆攷

六朝文筆之說．顏延年以爲筆之爲體．言之文也．經典則言而非筆．傳記則筆而非言．而劉勰文心雕龍非之．謂無韻者筆也．有韻者文也．蒙竊廣其說而詳攷焉．如延年所云．是以文爲筆耳．不知文與筆自是二種．故六朝迄唐有專言筆者．有兼言文筆者．亦有詩與筆對言者．按．北史邢昕傳．雜筆三十餘篇．隋書經籍志．前漢雜筆十卷．吳晉雜筆九卷．又東觀餘論．唐施肩吾集．以雜筆二篇附於後．此專言筆者也．邢臧傳文筆九百餘篇．劉邈傳文筆三十餘篇．他如蔡謨有文筆論議．（晉書蔡謨傳．文筆論議．有集行於世．）劉師知工於文筆．（劉師知傳．）武帝之於傅亮．（南史傅亮傳．武帝高登之始．文筆皆是參軍．）任記室．（梁武帝以昉爲記室參軍．專主文翰．每制書草．沈約輒求同著．尙被急召．昉出而約在．是後文筆約參．）後主之於陸炎．（陸炎傳．炎所製文筆．多不存本．後主求其遺文．撰成二卷．）又如劉璠之兼善文筆．（北史劉璠傳．）杜景佺文筆宏贍（朝野□載．）魏武之選尙書郎．（魏武帝選舉令．國家□法．選尙書郎．取年未五十者．使文筆眞卓．有才能謹愼．典曹治事．起草立議．）蕭衍使張臯寫溫侍讀文筆傳於江外．（魏書蕭衍云云．後太尉長史宋游道集．其文筆

□三十三卷．）陸印見李懷洲文筆．浩浩如長河東注．（隋書魏收．嘗對高隆之謂其父曰．賢子文筆．終當繼溫子昇．又陸印見李懷州文筆云云．）陳書姚察每製文筆．敕使索本．此皆兼言文筆者也．

文筆而外．又有以詩與筆對言者．南史沈約傳．謝元暉善爲詩．任彥昇工於筆．約兼而有之．庾肩吾傳．梁簡文與湘東王書曰．詩既若此．筆又如之．又曰．謝朓．沈約之詩．任昉陸倕之筆．任昉傳．昉以文才見知．時人謂任筆沈詩．又劉孝綽稱弟儀與威云三筆六詩．（三孝儀．六孝威．）是又以詩筆對言．故放翁筆記．轉疑筆即爲文．正如顏延年所云者．嘗總而攷之．韻語比偶者爲文．單行散體者爲筆．考工記曰青與白謂之文．凡物兩色相偶而交錯．乃得名曰文．（說文曰．文．錯畫也．象．交文．凡偶皆文．文即象其形也．）故孔子著易．於乾坤之言．自名曰文．文言數百．幾於句句用韻．且多用偶．此非文章之祖而有韻曰文之證乎．六朝迄唐．皆有長於文．長於筆之稱．顏延之云．竣得臣筆．測得臣文．老杜亦云．賈筆嚴詩．元好問亦有杜詩韓筆之論．至若任昉猶長爲筆．路粹人嘉其才．而畏其筆．（魏志．王粲傳注．）胡叟人奇其才．而畏其筆．（見北史）梁書．何仲言與范雲結好．一文一詠．雲輒稱賞．成公綏．張華見其文．以爲絕倫．唐書．李乂工屬文．如此類者見諸史傳．不可枚舉．而宋以後．若楊億．劉筠．猶襲唐人聲律之體．自歐陽修出．倡以單行爲古文．王安石．眉山父子．曾鞏起而和之．（見宋史．文苑傳序．）而文筆之稱遂混．元史謂歐陽元以文章冠世．多所撰述．海內名山大川．釋老之宮．王公貴人．墓隧之碑．得其文筆以爲榮焉．則又襲六朝舊語．不復能辨別矣．

珍詩之雅解

程泰之著詩論十七篇．與毛鄭爲難．其持論多臆斷．惟以南雅頌爲樂名．則辨證頗覈．有可採者．余因節取以論二雅．曰．雅之有小大也．以音別之也．此猶律之大呂小呂．各有其譜焉．作詩者隨其事之大小．按譜而爲之．編詩者即隨其音之大小．按譜而別之．故季札觀樂爲之歌小雅曰．美哉．思而不貳．怨而不言．爲之歌大雅曰．廣哉．熙熙乎曲而有直體．樂記師乙曰．廣大而靜疏．達而信者宜歌．大雅恭儉而好禮者宜歌．小雅皆於其音別之也．雅者．正也．樂尚正聲．故樂名雅樂．詩爲雅樂之章．故詩亦曰雅詩．而詩之作．則備道朝廷政事．故卜子曰．政有小大．故有小雅焉．有大雅焉．所謂隨其事而按譜爲之者也．鹿鳴以下所陳．多飲食勞賞小事．故按小雅之譜爲之．而即名小雅．文王以下．多陳文王之德．武王之功．其事大．故按大雅之譜爲之．而即名大雅．而且樂有正變．因之詩亦有正變．自鹿鳴至菁菁者莪爲正小雅．六月至何草不黃爲變小雅．自文王至卷阿爲正大雅．民勞至召旻爲變大雅．雖車攻吉日．崧高烝民諸詩．亦不容以意出入．皆樂之音節限之也．此猶變宮變商之不得爲正宮正商也．至於七月一詩．康成以女心傷悲以上爲豳風．以介眉壽以上爲豳雅．萬壽無疆以上爲豳頌．一篇之中風雅頌兼備者．亦以其音節定之．此又如詞曲家之有轉宮・轉調也・特古樂不傳・無繇參訂・而要非康成臆說・則固瞭然矣・故必明夫雅爲樂名・然後雅之大小正變皆可通・而康成之義爲不可易・惜乎程氏能發其端・而反用之以攻毛鄭・且幷議及序說・則大謬矣・余故即其說而通之・以質諸博雅君子焉・

儀禮之傳解

儀禮十七篇・士冠・士昏・鄉飲酒・鄉射燕・聘公食・大夫覲・既夕・士虞・特牲饋食十一篇有記・喪服一篇有記有傳・漢書藝文志・禮・古經記一百三十一篇・七十子後學者所記也・賈公彥曰・凡言記者・皆是記經不備・兼記經外遠古之言・又曰・傳不知誰人所作・人皆云子夏所爲・師師相傳・益不虛也・其傳內更云・傳者是子夏引他舊傳以證己義・今按十二篇之記・有補經之不足者・有與經互相發明者・亦有彼此兩記・詳畧不同・文字互異者・其爲七十子之後・學者雜記遠古之言無疑・熊氏朋來謂・孔子定禮而門人記之者・恐非也・喪服傳中引傳賈氏之說誠然・然疏內往往有列錯者・如齊衰杖期章・出妻之子爲母・傳曰・出妻之子爲母期・則爲外祖父母無服・傳曰・絕族無施服親者屬・出妻之子爲父後者・則爲出母無服・傳曰・與尊者爲一體・不敢服其私親也・疏・以後出妻之子二句・承親者屬句爲文・謂舊傳釋爲父後者・不合爲出母服・而以末一傳曰爲子夏釋舊傳意・讀者皆習而不察・至顧亭林日知錄始訂其誤・然顧以後出妻之子二句・爲經文末一傳曰爲子夏傳則亦誤・近世程易疇徵君著儀禮喪服・文足徵記・據兩出妻之子・文法正兩條・皆爲子夏傳・別出兩傳曰皆爲引舊傳證成已義・於是傳義乃犂然・又經文有掍入傳中者・如緦麻章末・長殤中殤降一等・下殤降二等・齊衰之殤中從上・大功之殤中從下四句・康成誤以爲傳文・致注殤服義多窒礙・徵君謂傳皆依經發義・無憑空立義之例・四句當爲經文・於是經傳亦犂然・

夫記疏也・又書也・凡疏義謂之記・凡古書亦謂之記・十二篇外若明堂・陰陽・王史氏諸記是也・與傳義同・而異釋名釋典・藝傳・傳也・以傳示後人也・此指凡書傳言與記同・書偁傳記是也・何休公羊定元年傳注解・傳爲訓詁・訓詁者・訓釋古言而通其義・若毛公之詩傳・馬季長之周官傳皆是也・與記異・故諸篇之記・有特爲經一條而發者・有兼爲兩條而發者・有兼爲數條而發者・亦有於經意之外別見他禮者・蓋皆當時記禮之書・治義禮者取而附諸經後・作者固不專爲釋經著也・若傳則旁推曲證・皆與經旨比附・程徵君所謂・因經發義無憑空起義之例者也・愚竊怪昔之言禮者・皆以儀禮爲經・周禮禮記爲傳・當不思儀禮與周禮有不盡合者・如聘禮所記賓行饔餼之物・禾米芻薪之數・籩豆簠簋之實・鉶壺鼎甕之列・與周禮掌客之說不同・又禮記往往兼言夏殷儀禮・獨詳周禮・制度已有異同・而文亦互有詳畧・即欲比而合之・名之爲記猶可・謂之爲傳・得無有憑空起義之患乎・故朱子經傳通解一書・誠有功於禮學・然命名之義・末學竊有不安・且既以禮記爲傳・而冠義・昏義兩篇・不附士冠・士昏・文後而另爲篇目・內則・內治・五宗・親屬・諸篇・凡儀禮所無者・又專取之小戴・而附以傳記之說・是

以禮記爲經矣・於體例亦不無乖牾・此則江愼修先生禮書綱目之名較善・而其義例亦爲精當矣・

梁紹獻 字國樂・號槐軒・南海人・道光辛丑進士・由翰林改御史・屢上封事・皆有關大計・見陳澧所作墓誌・乞歸・主講羊城書院・著有怡雲山房詩文集・

請園居聽政預戒安逸疏

我朝列聖相承・釋服之後・園居聽政・臣恭讀世宗憲皇帝圓明園記・曰不圖自安・不求自逸・又恭讀高宗純皇帝圓明園後記・曰帝王臨朝視政之暇・必有游觀曠覽之地・然得其宜・足以養性陶情・失其宜・適以玩物喪志・宮室服御・奇技玩好之念切・則親賢納諫・勤政愛民之念疏矣・其害可勝言哉・方今豐北河決未合・桂林賊氛未殄・各省聚衆戕官之案迭出・民生日困・財用日匱・又時逾孟夏・麥收歉薄・甘霖未沛・亢旱可虞・臣伏願皇上居宮室之安・則思兵燹孑遺奔走死亡之慘・處苑囿之樂・則念水災黎庶阻饑沉溺之憂・以此矢心・以此敷治・如是而不足以極救時艱・速迓祥和者・未之有也・

請擇良有司以息械鬬疏

禍亂之機・徵諸械鬬・如近日儋州・居民爭鬬・乃至攻圍州城・傷文武官九人・以此見械鬬實禍機所由起也・臣聞械鬬之風・莫甚於福建之漳泉・台灣・廣東之潮州・嘉應・及廣州府屬之東莞・新安・固由民情刁悍・亦地方官有以致之・民間詞訟數年不結・愚民無所控告・激而相殺・納賄於官・宴然無事・由是輕視官長・以致抗官拒捕・而官亦無可如何・詩曰・人之無良・相怨一方・書曰・小民方興相爲敵讎・奈何不急思所以轉移之也・臣以爲息鬬之道・有誠以動之・思以撫之・威以克之・今使爲地方官者・親至鄉閭間・存問耆老・與之道家常・談風俗・詢疾苦・竭吾慈祥惻怛之心・以消其桀驁不馴之氣・迨乎誠已達矣・情已通矣・乃舉行惠民實政・剔蠹胥・除訟棍・禁土豪・籌積儲・立鄉規・設義學・使百姓曉然於睦婣任卹之足尚・而械鬬之必不可爲・民非木石・有不感恩戴德者乎・至於頑梗之鄉・獷悍之族・則大加懲創・誅其首惡・嚴治三五鄉・而餘鄉斂跡・剪除一二人・而衆人慴服・又何械鬬之不可息哉・若爲地方擇良有司・以轉移風俗・此則皇上知人之明・與封疆大吏・承流宣化者之責・非臣所敢妄擬也・

馮譽驥 字展雲・高要人・道光甲辰進士・由編修累官至陝西巡撫・譽驥弱冠通籍・廻翔詞館・洊擢卿貳・外任封圻・文章丰采・爲後進眉目・書法逼眞歐陽率更・晚效李北海・世爭寶之・罷官・僑寓揚州・遺文散佚・存者惟隻鱗片羽而已・

陝省捐建社倉已有成數疏

竊惟積貯之法・自管賈以後・論纂繁矣・至宋儒朱子・本隋長孫平義倉之制・設立社倉・行之十四年・而條目始備・議者謂其要・在地近人・人習其事・在城之專爲備・不若在鄉之多・所謂制莫有善於此者・後世時地異宜・因其制

而變通之．本其意而推衍之．庶合足食之常經．即爲救荒之長策．臣前供職京師．習聞光緒三四年間．陝省旱荒．賑穀多購諸外省．洎五年．蒙恩簡授巡撫．於陛辭時．即陳明力籌積穀建倉．一律就緒．所以久未具奏者．良以其事本欲兩便．而易於擾民．必有實心．以貫徹乎事之始終．一切委曲煩瑣．劑合其宜．而又以實力持之．俾弊端胥剔．成效漸臻．庶稍可自信．否或浮鶩虛名．率開虛數．粗疏粉飾．非臣之所敢安也．

臣前查陝省各屬倉糧．業因賑務散竣．流離之後．民少蓋藏．其地皆高原大陸．土脈鮮滋．每遇暵乾．即成災歉．是倉儲之設．宜視他省爲亟矣．幸值是年．夏禾豐稔．易於舉行．經臣酌立簡易章程．行司通飭遵辦．其法．諭令富戶多捐．中戶少捐．下戶免捐．不准按糧按畝攤派．致啓苛勒．所有糧色．無論稻粟麥荳．隨其土地所產．均許捐交．其捐數若干．均暫存各鄉附近公所．其收放均由公正殷實紳耆經理．不准假手吏胥．仍責成地方官年中盤驗一次．以相詢察．各屬有一隅偏災者．被災各村．俱令扣除不捐．仍量受災輕重．在附近所存積穀．酌撥口糧接濟．如斯者一年．紳民樂從．各屬頗有捐積．蓋富民稍減酒食燕會之需．即預爲鄰里鄉黨之助．貧民仍得自謀衣食．不困酒漿．則裒益胥均也．水鄉多稻田之利．疏圃有菽豆之饒．則取攜甚易也．無分散之患．而人得以安其心．無轉運之勞．而人得以省其力．則私計悉便也．紳民自爲經理．可無蠹役之侵漁．官司相與稽查．亦繫地方之責任．則公義益明也．災年藉資散放．常歲仍繼捐輸．以一鄉濟一鄉之衆．以數歲救一歲之荒．不亟求取數之多．而期於積累．不驟冀見功之速．而要諸久長．此臣舉辦積儲之初．籌思備至者也．

惟是有穀而不籌其地．則濕變可虞．有地而不因其方．則取求難給．故勸捐必須建倉．建倉必須尙社．查陝省各屬．向年間有社倉廒舍．悉爲捻回各匪燔毀無存．隨飭於七年續捐積糧項下出三成變價．由該紳適中擇地．各就人烟輳集．有堡寨可守之處．或新建義倉．或購置糧石．六七兩年．九十一廳州縣．共捐存京斗稻粟麥豆八十萬六千石有奇．修建社倉一千六百餘處．由司委員分投查驗結報．確係實儲在倉．並無揑飾情弊．六七兩年．各屬被雹被水各村莊．窮黎大小人口．均得撥發口糧．紳民益樂倉儲之有益．本年夏收中稔．仍願輸將．一俟捐數較豐．緩急稍有足恃．來年自可暫停．俾得休息．蓋至社倉偏設．民不以爲官事．而直以爲家事．且不藏於家室之私．而藏於里社之公．其弊易除．其效易見．臣仍出示勸行節儉．禁止奢華．各存餘粟於家．以防匱乏．至捐納借放．典守晒晾各事．宜幷飭各廳州縣．傳諭紳耆．各就土俗所宜．妥議奏報．臣仍細加釐訂．分飭照行．俾經永遠．合乎朱子社倉事目之遺．蓋通行之章程宜簡．始無煩擾之虞．分立之條欵宜詳．始無挂漏之患．由是儲蓄遞年有增．規畫隨時漸擴．倉廩實而禮義興．攘奪之禍潛消．仁讓之風漸起．以仰副聖主惠保無疆．厚生正德之意．是臣所當次第經營．而不敢自限者耳．

修復龍洞渠工疏　光緒八年

竊查陝省水利．以涇縣屬之龍洞渠爲最．即古之鄭白渠遺址．考之志乘舊說．謂係引涇入渠．其後因涇水力大沙多．將渠道衝坍淤塞．遂改爲築隄拒涇．而專引龍山泉水入渠．即係現在辦法．向灌涇陽．高陵．三原．醴泉四縣沿渠民田．其利甚溥．每年於司庫動支存公銀兩．以資歲修．溯自陝省軍興．渠道報湮．民田致失灌溉．曾經前署撫臣劉典．於同治八年．籌欵修理．迄今已十餘年．未動庫欵歲修．渠身上段．滲漏入河．下段全行淤墊．下游三原．高陵兩縣．無由得水．恆苦旱乾．是水利之興復．斯時尤亟．上年經臣飭行藩司．糧道．會委西安清軍水利同知王諏．馳往查勘確估．督同涇陽等四縣．一律興修．惟查此渠袤延數十里．有石工土工之煩．並有官修民修之弊．穿山鑿道．更有明渠暗渠之分．嗣據委員王諏稟報．此次興作．首重疏通．並補隙漏．因將官修石工．阻滯渠道者鑿．令通暢幫砌．漏水者補砌嚴密．並將上游暗渠羊圈哨眼拆開．始知四龍眼之泉．本向南流．現因篩珠瓊珠二大泉．倒流北注．以致數泉滙聚．各水半經三龍眼漏去．昔人治渠於三龍眼之南．四龍眼之北．橫砌石牆．遏水南流．查因牆壞．不能遏水．諸泉倒流赴漏．後人不知病在暗渠石牆．祇以木板壩工順閉．三龍眼暫時塞漏．轉瞬土鬆板裂．大漏如故．今若補修石牆．工費太鉅．現於兩邊渠石列槽下閘．兩道中實以土．高出舊日水痕數尺．力堵各泉南流．不容點滴北注．並將幫砌石渠漏水五處砌補堅固．淤墊泥沙挑挖淨盡．官修土渠十餘里．一律疏濬寬深．督同該四縣．催沿渠各戶．將民渠分段挑修．務使適下順底．不任高仰阻滯．該同知王諏駐上督催．於光緒七年十月初八日興工．至十二月初七日．官工民工概行完竣．當即按期放水．各該縣俱已受水．計實用工料庫平銀二千二百三十七兩四釐．開具清摺．由藩司．糧道查明．請動支歲修銀兩．會詳前來．臣查該渠工竣後．本年已歷九箇月．據涇陽等四縣按月具報．渠水已照舊日水程．依期入境灌溉民田．實已著有成效．察核所用工料銀兩．亦尚核實無浮．經臣率同在省司道．如數捐廉．隨時飭發王諏承領支用．請免造冊報銷．除飭涇高三醴四縣督飭沿渠水夫．於每月水後隨時踏勘．遇有草土淤塞．及有滲漏之處．即刻挑修補砌．並飭涇陽．三原二縣之水利縣丞．各於所管境內常川查看催收以專責成外．查承平時官渠．向有歲修經費銀二百九十六兩零．咸豐八年．新章減半支給．並扣六分減平外．實支庫平銀一百三十兩零．軍興後未能籌撥．遂致失修．今已將渠濬復．每年挑淤補漏．及閘板等項．需費無措．自應請復歲修舊制．以重要工．相應據實陳明．籲懇天恩．飭部立案．准自光緒九年起．將龍洞渠應收歲修銀兩．照例按年開支造銷．俾資津貼修理．以垂久遠．而免廢弛．

芝隱室詩存序

樂初將軍．以節來鎭廣州．軍政具修．鈴閣清靜．嘗葺官廨廢圃．名曰壺園．日召賓客賦詩．其言視天地萬物猶一壺也．故其心常寬然而有餘．余曰．此君之詩之所以工也．昔莊周．列禦寇之徒．務齊榮辱忘得喪．以爲是舉不足以累吾心．彼其心固未遺乎富若貴．與一切智名勇功者也．知其不可必得．始矯然從而齊之．而其不齊者．且日相刃相劘．

而吾心卒莫之勝也。又烏能寬然有餘哉。

君席世冑以任子觀政刑曹。旋改武職。躋專閫。幼隨尊甫東嚴先生涉洞庭南北。又歷官所至。西南踰滇徼。北臨榆關長城。南度嶺表。世所稱富若貴。與一切智名勇功者。君皆能得之。顧落然若未始有得。而獨以所得者發之於詩。其詩於騷選唐宋靡不出入。而自能宣洩性情。當其得意。多若不假雕刻成者。蓋君肆力於詩。幾三十年。內而宿衞禁廷。外而鋒車巡行所部。率吟詠不輟。每一詩成。輒竄易數四。較量毫釐分寸。必得當乃已。以是知君之心。寬然有餘也。入五都之市。觀山海寶藏之儲積。象犀珠玉。窮極瑰麗。而目不加眩者。謂吾有餘於彼也。若夫伏處蓬藋鼯鼪之徑。身未嘗相接也。名與類未嘗相稽也。而妄輕之曰。是奚異蟬翼瓦釜云爾。吾知其俄然睨之。方且驚駭而歆羡之矣。若然者雖與之富貴之榮。智名勇功之盛。而其心且不足。然則所謂有餘者。君誠得而樂之。非如曠達者流。空言無事實。以廣已而造大也。

當乾嘉時。阿文成居宰輔二十餘年。立功兩金川。中國數萬里之外。而意在儒林文苑。不以韜畧爲長。今君秉旄鉞爲國重臣。他日功業成就。蓋不可量。而勸學之心。則固有同乎文成者。故序君詩爲發明之、夫古之名臣躬居盛滿。恆獨處深念、邑邑而不怡者。不其有在也夫。同治庚午十月。

黃經　號確泉。順德人。父樂之。官給事中。屢上封事。仕至浙江按察使。經道光甲辰進士。由翰林補御史。前後疏凡十九上。其切要者。如散脅從以孤賊黨。清江路以收金陵。厲嚴斷以肅紀綱。節財流以裕國用。皆有關大計。而薦前輔臣湯金釗督臣林則徐一疏。尤爲當務之急。尋擢河東道。百廢俱興。著鹺務錄鹽池記各一卷。升按察使。瀕行以前。諸商所送。陳設萬金。封識納於庫。士夫作爲歌詠。以誌去思。抵任後。旋卒。祀河東名宦祠。

起用舊臣疏

致治之本在用人。用人之道貴知要。此帝王馭天下之仁術也。皇上寶籙初膺。勤求上理。選賢輔德。實爲急圖。伏見前協辦大學士湯金釗。年近八旬。精神强固。品端學粹。海內目爲正人。洵昭代之良臣。百僚之矜式。倘再登朝列。必能殫心啓沃。上贊聖躬。嘗考唐臣裴度。年七十餘罷政。後復入相。宋臣文彥博。年八十餘以使相致仕。元祐初司馬光。以宿德元老薦。復拜平章軍國重事。五日一朝。一月兩赴經筵。恩禮甚渥。今湯金釗齒德俱尊。較之裴度。文彥博。差可無愧。伏乞皇上召問政治得失。采唐宋故事。起置左右。仰禆主德。且使天下臣民。知當今崇尚正人。自然觀感而興起。其益多矣。

抑臣更有請者。國家既取德望之臣。以爲輔弼。尤不可無才猷出衆之士。以熙績釐工。前任雲貴總督林則徐。總理庶務。精練過人。持躬亦屬廉潔。上年病假回籍。聞近來日就痊愈。且年僅六十餘。精力未憊。伏乞皇上令其來京。酌量留用。其人吏治熟悉。要事得以面詢。該員念累朝眷顧。未有不感激圖報者也。

譚　瑩　字兆仁・別字玉生・南海人・道光甲辰舉人・官化州訓導・擢瓊州府教授・不赴・卒年七十二・瑩少爲文・懸粵秀山寺壁・粵督阮文達賞之・時方縣考・以告邑令・而不言姓氏・令得瑩所試賦以呈・文達笑曰・得之矣・以第一人入縣學・由是遂知名・南海伍氏好刻古籍・延瑩主其事・凡刻嶺南遺書五十九種・三百四十三卷・楚庭耆舊遺詩七十四卷・又博采海內罕覯書籍・彙爲粵雅堂叢書一百八十種・共千餘卷・皆手自校刊・凡爲跋尾二百餘通・生平精力略盡於此矣・尤工駢體文・著有樂志堂文集三十二卷・存・

丙丁龜鑑書後

右丙丁龜鑑五卷・宋柴望撰・續錄二卷・一爲元人所撰・一爲明人所續・均未著姓名・四庫全書提要已著錄・謂後世重其節義・又立言出於忠愛之誠・故論雖不經・至今傳錄・實則不可以爲訓云云・案・望之說・始於邵子皇極・經世以元會・運世配日月星辰・而隸以易之卦爻・謂丙丁於易・爲夫爲姤・而於唐堯・及夏商歷代・丙丁之歲已約舉其兆・其後洪邁容齋五筆因之・謂丙午丁未之歲・中國遇此輒有變戰・非禍生于內・則夷狄外侮・且謂丁未之災・又慘於丙午・昭昭天象・見於運行・非人力之所能爲也・望更推廣言之・備摭事實・而各系以論斷耳・望以上是書得名・其後出獄歸里・士大夫至祖道涌金門外・賦詩感慨・傾動一時・王伯厚困學紀聞・亦載其表語云・今來古往・治日少而亂日多・主聖臣賢・前車覆而後車誡。則當時固甚重此書矣・故兪文豹吹劍錄・亦謂凡丙午丁未・遇之必災。明張萱疑耀亦謂・有丙午丁未・而天下或無大故者。未有大故而不値丙丁午未者・皆沿其說也・夫古今夷狄之禍・莫慘于靖康・而適値丙午丁未之歲・迨淳祐六年・歲又値丙午・且正旦日食・望殆鑒于前事・特爲推衍禍福・不嫌稍涉於穿鑿支離・而故以危言悚聽者歟・善乎陳同甫上孝宗皇帝書云・右晉失盧龍一道・以成開運之禍・蓋丙午丁未歲也。明年藝祖皇帝始從郭太祖征代・卒以平定天下・其後契丹以甲辰敗于澶淵。而丁未戊申之間。眞宗皇帝東封西祀・以告太平・蓋本朝極盛之時也・又六十年・而神宗皇帝實以丁未即位・國家之事於是一變矣・又六十年而丙午丁未・遂爲靖康之禍・天獨啓陛下於是年・（孝宗生）而又啓陛下以北向復仇之志・今者去丙午丁未近在十年間耳・天道六十年一變・陛下可不有以應其變乎・此誠今日大爲有之機・不可苟安以玩歲月也・此持平之論・亦何嘗不足以動聽歟・夫天道遠而人道邇・術數家言固古聖賢所不道・且其援引閒出於傅會・宜爲通人所譏。然其說固非盡無因・而其心其則尤當共諒・千百世復讀是書者猶宜採其說以爲危明憂盛・繩愆糾謬之資・當迥異於以天變爲不足畏・人言爲不足恤者・矧其歸本於脩省戒懼・以人勝天・又遠軼於諸家之說者哉・

黃衷海語跋

右海語二卷・明南海黃衷撰・衷明史無傳・事蹟見粵大記・是書明史藝文志亦不著錄・粵大記作一卷・各志乘因之。然實三卷・明陳繼儒寶顏堂秘笈・國朝張海鵬學津討源・俱刻之・今通行本・則道光初元江藩携寫本至粵中・粵人重刻之者・衷自序稱。屏居簡出・山翁海客・時復過從・

有談海國之事者．則記之．客多談暹羅滿剌加之事．然類有異於前志者．豈亦沿革習氣．與時推移耶．按暹羅．滿剌加．始見於明史外夷傳．前史無之．則夷所謂異．亦當時野史及各郡縣職志之書耳．明史外夷傳國朝尤侗撰．侗復撰外國竹枝詞．其自註半亦不存．其曾見是書與否．固未可知．然要必有所據而爲之者．其互有異同．要不若是書爲海賈所傳．見聞較確矣．

明人學問謭陋．沈德符野獲編謂．倭事起時有無賴程鵬起者．詭欲招致暹羅舉兵．擣其巢以紓朝鮮之急．其說甚誕．石司馬大喜以爲奇策．一時過計者．又恐暹羅入境窺我虛實．且蹂躪中華．于穀峯宗伯時在春曹極詘笑之．以爲茫茫大海不知暹羅在何方．所云調征者已可笑．乃又憂其入內地．此待其來時再議之可也．其言似是．然暹羅實與雲南徼外蠻莫及緬甸相鄰．陳中丞用賓撫滇．嘗欲與協力圖緬夷．爲郡縣可得地數千里．事雖無成．然其國濱海．而可以陸路通無疑矣．程鵬起泛海求援．固屬說夢．即于公詆議．亦未得肯綮．于久爲禮官．暹羅爲入貢恭順之國．其道理圖經何以尚欠深究．則當時之紀述殆可知矣．明興．外夷惟朝鮮日本琉球安南暹羅滿剌加占城庭實之質．不絕而貢獻．道由吾粵者．暹羅滿剌加尤恭順．

黃志通志正德十一年六月．佛郎機假入貢爲名．舉大銃如雷抵澳．郡城震駭．十四年．逐佛郎機出境．明史佛郎機傳．嘉靖二年．寇新會之西草灣．官軍得其砲．即名佛郎機．副使汪鋐進之朝．澳門紀畧．嘉靖三十二年．番舶趨濠鏡者．言舟觸風濤．漬溼貢物．願暫借晾晒．海道副使汪柏許之．歲輸租銀五百兩．後建屋居住．今生齒日繁．明史食貨志．萬曆時紅毛番築土庫於大澗東．佛郎機築於大澗西．歲歲互市．中國商旅亦往來不絕．夷是書成於嘉靖十五年．豈堅冰之漸殆未形耶．胡獨取其尤恭順者．以裒錄成書也．其微言以托諷耶．外此皆當思患而預防之者也．吾粵澳夷之患．若汪鋐．若桂蕚．若沈昌世．若楊溥．若姚虞．俱切言之．粵人若何鼇．若霍韜．若龐尙鵬．若郭尙賓．俱竊憂之．而抗疏言之．士君子當承平已久．鍵戶著書．固不必漫作杞人之憂．然身非當何鼇．霍韜．龐尙鵬．郭尙賓等之時與地．殆可不言．即言亦夫誰信者．且何鼇．霍韜．龐尙鵬．郭尙賓等．抗疏言之．而明之君臣．以市舶之利．亦未能獨斷以從之也．夷而語海．而獨言其恭且順者．殆亦知天下事大抵如斯矣．

粵人大記謂夷病足痿．乞休不允．比敕兵部右侍郎得報．即抵家．疏四上皆不許．會有忌之者．恣爲飛語．謂夷潛至京師謁當路．人皆知爲致仕侍郎王．蓋非夷也．後校尉奉旨．密查無蹟．猶勒冠帶閑住．給事中魏良弼乞治言者欺罔之罪．不報．序所以稱鐵橋病叟歟．宜其漫述海外之風土．山川物產．閒附斷詞．以寓勸戒焉已．沈德符野獲編謂．萬曆三十五年．番禺舉人盧廷龍．請盡逐香山澳夷．仍歸濠鏡故地．時朝議以事多窒礙．寢閣不行．蓋其時澳夷擅立城垣．聚集海外．雜沓居住．吏其土者皆莫敢詰．甚有利其寶貨．佯禁而陰許之者．時督兩廣者戴燿也．又七年爲萬曆四十二年．則督臣張鳴岡疏言澳夷近狀．謂議者謂濠鏡內地不宜盤踞．今移出浪白外洋．就船貿易．以消內患．然濠鏡地在香山．官兵環守．彼日夕所需．咸仰給於我．一懷異志．即扼其喉．不血刃而制其死命．若移出浪白．大海茫茫無涯．番船往來何從盤詰．奸徒接濟何從堵截．勾倭釀釁．莫可問矣．其說與盧廷龍疏．鑿枘之極．嗚岡固郭尚賓於萬曆四十二年．劾高□疏內稱其嚴禁餽送．清汰耗羨．於澄清粵東吏治最爲得力者也．而所見已如斯矣．德符且謂．或者彼中情形．實□如此．又謂．今澳夷安堵．亦不聞蠢動也．又謂．紅毛夷迫近省會香山．澳諸貢夷皆云彼大器即精．又萬無加於我．誘之登岸．焚其舟．則伎倆立窮．又謂彼日習海道．而華人與貿易亦若一家．恐終不能禁．說者以廣之香山．澳夷盤踞爲戒．非通論也．其然豈其然乎．

鹽田賦有序

鹽田粵東大利也．而年來寖不逮昔．議者欲稍爲變通之說．不知粵鹽之壞．壞于販私．販私而商疲．商疲而販私．而丁愈不可問矣．丁不可問．即殷商悉爲所累．究何法以懲之．僕粵人也．謹援故老所流聞．畧仿柳宗元晉問之詞．以少抒其諷諭之情．而成此賦．固未敢與郭璞．閭百輿諸子競短長爾．其詞曰．

有錢塘估客．問于南海釣師曰．青州厥貢特重．鹽絺鹽筴．立於齊國．鹽盆榷於漢時．或生鹽井．或產鹽池．擅山海而乃富．出木石而轉奇．惟粵名田．盍辨物宜．吾子殆生長于斯者．敢期爲我一一詳言之．師應之曰．鹽官置粵．肇漢元封都尉．設於吳之某王廵院．立於唐之肅宗．由兩宋以迄我朝．職官有長．食貨有志．幾于月異而歲不同．而粵中鹽利．且與兩淮．兩浙．長蘆．山東．而代雄矣．鹽亭有驛．李吉甫元和郡縣志之所徵焉．鹽場．鹽柵王存元豐九域志之所稱焉．以至劉恂嶺表錄異之所稽．周去非嶺外代答之所評．而鹽田之制．均未嘗切究而講明也．俯近滄溟．帶山灣浦．自廣肇惠潮以洎高廉．產鹽者六府．分廣東海北之場．而王伯厚玉海之所書宜亟補．博茂．電茂．小江．大洲．淡水．鹽水．蠶村．調樓．海矮．矮筒．小靖．招收．碧甲．海甲．白石．丹兜．不能遍數．利與穀侔．蓋前明額設者．二十有七所．至我朝而舊章率由．

其爲田也．有港有隄．有溝有竇．有池有牆．有槽有漏．潮汐訊消長之期．風雨卜陰晴之候．沙平布以如砥．水周環而若甃．虞其涸而日戽者三．以耐水鹹而取鬻．沙鹽相雜．風日兼美．置之漏而未乾．淋以水而能已．鹽鹵乃流沙沈于底．始則覆之以蓢蔆．繼則投之以蓮子．鹽潮久退．爝火不起．或更試以雞卵魚苗．莫不與飯而俱浮矣．其熟鹽則煑之竹鑊．塗以蜃灰．容卅廿斛．煎三五囘．胡入爨而不焦．本柯亭之笛材．元霜既擣．蜑雨何來．倏烟霏而霧結．蠹海氣之樓臺、其生鹽則最苦雨淋．端宜日炙．柵淨無塵．池平有石．廓平陸以霞明．亘前村而月白．俄愁霖之兼旬．均束手以無策．綜一漏而計之．冬春日微．日得一石而多損．夏秋日盛．日得二石而轉益．五畝之田．歲四十收．而鹽幾二百石也．

于是陸運海運．山居水居．監司無臥收之引．獞猺寮淡食之虞．價微則民無不足．得易則丁皆有餘．下以供嶺海軍農之要．上以佐朝廷倉庫所需．恆估利者十倍．僅通行于一偶．粵西原賴．江右遠求．指七𨔵而鑿楫．望三楚以通舟．滇惟闔省．黔獨一州．膏津雪積．委路霜稠．交廣則公私同悅．東南之擾賈何憂．蓋鹽田者．粵之大寶．又天地自然之美利．而殆非蓄舶所能儔．

客復曰．是皆然矣．方今皇帝盛明．海隅淸晏．度支非桑孔之倫．寇盜絕孫盧之患．且也守支捨配．弊已宿懲．乾淸幷兼．奸仍立辦．王守仁之議上．定例恰符．劉堯誨之疏陳．舊規誰變．吳震方書之雜記．今則無其事也．屈大均載之新語．今又殊其制也．而近且國課急．而商計虧．餘鹽溢而正額滯．才慙學士．竟有私鹺．勢匪平章．公然盜販．李林甫之生計．凶狡可知．王伯齊之往來．姓名莫問．豈積久而弊叢．令智勇之俱困．願借箸以籌之．庶悉聞乎讜論．師應之曰．夫興利者務除其弊．而塞流者貴杜其源．今子無乃知漏卮之足惜．而未審易轍之匪易言哉．聖天子皇輿逮馭．帝網宏施．重臣膺崔浩之錫．大府蒙劉晏之知．細微之闌出安可恕．而飢寒之坐困殆可危．粵商當積重難返之餘．久無起色．西北兩綱傳誰登乎貨殖．而顧以中綱爲極．商收私而鉤通者．固其職矣．商賣私而影射者．尤難悉矣．遍地皆私而官估復高．價反爲其所抑矣．且夫令商賫鹽．柴紹炳之論．殆未易行也．就場稅鹽．李雯之說亦未甚精也．惟當秉廉能以率屬．允矯情而警輕．望似崇山之峻．心如止水之淸．其下化之．食不必魚尾猩脣．服不必冰紈霧縠．使不必俊僕妖姬．居不必瑤臺夏屋．將見家之貧者．可轉而復富．而鹽之乏者．可羅而使足．遠報轉輸．均思儲蓄．斯時竈丁亭戶．衣焉食焉不敢欺．作焉息焉不敢暇．朝與程功．夕同論價．駕帆檣而安往．給米鈔而誰假．而不然者．原按籍而可稽．豈託詞之能辨．問澄汰之誰宜．冀觀摩而漸轉．謂驕橫之已極．愼搏擊所當先．能以古而爲鑑．知防患于未然．涓滴之水終成浩川．苟隱憂之方始．反不如于石田．誠不欲見粵人之安處．而蚩蚩者輒垂涎于利權．

紅豆賦

銷魂誰贈．入骨相思．定及烹葵之語．如賡采葛之詩．祝東風兮太早．生南國兮偏遲．第女兒之愛此．獨年少之憐伊．以彼葉似黃槐．樹維紅豆．蛤吠昏黃．雁來時候．帶夕照以成金．映落霞而如繡．黃菊園亭．丹楓斥堠．謝豹之筍成竹．牽牛之花繞籬．霍小玉之淚痕的的．薛靈芸之血漬離離．珊瑚碎瑣．鞊鞨芬菲．分明同於玳瑁．粧點倍於臙脂．如以漆而投膠．豈看朱而成碧．含似瓜瓤．小於蓮菂．合浦珠明．荆山玉赤．定比貓睛．嫣然猩色．砂擲米兮旋成．錦迴文兮誰織．寄幽恨於無端．喚小名而艷極．鸚鵡啄兮愁余．蟋蟀鳴兮憐汝．荳蔻初胎．梧桐新乳．靑棠生兮合歡．櫻桃小而欲語．榆有莢兮宛然．榴多子兮誰比．鶴頂露渥如之丹．魚鱗笑可憐之紫．花含蕊而彌嬌．草拔心而未死．帳掩流蘇．燈然芳苡．芍藥抽芽．丁香結子．

爰賦惱公．時聞懊儂．定情語麗．本事詩工．綠珠身世．絳樹儀容．鳥營巢而並命．蝶作繭以同功．扇描鸞而璀璨．釵綴鳳而玲瓏．揚子幼之三頃須種．郭景純之三升已空．同摩勒之盜綃．學羅虬之比紅．已矣哉．斷腸原比於海棠．奪目早同於罌粟．醉有檳榔．哀同躑躅．捻殊妃子之花．染豈湘娥之竹．蚌無胎而匪精．鮫有淚而盈掬．宜歌石帚之詞．藉記韋孃之曲．嗟嗟紅杏．尚書之讚誰讀．白鶴禪師之偈不聞．顧古湫之畫圖仍在．董東亭之篇什可焚。（並見茶餘客語）昔似吳園次．今同惠密雲．

江瑤柱賦 幷序

海錯不一類．而江瑤柱以美特著．僕海濱人也．乃僅得其中乾者啖之．雖不至如端明蘇氏所譏．然實不解其味之所以夐絕品流者．乃知古今之才．所稱寡二少雙．尤貴及時而自著也．爰濡翰而賦之．其詞曰．

誇尤物於海隅．羨江瑤之獨步．聲久重於前論．味自高於食部．青鰕擬而非儔．離支見而遙妒．賦殊質而爭推．豈常珍而可具．爾其毛詩舊注．爾雅曾名．喚海月而麗絜．呼馬頰而怪呈。或上鉅而下狹．更首銳而柢平．舌竝西施之美．名假楊妃之偁．少者沙瑤．大者江瑤．種海田而欲遍．變踰年而豈遙．風自南而乍起．日再上而偏饒．其柱則圓比搔頭．長踰膚寸．玉瑩指柔．雪融牙嫩．奚絲髮之稍麗．已襁褓之全褪．即車螯而實殊．恐蛤蜊之久遜．搜羅乍得．鐫琢何精．郡看流碧．子冀添丁．劑仙姿以水火．漉紺體以椒橙．不腥不韌．宜煠宜生．色如珂而倍潤．味似酒而彌馨．雞汁過而信美．豬肚假而亦矜．（周密．宋高宗幸張循王府節畧．下酒十五盞．第十二盞．豬肚假江瑤．）

若夫蠔田蜆埠之村．梅子藕花之節．嘉賓既來．華筵特設．招子美而入座．喚仙君而就列．挂席拾而方贏．解衣求而獨切．法但工於朐膢．香更便於口舌．百枚豈多．一沸遂輟．信脆美之無倫．自甘鮮而兩絕．若乃踰修阻．閱寒暑．指動先占．情深延佇．嘗異味而如失．盜虛聲而誰許．嗟高格之不存．還羮材而莫與．雖沙蛤而猶先、幾鰠鯆之爲侶．是知遷地即良．過時即異．增此日之慙愧．記昔時之風味．毛勝之簿猶存。蘇軾之傳原戲．夫以媚川之光．靈淵之鮮．鄉曲誰譽．良非偶然．苟與論夫出處．愼毋虛越此海珍之年．

擬孫樵乞巧對 幷序

昔柳子厚有乞巧文．孫可之有乞巧對．大抵皆反其意．謂巧不可祈．而今異矣．拙莫拙於此時者矣．秋夜無事．輒擬可之之對．意在引伸．語多憤激．亦庶幾言者無罪．聞者足戒耳．至或疑欲仿沈下賢作．則久已屏除綺語債．非惟不敢．亦不暇．其辭曰．

七夕良宵．雙星虔祀．羽蓋分明．針樓徙倚．乞巧筵開．聊復爾耳．客乃言曰．大巧若拙．巧不可祈．孫樵有言．巧何可施．余應之曰。今無巧者．安於至拙．未如之何．殆不可說．奚取於巧．今非其時．因循闒茸．試畧言之．文無巧者．依樣葫蘆．本無杜若．休之市賈．舍人牕斲．貶駁魯公．嗟稱沈約．張融步吏．崔暹癩兒．如騎欵段．且食蛤蜊．劉恢輕薄．王約肥癡．武無巧者．琵琶蹴踘．摸犢偸驢．鳳毛覓難．魚鮓獻無．是翁矍鑠．大事糊塗．羽儀自玩．芒屩習行．佛出無奈．鬼笑不驚．兒戲霸上．誰泣新亭．

巧於居內．鼓瑟膠柱．求劍刻舟。思止獮豸．游道獼猴．

致政作坊．望省建樓．顧榮妨我．鄧禹笑人．取同市瓜．居礙積薪．敬容殘客．公孫惡賓．巧於居外．洗脚船移．掩耳鐘撞．惜指失掌．剜肉醫瘡．籠紗有像．作鏡無光．彭几知兵．郭倪決戰．忠武後身．霍光列傳．青坂同悲．擅公數見．

縉紳巧者．蟬腹龜腸．麞頭鼠目．易餅珠慳．回帆鼓促．三台敢望．一路曾哭．杜密劉勝．李志曹蜍．鶩猶蛺蝶．隱學蜘蛛．在郡食雁．爲客思魚．吾儒巧者．碑殘沒字．醮强賦詩．敢言秋杜．果惠蹲鴟．孟堅非固．太傅其誰．轡輪袍新．兔園冊舊．適從何來．尚有餘臭．社燕蒼舒．橐駝劉晝．

莫巧於農．襏襫苧蒲．鹵莽滅裂．九穀書在．四民令缺．男功誰助．生事已微．無逸曾圖．丈人所譏．莫巧於工．斲輪難喻．運斤輒傷．針神絢爛．絲絕尋常．刀劍錄備．墨琴譜近．古意蕩然．靈光將盡．莫巧於商．錄儲萬物．諾負千金．渭城能唱．移市誰禁．算愁甕破．論作錢愚．長袖敢舞．懸罄不如．

余等即忍饑寒．袖手旁觀．俯仰時局．均到萬難．聊守吾拙．殆非所安．奚從稅駕．卻慶彈冠．惟當同祝天孫．俾達天帝．庶使一官一氓．一材一藝．風節文章．術智德慧．直媲古人．翕然名世．巧乎巧乎．天上人間．同關匪細．榖板花瓜．家宜速祭．

袁梓貴　字仲芳．一字琴知．高要人．道光甲辰舉人．國史館文苑有傳．稱其生平介介不苟．所爲文沈博絕麗中時露矯激．著有小潛樓集十二卷．存．

坎離爲乾坤之家說

荀氏九家易．六朝人直爲荀氏易．荀氏義莫大於陽升陰降．乾文言注云．乾升於坤．曰雲行．坤降於乾．曰雨施．乾坤二卦．成兩既濟．陰陽和均．而得其正．蓋陽在二者．當上升坤五爲君．陰在五者．當降居乾二爲臣．乾升坤爲坎．坤降乾爲離．成既濟定．則六爻得位．繫辭所謂．上下无常．剛柔相易．乾象所謂．各正性命．保合大和．乃利貞也．又注大明終始云．乾始於坎．而終於離．坤始於離．而終於坎．離坎者．乾坤之家．而陰陽之府．蓋離坎成既未濟．而既未濟原於泰否．泰否者．乾坤相易也．相易則升降是也．泰天地交．陽息而升．（泰注云．陽息而升．陰消而降．又既濟注云．天地既交．陽升陰降．）大壯一陽升天．二陽升乾．三陽升聚．於午姤一陰降遯．二陰降否．三陰降．天地正．乾坤定．陽將降．則爲未濟物終矣．陰消而升觀．一陰升剝．二陰升□．三陰升羣．於子復一陽降臨．二陽降泰．三陽降以高下卑．以貴下賤．天地通．陽將升．則爲既濟物之始也．

總而言之．乾始於坎．舍於離．坤始於離．舍於坎．乾生物始於泰．聚於午．而終於否．物死於否．坤化成之．羣於子．而復始於泰．是姤復爲天地終始．泰否爲萬物始終．皆舍於坎離也．（宋衷釋原始反終．故知死生之說云．說．

舍也。本此）此荀氏義也。但荀氏明升降於乾坤二卦。而諸卦不詳。虞仲翔以旁通解易。而不詳升降之義。仍乾坤之升降。即乾坤之旁通。而諸卦之旁通。仍乾坤之升降也。旁通□乾與坤。坎與離。艮與兌。震與巽。交相變也。又曰。之卦則以兩爻交易而得一卦。乾坤者。諸卦之宗。復臨泰大壯夬陽息卦。姤遯否觀剝陰消卦。□自乾坤來。而諸卦又生於消息卦。其義原亦相副。故論卦變於一陽一陰。二陽二陰。三陽三陰等卦。其見注者二十六卦。不同虞者。僅蹇解□三卦。但消息之義。虞言乾息則吉。陰消則凶。而九家云。陽稱息者。起復成巽。（謂乾立於巳）萬物盛長也。陰言消者。始姤終乾。（謂坤建於亥）萬物成熟。成熟則給用。給用則分散。故陰用特言消也。然則息者陽之生。消者陰之用也。（九家釋坤。初六謂陰始消。陽始於微霜。成於堅冰。其義則以霜爲乾立命。堅冰爲陰功成。坤初六之乾四。履乾命令。陰順乾之性而成堅冰。荀云。乾氣加之性而堅。象臣順君命而成之。則坤之消乾。正所以成乾。所謂地道无成。而代有終。非以坤爲積惡。弒父弒君。）繫曰。方以類聚。物以羣分。吉凶生矣。由九家法則。陰陽爻羣聚而生吉凶。謂陽性欲升。升而舍離。則吉之盛也。陰性欲承。升而舍坎。其吉之端也。此其義微異耳。（按其牛掣。虞依荀作觭。聖人以此洗心。依荀作先心。爻位初元士。二大夫。三公。四諸侯。五天子。上宗廟。本乾鑿度。亦與荀同。猶其義之小者也）若文言君德也注。陽始觸陰。當升五爲君。則直書荀義已。至豈以其譏西南得朋。東北喪朋。顛倒反易。及誚老婦得其士夫。何異俗說而謂相戾哉。

漢經師自王弼出而諸說微。李鼎祚作周易集解。可見者十餘家。唯鄭荀虞三家。畧有梗概。虞又較備要。虞義多本荀義耳。虞奏言荀諝知易。臣得其注有異俗儒。又言馬不及諝。又宋仲字言乾坤升降。卦氣動靜。大抵出入荀氏。故亦以爲差勝康成也。蓋易緯唯乾鑿度最純。先儒多本其說。乾升坤降。其義亦出乾鑿度。陰麗陽。而陽由七上九。陰由八降六。故陽性欲升。陰性欲承也。左傳史墨論。魯昭公之失民。季氏之得民。云在易卦。雷乘乾曰。大壯天之道。言九二之大夫當升五爲君。慈明之說。合於古之占法。故虞仲翔注易。亦與之同也。

塞暑鍼賦

鬼工造通元先生之門。曰。先生幽潛。鍼灸莫起痼。減暑不出戶。披圖而寒熱知改。叩絃而凉縟應譜。曾亦見有二氣所攝。寸鋌是舉。陰陽升降。春秋代序。不差絫黍者乎。夫其珷瑁襲沓。頗黎光怪。瓌飾七寶。彝書四界。橐鑿不疵。心訬而糊。銀母內活。天工外奪。分寸粟刻。盈縮縷發。壺窺天地。芥拾日月。元冥鬖鬖。滕六噀雪。祝融玥琰。鬱儀鑠鐵。迸入一綫。不敢陵翳。疇人未知。野老莫說。置鍼於側。昭焉若揭。比漏報時。如琯應節。舟車不驚。襟帶可綴。薛女豈神。趙媛失絕。此誠思窅蚊睫。巧襲猴棘。雖玉升八角。銅表五色。覆矩新圖。游儀古式。終奓潤以艱用。或湇煬之恐忒。爲世珍異。與時消息。莫此爲極也。先生豈欲得之乎。

先生曰。子誠妙於小。絕於巧。而恐終恨以小。傷以巧也・夫渾天脩儀・候地鉅輪・國家偉珍・試代以鍼・藐焉莫倫・薰風報炎・瑞霞凝凍・知識與共・縱無子鍼・豈乏之時用・且夫忽冰忽炭・人情波瀾・忽炎忽凉・世態轉九・庋鍼其間・莫測其端・歎測天兮尤易・而測人兮綦難・子物雖工・不無所窮也・吾亦有鍼・運於無形・坎離既濟・流行不停・蘊之愈密・發之愈靈・不可以器名也・鬼工曰・子鍼亦吾鍼若乎・曰・否・然則有同乎・曰・有・春温秋肅・具體而足・暑雨祈寒・使民各安・妖孽禎祥・將興將亡・亦必先知・著於毫芒・方寸不亂・於中乃達・化工不動・而四時之氣備・發見而萬彙之情通・此庶與子同也、敢問其所以異。曰・大可彌天地・小不可擬議・可用不可棄、深切於民事。且不逆不億・抑亦先覺・任萬態之水火・悉自貢其凉薄・存之必正、操之有定・棼棼泯泯・雖磁石而莫引・不熱不濡・歷寒暑而不渝・懸之廟堂・指南四方・燮其陰陽・萬民阜康・藏之草澤・歲寒不失・時止時行・執中處默・天有慘舒・鍼與通塞・蓋以天地爲爐・陰陽爲炭・日月相磨・剛柔與鍛・然後匣以仁義・麗以斧藻・文章外燦・神明內葆・乍陽乍陰・子機在鍼・似鍼非鍼・予鍼在心・使人昭昭・息之深深・將寒暑之千閱・終不磨於古今・而豈子鍼所能堪哉・雖然機鍼莫闚・微乎其微・知我者天、不肯投時・時人莫知・而子方宥以器・衒以奇・驚庸耳與俗目・疑造化之可移・則世莫不尙之者・宜也・鬼工嗒然・俛焉若悔・寒暑倏忘・藏鍼而退・

木棉花賦

日輪赤碾扶桑叢・孫枝忽墮南溟中・拏雲蚪臂奮欲上・化作百尺珊瑚紅・吐炎海之奇艷・拜羣英於下風・觀其烽火拔地・赤城樹標・疑燭龍之含啖・如丹鳳之翔霄・炙春雲而欲熱・掛晴霞而不消。燒斷嵐青・直穿榕翠・春在半天・紅蒸大地・灼雲梢之華燈・排空際之赤幟・錦連細雨之颿・紅表殘霞之寺・江鄉則驛堠煙迷・村店則酒帘風醉・

爰有長亭暮春・送行愁絕・樹白飛緜・地紅堆雪・牽郎衣兮面頳・遲郎馬兮蹄浚・歌竹枝兮怨離・聞鷓鴣兮慘別・更有遊客躑躅・珠娃遲回・送春海珠之寺・尋芳越王之臺・當夫祝融初賽・春風爛開・銅鼓鞺鞳・江波瀠洄・乘絳雪兮靈下・駕赤虯兮紛來・映人面兮皆赭・共彤階兮徘徊・

夫其稟成火德・表異南天・潤漬江雨・滌盪蠻煙・更復掃除香媚・自吐芳妍、花大時容鳳雛住・身高不受蝶蜂憐・漫將凡卉等枯榮・文章璀璨望已驚・獨抱丹心擎赤日・尙留餘澤被蒼生・

讀易乾鑿度

易・原卜筮之書・故易爲圖・讖家所附・然讖書起西京之末・其說多本先儒・故純駁雜陳・精麤互見・談經之事・莫能廢焉・若周易乾鑿度・尤諸讖中最醇者也・夫易莫外乎象數・而義理實蘊其中・漢晉諸儒・言之詳矣・而乾鑿度

已開其先·如京君明鄭康成釋周易·皆言爻辰·爻辰者·以乾坤十二·爻當十二辰也·乾陽左行六·始子而終戌·二家皆同·坤陰右行六·則京氏依合聲謂始未而終酉·鄭氏依月律謂始未而終巳·按乾鑿度曰乾貞·於十一月子·左行陽時六·坤貞於六月未·右行陰時六·此言爻辰者所本也·荀氏九家易·莫大乎陽升陰降·虞仲翔稱其有異俗儒·而乾鑿度云·陰麗陽而生·陽由七上九·陰由八降六·此言升降者所本也·漢言易家·皆明消息·而元九六之旨·以明變化·考日月之行·以定消息·運終始之紀·以叙六十四卦·則虞氏爲長·乾鑿度曰·易无形畔·易變而爲一·一變而爲七·七變而爲九·九者氣變之究也·乃復變而爲一·一者形變之始·又曰·乾坤相並·俱生曰相並·俱生則易變而爲一·二亦生矣·一變而七·二亦變而八矣·七變而九·八亦變而六矣·由一而七而九·陽之息也·由二而八而六·陰之消也·則亦言消息者所本也·而其中太乙行九宮法·尤後世言易數之所原·但並未實指爲何圖·亦不指爲洛書·宋儒因甄鸞注數術紀·遺有肩足戴履之文·又盧辯注大戴禮·有九式法龜文之說·遂誤爲洛書·因並以洪範爲河圖·不知漢人皆以八卦爲河圖·九疇爲洛書也·今按乾鑿度云·易一陰一陽·合而爲十五之謂道·又云·太乙取其數以行九宮·四正四維·皆合於十五·是其原本出於易·與八卦方位相應·漢儒皆能言之·緣隋焚讖緯·或尚記其法以示陳摶·遂謫爲洛書·其時乾鑿度未出耳·然古說之尚可稽者·要賴有是書也·至所言日十者五音也·辰十二者六律也·星二十八宿者七宿也·則後之言大衍數者·本之京氏章句可按也·又所言一名·而含三義·所謂·易也·變易也·不易也·則後之言易簡·變易·不易者本之鄭元·崔覲·劉貞簡等可按也·又所言夫有形者·生於無形·則乾坤安從而生·故有太易·有太初·有太始·有太素·則著易有太極者·不能外其說·而兩儀四象之義備焉·且以帝天稱王·美稱天子·爵號大君興盛·行異大人·聖人德備·言五號·孟氏本之·而京氏並同·以初元士·二大夫·三公·四諸侯·五天子·上宗廟爲爻位·荀氏依之·而鄭虞並同·故讀象陽法陰之論·知篇分上下之始終·誦垂策庖犧之辭·知幽贊用蓍之肇起·雖向天出午·似談瑞應之符·天應地動·近於占候之學·即王伯厚以八卦之畫·爲古文·天地·風山·坎火·雷澤·字謂出乾鑿度·其說亦似近妄·然謂此乾坤鑿度之文·乾鑿度無此文也·今觀其文義絕支離·詞無佶屈·諸儒著說·多無出其範圍·夫豈與四門四正·蕩配陵配之詞澀理寡者同語哉·

大抵言易者·義理象數·一以貫之·乃以盡善·顏延之庭誥云·馬陸得其象數·取之於物·荀王舉其正宗·得之於心·其說以荀王爲長·然專談元虛·不明要旨·其稍涉緯書者·動斥爲不經·亦云過矣·昔人持平之論·曰·緯書之文未必盡出妄人之手·其間不無謬妄·要在學者善擇·又曰緯書起自前漢·去古未遠·彼時學者多見古說·凡爲著述必有所本·不可以其不經而忽之·斯眞善讀古書者哉·

廣東文徵

改編本卷二十四

番禺吳道鎔原稿

清 六

何曰愈 字德持、號雲畡・香山人・文明子・捐納州吏目・分發四川・補會理州吏目・秩滿・以獲盜功・送部引見・尋擢岳池縣知縣・大吏奏參總兵占泰軍事・勦寧遠猓夷・事平，就養長子璟盧鳳道署・尋歸里卒・曰愈出身不由科目・作吏有聲績・在軍時・鎮撫夷囘・威望尤著・爲文議論風發・如其爲人・所著有玉帳狐腋四卷・存誠齋文集十四卷・餘甘軒詩集十二卷・退庵詩話十二卷・

擬綏邊策奏

臣聞涓涓不壅，將爲江河・兩葉不將除尋斧柯・蓋患生於所忽・事當弭乎未然。今者西蜀越嶲・馬邊・雷波・峨邊四廳猓夷・負固爲患。連歲擾邊・屠戮人民・擄掠牲畜。不可勝計・十餘年來。徵調頻仍、軍書旁午・驛騷內地・以全蜀之力制之。屢出無功。徒勞師旅・糜國帑而寇氛益熾・近者空巢而出。狼奔豕突。無復畏憚者・何哉、非國家小弱・天庾不供也。又非甃甲不堅。戈劍不利也・乃往者徒事姑息・軍令不行。賞罰失當。衆不用命。而將弁復乏制勝之術・狃於積習・堅持懷柔之議・謂賞賚可以已患・因循將事・使賊寇得以窺我虛實也・且夷性貪殘・以擄掠爲生計。以焚殺爲能事・小出則小獲。大出則大獲・而官軍以其地險性頑・艱於進勦・每從而撫綏厚賚之・是一出而二利備焉・彼胡爲而不出哉・且出則得賞・不出則不得賞・是我適招其出也・故今日賞・明日跳踉矣・今歲欵・明歲背叛矣・夫懷柔者、治安之粱肉也・經也・征誅者・治安之藥石也・權也・粱肉可用於平時・藥石則施於有疾・若疾病方作・不延盧扁而藥餌之・反啖以粱肉・未有不加劇者也・茲以懷柔・曷以異此・

囊者馬林之叛・尸橫數十里・守備某全軍覆沒・雷波之圍・屢瀕於危・士卒戰歿者數千・轟轟山之役・陣亡者數百・輜械多爲所奪・馬日岡之警・焚殺以千計・其積年殘殺者・無慮二萬・邊民肝腦塗地・道路梗塞・若不於此時大彰天討・數十年後醜類生齒日蓄・歲比不登・饑民從而蟻附之・則有明奢安之禍・恐復見於今日・臣實慮之。然而議者必謂四廳地處邊隅・癬疥之疾耳・不治便・議者又必謂邊患之生振古已然・蠢茲小醜・何足勞師動衆・徒糜供億・寘之便・臣竊以爲不然・詩云・如彼雨雪・先集維霰・今之醜夷・敢於攻城圍邑・抗拒我師・其亦詩之謂霰矣。夫四廳之勢・瘡也・不及其毒未盛腫未甚而治之・必將至於潰爛血肉淋漓而後已・縱不至於戕生・而四肢百骸悉關痛癢・日夕呻吟・元氣爲之潛喪・若或變而爲癰疽・或他疾緣間而起・則性命繫之・其爲禍豈小哉・臣願皇帝陛下・赫然震怒・選將治師・寬以歲月・輕爵祿以勵將士・嚴賞罰以立恩威・又命威重大臣視師督戰・有不用命者殺無赦・恩威既行・將士必奮・然後分兵深入・據其險要・燬其積聚・奪其農時・離其羽翼・不歲餘・邊地可平・腥羶可滌・既平之後誅其巨憝・貸其老弱・投丁壯於四裔・郡縣其地・此一勞永逸之策也・

臣謹按西南夷自漢武帝朝始通中國・自是恒爲蜀患。蜀漢時雍闓以越雟牂牁益州永昌四郡叛・酋長孟獲助之・武鄉侯諸葛亮以爲非痛加懲創・必患及腹心・故不惜轉輸之費・士卒之勞・帥師十萬・鑿山開道・跋涉險阻・深入不毛・七擒七縱・然後蠻夷讋服・震懾天威・邊境乂安者百有餘年・至晉稍稍出擾・王遜討之・斂迹者百餘年・唐德宗朝又肆侵掠・韋皋撫牟尋・通牂牁・猓夷懼・邊地復安・有明又肆猖獗・崇禎間命劉綎統重兵平之・勒石紀功・自是邊民得安枕而臥者將二百年・此歷代征討之成效也・至若治得其人・亦可不煩師旅之勞・昔魏尚守雲中・匈奴不敢犯邊・余靖撫桂林・交趾不敢入寇・范仲淹鎮延州・則西夏破膽・朱燮元在貴陽則洞苗革面・邊徼之理亂在得人與否耳・陛下誠能詔封疆大臣・搜羅軼才・破除資格・遴賢能爲丞倅・如其才可充是選者・雖卑末之員・巖穴之士・即起而任之・重其威權・厚其稍祿・使無掣肘顧慮之虞・室家凍餒之憂・然後限以三年・責其成功・如其效則舉者與治者同遷・如其不效則舉者與濫者同斥・誠如是・而邊徼不治・夷氛不息・未之有也・伏念臣草茅下賤・性復至愚・朝無許史之援・過懼邱山之積・豈敢高談世事・自貽斧鉞之誅・但念切同仇・且待罪邊鄙・十有餘年・凡夷番之情僞・山川之險隘・得而洞悉之・謹擬綏邊十二策・干犯天威・冒死上陳・不勝惶恐戰慄之至・

明興獻王大禮論上

明世宗以興獻王之子奉太后詔入繼大統・世宗欲報罔極・隆其所生・上父母尊號・蓋人子之至情也・但本生國號不宜去耳・當時廷臣楊廷和何孟春等二百三十二人跪左順門而號・建議謂宜叔興獻而考孝宗・然稽之經傳及漢唐以來典禮・均無皇伯皇叔之稱、蓋昧於大體・乏兩全之術也・夫孝者。五帝三王之所以治天下也・孔子孟子所以立教垂法也・使世宗如祖龍・鄭莊不孝於其親・則面斥廷爭・雖如茅焦之死諫可也・當時帝母章聖太后駕至通州・聞稱號未定・留不肯進・世宗聞之・涕泗橫頤・啓慈聖太后・願自避位・奉母歸藩・嗚呼・世宗不以天下忘其親・可謂孝子矣・此脩齊之本也・何非之有・而議禮諸臣篤於小忠小義・及繼統繼嗣之文・同聲附和・豈以授天下之恩重・生身父母之恩輕・古昔蓋疑殺人者死・天子之法也・若寘而不問・則天子之法亡・桃應問孟子曰・舜爲天子・皐陶爲士・瞽瞍殺人則如之何・問如律・則父子之倫殺・故有是問・而孟子則曰・舜竊負之而逃・遵海濱而處終身・欣然樂而忘天下、是父母重而天下輕也・雖桃應之問・與茲不同・然而輕天下重父母則一也・今若以得位故而棄其母・豈不與聖人之道刺謬乎・昔者堯舉祖宗之天下授舜而不顧・舜亦受之而不疑・夫堯以祖宗之故物棄而與之異姓・豈不絕祖宗之大統乎・然稱大聖者莫如堯・蓋堯以天下爲公器・不以爲私恩・所以爲至聖也・議禮諸臣・若知以天下爲公器・援兄終弟及之義・世宗入繼大統・則考興獻未爲非也・以天下爲私恩・援爲人後者爲其父母服之文・入繼孝宗亦未嘗不宜也・

張璁謂孝宗有武宗爲子・强詞奪理也・謂興獻止世宗一子・世宗入繼・則興獻之緒絕・亦至情動人也・然而主繼嗣者・使孝宗有後・而興獻無子・則違人情・主繼統者・使興獻有子・而孝宗無後・則乖天理・均一隅之見・非大中之道也・伯孝宗非也・叔興獻亦非也・王道本乎人情・人情洽則道斯在矣・當時若考孝宗而父興獻・崇以尊號曰本生皇父興獻帝・本生皇母興獻太后・立興獻廟・歲時伏臘・祀以帝禮・以一子爲興獻孫・使不至有子而無後・則人情天理兼盡・而繼統繼嗣之道均無虧矣・此兩全之術也・昔宋神宗無子・養英宗於宮以爲子・當時兩制官咸謂宜伯濮安懿王・而中書省駁之・歐陽公亦以稱皇伯爲違經棄禮・欺天誣人・無稽之臆說・力詆其謬・援引儀禮喪服記・謂爲人後者爲其父母服・服者齊衰期也・服可降而名不可易・又引唐開元宋開寶禮爲人後者爲其所生齊服・不杖期・皆無改稱之文・且歷朝自藩邸入繼・亦無皇伯皇叔之稱・且謂恩莫重於所生・故父母之名不可改・義莫重於所繼・故可抑而降其服・余謂雖聖人復生・不易其言矣・豈廷和等俱未讀是議耶・抑以爲不足法耶・夫神宗曾養英宗於宮中・繼嗣之義已昭著天下・歐公尚以濮安皇伯之稱爲違經棄禮・欺天誣人・而孝宗之於世宗・曾無鞠育之恩・緣武宗崩而無子・奉太后旨令其入繼大統耳・廷和等若悲孝宗緒絕・援爲人後之義・亦安得薄所生而叔興獻乎・是陷君於不孝也・自古豈有無父之天子乎・詎有不孝而可以君臨萬國者乎・

漢宣起自民間・始稱其父悼考曰親嗣・復改稱皇考・哀帝亦尊定陶爲恭皇・漢儒未有非之者・至立廟京師・去定陶號・平晏師丹輩始起而爭之・干亂大統之說・蓋指立廟京師・亂昭穆之序・及去定陶國號耳・非論尊皇稱考之非也・然余謂另立廟京師・不在昭穆之列・春秋時享專祭於其廟・亦孝子不匱之義・未爲失也・崇禎辛丑夏四月・九廟災而興獻廟巋然獨存・蓋天亦許其立廟京師矣・漢宋議禮諸臣有兩統二父之說・已誤於前・後人安可再誤乎・且定陶濮安均漢宋子孫・哀帝英宗以孫繼祖・隆其所生非異姓比・不得謂之干亂・不得謂之兩統也・繼父假父也・禮尚斬衰三年・義同生父・父之昆弟本非父也・亦有伯父叔父仲父季父之稱・彼無父之實・猶以父名・今定陶濮安興獻皆眞父也・有父之實・反不得父名耶・是親疏混淆也・聖人之道當不若是・此歐公所以有欺天誣人之譏也・且生父降稱伯叔・稽之經傳儀禮皆無其說・此歐公所以有遺經棄禮之譏也・濮王之議・司馬光主稱皇伯・程明道謂宜稱皇伯父・夫伯父即伯也・稱皇伯父與稱皇伯奚以異・是猶以五十步笑百步也・惜人學術如溫公・大儒如明道・亦爲是論・無怪廷和等之紛紛也・

明興獻王大禮論下

夫人心有所欲則其言私・無所欲則其言公・興獻議禮諸臣・楊廷和何孟春秦金學姚夔毛紀喬等身爲大臣・受孝武恩深・其欲在報知遇・豐熙謝蕡余翺楊愼馬理黃待等爵不甚顯・其欲在邀名・故薄所生而隆所繼・張總桂蕚厠身下寮・

其欲在於迎合干進．陳洸豐坊緣事貶罷．其欲在於復用．故薄所繼而重所生．其言各有所欲．故均未合乎大公．豐坊請尊興獻爲皇考獻皇帝．廟號稱宗．嚴嵩請祔太廟．陳洸請去本生二字．尤爲諛佞．考璁蕚之議．不過考興獻而伯孝宗．及立廟京師耳．而議禮者舍坊嵩洸而重責璁蕚．所不可解者．一也．是時席書亦深是璁議．楊一淸亦謂張生之言．聖人所不易．而議禮者又舍書一淸而專攻璁蕚．所不可解者．二也．方獻夫雖亦有考興獻之論．而疏初未上．乃蕚錄而奏之耳．是獻夫無干進之意．究與璁蕚同譏．所不可解者．三也．

考禮記祭法．舜郊嚳而祖顓頊．夏郊鯀而宗禹．殷郊冥祖契而宗湯．周郊稷祖文而宗武．皆崇其所自出．宗其功德之盛隆．然皆易姓受命而後行之．今世宗爲憲宗孫入繼大統．非易姓受命者比．安得以興獻郊乎．將置太祖於何地也．於禮大謬．禮有功德．然後祖之宗之．此所以示激勸．其意深矣．故殷太甲稱太宗．太戊稱中宗．武丁稱高宗．漢高帝創業垂統．故尊爲高祖．文帝德洽寰宇．故尊爲太宗．武帝功在四裔．故尊爲世宗．光武起自民間．克服舊物．故尊爲世祖．後世法之．是皆嘗君臨天下．功德昭垂．而後能然．今興獻未嘗身居九五．廟號稱宗．既宗之則不得不列於太廟．是誠紊亂昭穆大統也．坊嵩之說誠邪說也．而當時議禮諸臣不深罪之．何也．凡國家舉動載諸簡策．必須斟酌盡善．足爲後世法者．然後可行．若逞一己之臆．見快一時之私意．乖三代之禮制．紊歷朝之典章．非所以垂後世也．斯雖坊嵩小人邪說．欲干進固寵而然．亦廷和諸君子有以激成之也．使廷和等當時揆人子之至情．考孝宗．而父興獻．既不失繼統之義．又不失孝子之心．則世宗之意愜．雖有□說無由而起．夫天下必有不及之說出．然後有太過之論起而爭之．□雖起於璁蕚．而甚之者坊嵩洸也．咎尤難辭矣．而啓之者．實廷和孟諸春君子也．

張居正論

蘇子由謂天下有權臣有重臣．論之當矣．益二者心迹迥殊．而行常相似．以一身繫天下安危．凡有利於國家者．獨斷獨行．威震其主．雖萬口騰謗而不顧者．重臣也．伊尹周公國僑霍光之倫是也．以喜怒爲威福．以從違爲愛憎．獨斷獨行威震其主．雖萬口騰謗而不顧者．權臣也．盧杞王安石蔡京賈似道之徒是也．重臣以天下爲己任．其志在於利國．禍福死生不與焉．權臣視天下爲奇貨．其志在於遂私．禍福死生亦不與焉．故二者行常相似．而心迹迥殊．然亦有介乎權重之閒者．張居正秉政十年．搢紳側目．物議沸騰．即後世士論亦多少之．蓋以暴戾剛愎之性．濟以嫉忌險狠之心．仇視骨鯁．故不容於當時．難見諒於後世者．此也．

迹其所爲．始與馮保謀退高拱．繼則謀殺之．遂有挺擊之案．非葛守禮朱希孝白一淸楊博等先後疏救．拱幾不免．又以私怨廢遼陽王．攘其第宅．怒洪朝選不從己以殺遼王．遂欲殺朝選．嘗與御史劉臺有宿憾．亦搆殺之．吳中行趙用賢艾穆沈思孝等以劾居正奪情．皆杖戍．言官余懋學傅應貞鄒元標張四維以言事．皆相繼斥逐．石星詹仰徽以直諒忤旨．居正坐視不救．朝端善類．幾爲一空．其擅威福陷忠直已不容於正人矣．復信任奸邪．諛佞成風．至疏稱元輔而不敢斥名．人幾目爲勸進．其不爲權奸者．幾希．然而請開經筵．御門聽政．進帝鑑圖說．直講恆指陳大義．時時規諫．阻脩兩宮．以節財用．罷南京織造．以蘇民困．請脩累朝寶訓實錄四十餘則．曰創業艱難．曰勵精圖治．曰敬天法祖．曰保民．曰親賢．戒逸遊．正宮闈．去奸邪．愼刑獄．納諫重農．何一非朝政大端．又賑蘇松淮風災．謂與其濫濟緇黃．孰若予吾赤子．當是時．外患不興．四海晏然．其功業有不可泯者．即謂之重臣也．可．使其去暴戾恣睢之氣．重公誼．泯私怨．登進賢良．亦庶幾古大臣哉．

然其過若彼．其功若此．功終不蔽其過．過亦不能掩其功．殆在權臣重臣之間乎．至其卒後賈禍．家貲籍沒．奪官爵謚號．昆弟子姪不令其終．雖論者之過激．亦居正有以自召之也．士君子讀書委贄遭際．得君如居正者．未易一二數也．而學術不純．驕橫恣肆．爲世大僇．不亦惜夫．

瀘水辨

武侯南征渡瀘水．今人多指瀘州之瀘江．按瀘州春秋戰國時爲巴國地．東漢曰江陽．有水曰汶江．梁始改爲瀘州．江曰瀘江．豈是時已誤汶江爲瀘水．故因以名州耶．瀘州乃西蜀名區．沃壤數百里．山川秀麗．泉甘而土腴．周尹吉甫之故里也．豈至蜀漢時反有惡水之患乎．後世附會其事者．又謂敘州有武侯塔．傳爲侯誓蠻處．何其謬也．考三國志後主時．雍闓以越巂牂牁益州永昌四郡叛．武侯由臨卭雅州踰卭郲涉大渡進討．越巂旬日可到．若倍道兼程．則七八日已臨其境．使取道敘瀘．則五十餘日．兵貴神速．侯用兵如神．豈有舍間道而遠涉敘瀘者．予遊蜀二十餘年．爲會理從事者．又十有餘年．馬足所經．幾徧蜀土．越巂道往反者數矣．所到輒求侯故蹟．過大相嶺．有侯廟在焉．嶺即卭郲山也．土人因侯駐師於此．故呼爲相嶺．其南又有小相嶺．故以大別之．亦猶召伯之甘棠．牂牁之吳山．思其人而旌之耳．嶺高六十餘里．延袤五百餘里．九折坂下臨萬仞．蓋天所以限南北也．

自司馬長卿開通西南夷．始達中國．唐書謂大渡之戍不守．則全蜀騷動．故蘇子瞻譏長卿通無用之夜郎．徒苦父母之邦．謂其不仁．蓋南夷之爲患．自長卿啓之．踰大相嶺南六十里有洪流橫截．南北浩渺洶湧者．即大渡河也．所謂瀘水者是也．何以知之．廣輿志載瀘水東有武侯城．與土人之言合也．今城址宛然尚存．水深廣湍急．夏秋時黃流漲溢．怒濤翻空．奔流激射．尤爲險絕．渡水而南行二百餘里．即今越巂廳治．崇山複嶺．鳥道回折．較棧道尤險．又南二百餘里至甯遠．即古越巂郡也．孟獲城．啞泉．武侯過轍碑皆在焉．其南三百餘里爲會理州．自州至永昌纔兼旬耳．州城西南數里有越魯山．即三擒孟獲處．州人爲予言之甚詳．

予任事之明年．偶過九蓮寺．見銅鼓一．四耳而束腰．土繡班駁．質精而製古．乃農民墾田掘土得之者．以今尺度之．高七寸五分．面廣一尺三寸五分．足廣一尺三寸二分．鼓面約紋十有五．作雲雷聯珠蕉葉紋．四圍孔三十有二．約紋十有一．亦作雲雷紋．衡之重二十一斤．厚兩錢許．乃武侯所鑄也．是則武侯征孟獲進兵越巂之明證也．盧州之訛自梁始．梁之訛蓋失於考據云．

交說

地有五行．金水木火土是也．而土恒彌縫於四者之間．德有五常．仁義禮智信是也．而信恒彌縫於四者之間．何以知之．春為木．主仁．夏為火．主義．秋為金．主禮．冬為水．主智．土主信．無所專屬．而運行於四時之季．是以知之人有五倫．君臣父子兄弟夫婦朋友是也．而朋友恒彌縫於四者之間．何以知之．君臣父子兄弟夫婦之情．或障塞而不通．朋友□□□離間而不合．朋友能合之．是以知之．然則朋友者．濟四倫之所不及者也．故列五倫而並重．伐木之章曰．相彼鳥矣．猶求友聲．矧伊人矣．不求友生．詩人已詠之矣．自古及今．有□□□婦之人．斷無無君臣父子之人．亦斷無無朋友之人．無無朋友之人．即無不交朋友之人．

然而人之品不齊．所交之道亦不齊．夫以道德相摩．仁義相勵．有善則極辭褒嘉．使益進乎善．有過則正色規諷．使無貳其過．以聖賢期其身．亦以聖賢望於人．苟際時變．則託妻寄孤．質諸鬼神而無愧．義之所在．救危拯顛．輕身家而不顧．此道義之交．賢者以之．交以道．接以禮．不念舊怨．不苟然諾．困窘相卹．疾痛相關．窮達一致．貧富不移．雖起死者於九泉．此心可掬以相示．此生死之交．君子以之．悃愊無華．肝腸如鐵．言質而直．不為容悅．平居若庸庸無奇然．言行出乎血性．其感遇報恩．樽前一諾．則身為知己用．雖蹈刃赴火．刳腹碎身．慨然不辭．其所為雖未盡合乎道．然其行足以駭世愧俗．使千載頁心之倫．聞之而顏赭．此肝膽之交．烈士以之．若夫以名譽相慕悅．以才華相馳騁．投李報瓊．刻燭擊鉢．覽勝懷古．文酒娛歡．促膝班荊．忘形爾汝．雖未能指困相濟．亦斷不至雲雨翻覆鬼蜮含沙．凶終隙末．此則騷人墨客．交以文字者也．其或誼屬同舟．邂逅萍水．命駕懷刺．縞紵往還．時則雞黍相餉．迭為主賓．但道或不同．意氣未孚．情契未洽．雖晏晏言笑．而對面不啻河山．寒喧盡屬虛文．贈答亦多情偽．斯乃庸夫俗子．交之泛泛者也．

至於市道之交．利競錐刃．較及毫芒．視饋遺之□殺．為報施之厚薄．等商賈之互販．視仁義為弁髦．友誼淪喪．可慨也已．更有勢利之交．利盡則交疏．勢傾則情移．彼此反面若不相識．或爵位相埒．則競寵爭權．每至媒蘖瘢疣．排擠傾陷．甚且掩蓋下石．不遺餘力．故致刺於谷風．興嗟乎河上．吁．可悲哉．此翟廷尉所以有死生貴賤之慨．朱公叔所以有絕交之論也乎．然余謂二子皆矯世過激之辭．非吾儒躬自厚之道也．昔鄭使子濯□□□□□公之斯追之．孺子始曰吾死．繼曰吾生．蓋以已所與者知之也．卒如其所料焉．夫琥珀拾芥．磁石引針．使我而賢．則所與者必賢．而賢者自以類至．使我而不肖．則所與者必不肖．而不肖者亦以類至．人當自患不能省躬克己．嚴自糾繩．使身入於聖賢之域．及不能善其擇耳．世豈乏賢人君子哉．故孟子謂逢蒙殺羿．羿惡得無罪．益責其不能如子濯孺子之擇交耳．此聖人反己之道也．焉可盡責諸人哉．

光祿大夫太子太傅兵部尙書兼都察院右都御史陝甘總督一等昭勇侯楊忠武公墓誌銘

公姓楊氏、諱遇春、其先居麻城·後徙居四川之崇慶州·世系無所考、五世祖明·當明季之亂·避地寗番衞·娶程氏·生星祈·字君愛、君愛生宗顯、宗顯生梅·字占魁·占魁生庭棟·字良臣·良臣娶李氏、生公及弟逢春·先世多隱德·君愛於國朝康熙間復返崇慶·時天下初定·殘骸滿野·君愛日荷畚挶·盡瘞之高原·占魁性慷慨·好施與·里人負兵糈繫累者數百·占魁惻然爲之傾囊代償·免數百人於獄·良臣亦豪邁尙氣節·賙急濟困無少悋·緣是家中落·

公誕之夕·太夫人夢得金色鯉·旦而生公·幼沈默寡言·大父鍾愛之·常口授之讀·年十七去而學劍·善騎射·乾隆己亥恩科以武勇擧於鄉·爲蜀帥材官·膽力過人·甲辰甘肅回民煽亂·公隨福文襄公往討·以功補靑雲把總·丁未復隨文襄征林爽文於福建·遷千總·辛亥從征廓爾喀·陞守備·乙夘二月貴州苗民逆命·文襄疏請公偕往·公至卽解臭腦之圍·嗣以三千人由間道進·出其不意·賊皆驚怖狼顧·公諭朝廷威德·兵不血刃·降其衆數千人·事聞·進都司·賞勁勇巴圖魯號·秋九月·擒首逆吳半生·擢遊擊·嘉慶元年丙辰額侯勒登保被圍於補頂寨·公率壯士潰圍而入·圍遂解·十一月苗疆平·授副將·而教匪已蔓延三省矣·覃家耀林之華張漢潮齊王氏等叛楚北·王三槐徐天德冷天祿冉天元苟聞名等叛西川·李全張正倫高均德等叛秦中·額侯奉命移苗疆之師徑征湖北·丁巳春兵次黃金嶂·公單騎往探·得賊虛實·遂與侍衞豐紳率兵三千直擣賊巢·斬獲三千餘級·追北數十里·賊遂竄·復隨都統倫布春敗賊於帽子山·林之華敗死·餘敗走中堡塞·四面壁立·惟一徑可通·相持數月不能下·戊午正月公潛募死士夜半揉援而登塞·遂破賊·墜崖死者不可勝計·覃家耀張漢潮皆就縛·齊王氏遁入陝西·公隨額侯追之·與賊李全張正倫戰於興安·斬二千餘級·賊走投高均德·且謀入川與王三槐合·公沿江轉殺·復屢敗之·賊遂星散逃竄·而楚北張漢潮之黨張正潮·復嘯聚數萬人欲窺荊門·額侯與公復趨荊門·時兵不滿萬·及與賊接·公奮戈直進·賊皆披靡·軍士亦殊死戰·無不以一當百·一晝夜斬首數千·賊人漳水死者無算·餘寇走犯陝西·公隨額侯躡其後·賊聞風四散·公適丁父憂·聞訃呼搶·欲徒跣奔喪·額侯奏請奪情·墨絰從軍·公感上知遇·益奮不顧身·是年冬羅其淸及張漢潮之子張正隆次第被俘·奏公功第一·遷西寗鎭總兵·己未春正月·公追徐天德至廣安·伺賊半渡擊之·殲賊千餘·獲其黨嚴大林等七十餘人·天德率殘寇與王光祖合·賊黨蕭占國張長庚自閬中來援·公邀之於黃土牆·克之·再戰於潭家山·蕭占國張長庚王光祖悉就縛·餘黨奔附冷天祿·天祿於諸賊中驍悍稱最·聞大軍至·悉衆來迎·部署甚整·公率健銳衝之·賊大亂·冷天祿中箭死·授固原提督·是役也·賊延蔓三省·蹂躪數千里·旋滅旋起·自辛亥迄乙丑·凡十五稔·始奏凱班師·論功以公爲最·雖曰智勇絕倫·亦其忠義素積·以身許國所以能然也·

丙寅寗陝鎭兵變·公領兵至子午谷·川陝各鎭兵亦至·共攻賊於平牟·敗之·追北二十里遇伏·各鎭兵皆潰·公獨

收集數百人退柴關賊．賊復至．中有蒲大芳等數人乃公帳下舊將．望見公．輒下馬羅拜．公諭以利害．設計降之．吏議以公處置失宜．左遷寗陝鎭．公即攜家屬往．是時反側初安．人心未定．咸爲公危．而公推誠馭下．措置有方．軍方帖然．戊辰入覲睿廟．霽顏遇之．温語嘉褒．賜予甚厚．仍提督固原．兼權漢南鎭事．己巳始赴固原任．

先是營務廢弛．公至爲之申明禁約．賞功罰惰．遴材黜濫．得選士千二百人．日訓以技藝．將士頗以爲苦．公徐諭之曰．我馳驅數十年．豈不欲暫就逸豫．但久歷戰陣．每見技藝嫻熟者．使殺賊立功．致身通顯．生疎者徒殞軀命．勤勞乃你等富貴之資也．於是一軍皆悅．固原之師．稱爲天下勁旅．復以戰功顯者甚衆．癸酉秋河南盜牛亮臣反．殺滑縣官吏．據其城．詔公與温撫軍承惠討之．公聞命即率部下健兒八十餘人馳往滑縣．適遇賊百餘抄掠近村．公盡俘斬之．是時温公統豫衆數千觀望不進．上乃改命直隸總督那公彥成掛經畧印代其任．而大兵亦絡繹雲集．公手揮皁旗．破賊於道口．斃者萬餘．賊遂堅守滑城．其黨李文成自長垣來援．桃源賊復遙爲之聲勢．公分兵禦之．絕其外援．賊遂窮蹙．困守孤城．冬十二月用地雷破之．公率衆冒煙入．經畧亦率壯士而登南城．殺賊萬餘．俘獲二千有奇．擒渠帥牛亮臣徐安國．械送京師．三匝月而蕆事．奏上．以功高封二等男．紫禁城騎馬．

公方擬進京復命．遽聞陝西南山民變．賊皆以白旗素巾爲號．公復奉命與長制軍齡會剿．公即由滑率勁旅六百倍道疾馳．九日而抵盩厔．與長帥議破寇之策．適固原兵亦至．公於是率大軍趨隴州．距賊二十里而陳．公潛召心腹佯投賊爲內應．漏初下．又令健將數十人假賊裝束．徑往賊營舉火．其先投者從內應之．賊大亂．自相疑貳．故兩閱月．殲捕無餘．晉爵一等男．陛見之日．天顏温霽．慰勞備至．賜予有加．庚辰秋八月睿廟升遐．今上登極．温旨嘉公忠誠貫日．勳勞懋著．加太子少保銜．賞戴雙眼花翎．恩遇益隆．乙酉即有總督陝甘之命．蓋殊恩也．公自以武人．不習吏事．疏辭．詔不許．公感上恩．愈加淬礪．於民生吏治．加意整飭．一以培養元氣爲先．

丙戌夏六月．回疆張格爾叛．喀什噶爾辨事大臣巴彥伯克圖．副都統烏爾恭額音登額先後被害．上命伊犂將軍長公齡爲揚威將軍．總理軍務．公與山東巡撫武隆阿爲參贊大臣．命下．公即馳抵阿克蘇．而喀什噶爾．和闐．英吉沙爾．葉爾羌四城．已先後淪陷．丁亥春正月大兵始集．三師會議．分三路進發．揚威將軍由中路進．公由葉爾羌進．武參贊由烏什爾進．仍會於中路．師至洋阿巴爾特．適與賊遇．三軍合擣．殺賊數萬人．逐北三十里．復生擒二千餘人．奪獲幟械堆積如阜．復戰於渾水河．先出奇兵繞其後．斬獲過半．餘寇尚數萬．據阿瓦巴特．官軍衝攻疾馳．乘夜潛進．甫曙．三面環攻．出賊不意．復大破之．斬首二萬級．凡三戰三克．遂復喀什噶爾城．公晉太子太保銜．寇退守噶爾河．公率死士數百人直前渡河擊之．賊驚潰．遂復英吉沙爾．葉爾羌亦降．而楊軍門芳亦恢復和闐矣．前後收復四城．纔四十餘日耳．惟首逆張格爾領殘寇遁卡外．時大雪．因屯兵固守．詔以首逆未獲．措寘乖方．鐫公太子太保銜。並召公回途次即復之。公甫抵京。而揚威將軍已生擒張格爾獻俘闕下。回疆遂平。上嘉在事文武勳臣。陞擢有差。並命繪功臣像於紫光閣。公與焉。御筆親爲之贊。仍督陝甘如故。乙未春。公以年力就衰。疏乞骸骨。上亦念公驅馳數十載。年近八旬。恩得歸休。勉允其情。然猶優詔慰勞。且御製詩以寵榮之。前後賜予無算。恩眷莫二。時人榮之。

公自結髮從軍。大小百戰。未嘗不在行間。公偉軀脩髯。每戰輒結鬚。揮刀大呼。陷陣身先士卒。故所向有功。性嚴毅。治家有法。然交友馭下則謙退溫和。不以爵驕人。不以功自伐。故朝野無間言。撫循士卒以恩。甘苦與共。酬功任能。一秉至公。故人樂爲之死。眞近世名將也。道光十七年以疾薨於里第。時年七十有八。朝廷震悼。卹典特優。恩賜世襲一等侯。謚忠武。夫人田氏。端莊賢淑。事舅姑馭臧獲。皆足爲閫範。公得以致力疆埸。無內顧之憂者。夫人之力也。誥封一品夫人。晉封一品太夫人。丈夫子二。長國佐。仕至參將。加副將銜。次國楨。某科舉人。歷任河南山西巡撫。陞閩浙總督。予告歸里。世襲侯爵。孫五。煦熙皆州附生。熙例蔭刑部主事。杰援例得遊擊。炘。烜幼。曾孫五。瑤。環。瑜。珥皆國器也。以某年月日葬公於某山之原。

銘曰。維古蜀州。篤生偉人。效策從戎。肝膽輪囷。疆埸百戰。爲國忘身。巍巍峻烈。赫赫虎臣。宣力兩朝。持節三秦。民頌申伯。來宣來旬。屹然柱石。默契楓宸。荷國殊眷。恩寵莫倫。爵以列侯。形繪麒麟。蜀岡業業。妥公之神。貞珉峨峨。銘公之勳。吁嗟公乎。孰繼淸塵。

甘瘋子傳

甘瘋子江蘇上元人。逸其名。有神勇。力能鬥虎。踰高絕遠。捷疾如飛。淡嗜欲。不事家人生產。遨遊名山。足跡半天下。性任俠。道遇不平。輒爲人排難解紛。故人以瘋子名之。嘗遊報國寺。坦臥簷際。適故人至。瘋子佯寐不與語。故人倦亦鼾睡柱下。瘋子乃以右手抱柱起。鎮髮其中。遂出。少頃。臥者醒不能轉側。曰。必甘瘋子所爲也。日且晡。瘋子始至。故人詈曰。何惡作劇。亟出我。瘋子仍以手挾柱。殿屋皆震。故人乃得起。而瘋子色自若。見者皆驚。

遊黃山喜其幽邃。雖人跡所不至。肆意冥搜。必窮歷乃已。至蓮花峯。峯高數丈。四面陡削如壁。上平如砥。瘋子遂飛身登其顚。見梵宇一區類落成者。瘋子喜。以爲斯峰猨狖所不到。必非人居。自詫爲武陵之遇。遂整衣入。殿宇雖不甚華藻。而幽敞精潔。花木蕭騷。鳥聲上下。落英糝徑。草碧無塵。迥異人世。步至禪房。見牀帳几案。陳設煥爛。頗怪之。乃偃息榻上。見帳隅懸小木魚一。戲擊之。俄聞門聲呀然。二麗人自屋後出。修眉皓齒。霧鬢雲鬟。見瘋子驚顧錯愕。卻行欲避。瘋子趨前揖曰。某東西南北之人。不意唐突。幸示迷途。二女曰。君何人。烏得至此。具告之。女曰。余本良家子。被惡僧擄至此。同難十餘人。皆幽閉窟室中已數年矣。不能自脫。故强顏偷生。憫君孤旅。宜速行。遲則齏粉矣。瘋子詰其故。女曰賊膂力絕倫。猛獸不敢近。朝出暮歸。上下如隼行。且至矣。君宜速行。瘋子哂曰。某雖駑．若欲歸．請爲若除之．女曰．君得毋誇乎．倘能相救．是起死而肉骨也．雖然．事若不濟．是禍君也．曰．若無我慮．賊往來徑路．若爲我告之．某自能辨．女乃引瘋子出指峭崖．曰．賊往來皆道此．君當愼之．勿視爲等閒也．遂退．瘋子乃翳身叢薄間．凝神以俟．少焉紅日銜山．杳無踪兆．潛探首下視．遙見一人緣溪而來．行且近．諦視之．僧也．熊腰虎體．軀幹修偉．背負一囊．步履如飛．及崖下．乃緊帶撩衣．聳身而上．瘋子出其不意．騰足踢其胸．僧顚．畧一喘息．乃解其囊．復賈勇而登．立未定．瘋子又飛足蹴之．僧以手力格．僧顚而瘋子亦仆．有頃．瘋子起．僧亦抖擻躍上．瘋子俟其甫登．竭力踹之．僧兩手握其足．二人遂俱墜崖下．僧傷已重．而互相挽纏．猶獸鬥山足．瘋子墜時．幸僧爲之墊．傷稍輕．乃乘間擊其要害．僧瞋目曰．某稱雄數十年．未逢其敵．今遇子．命也．乃三躍而卒．瘋子復躍而上．爲女賀曰．幸不辱命．賊已斃矣．於是盡出窟中女子．燔其舍宇．縋諸女子下．訊其里居．一一送之歸．自茲瘋子之名益震．

至嶺南．有巨室某．富甲一郡．劇盜數十輩謀往劫之．瘋子適至．微聞其事．漏初下．乃先登巨室屋．隱身潛伏．夜未半．忽聞門外人馬沸騰．火光竟天．巨室舉家驚惶．不知所措．瘋子知盜已至．屏息俟之．少焉有盜飛立屋簷．瘋子殲之．繼至者十餘輩．皆擊墜庭中．羣盜見屋內寂然．無敢復登．天將曙．羣盜相謂曰．入者古凶未卜．孰往探之．一盜應聲起．倏登牆際．見先登者尸相枕藉．仰見一人．踞坐樓脊．知爲異人．哀之曰．某等唐突．自貽伊戚．自茲已往．不復相犯矣．瘋子曰．若知悔．且舍若．羣盜遂鼠竄．東方旣明．瘋子乃下．巨室跽謝曰．與君素昧生平．忽蒙高義拯某於厄．敢以家貲之半爲謝．瘋子不答．拂衣而行．巨室挽之曰．君義士也．旣不□□□者纍纍奈何．瘋子曰來．偕詣邑宰白其事．遂飄然而去．其排難解紛多類此．

嘗乘驢渡河．水深沒腹．驢不能涉．乃褰裳挾驢而過．其子某亦有父風．瘋子慮其及於禍．一日召子至．以手撫其頂背遂僂．子跪泣請敎．瘋子曰．與其勇而危．孰若無勇而安．今若體雖殘．禍其免矣．後年八十餘而卒．或曰瘋子本儒生．曾登進士第．任某邑令．緣事賜帛東市．夜半而甦．遂匿其名．隱於黃冠云．

書明都督總兵秦良玉佚事

明都督總兵秦良玉者．奇女子也．其征播征蜀征遼征奢崇明．復重慶．屢敗張獻忠羅汝才．平紅崖觀音寺青山堊諸大巢．蜀賊底定．征播之役．一日連破金筑等七寨．爲南川路功第一．累遷至都督總兵．及張獻忠犯重慶．玉獻策請保十三隘．撫臣邵捷春不聽．又請盡起溪洞兵．悉給廩餼．捷春與陳士奇皆不許．獻忠遂長驅大進．全蜀遂陷．明史已大書特書之矣．然玉之始末．未得而詳．余宦蜀年久．嘗求其佚事而不得．道光庚戌余權新都篆．廣文劉石溪言．嘗見石砫志及馬氏家乘於陳鶴亭處．因述所聞．得梗概焉．

玉生於忠州之鳴玉溪．字貞素．年方毀齒．聰慧絕倫．父葵．歲貢生．兄弟三人．尤鍾愛之．幼課以章句．長通經史．曉大義．當萬曆時．盜賊蜂起．葵知天下必亂．以兵法部勒子弟．且與玉曰．汝雖弱女子．盍亦習兵．無徒爲寇魚肉．玉欣然與兄邦屏弟邦翰民屏同習騎射擊刺之術．葵又授以韜畧．學成．而玉尤精其法．葵嘗語諸子曰．惜不冠耳．汝兄弟皆不及也．玉曰．錦繖錦車．曷嘗冠哉．使兒得掌兵柄．夫人城娘子軍不足道也．葵益奇之．緣是問名者皆未肯輕許．石砫馬千乘慕其名．求委禽焉．葵許之．于歸後．千乘敬之如賓．一日語千乘曰．今四海多故．石砫界楚黔之交．不可無備．且男兒當樹勳萬里．奚用坐守爲．千乘然其言．遂與玉治兵．斬白木爲桿．號令皆商之玉．其下亦敬畏玉至不敢仰視．萬曆二十八年正月二日賊夜襲官軍．諸營皆潰．玉與千乘先期令於軍中曰．有解甲韜戈者．斬．夜半寇大至．玉與千乘首尾夾擊．大敗之．督臣李化龍匿不以聞．玉口不言功．而白桿兵由是聞名天下．

千乘以論開礦事忤內監邱乘雲．逮雲安獄庾死．子祥鱗未壯．玉奉命襲職．遂卸裙釵．易冠帶．家將文指揮妻白氏．祥鱗婦張鳳儀．暨左右侍婢皆男裝雄服．隨玉征戰．奢崇明之圍成都也．畏白桿兵．遣使樊定邦齎重金求助．玉大怒曰．賊奴敢汚我耶．遂斬使焚書．以其金帛犒賞三軍．往援成都．適四川布政使朱爕元破崇明呂公車．會玉兵至．斬獲無算．崇明大敗遁去．圍遂解．玉旋復重慶．蜀平．

玉之奉命援遼也．杏山之戰．洪承疇敗績．劉綎全軍覆沒．玉獨完師還．初．玉入都．上召見．賜一品服．御製詩三章褒美之．有世間不少奇男子．誰肯沙場萬里行之句．朝野榮之．都人聞白桿兵至．聚觀者如堵．馬不能前．玉馭軍嚴．秋毫無犯．至今京都虎坊橋西迄北．都人呼爲四川營．以玉得名也．獻忠之未入蜀也．蹂躪大江南北．武昌魚幾不可食．楊嗣昌欲誘使入蜀以困之．知其畏玉．遂解玉兵柄．獻忠知玉不用．遂犯蜀．捷春士奇復不用其策．而全蜀陷且屠矣．子婦張鳳儀張忠烈銓女．與夫祥麟守襄陽．孤軍與賊戰於侯家莊．援兵不至．皆沒於陣．祥麟亦有勇畧．屢立戰功．仕至指揮使．晉宣撫使．祥麟之殉節襄陽也．先與其母書言．兒誓與城存亡．願大人勿以兒爲念．玉批其旁曰．好好．眞吾兒．其書今尚存．

玉既罷職閒居．甲申之變．聞帝殉節煤山．衰絰望闕．大慟氣絕者再．時獻賊屠蜀．獨不敢犯石砫．避難於其境者．皆藉保全．每聞慘殺狀．輒痛憤不勝．歎當道失策．以順治五年戊子疾卒于家．年七十有五．明永曆四年也．葬城東之迴龍山．將卒．戒祥麟子萬年曰．今蜀惟石砫完．以我在故也．我死寇必至．城東南萬壽山險阻可守．吾已預庤糗糧軍備於此．有警可率軍民守之．勿以資寇．踰二年．賊將譚宏等果大至．焚掠一空．萬年遵遺命．先率軍民保守萬壽山．幸糧足．賊屢攻不克．順治十六年王師平蜀．遂率衆納欵．賜勅印如前．

明故事．萬年卒傳洪裔．裔傳宗大．大傳光裕．裕無子．妻陳氏青年守志．撫姪光裁爲嗣．乾隆初以不謹降職通判．尋改土歸流．馬氏自宋建炎以來．撫有境土六百餘年．珍藏頗充．每春秋陳設．照耀庭中．廳承某涎之．與幕賓劣生數人．緣事籍其家．未盡者爲族子光緒乾沒．而馬氏家藏罄矣．亡何．某丞晝見女將銀甲．腰弓矢．怒目視曰．汝何破吾家．抽矢貫其胸而仆．幕賓劣生亦相繼暴卒．光緒裂腹死．馬氏家藏既盡．唯存御賜蟒玉一品服．今尚燦然如新云．後爲盜竊至江右室．詰知爲上賜卞物．齎還其家．玉用法嚴．有犯雖親族不少貸．料敵如神．緣見沮於當道．未竟其用．使終老牖下．盜賊喋血．而游嗣昌捷春士奇不得辭其咎矣．於戲．玉生而忠勇．歿猶靈異．子若媳皆慷慨捐軀．豈非有以敎之哉．眞近代奇女子也．

陳鶴亭又言．石砫志及馬氏家乘．玉墓碑書明忠貞侯太子太傅字於都督總兵上．鶴亭嘗親謁其墓．洵然．末書永曆四年某月日葬云．攷明史無封侯及加宮銜事．豈永曆追贈之耶．不然．萬年豈不謬哉．姑存之以俟博覽者考證焉．兄邦屏亦歿於陣．贈都督僉事，賜世蔭．弟民屏都司僉事．晋副總兵．葵嘗戒諸子曰．汝曹皆能荷戈．不忠於明者．非吾子孫也．皆唯唯．晚年自號玉溪遺老．當萬曆之時．天下尚未大亂．而敎諸子皆成干城．一家馳驅王路．以紓國難．女爲奇女子．男爲烈丈夫．忠義出於一門．彪炳史策．葵實敎之．何其賢也．因並書之．以補史傳之闕．

何璟　伯玉．號小宋．香山人．曰愈子．道光丁未進士．官編修轉御史．累官至閩浙總督．璟在諫垣．條陳夷務軍事及吏治利弊．皆中窾要．既膺節鉞．忠清貞亮．爲一時冠．中法之變．閩疆告急．朝廷別簡大臣．名曰會辦．實則主持戰事．馬江敗衂．璟以不能援救被議．既解任．宦槖蕭然．主應元書院講席以終．著有春秋大戰錄．通鑑大戰錄．奏議十五卷．事餘軒詩十卷．

請嚴定京官章程疏

奏爲請嚴定京官章程．以重部務．而絕奔競．恭摺具奏．仰祈聖鑒事．竊維天下之事．六部總理之．六部總理之事．司員分任之．司員得人．則部務舉．部務得人．則京師有權．不至外重內輕．而成尾大不掉之勢．軍興以來．各部司員奏調軍營當差者．往往數月而驟遷．不次而拔擢．如吏部章程必打仗勞績而後可越級升也．因而辦文案繕奏摺者．皆歸入打仗勞績案內保奏．雖出力者亦有人．而冒功亦不少．是軍營一途．實仕宦之捷徑也．至於在部當差人員．循資按格．辛苦有年得補缺矣．而儘先壓班．將銓職矣．而遇缺居上．辦事者無得缺之日．得缺者非辦事之人．此則今日部曹之大勢也．然前此之軍營．人尚有限．去年各省舉行團練．奏帶各員．多者百人．少亦數十．豈所保盡屬有才乎．仰其中有請託也．都中自戒嚴以後．京官貧苦異常．而奏調各員．帶俸出京．每月又有薪水津貼銀兩．在京則進階稽壓．資斧維艱．在外則既獲榮名．又膺實惠．臣恐將來必至盡借軍營團練之路．爲佔缺謀食之階．六曹無實職之人．四方盡奔走之輩．部臣權替．胥吏弊滋．天下事將不可問矣．

臣擬請嗣後各省奏調人員．止准保陞外官．不准保留京職．著爲定例．其前經保舉現已回部當差．而資俸較淺者．無論遇缺儘先．概不准補題缺　遇有本部扣留選缺出　仍先補資俸深者一員　次補保舉班一員　互相間補．其帶實缺出京者．如係題缺．出京日即行開缺．如係選缺．保陞後亦即開缺．不准留任．其勞績保舉．仍唯照本職實缺保陞．其候補人員出京者．並不得奏補選缺．以歸畫一．所有廉俸俱行停止．至於道府選法．擬於保舉遇缺班內插選在京辦事人員互相間選．不得概選保舉班．以昭平允．庶不至外重內輕．

部務無患乏員辦理·而奔競之風·亦可少息·相應請旨飭下吏部妥議施行。永立限制·臣爲愼重部務起見·是否有當·伏祈皇上聖鑒·謹奏·

急籌夷務大局疏

奏爲急籌夷務大局·剴切瀝陳·仰祈聖鑒事·竊惟逆夷擄脅大臣·盤據省會·爲曠古未有之變·臣前兩次奏陳。請派威望重臣·糾合紳民·大伸天討·皇上念艱難多事之秋·憫東南財力之竭·愼重周詳·不肯輕舉·非臣下智慮所及·微臣反復審量·權衡輕重之間。謹就今日機宜·畧具梗概·再爲我皇上敬陳之·

夷人之敢肆披猖。亦度粵省兵力未能遽起攘之耳·而士紳敵愾之心·官民會討之議·未嘗無所顧忌也·若以一軍出其不意·攻其必敗·其勢亦足制勝·然有謂其難者·一憂將帥之無人·一憂徵調之缺餉·一憂沿海防守之難以猝備·與海運船隻之未盡開行·是誠皆可憂矣·然微臣之意、又以爲不即明張撻伐之威·亦當隱求防維之術·不能遽變撫綏之局。亦當先籌安輯之方·夷人爲患中國·必熟伺中國瑕釁·先懷輕蔑之心、廣東吏治黷貨保奸·數十年來敗壞已極、以致百姓解體·外侮乘之·此時急盼賢能有望之重臣·輯綏鎭撫·以維繫於不敝·若復曠日持久·事端數變·辦理滋難·是以早一日有一日之益·遲一日必增一日之禍。

且各直省大勢·道府州縣毫無權藉·無事督理刑漕·有事籌畫戰守·皆聽命於督撫·安徽江西各府縣雖多淪陷·未嘗一日無督撫也·廣東省城失陷。外府縣雖尚完好·而伏藏之匪·從逆之奸·所在多有·督臣被擄數月之久·將軍巡撫與夷酋雜居署中·夷兵守之·印信關防皆入夷手·藩臬以下無所稟承·始避佛山·繼居城外·通省無一辦事大員·情形渙散·實難設想·黃宗漢既繞道浙閩·尚需時日·柏貴方受制於夷人·豈能仍守舊職·江國霖早見怨於百姓·亦不宜坐擁虛名。急宜簡派通達事理之巡撫。自守廉正之藩司·星夜馳赴該省·聯絡各郡人心。隱爲自固藩籬之計·夷人佔據省城·倡言恫喝·就所要求·不獨後世功過所關、亦目前利病所係·當先使督臣洞悉於心·可以俯允所請者某事·必須改議者某事·擇諳習夷情數人·以理宣諭·往還辯駁·不嫌再三·但令養精蓄銳·自治有餘·夷人狂逞不戢·即可因民之憤·密飭沿海一帶·多募健卒·或掠其船隻·或搗其巢穴·彼理窮而必屈·我氣歛而益盈、事在體之於微·功必圖之以豫·若視夷人之睢盱爲無甚關係·而恣其要求·廣東之危急、爲無從理處·而聽其畔渙·誠恐夷人狡逞·百姓生心·甚非善全之道也·故臣以爲先善其防維之術·而後可行其安輯之方。能使所任之督撫·威行於內地·德洽於庶民·而後軍可集·和可議·國體可以存·民心可以固·應請明降諭旨·正葉名琛柏貴之罪·以絕夷人之挾制。另簡廣東巡撫藩司·綏輯地方。徐圖聯絡。以維大局·現聞粵省人人思奮、誠得通達廉正之大員。因勢而利導之·將逆夷之退不旋踵·而伏奸之覬覦。無由生矣、臣切念梓鄉、深維大局·謹冒昧瀝陳·幷鈔呈廣東來信一紙·伏乞皇上聖鑒·謹奏·

請飭查辦廣東客匪脅官虐民疏

何璟

奏爲廣東客匪脅官虐民．肆行劫殺．請旨嚴飭查辦．以弭患萌．恭摺仰祈聖鑒事．竊惟肇慶府屬．向有外來客民雜處山谷．爲土著居民墾地傭工．在恩平開平新寧鶴山新興高明六縣者爲尤衆．恃其麤獷．每不安分．自咸豐四年土匪滋事．高明鶴山開平等縣相繼陷．於是借團練爲名．糾衆數萬．各據要隘．聲言防堵．其所豎旗．書六縣同心．天下無敵字樣．是年冬間．高明等縣收復．該客匪則又借搜捕餘匪爲詞．要官出印票付其收執．計某村有隙．某村富厚．皆揑其從賊．肆行殺掠．以致興開恩新四縣．蕉園壩塘勝塘大田之界．百數十里內．肝腦塗地．人煙一空．其毒甚於土匪數倍．去年秋間．又率衆入陽江縣界．自東平那篤至那隆第八等鄉．相連二百餘里．焚燬村落七十餘處．居民死傷無算．今年三月．又復攻劫新興東路村墟．高明縣境除沅涌區一處保全．餘鄉蹂躪幾徧．計數年來．客匪殘害地方．塗毒人命．占人田宅．奪人妻女．毀人墳墓．不可勝言．即如陝西藩司司徒照一族．死者至二千餘人．祖墓亦被發掘．他可知矣．前後難民赴郡控告以數千計．該府知府史樸置不爲理．或經省控．大吏行文查問．該地方官又多稱土客械鬬．一稟了之．

揆厥所由．該客匪始則奉官捕匪．假以行私．繼則恃衆脅官．肆而無忌．而爲地方官者．始聽其膚受之愬．而縱使操戈．繼畏其充斥之張．而莫能箝制．該匪遂聲言戕民不戕官．據鄉不據城．地方官幸其害不及我也．處分不及我也．遂隱忍焉．爲之遷就彌縫．任百姓受害而不顧．而客匪又多分布其黨．爲各官署跟役胥吏．伺官動靜．密通聲息．今年春間．督臣知其猖獗情狀．飭順德營守備衞佐邦帶兵查辦．甫到三江水口．該匪即脅高明縣知縣麟壽用印稟稱．和解止兵．既而麟壽密遣親信以蠟丸書致南海縣知縣華廷傑．具道其事．華廷傑呈之公局．則該客匪之陰狡橫肆．其跡彰彰矣．臣思道光廿八九年間．粵西匪徒滋事．地方官初不爲意．馴至股匪四起．流毒至今．此前車之鑒也．況肇慶爲兩粵咽喉．潯梧諸匪未滅．土匪時時竊發．倘或蔓延勾結．爲害更甚．未易翦除．趁此時威之以兵．誅其首惡．翦其強支．散其黨同．收其兵器．辦理尚易．年來粵東土匪英夷．相繼煽亂．地方縻爛已極．民不聊生．猶復竭力捐輸．以充軍餉．亦冀官爲民除殘去暴．以安善良．若聽客匪釀成大患．力恐不支．匪直廣東一省之害也．合無仰懇飭下該省督撫．毋狥庇情吏．毋粉飾晏安．迅速設法剿辦．庶民害除．而患端弭矣．

報銷疏濬河道經費疏

竊查福建省垣河道．係分東西二港．匯納上游延建邵汀四府之水．而達於海東港．直趨洪山橋．其地窄．受水少．西港出洪塘．由南港而入烏龍江．其地寬．受水多．因年久沙淤．自懷安驛之高山洲衝齧一口．致西港之水半入東港．而東港病．自驛前道江中忽擁一沙洲逼水東行．致東港益病．綜計上游溪水流入西港者．僅十居其二．入東港者竟居其八．以致光緒二三兩年．上游各屬溪流驟漲．奔趨省河．

城鄉內外．泛濫成災．經臣何璟會同前署撫臣葆亨與在事官紳熟籌治法．窮源溯流．將侯官縣轄之高山洲一帶缺口．層遞排插竹竿．障其東流．令其西向．使東流之水不逕連於洪山橋．其驛前道江中之沙洲開挖疏浚．使水流入西港．來源既分．水力自減．其洪塘一帶．地處下游．其西港之支流．名爲中港．均爲沙壅．亦宜疏治．東流自閩縣轄之鼓山邊起．至螺下洲新港口止．西港自侯官縣轄之橘園洲起．至斗米崎對岸溪尾止．南港自螺洲九十分洲起．至陽岐上灣邊角止．中港自新瀧口起．至陂尾江口止．逐段挑挖深濶．使水易於宣洩．由東西二港折入中港．會合南港．由烏龍江灌五虎口而入於海．港既疏通．則上游溪水可以順流而下．省垣無橫決泛濫之虞矣．

至於各港沙淤．處水淺者畚鍤可及．深者人力難施．先係借用船政衙門機船．繼由上海機器局代向外洋購運連珠斗挖土機船．併由廠添造土船．以機船居中開挖．土船左右隨之．分裝沙土．雇工運岸堆卸．土船不敷分裝．則添雇漁船幫運．其疏通各處河洲沙地．若不排插竹竿．順勢保衛．則水激沙搏．非特河身仍多淤塞．而溪流溢過河洲．勢必復注省河．城鄉復受其害．故分段插竹．導水歸港．以分其勢．此閩省河道及疏浚之情形也．

溯自開浚以後．四五兩年．均無水患．六年夏間．大雨彙旬．上游溪漲．與潮汐同時並至．水勢不減於二三兩年．而省垣無水．各鄉低窪處消退亦較曩時迅速．是浚河插竹已著成效．迭經奏報在案．玆據善後局司道詳稱．閩省設局開浚河道．自光緒三年九月開工起．至四年四月停工止．購買機器．添造土船．雇用漁船土工．排插竹竿等項．共用經費銀四萬二千九百九十八兩二錢二分零八毫．內除撥用光緒二三兩年捐賑欵四萬一千七百九十一兩六錢八分一釐二毫三絲三忽八微．又參將黃漢彬續繳捐賑銀四百七十兩九錢九分五釐五毫外．計不敷銀七百三十五兩五錢四分四釐零六絲六忽二微．已由外先行籌墊．俟賑捐欠繳各戶續繳到日．再行歸補．此次閩省浚河．事係創舉．並因水災之後．以工代賑．藉活窮黎．且機船購自外洋．開挖參用西法．均無例案可循．所報工料等項．皆係實用實銷．並無絲毫浮冒．在工官紳文武員弁．均係自備資斧．亦未請銷鹽糧．查近年各省勸捐辦賑．均經奏准．免造細冊．閩省浚河亦係撥用捐輸．事同一律．應請一律免造細冊．以示體恤．

朱次琦　字浩虔．一字子襄．號稚圭．南海人．道光丁未進士．官山西襄陵知縣．百九十日引去．歸里教授．同治初元．特旨召用．稱疾不起．光緒七午．粵督張靖達公奏請以耆年碩德賞加五品卿銜．次琦需次山西時．值邊蒙搆釁．單騎諭解．立弭巨變．宰襄陵．世多傳其異政．時粵賊據金陵．出淮陽．勢將北犯．次琦嘗奏記晉撫哈興．謂宜綢繆全晉．聯絡關陝．爲保障北方計．哈不能用．尋告歸．歸時語襄陵縉紳．言賊雖去晉遠．然晉號富饒．且贏馬硝礦所出．終必見犯．犯則襄陵當孔道．尤懼不免．惟賊勢流而不定．易者取．難者去．無已．則燔河汾之舟．毀沿河之室．使賊至不得渡．渡亦無可掠．庶保全萬一耳．其後賊出鳳亳趨豫．渡河入晉．喋血千里．襄陵守次琦遺策．城得獨完．故邑人至今祝之．稱爲山西賢令．自程明道後一人．其歸而講學．所設條目．於行曰．敦行孝弟．崇尚名節．檢攝威儀．變化氣質．於學曰．經史性理．掌故詞章．意在持漢宋之平．而要歸於實用．又嘗告爲學者曰．天於億兆愚民中．獨賦一人以材慧．明明以憂樂寄之矣．吉凶與民同患．聖者出之安．賢者體之勉．出則舉其事．處則盡其心．味所言．知其被徵不出．意未嘗忘世也．所著書．臨沒皆自焚之．惟九江朱氏譜條例，皆其手訂．門人輯其遺詩．爲九江集若干卷．並存．

擬請復漢儒盧植從祀摺

奏爲漢儒功存聖籍．道備人倫．請旨准復從祀．以光大典．恭摺仰祈聖鑒事．竊聞禮有五經．蓋注疏之功大．士有百行．惟忠孝之道光．尋墜緒．愈景遺徽．表人彝．斯隆祀典．伏攷漢儒盧植．涿郡涿縣人．剛毅有大節．與鄭康成同師．撰尚書章句．三禮解詁．而所注禮記與鄭注並行後代．謹按禮記一書．爲羣經總滙．其間兼言三代之制．不無純駁之分．而後儒立解．大約推尋義理則易．考釋名物則難．惟後漢鄭康成盧植二人．得師說於不傳之餘．深文奧解．迴絕扳躋．誠經學之大師．聖門之宗子也．有唐貞觀二十一年．增定孔廟從祀二十二人．植與康成實在其列．當時敕撰五經正義．前儒傳注．何啻百家．諸臣攷訂異同．至詳至晰．從祀之典．獨取此二十二人．亦可謂是非之公矣．

代歷千年．未之有改．至明嘉靖九年．從輔臣張璁之議．以盧植鄭康成學未顯著．改祀於鄉．我朝崇重經學．雍正二年世宗憲皇帝詔復鄭康成從祀．迨乾隆中儒臣杭世駿著議請復植祀與康成一體．議未果上．士論惜之．夫植書今雖不存．據鄭志答炅模云注記時．執就盧君．則康成注禮．亦嘗就問於植矣．孔穎達唐代通儒．其撰正義．自蕭望之許愼賀循而外．南北諸儒若庾蔚賀瑒皇甫侃熊安生諸人．莫不抉其疵謬．疏其結轖．而禮記疏中所根據於植者．凡二十九條．皆與康成顯然爲異．而不敢少加評駮．至詩疏續漢書禮儀志注通典諸書．均多援引植注．而有宋朱子亦亟稱之．則植之於禮純矣．粹矣．焉得以學未顯著少之也．夫康成閉戶釋經．其節概在逃何進之辟．避董卓之徵．而植當漢祚式微．中人構禍．抽白刃嚴閤之下．追幼主河津之間．造次必於忠義．爲東漢宗臣第一．暨乎卓議廢立．楊彪袁隗之徒．皆喬木世臣．坐而結舌．植獨抗論不回．遂觸兇欲．僅以人望獲免．此非服膺聖教．博習經訓．能若是其見危不奪乎．是故荀爽推九家之易．惧墨而就三公．蔡邕正七經之文．依佪而參末議．未有若植之勁節彪炳．炤耀史冊者也．推其經術則如彼．條其行誼又如此．當復從祀．似無可疑．

查自咸豐同治以來．漢儒毛亨．宋儒陸秀夫．明儒方孝孺等．或以傳經．或以仗節．先後列入從祀．况植專家之學．足範千秋．徇國之誠．亦風百世．所謂隆禮由禮．經師人師。切應請旨准復從祀。以光大典。於以還千載崇德報功之舊。於以正前朝懷私變古之愆。風聲所樹。士類奮興。使天下儒紳之徒。皆知遺經之可尋。大節之當立矣。

與所親書其一

以周公之上聖。日讀百篇。以孔父之多能。韋編三絕。學者殖也。不殖將落。况庸虛如某者乎。某非不知遷地爲良。或可多出儋石。然學子百輩。終日卒卒。豈復有須臾暇邪。今孝廉船便。冬抄復擬計偕。萬一僥幸。此身遂非己有。爾時雖欲假片刻餘閑。補平生所未及。那可復得。昔范希文以先憂後樂爲己任。讀書長白寺垂十年。晝鬻而餐。斷齏而食。雪案無寐。燔敗葉自温。孫高陽作諸生。授書關外。年四十矣。布衣徒步。往來飛狐倒馬閒。數從塞下老兵。問阨塞險易。士馬彊弱之數。是二君子者。伏則泥潛。出則霆震。發皇耳目。驚爆天下。非偶然也。某雖無似。志事豈後於古人。是用辭富居貧。使故業可理。然且廣厦細旃。峨冠坐論。供養過二公遠甚。恐將來藉手不中。與二公作斷虀僕耳。凡此悽悽。不足爲外人道也。

答王蓘友書一

蓘友先生閣下。人來辱賜手函。感悚無似。重讀前翰。知數月來眷矚鄙人甚殷甚亟。且復勤勤懇懇。若許爲可與語可與道古者然。耆舊之推誠。大賢之善誘。固如是其無町畦也。循誦再四。至于涕零。未敢謂感激氣類。固不欲有他塗之歸矣。多雯涇先生耳屬其名。未得一面。聞長者言。不覺欽遲之至。僕少無宦情。又不習吏事。州縣之任。非所克堪。此出蓋爲親知逼迫。勉强一行。待罪來襄。奉職無狀。瓜及便當棄去。進惟周任陳力之義。退奉柱史止足之誡。不如是固不可也。自惟寡薄。童牙未萎。猥已接跡通人。恭承大雅。中間浪跡。若驟若馳。若謬若迷。而終無所泊棲。四十之年忽焉至矣。誠甚愧。誠甚懼也。思欲屏跡幽遐。追平生所不逮。古人已遠。來者難誣。歲月侵尋。未知果有成否。

先生超超出處。行與道俱。汶長晉城。差堪比匹。末學仰之。政如濱海蜑人。持蠡飲渤。不過取飫口腹而止。莫能測其際涯也。大著鄂宰四槀。謹已登領。諷述日新。實事求是。尚冀源源寄讀。開我見聞。方今士習日離。根柢俛薄。不知伊於胡底。人材陁壞。職此之由。天不憖遺。海內耆髦碩生。翳然將盡。後生不見老成。即聾從昧。將謂讀書學仕。不過爾爾。甚可悼歎。仰繼前良。下覺來裔。以續百年來經師之緒。非先生而誰。伏惟頤性嗇勞。爲道自愛。古有嚴事在師友之間者。仰止觀止。僕將奉爲依歸。欲言千萬。紀綱遄發。使平昔蓄闕之疑未及貢諸左右。獨恃厚愛。吐罄肝鬲。輒復頓盡。有同率爾之陋。遂違願望之對。惟矜其直。不責其狂愚。幸甚幸甚。壬子重九後十日。琦頓首。

答王蓘友書二

蓘友先生閣下。正月間獲侍教君子。惠然作半夕之留。覺冠屨譚諧。都含古異於斯時也。一室之間熙熙穆穆。儼撰杖於申公轅固之側。而親其色笑也者。不自知其不生千載以上也。別後刻欲走謁霽除。飫承德範。不意後政劉君。延至二月上旬始行接篆．卸署後．又爲交代一節．絮絮至今．屑瑣凡猥最不堪爲長者告．日來乃漸有成議．一得蕆事．便如脫韝之鷹．不復能暫羈此地矣．僕南歸之議．往復自決．然江楚阻兵．竟未卜戒塗何日．意兩人繼見之緣．蒼蒼者尚猶未靳．故遲遲我行邪。句讀鏤板一兩月想可告竣．釋例有補正者．爾時當已寫就。均望蚤既寓齊．大著中有未刻之本．亦望分手錄出．併與付給．若行篋攜有家集及貴鄉先正名集．亦分數種．尤屬拜嘉。

拙輯國朝名臣言行錄．正所取資也．此書成後．尚欲仿黃梨洲明儒學案之例．纂輯一書以著我朝一代師儒宗緒．顧不欲區分漢學宋學名色．如江鄭堂師承記云云也．見聞隘陋．未知果有成否。其例畧容寫錄就正．大約月終乃到。山川回洑．我勞如何．覿面未期．爲道珍重．珍重千萬．復啓不盡悽悽．二月九日琦再拜。

去襄陵後答王蓀友書三

蓀友先生閣下．歲月易得．違侍遂已一年．孑孑行路閒．以兵荒殘訊遂希．同此邦域．輒已如是．異時東海南海津涉萬里．其爲契濶可勝道邪．比奉五月十六日惠書．勞問甚厚．益用惶媿．又省知動靜多豫．且浩然決引身之舉．甚慰甚慰．昔人所謂其出也若雲．其處也介于石．恢恢乎自我詘信與道圜方者也．瞻佩無任．僅去夏反自襄陵．即以不才自棄．申請往復．歲盡乃獲給咨．而江楚兩路均以不可行矣．中閒曾肅手書．具述歸里後當仿溫公蜀公故事．僭爲閣下譔傳．以貽學者．並陳屬草雌槐瘦賦．僕遨寡韻．尚須潤飾．今承督促．則知此箇未達籤幮．不審何處洪喬．竟爾沈置．奈何．

平陽陷沒．公私塗炭．其爲酷毒如何可言．方春衙覲．風日正繁．冠纓之徒．魚鱗雜集．大守留髡送客．接梧舉觴．竹肉紛流．譚諧閒作．白日既匿．繼以脂燭．當斯之時．都市如故也．士女如故也．春容愉夷．昌丰潤澤．何圖數日之間．陵谷遷貿．府主寅僚．溘焉頓盡．甚可痛哉．以此忽忽．怳若有亡．加以宿食東西．車不絕軛．鞭轡稍休．頗欲脩理故業．而憂從中來．停簡輟毫．感舊傷懷．然流離．誠不復能措意文字閒矣．近雖栖尋舊宇．譬如池魚籠鳥．時有山藪江湖之思．設秋後內地仍不可通．決意道津門航海歸矣．幼安危坐．巢父掉歌．古之人有行之者．丈人聞此．必謂生好勇．過矣．過矣．哂之邪．悲之邪。

大著釋例補正．益復精博無餘憾。說文句讀刻成．幸更覓便惠致．世難方殷．靡知所底．項領之歎．詩雅以嗟．然竊惟自古泯棼之會．元黃戈馬之秋．天命民彝．必不可以一朝絕。不絕則宜其所寄。寄斯鉅者．宜在脩學好古之儒．秦氏以還．如伏勝申公許鄭二劉熊安生之倫是也．閣下勉旃自愛而已．頃何以爲娛．頗復有所造述不．僕既不作河東之行．無緣復詣大治。悠悠之別．道阻且長．知復何時更得一面．能重奉臯比．開吾觝㜑不．南望於邑．辭不敘心．六月廿有八日琦再拜．

復郭雲仙中丞書

次琦於前月月晦．接奉廿八日賜書．渥叨垂注．仰見大人虛己念舊之殷．有加無已．下懷感激．莫罄言宣．伏讀頒到淺語十六條．鍼砭物情．而肝膈迸露．語語載隆人正俗之思．以出陳承祚．所謂公誠之心．形於文墨．足以知其人之意理．而有補於當世者．庶幾近之．敬當與父老子弟誦服而訓行之也．政成化光．拭目竢之爾．而鈞諭猶以謂苦心集思．莫知所從．則誠鉅人君子欿然不自喜之深衷也．古大臣昭融契合．功施而澤究．名成而道昌．良亦發皇耳目矣．而獨其殷憂痌歎之私．時若有不釋然者．流示於語言文字之表．何者．魁閎之士．慷慨豎立之才．其許身至伉．而待物至厚．其憂時至深．而望治至廹．天時人事．或不能驟副所期．則鬱伊之感易作．間讀古人著作．若高平涑水遺文．暨近世王陽明盧九台諸公文集．輒低徊想見之．蓋非獨一世然也．

次琦少無學術．長益迂愚．不幸仕學無成．又以病廢．大人過聽浮虛．獎稱高躅．誠許與之意厚也．而實事則竊未然．昔孟陋見禮於桓公．人謂陋學爲儒宗．宜參府事．公歎曰．會稽王尚不能屈．未敢擬議也．陋聞之曰．桓公正當以我不往故耳．億兆之人．無官者十居其九．豈皆高士哉．我自疾困．不堪龔命耳．非敢爲高也．古人成言特符鄙事．比益沈緜．至乃不任拜起．有孤延擘．速戾何極．瞻望崇轅．踧踖而已．伏惟含宏之度．原其簡倪而不責其狂疏．幸甚幸甚．

籯金集序

琦生甫周晬．能學語．太夫人則抱置膝上．口授以洪邁唐人萬首絕句．代小歌謠．六歲解聲病後．服膺庭訓．稍稍知慕爲詩．年十三．謁制府阮雲臺先生．命作黃木灣觀海詩．大驚詫．曰老夫當讓此子一出頭地．過予彩旗門作矣．苟不懈以爲之．匪止一代才也．（揅經室集乍浦彩旗門觀游詩．八月試新寒．蒼茫海岸間．天風吹積水．落日滿羣山．潮汐防衝突．艨艟計往還．勞勞千里事．行路反成閒．）退而竊自喜．益發篋出漢以來名集讀之．甘辛丹素．亦漸知此事之難．然當孤吟獨往．精騖八極．心游萬仞．驀然有會．蹤筆疾書．騁百韻之捷．鬬一字之奇．四顧躊躇．睥睨今古．傲然自謂與古人並存．越日踰時焉．取而視之．則嚮之囂字之脆．町畦未化．而宮商之失調．往往而是．如黃鶴樓可鎚而碎也．如霸上棘門之師可襲而虜也．至于音聲要眇．興象深微．遽不逮古人遠甚．於是泚汗自咎．至終夕不寢者有之．蓋詩之存而慚．慚而焚者屢矣．繼又復存．存又復慚．覺其中有未可盡焚者．故編舊作．自籯金集始．

先生以大儒師表當代．其開府吾粵也．喜造士．經訓外未嘗不留意詩古文辭．當時吟社分題．鈴轅應教．忘予之醜者．或出私錢易其藁去．先生不之禁也．嘗戲謂先子曰．昌黎賣文．輦金如山．君教子亦遺金滿籯矣．集中有爲他人稗販者．本不必存．顧自司馬長卿陸士衡傅季友任彥昇以下．代作之文具還本集．而月蝕詩會昌一品序韓盧李鄭兩集并存．文章公器．何居乎暖暖姝姝．作守閫障箎之行哉．獨惜人事遷流．良時不居．先生已捐館．高堂後先見背．棄不肖愈久．回首少時．忽忽如夢寐．感栝棬．懷几杖．小子琦學不加進．年且四十．且垂垂老矣．展校曩編．轉不禁怛然懼而

潸然以悲也・辛亥九月晉陽公寓西齋自題・

南海九江朱氏家譜序

譜牒之學・史學也・周官奠繫世・辨昭穆・掌於小史・史記紀五帝汔夏殷周秦・並詳其子孫氏姓・而世本一書・漢志隸春秋家。蓋先王誦學之設・實與宗法相維・而表裏乎國史・宗法立而士大夫家收族合食至於百世不遷・而奠其繫世・辨其昭穆・朝廷且爲之庀官司・藏冊府・是故黃農虞夏之胄・閱數千祀而可知也。世祿廢・宗法亡。譜學乃曠絕不可攷。漢興天子奮於草茅・將相出於屠牧・率罔知本系所由來・魏晉至唐・仕宦重門閥・百家之譜上於吏部・維時官之選舉・必稽簿狀。家之昏姻必等門第、而譜學復興・歐陽氏脩唐書・有宰相世系之表・隱示國史家牒相爲表裏・且謂世族之盛・諸臣克脩家法致然・跡其編纂論述・若刱前史所無・然通人碩儒咸許其湛深古誼・能探先王制作精意・蓋刱而實因也。五季喪亂・圖牒盡湮・一二儒生乃欲掇拾補苴・冀存古宗法一綫・及夸者爲之扳坿華腴・虛張勳伐・或至不可究詰・譜錄一家遂爲識者厭薄・而去史益遠矣・

吾族之有譜也・自明萬曆丁丑文學公學懋始也・文學遡始祖僅七世・當是時也・子姓服屬未遠・恩義緜結・風氣醇龐・其仕者精白一心・以從王事・而不有其家・其父老教讓敎謙・敦長者之行・其子弟以讀以耕・鮮諺誕之失・即一二宦裔貴游・徙宅省垣・號稱豪宕・然日散千金・親故多待以舉火・一時數搢紳家法以吾族爲優・微特家乘之先立也・厥後一脩於處士公昌瑤・在國朝康熙丙申・康熙以來無踵事者・道光丁未次琦歸自京師・之官山右・父老祖予・酒次及之・異聲同歎・咸豐初元・亟加討論・以寇亂中輟・亂已・次琦亦假還・共申前議・於是宗人朝儀大夫奎元兄弟・慨然願任脯糒剞劂之費・乃會推吾弟明經宗琦主槀・而宗人上舍士仁士報景熙佐之・次琦不揣檮昧・斟酌今古。成序例一篇。授以從事。是役也・寘局於己未之春・斷限於辛酉之臘・以今年正月鐫竣・刊易再三。編摩兄瘁・歷十一寒暑而書成・實費白金二千三百兩有奇・夫然後十有二卷之書、繫世之源流・昭穆之近遠・恩榮之覃被・祠廟之宗禋・墳瘞之阡原・藝文之津逮・媺惡之登削・遺軼之甄尋。直而不汙・信而有徵・不侈前人・勿廢後觀・敢云美備・要其規模亦畧具矣・

次琦行四方久・竊慨風俗日益以漓・而親情日益衰・不啻漢史所稱・斗粟尺布而骨肉不相容者・朝議兄弟・獨能推鉅貲不色吝・近又增寘祠嘗・捐白金三千兩・而宗人翰林待詔衛國恩亦捐千兩・其諸義重千鈞利輕一羽者與・於以見吾先人之遺澤長也・詩不云乎・戚戚兄弟・莫遠具邇・又曰豈無它人・不如我同姓・自茲以往・願以族衆・咸喻於古者宗譜相維遺意・而使內外有別・長幼親疏有序・有無相賙・吉凶患難相恤・膢臘祭饗飲食相周旋・毋以財失義・毋以忿廢親・則吾家世德作求・安見不如浦江鄭氏・江州陳氏諸義門・書之國史以爲美譚者・宰相世系表序曰・門祚之盛衰・雖視功德厚薄・亦在其子孫・烏虖・可不勗哉・可不勗哉・

附序例

古者譜系之書・天子曰帝繫・諸侯曰世本・（周禮小史

疏）而通上下而言・均謂之譜・桓譚謂太史公作世表・並倣周譜是也・（梁書劉查傳）魏晉代降・初曰某氏譜・（世說劉孝標注・引王氏謝氏吳氏孔氏諸譜・止稱某氏譜・又屢引王氏譜・獨王倫一條稱王氏家譜・紀尚書昀疑家字爲羨文・）後曰某氏家譜・（隋書經籍志有楊氏家譜・唐書藝文志有謝氏呂氏等家譜・）又有別撰稱名者・如摯氏世本・（世說注）裴氏家牒・（裴守眞撰）劉氏家史・（劉子文撰）范陽家志之類・（盧藏用撰・以上俱見唐志）文心雕龍曰・譜者・普也・注序世統事資周普・則譜迺紀世之正名・古所命也・故不從其異也・繫以其地・稱南海九江・志別也・有同姓而異・同壤而異族者也・趙郡東祖李氏家譜・（唐志）四明槎湖張氏族譜・（國史經籍）是其例也・（右序名譜之例）

譜以合宗・且有世系支派・然後諸譜中諱字有可稽・昭穆有可考・故首列宗支譜・鄭漁仲謂三代之後・氏族合而爲一・則以地望明貴賤・使貴有常尊・賤有等威・（通志氏族畧）漢有鄧氏官譜・（隋志）唐有衣冠譜・又有官族傳・（唐志）氏族書第門閥有自來矣・故恩榮譜次之・譜所以明孝愛・作一本之思也・故祠宇譜・墳塋譜次之・譜所以守文獻・傳一家之故也・故藝文譜・家傳譜次之・其餘遺聞逸事・不列於諸譜者・散碎爬羅・亦述家風・脩世錄者所不廢・（潘岳有述家風詩・明粲有明氏世錄・）故以雜錄譜終之也・（右序分編之例）

古人自序・如屈子離騷・馬班二史・罔不上溯姓原・譜牒亦然・（見漢書揚雄傳注・引揚雄自序・譜牒世說注引溫氏譜序・）唐書宰相世系表・廬陵歐陽氏譜・老泉蘇氏譜・竝沿其例・迺古法也・宋朱長朱氏世譜・（絳雲樓書目・述古堂書目・）明朱右邾子世家・（明史藝文志・）今固未見・然姓族源流不可不考也・（近時諸城劉氏譜・景城紀氏譜・均以不著族姓源流爲□・蓋非古義・）譜必有圖・旁行邪上・周譜例也・（劉查傳）後漢書盧植傳所謂同宗相後・披圖按牒・以次可知也・（通志畧有錢氏慶系譜・後有錢氏慶系圖・國史經籍志有仙源類譜・復有仙源積慶圖・王介甫作許氏世譜・不爲圖・歸熙甫自作歸氏世譜・亦無圖・非是）圖必分房・唐書世系表例也・始祖下定著三房・不曰門・（通志畧有崔氏五門家傳・）不曰派・（絳雲樓書目有吳越錢氏分派畧・）不曰眷・不曰枝・（唐表裴氏分西眷中眷東眷・陸氏分魚圻枝・丹徒枝・太尉枝・侍郎枝・）僻也・故仍稱・顒觀房存著・房繹思房也・圖以四世爲一部・服窮於四世也・（膠州法坤宏撰法氏譜・以四世爲一部・謂服窮於四世・）格盡別起者・重著一世・明有所承也・（歐陽氏譜詢書第一譜之末・又書第二譜之首・）圖皆書名・臨文不諱也・蘇氏譜於祖父之名加諱字・歐陽氏譜從其同譜者・今從歐譜・一族之公・非一人之私也・名記原名・更名一名別徽・使後有考也・（唐書世系表・宗室表栻初名權・劉氏表齊賢更名景先・裴氏表遂一名從・鄭氏表玘一名綺・）一名闕者唐表易稱某（宗室表富陽令某柳氏表某朔方營田副使・）今代以方空・古義也・逸周書穆天子傳・闕字代以方空也・名後書字與爵・古譜類然也・（見世說注引諸家譜・）雖別字亦載也・（見後漢書虞詡傳注・）無爵者・魏氏譜稱處士・

（世說注引魏氏譜曰．顗字長齊．祖允處士．又引陸士衡薦戴若思表曰．伏見處士沛國戴淵．盜賊亦稱處士．不可從．）今不從惡飾也．漢代碑陰民與處士別也．蘇氏譜注不仕．今不注．無庸注也．妻前後娶必書妾．亦書止家也．庶子不書所生母．統於嫡也．異出之子不分書．統於父也．（景城紀氏譜之例．）立繼者所生所後必互書．責爲人後．且不替本生也．（湯敬升族譜議之例．）居址必書聚族也．（唐表居成紀居解縣洗馬川之例．）僑它境必書重出疆也．（唐表徙河中徙聞喜之例．）異姓抱養削不書．干犯刑辟．削不書．棄親出家削不書．防亂宗也．（膠州法氏譜之例．）若夫支派失傳者．附書．荀氏家傳例也．（世說注引荀氏家傳曰．巨伯漢桓帝時人也．亦出潁川．未詳其始末．）故登閣嘴房列於譜也．後裔無考者．附書七房．鄭氏表例也．（唐表七房鄭氏．大房白麟後絕．第三房叔夜後無聞）故世絕無屬於譜也．附居址圖從類也．（右序宗支譜之例．）

唐許敬宗李義府等奏．請刪定氏族志．以仕唐官五品以上皆升士流．於是兵卒以軍功進者．亦得入．搢紳嗤之．號爲勳格．（唐書許敬宗以貞觀所定氏族志不載武后．本望李義府亦以其先世不見叙．更奏刪正．）是知氏族重淸門．不徒侈膏粱華腴也．（郡姓中三世有三公者曰膏粱．有令僕者曰華腴．見唐書．）然世說注歷引諸家譜．凡著錄之人．靡不詳其起家歷官者．即舉孝廉不行．亦具於牒．（王倫一條注引王氏家譜曰．倫字太冲．司空穆侯中子．司徒渾弟也．年二十餘舉孝廉不行．）而唐史括氏族書爲世系表．則凡中外顯僚．降至簿尉執杖挽郎．無弗具載．其階資則自孝廉有道．

及第明經．以逮陪位出身．吏部常選．兵部常選胥錄焉．可知有一官者．無弗書官．有一資者．無弗書資．正古法也．故都錄之爲恩榮譜也．若夫制詔璽書．古錫命體也．旌節孝．旌耆壽．古表宅制也．是恩榮之鉅者．故以起訖斯篇也．（右序恩榮譜之例．）

世守祠墓．孝子孝孫之心也．然晉博士傅純議曰．冢椁以藏形．而事之以凶．廟祧以安神．而奉之以吉．送形而往．迎精而還．此廟墓之大分．形神之異制．祭者求神之道至多．而獨不祭墓．（晉書東海王越傳．）固知祠墓有先後也．朱子家禮謂之廟制．不見於經．且今士庶之賤．亦有所不得爲者．當先位祠堂．今考祠堂之稱．名義最古．（王逸序楚辭天問篇云．屈原見楚先王之廟及公卿祠堂．盡天地山川神靈奇詭之狀．因書而呵問之．據此．則祠堂蓋起於周代．）我家祖祠建於明嘉靖．時當夏言奏請士庶得通祀始祖之後．（見王圻續文獻通考．）蓋非直無偝古經．正善承朝廷德意爲之．江陰楊尙書名時曰．祀始祖則族有所統．足與譜系相維．然則祠廟譜系義相成也．附以坊表第宅園亭樓閣之屬．禮營宮室宗廟爲先．君室爲後．序也．（右序祠宇譜之例．）

記云．大夫士去國曰奈何去墳墓．宗子出疆則庶子望墓而祭．古人重墓．故墓亦載於譜．（隋志有楊氏家譜狀幷墓記一卷．元戴表亦有小方門戴氏居葬記．）譜塋墓非椒也．紀氏譜竝仿金石例爲圖．（潘昂霄金石例引古金石例云．墓圖作方石碑．先畫墓圖．有作員象者．內畫墓樣各標其穴．某人某石．嵌之祭堂壁上．無祭堂則嵌於圍牆上．）今不從・族蓍不勝圖也・圖以嵌諸墓・非以撫諸譜也・譜墓用羅經甲乙分正隅・非徇形家言・辨方也・予謂防墓不可以不識・辨方所以識也・（右序墳塋譜之例・）

裴子家傳曰・榮字榮期・河東人・撰語林數卷・號曰裴子・（世說注）是爲家牒詳著述之始・今載著述・區分四部・存佚俱收・隋唐二志例也・隋志注亡篇・唐志不復識別・明焦竑志國史經籍從唐書注者・紀其實・不注者・昭其愼也・今亦不復注也・標目後揭原書序跋・文獻通考例也・或附隲評亦通考例・通考又本之晁氏郡齋讀書志・陳氏直齋書錄解題也・（右序藝文譜之例・）

有家譜有家傳・魏晉閒各自爲書・（世說注有李氏譜・又有李氏家傳・有袁氏譜・又有袁氏家傳・有王氏譜・又有王氏世家傳・隋唐兩志家傳入傳記・家譜入譜系・惟舊唐經籍志合爲一類・）然唐志譜系類有官族傳・有孔子系葉傳・則傳亦譜也・傳稱世傳・按世爲傳・據范汪范氏世傳文也・序述之文・歐陽氏蘇氏皆名・蘇氏乃至名祖父・（族譜從錄稱吾祖杲・吾父序・）今不從・惡斥也・禮・子孫得稱祖父字也・儀禮祔登之祝曰・適爾皇祖某甫以隮・附爾孫某甫是也・（又周公稱其祖曰王季・屈原稱其考曰伯庸・）曰某公・據白香山家狀・柳子厚叔父墓版文也・其無官者亦稱公・據吳仲山碑文也・（漢故民吳仲山碑稱・吳公仲山・洪适謂故民者・物故之民也・見隸釋・）婦必繫某公配妻・以夫爲綱・即以夫爲名也・傳稱武王邑姜・史稱周公阿杜是也・（左傳 昭元年當武王邑姜・方震大叔・南齊書盤龍傳・盤龍愛妾杜氏・上送金釵鑷二十枚・手敕曰餉周公阿杜・）歐陽氏譜亦曰睦夫人欽夫人也・有封者稱封・無封者通曰安人・從時稱・亦沿語類稱夫人例也・（朱子語類無爵者曰府君夫人・漢人碑已有・只是尊神之辭・）曰原配・據晉書禮志文也 （禮志前妻曰原配 ）曰繼配・據王介甫葛源墓志文・介甫又據儀禮也・（儀禮喪服傳・繼母之配父・）不曰繼室・古之繼室非妻也・（說詳左傳隱元年杜氏注・及孔氏正義・）不曰中娶・（中娶見世說注・引溫氏譜・）不曰次配・（次配見韓文昭武將軍李公墓志・）皆僻也・婦詳祖父族里竝及親串・世說注引諸姓譜類・然碩人首章之義也・傳中年壽可考必書・卒年可考必書・史家例・亦譜系法也・（世說注引用周氏譜曰・翼年六十四卒・三國志管甯傳注・引先賢行狀曰・王烈以建安二十三年寢疾而終・）女可紀者・未嫁已嫁・內外得並書・唐志王方慶王氏女記例也・在室者章女美・出適者爲家榮也・傳中事行・要在不誣・湯氏所謂弗錄有善・錄而冒皆不敢也・（族譜議・）傳未必注・所據書示信也・遠法歐氏百越先賢志・近本阮氏國史儒林傳稾也・（右序家傳譜之例・）

錢易記吳越世家事蹟撰錢氏家語一卷・（通志藝文畧）胡元吉記其家世遺事・著桐陰舊話十卷・（國史經籍志・）所謂數典不忘也・或資誦法・或系掌故・或備譚諧・括之曰雜錄・以唐志孔主姓名雜錄名之也・（右序雜錄譜之例・）

歐蘇二譜以其所及知者・列爲譜圖・其疏遠者不紀・蘇氏止錄本支四世・而令族人各自爲譜・謂各詳其宗・合之則至於無窮・夫惟族人不知爲譜・故仁人孝子慨然思作譜以合之・而又令其自爲族・不仍歸於散乎・（歸氏有光謂爲譜者

載其族之世次名諱．其所不可知者．無如何．其可知者無不載也．王氏元啓曰．既舉族而謀之．爲之譜以合之．大體自當畢載．無關於遠近親疏．）今不從．存收族之遺也．

史兼勸懲美惡並書譜．言勸不言懲．故美美不稱惡．春秋爲親者諱．厚之至也．唐表於張氏上官氏世系美惡不諱．（張氏世系稱通儒仕安祿山．上官氏世系稱漢右將軍安陽侯桀生安車騎將軍桑樂侯以反伏誅．）今不從．不欲以先人媿子孫也．婦改適．舊譜皆書庶氏之母．孔門不諱．經義也．晉王氏譜竝離昏不諱也．（世說注引王氏譜曰．獻之娶高平郗曇女．名道茂．後離昏．）今不從．隱夫凱風孝子抱無言之恫者也．

儒者泥於古經．動謂大宗無子則立後．小宗無子則不立後．無後者古有從祖祔食之禮．（明儒田汝成羅虞臣．國朝諸儒柴紹炳江琬徐乾學俱據此立論．）新會湯氏．高安朱氏之爲譜．且斷斷爭之．以謂夫人皆爲立後不協於古．（湯敬升族譜議．朱軾侯譜解惑．）是惡知古者大宗諸侯世國．卿大夫世祿．宗人莫不恃以收族合食．是以百世不遷．今則井田世祿之制絕而宗法廢．人人可以爲卿大夫．則人人可以爲別子之祖．（禮記大傳別子爲祖．繼別爲宗．注．別子謂公子．若始來在此國者．後世以爲祖也．繼別謂別子之世適也．族人尊之．謂之大宗．陳氏詳道曰．諸侯之適子孫．則繼世爲君．而支子之爲卿大夫者．謂之別子．有自它國而來於此者．亦謂之別于．有起自民庶而致位卿大夫．亦從別子之義．此三者各立宗而爲大宗．所謂繼別者也．陳氏澔曰．別子有三．一是諸侯適子之弟．別於正室．二是異姓公子．來自它國．別於本國不來者．三是庶姓之起於是邦爲卿大夫．而別於不仕者．皆稱別子也．爲祖者別與後世爲始祖也．）別子未必非支庶也．而謂支庶不立後可乎．而況小宗乎．宗法既廢．所謂世適而號爲宗子者．或貧且賤．無廟與祭．彼小宗支庶之無後者．祔於何所．食於何人．何以使之有所歸而不爲厲乎．金匱秦尚書蕙田著論非之．是也．（詳見五禮通考．）今不從．禮貴賤宜亦以義起也．

自廬陵歐陽氏爲譜本出於渤海．而必兼載千乘之族．眉山蘇氏本出於眉州．刺史味道．而必兼載趙郡扶風．河南河內之蘇．爾後爲譜者．往往兼及它郡之賢．以著族姓人才之盛．歸氏有光爲夏代世譜．黃氏宗羲爲黃氏世錄．則雖其竝時而異派者列之（歸熙甫爲夏太常昶作世譜錄．夏元吉湘陰人．輔相三朝．蓋與太常竝時而異派者．黃黎洲自爲世錄．雜記先世行事之可考者．及它處黃氏之賢者．如石齊黃道周．漳浦人．與其父御史尊素竝時．亦載於錄．）馮氏元颺爲馮氏譜四篇．其第三篇臚列異姓戚鄙諸顯人．以表門閥．今皆不從．惡扳附之嫌也．

朱子注論語孟子正文．遇國諱則缺筆．而不改字．注則無弗避者．其注易亦然（錢氏十駕齋養新錄云．見趙順孫四書纂疏．及吳革所刊易本義．班班可考．）洪氏隸釋．謂漢不作文．不避國諱．樊毅碑命守斯邦．劉熊碑來臻我邦之類．未嘗爲高祖諱也．石經邦君爲兩君之好．與何必去父母之邦．皆書邦作國．疑漢人所傳如此．不爲避諱而然．謹按洪氏之說．非也．石經奉詔刊樹鴻都門．豈樊毅等私碑可比．馬班二史及漢人著作多避邦字．即所引述論語文亦然．

（如夫子至於是邦．善人爲邦百年．一言而喪邦．雖蠻貊之邦．懷其寶而迷其邦．邦君之妻．危邦不入．在邦必聞．邦有道不廢．邦有道則知。邦有道貧且賤焉．邦有道則穀之類．多改邦爲國．使石經全文尚存．其悉避可知。）譜中凡遇應行改寫．應行缺筆等字．俱欽遵累朝聖旨．所有新刋書籍．照頒行恭避字樣書寫之諭．（應行改寫．應行缺筆字樣．詳載欽定科塲條例．欽定學政全書．）雖易舊譜無嫌也．所以嚴立功令也．又順治七年以前．廣中用故明隆武永歷年號．伏讀御批通鑑輯覽．唐桂二王年號．欽奉革除．故譜中記載但書唐王桂王某年．不復題其年號．雖易舊譜無嫌也．亦以嚴功令也．

譜中文字或前後異文未歸一律．蓋徵引異書．采訪異手．參差錯出．亦事勢使然．日知錄曰．五經文字不同者多矣．更有一經之中而自不同者．如桑甚見於衞詩．而魯則爲䵨．毖弓著於鄭風．而秦則爲韔．左氏一書其錄楚也．薳氏或爲蔿氏．箴尹或爲鍼尹．（今按同一語助．而書之粤若曰若．先後攸殊．同一人名．而禮之子貢子贛．篇章互見．論語則無亡惟唯並用．孟子則由猶或惑雜書．凡若此類．不可枚舉．至說文一書．引用尤多錯出．如易以往吝又作以往遴．爲的顙又作爲馰．重門擊㯓又作重門擊欜．書鳥獸氄毛又作鳥獸㲨毛．方鳩僝功又作旁求孱功．濬く巜距川又作睿畎澮距川．若顚木之有甹㦬．又作若顚木之有甹櫱．詩桃之夭夭又作桃之枖枖．江之永矣．又作江之羕矣．江有汜又作江有洍．靜女其姝又作靜女其姝．擊鼓其鏜．又作擊鼓其鼞．是褻袢也又作是泄袢也．衣錦褧衣又作衣錦檾衣．薈兮蔚兮又作澮兮蔚兮．赤舄掔掔又作赤舄己己．嘽嘽路馬又作𤢏𤢏駱馬．不敢不□又作不敢不□．瓶之罄矣又作瓶之窒矣．無然詍詍又作無言呭呭．憬彼淮夷又作䜌彼淮夷．春秋傳忨歲而愒日又作翫歲而愒日．論語色孛如也又作色 勃如也．更不可枚舉．

然則經典流傳亦非一律也．故未之改也．

書序在後．古例也．周易序卦與詩書之序舊俱列篇第中．而退居於萊末．（序卦移於李鼎祚．書序移於僞孔傳．詩序移於毛萇．今惟序卦復其舊．）周秦兩漢書籍．如莊子天下篇史記自序．淮南子要畧．越絕書叙外傳記．潛夫論叙錄．鹽鐵論大論．文心雕龍序志篇．皆同斯例．漢書之序傳．華陽國志之序志．後語．大序後復有小序也．隋唐以後文始列篇首．又小目列上．大名列下．亦古例也．（禮記曲禮上第一疏引．呂靖曰既題曲禮於上．故著禮記於下．此古本小目列上．大名列下之證．）大名又謂之大題．陸氏德明云．毛詩故大題在下．馬融盧植鄭元注禮記．竝大題在下．班固漢書陳壽三國志亦然．（詳經典釋文．）唐刻石經皆大題在下．如詩經卷首周南詁訓傳第一列於上．毛詩二字列於行下．所謂大題在下也．宋元以來刻本皆移大題於上．而古式遂亡．（紀尚書昀云．陸游南唐書尚繇古式．語見錢曾讀書敏求記．錢少詹大昕云．余曾見宋淮南轉運司監刻字本．史記亦大題在下．）然二者於書．無關宏恉也．姑從時式亦可也．（右序全譜沿革從違之例．）

格物說跋

格物說三篇．定古經之正詮．屛義群言之底滯．匡謬正俗．辨僞得眞．使程朱確詁復明．天壤泰山可移．此案不動矣．中明陽明王氏倡致良知之說．不求諸事而求諸心．由是心學盛．興波蕩天下三四百年．餘風未殄．可謂烈矣．謹案漢書注．良實也．孟子良言良知．不過與良實之良同義．本無深解．不聞以此爲七篇宗旨也．況摘去良能專稱良知．謂千古聖賢傳心之秘在是虖．大約王氏言吾人爲學．不資外求．良知之體．皦如明鏡．妍蚩之來．隨物見形．而鏡曾無留染．無所住以生其心．佛氏曾有是言．未爲失也．明鏡之應一照皆眞．是生其心處．妍者妍．蚩者蚩．一過而不留．即無所住處．其平日論學指歸往往如是．然試問良知作此解說．果有當於孟子論孩提愛親之仁否．蕭梁之世．達摩西來．始厭棄經梵．直指本心．不立文字．陽明祖述其說．並稱佛氏之言．亦不之諱．欲使儒釋相附．害道甚矣．此說中篇歷剖心學之誤．條辨而稼書．桴亭而出．以名通證．明如清瀾北海．而去其憍激．儒者有用之言．所謂闢道樹敎．縣日月而不刊者也．

澹泊齋記

果堂大兄衙齋顏以澹泊二字．蓋取諸葛武侯誡子書澹泊明志之語．或曰志儉也．或曰漢人喜黃老．武侯之云．殆亦無爲無欲之旨．是故取之也．次琦曰．非也．嗜欲之薰心．如水之浸．種萌動拆．溢致無窮已．不自抑制．則起居服食．聲色玩好之緣．雜然而至．於是寅緣機巧．果其貪□而肆其求取．其在內也．干國之紀而恣睢．其在外也．形民之力而醉飽．而惡可至於滔天．故自來名臣德行．建豎不必一途．要無不本于澹泊者．謝太傅功高百辟．心在一邱．范希文斷虀畫餅．先憂後樂．王伯安日與門生對食．孫高陽飯麤糲．忍饑勞．至于我朝圖文襄之啜豆屑粥一盂．湯文正之莅江南未嘗食雞臛．張文貞之白果數枚．山藥三數片．高文良之紙帳蘆簾．卻掃一室．終日無人．皆此志也．

吾聞果堂秩滿朝京師．公子友有饋食者．値錢萬．君不懌曰．饋食費錢萬．禮食當何如．覩若材地故出彼人上．平昔相餉饋亦有踰此者乎．我家餉饋若此．進而郎署．而卿貳．而宰執宗藩．何以行禮乎．公子瞿然領訓退．兄子某官某部堂主事．衣弋綈謁君．袪衽且敝矣．君詰之曰．若居要地．接要人．顧被服如此安之乎．將以爲名也．兄子跪謝曰．非敢然也．兒旦旦趨公無暇晷．偶忘焉耳．君則大喜曰．是吾志也．賚袍褂一襲．嗚呼觀君之庭誥．可以知君矣．抑昔人有言．聞人譽之以卿相則喜．必非喜其鞠躬盡瘁可知也．嗚呼．果堂其同此感也哉．壬子夏五．南海友弟朱次琦．

明四川夔州府知府朱公神道碑

昔漢治多循吏．至六朝而衰矣．而宋元嘉中始興從事朱萬嗣少豫獨以廉聲振海內．讀史者艷稱之．明祖奮起布衣．重親民吏．吏治號不汚．至中葉而衰矣．而我八世從祖夔州公仕神宗朝．以治行第一．拜璽書之賜．夔州廟祀至今．朱氏自兩漢三國來人物盛於東南。爲甲族。四姓稱道。而其良吏倶出嶺表。南海九江支系。又始興分也。然則公之經德秉哲以追配於前人者。豈偶然哉。

公諱讓。字次夔。號絅庵。先世居始興。北宋改曰保昌。爲保昌人。南渡末季有諱元龍者。奉令甲徙南海。迄今爲南海人。徙居七世至公。考文直蚤卒。公貴贈承德郎。公旣幼孤。敦敏嚮學。治毛詩戴記能嚌其精。與陳參政萬言。陳同知良珍。從兄通判謨結侶劘切。舉嘉靖三十七年鄉試。公車十六載。始成萬曆二年進士。初授福建南平知縣。調繁江西臨川。再襄鄉試事。作令兩考。擢南京戶部河南司。主差榷浙江北關。晉員外郎中。皆在戶部。以京察高第簡授四川夔州知府。

南平當八閩之衝。困於供億。公務以簡貸息民。谿水暴漲。壞田廬。漂人畜。公不竢報。碾放倉粟。主者難之。公奮曰。文牒往來。溝瘠何賴。有譴。令自當之。無它及也。又竭私俸四賑。民獲更生。臨川人苦歲運。寠者至僨債妻息以應。公類其衆姓。置一人爲長。酌里道中爲儲。計畝均輸。公爲政無心寬猛。亦不尙苛廉。志在調劑時宜。拯民疾苦。使廬井見生人之樂。故在政不擾。旣去。而民慕思之。

當官留都。澄海唐吏部伯元喜講學。順德歐工部大任稱詩。公則多談吏治。三人交莫逆。而趣尙不同。大任嘗語人。我輩喋喋甯如倉曹能及物邪。倉曹公攝職也。其爲名流推服如此。旣歸。召補湖廣鄖陽知府。不赴。中外交章以用不盡才。才堪大受。薦卒不起。惟日以福惠鄉閭爲事。萬曆三十二年卒。壽七十。葬鄉西南馬山。改窆大望山。祀南平臨川名宦郡邑鄉賢。後四十四歲以孫實蓮郵典推恩。諭祭贈公如其官。配關恭人。閫德最著。生子疇。庠生。贈兵部左侍郎。側室子田。甸畯。田庠生。贈中書舍人。洎庠生更名賓揚。孫十五人。實蓮戶部郎中。郵贈兵部左侍郎。伯蓮戶兵兩科給事中。會蓮推官。叔蓮游擊。協蓮儀蓮期蓮並庠生。公蓮保蓮觀蓮現蓮覲蓮明蓮振蓮世蓮。女六人。倶適名族。長婿同邑陳熙昌吏科都給事中。外孫陳子壯東閣大學士兼兵部尙書。公旣以治行高天下。而從子署青州知府淩霄。繼之。孫實蓮外孫子壯且毀家湛族。百折完忠。以終一朝報禮之局。論者謂公德匪直配前人也。其穀後尤遠焉。公於品秩神道當得立碑。而遷延有闕。廼者家牒繼甄遺文。用討於時。宗英耆德相與太息曰。蘿石幽宮。冀垂久遠。墓誌以之。揭銘表阡。殆將令百世後式墓輸敬。想見其人。用以興起秀良。扶樹風化。不可廢也。

粵求當仁式讚。先江航漕輓。往來稱便。邑有金隄。溉田萬頃。圯廢百年。莫能脩繕。公殫力經營。靈谷樊水間。功成永賴。比遷。邑人祝轅。若失怙恃。其筦戶部也。辜榷權衡。登降傴僂。與傭卒褋作。胥吏莫能爲姦。差督浙關。掄貪疏殢。宿弊汎掃。暇則校士武林。指授經義。名士多出其門。其守夔州也。請巡按行一條鞭法。瘁心贊畫。官氓帖帖。不侚張而事集。會大旱。精誠露禱。僅二日而雨霑足。夔人呼爲朱水。餂甯尺書。躬親料量。勤幹爲列縣表率。數月而夔大治。頌聲歡騰。院司交薦。於是天子欲大用公。降璽書勞曰。朕撫有方夏。軫念民艱。每思良二千石布德宣化。嘉予天下維新。而於典郡尤亟。其有治行明章。薦剡茂騰者·特簡其人而畀之·旌前勞而勸來勩·璽書豈有愛焉·爾四川夔州知府朱讓·惠從公薄·威以廉生·著鉤距擿伏之神·塞奔競夤緣之竇·薦書特最·朕用嘉焉·茲授爾階中憲大夫·爾膺茲榮寵·益當勵報稱之能·果其績並龔黃·將採一郡之政成而召卿矣·子大夫其敬承之·公遂入覲·旋至公安·偶疾憩驛·喟然曰·余甲戌場前夢蠶滿衣襞·蜀古蠶叢地也·余字次夔·今次夔矣·遽引疾歸·公爲人寧髮廣顙·目秀而茲·未嘗示骯髒之色·與人言不衣而暖·然通而有執·宰邑時·張居正當國·政尚嚴急·有司迎指·慘礉少恩·公力持大體·除苛解嬈·人用大和·及在曹司·內閣申時行余有丁·盡反居正所爲·一切縱弛·公數執法曰·江陵特主時太過耳·其綜核名實·是也蓋烈·小子無似·敢述斯銘·

銘曰·朱氏二俊·槐里桐鄉·公起而參·是曰三良·槐里說經·公如其碻·桐鄉獲民·公符其卓·况彼少豫·奮治南中·徯公嗣音·豐山應鐘·爲人磊磊·爲官亹亹·敷予腎腸·痛爾瘡痏·華嶽削天·其麓則平·汾澮流惡·不疾以清·古號惟良·甯非豈弟·有沫而濡·勿毛而鷙·帝曰兪哉·卿可屛毗·毋忽螘穴·庶屹金隄·拱日方東·歸雲忽止·止足遺榮·如聃史指·以其餘恩·福及閭鄉·餔糜與繒·治竇成梁·以其餘慶·賴及後昆·磐石之宗·忠孝之門·小子庸虛·易世爲令·寅守徽章·懼乖心鏡·隃志爰佚·豐碑肆摛·世有墮淚·文無愧辭·

皇朝賜謚烈愍明贈兵部侍郎朱公神道碑

大淸乾隆四十一年丙申·高宗純皇帝詔曰·崇獎忠貞·所以風勵臣節·凡勝國死事之臣·或死守城池·或身殞行陣·事後平情而論·若而人者·皆無愧於疾風勁草·各能忠於所事·其可令其湮沒不彰·其如何分別定謚之處·著大學士九卿京堂翰詹科道集議以聞·議上·我六世從祖原任戶部郎中微龕公·賜謚烈愍·予祀忠義祠·惟時子姓感激泥首·羣願聲諸金石·以播寵靈·而大書深刻·汔今未果·其末孫次琦泣而言曰·深惟我公·純勤大節·自筮仕以汔結纓·靡不殫極血誠·永矢存歿·非奮發一時者比·今幸際不諱之朝·其事狀廼未彰徹大行·於公靖獻初衷無憾也·何以贊聖淸之光明·而昭示於罔極哉·僉曰善·子其以銘·

謹按譜牒·公南海九江朱氏·諱實蓮·字子潔·號微龕·祖讓·守夔州·治績冠萬曆時·父疇·廩膳生·著文行·公頎身頳面·角犀隆起·腰腹十圍·少須麋大·音聲顧盼·偉如神人·七歲能屬文·與姑子陳文忠公子壯並有聖童之目·未冠·舉天啓元年辛酉鄉試第三人·分考江陰·李忠毅公應昇奇其文·拔冠一經·久在公車·時望益隆·巡按劉呈瑞提學魏浣初疏舉境內人才皆第一·崇禎十三年庚辰·授浙江德淸知縣·時中原盜熾·州郡陸沈·捧檄者蹙踖·□懷兩端·公謂拊循東南·所以戡定西北·天下事尙可爲也·慷慨誓行·初蘇浙仍歲奇荒·繼以旱蝗·民飢無食·公到官·綢繆賑貸·存活數萬家·明年夏·浙西三府大水·湖州尤劇·公百方拯濟·大府蠲緩以貸災黎·不省·七月浙撫劾德淸崇德兩縣誤漕·是時政府方尙搜括·遽票旨逮治·緹騎洶洶·崇德令趙夔自縊·公奮曰·唐石烈士馬前一騶耳·尙思自致於萬乘之前·以鳴主將之勞烈·方今聖明在上·居高聽卑·坐使萬物

顯頓．而陽澤不施．羣方覆盆．而天光不照．臣罪不容誅矣．吾甯歸死司敗．救此一方民．遂就詔獄．獄中極陳地方荒苦大畧．謂天災流行．何處蔑有．未有四五年來飢饉薦臻．旱殃嗣虐．孑遺靡定．降割繼行。井邑爲墟．民物將盡．如浙西之甚者．去年夏月甫交．龍水驟發．蘇常嘉湖數郡鉅浸稽天．吳江德清襟腹太湖．如坐釜底．塘栖以西．尖山以北．穀蔬淪沒．室廬漂蕩．人畜蔽江流而下．帆檣緣木杪而渡．男號婦哭．天日爲昏．其有乘高駕浮幸不即斃者．驚痼飢羸．有孩稚推棄於漲中．夫妻子母枕藉待死於水涯者矣．微臣受任未久．四出拊循．目擊情形．痛心酸鼻．自傷爲人司牧．政刑頗僻．措置乖違．無以導迎祥和．覆以招災速戾．使萬戶生靈顛連若此．此即置微臣於市朝．正溺職之誅．謝橫死之家．是微臣所大願也．當已兩申撫按．面要道府．籲懇丁糧漕白．一概奏蠲．發帑截運．以資接濟．昔宣宗皇帝聖諭賑飢當如救焚拯溺．何待勘爲．煌煌大訓．我朝鼎命之隆在此也．微臣方且噢咻老幼．撫靡創夷．勉之以忍死須臾．慰之以大澤將至．而不謂漕兌嚴期．突然逼廹矣．夫蘇浙數郡．錢漕金花銀之偏重．天下所知也．接遞插淺諸色目．穰苗擡竿等差徭．取求之無藝．幫貼之煩猥．天下所無也．荒旱以來．帶徵爲三年五年．添派有練餉助餉．又天下所苦也．萬一瞯䀄無聞．追胥如故．虎冠之吏．敲吸爲能．藐爾殘黎．展轉之下．惟有逃亡．逃亡不能．因而梃險．强者既囂而動．弱者必隨而聚矣．不幸或連一二城之地．有枹鼓之驚．國家胡能晏然而已乎．比者．中原多故．風聲播流．保無有梟獍之徒．包藏禍心．乘間思亂者．初猶煽刼．繼且盜兵．裹誘漸繁．橫流益潰．陝晉楚豫其已事矣．是可不爲之寒心哉．是故欲回天意．先召人心．欲保東南財富之疆．先予億兆更生之樂．伏願皇上獨斷聖衷．截漕駁放徵派盡蠲．或令飢民濬吳淞白茅兩江．以工代賑．若此則收行水之利．廣澤枯之仁．答列祖眷顧之靈．弭五行飢穰之患．塞姦人窺窬之釁．鞏固皇圖保定之基．孰與屯一時之膏．釀滔天之禍．而後悔無及哉．若此則微臣雖膺大僇．伏斧碪．且將含笑入地矣．

疏入．帝驚歎動容．踰月．普免直省存留起解上供本折錢價．百姓驩呼．謂公有回天之力．德清漕兌旋亦報足．獄遂解．謫南直松江府照磨．起臨淮縣知縣．聞內艱未赴．累擢刑部廣西司主事．兼兵部武選司主事．戶部郎中．當是時帝知公忠實．有意嚮用．故驟遷其官．會憂歸而止．亡何．南北都相繼淪陷．公忿不欲生．丙戌繼丁憂．唐王亦亡．陳文忠廼與廣督丁魁楚援立永明王於肇慶．故輔蘇觀生懷貳．別立唐王弟聿𨮁於廣州．永明王起文忠督軍務．並敕公團練水陸義師．敕曰．破斧之章．首爲輔臣誦之．次即及於爾矣．欽哉．會大兵入廣州．聿𨮁執死．明年春張文烈公家玉．陳忠愍公邦彥．及新會王興．潮陽賴其肖先後起兵．公亦以七月墨縗舉義．盡毁其家輸軍實．與文忠募旅於九江．舟師千餘艘．多蜑戶番鬼．饒勇善戰．廼約忠愍共攻廣州．撫花山盜三千人．僞降．得守東門結衞指揮楊可觀爲內應．舟師剽銳甚．一戰奪西郛礮臺．焚敵樓．殲突將．城中大吏嚴詰反側．可觀事洩．死三千人．皆坑殺．兵遂䘏．忠愍奔三水．故御史麥而炫破高明來迎．廼入攝縣事．以待西師．九月大兵逼高明．爲十覆迭攻之．公激勸忠義．晝夜登陴拒守．五十日而城陷．文忠被執．公從容西嚮再拜．齧血題絕命詞．遂握刀帶雙鞬馳下冒陣而死．年四十六．公族父攝訓導事曰名臣．亦不屈死．官生區懷炅．舉人區銑以下從而死者二千人，城中男婦皆喋血迸命．無一生降者。難後．其城遂空。實丁亥十月二十九日也．次年永明王贈公光祿寺少卿．廕一子入監。御史饒元璜言諸忠臣賞薄．晉嘉議大夫兵部左侍郎．三代同官．諭賜祭葬．再廕子國子監助教．錦衣衛正千戶．恩邺有加焉．配區淑人．高明戶部侍郎大倫女．有賢行．子二．國薦國藹．

公幼有大志．雖長華膴．被服必於儒者．工詩文．尙氣誼．士類歸之．至性天植．事君不避難．馭衆無匿．誠其發也如鬱燄怒雷．屈而必達．常自誦曰．吾曹旣效命於世．可以尊主庇民者．則忘身爲人．其他禍福之來．有不自我者．不足較也．初公之亡也．大兵義而掩之．故國薦等能以喪還．祔於夔州公兆．沈窾芳曜．百有餘年．卒能尊名苾祀．朝野具瞻．蓋幸逢聖天子表正人彝．允釐皇極．而亦公順受天明．安行不惑．故忠孝之道用光．幽潛之德必發也．烏虖．偉哉．

銘曰．公以文興．鐫牒稍增．不究爾能．銅墨是膺．甿乎神君．官謂僇民．逢憂召屯．甯丁我身．養其疲羸．寬其榜笞．飛輓而齗．吏曰不治．玉階碎首．闖戶甘受．容臣苦口．臣死不朽．帝有恩言．一歲九遷．有隕自天．旋入雷淵。刑天干舞．盟洩捧土．旣獲死所．安於堂宇．惟天降衷．惟聖發蒙．匪私於公．惟以敎忠．歸彼兆域．有嚴制敕．騎下軾式．是傚是則．

南沙三十鄉建石隄祭河神文

維道光年月日．南海縣黃鼎司紳士某等．謹以柔毛剛鬣．致祭于河道之神曰．滔滔北流水．鉅維擘也．曰滇．曰武．曰桂．曰湟．駢支來下．萬弩突也．寸瀾朝增．下流百也．時而牂柯侵焉．益怒且讙．如火如薪．如虎翼也．吁我南鄉．谺當其劇也．沙走雷駴．曰降割也．非神之不愛人．消長逢其適也．哀我人斯．至此極也．井竈田廬．隨蕩滴也．鼉黽斯遊．魚龍宅也．剪及坐痤．泣潛魄也．嗟嗟我人．曷以供王稅于上下．何以守存歿也．今之不圖．民氣將墨也．爰呼於衢．解衣散錢．大聲疾也．絡石隄波．漢遺法也．如彼錢塘磯。固羅剎也．如彼吳篔．圉震澤也。我聞在昔．晝不一策也．水犀控弦．波臣北也．西門傴僂．河伯擲也．悍而不可爲．而黠不可跡也．惟神玆歆．鑒誠臆也．牲牷阜肥．飲香秫也．砥平鏡淸．歸墟勿溢也．海復爲陸．石斯泐也．滃爲祥雲．蒸爲和風．甘雨渥也．歲功順成．衣充而腹實也．江漢比靈．揚馬出也．永永萬年．饗神德也．尙饗．

劉錫鴻 字雲生・番禺人・道光戊申舉於鄉・魁岸負氣・初從按察使張敬修策畫兵事・積功補刑部員外郎・毛文達公昶熙督河南團練・奏調隨營・丁憂・服闋入都補官・光緒二年擢光祿寺少卿・副郭嵩燾爲出使英國大臣・錫鴻與嵩燾有舊・既共事・議多不合・調德國正使・五年差竣・奏築造礮臺模式・臚列未盡事宜十條・復奏籌海軍劃一章程・語皆切實・後亦次第施行・又言購械委員浮報牟利・尤中時弊・台撫劉銘傳請開鐵路・廷臣多主之・錫鴻上疏以爲八不可行・無一利而有九害・洋洋數千言・竟寢其議・七年奏劾直督李鴻章・有帝制自爲語・詔責以信口誣衊・嚴議革職・同時・梁文忠鼎芬亦以劾李相降調・李嘗語人・梁少年氣盛不足怪・雲生數十年交舊・妄肆攻擊・爲可詫耳・由是坐廢・居京師數年・卒・有小印鐫儒俠二字・亦其志也・著有英軺日記・劉光祿遺稿・

編校按　作者考目有奏進築造礮臺模式疏・籌畫海防章程疏・奏陳鐵路八不可行疏三首・原謄印稿全缺・

何仁山 別字梅士・東莞人・道光己酉解元・著有鋤月山房詩文集・

黃花集序

癸丑夏・博羅韓夫子始彙梓其詩而特挈舟來・命仁山校讎・且識數語・仁山既卒業曰・夫子之詩其即夫子之畫乎・夫子弱歲官京師・擅三絕名・已由諫垣告養歸・介節清風・日惟以筆墨自娛・詩所未及者・畫之・畫不能及者・詩之・鍵戶謝客・時人或曰懶・或曰簡・而夫子固淡然有以自樂・由是詩畫品日益高・而其所爲詩亦日益富・嘗聞夫子之論畫也・貴以格勝・而蒼潤兼之・今讀其詩・沉雄樸至・畫之蒼也・瀏亮駘麗・畫之潤也・詩也・畫也・一而已矣・抑夫子家羅浮之陽・羅浮洞天也・其間風雨合離・烟雲出沒萬狀・大而層巒叠嶂・修林奔泉・小而琪草靈藥・彩禽仙蝶・無所不有・此天地之畫本也・即夫子之詩評也・今名山盜藪矣・四百峯頭非復屐齒可到・客有欲探羅浮之勝・而未得其大觀・盍讀吾夫子之詩・

贈黃香樹序

士苟勤學問・一心志・其有可傳也・弗難・而必其傳也・弗易・黃子香樹・吾邑周靑士也・以工書隱於市・暇則閉市下簾・自攻其詩・一字推敲・漏恒三四下弗□・可謂專矣・有勸改業帖括者・笑弗答・以故弗歧其心・而詩獨工・竊嘗論之・士之窮而能傳也・將必有名卿貢海內重望者・爲之推轂延譽・而其人既不世出・又或隔絕於地・拘於貴賤之懸殊・則亦何從遇之交之・而一邀其相賞哉・而抱其可傳者・又往往能自矜重・不汲汲求暴於世・所由老死牖下・而名不彰也・

香樹布衣也・而以詩鳴・有可傳之具矣・而處於不能自傳之地・吾未必其能傳也・顧其爲人也・不見忌於小人・而見愛於君子・雖未收名遠・尙可得近名焉・今寶安人士論詩才者・輒屈指曰・香樹・香樹・雖勢利者・亦知有香樹名矣・吾見其聲譽日起・行將由近及遠・以俟乎大力者貢之趨也・僅名在鄉邑已哉・夫有可傳而不能必傳・事之常也・知其未必傳而實求其可以傳・學之常也・求其傳有待者也・求其可傳無待者也・香樹亦始終勤學問・一心志・以成其可傳者而已矣・香樹持素扇過予・屬錄近作・予拙懶・近無作也・而特愛香樹之作・因書此贈之・

丁　杰　字仲文・番禺人・道光己酉舉人・官福建松溪縣知縣・值髮匪楊輔清自江西竄陷松溪政和浦城三縣・克復功第一・而論列獨後・松溪士紳咸不平・爲集資捐升道員・而杰已決意引退・遂稱疾歸・著有陰符經直解一卷・道德經直解一卷・蛾術齋詩草一卷・

爲張國樑將軍辯誣書

昨承示韓叔起先生翠岩室詩集二卷・樸質雄古・言皆有物・小雅之遺音也・以視流連光景自詡風流者・誠天淵矣・惟張將軍後歌・未免傳聞失實・夫張將軍之圍金陵也・較之後人其難百倍・蓋前有堅城・其後則安慶徽甯池太各府皆淪於賊・且內有楊秀清滑賊爲謀主・外有石達開各驍賊以援之・將軍百戰挫其鋒・始能合圍・金陵破在旦夕・有忌其功者・建議謂與得殘破之金陵・不若保宗全之浙省・他路之兵不遣・而專請調圍金陵之師・張將軍殆於衆議・始而抽兵遣周天培援浙・繼又抽兵遣張玉良援浙・卒之浙不可援・而大營後路空矣・維時先皇帝幸熱河・何督部和大帥思進奉議減軍糧・以一月作四十五日・軍心遂散・釋甲以嬉・張將軍束手無策・逆賊陳玉成糾江北稔匪・李秀成糾江南各匪各十餘萬・乘間相襲・遂不支耳・假使當日援兵不能前・而遣使援浙・張將軍之兵將不調・而後路有備・則師可不潰・無減糧之議・士馬飽騰・亦可不潰・今既抽其精銳・不得謂非掣肘也・減其口糧・不得謂糧餉充足也・

夫以九節度之師・一魚朝恩臨之・尚且致敗・況臨之者・有兩魚朝恩・更有從旁翦其羽翼者・欲無潰得乎・夫張將軍反正後・無援於上・無助於下・矢其孤忠・志呑逆賊・不幸而隕・亦足悲矣・而反蒙未忠之誚・心尤痛之・且未忠之言・出於無足重輕之口・尚可言也・今讀叔起先生大著・足以信於今而傳於後・苟默爾而息・必使委身致命孤臣・蒙大不韙於百世・故覼縷言之・

止鬥論上

鬥之風創于閩・延于粵・盛于潮・方其鬥也・諭之不止・禁之不止・彈壓之不止・甚至毀其村・焚其室・誅其人・而鬥仍不止・豈其人之性惡歟・抑亦爲上者有以致之也・蓋嘗推求其故・大抵由于大欺小・强凌弱・衆暴寡・小爲大欺・弱爲强凌・寡爲衆暴・而無所控愬・乃積怒深怨・羣聚合謀・聯羣小以禦一大・聯羣弱以禦一强・聯羣寡以禦一衆・遂悍然不顧以出鬥・至于今將百年矣・民苦于鬥而不能自止・官苦民之鬥欲止之而不得其道・嗚呼・潮之人所以日困而潮之俗所以日敝也・今欲止鬥者・使之不鬥・則莫若使民訟・且使之樂于訟・說者謂潮之人惟好訟・因訟而鬥者比比矣・今更使之訟・且使之樂于訟・不幾欲湯之毋沸・而故益其薪・欲影之不疾・而故急于行乎・而不知非也・夫醫之治病也・必審其得病之由・而疏散之・而調劑之・乃可望其病之愈・潮人之敢于鬥・實由于不敢訟也・

今夫聚百千萬人于一區・其不能無是非曲直也・明矣・有是非曲直其不能不望官之判斷也・又明矣・嘗見民之訟者・呈詞之進也・費不知凡幾・守候之久也・費之不知凡幾・及准理・而承科也有費・票差也有費・迨傳審・則投到又有

費・鋪堂又有費・未見官面・小民中人之產去已過半矣・且夫赫然坐于堂上者官也・皇然跪于堂下者民也・自訟以至審歷幾月日也・辯訟未畢・有已呵欠倦怠・不置可否・曰某某發押・某某帶候・某某交差・聽候覆訊而已・打鼓退堂矣・斯時也・如魂上鈎・如猱被縶・如鳥入籠・凡一飲一食一坐一臥一起一立・悉聽命於胥役・而費又稱其身家之輕重爲輕重焉・甚者苞苴入而敲扑施・賄賂行而枷杻繫・曲者直・是者非・民是以不敢訟而敢鬥也・民既不敢訟・何由使之訟・且使之樂于訟也・則亦惟反其使人不敢訟之端・而民乃訟矣・且樂于訟・樂于訟・則鬥可以止・嗟乎・民既以其是非曲直聽于官・而官又能使是是非非曲曲直直皆出于至公而無所偏倚・而猶鬥之不止也・則眞性惡也・吾故曰止鬥莫曰使民訟・且使之樂于訟・

止鬥論中

爲政之道・必使善良之氣常伸・兇惡之氣常絀・則治矣・潮之鄉大者數千戶・其次千餘戶・其數百戶者・其小焉者也・謂其中皆奉公守法純正不阿之人固非・謂其中皆作奸犯科冥頑不靈之人亦非也・大抵善良爲衆所仰望者不過數人焉・兇惡爲衆所畏惡者不過數人焉・其餘則皆庸碌依違可善可惡者也・惟善良恒畏事・兇惡恆喜事・且又負其兇惡之才・挾其兇惡之資・以結納乎衙蠹兵役・爲之腹心・勾串乎年少無知不逞之徒・爲之牙爪・彼善良者・反爲所制・其庸碌者率拱手聽命・莫敢支吾・故能恣所欲爲・而鬥之風乃日熾・而不可復止・今夫衆所仰望與衆所畏惡者・皆令長之資可藉爲賞罰而示勸戒于百千萬人者也・特賞其所賞・非民所欲賞・罰其所罰・非民所欲罰・斯不敢訟而敢鬥耳・何則・當國家全盛之時・廣東之富甲天下・而潮之富又甲于廣東・且距省遠・官斯土者可以爲所欲爲・故其時仕宦者咸曰官運通・到廣東・又曰到廣不到潮・空自走一遭・嗚呼・以是官治是民・其不至于鬥也・幾何哉・然吾觀潮之初也・服賈耕田・家給人足・不惟善良者未嘗有訟且鬥之事・即兇惡者・亦不敢萌訟且鬥之心・迨官怨民之不訟無以逞其欲也・挑之使訟・彼兇惡遂應挑而唆成訟矣・又恐民訟之小・不足以滿其欲也・挑之使鬥・彼兇惡又應挑而唆成鬥矣 至于鬥而官之計得 而官之勢行・于是會營帶兵・集差僱勇・親臨其鄉・擇鄉之善良而富厚者・指而目之曰某也主謀・其也喝令・某也正兇・某也幫兇・必殺無赦・而向之應挑唆其訟且鬥者・轉出而爲之親遞和息・具甘結・交兇犯・一切資用・納於官則曰兵費・納于閽丁兵役則曰差費・多者十餘萬・少亦不下數萬・咸飽其欲以去・此鄉之兇惡得利・彼鄉之兇惡效尤・積習相沿・莫知底止・官不挑其鬥而自鬥・官欲禁其鬥而愈鬥・陵夷以至于今・善氣日消・惡氣日長・教猱升木・誰之咎哉・

夫積重之勢既成而求其反・必改弦而更張之・則惟扶善良之氣使之伸・抑兇惡之氣使之絀而已・顧官日坐堂皇・環而伺者・非衙蠹即胥吏也・恐所聞之善惡大彿乎民之所謂善惡・可奈何・然有使樂于訟之法・則無慮矣・蓋兇惡者・小民之所甚惡而又其所甚畏者也・使民不敢訟・則畏之之心勝・莫敢斥其非矣・使民樂于訟・則惡之之心出・莫不指其非

矣．閱一呈而所訟者某某焉．閱數呈而所訟者又某某焉．閱數十呈而所訟者仍某某焉．所謂國人皆曰可殺也．吾密記之．又于其接受呈詞之時．問民所疾苦．因以詢其鄉所仰望者若而人．其鄉所仰望而才猷出衆者若而人．遇事咨詢．隨時體察．則各鄉之善者惡者咸莫逃乎洞鑒之中．而可以行其賞罰矣．然施之不得其序．則未得善良之利．而先致兇惡之害．蓋械鬥之事．起于兇惡．欲止其禍．必誅其魁．然欲除兇惡之魁．必先散兇惡之黨．欲散兇惡之黨．必先收善良之助．欲收善良之助．必先得善良之心．

夫待以衆人．報以衆人．待以國士．報以國士．由來久矣．嘗見有千金持贈不足動其心．片言獎藉而死生以之者矣．今使令長一日而親赴某某鄉見某某善良者焉．致其恭敬仰慕之忱以去．明日又親赴某某鄉而見夫某某善良者焉．亦致其恭敬仰慕之忱以去．旁觀者且羡其榮．身受者獨不深其感乎．夫有所爲而爲者．其感人也淺．無所爲而爲者其感人也深．假令見一人而即以錢糧械鬥爲言．則將曰彼爲錢糧來也．彼爲械鬥來也．其感固已淺矣．惟第致恭敬仰慕之忱．既無所邀求．又不費供億．其不感國士之遇而圖國士之報也．豈人情哉．由是擇一鄉所仰望而才猷出衆者．使爲一鄉之保正副．擇一邑所仰望而才猷出衆者．使爲一邑之保正副．而又明白曉諭向之被脅爲不善者．苟能遵保正副約束．犯雖重悉宥．不遵保正副約束者．犯雖輕必誅．其保正副感激圖報亦必多．設方畧以助官力之不及．彼既畏怙．終之難免．又喜更新之有路．其不解散者亦罕矣．其黨既散．其魁孤立．取其尤而誅之易易耳．夫然．而善良之氣常伸．則足以制夫兇惡．兇惡之氣常絀．則必聽命于善良．而謂鬥猶不止．豈理也哉．

止鬥論下

止鬥之本在于令長．而除鬥之本．尤在于爲令長之上者．蓋鬥非闒冗者所能靖．亦非嚴酷者所能靖也．則必選慈惠廉明勤愼之吏．使司牧之．而又爲之寬其資用．寬其法令．寬其時日．俾無所顧慮．然後可以責其效而程其功．夫潮者．昔之官視爲利藪．而今之官視爲畏途者也．錢糧兵米契稅惟正之供．民梗不完．則慮無以報解．捐攤流抵雜欵．則慮無以彌縫上司之供應．差事之往來．則慮無以周給．緝捕之經費．則慮籌措之維艱．朋友之脩火．則慮應付之不足．日夜謀畫．無非此畏賠畏累之一途．欲其盡心民事也．難矣．則所宜寬者．一也．

法令之繁．州縣爲甚．有是事必設一例以制之．即無是事亦先設一例以防之．網張四面．若拘謹者多觸吏議以去．而巧宦則爲諱匿粉飾之術以求免．即如械鬥一端．處分至重也．則諱械鬥爲羣毆矣．一鬥而斃十數人．處分尤重也．則飾一事爲數事矣．鳥槍之斃人也．處分重．則諱鳥槍爲竹銃矣．今竹銃之處分又重．則飾竹銃爲他物矣．上以實求．下以虛應．欲吏治之復古．民俗之還醇．不亦難哉．則所宜寬者一也．

今夫歷四時而後歲功可成也．閱三載而後治績可考也．孔子曰．期月已可．三年有成．夫以大聖人過化存神猶不能爲欲速之治．則其下者可知矣．乃捐輸之例開．而需次者多保舉之途濫．而需次者愈多．爲上者恐仕途壅滯．設爲調停之法以疏通之．或一任而年半．或一任而一年．其因過誤而撤退不及數月者．又無論矣．彼其受任之日已先卜受代之期．官既以五日京兆自居．民亦以五日京兆相待．其不爲苟簡塞責者幾何哉．則所宜寬者一也．

今寬其資用．使不以賠累亂其心．則心可得而盡矣．寬其法令使不以處分擾其心．則事可得其實矣．寬其時日使不以限期急促廹其心．則可以從容展布其才畧矣．知之也明．仕之也當．待之也恕．持之也恒．是在乎爲令長之上者．

黃以宏　字子謙．南海人．道光己酉舉人．治經．通漢學．嘗撰詩中篇名考三篇．論者稱其考證精當．持論明通．

詩中篇名解上

詩中篇名異同．皆作者所自定．非編詩者所定也．所以白華兩見小雅．杕杜黃鳥谷風甫田一見國風．一見小雅．又如詩中均言明明．而小序稱大小不同．詩中均言叔于田．而小序稱太叔又有別．諸如此類．錯雜互出．宋儒謂小宛小弁小明．言小以別於大雅．其說非也．且即其說而詳辨之．其不可信者有五．作詩者不一人．故大雅有明明在下．小雅有明明上天．詞同意異．若謂恐篇名相同．而加大小於明上以別之．則作者何不刪改明明二字．而別爲篇名乎．其不可信者一也．詩篇名有小宛小弁小明．又有大明．初不聞有大宛大弁．因大明與小明相同．遂幷强小宛小弁以遷就其詞．其不可信者二也．彼知宛弁爲大雅所無．而又云其在大雅者必是孔子刪之．故無聞耳．又何據而知大雅之有宛弁．且何據而知孔子刪之．其不可信者三也．明字可兼大小之訓．故小明大明於義皆通．若宛字毛訓小．弁字毛訓樂．皆不訓爲大．加大字於弁上爲大弁．義猶可通．若加大字於宛上爲大宛．則義不可通矣．其不可信者四也．加以小宛小弁小明爲小雅之小．大明爲大雅之大．不連下宛弁爲說．則秦風有小戎．豈亦小雅詩乎．小雅有大田．王風有大車．豈亦大雅詩乎．其不可信者五也．是則宋儒謂言小以別於大雅之說．乃穿鑿附會．漫無考據者也．

詩中篇名解中

詩中篇名異同．皆作者所自定．有據乎．曰春秋傳云．莊姜美而無子．衞人爲之賦碩人．是作詩時篇名已定．故孟子引詩多本其篇名．如云雲漢之詩曰．又云凱風親之過小者也．小弁親之過大者也．皆舉其篇名．春秋傳言晉侯賦嘉樂．國景子相齊侯賦蓼蕭．子展相鄭伯賦緇衣．又賦將仲子兮．諸如此類．不可枚舉．亦皆舉其篇名．是必以篇名爲作者所自定．故引其篇名．而篇中之義統其中．詩中名篇之例不一．關雎葛覃之義取首章爲名也．韓奕之類．則取一章之義爲名也．維天之命．昊天有成命．則取章中一句爲名也．他如綿綿瓜瓞．即綿綿葛藟之義．乃一以綿爲名．一以葛藟爲名．緜蠻黃鳥．即交交黃鳥之義．乃一以緜蠻爲名．一以黃鳥爲名．要皆作詩者所自定矣．小序則本其自名而名之．下但發明作詩之義．不易其篇名．誠不失古人之眞也．小序傳自漢初．其後序或出後儒增益．至首序則作詩時已有之．

由來舊矣．觀白華杕杜黃鳥谷風甫田各二篇．名同而篇名之解不同．可見宋儒不信小序．故以小宛小弁小明爲後人所記別．何以白華有二．獨不別耶．．小雅中有杕杜黃鳥谷風甫田．又不別於國風耶．

詩中篇名解下

詩中篇名既非記別．而小雅小宛小弁小明言小．鄭風兩叔于田．小序稱大叔于田以別之．又何也．考小宛序云．大夫刺幽王也．箋亦當爲刺厲王．小弁序云．刺幽王也．毛鄭於小字俱無詞．孔疏引伸其旨．以爲鳴鳩鷽斯皆小鳥．幽王才智卑小．似鳴鳩之不能高飛．鷽斯小鳥而甚樂．歎宜曰之不如．此小字之義所由起．非謂言小以別於大雅也．小明序云．大夫悔仕於亂世也．箋云名篇曰小明者．言幽王日小其明．損其政事以致於亂．非謂言小以別於大雅也．鄭風叔于田有二．小序一云大叔于田．蓋分別上下二篇之名．上篇序云．叔于田刺莊公□也．叔處于京．繕甲治兵．以出于田．國人說而歸之．下篇序云．大叔于田．刺莊公也．叔多材而好勇．不義而得衆也．由是觀之．叔于田二篇．文義相近．或同爲此人所作．故加大字以別之．小雅正義云．十月之交四篇．文體相類．是一人之作．故得自相比較爲之立名也．是其義矣．

至小雅小明．大雅大明．一作于文王之世．一作于幽王之世．既與叔于田之作于一人者．不可執彼以例此也．一美文王之詩．一刺幽王之詩．又與叔于田之同刺莊公者有別．更不可執彼以例此也．詩篇之名有同異．其義實由於此．若夫谷風一爲刺夫婦失道．一爲刺幽王甫田．一爲刺襄公．一爲刺幽王．杕杜一爲刺時．一爲勞還役．黃鳥一爲哀三良．一爲刺宣王．白華一爲孝子之潔白．一爲周人刺幽后．是篇名雖同．而篇中之義．則編詩者因其名而存之．而其義自見．又無庸過爲區別矣．考證精當．持論各通．說詩者或有取焉．

桂文燦　字子白．一字皓庭．南海人．道光己酉舉人．出番禺陳澧門．同治元年．進呈所著經學諸書．奉旨留覽．二年．應詔陳言．曰嚴甄別以清仕途．曰設幕職以重考成．曰分三途以勵科甲．曰裁孱弱以節糜費．曰鑄銀錢以資利用．若津貼京員．製造輪船．海運滇銅．皆先後允行．光緒九年．授湖北鄖縣知縣．卒官．大吏以積學敦行．經濟宏通．請宜付史館入儒林傳．詔稱其潛心經術．講求實學．足爲士林矜式．准如所請．今清史稿有傳．文燦學兼漢宋．負用世才．守阮元遺言．謂周公尚文．範之以禮．尼山論道．教之以孝．苟博文而不能約禮．明辨而不能篤行．非聖人之學也．鄭君朱子皆大儒．因著朱子述鄭錄二卷．潛心堂文集十卷．詩集二卷．周禮通釋六卷．經學博采錄十二卷．餘經史地理凡數十種．子壇．舉人．以孝稱．入縣志孝義傳．

請禁策問專尚楷字以挽頹風疏 同治三年

貢士策問時務．爲臨軒大典．上年三月欽奉上諭．准其敷陳政事得失．無庸避忌．並不准專尚楷法等因．欽此．法至善也．敷陳者縱不能如漢董仲舒．唐劉蕡．宋文天祥之慷慨懇切．亦當如我朝康熙中馬世俊繆彤．乾隆中洪亮吉．嘉慶中王引之等之條達詳明．方無負拜獻先資之義．乃疊奉諭旨．三令五申．無如陋習相沿．前半則塡寫策旨．後半則全鈔策題・行行必須到脚・卷卷如出一手・考之往古・無此文體・垂之史冊・實是笑柄・此弊起於近五十年・嘉慶中葉以前無是也・陳陳相因而不改者・則專尙楷字積弊太深之故・夫楷字精工何關乎政事文學・何補乎國計民生・即妙等鍾王・亦屬小技・然欲其精工・非日日臨摹・寒暑無間・多歷年所・不能悅閱者之目・旣日日臨摹楷字・人之精神有限・光陰亦有限・致力於此即不能不荒廢乎彼・旣耗精疲神於楷字・豈尙能多讀經史・講求時務・勉爲賢良・以期濟世・所習非所用・所用非所習・以有用之精神・置之無用之地・具此無用之技・皆將欲大用之人・汩沒聰明・消磨歲月・甚爲可惜・

此弊起於近三十年・道光中葉以前無是也・將如之何・惟謄錄可以絕之・夫鄉會試皆發謄錄・原以防認識士子字跡起見・鄉會考官皆朝廷親信大臣・尙糊名易書・以昭愼重一切・殿廷考試其讀卷閱卷大臣・皆與鄉會試考官相同・儻使另擇精工書手・將各卷謄錄後・再請欽派大臣校閱・以昭嚴密・則錮習可除・而頹風自挽・殿廷考試概發謄錄・不尙楷字・則士子儒臣・均得以從容餘暇・討論經史・講求掌故・或分習禮樂兵刑財賦水利天文輿地之學・考試時按其所習・分別命題・專精者固堪嘉尙・兼能者亦可並收・人材自有起色矣・儻有書寫詔命・應由南書房翰林敬謹遵辦・固不必人人皆習楷字・置一切學問於不顧・以致人材不振・天下多故・蓋悅一時之目者・其事小・而廢弛庶政者・其事大也・

禹貢字義說

禹貢文法精密・字字皆有義例・讀者不可不知也・即其例以求其義・而水道地形亦因是而明已・如連類相稱曰及・治梁及岐海岱及淮維徐州・荆及衡陽維荆州是也・曰修・曰畧・曰乂皆治也・旣修太原・嵎夷旣畧・淮沂其乂・及雲土夢作乂是也・底績致功也・覃懷底績・和夷底績・原隰底績是也・藝種也・言可藝種也・蒙羽其藝・岷嶓旣藝是也・從・從其道也・恒衛旣從・漆沮旣從是也・作爲也・大陸旣作・雲土夢作乂是也・壅塞而通利之曰道・（本鄭君說）九河旣道・濰淄其道・荆州梁州・兩云沱潛旣道是也・導與道同・導荷澤・導汧及岐・導嶓冢・導弱水・導黑水・導河積石嶓冢・導漾岷山・導江・導沇水・導淮自桐柏・導渭自鳥鼠同穴・導洛自熊耳是也・旅亦導也・蔡蒙旅平・荆岐旣旅・九山刊旅是也・舊說以爲祭名非也・二水勢均相入謂之會・會于渭汭・東迤北會于滙・又東北會于汶・東會于泗沂・東會于澧・又東會于涇・東北會于澗瀍・又東會于伊是也・會同會合也・灉沮會同・四海會同是也・同亦合也・澧水攸同・同爲逆河・九州攸同是也・浮汎也・浮于濟漯・浮于汶・浮于江沱潛漢・浮于積石・浮于淮泗是也・因水入水曰達・達于荷・（今誤作河）達于濟・達于淮泗是也・大水納小水曰過・導山導江並言過・九江東過洛汭・北過洚水・過三澨・又東過漆沮是也・九河曰播・九江不曰播・以上下言過例之・當從鄭注以爲山谿所出其水衆多・不當如班志以爲尋陽九江分九派也・若當如班說・經當亦曰播爲九江

也・播猶散也・（本鄭君說）又北播爲九河是也・小水入大水曰入・三江既入・入于海也・伊洛瀍澗既入于河・弱水入于流沙・黑水入于南海・導山導河導漢導江並言入于海・導漢又言南入于江・導沇導渭並言入於河・導沇又言又東北入于海・導淮言東入于海・導洛言又東北入于河是也・貢道舍車而舟行亦曰入・冀州言入于河。梁州言入于渭是也・逾越也・逾于洛・逾于沔・逾于河是也・正絕流曰亂・亂于河是也・順水而行曰沿・（本鄭君說）沿于江海是也・今之淮安府・海州之地・禹時其爲江之委乎・

水所停止・深者曰豬・（本馬融說）大野既豬・彭蠡既豬・滎波既豬・是也・朝宗諸侯・見天子之名也・江水漢水合流赴海。猶諸侯同心尊天子曰朝宗・（本鄭君說）江漢朝宗于海是也・猶灉沮四海・並言會同也・皆以大禮擬地形也・殷猶多也・（本鄭君說）九江孔殷是也・障澤曰陂。被孟豬九澤既陂是也，被與陂古字同聲相通也・水經注引闞駰十三州記曰・被孟豬不言入而言被者・明不常入也・水盛方乃覆被矣。後儒多從其說・所謂望文生訓也・一小水・一大水・異源分流・而小水入大水曰屬。言小者屬於大也・或曰屬注也。涇屬渭汭是也・底致也・東原底平・震澤底定是也・敘順也・三苗丕敘・西戎即敘是也・水源流異名曰流・東流爲漢・東流爲濟是也・滙回也・水回則成澤矣・東滙澤爲彭蠡・東迆北會于滙是也・迆衺行也・東北會于滙是也・鄭注云・東迆者爲南江・則非彭蠡矣・若果爲彭蠡・可言滙不可言迆也・分流復合曰別・東別爲沱是也・溢水蕩溢也・溢爲滎是也・凡言至者有三・九州言至・皆紀其道路也・既脩太原・至于岳陽・覃爲底績・至于衡漳・逾于洛・至于南河・終南惇物・至于鳥鼠・原隰底績・至于豬野・浮于積石・至于龍門是也・導山言至乃遞及他山之詞・導汧及岐・至于荊山・至于太岳・至于王屋・至于碣石・至于太華・至于陪尾導嶓冢・至于荊山內方・至于大別・至于衡山・至于敷淺原是也・導水言至・則紀水所經之山及地也・至于合黎至于三危・導河積石至于龍門・南至于華陰・東至于底柱・又東至于孟津・東過洛汭・至于大伾・北過降水・至于大陸・過三澨至于大別導江・又東至于澧・過九江至于東陵是也・導江之澧・馬融以爲水名・鄭君讀澧爲醴・以爲陵名・以導水諸言・至皆無言水例之・鄭說是也・言至有三義・猶言入有二義・一爲小水入大水曰入・一爲舍車而舟亦曰入也・（並見上）先明乎此・以求地形・庶不爲異說所惑矣・

桂氏家譜自序

吾桂氏今繁衍於江西之貴溪・江南安徽之貴池石埭・浙江之慈溪・然詳考諸書所言・受姓之始・又各不同・謂後漢太尉陳球碑有城陽炅橫・漢末被誅・有四子・一子守墳墓・姓炅・一子避難居徐州・姓香・一子居幽州・姓桂・一子居華陽・姓炔・此四字皆九畫者・廣韻及元和姓纂隸釋鼠璞也・（編校按此處上下文不貫・疑抄稿有脫漏・又炅香炔桂四字均非九畫，疑九字爲八字・之誤桂字爲季字之誤・）謂桂貞爲秦博士・始皇坑儒・改姓香・其孫溢避地朱虛爲炅・第四子居齊改爲炔・今江東名桂姓者・集韻引炅氏譜通志及六書故引桂氏族譜也・宋濂溪學士桂氏家乘序又云・桂氏本姬姓・魯公族季孫後也・相傳周末有季楨者・與其弟桂挾策以干諸侯・楨爲秦博士被害・桂懼禍及・遂詭姓遁身・因即其名・取字異而畫同者・各令四子爲姓・示不忘厥初也・子孫仍居幽燕・五代之亂・劉仁恭據幽州・兵運禍結・乃扶攜南渡・散居廣信上饒九江溜國池陽豫章成都諸郡云・

文燦考居廣信貴溪始祖諱子卿者・仕南唐爲靜邊總轄使・至宋加檢校國子祭酒・兼殿中侍御史・有功於世・鄉人廟而祠之・其後人擢科第・躋顯仕者凡數十人・祭酒之孫諱可昇・遷慈溪・亦多以科第入官・今支系尤盛・明初諱德稱者・以明經爲太子正字・陞晉王傅・受知兩宮・事具明史・令望隆蔚焉・南海一族・實出慈溪・至文燦而四世・蓋百餘年・子姓數十人・嘉慶壬戌先大父涇縣公曾纂家譜一帙・藏之將六十載・今夏堂姪壎・乃以重纂之役相勖・且以采訪自任・壎・遷粵始祖先曾王父奉直公之適元孫也・殷然以修譜爲重・蓋已達夫敬宗收族之道・是可嘉矣・文燦敢不勉乎・重纂既成・謹考羣書而序之・

禹貢川澤攷自序

夫川澤之書・莫古於禹貢・自來釋者無慮數十家矣・惟川流變遷・古今無定・兗州河水徙流者五・揚州三江斷流者二・江河且然・況乎渠瀆・其難得經意一也・聖經簡質・誤釋者多・西漾東漢・故曰東流・漳洚互受・乃云北過・不明其義・或乃疑經・其難得經意二也・古今川瀆名隨世易・古曰漆沮・周曰洛水・古曰濟漯・今曰淸河・中原且然・況乎邊徼・其難得經意三也・後儒注釋各有異同・石城江水豈能越山澧爲陵・名不當先舉・班鄭猶誤・何論末學・其難得經意四也・又況攷古川澤者・必先明乎今之水道・尤當觀夫今之地圖・不知其道・不得其圖・猶入闇室而辨黑白也・

惟我大淸康熙乾隆兩朝・命官分測・仰觀俯察・以繪地圖・亘古未有・天台齊侍郎水道提綱・於今日水道巨細無遺・番禺陳先生漢書地理志・水道圖說・於漢水今水攷證精確・文燦此學素未問津・謹依兩朝地圖・援據二家之說・復攷羣書・兼增己意・再易寒暑・成書二卷・始於弱水・終於洛水・本聖經也・入河者坿河・入江者坿江・河北者次入河・江北者次入江・循其序也・職方爾雅山經皆繼此經者也・漢志說文水經皆大儒之說也・備錄其文以資參攷・餘從畧焉・非敢存檜下無譏之見・不敢掎摭前人云爾・咸豐六年丙辰十二月・

孝經集解自序

孔子曰吾志在春秋・行在孝經・此實孔子之微言・非後人所能僞託・鄭康成六藝論云・孔子以六藝題目不同・指意殊別・恐道離散・後世莫知根源・故作孝經以總會之・此之謂也・漢藝文志・孝經有古文今文・古文爲孔安國壁中所出・而長孫氏與翼奉等所傳・志曰・孝經古孔氏一篇二十二章是也・今文爲顏芝所藏・河間獻王早得之・志曰・孝經一篇十八章是也・安國之本・亡於梁代・見隋經籍志・至隋開皇中秘書學士王逸忽得古文本於京市・上之著作王邵・邵以示河間劉炫・炫乃論其得失作稽疑一篇・其與今文異者・庶人章爲二・曾子敢問章爲三・而多閨門一章・凡二十二章・

其互異者僅二十餘字・時議者已多排之・唐開元中用博士司馬貞議・謂王逸所得古文爲作僞・又云閨門之義・近俗之語・必非宣尼正說・其說是也・孔傳鄭注相傳以爲古文今文之異・案古文孝經見藝文志・謂孔安國作傳・當無其事・殆猶書晉孔傳也・今但稱曰孔傳・以存其疑・又陸氏音義用鄭氏注・自注云相傳解爲鄭元・案鄭康成孝經注・陸澄辨以爲非・有十二驗其非康成所注無疑・今考王氏困學紀聞・玉海引國史志・謂注孝經鄭氏爲鄭小同・唐劉肅大唐新語謂序鄭注者爲鄭康成裔孫・此皆可據・今但稱曰鄭氏・以紀其實・至徵引王肅韋昭魏克眞劉炫諸家之說・是非兼收・長短互見・折以私意・以昭平允・

昔後漢鄭康成氏嘗去厮役之吏・遊學周秦之都・往來幽幷燕豫之域・遂博稽六藝・蒐覽傳記・會黃巾寇奇都・乃避地徐州・其後哲孫小同・年逾三十・少有令質・學綜六藝・嘗注孝經・魏文拜爲郎中・其後裔孫又避難於南城・念先人而序孝經・文燦弱冠後始遊學四方・歷江浙鄒魯幽燕之域・維時粵西紅巾賊起・蹂躪吳楚・癸丑秋自京師紆道南歸・絕流江委・觀於東海・甲寅春避地於江門・登厓山・觀南海・其夏・粵東紅巾賊起・連陷郡邑・羊城戒嚴・復避地於大通堡・棲遲林下・爰集先儒之遺義而釋孝經・其秋・聞警又返羊城・文燦質學行誼・遠遜古人・而跋涉山川・壯遭時變・逾越險阻・蒙犯風露・與古人景況正同・感慨繫之・寫書既成・爰誌始末於簡端・

書經典釋文序錄後

經典釋文三十卷・唐陸元朗撰・經學自東晉後・析分南北・自唐以後・則有南學而無北學・北史儒林傳序云・江左周易則王輔嗣・尙書則孔安國・左傳則杜元凱・河洛左傳則服子愼・尙書周易則鄭康成・南北不同竟至如此・陸氏南方學者・此帙不獨創始陳後主元年・其成書亦在未入隋以前・如王曉周禮音注云・江南無此書・不詳何人・又如論語云・北學有杜弼注・世頗行之・再書中引北音・止一再見・北方大儒如徐遵明諸人皆不一引・陸氏於貞觀初拜國子博士・五經正義之作・陸氏於時最爲老師・未必不與其議・故正義亦用南學與・不然孔沖遠本傳稱其習鄭氏尙書王氏易・是其學兼南北也・其爲正義何爲尊用南學・致北學盡廢於此時耶・惟陸氏此帙考證詳明・援引洽博・窮經之士・有不可須臾離者・如曾子之子曾申・字子西・受詩於子夏・六傳至大毛公・爲訓詁傳・又受左氏春秋於左邱明・七傳至漢丞相北平侯武威張蒼・而顯於世・史記漢書此事並闕・非陸氏著明之或不彰矣・又如衞人吳起善用兵・史記與孫武子同傳・而遺其受左氏春秋於曾申事・又如魏人李克仕魏文侯・正誼明道・言行不苟・卓然大儒・其事蹟論議具載魏世家・然亦遺其受詩於曾申事・非陸氏著明之皆不彰矣・又如魯人孟仲子・鄭氏詩譜謂其始與孟子共事子思・後學於孟子・著書論詩・毛氏取以爲說・考維天之命傳・引孟仲子曰・大哉天命之無極・而美周之禮也・閟宮傳引孟仲子曰・是禖宮也・皆其義也・惟其授受史記漢書並闕之非・陸氏引徐整之說亦不

彰矣。又如荀子乃周末大儒·毛詩魯詩穀梁春秋二戴禮記之學皆所自出·史記與孟子同傳·其推尊不可謂不極·然其傳經學則畧而不書·又如雒陽賈誼太史公與屈原同傳·亦可謂極其景慕·然賈生受左氏春秋於丞相北平侯武威張蒼·傳至其孫嘉。嘉傳趙人貫公一事·亦畧而不書。非陸氏詳爲記載亦不彰矣。是則陸氏此書·非特有功於經·固亦足補史志之闕也。學者可不手是編而詳考也哉·

許其光　字懋昭·號涑文·番禺人·道光庚戌進士一甲第二人·授編修·轉御史·以疏劾某親王·歸原衙門行走·尋值大考·擢侍講·以京察出爲桂林遺缺知府·補思恩府·保道員·署廣西左江道·改省直隸·未及補官而卒·其光少負才名·既登上第·居諫垣·遇事敢言·出守邊方·攘除奸莠·尤著聲績·晚年舉爲學海堂學長·猶禮接後進·娓娓談文不倦·其卒也年未六十·

擬重修五仙觀碑銘

緊昔赤雞縹緲·嬴秦建陳寶之祠·金馬輝煌·炎漢覬益州之醮·記紅泉於瀛島·誰逐東方·指清水於蓬萊·難尋徐福·十洲靈鳳·率多詭誕之談·九館凝龍·大有詼奇之迹·然而淸明邑矣·神爽憑焉。有其舉之。莫敢廢也。若吾粵五仙觀之名蹤·有曩者十賢坊之舊址·禹糧堯韭·李校書懷古之鄉·絳闕元都·張經畧十鄰之地。曾經兵燹·已非魯國之靈光·更歷滄桑·不數西京之承露·其閒改建者再·重修者三·逮營廣豐之區·遂徙坡山之麓。鐘樓嵽嵲。俯瞰銅街。仙閣逶迤。衺連金市·鎭羊城之繁會。聳霞窗霧闥而交輝·對魚藻之崢嶸。極鳶浦獅洋而咸奠·宜乎澤流闤闠·歲無蕘稗之憂·瑞靄軒楹·時有蘋蘩之薦也·洎乎歲月旣淹·丹青易替。菜花百畝·庭留黃蝶之飛·梓樹千年·殿認青羊之走·珠簾甲帳。沈初明望而感懷。古瓦長松·杜子美過而歎息·

惟鎭國公之再蒞粵嶠也·肅將明禋·周覽堂宇、摩挲怪石·驚古壁之龍蚰·撫剔豐碑。瞥深廊之蝙蝠·謀鳩工而復葺·捐鶴俸以先倡。於是妙選梗柟·重施黝堊·方孟夏而諏吉·暨小春而落成。而且捨習射之隅。用以擴幽棲之所。芝幢葱蒨·丹梯之結構依然。桂樹玲瓏。紫府之規模不改·降芝檀而現像·適際下元禮懺之辰。開茶竈以娛賓·即是羽士棲眞之院，以視齋魚粥鼓·訶林則寶相莊嚴·古木飛泉·蒲澗則禪房窅窱·殆其過之。無不及焉。

且夫勝蹟何常·仙緣罕覯·訪琴高之赤鯉·碧海蒼茫·訊梅福之青鸞·朱霞明滅·漆園化蝶·荒唐半屬卮言·葉縣飛鳧·靈幻何能枚舉·左元放變羝之戲·見者駭心·皇初平叱石之奇·聞而咋舌·以至鮑姑裙帶·蛾蘟翩翾·黃野衣冠。於菟馴擾·安期生之瓜棗·沈埋於瑤草琪花。稚川子之丹砂·悵望於虹橋石井·莫不迷離鳥爪·髣髴龍鬚·鵲何事而填河·兔奚爲而擣藥·矧夫楚庭遺跡·競說姬祥·南粵分符·又傳漢瑞·吳滕修之守土·衆喙滋興·晉郭璞之遷城·羣咮未息·譬之騶名八土·莫定其文武成宣·鼇戴三山·孰辨其方壺員嶠·蜼彝龍勺·年代俱湮·燕燭郢書·傳聞或誤·雖堯時張果·未必子虛烏有之辭·而軒代崆峒·直類疏佐循蜚之世矣·

然事以紀異而傳。禮以報功而重。苟民瘼之攸賴。即祀典所必崇。故夫魚鱗接壤。戶盡歌秧。燕子開田。人多計鬴。黃壚赤埴。無非饒沃之阡。黑秬紅粱。競上倉箱之慶。凡歲豐之屢告。皆靈貺之斯臻。是宜伐彼青珉。鏤之綠字。於戲。刲黃羊以賽福。陰子方祀竈而宜年。乘白鹿以來賓。西王母開筵而命酒。雨工如在。宜附迎貓祭虎之文。霞客能來。敢效赤豹文貍之曲。式瞻藻繪。用綴蕪詞。

詞曰。五星降精。五嶽曜靈。朝憩丹霄。夕遊紫庭。呼麟種芝。騎羊握莖。霓袖熤爚。霞冠窈冥。排雲馭空。止于穗城。穗城屹屹。佳氣葱鬱。蒼虬夜驚。銅龍晝出。僊人涖止。金碧蔚起。鶴籞長留。鼉梁再徙。碧李根蟠。紅梨霜圮。亦越于茲。煥然翬峙。坡陁蒼蒼。珠海泱泱。駕言白鸞。遊彼帝鄉。蓉闕岧嶢。芝田渺芒。鏘雲璈兮戛玉磬。于胥樂兮神降康。

許應騤　字筠菴。番禺人。道光庚戌進士。咸豐壬子庶吉士。授檢討。累遷吏戶兵部侍郎。總督倉場。督學順天甘肅。迭主鄉會試。以清介稱。李文正公鴻藻尤相推重。尋擢禮部尚書。總理各國事務大臣。光緒戊戌變政。御史宋伯魯楊深秀以迂謬阻撓。合詞糾參。應騤遵旨覆奏。并劾康有爲聯絡臺諫。混淆國事。請罷斥回籍。疏上。免議。旋以奏劾禮部主事王照條陳時務。藉端挾制。嚴旨詰責奪職。逾月。康有爲得罪起家。授閩浙總督。在任五年。持以鎮靜。獨留意將才。交涉得大體。庚子之變。海疆晏然。平日惡外吏圓滑。嚴絕請託。與閩紳忤。爲忌者所搆。罷歸。卒於家。應騤敭歷中外數十年。歿後家僅中資。其操守不苟。至是始見。著有許尚書奏議。子秉琦。光緒癸巳舉人。以廕生授兵部主事。直政務處。爲大學士榮祿所倚重。秉琦不事干進。歷官至宗人府府丞。辛亥變起。亟上書辭職。以憂憤卒。

覆陳時政八策疏

竊臣於二月初八日准在吏部來咨內開。光緒二十六年十二月初十日內閣奉上諭。世有萬禩不易之常經。無一成不變之治法云云。仰見朝廷勵精圖治。集思廣益之至意。臣欽佩莫名。伏念因時者當制其宜。救弊者貴先所急。方今大患在貧在弱。非開拓利源。無以濟度支之匱。非修武備。無以得疆圉之安。是理財治兵尤爲急務。臣謹就二者悉心參酌。建議八條。另繕清單。恭呈御覽。其餘泰西政要。足補中國所未逮者。厥目甚繁。特慮轉移太驟。或未洽羣情。奉行不善。或反滋流弊。須俟隨時損益。擇可以布之。循序以推之。一時未敢遽議。臣嘗採西人論說。謂欲求西法之利。當先去中法之弊。洵屬知言。夫中國弊不一端。而兩言可蔽曰。隔閡而不通也。曰渙散而不合也。今欲力除障翳。亟拔癥瘕。則必權上下之情而使通。然後可言富。必聯遠近之勢而使合。然後可言强。至一切負費冗濫。文法煩苛。積習相沿。並當裁汰。俾歸簡易。抑臣更有請者。古今制治存乎政。而行政存乎人。昔張居正變法于明。則幾致富强。王安石變法于宋。則徒滋紛擾。一得一失。皆人爲之。宜引爲鑑也。伏望我皇上搜羅務博。甄別從嚴。察心術之既判正邪。較材力之互相優絀。庶幾加以明試。則空談者無由倖進。期以器使。則效用者不至遺材。將羣力克宣。百端就理。中興之治。可跂足而待矣。

一曰。興礦務以收地利。銅山四百六十七。鐵山三千六百九。中華礦產春秋時已筆諸書。今更閱數千百年．宣發愈遲．蘊藏愈厚．宜環球無比．乃歷來試辦．成效渺然．則由於風氣初開．而經理未盡合宜．資本不繼．而作輟終難持久．是當合洋股以輔之矣．蓋洋人於開礦一節．體驗最眞．凡所以延聘礦師．推測礦綫．斷不肯貿然從事．而又魄力雄厚．則指揮自能如意．出入分明．則侵蝕無所容奸．似較專倚華商．尤屬事半功倍．查前定開礦章程內已列准集洋股一條．然究因顧忌者多．遂至提倡者少．宜諭飭各督撫廣行出示．剴切申明．庶幾經始有資．觀成可冀．第公司准糾洋商之股．而首事須出華商之名．俾一切轇轕與官無涉．且訂明所出礦產．先儘中國購買．再運外國行銷．斯層層鈐束．自有利無害．比來羣雄環視．其欲眈眈．非藉彼此相制之形．無以善委曲求全之策．惟與礦利公諸各國．則與股者固宜同休戚．而不與股者亦心泯覬覦．洵牽制一良法也．

一曰保商富以阜民財．外國之商與聞大計．而度支常藉衆擎．中國之商．甘處末流．而居積祇圖私利．無他．保不保之判．夫華商之懷忠欵．急公義．何嘗或後洋商．特因官司抑勒．則多存避地之思．豪暴侵凌．則愈蓄厚亡之懼．遂相率而諱言富．自宜各省督撫．力加調護．查商本較鉅者．列其數以聞．區爲等差．示以優異．一千萬以上爲一等．與三四品京堂同．五百萬以上爲二等．與翰詹科道同．一百萬以上爲三等．與各部司員同．五十萬以上爲四等．與小京官同．蓋儀制隆．然後弱肉不致食於强．體恤至．然後下情始獲通於上．則商務可期不變矣．迨夫國家有事．或由朝廷賜對．或由地方官傳旨．壅塞既除．悃忱自獻．由是而助非時之興作．挽外溢之利權．其裨益實非淺鮮也．

一曰鑄銅以救圜法．比年各直省多患錢荒．泉貨既罕流通．市廛頓形閉塞．推原其故．固由銅斤短絀．而舊錢多付私銷．時價參差．而新錢動攙私鑄．遂覺積重難返矣．欲紓其弊．宜置機器．多鑄當五當十之銅洋．蓋其製用紫銅印成．重一錢可當五文．重二錢可當十文．私銷必形虧折．而輪廓分明．花紋工緻．又非私錢所能混淆．則二者不禁自絕矣．今閩粤皆開機試製．所出無多．然一入闤闠．爭先取用．可知其效．若能大加充拓．各省皆踵而行之．圜政既肅．商務斯振．由沿江沿海洋元充斥．爲中國一大漏巵．尤須及時仿造．以資抵制．特不通商口岸．平時罕見洋元．則價之低昂．既慮市儈把持之．眞贋復難小民辨別．不若專行銅洋爲便．若夫用銀錢可濟度支之急．鑄金錢可防折磅之虧．並當由國家設一總銀行．次第興辦．特非歸洋人經理．將百弊叢生．尤不可不善爲區畫也．

一曰頒印花以廣稅源．攷印花稅之行．創於羅馬．其後各國爭相效法．如英俄德法皆以此爲歲入大宗．據近人所譯印花稅章程．知厥制有二．一實蓋于紙上者．一活黏于紙上者．就中國而論．則宜專用黏貼之活印花．其法令民間各項買賣憑單及合同契據等類．皆須量其錢數．隨欵項之多少．黏以印花．英自四十先零起．黏以一本土之印花．法自十佛郎起．黏以十生丁之印花·由此遞推·欵愈鉅則値愈重·倘各項單據未將印花黏貼·則售主可重索價 而買主不得訟諸官·至其餘票據合同苟無印花·都同廢紙·說者謂所取至約·所入至豐·行之有十便焉。蓋印花常寄售於城鎭館戶中·或電報郵政等局·需用者隨家可買·無留難需索之費·其便一·印花具刻錢數一目瞭然·絕無朦混之弊·其便二·此項印花純由戶部頒發·各省或設分局·或由稅釐鹽塲等局兼司其事·則應收稅額·戶部即按頒出之數核收·毫無侵蝕之患·其便三·各省分局按時稽查各舖家帳簿之外·別無檢核騷擾之端·其便四·章程旣定以後·聽人自行買貼·無督責催促之事·其便五·印花者當預購以備用·其稅課皆先入官·無徵求勒索之病·其便六·一切契據未貼印者·遇有涉訟·官不爲理·誰肯惜小費以貽後患·其便七·貨財交易之事·必有與聞·居間之人若僞造印花·及所貼印花不足稅額者·一經告發·則有受者同罰之例·告者給賞之條。又誰肯惜微貲以取重罰·其便八·常稅及釐金皆完在未售貨物之先·而此稅則出其買賣旣成之後·人尤樂從。其便九·華商與洋人交易者·亦貼印花。是華商自行完課·而洋人已暗納稅。其便十·以上十便·皆就成效言之。然中西情形究屬不同。利害亦虞互見·須經工於心計者·詳加釐定·密以愼思之方·而徵諸時措之宜。則推行盡善矣。

一曰設專署以重籌防·太平之時·餉隸司農·從容分理可也·若夫世方多故·事變紛乘·使理餉者不察兵之利鈍。何以嚴杜虛縻·掌兵者不知餉之盈虛·何以預防饑潰·則合之爲宜·應請於戶兵兩部外·別建一署名曰總理邊防·特簡大臣之夙抱公忠·博通時務者一二員·畀以專任·除正餉仍歸戶部 · 其餘一切財政 · 悉以隸之·俾得曲體時難·通籌全局·較臻周密·至於僚屬併宜愼選·分治其事·列爲四曹·曰制用司·典出入勾稽·曰詰戎司·典戰守征調·曰開源司·典礦路商務·曰修備司·典器械工程·內而部院司員·外而道府州縣·均准其擇能保薦·三年課最·則擧財籍戎籍總而較之·果能使餉項遞增·兵力加厚·姑准從優獎敍·似此綜覈名實·力戒因循·將事無漫漶之虞·而人具振興之志·機務庶幾整飭矣·

竊惟海軍殘缺·爲中國召侮之由·非謀規復·末從自拔。雖此時艱於物力·不得不姑置緩圖·而總當力意講求·以俟諸來日·未可遂忘遠畧也·

一曰練偏師以資游擊·各省分防營勇·數本無多·設遇因警赴援·則抽調旣費日時·而空虛尤召窺伺·甚非計也·宜諭飭各省督撫詳求形勢·就幅員之廣狹·酌設守兵若干·而另置一軍·專辦徵調·其餉章與防營一律·惟出境則加給行糧 · 大省練一萬人 · 中省練八千人·小省練五千人·平時說問統照行軍隊操演·所有資糧器械·一一預儲。務使周備·無少欠缺。凡經奉令·限以三日成行·似此號召旣靈·庶乎緩急可恃。惟是兵歸各練·餉賴通籌·蓋各省豐嗇不同·非節有餘以補不足·斷難經久也·臣詳攷各國兵制·推德爲上·日本次之·然日國因地爲團·德國籍民入伍·實本古鄉兵遺意·

今宜取亭侯舊法．量予變通．令各州縣稽戶口之數以出丁．即討田畝之數以出餉．紳任其事．官督其成．所需軍火．核給憑照隨時自購．部勒既定。然後擇優于膽畧者爲統帶．通于鎗礮者爲教習．月數操之．迨乎訓練自精．則一方之民自足守一方之土．省費無算．而且分巡井里．則詰奸倍資得力．自衛田廬．則敵愾必其同心．尤勝招募萬萬．雖然良法美意．待賢有司而後行．必牧令中有廉潔慈惠如陸隴其者．方能經理曲當．否則權勢紛雜．驚擾閭閻．民不勝其害矣．

一曰勤考藝以選將材．泰西將佐由學堂層累而升．膽識于童年指授．承乎師法．宜乎拔十得五矣．若中國則囿于風氣．學堂之制．近年始有開議仿行．究之．大加締造則費繁．粗具規模則功尠．且慮乎緩不濟急也．爲今之計．宜就各營將弁．使咸習西操．即多譯外洋戰陣新書．俾資參究．凡鎗礮之表。輿圖之學。與乎守臺結疊之宜．務必逐一講求．斯窺全豹．不得以稍諳號令．畧嫺步伐．遂謂已得眞傳．倘有克造精微．深明竅要者．准其自行呈報．由督撫親加考驗．簡拔其尤．能彙衆長者．任以哨官。能專一藝者。委以哨弁．并令專司教演．訓練成軍．然後傳集校塲操演．觀其步法陣法．而又分操打靶．准多寡之數．以示勸懲．合操作軍行攻守之形．以辨得失．如此實事求是．賞罰嚴明．庶積習盡除．其才自出．大抵華人驍捷本勝西人．因施放火器全未講習．遂往往遇敵即潰．今懸此爲格．則凡屬弁勇．於鎗礮皆習見習聞．將操之熟者巧自生．詣之精者膽自壯．以之折衝禦侮．似無難矣．

一曰廣設廠以備軍實．各國所申軍火之禁．凡鎗礮子藥非自爲製造．無所取資．設不未雨綢繆．恐孫吳之謀．頗牧之勇．勢將坐困也．第查西國每建機廠．動糜千百萬金錢．呈功雖速．須費實鉅．非中國所能趨步．宜諭飭各督撫．認眞策畫．量其財力盈絀．次第成之．但籌得數萬金即置一機．得十數萬金即開一局．冀可同時幷舉．至或製鎗礮或製子藥．悉從其便．祇求愈推愈廣．將見遞積遞多．應急之策．無逾於此．近中國民智大啓．機輪秘法．傳習已不乏人．而外洋流寓華民．中有心靈手敏駕西人而上者．倘由朝廷優詔以鼓勵．督撫重賞而招致．度必奔走偕來．從此工藝大興．相觀而善．參彼州之成法．運獨得之心思．別出新裁．庶操勝算矣．若夫京師爲根本重地．尤須於附近置一鉅廠．以資戰守．而助聲威．惟應議復津沽．不若酌移於晉界．蓋該處據山川之阻．擁煤鐵之饒．爲建廠善地也．如慮轉輸不易．則令蘆保鐵路連接而西．數百里程途．瞬息可達．取携自便．其餘上海江寗湖北廣東福建等處所開之廠．雖廣狹不一．而均有基可用．統宜令日省月試．精益求精．爲各省之先導矣．

丁日昌 字雨生・豐順人・廩貢生・官瓊州訓導・以守城功保知縣・歷官萬安廬陵知縣・積功保道員・授蘇松太道・調兩淮鹽運使・擢蘇藩・歷官至江蘇福建巡撫・日昌起家諸生・周知民隱・壯歷宦途・諳練條約公法・譯書購報。明於各國成敗利鈍強之故・撫吳時耳目周燭・吏無隱情・雖在僻遠・詐察必周・其治閩一如治吳・至事關交涉・斷斷與爭・力持大局・甲申越南之變・甲午臺澎之變・皆其燭照敵計・逆料於未然者・會直督李鴻章丁艱・將奏請以日昌繼其任・而日昌已卒・尋賜祭葬・生平事蹟宣付史館立傳・所著百蘭山館詩・已刊行・其巡滬公牘・淮鹺擇要・藩吳公牘・吳閩奏稿・手訂法人遊探記・地球圖說・西法兵畧・各若干卷・皆存鈔本・

清理積案以蘇民困疏

閭閻苦累・莫甚于詞訟・地方官宕延不結・差役藉端訛詐。經年累月・動至蕩產傾家・因而强者變爲盜賊・鮮不流入異端・人心風俗之壞・胥由乎此・是以臣任蘇撫時・創立章程・通飭各屬將詞訟按月造冊通報・予以功過・以示勸懲・並令將押犯姓名懸挂粉牌・按月另冊造報・必隱者彰之使顯然・官吏不敢任意欺朦・仍隨時派員密查報冊實數・是否相符・遂漸無延案私押之弊・而民困亦藉以稍蘇・前直隸督臣曾國藩前福建撫臣卞寶第知之有裨於民・先後向臣處抄錄章程・通飭直隸福建各屬一體仿辦・

茲臣蒙恩簡授福建巡撫・接任後・即經嚴飭各員實事求是・勿得仍蹈從前積習・月餘以來・披閱各屬稟報・類皆有名無實・積壓之案仍多・審結之案實少・且聞僞造匿報之弊・不一而足・即押犯亦多不列冊不挂牌者・深堪詫異・當經臣查出種種弊端・計閩縣共匿報詞訟一百餘起・侯官莆田二縣共匿報詞訟二百餘起・福清縣共匿報詞訟八十餘起・雖內有前任未報之案・而各該縣到任後不知據實補報・具蹈其覆轍・均難辭咎・又派員查點閩縣押犯匿報二名・侯官縣押犯匿報十五名・福清縣押犯匿報二十八名・南平縣押犯匿報二十五名・此外晉江建安甌寧邵武長汀漳平等縣・詞訟冊報・亦多匿漏・以清訟安民之舉・而視爲故事具文・粉飾朦混・殊堪痛恨・訪查各州縣陋習緣因・詞訟據實稟報・倘結案不及成數必予處分・是以每月必揑報審結若干起・作爲開除・既可避免處分・又可以結案之多・希冀上司保獎・故統一省月報冊計之結・案已不下萬數起・宜若訟獄可清・民困可蘇矣・而各州縣年復一年・案牘仍不少減者・何哉・蓋造入月報者・皆口角細故之案・大半僞揑・其眞案之不結者依然如故・是多一番防範・更多一番欺朦・若非于立法之初・盡發其覆・擇尤參處・無以祛錮習而儆玩延・除福清縣知縣某已另案參革・並再查明各縣有無匿報詞訟以及押犯懸牌不實・另行辦理外・相應請旨將調署閩縣知縣某・署侯官縣知縣某・調署莆田縣知縣某・晉江縣知縣某・署南平縣知縣某・調署建安縣知縣某・署甌寧縣知縣某・邵武縣知縣某・署漳平縣知縣某・調署漳平縣知縣某十員・一併摘頂・勒限半年內將積壓各案次第結清。再行奏請開復・其有認眞振作・一律清結者・屆時仰乞聖恩・分別獎勵・倘再不知愧奮・另行嚴參・以示懲勸・

核定錢漕科則疏

竊維州縣爲親民之官・必一言一動・皆可使百姓共見共聞。內外既不隔閡。膏澤方可宣布・蘇省田地科則多至二百有奇·業戶只知田畝多寡·不知科則重輕。每至征收地漕書差據爲利藪·又花戶完納銀米·所資於糶穀賣絲·往往以所得之洋銀錢文·零星繳櫃·書差陰持其柄·洋銀可以短估·銀價可以高抬·而且正供之外·尚可勒索串票脚費·小民之脂膏有限·書差之欲壑無窮·種種弊端·殊難枚舉·臣去年在蘇藩司任內會經通飭各廳州縣於易知由單之外·刋刻簡明告示·註明某都某圖科則幾等·每銀一兩折錢若干·每米一石隨耗幾斗·不准淋尖踢斛·洋錢每元時價若干·其冊串紙張·書役辛飯一併註明·由官給發·不准絲毫需索·如有於告示所不載之處·浮勒分文·准其控告·於開征前數日·將告示徧貼城鄉·使愚夫愚婦一目了然·書差不能高下其手·並飭將示式通報·查考實足·以杜弊端·而禁欺朦·故上年收成雖未皆豐稔完數·尚稱踴躍·本年上忙開征·訪聞各廳縣張貼前項告示者固多·而匿示不貼者亦復不少·皆因此項告示一經到處張貼·則書差無所施其浮勒之技·是以從中阻撓·州縣不免爲所疑惑·經臣督飭蘇藩司嚴飭各州縣遵照舉行·並一面嚴查。如係一時疏忽。先行記過。倘若有心玩誤·即分別撤參·仍恐各州縣始勤終怠。日久玩生。合仰懇聖慈俯念此項簡明告示。係爲杜絕浮收起見·准臣通飭蘇省各廳州縣嗣後永爲定章。庶窮鄉僻壤長戴聖仁。而猾吏奸胥無從中飽矣。

河運難復擴充海運情形疏

國家歲漕東南粟以實京師·轉輸之道有二·道光以前專行河運。道光以後河海兼運·迨經兵燹·河道阻淺·江浙之漕·全歸海運。歷屆辦理均無貽誤。費輕運速。厥效甚鉅·惟是議者以事體重大·不敢輕議更張·明知河運之難復·又恐海運沙船之不敷·是以有漕省分·雖有轉輸之忱·終切望洋之歎·非由朝廷定有畫一章程·竊恐議河運者·但知膠守成章·而無擴充有濟之效。年復一年。外間之議論日多·天庾之正供無益·不惟河運毫無把握。即海運亦將漸費經營·此微臣所以每一計及·不禁輾轉徬徨·而不能自已也·今請爲綜計得失而申明其說。

兵燹以來·有漕州縣改折減耗·從前浮費一概裁汰。欲復河運·必須加費。小民計較錙銖·減漕之惠彼既習焉相安·驟議增加·蚩蚩者恐多疑慮·且流亡初復·正宜曲爲休息拊循。似不宜多取以耗民氣·此河運之未易復者。一也·近來幫船罕有存者·屯積旗丁·亦既渙散削耗·欲復河運必須造船數千艘。招覓旗丁水手數萬輩·公私耗費。無有紀極·當此官民交困之時·驟添鉅欵。從何籌撥·此河運之未易復者·二也。黃河北徙·運道久已失修·同治四年試行河運·回空之船·因沿途淤塞·並無片帆南下·欲復河運·必須疏泉濬河·乃可蓄水濟運。目下燕齊之間·元氣未復·驟興大役·供億煩苛·此河運之未易復者·三也·河運之不能遽復情形。固有如此·然而上海從前有沙船三四千號·故海運無虞缺乏。今則減至四五百號。即蘇浙漕糧尚且不敷周轉·何能接濟他省·此又海運之窮也·

夫物無有窮而不變·事因當時而制宜·臣又請將擴充海運之說·而申言之·夫沙船之所以日見少者·皆因夾板日見多之故·沙船沙貨皆有捐釐。而夾板無之。此其利息不如夾板也・沙船非順風不能行駛・而夾板則旁風亦能開行・此其迅速不如夾板也・沙船有風濤之險・有盜賊之虞・而夾板則礮火齊全・船身堅固・皆無是慮・此其安穩不如夾板也・沙船之利・初則爲夾板所分・繼且爲夾板所奪・閲日既久・遂成廢棄。自李鴻章裁減釐捐・曾國藩增加水脚後・沙船雖稍有轉機・尚難全復元氣・則以受疾之已深・積重之難返也・臣愚以爲爲海運計・必須漸將沙船釐捐通盤籌畫・酌量核減・以紓其氣・沙船駛過五條沙之外・則可無慮盜賊・其奈山以南・十效以北・宜時派輪船師船善爲保護・運米至京之後・隨驗隨收・俾周轉可以迅速・是沙船無前者之害・即可與夾板中分三者之利・不數年間・元氣可以徐復・此專就沙船擴充之情形而言之也・

天津東衞等船・船身寛大。本可運漕。因與沙船稍有畛域之分・兼苦捐釐之重・年來到滬者遂復寥寥・似宜廣示招徠・使有賓至如歸之樂・若津衞等船不日見其少・則米數亦不日嫌其多。此兼就似沙船而非沙船擴充之情形而言之也・夾板皆係閩廣人所租賃者・閩廣人可租賃・則滬商亦可租賃・應即勸諭滬商・如沙船無利可圖・即可改業夾板・載貨之餘。兼以運米・且上海福建俱經陸續製造輪船・恒苦養船之資・若兼用輪船運米・則可以海運之水脚・津貼輪船之經費・而運漕之卒。亦可以爲海防之師。即目前自製輪船尚不足敷・亦可租賃以輔之・此又舉不與沙船相類・而足以助沙船所不及者・擴充之情形而言之也・

將來沙船元氣漸復・船數必增・而又有津衞夾板火輪輔其不及・以濟全局・海運當可無虞缺乏・惟有漕各省臨江處所・與天津收漕之處・似宜建設漕倉・隨到隨收・隨收隨運・然後内河外海運米之船・免致停泊稽留・可以轆轤輸轉・如此則各省全漕均可漸次起運・即偶爾偏災・東南之粟・亦可源源轉運京師・以固根本・此固百世之利也・至於各處所建漕倉・必須寛籌經費・優給薪水工食・庶免刁難尅扣・致以正供資中飽・此又不全關乎立法之善與不善矣・

條陳力戒因循疏 同治八年

竊臣准部咨・於同治七年七月二十九日内閣奉上諭・昨據毛昶熙奏・軍務漸平・宜益思寅畏等語・等因欽此・仰見聖主治益求治・安益求安・臣恭讀之餘・無任欽感・伏維自古天下國家之治亂安危・在於因循與不因循而已・然當豐亨豫大之餘・利之當興者・議論多而不能折衷一是・弊之當除者・顧忌多而不敢輕議更張・始則中於因循而不自知・繼則安於因循而不能知・終且囿於因循・雖明知而不克自振・故非力戒因循。終難期久安長治。而或者以積重難返爲慮・是猶乘敝舟而泛江河・當其淺而棄之・輒以濡足爲虞・駸駸乎入於中流・人力無所施・手足無所措・惟有坐聽其不可爲而已矣・我皇太后皇上勉勵臣工・首以力戒因循爲務・此誠我國億萬年無疆之休・豈特一時治安之計哉・臣謹當恪遵聖訓・盡慮竭忠・擇時事之尤爲切要者・敬一一縷晰陳之・

一賢才宜亟求也・國家之有賢才・猶魚之有水・木之有根・火之有膏・故一縣得人則一縣治・一郡得人則一郡治・一省得人則一省治・然必其才足以任一省之事。而後一省治・足以任一郡之事・而後一郡治。足以任一縣之事・而後一縣治．若不審其才力之所至．輒付以撫字之權．猶之負荷者．其力僅足以舉十鈞．而付以百鈞之任．其不顚覆者幾何哉．且夫百工技藝．皆須習而後能．亦須能而後用．故治宮室則必延匠人．治疾病則必延醫士．今身係地方之責．除趨蹌應對以外．遇讞獄則不知刑名．而付之幕友．遇催科則不知錢穀．而付之吏胥．皆由其平日所學．不能推之於用．故臨事所用不能本之於學．猶之强匠人以治疾病．强醫士以治宮室．疾病必危．宮室必傾．夫宮室疾病一人一家之事也．尚不可輕且易如此．顧於牧民大事．可令貿貿者操刀而試割哉．夫今日之賊盜．皆昔日之百姓也．百姓何以忍爲賊盜．則以偪於饑寒．百姓何以致於饑寒．則以有司不能撫字．然則此時有司之循良貪酷．即關繫異日之治亂安危．故在今日而求賢才．尤不可淡漠視之矣．臣觀三代兩漢之初．治理最盛．循吏最多．皆由登進之途廣而任用之勢專．登進廣則賢才不致見遺．任用專則賢才得以盡力．應請敕下中外大臣．各舉所知．並開賢良方正之科．以行舉不以言舉．稱職者舉主共其榮．不稱職者舉主同其罰　但嚴責大吏以地方治與不治　不苟求用人與資格合與不合．天下者各省之所積．各省者州縣之所積．各省之大吏得人．則州縣得人．州縣皆治．則天下治矣．

一冗員宜變通也．軍興以來．捐納四開．而又減價以招之．軍功本易而又積年以致之．其不能不冗者．勢也．從前之捐輸爲濟餉計．今日之捐輸．不惟不足以濟餉．而且足耗餉．何也．捐輸減至數成．可謂體恤極矣．而又有鐵錢票．本米捐．籌補捐．歸補捐諸名目．名爲一成二成．核其實銀到部不過數釐．且即此數釐之中．有書吏之費．有局員之費．除捐銅一局外．其餘外省捐輸．足恃以濟急者．恐寥寥矣．況捐例既寬．人懷僥倖．不獨家僅中資者．彈冠而來．即赤貧無以爲生者．往往醵費集資．以官爲市．以爲千數百金捐一官職到省．一有差使．月支數十金．更可收數分之息．如有署事補缺．少者數千．多者數萬．但圖一身之有益．不顧大局之有損．然則捐員以所入較所出．其本可謂極微．其利可謂極厚．國家以所得較所失．其失可謂極重．其得可謂極輕．譬如富家偶值缺乏．嗇用可也．藉債可也．若以所有田宅賤租於人．任其荒蕪毀壞．是現在之租息．既不能收．而田之荒者．須復墾．屋之毀者．須復修．爲計豈不甚左．今減價開捐．令其牧民．是何異以田宅賤租於人．而任其荒蕪毀壞也．且各省請開捐例之時．以爲捐員所得者不過部文一紙而已．而不知該員持文到省．得缺之後．從此可以侵吞正欵．從此可以欺壓小民．聽訟可使曲者爲直．緝捕則可使誣良爲盜．設當收捐之時．即預計其造孽之時．則雖捐數盈千累萬．亦何肯作飮酖止渴之計哉．凡人情於得之不甚艱難者．其視之不甚愛惜．今以自視不甚愛惜之官．而令治甚可愛惜之百姓．則吏治之不能蒸蒸日上也．亦固其所．

至於軍功保舉一途．賢否亦屬不一．在帥臣當星火燎原．不能不寬其格以資指臂．在疆臣當瘡痍滿目．不能不苛其格以覓循良．現在捐班軍功二途．紛至沓來．處處有人滿之患．尤不可不預籌變通．以防冗滯．即如江蘇一省言之．道員可由外補之缺不過二三員．府州縣同通可由外補之缺．亦不過數十餘員．而候補道約有六七十人．候補同通州縣約有一千餘人．夫以千餘人補數十員之缺．固已遙遙無期．即循資按格而求署事．亦非十數年不能得一年。其捷足先登者．非善於鑽營．即有所繫援者也．此輩性情浮薄．安望其能牧養小民．至於十餘年而得署事一年．此前十數年中．衣服飲食之資．養家應酬之費．皆須於一年署事中取償．而後十餘年中衣服飲食之資．養家應酬之費．又須於一年署事中預蓄．置犬羊於饑虎之前．而欲其不搏噬．雖禁以强弓毒矢．而勢固有所不能．然則無恆產因而無恆心．非獨人盡無良．抑亦窮困有以致之也．爲今之計．惟有將已然之官．設法裁汰疏通．未然之官．暫且停捐截選．擬請旨飭部通計京銅局每年所收實銀上庫共有若干．酌提外省洋關釐捐撥補．外省捐納．尤宜暫停．庶根本既清．而枝葉可漸茂矣．

一廉俸宜增也．竊惟我朝定例正俸之外．更加恩俸．常祿之外．更給養廉．固以體恤臣僚．實以預絕貪冒也．惟自二百年來．風俗由質而趨文．日用有增而無減．京外官所入已有不敷所出之勢．加以丁耗畫爲軍餉．漕白紬於輪轉．扣俸折廉。所得彌寡。故京官不足以養其廉．則不能不典質挪移．以免饑寒之逼．外官不足以養其廉．則上司不能不取之下屬．下屬不能不取之百姓．上下相漁以爲利藪．是非由之不明．舉措由之不公．侵呑所至．倉庫之盈者可虛。掊克所及。百姓之富者可貧．極其終．足致禍亂之相尋．原其始．則由支用之不給．夫古者重祿勸士．庶人在官．祿足代耕．漢張敞蕭望之之言亦曰．倉廩實而知禮節．衣食足而知榮辱．蓋必使其心無內顧之憂．然後其身能爲國家之用．且京外官同係努力從公．何以京官廉俸不及外官十分之一．厚薄懸殊．必馴至外重內輕之漸．臣愚以爲今日欲正人心．澄吏治．當自各官之加廉俸始矣．京官有職掌之員．似應分別等差．或如外官之半．使一身一家終歲足以自給．外官督撫廉俸較重．足額之後．自可毋庸再加．司道以下或酌量加增公費．而將所有陋規全以充公．如此而猶有骫法營私．則嚴刑峻法．以隨其後．庶法令可行．而政體可肅清矣．或恐驟增鉅欵．費無所出。殊不知廉俸足則吏治清．吏治淸則正欵涓滴無虧．鹽漕丁釐諸大政．絲毫可無弊混．國帑自可日充．此利之在顯然者也．上下實事求是．官吏不致貪贓枉法．驅民爲盜．則軍務之供給可停．荒廢之地利可盡．此利之在隱然者也．而且今之道府養廉之外．皆靠節壽．州縣養廉之外．皆靠平餘．不過未經上達天聽耳．則何如明定章程．給予辦公之費．而挈私者而歸之於公．使受者無徇縱之弊．與者無挾制之情．其裨益公家何可計數．臣面與曾國藩李鴻章馬新貽卞寶第李瀚章等熟商．皆以爲京官困苦如此．加廉一層．實爲目前急不可緩之事．即使數目稍鉅．各省督撫於奉旨酌議之後．皆當欽遵竭力籌辦．伏望敕下中外大臣．酌議施行．庶可變積重之勢矣．

一書吏宜整頓也．唐臣劉晏理財．不用胥吏．而用士類．前湖北撫臣胡林翼辦理釐金．亦不用吏而用士．誠以士之心名重於利．吏之心利重於名．夫至利重於名．非舞弊無以遂其營私之願矣．近來書吏尤爲積重難返．內而部院．外而督撫司道州縣．衙門書吏皆有缺主．每一缺主或萬餘金或數千金．自爲授受．奸黠之人買一書吏缺．其利息强於置產十倍．與在署辦事之書吏朋比爲奸．而無須見官之面．即或誤公。而官但能革在署辦事之書吏。不能革外間坐缺把持之書吏。官有遷調。而吏無轉移。是以世俗有官去衙門在之語。前人亦有官無封建吏有封建之說也。然權歸書吏。至於積重難返者。其故有三。官之任事。多者四五年。少者不過二三年。而書吏則世長子孫於其中。官於律例不過淺嘗輒止。治兵者未必知兵。治禮者未嘗習禮。而書吏則專門名家。各有所司。夫以視同傳舍之官。而馭世長子孫之吏。是欲去弊而不能。專門名家之術非淺嘗輒止者所能窺其底蘊。是雖有弊而不知。此其故在任不久而術不精也。官僅一人而朝綜名刑之任。暮有錢穀之司。案僅一事而有律中之例。例外之條。同一案也。有賄賂則可援從前已准之案。以償其欲。無賄賂則可援從前已駁之案。以神其說。即因有弊而設法以防之。乃法甫立。而吏即藉法以售其奸。一人之精神有限。而律例之變化無窮。此其故由於任太繁而法太密也。

漢廷公卿由吏掾出身者不可勝數。今假之以事權。而又限之以流品。是禁其殺人而又授之以刃也。古之賢者何常之有。或出身於版築。或託足於魚鹽。今書吏孜孜汲汲於案牘之中。其於民事或較之尋章摘句者。有一日之長。而反限之以所至。是絕之而復用之。彼既不能自奮於功名矣。則必將財利之是求。而且人多財薄。以有限之卒工。養無限制之書吏。若奉公守法。則其勢將不足以自存。此其故由於出身不優。而廩祿不厚也。臣愚以爲宜專設律例一科。三考得雋。然後准充書吏。優給薪水。仍復每年一考。士類皆得入選。數不在多而在精。限滿者優予陞轉之階。與正途無異。其有才識宏遠者。准本官加給特保。人既不以書吏薄之。彼亦庶知自愛。官復久任而專其責。任久則底蘊可盡知。責專則嫌疑不必避。並請旨敕下軍機六部王大臣選舉精通律例之員。原本會典則律例法等書。倣照四庫全書簡明目錄。或分別門類以律爲經。以例爲緯。定爲畫一不變之條。删繁擇要。勒成一書。頒行天下。凡百有爲。不出此書範圍。在朝廷抱一以式天下。百爾臣工。得以確然有所遵守。庶書吏之權將不收而自輕矣。

代粤撫奏陳洋務疏同治五年

竊粤東爲洋務濫源之地。相習已久。聲氣最通。而百姓性悍氣剛。亦多不爲之下。臣前途經香港。見其師船雄壯。樓閣重閎。又路過獅子洋以及省河一帶。所有炮臺全行廢墮。虎門天險。與彼共之。然則言治粤要端。固以中外相安爲先。尤以急策自强爲亟。查泰西與我通商之國。以俄英法美爲最强。俄則延袤西北爲患。在陸而不在海。英人强於水師。法人强於陸隊。美人精於商賈。其勢各不相下。尤以英人爲外柔內剛。思深計遠。爲海外傑出之雄。從前兵事交涉。英國取材於五印度。法國取材亞非利加。近年以來。英則以日本爲外府。法則以安南爲外府矣。凡軍事之所需。朝發可以夕至。故昔日之言自强。可以歲月計。今則旦夕圖之。尤恐其不給也。昔日之言自强。可以宣朝廷。今則爲幄圖之。尤恐其不密也。及此時交際尚洽。急宜以防海盜平土匪爲詞。購輪船。造洋炮。效其所長。省沿海師船歲修大修之資。以爲經費。蓋師船一遇狂瀾。守風數日。不能行駛。輪船則今日在虎門。明日可達南澳。又明日可達夏門。是得三五號得力之輪艦．即可抵千百號循例之師船．而所費正復相等．其沿海富商大賈．亦准租購輪船夾板．而藉其名於官．無事則任彼經商．有事則歸我調遣．其船上舵工水手．初用洋人教習．久則中國自諳駕駛．其技長者厚其廩．而祿以官．若使各口有輪船二三十號．夾板百十號．不惟壯我聲勢．亦且奪彼利權．是在乎用人得宜．乃克有濟耳．

臣雖未嘗閱歷洋務．輒因中外交涉諸際之難．而深求其得失利害之故．歐羅巴各國土地．不及亞細亞十分之三．人民不及中國三分之一．而自地中海以訖南洋．凡巫來由印度財賦之區．概被鯨吞．即現在暹羅緬甸亦復服其衣服．習其語言．勢岌岌又將爲所蠶食．其故何也．彼不獨船堅炮利．足以縱橫海外．而其用心之專一沈毅 辦事之刻苦精到 實有一往莫遏之勢．故其無事則以官吏爲經．商人爲緯．有事則以攻取爲策．以貨財爲資．凡商賈經營數萬里外．國家特設官而調護之．是以上下之情通．而內外之氣聚．今閩粵之赴外也．經商者如新嘉坡約有千數人．呂宋約有一二萬人．加拉巴約有一萬餘人．新舊金山約有千餘人．檳榔嶼約有八九萬人．查和約原議．彼此通好．若得忠義使臣．前往各處聯絡羈縻．居恆固可窺彼腹心．緩急亦未嘗不可一資指臂．英法俄英勢均力敵．外雖相聯．中實相忌．見利則合．過害則離．我苟深圖自强．欲取故與．擇各國之可親信者．優游漸漬而深交之．則彼因忌生疑．勢將日渙．投骨而狺爭．固其勢也．

總之固國以人心爲本．順民情而不遏抑其生計．則元氣固．而外邪不能侵．禦敵以武備爲先．利兵器而復代籌其身家．則義憤發而鋒鏑有不避．杜摯曰．利不百不變法．呂氏曰．三代所寶莫如用固．臣嘗熟思審處．而知目前所用非所習．所習非所用．有不能不變之方．外人呈貢其技藝以求媚於中土．有不能不因之勢．粵人巧藝者多．取材亦易．臣一俟經費稍充．即當商之督臣建設鐵廠．以備製造機器之用．仍須沿邊疆吏．不分畛域．合力經營．外而虛與委蛇．守漢過不先之約．內而力除積蠹．剔利歸中飽之私．財用已足．民心已固．外情已得．器械已精．由是始可以言戰．始可以言守矣．臣初任邊疆．責無旁貸．默計目前大局．當以中外交涉爲急務．當與督臣虛心實力愼發而亟圖之．上紓宵旰之憂勞．下慰生民之願望．斷不敢鹵莽因循．自干咎戾．所有抵任察看洋務情形．合併附陳．伏乞皇太后皇上聖鑒訓示．謹奏．

酌改蘇省營制裁兵增餉奏疏　己巳

奏爲蘇省撫標酌量裁兵增餉．謹將試辦情形恭摺．仰祈

聖鑒事．竊查蘇州省城爲東南重地．自李鴻章克復後．其留防之軍．先係侍講學士劉秉璋所部各營．繼爲江南提督李朝斌所部陸營．均經陸續調征遣撤．省城空虛可慮．捻匪肅淸後．散勇紛紛回籍．尤虞乘間竊發．臣去年九月在江寗時．曾與督臣曾國藩面商．擬於蘇州添練勇丁三營．以固根本．曾國藩亦以爲然．督臣馬新貽到任後尤殷殷以整飭武備爲囑惟省垣空虛．固須募勇巡防．但募勇數營．每月連口糧軍火帳棚等項．即須銀一萬數千兩．此時江蘇專供直隸陝甘淮軍之餉．支絀萬分．無從籌此鉅欵．因查蘇省巡撫所屬標兵原

額・本有一千六百餘人・尚未招補足額・從前綠營積習・總係老弱充數・而且分防各汎・隊伍零星・無非收取煙館賭場錢文・藉資養贍・平日不知槍炮爲何物・臨時不知戰陣爲何事・故以之禦侮則不足・以之擾民則有餘・督臣馬新貽與臣熟商・與其募勇成營・目前糜餉已多・將來遣散亦滋流弊・不知裁酌標兵之老弱・補以散勇之精銳・在散勇既免滋事・在標兵亦可精强・

惟綠營口糧太薄・兵燹後・食物昂貴・已無以贍其身家・即難冀其用命・臣現將撫標中軍城守原額兵丁一千六百餘人改爲一千人・酌增薪水口糧・分爲左右兩營・每營兵丁五百人・內計正兵親兵等四百五十五人・餘丁四十五人・於營中搭蓋房屋居住・不令零星分防・致有缺額短數・仍以額設參將爲營官・統計兩營薪水口糧・較之綠營原額・每月不過加增餉銀千餘兩・較之另募勇丁數營・則省費甚鉅・臣於署旁箭道隙地・闢爲操場・督同兩司輪流簡閱・計該兵每日操演洋槍二次・長矛一次・仍於暇時演習開花炮洋火箭等項雜技・令其習苦耐勞・無事常如有事・然後有事不致倉皇失措・現將兩營舊額之兵・逐漸裁革・所募新兵・均係軍營慣戰之勇・口糧每月榜示營門・不令絲毫尅扣・該兵亦遂恪守紀律・兩月以來・步伐槍法均尚整齊・臣又派員在營宣講聖諭・並將古來名將事蹟編爲百將傳・早晚由委員委婉講勸・明以作其忠義之忱・陰以消其桀驁之氣・庶幾養一兵得一兵之用・合將試辦營制事宜・另繕清單兩件・幷操演圖說三卷・恭呈御覽・

奏請改易營制片 己巳

再目下髮捻雖已蕩平・中原亦漸安謐・惟關隴之回匪未靖・滇黔之餘孽猶存・加以洋人梯航日廣・勢難閉關使絕・天主耶蘇之教・招集徒黨・誘我奸民・一有要求・動輒以兵船駛入內地・心懷叵測・不獨中國有識者知之・即彼族新聞紙亦頻頻明目張膽言之・自來中外交涉・不恃理而恃力・我力强於彼・則理以有力而伸・我力弱於彼・則理以無力而詘・然則爲今日計・舍安民察吏・無以爲自强之體・舍富國强民・無以爲自强之用・匪獨事所當然・抑亦勢難再緩也・

我皇太后皇上孜孜求治・屢飭邊疆督撫修備練兵・仰見聖主安不忘危之至意・惟查綠營額兵口糧太少・分汎太多・若有征調・勢不能一呼即集・即集矣而各汎抽湊之兵・兵與將素不相習・豈能如臂之使指・故分汎不裁・則營兵萬難精・譬如熾炭千斤・聚熱一爐・則其勢炎炎・人不敢近・若分而十處百處・火非不烈・其勢挫矣・此無他・聚則氣盛・散・散則氣衰・理固然也・而或者疑汎兵概行裁撤・則無以制窮鄉僻壤之盜竊・不知險要已有重兵・遐邇皆當讋服・即如從前墩舖・防兵未嘗不設・何以盜竊之風未聞盡絕・蓋其分汎零星・力不足以禦强暴・而勢反足以擾閭閻・由此觀之・則分汎之得失利害・固灼灼然可覩矣・臣愚以爲今日之兵・必散者能合之使聚・然後弱者能練之使强・承平之世・比戶可封・人安耕鑿・其時可以例兵制儒民・故兵不宜於聚・聚則有跋扈挾制之弊・多事之秋・積匪萌伏於內・强敵

環伺於外．其時斷難以假兵禦眞寇．故兵不宜於散．散則有疲恭難振之憂．夫權衡視物爲輕重．利弊因勢爲轉移．猶之駕一葉之舟於淸流斷港之中．則徜徉自得．及駛至重洋巨浸．雖有篙師舵工．亦顚簸而不能自持．然則練兵之必當因時制宜．固非獨一省爲然．

且自髮捻滋擾以來．多係勇丁立功．未聞綠營著績．是無事旣須以薄餉養兵．有事又須以厚餉募勇．當其養兵旣難恃緩急．及至募勇又大費經營．將來欲裁勇必至流弊多端．欲留勇必至餉需不繼．若不預先籌畫．爲患胡可勝言．臣前年有併三兵之餉以養一兵．併二弁之餉以養一弁之議．曾國藩李鴻章馬新貽皆以臣言爲不謬．即以目前情形言之．邊省兵額約有五六萬人．腹地省分亦有二三萬人．就原額之餉．挑經戰之勇．補綠營之額．選忠勇廉明之將官．以五百人爲一營．於要隘處所．或合練十餘營．或分練五六營．大約每省有精兵二十營．即有警急．亦何至乞援他省．而或者又疑綠營經制之兵．易以精悍久戰之卒．恐致變生意外．不知兵隨將轉．口糧不尅扣．則兵無怨心．賞罰不偏苛．則兵皆効命．故以先選將．而後所練之兵不滋擾．先併營．而後所加之餉不虛糜．其護餉解犯守庫守監分汎諸例差．似可一概責成州縣派撥民壯．如係衝繁之處．或酌給差兵百數十名．發歸州縣調遣．如有穿窬小竊．皆惟牧令是問．其餉項仍於綠營原額中撥給除算．大概戰兵與差兵汎兵．當截然分爲兩途．庶州縣手有斧柯．可免宵小之竊發．營兵專心防剿．可免外侮之侵凌．數年之後．營伍定可一律改觀．外人知力之不相讓．則恫喝之術不行．土匪知勢之不相敵．則頑梗之心自化．其弭禍於無形者．豈有艾哉．

溯自同治三年金陵克復之後．中外臣工建議．即有撤勇丁以補額兵之說．一轉移間兩有裨益．早經奉旨通行酌辦在案．至楚軍以五百人爲一營．其制參用古法而加變通．成效大著．是以數年以來．各省仿照辦理．已非一處．曾國藩於上年亦將刋本營制奏明有案．此二層爲臣今日試辦章程所本．非敢輕改舊章．又曾國藩奏辦江蘇海外內河水師章程一案．當時即已議及裁併陸營一節．誠以水陸相輔而行．勢不能不相因而改．亦非臣一人之臆見也．大抵備豫莫亟於練兵．練兵莫要於整飭營制．果能兵歸實濟．餉不虛糜．則自强之道．舍此莫由．但枝葉固須茂盛．根本尤須固强．京師爲首善重地．利器精兵．更宜數倍外省．庶平時無外重內輕之患．日久無尾大不掉之虞．臣明知庸闇之識．無補涓埃．而傾向之忱．有同葵藿．區區愚見所及．謹附片密陳．謹奏．

統籌臺灣全局疏

奏爲臺事宜統籌全局．恭摺密陳．仰祈聖鑒事．竊查臺灣生番蠢動．尚是疥癬之疾．惟日本處心積慮．極意窺伺．傳聞近有屯兵琉球之說．而德國亦嘗密遣兵輪前往臺北測繪地圖．查琉球距臺北雞籠水程不過千里．朝發可以夕至．該國弱小而貧．數百年來爲中國不侵不叛之臣．其入貢也．不惟表其恭謹．即販買土貨亦藉以沾微利．聞今年貢物已具而日本强之不令東行．外則以示桀驁．實則懼琉球密以情僞來告．居心叵測．可恨亦復可憂．沈葆楨前因倭兵屯紮琅嶠．

是以經營僅在臺南一帶。其實臺灣精華所聚，全在臺北淡水雞籠等處。而外人心目所注，亦在臺北淡水雞籠等處。蓋茶葉煤炭硫磺樟腦之利，皆出於此故也。臺灣洋面居閩粵浙三界之中，爲泰西兵船所必經之地，與日本小呂宋鼎足而立。彼族之所以眈眈虎視者，亦必爲據此要害，北可以扼津沽之咽喉，南可以拊閩粵之脊膂。從前狉獉未闢，習與相忘。近則天主耶穌等教沿入內山，一切利源以及險阻，無不深知。是以彼族所繪臺地圖說，較之官繪者尤爲詳盡。而台屬各口兵船林立，潮來汐往，無日無之，年來彼族無論要求何事，動輒以兵船相恫喝。各省地段類皆犬牙相錯，投鼠忌器，惟臺灣勢同孤注，如果兵力有餘，則遇彼族用武挾持之時，自可由臺出奇兵斷其後路，爲擊首應尾之計，使彼族多一瞻顧，則諸事易於轉圜。臣到臺後，日本之薩司馬島人來臺經商者，頗以其國空虛，勢將內變相告。且言中國若興兵東討該國，外應者必多。又其國大臣亦多潛懷疑懼，其致臣書亦有投明棄闇之語，乘彼人心離散之時，我若自强，彼將響應。前同治十三年冬，總理衙門議練兵製器備海防之用，蓋亦以臺灣一島，關係東南大局，因爲未雨綢繆之計。年來事勢益迫，以臣愚見，若不亟圖整頓，不出數年，日本必出全力以圖窺取，其時恐不止如前轍，尚能以言語退敵也。

臺中瑯嶠之役，沿海各省舉辦海防，爲費殆將千萬，而變起倉猝，所購器械必不能精，計非素定，所建炮台必不適用，與其臨時敷衍浪擲而無補分毫，曷若及早圖維節省而有資實際。故爲臺灣目前計，必須購中小鐵甲船一二號爲游擊之用，練水雷數軍爲防阻之用，造炮台數座爲守禦之用，練槍炮隊各數十營爲陸戰之用，開鐵路，通電綫以爲通信調兵運糧之用，購機器，集公司以爲墾地開礦之用，同時並舉，爲費必數百萬。臣極知庫欵艱難，何敢妄發此議。惟臺灣有備，沿海可以無憂，臺灣不安，全局將爲震動。況礦利大興，十年後則成本可還，二十年後則庫儲可裕。若能於江海等關各借撥二十萬以爲權輿，再由官紳商民湊集公司數十萬，自可次第舉辦。臣病勢沈痼，且不知兵，萬難當此重任，惟身在局中，灼見邊疆大利大害，諱而不言，非臣平日報國所敢出，惟有仰懇皇上速派威望素著知兵重臣，駐臺督辦，幷派熟悉軍械大員，辦理後路糧台，購買外洋鐵甲船水雷槍炮等件，以資豫備。而裕接濟，臣雖不敏，亦必留臺聽候指揮，備幕府奔走之役，斷不敢置身事外，冀避艱難，仍求敕下南北洋大臣從速籌議，以免道旁築室，徒託空言。臣爲統籌全局起見，是否有當，謹專摺密陳。

請開辦臺灣輪路礦務疏

奏爲微臣統籌臺防全局，擬請開輪路礦務，以裕軍實，而固邊防。謹將利害縷晰密陳，恭摺仰祈聖鑒事。竊維謀國貴於可大可久，議經扱而流弊無虞，籌邊期於能發能收，費雖繁而成效可睹。臺灣雖屬海外一隅，而地居險要，物產豐腴，敵之所必欲爭，亦我之所不可棄。臣自五虎門渡海東抵雞籠，歷後山蘇澳，復折回前山至郡，全臺形勢約得十之七八，深維目前情形，不在兵力之不敷，而在餉需之不足，不患番情之不靖，而患聲氣之不通。譬如人之一身，其情神血氣本足自强，而榮衞失宜，以致筋絡不舒，手足痿痺，雖有參苓之劑不能爲功。良醫良其脈絡。治以鍼砭。則沈疴立起。竊以臺事設郡置縣。無益之參苓也。輪路礦務。奏功之鍼石也。輪路最宜於臺灣。亦宜於內地。礦務籌諸現在。即可取效於將來。其間形勢互異。利害迥殊。有可以屈指計者。臣謹爲我皇太后皇上縷晰陳之。

臺灣前山業開闢無遺。後山雖平擴。膏腴遠遜於前山。然道里袤長。亦與前山相等。當夏秋溪河盛漲時。前山南北文報。往往經月不通。後山更不必論。即如日本窺伺臺南。紮營業已經旬。郡中尚未得信。近者如此。遠者可知。幸而疫重敵退。否則倭營業已深入穩紮。豈不大費經營。若非郵遞艱難。何以致此隔膜。其害一。後山之地。棄之。必爲彼族所據。取之。則開百里之路。必須設數營之勇。分紮要隘。否則生番必乘虛狙殺。路雖開猶不開也。開千餘里之路。即須添設數十處之營。費重時長。年復一年。勢成坐困。其害二。臺灣四面環海。敵人隨地可以泊船。即隨地可以登岸。彼則輪船飄忽。朝擾北而暮可擾南。我則跋涉艱難。速計旬而遲須計月。留營固恐餉糈難繼。撤防又恐事變忽來。處處爲敵所制。即時時爲敵所乘。其害三。安平炮臺連炮費至四十萬兩。尚非泰西新式。即使眞能得力。而全臺口岸如安平者。尚有數十處。若皆設臺防守。爲費計將千萬。度支如此艱難。何從得此巨欵。然不籌則防無可防。其害四。臺灣民情浮動。相傳無十年不反之說。遠者姑不必論。即自道光十二年土匪張丙之案起。至同治三年土匪戴萬生之案止。內連道光二十二年防海一案。計叛案八起。約費軍餉並攤欵其銀五百三十四萬兩。又米銀五十二萬兩。民捐尙不在內。合而計之。三十年之間糜國帑與民捐且逾千萬。百姓因遭賊而家破人亡者。至今言之。猶有餘痛。蓋彰化一帶。深山大澤。易於藏垢納汚。往往亂機已釀。經年累月尙未聞知。皆由道阻信艱之故。其害六。同治十三年日本琅嶠事起。臺防辦理海防至今。計共用餉四百餘萬。淮軍月餉尙不在內。倘海上仍有波瀾。又須另起爐竈。大費張羅。若不速興礦利。則庫儲之出入有定。而臺灣之事變無窮。猶之以石塡海。石盡而海不枯。其害六。臺灣水陸額兵共十八營。每年需餉三四十萬兩。合併則防汛全空。仍舊則訓練皆僞。自開路撫番以來。前後山一帶勇數。添至二十餘營。每年需餉又在百萬兩外。零星散數。分則勢孤。以禦生番且不足。何況外侮。是輪路不設。不惟該兵勇不能合營操演。而深入瘴鄉。即冊籍多寡亦無人爲之查考。其害七。臺灣府城逼近安平。而安平實無口岸可以泊船。故輪路到安平。無論官員兵勇。均須坐在桶中。由行排泛海上岸。前年颶風驟發。船政安瀾大雅兩船皆在安平擊碎。民船之受害者更無數。雞籠口岸雖穩。而自南至北。動須兼旬。故官民各船。明知安平之險。不能不靠泊於此。其害八。澎湖離安平一百五十里。據臺郡咽喉。有口可泊船。凡船自閩來臺郡者。須此路經過。旣靠安平、起淸人貨。又必須駛回澎避風。我軍之克鄭經朱一貴也、皆先得澎湖而後入臺。然澎湖百物不生。實一絕地。攻者易而守者難。該處稍有疎虞。則輪船行駛無路。其害九。淡水所轄七八百里。彰化亦數百里。聲教之所不及。洋人輒開堂引誘入教。羽翼旣成。一呼百應。實爲心腹之憂。臺北一帶滿山皆礦。煤鐵出於是。硫磺樟腦煤油亦出於是。往往洋人既知。而我尚未知。洋人既採。而我尚未採。欲處處設官置吏。則無此經費。皆由地方遼濶。礦事不興。故官與地不習。官與民又不習。其害十。夫以輪路礦務之不舉行。其害之可睹固灼灼然有如此者。

今試以輪路礦務之利言之。輪路計一日約行三千餘里。由臺南至臺北。頃刻即達。軍情可瞬息而得。文報無淹滯之虞。利一也。後山瘴癘盛行。若有輪路。則屯軍擇善地駐紮。遇有緊急。方軌而馳。朝發夕至。不必使有用之兵。受不測之害。利二也。輪路比輪船倍捷。平時精練勁兵。駐紮南北兩路。海上有事。電報卯來。精兵辰集。隨敵所向。合兵急攻。以逸待勞。以衆待寡。主客之形既異。戰勝之券可操。蓋無輪路而兵多餉重。徵調遲延。我處處爲敵所制。有輪路而兵精餉省。赴援神速。敵且處處爲我所制。其利害得失相去未可同年而語。利三也。內山奸民縱有煽動。有輪路以資調遣。朝聞萌孽。夕壓重兵。比之迅雷不及掩耳。教民無所用其簧鼓。奸宄無所用其機智。番衆無所用其兇頑。禍亂不生。商民安睹。利四也。日本琅嶠一後。合沿海七省設防。耗餉何止千萬。臺中若設輪路。興礦務。則敵人知我已得竅要。可無窺伺之虞。不惟大宗之餉可省。即常年防軍亦可酌裁。漏卮既塞。庫儲漸裕。利五也。輪路開。兵勇可以歸併操練。不惟營官不敢以少報多。即勤惰弱壯。亦可隨時稽核。臥薪嘗膽。以求實際。斷無練而不精之兵。利六也。輪路開。則由臺灣府城至雞籠口。不過數時。商民來往可逕由雞籠起岸。不必再涉安平之險。利七也。自府城視澎湖。則澎湖爲咽喉。自雞籠視澎湖。則澎湖爲枝指。而且雞籠渡海水程近三分之一。不必更經澎湖。彼族知澎湖不足制我之命。斷不聚全力以爭之。我亦不必聚全力以禦之。兵減餉輕。利八也。雞籠煤礦已用機器舉辦。明春可以開至煤層。以成本計之。每噸約在一元三角左右。至香港則每噸可值五六元。計每噸可得餘利三四元。該處民礦若一律用價收回官辦。以斷葛藤。則山中之煤無盡。即公家之利無窮。又大水崛地方查有鐵礦。據洋工員翟薩面稱。約有六分成色。該洋工員尚非鐵務專門。擬將鐵苗寄至英國化驗。分准成色。再定辦法。蓋外國一切製造皆從鐵務生根。工匠不能練鋼。軍務斷無起色。又金包里磺前經封禁。其洞淺深不一。煙焰直衝。吐出磺末。左右貧民私煑售賣。夫外洋之磺不能禁使不入。而中國磺轉禁使不出。非計也。今若設廠開挖。每百斤成本約在一元左右。運至遠省。即可值四五元。若能涓滴歸公。此利成爲不小。又牛頭山之煤油。現用人力。每日僅可取數十斤。倘改用機器開挖澄淨。亦可開一利源。樟腦則因前任道員辦理不善。幾致開釁。近來日漸減色。尙當另籌辦法。茶葉數年以來。釐稅蒸蒸日上。擬再籌欵。給本種植。其利當可與煤並駕。夫外人之所以垂涎臺灣者以有礦利耳。若自我全舉辦。無主之物變爲有主。垂涎之根既絕。則窺伺之念自消。同時並舉計機器人工等費。大約不過百萬。將來收效無窮。所獲何止倍蓰。利九也。日本臺灣小呂宋三島鼎足而立。相距不過一二日水程。現各島情形。有如戰國。利之所在。各出全力爭之。强必吞弱。衆必併寡。日本前本弱國。自設輪路電綫。開礦練兵製器後。今乃雄踞東方。耽耽虎視。前年窺臺南。上年逼琉球。不令進貢。今又脅高麗使與通商・彼其志豈須臾忘臺灣哉・既已斷我手足・必將犯我腹心・而且臺灣爲東南七省尾閭。上達津沽・下連閩浙・臺事果能整頓・則外人視之。有若虎豹在山・不敢肆其恫喝・若再輔以中等鐵甲船二三艘・則遇各島無理肆擾・尚可由臺灣斷其後路・故臺强則敵如芒刺在背・時存忌憚之心・臺弱則敵視爲奇貨可居。各蓄吞噬之念、輪路開。礦務興・則兵事自强。而彼族之狡謀亦息・利十也・

夫臺灣不辦輪路礦務之害如彼・辦輪路礦務之利如此・其得失取舍。固不待懸揣而決。而或者慮輪路礦務一辦・必致傷人廬墓・百姓嗟怨・不知臺中曠土極多。決不礙及田廬・開礦之處更無人居。且風水之說亦未深入膏肓・此可無慮者一・或又慮輪路用煤必多。將來煤盡・輪路恐成廢物・不知臺北各山到處皆煤・固有用之不竭之效・況煤價愈賤・則輪路獲利愈賒・此可無慮者二・又或以輪路經費繁重爲慮。不知後山暫可緩開・自前山極北之雞籠起・至極南恆春止・計程約在千里・以一里約銀一千兩計之・經費總在二百萬以外。不過安平炮臺六倍之費・大約得上年臺中日本防務所費十之六七・便足集事。而防務所給勇糧既出・則不能復還・輪路則租稅可收・礦務則餘利無盡・每年歸還成本之後。源源挹注・於帑項大有裨益。至輪路礦務電綫三者・尤相輔而行。無礦務則輪路缺物轉輸・而經費不繼・無電綫則輪路消息尚緩。而呼應不靈。查雞籠達恆春陸路電綫・尚有閩省今春擬撤之綫可以移用・即添補修理・爲數當不甚鉅。至達省水路電綫則爲費較多。似可從緩。雞籠滬尾關係全臺形勝。此二處炮臺水雷、仍當擇要舉辦・夫設防禦敵・焦頭爛額之費也・費多而效寡・輪路礦務曲突徙薪之費也・目前所費有限・將來收效實多・此可無慮者三・又或慮輪路僅在前山・恐後山番情尚多反覆。不知臺事以禦外爲要・外侮既靖・擇生番之尤兇者、大舉剿辦・則撫局自永遠可諧・一俟後山有礦可採。再行次第舉辦綫利・庶免浪費錙銖。況於南北中三路多開捷徑・則前後山將混而爲一・險阻槪通・狉獉日闢・此可無慮者四・又或謂輪路礦務取法外人。他日全局要害・必爲外人所盤踞・不知我但僱外人爲工匠・工竣則外人可撤。將來一面舉行・即一面學習・不過二三年即可自爲製造。以練兵爲體・以輪路礦務爲用。故有輪路礦務則餉可足。兵可精。並非謂有輪路礦務而兵可不用也、日本借泰西之欵。僱李國泰開輪路。至今尚無流弊。何況欵由我自籌。且環地球皆辦輪路礦務。人有捷徑。有餘利可以制我・而我無餘利無捷徑可以制人・終非勝算・夫輪路與輪船等耳・輪船可行・則輪路亦可行。非常之原。黎民所懼、要在持議者之堅定不搖耳・此可無慮者五・又或謂臺灣開闢二百年。何以從前議戰議守。未聞議及輪路礦務。不知從前無外人環伺・故不必處處設防、今則外人攻之之法。與從前不同。則我禦之之法亦當與從前有異、譬之乘小舟於曲港・固可游泳自如・及至大海重洋・篙楫所不能施・則非顚即覆矣・且兵事與礦事相爲表裏、礦不興。則無財。無財則餉何由而足・礦不興則無煤鐵。無煤鐵則器何自而精。地與勢殊・即不能不事隨時變。理固然也。此可無慮者六・又或慮臺中既設論路。恐彼族欲於內地效尤。不知臺灣係屬海外、與內地情形迥然不同・況係由中國自行舉辦。並非如上海由於洋人私造者可比．將來如奉密旨准行．則請辦奏中．尙須聲明臺灣海島孤懸．廬墓無幾．不致爲輪路所傷．仍請他處不得援以爲例等語．見諸抄報．似此辦理．則彼族亦無從藉口．此可無慮者七．目下臺灣疫重兵疲．民窮變急．防廣則營皆散紮．勇不練而豈能精．口多則敵易紛乘．險無定而何能扼．餉將竭而備仍虛．寇已深而謀未定．日本及小呂宋皆逼近臺疆．蓄銳養精．機深意險．若不未雨綢繆．速將輪路電綫練兵購器開礦各事．分投速辦．誠恐該二島猝然有變．非止於虛聲恫喝而已．宋臣蘇軾有云．言之於無事之時．則其言易於有爲．而苦於不信．言之於有事之時．則其言易於見信．而已苦於無及．臣每反復斯言．輒復慨然三歎．伏惟聖慈獨斷．飭下總理衙門籌議有無經費．如何舉行．並請特簡熟悉工程大員駐臺督理．俾靖浮言．而收實效．將見臺防有磐石之安．即沿海無風鶴之恐．臺民幸甚．大局幸甚．

赴津幫辦情形疏 庚午

奏爲遵旨兼程赴津．謹將幫同商辦大畧情形．恭摺仰祈聖鑒事．竊臣行抵泰安途次．欽奉寄諭丁日昌業經起程由旱道北上．著仍遵前旨兼程前進．馳赴天津幫同曾國藩毛昶熙商辦一切．欽此．等因．時因沿途積水未消．深至二三尺不等．臣觸暑遄行．復患舊日吐血之症．未便以醫藥躭擱要公．仍復晝夜兼程．於二十四日行抵天津．所有天津一切應辦事宜．均經曾國藩毛昶熙佈置井井．臣仍幫同會商．勒限府縣務於數日內將兇犯盡數緝拏．一面飭天津道密傳縣中捕快八班．先行給予重賞．令其購綫緝獲．逾限則將該役嚴辦．大約如此大案．總須緝獲四五十人分別絞斬軍流．或可虛抵多而實抵少．將來凶犯供無前任府縣指使．則府縣之不能正法．更可不煩言而解．總之理所能允之事．先爲認眞妥辦．然後理所不能允之事．方可與之力持．若議抵議賠之後．而彼族猶要求無厭．似可邀齊各國公使與之評理．一面密飭各口陸兵以守爲戰．幷重價雇布美等國兵船．擣其安南後路．一面欽派大員出使各有約之國．宣布其無理．邀衆國而共責之．彼英俄等國．此時但恐中國官吏無彈壓百姓之威權．致異日彼族蹈聚殲之覆轍．是以汲汲然聚合謀．而我若旣爲議抵議賠．則各國旣無切身之慮．勢必從中理阻．想斷不願兵連禍結．致誤貿易大局．

惟議抵議賠工事．均須從速辦理．一氣呵成．與之定奪．庶免遲延愈久．枝節愈多．至泰西各國專以戰鬬爲業．船與礮有日新月異之勢．西北南三境．皆將與我接壤．東又有日本狡然伺釁而動．我若不破除因循積習．以飭吏治．更改綠營舊制．以練精兵．則一波未平．一波又起．臣等雖粉身碎骨．亦不足以報國家而謝天下．此微臣區區憂悚愚忱．願以自勉．而又願與各省疆吏共勉者也．

天津官民罪名量從寬減疏 庚午

奏爲官民過出有因．敎務隱憂方大．恭摺密陳實在情形．仰祈聖鑒事．竊查天主耶穌各敎傳入中國．載在條約．固不能不照章隨時保護．然亦不能任聽作奸犯科．以致事機決裂．不可收拾．耶穌一敎安分守己．與民無爭．尙無他虞．至天主敎雖其本心並非爲惡．而傳敎士所到之處．不擇良莠．廣收徒衆．以多爲能．無識愚民．或因詞訟無理．或因錢債被偪．輒即逃入教中．教士聽其一面之詞．爲之出頭庇護．詞訟無理者．可以變爲有理．錢債應還者可以不還．莠民以教士爲逋逃藪．教士以莠民爲羽翼．俗諺有曰．未入教尙如鼠．既入教便如虎．嗚呼．此百姓之積恨所以日見日深．教士之聲名所以日見日壞也．

即如天津一口言之．自通商後．中外商民相安已久．毫無間言．耶穌教人亦不以爲怨．惟百姓言及天主教．則異口同聲恨之入骨．蓋緣天津莠民最多．一經入教．則凌虐鄉里．欺壓平明．官吏志在敷衍．但求無事而不求了事．又不敢將百姓受屈之處與領事官力爭．領事官又何從知教民如此妄爲．百姓怨毒積中．幾有及爾偕亡之憤．夏間迷拐一事．剖心剜眼一層．固可決爲天主教所不應有．而教民之迷拐幼孩．希圖欺騙教士．多得錢文．亦豈能斷其必無．曾國藩附奏中亦已歷歷言之．五月二十三日之變．在事官吏既不能彈壓於先．又不能緝犯於後．過誤誠屬不輕．然謂之無識無能則可．謂之有意激變則不可．至是日槍殺洋行．屠剹洋女．挐戮行人．此等匪徒志在搶奪焚殺．過於殘忍．毫無人理．誠不能不盡法懲辦．以儆將來．其目擊官長．被洋人放槍因而聚衆奮擊者．則事出有因．不能不謂之出於公憤．今日逃竄者．株連家屬啼飢號寒．到案者鞭箠桁楊．宛轉就斃．官吏平時既不能爲之謀生計．伸枉曲．臨事又令以慷慨就義之身．使爲見仇者所快．臣誠私心痛之．雖事關中外大局．不能不按法擬抵．而臣目擊情形．殊堪矜憫．可否仰懇聖慈．俯念愚民義憤罹法．分別有因無因．情節重者儘法償抵．情節輕者酌從寬減．抑或俟大局議結後．由地方官妥密查訪實情．分別撫卹．統求出自天恩．至府縣事出無心．情有可原．不惟殺之不足以弭邊釁．即使一時敷衍了事．而地方官從此引爲前車之鑒．身家念重．名節念輕．將來即遇洋人無理之事．亦將唯命是聽．吏治人心何可復問．合無仰乞聖主鴻施．嚴飭中外．維持拒絕府縣議抵之罪．有益於大局者．實非淺鮮．臣自問來津將及一月．辦理無狀．罪在臣等．應請天恩．將臣與曾國藩一併嚴議．冀爲津郡官民稍贖愆咎．仍乞聖明飭知中外通商衙門．將天主一教．于今年續修條約時．議明教士不准濫收莠民．干預詞訟．并嚴飭疆吏．凡地方官必須愼選有風力．通時務之員．方能持平辦事．於理應保護者．必爲認眞保護．不可內外異心．於理應爭持者．必當竭力爭持．不可因循釀禍．庶幾未雨綢繆不致激成事端．臣與已革天津府張光藻等素未識面．無所用其廻護．即到天津津後．勒限嚴拏正兇．絲毫不遺餘力．亦並非討好百姓．惟確查此間釀禍實情．不敢壅於上聞．

再臣日昌會審此案．翻覆推究．不無委曲．未便緘默．謹爲我皇上詳細陳之．拍花之案．幾于無省不有．是否有無主使．本屬似疑之間．革員張光藻劉□信之太驟．遂起釁端．又不能彈壓百姓．致外國領事官被戕．不爲無過．然以地方官緝地方要犯．其理甚直．初不料變故一至於是．既已至是．照辦理不善例撤任而已．革職而已．業經臣國藩等遵旨妥議．而外國人必欲置之大辟．臣日昌竊以爲過矣．夫使殺該革員而外國從此和好．地方從此無事．則殺一二官亦何足惜．所慮者殺官之後．枝節又起．臣等不但無以對該革員．

幷無以對百姓。夷情叵測・以殺該革員爲辭、未必以殺該革員爲了事。此臣日昌日夜所焦心者也・且領事官被戕。戕自百姓。非戕自該革員也・臣日昌自到天津幫同臣國藩緝獲正兇・遴員研訊定擬・爲顧全大局起見・不敢苟且、早在聖明洞鑒之中。以案論由、於領事官施放洋槍・激成變故・夫百姓之於官、猶子之於父母也、天津百姓强悍・又父母之驕子也・驕子恐父母受傷・不顧利害、鬨起相搏・其蹟可恨・其情則可憫・然而殺人放火例有專條・斷難遷就、案經議結・似可於該革員稍施一綫之仁・臣日昌與該革員素未識面・無所用其迴護・此番奉旨會審・又萬不肯市恩而速謗議・第實在該革員無可加罪・不欲天下議朝廷用刑之偏・輒冒昧以聞・如臣日昌稍存左袒之見・願受應得之咎・惟皇上憐而察之・至于外國教堂固屬勸善之舉。而內地莠匪。往往藉教堂之名・無所不爲・一經決裂・輒以教堂爲逋逃藪・若不早爲曲突徙薪之計、將來事故尙不止此。是又國家所宜預爲善後者矣・

上粵督論高州兵事書 壬戌

高州軍務積疲如人、中患癥瘕復瘡瘍。外患毒牽掣手足。驟加峻瀉・則元氣既虧・若滋補榮衞。則外毒愈不可制。此良醫望而徘徊、非可苟且下藥者也。高州自防西匪・業已十年、中人產業十破八九、其逼近粵西居民。讐懔已久。輸租稅於賊・恬不爲怪・逆首陳金缸占信宜城・東西兩省數百里、要隘皆爲所踞・僞先鋒某劉超等・兇悍善戰。而某尤狡。裹脅至數十萬、能戰者約萬人・善用誘伏。俟我軍陷險地。以火器環攻。此潘其泰所以失利於前。卓興復失利於後也。賊之老巢在信宜、某之輜重在鎮隆墟・劉超之輜重在東岸地・距信宜十里或三十里不等・由鎮隆而南・賊有堅隘曰大井・咸豐十一年冬、方耀力攻之不能克者也・大井之東南有賊隘曰南山・距郡城三十里・是爲最近・南山之東北二十里有賊隘曰石骨・險而堅・從前潘卓二軍潰敗之處也・石骨之西北三十三里有賊隘曰東岸・阻水爲營、賊之精銳盡萃於此。所以策應南山石骨大井者也。鎮隆之西五十里有賊隘曰寶墟・爲化州境土人・所謂西路之賊者也・賊由西北合容縣岑溪之匪・足以擾粵西、由西南出寶墟、可以擾化州石城・由東合陽江陽春客匪・可擾電白水東及茂名・計高州六屬、賊蹂躪殆遍。所未至者。吳川一隅耳。

昨日電白亦復告警、陽江上洋各村膏腴之區、相繼淪陷。我軍惟卓興六千餘人紮安良堡・與南山最近、方耀六千餘人紮藍田。與大井最近・賊堅伏不出。欲老我師。我若進退環攻。是彼以墻壁爲衞・而我以血肉相搏也・其難一・欲堅壁淸野困之。則賊蔓延容縣岑溪陽春陽江七八百里・賊糧隨地可掠・而我餉限於儲藏・賊衆隨時可添・而我兵限於節制・況夫民窮財盡・未開仗而二十萬之餉又將告罄、曠日持久・形見勢詘・其難二・或曰固我營壘。以巨礮環攻之、然賊隘皆依山臨水・且無整齊村落。非用巨礮之地・大雨時行・山路泥濘・非用巨礮之時・其難三。或又曰良民被脅從賊・非其本心・使設法招徠・散其黨羽似矣・然賊勢方盛・稽防甚嚴・蚩蚩者向善之心・不敵其畏禍之心・古未有不勦而能撫者・其難四・近者崑宮保周歷各營・激勵將士・飭方耀一軍由大井之西南紮南墟・進攻青山青峒・而以卓興營仍駐安良爲游擊之師・賊若傾巢出救・可尾追而痛勦之・若仍死伏老巢・則步步爲營・得尺進尺・倘奪青山大隘・則已出賊大井之後・距信宜不過二三十里・聲勢一壯・將如破竹・抑或西攻寶墟亦可斷賊後路・卓興方耀現已釋嫌・方固無虞深入重地。卓亦可以擇利而趨・剛不吐・柔不茹・宮保駕馭之術・固深費一番苦心也・

上李宮保密陳修約章程書

頃奉鈞函・并抄示上諭・及總署函摺・飭將明年換約情形・妥爲核議等因・竊思明年換約、彼族必合泰西各國・厚集其勢・以與我爭・但彼族雖夥其敢與我爲難者・不過英俄法美・及初强之布魯斯五國而已・五國之中・美之爲難多在於商・然彼國伯理璽四年易主・當不暇爲子孫萬世之謀・且南北美膏腴未墾之地甚衆・則亦西畧有餘・而未遑東畧・諒不肯多爲周折・以啓兵端・宜因而親之・以携英法之交。布路斯國小政强・近來尤爲猖獗・但彼國商人來中國貿易者尙少・彼旁近日耳曼諸小國・方欲肆其兼幷之計・又欲與法國頡頏爭勝・不過借遠交爲近攻・揚國威於海外・以示强於泰西・亦未肯遽與我爲難也・宜因而强之・以樹英法之交。是二國者皆可爲我所利用・然則泰西五國・實三國也・俄之土地與中國毗連・又其國强大・不假他國之力・異日中國之憂・當以俄爲最・然彼之互市不在海而在陸・又彼之謀我在於先撤我藩籬・而後據我堂奧・堂奧者他國共其利・藩籬者彼國獨受其益也・是俄之與英法・其爲謀則同・其爲情則異也。英人外柔而剛內・思深而計遠・立志墾闢・不憚煩難・五印度巫來由是其明證・曩猶取材於五印度・今則直以日本爲外府矣・其船堅・其礮利・其兵長於水而短於陸・故欲資法之旱隊・常與法內忌而外和・法人狡而狂・兇賊而慓悍・到處窺伺人國・曩猶取材於亞非利加・今則以安南爲後路矣・其船堅礮利不及英・然其兵法之精・於泰西爲最・而尤長於陸隊・惟其人貿易者少・富不敵英・故欲藉英之財而助以力・以同分中國之利・此二國者・水陸相倚・狼狽爲奸・明年換約・殆以英法爲最難・伏承鈞諭・販鹽電綫鐵路內河駛輪及開煤鐵鑛六事・已有成議・惟遣使請覲・及開拓傳教三事・尙宜核議・

竊謂遣使一事・不必與爭・不過跋涉之勞・用度之費而已・然一可得其國中情形爲辯論・二可悉其國中情僞以籌制防・三可與之狎習以聯邦交・以携彼與國之好・昔管仲相齊・遣游士以覘四方・漢高謀楚・以四萬金資陳平而不問其出入・正可陰師其意・彼不請使猶將遣之・況招我使往・又何必重違其請哉・至如分駐之舉・則始不過英法俄美等數國而已・他國可以緩遣。若慮有如中行說者爲患・則沿海姦民・輸中國情實者・不計其數・正不必於一使而慮之深・惟在妙選其人・使之不辱君命・如漢蘇武班超等・仍優贍其廉俸・重貴其子弟・使彼無內顧之憂・而又繫以鄉井之懸・人非木石・斷未有舍喬木而入幽谷者・此遣使之法・可以徑然許之者也・

至於請覲之事・許之不能・阻之不可・請覲而用夷禮・是下堂而見諸侯也・雖有以得外國之歡心・恐轉以阻臣民之銳氣・初宜堅持・至萬不得已而後允・以我使臣到外國・可

以行彼外國之禮・彼使臣到我國・亦當行我中國之禮以相抵制・庶彼無可置其喙・

至法國開拓傳教一事・所謂開拓未知何如・若欲在中國設教領以統屬中國入教之人・則心懷不軌・決不可許・彼於泰西諸國・亦無設立教領以統他國之人者・可徧告各國・以聲明其險詐之罪・並告以中國自統之民・准伊行教・已屬曲徇交際之誼・若又設立教領・直是侵我自主之權・援萬國公法・直言斥之・必不至於決裂・昔子產在鄭・公子圍聘・豐氏將以衆逆・公孫揮挾其奸謀・毅然請墠楚・圍知其有備・垂橐而入・事固有以曲爲直者・此類是也・然此皆筆舌之事・筆舌之外・尚當有以制之・使不敢動・有以刦之・使不敢驕・有以先之・使不敢過・何謂制・古者諸侯相見不徹兵備・夾谷之會・孔子設左右司馬・而齊人遂返・汶陽澠池之會・趙人盛爲之備・而秦王終一擊缶・竊意明年英法二國・必糾集師船屯泊大沽以相脅制・我國當預爲之計・現在捻回稍靖・宜移討捻回之師・精簡一二萬人・統以威望大臣・屯紮通涿二州之境・託名捕拏梟匪・陰衞京師・仍於畿輔郡縣・擇有風力守令・舉行保甲・團練民兵・以壯聲勢・且令濱江沿海嚴飭兵備・以爲防衞・明知中國虛弱・此時未可遽與決裂・然使彼有所憚・未敢輕量・則筆舌易於爲力・此制之之術也・

何謂刦・彼入我國通商・與民情不甚相洽・彼不懼官而懼民・恒欲借官力以制民・宜於通商各口岸・選擇膽識俱優之紳士・與各會館商董・聯絡一氣・即彼所懼者以刦之・刦之之意・若曰從前貴國通商止有廣東一處・怡和寶順諸洋行致富鉅萬・今通商口岸多至數倍・怡和虧本倒閉・寶順亦將繼其後・其餘各洋行紛紛閉歇・不知凡幾・是外國碼頭愈多・費用愈重・不足爲西人之益・而實全佔華商之利・如果尚可他圖・鐵路開則廬墓不保・輪船輪車入內地・則船夫與車夫失業・洋商販鹽入開行棧・則商賈皆歇業・此次在京換約・若要求過當・致啓兵端・此數千百萬自恐失業・無以謀生之人・勢必願及偕亡・紛然幷起・據洋商之厚貲・爲團練之經費・隨地皆敵・防不勝防・其時雖有官力・豈能制止・貴國商人豈能高枕而臥・則何如相安無事之兩得也・以上各情・出自百姓之口・徧貼街衢・並刊入新聞紙上・流布各國・彼耳濡目染・自當潛弭要脅之謀・仍一面於通商口岸・令中國紳民呈遞近來外人狂肆欺侮狀・請官於明年換約・必須嚴定章程・其販鹽電綫鐵路內河行駛輪船・及開煤鐵礦開拓傳教等事・皆懇力爭・萬不可許如此等呈詞・參差互遞・皆由關道轉行領事・即有激烈・亦非出自官府之口・且以見民之親我而惡彼也・此雖虛聲・然衆志成城・彼必有所陰怵・聞彼族於明年換約・亦由商人具稟彼國公使・參酌移會總署・吾國亦宜上下合爲一氣・由商民具稟關道轉詳總署・照會公使・令其震懾・此刦之之說也・

何謂先・軍志曰・先人有奪人之心・擬請於明年條約每條必踏進一步・及會議時・彼國條約亦必有過當之處・然後互爲伸縮・爭重讓輕・以我下駟敵彼上駟・此先之之說也・凡此拘迂之見・原無當於高深・然已導之使言・不敢安於緘默・其未盡之詞・仍俟詳悉縷議・以備核奪・

致朱脩伯書 同治己巳

五月間·江震哥老會匪結連捻匪餘黨·潛謀不軌·幸而撲滅·不致燎原·犯供皆云·因蘇省新練綠營隊伍尚整·是以有所忌憚·舉發稍遲·可見沿邊沿海·伏莽尚多·從前以無用之兵制無用之賊·故兵力尚見有餘。今此輩皆百戰之餘·是以有用之賊制無用之兵·故兵力頓形不足·天下無無弊之法·固當擇其輕重緩急而爲之衡·關尹子曰蝍蛆食蛇·蛇食蛙·蛙食蝍蛆·立一法必生一弊·生一物必受一制·立法者不能預計其弊·而棄置其法·兵弱之利在於平日不致桀驁·而事變猝乘·必至土崩瓦解·兵强之利在於戰必勝·攻必取·而其弊流爲藩鎮割據·外重內輕·然土崩瓦解有病而無藥者也·外重內輕則有病有藥者也·有唐不改府兵·不調禁旅·雖有藩鎮·何禍之能爲·故選忠勇之帥臣·練羽林之勁旅·邊兵五年一調防·閫外五年一易帥·則可得强兵之利·而不受强兵之害·制之之道·如此而已·今日之勢·强敵環伺於外·姦民潛伏於內·而猶欲以積窳之兵·制弭不惻之隱憂·此如抱沈痼拘攣之疾。而欲以茯苓甘草收其效也·愚昧之見·未必有當·事實而不敢不大聲疾呼於知己之前者·則以我公汲汲天下爲已任·視千百年利害若切身疾苦·故甯受言而無效之譏·不敢蹈知而不言之咎·我公其何以教之耶。

滌公血誠爲國·公爾忘私·正范文正韓魏公一流人物·但人生止此·精力過勞·亦足累身·公能以主簿作家之言進否·弟兼程返吳視事·清理積牘·且忙且病·敏齋謂弟鬚髮又白過半·貧不學儉·老不學醫·聽之而已·此間霖雨爲虐·幸新開河道·消洩尚速·不爲大害·都門得雨否·念念·摺差匆促·百不盡一·

復潮州保安總局書

日昌侍奉無狀·間關跋涉·扶先靈輀旋籍·山路險巇萬狀·餘生驚悸·遂嬰痼疾·至今未能趨赴郡城叩謝隆施·感慚無地·乃承手書寵錫·如得渴漿·惟獎許溢分·循省再三·悚汗累日·

承示潮郡此次水患·創鉅痛深·哀鴻嗷嗷·非鄭俠之圖所能盡其疾苦·已欲援而出之泥塗·又欲舉而登之衽席·大哉言乎·仁人君子之用心·固宜如此其周且篤也·鄙意以爲上游河流之不暢·實由於下游淤墊之已深·所以淤墊之由·則緣近海河面悉被豪强佔據築墭·日昌前復張觀察書·極陳欲除城堤患·必先疏浚河流·欲疏浚河流·必先開通尾閭·庶幾溜勢挾沙東行·水患方可逐年消減·今來示擬將樟林墭田悉行挑挖·使無碍河流·與芻蕘之見不謀而合·然非特樟林一處也·即汕頭南港北港等墭·均宜一律開通·其無碍河流墭田·本屬無糧之業·似可商明官長·詳請丈量畝數·一律召賣升科·計五口墭田何止百十萬畝·以充修築疏浚經費·因可綽然有餘·仍宜劃定界址·出示勒碑·永遠不許越界佔築·來示所謂各墭皆豪强霸佔之業·與窮民生計無干·此誠洞徹時勢之言·所貴官紳決計行之·不爲衆論所惑爾·海口既已寬深·宣洩無虞壅滯·然後將二塘以下河身一律疏浚·蓋郡河自竹篙嶺以上·兩岸岡巒林立·有以約束河流·一至湘

橋以下地勢平衍・河面愈寬・則沙土愈積・約畧計之・從前河底或深三四丈一二丈不等・足以容納吞吐・此時深者丈餘・淺者不至四五尺・甚有高與岸平者・一遇洪流暴漲。不知此數千丈無可容納之水・能諒百姓困苦・紓除宛轉避而之他・抑將衝嚙奔騰奪隘・乘虛毁其所阻・以遂順下之性乎。昔人有言曰・以人治水・不如以水治水・以人攻沙・不如以水攻沙。然則今日之舉・非將郡河中泓浚深數丈・束水歸槽。使中流迅急足以掣土馳沙、安能望水道之日深一日・城堤永無潰决之虞哉・故沿河者不欲過寬。寬則水平滯緩・洄洑易淤・不欲過直・直則勢迅力猛・堤防易壞・外國有種挖泥機器・以船之中間鑿空・機器即從船空插入河底・火力一發・則機器挖土上浮・灌入另船裝載・裝滿後移開卸土・又換一船另裝・循環往復・勞較省而費相等・且免築壩戽水之煩。前年江蘇開黃渡河時・曾租用此項機器疏浚・極爲如式・計香港汕頭等處・當有此貨也、幹河深通之後・再製混江龍水犁等器具・隨水梳刷・使浮沙隨到隨去・不致停積・則水田地中行。何致旁溢横奔。不可收拾哉・

郡中附郡之水・本嫌一瀉無餘・來示擬分支河迤南而西・以殺其勢・不惟足以消減狂瀾・實可以培植形勝・但地勢西高東低・支河浚淺則不足以分洩洪流・浚深則恐全流灌入支河。正河反致湮塞・國初郝叛鎮就南門涵洞舊址・擴寬引水灌衞、卒致水勢跌塘・城郭民居俱致蟄損・足爲前車之鑒・無已・則於筆架山上游門一支河・由隆都以達東隴・似於城堤裨益更鉅。形家以水不到堂爲言。然河從上游分支・並非入懷反走者可比・但必須用水平測量平準・使支河河身・高於幹河數尺。庶幾幹河大流不致全爲支河所奪・抑或於沿堤多築滾水減水等壩・滾壩所以洩暴漲以濟澇・減壩所以洩平流以濟旱。壩外築堤束水引入揭河・然而經費浩繁・造端宏大・非常之原・黎民所懼、此説或止論而不議・以俟後之有力者、負之而走可乎・

東南各堤潰决處所・此時水勢能否消退興工・倘大溜全入口門。則正河已成平陸、似須於正河上游轉灣之處・分浚引河・所以挽溜勢・蓋口門在北・其上游轉灣之溜必在南・口門在南・其上流轉灣之溜必在北・必使口門溜勢全消・然後堵築不致十分費力・若夫北堤與東城・則尤數十萬田廬民命安危所繫・更不可不及早綢繆・以期萬無一失・若僅就敵樓內增築灰墩・誠恐新灰舊碑・兩不相洽・即使灌以濃漿・加以硪夯・而上實下鬆・終恐傾欹脹裂・若從外面加築灰籬・根深則恐搖堤基・或二者之外・更於各碼頭及水木門險要等處・添做磯嘴・護以月堤・似覺內面新築灰墩・更免吃重・其湘橋石之横梗中流者・似可酌减一二墩・改增梭船以輕之・庶免激水西趨東城・倍致吃力・夫河果浚深・無論內築外築・均有裨益・河若舊仍・則恐小小補苴・未足恃爲金湯之固也、語曰屋漏在上・知之在下・今夏城根蟄裂湧大・水勢幾等建瓴・闔城官民・危若累卵・不惟知之而且身試之矣・若不熟商官民・共籌大舉・萬一將來洪水竟爾騰湧入城・祈禱不靈・繫援無術・貲財性命・頃刻全付東流・噬臍之悔・庸可及乎・日昌非敢危言悚聽也・祇以闔城禍福攸關・可以一試而不可以再誤・故不惜大聲之呼・冀免淺嘗而止・蘇氏曰・言之於無事之時・則其言易於有爲・而苦於不信。言之於有事之時。則其言易於見信。而已苦於無及。今官紳和衷共濟。勢尙足以有爲。轉瞬霜降波澄時。亦不甚於無及。但恐築室道旁。議論多而成功少。是則時機之所無可如何者耳。

至於民生拮据。經費艱難。似宜官紳合力籌辦。方可集腋成裘。除海口塭田丈量召賣之外。餘各釐捐廠稅。尙非解部正欵。未知能否稍資挹注。次則各縣匪首充公產業。似可商之鎭軍酌提若干。以資津貼。其靖河商請停止。而以其經費濟此急需。郡城原屬九縣公物。此堤亦三縣共此安危。各縣紳商似當協力分籌。不可專以諉之首邑。至於堤下百姓。流亡載道。似宜商請官長迅將受災圖分錢糧。查明何圖應免。何圖應緩。速詳司院具題。庶貧民渥受恩膏。得以稍延殘喘。縣之經費固難。得人尤難。大焉者程功有先後。形勢有重輕。籌算貴合乎全盤。勘雇要求平實際。次則椿木有大小。蜃灰有濃淡。石料則粗細不同。夯杵則虛實廻異。取土有遠近之分。方價有乾濘之別。經理得其人。則經費雖少而工程堅固。歷久常新。經理不得其人。則經費雖多而物料窳敝。逾時即壞。郡中才俊如雲。想諸君子夾袋所儲。早足供發蹤指示之用矣。

日昌學識淺陋。僥一時之倖。處非其據。進旣不能稍報國恩。退復不能有裨桑梓。外慚淸議。內疚神明。玆承呼召。亟當力疾首塗。冀竭愚鈍。以效涓埃。奈因家慈窀穸尙未覓就。食寢不安。心腸如割。兼之沂來心氣增劇。遇食輒吐。薾然疲役。力與願違。公綜理全局。鉅細必親。萬勿屈駕遠臨。使日昌倍增惶愧。一埃墳墓就緒。即當星馳來郡。敬聆敎言。謹先就管見所及。臚陳一一。以備采擇。趙充國曰。百聞不如一見。日昌去郡二十年矣。扣盤捫籥。徒託空談。誠恐懸揣之虛詞。無當宣防之實際。尙求諸君子於是者取。非者去之。俾不益重日昌之戾愆。敬請台安。恭繳大柬。臨風依戀。不知所云。

法人遊探記序

自梯航四集。外人專以探幽索隱爲能。故亞細亞之境。亞細亞人有所不能知者。歐羅巴人則已耳營目運。心指口畫。繪爲圖說。彼族豈用心於無用之地。徒快情適興於奇勝之境云爾哉。蓋其命意有在。固行路人而知之也。雲南豐於礦產。西人垂涎。通商業已積日累月。若欲由緬甸探路入滇之西境。中間頗有野人阻隔。前得馬嘉禮探路紀程一卷。語焉弗詳。蓋尙未成書也。法欲由遠印度入滇之東境。日昌在閩時。得法員特拉格來探路一書。幷圖。屬船政學生游學詩羅豐祿譯之。甚爲詳盡。觀駐安法督告特拉格來之言曰。宜淺試深嘗。以擴商務。其用心之深遠。立念之堅忍。固可即此語而窺其肺肝。英之於五印度。日斯巴尼亞之於小呂宋。皆由淺試深嘗。以售其技者。然則五印度諸國。其初任其淺試。其後任其深嘗。則何不及其淺試之時。而即毅然決然爲未雨綢繆之計。迨至挽回無及。始悔悟入其轂中。豈不大可哀乎。

是書在事諸人。皆備嘗險阻。其用心不可謂不專。然全篇關鍵。總不及淺試深嘗四字。法人於安南業已深嘗矣。其於遠印度猶甫經淺試也。則凡地球中有屆於淺試深嘗之列者、可不皇然思所以變計哉．書中訛字甚多。文亦有詞不達意之處．病稍可．當再討論焉．

善堂序

世運之隆替．由於風俗之美惡．而風俗之美。非一朝一夕所能致．故古者家有塾．黨有庠．遂有序．婦人妊時令瞽誦詩．道正事．而又每歲孟春遒人以木鐸．徇於路以振發誠勸之．蓋其自孩提成童而至長老．自朝廷都邑以至里黨．所聞無一非仁義道德之言．所見無一非禮樂刑政孝弟忠信之事．化之之篤如此．異行者有誅．異言者有禁．教之之嚴又如此．當是之時．風俗龐厚．野人游女行誼．皆確然可信．不致迷入歧途．豈百姓生而皆善．習俗不期美而自美哉．要教之化之者。不憚煩難。邪則防之．善則引之．使趨向歸於一是耳．

潮州自韓文公敎化後。民始知學．子瞻蘇氏稱潮之士篤於文行．延及齊民．號稱易治．殆非虛語．迨至近代薛中離以理學著．翁仁夫以事業著．郭仲常以忠節著．鄉里間束身自好之士．指不勝屈．聞故老傳言．鄉宦中有捷徑而進者．雖聲勢赫奕．平民至恥與爲婚姻、漸染薰陶．有海濱鄒魯之稱．嗚呼．何其盛也．何其盛也．嘉道間始染漳泉械鬬之習．視人命如草芥．蜂屯蟻雜．撞搪呼號、合郡約計每日夷傷至數十百人．因而田疇荒．學校毀．既失其所以爲養．更失其所以爲敎．風俗之弊．於斯爲甚．比幸械鬥稍稍衰息．而異端復簧其間．蚩蚩者趨之苦騖．浮僞之習熾．則橫逆之念驟發而不可遏．是以今年四月有風吹寮揭竿之變．夫以失養失敎之民．侈然自肆．浸淫至數十年之久．既無人師爲之範圍曲成．而又異端邪說．引誘其聰明、紛惑其耳目。譬猶尫羸之夫．元氣久虧．而又憂思攻其內。風邪襲其外．疾安得起．然則潮民之日背於善．日趨於不善。夫固固然而無足怪．

前一二年．同志中即有倡爲善堂之說者．以刻送善書．勸人行善去惡爲務．既而旁有阻之者．謂潮人習與性成、無爲善之念．無行善之力．議遂中止．今年冬復有申前請者諸賢大吏各助以貲　與言與力同志者　皆踴躍從事　定爲條目十一則　其大旨以宣講聖諭　使人人知異端之當黜．正學之當崇爲首端．而拯飢寒．卹孤獨、施醫藥、戒鴉片．明果報禍福之說．亦附以行．議未一月．犄有規模．聞者見者咸嘖嘖以爲盛事．然則向之謂潮人習染過深．無爲善之念．與爲善之力安於爲不善．而不安於爲善．其言豈可盡信與．古之異端．但執其一偏以陷溺人心、未嘗强人以必從也．今則有勢力助其氣燄．復用其小惠小忠之術．以要結人心．使庸夫視之若類於古之有道者然．故從者愈衆．其可憂也愈深．若彼所爲小忠小惠．我舉而爲之．而更以果報禍福之念動其中．則無論有識與否．其不肯舍近而就遠．舍吉而就凶．固灼灼然明矣．夫果報禍福之說．儒者不談．然潮人習染既深．驟進以正誼不謀利．明道不計功．譬如尋尺之木．而欲度之爲棟樑．一葦之舟．而欲乘之以浮江海．力必不任．事亦不濟．易曰．積善之家．必有餘慶．積不善之家．必有餘殃．然則聖人敎人．亦未嘗不兼言禍福．司馬子長所謂議卑而易行．近己而習變．相類比物．此志也．

自今以後．善堂月推日廣．從善者日見日多．粗者既能．求其精者．淺者既習．求其深者．更引而進之於道．不以小善自封．先之以小學．始基正矣．繼之以大學．體用宏矣．其出而任民物邦社之務．則不屑屑於富貴利祿．而以正已正人．濟民利物爲先．其處而在鄉黨草野．則獎善類．端趨向．使愚夫愚婦皆知善之當爲．不善之當去．而不爲異端邪說所淫蠱．果若是．則信道篤．成材廣．風俗美．世運隆矣．是在勉而進之而已．否則僅以小惠補苴目前．固亦當世之所希．而余追維郅治．遐想先民．輒俯仰留連．欷歔太息而不能自已者．抑獨何哉．抑獨何哉．全於經費未充．其施未遠．則有望於豪傑之士．光緒六年．

揭陽縣公倉序

在昔成周．縣郡皆有委積．故云九年耕必餘三年之食．蓋其時溝洫通．人力盡．民間自爲計存儲有無．豐歉恒相通相賙恤．不待官之教督也．漢宣帝時始有常平之制．隋開皇時始有社倉之制．唐宋以來．或不曰社倉．而曰義倉．然皆官吏司出入．有所收發．則必縣以申郡．郡以申其一道之使．必均報可乃敢發．書吏因緣爲奸．輒陰持其事．非得費不能行．故醇謹自守者．懼爲身家累．恒坐視百姓之爲餓殍．而不敢擅有所請．倉粟則累數十年一不嘗省．任其陳腐至不可嚮邇乃已．其黠而不畏法者．則又關通上下書吏．盜買入已．名存實亡．幷求所謂陳腐者而不可得．哀鴻嗷嗷．無從而沾實惠也．朱子崇安社倉法．則稍稍變通其制．由民自爲守藏．夏間出貸．及冬納還．每石量收息米二斗．不願貸者聽．遇小歉則蠲息之半．大饑則盡蠲之．法固善矣．然主者不得其人．則一出一入之間．流弊固多．即主者得其人．而窮民貸米豈能一一淸還．不能不煩官司催取．或致格外誅求．或至波及里黨．與靑苗法源異而流同．道光初年．陶文毅林文忠二公相繼撫吳．始奏設豐備倉．其立意在一都一邑一鄉一鎭至一村一族靡不周．由民樂輸．一切出納聽百姓自擇殷實老成經理．不經官吏之手．不推陳出新．亦不春借秋還．蓋恐主者不得其人．則一出一入之間．流弊不可勝言故也．然其時吳中物方饒裕．倉設於省會．又有文毅文忠登高而呼．爲之誘勸維持．故能有成．若如朱子在崇安時濫觴．僅米六百石．若不推陳出新．春借秋還．則閱拾年猶六百石耳．烏覩所謂成哉．

戊寅己夘之間．西北諸省相報災祲．日昌在籍．奉命勸捐助賑．聞晉豫間饑死者日且萬人．因惻然念北地素無蓄藏．故至此．揭陽雖舊有常平倉穀數萬石．爲守土吏侵蝕．無顆粒餘．鑒於晉豫之災．怦怦有動．亟思爲懲前毖後計．因與賑捐諸董事熟商．即以捐戶所餘筆墨紙張之費．購穀七千四百一石五斗六升．合紳捐舊存穀一千八百六十四石六斗三升．計得穀九千二百六十六石一斗九升．日昌又以私家備荒穀益之．合共得穀一萬石．由姚大令頤壽親督監量．無稍徇濫．名之曰公倉．時制府張公樹聲．勤求民瘼．觀察剛公毅．鎭軍方公耀又孜孜以設義倉爲要務．先後致書商考積穀之義．故此倉得以有成．

惟揭陽地廣人稠．僅此區區萬石．緩急恐不足恃．因擬將來畧仿朱子社倉之法．於三四月及九十月靑黃不接穀價稍昂時・即由董事將存穀半售・俟早晚冬收・穀價稍賤・仍以前欵及餘息賔穀還倉・次年辨法復如之・董事於出入時・將詳細數目申報縣府存案・幷張貼示衆・歲終則以出入之事・刻爲徵信錄・使衆周知・明年息復爲本・天佑吾民・幸無大故・十年後本息統計・除耗費外・當可獲穀加倍・經手董事每年二人・一年一換・屆時選擇公正夙有名望之紳士二三十人・各舉所知・密書於紙・擇受舉尤多者以爲董事・二年後舊董被舉・仍可復充・平常小歉・不爲民害者不問・遇歲饑乃減價發糶・大饑則以倉穀分爲三股・以一股拯濟極貧・不取價値・一股照時價減半・糶與次貧之戶・一股照時價稍減・糶與下中之戶・其欵仍於次年照舊章儲備・或曰出穀時不以零數廣分・而必整數發售・何也・零分則有拖欠・必致差催・整售則錢穀兩交・可無是弊・然則收錢不收穀・何也・曰・收穀則浮費滋多・不如收錢・俟冬收則以錢易穀・事簡費省・什一之息不致虛懸・繼長增高・乃望充擴・然則經手董事一年一換・幷令紳士密舉所知・多者充選・何也・曰・董事盤踞久・則積弊難防・一年一換・則受代之人・必不肯顢頇從事・出自公舉・則品望必素爲鄉里所推・任事必不苟且・然則出入數目・每次必申報縣府・幷張貼街衢示衆・歲終必刻徵信錄・何也・曰・凡事私且密則有弊・出入之事・既以遍告官民・人人共知其底蘊・弊從何生・小歉不問・大饑始發・何也・曰小歉不過民力稍困・大饑民始有性命之憂・若小歉屢發・積貯無幾・必致大飢・民命不能保全・名之曰公倉・何也・曰・是倉之設・所以爲公不以爲私・使後之人顧名思義也・雖然防弊之法不可不嚴・但世無百年不敝之人・亦無百年不弊之法・惟望後之承繼是任者・各矢淸白・凡古人所已慮及之弊・固當惕惕然求勿蹈其覆轍・即古人所未慮及之弊・亦汲汲然思有以杜其將萌・日慮有弊・日求無弊・而弊自不生・良法美意・庶幾可大而久・

抑猶有進者・嶺東本屬餘米之地・自糖蔗盛植・幾佔農田十之二三・於是食始不足・每歲必仰給於上海及外洋之米・設有水旱・晉豫之變・即在目前・可爲隱憂者・不特一州一邑已也・倘茲倉有成・其法或有可采・上而推之郡省・下而推之一都一鎭一鄉一族・皆有儲積以備不虞・則吾民含哺鼓腹・歌詠帝力・耕九餘三之效・庶幾可睹・雖古之去今也遠矣・然縱不能上追成周之盛・或昔之所謂社倉・近今之所謂豐備倉者・得以步趨其後・至法久則弊生・當隨時變通・以求美善・是在後之君子・時董其役者・揭陽令姚君頤壽・紳則郭君廷墀・許君希逸・謝君應龍・周君易均・在事有勞・故幷列之・使來者有考焉・

榕江試舍記

揭揚向無試舍・刺史侯周甫下車・即籌資創建・幷以餘地構爲講堂・聚諸生而教誨之・蓋欲以絃誦之聲・化械鬬之習・嗚呼・侯之用心能如此・其可不謂之深且遠哉・然而揭之有械鬬・豈揭人之生性使然哉・其所以激而成之者・抑亦有故・溯自前明・揭以理學氣節事功忠義著者不乏人・迨我國初・民氣質樸・科第猶盛・及乾嘉之際・邑中人文稍稍零落・無紳士以通上下之情・官與民始相隔絕・於是吏役把持・官有惠而不能及於民・民有屈而不能達之官・往往一人

犯案・合族破家・一戶欠糧・全鄉受累・蘇子瞻所謂枷棒在戶・雞犬無聲者・大有過之・怨毒所積・無可告訴・民始忍以父母妻子所倚賴之身・棄而逞其一朝之忿・殺人之父・人亦殺其父・殺人之兄・人亦殺其兄・搶擄劫奪・殆非人類・官不敢過問・役不敢下鄉・官勢弱而百性戾氣日熾・蓋無日不在水火之中・然推邑人致鬬之由・則由于枉屈之不能達・枉屈之不能達・則由于吏役之把持・吏役之把持則由於無紳士以通上下之情・而其原皆由於無人振興文教・以培植人才・故無紳士・然則今日之興試舍講堂・侯之用心能如此・豈可不謂之深且遠哉・

顧揭自數年來經大兵・分別懲創百姓・狠戾之氣已消磨□□歸之無何有之鄉・見吏役又復惴惴慄慄・如見神鬼豺虎・此正剝復否泰交乘之會・果能乘此民心向善・急思所以通上下之情・爲之正經界・抑豪强・扶良懦・寓催科於撫字之中・恩與威並行・用吏役而不爲吏役所用・將見家給人足・絃誦復興・理學氣節功業忠義之盛・復將媲美前賢・夫果如是・而吏役猶有把持者乎・紳士猶有壅閉者乎・夫果如是・則不特文教振興・而百姓械鬬之習・亦將永絕・根株不鋤而自去・嗚呼・侯之用心誠如此・豈得不謂之深且遠哉・

是役也・經始于辛未之秋・落成于癸酉之春・計爲坐號者二千・爲廳與屋者三十二・爲樓者二・共需費八千緡有奇・余世居籃田十圖・本揭人也・今僑寓于此復三年・故于邑中興衰利弊・知之頗詳・因允侯與邑紳之請・而正告官斯土與生斯土者・上下之情不可以不通・斯教與養可以並行而不廢・同治癸酉年・

樊封　字昆吾・廣州駐防漢軍人・爲諸生・倜儻負才氣・道光初・阮文達督粵・嘗使纂輯三朝御製詩注・分校皇清經解・戊子鄉試對策・引紫光閣功臣畫像・一一枚列・主試者懼有舛誤・置之・與南海曾釗客粵督祁墳幕中・建議於虎門外築堤捍潮・圍沙田二百餘頃・召佃耕墾・以其租給軍儲・祁用其議・蓋陰師屯田遺法也・咸豐甲寅・土匪起・請開局鑄火器・選丁壯協同戰守・事平・賞通判銜・同治庚午・恩賜副貢・充學海堂學長・所著有論語注商・讀孟稽疑・海語閣日記・樸庵筆記・續南海百詠・樸學山房文集・轍北帆南艣尾詩集若干卷・

梅嶺攷

梅嶺之說・紀載莫一・史記稱爲塞上・漢志以嶺上有石臺狀如廩庾・故號庾嶺・九域志則謂漢將庾勝曾遣其裨將梅鋗築城嶺下・故曰庾嶺・又稱梅嶺・至水經則稱爲湞溪山・廣輿畧又指爲東嶠・大抵未經目驗・誤新舊嶺混而一之也・攷庾勝所開之嶺・應在今崇義縣・□□□□□南之連山下・其山隸南康府・晉書義熙六年・徐道覆叛・據廣南・將襲南康・預遣人伐山木於南康庾嶺・注曰・嶺在南康境・又十道志曰・東嶠在今安里之仙遊・其境崎嶇・上有橫浦關・據此・則諸書所引之地名・咸屬崇義境・與今日之梅嶺相隔五十餘里・其路幽險・行旅畏之・乃漢時之舊嶺也・唐以前・詩人吟咏係指此地・若今日之梅嶺・則在南安治內・實即水經注所稱之石閣山下臨章水者也・舊惟山徑・唐開元四載張文獻公始開通山路・往來稱便・而崇義之路漸廢・唐末州人沿途樹梅・遂呼梅嶺・宋嘉祐中提刑蔡挺立關於嶺巔・牓曰梅關・是以後諸書所稱引者・實指石閣山也・

隱君黃瑞谷先生墓誌銘

白雲西麓．有聚龍岡焉．上有蘭若．明季泰泉黃文裕公講學故址也．鐵城三鄉賢咸葬於其側。書香二十世。代挺名儒。有隱君子諱芝宇．子皓。時稱爲瑞谷先生者．文裕公八世孫也．曾祖鑾．郡庠生。祖之驄。考紹縉．邑庠生．代以學行顯．舉丈夫子三人。伯杼仲榦．先生其季子也。生即頴慧嗜學。世居泰泉舊里之寶書樓．一門切劘．文品日卓。及受室．家漸落．先生設塾里門．謀課俸以贍家．菽水承歡．外內雍睦。色養承志．戚鄙稱焉。前後居考妣喪．哀毀骨立．恪遵家禮．及至葬．躬操畚鍤．負土以成馬鬣封．純孝至性．鄉先達咸爲詩文表之．家既貧．學彌厲．於書無所弗讀．邃於羣經．象緯疇算三倉九箸諸術．鮮弗旁通．經世之學．尤所研究．文筆高超．力饒古艷．時以文雄目之。出就童子試．報罷．遂棄絕舉業．與從弟香石舍人交相砥礪．著述可等身．方竹孫秀才稱其韻語近紫陽．梁福草比部稱其詞藻肖白沙。淩藥州秀才尤爲傾倒．選其古今體入國朝嶺海詩鈔中．暇時輒撏拾嶺表名跡往事．編爲紀錄．題曰粵小記．偶以示人．粵撫祁恭恪公於省會建惠漢倉以備饑．即采用小記之說．道光乙未廣郡苦旱．有司祈澤罔效．潘麗樘太守用小記言．甘膏立霈．衆異之．祁山中丞序其記．命刋行．穗城東偏阿婆塘有節孝祠一區．肇自前明．祀郡邑之孝婦節媛者．序湮頹敗．栗主塵埋。先生過而惻然．悉錄其姓氏．以俟異時興修．十載後．里老果爲繕葺．祀主半亡．幸得先生手錄．憤血幽香因以弗泯．其學行篤實類如此．又緝爲家政．用程子意。立春同族行獻鮮之禮。喪祭遵皇朝典儀。戒子弟毋鮮衣怒馬．毋呰窳偷生．毋違禁騖利．毋訟牘陷人．婦女惟椎髻操作．嫁娶惟稱家有無。戒冶遊寺宇．戒聚博絃歌．所著粵小記外．有四書句讀正譌．粵諳。詩經正字．瑞谷詩鈔。文鈔。叢鈔。經驗良方。鐫印要訣。惟粵小記粵諳刋行．餘藏於家．其立言又如此．

先生壽七十有五．生於乾隆戊戌年正月六日。卒於咸豐壬子年三月五日。以覃恩給授登仕郎。原配何孺人．簉室李孺人皆先卒．子一人．鯨文邑庠生．孫二人．錫奎瀛奎皆業儒．謹於某年月日祔葬於聚龍岡．三鄉賢祖塋下．爰爲之銘曰．江夏無雙．漢有黃童．派延嶺嶠．載誕我公．埋首墳典．礪行璜琮．楷模倫紀．物望欽崇．雲岡嶽秀。鍾□聚龍．祖塋歸魄．馬鬣雄封．蕃昌厥後．爲世儒宗。我銘匪諛．以俟采風．

粵秀山新建學海堂銘 幷序

道光四年．宮保阮公因繕粵省城垣．來相版築．止于粵秀之山．愛其古木環蔚．望遠咸通．且多兩漢五季陳跡．爲粵人覽古處．爰諮於衆。謀建講舍以課士．以揚聖天子作人之化．皆曰善．乃鳩工興作．伐其荆榛．平其坎壈．拓地百弓．搆爲高堂．榜之曰學海．學海者何．公訓士名也。今仍其稱．欲粵士無忘初志．學于古訓而有獲耳．嶺南雖在荒徼．位正南離．夙號人文藪．若白雲．若西樵．若羅浮．在在皆有前人講學區．斯堂將毋比其藪與．曰．不然．前之學掬涓滴而忘源流也．今之學溯端委而達淵溟也．粵人濡染陽明緒餘。祖法乎良知之說。與康成晦菴相違。視六籍爲支離。薄訓詁研索爲末務。士子稍解握管。輒高談妙論。凡目所未見之書。輒指爲僞冊。父誡其子。師訓其徒。牢不可破。空疎無據。流弊三百年。公建此堂。豈如州郡增修書院。加士子膏火資。爲培植人材虛聲哉。蓋欲使稽古之士。良秀者崇實學而得所依歸。魯鈍者知窮經之法。不在高深元遠。惟能通其古義。自足取益。不致以有用之才。放心於冥漠拘迂之地。馳情於浮華詞藻之間。此大道所以昌明。庶聖天子造士之意。廣播於炎荒爲無旣也。茲彙述其顚末告於粤人。復爲之銘。其辭曰。

於皇維清。繼天立極。聲敎南敷。維工維績。乃命儒臣。綏茲南國。是引是翼。南土是式。惟茲多士。孰不允臧。傳經傳史。訓於明良。節使念之。曰構厥堂。乃命學官。啓其高岡。巍巍粤岡。鍾靈毓秀。重溟滙前。層山擁後。古木千章。自成其囿。以實闖虛。以博啓陋。惟此堂開。毋曰不顯。獅海東來。珠江右轉。告於學人。力求訓典。盛跡千春。壽珉垂遠。

胡調德 字道卿。一字稌香。南海諸生。與同邑曾釗友善。嘗與釗及嘉應吳蘭修番禺張維屏一十餘人。結希古堂文社。故雖樸學專家。而亦能文。其家居西北江下游。目擊水患。自以一老諸生。無可建白。會纂邑志。師古人河渠溝洫書例。參攷源流。驗以聞見。掇編爲江防畧。論者稱之。所著有尺木齋文集四卷。未見。

江防論一 築護

漢臣賈讓論治河以築堤爲下策。謂土之有川。猶人之有口。治土而防其川。猶止兒啼而塞其口。故禹之治水以導。而今治水以障。明臣潘季馴解之曰。昔白圭逆火之性。以鄰爲壑。是之謂障。若順水之性。隄以防溢則謂之防。防之者乃所以導之也。河水盛漲之時。無隄則必旁溢。旁溢則必泛濫而不循軌。故隄之者。欲其不溢而循軌以入于海也。譬之嬰兒之口。旁潰一癰。久之成漏。湯液旁出。不能下咽。聲氣旁泄。不能成音。久之不治。身且槁矣。何有于口。救河以海爲口。障旁決而使之歸於海者。正所以宣其口也。考禹貢九澤旣陂。四海會同。傳謂九州之澤已有陂障而無決潰。四海之水無不會同。而各有所歸。則禹之導水何嘗不以隄哉。弗之深考耳。國朝靳文襄公輔引而伸之曰。今人不察時勢。動言賈讓上策在徙冀州之民。賈讓徙民在西漢之時。在黎陽東郡之地。眞上策也。若時非西漢。地非黎陽東郡。豈特非上策。是爲無策。

至若隄防者。治河之要務。自西漢以迨元明。治河之臣。未有不用隄防而能道河使行者。近代潘季馴最稱治河能臣。而其終身所守。唯是築堤以束水。束水以刷沙二語。而今之空談局外者。輒曰此賈讓所謂下策也。夫讓誠以築隄爲下策。則前不當云據堅地作石隄矣。蓋隄防之言。乃大槩之言。施之得其當。則爲束水以導河。施之失其當。則爲壅土以遏河。齊作隄。以遏河之入海而自利。此曲防之隄也。趙魏作隄以遏河。此防患之隄也。皆非以束水導河也。故葵邱之會曰無曲防。白圭爲隄障水以注鄰國。則孟子闢之。故讓以爲隄防之作。近起戰國。蓋疾其以隄防爲民害耳。今若不問隄防之是與非。而但以隄防爲是。則是葵邱之載書可無戒。

而白圭之功果愈于禹也．若但以隄防爲非．則是太原岳陽可無修．而九澤可無陂．今黃河自滎澤而東．水常高於地．開封河面且高於內地者丈餘．掘地既不能．築隄又以爲下策．汎漫無束之水．何自而入海哉．

蓋西漢之世．文辭朴畧．不甚分疏．使人意會．今人亦但順讀讓奏曰．繕完故隄增卑培薄．勞費無已．數逢其患．此策最下．而忘其所謂故隄者．乃即百里之間再西．三東濬滑二邑之民．曲防遏水之隄也．今使於雲梯關一帶．築南北隄一道遏絕河流．人從而非之曰．治土而防其川．猶止兒啼而塞其口．吾忿而與之爭曰．隄防治河之要務．爾安得而非之．不亦大可笑乎哉．亦請得而斷之曰．濬滑二邑百里之間再西三東之故隄．眞下策．而讓所議起隄口至障水石隄三百里放河入海之隄．眞上策也．潘靳二公所論皆爲河防而設．然江防需隄可準是而推．特南北異宜．修築物料因之亦異．且河防爲官工．用官帑故築隄雖三四百里．而物料工力取之不禁．用之不竭．至若嶺以南江防．則爲民工．用民財築隄百數十丈．而物料工力取之甚艱．用之有盡．吾邑何獨不然．但嶺南築隄防江之法．書闕有間．茲就史傳河渠溝洫及近代治河水利諸書志所言．築隄護隄諸法．圍基可倣而行者綴于篇．並以耳目所及．試有成效者．以次纂錄焉．

江防論二　疏濬

禹自言決九川距四海．濬畎澮距川．管子君臣篇．決則行．塞則止．是決之義取乎疏通行流．漢孔氏謂澮畎深之至川．亦入海是濬之義．取乎深也．唐孔氏謂先言決海．後言濬畎至川者．川既入海．然後澮得入川也．蓋澮既入川．由是洫入澮．溝入洫．遂入溝．畎入遂．下流疏通．則上流自暢．朱子謂禹治水自下而上了．又自上而下．信矣。禹之績在萬世．而其施功。則疏濬二字已舉其要。故史臣紀之曰．九川滌源．九澤既陂．漢孔氏謂九州之川已滌除泉源無壅塞．九州之澤已陂障無決溢．是疏濬之功急于隄防．明甚．

我南海爲縣．居廣肇兩府下游．當西北二江之衝．受害最劇．乃譚江防者．除修築圍基之外無長策．而置疏濬于不講．非愚則柔．皆非事實知利害之切要者也．自井田既廢．畎遂溝洫澮之制．匪獨嶺以南無之．即求之中原亦罕有能習其尺寸．定其位置者．然埒歷坑塹之稱．涌滘港灌之設．其由小入大．以大合小而達于川．所恃以備旱潦．與畎遂溝洫澮．名異而用不殊．特由川入海．朝宗道梗．不早爲之所．斯江潦驟發冒溢．基岸齧撼衝潰．歲歲堪虞耳．明臣覆河工奏議有言。利害在人者。人猶得而握其權．利害在天者．人不得而操其柄。則治人治地之別也．治人無法．則有河工亂．無河工亦亂。治地有法．則無災不亂．即有亦不亂．顧其機則又在人而不在天．南海圍基．自乾隆四五十年以前．衝決間有．而其害不烈。當是時報墾沙田．官有厲禁．海口出水之區．寬廣暢達．江潦隨發隨消故也．四五十年以後．圈築沙田漸多．重而報墾弛禁．紳富勢豪與水爭地。樹樁壘垻．乘潮積淤江心担角．犬牙相錯．海田日隘．下流日壅．故加高培厚．基工雖日益固．而江潦迭至．注洩莫從。蓄怒煽威所向．圍基披靡．自乾隆己亥一大浸．甲辰一大浸．甲寅一大浸．十六年內三大浸．嘉慶癸酉一大浸．丁丑一大浸．己丑一大浸。十七年內又三大浸。水患之大且頻。以此明臣謂利害在人者。茲其是矣。非晰疏濬之理。而興其利。申壅塞之禁。而除其害。孰能握其權而治地。使有災而不亂耶。余博綜古今載籍。有可證明疏濬原委者。以次采列。若禁壅塞約令。一遵我朝聖訓。與本省檔案。錄而□□□。可信可從。有大力者覽之。苟毅然肩厥重負。將必爲溯水災黎。息洪波而闢樂土也。

潘繼李　字文彬。一字緒卿。南海歲貢生。受業於邑人曾釗。得通知漢儒治經家法。兼工詞賦。屢試不第。自道光初。創設學海堂。已與朱次琦陳澧等爲專課生。同治七年。始以廩滿貢太學。尋襄校山左督學幕。所著求是齋集八卷。詩地理續考二卷。聶氏三禮圖辨正二卷。山左游草若干卷。皆未見。

詩譜次第說

詩十五國風次第。周南。召南。邶。鄘。衛。王。鄭。齊。豳。秦。魏。唐。陳。鄶。曹。此爲未經孔子刪定前次第。周南。召南。邶。鄘。衛。王。鄭。齊。魏。唐。秦。陳。鄶。曹。豳。此爲已經孔子刪定後次第。知者以正義言諸國之次。當是大師所第。孔子刪定或亦改張。襄二十九年左傳魯爲季札。偏歌周樂。齊之下即歌豳歌秦然後歌魏。杜預云。於詩豳第十五。秦第十一。後仲尼刪定故不同。杜以爲今所第皆孔子之制。孔子之前。則如左傳之次而知之也。案襄二十九年傳。服虔注言傳家據已定錄之。如服此言則是歌齊之下即當歌魏。何以歌豳歌秦然後歌魏乎。知服此言爲非矣。孔以服言爲非。亦見詩正義。若詩譜次十五國風。則周南召南譜第一。邶鄘衛譜第二。鄶鄭譜第三。齊譜第四。魏譜第五。唐譜第六。秦譜第七。陳譜第八。曹譜第九。豳譜第十。王城譜第十一。其周南召南合譜。鄭意易明。邶鄘衛合譜亦有襄二十九年傳。邶鄘衛合歌。及三十一年傳北宮文子引邶詩威儀棣棣不可選也。偁衛詩可證。惟進鄶鄭前與鄭合譜。退王豳後當國風之末。鄭意待言耳。鄭所以必進鄶鄭前與鄭合譜者。以鄶地卒爲鄭有。作譜之義。取其首尾相屬。易於攷見本末也。案鄶鄭譜言鄶之變風始作。鄭之變風又作。明鄭之變風承鄶之變風而作。此鄶鄭合譜之意也。或據鄶之變風作於鄭未取鄶之前。鄭之變風作於武公取鄶遷鄭之後。與邶鄘衛譜言七世至頃侯。當周夷王時。衛國政衰。變風始作。作者各有所傷。從其國本而異之爲邶鄘衛之詩者不同。及襄二十九年傳鄭鄶分歌。與邶鄘衛合歌異。又傳未有引鄶詩偁鄭詩者。與襄三十一年傳北宮文子引邶詩威儀棣棣不可選也偁衛詩亦異。疑鄶鄭不當合譜。不知襄二十九年傳小雅大雅分歌。與歌周南召南異。此詩譜小大雅合譜。與周南召南合譜同。然則鄭君譜詩顯有其例矣。不得據彼疑之也。若然魏亦爲晉有。魏唐不合譜者。蓋魏詩爲魏作。不同邶鄘之於衛而未兼魏時已先有唐。又不同東鄭之於鄶。且鄭有鄶地而處之。晉有魏地以賜大夫畢萬。又西鄭之詩已亡。東鄭之詩皆處鄶地而作。晉既不處魏地。而唐風十二篇據序。及譜左方中之有杕之杜以上十篇皆未有魏時之作。惟葛生序言刺獻公攻戰。采苓序言刺獻公聽讒。可指爲已滅魏後所作之詩。而要之晉既不處魏地。即唐風十二篇全爲滅魏後所作。亦不得以唐與魏合譜。況唐風十二篇其十篇皆未有魏時之作．惟葛生采苓二篇爲已滅魏後所作之詩．相坿以行乎．此所以魏爲晉有．魏唐不合譜也．（集傳引蘇氏言魏地入晉久．其詩疑皆爲晉而作。故列於唐風之前。如邶鄘之於衞．此蓋疑而存之．集傳又引蘇氏言．鄶詩皆爲鄭作．如邶鄘之於衞．顧氏日知錄。崔氏吾亦廬稿已言其非．茲不具。）

退王豳後當國風之末者．以王之世次詳於雅頌．列豳後而居國風之末．正與雅頌相接．此又作譜之義然也．據王城譜言．始武王作邑於鎬京．謂之宗周。是爲西都。於列序東周之時。乃復追述西周之事．則其欲東西周兩相連屬可知也．蓋詩十五國風次第．自孔子删定之後．編比先後．曾莫之易。鄭君譜詩．欲其地域沿革相次．世次相近．改遂其第。此鄭君之叛例也。後人倘據鄭君詩譜次第以疑孔子編比之次第．愚矣．若執左傳歌詩及孔子編詩之次第．以繩鄭君．則又迂矣．又正義引鄭答張逸云詩本無文字．後人不能盡得其次第．錄者直錄存義而已．答趙商云．詩本無文字．後人不能盡得其第．錄者直錄其義而已．此則指每篇次第言之。非指十五國風次第而言也．

又釋文序錄言鄭氏詩譜．徐整暢太叔裘隱．攷隋書經籍志毛詩譜三卷吳太常卿徐整撰毛詩譜二卷。太叔求及劉炫注．又有謝氏詩譜鈔一卷。困學紀聞引隋志。但引太叔求．及劉炫注一條。疏矣．今徐氏太叔氏之書已軼．釋文序錄引徐整云．子夏授高行子．高行子授薛倉子．薛倉子授帛妙子．帛妙子授河間大毛公爲故訓．傳授趙人小毛公．余氏古經解鉤沈以此一條爲詩譜暢．又釋文引沈重云案鄭詩譜意．大序是子夏作．小序是子夏毛公合作．卜商意有不盡．毛更足成之．正義引譜云．魯人大毛公爲詁訓傳於其家．河閒獻王得而獻之．以小毛公爲博士。此兩條於詩譜竝無所屬。倘亦暢隱之僅存者歟．自詩譜散入注疏本．各處已失．鄭君之審據。直齋書錄解題言正義備鄭譜於卷首。知孔氏正義之舊詩譜亦不散入各處也．惟正義中有偁鄶譜云．鄶譜亦云者．則正義備鄭君詩譜於卷首時．已分鄶鄭譜爲二矣．又據正義知鄶詩鄭於左中不復分之．魏詩則左方中云葛屨至十畝之閒爲一君．伐檀碩鼠爲一君．邶鄘衞之等．鄭於其君之下云某篇某作．近見休寧戴氏刻詩譜魏詩亦如鄶詩不復分之邶鄘衞之等。則但於其君之下言某．而不言某作．是亦未合鄭君之舊也．

師儒宗友得民解

周禮大宰職．師以賢得民．儒以道得民．宗以族得民．友以任得民注．師．諸侯師氏有德行以教民者。儒．諸侯保氏．有六藝以教民者．宗．繼別爲大宗收族者。友．謂同井相合耦耡作者。孟子曰．鄉田同井．出入相友．守望相助．疾病相扶．則百姓親睦．鄭君之誼顯白易尋。四言得民。竝非無指．但鄭誼任指耡作．意與大司徒職注任信於友道相備。賈疏謂友非同門．江氏疑義舉要謂鄭誼爲狹．胥失之也。知者以三物賓興。通於鄰里。書其任恤。掌自閭胥．書傳畧說．大夫士七十致仕。退老歸其鄉里。大夫爲父師。士爲少師。新穀已入．耰鉏已藏。祈樂已入。歲事既畢．餘子皆入學。十五始入小學．見小節．踐小義．十八入大學．見大節。踐大義．距冬至四十五日始出學．傳農事。上老平明坐於右塾．庶老坐於左塾．餘子畢出．然後皆歸．夕亦如之．餘子皆入．父之齒隨行．兄之齒雁行．朋友不相踰．輕任并．重任分．頒白不提挈．出入皆如之．此之謂造士．詩甫田箋．禮使民鋤作耘耔．閒暇則於廬舍及所止息之處．以道藝相講肄．以進其爲俊士之行．漢藝文志古之學者且耕且養．三年而通一藝．則橫經秉耒．異事同科．髦士攸烝．互資攻錯．餘子入學里塾．早同臆逞之談．賈江謬矣．蓋教亦多術．統以師儒．同氣相求．不分農士．大司徒職注．師儒鄉里教以道藝者．同師曰朋．同志曰友．意亦與此相備也．

賦賦

余每讀荀宋之所作．竊有以慕厥爲人．夫六義附庸．蔚成大國．匪伊人力．孰拓宇焉．每自操觚．欲與爭雄．輙苦勸浮于風．曲終不足．蓋體物非難．希古難也。爰自齊梁以遡漢魏之作者．備觀賦家得失之所由．擬陸君文賦而爲之賦．若其降自陳隋．雖作者代出．然而去古漸遠．良難以爲訓．蓋所論述者．主於選云．

涉葩經以縱目．擷艷藻于邱墳．敷麗景以采烈．歎滔波以情紛．鳴金石於莫秋．攄綺羅於上春．辭飄飄而挾風．氣軒軒以凌雲．叙邑凥以崇化．戒從獸而揚芬．繪禽魚之奇狀．胥漬墨而彬彬．彼騰聲而貴紙．遂增賈乎斯文．其始也。皆凝神定志．高矚通訊．心函百代．意翔千仞。其致也．竟控引而忽開．事錯綜而遽進．搜元圃之夜光．吸金基之晨潤．道崑崙以周流．浴咸池而沈寖．

於是氣往轢古．若鴻毛遇風而摩九霄之高．辭來切今．若渴驥奔泉而下重崖之峻．其經緯之成文．蘊宮商之妙韻．佩秋實於已收．銜春華於始振．彙萬有於寸衷．爭毫芒於轉瞬．然後字入魚貫。句出馬班．引繩者畢削．抱器者卒彈．或模山而取骨．或範水而歸源．或本直以之曲．或舍易而趨難．或口中而吐鳳．或舌底而翻瀾．或幽險而尙詭．或朖達而求安．槀宿構之在心．手借書以爲言．沛江河於楮內．運寒暑於筆端．始蕭散於給札．終淋漓於梁翰．爛臨風而披錦．裴綴纓而擬繁．信人間之無比．豈貌襲而得顏．在言情而不流．偶含怨而方歎．或寒木而不枯．或烈火而初然．伊斯道之足悅．固先士之同欽．贊化工以生物．揚天籟而爲音．走龍蛇於尺素．役鬼神乎寸心．言以艱而近奧．思以苦而轉深．發古香之冉冉．采新條之森森．倏雲譎而波詭．遽鷹揚于藝林．

事有萬端．才非一量．江鮑殊形．潘陸異狀．傅佚宕以伯雄．王蒼屈而巧匠．在鍊都而有餘．當研京而不讓．彼孟堅之肆宏．挈長卿而皮相．故夫夸海者炫奇．述江者期當．感鵩者機危．訊鵬者心曠．雪積風以增寒．月得波而彌亮．恨吞聲而酸悲．別銷魂而悽愴．笙奏音以嵬峨．琴激响而清壯．鶴解舞而神怡．雉堪射而懷悒．藉田頌而不諛．甘泉譎而非訕．雖窮泰而極奢．要箴侈而規放．故潤色乎鴻業．殊不厭其冗長．

其弄才也多姿．其觸□也屢遷．其脫胎也務巧．其換骨也增妍．伊流派之所極．若槖籥之相宣．雖變幻之靡窮．均制局而孔便．苟導源而濬靈．若汩汩其達泉．如繁文而綺合．譬紫鳳之倒顚．徒飽飣而憤懣．故習見而難蠡．或攄情於索牘．或寄意於短章．或逃征而有作．或歸田而不妨．幽通則怡遠．歎逝則神傷．儼太阿之在手．孰歛光而抑芒．苟摧堅而拉鋭．固旗鼓之相當．或子虛亡是．而意各有適．馳騁閎論．遒勁難益．既精刻以求工．廼諸篇之警策．雖嗣響之有人．莫與斯而競績．伊錘錬之最深．故奇正而不易．或翰林子墨．辭藻芊眠．旨若元酒．疋若朱絃．惟所擬之克符．乃神肖乎曩篇．苟屢出而愈奇．匪命意之我先．故推陳而化腐．亦形貌之不捐．

或寶鼎白雉．形容盡致．音猶楚餘．響與騷係．傲張左而孤峙．非淺辭之耐緯．彼快意之當前．若搔首而得其□．既肅穆而堂皇．亦謹嚴而嫵媚．鳴鸞鶩于梧桐．戲蘭苕之翡翠．諒餘子之碌碌．固遜斯而獨偉．或彈毫於巵酒．對言禽而勃興．希嘉惠之屢至．特隆恩之既承．伊舍工而求敏．豈才士之所應．或託興於秋風．言之采而弗華．匪忘情於膴仕．徒暴垢而彰瑕．彼熱中以爲音．故雖疋而不和．或氣粗而意雜．聊舉顯而忽微．言過侈而不約．辭近氾而無歸．猶繁音之競奏．故雖壯而不悲．或情蕩以志浮．語纖穠而入冶．叙色援而袖飛．固體卑而格下．彼南浦之送君．又雖艷而不疋．或還醇而返樸．每趨簡而避濫．擬苦木之兀立．異清流之汪氾．雖貌蒼而可嘉．固既疋而不艷．

若夫濃淡之宜．奇正之形．隨心運巧．曲中物情．或意隱而辭顯．或氣重而體輕．或似滯而實流．或出滓而揚清．或按之而愈深．或約之而彌精．譬猶飛者應風以展翼．鳴者擇音而配聲．是蓋陳隋所不能工．故亦非唐宋之所得精．伊入室而升堂．良余衷之所服．思履信以蹈和．貴潛修而自淑．將與道而大適．詎取憐於庸目．彼翰草與經腴．若布帛之與菽粟．惟麗則而可傳．乃參贊乎化育．諒義深於元淵．任余懷之取用．曰篆刻而琱虫．非壯夫之心屬．謂辭勝而不經．瞻波淖于綺曲．諒曰美而輕浮．匪余懷之所足．豈詆媞乎精金．妄譏彈乎良玉．

若夫利鈍之會．得失之紀．神自爲行．官自爲止．石破天驚．鶻落兔起．如行舟于危湍．若勢絲而得理．羅胸際之列星．潄芳液于唇齒．言風逸以烟高．縱毫端之恣擬．色光[illegible]以駭目．聲汪洋而溢耳．及其瑕瑜互見．醇往疵留．心石勿轉．言泉不流．索枯腸以遏窒．怪枵腹其自求．諒明聰之已蔽．嗟奧義其難抽．是以或行機而寡過．或刻意而滋尤．惟學識之先定．非莽力之耐勠．此自齊梁以遡漢魏．實有見其得失之所由．伊茲賦之爲用．固作聖之所因．行藝圃以得路．浮義海而知津．道在邇而匪遠．學以天而貴人．繼孔譽而不絕．起虞鳳而不泯．筆以華而黼黻．言以大而彌綸．精通靈而感物．氣入微而動神．譬草木而區別．縣日月而常新．

巨魚賦

有大瀛賓問于重溟主人曰．蓋聞洪渤之東．歸虛之壑．有一巨魚．伊鯨匪鰐．蹭蹬窮波．鹽田陸涸．主人亦知吞舟雄長．其落魄有如是乎．主人曰．未也．賓曰．巨魚之生．是曰靈海．瀲灧浮天．百谷輸委．波若連山．號爲無底．魚出其中．莫憶何始．突兀孤游．朝滄暮澥．爾其爲狀也．則峙巔擬嶽．渟沫爲淵．巨鱗插雲．䰇鬣刺天．噏波則陽侯遊湃．吹滂則倒流百川．掉尾雷動．潮汐轉旋．海童爲之讋慄．罔象爲之迍邅．馬銜當蹊而戰色．大吳乍見而迅遷．怪族蜃蛟．靈鼉神鼇．有蟹八足．蜂其二螯．或鋸而脊．吞齧則豪。鰕鬚埒楹．海鰌之曹．以恬以嬉。驚舶駭艚．巨魚殲旃。靡或克逃。是以舟人漁子．飛楫維綃．直達其腹．罔識叫號．若其虔祈悛穢．臨深自誓．碎膽豎毛．虞或不濟。巨魚瞻之．攸然而逝．羌乃縱壑有時．懋勳斯布．大造生才．困而不遇．彼昂者軀．有卓其具．莫假之權．睠睠懷顧．廢棄海濱．同乎轍鮒．是豈非奇于命而厄于數乎．

言未畢．主人喟然嘆曰．若賓所云．固貴耳賤目．而持論非篤者也．烏覩巨魚之爲烈乎．往者洚洞爲潦．迆涎八裔．滹潏涾湤．萬里無際．妖熾其氛．遘迮海外．當此之時．帝嫣乃命神禹鑿龍門．闢屹巇．沃九川．流萬穴．海內平。峋嶁碣．神禹乃召海若宣命．巨魚昇之海外．任以驅除。蓋巨魚一銜命．而海外晏如也．且夫巨魚之身．曾不知其幾千萬里也．徒觀于其背．則有裸人之國．黑齒之鄉．連島接嶼．陰火潛光．鮫入海市．鱗集乎五方．殷富擬於公侯。姣麗侈於姬姜．雕題交趾．酋帥之雄．連文合衆．騁騖乎其中．其中乃有太顚之貝．隨侯之珠．世所希見．未名若無。下有火樹夭琛．璹瑁奇班．車渠馬瑙．全積如山．蓋巨魚之暴背者有年．又不知以生以息者之幾億萬千也．于是乎作雨興霖．噓風吐霧．若沈若浮．宕傾谷仆．生息者儔．瞬焉失附．羽翼旣豐．九天一赴．鯤化爲鵬．此焉雲路．于是乎奮修翮．指太虛．後飛廉．前望舒．六合內外．爲其所趨．然後叩閶闔．謁帝閽．帝乃置之天漢．畀復其原．至今析木之津．厥跡猶存．從此觀之．巨魚之烈．豈不偉哉．今吾子徒知踵謬傳譌．惜其數厄．是猶夏蟲之不可語冰．而井蛙乃妄疑乎川澤也．猶不聞才大難用．而大受者卒超于衆乎．賓聞主人之言．逡廵避席．昭若發矇．怡怡懌懌．曰．今日見教．謹受命矣．

五仙觀大鐘賦

客有僑寸莛子者．言于騎羊翁曰．僕聞八音之屬．鐘爲之君．厥作自笙．是主秋分．上林千石．西京萬鈞．雷動訇鳴．聲撼九垠．故有取于大物．而賞音者吹用得其眞．今吾翁之大鐘．亦旣有廓其身矣．何竟護之以神．而不使一鳴驚人也．騎羊翁輾然而咍曰．若子者．亦欲爲之舂容以鳴吾大鐘乎．昔在蒼姬下堂之代．荆威遠圖．遂荒南裔．南裔之高．固入相于荆．吾乃命儔嘯侶．來自方瀛．銜穀之祥．有淑其名．八桂森挺于賁隅．五芝含秀而敷榮．當斯之時．大鐘猶未鑄也．而吾先爲之鍊其精．在於首山崱屴而陸峭．若邪澒沆以淵渟．飛廉蕩滌其塵滓．望舒導引其虛靈．鼓之大氣．間以雷霆．方將以天地爲爐．以造物爲冶．熾陰陽之炎炭．行蒼龍之大火．準梟氏之甬衡．觀在鎔于莫野．積祀方多．靡有定所．日冉冉其西馳．屢嚶遷而易處．經浩劫於盡灰．又土焦乎一炬．逮蕆事於大鐘．已紀年於洪武．

當斯時也．南樓峨峨．高閣北峙．樓空其中．鐘焉置此．萬人束手而無策．千牛力屈而帖耳．巨靈絜之．徐徐而起．鐵綆危乎．一髮專恃．故以瞻以視．則必恭敬止也．且夫大鐘之初出于鎔也．有雌有雄．其雌者乃入于鵝湖之下．龍母之宮．與雄聲响．隱隱相通．故當其雄之鳴也．舒而不疾・重而不輕・洪亮聞遠・壯越以淸・鏗鎗連沓・悠揚闐闔・上達帝閽・外排六合・霄鵬振翮以赴節・衆靈驂鸞而雜遝・萬里長風・正聲該洽・噌吰而太華減碧・夭矯則巫雲出峽・豐山九耳・顒頊浮金・二細在側・莫與匹音・俄而大聲發于水上・洶湧澎湃・淜滂砰錚・蟄螭爲之晦其景・舞蛟爲之潛其形・怪石硉矹而前卻・橫波漩澴以呿鯨・徐而察之・是其雌之應乎雄也・髣乎髴乎・若玉女之擊西盈・蓋其鳴之奇也・脫曠不得而審其施・其應之幻也・罔象不得而尋其間・亦嘗小試其端矣・然而希世之物・世所不須・希世之音・世所不愉・稍脂韋以投俗・曾何貴乎錞于・忘鼎彝之重質・乃取校于錙銖・使之守其幽默・永矢弗渝・

且吾子亦知大鐘之所以鳴乎・必將發五丁之猛士・選鄧林之異材・喬木萬尋以制挺・終葵偉岸而爲魁・然後收視返聽・息慮澄懷・一擊而陸讋水慄・再擊而海倒山排・今吾子以藐然之躬・而欲鳴吾大鐘・是無異矜蠡測之智・而欲識滄溟之巨・逞蟁負之勇・而欲遂太岱之崇也・抑聞之・懦每起於克振・情易感於所鍾・苟吾子而傑挺・豈寂寂以常終・騎羊翁之言未畢・寸莛子矍起若失・良久乃言曰・鄙人檮昧・闇于進退・而今而後知大鐘之不可以常理概也・

榕賦

客問主人曰・僕聞鄧林之幹・龍門之枝・引繩中墨・方是斵宜・是以嶧陽貢材於姒后・景山遷橘於商時・楚宮樹伐於侯燬・魯廟尋尺於奚斯・惟山有木・工則度之・若嶺南之榕・大則大矣・曾不足以侔希世之奇也・鉅任不勝乎九筵・器使不登乎五粲・徒廓其外・乃空其中・小子狂簡・側聆已熟・豈不有愧于檞與樕之族乎・主人喟然嘆曰・賓何貴耳賤目・而不知此木之天生使獨也・

昔者大帝說尉佗而畀之蒼梧之郡・賁隅之麓・八桂挺焉・猶以爲未足・表故國而□□□湯沐也・於是巽命雷師豐隆・乘雲飛廉・奔屬走□□霆・震山蕩谷・是從析木之津・遂來此木・畀佗植之・世蒙其福・故徒觀其下 則扶疏輪囷・倚以高臺・連拳偃蹇・重門洞開・倔佹雲起・縱橫捷獵・有若萬楹・磊砢相接・夭蟜黝糾・搏負斜據・又如飛梁虹・指蜺注・層櫨杈枒・芝栭戢舂・夏屋蘧蘧・此焉林立・其上則屹崎紆屈・隆岉青雲・柯參霄塄・條接蒼垠・拂月披日・氣象合分・丹鳳集乎其左・黃鵠止乎其右・孔翠嬉乎其前・鶡鵬翔乎其後・其中乃有寓木宛童・與之同施・女蘿唐蒙・蟻穴測雨・鵲巢知飛・蛤蚧雌雄・蠭蠆萬斛・大炬膠漆・厥產殷充・其功用則有廣陌交阡・九達之逵・萬里重樾・濃綠低垂・駪駪征夫・實繁有徒・或往或來・我馬不瘏・我僕不痡・人亦有言・傳之不誣・非宅是卜・惟卜其鄰・此木之畔・以庇吾身・蓋自有此木以來・不知其蔭于木者之爲幾千萬人也・

其神異則有自然之火・不火之烟・譬狼之鋒・厥知則前・往者伏波・樓船之役・赫赫漢師・野有兵燹・邑無人炊・木先其兆・厥應如响・有如靈蓍・亦有依草・附木之妖・竊其靈爽・得所憑依・欺世用罔・越人信神・不覺其廷・斗酒隻雞・乞靈往往・故尸祝于此木者・又不知其爲幾千萬家・而木顧不屑歆其非禮之享也・且夫棟宇舟車・各適

其用・孰□□大𢢤幪・不歌而頌・奇技淫巧・足以蕩心・曷若昭其休咎・淫祀不歆・髹彤丹雘・升之廟堂・孰與霜皮黛色・立不易方・大匠之斤・雕樸失性・曷若抱樸山林・以正性命・由斯以言・不更奇哉・且客譏其廓外空腹之爲陋・不知其中虛之能受也・弸博碩而豐蔚・乃蜚英而騰茂・雖士之蓄道德而能文章者・其曷以踰此・而賓乃以爲詬乎・主人之言既聞于賓・賓乃有靦・曹容離坐而謝曰・駟不及舌・玷也不磨・乃今而後・僕悔緘口之不暇矣・

擬傳元鷹賦 有序

晉傅休奕鷹賦今佚過半・率以肊見擬爲此篇・賦曰・有鳩化之鷙禽兮・感秋霜而厲征・稟賁育之烈性兮・當郅都之大名・在南爲鷂・在北爲鷹・出自疎林・飛來風廷・電睛雷吻・鉤距劍翮・細筋入骨・勁若蒼藤・厥狀俊偉・不可殫形・既乃登錦韝・侍雕軫・越連岡・馳折阪・校獵乎戲馬之臺・射熊之館・落葉盡兮草正枯・黃沙平兮川復遠・游鶤高翬・毚兔聯猭・逐以迅羽・如的應弦・俄而大鳥西起・眈視中原・翺翔空際・覬覦雲端・鷹乃鼓猛氣・會全神・青骹疾搏・攫鳥之身・角奮膺擊・大鳥斃焉・兩翅墜地・橫畝八千・風毛雨血・洒野蔽天・於是懲彼鴟張・掃其鴞族・我武維陽・畏威者服・已甘兮壯士心・無負兮將軍腹・然後戢翮瓊枝・息喙華屋・陋饑附之養口・鄙飽颺之食肉・優哉游哉・呂尚頤福・已而義勇靡所用・剛俠尠得施・隨鴛行之旅進・聽鳳鳴之昌期・雖投閒於晚歲・猶矍鑠於昔時・

陳夢照

番禺生員・學海堂專課生・嘗游白雲山・與李秋田・黃香石・江瀛濤・流連終日・作文紀之・

遊白雲山記

余童時聲聞諸前輩談白雲之勝・嘗欲遊之而力未能及・稍長力及矣・而未有居停主・恐遊之不能盡其興・亦未果行・歲在壬申・秋田師養疴于白雲倚山樓・時與諸名士登巉巖・搜幽谷・吟嘯摩星之巔・余聞而益慕之・孟秋中旬・師來城袖詩一卷・俾余讀之・凡奇蹤異蹟・與夫一石一水之在山者・咸爲題詠・鈎其魂・攝其魄・神光離合・讀之如登蓬萊・拔圓嶠・雲海蒼茫・迷離滿目・不自知其身之未至也・而遊興莫遏矣・

當是時・溽暑初消・炎日猶暴・十六晨興・遂携弟從師而行・比十五里已至山下・松陰夾綠・石徑疊雲・攝衣而登・未半山・有石壁迎面斑駁中・隱隱福海靈山四字・更上一層・則峯迴路轉至倚山樓矣・樓爲葉雲谷戶部墓田・丙舍擁雲而立・俯而瞰之・浮浮欲動・秋田師顏其額曰雲船・道其實也・樓側爲安期巖・傳爲安期生嘗修煉于此・月之二十四日・是羽化之期・自初旬以來・求福者無窮・男婦老幼雜沓而來・山林中有塵囂象矣・秀水橋在樓前・由秀水橋至白雲寺・山光樹色・蒼翠逼人・寺後仰望・摩星嶺彷彿在雲霧中・趨而登之・而赤日暴烈・流汗浹背・遂止焉・寺僧延于靜室・爲汲九龍泉・煮白雲茶・茶煙清馨・與目謀・與耳會・而心與之俱化矣・薄暮復從樓西行・夕陽在山・微風拂袖・約三里許至月溪祠・祠之外有池焉・清泉半畝・遊魚可數・

其後古松數株·鱗甲騰躍·□龍螭狀·回望山坳草樹中·水訇然飛下·疑所謂滴水巖者·秋田師云·此水簾也·滴水巖尚在鶴舒臺後·往而觀之·其大者光明如練·水石相齧·散而爲珠·其小者迎風而化·霏如屑·俱幕于水簾之上·少焉·棲鳥噪林·人影散亂·秋風徐來·明月在天·師曰·此非良夜乎·吾與子曷作踏月之遊·余曰唯唯·遂循途索徑·攀柔藤·探危谷·得一寬暢地·悉以白石砌灰·光滑如膩·蓋雲谷父墓也·席地坐談·四顧亂山殷雲·松濤謖謖·忽而金鼓大作·聲振巖谷·仰見皓月微翳·秋田師曰·是其月蝕乎·何金鼓之作·少頃·而月益虧·光亦漸昏·漸而過半·漸而眉·未更許已全蝕·月影漸黃·漸紅漸黑·鼓聲益振·至子夜始復生光·而色象慘澹·非復舊時之象矣·遂愴然而歸·

是時有香石黃明經者·粵中詩人也·會同學諸君在碧虛觀創建詩社·□復古之意焉·秋田師嘗與往來·次早復從師訪之·撥雲尋徑·累土成級·不知幾十百層·級盡·復緣山下·經滴水巖·露珠滴滴·如響秋秤·人行於下·聲應于上·誠有如秋田師詩所云者·下即蒲澗寺·東坡詩云·十章古木臨無地·百尺飛濤瀉滿天·今已全非舊觀矣·曲折至山脚·回望再來人如在天上·一石橋橫架蒲澗·過橋則綠樹如煙·叢雜聳秀·循路而西·過六眞橋·登碧虛觀·寒犬吠人·香石與羅浮江瀛濤道人曳履而迎·偕入·所見詩莊·時僅成軒兩楹·其樓其亭·尚未竣工·軒臨蒲澗·竹木環繞·亦一勝地也·坐未久·極欲遊目·遂至蒲澗寺·寺前綠陰下置石數塊可坐·摩挲石上古碑·瞬息香石來與秋田師談詩·各逞所見·縱橫上下·俱栩栩有仙氣·不復知地爲雲而身爲雲矣·坐久·扶杖而歸·一木一石·悉徘徊瞻玩·復至詩莊而北·舊主持李道人來山·爲談白雲數逸事·亦靡靡可聽·亭午往安期巖·求福者益衆·人唱馬嘶·鳥鳴猨嘯·樹動於風·水激于石·衆聲並作·流雲散亂·幾不能自安于幽靜矣·山雨忽來·雜聲少寂·山色蒼翠·木葉如鏡·頗豁心目·遂飲于莊·盡醉而回·已漏下二鼓·明月隨聲·樹影人立·螢光出沒草際·萬山如睡·慨然動思歸之想·比至五鼓·躡屐下山·東方初白·旋歸館舍·復取吾師詩而讀之·其景象猶歷歷在目云·

顏　薰　字伯辰·號紫墟·南海人·布衣·工詩·肄業學海堂爲黃培芳弟子·嘗署所居曰半園·培芳爲作圖·陳璞賦以詩·著有紫墟詩鈔·

編校按　作者考目有羅浮遊記一首·原稿謄印本文缺·

許玉彬　字璘甫·後改名鍑·字伯鬲·唯自號青皋不改·番禺人嘉應吳蘭修弟子·所居曰水莊老屋·繪圖徵詩·生平好詩詞名畫古器·尤好收書·危坐吟諷·久而其書如新·嘗佩玉剛卯·適學政以玉剛卯賦試·士多不識·玉彬賦甚工·取入府學爲生員·館於伍氏萬松園·嘗與友人結詞社·又校刋黃仲則兩當軒詩十四卷·竹眠詞二卷·與沈世良輯嶺南自五代以來六十餘家詞爲粵東詞鈔六卷·晚厭詩詞之學·榜其書室曰蛻學齋·欲寫十三經·甫下筆而病·遂卒·著有冬榮館詩五卷·詞一卷·陳澧爲銘墓·

冬榮館詩鈔自序

余束髮受書·即好韻語·隨作隨棄·未嘗愛惜·弱冠以後·積累漸多·罕所慊心·間復毀去·既入中歲·落寞寡

懽・饑來驅人・憂患奪志・窮而不工・留篋盈尠・夫文章之業無俟人言・譽角牛毛・得失自判・竊揆年不後人・學不前人・徒事浮華・終無實獲・翫歲愒日・易勝慨歎・疇昔之作・深愧無成・譬諸寒蟬應候・孤鶴唳空・風朝露夕・有觸斯鳴而已・爰檢有韻之言刪存六卷・陶靖節云・吁嗟身後名・於我若浮煙・他日覆瓿供爨・又何暇計耶・

沈世良　字白眉・番禺諸生・出同邑張維屏門・詩學吳梅村・尤工塡詞・著有楞華室詞・兼玉田石帚之勝・又著有倪雲林年譜・攷訂精博・七易稿始成・今並存・

香櫞賦

棐几鋪棻・疏簾蕩雲・輟茗盌之晨潤・斂香爐之夕薰・乃有徙植江潭・移根越隴・垂秋而珍實霜駢・照水而修柯岸竦・掩黃柑之春色・□朱欒之別種・文瓷宛轉以流光・玉案溫馨而增重・爾其天矯輕圓・兜羅軟綿・懾醉象之神魄・參天龍之散禪・既金塗而蜡鑄・亦烟燦而星聯・于是端居靜娛・風日蕭散・枯桐自張・修竹誰欵・覆檐而老樹移陰・上榻而秋萏欲滿・入手微黃・生香不斷・稱徵士之雅懷・伴嵆生之疏懶・亦有釦砌初月・鈿池始冰・微醒倦酒・薄語回燈・紫花之梨罷御・青門之瓜未登・傍金釭之二等・拓紗幮之一層・遠馥則低縈舞袖・孤馨而暗透歌綾・

至如十笏經寮・一龕佛火・寶幢珠絡之側・齋鼓木魚之左・散天女之餘花・結瞿曇之淨果・金粟證而玲瓏・紺衣映而貼妥・若夫饌譜旁搜・食單分紀・新橙共試於吳鹽・寒柚幷移於湘水・泛蜂蜜之酥黃・點燕支之淡紫・花著露以如笑・鳥翔風而欲起・亦復幷翦雕鎪・筠龍贈投・逐荔驛之塵粒・停楓江之估舟・秋風津肆・夜市樊樓・留客而茶瓜一代・攤錢而芋栗同吹・而況把玩彌芬・駐顏獨久・儷冬榮於桂樹・笑秋零於蒲柳・解珮而水仙幷薦・製頌而木奴長友・佐清供於頭網・補仙方於肘後・此又馨逸之自成・非凡果所能耦・

易其霈　字公亮・鶴山人・增貢生・考選訓導・著有四益友樓文鈔五卷・吾粵道咸後・治古文者推高要彭氏泰來・其霈嘗從受義法・故存文不多・而體皆雅潔・

氏族辨

霈既參考輿地於姓原一篇・竊加釐正・詳書篇後・而吾易氏所爲氏易水望太原者・更昭然可據矣・日讀姓氏急就篇・易氏易牙之後・怪其稽古之未精・而謬爲是說也・左傳雍巫有寵於衛共姬・杜註雍人名巫。即易牙・正義曰。周禮掌食之官・有內雍外雍・此人爲雍官・名巫・而字易牙也・古多以字爲氏者矣・而易牙則非其人・按禮記大傳正義・諸侯賜卿大夫以氏。若同姓公之子曰公子。公子之子曰公孫。公孫之子其親已遠。不得上連於公・故以王父字爲氏・若適夫人之子・則以五十字伯仲爲氏・魯之仲孫季孫是也・若庶子妾子則以二十字爲氏・展氏臧氏是也・若異姓則以父祖官及所食邑爲氏・以官爲氏者・則司馬司城是也・以邑爲氏者・若韓趙魏是也・凡賜氏族者・比爲卿乃賜・有大功德者生賜以族・若叔孫得臣是也・雖公子之身・若有大功德・則以公子之字賜以爲族・若仲遂是也・若無大功德。死後乃賜族・若無駭是也・其子孫若爲卿・其君不賜族・子孫自以王竊計北路之曠．當裁懷鄉司．於懷鄉上設一縣丞．一千總以鎮撫之．南面之偏．當於茂地撥數十里以附之．夫使茂地狹而縣治亦偏．則不便取諸彼以與此．乃茂地遼濶．縣治居中．北至信宜百里．西北錯於信宜百五十里．（謂隆信隆五等里．）截數十里以屬信宜．茂地不爲狹．縣治不爲偏．即賦稅亦不爲少．而信宜之利多矣．地以擴而賦稅增．治居中而防衛固．有事則四方供其徵調．無患寡．無事則羨賦給其度支．無患貧．且與茂地唇齒相依．疆圉互保．誠所謂均無貧．和無寡．安無傾之道也．至居民之便．則更不待言．昔也或擊柝相聞．或朝發夕至．而應試赴愬．曾不得近而就之．至奔走於百餘里之外．苟得改遠爲近．當無有不欣欣樂附者．先王度地居民．地邑居民必參相得．似此改置兩縣．各得其宜．承平時尚當籌處．今寇攘迭起．防守宜嚴．尤爲當務之急．竊爲此議以諗留心世務之君子焉．其地東以東岸河爲界．西以淋水嶺小溪爲界．可三十里．若以爲多．則東以寨口．西以北莊西小溪爲界．可二十里．

弭土盜議

粵東負山瀕海．不逞之徒．輒盤踞溪峒出沒．波濤漸漬．蔓延而不可控制．弭之之法．必知弊之所由起．而後知弊之所由止．粵近山海之處．田多磽确斥鹵．而曠野平原．往往號稱沃壤．其他林麓藪澤．魚鹽蜃蛤之利．亦所時有．苟勤思執業．可以營生．何必爲盜．乃承平久而生齒繁．富者擁有贏餘．貧者艱於口食．即少有資藉．而爲本既少．所穫不豐．農功甫畢．稱貸瀕仍．此窮而爲盜者也．亦有游惰之民．思安坐而食．貪暴之民．思取非其有．潛謀煽惑．聯爲會匪．假利濟以誘顓愚．託護持以招紈袴．其勢旣集．豐歲猶可相安．一遇凶年．糾擾聚搶．而盤據衝突之勢成矣．爲有司者．始以惡之未形也．故寬容以置之．繼以害之已大也．姑諱匿以小之．彼幺麽者．益借饑民求食之辭．倡劫富濟貧之說．遇官兵則暫避．見豪富則脅求．大吏以未傷官未攻城也．難動軍國之需．有司以兵不足食不足也．難盡廓清之力．或募鄉勇．或議招安．曠日持久．而蔓延之勢成矣．

然則弭之者如何而可．凡人之治病也．無病而滋補之．上也．力不能補．則避風寒．戒嗜慾．見小疾而即治之．猶之上也．若病勢已成．雖貧者不能不罄囊以求治．必欲勿藥有喜．難已．今欲爲滋補之計．則井田不可復．名田不可議．欲家給而人足也難．然自食其力則未有不能取給者．方今海宇乂安．雨暘時若．在自愛者．安其耕鑿之天而已．若防其疾而致謹之．則莫有越保甲之法者．

恭讀聖諭廣訓．聯保甲以弭盜賊一條．誠萬世之良圖．不易之常經也．習聞者以爲故常．然苟奉行得人．不以虛文相視．未始不可收速效．前林制軍之禁洋烟也．嘗立黨正分布門牌．使之五家相保．下至市店船戶．莫不皆然．其時數月間吸食者幾盡斷癮．而鄉曲鼠竊之輩．亦落落少見．今父老言之．猶爲歎想．且其利有不止此者．今之言禦盜者．必曰團練鄉勇．然大鄉富邑．戶口衆而醵金多．可以團．可以練．若窮鄉僻壤．皆能團而不能練者也．團而不練．則亦保甲之意而已．誠使興而行之無事．則五家相保．有習匪勾引容留者．告之黨正．黨正核實告之長官．即按名究治．徇隱者連坐．有事則互相堵禦．令贍足之家豫標題賞郵費．如獲賊一人．有事之家．賞錢若干．無事之家．助賞若干．如禦賊致傷斃者．有事之家．郵錢若干．與事之家．助郵若干．其簿籍由黨正掌管．遇事核實．按籍取給．如是無事則互相糾察．不敢入匪．有事則併力堵禦．勝於從賊．將不團而自團．不練而自練．蓋合保甲團練而一之者也．若夫選舉黨正．有司每患不得其人．不知身任地方．豈無素識一二公正之士．即詢公正者．每路核舉一二人．拔茅連茹．可連彙升耳．既得其人．隆以禮貌．使其鄉知所畏敬．即地方利弊．案牘疑難可以就而訪之．他如鄉學社倉平糶之法．可次第而舉．豈獨賨弭盜哉．茲小醜跳梁．未臻寧謐．鄉曲之覬覦者不少．民慢已極．固宜動剿示威．使之懾伏．然於未蠢之民．投誠之衆．思所以約束之．當未有外於保甲之法者．以爲可行．則更有其節目在．

致和亭記 代沈明府

既爲靖逆亭於東門外．念南門爲闤闠輻輳地．更爲一亭名曰致和．致和者．欲致土客之和也．鶴邑分五都．古勞一都皆土著．雙附四都．土客雜處．甚或客多于土．客民者．國初時自惠潮嘉來墾種萬山中．占籍及高要高明恩平開平陽春陽江．廣之新寗數縣．其人恆作苦雄健．有膽量．故甲寅復城之舉．得力居多．其後少年恆恃勇．倡名捕匪．狼藉土人．互相焚殺．轇結至不可解．視亂離時又甚．若高明恩平開平新寗諸縣可鑒也．余下車豫知此弊．招客民而告之曰．爾之宿憤于土民者．吾知之矣．當爾祖若父播遷時．田廬井攴不無借資土人．土人或頤指爾索欠追逋．或抑勒爾．迨爾成門戶．列冠裳．土人或狃于故常不禮貌爾．夫是以畛域分而眦睚積．至今殆有得反之勢．然此特蚩蚩者之見耳．今爾等多讀書．明大義．能同仇敵愾．余敘乃積膺懋賞．苟藉此修宿怨．恣擄掠．是以暴易暴也．將敗乃成烈．

今與爾民約．凡鄉有從匪者告知局．局告知官．官覈實擒治．其不由官而擅稱搜捕者．以亂民論．家咎其長．鄉咎其老．局咎其紳．又進土人而告之曰．天下無客也．人生天地皆客也．各族非洪荒時．其來此亦客也．前人不客爾．爾等獨客此後至之人．矧後至者至自惠潮嘉鄰府也．鄰何客之有．既來此即吾民也．上憲視之皆部民也．天子視之皆王民也．何客之有．其各泯成見．聯臭味．作守望之助．而何尋仇殺戮爲由．是附近之民首先輯睦．爲士者．合建書院以相講習．爲農者．佃耕歸租于業戶．爲商者．易街名爲惠潮．而交易如故．惟雙橋一都間有滋事．迭加撫輯．亦漸相安．故數邑中．鶴尙寗謐焉．此余莅事三年．可幸無罪者．惟致其和也．爲之亭以諗來者．勉之哉．革故鼎新．太和保合．將休嘉所被．胥鄰邑福惠于無窮．

居　鍠　原名樟華．又名溥．號少楠．番禺人．諸生．嘗作百菊詩百首．名噪一時．客死韶州．所著灘江草．梅溪草．皆少作．饒平陳氏用影本采入綉詩樓叢書中．案番禺志．灘江草．梅溪草．居鍠撰．續志．居少楠文鈔一卷．詩鈔一卷．居溥撰．其實一人．

擬張融海賦　并序

長史斯作．自以爲盡態極變．有積薪木生之槩．洵詭激之裂也．然演形敷情．抑有漏畧．夫其之潮也．之颸也．之市也．斯實陵暴萬類．傲百瀆而君之．斯其所以爲大也．斯作雖沂鄂戽宣．而突奧未究．體物之義．得無闕如．蒙耕垡漲區．寢食海語．披翰之暇．俑而誦之．雖不阡不陌．有契矱規．而侔色構架．固自我矣．思光當謂不恨我不見古人．僕亦恨思光不見我也．

伊渾蓋之區萌．有融瀾而荒大．皛洪覆於無內．滲媪圻於無外．欲汫滎以投臼．莽塡裹其亘帶．宗德維下．詮義維晦．狎入鴻於濁汋．而胡有芥蔕．爾其捲矣坦矣．信亶旻矣．濩矣滭矣．允博莫矣．驫駴飍颮．則穹介洪互之所蹊焉．曠瀁敞罔．則殊鄰絕郤之所稽焉．滈滈瀑瀑．恢恢回回．滑滑淢淢．驞驞穨穨．尾閭洩之。不㶟其絡縮．壺領漢之．不增其恢棄．湉洒□汗．滈賀鴐漢．淪精汨曜．碧碧爽旦．牢刺拂戾．則九乾襪弛．犇遯碣突．而三能𢿨亂．哆其奄欻．衍䨴艮其龐談．徑其隅幕．宜骿罷於巧筭．夫其瞋困根柍之瑰觀．窾窅經宼之蹩㵝．窣帀瀏滈之爭湍．礽汃棚輞之回洑．衝泂而巑灝綷．匒匌而搖蕩軸．木生所𤞾．十得五六．誕畧言之．則廼南涮炎昤．北灑冥濆．右清於微．左溉搏木．逸滀帶方．㪷漱孫濮．學揁攢樹之奧藪．娠孕揝天之衍陸．韜無通與衆安．繇反戶與葭懊．儷由旬於尺閾．偶渚賨於牝谷．疲夸亥之修武．紏離喫之睍矚．疑帝壤之囍盜．而媧灰之漏宿．事詎知沈墨與罔食．惟纖馭而羲轂．故有競錐未逐．㬋滕閫际．葭墧噫等𡰽𡭊．瘨駊駥之夏舶．颿馮隆之憮船．擬鈲計歲．宿舂靡朝．攷日寤曙．揆星警宵．背燠涉沍．愬榮懵雕．𩽋腡䠷之婁魄．混摻黷而同條．忘博博之有．厚覺滄滄之沸杓．隨汎汎之挑．偶碎星星之靡瀌．去或艾齒．歸還素髟．此固其苕藐矣．

山則貏豸嵣嵣．擣菉拮桀．㗛岔傑僦．離摟揣霓．紅壁巒其起䫀．靜䓦巃以槩日．上灘虖而駢簉．下巧老而亡極．曾或怪綵．雲或奇色．亦有靖冥之居．輪豥之宮．瑤闓陊其千仞．虹流寫其百重．藏珍錧於珂嶽．弁瑚樹於銑峷．擬金臺於崑閬．貌石帳於員蓬．娥英之所遡來．琴馮此焉翔集．丹碧𡷊麗．禽魚儸譶．埭坱𠃜以旁唐．凌䩻澹而屹嵫．思浮帶之搖演．畏孤根之易杌．遠而望之．𤋮蘩蘩之翠笠．此亦其靈𡡉矣．昧莫窮洋．覶𥦪昏渚．左言每食之區．卉服毳裳之宇．彡彡龍伯．衙衙鬼母．𥔵腹顐膊。駢顧𢹂服．單雄孤雖．劙虜黠踽．有頎額以宵遻．乍荼首而偊俁．敓虱榛而俗狉．闖𡉱遝而㽞距．勾嬰𦬆噩．協翼彪虓．昏雛慄以相媚．撲彫𨔩而自嬉．次熠毒以友鯑．族元窞而似夔．□幽璽產所罔泣．閉□猶𩴋所不稽．槊千百於碎島．妙纖秕而塵坻．潛族腥朋．踰籛軼紀．計里量艫．論辰涉尾．邁奇相之百隸．賸帝娃之千婢．囚敦圉於泙圃．角鱗罾於波抵．䋲父修辭．琵琶忽雷．鮮鰣鱛鮪．鯽鮔鰨鯢．漢路樹𨀹．波門暴戀．鼓鬭則萬島琗窣・揚鬐則八紘蕩潏・連舫載膏・專車駕骨・齒靡竭于活東・眇浦盧於陵舄・詹何駭而喪餌・蒲且覩而死色・鰝鰕孑蜺・掎浪而捩雲・倐鯩皸膏・炤夜而藏文・洪侶辨以駮犖・瓌貝爛以輪囷・紫璿雜厲・華珧玢璘・古賁朗晃・鰈步蝹蜦・霧𩅙烟雛・春翎秋羽・嘲啾聲波・斌領璪浦・霞溢哮羣・霜途嘯侶・細則翔雨㶉烟・大則垂裳翼天・甍翃玳瑁・摯尾琼田・燕來越逢・類億名千・緯以駢尘丹璣・流離珂珬・藻石歇葩・鏡沙拾月・紅珊玲瓏以幽蔴・縹碧配藜而菈獵・紫絳璚椵・素綸纅雪・銀僕金蕚・重苓掩葉・濡苔蕭其跃蔓・浮石轔以埵壣・九河惡其姦富・奕禩取而奚竭・此又其珍怪而荒詭矣・然猶未奇也・

若乃辭春屆秋・出卯納酉・霸闕朏充・陽賓陰邵・匯埶歸宗・鼉瀌骨母・結舳或圍之津・連艫藉藉之口・至則地文鏡虛・天籟屏欱・纖蘿𤅢潰・浮藻清洌・像銜枚之列伍・造中壘而聽誓・徒觀水力之所及已・魄慄而魂悸・旭歷絢練・倐岬改常・欻欻爥爥・淋淋浪浪・摵摵奕奕・洸洸橫橫・騄驥不及驟・雕隼不及翔・始浩䜒以殷岸・疑千里而尚强・眴匹練之迸裂・訇霆撐而突搪・策萬羽之鷺鷀・排億丈之虹梁・驅馮遲與太白・走夔魖與猗狂・銀天地以皛渼・縞追斥而噏光・良橄羅以莫際・允雄驁其曷當・前陳未傀・後勁重厲・槞龕赭以抝怒・逆沱漾而倒沸・塌跟屋之萬棟・鬧玉螭之千轡・汨檀桓與青篾・情莽猛其猶𤊾・鼓闒茸之選愞・豁猾痼之底㱣・斯眞天下之瑰狀殊觀也・

更若鵬力將徙・鴻浸爲運・魚宿夕明・兎𦡀脊韭・雌蜺斷而下飲・朗曇珥以南奮・雜縣占其遠葩・精衞鬱其遺憤・恆朋歲而一試・每先辰而示信・岭獠骨驚・濯士營朽・詛屛咒睽・縈毛磔狗・尋怵㑢趨・脈腴怵俊・毀桅罣纚・縮脰跧𠘧・霾丹黃於壓𡈽・捏穀櫝以幽黝・羣妖閃屍・百怪蚴蟉・海童馬銜・耕父相柳・蟜蚆睢盱・歷蔟共逅・紛糾虩而肆㛹・嚇啖㖿以媾幓・時則颶猶未作也・鳥蚪濯鱗・元螟掉尾・羣峯陵陵・萬首嶷嶷・佇鬱極而始洩・覘海色之欲死・天昏島黑・綱夷紐㳂・驅濤駕山・猋饕電瞰・六鼇賁其巨戴・九鯤騁其浪力・縱妃豨之怒號・助阿明之搏撖・妖霧渤其縒涌・洪波㒸其嶽立・疑不周之頓折・斂萬舸於可擲・鱗堂洶其轟揭・虬戶鬮其蹾躪・菌蠢之族・穴窟而屭提・攫縎之倫・倏然而辟易・天吳老蹇・弱肉醢魂・湘妾瀆鬼・烟嘯雨泣・九萬搏而猶下・三千奮而仍擊・蓋踰晷浹辰而后息也・土囊括威・鯢桓告靜・吞舟漏災・醲酵相慶・圓蓋四垂・素月孤映・惡祲全蠲・祥氛表迹・翠蜃朋浮・丹鳥戾射・忽麗雉之㹛鷩・愕方壺之可即・耀跟瀾以𢌭蘼・燭琼岸而舄弈・㴵鱗鱗之龜文・迷爍爍之蛟色・傍連鱣𠻞・緜亘鯷螯・浮丹棟之豐融・列繡堞之煜爚・敞層城之瑤館・圖縉雲之琼閣・騂鬐四毳・方瞳一角・駿螭般姍・駕魚翔躍・貿琁鮫人・課奇淵客・百色眇䁌・嚨囂汋濼・擬肅舲而弭檝・旋惝怳而隱約・倏萬態之蕭㵾・餘孤樓之岝㟧・巑𡽱漢表・亭童霞半・蕊金莖之郅揭・垂玉蝀之晏□・洎猋舉而濤歙・眴雲求而煙渙・奇矣哉・循之無陌・即之無里・洪纖等于稊受・庸誕窮于倫儗・堅白者齒之而神瞀・拘墟者目之而形欒・思太疆之靡振・奚蹠通之足軌・

要而論之・形氣詭于相軌・恆變局於有閡・苟治之以元

造・夫奚異于杓撮・喻均水以杯舟・恆杯淺而膠敗・彼絕雲而負天・諒下际其下芥・陋二禽之相靳・謂至人其曷汰・吾將常羊乎象帝之先・消搖乎無方之外・指乾魚以寄傲・齊鴻乙於罔礙・辭疏屬而友縣解・又皇識夫涔渤之嶹大哉・

孔雀賦 幷序

孔雀炎方偉鳥也・棲跱幽阻・羽毛自奇・翔集籌箸・有徘徊顧影之意・雖見繯絓・不肯鶱播致殘・蓋烏之欲以文見者也・嗟乎・物亦以獲用於人為貴耳・若乃靳茲嬰罔・獎彼悍獴・崇搶地之規・味登階之旨・不其猥乎・有感於懷・爰著斯賦・

伊炎嶠之遐裔・有瑰偉之珍禽・稟鶉虛之正曜・託丹穴之會岑・竦修軀之翹特・亹綺彩之綝縿・喙凝丹以渥赭・輔點煇而慙金・駿輕容以純領・裂練絳以裁襟・迎鼂曦以振距・順凱風以揚音・夫其寄質幽遐・靈表可嘉・景化倴鶴・風娠偶蛇・朝餐思牢之竹實・夕茹永昌之桐葩・歷五祀以養秀・際三春而掞華・潛身玉洞・瑩尾金沙・雖暫甜而必擇・洵詳宷而周睋・畏涔醡之濡敗・防箕踵之偏頗・願全性於巖垌・豈貪餌於罦羅・顧有美之必著・終騰彩乎澗薖・乃集□客・召犵僮・跨三梁而張罿・絕九眞而布罝・窮嶮崎之峻岊・探𤼭帆之深叢・殫遐嵬而鴻剔・務求雋而得雄・被金華以一目・罥藻翰以繒紅・爾乃罹之不驚・撫之不狎・順理閒逸・知幾從容・辭雒果之蓬俗・慕犍朗之華風・雖暫屈而即達・遠馳獻乎漢宮・於是寵之以雕闌・蔭之以芳樹・啄玉梁之青粒・啜金莖之餘露・陋軒鶴之驕容・忺籤鳳之局步・感粲育之殊恩・每翔翥而齡顧・

若乃珠館春還・旋林氣鮮・羣鄂芔郁・衆芳蘢妍・按衛伶之籥瞿。命晉野以管絃・蒨粧融爚・袨服褊襹・逢拍尾而意佚・聽彈捐而情騫・倏聳容而愕立・先櫛沐而聲傳・五色玢以悅睞・羌形態之萬千・始傑僦以漸布・繼瞵瑞而畢呈・宛龜背以隆起・俛鸞頸之媌婐・峨翠弁以表異・端黝目以凝睛・楊翎縠之葳蕤・若熠燿乎繁星・燦金錢以列岀・灼綉黼之運絣・藻輪圝而靡定・文倏雪而疊更・舞投節乎枕簸・韻鏘衵乎咸䪥・遂使夏翟潛形・山雞歛翰・八彩慙鮮・三英𡲰粲・尙猶宛轉低回・閨闥凌亂・極矩步而規翔・奉君王之一盼・噫火離之胥類・何才質之獨奇・始潛深而處𡨴・若霧隱以養姿・逮遭際而呈身・又懷寶之不迷・親帝所之炫燿・厭炎陬之喧卑・哀九德而特顯・登三階而作儀・故得圖形黼黻・寫貌瑤池・彼巢林之鷦鷯・與斷尾之家雞・雖飽死乎籓棘・曾何足以語其識時・

丁照 字鑑湖・番禺人・貢生・揭陽學訓導・

二帝子祠碣銘 幷序

原夫摩崖峭壁・神僧飛錫之鄉・邃谷幽林・羽客棲丹之窟・炎洲勝矚・此境實繁矣・然事繫秦漢以還・則涉想非古・人本烟霞之侶・則晦迹不奇・從未有身列華胄・情慕荒陬・遺榮卻利・遠舉高蹈・金枝玉葉・一辭天上之雲・碉草峒花・老采山中之藥者・皃哉・其惟二帝子乎・溯粤井之畫疆・號番禺而置郡・鶵雛接翼・桂樹承陰・名載山經・共系軒轅之譜・官分雲紀・遠躋岳牧之班・乃南海衣冠・禺號方

開風氣・而北江澒洞・禺陽同託巖棲・異矣・謂之禺陽者・蓋長曰太禺・次曰仲陽也・子職有帝鴻之德・迴殊渾敦不才・母儀稱嫫母之賢・更與蒼林並育・或謂各夷鼓而合爲一・或謂出彤魚而位在三・要其處文摯之儔・則說無可易・原至止之故・又事有舊聞・萬里降居非以禦乎魑魅・一邱偕隱・定早薄乎參商・是可稱也・伊足誌也・

溱水襟環・峽山掌擘・窮乎巖岫之勝・得其嘯游之鄉・怪石嵌空・平立一鑑・巨榕翳漢・橫蔭十圍・流泉引而杯浮・響瀑飛而練挂・銀河溜淺・青垂鐘乳之脂・瑤闔星沈・白點石棋之局・歷磴而上・隊洞雲霾・擊檝以遊・危橋虹斷・木落空山之夜・複道黃堆・花穠太古之春・層巒紅滿・樵斧隱約・時雜鳥聲・漁舫往來・疑聞人語・其間飛甍俯瞰・傑構周遮・以芳躅之會留・俾靈芬之常駐・栴檀刹敞・香火龕懸・蓋寺創於梁普通之年・而祠成於朱叔子所建也・

嗟乎・崇臺烟暝・難覓丹書・古徑月明・誰吹綠玉・而苔斑鮮碧・篆蝌蚪之奇文・露葉風梢・下鳳凰之威羽・生萬古之後・憶二子之時・當明都未宅・先羲叔而來遊・韶關猶虛・邁重華而至止・客粵者援以爲祖・嗜古者尊之曰神・可不謂奇也乎・可不謂古也乎・迄今歸猿洞側・釣鯉潭邊・瑤殿塵清・翠旗霧斂・肅冠裳而並駕・習習天風・擫籥管以將迎・瀟瀟暮雨・江流難留・千秋永傍乎禪關・壁立彌尊・百尺上通乎帝座・屋仿謝臺之制・妥此幽宮・字摹誦頡之篇・書其短碣・爰系以銘曰・

七二奇峯・十九福地・山以人名・惟帝之裔・南禺水落・北禺雲開・雲水光裏・一寺飛來・移從舒州・抛鄉中宿・淨地舖金・靈龕貌玉・豈其妻託・魂魄猶思・鞭驅梵宇・以妥神祠・漆簡蟲枯・叢篁蚓結・甲乙編餘・壎箎韻谽・烟晨月夕・時發清商・穿林度澗・出自虛堂・誰伴仙蹤・曰初與武・臣主天南・茲遊萬古・

劉天惠　南海生員・文見學海堂初集・

文筆考

或謂文莫高於昌黎・韓筆杜詩・吟自好問・孟詩韓筆・說始趙璘・猶以爲筆亦文之稱耳・及讀劉禹錫中山集祭韓侍郎文曰・子長在筆・我長在論・以矛陷盾・卒不能困・是不以能文許昌黎也・梁元帝金樓子云・不便爲詩如閻纂・善爲章奏如伯松・若此之流・汎謂之筆・吟咏風謠・流連哀思謂之文・文心雕龍云・有韻者謂之文・無韻者謂之筆・其言文與筆顯然有別・始甚訝之・爰考於史傳而究其名義・然後所謂文・所謂筆者・始明白可見焉・

漢書賈生傳云・以能誦詩書屬文・聞於郡中・終軍傳云・以博辨能屬文・聞於郡中・馬相如敘傳云・文艷用寡・子虛烏有・揚雄敘傳云・淵哉若人・實好斯文・初擬相如・獻賦黃門・至若董子工於對策・而敘傳但稱其屬書焉・遷長於敘事・而傳贊但稱其史才・皆不得混能文之譽焉・蓋漢尚辭賦・所稱能文・必工於賦頌者也・藝文志先六經・次諸子・次兵書・次術數・次方技・六經謂之藝・兵書術數方技亦子也・班氏序諸子曰・今異家者・各推所長・窮知究慮以明其指・雖有蔽短・合其要歸・亦六經支與流裔・據此則西

京以經與子爲藝・詩賦爲文矣・（詩賦家有隱書十八篇・蓋隱其名而賦其狀・如射覆之類・至於設問亦賦之流・故皆謂之文・東方朔傳載答客難・非有先生論二篇結之云・朔文辭此二篇最善・是其證・）然非獨西京爲然也・後漢書創立文苑傳・所列凡二十二人・類皆載其詩賦於傳中・蓋文至東京而彌盛・有畢力爲文章・而他無可表見者・故特立此傳必載詩賦者・於以見一時之習尙・而文苑非虛名也・其傳贊曰・情志既動・篇辭爲貴・抽心呈貌・非雕非蔚・殊狀共體・同聲異氣・言觀麗則・永監辭費・章懷注揚雄曰・詩人之賦麗以則・是文苑所由稱文・以其工詩賦可知矣・然又不特文苑爲然也・班固傳稱能屬文・而但載其兩都賦・崔駰傳稱善屬文・而但載其達旨擬解嘲及慰志賦・班之贊曰・二班懷文・崔之贊曰・崔氏文宗・由是言之・東京亦以詩賦爲文矣・然非特漢京爲言也・三國魏時・文章尤麗・魏志王衞二劉傳傳評云・文帝陳王以公子之尊・博好文采・同聲相應・才士並出・惟粲等六人最見名目・今按諸傳中・或稱有文采・或稱以文章顯・或稱文詞壯麗・或稱著文賦・頗傳於世・而粲傳獨云善屬文・蓋粲長於辭賦・徐幹時有逸氣・然非粲匹也・（魏文帝典論之言・）蜀志郤正傳・稱能屬文・評曰文詞粲爛・有張蔡之風・而傳載其釋譏・（傳云・依則先儒・假文見意・號曰釋譏・其文繼於崔駰達旨・）吳志韋曜傳・稱能屬文・而載其博奕論・華覈傳評其文賦之才・有過於曜・而傳載其草文・（四言有韻・）則三國時所謂文・亦以詞賦爲宗矣・何者・文之爲字衆交形・物交斯體有偶・義歸采畫・詞采則氣必諧・大抵綺縠紛披・宮商靡曼之作・皆原於騷賦矣・故溯其流・凡駢儷藻翰・皆得謂文・而窮其源・惟敷陳鏗鏘乃副斯號・所以羣書七畧賦與其閒・文選卅篇・賦居厥首也・

雖然・漢魏導始・禮製未繁・雖奮其斧藻・健於爲文・而苟非史官・無煩載筆・景君之前・墓表未傳・仲文以還・石誌乃作・載考晉書蔡謨傳・文筆肇端・自茲以降厥名用彰矣・請畧言之・樂廣傳・廣善清言而不長於筆・時讓尹請潘岳爲表・岳曰・當得君意・乃作二百句・語述已之意・岳因取次比・便成名筆・成公綏傳所著詩賦雜筆十餘卷・行於世・張翰傳其文筆數十篇・曹毗傳所著文筆十五卷・袁宏傳桓溫重其文筆・專綜書記・宋書傳亮傳・高祖登庸之始・文筆皆是記室參軍滕演・北征廣固・悉委長史王誕・南史顏延之傳・宋文帝問延之諸子才能・延之曰・竣得臣筆・測得臣文・南齊書晉安王子懋傳・文章詩筆乃是佳事・王儉傳・儉手筆爲當時所重・高逸傳・歡口不辨・善於著筆・南史孔珪傳・高帝取爲記室參軍與江淹對掌辭筆・任昉傳・昉尤長爲筆・才思無窮・沈約傳云・彥昇工於筆・梁書劉潛傳・潛字孝儀・秘書監孝綽弟也・幼孤・兄弟相勵勤學・並工屬文・孝綽常曰・三筆六詩・三即孝儀・六孝威也・庾肩吾傳・簡文與湘東王論文曰・握瑜懷玉之士・瞻鄭邦而知退・章甫翠履之人・望閩鄉而歎息・詩既如此・筆亦如之・北史魏高祖紀・帝好爲文章詩歌銘頌・有大文筆馬上口授・及其成也・不易一字・魏書溫子昇傳・子昇年二十二・臺中文筆皆子昇爲之・北史溫子昇傳・梁武帝使張皋寫子昇文筆傳於江外・北齊書李廣傳・廣曾薦畢義雲於崔暹・廣卒後・義雲集其文

筆十卷・託魏收爲之序・陳書陸琰傳・所製文筆多不存・後主求其遺文・撰成二卷・劉師知傳・師知好學・有當世才・博涉書傳・工文筆・徐伯陽傳・年十五以文筆稱・徐陵傳・世祖高祖之世・國家有大手筆・必命陵草之・陸瓊傳・琼素有令名・深爲世祖所賞・及討周廸陳寶應等都官符及諸大手筆・並敕付瓊・岑之敬傳・之敬始以經業進・而博涉文史・雅有辭筆・姚察傳・後主所製文筆卷軸甚多・乃別寫一本付察・又云察博學洽聞・其手筆自古猶難輩匹・隋書李德林傳・楊遵彥命德林製讓尙書令表・以示陸卬・卬曰・已大見其文筆・浩浩如長河東注・房彥謙傳・彥謙所有文筆・恢廓閑雅・有古人之深致・唐書蔣偕傳・三世踵修國史・世稱良筆・文藝傳蘇頲字延碩・自景龍後・與張說以文章顯・故時號燕許大手筆・楊烱傳・徐堅曰李趙公崔文公之筆・擅價一時・李賀傳・賀手筆敏捷・尤長於詩篇・宋史楊億傳・文筆雄健・元史歐陽元傳・元日直內廷・多所撰述・海內名山大川・釋老之宮・王公貴人墓隧之碑・得其文筆以爲榮・凡茲稱筆・皆爲直言序述之辭・（筆从聿・聿者述也・）體近乎乙部・義托於龍門・乃文海之別裁・與金樓相證發者也・然其稱名盛於六朝・衰於兩宋・柳穆而後・佶屈聱牙爲古・散野拙質爲高・卑視建安・七子何足算・規摹韓柳・八代起其衰・至於有明文弊極矣・觀宋元以下之史稱筆者・惟楊歐二公・吾見罕已・非其驗乎・乃有才能搦管・便擬持衡・六經三傳・任其批評・遷史班書・供其翦截・至於屈宋卿雲之制・別以賦編・秋風天馬之詞・列爲詩集・謂與選文無涉・反議昭明爲非・斯眞不知而作・弗正其名者矣・

李中培　字根五・嘉應州人・年十六・補州學・道光戊申・學海堂季課・以朱子不廢古訓發題・中培卷第一・嗣以所考未盡・復博采朱子書・成書十六卷・自爲之序・今存・

朱子不廢古訓說自序

先大夫譬齋公爲樂昌學博時・著四書讀一篇・研究聖賢義理・已鋟板行世・書目載廣東通志藝文畧中・而凡攷證異同・中培總角受經時・嘗口講指畫・辨惑釋疑・第質魯善忘・旋得旋失・自嚴親見背・槖筆舌耕・學徒問難・懼恍惚無以應也・故凡遇典制訓詁・衆說紛拏者・輒就夙聞父師之言・及前儒名論・會粹而劄記之・間亦附以鄙見・積久成編・剖分卷帙・署曰四書考證問疑・並孔孟生卒出處考異・五帝三王統系・春秋列國諸侯大夫士世系・井田學校軍賦宗廟郊社禘祫樂律各圖考・周官孟子王制班爵祿異同表各卷・道光丙申春・學海堂以朱子不廢古訓說命題課士・發問曰・世之學者皆以漢儒訓詁・宋儒義理分爲兩事・其實朱子何嘗盡廢古訓・即以四書集注章句言之・其本於古訓者多矣・試詳言之・中培卷本舊纂・以立說蒙總制首賞・時授徒羊城・講貫餘暇・循省課稿・未盡發揮・乃復取四書考證名物圖表・及隸書辨譌各種・凡有關四書中朱子之說與古訓相證明者・附注各說下・條理成編・分爲十六卷・末附朱注引用文獻考畧四卷・而就質於鄉先生及同學諸子・夫四子書微言讜論・貫串諸經・乃義理之閫奧・典制之淵林・蠡測管窺・安足發明於萬一・即如古來箋疏・汗牛充棟・今見於馬氏文獻通考・王氏續文獻通考・欽定四庫書目・朱氏經義考・可屈指

者不下數百家．坊刻講章．尙在其外．末學囿於方隅．家無五車．豈能捜擇融貫．得其會歸．不過就先儒名論而引伸之．以見朱子之書．無非古訓是式．百家騰躍．轇轕紛綸．必折衷於紫陽而後定爾．

桂文熾　字子蕃．一字海霞．南海人．出同邑譚瑩番禺陳澧門．治史學．工駢文古今體詩．道光戊申年十八．全慶視粤學補博士弟子員．盧坤督粤．初設學海堂專課．文熾與焉．少時能背誦史記全書．晚年爲學海堂學長．著有鹿鳴山館駢文詩稿．

玉山泉銘　幷序

玉山泉者．重修學海堂後所浚治也．竹亭之南．薜垣繚曲．掘地數𠬛．渟泉一泓．甃以碧磚．闌以白石．山骨所孕．結爲寒腴．土花不生．去彼蕪穢．舊證星泉之址．遙接玉龍之源．枇杷數株．修幹旁植．薆果盈斛．曾疏醫經．墜葉半階．可收藥餌．詫蘇眈之橘水．疑胡廣之菊泉．每當翠麓雲橫．蒼巖雨後．雅松如沐．斥草俱馨．活淥涵青．幽波淪素．抱甕之叟．絜瓶之童．銀罌一投．玉華滿注．味甘而冽．氣淸以醇．既灌町畦．亦給樵爨．予以涼秋薄霽．笠屐來遊．登范甯之高臺．拜文翁之畫像．閒憑疏牖．靜憩虛廊．轆轤之銘．近在咫尺．煙霞之餉．支分一瓶．偶然枯槁．自羡苦莽．何必慕飛昇之訣．求雲母於嵩峯．希却老之方．覓丹砂於句漏．觀瀾得其爲術．飲水思其本源．宜效李尤之文．碑鐫到溉之石．

銘曰．玉山之陽．巋然堂皇．是名學海．亦寓書倉．移花露墢．補竹風廊．胎分玉瑩．液濺冰涼．緊彼盧橘．蔭此雲漿．漠漠蘿逕．陰陰薜牆．寒煙四座．甜雪一鐺．潤溉相吻．華滋別腸．道之味腴．藝之漱芳．庶幾勿幕．玆焉濫觴．淵源有自．津逮彌長．

黃子健　字江臯．南海增生．爲文不逐時習．久不第．肆力於醫．取內經及傷寒論金匱要畧殫思研慮．二十年遂精其術．所著訂正金匱玉函經集註今存家．

編校按　作者考目有訂正金匱玉函經全書集自序一首．原稿謄印本缺文．

陳禮庸　字秩卿．番禺人．文詞淹雅．書學大令．尤神似．性恬淡和易．恥逐時名．年垂七十．以諸生終．

擬呂衡州由鹿賦　幷序

乙夘之歲．鯨鯢就戮．狐鼠盪除．嶺海無塵．秋窗多暇．偶讀唐呂溫由鹿賦．別有感焉．夫鹿之即以其類致而遭其毒者．欲親其黨．適陷其身．蓋彼由鹿禍之招也．而羣焉赴之．愚亦甚矣．易曰．比之匪人．不亦傷乎．吾爲由鹿□．更爲羣鹿哀也．感物攄懷．爰爲斯賦．

莽莽中原．甡甡其鹿．爲麚爲麌．以孳以育．食野而肥．喜林而伏．處仙洞而養茸．隱芳巖而戴玉．苟安馴靜．誰爲角逐．乃或求友響從．騰倚林中．跂跂奔競．麌麌潛通．園柳嚼而摧綠．山花銜而隕紅．犬嬉忘噬．豕突同兇．眼交角以樹寨．食分背而列雄．時聚市於近麓．或稱王於茂叢．野老見而豢之．復從而哀之曰．蠢兹林獸．誘亦孔易．投其嗜好．立爲羅致．猩愛酒而蹈機．狼貪肉而遭餌．即任無虞．招之以類．爰張厥網．生拔其尤．屑芝豐飼．飾檻虛留．羈縻心志．嘯聚徒儔．如執解揚而反說．俾知雍齒之且侯・匹媒雉於叢薄・因穽虎於山邱・有如此鹿・其名曰由・於是越澗麝將・號山麋至・相應同聲・竟忘禍慮・慕侶狎遊・走險無忌・結隊呼羣・盟心誓志・相憐懷狐兎之悲・依倚有狼狽之意・禍起倉皇・重圍四張・機發雷駭・矢流電忙・谷窿窿而應響・雲黯黯而沈光・彼猗此角・前踣後僵・直同鼠竄・急避鷹揚・則見身臥沙黃・血濺草碧・折足傷胸・驚魂褫魄・侶駭走而分馳・死求音而難擇・覆鮮蕉青・包無茅白・既執醜以縻驅・復窮崖而搜跡・俯首就縛・噬臍奚益・行客旁睨・感嘆纏綿・

相爾由矣・豈曰能賢・雖傷類以含痛・實禍首之肇先・然而物必自腐・蟲乃生焉・謂虎威之可假・忘狼跋之顛連・結朋儕以黨惡・升鼎鑊而見煎・物猶如此・人亦同然・譬夫田橫納士・一島同終・陳涉揭竿・萬衆誓從・赤眉則冀興劉氏・黃巾則謀覆漢宗・祗如聚蟣・妄說從龍・一夫誘亂・羣醜罹凶・於戲噫嘻・微物無知・罔識機宜・奸危偶蹈・患害旋隨・胡不望而遠引・竟爾即而近之・彼且亡其身以殉其黨・人將食其肉而寢其皮・世途多險・盍鑑於斯・嗟芸生之迷惑・誰爲覺其頑癡・

陳希獻　字述甫・番禺人・年十一・能爲文・而恥事帖括之學・其爲學・服膺白沙・命名及字皆取此意・以志景仰・晚年博觀宋明儒書・所學益粹・自言愼言愼行・功皆由愼獨出・而虛又爲愼獨之原因・因擬更名愼三・號虛齋・卒年八十・學者稱爲述齋先生・所著有儒先語要・詩教摘粹・詩學選雋等書・皆燬於火・惟事餘隨筆叢稿・藏於家・

維心亭室文集序

光緒戊子・秋八月既望・兒輩從省會送科試歸・手維心亭室文集一卷・予取閱之・則盤石陸先生手著也・兒輩寓邑學・與先生之孫碩蓀碩銘昆仲鄰近・晨夕過從・碩蓀出示此集・囑致意於予使爲之序・予行年七十有八矣・老耄無能・昧道懵學・何足序先生之文哉・先生爲邑耆碩・子若孫以科舉世其家・門下士青紫相望・交遊多達官貴人・顧不以序屬之・而睠睠於予・毋亦輕賢豪羞當世之士耶・予何敢序先生之文・雖然予與先生交數十年矣・先生長予二十餘歲・誼爲忘年・先生於予一見如故・咸豐丙辰歲修邑志・丁夘歲髮逆亂平・設團練局於邑之南山・先後皆同事・先生知予・予知先生・是烏可以無言・

予竊聞古之立言者矣・一則曰文以載道・再則曰因文見道・是文固與道合也・故特此以論文・必其人孝弟・以植其基・仁義以導其源・精研乎四書六經之旨・參稽乎諸子百家之說・而於古今人物之事變・政治之得失・皆有洞悉其隱微・而知其體要・蓄諸心而注之於手・故其爲文也・皎然若日星之麗天・沛乎若江河之行地・其理不離於日用・而效可見諸施行・斯爲有益斯世之文・不如是則可以無作・秦以前尚矣・漢興修儒輩出・董仲舒劉向源本經術・發爲文章・體爲最醇・賈誼史遷班固揚雄司馬相如之徒・辭雖工・不過供文人之賞玩而已・自是以迄六朝・競爲藻艷浮靡之習・又汨沒於二氏・故其文尤雜・去道彌遠・唐昌黎韓氏振起之・原道一篇・於道粗有所見・宋廬陵歐氏・南豐曾氏雖皆足以衞道・然見道之言亦寡・至周程朱張諸儒繼起・而道之旨乃大明・元吳草廬氏・明宋潛溪・陳白沙王陽明唐荆川歸震川諸子・皆本平日之所養・蓄之既久・噴薄而往・隨所之無不如

意．汪洋恣肆．自成宇宙至文．自身心性命之微．以至家國天下之大．有功名教．有裨治道．此固非騁妍獵艷．虛空蹈襲者所得比而同也．

先生內行純至．少日即以孝友聞．其束身砥行．味道窮經．數十年如一日．讀書有心得．每拈一解．輒發前人所未發．不爲空疏之談．不蹈支離之習．身不滿五尺．而胸中書卷之氣逼人．又急人之難．息訟解紛．遇不平事．義形於色．尤長於料敵．曉暢軍事．故防海諸策．議論發於四十年前．而事變驗於四十年後．然則先生固不徒以文見．而亦未嘗不以文見也．今觀此集．其釋經諸說．則漢儒精蘊也．其讀書十要．則濂洛心傳也．天文地輿河渠郡縣諸志．如出草廬潛溪之手．其上祁制府蔣中丞書．則陽明之平浰頭桶岡．荆川之論防邊禦倭諸疏也．他如論序傳記之文．刻削似柳．蒼辣似王．而著筆不多．淘洗淨盡．則於震川尤近焉．蓋言爲心聲．先生涵蓄既深．形諸楮墨．故探之有本．言之有物．精光不可自掩．然則即此以上求乎古者立言之旨．豈其遠哉．今先生往矣．追思疇昔．同事之時．渺不可得．而猶幸後之人．珍惜其文集．掇拾刊刻以傳於世．雖孫子之賢．亦先生之遺澤有以致之．予既自謝不文．而重違碩蕤之意．因歷叙夫相知之深．與論交之始．有愈久而愈不能忘者．且令後世之讀是書者．有以深其景仰．而予亦得挂名氏於篇末以爲欣幸云．

廣東文徵改編本第五册終

點校　順德　孔天培
　　　開平　許憲安
總校　惠陽　許衍董